北京朝阳年鉴

BEIJING CHAOYANG NIANJIAN

2010

北京市朝阳区地方志编纂委员会

中 华 书 局

图书在版编目(CIP)数据

北京朝阳年鉴 2010/北京市朝阳区地方志编纂委员会编.
-北京:中华书局,2010.12
ISBN 978-7-101-07698-1

Ⅰ.北… Ⅱ.北… Ⅲ.朝阳区-2010-年鉴
Ⅳ.Z521.3

中国版本图书馆 CIP 数据核字(2010)第 221244 号

责任编辑:朱 慧

北京朝阳年鉴 2010

北京市朝阳区地方志编纂委员会编

*

中 华 书 局 出 版

(北京市丰台区太平桥西里 38 号 100073)

http://www.zhbc.com.cn

E-mail:zhbc@zhbc.com.cn

北京宽风图文制作公司设计制作

中国人民解放军第 4210 工厂印刷

*

787*1092 1/16 40.5 印张 36 插页 1270 千字

2010 年 12 月第 1 版 2010 年 12 月第 1 次印刷

印数 1-2700 册 定价 180.00 元

ISBN 978-7-101-07698-1

北京市朝阳区地方志编纂委员会

《北京朝阳年鉴》编辑部

编　辑　说　明

一、《北京朝阳年鉴》（2010）是在中共北京市朝阳区委和朝阳区人民政府领导下，由朝阳区地方志编纂委员会主持编纂的综合性资料性工具书。

二、本年鉴以马列主义、毛泽东思想、邓小平理论、“三个代表”重要思想为指导，深入贯彻落实科学发展观，坚持党的基本路线，实事求是地反映客观情况。

三、本年鉴从2005年开始逐年编纂出版。当年出版的年鉴，记述上一年朝阳区在政治、经济、文化、社会各个领域各项事业发展变化的基本情况和发生的大事、要事、新事及有影响的新建设、新成就、新进展、新经验。为各级领导决策提供可资参考的依据，为各行各业提供有价值的资料，为各方面人士了解朝阳、研究朝阳提供信息。

四、本年鉴以记述朝阳区属各系统各单位情况为主，适当记述辖域内中央、市属单位情况，突出主体又概括全貌。

五、本年鉴文字内容设大事记、特载、专文、政党团体、政权政协、政法军事、工商贸易旅游、农业水利气象、园区建设、综合经济管理、财政税务金融、城市建设、城市管理、科技教育、文化体育卫生、社会生活、地域、人物、统计资料、附录共20个一级栏目。除大事记、特载、专文、人物、统计资料、附录外，其余均为条目体，下设二级栏目，二级栏目下设分目，分目下设条目。

六、本年鉴反映2009年1月1日至12月31日情况，文内一般直书月、日、年内，不再书写年份。

七、本年鉴所用文稿，均由区属各部门各单位和驻区有关单位专人撰写或提供，并经主管负责人审核。统计数字由朝阳区统计局提供。图片由各有关单位提供。

八、本年鉴由《北京朝阳年鉴》编辑部负责编辑，编辑部设在朝阳区地方志编纂委员会办公室。在编辑出版工作中得到全区各部门各单位的大力支持和帮助，在此一并表示衷心感谢。年鉴中存在的不足和疏漏之处，恳请读者批评指正。

5月31日，中共中央总书记、国家主席、中央军委主席胡锦涛到芳草地国际学校与中外小朋友一起画京剧脸谱

中共中央政治局常委、中央政法委书记周永康视察建外街道“平安国庆”安保工作

市委书记刘淇、市长郭金龙视察崔各庄乡大望京村城乡一体化试点工作

国防部长梁光烈、民政部部长李学举等领导视察望京街道应急指挥宣教中心

司法部部长吴爱英视察建外国庆安保工作

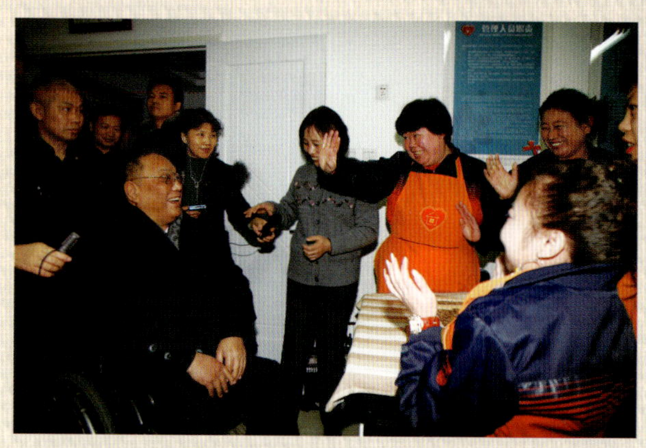

邓朴方视察望京花家地南里温馨家园

国土资源部部长徐绍史到崔各庄乡调研

市人大主任杜德印、副主任刘晓晨到高安屯垃圾处理中心调研

市委副书记、市长郭金龙出席仰山公园植树活动

市委副书记、政法委书记王安顺到建外街道南郎社区慰问

市委常委、统战部长牛有成视察郊野公园建设

副市长苟仲文检查南湖输气站

副市长黄卫到双井检查工程进展情况，并与拆迁居民亲切交谈

副市长丁向阳现场体验社区服务热线系统

副市长夏占义视察崔各庄乡京旺家园

市检察院检察长慕平、区委书记陈刚为朝阳检察院恢复重建30周年回顾展揭牌

区委书记陈刚与“小红帽”志愿者代表亲切交谈

区人大常委会主任王力军到香河园调研，参观残疾人手工制作

区长程连元调研婚姻登记工作

区政协主席辛燕琴视察朝阳公园中心岛剧场

区人大十四届四次会议

区政协十一届四次会议

人大代表与选民座谈

政协委员专题议政建言献策

领队

阅兵式

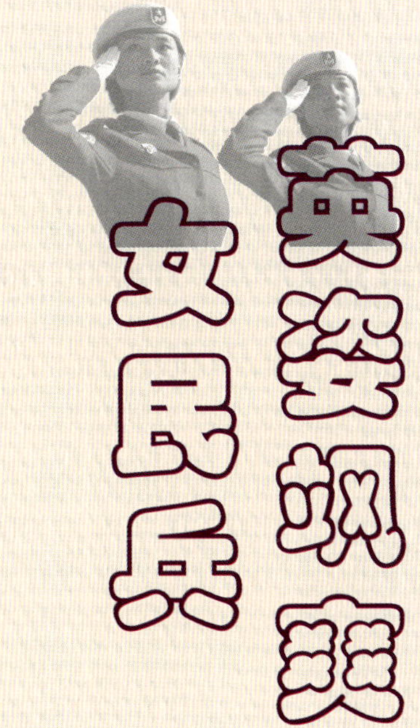

分列式

分列式

框子兵训练

精确测量步幅距离

练习抬腿压脚尖

夜 训

与武警合练

火线入党

受阅女民兵方队凯旋

受阅女民兵事迹报告会

受阅女民兵事迹报告会

庆 功

表 彰

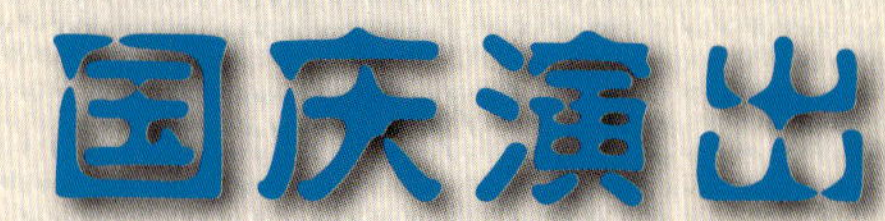

欢 呼

国庆日小图

微 笑

就 餐

共和国同龄人

共和国同龄人大队组成的“60”造型

合 练

训 练

与祖国共庆生日

乐在其中

“浴血奋斗”方阵气势恢宏

国庆彩车组装场地全景

彩车村——朝阳体育中心

参加天安门广场国庆联欢

人口计生委举办“同庆和谐盛世 共创美好朝阳”主题庆祝活动

国庆诗歌朗诵

国庆60周年交通安保动员誓师大会

庆“七一”歌咏比赛

迎国庆千人笔会

红五月职工合唱大赛

新婚夫妇植树活动

快速机动保洁队

与祖国同庆生日

志愿服务

外国朋友积极参与站台文明宣传活动

区妇联举办“家庭文化周”家庭才艺展示

“我与国策共成长”征文演讲比赛

建外地区“放歌和谐建外、喜庆六十华诞”七一歌咏大赛

流动人口才艺展示

“小红帽”志愿者为798艺术园区游客指路

国庆城市志愿者站点

和平街街道非公企业党史国史知识竞赛

十八里店地区第四届时尚家居文化舟

迎国庆京剧选拔赛

“放歌和谐建外、喜庆六十华诞”七一歌咏大赛

酒仙桥街道社区艺术团庆祝建国60周年文艺演出

呼家楼街道举办庆祝新中国成立60周年巧娘作品展示

残疾人迎国庆文艺汇演

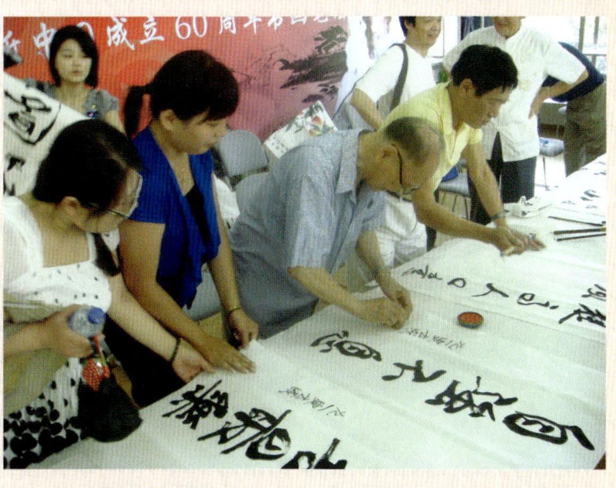

庆祝新中国成立60周年书法笔会

军警民庆八一、迎国庆联欢会

迎国庆书画展

九十七中学师生喜迎国庆

庆祝新中国成立60周年巧手作品展中精美的蛋雕艺术

庆祝新中国成立60周年京剧比赛

建外地区庆八一迎国庆文艺演出

国庆60周年服务保障表彰大会

社区居民参观新中国成立60周年成就展

潘家园街道歌舞迎国庆

区水务局援建什邡项目

高技能人才总结暨表彰大会

区质监局对游乐设施进行联合检查

欢乐嘉年华游乐演练

小学生参观朝阳水务教育基地

区人力社会保障局新局揭牌仪式

"祝福祖国"——朝阳区教师书法笔会暨教师摄影图片展

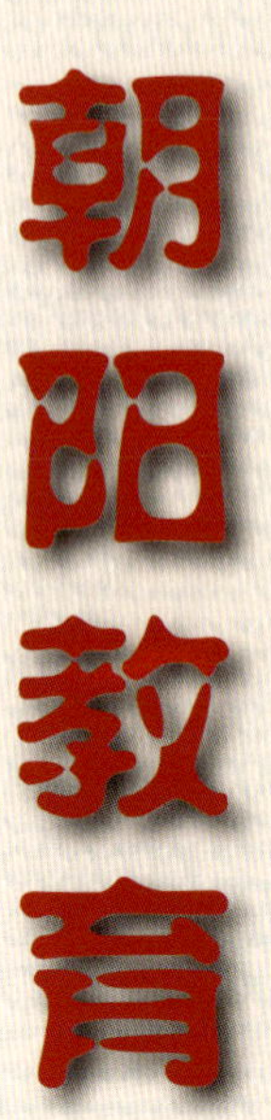

朝阳教师合唱团庆教师节演出

名师工程课题开题

朝师附小的孩子们聆听德国著名科普作家马廷·策尔西演讲

邀请法国著名儿童画家——"卡梅拉之父"进校园

求实职业学校举办全国第32期职业核心能力师资培训班并被授予国际职业能力核心项目试点单位

京什两地同升旗——四川洛水小学

名师教学特色展示

志愿者传递旗帜

防控甲型H1N1流感

短信创意大赛

全民健身启动仪式

机关干部运动会

体育六进社区启动仪式

全民健身体育节

新建居家工程

国民体质监测

和谐社区杯乒乓球赛

全民健身日主题活动

万人太极拳表演

国庆游园群众体育活动

国庆游园群众体育活动

国庆游园群众体育活动

中俄青少年射击锦标赛

双拥篮球赛

全民健身大讲堂

“关注民生，点亮温情”大型公益活动

位于平房地区的大戏楼吸引外国朋友前来品尝北京小吃

双井街道启动朝阳区首家流动人口之家，并开设女子读书社

松榆西里社区活动室揭牌

王四营地区党员服务中心揭牌

朝外地区第三届春分朝阳民俗文化节

双井街道举办“欢乐社区行”活动

香河园街道举行《拾香》社区报发行仪式

平房地区干部群众喜看《百姓平房周报》

街道居民趣味比赛

呼家楼街道能人马艺华的低碳生活——废纸制青铜

失业人员专场招聘会

英国使馆文化处参观酒仙桥街道社区文化馆

与老红军共话和谐

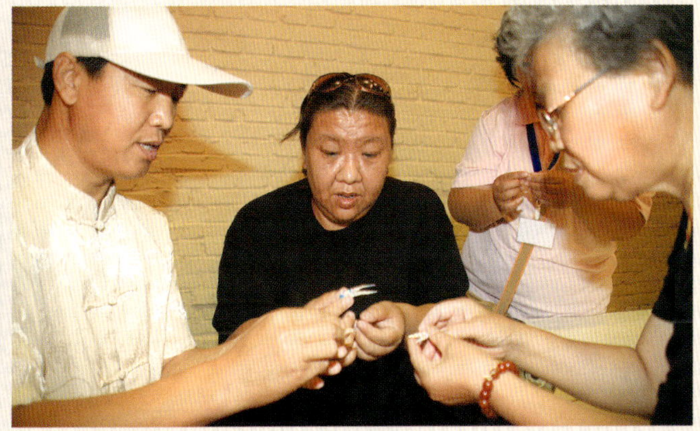

素有“面塑冯”之称的民间艺术家冯三杏展示面塑技艺

社区居民一起包粽子

迎国庆京剧票友大赛海报

崔各庄乡除夕大联欢

大山子社区居民喜过腊八节

幸福一村社区老物件展览

小红门乡群众兴高采烈地拿到回迁楼新房钥匙

双拥共建鱼水情

平房地区社会单位为爱心家园捐款献爱心

香河园街道举办迎新春楹联书画笔会

王四营地区“清风和谐杯”书法绘画作品比赛颁奖

高碑店乡举办非洲美食文化节

麦子店地区中外儿童欢度六一

亚运村街道祁家豁子社区举行残疾人艺术展

双井街道举办“我们的家园”儿童绘画比赛

十八里店乡吕家营村诗书画协会会员们苦练才艺，为国庆献礼

空竹队献绝技

望京第五届中外邻居节——社区的孩子们带来童真版千手观音

社区居委会换届选举，居民户外投票

老党员投下神圣一票

社区居委会换届选举大会

村党总支换届选举

社区党总支换届选举

崔各庄乡大望京村农民新村建设开工仪式

高碑店乡高碑店村新农村建设启动

新农村建设

来广营乡农民新村——朝来家园

高碑店乡高碑店村西区改造工程

将台乡将府家园敬老院开业

郊野公园建设

十大郊野公园开园仪式

望湖公园开园

王四营地区白鹿郊野公园开园

管庄地区八里桥公园建成开园

小红门乡鸿博郊野公园开园

郊野公园景色

建设中的朝阳

常营在建经济适用房

东柳在建廉租房

豆各庄已竣工经济适用房

常营在建限价房

福临家园在建廉租房

福临家园在建住宅

光华路SOHO工程

在建首开知语城工程

目　　录

大事记

特　载

专　文

政党　团体

政权　政协

政法　军事

工商 贸易 旅游

农业　水利　气象

园区建设

综合经济管理

财政　税务　金融

城市建设

城市管理

科技　教育

文化　体育　卫生

社会生活

地　域

人　物

统计资料

附　录

大 事 记

1 月

4 日　全区社区党组织换届选举工作全面启动。

6 日至 8 日　政协朝阳区第十一届委员会第四次会议召开。

7 日至 10 日　朝阳区第十四届人民代表大会第四次会议召开。

9 日　市政协主席阳安江到区视察垃圾分类处理工作。

10 日　区人大常委会举行代表工作"达标评优"总结表彰会。

15 日　区政府与北京银行签订战略合作框架协议。

16 日　举行 2009 年新春团拜会。

20 日　农村城市化工作会议召开。

22 日　全国政协副主席邓朴方到花家地南里社区残疾人温馨家园视察。

2 月

10 日　党风廉政建设暨推进廉政风险防范管理工作会议召开。

12 日　上海市浦东新区到区考察奥运期间新闻宣传及人文奥运建设情况。

13 日　社会建设会议召开。

16 日　综合经济工作会议召开。

18 日　本区与延庆县召开友好合作座谈会，并就今年合作项目进行签约。

19 日　区政府与华侨城集团签署战略合作协议。

22 日　全区 313 个社区党组织换届选举工作完成。

26 日　政法、维稳、信访工作会议召开。

27 日　第一批深入学习实践科学发展观活动总结暨作风建设年动员大会召开。

3 月

3 月 1 日　国防部长梁光烈、民政部部长李学举等领导到望京，对街道应急指挥宣传教育中心进行视察、指导。

11 日　第二批深入学习实践科学发展观活动正式启动。

12 日　本区与邯郸市举行战略合作协议书签约仪式，正式结为友好市、区。

23 日　绿化美化总结表彰暨动员大会召开。

24 日　区保密委员会工作会议召开。

28 日　以"共建绿色家园"为主题的共和国部长义务植树活动在仰山公园内举行，185 名部级领导出席。

31 日　国内首批国际青少年绿色志愿者工作站落户本区。

4 月

10 日　感动朝阳 2008 年度十大新闻事件十大新闻人物揭晓。

12 日至 17 日　区政协与四川省什邡市开展"同在蓝天下，快乐共成长"手拉手活动。

13 日　市委书记刘淇到区调研完善大学生村官、社工长效管理机制。

14 日　"朝阳规划艺术馆"举行开工仪式。

16 日　市委副书记、政法委书记王安顺到平房地区调研平安建设。

28 日　区政协举行"保增长、保民生、保稳定"专题议政会。

29 日　党政领导干部大会召开。

* 区政协港澳台侨委员会成立。

* 郊野公园开园仪式举行。

5 月

8 日　"防灾减灾日"主题宣传周启动仪式举行。

13日 “信心2009——北京市朝阳区商务旅游高层研讨会”举办。

25日 “创意朝阳信心未来——第二届北京朝阳文化创意产业精英榜”颁奖典礼举行。

26日 承德市党政代表团到区考察调研。

* 长春市朝阳区考察区文化创意产业。

31日 中共中央总书记、国家主席、中央军委主席胡锦涛到芳草地国际学校看望中外小朋友。

6月

1日 第九届科普游园会暨大病特困少儿百万救助行动启动。

5日 聘请第九届政府特约工作人员大会召开。

30日 纪念建党88周年座谈会召开。

7月

2日 刘淇视察大望京村城乡一体化试点工作。

4日 新中国成立60周年庆祝活动筹备工作动员大会召开。

18日 推进城乡一体化暨土地储备工作动员大会召开。

22日 CBD东扩区规划方案征集说明会暨新闻发布会召开。

23日 中共朝阳区委召开十届十次全体(扩大)会议。

24日 区政府与中国移动通信集团北京有限公司、TD产业联盟举行中国“移动谷”新移动通信产业战略合作签约仪式。

8月

18日 上海长宁区代表团到区考察。

27日 区政府机构改革工作全面启动。

31日 网上审批工作动员大会召开。

9月

9日 庆祝新中国成立60周年千人笔会活动举办。

11日 纪念地方人大常委会成立30周年专题讲座举办。

16日 刘淇到区调研“两新”组织和基层社区党建工作。

23日 庆祝新中国成立60周年暨《辉煌朝阳60年》出版发行座谈会召开。

25日 中共中央政治局常委、中央政法委书记周永康到建外街道视察国庆安保工作。

28日 区四套班子领导参加通惠河滨水景观庆丰公园开园仪式。

29日 学习贯彻党的十七届四中全会精神暨第二批学习实践科学发展观活动总结会召开。

10月

9日 巡视工作正式启动。

12日 第十届北京CBD国际商务节开幕。

15日 第六届京津塘科技新干线论坛在本区开幕。

22日 区发展研究中心挂牌成立。

26日 日本东京都大田区政府代表团、议会代表团访问本区。

29日 台湾亲民党副秘书长朱瓯带领部分台湾亲民党成员及相关社团代表一行来区参观交流。

11月

3日 全国政协港澳台侨委员会在京委员来区参观考察。

4日 新中国成立60周年庆祝活动总结表彰大会召开。

5日 区政府与中国科学院生物物理研究所签订《发展生命科学产业长期战略合作协议》。

8日 “朝阳区国声京剧艺术团”成立。

17日 区“十二五”规划编制工作启动。

23日 刘淇到区调研商业物流业发展。

12月

4日 领导干部经济责任工作会议召开。

17日 区政府举办第三届朝阳人口与发展论坛。

18日 区第二轮地方志书编纂工作启动。

30日 区政协举行新年茶话会。

特　　　　载

攻坚克难　再创优势
在更高层次上推进朝阳又好又快发展

——2010年1月5日在中国共产党北京市朝阳区十届十一次全体(扩大)会议上的报告

中共朝阳区委书记　陈　刚

各位委员、同志们:

本次全会的主要任务是:认真贯彻落实党的十七大、十七届四中全会、中央经济工作会议和市委十届七次全会精神,总结2009年工作,研究部署2010年任务。

下面,我受区委常委会委托,向全委会报告工作。

2009年工作回顾

2009年是新中国成立60周年,是奥运后发展的第一年,也是积极应对国际金融危机的关键之年。在任务重、要求高、压力大的形势面前,区委总揽全局、协调各方,按照"解放思想、传承奥运、再创优势"的总体要求,提出了"四个走在前列"和再创"三个新优势"的工作目标,团结带领全区广大党员干部群众坚定信心、迎难而上,奋力拼搏、埋头苦干,圆满完成了全年各项任务,实现了发展水平和发展质量的进一步提升。回顾2009年工作,主要有三方面特点:

一、迎难而上、化危为机,"三保"工作取得决定性胜利

面对金融危机的冲击和考验,全区上下按照"动起来、统起来、严起来"的要求,全力以赴、有效应对,变压力为动力,化危机为机遇,全面完成了"三保"任务。保增长目标圆满实现。围绕年初确定的地区生产总值和财政收入增长9%、10%的目标,调结构、拉投资、促消费,将税源建设与帮扶企业相结合、招商引资与优化环境相结合、突出重点与整体推进相结合,采取一系列措施最大限度地降低危机造成的影响。突出功能区的辐射带动作用,加快产业结构调整和升级,CBD东扩和电子城北扩获市政府批准,奥运功能区运行良好,定福庄、垡头储备区建设全面启动,温榆河储备区规划建设步伐加快,为经济增长提供了强劲动力。以大望京村城乡一体化改革试点为契机,大力实施"三提高"工程,启动农村土地储备工作,探索出城乡结合部可持续发展的新经验,农村城市化迈出新步伐。经过全区上下的共同努力,区域经济逐步走出低谷,从二季度开始逐季向好。全年预计实现地区生产总值2000亿元,同比增长9.6%;完成区级财政收入190.7亿元,同比增长13.3%,主要经济指标胜利完成。保民生工作扎实推进。围绕"五无"目标,研究制定统筹改善民生的配套政策,解决了一批群众反映强烈的重点难点问题。实施就业促进政策,全力稳定就业形势,统筹推进社会救助、社会福利、养老服务等工作,城乡社会保障体系不断完善。加大优质教育资源引进力度,加快推动教育资源合理布局和标准化建设,进一步完善公共卫生体系、医疗保障体系和社区卫生服务体系,加强公共文化服务体系建设,加快政策性住房建设,切实满足群众需求。积极培育社会组织,推进社区规范化建设,完善社区工作组织体系,社会建设全面推进。保稳定局面持续巩固。立足长效,持续深化基层平安工作,积极推进社会维稳风险治理与科学管理体系建设,细化立体化防控各项措施,深入研究部署金融危机形势下的维稳工作,加强就业、社保等领域的矛盾纠纷排查,广泛开展人民内部矛盾调解。强化安全生产和食品安全监管,进一步加强公共卫生建设,周密部署、扎实有效开展甲型H1N1流感防控工作,维护了人民群众生命健康安全。

二、全区动员、全力以赴,国庆筹办任务出色完成

做好国庆筹办工作是2009年第一位的政治任务,是继奥运会之后对全区党员干部作风和能力的又一次集中考验,我们全面动员、严密组织,出色完成了各项服务保障任务。实现全方位统筹。区委认真贯彻落实中央、市委要求,在全市率先成立区级筹办工作领导机构,构建"1+11+43"组织指挥体系,明确任务、细化方案,精心部署、狠抓落实,最大限度地发挥资源的整合效应、力量的集成效应,实现了体系高效、运转有序。实现高标准保障。扎实开展国庆平安行动,围绕国家安全和国庆安保工作,强化信访风险评估,认真排查安全隐患,深化群防群治工作,加强社会面管控,实现了"大事不出、小事也不出"。精心开展环境整治工作,推进城市管理长效建设,美化了城市空间,提升了城市品质。坚持全区动员、全民参与,广泛开展"迎国庆、讲文明、树新风"活动和丰富多彩的群众文化活动,营造了喜庆热烈、欢乐祥和的国庆氛围。全区上下以超常规的付出圆满完成了群众游行、联欢晚会、环境整治、安全保障、新闻宣传、女民兵方队和阅兵服务保障等七大项任务,确保了新中国成立60周年系列庆典活动的成功举办。实现高水平展示。女民兵方队争风采、创一流,英姿飒爽,成为阅兵式上的靓丽风景;群众游行联欢和背景表演毫秒不差、精美壮观,创造了令人震撼的艺术效果;广大基层干部群众和社会单位忠于职守、无私奉献,凝聚成服务保障的生力军;12万名社会志愿者和城市志愿者精神抖擞、热情服务,充分展示了"城市名片"的风采。朝阳区国庆服务保障工作得到了中央和市委、市政府的高度肯定,得到了广大群众和社会各界的一致认可。

三、总揽全局、协调各方,党的建设进一步加强

区委始终把党的建设放在首要位置,深入落实全市"作风建设年"的要求,带领全区各级领导干部践行"五个楷模",增强荣誉、统筹、协作、靠前、效率"五个意识",提高应对金融危机、领导科学发展的能力,为完成"三保"中心工作和国庆筹办任务提供了坚强的政治保障。科学发展观学习实践活动取得显著成效。紧密联系奥运后的发展形势,围绕"优化发展思路、统筹改善民生、完善体制机制、提高执政能力"的主题,扎实有序地推进全区第一批学习实践活动整改落实、第二批学习实践活动开展及"回头看"工作,以落实"三保"措施、做好国庆筹办工作检验学习实践活动成效,巩固和扩大学习实践成果,为推动朝阳科学发展奠定了坚实基础。干部人才队伍建设取得新进展。创新考核评价机制,制定《关于建立促进科学发展的领导班子和领导干部考核评价机制的意见》及相关配套办法,提高考核的科学性和实效性。抓住"一把手"用人行为试点契机,坚持开展"一报告两评议"工作,扩大干部选任中的民主;健全干部管理机制,把干部监督工作贯穿于干部教育培养、选拔任用、日常管理的各个环节。坚持德才兼备、以德为先,充实重点功能区和重点工程领导班子,集中调整处级后备干部,通过街乡助理选拔等形式培养年轻干部,采取与兄弟区县互派干部等方式提高干部能力素质,为朝阳发展储备干部。大力推进海外学人工作,加强高层次人才队伍建设,积极推进"大学生村官"和"大学生进社区"工作,增强人才集聚效应,人才发展环境不断优化。聚合力工程进一步深化。按照"建组织、建阵地、建服务体系"的要求,制定《关于落实科学发展观进一步深化聚合力工程的意见》,基层党建工作系统性有效增强。初步建立区级党代表任期制工作体系,逐步推进乡党代表任期制试点,开展党员主体地位的实现途径和落实措施等问题研究,探索创新基层党内民主实现途径。激发基层党组织创新活力,积极探索农村基层组织管理模式,带动城乡结合部地区党建工作;加强社会领域党建,实现社会工作党委在23个街道全覆盖,建立了127个社会工作党组织和党建服务站,辐射151栋商务楼宇,启动乡级党员综合服务中心、村级党员活动站建设,涌现出一批党建新品牌,基层党建创新取得显著成效。党风廉政建设不断加强。广泛开展党性党风党纪教育,认真开展制止公款出国(境)旅游专项治理,大力开展厉行节约各项工作。围绕"三保",加大对重点项目、重点工程和土地储备的监督检查力度。推进政府绩效考核,建立纠风工作长效机制,切实解决损害群众利益的突出问题。加快构建惩治和预防腐败体系,大力推进廉政风险防范管理工作和巡视工作,强化各级领导干部"一岗双责"意识,将党风廉政建设责任制落到实处;进一步规范和完善工程建设招标投标、土地出让、产权交易、政府采购等制度,努力构建源头防腐的体制机制。始终保持查处案件工作力度,严肃查办了一批干部违法违纪案件。

区委常委会注重加强自身建设，把方向、抓大事，认真履职，严格贯彻民主集中制，坚持重大问题集体讨论、集体决定，一年里先后召开23次常委会、23次专题会，就完成“三保”任务、国庆筹办、加快城乡一体化、推进民主法治建设、以改革创新精神加强党的建设等工作进行研究、做出部署，发挥了总揽全局、协调各方的作用，始终成为引领地区科学发展的领导核心。常委会班子成员密切配合、相互支持，团结带领广大党员干部群众共克时艰、共创机遇、共谋发展，形成了团结、为民、务实、创新、清廉的工作局面。

各位委员、同志们，一年来，面对挑战和压力，全区上下弘扬奥运精神，迎难而上，以坚定的信心、忘我的付出和超强的执行能力，取得了经济增长保卫战和国庆筹办工作的双胜利。成绩来之不易，体会尤为深刻。只有把握主动，才能在融入大局、服务大局中实现跨越式发展。必须牢牢把握朝阳在首都发展中的职责，始终将自身发展融入首都工作大局，主动对接市委、市政府的发展目标和要求，自加压力，奋发有为，以朝阳的率先发展、协调发展、有序发展支撑首都的又好又快发展，为建设“人文北京、科技北京、绿色北京”做贡献。只有勇于创新，才能在传承经验的基础上不断创造发展新优势。面对危机，必须坚持发展不动摇、工作不松劲、创新不停步，在既有的思想基础、工作基础之上，总结经验、锐意进取，努力把握朝阳发展的特点和规律，创造核心竞争力、承载环境、文化文明的新优势，在化危为机、加快发展中探索新动力、新方向和新空间。只有强化作风，才能汇聚起战胜一切困难的强大合力。必须始终围绕“五个楷模”，加强作风建设，不断增强全区各级领导班子和领导干部的责任感、使命感，提升凝聚力、执行力，以优良的作风、良好的状态团结带领广大干部群众坚定信心、攻坚克难，形成迎接挑战、战胜危机的强大合力。

在社会各界的广泛支持和全区上下的共同努力下，我们圆满完成了2009年的各项任务，弘扬了奥运精神，展示了朝阳风采，彰显了城市魅力，得到了市委、市政府的认可和社会各界的好评。这些成绩是全区广大党员干部群众团结一心、顽强拼搏的结果，是区四套班子同心同德、齐心协力的结果，是各民主党派、工商联、各人民团体和各界人士全力配合、共同奋斗的结果，是广大驻区单位和部队无私奉献、大力支持的结果。在此，我代表区委向大家表示衷心的感谢！

面临的发展形势

北京奥运会和新中国成立60周年庆祝活动的圆满成功，标志着首都各项工作站在了新的历史起点，首都的发展进入到全面建设现代化国际大都市的新阶段，发展的优质化、集约化、国际化特征日益明显。首都的发展为朝阳提供了更大的机遇，也提出了更高的标准和要求，如何在激烈的竞争中再创优势，是当前我们面临的重要考验和重大课题。

去年底召开的中央经济工作会议，在全面分析当前国际国内经济形势的基础上，要求我们重点在促进发展方式转变上下功夫，在发展中促转变，在转变中谋发展。刚刚结束的市委十届七次全会，深刻分析了首都发展面临的形势，强调要适应国家国情国力和国际地位的新变化，准确把握首都发展的规律性特点，着力推动世界城市建设的新目标，推动首都新一轮科学发展。中央和市委的要求部署，给我们应对挑战、把握机遇、加快发展指明了方向。全区各级党组织和广大党员干部一定要按照中央和市委的要求，适应首都新一轮发展的新要求，进一步把思想聚焦到再创“三个新优势”、努力实现“四个走在前列”的工作目标上来，加快提升全域国际化水平，面向“十二五”谋求更高层次的又好又快发展。

在更高层次上谋求发展，必须对首都新一轮发展的新要求有深刻的认识。在首都发展的新阶段，市委、市政府要求我们瞄准建设国际城市的高端形态，从建设世界城市的高度，审视首都的发展建设，突破城乡结合部、人口资源环境等瓶颈制约，提高科学发展的水平、规划建设的档次和服务管理的水准，着力抓好国际大都市建设，进一步提高首都现代化、国际化水平。首都建设世界城市目标的提出，为朝阳区谋求更高层次的发展创造了历史良机。朝阳作为首都的城市功能拓展区和国际功能集中承载区，经过多年的发展，已经初步具备了国际交往的重要窗口、中国与世界经济联系的重要节点、对外服务业发达地区的城市功能。首都建设世界城市，朝阳责无旁贷。我们必须充分认清首都工作对朝阳的新要求，突出国际化特征，推进全域国际化，吸引国际化的资本流、信息流、人才流，率先建设首都国际机构集聚区、高端产业集聚区、国际人才集聚区，在融入世界大潮流中实现新的发展和提升。

在更高层次上谋求发展，必须对再创朝阳发展的新优势有深刻的认识。朝阳区经过多年的快速发展，正在进入国际化、高端化、内涵式发展的新阶段。这一阶段，结构调整加速，要素集聚加快，各地区竞争日益激烈，区域发展日益由硬实力单轮驱动转变为软硬实力双轮驱动，调整经济结构迫在眉睫，转变发展方式势在必行，再创新的优势关乎成败，谁能在新一轮发展中占得先机，谁就能在首都世界城市的建设中先行一步。要努力创造核心竞争力的新优势，以国际化的视野、战略性的思维,统筹国内国际两个市场、两种资源,提高自主创新能力,打造符合首都发展要求、区域功能定位的高端产业功能区,加快要素集聚,突出产业特色,培育国际品牌,全面提升核心竞争力。要努力创造承载环境的新优势,倡导节约、环保理念,构建城乡一体的发展规划体系、基础设施建设体系、数字化城市管理体系、民生工作体系、生态文明建设体系,全面提升发展承载力。要努力创造文化文明的新优势,巩固和深化人文奥运成果,培育具有奥运特质、区域特色的朝阳精神,培育具有持久竞争力的文化创意产业品牌,培育具有广泛引领作用的文明标准和行为规范,全面提升文化文明水平。

在更高层次上谋求发展,必须对我们面临的问题有深刻的认识。通过诸多重大任务的锤炼,我们培养了一支高素质的干部队伍,这是我们在更高层次上谋求发展的中坚力量和基础所在。面对朝阳区发展的新形势、新任务、新挑战,各级领导干部在工作方法、能力和作风上还有一定差距。突出体现在:面对快速发展的态势、各地激烈的竞争,对再创新优势的认识不够深,创造新机遇的动力不够足,提升新实力的办法还不够多,忧患意识和进取意识有待进一步增强;面对发展中遇到的突出问题和制约瓶颈,统筹协调的力度还不够大,改革创新的意识还不够强,政府职能还需进一步转变;面对国庆后各种社会矛盾可能会反弹、新矛盾可能会爆发、安全稳定压力进一步增大的形势,部分干部还存在松懈、侥幸心理,整合资源、夯实基础、创新思路的意识还不够强;面对中央、市委的新要求和人民群众的民生新需求,少数干部艰苦奋斗、廉洁自律和为民服务的意识还不够强,铺张浪费和贪污腐败的现象还时有发生。我们必须对这些问题有清醒的认识,切实按照十七届四中全会的新要求,创新工作方法,改进工作作风,为谋划更高层次的发展奠定坚实的基础。

2010 年是全面完成“十一五”规划任务的关键之年,也是巩固应对危机成果、转变发展方式的关键之年。我们要清醒地看到,今年国际金融危机的影响仍然存在,经济回升的基础还不牢固,我们的任务不减、压力不减,困难不少、挑战不少,群众期待更高、期盼更切,面临的发展形势依然不容乐观。我们必须时刻怀有等不起的紧迫感、慢不得的危机感、坐不住的责任感和“心忧滑坡”的使命感,进一步解放思想、凝聚共识,保持筹办奥运和国庆的精神意志,创造性地做好全年各项工作,力争在更高层次上谋求更大的发展。努力做到:

既要善用机遇,更要善创机遇。弱者坐待时机,强者创造时机。我们要把握好首都新一轮大发展的良机,善用机遇、善创机遇,创造条件、吸引关注、争取支持、主动出击,积极融入首都世界城市的建设中谋发展,进一步提升发展地位;要牢牢抓住 CBD 东扩、电子城北扩、土地储备等机遇,加快结构调整,转变发展方式,增强核心竞争力,持续推进朝阳区又好又快发展。

既要重视硬实力,更要重视软实力。软实力是决定城市竞争力的长期性、基础性和战略性要素。我们在改善硬实力的同时,必须更加重视文化文明的提升、城市精神的弘扬、城市文化底蕴的培育,要以创建全国文明城区为契机,大幅度提升城市文明形象、增强市民文明素质、加快文化产业发展,促进城市硬实力与软实力的协调发展和良性互动。

既要创新有为,更要风清气正。有为才能有位。要时刻常思我们肩负的责任,兢兢业业,潜心研究,把握规律,创新思维,科学谋划好朝阳更高层次的发展。要把廉洁当作从政的根本,时刻检视自己的行为,始终坚持勤俭节约、艰苦奋斗,多为群众办好事、办实事,以真情的投入和扎实的工作,化解社会矛盾,赢得群众信任。

2010 年工作重点

2010 年工作的指导思想是:全面贯彻党的十七大、十七届四中全会和中央经济工作会议、市委十届七次全会精神,深入落实科学发展观,攻坚克难,再创优势,全面完成“十一五”各项任务,以再创“三个新优势”的显著成效,深入实践“四个走在前列”,推进朝阳区在更高层次上又好又快发展,率先为首都建设世界城市和“人文北京、科技北京、绿色北京”做贡献。

2010 年的主要指标是实现地区生产总值、区级财政收入分别同比增长 9%,城市居民人均可支配收入和农村居民人均纯收入分别增长 8%。完成这样的任务,要努力在五个方面取得新突破:

一、抢抓历史机遇,在提高经济发展质量上取得新突破

2010 年是经济复苏的关键之年。我们要牢固树立机遇意识和国际化发展理念,突出总部经济的战略地位,坚定国际化、高端化、多元化的发展方向,在结构调整中保增长、在质量提升中扩规模、在深化改革中促发展,不断提高经济发展质量。

坚持经济发展高端化。巩固朝阳区国际金融主集聚区地位,建设首都最富活力的消费中心,不断提高区域经济增长的能力。围绕总部经济中心建设,在积极吸引世界 500 强企业入驻的同时,吸引科技、文化、体育、会展、旅游、咨询等国际组织总部、跨国公司的区域总部,以及国内大企业集团和大型民营企业集团设立的地区总部和研发、营销等职能型总部入驻朝阳,形成强劲的龙头带动效应和集聚优势。积极推进要素市场建设，加快大宗商品交易、艺术品交易、期货等股权投资市场建设，加大重点项目、重点企业的招商力度，推进高端发展要素加速集聚，激发经济增长活力。

坚持功能建设高效化。深入研究先进地区重点功能区的定位和特色，加强与周边省市的交流合作，坚持以我为主、突出特色、错位发展的原则，做大做强支柱产业，提升集约发展、联动发展、协调发展功能。积极发展低碳产业、低碳技术、低碳建筑、低碳交通等，全力打造绿色生产体系、绿色消费体系和绿色环境体系，探索功能区低碳发展模式。CBD功能区要加快实施东扩战略，推进国际金融机构主集聚区、CBD——定福庄传媒产业走廊、金盏金融服务园区建设，进一步提升经济带动力、发展辐射力和国际影响力。电子城功能区要统筹多元要素，提高创新研发能力，推动高新技术、科技服务向纵深发展，建设电子信息产业创新高地。奥运功能区要争取政策支持和突破，加快文化体育、旅游休闲、会展服务等现代产业集聚，突出核心功能。垡头、定福庄、温榆河生态走廊三大储备区要加大区域统筹，加快基础设施建设、重点项目推进、环境品质提升，在提高承载力和产业项目实化上取得重大进展。

坚持发展环境优质化。全面启动"十二五"重点课题及专项研究，高标准编制"十二五"规划，形成指导区域发展的思路措施。围绕构建高效服务型政府，加快完善促进经济发展方式转变的体制机制，加快建立绿色审批通道长效机制，建立更加快速、更加简化、更加协调、面向基层的行政服务模式，集中力量抓好大项目引进和落地工作。加强税源建设，既要加大对区域内重点企业的跟踪服务力度，更要注重前景产业的有效培育，推进内源型经济发展。

二、加强探索创新，在加快农村城市化上取得新突破

加快农村城市化是2010年全区工作的攻坚战，也是完善六大功能区布局的攻坚战。要创新思路、集成政策、突破难点，探索农村城市化的新模式，为全市解决城乡结合部发展难题提供有益经验。

着力优化城乡建设布局。按照首都建设世界城市的要求，优化城乡空间、功能和产业布局，实现优势互补与联动发展。全面完善城乡规划体系，调整绿化隔离地区"一乡一策"规划，有效对接六大功能区发展规划，使城乡人口规划、产业规划、土地利用规划和空间规划"四规合一"。统筹土地储备区域产业发展，突出总部经济和楼宇经济，加快大项目集聚、大企业引进，形成城乡一体的产业布局。加大对农村地区尤其是东部储备区域市政设施建设的倾斜力度，扩大商业服务、休闲娱乐、邮电通信、公共交通等设施的规模，逐步将农村基础设施配套建设纳入城市建设之中。

统筹推进土地储备开发。按照"六位一体"的要求，带动拆迁腾退、住房安置、劳动就业、社会保障、产业发展、体制机制改革等各项工作，统筹解决城乡结合部突出问题。加大规划支持和实施力度，加快土地收储、供应进度，加强后续大项目的谋划与储备，坚定不移地推进拆迁和农民整建制转居、进入城市社会保障体系等工作，提高资金周转的安全性，增强工作的实效性。切实维护农民利益，注重解决城市化进程中涉及群众生活、公共服务的具体问题，加强土地储备过程中集体土地和房屋建设管理，坚决遏制非法占地和违法建设，切实维护农民合法权益。

深入破解体制机制难题。以破解城乡二元结构为着力点，深入研究综合配套改革措施，积极探索适应城乡结合部发展需求的新型体制。加强公共财政体制建设，提高农村体制财力，以基本公共服务均等化为方向，完善教育、卫生、文化、体育等设施，推动公共服务向农村覆盖。加强城乡结合部公共设施建设，逐步将农村地区道路养护、绿化、保洁纳入城市管理范畴。加强集体经济管理，推进崔各庄、孙河、金盏等乡集体经济产权制度改革和村级集体经济产权制度改革，为建立乡级统筹的新型经济管理体制奠定基础。

三、创建文明城区，在改善民生提升社会和谐上取得新突破

创建全国文明城区是提升社会和谐的重要载体。2010年是三年争创活动的关键年，全区各级党委、政府必须站在全局的高度，始终把改善民生作为创建工作的出发点和立足点，切实将创建文明城区的成效体现在提升社会和谐上，让全区人民共享创建成果。

全面提升文明创建水平。完善人文奥运朝阳模式，深入巩固奥运筹办、国庆筹办精神文明建设成果，培育具有奥运特质、区域特色的朝阳精神。围绕社会主义核心价值体系建设，强化"十百千"品牌效应，提高窗口行业服务水平，推动志愿服务专业化发展，广泛开展双拥共建活动，争创全国双拥模范城"五连冠"，营造共树新风尚、共守新规范的和谐氛围。深化学习型城区建设，完善终身学习服务体系，积极倡导低碳环保的生活理念，提高公众科学文化素养，增强市民文明素质。建立舆情研判制度，完善信息发布制度、媒体监督办理反馈制度，提高引导社会舆论的针对性和实效性。

统筹解决民生问题。坚持从解决人民群众最关心、最直接、最现实的利益问题入手，完善配套政策、探索长效机制、健全工作体系，始终维护好、实现好、发展好广大人民群众的根本利益。坚持教育公益性质，加快公办幼儿园建设，推进农村教育现代化，改善流动人口子女接受义务教育的条件,促进教育均衡优质发展。健全公共卫生体系,实现社区卫生服务城乡全覆盖,为群众提供安全有效、方便价廉的医疗卫生服务。加快社会组织建设,加强社会动员,推进城乡就业、社会救助、文化服务一体化,深化社区服务站建设,探索政府购买服务的新模式,实现民生改善、社会发展。充分把握国际群体需求,推进国际教育、国际医疗、文化娱乐、信息咨询、社会服务等涉外服务设施系统配套,营造国际化氛围,加快国际化进程。

科学建设管理城市。加强基础设施建设,优化区域路网布局,完善生产、生活、管理配套设施,提升城市功能。稳步推进危旧房改造,多渠道帮助中低收入和特困拆迁户改善住房条件。加强绿化美化,加大环境整治力度,健全城市环境建设长效机制,深化数字化管理体系建设,推进城市管理的系统化、常态化、精细化。完善城市管理应急体系,加快应急避难场所建设,加强公众安全防范教育,提高抗击灾害风险的能力。

四、深化平安建设,在维护区域安全稳定上取得新突破

确保安全稳定形势不反弹,是2010年全区工作的突出考验。要加强党对政法工作的领导,深入推进社会矛盾化解、社会管理创新、公正廉洁执法和政法队伍建设四项重点工作,将其纳入各级党委、政府的第一责任,纳入"十二五"发展规划,纳入政法机关整体部署,纳入领导班子和领导干部绩效考核范围,不断巩固奥运及国庆安保工作成果,维护区域安全稳定。

不断健全维稳体系。继续完善"一网两库三关",健全维稳分析制度和风险评估机制,落实维稳工作责任制,形成符合我区特点的维稳事件处置工作模式。完善社会面立体化防控模式,加强城乡结合部综合整治,推进社区(村)封闭式管理,深化科技创安,形成网上动态管控体系,巩固专群结合、群防群治的工作格局,夯实平安建设基层基础。推广典型,固化经验,加强无邪教社区的创建工作,提高民族宗教工作制度化、规范化水平。加强对流动人口和出租房屋的实时动态管控,深入落实流动人口"1258"规范管理机制,积极做好流动人口与本地居民的同宣传、同管理、同服务、同投入。以"抓考核、强监管、重教育"为重点,健全责任体系,加强综合监管,构建安全生产长效机制。

深入排查化解矛盾。定期开展问题和隐患排查,切实掌握影响稳定的重点地区、重点群体、重点领域、重点环节,明确责任、限期解决。完善信访工作体制机制,加强督查督办,强化领导包案,着力提高重信重访和信访积案化解率,确保全年无重大重复上访户,坚决避免发生大规模的群体性越级访事件。完善多元化矛盾纠纷化解体系,推进街乡综治维稳信访中心建设,整合安全稳定信息员队伍,强化人民调解、司法调解、行政调解联动机制,充分发挥街乡分中心和各专业调处分中心作用,不断提高对矛盾纠纷的发现力、预警力和化解力。深入研究区域群体性事件发生、演变的规律特点,有针对性地完善应急预案,健全联合指挥协调机制,着力提高群体性事件事前疏导、事中化解和事后总结水平。

切实加强源头治理。始终把解决群众合理诉求放在维稳工作的首位,健全党和政府主导的维护群众权益机制,积极主动地为群众解难题、办实事。强化思想沟通和教育引导工作,针对群众的所思所想所盼,多做面对面的沟通交流,畅通民意表达渠道,消除群众的误解,把问题隐患消灭在萌芽状态。对农村土地储备、开发建设项目等重要工程、重点工作,对涉及群众利益的重大决策,要深入进行稳定风险评估,从源头上预防和减少不和谐因素。坚持把教育、整治、检查结合起来,加强对影响安全稳定的突出问题、多发案件的集中整治,加大网上侦察监督力度,发挥社会舆情中心的作用,做到早预防、早控制、早化解,切实维护稳定局面。

五、强化作风建设,在提高党的建设科学化水平上取得新突破

按照市委要求,2010年是"党员作风建设年"。要坚持改革创新,全面落实市委贯彻《中共中央关于加强和改进新形势下党的建设若干重大问题的决定》的意见精神,深入总结奥运筹办以来全区党建工作的经验,大力弘扬党的优良作风,进一步解放思想、埋头苦干,使各级党组织和党员干部具备更扎实的工作作风、更宽广的发展眼光、更缜密的战略思维和更持久的创新动力,切实提高领导朝阳新一轮科学发展的能力。

探索适应国际化特征的党建工作新思路。根据党情、市情、区情变化需要,按照建设学习型党组织的要求,突出思想政治建设的核心地位,围绕"如何实现科学理论武装"、"如何增强党对群众和社会的组织力、领导力"和"如何建设管理现代化、国际化城市"三个重点任务,健全中心组学习、党员干部教育培训和学习管理激励制度,健全深入学习科学发展观的长效机制,推进学习的科学化、规范化和长效化。要通过学习教育、调查研究等多种方式,建设符合国际化要求的学习型党组织,努力在基层党组织建设、国际化人才队伍建设、统一战线工作、新闻宣传、体制机制建设等方面不断探索新思路、解决新问题、取得新成绩。

建设高素质的领导班子和干部队伍。加强区级班子建设,健全区委总揽全局、协调各方的体制机制,积极支持区人大、区政府、区政协、司法机关和人民团体依法履职,探索全委会发挥作用的新方式,充分发挥区级领导干部争当"五个楷模"的表率作用。以增强党性修养、提高执政能力为重点,建立党性定期分析制度,加强对各级领导干部特别是年轻干部的党性锻炼、基层实践和多岗位磨练,不断提高领导干部把握国际形势的认知力、应对复杂局面的把控力和推进工作的执行力。深化干部制度改革,加强从基层、一线和艰苦岗位选拔干部,推进"一把手"用人行为试点工作,建立健全干部选拔任用提名制度,加大竞争性选拔干部力度,抓好年轻干部、后备干部队伍建设,不断优化领导班子的年龄、专业、知识结构。加强干部监督管理,深化以民主集中制为核心的制度建设,着力强化对主要领导干部、掌管人财物管理使用以及关键部门、关键岗位干部的监督。以高层次、高技能人才为重点,统筹建设各类人才队伍,积极营造吸引人才、有利于人才成长的环境和氛围。

推进基层党建创新。围绕"建组织、建阵地、建服务体系"目标,深化聚合力工程,构建城乡统筹的基层党建新格局。创新社区党组织的活动方式,加强枢纽型社会组织党的建设,加快建立社会领域党建网络化管理体系。以拆迁过程中的农村党建工作、新建小区的社区党建工作为重点,推动农村党组织向社区党组织过渡。加强"两新"组织党建,总结经验,创新形式,把握规律,实现规模以上非公有制企业和商务楼宇党组织组建率和工作覆盖率100%。加强基层党组织负责人队伍建设,深入推进村级"一把手"工程,健全选聘高校毕业生到社区和农村工作长效机制。加强基层党组织文化建设,健全基层党组织服务发展、服务党员、服务群众的网络,不断丰富服务项目和品牌。

加强党内基层民主建设。全面落实党代表任期制,形成区级党代表任期制的制度和工作体系,加大对党代表的教育和培训力度,切实保障党代表履行职责、发挥作用。逐步扩大基层党组织领导班子直接选举范围,圆满完成村"两委"换届选举任务。拓宽党员意见表达渠道,建立健全党内事务听证咨询、党员定期评议基层党组织领导班子成员等制度。建立党委新闻发言人制度,积极探索创新党务公开的有效形式,畅通党员监督渠道,加强对党务公开、政务公开、厂务公开、村(居)务公开落实情况的监督。坚持和完善"三会一课"等基层党内生活制度,构建党内平等交流平台,营造党内民主讨论、民主监督环境。

强化党风廉政建设。突出党员作风建设,加强党性党风党纪教育和廉洁从政教育,密切党群干群关系,树立为民、务实、清廉的形象,以良好的作风为发展提供有力保障。突出预防监督,围绕重要领域、重大项目、重点环节,加大审计审核、效能监察力度,加大专项治理、查办案件工作力度,提高预见性、针对性和有效性。突出制度建设,切实落实"三重一大"制度,深入落实党风廉政建设责任制,探索廉政风险防范管理、干部问责的实现形式,进一步加强和改进巡视工作,完善促进和保障科学发展的政府绩效考核体系,以党风廉政建设的新成效取信于民、造福于民。

各位委员、同志们,2010年的工作充满挑战,更充满希冀。全区上下一定要同心协力,进一步增强使命感、责任感和紧迫感,进一步解放思想、传承奥运、再创优势,以求真务实的作风、开拓进取的精神,扎实工作、不辱使命,努力在更高层次上推进朝阳又好又快发展,率先为首都建设世界城市和"人文北京、科技北京、绿色北京"做出更大的贡献!

政府工作报告

——2010年1月12日在北京市朝阳区第十四届人民代表大会第五次会议上

朝阳区人民政府区长 程连元

各位代表:

现在,我代表朝阳区人民政府,向大会报告工作,请予审议,并请各位政协委员提出意见。

2009 年工作回顾

2009 年,是新中国成立 60 周年,也是积极应对国际金融危机的关键一年。在市委、市政府和区委的坚强领导下,在区人大、区政协的监督和支持下,我区全面贯彻落实科学发展观,解放思想、传承奥运、再创优势,以高度的责任感和使命感,团结奋战、迎难而上,全力以赴保增长、保民生、保稳定,全面完成十四届人大四次会议确定的各项任务,发展水平和发展质量进一步提升。

一、全力以赴保增长,实现经济平稳较快发展

坚决贯彻中央和北京市"扩内需、保增长"的决策部署,创新机制、整合资源,举全区之力打好经济增长保卫战、区域发展攻坚战,经济回升向好趋势不断巩固,应对国际金融危机冲击取得显著成效。主要指标继续稳居全市前列,预计地区生产总值同比增长 9.6%;完成区级财政收入 190.7 亿元,同比增长 13.3%。

保增长工作成果显著。坚决落实区委"动起来、统起来、严起来"要求,建立部门、街乡联动工作机制,强化统筹调度、监督考核和责任落实,形成了全区上下共促发展的强大合力。强化政策引导,制定 44 条保增长措施,安排 6 亿元产业发展资金,出台加快商务楼宇经济发展政策,实施促进房地产业健康发展 10 项措施,构建了多层次、多领域的税源建设政策体系。为企业争取市级帮扶资金 16.6 亿元,为中小企业提供贷款担保额度 5.6 亿元,377 家高新企业通过国家新标准认定。推进网上审批。系统梳理并压缩审批环节,取消审批事项 83 项,3 日内完成审批的项目达到 60% 以上。186 个项目纳入市、区绿色审批通道,促进了重大项目落地,全年开复工面积 3423 万平方米,占全市的 35% 以上。举办时尚消费节等特色主题活动,培育蓝色港湾等消费聚集区,引入沃尔玛等大型商贸企业,消费市场繁荣发展。社会消费品零售额预计 1476 亿元,同比增长 16%。实际利用外资 21.78 亿美元,占全市的 35.6%。新批内资企业 2.4 万家,同比增长 18%。预计全社会固定资产投资 845 亿元,同比增长 15.8%。

发展方式加快转变。坚持一手抓当期增长、一手抓长远发展,大力发展金融、现代商务、传媒等高端产业,着力提高经济运行质量。金融业预计实现收入 1035.5 亿元,同比增长 49%。新增金融机构 50 家,金融机构总量达到 1168 家。现代服务业预计实现收入 4430.7 亿元,同比增长 13%。新引进投资性公司 5 家,19 家世界 500 强企业在我区新设公司。文化创意产业加速聚集,大业传媒集团等重点企业入驻。着力发展新移动通信、新生物医药、新能源等战略性新兴产业,与中国移动、中科院生物物理研究所、中材国际等建立战略合作关系,推进"中国移动谷"等重大项目建设,工业增加值预计增长 10% 左右。自主创新能力不断增强,技术市场交易活跃。专利申请量 8600 件,同比增长 16%;技术合同成交额 103.5 亿元,同比增长 21.8%,我区被列为国家知识产权强区试点。推进循环经济产业园规划建设,加强对重点耗能企业监管,在潘家园松榆里等 2 个社区开展生活污水达标排放试点,对 30 万平方米建筑进行节能改造,万元 GDP 能耗同比下降 5.1%。

功能区带动作用不断提升。CBD、电子城、奥运三大功能区实现区级财政收入占全区的 92.3%,同比提高 2.4 个百分点。CBD 国际影响力进一步扩大,东扩方案得到市政府批准,九歌艺术品交易所、华彬艺术品产权交易所、北京大宗商品交易所相继入驻,核心区一期即将入市,国贸三期主楼基本竣工。电子城功能区加快发展,北扩一期控规获得批复,ABB 三期等项目竣工,中国电信、施耐德电气、恒基伟业等 22 个项目签约入驻。奥运功能区高端文体资源加速聚集,鸟巢、水立方实现营业收入 5.2 亿元,国家会议中心投入使用,国家网球中心新馆开工建设,中国网球公开赛、车王争霸赛等赛事成功举办,奥林匹克公园全年接待游客 4000 万人次。储备区建设步伐加快,温榆河大道开工建设,金盏金融服务园区土地一级开发开始启动,园区道路和标准化写字楼开工建设,德意志银行、安邦财险项目落地。定福庄、垡头功能区和东坝航空商务区的发展规划正在加紧编制。

农村城市化步伐全面加快。统筹推进土地储备工作,优先解决农民安置、产业发展、就业和社会保障问题,完成拆迁腾退 568.5 万平方米。(下转二版)

大望京村城乡一体化改革试点取得突破,拆除老旧房屋 48.6 万平方米,28 万平方米新住宅小区同步建设,储备土地即将分批入市。建成农民新村 83 万平方米,3349 户搬迁上楼。农村体制改革稳步推进,完成崔各庄乡级土地股份制改革和南皋村级产权制度改革试点,14 个乡、125 个村实现村账托管。农村地区 16 个产业项目投入运行,农村经济实现总收入 780 亿元,同比增长 12%。

二、高度关注民生问题,社会事业加快发展

统筹资源,全力解决关系群众利益的实际问题。预计 2009 年城市居民人均可支配收入 2.76 万元,同比增长 8.1%;农村居民人均纯收入 1.66 万元,同比增长 10.2%。

就业保障工作扎实推进。成立就业促进中心,建立失业预警机制，制定实施一系列政策措施，千方百计促进就业，完善社会保障体系。全年开发就业岗位11.1万个，城镇登记失业率1.56%，零就业家庭数量实现动态归零。投入9000万元，为1.4万名农村劳动力解决转移就业和社会保险问题，3809人实现转移就业，转移就业率达到82%。建成48家就业创业见习基地，促进高校毕业生就业。帮助6598名劳动者追回工资2278万元。7.2万名农村居民参加城乡居民养老保险，参保率达到90%，同比提高10个百分点。19.8万名“一老一小”人员、7589名无业居民参加大病医疗保险，城镇社会保险基金收缴率达到97%。投入3310万元，提高新农合筹资标准，大病统筹、基本医疗参合率超过98%，保障水平居全市前列。加大养老基础设施建设力度，居家养老实现全覆盖，社区养老加快推进。加强社会救助，发放救助金1.77亿元，对106户危房进行改造，政策性住房开复工面积732万平方米，3265户家庭得到配租配售。

教育事业稳步发展。推进素质教育，优化结构布局，促进优质、均衡发展。完成54所小学规范化建设，初中校主要指标达到市A级标准。加快优质资源聚集，在与湖北黄冈中学合作建设黄冈华侨城学校之后，北师大朝阳附中正式招生，与人大附中、华中师大一附中又分别签订了合作办学协议。深化“双名工程”，加大培训力度，投入经费6376万元，同比增长159%，共培训干部教师2.6万人次。面向全国招聘名校长、名教师19名。组织188名教师支援农村教学。教育质量不断提升，中考优秀率和高考本科上线率分别提高5.2和10.3个百分点。完成义务教育学校绩效工资改革。新增3所公办幼儿园，适龄幼儿接受公办优质学前教育比例提高9个百分点。职业教育、国际教育、社区教育、成人教育稳步发展。9万余名流动人口子女就学问题得到妥善解决。我区荣获“全国推进义务教育均衡发展工作先进地区”称号。

卫生保障能力明显提高。投入3113万元，强化对重点人群和场所的甲型H1N1流感防控，免费接种流感疫苗68万人次，疫情防控取得阶段性胜利。完善社区卫生服务网络，建成7个标准化社区卫生服务机构、14个急救站点，与20家驻区医院建立双向转诊绿色通道，对2000余名社区医护人员进行培训。垂杨柳医院改扩建工程正式奠基。坚持中西医并重，围绕居民需求，推广中医诊疗进社区，我区成为全国中医药特色社区卫生服务示范区。

文体事业更加繁荣。大力实施文化惠民工程，建成3个社区文化中心、100家农村数字影厅，新建、改建全民健身居家工程62套，符合条件的56所学校体育设施向社会开放。深化文化体制改革，以文化产业带动文化事业发展，培育了“9剧场”等一批文化品牌。深入开展社区一家亲、全民健身日等群众文体活动，拨付专项资金支持1215支文体队伍发展。工人俱乐部工程项目启动拆迁。加强文物普查，挖掘非物质文化遗产19项。

社会建设管理不断加强。深化社区管理体制改革，推进社区规范化建设，建成175个社区服务站，社区管理运行机制更加完善。完成第七届社区居委会换届选举，公开招聘835名社区工作者，建立2.6万人的和谐促进员队伍，社区工作力量更加充实。加强社区社会组织建设，探索分类管理和项目化运作新模式。加强农村社会管理，45个村向社区管理过渡。加强和谐社区、和谐乡村建设，和平家园社区、亚运村街道分别荣获首批全国示范社区和示范街道，我区被评为首批“全国和谐社区建设示范城区”。

三、全力服务保障国庆，区域形象全面提升

围绕新中国成立60周年庆祝活动的服务保障工作，总结借鉴奥运经验，建立科学的组织体系和运行机制，加强城市建设与管理，城乡面貌不断改善，社会氛围文明祥和。

国庆保障任务圆满完成。认真落实中央和市委、市政府要求，构建“1+11+43”的组织指挥体系，全民动员、精心组织，圆满完成了群众游行、游园联欢、女民兵方队、阅兵服务、彩车组装场地保障、焰火燃放、安全保障、环境整治、新闻宣传、志愿服务等各项工作任务，服务保障活动安全有序，节日气氛热烈喜庆，社会氛围文明和谐，为实现首都国庆活动“高质量、有创新”目标做出了重要贡献。

城乡面貌持续改善。投入88.7亿元加强基础设施和环境建设。加快52条主次干路建设，对50条道路进行大中修，为26条道路安装了路灯。完成5条轨道交通、15万平方米的拆迁任务，保障了工程建设力度。加强环境整治，拆除违法建设25.7万平方米，改造老旧小区93个，新改建环卫设施529座，完成7片城中村和边角地整治任务。加大水环境治理力度，治理河道9.6公里。推进通惠河滨水文化景观带建设，建成庆丰公园等3个景观公园。10处新建郊野公园对外开放。全区新增、改造绿化面积759公顷，绿化覆盖率达到44.8%。全面落实大气污染治理各项措施，超额完成市政府下达的二级以上天数任务指标。

城市管理不断加强。巩固奥运期间城市管理成果，建立城市综合管理模式，完善数字化城市管理平台，城市运行平稳有序。推广团结湖流动人口管理模式，通过构建网络、规范流程，提高流动人口服务管理水平。探索环境管理新模式，建立高安屯卫生填埋场环境监测系统，实时监测、及时治理异味污染，设立开放日接受群众监督,垃圾异味基本消除。在望京、东湖地区开展路侧停车规范管理试点。开展防灾减灾日系列活动与城市风险评估,组织3393次应急演练,应急处突能力进一步提高。

社会形势安全稳定。以开展国庆平安行动为核心,巩固平安奥运成果,深化平安建设,维护了良好的社会秩序。强化社会治安综合治理基层基础和物防技防工作,完成6个公安派出所的改造工程,新安装监控探头1.4万个,居民小区和行政村封闭管理率分别达到85%和61%。加大对9个市级挂账村的综合治理力度,群众安全感明显上升。安贞、大屯等8个街道分别被命名为国际安全社区和全国安全社区。成立街乡安全生产监察队伍,强化安全生产责任体系,开展建筑工地、食品药品、消防安全等专项检查,安全生产形势平稳可控。社区矫正工作扎实开展。建立领导接访月制度,完善"三横多纵"调处网络和矛盾化解体系,重信重访化解率和积案化解率分别达到91.7%和83.9%。

文明氛围更加浓厚。深入开展迎国庆、讲文明、树新风活动,扎实推进群众性精神文明创建工作。建立文明行动月工作机制,提升市民文明素质和窗口行业服务水平。15万名志愿者参与游行联欢、文艺演出、信息咨询、窗口服务、平安建设,充分展现了爱国奉献、团结协作、服务大局的精神风貌。

各位代表,一年来,我们全面执行区人大及其常委会决议,围绕保增长、保民生、保稳定和国庆服务保障工作,依法向区人大报告工作,自觉接受监督。坚持重要事项向区政协通报,通过政协议政会,广泛听取建议和意见。全年办理全国、市、区三级人大代表建议、政协委员提案509件。围绕办理《确保经济平稳较快发展,关注民生,促进就业,推进城乡一体化》议案,借助全区各方力量,有力推动了政府各项工作开展。加大政府信息公开力度,完善行政复议工作机制,切实加强政府法制建设。深入开展学习实践科学发展观活动,落实作风建设年各项部署,制定实施廉政风险防范管理等7项制度,加强勤政廉政建设。深化目标管理双百考核,强化政府行政成本管理,政府行政效能和服务水平进一步提升。与此同时,双拥共建、外事旅游、人口计生、妇女儿童、民族宗教、侨务对台等工作取得了新的进步。

各位代表,刚刚过去的一年,是朝阳区应对挑战、迎难而上的一年,更是破解难题、加快发展的一年。面对国际金融危机严峻考验,我们牢牢把握朝阳在首都发展中的职责,解放思想、攻坚克难,取得了经济增长保卫战和国庆筹办工作的双重胜利。我们深深体会到,推动朝阳又好又快发展,必须广泛动员,凝聚发展合力。在发挥市场机制作用的基础上,调动各方面的积极性、创造性,形成部门与街乡配合、政府与社会协同的良好局面,同舟共济、化危为机,促进区域科学发展。必须巩固优势,增强核心竞争力。立足国际化、市场化优势,进一步拓展国际视野,加快要素聚集,优化产业结构,提高发展水平。必须协调发展,增强环境承载力。坚持城乡统筹、规划引领,拓展发展空间,提高基础设施、城市管理、公共服务、生态文明水平,促进可持续发展。必须注重内涵,提升文化软实力。大力实施文化提升战略,丰富文化底蕴,加强文明素质培训,提升城市文明形象。

回顾过去一年的工作,我们深感挑战前所未有、成绩来之不易。这些成绩的取得,得益于市委、市政府和区委的坚强领导,得益于区人大、区政协和社会各界的全力支持与帮助,得益于各街乡、各部门和广大干部群众的团结奋战与扎实工作。全区人民用激情与汗水、拼搏与奉献,攻克了一个又一个发展难关,谱写了朝阳人不畏艰难、昂扬奋进的辉煌篇章!在此,我代表朝阳区人民政府,向奋战在各条战线上的全区人民,向人大代表、政协委员、各民主党派、人民团体、社会各界人士,向大力支持我们工作的驻区中央、市属单位和解放军、武警部队、公安干警,表示崇高的敬意和衷心的感谢!

在总结成绩的同时,我们也清醒地认识到,朝阳区的经济社会发展仍面临一些困难和挑战。一是宏观经济环境还有很多不确定因素。世界经济复苏将经历缓慢复杂曲折的过程,特别是大宗商品和资产价格震荡走高,扩大内需还面临结构性制约,我区经济增长的不确定因素较多,发展的压力依然很大。二是转变发展方式和优化结构更加紧迫。我区着力发展的主导产业对经济增长的贡献还有待提升,战略性新兴产业需要加快培育,城乡之间、区域之间发展差距依然较大,统筹近期增长和长远发展的力度还需要加强。三是政府管理服务能力需要进一步提高。随着经济社会快速发展,拆迁安置、就业保障等问题更加凸显。人口规模不断扩大,流动人口服务管理亟需加强。安全生产形势不容乐观,维护安全稳定的压力持续加大。一些政府部门服务基层的意识、服务企业的能力和水平有待提高,在理顺管理机制、建设服务型政府、提升行政效率等方面,还需要下更大的功夫。

2010年工作任务

今年是完成"十一五"规划的最后一年,也是巩固良好发展形势、再创发展优势的关键一年。做好今年工作至关重要。

刚刚闭幕的市委十届七次全会指出，当前首都经济社会发展已经进入了全面建设现代化国际大都市的新阶段，要求从建设世界城市的高度，审视首都的发展建设，提高科学发展水平、规划建设档次和服务管理水准，加快实施“人文北京、科技北京、绿色北京”发展战略，着力抓好国际大都市建设，进一步提高首都现代化、国际化水平。这为朝阳区谋求更高层次的发展创造了历史良机，也提出了更高要求。朝阳区作为首都经济大区和国际交往的重要窗口，国际要素种类多、层级高、影响大，集中承载了首都的国际功能。我们必须立足优势，抢抓机遇，高标准规划建设、高质量服务管理、高水平开放发展，全面提升国际化水平，不断开创朝阳科学发展、社会和谐的新局面。

今年政府工作总的要求是：全面贯彻党的十七大、十七届四中全会和中央经济工作会、市委十届七次全会精神，落实区委十届十一次全会部署，以科学发展观为统领，更加注重经济结构调整和发展方式转变，在提高发展质量上取得新突破；更加注重城乡统筹和改革创新，在加快城市化、现代化、国际化上取得新突破；更加注重城市管理和民生改善，创建全国文明城区，在提升社会和谐维护安全稳定上取得新突破，全面完成“十一五”经济社会发展任务，推进朝阳区在更高层次上又好又快发展，为“人文北京、科技北京、绿色北京”建设做出更大贡献。

一、巩固经济发展形势，保持平稳较快发展

实现经济平稳较快发展，是改善民生、促进和谐的重要基础。继续保持各项政策措施的连续性、稳定性，立足民生需求和发展需要，确保区级财政收入增长9%，不断提高发展质量和水平。

促进投资适度增长。优化投资结构，提高投资效益，发挥投资的引导带动作用。政府资金重点投向基础设施、生态环境、民生保障等领域。突破解决一批重点、难点问题，支持一批投资规模大、关联度高的产业项目，加快开工一批重点建设项目。发挥各类投融资平台作用，统筹解决重大工程、重大产业项目建设的融资问题。做好土地储备工作，加快推进金盏金融服务园区、电子城北扩区、大望京国际科技商务区的土地上市工作。完善机制，优化环境，鼓励民间资本进入基础设施、民生建设等领域，参与CBD、电子城、奥运功能区以及金盏、大望京等产业集聚区建设。

努力扩大消费需求。坚持把提高城乡居民收入与优化消费环境、培育新的消费增长点有机结合，积极扩大城乡居民消费。落实各项收入补贴政策，提高新农合筹资标准，增加低收入群体转移性收入，提高城乡居民收入和消费能力。整合利用现代服务业、总部经济等优惠政策，着力引进大型商贸企业总部。改造提升特色商业街区和农村有形市场，优化商业设施布局，加强便民商业体系建设。引导房地产市场规范发展，促进住房、汽车等大宗商品消费。加强旅游公共服务体系建设，引进大型旅游项目，大力发展商务旅游、奥运旅游、休闲旅游。做好奥运设施赛后利用工作，办好中国网球公开赛等高端体育赛事，吸引文化演艺资源聚集。搭建消费促进平台，促进文化体育、休闲娱乐、健康养老消费，扩大特色消费和时尚消费，发展电子商务等新型消费。

调动各方发展积极性。强化全区统筹联动的工作机制，落实发展责任，严格监督考核，鼓励街乡加强税源建设。完善中小企业政策支持和服务体系，健全沟通联动机制，简化行政审批，提高行政效率，在技术改造、市场开拓、人才引进、政策咨询、知识产权保护等方面，加强政府服务，营造良好发展环境。发挥小额贷款公司、融资担保资金作用，完善面向中小企业的金融服务体系，缓解企业融资难问题。加快产业孵化器和各种发展平台建设，做好高新技术企业认定工作，促进一批成长性好的企业加快发展。加强市场监管和治理整顿，坚决打击假冒伪劣等违法活动，维护公平公正的竞争秩序和交易环境。

二、加快调整经济结构，着力转变发展方式

以“十二五”规划编制和战略研究为龙头，把调结构、上水平放在更加突出的位置，加快功能区和重点产业发展，着力提升经济质量和效益，增强发展的协调性和可持续性。

大力推进功能区建设。坚持产业、人口、空间和土地利用规划“四规合一”，完善产业基础设施，建立健全产业服务体系，促进高端要素和高端产业聚集。全面推进CBD功能区发展，加快CBD东扩实施步伐和核心区二期土地一级开发，高水平做好环境建设。完成电子城北扩区一期拆迁，望京科技园三期投入使用，推进IT产业园、杰华生物基地、国际电子总部市政工程和园区道路建设，提高电子城功能区创新研发能力。加快奥运功能区规划发展，积极引入一批重大项目，配合推进国家体育场、游泳中心场馆改造，举办奥运城市体育文化节等品牌活动，开展5A级景区争创工作。加快温榆河功能区东部华侨城、东方国际音乐舞蹈博览园等项目规划，确保金盏金融服务园区标准化写字楼一期如期竣工。确立定福庄产业区规划布局，启动影视产业园等园区建设，促进双桥生物医药产业聚集发展。明确堡头功能区产业定位，启动中心区土地储备。推动大望京区域规划建设，启动标志性项目建设，打造国际科技商务中心。完成东坝航空商务区规划编制和土地一级开发，加快重点项目落地。

着力优化产业结构。巩固现代服务业主导地位，鼓励跨国公司及国内大企业在我区设立总部和实体分部,强化总部经济功能。争取国际知名展览和高端会议落户,大力发展会展经济。加快环球金融中心、华贸中心、国贸中心三大金融聚集区发展,促进大宗商品交易、期货及金融衍生品等各类要素市场聚集,吸引外资银行、国际保险、证券、期货、再保险公司等各类金融机构入驻。推动凤凰国际传媒中心、北京国际版权交易中心等项目建设,加快 CBD—定福庄传媒产业走廊建设。抓住产业链高端环节,着力发展新移动通信、新生物医药、新能源等战略性新兴产业,大力发展信息服务业,加快建设中国“移动谷”。支持双鹤药业等医药企业发展,加快国际化生物医药企业的聚集。鼓励新能源领域的国际知名企业和国内先进企业在我区设立总部和研发中心,引导节能环保型企业立足朝阳、服务全国。

加快转变发展方式。坚持布局集中、用地集约、产业集聚,高效利用资源,减少环境污染,促进人口、资源、环境协调发展。立足建设国际城市的高端形态,积极吸引跨国企业、国际组织等各种国际化要素聚集。发挥科技服务平台作用,促进产学研用结合。推进知识产权强区试点,完善专利促进与保护措施,推动成果转化。加强国有资产的监督管理,加快国有企业建立现代企业制度步伐。落实“绿色北京”行动计划,加大节能减排力度,积极发展绿色经济、低碳经济、循环经济。以 CBD 区域为重点,加强用能监督,鼓励重点耗能大户率先使用节能新技术,实施建筑节能改造,推广高效照明产品。推进高安屯循环经济产业园建设。建成 4 个污水达标排放试点小区。

三、全面加快城市化步伐,促进城乡统筹发展

紧抓土地储备机遇,创新思路、突破难点,统筹推进产业发展、社会事业,全面加快农村城市化进程。

加大统筹和创新力度。切实维护农民合法权益,在土地储备中,统筹抓好拆迁安置、产业发展和就业保障,加快定向安置房建设,确保腾退农民如期回迁。围绕土地储备的建设用地,研究产业定位,制定配套政策,加快产业项目引进,确保持续发展。坚持把农民就业放在重中之重的位置,充分挖掘区域服务业和新建产业项目的岗位资源,保证因土地储备拆迁企业而失去工作岗位、有就业愿望的农村劳动力在两年内实现再就业。推进土地储备区域农民整建制转居,并统一纳入城镇社会保障体系。推进绿化隔离地区建设,建成农民新村 125 万平方米。加强土地储备过程中集体土地和房屋建设管理,坚决遏制非法占地和违法建设。

优化城乡发展布局。完善规划体系,优化城乡空间、功能和产业布局,促进城乡优势互补、联动发展。发挥重点功能区辐射带动作用,集约利用土地资源,加快通惠河滨水文化景观带、大环文化旅游聚集区建设。结合土地储备区域产业发展需求,整合招商资源,加快引入功能性项目、高端产业、优势企业,着力发展现代商贸、文化创意、汽车服务、信息传媒等现代服务业,启动孙河商业中心等重点项目建设。加快发展都市型现代农业。

加快改革步伐。整合资源、盘活资产,深入推进农村体制机制改革,加快解决历史遗留问题,集中破解城市化的发展瓶颈。加强集体经济管理,推进集体经济产权制度改革。扩大村账托管覆盖面,规范村级财务管理,为实施乡级统筹奠定基础。协调加快黑庄户乡域规划审批,启动基础设施建设和农民搬迁工作。实施农村社会管理体制改革,完成 70 个农村社区规范化建设,依法组织第八届村委会换届选举,加强农村社会管理。

四、提高建设管理水平,增强城市发展承载力

加强城乡建设、管理和服务,是建设宜居城市的重要保障。树立大城管理念,构建长效管理机制,着力破解城市发展中的突出矛盾和问题,进一步提高现代化、国际化水平。

强化城市服务管理。探索大统筹、大协调、大联合的体制机制,提高城市综合服务管理能力。建设并完善城市数字化运行信息管理平台和公共服务平台,把环卫车辆、户外广告牌匾、停车场等纳入管理系统,提高城市管理社会化、常态化、精细化水平。积极探索部门联动、群众参与的综合管理机制,加大对夜施扰民、道路遗撒、无照经营的管理力度。结合开展全国人口普查,依托城市规划布局、产业结构升级,积极探索人口调控机制,促进人口有序迁移与合理分布。加大对流动人口的培训力度,加强出租房屋管理,创新流动人口服务模式。强化城市风险防范管理,完善应急处置、善后补偿等工作机制,提高应急管理能力。

保障社会安定和谐。充分运用奥运和国庆安保经验,构建常态化维稳联动格局。完善治安防控体系,建设街乡综治中心,形成基层安全稳定合力。发挥街乡综合管理指挥中心作用,建设科技维稳体系,科技创安覆盖率达到 85%。持续开展治安专项整治,依法严厉打击各类违法犯罪活动。强化安全生产基础工作,加强建筑工地、人员密集场所、地下空间、高危行业等领域的安全监管。建成安全生产综合监管调度系统,提升工作系统化、安全标准化水平。加强食品、药品安全监管。健全信访工作机制,完善矛盾纠纷化解体系,加强领导包案和督查督办,化解一批历史遗留问题,着力提高重信重访和信访积案化解率。

加强城乡环境建设。坚持以人为本,着力营造良好的人居环境。加大对农村地区、重点产业聚集区的道路建设力度，建设一批主次干路和农村道路，打通一批断头路，进一步优化路网布局。加大对步行和绿色交通网络的研究和建设力度。加强环卫设施建设，推进垃圾分类试点工作，提高生活垃圾管理水平。实施萧太后河等3项水环境治理，加快定福庄、东坝、垡头污水处理厂管线拆迁和雨污水管网建设。加大城乡结合部综合整治力度，整体推进四、五环路沿线12个村的整治工作，着力解决环境面貌、社会治安等突出问题。启动20处城中村及边角地整治。推进大望京公园等景观建设，建成6个郊野公园。全区新增、改造绿化面积100公顷。认真落实大气污染治理措施，不断提高空气质量。

五、切实保障和改善民生，提升城市文化文明

改善民生是促进社会文明和谐的重要内容。以创建全国文明城区为载体，强化大民生理念，以开放促创新，以统筹促发展，不断提高区域发展软实力。

创建全国文明城区。落实三年创建规划。围绕社会主义核心价值体系建设，提高窗口行业服务水平，推动志愿者服务专业化发展，广泛开展双拥共建活动，争创全国双拥模范城“五连冠”。加强民族宗教工作，营造和谐发展环境。加强社区建设，培育社会组织，建立社区资源共享机制，打造“15分钟便民服务圈”。建设公共文化服务体系，建成一批社区文化中心、社区图书馆、农村文化大院、全民健身居家工程等公共文体设施，继续办好社区一家亲、国际流行音乐周、国际风情节等活动，提升“9剧场”品牌，推进工人俱乐部和全民健身中心建设，丰富郊野公园文化内涵，不断满足群众的精神文化需求。

大力发展教育卫生事业。深入推进素质教育，促进教育均衡优质发展。推进小学规范化建设、初中教学规范化管理和校舍安全建设工程。深入实施“双名工程”，加大名师、名校长培养和引进力度，提升教师队伍素质，积极引进名校，促进优质资源聚集。加大农村教育投入，促进城乡教育均衡发展。妥善解决困难群体和流动人口子女就学问题。加大公办幼儿园建设力度。加快职业教育、国际教育、社区教育、成人教育发展，争创北京市建设学习型城区示范区。强化公共卫生服务体系，做好甲型H1N1流感等传染病防控工作，提高公共卫生保障能力。完善社区卫生服务功能和管理机制，科学开展社区卫生绩效考核评价。推进医药卫生体制改革。统筹区域医疗资源，缓解群众看病难问题。加快垂杨柳医院扩建。加强基层卫生工作，健全中医药预防保健服务体系，培养家庭保健员，开展“健康北京人”行动。

加快完善就业和社会保障体系。继续实施积极的就业政策，提高就业组织化程度，稳定和扩大就业。整合扶持政策，鼓励自主创业。促进农村劳动力转移就业。搭建高校毕业生就业服务平台，促进大学生就业。鼓励社会中介组织、企业承接公共服务项目，支持福利企业发展，鼓励企业在发展中吸纳困难群体就业。强化劳动力市场监管，发挥工会等社团组织作用，维护劳动关系和谐稳定。城镇登记失业率控制在2%以内。城市居民人均可支配收入和农村居民人均纯收入分别增长8%。扩大社会保障覆盖面，做好老人、儿童和无业居民参保工作，城镇社会保险参保人数增长4%，农村居民参加城乡居民养老保险达到95%。落实城镇老年人和无业人员医疗保险费用报销制度，推行城镇退休职工医疗保险社保卡制度。加大财政投入，进一步提高新农合保障水平。加强社会救助工作。做好政策性住房建设和配租配售，缓解中低收入家庭住房困难。积极推进养老事业，实施家庭无障碍设施改造，开展养老（助残）精神关怀服务，弘扬孝敬父母、关爱老人的传统美德，逐步构建覆盖城乡的养老助残服务体系。

各位代表，新形势、新任务对政府自身建设提出了新要求。在新的一年里，我们将深入贯彻党的十七届四中全会精神，坚持依法行政，严格按照法定权限和程序行使权力、履行职责。坚决执行区人大及其常委会决议，自觉接受人大监督，主动与区政协加强联系，认真听取各民主党派、工商联、无党派人士和人民团体的意见，进一步提高科学决策、民主决策水平和依法行政能力，建设服务型政府。一是着力转变政府职能。严格落实机构改革方案，进一步理顺部门、街乡职责关系，整合行政资源，落实责任，提高效能。推进公共财政体系建设，依法公开政府信息。扩大网上审批范围，优化审批流程，提高服务效率。二是积极推进管理创新。完善重大决策事项征询和风险评估机制，提升政府科学决策水平。创新产业发展、民生保障、城市管理工作机制，进一步提高工作标准和服务水平。三是全面加强政府作风建设。巩固学习实践科学发展观活动成果，深入开展调查研究，求真务实，真抓实干，以良好的作风服务社会、服务群众、服务企业。强化财政资金使用监管，降低行政成本，推进节约型政府建设。认真落实党风廉政建设责任制，加大对重点工程和重大资金的行政监察和审计监督，建设为民务实、廉洁高效政府。

各位代表，朝阳区发展已经迈上了新的征程。让我们在市委、市政府和区委的坚强领导下，深入贯彻落实科学发展观，进一步增强使命感、责任感和紧迫感，解放思想、开拓创新、扎实工作、不辱使命，为“人文北京、科技北京、绿色北京”建设、在更高层次上推进朝阳又好又快发展而努力奋斗！

朝阳区人民代表大会常务委员会工作报告

——2010年1月13日在北京市朝阳区第十四届人民代表大会第五次会议上

朝阳区人大常委会主任　王力军

各位代表：

我受朝阳区第十四届人民代表大会常务委员会的委托，向大会报告工作，请予审议。

2009年的主要工作

2009年是新中国成立60周年和地方人大常委会成立30周年，也是积极应对国际金融危机的关键一年。一年来，区人大常委会认真贯彻党的十七大、十七届四中全会精神，深入落实科学发展观和依法治国基本方略，在中共朝阳区委的领导下，按照“解放思想、传承奥运、再创优势”的工作要求，紧紧围绕“三保”中心任务，依法行使职权，积极开展工作，扎实推进“六个新作为”工作目标，努力发挥地方国家权力机关的作用，为推动朝阳区科学发展做出了积极贡献。

一、围绕“三保”中心工作，依法开展监督

常委会认真贯彻执行监督法，紧紧围绕全区工作大局，把专项工作监督与议案督办紧密结合，创新监督方式，注重监督实效，着力加强对经济工作和解决民生问题的监督，促进保增长、保民生、保稳定的各项工作。

（一）全力以赴保增长，促进经济平稳较快发展

积极应对金融危机、确保经济平稳增长，是2009年全区发展的首要任务，也是广大代表关注的焦点。常委会抓住关系区域经济发展的重点问题，深入调查研究，提出对策建议，全力支持区政府打好经济增长保卫战。

推进功能区发展。功能区是拉动全区发展的重要载体。常委会结合议案督办，组织委员和代表深入CBD、电子城、奥运三大功能区以及温榆河储备区进行专题调研，听取区政府关于金融产业发展、金盏金融服务园区建设、电子城西区北扩、奥林匹克公园产业发展、温榆河储备区规划建设等情况的汇报，提出了健全管理体制和运行机制，完善规划、拓展空间，促进产业聚集、增强辐射作用等建议。

加强财政经济工作监督。高度关注金融危机对我区经济运行的影响，结合听取审议计划、预算等法定议题，充分肯定区政府在积极应对国际金融危机，努力保持经济平稳较快发展方面所做的工作，建议区政府完善政策措施，推进项目建设，优化发展环境，增强发展后劲，确保完成全年经济社会发展任务。加强对政府采购、重点支出安排等内容的监督，委员们就政府投资建设项目超概算等问题提出建议，引起区政府高度重视，及时完善了政府投资项目管理办法等相关制度。听取了区政府奥运专项资金审计情况的汇报，督促区政府强化专项资金管理。

促进改善发展环境。认真落实区委工作部署，全力支持政府保增长工作。常委会主任、副主任带队，先后走访38名区人大代表中的企业负责人，了解情况，听取意见。针对走访中发现的问题，整理出优化发展环境、加强税源建设、加大企业扶持力度等10个方面的建议和对策，为我区有效应对金融危机、制定有针对性的政策措施提供支持。

（二）扎扎实实保民生，促进社会和谐

按照区委关于统筹解决民生问题的意见，常委会以事关群众切身利益的热点难点问题为监督重点，督促政府加大资金投入，完善体制机制，统筹改善民生，让广大群众充分享受发展成果。

促进城市环境建设。为巩固奥运环境建设成果，以良好环境迎接国庆六十周年，常委会围绕水环境保护、道路保洁、城市执法等问题，组织委员、代表开展视察调研，听取审议了区政府奥运后城市环境管理工作情况报告，提出了进一步加强城乡结合部地区环境建

设和构建长效机制等建议。针对群众反映强烈的高安屯垃圾填埋场气味污染问题，组织市、区人大代表开展专题视察，听取区政府工作汇报，并通过市人大朝阳团代表积极呼吁，被市人大列为议案督办，有力推动了高安屯垃圾填埋场的整治和朝阳循环经济产业园建设。为了推进争创全国文明城区工作，常委会听取审议了区政府社会建设工作情况报告，提出统筹城乡社会建设、创新社区服务工作模式、培育发展社会组织、完善经费保障的建议，促进社会建设工作规范化，提升全区社会管理水平。

突出对热点问题的监督。就业是民生之本。结合议案督办，开展了促进就业专题调研，提出了加强区域统筹、转变就业观念、提高培训实效等建议，促进金融危机下的就业安全。基础教育一直是群众关注的热点问题。常委会以农村基础教育为重点，跟踪检查区政府落实2008年教育议题审议意见的情况。支持区政府加快优质教育资源向农村延伸，改善农村学校办学条件，提高教师待遇，全区城乡基础教育水平显著提高。先后听取区政府人口与计划生育、城市规划、科技发展等工作汇报，围绕保障性住房、安全生产等工作，开展专题调研，提出意见建议，促进政府相关工作。

推动垂杨柳医院建设。垂杨柳医院改扩建工程是解决我区南部地区缺乏大型综合性医院、改善群众就医难问题的重点民心项目。常委会结合2008年“十一五”规划实施情况的中期评估，把垂杨柳医院改扩建工程列为专项工作监督议题，紧紧抓住方案确定、手续落实、破土动工三个关键环节，加强与政府的沟通，组织代表现场视察，加大督办力度。区政府成立了专门机构，积极争取市相关部门的支持，狠抓工作落实，取得实质性进展，改扩建工程已经奠基。

（三）积极推进“一体化”，促进城乡协调发展

认真落实区委关于农村工作的部署，抓住制约农村城市化的难点问题和薄弱环节，加强监督支持，推进农村地区发展。

促进构建城乡一体化新格局。高度关注大望京城乡一体化、高碑店民房改造等试点的进展情况，组织委员和代表进行实地视察，针对试点工作中存在的大市政跟进慢、建设资金不足等问题，提出意见建议，督促政府协调解决，推进试点工作。同时，将城乡社会保障对接、乡域规划调整等制约发展的深层次问题，通过市代表建议和专题汇报等形式积极反映，受到市人大高度关注，督促市政府制订相关政策统筹解决。

推进农村基础设施建设。针对农村地区特别是东南部地区基础设施薄弱问题，常委会对2008年议案继续跟踪督办，以道路建设为重点，推动政府提高农村基础设施承载能力。区政府加大对农村倾斜力度，群众反映强烈的一批道路建设取得了实质性突破，北湖渠西路、来广营北路等7条道路修建完成，东高路、温榆河大道等道路建设已经启动。公厕改造、公园建设、临电改造三项民心工程圆满完成，饮用水井房改造、垃圾中转站建设等工作加快推进，农村基础设施水平显著提高，群众得到更多实惠。

监督促进农村改革。高度关注农村产权制度改革问题，专题听取区政府推进农村产权制度改革试点情况的汇报，建议区政府及时总结经验，扩大试点范围，推进产权制度改革。开展了土地储备工作调研，针对关键环节提出建议，促进土地储备工作积极稳妥地开展。

（四）坚持依法治区，促进依法行政和公正司法

坚持法律监督和工作监督相结合，推进我区法治建设，维护社会和谐稳定，保障群众合法权益。

开展执法检查工作。应对我区人口老龄化严峻的现实，开展了老年人权益保障法和北京市老年人权益保障条例实施情况的执法检查，听取了区政府三年来贯彻实施“一法一条例”情况的报告。针对执法检查发现的问题，建议区政府加大老龄事业的投入，加快养老服务设施建设，推进居家养老工程，在编制“十二五”规划时统筹老龄事业发展。配合市人大督办北运河水系综合治理议案，开展了水污染防治法实施情况的执法检查，督促区政府启动孙河排污口整治、雨洪利用工程、新（扩）建污水处理站、小场沟整治等四项工程，区域水环境质量有效改善。开展了农产品质量安全法实施情况的执法检查，深入农产品加工生产企业和农产品市场，检查农产品质量安全监管工作，提出了完善检测体制、规范执法行为的相关建议，得到了市人大的肯定。

促进公正司法。常委会把刑事案件审判工作作为司法监督重点，在调研过程中，征求检察机关和律师对刑事审判工作的意见，多次组织委员和代表旁听案件庭审。在此基础上，听取审议了区法院专项工作报告。区法院认真落实常委会审议意见，建立与公诉部门沟通协调机制，完善审判管理体制；加强法官交流培训，提高司法能力；充分保障律师的诉讼权利，积极拓宽司法为民新途径。

做好信访工作。加强信访信息的综合分析，建立信访信息预警制度，及时掌握社会舆情和人民群众关注的热点问题。以涉法涉诉信访为重点，开展化解重复访专项工作，在区法院、公安等单位的大力配合下，18件重复访问题和一批历史遗留的疑难问题得到解决。完善信访工作机制，加大督办力度，做到事事有回音、件件有落实。全年共办理群众来信202件，接待群众来访318批476人次，维护群众的合法权益，促进了

社会的和谐稳定。

(五)突出监督实效,提高议案督办质量

本届人大四次会议确定了"确保经济平稳较快发展,关注民生,促进就业,推进城乡一体化进程"议案。为确保议案办理工作取得实效,常委会将督办工作贯穿全年,创新督办形式,提高督办质量。区政府把议案办理与推进全区工作有机结合,制定方案,狠抓落实,并聘请专业机构对议案办理效果进行评估。截至去年底,议案涉及的各项任务,大部分已经完成,议案办理取得明显成效。

在议案督办过程中,常委会始终抓住四个环节:一是突出重点。确定了议案督办的14项重点任务,落实责任,逐项监督。二是委室联动。常委会各工作机构按照督办工作方案,各尽其责,定期沟通,协调配合,保证了督办工作的进度和质量。三是创新方式。把议案督办与专项工作监督、执法检查和代表建议督办结合起来,组织调研、视察,提高工作效率,增强工作实效。四是过程监督。围绕议案办理的重要节点,先后组织3次推进会、13次座谈会、26次调研和13次视察,人大代表、常委会组成人员参加督办活动达513人次,努力做到底数清、情况明、建议实,保证了督办工作的连续性和实效性。本次议案督办,既有力推动了政府工作,也探索出一些人大监督与支持相结合的新举措、新方法。

回顾一年来的监督工作,常委会始终坚持围绕中心、服务大局;始终把握监督与支持有机结合,在监督中全力支持,在支持中推进工作;始终保持同人民群众的密切联系,努力做到尽心尽力、讲求实效,努力营造团结、和谐、共同奋进的氛围,扎实推进"六个新作为"的工作目标。

二、围绕促进代表履职,改进代表工作

代表工作是人大工作的基础。常委会把做好代表服务工作、促进代表履职,作为坚持和完善人民代表大会制度、推进民主政治建设的重要内容和措施保障,不断改进方式,完善机制,健全体系,提高代表工作质量和水平。

提高服务保障水平。畅通信息渠道,坚持政府半年工作和"两院"工作通报制度,积极开展多种形式的视察和调研活动,改进代表接待选民工作,保障代表知情知政。坚持"订单式"服务,将常委会年度议题和调研安排提前寄发代表,邀请代表参与常委会重点工作。加强代表培训,结合形势特点和代表履职需求,设置培训专题,提高培训的针对性与实效性。紧密结合代表工作实际,修订达标考核办法,提高基层服务代表水平。积极探索闭会期间市、区、乡三级代表联动开展活动的形式,畅通联系渠道,促使代表关注全局,形成合力,发挥作用。

推进代表建议落实。继续坚持常委会主任、副主任牵头重点督办、代表联络室分类督办、各工作委员会统筹督办的工作机制,加大督办力度,代表建议落实率连续三年提高,2009年比上年提高5个百分点。在督办过程中,加强工作沟通,相继走访了市政、建设、教育等办理代表建议的重点部门,共同分析、协调解决办理中遇到的问题,推动了翠城小区基础设施建设、城乡教育均衡发展等一批重点督办建议的落实。听取代表意见,建立了代表建议跨年度跟踪督办机制,对本届人大三次会议上的104件未办结代表建议进行跟踪督办,促进了54件建议涉及问题的解决。本届人大四次会议以来,共收到代表建议417件。其中,交区有关部门办理的319件全部办复。代表对建议办理结果满意、基本满意的116件,占36.4%;对办理报告同意的203件,占63.6%。请市代表转送市有关部门研究办理98件。

充分发挥代表作用。以迎接国庆六十周年为契机,紧紧围绕"三保"中心工作,在代表中开展了"我与祖国共命运、我为'三保'做贡献"主题活动。各人大街道工委、地区代表小组积极组织代表开展集中视察、调研和座谈,为代表履职提供支持。广大代表围绕我区经济发展、民生改善中的热点、难点问题,广泛联系选民,提出意见和建议。其中,土地储备、老旧小区环境改造、完善养老服务体系等一批建议引起了市、区领导的重视并做出批示。截至去年底,区人大代表参加视察、调研等各项活动1700余人次,接待选民近万人次。特别是通过市代表的积极呼吁,推动了来广营轻轨噪音扰民等一批涉及市有关部门的难点问题的解决,代表整体作用得到有效发挥。

一年来,各位代表牢记使命,紧紧围绕区委中心工作,了解民情、反映呼声、凝聚智慧、建言献策,忠实履行了国家权力机关组成人员的神圣职责。

三、围绕提高素质水平,加强常委会自身建设

常委会把加强自身建设,作为依法履职的重要保证,按照作风建设年的要求,加强思想政治建设,改进工作方式,履职水平不断提高。

加强思想政治建设。面对新的形势和任务,常委会重视提高组成人员的思想政治素质和依法履职能力。组织常委读书班,围绕加强作风建设、增强监督实效,开展思想交流,引导全体组成人员按照科学发展观的要求,进一步强化政治意识和大局意识,坚持正确的政治方向,保持奋发有为的精神状态,增强做好人大工作的责任感和使命感。坚持会前学习,结合审议内容,认真学习法律法规知识,学习市、区委主要工作精神,提高审议质量。

改进监督方式方法。为增强监督工作的针对性、实效性,常委会积极探索,对监督工作实行项目管理,明确了监督工作从议题提出、重点确定、组织实施、效果评估到跟踪督办等各个环节的具体要求,监督力度进一步加大,监督实效进一步增强,监督水平进一步提高。把调查研究作为监督工作的基础环节,各工作委员会围绕议题开展调研,力求问题找得准、建议内容实,为常委会审议做好服务。常委会委员加强会前调研,认真审阅文件,审议水平显著提高。强化跟踪监督,对审议意见的落实、议案建议未办结事项,进行跟踪检查,增强监督工作的连续性和严肃性。

提高机关服务水平。加强机关干部学习培训,相继举办了十七届四中全会精神和专业理论知识等讲座,提高机关干部的思想政治素养和业务工作能力。坚持多岗位锻炼干部,加强干部交流,干部队伍的年龄结构、知识层次不断优化,机关活力显著增强。以纪念地方人大常委会设立30周年为契机,开展了朝阳人大发展历程代表访谈活动,加强人大工作宣传,进一步提高对人民代表大会制度的认识。完成了机关网站的升级改造,形成人大信息、机关网站、朝阳报“代表直通车”和朝阳有线电视“和谐在线”四位一体的人大工作宣传格局。

常委会认真行使人事任免权,坚持考核考试和任命标准,依法任免国家机关工作人员92人次。接受戴继楼辞去区政府副区长职务,李新生辞去区人民法院院长职务的请求,向大会报告备案。决定任命王春为区人民政府副区长。根据代表出缺情况,在各街乡的精心组织下,圆满完成了17名代表的补选工作。进一步加强对乡人大工作的指导,制定了乡、民族乡人民代表大会工作规则,推进基层民主政治建设。加强与友好市、区人大的学习交流,开展了与国外地方议会的友好交往,宣传人民代表大会制度,加深了解,增进友谊。

各位代表,届中之年,常委会坚持求真务实,认真履职,审议议题39项,听取专项工作报告、财经工作报告、执法检查报告14项,作出决议、决定36项,圆满完成了本届人大四次会议确定的各项任务。“六个新作为”工作目标顺利推进,取得了新的进展。这是区委正确领导,全体常委会组成人员和人大代表共同努力的结果;是区政府、区法院、区检察院积极配合,广大人民群众关心、帮助、支持的结果。在此,我代表区人大常委会,向各位代表、“一府两院”,向所有关心、支持人大工作的同志们、朋友们,表示衷心的感谢!

在总结工作的同时,我们也深切地感受到,常委会的工作还需要在以下几个方面继续努力。一是监督工作在抓住关键环节、增强实效方面需要进一步加强;二是代表工作在提高建议质量、有效督办落实方面需要进一步加强;三是常委会自身建设在提高审议质量和监督水平方面需要进一步加强。对此,我们将认真加以改进。

2010年的工作安排

2010年,是我区全面完成“十一五”规划任务的关键之年,也是巩固应对金融危机成果、转变发展方式的关键之年。刚刚结束的市委人大工作会议,对加强和改进新形势下的人大工作提出了新的要求。区委十届十一次全会在深刻分析当前我区面临形势的基础上,要求全区要深入落实科学发展观,攻坚克难,再创优势,全面完成“十一五”各项任务,以再创“三个新优势”的显著成效,深入实践“四个走在前列”,推进朝阳区在更高层次上又好又快发展,率先为首都建设世界城市和“人文北京、科技北京、绿色北京”做贡献。常委会要在中共朝阳区委的领导下,认真贯彻落实市委人大工作会议和区委全会精神,着力完善工作方式,依法有效履行职责,在推进我区经济平稳较快发展、改善民生、城乡一体化、文明城区创建、社会公平正义等方面实现新作为。

一、监督工作方面

深入贯彻监督法,抓住关系我区科学发展的一些基础性、长远性问题,人民群众反映强烈、社会高度关注的问题,依法开展监督。

加强“十二五”规划编制工作的监督,结合“十一五”规划完成情况评估结果,听取并初步审查区政府“十一五”规划完成情况和“十二五”规划纲要(草案)主要内容的报告,提高规划的科学性。

听取审议“一府两院”8个专项工作报告。针对转变发展方式、提升核心竞争力问题,听取审议区政府关于CBD东扩发展和规划工作情况的报告;针对统筹推进城乡一体化、确保可持续发展问题,听取审议区政府关于土地储备工作情况的报告;针对稳定农民就业、维护农村稳定问题,听取审议区政府关于加快农村产业发展、加强农民培训、促进农民就业的工作报告;针对完善公共卫生体系、提高医疗服务保障水平问题,听取审议区政府关于加强公共卫生体系和基层卫生服务体系建设情况的报告;针对推进依法治区、建设法治政府问题,听取审议区政府关于全面推进依法行政规划(2005—2008)实施情况的报告;针对建设法治型社会、提升城市文明问题,听取审议区政府关于开展“五五”普法工作情况的报告;针对促进司法公正、保障公民合法权益、提高司法效率问题,分别听取审议区法院关于立案审判工作情况的报告和区检察院关于刑事公诉工作情况的报告。

做好计划和预算监督工作,听取审议我区2010年国民经济和社会发展计划上半年执行情况、预算上半年执行情况以及2009年审计工作、决算草案的报告,审查批准2009年区级决算,初步审查2011年预算草案的主要内容。重点关注保增长、促发展、保民生、促和谐的情况,监督促进功能区建设和就业、保障等民生工作;加强对超收收入、重点项目资金等方面的监督,提高财政资金使用效益。

开展食品安全法等法律法规实施情况的执法检查,保证食品安全,保障人民群众身体健康和生命安全。常委会还将配合市人大开展相关法律法规的执法检查。

跟踪督办去年议案和垂杨柳医院改扩建工作。高度关注社会养老问题,促进社会和谐发展。认真完成本次大会交办的议案和代表建议、批评、意见的督办工作。

二、代表工作方面

深入贯彻市、区委关于代表工作的精神,完善代表工作制度,切实提高代表工作实效。修订代表工作办法,推进代表工作的制度化、规范化。扩大代表对常委会工作的参与,坚持代表列席常委会会议制度,修订常委会主任、副主任接待代表日制度,积极探索代表履行职责与常委会工作密切衔接机制。密切代表与人民群众的联系,修订代表联系选民办法,使人民群众的意见和要求更有效地反映到常委会的工作中。加强和改进信息工作,让代表及时了解市、区经济社会发展情况和"一府两院"阶段性工作。加强代表建议督办工作,健全代表建议网上提交办理系统,不断提高督办实效。继续围绕代表履职需求开展培训,帮助代表不断提高履职能力。做好代表工作的达标考核,保障、促进代表履行职责、发挥作用。

三、自身建设方面

认真贯彻市委人大工作会议精神,进一步加强思想政治建设,不断增强坚持党的领导、人民当家作主和依法治国有机统一的自觉性和坚定性,不断增强以科学发展观统领人大工作的自觉性和坚定性。重视人大专业理论知识的学习,加强制度建设,改进工作方式,深入开展调查研究,深化监督工作项目管理,积极探索借助社会智力资源提高监督水平的新途径,使人大工作更富有实效性和建设性。围绕提高素质能力,创建学习型机关,抓好干部培训,努力建设一支政治坚定、业务精通、作风过硬、勤政廉洁的干部队伍,为常委会依法有效履行职责提供服务和保障。

各位代表,朝阳区的发展日新月异,人大工作也在不断深入,全区人民对我们寄予厚望。让我们在中共朝阳区委的领导下,认真履行人民赋予的权力,奋发进取,有所作为,为在更高层次上推进我区又好又快发展、实现"四个走在前列"的目标不懈努力!

朝阳区政协第十一届委员会常务委员会工作报告

——2010年1月11日在政协北京市朝阳区第十一届委员会第五次会议上

朝阳区政协主席　辛燕琴

各位委员:

我受政协北京市朝阳区第十一届委员会常务委员会的委托,向大会作工作报告,请予审议。

2009年工作回顾

2009年是新中国成立60周年和人民政协成立60周年,也是应对国际金融危机冲击、确保经济平稳较快增长的一年。区政协在中共朝阳区委领导下,以邓小平理论和"三个代表"重要思想为指导,深入贯彻落实科学发展观,紧紧依靠各界委员,牢牢把握团结和民主两大主题,把推进经济平稳较快增长作为首要任务,把促进民生改善和社会稳定作为重要责任,认真履行政治协商、民主监督、参政议政职能,发挥好协调关系、汇聚力量、建言献策、服务大局的重要作用，为推进我区经济、政治、文化、社会以及生态文明建设做出积极的贡献。

一、发挥整体优势，着力为“三保”工作建言出力

应对国际金融危机影响，保增长、保民生、保稳定是去年全区的首要任务。一年来，我们按照区委总体部署，重视发挥政协整体优势，凝聚智慧、汇集力量，积极建言出力。

为保增长凝心聚力。我们通过召开党组会议、常委会议、党派联席会议，举办经济形势报告会，动员和组织区政协各参加单位和各界委员，把各方面积极性、主动性、创造性引导到保增长上来。围绕保增长工作，与区政府进行工作对接，确定议政会调研课题，由区政协相关专委会与区各民主党派、无党派人士、工商联密切协作，深入开展调研活动，形成应对金融危机策略及建议、发展支柱型旅游经济产业、兴建中国奥运旅游第一区、涵养税源、促进中小企业发展等12份调研报告。议政会上，8位代表作重点发言，提出真知灼见。区政协以专题报告的形式，就加强部门综合协调、进行相关政策梳理、有效搭建中小企业融资平台、关注房地产市场发展趋向、重视高新产业发展、拉动旅游消费等6个方面，提出综合的意见和建议，得到区政府领导的高度重视，并将有关建议纳入到区政府为保增长制定的具体措施办法中。区政协领导带队深入20多家委员企业进行调研，了解情况，帮助反映发展难题；督办“兴建奥运旅游第一区”的民建区委提案，到相关企业进行实地调研，着力推动我区旅游业发展；协同区相关部门对104家委员企业单位纳税情况进行了解，共同做好异地纳税企业的工作。协调组织金融、电信、传统制造、建材、流通、化工和服装等行业的企业界委员召开座谈会8次，听取5个委办局情况通报，参与委员200多人次，有效搭建了政府相关部门与企业的交流平台，为推进保增长任务的落实发挥了积极的作用。

为保民生议政监督。我们与首都经济贸易大学等院校合作，协调区各民主党派、区政协专委会和委员中的专家学者，围绕农村城市化推进，社会保障体系建设，民间组织参与社会公益事业发展，外来人口对我区的影响与调控等方面开展调研活动，形成13份调研报告。就推进城乡一体化建设，促进教育、医疗、就业、社会保障等民生事业的整体改善提出参考意见。听取区政府办理区政协常委会提交的《关于积极应对我区老龄化社会问题的建议案》情况通报，进一步推进老年人社会保障问题的落实。认真督办“餐厨垃圾无害化处理体系的建议”提案，促进垃圾处理向可循环经济方向发展；督办“加强清真饮食进货渠道管理”提案，促进我区清真食品安全工作的开展。与民盟区委、民进区委、九三区委联合举办“为朝阳教育建言”议政研讨会，形成26份调研报告，提出意见建议，得到区教委的逐一回应。推荐30名政协委员担任特邀监督员和行风评议员，参与政府采购、目标管理双百考核、执法检查、行风评议、党风廉政责任制落实、文明窗口检查评比和后备干部推荐评议工作的监督，推进了相关部门的廉政勤政建设和依法行政。

为保稳定履职尽责。我们重视搭建委员进社区工作的平台，全力做好发挥委员主体作用和社区建设双推进工作。通过开办《委员进社区工作专刊》，进一步加强与街乡的横向沟通和对委员进社区工作的指导。街乡通过开通政协委员热线电话、制作工作联谊卡、举办工作评议会等多种形式，注重听取委员的意见和建议。各委员活动小组认真组织委员参与第二批学习实践科学发展观活动，积极为街乡、社区发展建言献策。委员们带着资源深入社区，贴近群众，开办多种形式的专题讲座和联谊活动，得到社区居民的热情欢迎。一年来，委员进社区工作小组组织委员开展进社区活动100余次，参与委员480人次，为社区建设发挥出积极的作用。我们对“关于尽快建立朝阳区消防指挥中心，改变消防中队区域划分和力量配置不合理局面的建议”提案进行重点督办，促进了相关安全工作的落实。全年编发报送社情民意信息183条，被市政协《诤友》录用19条，为党政部门了解有关情况、掌握社会动态发挥了较好的作用。

二、务求履职实效，着力加强和改进基础性工作

一年来，我们坚持开拓创新，重视加强和改进政协各项基础性、特色性工作，务求工作的实效。

加强组织协调，开展视察调研。我们重视视察调研的计划性、针对性、实效性。围绕“人文北京、科技北京、绿色北京”建设，加强协商沟通，确定调研课题，组织委员围绕文化创意产业、高新技术产业和教育事业的发展，以及城市建设与管理、城乡社会保障体系建设、阳光矫正工作、医疗卫生和垃圾处理等重点、难点问题开展视察调研38次。形成深化城市管理长效机制、城乡社会保障问题研究、促进区内博物馆事业发展、优化温榆河开发区水域休闲环境等调研报告，并就提升城市管理综合效能、统筹解决农民社会保障问题、丰富和提升区域文化底蕴、打造区域生态环境等方面提出26项意见和建议。其中，就《农村城市化中朝阳区城乡社会保障问题研究》调研报告形成常委会建议案，报送区委、区政府参考。

召开提案工作会议，抓好提案办理工作。我们召开提案工作会议，总结提案工作经验、做法和成效，分析探讨提案工作规律，研究制定《关于加强和改进提案工作的意见》，提出今后加强和改进提案工作的任务和措施,扎实推进这项基础性工作。我们加强提案督办工作,着力提高提案办理质量。十一届四次会议以来,共立案246件,其中民主党派提案23件。区委、区政府领导对提案办理工作给予高度重视,对党派提案作出33条批示。提案委员会重视提案的分析和交办工作,加强与区委、区政府两办的协调督办,密切与相关委办局的联系与配合,有效提高了提案办理质量。通过领导带队重点督办,各专委会视察调研联合督办,召开提案工作情况通报会、座谈会,进行现场办案、跟踪办案,使提案办理取得更加实在的效果。

召开文史工作会议,提升文史工作水平。我们以纪念周恩来总理关于人民政协文史资料工作讲话50周年为契机,首次召开文史工作会议,学习贯彻全国和市政协文史工作座谈会精神,总结区政协历届文史工作成绩和经验,制定《关于加强文史资料征集工作的意见》,成立文史资料协调小组,聘请文史资料特约研究员,围绕扩大征集渠道、丰富和提升我区文化底蕴等问题进行研究探讨,安排部署文史资料征集工作,激发委员和各界人士在这项特色工作中发挥优势和作用。我们重视做好文史资料的征集、编辑和出版工作,编印《朝阳文史》第九辑,征集文史资料53篇,约24万字,真实反映了我区各条战线上的时代足迹,受到了社会各界的广泛好评。

三、弘扬两大主题,着力营造团结民主政治氛围

我们以庆祝新中国成立60周年和人民政协成立60周年为契机,安排系列活动,回顾历程、座谈研讨、视察联谊,积极做好人民政协的大团结大联合工作。

开展学习研讨,注重工作交流。我们通过召开多层次座谈会、研讨会,认真学习贯彻胡锦涛总书记在庆祝人民政协成立60周年大会上的讲话精神,结合政协工作实践,积极研究探讨人民政协创新发展问题。我们组织常委赴青海学习考察,进行工作交流,考察西部地区发展思路,感受各民族交融发展的和谐氛围,向循化县撒拉族小学捐赠10万元,推进了两地交流合作;分专委会组织委员赴外省市学习交流,就提案、文史、自身建设等方面的工作进行探讨,重视让委员在学习和交流中,开拓视野,增强履职意识。我们参加全国十省市(区)政协、全国十四城(区)政协工作研讨会,积极参与人民政协理论和实践的研究探讨;接待全国政协、外省市区政协来我区的参观视察32次,进行工作交流,扩大了区域的社会影响力。

加强宣传展示,感受发展成就。我们利用《和谐在线》栏目,组织50多位政协委员与党政部门一起参加访谈,丰富政协委员与党政部门沟通交流和协商监督的载体,展示提案、视察、调研等履职成果,形成与社会公众的良性互动。以庆祝人民政协成立60周年为主题,与区广电中心合办"统一战线"、"多党合作"、"民主建设"三期《和谐在线》节目,邀请历届区政协领导、各民主党派和各界委员,以访谈、回顾等形式,阐述了人民政协的性质、地位和作用,宣传了中国共产党领导的多党合作和政治协商制度,展示了各民主党派和历届政协委员为朝阳发展建设团结奋斗的光辉历程。我们以"游朝阳,话发展,谈感受"为主题,分四路组织各界委员围绕经济发展、社会事业建设、城市建设与管理、文化文明建设等方面,开展参观视察和座谈活动,全面感受我区经济社会发展的成就,进一步激发委员履职热情,增强了全体委员热爱朝阳、共谋发展的凝聚力。

注重团结联谊,营造和谐氛围。我们积极做好富有政协特色的工作,倾力打造团结和联系社会各界的平台。在新中国60华诞之际,举办"放声歌唱伟大祖国—和谐之美"文艺晚会,组织区各民主党派、各界委员、机关干部和社会各界文艺工作者,以及各街乡艺术团体联合演出,唱响新中国60周年赞歌。精心办好"记录我眼中美丽的祖国"图片展,以"心中祖国"、"魅力朝阳"、"委员风采"为专题,汇集了160多幅来自政协委员和各界人士的摄影作品,全方位展示了我区经济社会发展新面貌和百姓新生活,展示了政协委员履职尽责的良好形象和精神风貌。我们利用传统节日,继续办好新年茶话会、新春联谊舞会、元宵节联谊会、迎国庆庆中秋联谊活动、庆"三八"女委员联谊视察、教师节专题座谈等影响广泛的品牌活动,进一步密切与社会各界的交往合作,营造了团结祥和的良好氛围。

四、抓好自身建设,着力提升政协工作水平

一年来,我们认真贯彻落实《中共中央关于加强人民政协工作的意见》精神,重视加强自身建设,推进履行职能的制度化、规范化、程序化建设,不断提升政协工作水平。

突出界别特色,发挥专委会作用。我们坚持与各民主党派、工商联联席会议制度,重视携手抓好调研,联手召开议政会,牵手组织报告会,拉手开展庆祝活动,切实发挥各民主党派、工商联在政协履行职能中的作用。我们注重突出界别特色,发挥专委会的基础作用,使委员履职有为。组织教育界的委员与区相关民主党派联合举办"为朝阳教育建言"专题研讨会。与市政协一起,组织部分界别的委员和区十所学校的校长、教师赴四川什邡市开展"情系灾区再援助,心手相连建校园"手拉手活动,向什邡市教育局捐赠20万元现金和教学设备及课外读物。组织经济界委员举办多种形式的经济工作座谈会,共谋发展良策。组织科技界委员视察高新技术企业,就促进我区科技进步建言献策。成立港澳台侨委员会,举办台海形势报告会,接待台湾岛内相关党派团体来访交流，共话两岸发展；组织港澳台侨委员开展迎国庆庆中秋活动，共享朝阳发展成就。组织宗教界委员视察宗教场所，协助反映相关需求，促进宗教关系的和谐。组织体育界委员与部分学校联手，免费为学生上体育课和组织学校间体育联赛。通过丰富多彩的活动，使政协各界别在组织参政议政、联络委员和联系群众方面的作用更加突出。

加强委员队伍建设，激发委员履职动力。我们制定《关于加强政协委员队伍建设和管理的办法（试行）》，印发《委员活动手册》，建立委员活动档案，对委员一年来的履职情况进行统计，促进委员积极履职。我们制定《关于加强政协委员学习培训工作的意见》，提出届内每位委员接受一次集中培训的要求。去年开办首期委员读书班，参与委员156人。读书班采取“读一本书、听一次专题辅导报告、参加一次参观考察、进行一次学习体会交流、开展一次联谊活动”等形式，让委员们在交流中参与、在参与中提升，开拓了委员视野，增强了委员使命感，激发了委员的参与意识与履职动力。

注重改进作风，加强机关建设。我们按照区委总体要求，注重以改进机关作风为重点，抓好机关干部的思想教育和学习培训，进一步增强机关人员的政治意识、大局意识、服务意识；深化学习实践科学发展观活动，专题研究完善政协工作机制，促进机关工作规范有序；加强机关干部的培养、选拔、交流，增强机关的凝聚力和战斗力，提高机关的工作质量和效率；重视内部统筹协调和服务，合理安排各项活动，使我们的服务寓于委员有效履职之中。同时，我们十分重视政协的思想理论建设和宣传报道工作，先后编印《学习文选》6期、《委员论坛》8期，不断为政协委员提供理论支持和舆论阵地；编发《政协简报》22期，在全国政协《纵横》杂志刊登专题报道2次，《朝阳报》发专版6期、宣传报道56篇，朝阳有线台新闻报道32次，大力宣传政协履职成果；加强区政协网站建设，发挥其在政协宣传中的窗口作用。2009年，区政协机关被评为市政协信息先进单位、区文明单位、先进基层党组织。

各位委员，过去的一年，我们召开常委会议、主席会议、秘书长会议、议政会等例会16次，组织视察考察、专题座谈和研讨、情况通报等各类履职活动200余次，充分反映了各界委员强烈的履职意识，显示了人民政协在朝阳经济社会发展中不可替代的作用，体现了区政协各参加单位的紧密合作。这是中共朝阳区委坚强领导、市政协有力指导、区政府大力支持的结果。在此，我代表区政协常委会向为政协工作付出智慧心血、做出贡献的各界委员，向所有关心、支持政协工作的各级领导、各界人士，表示崇高的敬意和衷心的感谢！与此同时，我们也清醒地看到，与科学发展观的要求相比，与新形势下人民政协承担的任务相比，我们的工作中还存在一些亟待加强和改进的方面。主要是：人民政协理论与实践的研究有待进一步加强；政治协商机制建设有待进一步完善；民主监督力度有待进一步加大；委员主体作用发挥和界别活动开展有待进一步拓展；机关政务性服务和统筹协调能力有待进一步提升等等。这些问题，我们将在今后的工作中认真研究，着力解决。

2010年工作任务

中共朝阳区委十届十一次全会提出了2010年工作指导思想，要求深入落实科学发展观，攻坚克难，再创优势，全面完成“十一五”各项任务，以再创“三个新优势”（核心竞争力、承载环境、文化文明）的显著成效，深入实践“四个走在前列”（巩固奥运成果，在服务“人文北京、科技北京、绿色北京”建设上走在前列；突出区域特色，在提升国际化水平上走在前列；统筹改善民生，在构建和谐社会上走在前列；强化作风能力，在以改革创新精神加强党的建设上走在前列），推进朝阳区在更高层次上又好又快发展，率先为首都建设世界城市和“人文北京、科技北京、绿色北京”做贡献。

2010年，区政协要按照中共朝阳区委的总体要求，坚持以邓小平理论和“三个代表”重要思想为指导，深入贯彻落实科学发展观，以推进经济平稳较快发展为重点，以促进民生改善和社会稳定为己任，更加积极地发挥委员主体作用，更加广泛地团结参加区政协的各党派团体和各界人士，更加有效地履行政治协商、民主监督、参政议政职能，更加扎实地推进政协基础工作，更加努力地加强自身建设，为推进朝阳区在更高层次上又好又快发展，不辱使命，有所作为。

一、加强学习研究，不断推进政协工作创新发展

要把学习贯彻胡锦涛总书记在庆祝人民政协成立60周年大会上的讲话精神和《中共中央关于加强人民政协工作的意见》精神摆在区政协各项建设的重要位置。要坚持和完善学习制度，通过举办常委会议专题报告、召开座谈研讨会、办好委员读书班等多种形式，加强学习培训和工作研讨，不断夯实参加区政协的各党派团体、各族各界人士团结奋斗的共同思想基础。要围绕人民政协工作理论创新、制度创新、工作创新的要求，成立区政协理论与实践研究会，进一步加强人民政协理论与实践的学习与研究。要配合中共朝阳区委筹备开好政协工作会议，切实按照中共十七大对人民政协工作提出的新要求，将贯彻落实胡锦涛总书记重要讲话精神与进一步落实《中共中央关于加强人民政协工作的意见》结合起来,与履职实践结合起来,搞好调查研究,深入探讨政治协商的新领域、民主监督的新机制、参政议政的新途径,推进履行职能的制度化、规范化、程序化建设。要采取多种形式,广泛宣传中国共产党领导的多党合作和政治协商制度,宣传人民政协的性质、地位、作用以及履行职能情况,形成有利于人民政协事业发展的良好社会环境。继续办好《学习文选》、《委员论坛》、《朝阳政协》期刊,传播政协理论,刊载研究成果,发布工作动态,展示委员风采。

二、加强协商议政,形成推动科学发展的强大合力

要把推动科学发展作为履行政协职能的第一要务。通过听取区情通报、举办形势报告会,召开专题座谈会,组织和动员区政协各参加单位和广大政协委员,切实把思想和行动统一到区委决策部署上来,把积极性、主动性、创造性引导到推动科学发展上来。围绕促进经济发展中的有关重点、难点问题,在委员中广泛开展“转变发展方式、破解发展难题”建言出力活动。围绕区“十二五”规划编制,充分利用全委会、常委会、专委会的协商平台,建睿智之言、献务实之策。围绕“为朝阳科学发展建言”这个主题,按照中共朝阳区委提出的“经济发展高端化、功能建设高效化、发展环境优质化”的要求,就相关问题选择调研课题,找准切入点,深入开展调查研究,力求形成一批有深度、有份量、有价值的调研报告,并以专题议政会的形式,提出有针对性和前瞻性的意见和建议。

三、注重协调关系,在促进社会和谐中发挥重要作用

要坚持把发扬民主、增进团结、协调关系、化解矛盾作为履行职能的重要着力点,重视促进政党关系、民族关系、宗教关系、阶层关系、海内外同胞关系的和谐。充分发挥各民主党派和无党派人士在政协中的作用,维护和促进民主团结、生动活泼的政党关系。注重发挥民族、宗教界委员的独特作用,加强视察调研,协助党和政府做好民族工作和宗教工作,促进民族团结、宗教和睦。关注不同阶层利益诉求,协助党和政府妥善处理好各方面利益关系,团结和鼓励各阶层人士共同致力于朝阳经济社会发展。充分发挥港澳台侨委员会的作用,加强与港澳台侨界委员的联系,积极开展联谊活动,增进同港澳台侨同胞的大团结,为维护祖国统一做出贡献。要在促进民生改善、社会和谐稳定工作中发挥重要作用。重点围绕推进城乡一体化进程,就土地储备开发、农民就业保障等问题开展视察调研;围绕创建文明城区工作,就提升区域文化文明、教育均衡发展、城乡环境建设等方面,组织委员成立专门小组参与调研视察,开展民主监督。进一步拓展委员进社区工作平台,鼓励委员深入实际、走向基层、贴近群众,关注民生,反映民意。重视提高提案工作质量,加强和完善重点提案办理和督办机制,发挥建议案、提案的议政监督作用。加强社情民意信息报送工作,积极反映各界利益诉求。做好文史资料编辑出版工作,发挥其存史、资政、团结、育人的重要作用。搭建活动平台,加强内外联谊,凝聚各方力量,营造团结民主的和谐氛围。

四、注重自身建设,切实为履行职能提供有力保障

促进党派团结合作、突出界别特色、发挥委员主体作用、加强专委会和机关建设是政协自身建设的重要组成部分,也是提高政协履职能力和水平的重要保障。要进一步发挥民主党派、无党派人士在政协履行职能中的作用,坚持与民主党派、工商联联席会议制度,完善与党派团体共同开展工作的形式、途径和方法,努力形成信息互通、成果共享的工作机制。要进一步加强界别工作,按照界别委员组织化、界别活动常态化、界别作用功能化的要求,研究制定《关于发挥界别作用的意见》,切实发挥政协界别作为扩大社会各界有序政治参与的重要渠道作用;要进一步发挥委员主体作用,落实好《关于加强政协委员队伍建设和管理的办法(试行)》,健全委员履职档案,制定《优秀政协委员评选表彰办法》,完善培训、管理、考核、激励机制,尊重委员首创精神、维护委员民主权利,树立和展示政协委员在本职工作中的带头作用、政协工作中的主体作用、界别群众中的代表作用。要进一步发挥政协专委会作用,完善专委会向常委会报告工作制度,积极探索专委会工作新思路新方式,切实增强政协工作活力和实效。要进一步加强政协机关建设,研究制定《关于加强区政协机关建设的意见》,着力提高机关工作人员的学习意识、全局意识和服务意识,增强政务性服务能力和统筹协调能力;按照规范有序、精干高效的要求,健全政协机关工作制度;着眼于统一战线和人民政协事业的长远发展,加强对机关干部的培养、选拔和交流,努力造就一支政治坚定、作风优良、学识丰富、业务熟练的高素质干部队伍;适应信息化时代的要求,加强政协网站的建设,使之成为资源共享、凝聚委员的活动平台。

各位委员,胡锦涛总书记在庆祝人民政协成立60周年大会上的重要讲话,为人民政协赋予了新的使命;为适应首都新一轮的发展,朝阳区提出再创“三个新优势”,努力实现“四个走在前列”的工作目标,为区政协履行职能提出了更高的要求。新的使命、新的要求,让我们倍受鼓舞,倍感责任重大,我们要在中共朝阳区委的领导下,高举中国特色社会主义伟大旗帜,深入贯彻落实科学发展观,以更加饱满的政治热情,更加昂扬的精神状态,同心同德,履职尽责,开拓进取,为在更高层次上推进朝阳又好又快发展做出新的更大的贡献!

北京市朝阳区人民检察院工作报告(摘要)

——2010年1月13日在北京市朝阳区第十四届人民代表大会第五次会议上

朝阳区人民检察院检察长　王　立

各位代表：

我代表朝阳区人民检察院向大会报告工作，请予审议。

2009年工作回顾

一、围绕服务"三保"工作大局，充分发挥检察保障作用

（一）注重改进执法方式，保障区域经济平稳发展

自觉增强服务大局意识，在办案中对劳资、债务、合同纠纷尽可能依法通过调解、和解等方法解决。依法慎重使用查封、扣押、冻结、拘留、逮捕等措施，尽量减少因司法调查给企业经营带来的不利因素，努力实现法律效果与社会效果、政治效果的有机统一。

（二）突出打击重点犯罪，促进市场公平体系建设

积极参与整顿和规范市场秩序专项活动，深挖涉及民生工程、基础设施、生态环境建设、劳动就业、征地拆迁、医疗卫生等领域犯罪案件。严厉查办官商勾结、权钱交易和严重损害群众利益的商业贿赂犯罪9件9人。

（三）充分履行检察职能，做好保障和改善民生的各项工作

一是加强和改进工作方式，提高履职能力和水平，促进民生问题的解决；二是通过提前介入、引导侦查等机制，加大对严重危害人民群众生命财产安全，影响群众生存环境和侵害民生的各类犯罪打击力度；三是严格规范举报工作程序，确保群众诉求渠道畅通；四是积极做好化解矛盾纠纷工作，规范检察环节和解工作，与政府信访部门实现工作对接，及时解决群众合理诉求。

（四）积极参与综合治理，提升检察工作质量和效果

深入学校进行法制宣传，受教育学生近900余人次；首创检察建议约谈机制，在发送52份检察建议书的同时，对受建议单位相关负责人进行约谈。积极提出社会治安综合治理建议，受到王岐山等中央领导和市委、市政府领导批示。

二、围绕确保"平安国庆"中心任务，全面履行检察职能

（一）统筹打击犯罪与化解矛盾的关系，努力维护社会和谐稳定

依法严厉打击严重刑事犯罪。全年共批准逮捕各类刑事犯罪2942件3860人，提起公诉3491件4483人。突出打击黑恶势力犯罪、严重暴力犯罪和"两抢一盗"等多发性侵财犯罪；继续深化"打黑除恶"专项斗争，深挖黑恶势力"保护伞"，共批准逮捕以上重点犯罪560件657人，提起公诉653件780人。

依法适用宽严相济刑事政策。对轻微刑事案件，矛盾已化解的，依法从宽处理。对无逮捕必要的不批准逮捕192人，对认为不需要判处刑罚的不起诉80人。积极开展不捕案件答疑说理、未成年人犯罪案件集中办理、刑事和解机制改革，推行公、检、法三机关联动开展轻微刑事案件快速办理机制。

依法妥善处理涉检信访案件。采取下访、巡访、联合接访等措施，畅通信访渠道，全年共受理各类举报、控告线索493件，受理民事申诉案件44件，刑事申诉案件38件，接待来访群众487批1069人，成功化解一起200余人集体访事件。保障"两节两会"、"7·5事件"、"国庆前夕"等敏感时期的信访接待工作，实现全年"无非正常访、无群体性事件"的目标。

（二）统筹查办职务犯罪与侦防一体化的关系，推进反腐败斗争深入开展

全年共立案侦查各类职务犯罪案件30件36人，

其中贪污贿赂案件24件29人,渎职侵权犯罪案件6件7人。

不断加大办案力度。全年共查办职务犯罪大案10件15人、处级以上干部职务犯罪要案5件5人。重点打击高校领域职务犯罪,共查办此类犯罪案件7件9人。成功办理某高校学工部部长许中华利用招生就业环节管理漏洞受贿7.3万元案。

继续完善办案机制。深入开展查办危害能源资源和生态环境渎职犯罪专项工作,依托"反渎职侵权、预防职务犯罪联席会议机制",与区环保局等单位建立联系机制,畅通案件线索移送渠道。注重深挖重大安全生产事故背后的渎职失职犯罪,第一时间介入中央电视台"2.9"火灾事故调查,依法立案侦查5名犯罪嫌疑人。

深入拓展预防途径。结合服务新农村建设,依托"区国家机关预防职务犯罪网络",与区纪委、区农委联合开展"农村廉政文化基地建设"活动,专门制作"农村基层干部职务犯罪警示"展板和宣传手册。总结奥运工程预防成功经验,构建"检察机关—重点行业—专家"三位一体预防模式。

(三)统筹强化监督与接受监督的关系,确保严格公正执法

不断强化诉讼监督。依法监督公安机关立案1件,逮捕18人,追诉5人,依法退回补充侦查或自行补充侦查454件。深入开展刑事审判法律监督专项检查活动,针对暴露的问题积极整改并完善相关机制。对认为确有错误的民事行政裁判提请抗诉、建议提请抗诉5件。强化对刑罚执行和监管活动监督,对11062人次进行交付执行检察和收押释放检察,开展各类安全防范检查220次,开展减刑、假释、保外就医检察和羁押期限检察391人次。

严格做好自身监督。完善业务部门、案件督察部门、检察委员会和检察长四级监督网络。坚持职务犯罪案件立案、逮捕"双报备",撤案、不诉"双报批"制度。推进干警执法档案建设和错案责任追究。结合机关效能建设,加强日常检务督察,进一步加强管理监督。

自觉接受外部监督。深化检务公开,推行答疑、释法说理工作制度,自觉接受诉讼参与人及其家属的监督。主动邀请人大代表、特约监督员50余人视察和评议检察工作,参与调研座谈和执法检查,听取意见、批评和建议。完善保障律师在刑事诉讼中依法执业的工作机制,确保检察权在阳光下运行。

三、围绕专业化建设方向,全面提高检察队伍素质

(一)紧紧围绕"政治坚定"要求,加强思想纪律作风建设

继续深入开展"大学习、大讨论"活动,牢固树立社会主义法治理念,深入推进"听呼声、走百家、送服务"活动,切实改进执法作风。积极构建廉政风险防范管理机制,建立全面覆盖、层层管理、重点防控、责任到位的风险防控体系,确保廉洁从检。全年无违法违纪现象发生。

(二)紧紧围绕"德才兼备"要求,加强领导班子建设

大力强化中心组学习,不断提高班子学习力;注重学以致用,检察长、副检察长带头参与办理案件,不断提高执法水平,切实提升班子战斗力;完善并严格执行议事规则和决策程序,增强班子凝聚力;制定《朝阳区人民检察院2009—2011年发展规划》,明确新的争创目标,激发班子创新力。

(三)紧紧围绕"业务精通"要求,全面推进队伍专业化建设

拓展人才培养模式,建立"CYPP发展团队",分层次和类别开展培训,促进人才成长。拓展教育培训方式,选派20余名同志参加各类学术研讨活动,在各级刊物公开发表调研文章67篇;深化产学研基地建设,两名资深检察官被聘为中国政法大学兼职教授,联合开展"非法证据排除规则试点项目"研究,积极推动立法;邀请专家、领导、骨干举办公诉论坛、反贪论坛,就青年检察官如何更好成长成才进行深入交流和探讨;组织全院900余人次参加培训活动,努力营造"勤学为荣、不学为耻,争先创优、充满活力"的学习氛围。

(四)紧紧围绕"以人为本"要求,大力加强检察文化建设

积极践行"关注健康、快乐工作、构建和谐"检察文化建设主题,开设检察长直通车,搭建干警与院领导交流的网络互动平台;编辑"检察文化建设丛书",展示检察文化成果;举办诗词赏析、心理健康讲座等一系列文化活动,提升干警素质修养。始终坚持对"文化育检"的新探索,将开展文化社团活动与思想政治工作、提高队伍素质、检察业务工作相结合,以文化建设不断增强检察人员职业荣誉感和队伍凝聚力,推动检察事业向前发展。

一年来,我院工作取得了一定成绩,被最高人民检察院评选为"全国十佳基层检察院",荣立集体一等功。荣获首都先进检察院、北京市思想政治工作优秀单位等10余项市级荣誉。回顾一年来的工作,检察工作还有很多有待提高和完善的地方,主要表现在:一是法律监督能力有待进一步加强;二是队伍的执法观念和执法作风与形势要求还有差距;三是检察工作强度与干警保障机制还不匹配。

2010 年工作思路

2010 年,我院将按照区委和市检察院部署,在区人大及其常委会监督支持下,以科学发展观为统领,深入贯彻党的十七大、十七届四中全会精神,全面履行检察职能,着力保增长促发展,着力保障社会和谐稳定,着力维护公平正义,着力深化检察改革,着力提高法律监督能力,继续争创一流业绩,打造一流队伍,为首都和朝阳区经济社会又好又快发展提供强有力的司法保障。

一是要更加全面深入地贯彻落实科学发展观;二是要更加积极主动地为首都及朝阳区工作大局服务;三是要更加扎实有效地履行法律监督职责;四是要更加积极稳妥地推进检察工作改革;五是要更加坚定不移地加强检察队伍建设。

各位代表,2010 年,我们将以更加坚定的信心、更加有力的措施、更加务实的作风,强化法律监督,维护公平正义,促进社会和谐,为服务和保障"首善之区"建设做出新的更大的贡献!

北京市朝阳区人民法院工作报告(摘要)

——2010 年 1 月 13 日在北京市朝阳区第十四届人民代表大会第五次会议上

朝阳区人民法院代院长　李瑞翔

各位代表:

我代表朝阳区人民法院向大会报告工作,请予审议。

2009 年工作回顾

一、坚持服务大局,充分发挥审判职能

2009 年,我院共受理案件 55998 件,结案 55281 件,同比分别上升 3.7% 和 4.8% 。

刑事审判工作,一是依法严厉打击黑恶势力犯罪、抢劫、故意伤害等严重刑事犯罪,全年共审结刑事案件 3366 件,判处罪犯 4404 人,其中,判处五年以上有期徒刑的罪犯 605 人,占 13.7% 。二是正确适用宽严相济刑事政策,对情节轻微的初犯、偶犯和过失犯罪,依法从轻、减轻或免除处罚。三是以教育、感化、挽救为目的,对未成年被告人依法尽量适用非监禁刑,帮助他们积极改造。四是调研融资诈骗案件,维护朝阳区的良好融资环境。

民商事、行政审判工作,全年共审结民商事案件 39250 件,审结行政诉讼和行政非诉案件 348 件。一是妥善处理因奥运会筹办引发的房屋拆迁、房屋买卖等各类纠纷,促进全市法院执法标准的统一。二是对金融危机背景下的民商事纠纷进行前瞻性调研,及时成立劳动争议案件专业合议庭,有效应对因金融危机等原因引发的劳动争议纠纷激增的新情况,全年共审结劳动争议案件 4312 件,同比增长 55.2% 。三是高度重视大标的民商事案件的审理,顺利审结此类案件 155 件,标的额达 17.2 亿元。四是充分发挥司法保护知识产权的主导作用,注重对"秀水街"等区域知名品牌的保护,树立朝阳区重视知识产权司法保护的良好形象。五是建立健全预防、化解行政纠纷机制,从源头上促进行政机关提高依法行政水平。

二、坚持以人为本,依法维护人民权益

(一)全力以赴清理执行积案

集中清理执行积案活动开展后,区委高度重视,多次听取汇报、指示工作;区政府拨付专项资金,确保清积工作迅速推进;区委政法委发挥领导核心作用,加强组织协调,实行领导包案;全区各有关部门发挥职能作用,通力支持配合。作为主办单位,我院严密组织,精心落实,成立专案小组,着力解决重点案件;坚持全程信息专报,主动接受领导和监督;建立执行积案台帐、专项资金使用台帐、执行信访台帐,对清积工作严格管

理。在党委领导、政府支持、各方协同下,我院纳入集中清理范围的执行积案全部结案。

在清理积案过程中,我院统筹兼顾,坚持新收案件执行不放松,全年执结案件12295件。

(二)实实在在出台惠民举措

一是在立案大厅设置导诉台,为当事人立案、查询信息、联系法官提供帮助。二是在全市法院率先开通《人民法院报》公告送达直接录入系统,缩短公告刊登周期。三是在全市法院首次开通房屋信息查询与冻结直接录入系统,为当事人提供便捷、高效的服务。四是增设温榆河法庭、王四营法庭、亚运村法庭3个立案点,实现了7个派出法庭全部就近立案。五是制作法庭路线图、便民联系卡,为当事人诉讼提供便利。六是通过编发《身边的法律课堂》宣传册和编演情景剧等群众喜闻乐见的方式,满足人民群众的司法需求。七是及时提供法律援助,全年共减、免、缓交诉讼费13.9万元,让经济确有困难的当事人打得起官司!

(三)扎扎实实做好信访工作

一是落实院党组成员亲自包案及院、庭长接待制度,全年共接待群众2774人,促进了重大、疑难信访案件的化解。二是坚持与区人大信访定期联系制度,形成工作合力。三是固化挂帐案件督办制度与信访联席会议制度,提高信访案件办结质量。四是运用涉诉信访案件排查、协调、稳控及应急处置机制,科学使用信访救助金,降低可控风险,实现息诉罢访。

三、坚持改革创新,完善审判、调解工作机制

(一)健全审判管理机制,确保审判工作质效双优

一是连续两年召开法官大会,对审判工作中存在的质量问题进行深刻剖析,强化法官的质量意识。二是建立案件质量三级评查制度,提升了案件评查工作的民主性、自律性和权威性。三是成立裁判文书校核办公室,统一裁判文书制作标准,有效减少了错误发生。四是公开展示案件质量问题,强化审判人员的责任意识。五是颁发首届"钟蔚莉审判质量奖",激励法官多结案、结好案。因案件质量管理工作成效显著,我院被最高法院确定为全国基层法院案件质量监督管理试点法院。

2008年10月,我院在全市法院率先探索法定审限内结案工作。一年多来,通过严把"立案关"、"程序适用关"、"审理期限关"、"督促催办关"、"结案关"等五个环节,初步实现了对案件的科学管理与动态监督,规范了审判流程,提高了审判效率。2009年,在收案量再创新高的情况下,18983件民商事案件在2个月内审结,占全部民商事案件的48.4%。

(二)创新调解和解机制,确保调解工作走向深入

经过五年的发展完善,我院形成了由诉前和解"三种机制"、庭前调解"三项制度"以及判后答疑制度构成的调解和解工作体系。五年来,我院共以调解和解方式调处纠纷141685件。因成绩突出,2009年,我院受到最高法院通报表扬;区委政法委在我院召开大会,对先进集体和个人进行隆重表彰。

为继续推动诉讼与非诉讼相衔接的矛盾纠纷解决机制的构建,2009年8月,我院启动诉调对接工作,各人民法庭安排专职人员负责纠纷的立案前调解,并聘请熟悉辖区情况、具有较高威望和丰富调解经验的人民陪审员、特邀调解员,以驻庭或轮值的方式接受委托进行调解。截至2009年12月20日,各法庭的调解人员共诉前调解纠纷1452件。全年,我院诉前化解纠纷9378件,同比上升4.8%。

四、坚持强基固本,加强队伍自身建设

(一)切实加强思想政治建设

深入开展科学发展观理论学习,教育广大干警树立正确的审判工作观;扎实开展学习实践科学发展观整改落实"回头看"活动,确保活动取得实效。积极开展"人民法官为人民"主题实践活动和"听呼声、走百家、送服务"为民实践活动,强化干警的为民意识。围绕"保增长、保民生、保稳定"各项任务,进一步增强干警的政治意识、大局意识、责任意识和国情意识。

(二)切实加强司法能力建设

安排青年法官参与信访接待、到基层工作,提高做群众工作、化解矛盾纠纷的能力;开展青年法官裁判文书评比活动,提高制作裁判文书的能力。组织新录用人员赴贫困地区考察,培养吃苦精神,提高角色转变的能力。坚持庭长办案制度,全年庭长、副庭长共结案17838件,占结案总数的32.3%,带动了整个队伍司法能力水平的提升。

(三)切实加强司法作风建设

深入开展司法作风大检查活动,通过上党课、抓培训,增强全体干警的宗旨意识。全面加强立案信访窗口建设,规范诉讼服务接待行为,提升司法为民的良好形象。建立片区法官制度,组织法官深入辖区街乡体察民情,送法上门,密切与群众的联系,努力为群众排忧解难。

(四)切实加强反腐倡廉建设

深入开展"警示教育月"活动,强化廉洁自律意识;针对重点部门、重点岗位加强监督管理,探索廉政风险防范管理的长效机制;加强法院廉政文化建设,倡导干警自重、自警、自励,培养健康、文明、向上的道德情操。

五、坚持接受监督,切实维护司法公正

一是自觉接受人大监督。坚持向区人大常委会定期报告专项工作,认真落实区人大常委会对我院相关

报告的审议意见,采取措施切实改进。认真办理、答复代表的建议和来信,建立督查督办制度,做到件件有结果,事事有反馈。

二是依法接受法律监督和社会监督。邀请区检察院检察长参加审判委员会,促进司法公正。拓宽人民陪审员的工作内容,参与诉前调解和执行督促工作。探索新闻发布常态机制,向社会通报法院工作重大事项和社会关注的热点问题,接受舆论监督。开展问卷调查活动,倾听人民群众的意见和建议,有针对性地改进工作。

与此同时,我院的工作还存在一些问题和困难,我们将切实采取措施,努力加以解决,也诚恳地希望得到方方面面的监督和支持!

2010 年工作思路

一、更加注重审判职能作用的发挥,在能动服务大局上有新突破

依法严厉打击黑恶势力犯罪、严重暴力犯罪、多发性犯罪,进一步增强群众在朝阳区生活的安全感;依法审理涉及民生的案件,保障群众切身利益;审慎处理好受金融危机影响和因土地储备、征地拆迁等工作可能引发的各类纠纷,促进朝阳区经济社会平稳较快发展;要以成立执行局为契机,加强执行机构内部监督与管理,维护好人民群众的合法权益。

二、更加注重调解和解机制的深化,在促进社会和谐上有新突破

要在区委政法委的领导和支持下,探索完善诉讼与非诉讼相衔接的工作机制,齐心协力推进社会矛盾化解;要完善以人民法庭为主阵地的诉调对接工作,探索特邀调解员、律师参与调解的选拔机制、培训机制、激励机制与评价机制,为人民群众提供多元的纠纷解决途径。

三、更加注重人民群众期待的满足,在提高队伍素质上有新突破

要完善案件质量评查制度和法定审限内结案工作,进一步夯实审判工作基础;要将青年法官放到艰苦的岗位上锻炼,着力提升做群众工作的本领和服判息诉的能力;要探索信访终结机制,减少涉诉信访;要进一步完善落实廉政风险防范制度,深入推进公正廉洁执法。

四、更加注重司法为民意识的强化,在便民利民举措上有新突破

要不断丰富司法为民举措,提高诉讼服务水平;要创新普法形式,努力满足人民群众日益增长的司法需求;要更加关注弱势群体的司法需求,努力做到在我们朝阳区让有理无钱的人打得起官司,让有理有据的人打得赢官司!

五、更加注重司法公开制度的落实,在自觉接受监督上有新突破

要进一步深化审判公开改革,保障当事人的诉讼权利和实体权利;要坚持"法庭开放日"活动,完善新闻发布会和庭审网络直播制度,使群众接近司法、司法贴近群众;要继续加强与人大代表、检察机关的联络沟通,以监督促公正、以监督促提高。

各位代表,2010 年,我院将继续开拓奋进,扎实工作,为朝阳区再创发展新优势、实现"四个走在前列"的目标做出新的、更大的贡献!

朝阳区 2009 年国民经济和社会发展计划执行情况与 2010 年国民经济和社会发展计划草案的报告(摘要)

——2010 年 1 月 12 日在北京市朝阳区第十四届人民代表大会第五次会议上

朝阳区发展和改革委员会主任　王亚贵

一、2009 年国民经济和社会发展计划执行情况

2009 年是朝阳区积极应对国际金融危机挑战、迎难而上、实现奥运后新发展的关键一年。在区委的领导下,在区人大的监督支持下,根据区委十届九次、十次全会部署和区十四届人大四次会议要求,面对前所未有的压力,全区坚持“解放思想、传承奥运、再创优势”,紧紧围绕“调结构、上水平、保增长、保民生、保稳定”的思路,年度计划执行良好,经济社会保持平稳较快发展。

2009年计划任务执行的主要特点是:

(一)有效应对金融危机,区域经济平稳发展

保增长目标顺利实现。成立了区“保增长”工作领导小组,加强统筹调度;强化政策引导,出台了保增长44条措施,制定了帮扶企业的24项措施,累计安排6亿元专项资金扶持企业发展。预计全年实现地区生产总值同比增长9.6%;财政收入完成190.7亿元,增长13.3%;社会消费品零售额预计完成1476.3亿元,增长16%;按照年初计划同口径(即按法人经营地口径统计),全社会固定资产投资预计完成845亿元,增长15.8%,按项目在地口径统计,全社会固定资产投资预计完成1100亿元,完成了北京市下达的投资任务。城镇居民人均可支配收入预计达到27597元,增长8.1%;农民人均现金收入预计达到16633元,增长10.2%;城镇登记失业率为1.56%,失业人员实现就业3.1万人。

投资、消费拉动作用进一步增强。以基础设施、环境整治、土地储备为重点,加大了政府投资力度;建立了重大项目“绿色审批通道”机制,186个项目进入市、区绿色审批通道;搭建了投融资平台,拓宽了基础设施建设的融资渠道。千方百计扩大消费,通过培育消费聚集区、打造特色消费品牌等措施,使我区在全市高端消费领域的集中度进一步增强。外资利用水平不断提高,实际利用外资21.78亿美元,占全市的35.6%。

(二)结构调整进一步深入,质量效益稳步提高

产业结构继续优化。今年新批内资企业2.4万家,是近5年引进企业最多的一年。增量的引进带动了存量结构的调整,金融产业规模持续扩大,新引进金融企业50家,金融机构总量已达1168家;文化创意产业加速聚集,规模以上文化创意企业已超过2000家,实现收入1077亿元;高技术产业内部结构调整加快,全区新标准认定的高新技术企业达377家;现代服务业高端化趋势不减,区域内投资性公司总数达到131家。

功能区建设继续加强。CBD功能区确定了东扩3平方公里的规划方案,核心区一期即将入市挂牌交易;奥运功能区完成了从赛时运行到赛后长效发展的平稳过渡,奥运功能区财政收入同比增长29.2%;电子城北扩区域先期202公顷控规已获批复,园区技工贸总收入预计同比增长35.1%。储备区建设步伐加快,温榆河大道建设已启动;金盏金融园区建设、招商工作全面展开;定福庄、垡头储备区的发展规划正在加紧编制。

经济运行质量得到提升。深入推进节能减排,加强对重点耗能大户的监管;推进小区污水治理及再生水利用工程;实施可持续发展项目15项,万元GDP能耗下降5.1%。落实第十五阶段大气污染治理措施,二级和好于二级天数比例达75%以上。

(三)城乡一体化发展不断深化,城市管理水平进一步提升

农村城市化步伐进一步加快。开展了大望京村城乡一体化改革试点;第一道绿隔15个乡编制了规划调整方案;崔各庄乡级土地股份制改革和南皋村级产权制度改革试点圆满完成。农村经济加快发展,红星美凯龙等11个项目开业,5个项目竣工,农村经济总收入实现780亿元,同比增长12%。

城市精细化管理水平进一步提高。高标准完成了国庆60周年环境建设任务;加强了基层治安防控,完善了信访工作体制机制;巩固数字化城市管理的常态化格局,扩展了数字化管理范围;推广团结湖流动人口管理模式,提高了流动人口服务与管理能力。

(四)统筹推进民生改善,社会和谐加快发展

加强就业服务,稳定就业局势。成立了朝阳区就业促进中心;在全市率先建立区级失业预警体系;出台了就业促进政策。城镇登记失业率降至1.56%,开发各类就业岗位11.1万个。

健全保障体系,扩大保障范围。扩大了社会保险覆盖面;健全城乡养老保障政策体系;加大对城乡大龄、低保、重残人员的补贴力度。提高农村医疗保障水平,新农合人均筹资额由420元提高到520元,新型农村合作医疗参保率达到98.8%。

完善公共服务体系,维护社会和谐稳定。促进了教育均衡优质发展,积极引入名师名校;选派了188名教师到农村支教;落实“两免一补”等资助政策。提高了公共卫生服务水平,全力做好甲型H1N1流感防控;推进垂杨柳医院旧址改扩建等工程建设。发展基层文体事业,满足了市民多样化的文化需求。关注老龄问题,居家养老服务实现了街乡全覆盖。

总体来看,2009年,我们面临的形势前所未有,面临的困难前所未有,能够实现经济社会的平稳较快发展,成绩来之不易。这是全区上下贯彻落实科学发展观,团结一致、自我加压、勇挑重担、奋力拼搏的结果;是区人大、政协监督支持的结果。我们也清醒地认识到,当前发展中也存在一些问题,需要高度关注:一是在经济发展方面,金融危机的影响尚未完全消除,经济回稳的基础并不巩固,不可预测因素仍然较多,区域间竞争压力加大,产业结构调整的任务更加紧迫。二是

民生和社会事业虽然取得了较快发展，但就业的结构性矛盾依然突出，公共服务资源布局还有待进一步优化。三是区域发展仍不平衡，城乡结合部区域环境整治任务仍很艰巨，对城市管理带来了较大压力。四是在维护社会安全稳定方面，我区社会结构、社会组织形式、社会分配格局深刻变化，需要从更深层次推进社会稳定工作。

二、2010 年经济社会发展计划总体考虑和初步安排

2010 年是"十一五"规划实施的最后一年，同时也是巩固经济企稳回升态势、再创发展新优势的重要一年。我们将认真贯彻党的十七届四中全会、中央经济工作会和市委十届七次全会精神，紧紧围绕区委十届十一次全会提出的再创发展新优势，实现"四个走在前列"目标的工作要求，积极实践科学发展，转变经济发展方式，全面完成"十一五"规划目标，为实现"十二五"高水平发展奠定基础。

2010 年我区国民经济和社会发展主要预期指标：地区生产总值增长 9%；财政收入增长 9%；全社会固定资产投资增长 11%；社会消费品零售额增长 12%；城镇居民人均可支配收入、农民人均纯收入均增长 8%；城镇登记失业率控制在 2% 以内。

（一）稳定经济增长，转变发展方式，再创发展新优势

切实做好"十二五"规划编制。按照发展规划、土地规划、城市规划、人口规划"四规"融合的思路，高水平编制"十二五"规划；组织编制专项发展规划和区域发展规划；制定规划纲要实施方案。

保持投资规模平稳较快增长，继续优化投资结构。继续发挥政府投资的引导和放大作用，提高投资效益；积极引导社会投资，释放民间投资活力；优化投资环境，促进项目加快落地。

紧抓扩内需机遇，增强消费拉动作用。吸引一批商业企业总部落户我区；扩大旅游和时尚消费；开拓农村消费市场；继续培育特色消费聚集区，促进高端消费在朝阳的集聚。

加强经济运行调度，稳定增长政策措施。继续完善保增长工作机制；落实重点产业促进政策；进一步完善税源建设工作机制；继续落实帮扶企业的各项措施；建立全区联动的招商引资工作体系，吸引符合我区功能定位的重点企业入驻。

加强重点功能区建设，提升国际化水平。全面实施 CBD 东扩战略；推进电子城北扩区域和东区 IT 产业园建设；继续加快奥运场馆改造利用。加快推进储备区的建设发展，加快温榆河、垡头、定福庄、东坝航空商务区等区域的规划建设，形成朝阳新的发展优势。

加快结构调整，促进产业优化升级。推进三大金融品牌聚集区的建设；继续巩固现代服务业的主导地位；全力打造 CBD——定福庄国际传媒产业走廊；加快推进新能源、软件与信息服务、物联网等高新技术领域成果产业化；做好战略性新兴产业培育。加快推进农村产业发展，力争实现农村经济收入、利润分别增长 10% 以上。深化国企改革重组，确保国有经济平稳健康发展。

加大自主创新和节能减排力度，进一步提升经济运行质量。深入开展节能减排工作；落实第十六阶段大气污染控制措施；推进大望京公园等景观建设；加强对科技创新的支持力度。

（二）加快城市化，加强城市建设管理，促进城乡统筹发展

抓好空间资源规划利用，积极拓展发展空间。稳妥推进土地储备工作扎实开展；做好土地储备区域内产业发展规划；做好腾退安置工作，深入研究失地农民就业安置问题，尽快实施整建制转居进城保；落实"一乡一策"规划调整方案，加快绿隔地区城市化进程。

加强基础设施和环境建设，持续改善城乡面貌。推进城乡市政交通建设；加大城乡结合部环境综合整治；完善城乡环卫设施，全面改善农村居民生活环境。

提升城乡管理水平，提高城市运行效率。进一步健全城市管理长效机制；继续做好维稳工作，健全基层治安防控体系，完善矛盾调处工作网络；引导人口有序流动和合理分布。

继续深化改革试点，切实促进城乡管理体制机制的创新。推进社会基层管理创新；深化农村产权制度改革试点；推进农村社会管理体制改革；加强农村社区建设。

（三）发展社会事业，提升文化文明，促进社会和谐

着力确保劳动就业稳定。发挥产业对就业的促进作用；落实各项促进就业措施；建立纯农就业家庭转移就业援助制度；做好高校毕业生就业安置服务工作；加强职业技能培训。

全面完善社会保障体系。继续扩大社会保险覆盖面；全面推行城乡居民养老保险政策，研究制定我区基础养老金调整方案；提高农村医疗保障水平，为实现人人享有基本卫生保健的目标奠定基础。

推进社会事业全面发展。提高教育事业发展水平，继续引入优质教育资源，坚持对农村教育的倾斜，深化实施"关爱工程"；完善公共卫生服务体系，优化整合卫生资源，逐步满足朝阳区多元化医疗服务需求。

继续落实各项惠民工程。加强社区服务网络建设，打造"15 分钟便民服务圈"；加快养老服务设施建

设,开展居家养老助残服务工作,提升我区居家养老服务水平。

加大创建全国文明城区建设力度。扎实落实《朝阳区创建全国文明城区工作三年规划》,全面提升城市发展软实力;促进文体事业的繁荣发展。

关于朝阳区2009年财政预算执行情况和2010年财政预算草案的报告(摘要)

——2010年1月12日在北京市朝阳区第十四届人民代表大会第五次会议上

朝阳区财政局局长 邹立嵩

各位代表:

我受朝阳区人民政府委托,向大会提出我区2009年财政预算执行情况和2010年财政预算草案的报告,请予审议。

2009年财政预算执行情况:

一、2009年财政收支总体情况

2009年我区区级财政收入完成1906566万元,比上年增加223369万元,增长13.3%,完成预算的103.7%。当年财力完成1513672万元,比上年增加188814万元,增长14.3%,动用上年结余5264万元,2009年实际可用财力为1518936万元,除安排预算稳定调节基金67650万元外,其余1451286万元全部支出。财政支出完成1451286万元,比上年增加161815万元,增长12.5%,完成预算的115.8%。

其他需要说明的有:国有土地使用权出让收入234645万元,支出234645万元,主要用于CBD基础设施建设、道路拆迁建设及环境整治。

以上数字是按照预算执行的情况初步汇总的,在决算编成后,还会有所变化。

2009年财政预算执行主要有以下特点:一是保增长工作成果显著,胜利实现年初预算任务,最终实现全年财政收入增长13.3%。二是按照区政府要求确保财政收支平衡,保证法定支出的资金需求以及当年重点工作的顺利推进,坚持依据收入进度科学测算并安排各项政府支出,严格控制政府运行成本,优先安排法定支出,完成教育总支出364429万元,医疗卫生支出116395万元,农林水事务支出106132万元,科学技术支出23535万元,文化支出15078万元,人口和计划生育事务支出4515万元,均达到法定要求。

二、2009年财政管理工作

(一)积极"调结构,保增长",支持经济发展各项措施有效落实

以确保收入增长10%为既定目标,认真落实中央及北京市各项工作部署,安排资金83178万元,全力支持经济建设和税源涵养。一是确立税源涵养工作体系在经济可持续发展中的重要位置,建立起有效应对经济波动的工作模式,实现了决策及时、信息共享、反应快速、执行有力的联动工作格局,实现了主要税源不流失,实现了全区税源建设信息化管理和联动工作机制的有效结合。二是借助CBD东扩的有利契机,加快三大功能区产业转型升级,加强节能减排工作,探索实践更加适合我区发展定位的产业结构,大力支持招商引资,培育区域发展的增长点,合理整合政策工具,充分发挥引导作用。三是加大财政政策对税源涵养、产业布局的支持力度,完善帮扶企业工作,调动各部门及街乡促进经济发展的积极性和主观能动性。

(二)切实"上水平、惠民生",推动社会事业稳步发展

着力解决关系百姓切身利益的问题,千方百计改善城乡居民生活质量,安排资金738455万元,扎实推进民生工作。一是统筹推进覆盖城乡居民的社会保障事业。完善就业服务体系,努力保证全区就业形势的整体稳定。继续推进社会保障体系建设,实现新农保与城乡居民养老保险制度并轨,支持新农合筹资标准提高,居家养老服务实现全覆盖,全面推进社区养老服务。大力支持困难群众得到基本生活、医疗、住房、教

育等救助,推进儿童福利机构孤儿成年后安置工作,加强对流浪乞讨人员的救助,努力解决残疾人康复和就业等方面的困难。二是高度关注公共卫生事业发展,积极落实城乡居民医疗保障政策,不断完善社区卫生服务。积极部署疫情防控工作,大力支持垂杨柳医院升级改造工程的推进并取得重大进展。三是坚持以扩大优质教育资源和实现教育均衡发展为重点,支持引进名校名师,努力聚集农村地区优质教育资源,着力改善区内教育的软硬件条件。

(三)全力"促和谐、保稳定",统筹推进城乡建设和管理

统筹推进城乡经济社会全面发展,安排资金490789万元,努力构建环境宜人、稳定安居的和谐区域。一是继续推进城市建设和管理,加大公共服务投资建设以及社会建设力度。全力支持国庆庆典活动的安全保障,大力支持群众游行方阵和女民兵方队的组织、培训工作,顺利完成国庆60周年的各项服务保障任务;继续实施社会面立体化防控体系,确保全区安全稳定。大力支持温榆河大道、新国展联络线等52条主、次干路建设,完成50条区属道路大中修,推进轨道交通建设工程的拆迁工作,努力改善区内交通环境;支持拆除违法建设工作,完成6个城中村及边角地整治,继续加强老旧小区改造,大力推进绿化美化和广场公园建设。借国庆城市景观布置的有利契机,着力加强环境保护工作,加强煤烟、尾气、扬尘的防治工作,支持全国污染源普查。二是大力推进城乡一体化进程,促进城乡协调同步发展,在积极稳妥推进土地储备工作的背景下,继续支持完善农村道路、公厕等关系农民生产生活的基础设施建设,同步推进房屋拆迁及各项环境整治工作;稳步推进农村产业项目建设,继续调整农村经济结构;加快农村社会事业发展,提高农民享受公共服务的水平和质量。

(四)注重"抓改革、增效益",财政管理水平不断提高

以充分发挥财政改革整体效益为目标,以强化预算管理为核心,巩固完善财政各项改革,保障财政管理体系安全高效运转。一是继续推进部门预算改革,严格控制"人、车、会"等一般性行政开支,着力保障民生。二是国库集中支付改革范围逐步扩大,启动第六批35家单位试点工作,使试点单位总数达到168家,其中一级单位纳入改革范围比例达98%。三是继续推进政府采购专业化管理改革,增加采购透明度,促进采购活动规范有序进行,全年共执行政府采购预算139111万元,节资率为7%。四是继续夯实基础工作,规范支出管理,拓展精细化管理理念;加强对环境整治等重大项目的投资评审力度;高度重视行政事业单位资产动态管理,圆满完成政府投资涉奥资产、物资管理及后续处置工作。

2010年财政预算草案和主要工作:

一、2010年预算草案情况

2010年预算编制的指导思想是:全面贯彻市委、区委全会精神,按照加快构建社会主义和谐社会和完善公共财政体制的要求,以促进经济平稳较快发展、增强可持续发展能力为目标,以统筹改善民生、促进社会和谐为核心,紧紧围绕"保增长、保民生、保稳定"的中心工作,积极应对国际金融危机挑战,努力增收节支,强化预算管理,创新理财思路,大力推进公共财政体制改革,调整经济结构和提高发展质量,节约资源和保护环境,强化财政监督和绩效考评管理,积极推动依法理财、科学理财、为民理财。

按照上述指导思想,根据《中华人民共和国预算法》、《北京市预算监督条例》、《北京市朝阳区预算监督办法》和《朝阳区国民经济和社会发展"十一五"规划》,在充分听取人大代表意见的基础上,区政府编制了2010年财政收支预算草案,提请大会审议:

——区级财政收入2077500万元,比上年增长9%;

——当年财力1473700万元,比上年年初预算增长17.6%;

——财政支出1473700万元,比上年年初预算增长17.6%。

财力与支出相抵,当年预算收支平衡。(2010年财政预算不含市追加专项和土地使用权出让收入)

二、2010年财政工作

(一)坚持经济可持续发展理念,巩固经济向好形势

巩固经济回暖的向好势头,确保完成2010年财政收入任务,安排资金94942万元,以经济的可持续发展带动税收稳步增长,以保障全区各项重点工作的顺利开展。一是继续推进联动有序、执行有力的税源涵养工作体系建设;二是坚持优化产业结构布局,抓住全面推进CBD东扩的有利契机,重点发展有朝阳区特色的现代服务业、金融业、高技术产业、文化创意产业,合理规划发展房地产业,鼓励重点领域、行业、企业推行节能降耗;三是进一步加强财政政策对税源涵养、结构调整的引导作用。

(二)坚持公共财政向民生倾斜,改善城乡居民生活

继续构建以民生为核心的公共财政体系,安排资金719768万元,加大公共服务领域的投入,全面促进社会事业发展。一是优先发展教育,依法保障教育资金的投入,努力扩大优质教育资源聚集,促进城乡义务

教育均衡发展。二是进一步促进就业、完善城乡统筹的社会保障体系,落实各项就业政策,完善就业服务体系,积极推行居家养老服务工作。三是加快完善覆盖城乡的公共卫生服务体系,深化医疗保障体系改革,努力改善医疗服务水平,继续推进垂杨柳医院改造升级,大力支持疫病防控工作。

(三)坚持城乡一体化统筹推进,积极构建宜居城区

统筹兼顾推进城乡建设,安排资金 383081 万元,加快推进城乡一体化进程。一是进一步提升城市管理和服务水平,完善基础设施,优化区域路网布局,改善居民出行条件;加强环境综合整治和水环境治理,提升绿化水平,落实大气污染控制措施,为居民创造更好的工作生活环境;繁荣文化体育事业,加快构建公共文化服务体系;强化基层平安建设、社区建设和社会组织建设,营造和谐稳定的区域环境。二是进一步加大农村地区投入力度,着力改善农村地区道路交通、水电气暖供应以及景观环境等基础设施,加快环境整治及郊野公园建设进程;支持农村产业发展,逐步增强农村地区经济发展动力,促进农民增收;不断完善土地储备资金管理办法和管理程序,探索城市化进程相关体制机制。

(四)坚持稳步推进财政改革,进一步提高财政保障能力

一是进一步强化预算执行,集中财力向教育、卫生、社保、文体等关系群众利益和国计民生的社会事业和公共服务领域倾斜,促进经济、社会、人文、环境的可持续发展;严格控制政府运行成本,逐步降低运行支出在财政支出中的比重,控制出国费、车辆购置及运行费、公务接待费等支出。二是进一步发挥财政改革整体效益,统筹部门预算、国库集中支付、政府采购、投资评审等改革工作,通过加强预算管理,不断优化支出结构,提高财政资金的保障能力和使用效益。三是进一步夯实基础工作,坚持精细化管理理念和信息化改革手段,加强财政投资评审,完善预算支出绩效考评体系,推进资产动态管理,扩大非税收入改革试点,不断提高财政管理水平。

专　　文

在朝阳区第一批深入学习实践科学发展观活动总结暨作风建设年动员大会上的讲话

陈　刚

（2009 年 2 月 27 日）

同志们：

这次会议的主要任务是总结我区第一批深入学习实践科学发展观活动开展情况，部署作风建设年的相关工作。这是一个“三合一”的会议，合并了第一批学习实践活动总结会、2009 年党建工作会和作风建设年专项部署会。主要考虑一是聚焦中心，突出重点，推动工作；二是精简会议，给大家腾出更多的时间和精力抓工作、想问题、谋发展，这也是作风建设的具体体现。区委常委会对这项工作高度重视，25 日进行了专题研究，对今天会上印发的学习实践活动总结及经验交流材料、区委《关于开展作风建设年工作的意见》和 2009 年党建工作要点进行了认真讨论，这三个文件都非常重要。刚才，3 个单位做了典型发言，张洋同志传达了全市作风建设年活动动员大会精神，并部署了朝阳区作风建设年工作。市委指导组彭兴业组长做了重要讲话，从三个方面肯定了朝阳区作为全市第一批学习实践科学发展观活动试点区县所取得的成效，也从三个方面给我们提出了希望。我在这特别想说的是，市委指导组对我区学习实践活动提出了很多关键性、决定性的意见，对具体环节和活动内容给予了详细的指导和帮助，使我们更好地把握朝阳的客观实际，提高了活动的整体性和有效性，达到了市委和区委的预期目的。在此，我代表区四套班子和参加第一批学习实践活动的所有单位，对市委指导组表示衷心感谢。

下面，我讲三点意见。

一、朝阳区党建工作多年的积累和第一批学习实践活动为今年加强作风建设奠定了坚实基础

近年来，朝阳区经济社会实现了快速发展，这其中最重要、最关键的前提是，历届区委十分重视党建工作，牢牢把握地方党委统揽全局、协调各方的职责，不断深化党的建设基本思路，不断强化党的领导核心地位。我们坚持总揽全局抓大事、协调各方促发展，紧紧围绕中心任务抓党建；我们牢牢把握抓班子、带队伍这一关键，突出作风和能力建设，不断提高执政能力和领导水平；我们牢固树立“立党为公、执政为民”理念，以为民服务为根本出发点和落脚点，不断夯实执政基础。通过积极探索实践，党的建设各项工作实现了创新发展。

特别是 2008 年，党的建设紧紧围绕“全力服务奥运、统筹改善民生、推进科学发展”这一中心工作，保障有力，特点突出，充分发挥了统揽和引领作用。我想用三句话来概括：一是统筹强、合力大。全区上下围绕“办好一件大事”的总要求，发扬筹办奥运五种精神，实行区四套班子大混编，建立灵活、高效的战时工作体系，以优异的成绩为七年奥运筹备工作划上了圆满的句号。全区各级党组织的战斗堡垒作用和广大党员的先锋模范作用经受了全面的检验，统筹兼顾的能力显著提高。二是创新多、基础牢。党建工作各个部门和各级党组织围绕目标积极想办法、推举措,形成了合力推进的良好格局。我们严格要求、严明纪律,建立健全奥运筹办的各项监督制度,加强对党员干部的教育、管理和监督,确保廉洁办奥运;我们统筹实施"八个一批"措施,进一步提高领导班子和干部队伍建设水平;我们深化"聚合力工程",探索出6种模式的社会工作党委,初步形成统筹区域社会党建工作格局,基层党组织的凝聚力、战斗力进一步加强;我们推进人文奥运"五进工程",建立"148"奥运新闻宣传体系,开展纪念改革开放30周年和建区50周年活动,营造了促进发展的有利环境;我们创新统战工作机制,加大党外干部选拔培养工作力度,全面推进五大关系和谐;我们积极发挥群团组织作用,组建城市志愿者、职工文明啦啦队、巾帼志愿者等多支志愿服务队伍,积极探索朝阳城市志愿服务事业新平台,群团工作、人民武装工作的号召力和影响力显著提高。在各级党组织富有创造性的工作中,全区党建工作的基础进一步夯实,焕发出蓬勃生机。三是效果好、成绩优。2008年我区党建工作硕果累累,党建保障发展、保障奥运得到集中体现。各级领导干部、各级党组织和广大党员敢于和善于打硬仗的能力作风得到了上级部门和市领导的高度评价,得到全区人民的认可。全区干部群众展现出的精神状态和人文风采为中外宾朋留下了深刻的印象,朝阳城市形象得到了全面提升,我们在艰辛的付出中收获了自己,也为朝阳赢得了宝贵的荣誉。

奥运结束后,朝阳区站在了新的发展起点。根据市委的部署,朝阳区作为既担负学习实践、又担负试点双重任务的区县,纳入全市第一批深入学习实践科学发展观活动当中。区委不仅把这次学习实践活动作为一项重要的政治任务,更作为全面推进区域发展的一次难得机遇来认识、来部署、来推进。我们确定了"优化发展思路,统筹改善民生,完善体制机制,提高执政能力"的主题,统筹安排好各项具体工作,牢牢把握主动权,做到了提前谋划、精心设计、把握区情、注重实效,为推进又好又快发展打牢基础,也为全市其他单位开展学习实践活动提供了初步经验。通过各级领导班子、全体党员干部的共同努力,社会各界、全区群众的大力支持,特别是在以彭兴业同志为组长的市委指导组的精心指导下,第一批学习实践活动顺利结束,取得了明显成效。回顾这次活动,有三个突出特点:一是把握节奏,注重统筹。我们从全局角度加强统筹、突出重点,准确把握时间节点,在活动开始前、活动进行中和活动结束时,根据中心任务和工作重点作出全面安排,将学习实践活动与贯彻落实党的十七届三中全会精神、与推动奥运后全面协调可持续发展、与提高各级领导班子执政能力和领导水平相结合,确保了活动的扎实开展和有序推进。二是把握关键,突出特色。始终注意正确处理认识与行动、局部与整体、形式与内容、创新与务实四个关系,牢牢把握各个关键环节。坚持领导带头贯彻始终,各级领导切实做到带头深入学习、带头宣讲、带头调研、带头听取意见、带头谈话谈心;坚持解放思想贯彻始终,采取"走出去、请进来、沉下去"方式,充分发挥外脑作用,激发社会各界参与热情,广泛征集意见建议,拓展了工作思路;坚持鼓励创新贯彻始终,积极鼓励各地区、各部门开动脑筋,在完成规定动作的基础上结合实际进行创新,探索出"四个500"便民服务理念、党员"六化"管理等许多鲜活做法,也涌现出一批先进典型。三是把握目标,强化实效。我们坚持将取得实效作为重要的衡量标准。在活动过程中,深入研究区域发展目标和思路,提出了"四个走在前列"的工作目标;积极应对金融危机带来的影响,制定了促进经济发展的44条措施;聚焦"保增长、保民生、保稳定"这一中心任务,提出了建设"五轴三带"产业通道的思路,制定了8方面12项民生配套政策,确定了32项涉及民生的重点工作。同时,我们注重形成长效,研究构建了促进科学发展的"1+9"长效机制,在城乡经济社会发展一体化、重点功能区建设、社会建设、改善民生、维护稳定、深化"聚合力工程"等方面形成政策体系,为推进科学发展提供了体制机制保障。

可以说,朝阳区多年党建工作的积累在全区形成了良好的作风,第一批学习实践活动更是在朝阳新起点上为作风建设增添了动力。第一批学习实践活动虽然结束,但我们要深刻认识到,学习实践科学发展观是一个长期的过程,是一个永恒的主题,必须不断适应新形势,深刻思考、深入推进,完成新任务、实现新发展。同时,彭兴业同志提出的三点希望对朝阳区的针对性很强,我们希望通过努力,使朝阳区更好地服务首都科学发展,也实现朝阳区自身又好又快发展。

二、准确把握形势,将作风建设作为重要的政治任务来抓

今年是新中国成立60周年,是"十一五"规划实施的关键之年,大事多、敏感点多。受国际金融危机的影响,今年也是进入新世纪以来我区经济发展最为困难的一年,改革发展稳定的任务十分繁重,我们面临着严峻的挑战。

1月13日,胡锦涛总书记在中纪委三次全会上发表了重要讲话,突出强调要把加强领导干部党性修养、树立和弘扬良好作风作为重大政治任务抓紧抓好。2月23日,中央政治局在讨论《政府工作报告》时强调,一定要深刻认识国际国内经济形势的严峻性和复杂性,增强危机意识和忧患意识,把握好扩内需、保增长,调结构、上水平,抓改革、增活力,重民生、促和谐的原则，充分利用有利条件，积极应对各种挑战，振奋精神，共克时艰。

市委、市政府从奥运之后，相继采取了一系列促进经济平稳较快发展的举措。春节前后，市领导到全市各区县、各重要产业区、重点企业进行了全面系统的调研，进一步加强对保增长、保民生、保稳定工作的部署和调度。在全市加强领导干部作风建设年活动动员部署大会上，郭金龙市长特别强调了职能部门必须精简程序、下放权力，加强为基层服务。刘淇书记在讲话中指出，在当前国际金融危机严峻挑战的形势下，确保首都经济社会平稳较快发展，确保首都的和谐稳定，我们要做的工作比奥运期间还要复杂、还要艰巨，我们面临的压力比奥运期间还要大；做好今年的工作，是对全市各级领导干部领导科学发展能力和作风的一次重要检验，要高度重视在新形势下加强作风建设的极端重要性和紧迫性，通过开展作风建设年活动，使广大党员干部保持和发扬奥运精神，以拼命干的劲头和良好的作风来保证各项工作任务出色地完成。因此说，深入开展作风建设年活动是今年全市党建工作的重点任务，我们必须按照中央和市委部署，不折不扣、扎扎实实地贯彻落实。

从朝阳自身来看，我区发展到今天，主要经济指标已经连续多年在全市各区县中名列前茅，通过奥运筹办，朝阳的经济实力更得到了进一步增强。今年我们设定 GDP 和财政收入增长指标和市里指标完全一致，分别增长 9% 和 10%，一方面是基于我们对朝阳发展情况的清楚把握，另一方面也是朝阳作为经济发展大区的应尽职责，市领导对我们寄予了很高的期望。2月16日，吉林副市长特意参加我区综合经济工作会，强调朝阳区经济增长点多，对生产要素吸引力强，在全市有着举足轻重的地位和作用，希望朝阳区按照市委、市政府的要求，在全市保增长、保民生、保稳定方面发挥示范作用。从当前来看，要实现这些任务，我们面临着极大的难度。1月份，全区规模以上工业企业完成现价工业总产值同比下降 16.3%，社会消费品零售总额增幅下降 19.6%。今年工作的挑战性十分明显。这些充满挑战性的工作只能靠全体党员干部带领全区人民共同来完成，必须保持超乎寻常的精神状态和工作干劲，这就要求我们必须加强党的建设，尤其要突出加强作风建设。

经过奥运筹办的历练和检验，我区领导干部队伍的作风总体是好的。但是，也要清醒地认识到，对照发展的要求和群众的期待，我们在作风建设上还存在一些问题。从思想作风上来看，部分班子和领导干部在奥运之后干劲和激情有所松懈，观望、等待，不在状态，忧患意识减弱，对严峻的形势缺乏准确认识。从学风上来看，部分领导干部缺乏主动学习思考的精神，对科学发展观的学习和运用不深入、不扎实，思想不解放，发展没思路。从工作作风上来看，部分领导干部作风飘浮、工作浮躁，不深入实际，不注重调查研究，面对工作中出现的新情况、新问题，底数不清、情况不明，缺乏求真务实的精神；少数班子和领导干部存在无过就是功的思想，习惯于老办法、老经验，求稳怕乱、甘居平庸，工作平推、缺乏激情，对区域的工作遇到问题抓一抓、没有问题等一等；有的班子和领导干部在谋划发展时，统筹兼顾不够，顾眼前利益多，短期行为多，长远规划少；公款旅游、超标准用车、热衷出书等问题还存在，没有把注意力放在具体问题上，放在老百姓的疾苦上，群众意见很大、影响很坏。从领导作风上来看，个别班子和领导干部宗旨意识、群众观念不强，有的还存在不团结问题，不能很好地贯彻民主集中制；有的一把手抓班子、带队伍的能力有待提高，有的副职独挡一面的能力有待提高。从生活作风上来看，有的领导干部律己不严，艰苦奋斗观念淡化，讲排场、比阔气、铺张浪费、变相吃喝等问题不容我们忽视。讲这些问题并不是否定我们的班子，我们的班子总体上是好的，但是我们要正视我们的问题，我觉得朝阳区要有这个胸怀、有这个自信来认识我们的问题。我们对总体发展态势、班子总体工作状态是充满信心的，但是对出现的一些问题和苗头，我们决不能掉以轻心，决不能出现反面典型。要承认我们的干部队伍是一支政令畅通、有战斗力的队伍，奥运筹办的完美让我们更加有信心，今年多难的任务都能完成。但是骄傲之师最容易犯的错误，现在已经有所显现。所以今天召开作风建设年动员大会，我们不停留在一般性的号召上，我们要指出存在的问题，正视存在的问题，从解决问题着手来改进作风。

面对当前的形势和任务，全区各级领导班子和领导干部要进一步增强忧患意识和责任意识，充分认识深入开展作风建设年工作的重大意义，团结带领广大党员干部群众迎难而上、逆势攀升，以良好的作风促进党建工作取得新成绩，以良好的作风解决突出问题，推动全区经济社会各项事业健康发展。

三、深入开展作风建设年工作，保障全区各项任务圆满完成

开展作风建设年工作，重在真抓实干、取得实效。区委在研究这项工作时特别强调，这次作风建设年不是象往常一样搞成一个活动，注重一些形式和程序，而是要与我们的各项工作紧密结合，与我们的任务成效紧密结合。同时，我们在考虑这次会议安排时，特别在以往参会范围的基础上扩大到区委区政府各部委办局、各人民团体副处级以上领导和各科室科长，就是要在全区上下形成高度重视、扎实推进的工作格局，使作风建设年的各项要求落到实处。具体的要求《意见》已经明确,我在这里重点结合今年的实际谈谈作风建设年要取得的成效。具体来讲,我们要通过加强作风建设,努力成为“四个先锋”。

一是服务大局,努力成为落实“三保”的先锋。今年保增长、保民生、保稳定是大局所在。开展作风建设年工作,最根本的任务就是要求全区党员干部以良好的作风来落实“三保”的任务,为“人文北京、科技北京、绿色北京”建设做出更大贡献。各部门、各单位都要把“三保”尤其是保增长作为当前贯彻落实科学发展观最重要的实践,把自身工作置于全局中来谋划和推进,找准服务大局的切入点和着力点,做好与全市重点工作、全区重点建设的对接和配合,以卓有成效的工作为大局多做贡献。要逐月研究经济形势,主动抓项目、抓投资,争取国家和市级重大项目投资落地,加快功能区建设步伐,推进“五轴三带”产业通道建设,想方设法促进财税增收。要在服务大局中善用大局,争取把自身的工作纳入全市总体考虑、重点区域和重点项目的建设当中,比如城乡一体化建设、城乡结合部改造、高端产业建设、环境整治等等,要通过有效的统筹协调,获得更多的支持和帮助。要坚持稳定是第一责任,坚持一把手亲自抓、负总责,根据全区安全稳定工作部署,深入实施“平安朝阳”三年规划和进一步加强信访工作的意见,构建社会维稳风险治理与科学管理体系,维护社会稳定和谐。在落实“三保”的过程中,各级领导班子要保持2月份农村城市化工作推动月的工作状态、工作要求,勇于负责、敢于承担,想方设法出思路、解难题,不推卸责任、不上交矛盾。

二是狠抓落实,努力成为攻坚克难的先锋。今年工作难度之大,没有狠抓落实的精神不行。要通过调查研究抓落实。牢固树立基层优先、基础至上的理念,以帮助基层、服务基层为重点,健全落实基层日、“1 + 1”下基层、领导干部联系重点企业、领导接访等制度,发挥人大、政协作用,加大社区、企业走访力度,从基层意见最大的问题改起,从企业最需要的事情做起,从人民群众最期盼的工作抓起,以作风建设的实际成效取信于民。对重点难点问题,要采取分片包干、蹲点调查等方式深入研究并推动解决,全力帮助基层解难题、抓工作、促发展。在这里我要特别强调一下,各机关部门要特别注重对基层问题的解决,要想方设法帮助街乡、社区(村)、企业解决具体问题。要通过责任制建设抓落实。建立健全抓落实的责任机制和长效机制,把每项工作任务分解到具体单位,责任落实到人,实行目标管理、绩效考核,做到有布置、有督促、有检查、见实效。要强化发展责任,严格对各项经济指标、任务的执行落实,健全责任追究与奖惩制度。特别是要把推动全区科学发展重大决策部署的贯彻执行情况、政治纪律的执行情况、健全“三重一大”事项制度情况、解决损害群众利益的突出情况,列入党风廉政责任制监督检查的重要内容,确保全区政令畅通、工作落实有力。要通过提高效率抓落实。借鉴奥运期间的工作模式,建立重大事项、重点工作、重要问题综合协调工作机制,实现全力聚焦、合力推进。要按照全市的要求,简化各部门审批环节,做好与市有关部门的联动,切实使项目审批运转快起来,提高服务效率。对重点项目、重点任务要加大调度力度,优化流程,减少环节,确保按期完成。要通过改革创新抓落实。增强工作的主动性、创造性,加大思路创新、工作创新、体制机制创新力度,对于发展的难题和工作中的硬骨头,要用不屈不挠的精神和创新的思路办法来破解,赢得发展的主动,增强发展活力。

三是践行宗旨,努力成为为民服务的先锋。越是在经济运行遇到困难的时候,越要把保障和改善民生放在更加突出的位置。今年要实施好12项改善民生的配套政策,保障全区人民安居乐业;加强舆情工作,畅通民意表达渠道,推进党政工作和群众需求的统一、衔接;健全重大决策信访评估制度,增进与群众的沟通,加强群众监督和社会监督。要把为企业服务作为当前践行宗旨的重要体现,主动加强和企业的沟通,建立重大项目联议的工作机制,对部门难以协调的问题要及时提请相关区领导协调解决,对区内难以协调的问题要积极争取上级支持帮助解决,千方百计帮助企业解决困难、复苏发展。

四是加强修养,成为勤政廉政的先锋。领导干部的作风问题,说到底是党性问题。要把加强党性修养、弘扬优良作风作为重大政治任务抓紧抓好,始终争当“五个楷模”。要把作风建设与学习实践活动相结合,作为第一批学习实践活动“回头看”的重要内容,并贯穿于第二批学习实践活动的全过程,深入查找在党性党风方面存在的突出问题,力求取得实效。要加强理论中心组学习,加大党性党风党纪教育力度,提升各级干部的理论水平和道德境界。要发扬艰苦奋斗精神,牢固树立过紧日子的观念,精简经费支出,反对铺张浪费,把更多的财力物力用在保持经济增长上、用在提升社会事业上、用在满足民生需求上。中央和市委对党风廉政建设高度重视,最近将出台更加严格、细化的措施和规范,我区也将按照要求,结合实际制定相应的规章制度,加大对公费出国旅游、超标用车等突出问题的监管力度。

最后,我要特别强调一下,加强作风建设,各级领导班子、领导干部是关键,必须充分发挥各级领导班子、领导干部的表率作用。领导班子一把手要亲自抓,明确目标任务、办法措施、实施步骤和责任主体，做到“五个带头”，即带头深入学习，带头转变作风，带头抓好重大项目，带头执行民主集中制，带头发扬艰苦奋斗精神，身体力行、作出榜样，团结带领班子成员和党员干部群众，同甘共苦、同舟共济，共克时艰、共促发展。特别是在带头抓好重大项目上，区、处两级领导都要围绕促进经济发展加快解决工作中的突出难点和问题，采取更有力的措施和手段，加快推进基建项目和产业项目建设，帮助解决企业发展困难，进一步优化发展环境。

同志们，奥运盛会的丰碑已经成为历史的一页。新的挑战蕴含着新的机遇，新的奋斗催生着新的希望。路在脚下，事在人为。只要努力，就没有迈不过的沟坎；只要同心，就没有闯不过的难关。我们要从自己做起，从现在做起，从细节做起，形成良好的作风，保持最佳的状态，努力再创优势、加快发展，全面兑现我们对市委、市政府和全区人民的郑重承诺，以优异的成绩迎接新中国成立60周年。

坚定信心　全力以赴
打赢经济增长保卫战、区域发展攻坚战

程连元在全区党政领导干部大会上的工作报告

（2009年4月29日）

同志们：

我们今天召开全区党政领导干部大会，目的是落实市委十届六次全会精神，总结一季度工作，分析当前形势，部署下一阶段重点任务，号召大家进一步振奋精神、坚定信心，全力做好当前经济社会发展工作，确保完成全年工作目标。下面，根据会议安排，我向大会作一季度经济社会发展情况报告。

一、一季度全区经济社会发展情况

今年以来，全区上下坚决贯彻中央、北京市决策部署，深入落实科学发展观，大力弘扬北京奥运精神，紧紧围绕“保增长、保民生、保稳定”的中心工作，积极应对国际金融危机冲击，坚决打响“经济增长保卫战、区域发展攻坚战”，取得了初步成效，经济下行压力趋缓，主要经济指标逐月向好。一季度，地区生产总值预计完成453.4亿元，按可比价格计算，同比增长7.7%，比全市高1.6个百分点；财政收入完成34.6亿元，下降11.1%，总量升至全市第一。主要特点是：

——消费稳步增长。实现社会消费品零售额318.7亿元，同比增长6.8%，3月份增幅较前两个月提高了0.9个百分点。其中，批发零售贸易业是带动总体零售额增长的主要力量，实现零售额285.1亿元，同比增长6.2%，消费贡献率达到82.2%。

——固定资产投资降幅趋缓。完成全社会固定资产投资75.9亿元，同比下降37%，3月份降幅较上月缩小8.5个百分点。其中，房地产开发投资延续降势，完成投资55.2亿元，同比下降39.6%，但房地产开发投资仍居全市首位，占全市的25.1%。

——企业投资意愿逐渐增强。内外资企业保持增长态势，全区新设立内资企业5765户，同比增长45%；新批外商投资企业134家，占全市的40%左右；实际利用外资6.91亿美元，同比增长5.1%，占全市的40.7%。

——人民生活继续改善。就业规模继续扩大，城镇登记失业率控制在1.94%。城镇居民人均可支配收入7214元，同比增长8.9%；农村居民人均现金收入6077元，同比增长8.5%。

——社会形势保持稳定。全区刑事立案同比下降9.8%，其中八类危害严重的案件同比下降19.6%。信访总量同比增长13.1%，但到市、区集体访数量与上年同期持平，整体局势仍然可控。

总的看，我区当前的经济运行已出现积极变化，部分领域呈现企稳回升迹象，以民生为重点的社会事业加快发展，安全稳定形势总体平稳。这表明，区委、区政府贯彻落实中央、北京市的决策部署，出台的各项政策措施是及时的、正确的,各街乡、各部门工作是扎实有效的。一季度,我们主要从4个方面推动经济社会协调发展。

一是保增长措施全面实施。认真落实年初的综合经济工作会精神,细化任务、落实责任。重大投资项目加快推进,建立了绿色审批通道,针对企业注册和重大项目审批,同步受理、并联审核,简化了审批流程,缩短了审批时限。建立了与市绿色通道相对接的工作机制,111个项目列入市级绿色审批通道。加强消费推介,举办了朝阳时尚消费节等特色主题活动,区域消费市场保持稳定。加大对企业的帮扶力度,搭建银企沟通平台,充分发挥中小企业担保资金和发展资金的作用,累计为企业提供了4.78亿元贷款担保服务。重点招商项目加速聚集,39家重点企业确定入驻,预计投资85亿元。税源建设初见成效,房地产异地纳税企业回迁率达到90%,其他重点异地纳税企业(含承诺回迁的企业)回迁率达到50%。

二是城乡统筹发展继续强化。以开展农村城市化集中推进月为契机,聚焦工作、整合资源、集成政策,积极推进城乡一体化进程。加快绿化隔离地区建设,启动了大望京村城乡一体化改革试点,企业拆迁基本完成,农民安置房开工建设。绿化隔离地区实现搬迁445户、1014人。10个郊野公园建成开园。农村地区重点项目进展顺利,崔各庄赛特奥特莱斯等13个项目正在加紧建设,小红门江南文化创意园等9个项目正在办理前期手续。一季度,农村地区实现收入134.4亿元、利润4.9亿元,同比分别增长8.5%和10.3%。

三是民生工作稳步推进。围绕基本生活、养老、社会互助等重点民生问题,加强配套政策研究,统筹解决民生问题的政策体系逐步完善。加强就业形势监测,建立了区级失业预警体系,一季度开发就业岗位2.4万个,城镇登记失业人员再就业7856人。城乡社会保障体系不断完善,3818名城乡无社会保障老人纳入福利养老金制度范畴。新农合人均筹资额提高到520元,提前达到北京市2010年的筹资标准。教育、卫生、社会建设等工作全面推进。

四是保稳定工作扎实开展。深入研究、全面部署了金融危机形势下的维稳工作,确保了全国"两会"等重大敏感期的安全稳定。深入开展领导干部接访月活动,加强人民内部矛盾调解工作。组织开展了高层建筑及地下空间安全检查、"雷霆行动"、彩钢板建筑专项治理行动,排查整治火灾隐患。成立街乡安全生产监管专门机构,下沉安全监管力量,夯实基层基础。食品卫生、安全生产纳入数字化城市管理系统,管理规范化水平不断提高。

二、坚定信心,凝聚加快发展的强大动力

当前,我们正面临复杂多变的经济形势。国际金融危机与我区发展方式转变、经济结构调整的关键时期不期而遇,新的挑战与既有矛盾相互交织,加大了发展的难度。但是,我们也要清醒地认识到,危机中蕴藏着机遇。只要我们把思想和行动统一到中央、北京市和区委的决策部署上来,牢固树立战略思维和全球视野,准确把握形势、坚定发展信心、创新工作思路,就一定能够变压力为动力、化挑战为机遇,把国际金融危机带来的不利影响降到最低程度,实现全区经济平稳较快发展。

首先,要认清责任使命,坚定必胜信念。面对今年的特殊形势,朝阳区在"保增长、保民生、保稳定"工作中肩负着重要的使命、承担着特殊的责任。一方面,我区在全市经济社会发展中占有举足轻重的地位,我们完成"三保"任务,是全市实现"三保"目标的基础。保持良好的经济社会发展态势,以丰硕的发展成果向国庆献礼,是我区义不容辞的政治任务。另一方面,虽然受到国际金融危机的影响,但我区经济的基本态势和长期向好的趋势没有改变,支撑经济持续平稳较快发展的根基没有动摇,我们必须进一步振奋精神、坚定信心,全力以赴保增长、千方百计保民生、加大力度保稳定,确保完成全年的工作目标。

第二,要正视发展难题,增强忧患意识。当前,国际金融危机的影响还在扩散蔓延,全球经济复苏可能经历一个较长的过程,我区经济社会发展面临着较大的困难和压力。

一是经济回暖基础还不稳固。一季度全区固定资产投资降幅较大,其中,房地产开发投资下降了39.6%,亿元以上项目同比减少了50%,要完成全年1260亿元的投资任务,压力巨大。重点产业增速减缓,金融业、房地产业实现区级收入同比分别下降了45.1%和30.3%,工业总产值同比下降10%。从企业运行情况看,工业企业生产订单持续下滑、资金链紧张。这些情况表明,经济回暖企稳的基础还不稳固,我们不能有丝毫松懈。

二是财税收入增长任务艰巨。一季度,我区完成区级财政收入仅占全年计划的18.8%。虽然3月份实现了同比28.6%的正增长,但由于企业所得税预缴政策调整,3月份实际上预收了一部分4月份的收入。在企业利润普遍下降的情况下,预计4、5月份企业所得税收入会大幅下滑。另外,各省市、各区县全面加大了招商引资力度,我区规范纳税和引进新税源的难度也在不断加大。

三是确保就业安全的压力增大。一季度,我区共有24家企业向劳动保障部门报告了裁减人员方案,裁员人数2600人,占企业职工总数的24.3%。从劳动力市场供求情况看，求职人员同比持平，岗位需求同比减少17.5%，劳动力供求矛盾开始显现。从劳动争议情况看，一季度全区劳动仲裁数量达到7000余件，同比增长两倍以上，劳动报酬、社会保险等劳动争议开始上升，值得我们关注。

四是安全稳定形势不容乐观。一季度，全区共发生生产安全、交通、火灾等非正常死亡事故35起、死亡38人，同比分别上升了9.4%和5.3%。特别是三大功能区内各发生一场较大规模火灾，给我们的工作造成了很大的负面影响。此外，信访总量高位运行，虽然整体局势可控，但潜在压力增大。当前，我区正积极推进地铁沿线拆迁等市、区重点工程，一些矛盾和问题随时可能集中爆发，需要我们高度警惕。

*第三，要把握机遇优势，赢得发展先机。*危机中蕴含机遇，机遇稍纵即逝。能否把握机遇、发挥优势，是我们能否率先走出国际金融危机阴影的关键。在正视发展困难的同时，我们更要善于分析和利用当前面临的有利时机，借势发展。

一要抓住政策措施集中出台的机遇，争取更大支持。为了保增长，中央、北京市陆续出台并实施了一系列促进经济发展的政策措施，力度空前，为我区加快发展提供了难得的机遇。政策落实得越早越主动、落实得越快越有利。各部门、各单位要加强政策研究，积极对接工作，切实让国家和北京市的各项政策在我区尽快落地、用足用好，发挥最大效用。

二要抓住审批效率提高的机遇，加快重点工程建设。立足今年的经济形势，全市各部门普遍改进了审批流程，提高审批效率，设立了审批绿色通道。各部门要抓住这个有利时机，强化与市相关单位的沟通协调，争取指导和帮助，加快审批进度，促进重点工程和项目尽早启动。

三要抓住区域影响力提升的机遇，加快高端产业聚集。在国际产业加快分工转移的大背景下，我区要充分发挥在奥运筹办中不断提升的国际影响力，利用国际化、市场化两个平台，加大对国际知名企业的引进力度，促进金融等高端产业加速向我区聚集。要立足区位优势，优化发展环境，营造尊商、重商、亲商氛围，大力发展总部经济，加快产业优化升级，实现调结构、上水平的目标。

四要抓住作风建设全面加强的机遇，着力提升服务效能。落实市委、区委作风建设年的要求，巩固学习实践科学发展观活动成果，为加快建设服务型政府提供了有利契机。全区各单位、各级干部要大力弘扬奥运精神，进一步强化服务意识，提高服务效能，坚持送政策上门、送服务上门，以优良的服务，创造性地开展工作，为实现“三保”任务创造有利条件。

三、全力抓好经济社会发展的各项重点工作

当前，已进入全年发展建设的黄金期，也是克服困难、取得实效的关键阶段，我们要认真落实市委十届六次全会精神，正确处理好实体经济与虚拟经济、加强政府宏观调控与发挥市场作用、内需与外需、客观环境与主观努力、学习科学理论与解决实际问题等5个方面的关系，按照区委的统一部署，狠抓二季度、大干7个月，加快推进5个方面重点工作，为完成全年目标任务奠定坚实基础。

（一）全力以赴保增长

要完成今年的经济社会各项任务，必须把保增长放在各项工作的首位。

一要全力帮扶企业渡难关。稳定企业生产经营，是保增长、保发展的关键。要继续强化为企业服务的意识，各级领导干部要坚持和完善联系企业制度，对重点企业实行“一企一策”，深入企业送政策、问需求、解难题，建立服务台帐，落实好帮扶企业的24条措施，增强企业在朝阳发展的信心。加强与社会组织的合作，充分发挥其信息灵的特点，把握企业需求，切实为企业解决实际问题。全面推行网上审批，畅通绿色通道，提高办事效率。落实好市、区的各项产业促进资金的政策，加大对财政贡献突出的功能性项目的奖励力度，确保奖励资金快审核、早兑现；积极搭建银企合作平台，发挥中小企业融资担保、专项资金和配套资金的作用，缓解中小企业的融资困难。

二要促进招商引资见成效。引进企业和项目，扩大增量，是保增长最直接的手段。我们要把握央企扩张、沿海企业北上及一些跨国公司增资扩张的形势，积极做好企业（项目）选址、注册服务、政策供给等方面的前期服务，加快企业入驻步伐。制定提供重大企业投资信息的激励制度，充分调动社会各方积极性，促进招商引资。加强宣传推介，主动联络外国商协会，推介朝阳投资环境，吸引外企总部、研发、结算中心等落户朝阳，扩大区域税基。坚持感情沟通、服务在先，创新思路、调整方法，积极推进异地纳税的清理工作。

三要推进重大项目早落实。在市场投资信心不足的情况下，政府要加大投资力度，加快推进土地一级开发、保障性住房建设等156个重点项目建设，带动相关社会投资，确保全年投资增长15%。积极做好与市有关部门的沟通协调，配合推进在我区的38项市重点工程顺利实施。对于社会投资项目，要按照“在建项目抓进度、已批项目抓开工、拟建项目抓落地”的要求，实施重大项目落地责任制，将新开工项目指标量化落实到部门和个人，建立项目督查考核机制。对重点项目实行全程服务，明确“一口受理、多方配合”的原则，尽量缩短项目引入时间。对于重点项目建设中的困难

和问题,要现场协调、专题调度,及时加以解决。

四要繁荣活跃市场促消费。要围绕建平台、造氛围,多措并举扩大消费,保持消费稳步增长的良好势头。充分利用"五一"等节假日,引导行业集中促销、企业联合促销,办好各类营销活动,促进节日消费。借助我区商务酒店多、会议会展活动多的有利条件,大力开发会展、演艺、商务等消费市场,策划组织一批旅游文化活动,增加游客目的地消费。完善"家电下乡"实施机制,着力扩大农村消费。加快推进雅宝路等特色商业街升级改造,培育三里屯等特色消费聚集区。引导商贸流通企业改造停车场、无障碍设施等硬件设施,优化消费环境。

五要拓展产业空间促发展。功能区要在保增长中发挥更大的支撑作用。围绕提升经济发展承载力,CBD要加速核心区土地一级开发和上市工作,加快推进东扩步伐,开展新一轮开发建设,力促17个基础设施项目尽快开工。电子城功能区要加紧西区北扩步伐,加大113个重点产业项目和35个基本建设项目的推进力度。奥运功能区要加快出台鼓励文化体育、旅游会展等产业发展新举措,推动中网网球馆新馆项目开工。加快三大储备区建设。启动温榆河大道建设。研究落实定福庄、垡头储备区建设方案,完善管理机制,为后续发展奠定基础。加快推进东坝航空CBD建设。

(二)促进新兴产业发展

今年的产业发展,既要保证保增长、促就业的现实需求,又要考虑调结构、上水平的长远目标。要积极搭建促进产业发展的载体和平台,增强重点产业发展对区域经济的支撑作用。

加快四大重点产业发展。一是大力发展金融产业。完善政府与金融机构的合作平台,优化产业扶持政策,扩大政策覆盖面,加速金融机构聚集和产业结构升级。整合资源,系统推进我区各类市场交易平台建设,完善金融产业链。二是加快制定文化创意产业担保资金的实施办法,形成政策优势,吸引影视动漫、网络游戏等企业落户。三是利用现代服务业发展扶持资金,鼓励国际大型商贸企业在朝阳发展新型业态,推动现有业态优化升级。四是抓住高新技术产业调整的有利时机,积极引进一批新医药、新能源、新移动通信等高技术产业项目。加快高新技术企业认定工作,加大企业研发和专利资金支持力度,推动科技成果产业化。

促进房地产业健康发展。房地产业是朝阳区现阶段扩内需、保增长的重要节点。要落实好促进房地产业健康发展的10项措施,合理引导房地产业投资与消费。以保障性住房项目为突破口,加快进入市绿色审批通道15个保障性住房项目的建设进度,推动2007年开工建设的"两限房"早日竣工,带动行业整体发展。对列入2009年计划的28宗经营性用地项目,加快工作进度,保证土地顺利供应。要加强政府土地储备和一级开发,把功能区空间拓展与选商引资、产业结构调整相结合,降低土地储备风险。加大拆迁滞留项目的协调力度,做好拆迁安置房源对接保障工作。优化房地产内部结构,鼓励商务地产加快发展。把握好房地产市场宣传导向,增强社会投资信心。加强房地产市场监管,促进住房租赁市场发展。

(三)加快城乡一体化发展

围绕"三提高"工程,优先把重大项目引入农村重点区域,加快推进农村城市化,为率先形成城乡一体化发展新格局奠定基础。要系统梳理绿隔地区产业用地,启动集体产业用地定向出让试点工作。加快推进赛特奥特莱斯等13个项目建设,年底前实现8个项目建成开业。加快农村基础设施建设,完成长店东路等10条乡村道路建设,力争化工路等29条主次干路开工。推进新农村基础设施建设整体推进村建设。做好清河营公园等6个郊野公园建设。积极推进大望京村城乡一体化试点工作,7月底前完成拆迁,9月底前完成绿化美化任务。开展农村集体资产清产核资,完成崔各庄乡村级产权制度改革和乡级土地股份制改革试点工作。

(四)千方百计稳就业保民生

在当前形势下,关注民生、保障就业是各级党委、政府重中之重的工作,要加大公共财政投入,着力解决好涉及群众切身利益的民生问题,确保实现"五无"阶段目标,维护全区的和谐稳定。加大就业促进政策的实施力度,全力稳定就业形势。做好辖区重点企业劳动用工情况监测,指导企业妥善处理劳动用工矛盾,尽最大努力不裁员或少裁员。依托失业预警机制和就业应急机制,对经营困难、拟裁员而不裁员的企业进行补贴。充分发挥区就业促进中心的作用,加大岗位信息储备,提高就业的组织化程度。加大职业技能培训力度,加强公益性岗位管理,实施困难群体就业援助,做好困难群体就业托底安置。积极贯彻落实城乡居民养老保险制度,扩大农村社会保险覆盖范围,城镇符合条件的大龄居民全部参保,并实现新农保制度与城乡居民保险制度的平稳过渡。继续加快教育卫生、文化体育、养老服务等社会事业发展。

(五)全力做好国庆服务保障工作

做好国庆服务保障工作,是今年的重要政治任务,我们要树立高度的政治责任感,弘扬奥运筹办精神,齐心协力、扎实苦干,认真完成好我区承担的工作任务。

一要维护好安全稳定。越是经济困难的时候,越要高度关注安全稳定工作。各单位、各级领导干部都要牢固树立守土有责的意识，明确安全第一的责任，把安全稳定工作做实做细，责任落实到人。要重点推进社会面立体化防控体系建设和重大决策信访风险评估工作，深入开展"国庆平安行动"，确保实现"发案减少、秩序良好、群众满意"。加强安全隐患排查整改，特别要研究加强对国管、军管和市管单位安全监管的可行办法，有效遏制安全生产事故发生。完善应急预案，加强应急演练，确保突发事件处理得了、处理得好，努力营造和谐稳定的社会环境。

二要做好服务保障。目前，我区已经成立了国庆60周年筹备委员会，统一领导全区的建国60周年庆祝活动筹备工作。区筹委会各专项指挥部要尽快确保人员到位、机制健全、工作开展；各部门、各街乡也要尽快实现任务对接、组织对接、工作对接，高标准完成好辖区内安全稳定、环境整治、宣传发动、文明秩序建设、国庆群众游行联欢、国庆游园、阅兵服务以及女民兵方队等相关工作，为国庆活动增光添彩。

同志们，全力抓好今年的"保增长、保民生、保稳定"任务，既是当前的中心工作，也是检验我们学习实践科学发展观活动成效的重要标准。让我们在市委、市政府和区委的坚强领导下，坚定信心、迎难而上，集中精力谋发展，坚决打赢今年的经济增长保卫战、区域发展攻坚战，以优异的成绩，迎接新中国成立60周年！

政党 团体

中国共产党北京市朝阳区委员会

概 述

年内,中共朝阳区委坚持总揽全局、协调各方,按照“解放思想、传承奥运、再创优势”总体要求,提出“四个走在前列”和创造核心竞争力、承载环境、文化文明“三个新优势”工作目标,全力以赴保增长、保民生、保稳定,完成国庆筹办各项服务保障任务,发展水平和发展质量进一步提升。

实现保增长目标。围绕年初确定的地区生产总值和财政收入增长9%、10%的目标,调结构、拉投资、促消费,将税源建设与帮扶企业相结合、招商引资与优化环境相结合、突出重点与整体推进相结合,采取一系列措施最大限度降低金融危机造成的影响。突出功能区辐射带动作用,加快产业结构调整和升级,CBD东扩和电子城北扩获市政府批准,奥运功能区运行良好,定福庄、垡头储备区建设全面启动,温榆河储备区规划建设步伐加快,为经济增长提供强劲动力。以大望京村城乡一体化改革试点为契机,实施“三提高”工程,全面启动农村土地储备工作,探索出城乡结合部可持续发展的新经验,大幅拓展区域发展空间,农村城市化迈出新步伐。经过全区上下的共同努力,区域经济逐步走出低谷,从二季度开始逐季向好。全年实现地区生产总值2000亿元,同比增长9.6%;完成区级财政收入190.7亿元,同比增长13.3%,主要经济指标完成。

扎实推进保民生工作。坚持越是困难的时候越要关注民生,努力降低金融危机对群众生活的影响。围绕“五无”目标,加强配套政策研究,逐步完善统筹解决民生问题政策体系,解决一批群众反映强烈的重点难点问题。实施就业促进政策,加强就业状况监测,大力开发就业岗位,稳定就业形势,统筹推进社会救助、社会福利、养老服务等工作,城乡社会保障体系不断完善。加大优质教育资源引进力度,加快推动教育资源合理布局和标准化建设,完善公共卫生体系、医疗保障体系和社区卫生服务体系,加强公共文化服务体系建设,加快政策性住房建设,切实满足群众需求。培育社会组织,推进社区规范化建设,完善社区工作组织体系,社会建设全面推进。

持续巩固保稳定局面。立足长效,持续深化基层平安工作,推进以“一网两库三关”为核心内容的社会维稳风险治理与科学管理体系建设,细化立体化防控各项措施,规范流动人口管理服务工作,为确保新中国成立60周年系列庆典活动成功举办营造安全稳定的社会环境。研究部署金融危机形势下的维稳工作,加强就业、社保等领域矛盾纠纷排查工作,广泛开展人民内部矛盾调解工作。强化安全生产和食品安全监管工作,加强公共卫生建设,周密部署、扎实有效地开展甲型H1N1流感防控工作,全力维护人民群众生命健康安全。

完成国庆筹办重大政治任务。全面动员、严密组织,完成各项服务保障任务。坚持全方位统筹,区委把国庆筹办作为提高驾驭复杂局面能力的重要实践,在全市率先成立区级筹办工作领导机构,构建“1+11+43”组织指挥体系,加强对外协调、对内统筹,明确任务、细化方案,精心部署、狠抓落实,最大限度发挥资源整合效应、力量集成效应,实现体系高效、运转有序。坚持高标准保障,扎实开展国庆平安行动,围绕国家安全和国庆安保工作,开展领导干部大接访活动,强化信访风险评估,排查安全隐患,深化群防群治工作,加强社会面管控,实现“大事不出、小事也不出”。开展环境整治工作,推进城市管理长效建设,美化城市空间,提升城市品质。坚持全区动员、全民参与,广泛开展“迎国庆、讲文明、树新风”活动和丰富多彩的群众文化活动,营造喜庆热烈、欢乐祥和的国庆氛围。全区上下以超常规的付出完成群众游行、联欢晚会、环境整治、安全保障、新闻宣传、女民兵方队和阅兵服务保障等7大项任务,确保新中国成立60周年系列庆典活动成功举办。坚持高水平展示,女民兵方队争风采、创一流,英姿飒爽,成为阅兵式上的靓丽风景;群众游行联欢和背景表演,毫秒不差,精美壮观,创造了令人震撼的艺术效果;广大基层干部群众和社会单位忠于职守、无私奉献,凝聚成服务保障的生力军;12万名社会志愿者和城市志愿者热情服务,展示“城市名片”迷人风采。全区国庆服务保障工作得到中央和市委市政府高度肯定,得到广大群众和社会各界一致认可。

全面加强党的建设。区委始终把党的建设放在首要位置,落实全市“作风建设年”要求,带领全区各级领导干部践行“五个楷模”,增强荣誉、统筹、协作、靠前、效率“五个意识”,提高应对金融危机、领导科学发展能力,为完成“三保”中心工作和国庆筹办任务提供坚强政治保障。深入推进科学发展观学习实践活动,紧密联系奥运后发展形势,围绕“优化发展思路、统筹改善民生、完善体制机制、提高执政能力”主题,研究方案、健全组织机构、加强沟通指导、把握关键环节,扎实有序地推进全区第一批学习实践活动整改落实、第二批学习实践活动及“回头看”工作,以落实“三保”措施、做好国庆筹办保障工作检验学习实践活动成效,巩固和扩大学习实践成果,为推动朝阳科学发展奠定坚实思想基础。加强干部人才队伍建设,广泛开展“作风建设年”活动,强化发展意识、忧患意识和责任意识,引导全区党员干部争当落实“三保”、攻坚克难、为民服务、勤政廉政的先锋。创新考核评价机制,制定《关于建立促进科学发展的领导班子和领导干部考核评价机制的意见》及相关配套办法,提高考核的科学性和实效性。抓住“一把手”用人行为试点契机,健全干部管理机制,把干部监督工作贯穿于干部教育培养、选拔任用、日常管理各个环节。坚持德才兼备、以德为先,充实重点功能区和重点工程领导班子,集中调整处级后备干部,通过街乡助理选拔等形式培养年轻干部,采取与兄弟区县互派干部等方式提高干部能力素质。实施“人才信心计划”,大力推进海外学人工作,加强高层次人才队伍建设,推进“大学生村官”和“大学生进社区”工作,增强人才聚集效应,优化人才发展环境。深化“聚合力工程”,制定《关于落实科学发展观进一步深化聚合力工程的意见》,基层党建工作系统性进一步增强。探索创新基层党内民主实现途径,推进乡党代表任期制试点,开展党员主体地位的实现途径和落实措施等问题研究,初步建立党代表任期制工作体系。激发基层党组织创新活力,积极探索农村基层组织管理模式,带动城乡结合部地区党建工作;加强社会领域党建,实现社会工作党委在23个街道全覆盖,建立127个社会工作党组织和党建服务站,辐射151栋商务楼宇,启动乡级党员综合服务中心、村级党员活动站建设,涌现出一批党建新品牌。加强党风廉政建设,加大反腐倡廉教育和监督力度。围绕“作风建设年”的要求,广泛开展党性党风党纪教育,认真开展制止公款出国(境)旅游专项治理工作,大力开展厉行节约各项工作。围绕“三保”工作,加大对重点项目、重点工程和土地储备工作的监督检查力度。推进政府绩效考核,建立纠风工作长效机制,切实解决损害群众利益的突出问题。加快构建惩治和预防腐败体系,推进廉政风险防范管理工作和巡视工作,强化各级领导干部“一岗双责”意识,将党风廉政建设责任制落到实处;规范和完善工程建设招标投标、土地出让、产权交易、政府采购等制度,努力构建源头防腐的体制机制。始终保持查处案件工作力度,严肃查办一批干部违法违纪案件。

地址:日坛北街33号
电话:65094217
邮编:100020

(刘　莹)

主要工作和重大活动

【区委常委会】 年内,召开常委会23次,研究议题93个。议题涉及全区经济发展、城市建设和管理、农村城市化、社会建设和民生工作、安全稳定民主法制建设、党的建设等内容。

(刘　莹)

【第二十二次老干部座谈会】 1月19日,召开区第二十二次老干部座谈会。市老干部局副局长高力,区领导陈刚、程连元、王力军、辛燕琴、张洋、刘宇辉出席,区委副书记、区长程连元主持会议。区委常委、组织部长刘宇辉代表区委老干部工作领导小组总结2008年的工作,部署2009年老干部工作。区委书记陈刚在讲话中向老干部们通报2008年朝阳区经济社会发展情况及2009年工作思路,就新形势下做好老干部工作和与会同志进行了交流。希望各部门、各单位和从事老干部工作的同志要把老干部工作作为党的事业的重要组成部分,作为加强社会建设、构建和谐社会的重要工作来认识,不断创新工作方式、增强工作合力、提高服务水平。

(刘　莹)

【农村城市化工作会】 1月20日,召开农村城市化工作会,总结2008年农村城市化工作,全面部署2009年主要任务。程连元主持会议。区委常委、副区长刘希泉作《加快农村城市化进程,率先形成城乡经济社会发展一体化新格局》工作报告。刘宇辉宣读区委、区政府《关于表彰2008年度朝阳区农村地区先进单位的决定》,对南磨房、奥运村等10个“五个好”乡党委,孙河乡、北京市蟹岛绿色生态农庄有限公司等25个社会主义新农村建设先进单位进行表彰。陈刚在讲话中强调,2009年农村城市化工作,要进一步统一思想、凝聚共识,群策群力、攻坚克难,明确十项任务,推进“三提高”工程,改进工作方法,提高领导能力和水平,力争实现新突破。

(刘 莹)

【党风廉政建设工作会】 2月10日,召开党风廉政建设暨推进廉政风险防范管理工作会,认真学习领会中央纪委十七届三次全会、市纪委十届五次全会、全市廉政风险防范管理工作推进大会及区委十届九次全会精神,总结2008年全区党风廉政建设和反腐败工作,研究部署2009年工作任务。市委常委、市纪委书记马志鹏,陈刚、程连元、王力军、辛燕琴等区四套班子领导出席。区委常委、纪委书记宋连娣作《以科学发展观指导反腐倡廉建设,为在新的起点上推进朝阳又好又快发展提供有力保证》工作报告。陈刚结合全区党风廉政建设面临的挑战、问题和任务,在讲话中强调对做好党风廉政建设工作不能掉以轻心,2009年的党风廉政建设要围绕区委确定的“作风建设年”要求,扎扎实实地推进,为经济社会又好又快发展提供坚强保证。

(刘 莹)

【社会建设大会】 2月13日,召开社会建设大会,贯彻北京市社会建设大会精神,总结2008年社会建设工作,部署2009年工作任务,动员全区广大党员干部和社会各界,围绕区委“解放思想、传承奥运、再创优势”的总要求,创新体制机制,统筹改善民生,推动全区社会建设工作再上新台阶。市委常委梁伟,区四套班子领导出席,程连元主持会议。区委常委、宣传部长谢莹作《创新体制机制,加强社会建设,在新的起点上进一步提升我区社会管理和服务水平》工作报告。副区长赵全保对朝阳区“1+4”系列文件起草情况作说明。刘希泉宣读区委、区政府《关于表彰2008年度朝阳区社会领域和谐建设先进单位的决定》,授予亚运村街道、大屯街道,安贞街道黄寺社区、奥运村地区南沙滩社区,北京安贞医院、北京雨来轩餐饮有限公司等334个单位“朝阳区社会领域和谐建设先进单位”称号。陈刚在讲话中强调,要深刻认识当前社会建设工作面临的新形势、新任务,以改革为契机,全面提升社会建设管理工作水平;以党建为统领,形成推动社会建设管理的强大合力,不断开创全区社会建设管理新局面。

(刘 莹)

【综合经济工作会】 2月16日,召开综合经济工作会议,系统分析全区现阶段面临的经济形势,把2009年保增长、促就业的具体工作任务落实到各部门、各街乡,解放思想、凝聚力量、扎实苦干,为再创朝阳经济发展新优势,实现朝阳在全市“四个走在前列”的目标,奠定工作基础。市委常委、常务副市长吉林,区四套班子领导出席,区委常委、常务副区长戴继楼主持会议。程连元作《解放思想,坚定信心,再创朝阳经济发展新优势》的报告。陈刚在讲话中要求,朝阳区经济工作必须服从于首都发展大局,服务于科学发展目的,要坚定发展信心,优化发展思路,扎实开展“作风建设年”活动,确保全年经济任务完成。

(刘 莹)

【政法维稳信访工作会】 2月26日,召开政法、维稳、信访工作会,总结2008年的政法、维稳、信访工作,对2009年任务以及全国“两会”安保工作进行全面部署。市委副书记、政法委书记王安顺,区领导陈刚、王力军、辛燕琴、张洋、刘宇辉、佟克克、肖兴国、刘希泉、李建海、刘乃晨,区法院院长李新生出席,刘希泉主持会议。区委常委、政法委书记佟克克作《建设平安朝阳,服务科学发展,为努力构建稳定和谐首善之区作贡献》的工作报告。刘宇辉宣读区委、区政府《关于表彰2008年度朝阳区社会治安综合治理、同“法轮功”及其他邪教组织斗争及信访排查调处先进集体、先进个人的决定》,对264个朝阳区社会治安综合治理先进集体,300名朝阳区社会治安综合治理先进个人给予表彰,授予28家单位“2007-2008年度朝阳区信访排查调处工作先进集体”荣誉称号,授予62名同志“2007-2008年度朝阳区信访排查调处工作先进个人”荣誉称号。陈刚在讲话中强调,要深刻认识当前安全稳定工作面临的新形势,牢固树立科学稳定观,不断强化统筹意识、民本意识、前瞻意识、长效意识,统筹推进平安朝阳建设,为全国“两会”和新中国成立60周年营造和谐稳定良好氛围。

(刘 莹)

【作风建设年动员大会】 2月27日,召开第一批深入学习实践科学发展观活动总结暨作风建设年动员大会,总结全区第一批深入学习实践科学发展观活动开展情况,部署作风建设年相关工作。市委指导检查组组长彭兴业、区四套班子领导出席,刘宇辉主持会议。陈刚在讲话中强调,全区第一批学习实践活动顺利结束,取得明显成效,为今年加强作风建设奠定了坚实基础。要准确把握形势,将作风建设作为重要政治任务来抓,以良好的作风促进党建工作取得新成绩,以良好的作风解决突出问题,保障全区各项任务圆满完成。

(刘 莹)

【区委保密委员会工作会】 3月24日,召开区委保密委员会工作会,总结2008年工作,部署2009年任务。区领导张洋、赵全保出席。张洋在讲话中强调,全区保密工作要按照区委提出的“解放思想、传承奥运、再创优势”的总要求,围绕“保增长、保民生、保稳定”这一中心工作,落实各项工作部署,为全区经济社会持续健康稳定发展提供坚实保障。

(刘 莹)

【党政领导干部大会】 4月29日,召开党政领导干部大会,落实市委十届六次全会精神,总结一季度工作,分析当前形势,部署下一阶段重点任务,号召大家进一步振奋精神、坚定信心,全力做好当前经济社会发展工作,确保完成全年工作目标。区四套班子领导出席,张洋主持会议。程连元作《坚定信心,全力以赴,打赢经济增长保卫战、区域发展攻坚战》的工作报告。陈刚在讲话中强调,要坚定信心,狠抓落实,要在动起来、统起来、严起来的基础上,更要干起来,把全区上下的发展激情统一到保增长、保民生、保稳定的决策部署上来,全力打好经济增长的保卫战,同心协力、共克时艰,为建设“人文北京、科技北京、绿色北京”做出更大贡献。

(刘 莹)

【纪念建党88周年座谈会】 6月30日,召开纪念建党88周年座谈会,强化广大党员的责任感和使命感,切实改进作风、提高能力,充分发挥先锋模范作用,团结带领广大群众推进全区经济社会又好又快发展。区领导陈刚、程连元、王力军、张洋、刘宇辉、吴桂英、佟克克、刘希泉,区委副巡视员刘英男出席,张洋主持会议。陈刚在讲话中要求,要继续争当团结、为民、务实、创新、清廉的楷模,充分发挥全区各级党组织和广大党员的战斗堡垒、先锋模范作用,团结和凝聚300万人民的力量和智慧,解放思想、传承奥运、再创优势,以饱满的精神、良好的作风、优异的成绩,为完成保增长、保民生、保稳定任务提供有力保障。

(刘 莹)

【国庆庆祝活动筹备工作动员大会】 7月4日,召开新中国成立60周年庆祝活动筹备工作动员大会,贯彻落实中央、市委、市政府和区委对国庆筹备工作的重要指示精神,部署朝阳区承担的各项工作任务,全区动员、全力以赴、团结一致,确保国庆筹备和服务保障工作圆满完成。区四套班子领导出席,张洋主持会议。陈刚在讲话中强调,必须继续发扬筹办奥运的五种精神,继续争当“五个楷模”,增强荣誉、统筹、协作、靠前、效率“五个意识”,始终把国庆筹备作为首要政治任务,坚决打赢国庆筹备工作整体仗,确保各项工作落到实处,推进全区各项工作上水平。

(刘 莹)

【土地储备工作动员大会】 7月18日,召开推进城乡一体化暨土地储备工作动员大会,简要回顾上半年农村城市化工作进展情况,深刻分析当前形势,动员农村地区广大干部群众,紧紧抓住土地储备和绿隔政策调整两大机遇,创新体制机制,加快城乡一体化进程。区四套班子领导出席,程连元主持会议。刘希泉作题为《抓住两大机遇,加快城乡一体化进程》的工作报告。陈刚就做好土地储备工作强调,必须将各项工作、各种因素统筹起来,整体考虑、系统推进,要把方案制订好,维护好农民的利益,坚决管住违法建设,切实维护区域稳定。

(刘 莹)

【区委全体会议】 7月23日,区委召开十届十次全体(扩大)会议,贯彻全市上半年经济形势分析会精神,全面总结上半年工作,分析面临的形势,明确再创发展新优势的目标要求,研究部署下半年保增长、保民生、保稳定工作任务,动员全区广大党员干部群众共克时艰、奋发有为、再创优势,高水平完成国庆筹备任务,高质量完成全年各项任务,推进全区又好又快发展。陈刚代表区委常委会作工作报告。程连元作关于上半年经济社会发展情况和下半年重点工作的专题报告。陈刚在全会闭幕式讲话中要求,全区上下要团结一心、扎实苦干,切实把全会的各项要求落到实处。

(刘 莹)

【学习实践科学发展观活动总结会】 9月29日,召开学习贯彻党的十七届四中全会精神暨第二批学习实践科学发展观活动总结会,学习贯彻党的十七届四中全会精神,总结全区第二批深入学习实践科学发展观活动,表彰基层党建创新项目,特别对国庆筹备和“十一”黄金周期间的工作进行再动员、再部署。区领导陈刚、程连元、王力军、辛燕琴、张洋、刘宇辉、宋连娣、佟克克、刘希泉、谢莹、陶晶出席,程连元主持会议。刘宇辉作第二批学习实践活动总结。张洋宣读《关于表彰2009年朝阳区基层党建创新项目的决定》，朝外街道工委申报的“延伸‘165’民生工程，深化社会领域党建工作”等25个项目获基层党建创新奖。陈刚在讲话中充分肯定全区第二批学习实践活动和基层党建工作成效，强调要把深入学习贯彻党的十七届四中全会精神作为当前和今后一个时期首要的政治任务，全力以赴做好国庆60周年筹备工作和“十一”黄金周期间的各项工作。

（刘　莹）

【巡视工作启动大会】　10月9日，召开巡视工作启动大会，落实党的十七届四中全会精神，对全区开展巡视工作进行部署，对即将开始的首批巡视工作进行动员。市纪委副书记隋秀梅，区领导陈刚、张洋、刘宇辉、宋连娣、谢莹出席。陈刚在讲话中要求，充分认识建立巡视工作制度重要意义，不断提高巡视工作质量和水平，切实加强巡视组自身建设，出色完成首批巡视工作任务，为完成年初预定的各项目标任务提供保障。

（刘　莹）

【国庆庆祝活动总结表彰大会】
11月4日，召开新中国成立60周年庆祝活动朝阳区总结表彰大会，认真总结国庆筹办工作经验，通过表彰先进、激励斗志，把国庆筹办的精神和激情传承下去，转化为下一阶段推进朝阳区科学发展的动力，继续解放思想，传承奥运理念，再创“三个新优势”，科学研究、统筹谋划经济社会发展“十二五”规划，在更高水平上推动朝阳区又好又快发展，为建设“人文北京、科技北京、绿色北京”做出更大的贡献。区四套班子领导出席，程连元主持会议。张洋宣读《关于表彰新中国成立60周年庆祝活动筹办工作先进单位的决定》，授予女民兵方队特殊贡献奖，授予社会治安与安全警卫指挥部等9个单位最佳安全保卫奖，授予新闻宣传指挥部等2个单位最佳环境创造奖，授予群众游行联欢指挥部等13个单位最佳组织奖，授予阅兵服务保障指挥部等24个单位最佳服务保障奖；授予北京建国饭店等149个单位先进单位称号。

（刘　莹）

【领导干部经济责任工作大会】
12月4日，召开领导干部经济责任工作大会，贯彻中央、市委市政府的一系列要求，不断强化经济发展责任和经济廉洁责任，积极有效应对金融危机，全面有力防范风险，努力创造核心竞争力、承载环境、文化文明的新优势，确保全区经济社会在又好又快发展的轨道上继续前进。市审计局局长李颖津，区四套班子领导出席，程连元主持会议。区委常委、常务副区长吴桂英作《落实经济双责任，再创发展新优势》工作报告。陈刚在讲话中要求，必须增强责任感、使命感，以加强作风建设为切入点，切实落实好领导干部经济发展责任和经济廉洁责任。

（刘　莹）

组织工作

【概况】　中共朝阳区委组织部是区委主管的组织建设、干部队伍建设和人才队伍建设的职能部门。设干部科、干部监督科、人才科、组织科、党员教育管理科、干部教育培训科、调研室、党代表联络室、办公室。年内，按照区委“解放思想、传承奥运、再创优势”工作要求，扎实推进领导班子、干部人才队伍和基层党建工作，为完成三保（保增长、保民生、保稳定）中心任务、建国60周年国庆筹备保障工作、再创三个新优势（核心竞争力、承载环境、文化文明的新优势）提供组织保障。以深入学习实践科学发展观和作风建设年为抓手，强化党员干部思想政治建设。以深化干部人事制度改革和聚合力工程为动力，推进领导班子和基层党组织建设。以强化培养和优化环境为重点，促进人才成长。以讲党性、重品行、作表率为主题深化拓展，加强自身建设。获首都精神文明建设委员会颁发的“首都文明单位”称号。
地址：日坛北街33号
电话：65094313
邮编：100020

（龙　涛）

【慰问党组织和党员】　1月，对部分建国前入党的老党员、困难党员、优秀党员和流动党员进行春节慰问，慰问人数371人。“七·一”期间，对部分建国前入党的老党员、困难党员、优秀党员和流动党员及“两新党”党组织、流动党员双向共管单位党组织、区防控甲型流感一线的医疗单位党组织进行慰问，慰问人数403人、党组织3个。中秋、国庆期间，对参加国庆群众游行“共和国同龄人”方队党员以及部分建国前老党员进行慰问。

（李晓伟）

【关爱老党员】　1月至10月，对建国前入党的农村户口老党员和不享受离退休金的城镇居民户口老党员，在市委每人每月200元补助款基础上，增加100元补助款，即每人每月400元补助款。按市委《关于调整全市老党员生活补贴标准的通知》要求，从本年10月1日起，全区建国前入党的农村老党员和未享受离退休待遇的城镇老党员生活补贴在市委每人每月370元补贴标准基础上，从区管党费中增加130元补贴，即每人每月500元。年内，全区有18名农村户口老党员和89名城镇居民户口老党员符合补助条件，累计发放补助金56.64万元。

（李晓伟）

【开展基层党建互查互评】 1月14日，召开区委8个主管工委上年基层党建工作互查互评会。各工委相互查阅档案，总结上年工作情况，梳理本年党建工作思路。

（王延安）

【党组织批复工作】 1月，将台地区丽都社区、水岸家园社区、芳园里社区、将府家园社区党委成立；2月，望京街道望京花园社区、南湖东园北社区、望京西园社区党委成立；2月，大屯街道嘉铭园社区党委成立；6月，批复朝阳律师党委委员构成；8月，中复电讯党委成立；8月，批复成立国庆群众游行第三方阵临时党总支、临时党支部；10月，中兴恒和投资集团有限公司党委成立；11月，奥林匹克公园管理委员会党委成立；12月，批复区人力资源和社会保障局党委、朝阳社区学院党委委员构成。

（王延安）

【军转和挂职干部工作】 2月中旬，组织召开团职军转干部见面暨安置工作动员会，对51名团职军转干部安置、培训等工作进行具体部署，年内，完成团职军转干部安置工作。年内，外派挂职干部2批9人次，其中派出内蒙古挂职半年1人次，派出房山挂职3个月8人次。接收河北、黑龙江、海南、内蒙古、新疆等省市区以及房山区和市直机关挂职干部9批48人次，在尊重派出单位及本人挂职意向基础上，按照“专业对口”原则拟定安置方案，将挂职干部分别安置在相关委办局及部分街乡等单位。

（李 响）

【社区党组织换届选举】 2月，全区社区党组织换届选举结束。23个街道、18个地区办事处313个社区选举产生新一届社区党组织领导班子，其中126个社区召开党员代表大会，187个社区召开党员大会，选举产生1778名社区党组织成员。

（王延安）

【街道综合考核试点工作】 3月，区委出台《关于建立促进科学发展的领导班子和领导干部考核评价机制的意见》、《朝阳区处级党政领导干部综合考核评价实施办法（试行）》、《朝阳区党政工作部门领导班子年度综合考核评价实施办法（试行）》、《朝阳区街道领导班子年度综合考核评价实施办法（试行）》和《朝阳区地区（乡）领导班子年度综合考核评价实施办法（试行）》，决定以街道为试点推行综合考核工作。会同区纪委、区委社会工委等相关部门，推进本年度街道综合考核试点工作。4月至9月，构建组织体系、制度体系和信息化支撑体系等综合考核操作体系。10月，组织召开街道系统综合考核工作协调会。会上，组织部介绍街道综合考核办公室构成及职责、通报前期进展情况并作下一步部署，听取各单位落实考核工作任务的有关考虑，对推进综合考核提出明确要求。12月，会同社会工委召开街道综合考核部署会，向各街道具体部署此项工作。年底，由组织部、纪委、社会工委牵头，联合相关部门组成区委考核组，采取述职述廉、民主测评、民意调查等方式，对23个街道进行集中考核。区考核办汇总相关部门日常评价和年底集中考核等各方数据，征求区主管领导和区委主管工委意见，综合分析形成各街道综合考核得分，报请区委研究确定考核等次，将考核结果在街道系统中进行公示和反馈。

（李 响）

【人才工作领导小组会议召开】 3月31日，召开人才工作领导小组会议，总结和部署工作。会议讨论通过上年人才工作总结、本年人才工作要点以及上年优秀人才工作项目获奖名单等；明确区人才工作重点任务，确定42个人才工作项目。区委常委、组织部长刘宇辉、区委常委、副区长吴桂英做重要讲话，相关区委领导、人才工作领导小组成员单位主要领导参加会议。

（李革非）

【应对金融危机】 3月，下发《关于在应对金融危机中充分体现基层党组织和共产党员先进性的通知》，号召基层党组织和党员积极发挥作用，有效应对金融危机。

（王延安）

【表彰会获奖】 4月，在北京市农村基层组织建设工作暨“三级联创”活动表彰会议上，南磨房乡、奥运村乡、高碑店乡、十八里店乡获2006－2008年度市级“五个好”乡党委称号，高碑店乡高碑店村、十八里店乡吕家营村、崔各庄乡何各庄村、东坝乡三岔河村、来广营乡来广营村、南磨房乡楼梓庄村、三间房乡定福庄西村、孙河乡上辛堡村获2006－2008年度市级“五个好”村党组织称号。

（王延安）

【开通党员信息服务平台】 4月，建设开通全区党员信息服务平台，以手机短信和语音呼叫方式，向各级党组织和各类党员开展宣传互动。平台开通以来至年底，接收信息的受众面20000余人次，26300余个党员家庭收到祝福生日的语音电话；党员回复1000余条短信。

（李晓伟）

【配合完成届中领导干部考察】 5月4日至5月22日，市委考察组对本区区级领导班子进行届中考察。配合市委考察组，组织召开全区领导干部大会，进行局级班子述职述廉和民主测评等工作，全区正处级以上领导干部、各民主党派、人民团体的主要领导成员和无党派人士中的代表等324人参加大会。按照考察组要求,组织个别谈话138人,包括局级干部37人,处级干部101人。8月24日至9月18日,市委考察组对本区局级领导班子后备干部进行推荐和考察。配合市委考察组,组织召开全区领导干部大会,进行民主测评和民主推荐等工作,全区正处级以上领导干部、各民主党派、人民团体的主要领导成员等175人参加大会,推荐产生局级正职后备干部人选4人,局级副职后备干部人选13人,检察院检察长、法院院长后备人选各1人,优秀处级年轻干部人选9人。按照考察组要求,组织个别谈话554人,包括局级干部23人,处级干部273人,科级干部258人。同时,对于拟确定为局级副职后备干部的人选配合考察组进行公示。

(李　响)

【学习实践科学发展观活动】 5月11日,区委深入学习实践科学发展观活动领导小组办公室召开全区第二批学习实践活动第一阶段工作总结暨第二阶段工作部署会;5月13日,区委召开全区第二批深入学习实践科学发展观活动第一阶段总结暨第二阶段工作部署会;9月29日,区委召开全区深入学习贯彻党的十七届四中全会精神暨第二批学习实践科学发展观活动总结会。

(王延安)

【基层党建创新奖评选】 5月,区委组织部下发《关于开展基层党建创新奖评比活动的通知》,正式启动基层党建创新奖的评选工作;6月至9月,经过基层上报、工委初审、专家评审,初步确定获奖项目;9月,经区委常委会通过后,区委下发《关于表彰2009年朝阳区基层党建创新项目的决定》,对25个基层党建创新项目进行表彰。

(王延安)

【村党支部书记评价机制调研】 5月,与区委农工委成立联合调研组,启动村党支部书记群众满意度测评和评价机制调课题研;8月,形成调研报告并上报市委组织部。

(王延安)

【主题党日活动】 5月至7月,在各级党组织和广大党员中开展传承奥运精神,服务科学发展主题党日活动。各级党组织发挥引导、动员和凝聚作用,推动落实"三保"中心任务和深入学习实践科学发展观活动。

(李晓伟)

【党员干部教育领导小组会】 6月5日,区委党员干部教育领导小组召开全体会议,传达中央和市委关于开展新一轮大培训工作有关精神要求,重点讨论并审议通过《朝阳区委关于2008－2012年大规模培训干部工作的实施意见》、《朝阳区委组织部关于在干部教育培训中进一步加强学风建设的意见》和其他制度文件。

(李红菊)

【村党支部书记培训班】 6月22日至25日,组织20名村党支部书记、乡镇企业带头人参加全市农村金融培训班。培训班上讲解农村小额金融贷款和农村村镇银行等新兴金融机构的发展趋势,引导农村经济组织相互交流经验,促进共同发展。

(王延安)

【纪念建党八十八周年座谈会】 6月,以发挥先锋作用,服务科学发展为主题,召开纪念建党八十八周年座谈会,邀请区内部分基层党组织代表、优秀党员代表与区领导进行座谈交流。区领导陈刚、程连元、王力军、张洋、刘宇辉、吴桂英、佟克克、刘希泉,区委副巡视员刘英男出席座谈会。会上,区委社会工委、区委农工委、慈铭健康体检管理集团有限公司党委、福建莆田市委驻朝阳区第二支部、区疾病预防控制中心党总支负责人,国庆阅兵女民兵方队队员发言。区委书记陈刚代表区委向全区各级党组织、广大党员和党务工作者致以节日的问候。

(李晓伟)

【社区居委会换届选举】 6月,全区第七届社区居委会换届选举结束。全区23个街道办事处(含东湖街道筹备处)和19个地区办事处,328个社区参选。全区登记选民589449户、1199554人,选民登记率80.8%;产生居民代表20618名。

(王延安)

【教学基地授牌】 7月8日,举行首批干部培训现场教学基地授牌仪式,为亚运村街道社区活动中心、高碑店乡高碑店村、望京社区安全健康促进中心、劲松街道劲松中社区等4个现场教学基地授牌。基地涵盖基层党建、新农村建设、社区安全、和谐社区建设等主题。

(李红菊)

【农村村级党组织换届选举】 7月30日,在豆各庄乡召开基层党建工作座谈会。豆各庄、崔各庄、金盏、黑庄户、十八里店、孙河、小红门、来广营乡分别结合基层党建工作开展的重点、难点以及群众反映的有关问题进行汇报;8月5日,与农工委、民政局召开20个乡党委副书记工作会,传达近期中央、市、区关于农村"两委"换届有关精神。12月,区委组织部、区委农工委下发《关于做好朝阳区2010年村党组织换届选举工作的实施意见》,区委组织部下发《关于成立朝阳区村"两委”换届选举工作领导小组的通知》。区村党组织换届选举工作从12月9日开始，到29日全部结束，19个乡154个行政村选举产生152个村党组织（豆各庄乡4个村党组织合并为2个联合党组织），选出委员733名，其中书记152名、副书记149名，男性531名、女性202名。

（王延安）

【起草干部建设规划】　7月，成立起草小组，着手研究起草《2009－2013年北京市朝阳区处级党政领导班子建设规划》和《2009－2020年北京市朝阳区处级党政领导班子后备干部队伍建设规划》，围绕在更高层次上推进朝阳区又好又快发展需求，立足当前，着眼长远，科学规划未来一段时期全区处级党政领导班子和后备干部队伍建设的主要目标、重点任务、工作措施和制度保障，通过借鉴其他省市成功经验、开展问卷调查、召开座谈会等形式，充分参考吸收各地好的做法，广泛征求各方面意见建议。年底，两个规划形成初稿。

（李　响）

【基层民主日检查工作】　7月，与区委农工委、区民政局、区经管站组成基层民主日联合检查组到东坝、黑庄户、管庄、王四营乡检查村务公开工作。

（王延安）

【农村地区党员服务中心成立】　7月，平房、金盏地区党员服务中心揭牌成立；10月，高碑店、十八里店、孙河、管庄地区党员服务中心揭牌成立。

（王延安）

【处级后备干部滚动调整】　9月至12月，开展处级党政领导班子正职和副职后备干部集中调整工作。全区处级班子按照党政职数1：1的比例提出后备人选共计739名，经过组织推荐、笔试、履历评估、民主测评、陈述等环节，确定了处级党政正职后备干部107名，处级党政副职后备干部293名。本次集中调整继续采取了“双推双考一陈述”的方式，加入履历评估环节，促进了后备干部选拔工作的民主、公开、竞争、择优。

（李　响）

【选拔主任（乡长）助理】　9月，启动面向全区公开选拔街道、地区（乡）主任（乡长）助理工作。此次选拔坚持“以用设考、考用一致”原则，以考察干部的综合素质和发展潜力为重点，经过笔试、民主测评、履历评估、培训、面试等环节，从470个报名人选中选拔出41名年轻干部进入到差额考察环节。年底，完成所有人员的考察工作，公开选拔进入到决定任命阶段。

（李　响）

【服务60周年国庆】　国庆期间，全区党员参加志愿服务78520人、参与设岗定责66820人、直接参与国庆任务33620人。

（李晓伟）

【发展党员工作责任追究办法】　10月，与区纪委联合制定出台《朝阳区发展党员工作责任追究制实施办法》，明确党员发展工作中出现失察失误后的责任主体和追究责任方式等内容。

（李晓伟）

【组织建设】　年底，全区累计基层党委431个、党总支320个、党支部4458个。党员总数142499名，其中：女党员63274名，占44.4%；大专以上学历的占42.4%；中专、高中学历的占25.1%；初中及以下学历的占32.5%。年内，发展党员1551名，其中35岁以下党员869名，占56%。入党积极分子总数8277名，其中35岁以下的入党积极分子4335名，占52.4%。

（王延安）

【发展党员】　年内，发展党员总数1551名，完成年初计划1640名的94.6%。发展总数比上年增加107名，提高7个百分点。其中，发展女党员803名，占发展总数的51.8%；发展少数民族党员76名，占发展总数的4.9%；发展35岁以下的党员869名，占发展总数的56.0%；发展大专以上文化程度的党员1282名，占发展总数的82.7%；发展生产、工作第一线的党员1201名，占发展总数的77.4%。与上年相比，发展女党员增加26名，提高3个百分点；发展35岁以下的党员增加30名，提高3个百分点；发展大专以上文化程度的党员增加137名，提高12个百分点；发展生产、工作第一线的党员增加59名，提高5个百分点。

（李晓伟）

【处级班子思想政治建设】　年内，按照区委“作风建设年”总体部署，围绕三保中心任务，突出重点，整体推进，不断深化处级领导班子作风建设。坚持细化责任要求，制定整体实施意见。在组织全区学习关于作风建设系列文件精神基础上，联合区纪委等部门出台《关于开展作风建设年工作的实施意见》，对全年班子和干部队伍作风建设工作进行整体部署，提出了明确要求。注重加强日常了解，促进全面实施。分系统组织街口、农口作风建设专题会，召开班子作风建设座谈交流会，同时结合学习实践活动、选人用人检查等工作，派驻考察组到全区150多家单位深入了解作风建设有关情况，全面推动意见的实施，促进整体工作提升。广泛开展谈话谈心,统一干部思想。通过组织部长下基层、班子干部调整等途径,与120多个班子、600余名干部开展谈话谈心,统一思想,促进全区班子和干部作风养成。组织开展作风督察,确保取得实效。会同纪委、各工委开展全区经济工作、折子工程督察,考核评价班子、干部在中心任务、重点工作中作风建设的实际情况,确保处级班子作风建设取得实效。

(李　响)

【处级班子干部调整情况】 年内,累计过会干部364人次,涉及125个班子。其中:提拔干部139人次(正职45人次),平职改任113人次,免职退二线(退休)77人次,兼任职务35人次。其中提拔42名优秀干部担任党政正职,对26名35岁以下年轻干部进行提拔使用,配备19名优秀领导干部到奥管委、垡头管委会、定福庄管委会等重点工作部门,促进班子年龄、专业结构的优化和整体功能的提升,为确保我区重点工作顺利开展奠定基础。经过调整,班子的整体结构得到优化,整体功能得到增强。

(李　响)

【干部监督工作】 年内,严格执行领导干部个人收入申报、有关事项报告、述职述廉、离任任中经济责任审计等制度,加大对重点项目多、资金流量大等部门的经济责任审计力度,加强对处级班子主要领导在"三重一大(重大事项决策、重要干部任免、重要项目安排、大额度资金使用,必须经集体讨论做出决定)"事项上落实制度、科学决策情况的监督检查,全年对23名离任、3名任中干部进行经济责任审计,不断强化事前监督、事中监督。坚持干部任前廉政函询制度,年内所有新提拔干部均向区纪委征求了廉洁自律和来信来访方面的情况,防止带病提拔。实行定期研究分析班子干部制度,协调各工委重点对承担重点任务、来信反映较多、考核中发现有突出问题的班子干部进行定期研究分析。加大谈话谈心力度,建立了组织部长、副部长联系处级班子制度,与600多名干部进行有针对性的谈话,加强与干部的思想沟通。充分发挥群众监督的作用,完善"12380"举报电话受理办法,设立电子举报信箱,全年受理举报电话4件、来信来访35件。认真组织开展一报告两评议(地方党委常委会每年向全委会报告工作时,要专题报告年度干部选拔任用工作情况,并在一定范围内接受对本级党委干部选拔任用工作和新选拔任用领导干部的民主评议)工作,区委常委会就本年度干部选拔任用工作向区委全委会作报告、接受评议,对年内新提拔的47名主要领导干部进行评议。加强对处级班子选人用人工作的监督,组成10个专项检查组,对未接受过检查的8个委办局和22个街乡选人用人情况进行检查,规范科级干部选拔任用工作。

(李　响)

【政工职称评定】 年内,完成常年政工职称评审工作,1人获高级政工师资格,2人获政工师资格,1人获助理政工师资格。开展企事业单位领导干部政工职称评定工作,1名副处级干部取得高级政工师任职资格。开展企事业单位科级及以下人员政工职称评定工作,2人取得政工师任职资格,1人取得助理政工师资格。

(李红菊)

【干部培训】 年内,选送处级干部14人到北京大学进修学习3个月;举办处级干部进修班4期,培训161人;举办中青年干部培训班1期,培训43人;举办青年政治理论读书班1期,培训117人。选送34名新任党政正职领导干部到中国浦东干部学院进行为期10天的专题培训;举办党政正职领导干部学习贯彻党的十七届四中全会精神培训班、组工干部培训班、文化创意产业专题培训班、企业经营管理人员培训班等专题班19期,培训2737人。全年在全区局处级干部中开展在线学习工作,1106名局处级干部参加,其中参加考核的1037名干部全部达到市委组织部规定的考核目标,人均63.3学时,完成全年的在线学习任务。全年组织境外培训考察团2期,其中:赴美国公共管理和后奥运建设培训团1期,培训17人;赴希腊、西班牙后奥运经济社会建设考察团1期,培训5人。

(李红菊)

【制定实施引进人才计划】 年内,制定实施引进海外高层次人才计划(简称"凤凰计划"),计划用5至10年时间,为重点发展产业引进100名左右海外高层次人才。成立朝阳区海外学人工作联席会和专业服务机构(即北京海外学人中心CBD分中心),研究制定《朝阳区关于大力推进海外学人工作的实施意见》和《朝阳区鼓励海外高层次人才创业和工作暂行办法》。设立综合服务窗口,成立海外学人党支部和俱乐部,开通海外学人工作网站。

(李革非)

【首都高校博士和辅导员挂职】 年内,组织挂职人员36人,其中博士生、博士后33人,高校辅导员3人,专业涉及经济、金融、管理、传媒、法律、文史哲、医学、工科等10个大类,其中属于本区急需的经济管理类专业的占到50%。经过双向选择,36名博士生和博士后被安排到25家单位挂职锻炼,担任用人单位一把手助理。其中,重点功能区2人,街乡9人,委办局25人。挂职人员以集中调研、课题研究、交流座谈、理论讲学等方式，进行为期一年或半年的实践锻炼。

（李革非）

【9个项目获资助】 年内，申报市优秀人才培养资助项目43个，经市委组织部研究和评审委员会评审，区法院任颂等9个项目获市资助21.5万元。本区在市资助基础上，对获市资助的9个项目按照50%比例进行配套资助，区资助金额合计10.75万元。

（李革非）

【干部关爱工作】 年内，推进干部"关爱"工程，继续办好《关爱》刊物，引导领导干部养成健康的工作和生活习惯。2月底至3月初，组织本区局处级干部303人参加健康体检，形成每名干部的健康分析报告。同时，分5批组织本区局级和二级班子党政正职赴海南三亚、吉林镜泊湖等地区进行集中学习，参加人数188人。与垂杨柳医院合作，加强绿色医疗通道管理和服务工作，为区领导干部医疗保健提供便捷、优质服务。

（李　响）

【关爱生活困难党员】 年内，简化区生活困难党员帮扶专项资金的申报和发放工作程序，扩大帮扶覆盖面。全年有1474名生活困难党员及其家庭受到"区生活困难党员专项资金"的帮扶，帮扶资金192.3万元。

（李晓伟）

【共产党员献爱心】 年内，开展共产党员献爱心捐献活动，收到捐款351万余元，96029人参与。

（李晓伟）

【在全市党员电教片评比中获奖】 年内，在市第九届党员教育电视片观摩评比中本区多部电教片获奖。其中《北京CBD一个影响世界的地方》获一等奖，《楼宇党旗红——叶青大厦党委工作纪实》获二等奖，《今日高碑店》、《金钱玷污的灵魂》、《共创和谐》、《智慧续写辉煌》获三等奖。区委组织部获市第九届党员教育电视片观摩评比活动组织奖。

（李晓伟）

【农村党员干部远程教育工作】 年内，下发《朝阳区农村党员干部现代远程教育工作制度》，将农村远程教育终端站点与党员电化教育播放网点进行统一建设和统一管理，明确将远程教育工作作为全区党建互评项目和全年"三级联创"检查内容。举办两次专题业务培训，400余人次参训。

（李晓伟）

【"两新"组织党建工作】 年内，在全区367座商务楼宇中建立社会工作站和党建服务站257个，实现商务楼宇党的组织和党的工作全覆盖。7月，区中复电讯党委、慈铭集团党委、叶青大厦党委、安邦保险党委等党委负责人参加全市"两新"组织党组织负责人示范培训班。

（王延安）

【9个街道社会工作党委成立】 年内，在劲松、左家庄、团结湖、机场、垡头、大屯、小关、和平街、东湖等9个街道成立社会工作党委。

（王延安）

【机关党组织关系划归工作】 年内，将区环境卫生服务中心、区垃圾无害化处理中心、北京奥林匹克公园管理委员会党组织关系划归区直机关工委管理。

（王延安）

【信息化建设】 年内，建立系统维护情况不定期通报制度，分级建立系统管理员联系表，加强对基层节点和用户的工作指导，上年朝阳区党内统计工作获全市全优通报。

（王延安）

【开通"12371"咨询服务电话】 年内，专门开通朝阳区"12371"党员咨询服务电话。咨询服务内容涉及党员组织关系接转、党员发展、帮助解决党员相关困难和问题等各个方面。

（李晓伟）

【自身建设】 年内，按照中组部、市委组织部的部署和要求，深入推进组织部长下基层活动。在坚持近年来已经形成的谈话谈心制度的基础上，加大力度，采取"一对一"谈话方式，每位部长各联系30余个单位，覆盖全区132个二级班子近800名处级领导干部。采取课题调研、班子走访、干部考察等多种方式，掌握基层实情和班子干部的现实表现。以街乡、社区、农村为侧重点，各位部长分别联系一街一乡，并确定2名生活困难党员作为帮扶对象；部机关党支部和三个党小组分别确定1个社区或村级党组织，作为基层党建工作联系点；部内各科室分别联系一街一乡2个基层组织部门，开展联系、指导和帮扶工作，协助解决了党员综合服务中心（站）建设等多个实际问题。部机关党支部组织形式多样的文体活动，引导干部培养健康生活情趣，增强内聚力和战斗力。

（龙　涛）

【信息调研】 年内，开展《朝阳区处级领导班子和干部队伍作风建设研究》、《朝阳区中长期人才发展战略研究》、《朝阳区海外学人创业和工作现状分析及对策研究》、《关于基层党组织负责人满意度调查和测评机制的研究》、《朝阳区干部教育培训案例库建设研究》、《朝阳区干部培训质量评估的研究分析》、《关于朝阳区党员教育培训需求的调研》等七项重点调研。其中,《关于基层党组织负责人满意度调查和测评机制的研究》作为上报市委组织部的重点调研课题,形成调研报告。全年,在市级以上刊物上发表信息63条,区委办信息刊物采用39篇,在《党建研究》、《执政党建设研究》、《北京组工通讯》等刊物上发表文章8篇;同时,编辑《朝阳组工》刊物9期。

(龚巨明)

宣传和精神文明工作

【概况】 中共朝阳区委宣传部是主管本区意识形态、对外宣传的区委工作部门。朝阳区精神文明建设委员会办公室是区委、区政府精神文明建设工作的综合协调部门,也是区精神文明建设委员会的办事机构,设在区委宣传部。区委宣传部代行宣传系统工委职能。内设办公室、基层工作科、宣传科、理论科、综合科(未成年人科)、创建科、研究室、区委对外宣传领导小组办公室(区人民政府新闻办公室)、区共建文明乘车秩序协调领导小组办公室(乘车办)、文化创意产业发展科。文化创意产业发展科同时承担区文化创意产业领导小组办公室日常工作。宣传部(文明办)被市委宣传部授予首都庆祝新中国成立60周年庆祝活动新闻宣传工作突出贡献奖。

地址:日坛北街33号

电话:65094403

邮编:100020

(魏　薇)

【思想政治工作调研】 年初,确定本年度基层思想政治工作调研3大类18个选题方向,向全区下发调研通知。经课题申报和评选,确定重点关注课题6个、立项研究课题22个。年底组织专家领导对调研成果进行评审,区信息办等3个单位调研报告获一等奖,区职工大学等6个单位调研报告获二等奖,区信访办等12个单位调研报告获三等奖。年内,在总结人文奥运建设基础上,形成《传承奥运精神,建设“人文朝阳”》调研报告。报告从“人文朝阳”建设的时代背景、理论创新、现实意义以及对“人文北京”建设的贡献等方面,多角度地阐述了“人文朝阳”建设的实践探索,为推动区文化文明进步与繁荣提供了理论依据和实践范本。围绕统筹改善民生,创新为民服务体系,完成研究报告《优化体制完善机制朝阳区不断创新服务体系》,并入选《2009北京创新研究报告》。

(王　静)

【文明行动月】 年初,决定将每年8月定为“文明行动月”。本年以“传承奥运、再创优势、建设文明朝阳”为主题,重点开展十项活动:深化爱国主义教育、组织窗口行业大练兵、推选“十百千”道德模范、深化社会志愿服务、强化监督检查力度、开展“爱国歌曲大家唱”、举办“迎讲树”知识竞赛、启动“家庭赛乐赛”活动、测评公共文明指数、净化社会文化环境。

(李佳静)

【精神文明创建】 1月至3月,开展第一届首都诚信经营示范店申报推荐工作。在爱首都、讲诚信、促消费——2009年首都深化“百城万店无假货”创建暨消费维权“六进”活动“3·15”宣传咨询启动仪式上,蓝岛大厦有限责任公司、贵友大厦有限公司、燕莎友谊商城有限公司(燕莎店)、赛特百货有限公司和西单太平洋百货有限公司(盈科店)5家单位被授予“首都诚信经营示范店”称号。4月10日,区精神文明建设委员会全委(扩大)会议召开。会上,下发《关于朝阳区群众性精神文明创建系列先进评选工作实施申报制的意见》,配套编发《朝阳区精神文明创建工作指南》(政策篇)、《朝阳区精神文明创建工作指南》(操作篇)和《朝阳区群众性精神文明创建基础数据》教材等,正式启动群众性精神文明创建工作申报制度。会议表彰上年度区级精神文明创建各类先进单位和个人。11月,经过基层单位申报、社会公示、中期指导、资格评审、主管工委(部门)择优推荐、社会公示等工作程序后,评选出首都文明街道8个、首都文明乡7个、首都文明单位标兵14个、首都文明单位57个、首都文明社区53个、首都文明村43个、首都文明旅游景区6个。评选出区文明街道标兵6个,区文明乡标兵3个,区文明社区137个,区文明村23个,区文明单位243个,区共建文明单位157个,区文明旅游景区4个。年内,在全区范围组织群众参与2009年度首都农村群众性精神文明创建活动成果征文活动,各系统共上报优秀征文265篇,经首都文明办评审,麻寅等3人获三等奖,李云霞等2人获优秀奖,区文明办获优秀组织奖。

(崔　洁)

【文化创意产业】 2月12日,国家版权局正式授予北京国际版权交易中心“国家级版权贸易基地”的称号,成为本区第一家国家级的版权贸易基地。2月25日,CCTV“同一首歌”·朝阳公园战略合作签约仪式在北京国际会议中心举行,标志着央视“同一首歌”栏目正式落地朝阳区,有助于将朝阳公园文化创意产业聚集区打造成全市户外演出新中心。4月,完成上年度朝阳区文化创意产业发展报告。4月7日至10日,与区委组织部共同举办第三届文化创意产业处级干部专题培训班,区有关部门、街乡以及集聚区管理机构的处级干部和企业高管50余人参加培训,培训后赴长三角、珠三角地区分专题进行实地调研学习。5月25日,“创意朝阳信心未来——第二届北京朝阳文化创意产业精英榜”颁奖典礼隆重举行,赵永庄、马未都、张亚东等10名朝阳文化创意产业精英人物及20名提名人物产生,并发布《文化创意产业朝阳共识》。8月,30个文化创意产业项目获市级专项资金6190余万,居各区县之首。11月25日至29日,组织域内36家单位参加第四届“北京文博会”,集中推出北京CBD——定福庄传媒产业走廊、CBD东扩、电子城移动谷、奥运后场馆利用等一系列亮点内容。文博会期间,接待各届观众15万人次,中央、市属媒体报道近200条次,达成合作意向45个,取得较好社会宣传效果和招商推介成果。年内,配合区发改委、统计局等部门加强文化创意产业税源建设工作,对重点纳税企业上门走访,跟踪服务。

（李　强　李　明）

【志愿服务站台揭牌仪式】　3月11日,在朝外大街东岳庙门前广场举行朝外街道志愿服务站台揭牌仪式,首都文明办主任舒小峰、区委常委、宣传部长谢莹以及市乘办、区文明办、朝外街道领导出席活动,陶然居餐饮公司、太熟悉家常菜、百脑汇、悠唐广场4家参与站台志愿服务的社会单位负责人和20名志愿者及28个街乡文明专干参加活动。自此,朝外街道的神路街路口4个站台正式成为社会单位志愿者参与站台排队引导活动常态化“志愿服务站台”。

（张　茜）

【爱国主义教育基地评选与活动】
3月至7月,市爱国主义教育基地领导小组对全市市级爱国主义教育基地2005－2008年度工作进行考评,中国电影博物馆、北京市禁毒教育基地和北京佐特陶瓷技术中心等三家市级爱国主义教育基地被评为先进单位,市禁毒教育基地开展的禁毒志愿者“汽车万里行”活动,北京佐特陶瓷技术中心举办的“百年奥运、一脉相承”系列体验活动被评为优秀活动。4月开始,在全区开展“爱祖国、爱北京、爱家乡”为主题宣传教育活动,设计6条市民参观体验路线,组织全区干部群众到奥运场馆、爱国主义教育基地等进行参观体验活动。5月12日,下发《关于围绕庆祝新中国成立60周年深入开展群众性爱国主义教育活动的实施方案》,对群众性爱国主义教育活动进行具体安排和部署。据统计,各爱国主义教育基地围绕国庆60周年开展活动40余次。5月至10月,周末社区大讲堂聘请十余名专家学者进行形势政策宣讲,在10个社区乡镇举办社科知识讲座11场,受众近千余人。

（董　梅　吴丁佳宝）

【学习实践科学发展观活动】　3月至9月,宣传系统开展第二批学习实践科学发展观活动,成立领导小组,制定《朝阳区宣传系统第二批开展深入学习实践科学发展观活动的实施方案》,组建7个检查指导组,明确18个工作要点和54个工作标准。参学单位55个,包括卫生局直属42家基层单位和13家非公医疗机构,涉及基层党组织97个,自管党员1179名,流动党员54名。活动中,各基层单位书记讲党课45人次,院长(主任)作专题报告42人次;班子集中学习83次,形成调研课题118个;累计开展征求意见活动125次,发放征求意见表5170份,参与人数3610人;完成建言献策征文369篇,组织演讲会13场、专家研讨会26次,交流座谈会153次,采纳群众意见617条;形成加强自身建设、服务人民群众、服务科学发展的工作思路和措施1006条。接访429次,削减各类会议及表彰活动93个,开展谈话谈心活动375次,减少行政经费支出508494元;党员、人大代表、政协委员、群众、专家学者参加思想大讨论7301人;各单位制定整改项目435项,提出措施对策635条;建立健全制度机制930项;出台“三保”措施255项;探索形成长效制度机制557项,新建活动阵地37个。

（蓝万荣）

【文明祭扫志愿服务活动】　4月初,针对清明期间祭扫高峰,区乘车办在加强同公交集团联系的同时,实地勘察东郊殡仪馆和扫墓公交专线周边的文明站台,根据祭扫乘车路线和人员出行时间,对平房乡、东风乡、酒仙桥街道、呼家楼街道相关站台开展文明祭扫宣传和乘车秩序引导志愿服务工作。

（张　茜）

【调查分析境外媒体采访需求】　4月至6月,向境外媒体发放《采访意向调查函》,调查内容涵盖发展、文化、民生等4大类20个专题,收到来自11个国家(地区)19家媒体反馈,据此撰写了题为《转变机制再创优势在新起点上做好境外媒体服务工作》的统计分析报告,并围绕境外媒体关注的热点问题策划组织专题采访。

（祁春娜）

【宣传干部培训班】　5月26日,举办全区宣传思想和精神文明建设工作培训班,传达中央、市宣传部长会议精神,总结上年区宣传思想和精神文明建设工作情况、部署2009年重点工作,就理论武装、新闻宣传、国庆60周年系列活动等进行专题讲座和部署。

（王　静）

【成立国庆新闻宣传指挥部】 5月,成立朝阳区国庆新闻宣传指挥部,下设综合协调组、新闻报道组、对外宣传组、宣传教育组、文化活动组、文化成就展示组、文明环境建设组和文秘信息组等8个工作组。主要承担与市国庆新闻宣传指挥部的协调联络;制定并组织实施朝阳区国庆新闻宣传工作方案;统筹全区各项文化活动;指导推进全区宣传发动与文明环境建设工作等职能。各组根据自身工作职能以及当前工作需要全面开展相关工作。据统计,全区举办迎国庆活动240项,直接参加人数20余万人次,其中21项被市国庆新闻宣传指挥部纳入全市重点文化活动,数量居全市各区县首位。

(袁裕中)

【国庆宣讲活动】 6月5日,印发《关于开展庆祝新中国成立60周年宣讲活动的通知》,从专家宣讲和百姓宣讲两个层面,在全区开展庆祝新中国成立60周年为主题成就宣讲活动,历时半年,累计举办各类宣讲活动1184场次,受众351200余人次。

(权英淑 姜 磊)

【文明乘车双创双评活动】 6月11日至9月20日,首都文明办在城八区开展"迎国庆、讲文明、树新风——文明乘车百日行动"。配合此次活动,在全区范围内开展"迎国庆讲文明树新风——文明乘车百日竞赛活动",进行"比作风、比纪律、比业务、比形象"岗位服务大练兵,发动28个街乡文明乘车引导员与社会各界群众,参与创建"引导排队优秀站台"和"自觉排队文明站台",评选"我最满意的公交地铁站台"和"我最喜爱的文明引导员"投票评选和文明排队引导宣传实践活动。区内22个公交站台、25名文明乘车引导员分获"我最满意的公交地铁站台"和"我最喜爱的文明引导员"荣誉称号,分别占全市名额的1/5和1/4,12个公交站台、10名文明引导员分获星级荣誉和提名奖项。

(张 茜)

【新闻发言人培训班】 6月,与中国传媒大学合作,对新中国成立60周年重点展示区域、经济发展典型区域、境外媒体关注区域等重点问题,确定32家区内重点单位及采访点新闻发言人开展专题培训。培训中围绕应对金融危机、展现区域经济发展、推动民生工作等专题,组织重点部门新闻发言人开展模拟新闻发布会,强化干部媒体素养和突发事件新闻处置技巧。培训后组织新闻发言人观摩外交部例行记者会,并与外交部新闻发言人秦刚进行交流座谈,使新闻发言人对必备的基本素养、知识储备、答问技巧、身体语言等有了更深刻的认知和理解。

(王金凤)

【迎国庆讲文明树新风活动】 6月,启动"迎国庆讲文明树新风"活动,成立以区委、区政府主管领导任组长、48个相关部门任成员单位的协调小组,区文明办负责全区工作的统筹协调。活动包括文明礼仪培训、百姓宣讲活动、道德模范评选宣传、公共文明引导、社会宣传环境布置、文明乡风建设、环境秩序整治等,以"爱祖国、爱北京、爱家乡"为主题开展宣传教育活动百余场次。

(李佳静)

【公共文明指数测评】 6月,按照中央文明办推动文明城区创建工作常态化的测评趋势,在全区下发《朝阳区群众性精神文明创建工作群众参与监督检查工作方案》,对重要公共场所的市民文明行为、社区(村)的环境面貌和文明氛围等进行实地观察。按照试点先行、重点突破原则,组建203名群众监督检查员队伍,在对所有群众监查员进行岗前培训基础上,对东大桥路口等20个主要交通路口、主干道等重点地区开展市民交通行为、公共交通秩序测评,并最终形成区精神文明建设工作群众督查员考察情况汇总分析报告,为创建工作提供参考和依据。

(崔 洁)

【主题实践活动】 6月,按照首都文明办要求,下发《关于广泛开展"城乡统筹,文明先行"主题社会实践活动的意见》,在全区范围内广泛开展"城乡统筹,文明先行"主题社会实践活动,通过各类帮助农村建设公共设施、改善文化条件、开展科技培训、治理村容村貌等共建工作,巩固和深化"城乡携手迎奥运,共建文明京郊行"活动成果。区4家单位、4个人被评为2008年度首都城乡共建新农村结对活动先进单位、先进个人。区文明办获优秀组织奖。

(崔 洁)

【京剧票房大赛】 8月18日至20日,以"弘扬京剧艺术·喜迎盛世国庆"为主题的区京剧票房大赛在平房乡大戏楼举行。此活动从6月启动报名和选拔,有来自全区各部门、街乡、社会单位的36个单位、56支票友队伍参赛,演出剧目10余种。组委会邀请赵宝秀、耿其昌、王蓉蓉等10余位京剧名家作为大赛评委,对参赛选手进行综合考评。评选出一等奖4个、二等奖8个、三等奖10个以及最佳新秀奖2个、优秀组织奖8个。活动得到《北京日报》、《北京青年报》等京城主要媒体的追踪报道。

(袁裕中)

【新中国成立60周年千人笔会】 9月9日,"祖国颂"——朝阳区庆祝新中国成立60周年千人笔会活动在国家体育馆举行，区诗书画研究会1000名会员现场进行书画创作，为国庆献礼。活动吸引了新华社、中国新闻社、中央电视台、人民日报(海外版)、北京电视台、北京日报、北京晚报等三十余家国内媒体以及美联社(AP)、西班牙埃菲社、东京广播公司(TBS)、台湾三立电视台、盖帝图片社等9家境外媒体参与报道。新民网、东方热线、腾讯网、网易网等网站进行了转载报道。

(袁裕中)

【“老兵方阵走进朝阳”书画展】 9月18日，与中国长城学会在桥艺术中心共同举办“军魂·邦本·盛世朝阳——老兵方阵走进朝阳”书画展活动。本次活动参展作品630幅，均出自解放军和武警部队19个大单位的老军人和军旅书法家之手，表达了老军人对人民当家作主和实现中华民族伟大复兴这一建国理想目标的赞颂与期待，是全军规模最大的老军人书画展。

(袁裕中)

【国庆环境布置】 9月中旬，向全区下发《朝阳区庆祝中华人民共和国成立60周年宣传环境布置实施方案》，按照“隆重、喜庆、节俭、祥和”总要求，对全区国庆环境进行整体筹备实施。累计张贴10万套宣传海报，挂装灯旗杆16000面、中国结6356个、灯笼29861盏、插挂彩旗86135面、条幅标语6345条、国旗32106面、国庆宣传画10万套、花卉344000盆、电子屏16块、三面翻10处、立柱82根、户外广告牌和工地围挡58123平方米、灯箱53个、花坛景观16850平方米、景观小品4218处。

(袁裕中)

【全国文明城区创建工作】 9月，为推动全区精神文明建设工作科学化、制度化、规范化发展，结合本年版《全国文明城区测评体系》修改内容和中央文明办关于朝阳区参加第二批全国文明城区测评的反馈意见，制定《朝阳区创建全国文明城区工作三年规划(2009年－2011年)》，起草《关于落实朝阳区创建全国文明城区工作三年规划(2009年－2011年)的实施意见》，制订《朝阳区创建全国文明城区工作三年规划折子工程任务分解书》，全面启动朝阳区新一轮全国文明城区创建工作。

(崔　洁)

【国庆志愿者服务】 国庆期间，组织动员5类12万志愿者参与国庆服务保障工作。集结疏散志愿者在大望路、四惠和四惠东三个地铁集结疏散点，配合专业安保、安检和交通力量开展秩序引导、信息咨询等服务。社会治安志愿者在三次演练、庆典当天和节日期间在全区开展治安巡逻志愿服务，发挥群防群治作用，保障了节日平安祥和。城市志愿者在奥林匹克公共区、798艺术区和各街乡等重点大街、重要场所提供信息咨询和语言服务，保障了重要场所的城市运营。文明引导志愿者在全区381个公交站台和地铁站台，开展全天候文明引导服务，保障了城市公共交通秩序文明有序。国庆游园志愿者在奥林匹克公园、朝阳公园、团结湖公园和兴隆公园开展门口疏导、园区服务、语言翻译、治安巡逻、文明宣传等五类志愿服务活动，保障了国庆游园活动热烈、平安、有序。

(李佳静)

【二级班子中心组秘书培训】 10月14日，举办二级班子中心组秘书培训班，80人参加培训。邀请党建专家作题为《加强和改进新形势下党的建设》的辅导报告；宣传部领导讲授业务知识，对近期及今后重点工作进行部署。

(权英淑　姜　磊)

【社区干部上网工程】 下半年，承担市互联网宣传管理办公室“社区干部上网工程”首家区县试点工作，联合区社工委、区农工委、搜房网，经过论证培训、座谈调研、反馈落实等环节，7个街道8个试点社区的18名社区干部较好地承担起社区版主的工作职责，结合网络工作特点和小区实际情况，在宣传各项方针政策、介绍社区工作内容、答复居民反映问题、收集矛盾隐患问题等方面发挥了积极作用，推动宣传思想工作、社区工作与互联网的有机结合，为构建和谐网络文化、和谐社区开辟了新途径。

(祁春娜)

【两报两刊征订】 年末，完成2010年党报党刊任务，全区订阅《人民日报》3008份，《求是》杂志1644分，《北京日报》17812份、《前线》杂志3874份。

(蓝万荣)

【节日文化活动】 年内，举办第七届北京朝阳国际风情节、第八届北京民俗文化节暨第十一届北京东岳庙春节文化庙会、北京欢乐谷年俗百艺欢乐节、奥林匹克森林公园卡酷春节雪上嘉年华、潘家园首届春节交易会、高碑店村第四届漕运庙会等300多项文化活动。传统节日期间，组织开展“我们的节日·春节”文化庙会、“我们的节日·清明”感悟《道德经》咏诵会等系列文化活动，运用传统节日弘扬民族文化优秀传统，同时促进中外文化交流。“五一”期间，举办梦幻水立方——通江同唱电影之歌“五一”公益大合唱、2009北京欢乐谷第三届国际时尚文化节之动感极限嘉年华、潘家园首届翡翠A货精品展、

“李宁 FunRunner 超级晚”夜间跑活动等约170余项文化活动,参与人数约100万人次。

(李佳静)

【排队推动日活动】　年内,每月11日,以“迎国庆讲文明树新风”为主题,以公共文明引导行动为主线,充分发挥社会单位共建优势,在全区范围内开展以“文明游园”、“文明排队”、“交通文明引导行动”、“健康与文明同行”等为主要内容的社会宣传活动,积极开展公共文明引导志愿服务行动,活动中发放各类宣传品、宣传资料,劝阻不文明行为,动员区人大代表、政协委员、外国友人、中小学生等社会各界人士积极参与,大力倡导“文明礼让、自觉排队”社会文明风尚,营造良好公共文明秩序和社会风尚。

(张　茜)

【思想政治工作评选表彰】　年内,在全区开展第一届思想政治工作优秀单位、优秀思想政治工作者评选表彰活动,评选表彰34个思想政治工作优秀单位、52名优秀思想政治工作者。向全区编发《朝阳区思想政治工作“双优”典型经验材料汇编》,对受表彰的13个单位和9名个人典型经验和先进事迹进行了宣传推广。

(权英淑　姜　磊)

【报告论文评选】　年内,参加市委讲师团“灵山杯”优秀报告(党课)评比活动,推荐23件作品参评,获一等奖2个、二等奖6个、三等奖4个,区委宣传部获组织奖;组织局级领导干部理论文章25篇,参加市委宣传部举办的2008年度北京市局级领导干部优秀论文评选活动,获一等奖5个、二等奖11个,区委宣传部获得组织奖;组织推荐50篇调研报告参加北京市思想政治工作研究会组织的“丹柯杯”优秀论文评选活动,获一等奖1个、二等奖5个、三等奖7个。

(权英淑　姜　磊)

【中心组学习考核管理】　年内,对2007年制定的《朝阳区党委(党组)中心组成员学分制管理办法(试行)》进行修改完善,制定中心组成员学分制考核管理试点工作方案,在机关、社会、农村、政法、企业、宣传六个系统12个单位开展学分制考核管理试点工作,探索建立中心组成员理论学习考核机制,为确保各级中心组学习制度化、规范化夯实基础。

(权英淑　姜　磊)

【宣传系统人才培养】　年内,制订实施《宣传系统2009年经营管理人才培养计划》,确定区委宣传部和系统各单位党委分工负责经营管理人才日常培养工作,选拔认定16名优秀经营管理人才,主要采取在工作中培养、组织参加党的理论知识培训、开展集中培训等方式进行培训和培养。组织推荐31个优秀人才项目申报市、区资助,5个项目获市级资助。

(蓝万荣)

【廉政风险防范管理】　年内,成立区委常委、区委宣传部部长谢莹担任组长,区委宣传部常务副部长担任副组长,宣传系统各单位党委书记担任成员的宣传系统廉政风险防范管理工作领导小组,研究制定《宣传系统2009年推进廉政风险防范管理工作实施方案》,统一负责宣传系统廉政风险防范管理工作的组织、协调和推进工作。63个单位开展廉政风险防范管理工作,5363名党员干部群众参与,查找风险点303个,制定防控措施501条、监督措施123条,完善业务流程47项,编制业务流程图或风险防控图(表)35份,确保了团结、高效、文明、节俭、和谐的宣传干部队伍建设。

(蓝万荣)

【中外记者看朝阳】　年内,为传承奥运文化遗产,围绕区域发展亮点和新中国成立60周年庆祝活动,先后策划组织“奥林匹克中心区奥运场馆设施赛后利用情况”、“庆祝新中国成立60周年——走进朝阳区崔各庄地区采访活动”等9场记者实地采访活动,美联社、路透社、西班牙埃菲社、日本共同社等境内外媒体200余名记者参加。

(王金凤)

【《北京　朝阳》画册】　年内,根据奥运后本区发展需要和庆祝新中国成立60周年外宣工作任务,策划制作《北京　朝阳》中英双语对外宣传画册。画册分8个板块,以文配图的形式全面展现本区发展新貌。

(王金凤)

【净化社会文化环境】　年内,落实《关于进一步净化社会文化环境促进未成年人健康成长的若干意见》文件要求,开展加强网吧管理、净化荧屏声频、整治出版物市场和校园周边环境等净化社会文化环境促进未成年人健康成长的专项工作。11月19日,通过中央文明委督察组督查,净化社会文化环境工作得到督察组肯定。

(李佳静)

【新闻宣传】　年内,策划反映朝阳区经济发展、社会民生建设等各方面新闻发布会70场次,平均5天一场新闻发布和媒体集中采访,有层次地引导媒体报道,有效利用媒体平台展示朝阳区“四个走在前列”的形象。全年在中央以及市属媒体上发稿量2万多篇次,其中《北京日报》头版全年报道66篇,《新京报》全年整版报道15版,《京华时报》

全年整版报道10版。同比增加5000多篇次，媒体关注度提高25%。

（梁雪琴）

【新闻应急处置】　年内，按照《朝阳区突发事件新闻应急处置制度》和《朝阳区突发事件新闻应急处置工作流程》，配合相关部门做好各类突发事件现场新闻应急处置工作。对72起突发事件（其中21起境外媒体到场采访突发情况）进行新闻应急处置，其中包括预防性防范事件11起，一般性突发事件13件，重大突发事件7件，民生类事件6件，信访类事件5件，恶性事件1件，安全生产事故1起，政治类事件1件，新闻失实类事件3件，基本做到快速反应、全面对接、有效处理、正面引导，最大限度地避免负面报道的出现。

（梁雪琴）

【区委中心组学习】　年内，贯彻中央、市委"关于进一步加强和改进党委（党组）中心组学习"指示精神，制定实施《2009年朝阳区委中心组学习计划》和《2009年朝阳区干部理论学习意见》，围绕十七届四中全会精神、建国60周年、维护稳定、安全生产等主题，组织开展区委中心组（扩大）学习参观活动。全年组织区委中心组学习28次，其中集中学习研讨7次、"基层日"调研活动15次、专题研讨6次，增强领导干部理论指导实践的能力和解决实际问题的能力。

（权英淑　姜　磊）

统一战线工作

【概况】　中共朝阳区委统战部、中共朝阳区委台湾工作办公室、朝阳区人民政府台湾事务办公室、朝阳区人民政府侨务办公室3个机构合署办公。

地址：日坛北街33号

电话：65099438

邮编：10020

（姚德文）

【走访慰问】　两节期间，与台办、侨办分别对党外代表人士、无党派退下来的老同志及黄埔同学会部分困难人士、部内离退休老同志、长期帮扶对象、民族宗教界困难人士和部分宗教活动场所教职人员、归侨侨眷、台胞台属和重点侨资、台资企业走访慰问。17位区领导慰问60位党外朋友，送去慰问金和慰问品，累计7万余元。

（姚德文）

【新社会阶层工作】　3月5日，召开朝阳区新社会阶层人士联谊会会长会议。会长、副会长、秘书长等16人出席会议。会议传达全国和市统战部长会议精神、区综合经济工作会议精神。叶青会长结合区委区政府本年工作总体思路和区委统战部工作要点，提出新阶层人士联谊会工作设想。8月17日，与工商联在北京亚奥国际酒店共同举办"朝阳区新会阶层人士联谊会理事及非公经济人士统战理论学习班"。学习班邀请市委统战部工商经济处贺淑晶处长就"新的社会阶层统一战线工作情况"进行专题介绍；邀请原九三学社市委专职副主委周舜武做题为"新时期统一战线基本理论和基本知识"专题讲座。参加学习班的新阶层人士联谊会理事、区工商联执委以上会员及部分骨干会员80余人。

（姚德文）

【民族宗教工作】　3月6日，区民宗办召开第六届民族团结进步表彰大会，会上对本区民族团结进步46个先进集体和100名先进个人进行表彰。5月21日，召开基督教专项治理工作会议，区民宗办提出开展基督教专项治理工作方案，区政协副主席、统战部常务副部长刘乃晨对本区基督教专项治理工作提出三点要求：一是朝阳区是基督教聚会点治理的重点区，各级党委和政府必须提高思想认识，增强忧患意识；二是基督教聚会点治理工作情况复杂、政策性强，各级党委和政府必须加大力度、务求取得实效；三是治理基督教会点是一项长期而艰巨的任务、各级党委和政府必须构建巩固治理成果、依法实施管理的长效机制。

（姚德文）

【调研工作】　3月12日，市侨办主任乔卫一行4人到本区就侨办体制进行调研。乔卫介绍全市和其他省市侨办的体制模式。区侨办主任李金虎就本区侨办与统战部合署办公的体制模式及人大的监督问题作汇报，并对侨办的各种体制模式进行深入探讨。4月23日，市委常委、统战部部长牛有成到北京叶氏企业集团有限公司、北京爱慕内衣有限公司、洛娃科技实业集团有限公司、北京慧远电线电缆有限公司4家非公有制企业，就当前经济形势下非公企业如何应对金融危机，实现平稳较快发展进行专题调研。牛有成强调，统战部门和统战人士应在调查研究基础上，积极为企业发展搭建平台，献策出力、提供信息或政策咨询服务等多方面服务，帮助企业尽快摆脱困境。5月7日，市委统战部常务副部长闵克等一行6人，到本区就党外代表人士队伍建设、信息工作以及干部培训工作进行专题调研。调研座谈中，区委统战部副部长王建荣、李金虎分别就本年统战信息工作思路、信息直报点设立情况、干部培训以及党外代表人士队伍建设等工作作汇报，就新形势下如何做好统一战线各领域工作进行深入交流。6月3日，市人大常委会民宗侨办公室副主任吴宝华一行3人,到本区调研扶助困难归侨侨眷工作。李金虎就朝阳区扶助困难归侨侨眷工作情况作汇报。8月14日,市委统战部副部长周伯琦等一行6人到朝阳区就基督教专项治理工作进行专题调研。李金虎汇报前一段开展基督教专项治理工作情况。10月22日,国务院台办副主任叶克冬、交流局局长李维一、市台办主任马玉萍、副主任黄塞溪等领导一行9人到朝阳考察调研798艺术区发展及台湾在京艺术画廊发展情况。11月5日,市委统战部副部长楚国清带领办公室、工商经济处、调研室等相关处室,到高碑店地区调研新社会阶层工作。11月30日市侨办领导等4人到本区开展华文教育工作情况进行调研。区侨办就开展华文教育工作作汇报。市侨办领导提出区侨办要把感性认识上升到理性认识,编写一本赴外开展华文教育手册或入门教材,把对外华文教育工作继续开展下去。参加调研会的还有区教委及赴美进行华文教育的老师。

(姚德文)

【侨务工作】　3月28日,召开"五侨联席会议"会议。会议传达全国侨办和市侨办主任会议精神,听取区侨办,区侨联、区政协经济处、致公党区委通报本年各自工作要点。侨办主任要求5家单位在工作中要多联系、多沟通、多联合,共同把本区侨务工作做好。5月21日,区侨办、侨资企业协会走访慰问10多家侨资企业,了解金融危机后企业经营情况。企业家们对应对和克服目前金融危机所造成的困难充满信心,表示加强横向联系,积极应对。12月24日,区侨办召开华文教育教材编写研讨会,就教材编写指导思想、目的、思路、适用对象等问题进行研讨。与会者认为,华文教育教材编写不同于一般汉语教学教材,它必须同传承中华传统文化相结合,必须要站在海外华裔青少年和华文教师需要的角度上来编写,要编写出我们自己的特色,使教材区域化、本地化。华文教育教材编写作为侨办的一项系统工程,要与华文教育大局对接,与市场对接。

(姚德文)

【党外干部工作】　4月3日,召开民主党派机关驻会负责人会议,专题部署各党派推荐工作,按条件要求推荐作为本党派的后备干部,年龄一般在40－50岁,各党派推荐122名人选,统战部从中鳞选出74名,上报市委统战部作为建议人选。

(姚德文)

【专题议政会】　4月28日,召开专题议政会,为保增长建言献策。确定保增长、保民生、保稳定"三保"议政会主题,协调组织区政协各专委会以及参加区政协的各民主党派、工商联和无党派代表人士建言献策。会上民建区委、民盟区委、致公区委、工商联、农工区委、民进区委等8位代表作专题发言。

(姚德文)

【海外联谊】　5月9日,台湾巨大集团捷安特公司在鸟巢景观大道举办自行车驾乘活动启动仪式。此活动定名为"京骑沪动",主题是两岸健康情,双轮快乐行,旨在借自行车骑乘活动,让两岸民众的身体更健康,两岸的环境更健康。台湾巨大集团捷安特公司董事长刘金标及两岸100余名骑乘爱好者参加启动仪式。随后从鸟巢出发,途经三省、三市、一河、一江,于5月28日抵达上海,跨骑路程1668公里。5月14日,北京住宅总公司正通市政工程有限公司举行朝阳地区海外联谊会活动中心揭牌仪式。市委统战部副部长楚国清,区委副书记、统战部部长张洋为朝阳地区海外联谊会活动中心揭牌。区海外联谊会会长沈乃宏主持揭牌仪式。10月12日,第十届北京CBD国际商务节在朝阳规划艺术馆开幕,市侨办主任李印泽、副主任杨惠时、外经处处长李长远及本区5位侨商代表和1名归侨代表出席开幕式。11月24日,区台办接待来自台湾新竹生活美学馆馆长庄三修率领的美学基金会一行22人,到区798艺术区参观。11月25日,区台办、区教委共同接待台北教育代表团来访。在中国信息技术教育杂志社与台北教育代表团进行两岸信息技术教育交流活动。活动听取全国中小学信息技术创新与实践活动相关业务开展情况,介绍朝阳区教育现状和发展规划,北京电器工程学校教育发展情况,随后三方进行深入交流。12月7日,区海外联谊会秘书长参加在北京市社会主义学院召开的海外联谊会秘书长培训会。12月18日,与区台办、区侨办和区侨资企业协会共同举办部分在京台资企业、侨资企业负责人参观闽龙陶瓷艺术博物馆和晋商博物馆活动。

(姚德文)

【工作培训】　5月15日,在区社会主义学院举办区各民主党派区(工)委专职副主委、分管基层组织建设的副主委和区(工)委委员、总支及基层委员会负责人和内设机构相关负责人150余人参加的培训班。九三学社北京市委专职副主委周舜武主讲,内容是:如何当好基层组织负责人。7月15－16日,举办基督教专项治理工作培训班,区基督教专项治理工作指挥部成员单位和各街、乡、社区的主要领导、具体负责人240余人参加培训。会上,市、区领导分别结合实际就如何做好民族宗教工作进行讲述。8月19日至25日,举办党外处级领导干部统战理论培训班。全区各单位近30名党外处级领导干部参加集中培训和学习考察，另外，各街乡主管统战工作的副书记参加相关内容的培训。培训内容为：新时期统一战线基本理论和基本知识、中国的政党制度和多党合作知识、党外干部应具备的能力和素质及如何做好参政议政工作等。

（姚德文）

【信息培训工作】 6月3日，在君王府慈善协会召开统战系统信息工作表彰暨培训会。来自区各民主党派、工商联和区重点单位信息员90人参加培训。会上中央统战部研究室肖照青讲《如何做好统战信息工作》、市委统战部陈延豹讲《编写统战信息需要把握的几个环节》。10月12日，邀请区委办信息科负责人给统战部机关干部、区各民主党派驻会干部和部分民主党派信息员讲“如何做好统战信息工作”的培训，就如何发挥统战信息服务区委科学决策、以信息工作推进统战和民主党派工作等方面进行讲解。全年报送统战工作信息190条，其中得到市委领导批示的2条。获年度市统战系统信息工作优秀单位二等奖。全年向市、区报送对台工作信息120条，其中被市里采用10条。

（姚德文）

【特约工作人员工作】 6月5－6日，召开区政府聘请第九届特约工作人员大会。区委统战部、政府办有关领导、区各民主党派、工商联主要领导、无党派代表人士、政府聘用单位领导及全体特约人员100余人参加会议。会上由区委副书记、统战部部长张洋宣读区政府第八届特约工作人员表彰名单，并为陈纪生等16人颁发荣誉证书；由区委副书记、区长程连元向新聘请的64名特约人员颁发聘书；第八届特约人员和新聘特约人员、政府聘用单位代表分别作典型发言。对新聘特约人员围绕《朝阳区聘请特约工作人员办法》进行培训和学习。12月3日，召开第九届政府特约员工作会议。区政府有关部门、8个聘任局主管领导、工作人员和特约工作小组组长等30余人参加会议。会上聘请局主管领导和特约工作组组长分别介绍自今年6月换届以来的工作开展情况和明年的工作设想。

（姚德文）

【统战宣传工作】 6月29日，举办“中国心、两岸行”主题摄影展。参加摄影投稿的既有中央单位司局级领导，区属单位党政主要负责人，民主党派负责人，也有基层对台干部和群众，还有台资企业老板和员工。全区共收集照片2000多幅。其中评出一等奖5名，二等奖8名，三等奖10名；优秀组织奖12个。精选108幅作品制成展板，分别到中国电影博物馆、民主党派综合楼进行巡回展出。12月4日，朝阳报第1254期第5板刊出统战专页，公示50名区优秀中国特色社会主义事业建设者的候选人。

（姚德文）

【京台青少年交流周】 7月11－17日，区台办与有关部门合作，接待来自台湾东石国中等学校台湾师生120名，圆满完成第十届京台青少年交流周暨“青春牵两岸，十年大聚首——京台青少年交流周”活动。

（姚德文）

【华裔青少年夏令营】 7月21日至8月9日，区侨办接待美国底特律华裔青少年夏令营一行16人，年龄在8－15岁之间。这次适逢甲HINI流感流行，到京后对他们进行封闭学习汉语，组织他们参加丰富多彩的参观游览活动，学习中国烹饪、书法、绘画、手工等民间传统工艺活动。

（姚德文）

【市领导看望新疆学生】 9月10日，市委常委、统战部部长牛有成、副市长程红等市领导看望区和平街新疆班师生，在听取校长汇报、师生发言后，程红对学校提出三点希望：一要以高度的政治责任感做好新疆班的工作；二要把爱国主义、民族团结教育放在学校教育突出位置；三要为新疆班的孩子们提供周全的服务，尊重民族习惯。

（姚德文）

【参加台商杯运动会】 10月25日，市台办、台协在北京大学生体育馆举办第4届北京“台商杯”球类运动会。本区参加羽毛球、乒乓球两个项目的比赛。羽毛球获得团体第一名、乒乓球获团体第三名，区台办获优秀组织奖。

（姚德文）

【统战工作会】 11月19日，18区县统战部部长联谊会在本区召开。市委常委、统战部部长牛有成主持会议，市委统战部常务副部长闵克、副部长李卫东及18区县统战部部长出席会议。会议就今年围绕统一战线自身科学发展，创新方面新举措、新亮点，做好明年全市统战工作设想和建议进行座谈。牛有成在听取完各区县发言后，在讲话中强调要学会在三个“大”字上做文章。一是大背景定位，统战工作内容、方式要结合国际国内的大背景变化而变化，同时要站在拉高执政能力和执政水平的高度来认识统战工作；二是大范围组合，要团结一切可以团结的力量，调动一切积极因素，为中华民族的伟大复兴凝聚力量；三是大格局统战，不断创新思维方式、组织方式、工作方式，进一步整合资源。他提出明年统战工作要着重从参与“三个北京”建设、抓好党外代表人士队伍建设和搞好统战部门自身建设三个方面进行统筹安排。

（姚德文）

【首届优秀建设者表彰会】 12月18日,在北京亚奥国际酒店召开首届区优秀中国特色社会主义事业建设者表彰大会。50名建设者受到表彰,其中23人是区新社会阶层联席会议成员单位工作者、10人是新阶层联谊会理事和非公经济人士。

(姚德文)

【对台工作】 年内,为纪念全国人大常委会《告台湾同胞书》发表30周年,由国务院台办联合《人民日报》、《人民日报》海外版、人民网共同举办的征文活动,驻区台胞台属通过各种形式,撰写征文30余篇。其中有6篇在人民网上刊载。3月25日,召开对台工作领导小组(扩大)会议。参加会议的有区委对台工作领导小组成员、区台胞权益保障协调小组成员单位、区各民主党派和团体主管对台工作负责人。会议传达刘淇讲话和中央对台工作座谈会精神。12月8日,区台办主任参加全市台办主任会议,汇报对台主要工作情况和明年工作初步设想。

(姚德文)

老干部工作

【概况】 中共北京市朝阳区委老干部局隶属区委组织部领导。负责落实党的老干部政策,为本区离休和副处级以上退休干部开展服务工作。年末,全区有离休干部729人,易地安置离休干部98人,副处级以上退休干部884人。

地址:团结湖南里甲1号

邮编:100026

电话:85975641

(吴晓东)

【走访慰问】 元旦、春节和国庆期间,全区各单位召开各类座谈会、团拜会116次,区委、区政府领导带队走访慰问老干部2293人次,发放慰问金116.87万元,慰问品130.7万元。对老红军、家庭有特殊困难、身患重病、生活不能自理的离休干部坚持经常性慰问。

(吴晓东)

【召开老干部座谈会】 1月19日,第二十二次老干部座谈会在朝阳宾馆召开。市老干部局副局长高力、区委书记陈刚、区长程连元、区人大常委会主任王力军、区政协主席辛燕琴、区委常委、组织部长刘宇辉出席,区老干部代表、全区各单位老干部工作主管领导、老干部工作人员370人参加。大会深入学习党的十七大精神和北京市第二十二次老干部座谈会精神,总结上年老干部工作;研究当前面临的形势和任务,部署2009年的老干部工作。刘宇辉作《深入贯彻落实科学发展观,努力开创朝阳区老干部工作新局面》工作报告。高力在讲话中对上年朝阳区老干部工作给予充分肯定,他代表市老干部局感谢老同志为奥运工作、为首都和谐建设、为抗震救灾所做出的贡献。陈刚在讲话中通报上年区经济社会发展情况、奥运期间工作以及本年工作思路,结合区情谈了关于如何做好老干部工作的体会。

(吴晓东)

【成立朝阳区老干部大学】 3月6日,在区老干部活动中心成立第一所老干部大学,以“培养兴趣爱好、提高文化素养、陶冶思想情操、增强身心健康、促进社会和谐”为办学宗旨。招生对象主要以区属离休和副处级以上退休干部为主。坚持开放式、服务性、公益性办学方向,采取集中办学、分散教学、点面结合方式,实现老干部“老有所教、老有所学、老有所乐、老有所为”目标。设置政治思想、文化娱乐、文学艺术、实用技术、卫生保健等5大学科,分为长期班和短期班,长期班为1-2年,短期班为半年。本学期老干部大学开设书法、绘画、摄影等8个专业14个班级,招收464人次离退休干部学员。在亚运村、酒仙桥开办老干部大学分校,80人参加学习。

(吴晓东)

【文体活动】 9月,区委、区政府在朝阳剧场召开离退休干部庆祝新中国成立60周年大会。在中秋老领导茶话会上,陈刚向老干部亲切致辞,赠送精美纪念品。在全区离退休干部中开展“颂祖国促发展,倡和谐乐晚年”主题活动和“知朝阳、爱朝阳、建朝阳”系列活动。组织局职离退休干部参观区武装部民兵训练基地、清洋河综合整治工程和洼里博物馆;组织参加过平津战役的离休干部参观平津战役纪念馆;组织获“五好支部”的老干部党支部书记到唐山、曹妃甸参观;组织局职老领导到阅兵村慰问朝阳区女民兵方队。结合纪念日、重大节日,举办春节团拜、元宵游艺、第三届“松鹤杯”象棋巡回赛、“颂祖国促发展,倡和谐乐晚年”老干部诗歌朗诵会、重阳节攀登百望山、趣味游艺、摄影写生、社区文艺演出等系列活动,“祖国在我心中”合唱比赛获市舞台表演奖。

(吴晓东)

【示范性离退休干部党支部活动】 年内,与组织部联合下发《关于开展《创建“示范性离退休干部党支部”活动的实施意见》,在全区离退休干部党支部中开展创建“示范性离退休干部党支部”暨“五好支部”活动。举办3期老干部党校学习班,对全区190名老干部党支部书记和新退休副处级以上干部进行培训,组织离退休党支部书记观看《关于当前中国经济形势》报告录像,参观北京市反腐倡廉警示教育基地和北京市民防救灾教育馆。6

月，全区离退休干部党支部中评选出12个五好示范支部和25个五好支部。“七一”前夕，市委、市政府召开离退休干部党支部建设暨“五好支部”创建工作交流会，区委书记陈刚在大会上介绍经验。

（吴晓东）

【落实老干部生活待遇】 年内，组织部与区劳动和社会保障局等4个部门联合下发《关于朝阳区区属离休干部医药费就近报销的实施办法》，从根本上解决区属离休干部医药费报销环节多、周期长等问题。对离休干部“三个机制”运行情况、生活待遇落实情况进行重点检查，及时纠正问题，确保老干部生活待遇得到全面落实。指导体检医院帮助老干部建立健康档案管理制度、疑似病例报告制度和复查排查制度。为全区1522名离退休干部进行体检，根据老干部体检需求，及时调整体检项目，增加男女胸片、癌坯抗原等检查内容，对80岁以上和生活不能自理的107名离休干部提供上门体检服务，体检经费比上年增加87%。先后组织295名离退休干部赴扬州、徐州、长江三峡等地健康休养，组织293名企业老干部和易地安置离休干部参加“新北京一日游”活动，丰富离退休干部的精神文化生活。在5个街道、社区推行离休干部居家养老试点工作。

（吴晓东）

【启动四就近联合工作站】 年内，深化离休干部社区“四就近”服务工作，成立区离休干部社区“四就近”服务工作领导小组，构建区委统筹调度，组织部和老干部局抓总牵头，街乡协作联动，社会广泛参与的工作机制，健全区—街（乡）—社区（村）三级管理体系。针对离退休干部“健康、生活、学习、医疗、活动”方面需求和居住分散、服务管理不便的实际，制定下发《朝阳区离休干部社区“四就近”服务工作手册》，打破街乡行政区域界限，发挥区域资源优势。在亚运村街道社区活动中心举办区老干部社区“四就近”联合工作站全面启动仪式。区老干部活动中心、酒仙桥、八里庄、亚运村、和平街、潘家园分片组建6个老干部“四就近”联合工作站，聘请15名离退休干部代表作为“四就近”工作监督员，协助监督检查工作落实情况。联合工作站全面启动，搭建服务新平台，实现每位老干部“组织有归属、活动有人管”的新局面。

（吴晓东）

【“一门式”就医绿色通道】 年内，整合依托社区卫生服务体系，开展“送医到家”活动，建立“一门式”就医绿色通道，在区中医院设立离休干部门诊室，集挂号、诊治、检查、配药于一体，让离休干部就近享受到方便、快捷、满意的医疗保健服务。在中组部召开的利用社区资源做好离退休干部社区服务管理工作经验交流会上，区委书记陈刚代表北京市以《全区统筹、全面推进，努力开创老干部“四就近”工作新局面》为题，介绍经验做法。

（吴晓东）

【宣传报道】 年内，内设宣传调研科和社区办，建立新的工作机制，重新改版老干部局网站，在《朝阳老干部》报开辟专栏，介绍“五好示范支部”典型经验及老同志撰写的回忆文章。今年，《朝阳老干部》报出版21期，在《中国老年报》、《北京老干部》、《朝阳报》等报刊发表稿件59篇，北京电视台《晚晴》栏目播放老干部工作动态11条。完成5篇调研报告，为领导决策提供依据，集中解决了基层和老干部最关心，反映较集中的11个问题。

（吴晓东）

保密工作

【概况】 中共朝阳区委保密委员会办公室和区国家保密局是一个机构，两块牌子，既是区委保密委员会的办事机构，又是区政府管理保密工作的职能部门，由区委办公室管理。设综合科和保密检查技术科。

地址：日坛北街33号

邮编：100020

电话：65094302

（郎春颖）

【健全保密组织和干部队伍】 1月，开展保密组织和保密干部情况调查工作，发放通知和表格，要求区属单位完整填写本单位保密工作领导小组成员姓名、职务，保密干部联系方式、有无上岗证等，及时统计变动情况，完成对区属158家单位保密组织和保密干部情况调查。制作朝阳区保密系统通讯录。

（郎春颖）

【保密工作会】 3月24日，召开保密工作会议。区委副书记张洋、副区长赵全保和二十三名委员出席会议。会议通报上年北京地区发生的泄密事件，对保密工作提出具体要求。4月28日，召开全区保密工作大会，会议总结2007－2008年全区保密工作，部署本年保密工作任务。赵全保对保密工作提出具体要求。会议对2007－2008年度全区保密工作先进集体和先进个人以及2008年保密知识答卷活动先进单位颁发奖牌、证书。

（郎春颖）

【评选先进】 3月至4月，开展评选保密系统先进集体、先进工作者活动，成立评选领导小组。评选采用区属各单位自行申报、评选小组集中评议确定的方式。根据申报单位在2007－2008年度组织保密知识答卷、开展保密法制宣传月、计算机及网络自查、日常保密教育等方面工作情况、个人在主管保密工作、从事保密干部工作上是否尽职尽责进行评议，最终确定区委办、区民防局、区档案局等17个保密工作先进集体和40名保密工作先进工作者。

(郎春颖)

【考试保密检查】　5月9日，对本年度全国卫生专业技术人员资格考试的2个考点试卷保密室工作情况进行检查巡视。6月初，对17个高考考点试卷保密室进行拉网式检查。在高考试卷存放期间检查区考试中心，对试卷保密室防盗报警系统、监控系统、规章制度、工作人员配备、值班记录及周边环境等进行检查，考试期间对2个考点试卷保密室工作开展情况进行巡视。6月24日至26日中考期间，对三里屯一中、日坛中学初中部试卷保密室进行检查。12月8日至12月16日，对北京联合大学师范学院试卷保密室进行施工验收，在指导该校进行整改合格后下发验收合格通知。

(郎春颖)

【协作组组长座谈会】　5月22日，召开保密工作协作组第一次组长座谈会，此前，本局将区属单位划分为13个保密工作协作组，确定重点单位的保密干部为组长。本局全体工作人员与13名组长共同交流、探讨保密工作经验，结合国庆筹备期间保密工作和各单位实际情况，针对如何做好保密工作展开讨论。要求各协作组组长单位切实履行好工作职责，积极组织本组单位的学习与交流，牵头做好各项活动，及时通过区保密局联络员反映工作建议和意见。

(郎春颖)

【保密法制宣传月活动】　5月，落实“五五”保密法制宣传教育规划，宣传保密法律法规，普及保密知识，在本区范围内开展保密法制宣传月活动。结合国庆筹备保密工作、要求各单位组织领导、干部以及相关工作人员学习保密法律法规，明确保密责任义务。为各单位发放保密法制宣传教育材料、宣传教育光盘，供各单位开展宣传教育使用。

(郎春颖)

【签订保密承诺书】　6月，根据市委组织部、市国家保密局、市人力资源和社会保障局《关于组织开展签订保密承诺书工作的通知》要求，与区委组织部、区劳动和社会保障局、区人事局联合下发通知，对全区各级党政机关、区属企业以及辖区内定点复制单位进行签订保密承诺书工作，158个单位签订了保密工作承诺书。

(郎春颖)

【保密培训】　9月1－2日，举办保密业务培训。区属各单位、辖区内定点复制企业以及国庆筹备重点单位网管、保密干部参加培训。培训内容结合历次保密检查中发现的问题，紧贴保密工作实际，从保密形势、保密工作中存在的问题、如何开展保密宣传教育、如何做好日常保密检查和技术防范工作等几方面展开，具有较强的针对性和实用性。培训班还安排了分组讨论，区保密局工作人员对于大家提出的问题进行解答。

(郎春颖)

【安装移动存储介质使用管理系统】　11月至12月，为更好地对涉密计算机和涉密移动存储介质进行管理，组织全区80余家单位安装移动存储介质使用管理系统。

(郎春颖)

【信息公开工作】　年内，落实《中华人民共和国政府信息公开条例》，发布公开信息、上报公开目录。开展本单位政府信息公开工作，公开政府业务动态类信息30条。

(郎春颖)

区直机关工委工作

【概况】　中共北京市朝阳区委区直属机关工作委员会，是主管区直属机关党的建设和思想政治工作的区委工作部门，领导区直属机关纪律检查委员会工作。年内，区直机关工委所辖67个处级单位，设7个党委、3个直属机关党委、23个直属党总支、34个直属党支部，有机关党员4946名、朝阳人才和朝阳职介存档党员4487名。审批成立党总支3个、支部2个，13个直属党总支、支部完成换届改选工作，新发展党员69人，转正59人。

地址：日坛北街33号

邮编：100020

电话：65099306

(王　静)

【入党积极分子培训班】　4月初，区直机关工委组织82名入党积极分子学习《中国共产党章程》、党史等，赴河北白求恩纪念馆进行革命传统和党史教育。

(王　静)

【慈善捐款活动】　4月中旬、七一前夕，区直机关工委组织广大党员先后开展“京什手拉手，重建新家园”社会捐赠、“博爱在京城，博爱在朝阳”、“共产党员献爱心”等募捐活动，累计募集慈善款63万余元。

(王　静)

【党务干部培训班】　5月初，举办机关系统深化聚合力工程培训班，邀请农业部机关党委原常务副书记、朝阳区委党建专家顾问组成员唐孝芳,就"做好新时期机关党建工作"进行讲座,70余名党务工作主管领导和党务干部参加培训。

（王　静）

【主题征文活动】　5－6月,区直机关工委开展"区直机关共产党员当先锋、作表率、促发展"主题征文活动。经过评选,评出优秀奖28篇,纪念奖102篇,组织奖5个。

（王　静）

【机关党员教育培训工作座谈会】　6月初,召开机关系统党员教育培训工作座谈会,15家单位主管领导齐聚一堂,对机关党员教育培训工作进行交流与研讨。

（王　静）

【科学发展观整改落实"回头看"】　6月23－25日,按照区委整改落实"回头看"工作相关要求,机关系统各单位分三个组召开整改落实"回头看"工作汇报会,机关工委着重听取22家单位发言,并查阅相关材料。

（王　静）

【机关系统运动会】　8月,区直机关系统举办第二届体育节暨"传承奥运精神、展示机关风采"运动会,63个部委办局参加运动会开幕式。运动会设羽毛球、乒乓球、趣味托球等项目,1000余名机关干部参与此次活动。

（王　静）

【"三服务"活动及廉政风险防范管理】　9月,区直机关系统召开"三服务"活动暨廉政风险防范管理工作推进会,国税局、商务局、统计局、劳动局、工商分局、民防局等六家单位分别就开展"三服务"活动和廉政风险防范管理的工作情况做重点发言。

（王　静）

【机关工会换届】　11月27日,区直机关工会召开第二次会员代表大会,审议通过区直机关工会第一届委员会工作报告,选举产生区直机关工会第二届委员会及第二届经费审查委员会。48个单位77名代表,出席大会并进行选举。

（王　静）

党校工作

【概况】　中共朝阳区委党校是区委直接领导,培养领导干部、理论宣传干部和国家公务员的学校,兼有区行政干部学校、区社会主义学院、市委党校成人教育学院朝阳党校分院职能,是四块牌子一支队伍。内设校长办公室、党群办公室、教研室、培训科、教学保障科、成教科等8个科室。在职教职员工47人,其中教师10人。主要任务是轮训培训处级领导干部;中青年后备干部;国家公务员;基层党员和积极分子;成人学历教育等工作。

地址:静安庄1区4号

邮编:100028

电话:64651199

（张永珍）

【基层党校试点】　10月13日,举行建校五十周年庆祝大会暨党校分校授牌仪式。挂牌试点单位有:六里屯、酒仙桥、麦子店、亚运村、大屯、双井、左家庄7个街道工委和南磨房、平房、十八里店、王四营、来广营、孙河6个乡党委。

（张永珍）

【网上党校开通】　10月13日,举行网上党校开通仪式,是党建工作新尝试。通过"师资推荐、特色课程、课件超市、学员论坛、网络课堂直播"等人性化学习界面,切实为全区党员干部提供一个集学习、交流、管理、服务、宣传五位一体网络教育培训系统,开辟党员干部教育培训全新的网上阵地。

（张永珍）

【主体培训】　年内,举办主体班、专题班25期:4期处级干部进修班;女领导干部培训班;中青年干部培训班;BFT英语培训班;区处级干部文化创意产业专题培训班;区共青团干部培训班;重点部门新闻发言人培训班;区挂职博士、博士后和辅导员培训班;2008年军转团职干部培训班;公务员初任培训班两期;区科级干部任职培训班2期;区人事干部业务培训及《突发事件应对法》骨干培训班;区无党派人士及部分民主党派新成员统战理论培训班;区党外处级领导干部统战理论培训班;区直机关系统深化聚合力工程,开展"三服务"活动培训班;青年干部理论读书班;组工干部培训班。培训学员1546人。承担北京市国土资源局公务员科级干部培训班两期,培训干部65人。

（张永珍）

【基层培训】　年内,为基层设计组织安排11个培训班。地税局入党积极分子培训班;管庄地区第二批学习实践科学发展观基层党课培训班;双井街道办事处科级干部培训;将台地区党的积极分子培训班和后备干部培训班;国资委党的积极分子培训班;太阳宫党的积极分子培训班;劳动和社会保障局党员科学发展观培训班;国税局入党积极分子培训班。全年本校教师57人次,到46个单位,讲授科学发展观、新党章、党史、党的基本理论等累计18个专题,听课人数4000多人。

（张永珍）

【事业单位岗位设置】　年内,根据《北京市事业单位岗位设置管理实施办法》等文件要求,结合区机构编制部门批准的有关文件和区委党校的实际情况,制定岗位设置管理实施办法,落实事业编制岗位聘用到位工作,聘高级讲师5人,讲师4人。

(张永珍)

【学历教育】 年内,学历教育录取877人,其中大专248人,本科607人,在职研究生22人。

(张永珍)

【建校五十周年活动】 年内,举行建校五十周年校庆系列活动:1、召开党校老领导座谈会和建校五十周年征文演讲交流会;2、制作一套(五枚)纪念章、一个专题片、一本画册、谱写党校校歌;3、召开建校五十周年庆祝大会。市委党校副校长徐达、区委组织部部长刘宇辉出席会议并讲话,常务副校长蒋自伟做题为《回望五十年,再谱新华章》讲话。刘宇辉强调,区委党校在今后工作中要做到"三个注重、三个结合、三个寻找"。即注重领会中央、市委关于干部教育培训工作的精神实质,并与本区的中心工作结合起来,寻找党校工作的切入点;注重研究新形势下理论动态,并与本区干部培训需求实际结合起来,寻找培训工作创新点;注重借鉴兄弟党校成功的办学管理经验,并与本校具体工作实际结合起来,寻找管理工作突破点,把党校事业做得更科学、更规范、更有成效。

(张永珍)

党史资料征集

【概况】 中共朝阳区委党史资料征集办公室是中共朝阳区委主管党史工作的职能部门。

地址:日坛北街33号

电话:65099222

邮编:100020

(钱素君)

【召开党史工作会】 3月17日,召开全区党史工作会议。100余家单位分管党史工作的领导和党史工作人员200余人参加会议。市委党史研究室副主任陈煦、区委组织部常务副部长王小毛到会并讲话。会议传达了全国、北京市党史研究室主任会议精神。围绕纪念新中国成立60周年和建党90周年部署今后一个时期党史工作,主要是实施"1+4"工程("1"即口述历史抢救工程,"4"即党史进党校、进媒体、进网络、进社区"四进"工程);精选课题,突出党史专题研究。会议表彰了2007至2008年度朝阳区党史工作先进集体15个和先进工作者20名。

(钱素君)

【口述历史征编工作】 3月,启动《辉煌朝阳60年》口述历史征编工作。全书9月出版发行。《辉煌朝阳60年》以本区史上27个重要事件为线索,26家单位承编,58位亲历者以口述形式再现了从1949年解放前夜到2008年奥运会后朝阳区发展历程。

(钱素君)

【《党史参阅》创刊】 4月8日,《党史参阅》创刊。该刊以朝阳区经济社会发展及党的建设中相关史料为主要内容,通过分析研究,从中寻求规律、经验和启示,为区领导提供史事参考与借鉴。年内,编发25期。

(钱素君)

【《我与朝阳》征文】 4月,在全区范围内开展庆祝新中国成立60周年《我与朝阳》征文活动,8月31日结束,征得文稿147篇。其中选录51篇优秀征文在《朝阳党史·国庆专刊》和朝阳党史网上发表。

(钱素君)

【开设《昨日朝阳》专栏】 6月,在《朝阳报》特设《昨日朝阳》专栏。专栏全面展示新中国成立60年来本区各行各业取得的辉煌成就。累计刊录专稿53期,总字数7万余字。

(钱素君)

【开通朝阳党史网站】 6月,开通朝阳党史网站。设有《党史之窗》《党史参阅》《大事记》《口述历史》《党史教育基地》等12个主栏目和相关子栏目,以照片、文字、口述、数字等形式展现朝阳60年的历程。

(钱素君)

【传统教育】 "七一"前夕,党史办和区志办两个党支部联合举行"弘扬延安精神,致力史志事业"主题党日活动,到革命圣地延安接受革命传统教育。全体党员在王家坪、杨家岭、枣园参观了毛泽东、朱德、刘少奇、周恩来等中央领导的故居和中央机关办公地,参观了中共七大会址和延安文艺座谈会会址。

(钱素君)

【拍摄专题片】 7月,从《辉煌朝阳60年》口述史中筛选典型专题,与北京电视台《人民记忆》栏目合作,拍摄制作《万里雅宝路》、《话说潘家园》等四集口述历史专题片,在北京卫视频道、北京公共频道播出。

(钱素君)

【举办出版发行座谈会】 9月23日,与区委组织部、宣传部和文明办共同召开本区庆祝新中国成立60周年暨《辉煌朝阳60年》出版发行座谈会。中央党史研究室副主任龙新民、朝阳区第一任区委书记单昭祥、市委党史研究室主任谢荫明等到会祝贺。区委书记陈刚出席会议,区委常委、宣传部长谢莹主持会议。《辉煌朝阳60年》史稿口述人,区委党史领导小组成员,区党建教育基地、爱国主义教育基地、党史教育基地等单位代表约110余人参加座谈。会议还举行了《辉煌朝阳60年》赠书仪式。

（钱素君）

【编发《朝阳党史·国庆专刊》】 10月，编发《朝阳党史·国庆专刊》。专刊登载了朝阳区庆祝新中国成立60周年暨《辉煌朝阳60年》出版发行座谈会的盛况及有关领导讲话和《我与朝阳》优秀征文作品32篇。

（钱素君）

【编辑纪实专辑】 11月18日，本区深入学习实践科学发展观活动纪实资料专辑《科学发展再创辉煌》出版发行。该书与朝阳区深入学习实践科学发展观领导小组办公室、区委组织部联合整理，辑录了全区深入学习实践科学发展观活动的重要文件、重要部署和重要成果等资料。

（钱素君）

【编辑《朝阳都市农业》】 12月，出版《朝阳都市农业》。此书是农委与党史办组建写作班子，邀请区委常委、副区长刘希泉，原区人大常委会主任安训生，区政协副主席赵增华担任编委会顾问。全书以综述、典型史例、调研报告、相关文件和大事记等8部分为主要内容。

（钱素君）

【党史课题研究】 年内，参与申报全区软科学研究课题、思想政治工作研究课题。经答辩论证、专家评审、社会公示等多项审批环节，《朝阳区农村城市化与经济发展研究》《城市化过程农村思想政治工作创新研究》两课题均被选入。年末，形成课题成果研究报告，并通过结题验收。

（钱素君）

纪 检 监 察

【概况】 中共朝阳区纪律检查委员会（简称区纪委）是主管全区党的纪律检查工作的区委工作机构；朝阳区监察局（简称区监察局）是主管全区行政监察工作的区政府职能部门。区纪委与区监察局合署办公。区纪委、区监察局在区委、区政府和市纪委、市监察局双重领导下进行工作。内设办公室、宣传教育研究室、自律室、信访室、案件检查室、案件审理室、执法监察室、纠风室、行政投诉中心。区纪委、区监察局行政编制41名。

地址：日坛北街33号

电话：65099369

邮编：100020

（董 洁）

【区纪委十届五次全会】 2月3日，召开区第十届纪律检查委员会第五次全体会议，全体纪委委员参加会议，全区各单位纪工委书记、纪委书记、纪检组长和相关单位纪检监察工作负责人列席会议。全会审议通过区委常委、区纪委书记宋连娣代表区纪委常委会所作《以科学发展观统领反腐倡廉建设，为在新的起点上推进朝阳又好又快发展提供有力保证》的工作报告，要求全区各级纪检监察组织和广大纪检监察干部要认真贯彻落实中央纪委十七届三次全会、市纪委十届五次全会暨全市党风廉政建设工作会议和区委十届九次全会精神，以科学发展观统领纪检监察工作，按照全面协调的要求和统筹兼顾的方法，围绕中心、服务大局、突出重点、认真履职，深入推进全区反腐倡廉建设，为实现“四个走在前列”的工作目标、在新的起点上推进朝阳又好又快发展提供坚强的政治和纪律保证。

（姜肖华）

【廉政风险防范管理工作】 2月9日，下发《关于在全区推进廉政风险防范管理工作的意见》。2月16日，下发《2009年朝阳区推进廉政风险防范管理工作方案》。4月24日，市纪委副书记隋秀梅到区调研廉政风险防范管理工作。全区七大工委系统和161个处级单位按要求完成调研培训、动员部署、组织实施和检查考核4个阶段的工作，初步形成覆盖全区廉政风险防范管理工作网络的目标。在全面推进廉政风险防范管理工作的同时，重点对政府投资、“三重一大”制度和科技控权三个项目进行积极探索和实践，以点带面，以关键促整体，扎实有序地推动预防腐败工作向纵深发展。

（刘 敏）

【党风廉政建设责任制】 2月9日，下发《关于印发 < 朝阳区建立健全惩治和预防腐败体系2008－2012年实施意见 > 的通知》。6月8日，下发《关于印发 <2009年朝阳区惩治和预防腐败体系建设主要任务分工 > 的通知》，将主要任务分解为49项，由12位区领导分管，涉及牵头单位21个。11月12日，下发《关于2009年对全区各单位贯彻执行党风廉政建设责任制、推进惩防体系任务完成情况进行检查的通知》。11月中旬至12月中旬,对全区各单位落实科学发展观、执行党风廉政建设责任制、推进惩防体系建设任务及廉政风险防范管理工作完成情况进行检查。各牵头单位重点对牵头任务完成情况进行自查。在各单位自查基础上,11月底开始,区责任制领导小组办公室分系统召开工作汇报会,听取各单位自查情况及全年工作情况汇报,并组织召开牵头单位考评会。12月下旬,结合单位自查、全面检查和重点抽查情况,区责任制领导小组办公室向重点检查的单位党委(工委、党组)进行情况反馈,并将考评结果报送区分管领导,抄送区委组织部、区目标管理双百考核领导小组。

(刘　敏)

【党风廉政建设工作会】 2月10日,召开区党风廉政建设暨推进廉政风险防范管理工作会,区四套班子主要领导,区委、区政府领导,区法院院长、区检察院检察长,区纪委委员,区政府特约监察员代表,全区各二级班子党政正职、副书记和纪检监察组织负责人参加会议。宋连娣代表区纪委常委会作《以科学发展观指导反腐倡廉建设为在新的起点上推进朝阳又好又快发展提供有力保证》的工作报告,总结上年全区党风廉政建设和反腐败工作,部署本年工作任务。区委副书记张洋宣读《关于在全区推进廉政风险防范管理工作的意见》,就全区推进廉政风险防范管理工作进行部署。区委书记陈刚参加会议并讲话,他深入分析了区党风廉政建设面临的挑战、问题和任务,要求全区各级党委、政府要围绕"作风建设年",把加强作风建设作为本年重大政治任务抓紧抓好;要认真推进廉政风险防范管理工作,初步形成覆盖全区的廉政风险防范管理网络;要切实加强对党风廉政建设的领导,不断加大监督检查力度。市委常委、市纪委书记马志鹏出席会议并讲话,他对朝阳区本年工作提出三点要求:一是要发扬筹办奥运优势,促进全区经济平稳较快发展;二是要认真执行党风廉政建设责任制,扎实推进廉政风险防范管理工作;三是要加强领导干部作风建设,为经济社会健康发展营造良好的环境。会议同时下发《朝阳区建立健全惩治和预防腐败体系2008－2012年实施意见》。

(姜肖华)

【行政效能监察】 3月,下发《关于2009年度效能监察立项工作的通知》,区政府47个职能部门实施效能监察立项218项;街道系统实施效能监察立项207项;农村系统实施效能监察立项129项。8月和12月,分别组织各牵头单位,采取多种形式,对各单位立项工作任务完成情况进行分组监督检查,对进展缓慢或者质量不高的项目提出整改意见和建议。

(李　兵)

【目标管理双百考核】 4月底,下发《朝阳区2009年目标管理双百考核工作实施意见》,修订完善《朝阳区效能监察评价指标体系》和《朝阳区优化发展环境评价指标体系》。考核工作根据区委区政府提出的"解放思想、传承奥运、再创优势"的工作要求,坚持围绕中心、服务大局,把"保增长、保民生、保稳定"和加强领导干部作风建设作为考核重点,完善考核内容,改进考核方式,加强监督检查。年内,在日常监督检查基础上,综合运用职能部门评议、网上监察、民意测评、民主评议、主管领导评议、互查互评等六种方式,对全区47个职能部门、23个街道办事处、20个地区办事处进行年度考核。通过综合各种考核方式结果,确定44个单位目标管理双百考核综合先进单位和24个单项先进单位。

(张卫红)

【纪检监察系统绩效管理平台】 4月,纪检监察系统绩效管理平台正式启用。平台以年度为工作周期,通过工作规划、任务分解、任务执行、预警分析、考核评价、问题查找、问题修正7大功能,建立任务清晰、分工明确、责任到位、沟通顺畅、方便快捷的基层纪检监察组织和干部监督管理新模式。全年分为工作发布、工作实施、督查督办和审核打分4个主要环节。工作发布包括工作内容、工作要求、完成时限、考核分值、任务来源、责任人等。工作实施是各单位按照各项任务具体要求进行办理并在时限范围内上报办理结果。督查督办是单项或临时性工作。审核打分由区纪委各处室分管专项工作的同志对基层提报的任务给予审核后按工作要求分别打分。实现对基层纪检监察组织和纪检监察干部的规范管理和科学考核。绩效管理平台设定各单位全年总分值为100分,分为两部分。第一部分是任务分数,分值为80分。第二部分是区纪委书记班子权重系数分,分值为20分。每年年底区纪委书记、副书记按照各自的权重系数对各单位全年履行纪检监察职责的综合情况进行评分。另外,还根据各单位的不同情况给予工作加分和工作减分。全年全区90个基层单位的考核情况为:80分以上的42个单位,60分以上的41个单位,不及格的7个单位。

(董　洁)

【扩大内需项目监督管理】 4月,下发《朝阳区加强对扩大内需促进经济增长政策措施落实情况进行监督检查的实施方案》,同时区政府转发《朝阳区加强扩大内需项目监督管理促进经济增长若干意见》。年内,会同区发改委、区财政局、区审计局等单位,实行部门联动,各司其职,对政府投资重大工程项目招投标及资金使用等问题进行跟踪监督,对大望京城乡一体化改革试点、金盏金融园区土地开发、轨道交通建设、通惠河南岸拆迁等重点项目,进行现场实地检查8次,纠正各类违规行为13起,及时梳理和汇总涉及拆迁工作的6类问题,向区委区政府上报工作报告2份,提出各类意见和建议18条;全年累计参加扩大内需政府投资项目重点环节的监督检查129项次,提出各类意见建议130余条,绝大部分被主管部门采纳;对6起招标不规范、制定政策有瑕疵的重大工程项目责令整改,对1起工程予以责令停止招标;并会同区发改委上报市有关部门,对2个中介机构进行处罚,对个别单位领导进行诫勉谈话。

(郝立军 陈 征)

【保增长促发展工作监督考核】 4月,会同区委组织部、区人事局联合下发《关于围绕保增长促发展工作任务加强监督考核的工作方案》,组织成立区保增长促发展工作任务监督考核领导小组,将保增长任务完成情况纳入"目标管理双百考核"体系,结合"目标管理双百考核"对本区直接与保增长工作相关的部门、涉及服务保障的部门、各街乡及相关人员"保增长"工作情况开展监督考核。4至12月,领导小组召开座谈会4次,对任务完成情况相对较差的24个单位进行约谈,开展联合检查2次,督促各单位积极推进工作,同时汇总梳理各基层单位反映的"保增长"工作中的困难、问题22个,及时予以协调解决,并向区委区政府提出推进工作的意见建议。

(李 兵)

【健全完善行政投诉网络】 4月,转发《北京市行政投诉工作办法》,要求各网络单位对重点部门、重点岗位现存问题进行认真梳理排查,结合实际制定出具有较强可行性和针对性的工作办法。同时,对网络单位向社会公开的热线电话、投诉信箱、工作人员、主管领导等相关信息进行重新登记,对热线电话接听情况进行不定期抽查。本区现有行政投诉工作网络点90个,形成覆盖全区的行政投诉网络。区行政投诉中心对市长信箱、区监察局举报网站以及对社会公开的投诉电话,设专人负责,及时接听投诉电话,确保行政投诉受理渠道畅通。

(张春玲)

【廉政文化建设】 5-6月,利用开展"党风廉政宣传教育月"活动契机,按照"三线促廉"(在思想上筑起一条思廉警戒线,在社会上筑起一条督廉标准线,在家庭里筑起一条助廉保障线)的思路,指导开展廉政文化建设"六进"(进机关、社区、学校、企业、农村和家庭)活动。重点在农村开展以常营乡廉政文化广场为阵地的廉政文化系列活动,在教育系统开展廉洁文化进校园现场会和观摩活动,在大屯街道开展"三会促廉"活动、将台乡开展"廉政歌曲大家唱"活动、常营开展"亲情助廉"活动、区房管局开展"廉政书屋"活动等多种形式的廉政文化活动。全区约10万名党员干部参与了各种形式的廉政文化活动,营造"以廉为荣,以贪为耻"的社会氛围。

(高 华)

【压缩审批时限专项监督检查】 5月至9月,对全区35个负有审批职能的委办局337项行政审批事项精简压缩情况进行4次专项监督检查和调研,向区政府提交《关于压缩审批时限工作情况的意见》、《关于精简压缩审批手续及时限工作情况的意见》,根据区委区政府指示,制发《进一步简化审批程序压缩审批时限优化发展环境的工作意见》,配合区编办制定《朝阳区行政审批事项目录》。

(郝立军)

【环境整治重点立项效能监察】 5月至10月,对辖区内长安街及其延长线等重点大街、商业街环境整治,迎国庆景观环境布置等15项城市环境整治重点工作任务开展立项效能监察。组织座谈会4次、现场检查8次、参与联合检查4次、对阻碍通惠河双井段滨水文化景观建设拆迁的2名政府工作人员进行诫勉谈话1次,将国庆环境整治整治立项效能监察工作纳入网上监察系统。

(李 兵)

【保障性住房专项效能监察】 6月初,成立立项效能监察检查组,制定《朝阳区监察局关于对保障性住房建设和管理工作开展立项效能监察(督查)的实施方案》,同时,确定信息沟通、现场检查、网上监察等工作机制。6月中旬,检查组对本区2007年以来保障性住房建设管理情况进行先期摸底调查,对相关工作进展状况进行全面了解和掌握。在实施效能监察过程中,采取多种方式对相关单位加强监督指导,在进行全面检查的同时对常营保障性住房等重点项目进行不定期抽查;对保障房管理中的资格审核、摇号、结果公示等重点环节实施全程监督。10月底前,检查组检查7次,发现问题13项,提出整改建议20余条,及时督促相关单位整改,有效保障了各项政策措施落实到位。

(赵 伟 张春玲)

【"小金库"专项治理工作】 6月10日,召开开展厉行节约和清理

"小金库"工作会,会议传达中央、北京市主要精神,研究全区《关于认真开展厉行节约各项工作的意见》和《关于在朝阳区党政机关和事业单位开展"小金库"专项治理工作的实施方案》,对本区工作进行具体安排部署。成立由区纪委、区监察局负责总体协调,区委办公室等8个部门组成的联席会议,明确区联席会议组成单位工作任务分工以及责任。联席会议组成单位根据各自承担的任务,对2006年以来各年度因公出国(境)经费支出、车辆购置及运行费用支出情况、公务接待、一般性费用支出及用电、用油、用水等情况正在进行摸底汇总,在掌握底数基础上,明确本年各项费用支出具体指标。建立健全公务用车配备使用、建设和装修党政机关办公楼等楼堂馆所两个事项向纪检监察机关备案制度。纪检监察机关协调相关单位加强专项督查,特别对中央和市委压缩、降低、削减经费情况逐项跟踪检查。治理"小金库"工作从6月10日开始,到11月30日结束,累计检查全区160户单位,其中重点检查90户,延伸检查64户,对群众信访举报的5个单位组织调查核实。重点领域、重点部门和重点单位的检查面为35.96%,对检查中发现的问题及时进行了整改。

(刘　敏)

【食品安全专项效能监察】　7月初,下发《朝阳区迎国庆食品安全专项整治效能监察的实施方案》。通过听取汇报、调阅资料、明察暗访等方式对重点区域、重点单位进行全面检查。8月5-6日,会同区食品安全办等职能部门组成联合检查组,对辖区内6家农产品生产基地进行专项检查,并对执法检查工作实施全程监督。国庆前,参与食品安全检查3次,节日期间,我区市场食品安全秩序良好,未发生食品安全事故。

(赵　伟)

【甲型H1N1流感防控督察】　7月,会同区社会建设办、区农委、区卫生局、区民政局、区人事局、区政府督查室等有关部门组成区甲型H1N1流感防控监察督导组,制发《关于甲型H1N1流感防控监察督导的工作方案》。7至10月,开展防控甲型H1N1流感联合检查2次,进行疫情防控督导4次,针对1起疫情聚集性爆发突发事件开展调查。

(陈　征)

【国庆活动资金监管】　8月,会同区财政局、区审计局制发《关于加强国庆60周年活动资金使用管理的通知》。8月至9月下旬,参与国庆环境整治、安保摄像头采购、国庆经费预算方案讨论等资金项目监管审核7项次,提出整合奥运储备物资、严格履行程序、提高采购效率、注意档案收集等意见建议15条。

(郝立军　陈　征)

【土地储备资金监管】　9月,会同市国土朝阳分局、区发改委、区农委、区财政局、区审计局成立区土地储备资金监管小组,下发《朝阳区土地储备资金管理办法》。9至12月,制发《关于加强土地储备资金管理工作的通知》、《朝阳区土地储备入户调查同步评审规则》等规范性文件,召开联席会议9次,开展监督检查7次,并对土地储备范围内12个村进行非住宅拆迁项目的预算评审复核。

(郝克敏)

【建设工程专项治理】　9月,会同区发改委牵头开展工程建设领域突出问题专项治理动员部署工作。11月,制定《朝阳区工程建设领域突出问题专项治理工作实施方案》、《朝阳区治理工程建设领域突出问题专项工作领导小组办公室工作方案》、《朝阳区工程建设领域突出问题排查工作方案》等规范性文件。11至12月,会同区发改委组织召开区专项治理领导小组会议2次、治理办扩大会议5次,协调相关职能部门开展专项稽查12项(次),编发简报6期,指导区10个专项工作组制定专项工作方案、开展自查工作。至12月15日,全区申报专项治理自查项目341个,涉及投资1446亿元,梳理出部分项目审批手续不完善、招投标程序倒置、未申报建设实施和质量管理即开工建设等问题12类累计61个。

(郝立军)

【农村基层党风廉政建设】　年内,积极发挥区加强农村党风廉政建设工作领导小组和办公室19个成员单位的作用,根据《朝阳区加强农村基层党风廉政建设任务分工》,会同区委、农工委,对全区农村基层党风廉政建设加强督查。9月28日,按照中央、北京市工作部署和市纪委、市农村工作委员会、市财政局《关于开展农村党风廉政建设专项检查活动的通知》精神,区农村党风廉政建设领导小组办公室召开全区农村地区党风廉政建设专项检查工作动员部署会,对全区20个地区办事处(乡)组织全面自查。10月16日-20日,对十八里店、小红门、崔各庄等10个乡进行重点抽查。10月27-28日接受市联合检查组对我区工作的重点检查,得到市检查组的充分肯定。

(刘　敏)

【纪检监察信息工作】　年内,向中纪委、市纪委报送各类信息167条,采用69条,其中中纪委采用2条,市纪委采用23条。信息工作名列市纪检监察系统第一名。

(杨　钦)

【查办案件】　年内，立案23件，其中大要案13件，直查案件8件，向司法机关移送5件。按照职级划分，涉及处级1件，科级3件，一般干部7件，其他人员12件。通过查办案件，为国家和集体挽回直接经济损失31.96万元。

（杜娟娟）

【党风廉政教育】　年内，廉政教育讲师团在基层单位开展反腐倡廉教育讲座83场次，受教育人数达到1.7万人次。在处级、科级、复转军人和新任公务员中开展6批次廉政知识教育和依法行政教育，参与人员2500人次；以监狱、反面典型案例为警示教育基地组织基层各单位35批次近1750人次进行参观；以法庭为课堂的党纪国法教育阵地，组织教育系统、国资系统、农村系统、街道系统以及区纪委机关等5批次法庭庭审，受教育人数200余人。制定3期纪检监察干部培训方案，组织10名街乡纪（工）委书记参加全市业务调训。

（高　华　李啸寅）

【反腐倡廉宣传】　年内，完成宣传稿件112篇，其中中央刊物12篇，市级刊物30篇，区级刊物70篇。设计制作了《清风沐朝阳》工作成果宣传片，对本区行风政风建设工作取得的经验进行宣传。在全区开展廉政公益广告和重点在街乡开展反腐倡廉贴画宣传活动。

（高　华　李啸寅）

【政民互动平台】　年内，政民互动平台累计受理信件18368件，办结16683件，办结率为91%。为帮扶辖区企业应对国际金融危机，累计收集辖区企业帮扶需求31件，及时转达有关部门并跟踪落实。针对“开墙打洞”（开墙打洞——指居民住宅一层，将窗、阳台改造为门，影响承重墙结构）问题开展专题调研，分析问题成因，在借鉴外区工作经验基础上，向区政府提出明确责任主体和执法主体，加强联合执法工作建议。

（李福硕）

【政务公开】　年内，组织评议组对全区47个政府部门和43个街乡网上政务公开情况进行经常性检查。针对部分单位存在的制度不够健全、网站管理不够到位、信息更新不及时等20个问题，组织人大代表、政协委员、政府特约员，会同区政府信息公开办、区信息办召开政务公开、政府信息公开情况督促会，提出整改要求，并督促整改。

（李福硕）

【专项治理】　年内，开展治理教育乱收费、纠正医药购销和医疗服务不正之风、清理评比达标表彰、治理公款出国（境）旅游等专项治理工作。治理教育乱收费工作，从规范办学行为入手，会同联席会各成员单位，制定《进一步治理教育乱收费工作意见》，出台了对规范性收费、代收性收费、“共建”性收费的管理规定，会同发改委进行专项检查；纠正医药购销和医疗服务不正之风工作，会同区卫生局建立民营医疗机构例会制度，促进依法执业，维护群众就医安全；清理评比达标表彰工作，全区撤销、合并项目64项，占清理项目总数81%，基本实现评比达标表彰活动大幅减少、保留项目发挥积极作用、基层和群众负担明显减轻的阶段性目标；治理公款出国（境）旅游专项工作，会同区外办研究制定工作方案，对出国（境）团组进行重点抽查，对4个违规团组进行调查。9月底，在国纠办召开的部分省市纠风工作会上，本区作建立纠风长效机制的经验介绍。

（李　兵）

【信访举报受理情况】　年内，累计受理信访举报522件次（纪监内信访件500件次，纪监外信访件18件次，批评建议类4件次），比上年上升7.9%。其中，受理来信421件次，接待来访27件次，受理电话举报35件次，受理网络举报39件次。初信初访441件次（重信81件次）。

（姜仁忠）

【查办市纪委要结果信访件】　年内，市纪委下转要结果、要情况的信访件18件，比上年12件上升50%。其中市纪委案管室要结果的8件，市纪委信访室要结果、要情况的8件，市纪委自律室要结果的2件，均做到认真调查，及时回复。

（姜仁忠）

【案件审理】　年内，审结案件11件，给予党纪政纪处分9人。按违纪行为性质分类，有失职渎职行为2件、受贿行为2件、妨害社会管理秩序行为2件、违反政治纪律行为1件、违反财经纪律行为1件、违反社会公德行为1件。处分的9人中，给予留党察看一年、行政记大过双重处分1人、开除党籍2人、留党察看一年2人、撤销党内职务1人、党内严重警告1人、行政记大过2人。其中科级党员干部1人、一般党员、公务员8人。

（张颖辉）

【网上监察工作】　年内，通过网上监察系统，累计跟踪监督监察政府投资重大工程建设项目22项，效能监察立项561项、区属折子实事158项、政府采购事项367项（次）、安全生产隐患1402项，跟踪信访事项办理6812件（次），监督全程代办为民服务事项41262项，公开政府政务信息5102条，审核社保基金补填问题信息867件（次）。梳理督办报警事项150项，有效规范各部门行政行为，确保区委区政府重点工作依法依规按时完成。11月，市监察局下发《关于开展北京市行政监察现代化工程的实施意见》，明确将朝阳区列为行政监察现代化工程试点单位。全年，市17个区县到本区电子监察中心学习交流网上监察系统建设经验。

(郝立军)

【行政投诉】　年内，累计接待投诉244件次，其中来信32件次，来访80件次，来电83件次，网上投诉49件次，领导批办4件次，上级交办26件次，其他15件次。受理范围内的136件次，其中直查76件次，查证属实或部分属实54件次；督查转办36件次，移交办理4件次，协调解决17件次，记录留存3件次，办结132件次。在受理投诉件中，区属委办局77件次，街、乡59件次。其中"不履行职责"56件次，"违规执法"7件次，"不依法受理"2件次，"推委扯皮"3件次，态度恶劣4件次，"效率低下"2件次，其他62件。

(赵　伟　刘一凡)

【政府信息公开工作】　年内，主动公开政府信息49条。其中，机构职能类信息1条，规划计划类信息2条，业务动态类信息46条。主动公开政府信息的形式有包括公开在区监察局网站、区档案局政府信息公开查阅场所等。

(董　洁)

民　主　党　派

民革朝阳区委

【概况】　中国国民党革命委员会北京市朝阳区委员会(简称民革朝阳区委)下设参政议政、祖国统一、社会服务、信息、宣传、文体、老龄、妇女、《参政议政之音》编委会、《潮流》编辑部10个专委会。有党员663人，基层支部19个。

地址：团结湖北五条8号(党派楼)204室

电话：65094936

邮编：100026

(金晓萍)

【参政议政】　3月23日，民革朝阳区委北京工业大学支部主委唐兢代表支部出席学校统战部召开的本学期第一次工作会议。会上，北京工业大学党委书记王守法希望民主党派能配合中共的'学习'活动，积极参与调研讨论，欢迎大家建言献策。3月31日，召开参政议政工作会议。会议主要研究如何搞好议政会调研，专委会成员根据来自不同工作岗位的经验，提出多个意见和建议，确定调研方向并按照工作分工落实到人。4月2日，到区旅游局进行调研。受到区旅游局的热情接待，获得大量资料、数据，为民革朝阳区委的调研奠定了良好的基础。4月22日，参政议政专委会召开主任会议，就区政协议政会调研报告进行最终修改，形成定稿。并针对统战部的调研任务进行研究探讨，确定三个调研方向。7月16日，参政议政专委会工作会议在岳成律师事务所召开，区委主委绛云、副主委刘子华、参政议政专委会主任高菲出席会议。民革朝阳区三十多位党员参加了专委会会议，就本年调研选题展开热烈讨论，大家围绕朝阳区区情以及调研新思路畅所欲言。绛云主委、刘子华副主委就参政议政工作做了讲话，并就区政协议政会、调研课题、提案问题向专委会成员做介绍，参政议政专委会副主任屈令婉介绍了民革朝阳区委参政议政的工作经验。会上还就新拟定的参政议政专委会工作条例进行了讨论。11月26日在区委统战部举办的专项调研报告评选中民革朝阳区委报送的《关于建立健全诉讼与非诉讼衔接机制有效缓解"诉讼爆炸"调研》、《化解物业纠纷，保证社会发展的和谐与稳定》、《关于金融风暴中对中小企业的纳税服务》等三篇调研报告分别获得一、二、三等奖。全年报送信息76篇。

(金晓萍)

【思想组织建设】　2月11日，召开二届十九次主委会议，研究全年工作思路和上半年具体工作。会上通报了区委统战部、区政协本年工作安排。确定了区委支部换届后政治交接培训以及与区政协联手举办台海形势报告会等项工作。2月17日，召开二届十四次全委会议，通报了区委统战部、区政协本年工作安排，研究区委本年工作思路及第一季度具体工作。并与民革市委领导就工作上如何搞好配合、对接等问题进行了交流与座谈。3月6－7日，在蟹岛生态度假村召开为期两天的政治交接培训会议。民革中央副主席、全国政协常委、民革北京市委主委傅惠民，民革中央祖统委副主任、民革市委常委、区政协副主席关三多，民革北京市委组织处处长王玉环，中共朝阳区委统战部副部长李金虎出席会议并讲话。民革朝阳区委主委绛云、区委委员、各支部支委和卸任支委、《潮流》编辑部成员100多人参加了会议。绛云主委做开班动员,关三多副主席就“民主党派搞好政治交接的现实意义”,王玉环处长就“如何做好组织工作”作了发言,卸任支委冀文章、刘绮菲就如何做好支部工作做了报告。区委委员在会上为支委们分别介绍了各自负责的专委会工作。傅惠民在会上为与会人员提出了希望与要求。他说,在支部工作中,主委起到的作用举足轻重,不能成为矛盾制造者,要有个人魅力,要有凝聚力。他要求支委们自觉接受中国共产党的领导,要与中国共产党保持高度一致,高举中国特色的旗帜,服务大局。李金虎在会上对民革朝阳区委的祖统工作、宣传工作提出了表扬并要求党员们增强四个意识:组织归属意识、能力意识、奉献意识、使命意识。5月15日,民革朝阳区委选送十多位支部委员参加区委统战部举办的民主党派基层组织负责人学习培训班。第九支部主委刘绮菲在会上作了题为《突出参政议政工作特色,打造参政党基层支部品牌》的大会典型发言。6月15日,民革中央妇女青年专委会与民革朝阳区委联合举办座谈会,就民革青年党员思想和工作状况进行调研。民革中央副主席钮小明、何丕杰、民革市委副主委李霭君、民革朝阳区委主委绛云出席了会议。民革朝阳区委20多名中青年党员参加了座谈。6月24日,召开二届十五次全委会议,研究落实民革市委近期工作部署,通报区统战部关于民主党派区委届中考核工作进展情况,分析研讨区委下半年工作思路和具体安排,审议上半年工作总结。7月2日,召开二届十一次扩大会议,传达民革北京市委成立60周年系列活动文件并根据文件精神进行基层先进集体评优活动。会上,18个支部的主委进行了竞选演说,经集体画票评选出5个先进集体。7月9日,召开二届二十一次主委会议,研究部署区委委员述职评议工作、社会服务专委会赴河北捐书助学活动具体实施方案和召开迎新会、成立文艺支部等项工作。会上还通报了区委扩大会议先进支部、先进个人选举结果。8月18日,民革朝阳区委第二届委员会委员根据朝阳区委统战部要求进行届中述职。区委统战部副部长李金虎、民革市委副主委于雪鹰、组织处处长王玉环、民革朝阳区委各支部主委出席了会议。会上,区委委员根据各自分管的工作进行了详细的述职演说。各支部主委随后进行了打分评议。通过届中评议,考察了区委委员的履职情况,既交流了工作又沟通了思想,对委员们以及区委的工作起到了巨大的促进作用。

(金晓萍)

【祖国统一工作】 2月12日下午,应民革中央、民革北京市委委托,接待了第七届台湾高校杰出青年大陆参访团。区政协副主席关三多、民革朝阳区委主委绛云全程陪同参观。参访团一行35人均为台湾各高校杰出青年,他们慕名参观了鸟巢、水立方、奥林匹克森林公园等奥运著名景观。奥运场馆颇有特色的建筑外观、馆内现代化、科技含量极高的各种设施,引得青年们发出“鸟巢真大!”、“超棒!”等阵阵欢呼和感叹。他们纷纷举起相机,记录下了这美好的瞬间。2月24日,民革朝阳区委与区政协联合举办了“台海形势报告会”,报告会邀请民革中央常委、中央联络部部长、全国政协常委郑建邦主讲。区政协委员、各民主党派代表、区工商联以及区政协老委员联谊会代表近300人参加了报告会。郑建邦从台湾近现代政治历史的发展入手,以生动翔实的具体事例,详细解读了多年来台海形势的变幻和发展,深刻剖析了台独分裂势力的产生、运作和未来走向。同时结合胡锦涛总书记推动两岸和平发展的六点意见,阐述了中共中央新时期进一步作好对台工作的各项方针政策和具体的形式和方法。报告受到全体与会人员的高度评价。7月20日,接待来自台湾的著名导演谢雨辰夫妇一行6人。台湾客人来到奥林匹克森林公园,参观了仰山、湿地、奥海等景点。在仰山上眺望鸟巢、水立方以及同在中轴线上的景山,客人们称赞奥运工程是一项伟大的工程,是人类创造的奇迹。民革朝阳区委主委绛云、区委祖国统一专委会委员郝雍全程陪同参观。8月3日,接待台湾杰出青年协会一行20余人参观鸟巢、水立方。民革区委主委绛云全程陪同参观。10月23日,接待台湾以许历农为团长的新同盟会参访团30余人参观鸟巢并参加北京国际旅游节开幕式。区委主委绛云全程陪同参观。现年91岁的许老先生曾担任台湾“国防部”部长。新同盟会会员中许多人是原国民党退役将领和军人。

(金晓萍)

【社会服务】 7月11日,民革朝阳区委一行近30人赴河北省赤城县开展捐书助学及调研活动。那里曾是电影《一个都不能少》的拍摄地。这次捐赠的图书有一万五千余册,涵盖的范围包括小学的音乐、美术、课外读物,中学的数学、物理、化学、语文、政治、英语、生物等辅导书及各类课外读物。民革中央副主席何丕洁、民革中央社会服务部副部长李宁,民革北京市委秘书长吕植中及经社处处长常桂云等一同参加了活动,并为赤城县送上了民革中央和民革北京市委会的书画礼物。

(金晓萍)

【宣传工作】 9月12日,第二支部

召开“祖国培育我成长,我为祖国添光彩”主题支部会。民革中央宣传部部长吴先宁、中共朝阳区委统战部副部长李金虎、民革朝阳区委主委绛云、民革北京市委宣传处领导、民革朝阳区委兄弟支部主委、副主委、宣传委员等50多人出席会议。支部会上,二十九块展板、近百件实物将会场营造的热烈而庄重。中共中央颁发的纸质国旗、抗美援朝的战利品和纪念品、革命军人证明书、奖章、奖杯、荣誉证书这些珍贵的实物连同介绍支部党员个人信息的展板一同展出。每块展板介绍一位支部党员,展板旁边是党员提供的展示自己成绩的奖章、证书及作品等等。朝阳二支部希望通过此次展览,展示支部党员在祖国怀抱中成长的经历,使党员们互相学习借鉴,共同进步。当天的活动得到了有关领导和支部党员的高度评价。12月8日,宣传专委会召开工作会议,研究区委网站建设和宣传工作的相关问题。会上各支部主委和宣传委员针对区委网站功能、网页设计、后期维护等问题提出了意见和建议。全年民革朝阳区委共向民革北京市委、区委统战部报送各类稿件36件。潮流编辑部出版《潮流》杂志4期,登载各级文件、理论学习文章和党员投稿,并在党员中广泛发放,起到良好的宣传效果。

(金晓萍)

【主要活动】 1月20日,召开新春联谊会。民革市委秘书长吕植中、区政协副主席关三多、中共朝阳区委统战部副部长李金虎、民革朝阳区委主委绛云、区委委员以及部分原区委老领导出席会议。会上,各位领导分别向全体党员致以新春问候。自1月21日始,进行两节慰问活动。期间区委主委绛云以及部分区委委员、支部主委走访慰问了原区委、区工委老领导,老黄埔党员,以及部分党内知名人士。6月13日,首届“潮流杯”羽毛球团体公开赛举行,来自民革中央、民革北京市委、民革朝阳区委、东城区委和海淀区工委的五支球队进行了激烈的比赛,海淀区工委队夺得团体冠军,朝阳区委、民革中央、民革市委、东城区委分获二至五名。9月3日,为90岁高龄的老党员尤广才庆祝生日。尤老是老黄埔学员,参加过远征军赴缅甸抗日作战的老前辈,虽已90高龄但还在积极参与民革工作,坚持报送信息,关心祖统工作。对于民革区委专门为尤老祝寿,他十分感动并深表谢意,表示在有生之年还要继续做好祖国统一工作。区委主委绛云、副主委姚国峰、祖统专委会主任郝雍出席并致辞,尤老所在支部部分党员也前来为尤老贺寿,大家共同祝愿尤老健康长寿。10月16日,值重阳佳节前夕,民革朝阳区委为60岁以上老党员、教师党员举办庆“重阳节”、“教师节”采摘活动。组织全区60岁以上的老党员、教师党员、区委委员、支部委员、各专委会骨干来到京郊昌平中卡妇女友好果园进行采摘。一百多名党员参加了此次活动。10月中旬,第八支部举办“回顾中国60年跨越发展”参观活动,到顺义湿地公园和平谷区金海湖镇海子村农家院参观考察。

(金晓萍)

民盟朝阳区委

【概况】 中国民主同盟北京市朝阳区委员会截至年底有基层委员会2个,基层支部39个,盟员1147人。其中高教374人,普教134人,科研院所164人,医药卫生59人,文化界156人,经济界215人,政府机关45人。具有中高级职称的984名,占85.8%。

地址:团结湖北五条8号楼203室

电话:65094938 65094058

电子邮箱:mmchyqw@ sohu. com

网站:http://www. chymm. org. cn

(王 铮)

【主要活动】 1月16日,举办上年工作总结暨新春联谊会,中共朝阳区委统战部副部长李金虎到会并讲话。3月6日组织庆祝“三八”国际劳动妇女节联谊活动。5月27日,召开青年盟员座谈会,民盟北京市委常委副主委朱尔澄出席并讲话。9月18日,与区政协教文卫体委员会、民进朝阳区委、九三学社朝阳区委联合举办“为朝阳教育建言”专题议政座谈会。9月24日,民盟朝阳区委召开庆祝中华人民共和国成立60周年座谈会。11月24日,成立统战理论研究会。

(王 铮)

【思想建设】 5月16日,十余位盟员参加中共朝阳区委统战部举办的民主党派基层组织负责人学习培训班。盟员张学军代表民盟发言。11月24日,成立统战理论研究会,这是民盟朝阳区委在统战理论和多党合作理论研究方面的一个新的、良好的开端。年内,围绕建国60周年与多党合作制度确立60周年开展一系列的活动。组织区委委员、基层组织负责人在不同的时期分别学习《关于各民主党派深化坚持走中国特色社会主义道路学习教育活动的意见》、全国“两会”精神和民盟十届二中、三中全会精神、中共十七届四中全会精神、以及中共朝阳区委十届九次(扩大)会议精神,进一步统一盟员思想,把全区盟员的智慧和力量凝聚到中共中央、中共北京市委、朝阳区委确定的宏伟目标和各项任务上来。根据《民盟北京市委关于思想建设方面的调研》的精神,通过调研,撰写《朝阳区盟员思想状况分析及对策》,分析朝阳区新老盟员的思想状况,并对新形势下如何做好新老盟员的思想政治工作进行了思考。撰写《以多党合作理论为指导，做好民主党派的民主监督工作》，对如何拓宽民主监督的内容和渠道提出了建议，并作为参加全国副省级城市第五次联席会议的材料做发言。为迎接多党合作60周年，在《朝阳报》上刊登《切实加强自身建设，努力做好参政议政工作》，在《朝阳有线》多党合作专题片中，从组织建设、参政议政方面，总结民盟朝阳区委成立以来的工作。

（王　铮）

【社会服务】　8月17日至20日，社会服务工作委员会息金波等医务工作者赴山西长治革命老区沁源县，进行为期3天的义诊活动。大夫们针对当地高发病、常见病的发病情况，群众就医需求以及县医院医疗设备、机构配置等问题，提出开设中医门诊、增加口腔科诊疗床位、培养护理人才等一系列合理化建议，得到了沁源县委、县政府的采纳。

（王　铮）

【自身建设】　年内，确立“组织建设年”。召开4次主委会、4次全委会，学习传达盟中央和盟市委在基层组织工作会议上的讲话精神，学习蒋树声主席和张宝文常务副主席在全国基层组织工作会议上的讲话。召开民盟朝阳区委第三届委员会届中评议会。区委领导班子、区委委员向大会作了述职报告，就换届以来的工作做了全面回顾总结。全年发展盟员53人，基本都是中高级职称，其中博士8人，硕士20人。新盟员平均年龄37.6岁。制订并下发《民盟朝阳区委基层组织工作细则》。协助农业部成立了委员会，帮助北京中医药大学支部、朝阳综合第三支部、对外经济贸易大学支部完成届中调整工作。区委下属的北京中医药大学支部近年来在思想建设、组织建设、参政议政、社会服务等方面作出突出成绩，被民盟中央授予“盟务工作先进集体”荣誉称号。

（王　铮）

【参政议政】　年内，围绕朝阳区“保增长、保民生、保稳定”的中心工作，组织盟员进行大量深入细致的调研工作，王妲隽副主委执笔撰写了《涵养税源保增长，坚定信心建朝阳》的建议，并以此代表民盟朝阳区委做议政会发言。与区政协教文卫体委员会、民进朝阳区委、九三学社朝阳区委联合举办“为朝阳教育建言”专题议政座谈会。教育部职业技术教育中心信息室王文瑾副主任和北京八十中学吴卫东老师代表民盟，分别作了题为《关于朝阳区职业教育的建议》和《关于朝阳区中学教育教学的几点建议》的大会发言。《办好朝阳人民满意的教育》和《依托朝阳驻区高校优势，促进产学研发展》两篇报告被选为书面材料。向区委统战部上报调研报告4篇：其中《关于朝阳区社区服务工作调研报告》获区统战系统调研成果一等奖，《涵养税源保增长，坚定信心建朝阳》获区统战系统调研成果三等奖。积极组织盟员申报民盟中央调研课题，北京化工大学郑小平教授的《巨灾保险体系的构建》被确定为委托课题，综合三支部姜霞的《渭河源头保护的问题及其对策》被确定为参与课题。在区政协十一届四次全会上，盟区委提交2件党派提案，分别是《关于朝阳区外来人口的影响研究与调控建议》和《关于建立垃圾分拣员制度，从源头减少垃圾总量，提高再生资源利用率的建议》，民盟界别的政协委员提交24件委员提案。《关于进一步完善朝阳区社会救助体系建设的建议》获得了党派优秀提案奖，5件委员提案获优秀提案奖。全年向市政协、盟市委、区政协、区委统战部上报信息130余条，方廷钰、范子奇、张学军、王捷、张朝晖被聘为中央统战部信息直报员。周道珍、范子奇、王捷被评为区统战系统信息工作先进个人。在区委统战部举办的“我为应对国际金融危机影响献一策”信息征集活动中，巩云华的《金融危机背景下北京投融资状况的变化及对策》和武文的《关于金融危机的认识及应对策略的建议》被采编。在民盟北京市委主办的“女性参政议政论坛”上，巩云华做了题为《金融危机背景下北京投融资状况变化与对策建议》的主题演讲。

（王　铮）

民建朝阳区委

【概况】　中国民主建国会北京市朝阳区委员会现有会员1208人，25个支部。

地址：团结湖北五条8号楼209室
电话：65094054　65094934
邮编：100026

（李佳君）

【社会服务】　1月，主委、副主委和区委委员们分别对老会员进行走访慰问；4月24日，经济社会服务专委会、科九支部成员来到内蒙古扎赉特旗阿拉德尔吐苏木，开展“科技扶贫”活动，请北京奥鑫牧业集团的专家为当地牧民讲授科学养殖、防疫知识。返京后，区委、经济社会服务专委会联合向全区各支部下发了向扎赉特旗贫困牧民捐赠衣物的通知。9月，在北京市精灵时创学校举行捐赠仪式，共捐赠衣服1000余件、书1670册、新毛巾100条；教师节前，科二支部在朝阳区安华学校（北京市朝阳区培智中心校）举行教师节慰问活动；重阳节时，组织老会员观看爱国主义电影《建国大业》；工业综合支部组织会员来到朝阳区社会福利中心慰问老人和孤儿;科七支部发起为地震灾区的孩子捐助爱心包裹的活动。

(李佳君)

【宣传工作】　2月,选送的节目在本年民建北京市委元宵文艺汇演活动中获表演奖;制定《庆祝民建朝阳区委成立十周年活动方案》,组建筹备委员会,编辑制作十周年纪念画册、参政议政文集以及系列展板。12月,举办民建朝阳区委成立十周年庆祝大会,来自民建北京市委,朝阳区人大、政协、统战部的领导,民建北京市各区(工)委和朝阳区各民主党派负责人,民建朝阳区会员代表170余人出席。

(李佳君)

【组织建设】　10月,增设民建朝阳区委经济专业委员会,吸收经济界有代表性和具有较强参政议政能力的会员。12月,成立民建中国东方歌舞团支部。全年共发展会员32名,从民建北京市委转入会员26名。发展会员平均年龄为37岁,其中研究生以上学历2人,具有中高级职称6人。全年召开申请入会的会友座谈会2次,新会员座谈会2次,参加市委统战部和民建北京市委组织的新会员学习班各1次。

(李佳君)

【参政议政】　年内,提交3篇调研报告,其中《推进旅游产业园新业态发展,加速旅游产业转型升级》获区统战系统二等奖,《关于提升CBD东扩区域内涵与质量的对策与建议》获区统战系统三等奖。向区政协提交5篇党派提案,其中《兴建"中国奥运旅游第一区"——关于实现朝阳旅游产业跨越式发展的建议》被评为优秀提案;举办两次信息员培训班,有针对性地组织参加区委统战部和民建北京市委举办的信息员培训班各一次,收集社情民意、组织活动、各种会务动态信息464篇,从中摘选重要信息及时上报中共朝阳区委统战部、区政协、民建北京市委、民建中央等单位,被评为民建北京市委二〇〇九年度信息工作先进集体一等奖;中信支部与民建中央调研部在民建中央机关联合召开"当前经济形势座谈会",全国人大副委员长、民建中央主席陈昌智、全国人大常委、民建中央副主席辜胜阻出席座谈会并对当前我国经济形势发表重要讲话,来自民建中央、市委、区委有关领导和支部会员50多人参加了会议;联合一支部组织三地(京、沪、秦)民建基层组织的交流活动,以探讨世界金融危机作为活动主题,得到民建中央、北京市委、上海市委、河北省委、秦皇岛市委、朝阳区委的支持;举办第二届民建朝阳经济与法论坛暨中小企业融资研讨会,为中小企业融资出谋划策,受到与会50多名会员的好评。

(李佳君)

民进朝阳区委

【概况】　中国民主促进会北京市朝阳区委员会截至年底有会员530人,支部25个,其中年内新发展会员22人,教育界别7人,其他界别15人。成立中央美术学院支部;15名会员被推荐为区委统战部骨干会员;7名会员被推荐为区政府特约工作人员;5名会员被选为区海联会理事。

地址:团结湖北五条8号党派楼211室

邮编:100026

电话:65094935

(赵建萍)

【思想与组织建设】　7月23日,召开第三届委员会届中述职评议会议,13名委员分别从德、能、勤、绩等方面逐一述职,同时由参加评议会的人员进行现场民主测评。7月26－28日,经济二支部与社会服务专委会在昌黎黄金海岸联合举办部分新会员培训班。副主委杨爱军向参加培训班的会员介绍了近年来社会服务专委会在支持西部教育、支援灾区、培训贫困地区教师、帮助会内患病及困难人员,组织会员自娱自乐等方面的工作。11月21日,召开三届十一次全委(扩大)会议,各支部汇报年内开展工作情况,研究年底工作安排,布置明年部分支部换届相关工作。会议由主委张耘主持,副主委陈纪生、杨爱军,各支部主任和区委委员22人参加会议。12月,北京联大师范学院、北京工业大学支部正式化转到民进朝阳区委。12月30日,民进中央美术学院支部在朝阳区成立。全国政协副主席、民进中央常务副主席罗富和,中央美术学院党委书记杨力,市教工委副书记王民忠,民进北京市委专职副主委李焕喜,中共朝阳区委统战部副部长李金虎,民进朝阳区委主委张耘等领导出席成立大会。民进中央、市委、市教工委、中央美术学院有关负责同志30余人参加会议。会议由民进中央美术学院支部主任、中央美术学院副院长董长侠主持。

(赵建萍)

【参政议政】　9月18日,与区政协文教处、民盟、九三学社区委共同主办"为朝阳教育建言献策"研讨会,张耘主委和闵登峰委员做发言。10月23日,与民进东城区委、宣武区工委联合举办"人文北京"专题讲座。民进市委秘书长王报换、区委主委张耘出席。讲座由北京市社科院哲学所所长杜丽燕主讲。11月3日,副主委杨爱军代表各民主党派区委在政协提案交流会上作题为《发挥党派优势提升提案质量》的发言。12月7日,召开人大代表、政协委员“两会”准备会议，征集提案线索，讨论政协朝阳区十一届五次会议党派提案内容。围绕“保增长、保民生、保稳定”以及朝阳区发展中存在的问题开展调研，其中《关于推进朝阳区农村校规范化建设的建议》获得区统战系统民主党派调研报告评比二等奖。《关于固化奥运成果强化城市管理长效机制的建议》获得三等奖。在十一届政协四次会议上，提交党派提案《关于完善朝阳区残疾人保障体制的建议》和《关于完善朝阳区再就业工作机制的建议》。全年上报信息230余条，由区委采编并报送市委、区委统战部和区政协信息100条，其中2条被副市长程红和中共北京市委副秘书长肖培批示。

（赵建萍）

【会员活动】 1月11日，召开上年度总结会暨联欢会。民进市委秘书长王报换、组织处副处长鲁剑、区委统战部副部长李金虎分别参加了上午的总结会及下午的联欢会。10个先进支部和40名优秀会员获得表彰。8月5日-8日，组织各支部主任、骨干会员赴内蒙古学习考察。民进市委组织处副处长鲁剑、主委张耘、副主委陈纪生、滑明达、杨爱军等一行30余人参加考察。9月4-5日，召集会内80余位在职会员在蟹岛度假村举行庆祝教师节系列活动。主委张耘、副主委杨爱军参加活动。9月19日，社会服务专委会和北片联合支部组织部分民进会员开展“乘船游皇家玉河、水上览首都北京”的活动。通过乘船浏览，欣赏长河美景，体味长河文化的方式庆祝建国60周年及即将来临的中秋佳节。此次活动有40多位会员参加，活动还邀请了民进北京市直属经济支部，海淀区经济支部、科技联合支部的会员参加。10月17日，社会服务专委会与海淀经济支部联合活动，学习海淀经济支部活动经验。10月20日，组织80余位老会员观看电影《风声》。10月29日，社会服务专委会联合经济二支部举办摄影知识讲座，讲座由经济二支部会员李滨主讲。

（赵建萍）

农工党朝阳区委

【概况】 中国农工民主党北京市朝阳区委员会截止到年底有22个支部，党员627名，主要由医药卫生界中高级知识分子组成。农工党朝阳区第二届委员会有委员16名，设有办公室、组织部、宣传部3个内设机构，专门工作委员会5个，分别为参政议政工作委员会、社会服务工作委员会、宣传工作委员会、青年工作委员会和老龄工作委员会。党员中，高级职称350人，中级职称194人，初级职称18人，2人享受政府特殊津贴。全国政协委员1人，市政协委员3人（常委1人），区人大代表4人（常委1人），区政协委员21人（常委4人），担任市级特邀监督员3人，区级特邀监督员8人。被农工党中央评为全国组织工作先进集体，副主委昌延力被评为全国优秀组织工作者。

地址：团结湖北五条8号楼206室
电话：65094937
邮编：100026

（管文东）

【组织生活】 3月20日、21日，区委领导和专委会负责人、部分专家到包头市与农工包头市委交流在参政议政、社会服务、政治交接学习教育活动、基层组织建设等领域的经验和做法。在5月18日的农工党全国组织工作会议上，区委主委邢念增代表两地委员会向大会介绍了两地以加强组织建设为基础，促进基层组织交流发展的创建思路和两年来所开展的工作。9月26日，在高碑店乡政府礼堂举办庆祝建国60周年红歌赛。有20多名农工党员分别以独唱、合唱、男女对唱等形式参加比赛。评选出一等奖1名，二等奖2名，三等奖3名。有100多名农工党员前来观赛。老龄委、青工委分别组织老年党员和青年党员登钟鼓楼、参观中国非物质文化遗产传统技艺大展、参加农工党市委的理论培训班等。各基层支部积极组织本支部党员参加区委及市委组织的各项活动，各支部组织党员参加农工党市委“新中国成立60周年暨多党合作60周年——我与农工”征文活动，在征文获奖名单中区委所属对外经贸大学支部党员稿件数占总稿件数的32%。

（管文东）

【参政议政】 3月至9月，完成3篇调研报告，在区统战系统评比中，《进一步加强政府信息公开工作建设，全力打造阳光政府》获一等奖，《关于三级医院医生参与社区卫生服务的现状调研》和《关注老年人心理健康，为老年人打造丰富的精神世界》获三等奖。《朝阳区流动人口公共卫生问题和传染病防治状况调查》被选为朝阳区第四届议政会大会发言，针对朝阳区流动人口公共卫生问题和传染病防治状况提出了六条针对性较强的建议。年内，向农工党北京市委、中共朝阳区委统战部、区政协上报信息135条，大部分被采用。其中社情民意类信息78条。撰写出《建议进一步加强政府信息公开工作》、《我区精神卫生机构亟须扩大规模以适应快速增长的精神卫生服务需求》2件党派提案，经由主委会讨论确定，全部提交给朝阳区政协十一届五次会议。《关于加强朝阳区卫生防病机构建设的建议》获区政协十一届五次会议优秀党派提案奖。该提案主要针对朝阳区疾控中心人员编制严重不足问题呼吁政府增加编制数量，受到区政府相关部门的高度重视，为区疾控中心增加编制27名，为做好朝阳区公共卫生和疾病控制工作，特别是做好重大疫情和突发公共卫生事件的处置，及时控制疫情传播和突发公共卫生事件事态扩散，保障居民健康和社会安定增加了力量。

（管文东）

【社会服务】 4月22日，工程支部牵头组织党内多名专家赴平谷镇罗营镇医院进行义诊，当天有200余人从不同的行政村同时赶来看病，最远的走了有30多里的山路。在不同地区以不同形式相继开展多项较有影响的社会服务活动，受益人群多达1200余人次。老龄委、青工委充分发挥专委会作用，组织专家在八里庄社区举办养生知识讲座，到北京女子监狱开展慰问干警活动；第二届"中国环境与健康宣传周"期间，在左家庄办事处组织专家进行节能环保知识讲座；第二十一届国际科学与和平周期间，分别在高碑店构建和谐社会联系点组织朝阳医院支部口腔专家举办口腔保健专场义诊咨询，在亚运村第一社会福利院开展敬老爱老活动。在世界艾滋病日，联合农工党市委、卫生部、中国性学会、朝阳区卫生局在区疾控中心举办大型社会性宣传活动。参加活动的领导和市民胸前佩带着爱心红丝带，纷纷在寓意第二十二个世界艾滋病宣传日的22米条幅上签名，并一起放飞印有红丝带的爱心气球。活动现场展出了有关介绍艾滋病、预防艾滋病知识的展板。

（管文东）

【思想建设】 年内，组织全体党员认真学习科学发展观、中共中央5号文件、全国两会、十七大精神和第二十次全国统战工作会议精神及中共北京市委和朝阳区委有关文件。制定学习贯彻计划，并按照计划从上到下，层层布置，号召全体农工党员，认真学习文件精神，用文件精神指导具体工作，并长期坚持下去。

（管文东）

【理论培训】 年内，组织区委委员、支部委员及机关干部参加区统战部举办的"朝阳区民主党派基层负责人学习培训班"。在工作经验交流会上，医卫一支部主任葛美莲以《浅谈基层支部工作》为题目谈了多年来作为基层负责人在支部建设、组织活动等方面的做法及经验。组织区委委员、各支部委员、骨干党员、新党员等积极参加区政协和民革市委举办的台海形势报告会、中共市委统战部举办的"中国特色社会主义理论体系"主题报告会等各类统战理论培训活动。

（管文东）

【组织建设】 年内，发展新党员22名，推荐8名优秀骨干党员担任朝阳区政府第九届特约工作人员，推荐4名同志加入海外人士联谊会。按照区委统战部的要求，组织实施并完成了六个支部的届中调整，采取座谈交流、调查研究、谈心活动、与中共党委交换意见等不同方式和角度开展细致的工作，按照支部和党员的特点，对部分支部进行了拆分和重组。召开第二届委员会届中民主评议大会。全体区委委员就换届以来个人的工作情况进行总结述职，在中共朝阳区委统战部的主持下，由参会区委委员、基层组织负责人、机关驻会干部对区委委员自换届以来所做党派工作评价打分。

（管文东）

致公党朝阳区委

【概况】 致公党朝阳区委本年有党员416人，分为14个支部。其中男党员194人，女党员221人；归侨、侨眷、港澳台属、留学归国人员302人，占党员总数的73%；大学以上学历311人，占党员总数的75%；高级职称200人，占党员总数的48%，中级职称202人，占党员总数的49%。有全国政协委员2人、市人大代表1人、市政协委员1人、区人大代表1人（常委）、区政协委员21人（其中副主席1人、常委3人、副秘书长1人、专委会副主任3人）。致公党中央委员3人（其中常委1人）、致公党北京市委委员5人（其中常委2人）。国土资源部特约监察专员2人、市工商局特约工作人员1人、特约城管监督员1人、特约教育督导员1人、人民检察院特约监督员1人、人民检察院人民监督员1人、规划委员会特约监督员1人。区教委特约工作人员1人、工商局特约工作人员1人、卫生局特约工作人员1人、民政局特约工作人员1人、监察局特约工作人员1人、市政管委特约监督员1人、审计局特约工作人员1人、人民法院陪审员2人。

地址：团结湖北五条8号楼207室
电话：65094933
邮编：100026

（田丽华）

【主要活动】 1月17日，召开年终总结暨新春联欢会，160余名党员参加。春节前，区委领导和办公室工作人员走访慰问老党员。2月，成立合唱团，参加致公党中央、致公党北京市委以及市侨联庆祝建国60周年的文艺演出。在致公党北京市委"歌颂祖国"文艺演出中，区委荣获组织奖，大合唱《祖国颂》、《今天是你的生日中国》荣获一等奖。10月20日，组织老党员赴北京花卉大观园参观游览，40余人参加。11月6日，为老党员集体祝寿，20余名老党员参加。

（田丽华）

【参政议政】 2月28日和3月28日,召开两次参政议政工作会,研究讨论在区政协议政会发言。在区政协召开的议政会上,就《关于经济危机形势下朝阳区的应对策略与建议》和《关于加快解决我去老龄化社会问题的对策与建议》作议政发言。3月17日召开信息工作会,通报信息工作情况并对支部党员进行培训,讲授如何采编、撰写信息等。6月3日参加区委统战部信息员培训,会上区委陈丽娟、贾粤力、李晓锐、刘伟四名党员做为优秀信息员获得表彰。上报致公党北京市委和区委统战部信息100余条。上交致公党北京市委3篇调研报告,其中《北京城市化进程中资源环境代价及城市化良性发展的建议》荣获北京市统战系统优秀调研成果二等奖。上交区统战部3篇调研报告,其中:《经济增长中的产业结构效应及对策研究》、《积极财政政策下建筑业安全生产调研及对策分析》、《关于北京市临床医护人员职业倦怠情况及相关策略在朝阳区试点推行的建议》分别荣获区统战系统优秀调研成果评比一等奖、二等奖和三等奖。提交区政协十一届四次会议的党派提案《关于深化城乡统筹发展机制的建议》荣获优秀党派提案奖;提交的委员提案《关于提升小区保安工作质量与素质的建议》和《关于加快我区老年公寓规划建设的建议》荣获区政协委员优秀提案奖。

(田丽华)

【思想建设】 4月至12月,开展"学习贯彻科学发展观,深化坚持走中国特色社会主义道路教育"活动,制定实施方案。成立以主委高向宇为组长、副主委陈丽娟、周用和、陈建波、高吉喜为副组长、区委委员为成员的领导小组。活动自4月开始,分四个阶段进行(思想动员、理论学习、查找不足、总结经验)。6月10日召开会议,对学习贯彻科学发展观,深化坚持走中国特色社会主义道路教育活动进行广泛动员,从指导思想、组织保障、方法步骤、具体要求等方面明确活动的总体部署,要求全区党员联系实际,突出重点,统筹兼顾,善于结合,注重实践,力求实效。并且向全区党员发放"建言献策建议表",广泛征求党员意见。10月17日,召开学习贯彻科学发展观座谈会,区委委员和各支部主委20余人参加会议。会上对前一阶段科学发展观的学习情况进行总结。11月5日,致公党北京市委秘书长沈小红带领部分机关干部到本区听取学习贯彻科学发展观、深化坚持走中国特色社会主义道路学习教育活动的情况。会上区委就开展学习贯彻科学发展观的"教育活动"领导小组组成情况和各阶段工作、特别是第三阶段"查找不足与改进工作阶段"的落实情况以及取得的主要收获和基本经验情况,在学习教育活动中取得的效果等情况进行汇报。对致公党北京市委《关于纪念新中国成立60周年和人民政协成立暨中国共产党领导的多党合作制度确立60周年征稿通知》和区委统战部《关于在朝阳区统一战线成员中举办"统一战线庆祝新中国成立60周年征文活动"的通知》进行部署,并在支部活动中带领党员学习并撰写理论文章。

(田丽华)

【组织建设】 6月5日,朝阳区召开第九届特约工作人员聘任大会,王书桐、霍承瑜、孙嘉毅、李晓锐、贾粤力、钟瑾、刘伟等7名党员分别被聘任为区工商局、区卫生局、区教委、区市政管委、区民政局、区审计局和区监察局的特约工作人员。7月9日,召开三届九次全委会,会上传达《中共朝阳区委统战部关于协助民主党派在领导机构成员中开展届中民主评议活动的实施意见》,指出民主评议的目的和意义、参与评议的人员范围等。7月25日,为进一步规范党派工作,促进加强领导班子建设,理顺工作关系,健全工作机制,区委三届委员会进行届中民主评议。各基层支部负责人、内设机构等代表30余人参加会议。会上委员对个人任职以来分管的工作情况及工作成效、四个能力的提高、个人履职及作为等进行了认真的总结与评价。对存在的问题以及困难提出了整改意见。参会的各支部负责人、机关干部以及委员本人进行了认真的民主评议,对委员履职情况进行民主测评。11月15日,成立了第十二支部,成员主要为北京红十字会急诊抢救中心的工作人员,11月21日,调整望京支部的领导班子,加强对支部的管理。由13个支部扩大为14个支部,支部干部由原来的58名扩大为61名。年内发展党员27人,转入党员4人,转出党员5人,病故党员3人。

(田丽华)

【社会服务】 11月27日,社会服务工作委员会赴朝阳区蓝天实验学校捐赠课桌椅。致公党北京市委秘书长沈小红、致公党朝阳区委副主委兼秘书长陈丽娟、致公党北京市委办公室副主任刘全信、社会服务工作委员会主任廖春迎以及社会服务工作委员会部分委员参加此次活动。致公党朝阳区委对外来务工人员子女的教育问题非常重视,开展了一系列调研,了解打工子弟学校面临的困难和问题,并形成调研报告,向有关部门进行呼吁,关注他们的学习和教育,保障他们的受教育权利。致公党朝阳区委党员刘洁了解到蓝天实验学校的相关情况,主动提出为该校捐赠课桌椅,帮助学校改善办学条件。

(田丽华)

【区委成立十周年庆祝活动】 12月19日,召开成立十周年庆祝大会。市人大副主任、致公党北京市委主委李昭玲、中共朝阳区委副书记、统战部部长张洋分别讲话。致公党朝阳区委主委高向宇代表区委作工作报告。九三学社朝阳区委专职副主委费珉代表朝阳区各民主党派、工商联,致公党西城区委主委贺宏志代表致公党北京市各区级组织分别致贺词。会上对先进支部、优秀支部和50名优秀党员进行了表彰。致公党中央组织部副部长李刚,市政协常委、致公党北京市委副主委兼海淀区委主委孙津,市委秘书长沈小红,区人大常委会副主任孔德琴,区政协副主席、中共朝阳区委统战部常务副部长刘乃晨,市委原专职副主委林义,中共朝阳区委统战部副部长黄亮、李金虎,区侨联主席于敏,朝阳区各民主党派、工商联负责人,致公党各区组织负责人等出席了庆祝大会。年内,编辑印制《实践者的思考 - 优秀调研报告文集》,收录了自1999年至2009年区委在北京市和朝阳区统战系统以及区委宣传部调研评比中获奖的调研报告43篇,记录和总结了十年来优秀调研成果,为党员积极参与调研,建言献策提供参考。出版区委成立十周年纪念册《我们走过十年》,以图文并茂的形式,记录了区委十年来的发展历程,在思想建设、组织工作、参政议政、社会服务等方面的工作情况。编印致公党朝阳区委(2000 - 2009)光荣册,记录了十年来区委以及各支部、党员、干部荣获致公党中央、致公党北京市委、各级政协、统战系统、妇女界、侨界等先进集体和先进个人的荣誉称号。

(田丽华)

九三学社朝阳区委

【概况】 九三学社北京市朝阳区委员会设办公室、组织部、宣传部、参政议政委员会、社会工作委员会、青年工作委员会。截至年底,有基层支社22个,社员858名,其中女社员418名,占48.7%。平均年龄56.6岁。均在朝阳区域内的科研院所、高等院校、医院、国家机关、企事业等单位从事科技、教育、医疗卫生等工作。社员中,具有高级技术职称的22名,占53.6%,具有硕士以上学历的33名,占80.5%,其中博士9名,平均年龄39.6岁。全国人大常委会委员1人、全国政协委员2人(常委1人)、全国青联委员1人、国务院参事1人、市政协委员5人、山东省政协委员1人、区人大代表4人(常委1人)、区政协委员20人(副主席1人、常委3人)、区妇联执委1人、区青联委员6人、各级政府特约监察员18人;九三学社中央委员7人、九三学社市委委员11人(副主任委员2人,常委3人)。全年发展社员41名。

地址:团结湖北五条8号楼205房间

电话:65094932　65094059

邮编:100026

邮箱:jiusanchaoyang@ sina. com

(刘向菲)

【主要活动】 1月,召开迎新春联欢会。3月,在北京爱慕大厦举办三八节活动,近60名女社员参加了活动。5月,九三学社北京市委老龄委在莲花池公园举办红色歌曲大家唱活动。各支社的部分社员参加了此次活动,并参加演出。7月,九三学社北京市委举办庆祝中华人民共和国成立60周年"祖国在我心中"主题演讲比赛。社朝阳区委选派了2名新社员参赛,中国传媒大学支社傅宁荣获第一名,经济支社王丹宁荣获第二名,社朝阳区委获得组织奖。两名新社员的讲演文稿经九三北京市委推荐,参加九三中央举办的"纪念新中国成立60周年暨多党合作制度确立60周年征文活动",王丹宁的"一个留学生对母亲的情怀"荣获一等奖,傅宁的"祖国在我心中"荣获二等奖。9月,为庆祝国庆60周年和第25个教师节,社朝阳区委、西城区委、朝阳经济支社、中央音乐学院支社共同在中央音乐学院演奏厅举办"长青——杜鸣心先生室内乐作品音乐会",将九三学社老一辈社员、我国著名作曲家杜鸣心教授创作的优美旋律演绎成为对全国教师的美好祝福!10月,欢度重阳节,组织40余名老社员参观世界花卉大观园。主委会成员积极参加朝阳区政协"聚焦六十华诞祖国在我心中"摄影展及朝阳区统战部举办的"中国心两岸行"主题摄影展,经过专家的评审,部分作品入围参展。社区委舞蹈队成员,经常利用休息日的时间编排舞蹈,参加区委新春联欢会、社市委迎国庆60周年等大型文艺演出活动,获创作奖。

(刘向菲)

【抗震救灾】 5月26日,由主委茅玉麟带队,副主委费珉、卢清国及机关干部一同前往四川省北川羌族自治县香泉乡中心小学,参加灾后重建爱心捐助系列活动。社朝阳区委与九三学社四川省绵阳市委、九三学社江苏省无锡市委联合开展了"爱心系香泉"慰问捐赠活动。在此次捐赠仪式和慰问活动中,茅玉麟代表社朝阳区委捐赠了价值二万余元的电脑,并向孩子们表达了儿童节的祝愿和慰问。九三学社四川省绵阳市委、九三学社江苏省无锡市委分别捐赠了电教设备等。活动结束后,专程来到北川老县城地震遗址,向遗址纪念碑敬献花篮,凭吊长眠在这里的遇难各族同胞。

（刘向菲）

【思想建设】 年内，召开两次全委扩大会议，总结工作，述职评议。召开民主测评会，第三届委员会的全体区委委员就自己所担任的相关职务的工作情况进行述职。与会的各支社代表、社区委各部委负责人对区委委员的述职进行测评。为贯彻各民主党派中央联合下发的《各民主党派深入学习贯彻科学发展观座谈会纪要》和《九三学社中央关于深入学习贯彻科学发展观的通知》的文件精神，响应社市委“深化坚持走中国特色社会主义道路学习教育活动”的号召，举办主委会班子主题学习会、中青年社员思想座谈会、理论读书班、报告会开展对科学发展观、中国特色社会主义理论、中国特色的多党合作制度理论以及九三学社“爱国、民主、科学”的优良传统精神的学习。中共十七届四中全会召开后，组织社员认真学习全会精神，把学习贯彻全会精神同加强社的自身建设相结合，为履行好参政党职能奠定坚实的思想基础。各基层支社根据自身特点，开展各具特色的学习活动。其中，经济支社、综合支社、建设支社、医药卫生支社、化工大学支社等5个支社联合举办了专题学习会，来自不同支社的社员在会上交流了学习的心得体会。组织百余名社员参加社中央举办的各种报告会、学习会；20余名社员参加中共朝阳区委统战部举办的民主党派基层组织负责人培训班，社市委举办的申请入社人员入社前教育、新社员、中青年骨干、后备干部、宣传干部等各类学习班。全年向社中央网站投稿1篇；市委网站投稿60篇，社刊投稿44篇；配合朝阳有线《和谐在线》栏目制作了介绍各民主党派的专题片；向朝阳报投稿2篇。社区委宣传部主办的《朝阳九三》本年出版4期，每期四版。按照《九三学社北京市委履职纪实》的撰稿要求，社区委宣传部成立了编纂委员会。并组织各支社撰写本支社社史、50年以上社龄的老社员的传记、简介，进行人物资料的整理编辑，为社区委10年历史留存了资料。

（刘向菲）

【自身建设】 年内，举行青年工作委员会成立仪式。九三学社北京市委领导和区委统战部领导参加了本次活动。任命茅为中为青年工作委员会主任，霍超、杨海芳为副主任。青年工作委员会的成立对于继承九三学社的优良传统，开展适合年青社员特点的社务活动，加强民主党派自身建设都有着重要意义。北京工业大学、北京中医药大学两个支社支委会进行分工调整。“住宅建设总公司支社”更名为“九三学社北京市朝阳建设支社”。配合区委统战部和社市委组织部，对后备干部人员和相关档案资料进行了补充和完善。张红林等9名社员分别被教委、监察局、卫生局等单位聘为政府特约监督员。向中共朝阳区委统战部推荐海外联谊会第六届理事5名。2名机关干部先后到区政府信访办接待大厅挂职锻炼一个月。

（刘向菲）

【参政议政】 年内，组织三个调研课题组，选择朝阳区土地储备；CBD东扩；节能减排三个问题开展调研。调研组成员赴市国土局、区国土局、区农委、十八里店乡、CBD管委会等单位进行深入细致的调研、座谈，经反复讨论修改，提交了“朝阳区土地储备工作中的问题与建议”、“废旧电器电子产品回收处置的现状与问题”两篇调研报告，分别获区统战系统党派调研报告二等奖和三等奖。在区政协十一届四次全会上，提交2件党派提案，受到政府有关部门的重视和有关部门的关注，其中《关于奥运会后朝阳区奥运场馆及基础设施的风险问题与对策》，被评为优秀党派提案：提交委员个人提案18件。向区人大提交建议案20余件。在区政协召开的议政会上，社区委提交的《朝阳区流动人口服务管理问题与建议》，受到区领导和有关部门的重视。与区政协、民盟朝阳区委、民进朝阳区委联合举办了题为“我为朝阳教育献一策”专题议政座谈会。在会上，中医药大学张红林同志作了专题发言，受到了与会政府有关部门领导的关注和重视。两名政协委员向这次座谈会提交了书面建议。社区委有多名社员积极参加社中央社市委的参政议政工作，有的同志担任有关专委会的负责人，他们充分发挥各自专业特长，为九三学社的参政议政工作做出了贡献。向中共朝阳区委统战部、社市委、区政协提交信息220篇，被有关部门采编115篇。这些信息来自14个支社，52名社员。在朝阳区统战系统信息工作表彰暨培训会上，社朝阳区委被评为2007－2008年度统战系统先进单位。高大为等5名同志被评为信息工作先进个人。区统战部被中央统战部确定为信息直报点，朱良等7名同志被聘任为中央统战部信息直报员。至年底共撰写信息22篇。与农工党朝阳区委联合举办信息工作交流会。五十余名信息工作骨干参加会议。邀请市政协委员、市政协信息工作顾问、社区委宣传部部长朱良同志为大家介绍了信息工作的经验和体会。提出各支社每年组织一次“议政日”活动，许多支社都认真组织。综合支社创办内部刊物《议政建言信息园地》，有33名社员撰写了148篇信息，其中61篇被有关部门采编。在九三学社北京市委十一届五次全委扩大会议上，九三学社朝阳区委、朝阳综合支社被评为2007－2008年信息工作先进集体。张金喜被评为参政议政工作突出贡献奖；刘耀威等4名被评为参政议政工作贡献奖;卢清国等11名被评为参政议政工作纪念奖;王静等13名被评为参政议政工作社员建议奖;朱良等4名被评为信息工作突出贡献奖;高大为被评为信息工作贡献奖;孟嘉秀等2名被评为信息工作奉献奖;茅玉麟等4名被评为社会服务工作先进个人。

(刘向菲)

【社会服务】 年内,组织开展“真情呼唤构建和谐”主题活动,资助了15名朝阳区残疾人家庭和贫困家庭的中小学生。至年底已有5名学生先后考入大学,他们将继续得到九三社员的资助,直至完成学业。组织15名学生及其家长来到王四营医院进行“爱心体检”。“六一”儿童节,新年、春节等节日前夕,参加资助的社员都为学生们送去学习和生活用品。寒暑假期间,还安排他们参加社会实践等活动。

(刘向菲)

台盟朝阳区工委

【概况】 台湾民主自治同盟北京市委员会朝阳区工作委员会是台盟北京市委员会派出机构。台盟朝阳区工作委员会委员7人,盟员78人,支部3个。
地址:团结湖北五条8号
电话:65094943
邮编:100026

(侯立勇)

【思想组织建设】 年初,举办总结表彰大会,通报区政府本年工作重点,对积极报送信息的盟员进行了表彰。3月,举办“传承奥运精神,营造健康生活”的健康保健知识讲座。4月,组织老盟员参观北京明城墙遗址公园、城垣角楼及《北京城墙城门文化展》,亲身感受北京城市发展的巨大变化。5月,组织中青年盟员台情座谈会,就两岸关系和对台工作进行研讨。6月,台盟北京市委对区工委的领导进行了调整,同意蔡勉的请辞,免去其区工委副主任职务,任命高峰担任区工委副主任。8月,区工委召开届中民主评议会议,各位工委委员作了述职报告,总结了本届工委会成立三年以来的主要工作,介绍了经验和体会,找出工作中的不足,与会盟员代表结合述职情况填写了民主测评表。年内,共有七位盟员参加了台盟中央和市委统战部举办的培训班。四名支部骨干盟员参加了区统战部举办的民主党派基层组织负责人学习班。6月,举办“我爱我的祖国”主题歌唱活动,20多位老盟员踊跃参加。10月,组队参加台盟北京市委举办了“首届‘同心杯’羽毛球赛”,获团体优胜奖,盟员袁荣获得女子单打亚军。10月中旬,组织中青年盟员一行18人赴天津参观交流,走访台盟天津市委。与台盟天津市委、河西区工委(筹备组)、河北区支部、市委直属支部就基层组织参政议政工作进行了座谈交流。台盟天津市委主委叶惠丽和台盟北京市委副主委谢正观参加了座谈会。到周恩来、邓颖超纪念馆进行参观,接受爱国主义教育。10月下旬,与西城区工委联合组织老盟员到北京南海子麋鹿苑进行参观。本年是台盟北京市委成立60周年的纪念年,在纪念大会上,本区共有27位盟员受到表彰。围绕庆祝建国60周年,多党合作制度建立和人民政协建立60周年和中发〔1989〕14号文件发表20周年等系列纪念活动,组织座谈会、报告会、唱革命歌曲、参观图片、书画展览,参加文艺演出和参加《双百英模评选》、《首都统一战线“迎国庆讲文明树新风”有奖竞答》等活动,引导全区盟员回顾历史,歌颂成就,巩固多党合作思想基础,坚定不移地走中国特色社会主义道路。区工委报送的三幅书画作品参加市统战系统“庆祝新中国成立60周年暨多党合作制度确立60周年书画展”并入选了纪念画册。

(侯立勇)

【对台工作】 2月,组织盟员参加区政协和民主党派联合举办的台海形势报告会。通过听取报告,盟员们对中共中央新时期对台工作方针政策和台海形势发展趋势有了进一步了解。5月,举办中青年盟员台情座谈会,请大陆老台胞返乡谒祖文化巡礼参访团成员陈弘介绍近期赴台参访情况和岛内形势。组织盟员参加国务院台办联合《人民日报》、《人民日报海外版》、人民网共同举办的纪念《告台湾同胞书》发表30周年征文活动,报送的三篇的纪念文章被人民网采用并登载。参加区台办举办的“中国心、两岸行”主题摄影展活动,报送的二十五幅作品中有十一幅入选,其中三幅分获一、二、三等奖,多位盟员的作品入选了展览,部分获奖作品在《朝阳报》上刊登。10月,接待了参加“交流与共享——京津台中华传统文化交流研讨会”的部分台湾政党和社团负责人,陪同他们考察朝阳区CBD建设情况,参观东岳庙北京民俗文化展览。并就密切两岸政党交流,共创两岸和平发展,推动经济交流,携手应对挑战等情况进行了座谈。

(侯立勇)

【为台胞捐款】 8月中旬,“莫拉克”台风让台湾遭受了50年未遇的台风侵袭,造成中南部地区重大生命财产损失。大家纷纷解囊相助,朝阳区盟员共捐款15800元。

(侯立勇)

【参政议政】 年内,区工委主要领导参加中共朝阳区委、区政府、区政协、区统战部召开的协商会、座谈会、情况通报会等20余次。围绕中共朝阳区委“解放思想,传承奥运,再创优势”的总体要求,认真履行参政党职能,积极建言献策。向区政协十一届四次会议提交《关于朝阳区学前教育对策建议》的党派提案。在区“两会”上提交人大代表议案三件、政协委员提案七件。在区政协会议上,区工委作题为《科学认识和解决就业问题、为区域社会经济发展服务》的大会发言。区工委提出的《关于推动“绿色奥运”战略实施长期化的建议》党派提案获得上年度优秀提案奖。开展2次盟员议政日活动,围绕市、区社会热点、难点问题积极建言献策。组织中青年骨干召开“献一策”专题座谈会,针对金融危机的影响,围绕朝阳区中心工作积极建言献策。在区政协召开的围绕“三保”工作专题议政会上,区工委提交了题为《突破限制、开拓思路为区域社会经济发展服务》的书面发言。姚珍、李力被区政府聘为第九届特约工作人员,聘期三年。完成《促进朝阳区科技成果转化的对策建议》和《朝阳区文化创意产业发展情况调研及建议》两个调研报告,分别荣获本年度民主党派调研二等奖和三等奖。全年上报信息约83余条,其中被台盟市委、区政协、区统战部采纳36条。陈弘、姚珍两位盟员被评为区统战系统信息工作先进个人。

(侯立勇)

团　体

朝阳区总工会

【概况】 朝阳区总工会是朝阳区工会组织的领导机关。内设办公室、基层工作部、组织宣教部、劳动保障部(职工帮扶服务中心),编制22人,工勤人员3人。全区有会员25.7万人;街、乡、局、区属企业和中央、市属、三资、私企直属基层工会129个,专兼职工会干部286人,基层工会组织4917个。

地址:日坛北街33号

电话:65099158

邮编:100020

(张兰英)

【工会工作会议】 1月16日,召开年度工会工作会。来自各基层工会主席、副主席和区总工会委员会委员120余人参加了会议。区委副书记张洋作重要讲话,副区长张春秀出席会议,会议由区总工会主席王玉英主持。会上,回顾了上年工会工作,对本年工会工作进行了部署,并对荣获朝阳区创建学习型工会先进单位及模范职工之家的先进集体进行了表彰;宣读了区总工会十二届六次委员会作出的“关于有效应对金融危机的决议”;并向全区企业、各级工会组织及广大职工发出了开展“渡难关、保岗位、保稳定、促发展”的“两保一促”主题教育活动的倡议。按照《工会章程》的有关规定,召开工会代表大会,选举产生了出席北京市工会第十二次代表大会正式代表37名。

(张兰英)

【两节送温暖】 两节期间,重点对447名在册困难职工走访慰问,累计使用资金34.94万元,慰问困难职工、困难劳模、外来务工人员、农民工、移地职工、退休老干部、环卫等一线职工1000余人次。与区慈善协会共同开展“除夕饺子宴”等活动;大年三十区工会领导走访慰问奋战在一线的公安干警、环卫职工、商业职工,送去慰问金和慰问品。爱心家园共发放爱心卡447张,价值14.75万元。

(张兰英)

【关心关爱劳模】 两节期间,走访慰问全国及北京市劳动模范157名,发放慰问款29.89万元;对16名奥运会、残奥会先进个人享受全国劳模待遇进行确认和登记工作;8月,分两批组织31名在职劳模外出学习考察休养;“十一”前夕开展对全区76个基层451名劳模及532名属地劳模的入户慰问和进行信息采集工作。慰问全国劳模32名,慰问大病、住院劳模10名,发放慰问金6.2万元;10月26日,组织85名劳模开展“九九重阳一日游”活动。12月,组织200余名劳模进行健康体检,投入资金14万元。

(张兰英)

【困难职工帮扶救助】 年内,工会会员纳入临时救助体系。实施救助38人次,累计发放救助金20.6万元。与区社保局职业介绍服务中心等单位共同举办民营企业周招聘会,接收职工个人求职登记达80人左右,收集38家单位111个工种的721条岗位信息。帮助解决31名困难职工及其子女就业问题,在逐步实现帮扶工作由“输血式”向“造血式”转变方面取得了预期的效果。全年举办“困难职工再就业计算机培训”和“困难职工再就业心理培训”两期，培训在册困难职工50人次。区总工会组织的三个企业与河南省三门峡市总工会签定农民工用工协议，达成1700个农民工用工意向。

(张兰英)

【工会专职工作者岗位培训】 2月11日，举办工会专职社会工作者岗位培训，80余人参加。培训重点从技能培训、业务培训、素质培训、总结交流等四方面入手，确保全年培训课时不少于80学时，并将学员学习情况纳入专职社会工作者年度考核内容。会上，对9名优秀专职社会工作者进行了表彰。全年对946人次进行培训，有90余人上岗。

(张兰英)

【“三八”妇女节活动】 “三八”节前夕，与各基层以“结对子”形式组建半壁店知心服务队、蓝岛大厦爱珊小分队等7支贴心人服务队，通过定期上门慰问等方式为家中有较大困难的单亲女工提供有针对性的救助。累计建立贴心人服务队284支，队员共计1300余人。“三八”节，为80名单亲困难女工发放了价值3万余元的慰问金和慰问品。

(张兰英)

【安全生产培训】 3月，对42个在施工地的2000多名农民工和工地技安管理人员进行岗前安全生产技能和安全检查方法培训。年内参加18起事故调查处理工作，为伤亡职工主张赔偿金额610余万元。与区建委配合对全区14个工地劳动保护工作进行检查和指导。

(张兰英)

【市总领导调研】 3月27日上午，市总工会党组书记、副主席韩子荣率队赴电气工程学校、劲松职高两所学校调研，了解办学特色及面向企事业职工开展素质教育、技能培训的做法和成效。

(张兰英)

【十二届七次委员会议】 4月15日，召开十二届七次委员会议，区委副书记张洋出席会议并讲话。会议审议通过《尹秀峰同志替补为朝阳区总工会第十二届委员会委员和王玉英同志不在担任总工会第十二届委员会委员、常委、主席职务的决定》，以无记名投票，选举尹秀峰为朝阳区总工会第十二届委员会常委、主席。区委组织部对区总工会领导班子人事调整进行说明。李琪任区总工会常务副主席。

(张兰英)

【工会工作会暨“庆五一”表彰大会】 4月30日，举办建区以来首次由区委召开的朝阳区工会工作会议暨庆“五一”表彰大会。市总工会党组书记、副主席韩子荣、区委副书记张洋出席会议并讲话。会议由区委常委、区纪委书记宋连娣主持，副区长张春秀宣读表彰决定。区总工会主席尹秀峰做工会工作报告。区人大、政协领导以及各委办局、社会团体、街道、地区党政一把手和主管工会工作的领导、区总工会直属局工会主席出席会议。近180余名来自各行各业的劳动模范和先进工作者代表，与800余名职工代表共同庆祝“五一国际劳动节”。会上下发《朝阳区委关于进一步加强和改进工会工作的意见》；对1名全国五一劳动奖章、15名首都劳动奖章、1个首都劳动奖状、2名奥运立功全国“五一”劳动奖章、4个奥运立功全国“工人先锋号”、1个北京市工人先锋号、30名朝阳劳动奖章、10个朝阳劳动奖状获得者进行了表彰。

(张兰英)

【职工技能比武】 7月，与区商务局共同组织由500多人参加的商业系统职工技能比赛取得成功。共11场比赛，其中1人获得高级职业资格证书，18人获得中级职业资格证书，85人获得初级资格证书，29人获得朝阳区服务技术标兵称号。

(张兰英)

【助学活动】 9月13日，与区红十字会和区慈善协会联合组织博爱·金秋助学活动，100余名特困、困难职工子女和家长参加活动。186名符合救助标准的困难职工子女得到助学金，累计投入资金20万元。

(张兰英)

【国庆服务保障】 国庆期间，承担了朝阳区国庆群众游行一分指第一、二、三方阵的集结疏散工作，成为全市十八区县工会中唯一一家承担此项任务的单位。在近三个月的筹备工作中，先后参与了市指、分指的合练24次；制定集结疏散、交通运输等方案16万余字；绘制集结疏散点位、路线、安检、交通运输等示意图173幅；安排运输车辆1481车次，运送7.4万余人次。国庆当天，出色完成了集结疏散工作，一分指所辖的国旗、国徽年号、浴血奋斗三个方阵实现了“安全准时到达、安静有序集结、时点精准汇合、快速有效疏散”的集结疏散工作目标。

(张兰英)

【法律援助】 年内，累计接待法律咨询(来电、来访)1061件，涉及人员6254人次。涉案总金额2029.4万元，其中涉及拖欠工资案件394件，涉及人数4569人，金额1116.05万元。受理616件，涉及1633人，涉案金额7622.06万元。已办结429件，涉案金额6461.75万元。调解劳动仲裁申请前及受理后劳动争议案件200件(其中调节立案前案件19件，立案后案件181件)，涉及金额780.28万元。调节成功75件，涉及金额57.13万元。接收办理了区信访转办劳动纠纷案件11批次，涉及金额406.05万元，调解成功2批次，共56人达成调解协议，涉及金额22万元。受国际金融危机的影响，本年本区劳动争议和举报投诉案件数量上升，为此制订并下发了《关于当前经济形势下协调稳定劳动关系的意见》。参与了松下部品810名员工与企业协商解除劳动合同事件调解处理。参与了松下彩管1500余名职工解除劳动合同的事件。积极配合有关部门参与企业因裁员而引发的劳动纠纷的处理。年内处理市总12351下派法律援助单10起，均已解决和回复。

（张兰英）

【职工互助保险工作】 年内，培训保险经办人员260余人次。累计全年储金式保险878.8万元；保费式保险205万余元。赔付职工累计809人，赔付金额141万余元。

（张兰英）

【建会工作】 年内，本区新增建会单位520家，会员3.1万人。在500强企业建会工作中，累计有172家独立法人单位建立工会组织，建会率86%。法人登记113家。对非公企业联合会数据库信息进行采集，建立区域性工会联合会181个、行业性工会联合会8个、街乡工会联合会4个、街乡工会工作委员会43个。目前已完成17.7万名会员的信息采集工作，分期分批为会员办理京卡互助卡工作。全区已建会企业4111家，累计签订集体合同企业3377家，占企业总数的82.1%。全年建立职代会制度的单位共1709家，建制率达到46%。

（张兰英）

共青团朝阳区委员会

【概况】 共青团朝阳区委员会是中共朝阳区委领导下、共青团北京市委指导下的一级团委，是朝阳区先进青年的群众组织，负责全区共青团工作，领导少先队朝阳区工作委员会，指导朝阳区青年联合会，并承担朝阳区未成年保护委员会办公室的工作。机关下设办公室、组宣工作部、基层工作部、社会工作部，下辖青少年指导服务中心、青年志愿者协会两个事业单位，分别行使各自职责，共同开展朝阳区青少年事业。截止年底，全区共有14至35周岁青年21.4万人，其中14至28周岁青年14.9万人。区属团员5.6万人，团青比例为1：2.66。有二级团组织123个，其中街道系统23个，农村系统20个，青工系统55个，非公经济及民办高校团组织25个。

地址：日坛北街33号

电话：65094384

邮编：100020

（孟媛媛）

【继承转化奥运志愿遗产】 1月1日，《志愿朝阳报》月刊正式出刊，报刊以传播“奉献、互助、共享、成长”的朝阳城市志愿者精神为主旨，记录志愿工作的最新进程，展示志愿者的精神风貌。2月18日，朝阳区北京2008年奥运会、残奥会城市志愿者多语种呼叫中心升级改造成为朝阳区城市志愿者服务中心并正式启用，960200朝阳城市志愿者服务热线开通。5月23日，区青年志愿者协会组织城市志愿者开展医疗救护、消防、手语等专业培训。8月30日，区青年志愿者协会联合区红十字会组织城市志愿者进行急救员资格认证统一培训。9月4日至10月8日，开放全区56个城市志愿服务站点，以“迎国庆、讲文明、树新风”为主题，开展信息咨询、应急服务和语言翻译等志愿服务活动，8600名城市志愿者累计服务首都市民、各地游客近10万余人次。12月4日，联合区禁毒办开展“争做志愿者创造新生活朝阳禁毒志愿者在行动”主题活动。年内，组织开展了“朝阳城市志愿服务季暨‘123’暖冬行动”、“朝阳城市志愿者和谐先锋行动”等志愿服务行动，进一步发挥了“城市志愿服务”的品牌效应。

（孟媛媛）

【两节送温暖】 1月14日，在朝阳剧场举办“朝阳区第十四届第二故乡送温情”活动。24日，开展“亲情陪伴大年夜”活动，组织城市志愿者与空巢老人共迎新春佳节。25日至31日，开展春节城市志愿服务，113个城市志愿者服务站点开放，千余名城市志愿者上岗服务。年内，针对弱势群体，累计发放各类扶助资金、物资12.8万元，资助困难群体854人。

（孟媛媛）

【服务青年就业创业工作】 1月14日，“朝阳共青团创业青年夜校”（以下简称朝阳夜校）正式揭牌成立。2月26日，朝阳夜校第一期培训班开班。6月19日，举行朝阳夜校第一期培训结业典礼暨朝阳青年创业者联谊会启动仪式。朝阳夜校第一期培训班先后共组织9次培训，人均培训64学时，累计培训1500余人次。26日，举办“SHOW-ME——青春朝阳风华正茂”大学生优秀作品展暨大学生就业指导招聘会。12月12日，举办朝阳区青年就业创业见习基地双选会。年内，团区委建立51家青年就业见习基地，提供近千个见习岗位。

（孟媛媛）

【组织建设】 2月18至19日，召开团区委工作会暨共青团朝阳区十届委员会第六次全体(扩大)会议。会议总结上年度工作,部署本年工作;增选王森等11人为十届委员会委员,盖春燕等2人为十届委员会常委。4月2日,举办团区委干部培训班,全区各街乡、企事业单位、学校团组织负责人及各学区少先队辅导员共120余人参加了培训。

(孟媛媛)

【“我与祖国共奋进”教育活动】 3月6日,组织“青春朝阳艺术团”到女民兵方阵黑庄户训练基地进行慰问演出,并为女民兵庆祝集体生日。4月15日,在奥林匹克公园志愿者广场举办以“感恩、责任”为主题的朝阳区中学生十八岁成人宣誓仪式、朝阳区第二十一届青少年科学文化节暨第七届朝阳青年学习节活动。5月4日,举办“青春与朝阳同行——纪念五四运动90周年‘青年榜样’颁奖典礼”,特邀不同时期的“朝阳青年榜样”现场访谈,展示朝阳青年立足本职、拼搏进取、建功立业的青春风采和时代精神。23日,在798艺术园区798创意广场举办朝阳区青年文明号联谊会“夏日有约”交友活动。

(孟媛媛)

【青少年权益工作】 4月9日,召开本年度区青少年权益工作会。6月26日,联合区禁毒办在双井金港国际小区举办“依法禁毒、构建和谐”为主题的“6.26”朝阳区国际禁毒宣传教育日活动。8月1日,组织青少年参加“未成年人远离香烟”——2009年星光自护夏令营活动。12月3日,区未委会办公室、预防办召开“朝阳区青少年权益工作专题研讨会”。25日,联合区法院、区教委、区司法局等单位共同举行“街乡预防青少年犯罪考核评审会”。年内,完善“朝阳区青少年民意表达网”,解答了青少年通过网络提出的91个问题,接纳吸收了12条建议,依托“知心哥哥、知心姐姐”热线电话,接待关于青少年权益的法律咨询与援助。

(孟媛媛)

【少先队工作】 5月31日,联合区少工委等有关部门举办“2009年朝阳区少先队歌唱祖国庆六一”活动。6月1日,中共中央总书记、国家主席胡锦涛,中共中央政治局委员、北京市委书记刘淇等党和国家领导人与芳草地小学中外少年儿童共同体验中国传统文化活动。同日,团中央书记处书记、全国少工委主任罗梅,团市委副书记、市少工委主任王粤与白家庄小学少先队员共同开展了红色经典儿童歌曲演唱活动。11月,联合区少工委开展“争做四好少年”主题评选活动。年内,制定了《关于加强少先队阵地建设的意见》,举办“少先队大(中)队辅导员远程培训班”。

(孟媛媛)

【首都国庆60周年群众游行】 6月3日,区国庆群众游行联欢指挥部成立,团区委负责全区群众游行及联欢的统筹工作。15日,首都国庆60周年群众游行指挥部第一分指挥部(以下简称一分指)正式成立,团区委主责一分指的综合协调工作,负责“国旗”、“‘国庆’、年号和国徽”、“浴血奋斗”三个方阵的组织训练、保障联络、宣传激励等工作。8月4日,在中国传媒大学开展“浴血奋斗”方阵合练。5日,在良乡机场组织一分指首次合练。9日,参与首都国庆60周年群众游行指挥部在沙河机场组织的首次合练。8月29日、9月6日、18日,一分指三个方阵分别参加并圆满完成了三次天安门实地联合演练。10月1日,一分指三个方阵光荣通过天安门城楼,接受党和国家以及全国各民族人民的检阅,实现了“方阵走前列,士气最高昂,游行争风采,效果创一流”的工作目标。20日,一分指在昆泰大厦召开总结答谢大会,对参与一分指各项国庆工作任务的单位进行表彰答谢。在首都国庆60周年群众游行工作中,一分指共完成50期《工作日报》、50期《工作专报》、13期《工作动态》以及数百篇新闻信息的编辑撰写工作。团区委分别荣获“首都国庆60周年群众游行优秀组织单位”、“朝阳区中华人民共和国成立60周年庆祝活动筹办工作最佳组织奖”、“朝阳区国庆志愿者工作优秀组织单位”和“朝阳区国庆新闻工作优秀组织单位”荣誉称号。

(孟媛媛)

【基层基础工作】 年内,开展工作量化考核,推动基层团务工作的规范化。制定实施《朝阳团区委2009年基层工作菜单化推进实施办法》,整合基层团组织全年工作,调动各基层团组织开展工作的主动性和创造性。加强非公企业团建指导,广泛开展非公企业调研工作,出台《朝阳区基层非公团建指导手册》,加强对已建立团组织的非公企业团的工作的服务。召开9次区域协作片会议,延续并巩固与驻区、中央、市属单位密切联系的成果,探索与区外高校、企业的合作,共同研讨区校共建、团企共建、非公团建、公益志愿和青年创业就业等工作,促进各类团组织间资源整合,探索区域特色品牌。与广州、深圳等地的团组织进行互访交流。

(孟媛媛)

【建功成才示范活动】 年内,开展青年文明号、青年岗位能手等建功成才示范活动,评选出青年文明号67家、青年岗位能手191名、学习型青少年文明社区23个。开展“青年榜样——第十二届朝阳区十佳第二故乡奉献奖”评选活动,授予10

个集体“十佳进京创业青年集体”称号，授予10名同志“十佳第二故乡奉献奖”称号，授予10名同志“十佳进京创业青年之友”称号。开展“达标创优竞赛”活动，授予10个团(工)委“五四红旗团委标兵”称号，授予52个团(工)委“五四红旗团委”称号，授予105个团支部“五四红旗团支部”称号，授予252名同志“优秀共青团员”称号，授予91名同志“优秀团干部”称号。开展“青年榜样——志愿者工作先进集体、先进个人“评选活动，授予25个集体“优秀志愿者集体”称号，授予20个集体“志愿者行动组织奖”称号，授予207名同志“优秀志愿者”称号。授予10个集体“共青团信息工作先进单位”称号，授予20名同志“共青团信息工作先进个人”称号。

（孟媛媛）

朝阳区妇女联合会

【概况】 朝阳区妇女联合会是中共朝阳区委领导下、市妇联指导下的社会群众团体。年内，以“双学双比”、“巾帼建功”、“五好文明家庭”、“大众读书会”等活动为载体，团结带领全区广大妇女积极投身朝阳各项事业建设。设5个部室1个中心，即：办公室、组联部、事业发展部、维权部、妇女儿童工作委员会办公室、朝阳区妇女发展服务中心。

地址：日坛北街33号

电话：65099410

邮编：100020

（康姗迟）

【领导调研视察】 2月13日，市政协副主席赵文芝率市政协委员一行13人，到望京街道和谐家庭教育指导中心调研志愿者常态化服务课题。市妇联主席赵津芳、区政协副主席关三多陪同。市政协领导参观了望京街道和谐家庭教育指导中心，参与了“如何建立孩子的自信心”的主题活动。在参观结束后的专题座谈会上，赵文芝充分肯定了朝阳区巾帼志愿者金玫瑰行动的特色，认为活动形式好、载体新，凸显了志愿者在参与“人文北京、绿色北京、科技北京”建设中的积极作用。同时对志愿者工作提出两点期望：一是志愿者工作要体现诚信服务的原则，在社会上弘扬诚信之风；二是建立统一考评机制，探索志愿者工作的常态化运行机制。

（康姗迟）

【庆祝三八妇女节】 3月3日，区委、区政府在中国传媒大学隆重召开纪念“三八”国际劳动妇女节99周年暨表彰大会。市妇联副主席尹玲珍、区人大常委会主任王力军、区委副书记张洋、区政协副主席刘乃晨等领导出席了大会。区各部委办局领导、各人民团体负责人；各街乡党政领导、妇联主管领导、妇联主席、社区(村)妇代会主任，三八红旗集体、三八红旗手、巾帼建功先进单位和个人代表、巾帼志愿者金玫瑰姐妹指路队代表、“妇女之友”代表及社会各界妇女代表约300人参加了大会。会议由区妇联主席黄敏主持，区妇联副主席刘丽平代表区妇联执委会作工作报告；市、区领导为获得街乡妇联先进代表、金玫瑰姐妹指路队优秀队员代表、朝阳区“妇女之友”代表称号的集体和个人颁奖。亚运村街道齐家豁子社区金玫瑰姐妹指路队代表、区环卫中心第四保洁队队长金继香、双桥燕京中药饮片厂厂长苏桂云做典型发言。

（康姗迟）

【领导慰问】 3月6日，副市长夏占义率市“双学双比”竞赛活动协调小组以“关注妇女民生、推动妇女发展、共创和谐社会”为主题，走访慰问了朝阳区“双学双比”示范基地——北京燕京中药饮片厂，市妇联主席赵津芳、副区长刘希泉陪同。慰问活动中，黄敏、燕京中药饮片厂厂长苏桂云分别汇报了在推进朝阳区农村城市化进程中，以“双学双比”活动为载体，促进妇女增收致富，发挥示范基地的示范辐射作用的情况夏占义、赵津芳为市“双学双比”示范基地——北京燕京中药饮片厂揭牌，并向中药饮片厂赠送发展扶持慰问资金10万元。

（康姗迟）

【社区妇联换届】 5月，社区妇联完成换届工作。参加此次换届选举的社区有306个，分布在22个街道与19个地区办事处。经过宣传准备、确定妇女代表资格、推选产生执委候选人建议名单、召开妇女代表大会、正式投票选举等阶段，选出新一届社区妇联组织，选举产生新一届社区妇联主席306名。新一届社区妇联班子成员中，进两委成员294人，占总数的96.1%；中共党员261人，占总数的85.3%；担任正副书记主任256人，占总数83.7%；大专、大学本科及以上学历有237人，占总数的77.4%；新当选的社区妇联主席平均年龄为46岁。

（康姗迟）

【家庭文化周活动】 5月11日，与常营地区工委、办事处共同主办的朝阳区“家庭文化周”在常营地区万象新天社区启动。市妇联宣传部部长陈银亭、区人大常委会副主任孔德琴等领导出席了启动仪式。启动仪式上，社区家庭参与了“亲情树寄语”活动，家庭成员将自己最想说的一句话写成卡片挂在亲情树上；仪式上还为6对夫妇庆贺金婚，并现场访谈金婚感想。活动还穿插了家庭时装秀、家庭演唱、交谊舞等家庭才艺展示节目。“家庭文化周”是区妇联迎国庆60周年系列活动之一。“家庭文化周”期间,各街乡妇联开展了和谐家庭表彰、家庭才艺比赛、家庭手工艺作品展示和服饰、健康、安全知识讲座等活动。

(康姗迟)

【组建国庆游行同龄人大队】 7月至10月,负责第三方阵共和国同龄人大队的组建和训练工作。共和国同龄人大队隶属于首都国庆60周年群众游行第三方阵“浴血奋斗”方阵,共有来自于27个街、乡的104名队员。针对队员年龄大、体质弱的特点,为保证大队训练的顺利进行,协调区卫生局专门为同龄人大队配备医疗救护车,并为队员配备急救包、降压灵等药品以及食品、饮料、小马扎和雨衣等物品。同时,在训练期间通过组织拓展训练、参观游览和集体生日会等多项文体活动丰富了队员训练生活,激发了队员参训热情。在大队成立临时党支部,更好地关注队员思想动态,关心队员生活。10月1日国庆60周年群众游行中,共和国同龄人大队精神饱满,动作整齐划一,展示了共和国同龄人的风采,圆满完成了国庆群众游行的任务。

(康姗迟)

【女处级干部培训】 7月27日至31日,与区委组织部在区委党校联合举办首届女处级领导干部培训班,共有41名处级女领导干部参加。区委常委、组织部部长刘宇辉参加开班仪式。刘宇辉做开班动员,要求女领导干部珍惜学习机会,提高思想认识和知识水平。此次培训班开设了男女平等基本国策、马克思主义妇女观、金融危机对我国的影响和对策、女性管理艺术等多项课程。

(康姗迟)

【巧娘展示展销推介会】 10月4日至10月8日,与区劳动和社会保障局联合举办首届迎国庆巧娘手工艺品展示展销推介会。来自全区31个街乡的近500名巧娘参加了此次活动。展示展卖推介会上展出了朝阳区巧娘制作的数千件手工艺品,既有布艺、刺绣、编织、雕塑、剪纸等,既有苏绣、十字绣、中华结等装饰品,也有编织提包、披肩、果盘等日用品。此次展销会销售额达七万余元,区妇联和区劳动和社会保障局根据巧娘展卖情况,为62名优秀巧娘颁发了证书和奖品。

(康姗迟)

【首期女经纪人培训】 11月4日-20日举办朝阳区首期女经纪人培训班。此次培训以本区“花开朝阳”创业联谊会会员、巧娘手工艺品编织联谊会会员为培训对象,分现场面授、实地考察、鉴定考核三个阶段,邀请首都经济贸易大学等知名高校学者就经纪人基本常识、新农村创业创新、农产品经纪人有效沟通方法和妇女小额贷款政策等多方面内容进行集中讲解,邀请专业鉴定机构的专家和相关领域行政机关领导与学员进行现场交流互动和答疑。

(康姗迟)

朝阳区青年联合会

【概况】 朝阳区青年联合会是朝阳区各族各界优秀青年的爱国统一战线组织。按委员代表性及职业划分为社团劳模组、科教卫组、文体组、公有制经济组、非公有制经济组、新社会阶层组、公共管理组、政法组、新闻传媒组、港澳台侨民族宗教组,有委员300名,其中主席团成员13人,常委36人。青年之友联谊会(区青联的外围组织,区青联的一部分,会员主要包括因为超龄、卸职的青联委员和拟发展为青联委员的后备人员)现有会员98名。

地址:日坛北街33号
电话:65094331 65099178
邮编:100020

(薄晓可)

【慰问国庆女民兵方阵】 1月25日,区青联秘书处代表广大青联委员为女民兵送去600袋饺子。3月,区青联委员来到女民兵训练基地,为女民兵进行文艺演出。

(薄晓可)

【奥运林植树活动】 4月4日,与区绿化局等单位联合开展“传承奥运,绿色朝阳”——朝阳青年奥运林植树活动,广大委员积极参与,部分委员发动所在单位或组织共同参加植树活动,种植各类树木400余棵。

(薄晓可)

【常委会、全委会】 4月15日,召开四届二次常委(扩大)会议,会上通报区青联前期工作情况及全年工作要点;增补区青联委员、区青联“青年之友”联谊会会员;确定召开青联四届二次全委(扩大)会事宜。4月23日,四届二次全委(扩大)会议召开。区青联主席代表四届青联常委会向大会作报告,会议全面总结四届青联换届以来的工作,分析研究新形势、新任务,安排部署本年区青联各项工作,两位界别组代表分别就本界别组工作进行发言。副区长张春秀出席会议并讲话。6月18日,四届三次常委(扩大)会议召开,会上增补区青联委员、区青联“青年之友”联谊会会员、区青联常委,调整区青联主席团,选举孔磊为区青联主席。12月17日,四届四次常委(扩大)会议召开,会上增补区青联委员、区青联“青年之友”联谊会会员。年内,增补区青联委员31名、区青联“青年之友”联谊会会员5名。

(薄晓可)

【健身温暖工程】 4月23日，成立青春朝阳羽毛球队，副区长张春秀授旗。年内，青春朝阳羽毛球队、足球队坚持每周开展训练、比赛活动。区青联温暖工程继续深入开展，每月定期通过各种活动为广大委员举办集体生日会。

（薄晓可）

【外事交流】 4月30日，区青联委员代表参加由中华全国青年联合会与日本青年会议所（即日本青商会）共同主办的“中日青年企业家研讨会”。7月23日至29日，区青联接待日本东京大田区青少年访问交流团，副区长阎军接见访问团全体成员，双方围绕友城发展、青少年教育等问题进行交谈。7月27日至8月15日，朝阳区青少年访问交流团一行14人访问了韩国首尔江南区。8月10日至15日，区青联接待韩国首尔江南区青少年友好访问团。年内，接待韩国青年会议所参观走访本区的社区工作机构。

（薄晓可）

【界别组活动】 年内，非公有制经济组、新社会阶层组前往北京东方博爱儿童福利院开展慈善公益活动，捐赠2万余元的生活用品和玩具；港澳台侨民族宗教组等界别组青联委员参观北京加拿大国际学校并开展素质拓展活动；非公有制经济组、新社会阶层组以及新闻传媒组青联委员在闽龙陶瓷艺术馆观摩陶瓷艺术并就青联工作进行座谈；非公有制经济组和新社会阶层组委员开展了北京宝瑞通典当行新型融资模式和易事达广场社区商业模式学习交流活动；文体组开展了“走进新农村——青联委员高碑店村古典文化行”活动；区青联“青年之友”联谊会组织会员参观了高碑店地区盛世龙源管理中心展示厅。

（薄晓可）

【参与国庆60周年庆典活动】 年内，参与国庆六十周年庆典各项工作。社团劳模组部分委员协调有关方面，参与方阵组织工作；卫生、政法、交通、新闻、文教等各方面青联委员，立足本职，全面投入国庆保障工作；新闻传媒组、文体组部分委员参加行进方阵工作和焰火联欢晚会工作。

（薄晓可）

【参与青年就业创业】 年内，积极配合团区委青年就业创业工作，委员主动加入青年就业创业讲师团，在所在企业设立青年就业创业见习基地，参与“朝阳创业青年联谊会”建设工作。

（薄晓可）

朝阳区工商业联合会

【概况】 朝阳区工商业联合会（简称区工商联）是中国共产党领导下的以统战性为主，兼有经济性、民间性的人民团体和民间商会。中共朝阳区委非公经济工作委员会（简称区委非公经济工委）与区工商联合署，工委书记由区工商联党组书记担任。

地址：团结湖北五条8号楼

电话：65094397

邮编：100026

（王　寅）

【会务活动】 1月16日，与区新社会阶层联谊会联合举办“2009年建立信心、迎新春”大型民营企业联谊会，近220家非公企业300名企业负责人参加联谊活动，区工商联主席聂启明致辞，市工商联副主席张卫江、市委统战部副部长楚国清、区委副书记、区委统战部部长张洋等领导应邀出席了联谊会。6月18日，组织会员企业参加由汇丰银行（中国）推出的中小企业管理研修课程系列培训。培训针对中小企业的财务管理特性，结合最新的经济金融形势设置，帮助中小企业负责人及财务主管提高经营决策和财务管理能力，更好的运用各类金融产品服务自身企业。7月20日，与浙江省建德市工商联正式签订协议，缔结为友好商会。市工商联党组副书记、常务副主席马兰霞，区委副书记、统战部长张洋，建德市委副书记董悦，市委常委、组织部长沈鹏，建德市委统战部副部长、工商联党组书记施国清参加签约仪式。7月28日至31日，组织北京华耐立家建材有限公司、北京正泰华厦恒物业管理有限公司等非公企业负责人参加北京、天津、河北等7省市工商联在张家口市举办的第十一届环渤海地区民营经济经贸合作洽谈会。8月17日，举办“朝阳区新社会阶层人士联谊会理事及非公经济人士统战理论学习班”。区新社会阶层人士联谊会理事、区工商联执委以上会员及部分骨干会员80余人参加了本次学习班。8月26日，区工商联系统10余家民营企业负责人在区委副书记张洋的带领下，到朝阳宾馆慰问参加国庆60周年共和国同龄人方队。8月28日，与张家口市万全县工商联组织召开张家口市西山产业集聚区招商引资恳谈会，10余家企业家代表参加了活动。8月28日，组织40余家非公企业参加区政府在望京科技创业园举行的北京恒源小额贷款有限公司开业仪式暨朝阳区帮扶企业银企对接会。11月10日，召开区工商联九届四次执委会，市工商联副主席王克林、会员处处长朱强，市委统战部工商经济处调研员陈志坚等领导出席会议。70余名工商联执委参加会议。会议审议通过了关于增补6名副主席、26名常委、35名执委的建议名单和免去部分执委职务、聘请特邀顾问的决定。区工商联党组书记、常务副主席王小毛对本年区工商联的主要工作进行了通报。11月10日,组织慧远电线电缆有限公司、慈铭集团等五家企业负责人参加在长白山国际酒店举办的“吉林省开发区、北京市民营企业经济技术合作对接会”。各企业负责人与吉林省领导和开发区的主管部门进行了接洽,并针对优惠政策和相关产业进行了交流。11月17日,组织国遥新天地、洛娃集团等7家科技型企业参加由市科委、市工商联、民营科技实业家协会共同举办的企业科技创新形势政策报告会。12月4日,邀请17家会员单位中的律师事务所负责人,共同商讨如何利用现有的资源对会员企业进行常年性的法律服务,包括劳动争议诉前调解、劳动仲裁裁决前调解,建立法律服务中心和劳动关系调解中心等。12月9日,召开区工商联特邀顾问聘请会议。市委统战部副部长楚国清,市工商联党组书记、第一副主席吴杰,区委副书记、统战部部长张洋,副区长阎军,市委统战部工商经济处处长贺淑晶,市工商联会员处处长朱强等领导和29名特邀顾问出席了会议。

(王　寅)

【学习实践科学发展观】　3月13日,召开第二批学习实践科学发展观活动动员暨党建工作部署会,区调研指导组同志及各基层党组织百余名负责人参加会议,区委组织部常务副部长、非公经济工委书记王小毛作动员讲话。会议提出了明确一个主题,抓好五个结合,实现五个工作目标的具体工作思路。3月20日,慈铭集团党委召开学习实践科学发展观活动动员大会。5月15日,召开科学发展观心得体会交流暨第二阶段工作部署会,各基层党组织负责人和党员代表共计80多人参加会议。7月7日,市“新经济组织、新社会组织党组织负责人示范培训班现场教学活动”在叶青大厦会议室举行。区委常委、组织部长刘宇辉、市委组织部组织二处处长王兴聘等领导出席会议,市部分学习实践科学发展观活动试点党组织负责人和“两新”组织示范培训班学员参加会议。6月2日,开展党员社会实践活动,组织东都工贸有限公司党委、叶青大厦党委、京朝出租汽车有限公司党支部等基层党组织对原工商业者进行走访慰问,并送上慰问金。6月10日,区科学发展观第四指导组走访学习实践活动典型叶青大厦、慈铭集团党委,了解企业生产经营情况及学习实践科学发展观活动开展情况以及党建工作特色。8月31日,召开第二批深入学习实践科学发展观活动总结会,区调研指导第四组领导出席会议并讲话,非公经济工委委员、非公企业各基层党组织负责人参加了会议。在整个活动过程中,积极创新,扎实推进,确保非公企业党员活动覆盖率达到100%,实现了教育活动全覆盖的工作目标。在社会实践方面,广泛发动非公企业党组织和党员主动走向社会,积极投身新农村建设、参与社会共建、参加各种社会公益活动,为构建和谐社会贡献力量。据统计,非公系统各民营企业共向社会捐款捐物300余万元;在应对危机方面,通过座谈会、意见箱、电子邮件、答卷等多种形式,广泛征求党员群众的意见和建议。62家非公系统党组织的党员群众踊跃为企业发展,为党组织建设,为朝阳区经济社会发展建言献策。共提出各类合理化建议794条,参与活动群众2076人。

(王　寅)

【专题培训】　3月24日-26日,组织非公企业审计人员参加北京地区“内部审计人员岗位资格证书”培训班。帮助非公企业降低运营成本、规范财务制度、提高抗击风险能力、财务管理水平和内部审计能力。3月30日,邀请区双高人才中心主任刘金成就非公领域人才队伍建设进行研讨。4月17日,召开“优秀企业家、优秀企业管理者表彰大会”。对在迎接奥运会,创建和谐企业,推进科学发展,积极为我区现代化建设工作做出突出贡献的34位同志进行表彰。6月1日,举办“关注企业,关心员工——朝阳区工商联非公企业HRM俱乐部2009信心与策略论坛”。市工商联张卫江副主席,市统战部工商经济处处长贺淑晶等领导出席了论坛活动。7月2日至3日,与市双高朝阳人力资源开发中心在北戴河联合举办非公经济工委HRM俱乐部2009信心与策略主题拓展活动,参训学员为非公经济工委系统各企业人力资源负责人及党组织负责人。会同区委统战部举办“朝阳区新社会阶层人士及非公经济人士统战理论学习班”,70余位执常委参加学习培训。

(王　寅)

【帮助企业应对国际金融危机】　3月31日、4月2日,组织10余家非公企业分别参加市委统战部、市工商联联合召开的首都非公有制经济应对金融危机现状及对策研究调研组座谈会。4月13日,邀请科技、建筑、商业等行业的代表召开非公系统企业家座谈会,共商应对金融危机对策。企业家们通过座谈交流,提出了进一步扶持中小企业发展的意见和建议。4月21日,召开劳动和社会保障政策宣讲大会。区劳动局和区工商联领导就受金融危机影响造成企业经营困难的认定、企业稳定就业享受政府扶持政策的标准和条件、企业申报就业岗位、保险、培训等补贴的流程进行了讲解,并对市政府出台的关于支持企业稳定就业政策进行解读。区工商联100多家企业,近200人参加了此次活动。5月15日,组织10余家规模企业参加朝阳区民营企业招聘会,10余家企业为应届毕业生、农民工、及失业人员提供就业岗位200余个;5月26日,与民生银行在建外大街新华保险大厦联合举办解决中小企业贷款难问题的讲座,民生银行的负责人与参加会议的十余家企业负责人针对本企业出现的资金及贷款问题进行了交流,并对非公企业在经营中出现的诸多商贷问题进行了解答;6月12日,组织20余家会员企业参加"企业应对危机中的劳动关系调整与政府鼓励创业、稳定就业、培训补贴等帮扶措施"讲座。讲座解读了市政府"帮扶企业应对国际金融危机的若干措施"、"稳定就业扩大就业六项措施"等相关政策,并对企业在应对危机中的创业、就业、劳动合同、社会保障等专业问题的进行了现场答疑。年内,对200余家会员企业关于应对金融危机用工情况进行调查,并组织非公经济代表人士分别参加市政协、市工商联、区工商联举行的关于如何建立信心、化危机为机遇的座谈会;参加市中小企业服务中心举办的"应对金融危机之道"系列讲座,帮助企业甄别风险、稳健经营,寻找发展出路;组织规模企业和劳动密集型企业申报促进非公有制中小规模企业发展专项资金项目,经审批,北京中复电讯设备有限责任公司、北京华东森源电气有限责任公司等企业获得区政府关于保就业专项资金的支持,共计140万元。

(王　寅)

【精神文明创建】　4月20日,召开精神文明建设工作会,工商联系统30多家企业负责人参加会议。会议部署本年精神文明建设的各项工作,对荣获上年度朝阳区精神文明建设先进单位、先进个人进行表彰。4月28日,召开群众性精神文明创建工作申报制培训会,传达《关于朝阳区群众性精神文明创建系列先进评选工作实施申报制的意见》和《朝阳区2009年度群众性精神文明创建系列先进评选工作实施申报制的具体安排》,并对相关业务进行培训。5月7日,在闽龙陶瓷总部基地、闽龙乒乓球俱乐部举办第三届闽龙"和谐企业杯"乒乓球友谊赛,22家会员企业的160多名代表参加比赛。7月8日,召开工商联系统精神文明创建中期指导工作部署会,近30家企业参加会议。会议传达了区群众性精神文明创建中期指导的安排和广泛开展"城乡统筹、文明先行"主题实践活动的意见,对迎接中期指导工作进行部署。7月21日,慈铭集团与怀柔区渤海镇洞台村共同举办"城乡统筹,文明先行"主题社会实践活动签约仪式,市社工委委员、社建办副主任陈建领,怀柔区委常委、政法委书记李树江等领导参加此次活动。7月30日,在京奥港集团举办上半年精神文明建设工作汇报会,汇报会以实地抽查和观摩为主,对申报首都、市、区级文明单位的26家非公企业进行指导检查。8月11日,组织50余名非公企业员工,参加在朝阳公园举办的"传承奥运、再创优势、建设文明朝阳"暨朝阳文明行动月启动仪式。8月20日,举办区工商联公民道德宣传日活动,现场发放首都市民文明公约、"十百千"道德模范先进事迹,教育引导广大市民,自觉履行法定义务、社会责任,自觉形成敬业奉献、诚实守信的良好风气。8月27日、28日,召开上半年精神文明建设工作会。25家首都级、区级文明创建单位负责人分别以PPT演示、书面汇报等形式对本单位上半年的精神文明建设工作进行总结。年内,在区精神文明创建工作中,推荐各类文明单位23家,其中,首都文明单位标兵1家、首都文明单位6家、朝阳区文明单位16家;在市工商联系统精神文明创建工作中,推荐各类文明单位27家,其中,首都文明单位标兵1家,首都文明单位2家,市工商联系统文明单位标兵12家(新申报2家),市工商联系统文明单位12家;在首都"迎讲树"活动评选表彰工作中,推荐首都级先进单位2家、先进个人5名,区级先进单位4家、先进个人10名。1人被评为朝阳区2009年度"十大道德模范",8人被评为朝阳区2009年"百名文明之星"。

(王　寅)

【领导调研】　4月23日,市委常委、统战部部长牛有成、副部长楚国清,市工商联党组书记吴杰,区委副书记张洋等领导到工商联会员企业进行现场调研。5月19日,市委统战部副部长楚国清、工商经济处处长贺淑晶等领导一行,张洋、王小毛等领导的陪同下,到北京天利深冷设备有限公司和北京京奥港集团进行调研。7月14日,楚国清率统战部宣传部门同志,对必鹤鹏物业管理有限公司所属中华和谐文化创意产业园项目进行调研。

(王　寅)

【非公党建】　5月21日,举办入党积极分子培训班,非公企业基层党组织的82名积极分子参加培训考试;5月26日,召开非公系统党组织建设研讨会,来自50余家非公企业的党组织负责人围绕非公企业党组织和党员发挥作用的有效途径和渠道开展座谈、交流;6月26日,区委社会工委授予叶青大厦党委、慈铭集团党委、洛娃科技实业集团党委、北京交运投资发展有限责任公司党委、朝阳饮食服务有限责任公司党委、北京福建企业商会党总支为"朝阳区社会领域党的建设'五个好'示范点"称号;七一前夕,区政协主席辛燕琴等领导到北京IGO国际宠物俱乐部,对非公企业家党员、北京天利深冷设备有限公司董事长聂启明进行慰问;区委组织部常务副部长王小毛等领导到叶青大厦党委进行慰问,指导叶青大厦党建工作,对叶青大厦开展基层党建工作予以支持和鼓励;新成立各级非公基层党组织5家,发展党员55名,培养入党积极分子82名。以"传播政策、反映动态、交流经验、指导基层"的主旨,创刊《朝阳非公简讯》;将区工商联政务网站作为服务基层的重要窗口,及时更新党务知识、基层动态、教育活动、人才建设等信息,更好地实现非公系统信息资源共享,方便非公党组织参考借鉴;开展"党员先锋岗、党员示范岗、党员责任区"等党员挂牌上岗活动,在规范经营管理、提高经济效益中充分发挥党员在助推企业发展方面的先锋模范和示范引领作用。积极响应区委号召开展"共产党员献爱心"活动。广大党员、群众积极踊跃捐款,捐赠款项共计88390.32元。

(王　寅)

【人才工作】　年内,共推荐全国优秀社会主义建设者2名、朝阳区优秀社会主义建设者27名,全国"五一"劳动奖章1名,首都劳动奖章3名,北京市工人先锋号(集体)1个,朝阳劳动奖章3名,劳动奖状1个。推荐第十一届中国青年科技奖候选人5名。推荐北京市党外代表人士后备人选11名;在会员企业中选择35人作为工商联的新增补执委,26名增补常委,5名增补副主席,其中区人大代表1人、区政协委员7人。通过培养,有计划地将其中的代表性人士向各级人大、政协进行举荐,从而更好的发挥非公经济人士参政议政作用;开展北京市留学来京人员基本情况调查工作。据统计,区工商联系统共有176名留学人员归国工作,其中硕士以上学历83人,已纳入市和区人才库。

(王　寅)

【参政议政】　年内,深入开展调查研究,对非公企业的生产经营状况及存在的问题进行调研,向区委区政府提出合理化建议;赴外地进行学习考察调研,学习外省市发展非公有制经济的经验;组织非公经济人士赴国外学习考察、探索发展经济的新思路、新举措;协同和配合区发改委、区社保局等相关部门就贯彻落实鼓励非公有制经济发展的各项优惠政策开展调研,为区委区政府研究与决策提供依据。围绕非公有制经济发展中的难点和热点问题,提出《加强非公经济人士思想政治工作有效途径的探索与思考》、《非公党建工作的探索与建议》等一系列专项调研报告。其中,《加强非公经济人士思想政治工作有效途径的探索与思考》的调研报告荣获市思想政治工作研究会2009年"丹柯杯"优秀研究成果二等奖;邀集16家在我区土地储备工作中可能涉及整体搬迁的民营企业负责人进行座谈交流,在听取企业家意见建议和广泛调查了解的基础上,结合土地储备工作及企业发展实际提出统筹规划、规范搬迁、妥善安置等几方面建议。所提建议受到区领导高度重视,区委书记陈刚,副书记张洋等领导作了重要批示。

(王　寅)

朝阳区
归国华侨联合会

【概况】　朝阳区归国华侨联合会是在中共朝阳区委领导下的,由朝阳区归国华侨、侨眷组成的人民团体。年内,充分发挥维护侨益、参政议政、为侨服务、海外联谊四大功能广泛开展各种活动。在市政协十一届三次全委会、区政协十一届四次全委会和区人大十四届四次会议期间,共提交个人议案、提案18件。

地址:团结湖北五条8号楼
联系电话:65094372
邮政编码:100026
电子信箱:bjchyql@yahoo.com.cn

(刘玉安)

【开展多种形式活动】　1月21日,在朝阳剧场举办迎新春电影招待会,全区归侨侨眷1000余人参加。2月6日上午,召开老归侨元宵佳节座谈会,40余名区属老归侨参加会议。2月6日下午,召开基层侨联主席、侨务干部工作会,传达市、区有关会议精神。2月27日,与区科协联合举办归国留学人员科技创新与中小企业发展论坛。来自区域内的20余位留学人员代表、区侨联系统重点人士等参加会议。3月19日至20日,召开街道侨联工作会。全区各街道侨联主席、侨务干部及区侨联委员近50人参加会议。4月15日,组织区属老归侨40余人参观了位于北京城西南的周口店遗址。4月16日,组织全区22个基层侨联主席、侨务干部40余人,参观平谷桃花节并游览了景区湖洞水。4月28日,举办迎接建国60周年暨北京市第四届"首都新侨乡文化节"大合唱专场选拔赛,全区有7个街道侨联代表队参加了比赛。5月20日,在朝阳剧场举办"朝阳区侨联迎接建国六十周年暨'第四届首都新侨乡文化节'文艺汇演"。全区22个街道(乡)侨联代表队及归侨侨眷群众近千人观看演出。中国侨联副主席、市人大常委会副主任、市侨联主席李昭玲,区人大常委会副主任孔德琴等领导出席。5月25日,由区侨联承办的"北京市第四届首都新侨乡"文化节时装表演专场在朝阳剧场成功举办。来自8个城区、社团的侨联代表队参加了表演,市侨联领导出席并观看表演。6月10日,召开第五届八次全委会,传达区委书记陈刚在全区党政领导干部大会上的讲话精神;讨论通过上半年侨联工作总结及下半年工作计划。6月25日,举办“庆七一、迎国庆”老归侨座谈会。来自全区各界近20名老归侨参加座谈会。8月13日至14日,召开街道侨联工作会,传达第八次全国侨代会等会议精神,部署下半年工作。全区22个街道(乡)侨联主席及侨务干部40余人参加会议。8月27日至28日,召开第五届九次全委会,传达中国侨联第八次侨代会、市侨联第十三届五次全委(扩大)会议以及区委十届十次全委会议精神。9月17日,组织40余名区属老归侨参观游览北京植物园。9月18日,组织基层侨联主席和侨务干部40余人,游览位于房山区中国北方最大的溶洞——上方山云水洞。11月13日,为6位60、70、80周岁的老归侨过生日。11月24日,中国侨联副主席、市人大常委会副主任、市侨联主席李昭玲到区侨联进行工作调研。12月1-2日,召开“朝阳区街道侨联工作总结会”。

(刘玉安)

【为归侨侨眷送温暖】 “两节”前夕区财政下拨专项慰问资金一万元,“两节”期间,区侨联利用这笔专项资金,增加慰问孤寡病困归侨20户。据统计,全年全区各级侨联组织共计慰问归侨侨眷1000余人。

(刘玉安)

【为四川灾区捐款】 四川省汶川县发生强烈地震后,号召归侨侨眷发扬华侨爱国、爱乡的优良传统,以实际行动支持抗震救灾,尽己所能,积极参加各街道、各社区、各单位援助四川灾区的捐款活动。截止到2月26日收到1125人捐款人民币109737元、欧元1000元、美元2000元(外币折算人民币总计捐款数额达到132137元)。

(刘玉安)

【总结表彰】 8月,在“北京市第四届首都新侨乡文化节”活动中,亚运村街道侨联表演的藏族舞蹈获得一等奖;劲松街道侨联的大合唱、首都机场街道侨联的时装表演获得二等奖;亚运村街道侨联大合唱、六里屯街道侨联舞蹈、八里庄街道侨联时装表演获得三等奖。区侨联获得最佳组织奖。

(刘玉安)

【落实《归侨侨眷权益保护法》】 年内,为归侨、侨眷提供法律咨询、为归侨侨眷排忧解难、帮助其子女解决入学、入托、解决房产纠纷等问题办理实事几十件。积极宣传党的各项侨务方针政策,下发各种宣传资料3000余份,全年定期出版下发《朝阳侨讯》1000余册。

(刘玉安)

朝阳区科学技术协会

【概况】 朝阳区科学技术协会由区级学会、协会、研究会和街道、乡科协组成,同时对驻区中央市属、企事业单位科协进行联系和业务指导。

地址:日坛北街33号

电话:65099771

邮政编码:100020

(刘　伟)

【工作会议】 1月23日,召开工作会,会议回顾并总结上年的工作,研究并讨论本年在面对金融危机和后奥运时应怎样发挥科协人才智力优势,促使社会稳定和谐发展。会议强调今后要坚持“创新科学技术与普及科学知识”相结合的工作思路来提高公民生活质量和科学的生活方法,更好地为广大人民群众服务。3月17日,召开五届五次全委会会议。会议审议、通过了区科协主席李春霞代表区科协所做的总结报告。明确本年的五项工作:一是促进科技与经济相结合,推进经济社会发展;二是充分发挥科协枢纽型组织在社会建设中的作用;三是全面贯彻《全民科学素质行动计划纲要》,广泛开展科教活动;四是加强体制机制建设,提升科普服务水平;五是以企业科协建设为突破口,发挥组织优势。副区长阎军出席会议,提出要团结和动员朝阳广大科技工作者,围绕“扩内需、保增长、调结构”的新形势,为实现朝阳经济社会又好又快发展贡献更多智慧;要坚持以人为本,大力增强自主创新能力;要充分发挥科普主力军的作用,深入贯彻《全民科学素质纲要》,使更多的科技成果惠及于民;要认真研究新形势下科协枢纽型组织作用四点要求。3月17日,召开科普联席会。大会审议、通过了李春霞代表区全民科学素质工作领导小组和科普联席会议办公室所作的总结报告。区科普联席会议主席、政法委书记佟克克到会做重要讲话。充分肯定过去一年中科普联席成员单位在“科技服务奥运,科普惠及于民”的中心工作中所取得的成绩,进一步强调科普工作要继续坚持“政府推动,全民参与,提升素质,促进和谐”的指导方针,就如何做好全民科学素质建设工作提出三点要求:一是要解放思想,开阔视野,用科学、先进的方法来指导科普工作的推进;二是要加强科普工作的科学性,系统性和针对性;三是各科普联席成员单位要发挥自身优势,通过整合资源、部门联动,深入扎实,长期不懈地做好科普工作。7月8日,召开“朝阳区科教进社区工作机制研讨会”,市、区所属学(协)会、中科院所、大专院校、科普教育基地等51家相关单位负责科教进社区工作的领导及科普专家出席研讨会。9月22日,召开五届六次全委会,会议就任命张金科为科协新任主席进行选举。此次会议应到

57 人,实到 38 人。全体委员一致通过组织部的决议。阎军对科协今后发展提出建议,希望科协有新的突破。12 月 10 日,召开“2009 年科协委员联谊会”,参加联谊会的有机关系统科协委员、街乡系统科协委员、学协会科协系统委员及企业科协委员。与会委员表示,

(刘 伟)

【工作培训】 4 月 10 日,与信息办、妇联、教委、体育局共同组织的朝阳百万家庭数字生活技能大赛网上答题培训会在朝阳社区学院召开。来自 43 个街、乡主管科普的 50 名同志参加了培训。阎军、李春霞到现场,参加网上答题活动。

(刘 伟)

【竞技比赛】 4 月 12 日,在西城区第八中学举办的全市青少年机器人决赛中,本区青少年联赛出线代表队夺取全市 12 个竞赛项目中的 5 个冠军:VEX 初中组:陈经纶中学分校获得冠军;VEX 高中组:80 中学获得冠军;FLL 高中组:和平街一中获得冠军机器人足球高中组:日坛中学获得冠军;机器人基本技能初中组:新源里中学获得冠军本区机器人科技活动的规模由小到大,竞赛水平由弱到强,逐步发展起来。机器人成套设备已经由最初的 20 来套发展到现在的 200 多套。

(刘 伟)

【科普活动】 6月 1 日,由区科协、区红十字会、区教委、区绿化局和中国航天报社第一次联合主办的,以“我梦想我飞翔我博爱我奉献”为主题的朝阳区第九届科普游园会暨大病特困少儿百万救助行动启动仪式在红领巾公园举行。市科协副主席周立军、市红十字会副会长孙硕鹏、副区长、区红十字会会长张春秀等领导出席活动,并与我区少年儿童一起欢度“六一”国际儿童节。7 月 21 日,区科协、科委邀请国家天文台团委副书记翟萌深入南磨房社区针对日偏食现象天文知识进行讲解。以引导群众崇尚科学思想,弘扬科学精神,提高科学素养;广泛普及日全食知识和正确的观看方法,保障公众安全健康。8 月 26 日,邀请资深保健、心理教授彭国球到朝阳宾馆为参加国庆阅兵式的老年方队针对保健、养生、疾病的预防及治疗进行讲解,参加这次国庆方队的都是共和国同龄人。9 月 8 日,召开科普益民、科普惠农项目推荐会。为体现本次推荐会的公平、公正、公开的原则,邀请市科协科普部部长阎仁浩、区农委科长于德生及不同领域的专家学者进行评审。参与本次科普益民、科普惠农项目申报的有 31 个街乡,评选出 10 个优秀科普社区、25 个优秀科普宣传员、1 个优秀科普场馆和 1 个农村科普示范基地、1 个农村科技示范带头人及 1 个经济适用房社区。

(刘 伟)

朝阳区残疾人联合会

【概况】 朝阳区残疾人联合会归口区委政法委员会管理,业务上接受市残联指导。设有办公室、组联部、教就部、康复部、财务部、活动中心、审核中心 7 个科室。辖区 43 个街道办事处、地区办事处(乡政府)均设残联,372 个社区(村)成立残疾人协会,形成三级组织工作网络。年内,朝阳区被全国残疾人康复工作办公室授予第一批“全国白内障无障碍县”称号。

地址:建国路 29 号高碑店兴隆家园 5 号楼 102 号
电话:84552317
邮编:100123
网址:http://www.cycl.org.cn

(沈 立)

【邓朴方慰问残疾人】 1 月 22 日,全国政协副主席、中国残联名誉主席邓朴方来到望京街道花家地南里社区残疾人温馨家园,听取关于残疾人温馨家园建设情况的工作汇报,参观谈心室、康复训练室、职业康复劳动室、文化娱乐室和辅助用品用具展柜等,并与正在进行康复训练、开展文体活动的残疾人朋友握手交谈,询问其身体情况和康复效果并致以新春的问候。随后,邓朴方到肢体残疾人李楠家中走访慰问。

(沈 立)

【调查研究和成果转化】 3 月 2 日至 3 月 25 日,对本区残疾人文体艺术人才开展摸底调查,建立 892 名基层残疾人文体艺术人才数据库及档案。3 月 12 日至 3 月 31 日,对本区 730 名 0 – 18 岁残疾儿童少年接受教育情况进行入户调查。4 月 10 日至 16 日,对 24 个社区村的 526 名残疾人状况进行了监测。7 月中旬至 10 月底,对本区 17579 名劳动年龄段残疾人的职业培训需求情况进行调查。年内,完成《朝阳区残疾人事业发展现状调查报告》,被区《政府工作研究》采用。

(沈 立)

【主要会议】 3 月 26 日,召开区政府残疾人工作委员会会议,听取并审议通过工作报告,听取部分残工委成员单位汇报上年本单位责任制落实情况,审议通过上年度朝阳区残疾人工作先进单位、先进个人名单和调整后的区政府残疾人工作委员会成员名单。4 月 10 日,召开区残联第五届主席团第二次会议暨朝阳区残疾人工作会议,听取并审议通过了区残联理事长王毅代表执行理事会作的题为《全面贯彻落实科学发展观,促进朝阳区残疾人事业在新的起点上加快发展》的工作报告,审议通过了调整后的第五届主

席团委员名单，对上年度残疾人工作先进单位、先进个人进行了表彰。

（沈　立）

【领导班子建设】　4月，区残联新一届执行理事会产生，王毅当选区残联党组书记、理事长。

（沈　立）

【残疾人服务设施建设】　4月28日，第13次区长办公会专题研究购建区级残疾人职业康复中心事宜，同意购建位于建国路29号的兴隆家园29号楼作为职业康复中心。5月20日，市残联理事长齐静到本区专题调研购建区级残疾人职业康复中心事宜。7月4日，市政府批准了《关于购建朝阳区残疾人职业康复中心资金使用的请示》。7月31日，区残联与博泰华彬酒店管理有限公司签订了购置合同。启动朝阳区残疾人综合活动中心改造工程，在夯实原有基础上进一步完善设施、充实项目，提高服务能力和水平。

（沈　立）

【"全国助残日"活动】　5月17日，在红领巾公园少先队之歌广场举办"爱心助飞梦想，共享文化天空，关爱残疾孩子，发展特殊教育"第十九个"全国助残日"大型宣传活动。举行"北京市朝阳区青少年聋人羽毛球训练基地"揭牌仪式。为第一批聋人羽毛球队的12名小队员赠送羽毛球拍，向20名残疾人代表发放轮椅、助听器、盲杖等辅助器具，并展示了区残疾人书画家联谊会的4名聋人、肢体残疾人书画家和5名北京安华学校和新源西里小学特教班的残疾小朋友用两天时间共同创作的图画《沐浴朝阳》。全国助残日期间，区残工委成员单位、各街道、地区办事处广泛开展慰问残疾人活动，走访了特教学校、民办康复机构、儿童福利院、残疾人温馨家园和困难残疾人家庭，送去慰问金、辅助器具和节日的祝福。

（沈　立）

【第三届朝阳区残疾人运动会】　8月26日至10月10日，第三届朝阳区残疾人运动会举行。运动会设象棋、乒乓球、羽毛球、游泳、田径五项比赛，671名残疾人参加了101个组别赛事的角逐。11月12日，闭幕式在朝阳体育馆举行。段永魁、张怡等101名残疾人获得第一名；杨杰、冯保克等119名残疾人获得第二名；梁媛、王利等83名残疾人获得第三名；陈磊、李麦秋等43名残疾人获得精神文明奖；大屯、金盏、六里屯等15个单位获得团体奖；劲松、建外、管庄等28个单位获得优秀组织奖。

（沈　立）

【促进残疾人事业发展研讨会】　10月13日，区残联、区社会办、区农委联合举办了朝阳区促进残疾人事业发展研讨会，围绕居家助残、特殊教育、心理健康等六个方面展开探讨、提出思路。围绕残疾人事业发展过程中存在的问题开展调研和论文征集活动，街道（地区）残联、民办康复机构、残疾人专门协会上报征文45篇。编辑出版《首届朝阳区促进残疾人事业发展研讨会调研文集》，收录会议发言6篇，调研报告4篇，专题论文34篇。

（沈　立）

【国际残疾人日活动】　12月3日，在中国紫檀博物馆举行上海增爱基金会、美国LDS慈善协会捐赠辅助器具仪式。上海增爱基金会理事长胡锦星、美国LDS慈善协会"健行中国"合作项目办主任李福华、全国政协港澳台侨委员会副主任、中国紫檀博物馆馆长陈丽华、区委书记陈刚、市委组织部副部长刘宇辉、市残联副理事长沙澄深等领导和残疾人、老年人、康复机构代表参加活动。上海增爱基金会、美国LDS慈善协会向本区残疾人及老年人捐赠了200辆轮椅、400件助行器。

（沈　立）

【张海迪考察基层残疾人工作】　12月29日，中国残联第五届主席团主席、第十一届全国政协常委张海迪，中国残联副主席汤小泉、吕世明、马廷慧，主席团部分委员及五代会部分代表一行90余人分两组到豆各庄地区、望京街道花家地南里社区残疾人温馨家园考察基层残疾人工作。

（沈　立）

【走访慰问送温暖活动】　年内，走访慰问残疾人12751人、特教教师354人、基层单位96家，发放慰问金（慰问品）617.2万元。

（沈　立）

【残疾人康复工作】　年内，以区政府名义印发《朝阳区实现残疾人"人人享有康复服务"实施方案（2009－2010年）》。完成白内障复明手术2500例，其中扶贫手术92例；为38名肢体残疾人免费装配假肢、矫形器；向857名肢体残疾人发放康复训练卡，提供社区康复训练服务；为残疾人提供辅助用品用具6424件，其中免费发放辅助器具5260件；为5名贫困股骨头坏死患者实施置换手术；聋儿语训279例；脑瘫、智残儿童康复训练138例；给予精神病人入住康复基地补贴319人次，1430人享受免费服药，26人享受住院补贴；为227名不满16岁残疾儿童少年办理了1000元的社区康复训练卡，为66名不满7周岁残疾儿童办理了康复机构训练卡，为6名贫困聋儿免费实施人工耳蜗植入手术，为2名聋儿免费进行人工耳蜗升级，为535名残疾儿童少年发放不锈钢保温杯；为35家福利企业的632名残疾人职工提供免费体检,对残疾人职工常见病、重大疾病等进行筛查。举办第二届康复知识竞赛,2000余人参与。对894名康复服务者进行了30学时康复知识培训,对43名盲人定向行走指导师进行培训。10家街乡辅具站被评为北京市残疾人星级辅助器具服务站。新审批成立3家民办康复机构,全年民办康复机构服务残疾人1000余人。

(沈　立)

【残疾人教育培训】　年内,向289名残疾人学生和生活困难残疾人子女学生提供助学补助76万余元,对23人进行中高招奖励1.95万元,对14名残疾人参加职业培训给予补贴8900余元。举办各类职业(休闲)技能培训班12期,3350人次参加学习,120人取得职业资格等级证书。举办残疾人职业技能强化大赛。对442名残疾人进行职业技能大赛强化培训。培养基层体育指导员12名。

(沈　立)

【残疾人就业】　年内,开展"送岗到家"残疾人就业援助服务活动。新安置残疾人就业386人。其中,按比例安置192人,社区就业98人,集中安置10人,个体就业34人,其他形式就业52人。建立183人的残疾人电子求职登记档案。召开9场残疾人专场招聘会,200人应聘,成功职介推荐就业58人。对残疾人应届大学生实施"一对一"的就业指导,8人签订劳动合同。举办8场职业指导讲座,对280人次进行职业指导。完成聋人职业能力测评25人。对568家用人单位给予安排残疾人就业岗位补贴和超比例安排残疾人就业奖励1257.2万元,涉及残疾人2688人。新成立7家盲人保健按摩机构,安置盲人按摩师23人,并对26家盲人保健按摩机构提供扶持资金34万元。对11名个体就业的残疾人给予每人2000元的一次性现金扶持。

(沈　立)

【残疾人就业保障金征缴】　年内,审核社会单位76115家,按比例安置残疾人就业6250人,核收残保金2.85亿元,入库金额2.8亿元。召开2008年朝阳区按比例安置残疾人就业表彰会暨2009年残疾人就业保障金审核代征工作启动仪式,对102家社会单位授予"2008年度按比例安置残疾人就业工作先进单位"荣誉称号,对98家社会单位授予"2008年度按比例安置残疾人就业工作贡献单位"荣誉称号。

(沈　立)

【残疾人社会保障】　截止年底,2968人享受最低生活保障,988人享受重残人补助,5户困难残疾人家庭享受临时生活困难补助。2525人享受城镇和农村残疾人生活困难补助,990人享受特殊困难补助,345人享受待业补助,四项补助共计217.8万余元。2474人享受无固定性收入重残无业人员生活困难补助总计1233.5万余元。为2503名残疾人参加城乡居民养老保险给予缴费补贴271万余元,为1052名个体就业残疾人办理社会保险补贴360余万元。为80户重残人家庭实物配租廉租住房,为1户农村残疾人家庭进行危房改造。

(沈　立)

【残疾人文化生活】　年内,残疾人艺术团参加"为伟大祖国骄傲"第三届北京合唱节活动,2个节目获大合唱组二等奖,4个节目获小合唱组三等奖。参加北京市第七届残疾人文艺汇演,获得优秀团体奖及优秀组织奖,9个节目分获一二三等奖和创作奖。残疾人舞蹈队在北京市第十一届舞蹈大赛中荣获特别奖。开展"欢乐迎国庆,携手赞中华"暨朝阳区残疾人艺术团下街乡慰问演出活动,深入11个街乡演出12场,观众达5000余人。残疾人摄影沙龙成立。全年组织残疾人书画家联谊会、残疾人摄影沙龙、文学沙龙活动12次。组织残疾人书画家联谊会会员参加庆祝中华人民共和国成立60周年全国残疾人书法、绘画大赛,史晓慧作品《太阳花的微笑》获国画类金奖,太康作品篆书楹联获书法类铜奖,另有4名残疾人的7件作品分获国画类、书法类优秀奖、鼓励奖。残疾人作家史铁生成为中国残联"绽放基金"主办的首届残疾人"绽放文学艺术成就奖"7位得主之一。残疾人歌手董淑芬在全国肢体残疾人歌手大赛中获得第一名。

(沈　立)

【残疾人体育活动】　年内,在全区开展以"特奥周"、"聋奥周"、"残奥周"为主题的残疾人全民健身节系列活动。成立全市首支青少年聋人羽毛球队。残疾人乒乓球队在北京市第三届"和谐杯"乒乓球比赛中取得团体总分第二名的好成绩。举办以"我运动、我健康、我快乐"为主题的朝阳区精神康复者趣味运动会,397名精神康复者参加比赛。组织67名特教学校、民办康复机构和随班就读的残疾儿童参加北京市残疾儿童趣味运动会。开展残疾人轮椅太极拳普及工作。在"恩达杯"全国盲人柔道锦标赛中,运动员袁艳萍夺得女子70公斤以上级、女子无差别级两块金牌。在第二十一届台北听障奥运会中,运动员张艺获得羽毛球项目女子双打铜牌,打破了北京市参赛零奖牌的记录。

(沈　立)

【残疾人专门协会工作】　年内,残疾人专门协会举办各类活动40余次。区盲人协会举办庆"三八"残奥运动员先进事迹报告会；区聋人协会与天津市聋人协会联合举办了京津两地第二届聋人柔力球交流表演赛；区肢残人协会开展"朝阳区肢残人六十甲子话祖国"活动；区精神残疾人亲友会组织开展"北京人游新北京"活动；区智力残疾人亲友会组织残疾人及其亲友观看大型红色交响合唱革命史诗《长征组歌》。

（沈 立）

【温馨家园建设】 年内，制定《朝阳区2009年创建示范残疾人温馨家园工作实施方案》，新建示范型温馨家园22家，本区总数达52个。温馨家园建设与职业康复劳动基地建设有机结合，强化资源整合，坚持标准化建设、规范化管理，面向残疾人提供就近就便的社区综合服务。

（沈 立）

【职业康复劳动基地创建】 年内，创建11家残疾人职业康复劳动基地，186名智力、精神残疾人参加劳动。截至年底，本区建立职业康复劳动基地46个，安置974名残疾人参加保护性、支持性劳动。搭建残疾人特色手工艺品展销平台，疏通职业康复劳动项目的市场销售渠道，逐步建立健全残疾人职业康复劳动基地运转机制。

（沈 立）

【第二代残疾人证换发】 年内，成立朝阳区换发第二代残疾人证工作领导小组，残疾鉴定委员会和残疾评定入户医疗服务组。制定《朝阳区换发第二代〈残疾人证〉工作方案》、《朝阳区集中换发第二代〈残疾人证〉具体工作办法》、《朝阳区集中换发第二代〈残疾人证〉残疾评定工作实施方案》和《朝阳区换发第二代〈残疾人证〉工作流程》。召开换发第二代《中华人民共和国残疾人证》工作领导小组会议、启动大会和工作培训班。通过科学调度、深化服务、有效宣传、维护稳定等一系列工作，完成第二代残疾人证换发工作，管理、服务残疾人的能力和水平得到提高。截至年底，换领新证3.3万人，新办证2871人，本区持有第二代残疾人证的残疾人总数达3.58万人。

（沈 立）

【残疾人家庭无障碍改造】 年内，制定《朝阳区2009年残疾人家庭无障碍改造实施方案》，成立朝阳区残疾人家庭无障碍改造领导小组，并与43个街道（地区）领导小组签订责任书。截至12月底，共对2400户残疾人家庭实施了更加贴合残疾人实际使用需求的无障碍改造。

（沈 立）

【无障碍监督工作】 年内，深入开展无障碍推动日活动，无障碍监督员以亲身体验等多种形式对本区90余处交通枢纽、超市商场、街道社区、残疾人家庭的无障碍设施进行了重点督查。配合北京市残联举办残疾人家庭和社区无障碍改造新闻发布会。发放无障碍宣传材料3000余册，增强全社会的无障碍意识。

（沈 立）

【基层残疾人组织建设】 年内，举办10余次培训班，对基层残联主管领导、残疾人工作者进行系统培训。将提高街乡残联专职工作者和社区（村）残疾人专职委员待遇问题作为落实科学发展观办实事内容之一积极推进落实，联合财政局、人力社保局出台《关于进一步规范街道、地区（乡）残联专职残疾人工作者和社区（村）残疾人专职委员工资和待遇的通知》。

（沈 立）

【宣传工作】 年内，举办"爱耳日"、"爱眼日"、世界精神卫生日等主题宣传教育活动。编发《朝阳区残联工作信息》62期，《朝阳区残联工作简报》76期，被《朝阳信息》、《朝阳动态》采用26条。在朝阳有线台开播《同在蓝天下》栏目，截止年底共播出6期。《春雨报》于4月份改版为4开8版半彩色版面，全年出版12期。各类报刊、电视、广播、网络刊播残疾人事业新闻300余条。网站全年更新信息600余条。在《朝阳报》上刊登"全国助残日"、"促进残疾人事业发展研讨会"两个专版。

（沈 立）

【精神文明建设工作】 年内，积极创建首都文明单位，开展"城乡统筹，文明先行"主题社会实践活动、"听呼声，走百家，送服务"为民实践活动和"迎国庆讲文明树新风"活动等，与青海省海东地区残联签订结对帮扶意向书并捐赠10万元，与豆各庄乡东马各庄村签订共建协议书。被评为首都"迎国庆、讲文明、树新风"活动先进单位。

（沈 立）

【《同在蓝天下》栏目开播】 年内，联合朝阳有线电视台开播《同在蓝天下》栏目，内容包括《新闻资讯》、《我选择、我推荐》、《身怀绝技》、《路在脚下》、《爱满人间》、《观众来信》等子栏目。栏目双周播，片长15分钟，播出时间为朝阳有线（btv－9）每周四晚20：05首播，次日早8：05、中午13：05重播。

（沈 立）

【维权信访工作】 年内，为150余名残疾人提供法律咨询服务，870人次的来信、来访、来电、网上咨询得到妥善回复和调处。

（沈 立）

【国庆保障服务工作】 年内,圆满完成国庆60周年保障服务工作。对残疾人职业康复中心进行简易装修,安置国庆保障部队1200余名武警官兵,被本区授予中华人民共和国成立60周年庆祝活动筹办工作最佳服务保障奖。

(沈 立)

【对外交流】 年内,增进与各省市残疾人和残疾人组织的交流与合作,接待山东、四川、内蒙古、青海、湖北等省市团组8个、200人次的来访和考察交流。赴台湾大安庇护农场、香港扶康会、上海市"阳光之家"和"阳光工厂"、浙江省嘉兴市"小康家园"等地调研学习先进工作做法和经验。

(沈 立)

【配备残疾人无障碍专用车】 年内,为17个街道、地区(乡)配备了残疾人无障碍专用车,用于基层残疾人温馨家园、职业康复劳动基地、社区康复站等项目,解决了基层残联在服务残疾人中的交通不便和需要上门服务等困难。与17个街道(地区)残联签订了责任书,保证车辆用途,并在车身上统一喷涂了"为残疾人服务专用车"字样,接受残疾人和社会的监督。

(沈 立)

【多项措施惠及残疾人】 年内,制定出台《关于调整城镇和农村残疾人生活困难补助标准的通知》,残疾人临时生活困难补助标准统一调整为50元/月,2525名残疾人享受补助;出台《2009年朝阳区贫困重性精神病人精神科诊疗费用补助方案》,首次将2000元住院补贴纳入救助范围,2000余人次受益,补贴资金132万元;出台《朝阳区7-16岁脑瘫、智障、孤独症残疾儿童少年参加机构康复训练补贴的通知》,实现残疾儿童少年康复服务保障全覆盖和贫困残疾儿童康复服务"全免费",381人获得救助资金169.3万元。

(沈 立)

【学习实践科学发展观活动】 年内,通过对深入学习实践科学发展观活动进行总结、群众满意度测评和整改落实"回头看"工作,实现了在思想认识上有新的提高,在解决影响残疾人事业发展、涉及残疾人切身利益的实际问题上有新的进展,在创新体制机制上有新的突破,进一步明确了推动残疾人事业科学发展的思路和措施。

(沈 立)

【廉政风险防范管理工作】 年内,制定《朝阳区残联廉政风险防范管理工作实施方案》,召开廉政风险防范管理工作会议暨作风建设年动员大会,进一步加强党风廉政建设,为残疾人事业健康发展提供坚强保障。

(沈 立)

朝阳区红十字会

【概况】 朝阳区红十字会是区政府直接领导的社会救助团体。内设办公室和业务科,有工作人员9名。年内,获得中国红十字会总会报刊社优秀组织奖,募捐工作北京市红十字会特殊贡献奖,北京市红十字会公交系统及重点行业开展应急救护培训贡献一等奖,新中国成立60周年庆祝活动筹备工作先进单位。

地址:日坛北街33号

电话:65094673

邮编:100020

(孙宏娟)

【救助活动】 年初,开展"送温暖、献爱心——朝阳红十字在行动"的博爱救助系列活动。救助1078户,1500人。救助司法矫正对象322人、救助区教委大病中小学生50人、区残联困难精神残疾人康复救助13人、救助区国资委企业困难职工50人、救助区侨联困难侨眷属20人、救助东方孤儿院孤儿56人。"五·八"世界红十字日期间开展博爱助老活动,慰问朝阳区水锥子老年病医院,增添价值3万元的医用被服,5月8日与区老龄委举行赠送价值10万元,1500付"老花镜"的救助活动。6月1日,开展"朝阳区少儿大病特困百万救助"活动,并正式纳入年内市政府办实事工程。突发事件,意外伤亡救助81.3万元。为"博爱超市"下发价值约90万元的米面油和服装衣物。全年发放救助款391.48万元。

(孙宏娟)

【募捐活动】 5月12日,汶川大地震一周年之际,与北京商务中心区工作委员会、北京春风智慧投资咨询有限公司联合,举办"中国信心,中国力量——纪念5·12汶川大地震一周年大型慈善义讲会",近500人参加慈善义讲会,收到义卖和捐赠的善款折合人民币12.98万元。全年,接收和募集善款总额699.83万元。其中,接收市红十字会少儿大病救助专项款122.38万元,区政府应急救助专项款81万元;"博爱在京城、博爱在朝阳"捐款409.6万元;台风捐款57.12万元,地震捐款15.73万元,"一元捐、一份爱"捐款14万元。

(孙宏娟)

【宣传活动】 "五·八"世界红十字日期间,在全区开展"红十字博爱朝阳文化月"系列活动;与区教委共同开展"纪念汶川地震一周年红十字青少年防灾避险知识竞赛"活动;6月1日与区科协、区绿化局、中国航天报共同开展"朝阳区第九届科普游园会暨大病特困少儿百万救助行动启动仪式”，救助本区患五种大病的特困少儿；9月12日与市红十字会、市红十字会999急救中心共同举办，以“急救为人道——掌握生存技能，把握生命健康”为主题的纪念第十个世界急救日宣传活动。红十字志愿者近200余人及酒仙桥地区群众参加了活动。全年组织各项红十字宣传活动23次，制作发放红十字宣传材料6万份（宣传海报5000张，宣传折页5000份，红十字专版报纸50000份），宣传展板500块，信息97条，创刊《红十字简讯》，发行12期。

（孙宏娟）

【志愿服务】 年内，与莱佛士国际学院共同开展“高考大行动、携手献爱心”志愿服务活动；组织“寸草春晖”社会志愿者机构30余名大学生志愿者参与大病少儿家庭走访调研活动；司堃范爱心工作室、CBD志愿者协会等红十字志愿者组织也开展了形式多样的志愿服务活动。成立专业医疗红十字志愿者队伍和义务宣传红十字志愿者队伍，为全面实现红十字志愿服务进社区、进农村、进企业提供保障。

（孙宏娟）

【救护培训】 年内，举办初级急救员培训班725期，完成初级急救员培训21759人，全年完成应急救护教育知识的普及达25.49万人。采取多种形式普及群众性的应急救护知识，下发应急救护宣传光盘300份、《急救手册》家庭版上万份，发放《关爱生命》——自救互救宣传折页手册2000份。

（孙宏娟）

【红十字青少年】 年内，学校红十字工作委员会以争创健康促进校为契机，完善学校红十字组织建设、救护培训等工作。8000名中小学生参与“防灾避险知识竞赛”活动；33所学校的校医参加红十字救护师资的培训并取得证书；6850名中小学校师生、幼师参加红十字自救互救技能培训；73所市级健康促进校和41所新申报市级健康促进校全部通过北京市验收。全区有18名红十字青少年被评为北京市百名优秀红十字青少年会员。

（孙宏娟）

【交流与合作】 年内，加强与国内外红十字组织交流与合作，扩大红十字组织的影响力。全年分两批组团赴台湾考察红十字会工作，增加两岸红十字会的沟通交流；先后与四川、江西等地红十字会组织签订友好合作协议；对内蒙古、江西及北京部分远郊区县等地受灾群体给予人道救助。

（孙宏娟）

朝阳区慈善协会

【概况】 朝阳区慈善协会是由热心于慈善公益事业的单位发起的非营利社会团体法人，内设社会发展部、分会工作部、办公室、计财部，有工作人员22名。全年共募集善款973.15万元，使用善款4278.41万元。年内，荣获中华慈善总会所颁发“中华慈善先进机构奖”；“心系子弟兵关爱进军营”救助项目荣获“中华慈善突出贡献项目奖”。

地址：朝阳公园南路19号

电话：65920669

邮编：100125

（王利华）

【两节送温暖】 1月至2月，对计生困难家庭、贫困党员、朝阳区农民工子弟学校教职员工、区属企业困难职工等进行慰问，惠及困难群众1814户，使用善款170.847万元。

（王利华）

【朝阳慈善情】 1月23日，举办第三届“朝阳慈善情”——除夕大联欢活动。活动设主会场和29个分会场，使用善款35.58万元，惠及困难家庭4145户。12月3日（首都慈善日），协会开展“朝阳慈善情”——爱心助老暖洋洋活动，对23所敬老院入住的老年人实施救助，使用善款30万元。

（王利华）

【区外项目】 3月16日，叶氏企业集团定向资助齐齐哈尔曙光公园——植物园建设项目启动。7月29至8月4日，赴内蒙古就援建宁城县大双庙镇榆树底小学项目进行前期考察。8月24日至29日，“5·12心灵守望计划”面授培训在什邡市开班。8月26日，由朝阳区社会各界捐建的什邡市朝阳小学交付使用。10月10日，协会继续资助湖南省张家界慈利县通津浦乡“蓄水池清淤、公路修缮、蓄水池改造”项目。

（王利华）

【项目试点】 4月3日，垡头地区“安康守望慈善行”项目启动，该项目旨在通过政府与社会的共同帮扶，缓解大病致困家庭的生活困难。救助采取发放救助款、办理购物卡、发放节日慰问品及慰问金、提供居家服务等多种形式。

（王利华）

【募捐活动】 5月28日至6月1日，以朝阳公园——“六一”儿童节喜洋洋欢乐汇活动为平台，开展“一元捐”广场募捐活动。此次活动共有7828人次参与，募集善款12983元。7月30日，开展“共产党员献爱心”活动。经各级党组织认真组织，精心安排，全区共产党员共奉献爱心356.48万元。

(王利华)

【分会成立】 6月24日,双井街道慈善分会成立,共募集善款45万余元,双井街道慈善分会对11户重大疾病家庭进行救助,发放救助款2.2万元。9月9日,劲松街道慈善分会成立,募集善款23.3万元,对65户困难家庭实施救助。截至年底,共有32家街乡慈善分会成立。

(王利华)

【领导任免】 8月,区委组织部部长刘宇辉宣布区委常委会决定:建议李靓同志为朝阳区慈善协会会长人选,免去王琳同志朝阳区慈善协会会长职务。11月,区委组织部宣布区委常委会决定:建议孙涛同志为朝阳区慈善协会秘书长人选。

(王利华)

【春雨行动】 11月9日,配合市慈善协会"春雨行动",协会对16名重大疾病患者实施救助,发放救助款44万元。

(王利华)

政权　政协

北京市朝阳区人民代表大会常务委员会

【概况】 北京市朝阳区人民代表大会常务委员会是朝阳区人民代表大会常设机构。年内,先后召开常委会会议6次,主任会议7次,共审议议题39项;听取并审议区人民政府、区人民法院、区人民检察院工作报告14项;围绕区委重要工作部署和事关人民群众切身利益的重大事项,作出决议、决定36项;依法任免国家机关工作人员92人次。召开区十四届人民代表大会第四次会议。

地址:团结湖北五条5号

电话:65094479

邮编:100026

（邢浩铭）

【主任会议】 2月9日,区十四届人大常委会召开第一次主任会议。会议决定区人大常委会第十六次会议有关事项。4月7日,召开第二次主任会议。会议听取关于奥运专项资金审计情况的汇报;听取区政府关于城市规划工作的汇报;听取区政府关于人口与计划生育工作的汇报。6月10日,召开第三次主任会议。会议听取区政府关于垃圾无害化处理工作的汇报;听取区政府关于科技工作的汇报;听取跟踪监督区政府落实提高基础教育质量,办人民满意教育审议意见情况的汇报。8月7日,召开第四次主任会议。会议听取区政府关于推进农村产权制度改革试点乡情况的汇报。10月13日,召开第五次主任会议。会议听取《朝阳区乡、民族乡人民代表大会工作规则(试行)》(草案)情况的汇报。12月8日,召开第六次主任会议。会议决定区人大常委会第二十一次会议有关事项。12月23日,召开第七次主任会议。会议决定区人大常委会第二十一次会议有关建议议程。

（邢浩铭）

【常委会会议】 2月28日,区十四届人大常委会召开第一次会议。会议审议通过了《朝阳区人大常委会2009年工作要点(草案)》,委员们一致通过区人大常委会本年工作要点。决定区人民法院任免事项。免去沈岩民事审判第一庭副庭长,殷兵立案庭副庭长,李涛亚运村法庭副庭长、审判员,刘庆德、高航审判员职务。任命夏劲松、杨虹、马驥、石岩为审判员,俞里江、陈闯为民事审判第一庭副庭长、审判员,任颂为民事审判第四庭副庭长、审判员,陈红为双桥人民法庭副庭长,胡晶钰为立案庭副庭长,沈岩为酒仙桥人民法庭副庭长,殷兵为温榆河人民法庭副庭长。决定区人民检察院任免事项。免去白俊杰、孟初、刘宝银检察员职务;任命王彬、齐迹、步秀环、李涛、朗申、孟立山、武伶、曹冲为检察员。书面审议了区发改委主任王亚贵、区农委主任陈晓东的就职报告。4月17日,召开第二次会议。会议听取并审议副区长赵全保代表区政府所作的关于奥运后城市环境管理工作情况的报告;区人大常委会城建环保工作委员会主任李金山汇报了对该项工作的调研意见。听取并审议区法院院长李新生所作的朝阳区人民法院刑事审判工作报告;区人大常委会内务司法工作委员会主任侯湘君汇报了对该项工作的调研意见。决定补选区人大代表事项。会议通过《朝阳区第十四届人民代表大会常务委员会关于接受王少峰等代表辞职请求的决定》,会议接受王少峰、王强、王海军、宋建国辞去朝阳区第十四届人民代表大会代表职务的请求。区人大常委会代表资格审查委员会主任委员于五一作了关于代表资格的审查报告。会议通过《朝阳区人大常委会关于补选朝阳区第十四届人民代表大会代表的决定》。会议决定,4月至5月在六里屯、劲松、双井、豆各庄等地区补选朝阳区第十四届人民代表大会代表4名。区人大常委会代表联络室主任孙立受主任会议委托,就补选代表的有关事宜作了说明。决定接受区人民政府领导人员辞职事项。会议通过《朝阳区第十四届人民代表大会常务委员会关于接受戴继楼辞去朝阳区人民政府副区长职务请求的决定》,接受戴继楼辞去朝阳区人民政府副区长职务请求,并报朝阳区第十四届人民代表大会备案。决定区人大常委会任职事项。任命付小贺为区人大常委会农村工作委员会副主任。决定区政府任免事项。免去王春区政府办公室主任职务,尚焰区财政局局长职务,李龙吟区文化委员会主任职务,殷菁区卫生局局长职务,邹立嵩区审计局局长职务,滕国清区教育委员会主任职务;任命刘军胜为区政府办公室主任,邹立嵩为区财政局局长,黄晓伟为区文化委员会主任,师伟为区卫生局局长,刘野为区审计局局长,孙其军为区教育委员会主任。书面审议《水污染防治法》执法检查情况报告。书面审议《农产品质量安全法》执法检查情况报告。6月19日,召开第三次会议。会议听取并审议区审计局局长刘野受区政府委托所作的关于2008年朝阳区预算执行和其他财政收支的审计工作报告;区人大常委会财政经济工作委员会主任吕洪汇报了对该项报告的初审意见。听取并审议区财政局局长邹立嵩受区政府委托所作的关于朝阳区2008年财政决算的报告;区人大常委会财政经济工作委员会主任吕洪汇报了对该项报告的初审意见;会议表决通过北京市朝阳区第十四届人民代表大会常务委员会关于批准朝阳区2008年财政决算的决议。听取副区长张春秀代表区政府所作的区政府贯彻实施《中华人民共和国老年人权益保障法》和《北京市老年人权益保障条例》情况的报告;听取并审议区人大常委会执法检查组副组长侯湘君所作的关于检查《中华人民共和国老年人权益保障法》和《北京市老年人权益保障条例》实施情况的报告。听取区人大常委会代表资格审查委员会主任委员于五一所作的关于补选代表的代表资格的审查报告;代表资格审查委员会副主任委员孙立就补选4名朝阳区第十四届人民代表大会代表的情况作了说明。经区人大常委会确认,补选谢莹、吴桂英、郑霞、于海波为朝阳区第十四届人民代表大会代表的代表资格全部有效,至此朝阳区第十四届人民代表大会共有代表411名。决定区人大常委会任职事项。任命郑霞为区人大常委会劲松街道工作委员会主任,于海波为区人大常委会双井街道工作委员会主任。决定区人民法院人事任免事项。免去王静波区人民法院审判委员会委员职务,滑争鸣刑事审判第二庭庭长职务,汪冬执行第二庭庭长职务,张健温榆河人民法庭副庭长职务,全军南磨房人民法庭副庭长职务,雷翔王四营人民法庭副庭长职务;任命钟蔚莉、高萍为区人民法院审判委员会委员,张健为执行第二庭庭长,汪冬为酒仙桥人民法庭副庭长,全军为王四营人民法庭副庭长,吴钢为王四营人民法庭副庭长,雷翔为南磨房人民法庭副庭长,马骥为亚运村人民法庭副庭长,康海滨为审判监督庭副庭长;任命崔颖梅等200人为区人民法院第十四届人民陪审员。决定区人民检察院免职事项。免去魏菲区人民检察院检察员职务。书面审议了区十四届人大常委会第十七次会议区政府被任命人员的就职报告。8月21日,召开第四次会议。听取并审议区财政局局长邹立嵩受区政府委托所作的关于朝阳区本年财政预算上半年执行情况的报告;区人大常委会财政经济工作委员会主任吕洪汇报了对该项报告的初审意见。听取并审议了区发改委主任王亚贵受区政府委托所作的关于朝阳区本年国民经济和社会发展计划上半年执行情况的报告;区人大常委会财政经济工作委员会主任吕洪汇报了对该项报告的初审意见。听取并审议了副区长赵全保代表区政府所作的关于社会建设工作情况的报告;区人大常委会城建环保工作委员会主任李金山汇报了对该项报告的调研意见。听取并审议了副区长李建海代表区政府所作的关于垂杨柳医院改建扩建情况的报告;区人大常委会教科文卫工作委员会主任张克成汇报了对该项报告的调研意见。决定区人大代表辞职及补选事项。会议通过《朝阳区第十四届人民代表大会常务委员会关于接受苏民等九名代表辞职请求的决定》,会议接受苏民、徐晓东、王毅、方明、杨丽华、肖兴国、王文远、陈晓东、荣学强辞去朝阳区第十四届人民代表大会代表职务的请求。区人大常委会代表资格审查委员会主任委员于五一作了关于代表资格的审查报告。会议还通过了《朝阳区人大常委会关于补选朝阳区第十四届人民代表大会代表的决定》。会议决定,8月至9月在建外、大屯、团结湖、香河园、麦子店、机场、来广营、黑庄户地区补选朝阳区第十四届人民代表大会代表9名。区人大常委会代表联络室主任孙立受主任会议委托,就补选代表的有关事宜作了说明。决定区人大常委会任免事项。免去刘中区人大常委会教科文卫工作委员会副主任职务;任命郑培林为区人大常委会教科文卫工作委员会副主任。决定区人民检察院人事任免事项。免去王立新区人民检察院检察员职务；任命于萌、郑思科为区人民检察院检察委员会委员。10月27日，召开第五次会议。听取并审议了常务副区长吴桂英代表区政府所作的《确保经济平稳较快发展，关注民生，促进就业，推进城乡一体化进程》议案办理情况的报告；区人大常委会财政经济工作委员会主任吕洪汇报了对该项报告的调研意见。听取了副区长刘希泉代表区政府所作的关于继续办理《加强农村基础设施建设，统筹改善民生，推进农村又好又快发展》议案情况的报告；区人大常委会农村工作委员会主任张建顺汇报了对该项报告的调研意见。听取了区人大常委会代表资格审查委员会主任委员于五一所作的关于补选代表的代表资格的审查报告；代表资格审查委员会副主任委员孙立就补选9名朝阳区第十四届人民代表大会代表的情况作了说明。经区人大常委会确认，补选陶晶、高春利、赵年生、张永新、郑宇、李洋、宋志勇、张克斌、路军为朝阳区第十四届人民代表大会代表的代表资格全部有效。至此朝阳区第十四届人民代表大会共有代表仍为411名。决定区人大常委会任免事项。免去徐家亮区人大常委会香河园街道工作委员会主任职务；吴冰区人大常委会办公室副主任职务。任命高春利为区人大常委会建外街道工作委员会主任；赵年生为区人大常委会团结湖街道工作委员会主任；张永新为区人大常委会麦子店街道工作委员会主任；郑宇为区人大常委会香河园街道工作委员会主任；李洋为区人大常委会机场街道工作委员会主任；徐家亮为区人大常委会大屯街道工作委员会主任。决定区政府任职事项。任命吕明杰为区人力资源和社会保障局局长；吴凤岐为区住房和城乡建设委员会主任；尹秀峰为区市政市容管理委员会主任；张勇为区商务委员会主任。决定区人民法院人事任免事项。接受李新生辞去区人民法院院长职务的请求，并报区第十四届人民代表大会备案。任命李瑞翔为区人民法院副院长、审判委员会委员、审判员。决定李瑞翔为区人民法院代理院长。书面汇报了区人大常委会第十七次会议审议意见办理情况的报告。12月25日，召开第六次会议。听取并审查区财政局局长邹立嵩受区政府委托所作的朝阳区本年预计超收收入使用方案，会议经过审议，决定批准朝阳区预计超收收入使用方案。听取并初步审查区财政局局长邹立嵩受区政府委托所作的关于朝阳区2010年财政预算草案主要内容的报告。听取并审议常务副区长吴桂英代表区政府所作的关于办理朝阳区十四届人大四次会议代表建议、批评和意见的报告，书面审议区人大常委会、区法院、区检察院的办理报告，区人大常委会代表联络室主任孙立作关于朝阳区十四届人大四次会议代表建议、批评和意见督办情况的报告。听取并批准区政府办公室主任刘军胜受区政府委托所作的关于调整公厕、密闭清洁站与社区卫生服务机构标准化建设数量的报告。听取区人大常委会代表资格审查委员会主任委员于五一所作的关于赵永山等5名代表代表资格的报告。会议接受赵永山辞去朝阳区第十四届人民代表大会代表职务的请求。朝阳区第十四届人民代表大会代表刘宇辉、李新生、李阳、于光调离本行政区，依据代表法的规定，代表资格自行终止，常委会予以公告。听取区人大常委会代表资格审查委员会主任委员于五一所作的关于补选代表的代表资格的审查报告及区人大常委会代表联络室主任孙立所作的关于补选朝阳区第十四届人民代表大会代表的情况报告。经区人大常委会确认，补选陈宏志、李瑞翔、李振玲、王玉华为朝阳区第十四届人民代表大会代表的代表资格全部有效。至此朝阳区第十四届人民代表大会代表为410名。决定区十四届人大五次会议有关事项。会议表决通过关于召开朝阳区第十四届人民代表大会第五次会议的决定，决定区十四届人大五次会议于2010年1月12日—15日召开。表决通过朝阳区第十四届人民代表大会第五次会议建议议程（草案），各代表团召集人名单（草案），主席团、秘书长建议名单（草案），国民经济、社会发展计划和财政预算审查委员会主任委员、副主任委员、委员建议名单（草案），议案审查委员会主任委员、副主任委员、委员建议名单（草案）。表决通过朝阳区第十四届人民代表大会第五次会议列席人员的决定。区人大常委会办公室主任朱春霞作关于朝阳区第十四届人民代表大会第五次会议主席团、秘书长等建议名单（草案）及代表分团情况的说明。讨论通过朝阳区人民代表大会常务委员会工作报告（讨论稿）。区人大常委会办公室主任朱春霞作关于《朝阳区人民代表大会常务委员会工作报告》的说明。会议原则通过该项报告，决定会后由起草小组根据常委会组成人员的意见和建议，结合各代表团分团活动时对报告提出的讨论意见进一步修改完善，经主任会议审定，提请区十四届人民代表大会第五次会议审议。决定补选市人大代表事项。会议补选张瑞清为市第十三届人民代表大会代表，报市人民代表大会常务委员会确认其代表资格。决定区政府领导人员任职事项。任命王春为区人民政府副区长。决定区人大常委会人事任免事项。免去吕洪区人大常委会财政经济工作委员会主任职务；李振启区人大常委会三里屯街道工作委员会主任职务;赵永山区人大常委会左家庄街道工作委员会主任职务。任命董万立为区人大常委会财政经济工作委员会主任;张萌为区人大常委会办公室副主任;李振玲为区人大常委会三里屯街道工作委员会主任;王玉华为区人大常委会左家庄街道工作委员会主任。决定区人民检察院人事免职事项。免去曹丽莹、徐晓明、李佳、李翊、刘涛、范晓蓉区人民检察院检察员职务。区政府书面汇报了区人大常委会第十八次会议“关于检查《中华人民共和国老年人权益保障法》和《北京市老年人权益保障条例》实施情况的报告”的审议意见处理方案。

(邢浩铭)

【召开十四届人大四次会议】 1月7日至10日,区第十四届人民代表大会第四次会议在北京国际会议中心举行。市人大常委会副主任刘晓晨,区委书记陈刚,区委副书记、区长程连元,区人大常委会主任王力军,区政协主席辛燕琴,区委副书记张洋和大会主席团其他成员出席开幕式。大会期间,听取并审议区长程连元所作的政府工作报告、区人大常委会主任王力军所作的人大常委会工作报告、区人民法院院长李新生所作的人民法院工作报告、区人民检察院检察长王立所作的人民检察院工作报告,审议《关于朝阳区2008年国民经济和社会发展计划执行情况与2009年国民经济和社会发展计划草案的报告》、《关于朝阳区2008年财政预算执行情况和2009年财政预算草案的报告》,通过对上述报告各项决议。大会组织人大代表询问(政协委员咨询)活动。区领导程连元、王力军、辛燕琴、戴继楼、吴桂英、闫学锋、李国、于五一、孔德琴、杨文良、阎军、关三多、邢念增等参加。区人大常委会、区政府、区政协、区法院、区检察院以及区政府有关职能部门共计60个单位接受询问或咨询,回答了代表、委员提出的问题。大会组织召开了经济工作、城市建设管理工作、民生工作和法制工作四个专题座谈会。主席团常务主席闫学锋、李国、于五一、孔德琴分别主持会议。区委、区人大领导参加了座谈,区政府领导、区法院院长、区检察院副检察长以及政府有关部门负责人到会听取代表意见。会议期间举行代表工作“达标评优”总结表彰会。主席团常务主席于五一主持。区人大常委会副主任杨文良宣读表彰决定,对先进代表颁发了荣誉证书。区人大建外街道工委主任苏民、三间房地区人大代表白苏玲、来广营乡人大主席赵万友作典型发言。

(邢浩铭)

【工作会议】 3月27日,区人大系统信息工作会议召开。会议总结上年度人大信息工作,部署本年信息工作安排。市人大常委会办公厅副主任张凤华、区人大常委会副主任闫学锋出席会议。区人大代表特邀信息员、区人大各街道工委、地区代表小组信息员、“一府两院”组成部门和特约单位信息员参加会议。4月8日,区人大常委会组织召开乡人大会议。会议总结全区上年工作,并通报本年区人大常委会工作要点。区人大常委会主任王力军、副主任孔德琴出席会议,区18个乡的人大主席、副主席及联络员参加会议。

(邢浩铭)

【代表主题活动】 7月20日、21日,区人大常委会举办代表工作培训班,围绕如何做好代表工作对全区44个人大街工委办公室主任和地区代表小组联络员进行了培训,并开展“我与祖国共命运我为三保做贡献”主题活动。

(邢浩铭)

【领导调研慰问】 5月26日,市人大常委会主任杜德印、副主任刘晓晨、秘书长唐龙与议案部分领衔代表,就“关于提高垃圾收集处理现代化水平,建设宜居城市”议案办理情况到高安屯垃圾处理中心进行督办调研。听取区政府关于朝阳循环经济产业园规划情况介绍和高安屯卫生填埋场运行情况汇报,视察高安屯卫生填埋场、异味防控设施、填埋场渗沥液处理车间。杜德印指出:要发挥政府部门对垃圾处理管理的杠杆作用,提高垃圾处理循环利用水平和垃圾收集处理现代化水平,为建设宜居城市做出应有贡献。副市长黄卫、区长程连元、区人大常委会副主任闫学锋、李国及市、区相关部门领导陪同调研。9月27日,市人大常委会主任杜德印、副市长丁向阳、市民政局局长吴世民一行,在区委书记陈刚、区人大常委会主任王力军的陪同下,走访慰问团结湖街道的优抚对象陈宽。

(邢浩铭)

北京市朝阳区人民政府

概　述

年内，北京市朝阳区人民政府在市委、市政府和区委领导下，在区人大、区政协监督支持下，全面贯彻落实科学发展观，解放思想、传承奥运、再创优势，以高度的责任感和使命感，团结奋战、迎难而上，全力以赴保增长、保民生、保稳定，全面完成朝阳区十四届人大四次会议确定的各项任务，发展水平和发展质量进一步提升。全力以赴保增长，实现经济平稳较快发展。坚决贯彻中央和北京市"扩内需、保增长"的决策部署，创新机制、整合资源，举全区之力打好经济增长保卫战、区域发展攻坚战，经济回升向好趋势不断巩固，应对国际金融危机冲击取得显著成效。主要指标继续稳居全市前列，实现地区生产总值2293.5亿元，同比增长10.2%；完成区级财政收入190.7亿元，同比增长13.3%。保增长工作成果显著。坚决落实区委"动起来、统起来、严起来"要求，建立部门、街乡联动工作机制，强化统筹调度、监督考核和责任落实，形成了全区上下共促发展的强大合力。强化政策引导，制定44条保增长措施，安排6亿元产业发展资金，出台加快商务楼宇经济发展政策，实施促进房地产业健康发展10项措施，构建了多层次、多领域的税源建设政策体系。为企业争取市级帮扶资金16.6亿元，为中小企业提供贷款担保额度5.6亿元，377家高新技术企业通过国家新标准认定。推进网上审批，系统梳理并压缩审批环节，取消审批事项83项，3日内完成审批的项目达到60%以上。186个项目纳入市、区绿色审批通道，促进了重大项目落地，开复工面积3423万平方米，占全市的35%以上。举办时尚消费节等特色主题活动，培育蓝色港湾等消费聚集区，引入沃尔玛等大型商贸企业，消费市场繁荣发展。社会消费品零售额1478.3亿元，同比增长16.2%。实际利用外资21.78亿美元，占全市的35.6%。新批内资企业2.4万家，同比增长18%。全社会固定资产投资1104.9亿元，同比增长0.8%。发展方式加快转变。坚持一手抓当期增长、一手抓长远发展，大力发展金融、现代商务、传媒等高端产业，着力提高经济运行质量。1－11月全区规模以上金融业单位实现营业收入975.4亿元，同比增长40.3%。新增金融机构50家，金融机构总量达到1168家。1－11月全区规模以上现代服务业单位实现收入4103.3亿元，同比增长21.5%。新引进投资性公司5家，19家世界500强企业在朝阳区新设公司。文化创意产业加速聚集，大业传媒集团等重点企业入驻。着力发展新移动通信、新生物医药、新能源等战略性新兴产业，与中国移动、中科院生物物理研究所、中材国际等建立战略合作关系，推进"中国移动谷"等重大项目建设，工业实现增加值197.9亿元，同比增长17%。自主创新能力不断增强，技术市场交易活跃。专利申请量8600件，同比增长16%；技术合同成交额103.5亿元，同比增长21.8%，朝阳区被列为国家知识产权强区试点。推进循环经济产业园规划建设，加强对重点耗能企业监管，在潘家园松榆里等2个社区开展生活污水达标排放试点，对30万平方米建筑进行节能改造，万元GDP能耗同比下降5.1%。功能区带动作用不断提升。CBD、电子城、奥运三大功能区实现区级财政收入占全区的92.3%，同比提高2.4个百分点。CBD国际影响力进一步扩大，东扩方案得到市政府批准，九歌艺术品交易所、华彬艺术品产权交易所、北京大宗商品交易所相继入驻，核心区一期即将入市，国贸三期主楼基本竣工。电子城功能区加快发展，北扩一期控规获得批复，ABB三期等项目竣工，中国电信、施耐德电气、恒基伟业等22个项目签约入驻。奥运功能区高端文体资源加速聚集，鸟巢、水立方实现营业收入5.2亿元，国家会议中心投入使用，国家网球中心新馆开工建设，中国网球公开赛、车王争霸赛等赛事成功举办，奥林匹克公园全年接待游客4000万人次。储备区建设步伐加快，温榆河大道开工建设，金盏金融服务园区土地一级开发开始启动，园区道路和标准化写字楼开工建设，德意志银行、安邦财险项目落地。定福庄、垡头功能区和东坝航空商务区的发展规划正在加紧编制。农村城市化步伐全面加快。统筹推进土地储备工作，优先解决农民安置、产业发展、就业和社会保障问题，完成拆迁腾退568.5万平方米。大望京村城乡一体化改革试点取得突破，拆除老旧房屋48.6万平方米，28万平方米新住宅小区同步建设，储备土地即将分批入市。建成农民新村83万平方米，3349户搬迁上楼。农村体制改革稳步推进，完成崔各庄乡级土地股份制改革和南皋村级产权制度改革试点，14个乡、125个村实现村账托管。农村地区16个产业项目投入运行，农村经济实现总收入780亿元，同比增长12%。高度关注民生问题,社会事业加快发展。统筹资源,全力解决关系群众利益的实际问题。城市居民人均可支配收入2.76万元,同比增长8.1%;农村居民人均纯收入1.66万元,同比增长10.2%。就业保障工作扎实推进。成立就业促进中心,建立失业预警机制,制定实施一系列政策措施,千方百计促进就业,完善社会保障体系。全年开发就业岗位11.1万个,城镇登记失业率1.4%,零就业家庭数量实现动态归零。投入9000万元,为1.4万名农村劳动力解决转移就业和社会保险问题,3809人实现转移就业,转移就业率达到82%。建成48家就业创业见习基地,促进高校毕业生就业。帮助6598名劳动者追回工资2278万元。7.2万名农村居民参加城乡居民养老保险,参保率达到90%,同比提高10个百分点。19.8万名"一老一小"人员、7589名无业居民参加大病医疗保险,城镇社会保险基金收缴率达到97%。投入3310万元,提高新农合筹资标准,大病统筹、基本医疗参合率超过98%,保障水平居全市前列。加大养老基础设施建设力度,居家养老实现全覆盖,社区养老加快推进。加强社会救助,发放救助金1.77亿元,对106户危房进行改造,政策性住房开复工面积732万平方米,3265户家庭得到配租配售。教育事业稳步发展。推进素质教育,优化结构布局,促进均衡优质发展。完成54所小学规范化建设,初中校主要指标达到市A级标准。加快优质资源聚集,在与湖北黄冈中学合作建设黄冈华侨城学校之后,北师大朝阳附中正式招生,与人大附中、华中师大一附中又分别签订了合作办学协议。深化"双名工程",加大培训力度,投入经费6376万元,同比增长159%,共培训干部教师2.6万人次。面向全国招聘名校长、名教师19名。组织188名教师支援农村教学。教育质量不断提升,中考优秀率和高考本科上线率分别提高5.2和10.3个百分点。完成义务教育学校绩效工资改革。新增3所公办幼儿园,适龄幼儿接受公办优质学前教育比例提高9个百分点。职业教育、国际教育、社区教育、成人教育稳步发展。9万余名流动人口子女就学问题得到妥善解决。朝阳区荣获"全国推进义务教育均衡发展工作先进地区"称号。卫生保障能力明显提高。投入3113万元,强化对重点人群和场所的甲型H1N1流感防控,免费接种流感疫苗68万人次,疫情防控取得阶段性胜利。完善社区卫生服务网络,建成7个标准化社区卫生服务机构、14个急救站点,与20家驻区医院建立双向转诊绿色通道,对2000余名社区医护人员进行培训。垂杨柳医院改扩建工程正式奠基。坚持中西医并重,围绕居民需求,推广中医诊疗进社区,朝阳区成为全国中医药特色社区卫生服务示范区。文体事业更加繁荣。大力实施文化惠民工程,建成3个社区文化中心、100家农村数字影厅,新建、改建全民健身居家工程62套,符合条件的56所学校体育设施向社会开放。深化文化体制改革,以文化产业带动文化事业发展,培育了"9剧场"等一批文化品牌。深入开展社区一家亲、全民健身日等群众文体活动,拨付专项资金支持1215支文体队伍发展。工人俱乐部工程项目启动拆迁。加强文物普查,挖掘非物质文化遗产19项。社会建设管理不断加强。深化社区管理体制改革,推进社区规范化建设,建成175个社区服务站,社区管理运行机制更加完善。完成第七届社区居委会换届选举,公开招聘835名社区工作者,建立2.6万人的和谐促进员队伍,社区工作力量更加充实。加强社区社会组织建设,探索分类管理和项目化运作新模式。加强农村社会管理,45个村向社区管理过渡。加强和谐社区、和谐乡村建设,和平家园社区、亚运村街道分别荣获首批全国示范社区和示范街道,朝阳区被评为首批"全国和谐社区建设示范城区"。全力服务保障国庆,区域形象全面提升。国庆保障任务圆满完成。认真落实中央和市委、市政府要求,构建"1+11+43"的组织指挥体系,全民动员、精心组织,圆满完成了群众游行、游园联欢、女民兵方队、阅兵服务、彩车组装场地保障、焰火燃放、安全保障、环境整治、新闻宣传、志愿服务等各项工作任务,服务保障活动安全有序,节日气氛热烈喜庆,社会氛围文明和谐,为实现首都国庆活动"高质量、有创新"目标做出了重要贡献。城乡面貌持续改善。投入88.7亿元加强基础设施和环境建设。加快52条主次干路建设,对50条道路进行大中修,为26条道路安装了路灯。完成5条轨道交通、15万平方米的拆迁任务,保障了工程建设进度。加强环境整治,拆除违法建设25.7万平方米,改造老旧小区93个,新改建环卫设施529座,完成7片城中村和边角地整治任务。加大水环境治理力度,治理河道9.6公里。推进通惠河滨水文化景观带建设,建成庆丰公园等3个景观公园。10处新建郊野公园对外开放。全区新增、改造绿化面积759公顷,绿化覆盖率达到44.8%。全面落实大气污染治理各项措施,超额完成市政府下达的二级以上天数任务指标。城市管理不断加强。巩固奥运期间城市管理成果,建立城市综合管理模式,完善数字化城市管理平台,城市运行平稳有序。推广团结湖流动人口管理模式,通过构建网络、规范流程,提高流动人口服务管理水平。探索环境管理新模式,建立高安屯卫生填埋场环境监测系统,实时监测、及时治理异味污染,设立开放日接受群众监督，垃圾异味基本消除。在望京、东湖地区开展路侧停车规范管理试点。开展防灾减灾日系列活动与城市风险评估，组织3393次应急演练，应急处突能力进一步提高。社会形势安全稳定。强化社会治安综合治理基层基础和物防技防工作，完成6个公安派出所的改造工程，新安装监控探头1.4万个，居民小区和行政村封闭管理率分别达到85%和61%。加大对9个市级挂账村的综合治理力度，群众安全感明显上升。安贞、大屯等8个街道分别被命名为国际安全社区和全国安全社区。成立街乡安全生产监察队伍，强化安全生产责任体系，开展建筑工地、食品药品、消防安全等专项检查，安全生产形势平稳可控。社区矫正工作扎实开展。建立领导接访月制度，完善"三横多纵"调处网络和矛盾化解体系，重信重访化解率和积案化解率分别达到91.7%和83.9%。文明氛围更加浓厚。深入开展迎国庆、讲文明、树新风活动，扎实推进群众性精神文明创建工作。建立文明行动月工作机制，提升市民文明素质和窗口行业服务水平。15万名志愿者参与游行联欢、文艺演出、信息咨询、窗口服务、平安建设。

主要工作和重大活动

【区长办公会 区政府常务会】 年内，召开40次区长办公会，10次政府常务会。研究了综合经济、城乡建设、安全生产、社会治安、民生发展、国庆保障、食品安全、防汛抗旱、劳动人事等方面的工作。

（李　涛）

【与北京银行签订协议】 1月15日，与北京银行在凯迪克大酒店签订战略合作框架协议，提供意向性授信额度100亿元，为朝阳重点工程开发建设项目、新农村建设项目、基础设施建设、优质重点企业、高科技和文化创意产业企业提供信贷资金支持。区领导程连元、戴继楼、吴桂英出席。

（李　涛）

【人口和计划生育工作会议】 3月12日，召开人口和计划生育工作会议，市人口计生委委员李芸莉，区领导程连元、宋连娣、闫学锋、张春秀、关三多出席。会议由区委常委、区纪委书记宋连娣主持，副区长张春秀代表区委、区政府对上年人口和计划生育工作进行总结，对本年人口和计划生育工作进行部署。区长程连元在会上分别与街、乡及综合治理单位的领导代表签订本年《人口和计划生育责任书》，市人口计生委委员李芸莉、区长程连元分别做重要讲话。

（李　涛）

【战略合作协议书签约】 3月12日，与邯郸市举行战略合作协议书签约仪式。签约仪式上，区长程连元与邯郸市市长郭大建签署战略合作协议，正式结为友好市、区，开启双方在经济、商贸、现代服务业、文化、教育、旅游等领域的合作。区领导吴桂英、刘宇辉、胡军等及邯郸市领导丁英辉、武卫东、段玉铭、张晓波等参加签约仪式。

（李　涛）

【防火安全委员会全会】 3月18日，召开防火安全委员会全会，区领导程连元、佟克克、赵全保出席。会议强调，要开展全区范围的彩钢板建筑消防专项治理行动，消除火灾隐患，为全区经济社会发展创造良好的消防安全环境。

（李　涛）

【经济工作座谈会】 3月20日，召开以"保经济增长、促朝阳发展"为主题的经济工作座谈会。区领导程连元、王力军、辛燕琴、吴桂英、闫学锋、刘乃晨，与区企业界、经济界人大代表和政协委员，就当前全球金融危机下，朝阳如何实现经济平稳增长进行座谈。座谈会上，程连元向人大代表和政协委员通报了当前经济形势，来自企业界、经济界的人大代表和政协委员纷纷为朝阳的持续发展出谋划策。

（李　涛）

【绿化美化总结表彰大会】 3月23日，召开绿化美化总结表彰暨动员大会。大会要求全区绿化美化工作要按照"解放思想、传承奥运、再创优势"的工作要求和"四个走在全市前列"的工作目标，以生态优先为切入点，以科技创新为支撑点，以加强管理为着眼点，以服务群众为落脚点，树立精品意识，加强城乡统筹，创新体制机制，发动全民参与，打造以创新型、市场型、节约型、服务型为主要特点的现代化国际大都市园林城区，以优美的生态环境，迎接建国60周年。区领导王力军、张洋、佟克克、刘希泉、闫学锋、赵全保、李建海、刘乃晨、关三多、赵增华出席会议。

（李　涛）

【网上审批工作专题会】 3月24日，召开网上审批工作专题会，区领导程连元、吴桂英出席。作为全市网上审批工作试点区，经过5年系统建设，区电子政务网上审批二期工程建设工作全部完成，实现网上公示及审批事项210项。网上审批系统全面向公众开放使用，网上审批系统的运用对于推进行政审批制度改革、规范政府审批行为、提高行政效率、更有效的接受社会监督具有重要的意义和作用。

（李　涛）

【区信息化领导小组会议】 4月9日，召开朝阳区信息化领导小组会议,会议由副区长阎军主持,区长程连元,区长助理王春,及区信息化领导小组成员单位参加会议。会议审议通过了《关于调整朝阳区信息化领导小组成员的说明》、《2009年度朝阳区信息化工作要点》、《朝阳区政务信息资源共享管理办法》和《关于加快推进朝阳区实有人口库建设的工作意见》。程连元对区信息办在奥运会和残奥会期间做出的突出贡献给予高度赞扬,要求全区信息化工作在新的形势下要立足于区域发展需要,紧紧围绕经济发展的中心工作,积极协调各方资源,不断学习先进地区的经验和做法,提高工作水平。

(李　涛)

【朝阳规划艺术馆开工仪式】 4月14日,朝阳规划艺术馆在朝阳公园沙滩主题乐园举行开工仪式。仪式由副区长李建海主持,区长、规划艺术馆领导小组组长程连元,区人大常委会副主任、规划艺术馆领导小组副组长李国,区政协副主席刘乃晨等领导出席开工仪式并揭幕。"朝阳规划艺术馆"10月1日正式对外开放。

(李　涛)

【决策咨询专家委员会】 4月16日,区政府决策咨询专家委员会第二次全体会议暨朝阳区保增长、促发展研讨会在北京CBD国际会议中心(郡王府)召开,区领导程连元、李建海参加会议。会上,程连元向第二届朝阳区决策咨询专家委员会顾问颁发聘书,并向与会专家介绍区情,与会专家围绕朝阳区保增长、促发展,扭转房地产业发展形势,重大投资项目、功能性项目、品牌企业推介等主题进行讨论,为战胜国际金融危机影响、保持经济社会又好又快发展,提出建设性意见和建议。

(李　涛)

【郊野公园开园仪式】 4月29日,举行郊野公园开园仪式,市委常委牛有成,市政府副秘书长安钢,区领导程连元、王力军、张洋、宋连娣、吴桂英、刘希泉、闫学锋、于五一、孔德琴、刘乃晨、关三多、赵增华出席仪式。域内第二批10个郊野公园正式向市民免费开放。本区已先后建成郊野公园19个,占地面积1.57万亩,占全市郊野公园总面积55.8%。

(李　涛)

【防灾减灾日宣传周启动仪式】 5月8日,举行"防灾减灾日"主题宣传周启动仪式,并组建区首支防化专业队伍,区领导程连元、阎军、关三多出席启动仪式。区首支防化专业队伍主要是由高碑店乡政府和中石油、中石化、首汽等驻区企业联合组建而成,人员编制63人,将针对区危化生产企业较多的情况,承担平时核、化、生、爆事故应急救援及知识普及任务。

(李　涛)

【商务旅游高层研讨会】 5月13日,召开"信心2009—北京市朝阳区商务旅游高层研讨会",副区长阎军出席,以高星级酒店、旅行社龙头企业为代表的30余家旅游企业高层领导参加论坛。国家信息中心经济预测部发展战略处处长高辉清博士作"谁在引领变革——宏观经济形势预测"的报告,介绍了国内外最新经济形势;中国旅游研究院李仲广博士作"直面冬天——中国酒店及旅游业过冬之法"的报告,介绍了当前经济形势下的旅游行业发展趋势及企业应对危机的措施。通过此次研讨会,搭建起了政府与旅游企业的交流平台。

(李　涛)

【部署防控甲型H1N1流感工作】 5月13日,区长程连元、副区长张春秀等领导先后来到朝阳区疾控中心和有关街道,对全区防控甲型H1N1流感工作进行调研部署。

(李　涛)

【与武警北京总队领导座谈】 5月21日,区领导程连元、佟克克、赵全保、张春秀与武警北京总队领导,就朝阳区经济社会发展及武警北京总队建设情况等方面进行座谈,区政府办、区教委、区民政局、区劳动和社会保障局、区人事局、区绿化局等单位参加。

(李　涛)

【第二届朝阳文化创意产业精英榜】 5月25日,区长程连元、副区长张春秀出席"创意朝阳信心未来——第二届北京朝阳文化创意产业精英榜"颁奖典礼。文化创意产业精英榜活动以"集群创意产业荟萃精英人物"为宗旨,广泛宣传和推出区文化创意产业领军人物,营造创新人才成长发展的舞台,展示朝阳文化创意产业发展的状况和环境,吸引优秀人士进驻朝阳、投资朝阳,推动后奥运时期经济持续发展和文化软实力提升。本次评选活动产生10名第二届北京朝阳文化创意产业精英人物、20名提名人物,并在颁奖典礼上隆重推出了《文化创意产业朝阳共识》。

(李　涛)

【开展全区汛前检查】 5月27日,区委常委、副区长刘希泉带领区政府办、区农委、区水务局和区绿化局等有关部门开展汛前检查。检查组一行先后检查了红领巾公园排水泵站工程建设现场、望京沟大望京村段治理工程现场及地铁15号线(崔各庄乡、孙河乡境内段)防汛排水沟沟渠导流工程,刘希泉要求各有关部门要高度重视,克服松懈麻痹思想,充分认识做好防汛工作的重要性;要加强领导,严格落实防汛责任制，加强协调和配合，实现有机联动，确保汛期道路安全；要制定措施，筹集资金，加快在建工程建设，提高工程抗灾能力；要加大宣传力度，提高防灾、减灾和避灾意识，及时消除各类隐患，采取有效措施解决排水隐患及安全隐患，确保平安度过汛期。

（李　涛）

【区领导走访北京第二外国语学院】　5月27日，区委副书记、区长程连元，区委常委、组织部部长刘宇辉到北京第二外国语学院走访，双方就北京第二外国语学院情况及区社会经济发展情况进行座谈，并参观了学院教学、科研设施。区政府办、区委宣传部、区发改委、区教委、区文化委、区外办、区旅游局、团区委、CBD管委会、定福庄产业区管委会、三间房地区办事处等单位参加。

（李　涛）

【第九届科普游园会】　6月1日，由区科协、区红十字会、区教委、区绿化局和中国航天报社第一次联合主办的朝阳区第九届科普游园会暨大病特困少儿百万救助行动启动仪式在红领巾公园举行，市科协副主席周立军、市红十字会副会长孙硕鹏，副区长、区红十字会会长张春秀出席。游园会以集中体现航空航天主题科普和体验中国航天新闻为最大亮点，通过知识展板、实物模型展示、互动游戏等多种方式让所有少年儿童都能了解航天航空知识及中国航空航天事业的光辉发展历程。同时，开展为朝阳区患有白血病等五种大病少儿的救助活动，搭起大病孩子与健康孩子间的桥梁，使大病特困少儿能像健康儿童一样接受科普教育，提高自身素质。

（李　涛）

【聘请政府特约工作人员大会】　6月5日，召开区人民政府聘请第九届政府特约工作人员大会，区领导程连元、张洋、张春秀出席会议。区委副书记、区长程连元为新一届受聘的64名来自民主党派、无党派的政府特约工作人员颁发聘书。程连元希望新一届政府特约工作人员不负重托，尽职尽责完成好党和人民赋予的光荣职责，切实提高特约工作水平，为朝阳区经济社会又好又快发展做出更大贡献。

（李　涛）

【区文化创意产业专题研讨会】　6月12日，区委副书记、区长程连元，区委常委、宣传部长谢莹参加区文化创意产业专题研讨会。国家文化产业研究中心、中央电视台、中国教育电视台、清华大学、北京大学、北京市社会科学院首都文化发展研究中心等单位的专家学者以及相关企业家代表参加了研讨会，并结合金融危机下发展文化创意产业的机会和挑战，朝阳区在政策支持与公共服务方面如何推动文化创意产业发展等问题提出宝贵建议。

（李　涛）

【第七届中国并购年会】　6月23日，区长程连元、常务副区长吴桂英出席2009（第七届）中国并购年会。年会由全国工商联并购公会、市金融工作局和区政府共同举办，以“国际经济新秩序——并购创造价值”为主题，通过举办“产业整合与并购金融”、“跨域并购机会”等论坛和主题演讲活动，就并购热点、并购价值等开展讨论，强化交流合作，推进中国并购业发展。

（李　涛）

【CBD东扩区规划方案征集说明会】　7月22日，市城市规划设计研究院、北京商务中心区管理委员会在北京CBD公共服务中心多功能厅组织召开CBD东扩区规划方案征集说明会暨新闻发布会。常务副区长吴桂英参加会议。有7家国际、国内知名设计单位应征参加。

（李　涛）

【上半年工作情况通报会】　7月24日，区政府上半年工作情况通报会在北京会议中心召开，区长程连元向全体区人大代表做区政府2009年上半年工作报告。常务副区长吴桂英以及部分区政协委员参加会议。

（李　涛）

【新移动通信产业战略合作签约】　7月24日，举行中国“移动谷”新移动通信产业战略合作签约仪式。区政府与中国移动通信集团北京有限公司、TD产业联盟签署战略合作，正式确立战略合作伙伴关系，将就打造中国“移动谷”、推进TD技术在电子政务和社会信息化的应用、加强TD产业链企业互动等方面开展深度合作。市经委、市科委、中关村管委会有关领导，区长程连元，常务副区长吴桂英、副区长阎军参加仪式。

（李　涛）

【机构改革工作启动】　8月27日，召开政府机构改革工作会，对政府机构改革进行动员、部署，标志朝阳区政府机构改革工作正式进入实施操作阶段。区领导程连元、张洋、吴桂英出席会议并作重要讲话。

（李　涛）

【召开网上审批工作动员】　8月31日，召开网上审批工作动员大会，作为全市网上行政许可试点区，本区完成网上审批系统的创建，此次首批实施网上审批的部门包括区农委、区商务局、区文化委等7个政府部门的25个审批项目和卫生局、药监局、环保局等3家市垂直单位的审批项目。区领导程连元、吴桂英、刘希泉、李建海、阎军、张春秀参加会议。

（李　涛）

【卫生秋冬季防病工作会议】 9月9日，召开2009年卫生秋冬季防病工作会议。区领导程连元、张春秀参加会议。会议强调：一是要高度重视，充分认识做好卫生防病工作的重要意义，全力以赴做好国庆活动的各项服务保障工作；二是要把握重点，扎实推进卫生防病各项工作，要认真抓好甲型H1N1流感防控工作，全面做好流感疫苗接种工作，要继续加强公共卫生体系建设，扩大健康教育覆盖面；三是要加强领导，确保卫生防病各项工作的落实，防止疫情爆发，落实各方责任，强化沟通协调，提高处置效率。

（李　涛）

【防控甲型H1N1流感工作】 9月15日，区领导程连元、张春秀参加全区防控甲型H1N1流感工作专题会。会上区长程连元提出三点要求：一是要提高认识，强化组织，各街乡要将防控工作纳入主要领导的当期重要工作，亲自组织策划、指挥、调度，区应急办和区卫生局要做好工作分工，做到“周应急、日调度、勤指挥”；二是严格落实“四方责任”，实现监管全覆盖，发现问题经梳理纳入各部门监管范围；三是规范操作，加强监督，严格按照职责、流程，落实基础工作，做到宣传到位、监督到位、处置规范。

（李　涛）

【通惠河滨水景观庆丰公园开园】 9月28日，区四套班子领导参加通惠河滨水景观庆丰公园开园仪式。

（李　涛）

【第十届北京CBD国际商务节开幕】 10月12日，第十届北京CBD国际商务节在朝阳规划艺术馆内开幕。中共中央政治局委员、市委书记刘淇，全国政协副主席郑万通，全国人大常委会原副委员长何鲁丽，全国政协科教文卫体委员会副主席蒋效愚，博鳌亚洲论坛秘书长龙永图，人民日报社副社长何崇元，中国国际经济交流中心秘书长魏建国，CBD传媒商会会长杨伟光，市领导李士祥、程红、沈宝昌，世界商务区联盟秘书长安德烈·布兰，区四套班子领导陈刚、程连元、王力军、辛燕琴等出席开幕式。

（李　涛）

【北京CBD国际论坛开幕】 10月12日，作为北京CBD国际商务节重要活动，北京CBD国际论坛在本区开幕。副市长程红，区领导陈刚、程连元、王力军、辛燕琴、张洋、吴桂英、谢莹参加论坛，与来自美国、巴西、韩国、加拿大等国家的代表团共同围绕国际金融危机形势下的挑战和机遇，就CBD经济、园区规划以及如何寻求新的发展动力等问题展开讨论。

（李　涛）

【北京CBD传媒产业发展论坛开幕】 10月13日，2009年北京CBD传媒产业发展论坛开幕，CBD传媒商会会长杨伟光，区领导程连元、吴桂英、谢莹、张春秀、关三多参加。

（李　涛）

【北京CBD国际金融论坛开幕】 10月13日，2009年北京CBD国际金融论坛开幕。中国银监会副主席王兆星，中国证监会首任主席刘鸿儒，博鳌亚洲论坛秘书长龙永图，中国国际金融公司董事长李剑阁，中国社会科学院副院长李扬，副市长丁向阳，市金融工作局局长王红、中国保监会北京监管局局长丁晓燕，区领导陈刚、程连元、王力军、辛燕琴、刘宇辉、吴桂英、闫学峰、刘乃晨参加。

（李　涛）

【北京CBD国际资本峰会开幕】 10月14日，2009北京CBD国际资本峰会开幕。市金融工作局党组书记霍学文，区领导程连元、吴桂英、阎军参加会议。本次活动以“金融危机下中小企业的融资与发展战略”为主题，旨在整合主要银行、中介机构、金融资本机构等优质资源，为区优秀中小企业企业搭建融资平台。

（李　涛）

【北京CBD规划论坛开幕】 10月14日，北京CBD规划论坛开幕。副市长陈刚，中国区域经济协会副会长陈栋生，中国城市规划协会原副会长、北京CBD规划建设总顾问柯焕章，区领导陈刚、程连元、吴桂英、李国参加北京CBD规划论坛。

（李　涛）

【跨国公司地区总部发展论坛开幕】 10月15日，第十届北京CBD国际商务节——跨国公司地区总部发展论坛开幕。中国外商投资企业协会会长、原对外贸易经济合作部部长石广生，中国国际经济交流中心秘书长、商务部原副部长魏建国，国务院参事陈全生，副市长程红，区领导程连元、吴桂英、闫学峰、阎军出席跨国公司地区总部发展论坛。程红查看CBD东扩规划模型沙盘并听取发展规划汇报。

（李　涛）

【第六届京津塘科技新干线论坛开幕】 10月15日，第六届京津塘科技新干线论坛在区望京科技园开幕，区长程连元参加开幕式并致辞，副区长阎军参加开幕式。

（李　涛）

【东京都大田代表团访问】 10月

26日，区长程连元、区人大常委会主任王力军会见朝阳区友好城市——日本东京大田区区长松原忠义、大田区议会议长永井敬臣率领的大田区政府代表团及议会代表团。代表团此次访问朝阳区是为庆祝日本东京都大田区的羽田国际机场正式开通与北京首都国际机场的定期客运航线。

（李 涛）

【与中科院生物物理研究所签署协议】 11月5日，区政府与中国科学院生物物理研究所签订《发展生命科学产业长期战略合作协议》，区领导程连元、阎学锋、阎军以及各相关科学院（所）负责人出席签约仪式。通过合作，朝阳区将依靠区域特色和产业基础，引进生物物理研究所的高新技术和专业人才，落实项目转化和规模生产，将对提升朝阳区生命科学产业核心竞争力、促进区域生命科学产业发展起到关键作用；同时，双方合作也将对生物物理所的优秀科研成果转化为生产力、充分发挥研究所人才与技术资源的作用提供良机。签约仪式前，还举办了生命科学产业发展研讨会。相关专家就生命科学产业发展的方向和前景进行了展望，就提升朝阳区生命科学产业核心竞争力和推进中科院生物物理研究所重大科技成果的转化工作进行了讨论。

（李 涛）

【第三届朝阳人口与发展论坛召开】 12月17日，由区政府主办的第三届朝阳人口与发展论坛在北京长城饭店召开，本次论坛以“统筹人口发展，推进民生改善”为主题，重点围绕区域人口结构，区域农业人口、流动人口、外籍人口的服务与管理，首都核心区人口外迁，“十二五”时期人口发展趋势与战略选择，人口管理服务体制机制改革创新等重大现实问题进行研讨交流，为统筹解决区域人口问题、促进民生改善、提高城市管理水平、增强社会公共服务能力以及区域“十二五”发展规划的制定提供借鉴，服务朝阳科学发展。论坛由副区长张春秀主持，市人口计生委党组书记、主任邓行舟在论坛上发表致辞，区长程连元、国家人口计生委流动人口管理司司长张春生分别做《朝阳人口结构对区域发展的影响》、《城市“十二五”期间人口趋势与战略选择》的主旨演讲，区领导孔德琴、关三多参加会议。

（李 涛）

【合作办学签约仪式】 12月30日，与华中师范大学附属中学合作办学签约仪式在京举行。区领导程连元、辛燕琴、于五一、张春秀、关三多出席签约仪式。

（李 涛）

人事管理

【概况】 朝阳区人事局是区政府综合管理全区人事人才工作职能机构。区机构编制委员会办公室与区人事局合署办公。
地址：日坛北街33号
电话：65094739
邮编：100020

（王 茹）

【表彰奖励】 1－3月，完成2008年度公务员考核奖励工作。6088人参加考核，其中1337人优秀（处级优秀263人）。受奖励人员2323名，其中嘉奖1876名（处级244名），记三等功547名（处级104人），记二等功25人（处级11名）。10月，组织实施国庆60周年总结表彰工作，设立三个层级六个奖项，受奖单位达200家。全年表彰奖励先进集体987个（区级表彰310个、系统表彰677个），先进个人1289人（区级表彰601人、系统表彰688人）。

（王 茹）

【高校毕业生就业服务月】 2－3月，朝阳人才服务中心开展“首都人才市场促进高效毕业生就业服务月”朝阳分区活动。举办现场招聘会22场，参展单位近1120家，提供岗位超过10000个，参会求职人员40000余名。招聘现场就业指导参与人数2140人次，提供政策咨询服务600余人次。在线招聘企业423家，提供岗位5489个，访问量175000余人次。

（王 茹）

【教育培训】 3－4月，举办4期参照公务员法管理单位初任培训班，7家单位380人参加培训；举办1期继续教育培训者培训班，40家单位60多名分管继续教育工作的领导参加培训。4－6月，举办3期军转干部培训班，116人参加培训。4－11月，举办青少年生物年龄研究市级高研班，本区体育科研所40余名科研人员参加研修。5－7月，对列入参照管理范围的财政局国库集中收付中心、财政监督检查所、老干部活动中心、环境执法大队4个单位117人进行了公务员法培训和考试。6月，举办1期骨干培训班，200人参加并通过考试；400人参加人事干部业务知识培训班。6－9月，开展《中华人民共和国突发事件应对法》学习活动，6000余名公务员参加。6－11月，举办2期正科级任职培训班，67人参加；同区委组织部、区科委共同组织开展《绿色北京、科技北京、人文北京》公共课教学活动，全区151家单位8040人（公务员5687人、专业技术人员2042人）参加。8－9月举办1期副科级任职培训班，64人参加。11－12月，举办2期公务员初任培训班,180 人参加。

(王　茹)

【事业单位岗位设置】 3－12 月,643 家事业单位的岗位设置方案获核准,设岗总量 27637 个,其中管理岗位 4925 个、专业技术岗位 17447 个、工勤岗位 5265 个。

(王　茹)

【事业单位公开招聘】 4－6 月,开展事业单位公开招聘工作,经过招考单位专业笔试、面试、考核和统一体检后,录用 59 人。

(王　茹)

【公务员录用】 5—6 月,面向社会招录公务员 247 人,其中博士研究生 2 人,硕士研究生 94 人,大学本科 151 人。9—12 月,面向社会公开招考公务员,录用公务员 224 人,其中委办局录用 56 人,街乡录用 149 人,法院、检察院录用 19 人。

(王　茹)

【评委会专家库换届调整】 8 月,完成中学教师高级专业技术职务评委会专家库的调整换届工作。新增补 171 名优秀教师进入新一届评委会专家库,原评委会专家库中 54 名教师因退休、调动等原因不再担任评委工作。换届调整后的中学教师高级专业技术职务评委会专家库 238 人。

(王　茹)

【区政府机构改革】 8－12 月,区编办审核通过了 40 个部门的“三定”方案。

(王　茹)

【义务教育绩效工资改革】 9－12 月,组织实施义务教育学校绩效工资改革。此次改革涉及 195 所义务教育学校的 13675 名在职工作人员、9245 名退休人员。经市局批准,按人均 4.61 万元核定在职义务教育教师绩效工资水平。该绩效工资由基础性绩效工资、奖励性绩效工资、节日补贴、学年奖 4 部分构成。退休(职)人员按规定增加了退休时职务补贴、按年龄补贴以及节日补贴。

(王　茹)

【毕业生接收】 年内,接收毕业生 5999 人,其中北京生源 3702 人,非北京生源 2297 人;机关、事业单位 1068 人,企业 4931 人;在学历构成上,博士 56 人,硕士 813 人,本科 4484 人,大专及以下 646 人。

(王　茹)

【招聘大学生村官】 年内,录用大学生村官 83 人,其中非北京生源毕业生 65 人,北京生源毕业生 18 人。学历构成:硕士 2 人,本科 76 人,大专 5 人;党员 28 人,共青团员 50 人,预备党员 3 人;

(王　茹)

【选聘大学生社区工作者】 年内,选聘大学生社区工作者 353 人,其中博士 1 人,硕士 143 人,本科 203 人,专科 6 人。

(王　茹)

民族宗教

【概况】 朝阳区民族宗教办公室是主管全区民族宗教事务的政府职能部门。本区有汉、回、满、蒙、朝、藏等 52 个民族,少数民族人口约 19.5 万人(包括流动人口)。区内有民族工作重点街道、民族乡各 1 个,民族村 11 个;民族中、小学校 7 所;经批准的清真饮副食餐馆、专柜达 180 家。区内有伊斯兰教、基督教、天主教、道教等 4 个传统宗教,爱国宗教团体 3 个、庙管会 1 个;有伊斯兰教清真寺 9 座,基督教、天主教教堂各 1 座,道教东岳庙 1 座;依法批准的基督教聚会点 6 个、涉外宗教临时活动场所 2 处;宗教教职人员 47 人,宗教信徒约 6 万余人;外国信徒约 7000 余人。

地址:团结湖北五条 5 号

电话:65094755

邮编:100026

(姜庆瑜)

【开展基督教专项调查】 2 月 3 日至 20 日,按照市宗教局工作安排和区委、区政府有关领导要求,本区全面展开基督教专项调查工作,全区 43 个街乡都纳入调查范围。通过这次基督教聚会点专项调查工作,基本摸清全区基督教聚会点和信众的实际数量,并初步分析了当前基督教私设聚会点所出现的新情况、新特点:一是依法登记的(堂)点尚不能满足信徒宗教活动的需要。二是私设聚会点发展较快,信徒人数逐年增多,涉及地区不断扩大。三是城区私设聚会点有所减少,农村地区私设聚会点数量增加较大,在城乡结合部聚集趋势凸显。四是点多、规模较小特点比较明显。

(姜庆瑜)

【民族团结进步表彰大会】 3 月 6 日,区委、区政府在朝阳宾馆召开第 6 届朝阳区民族团结进步表彰大会。市委统战部副部长周伯琦、市民委主任申建军、区领导程连元、王力军、辛燕琴等出席大会。46 个区民族团结进步先进集体和 100 名先进个人受到表彰。大会对今后一个时期民族团结工作提出要求:一是抓住发展机遇,加快少数民族地区经济发展。二是坚持以人为本,切实维护少数民族群众的利益。三是加强和改善党的领导,不断提升民族团结工作水平。市民委主任申建军在讲话中肯定区委、区政府高度重视民族工作,为全市民族工作探索了经验,提供了示范,推出了一批好的典型,形成了自己的特色和优势。

(姜庆瑜)

【调研宗教教职人员社会保障问题】 4月20日,全国政协民宗委副主任仲兆隆,带领20多位全国政协民族宗教委员,到东岳庙道教场所和朝阳基督教堂,进行宗教教职人员社会保障问题调研。东岳庙袁志鸿主持和朝阳基督教堂于新粒主任牧师和尹惠慈主席分别介绍东岳庙和朝阳基督教堂的情况及社会保障问题。委员们就宗教教职人员流动情况、工资待遇、社会保障中存在诸多问题,听取宗教界提出的意见和建议。委员们认为:随着社会发展和党的宗教政策落实,宗教教职人员社会保障问题被提上议事日程,应当引起党和政府的关注。他们希望宗教界可以积极提出合理意见和建议。

(姜庆瑜)

【部署创建和谐寺庙教堂活动】 4月28日至29日,在国家宗教局培训中心召开创建和谐寺庙教堂部署会,区伊斯兰教、基督教、天主教和道教等4个宗教团体和各宗教场所负责人参加会议。会议学习了国家宗教局《关于开展创建"和谐寺观教堂"活动的意见》,传达了市宗教局局长申建军在全市开展创建和谐寺观教堂活动动员大会上的讲话精神。会议提出我区开展创建"和谐寺庙教堂"活动的5条措施。1. 抓规划部署,明确工作思路;2. 抓人员培训,提高创建能力;3. 抓典型引路,加强分类指导;4. 抓检查督促,保证创建活动的质量;5. 抓职责落实,发挥宗教团体和宗教活动场所的主体作用。

(姜庆瑜)

【检查涉外临时宗教场所】 6月14日,市宗教局对本区拟续批的中国国际青年交流中心内两个涉外宗教场所进行检查。听取位于二十一世纪饭店的欧美人基督教聚会和韩国韩人基督教聚会负责人情况介绍并实地查看活动场所,对各聚会场所人员构成和场次、时间安排、参加人员身份认证、以及聚会场所安全措施等进行询问。市宗教局领导在和两个宗教场所的负责人进行座谈中指出,朝阳区是涉外宗教工作大区,涉外人员多,中国国际青年交流中心涉外宗教活动自批准以来,规范有序,能够较好的遵守中国的法律法规,也得到了各方的认可和关注,国内外影响良好,值得肯定。他要求,两个续批的涉外临时宗教场所应更好的遵守中国政策法律,加强和属地政府主管部门的联系和沟通。市宗教局向两个宗教场所负责法人颁发了一年期的临时登记证书。

(姜庆瑜)

【举办基督教专项治理工作培训】 7月15日—16日,举办为期一天半的基督教专项治理工作培训,区基督教专项治理工作指挥部成员单位和各街、乡、社区的主要领导、具体负责人240余人参加培训。会上,对完善民族宗教三级管理网络意见进行说明和部署;就认清特点、把握政策、明确要求、认真扎实的做好基督教专项治理工作,做专题辅导;小关街道、望京街道和十八里店地区办事处分别就现阶段基督教专项治理工作开展的经验做法进行介绍;区基督教专项治理工作指挥部成员单位和各街、乡、社区的主要领导就下一步如何开展基督教专项治理工作进行了研讨。

(姜庆瑜)

【落实民族政策情况通报会】 9月25日,召开落实党和国家民族政策有关问题情况通报会,公安朝阳分局(国保支队、治安支队)、区城管大队、区劳动和社会保障局、工商朝阳分局、区旅游局、区教委、区商务委、区卫生局和朝阳交通支队等相关单位参加会议。会议学习了国办发〔2008〕33号文件,通报了全区几起违反民族政策的事件,就继续落实33号文件精神作工作部署。会议就全区落实国办发33号文件工作提出四点意见:1、民族宗教无小事,要有很强的政治敏感性;2、继续加强党的民族政策的学习宣传教育力度;3、依法行政,认真落实国家机关法律法规;4、工作上要注意方式,着力避免工作方法简单化。

(姜庆瑜)

【广州市宗教局考察】 12月3日,广州市宗教局一行11人,考察本区奥运筹备和举办期间宗教工作开展情况,为保障明年第十六届广州亚运会期间宗教活动安全、稳定、和谐和有序开展。考察团一行到北京基督教朝阳堂听取了教堂牧师关于教堂的建设、堂区宗教活动的开展情况,及在奥运筹备和举办期间如何加强教堂环境整治、制定安全预案、开展安全隐患排查,有效保障奥运期间宗教活动正常开展和接待活动的情况介绍,参观了教堂的主堂、副堂、诗班室、监控室等。区民宗办主任王爱录在座谈会上向与会客人介绍本区民族宗教工作的总体情况和特点,着重就本区宗教系统服务奥运工作,从筹划、对接、投入、督察、协调、管理6个方面向客人进行了汇报。

(姜庆瑜)

【欢度圣诞节】 12月25日,是天主教、基督教传统节日——圣诞节。节日期间,全区近6000名中、外信徒分别在北京基督教朝阳堂、朝阳区平房天主教堂、二十一世纪外国人临时宗教聚会点等宗教场所欢度节日。24日平安夜,约4000余名信教群众到北京基督教朝阳堂参加教堂举行的礼拜仪式,平房天主教堂举行了2场圣诞弥撒,约有信徒1200余人次参加了庆祝圣诞节的宗教活动。市委常委、市委统战部部长牛有成、市人大常委会副主任李昭玲、副市长程红、市政协副主席赵文芝、市委副秘书长肖培、市委统战部常务副部长闵克、市宗教局局长申建军以及区相关领导也来到北京基督教朝阳教堂,向广大信徒和神职人员祝贺慰问节日。整个节日期间,本区宗教场所秩序井然、活动进行正常良好。

(姜庆瑜)

外事工作

【概况】 朝阳区人民政府外事办公室(简称区外办),是负责朝阳区对外国际交往和处理涉外及港澳事务的区政府工作部门,又是区委外事工作领导小组的办事机构。内设综合科、因公出入境管理科、国际交流科,行政编制10人。

地址:日坛北街33号

电话:65099237

邮编:100020

(李　采)

【工作会议】 年初,召开区委外事工作领导小组(扩大)会议,专项部署本年度因公出访工作,强调外事纪律,提出从严掌握出访任务安排,对出国(境)工作严格把关,对违规人员严肃处理的明确要求;召开本区落实北京市制止公款出国(境)旅游专项工作会议,制定《关于进一步严肃外事纪律、加强因公出国(境)管理的通知》,转发《北京市贯彻〈关于坚决制止公款出国(境)旅游的通知〉的实施意见》和《关于严禁持因私证件出国(境)执行公务的通知》等文件,就组团规模、不同级别领导出访频率、出访天数、公务活动数量等做出明确规定;规范、健全请假、任务申报、证照申领上交等制度,特别是建立因公出访团组承诺制度,由团长签订《朝阳区因公团组出访通知单》并提供往返机票复印件后方可领取护照,执行出访任务,从源头上杜绝出访超时问题。

(李　采)

【利用友城平台开展对敌斗争】 5月,组团赴日本参加"北京—东京缔结友好城市关系三十周年"庆祝活动,在本区610办公室的指导和支持下,首次尝试利用友城平台开展对敌斗争,在与日本东京都大田区的社区交流中,委婉地表明中国民众崇尚科学、反对邪教(如法轮功)的严正立场,正面宣传取得良好效果。

(李　采)

【区政府代表团出访】 年内,陈刚、程连元、王力军、辛燕琴等区级领导作为友好城市交流使者,访问美国、澳大利亚、日本、希腊等友好城市。5月,王力军率团访问日本,与日本东京都大田区、港区区长、议长分别见面并会谈,利用两国基层政府和议会交流平台,促进中日友好,开辟本区与日本友好城区的新局面;7月,李国受邀出席在澳大利亚塔姆沃斯市举办的澳大利亚友好城市大会,代表中国作主题发言,介绍本区开展友城交往的体会和经验,这是本区自1993年开展国际友好城市交往工作以来,首次在国际性会议上介绍经验;11月,陈刚率团访美,与纽约市布鲁克林区正式签订友好交流意向书,巩固本区与布鲁克林区的友好关系;11月,王智玲应邀出席由英国伦敦市纽汉区主办的奥林匹克运动会论坛,代表本区全面介绍朝阳区在北京奥运会申办、筹备、举办期间开展的服务、保障工作情况和经验,为伦敦有关方面人士就奥运场馆赛后利用问题进行研讨;本区还与澳大利亚、希腊、韩国等友城就奥运赛后场馆经营利用、议会职能与作用等广泛交换意见。

(李　采)

【友好交往】 年内,本区与瑞士日内瓦联邦州就在环保、体育、城市管理、可持续发展等领域开展务实合作项目,寻找适当时机签订合作交流协议达成共识,约定在2010年派代表团互访。10月,第十届北京CBD国际商务节,邀请美国议员代表团、巴西巴西利亚市南湖区代表团和韩国首尔松坡区代表团访问本区,参加商务节活动,参观重点建设项目,美国纽约州众议员菲利克斯·奥蒂斯(FelixW. Ortiz)先生为团长的议员代表团,汇集美国政界、商界、新闻界人士,为历届商务节中级别最高的外国代表团。巴西巴西利亚市南湖区区长访问中国,恢复中断多年的联系,为进一步发展南美友城关系奠定基础。南湖区区长Paulo(保罗)先生是第一次来中国,希望加强与本区的交流与合作,在2010年利用巴西利亚市建市50周年机会,邀请区领导访问南湖区,并与本区签订友好交流协议书;商务节刚过,日本东京都大田区利用区内羽田机场开通东京——北京直航的机会,区长、议长一起率团访问本区,以开通航线为契机,密切两区交往。社会工委组团到日本东京都大田区开展国际安全社区考察学习活动和社区防灾储备设施考察,学习日本先进的社区管理、服务理念;组团到日本东京都港区开展书画交流和中国民间艺术展示活动,以书画会友,增进与日本各界朋友的友谊;

(李　采)

【服务区域发展】 年内,协助区投促局,与瑞典延雪平省、美国阿拉巴马州伯明翰市建立联系,推介本区投资环境,寻找合作机会和项目,吸引当地企业到朝阳投资；帮助CBD管委会与法国拉德芳斯区开展合作，加入世界CBD联盟，搭建国际合作平台；继续开展朝阳—港区老年书画作品交流、展览活动；引进英国大使馆文化教育处提供的体育教师免费足球培训项目；为意中基金会与区体育局牵线搭桥，商谈在朝阳体育中心建立意大利足球联赛青少年培训基地。

（李　采）

【青少年交流】 年内，与日本、韩国开展暑期中学生交流互访活动；与美国阿拉巴马州伯明翰市、澳大利亚塔姆沃斯市商谈青少年、青年公务员交流项目，拟为本区青少年开辟更加广阔的交流、学习渠道。

（李　采）

【落实外事为民宗旨】 年内，通过外交部欧洲司协调中国驻德国慕尼黑领事馆，为本区利税企业——北京蟹岛集团邀请的德国专家麦克·斯科特汉姆(MichaelSchottenhamel)先生办理来华多次往返签证，以保证北京·慕尼黑啤酒节于2010年北京蟹岛绿色生态农庄顺利举办。

（李　采）

【对外宣传】 年内，通过中、英、日、韩四种语言在网上公开信息近90余条，更新各类信息23条；在区政府内部网站上报信息27条；向市外办编辑的外事通讯投稿22条。

（李　采）

【外事接待】 年内，完成外交部、中联部、全国人大常委会办公厅外事局、全国对外友协、市外办、市友协交予的15批233人次的党宾、国宾接待任务；接待美国国务卿希拉里、泰国公主诗琳通、荷兰副首相洛夫特、乌拉圭总统夫人等重要宾客；邀请20多个外国使馆的商务参赞参加新春招待会、第十届北京CBD国际商务节相关活动；协调、安排意中基金会、澳大利亚商会等涉外机构与区领导会面，商谈垃圾处理、开拓国际交往领域等合作项目；接待外交部政策咨询委员会、政策规划司到本区参观指导工作；接待市外办领导班子、市属主要媒体负责人、十八区县外办主任等到本区参观考察。

（李　采）

【加强涉外管理保区域稳定】 年内，为望京220千伏变电站开工、将台地区七彩大世界拆迁提供外事法规、政策支持；甲型H1N1流感疫情发生时，密切配合区疾控中心查找外籍甲流密切接触者，做好隔离安抚、解释工作；密切关注疫情发展，及时掌握出访地的疫情状况，为出访团组提供健康提示；国庆节前与区民宗办联手开展对本区基督教专项治理工作，对涉外宗教场所进行全面普查，摸清情况，掌握动态。参与“六四”敏感期指挥部相关外事保障工作，到天安门广场进行巡逻、值守；落实国庆期间外事维稳保障值守工作，密切关注有可能发生涉外不稳定因素的问题，准确研判形势，及时向区委、区政府和市外办进行汇报，为领导决策提供可靠依据。

（李　采）

【涉外环境建设】 年内，协调区市政管委等部门对太阳宫热电厂周边环境进行治理、道路修缮工作，确保美国国务卿希拉里参观热电厂达到预期效果；协调区市政管委连夜对巴西使馆周边道路进行抢修，为巴西总统访华营造良好环境；对使馆周边环境进行集中整治；在麦子店街道、望京街道继续开展国际化社区创建工作，为外国人营造良好居住环境，倡导外籍居民积极参与社区活动和社区服务，通过交流与共享，促进中外和谐。

（李　采）

【涉外信访接待】 年内，协助区信访办接待本区双叶中心幼儿园日方与中方合作人纠纷、798艺术区法籍华人与物业纠纷、十八里店地区华凯苑多名外籍业主与物业纠纷、崔各庄乡丽苑小区和马全营小区拆迁外国人上访和将台地区七彩大世界拆迁外国人上访等多次涉外访。

（李　采）

【涉外事件】 年内，累计处理各类涉外事件16起。第一时间将一精神病人驾车冲撞美国大使馆的信息汇报给上级外事部门，为领导研判形势提供参考；协调区绿化局，为武警九支队在使馆区绿化带内建设国庆临时处置突事件备勤室；协调外国使馆解决一名外国人在京无钱转院治病问题；协调香港特区驻京办为在京的一名香港病人提供医疗救济；协调高安屯垃圾填埋场涉外问题等。

（李　采）

【压缩因公出访团组规模】 年内，办理各类因公出访团组109个373人，局级团组20个20人，处级团组50个218人，科级及以下人员39个135人；本区自组团组43个290人，随中央及北京市团组66个83人；与前三年平均数相比，出访团组减少62个193人，平均降幅35%；其中，本区自组团减少25个，114人，平均降幅33%；随中央及市属团组减少37个，63人，平均降幅40%；10月，转发北京市《关于采取严格措施控制本年度因公出国（境）团组规模的紧急通知》，停办10个拟出访团组，本年总压缩比例47%。

（李　采）

【出访任务审核与管理】 年内，加大因公出访团组任务审核力度，一审任务，对内容空泛的一般性考察团组坚决取消，对双跨团组和培训团组按照业务关系进行认真审查。

年初和4月中旬落实市外办团组、经费双压缩要求,两次压缩团组30个,压缩比例35%,出国经费未突破1000万元,压缩比例41%,超额完成市外办部署的团组压缩指标和经费压缩指标;二审材料,对邀请信、境外邀请方、公务活动内容认真核实,杜绝组团单位通过中介机构联系、购买邀请函和安排公务活动的不良现象;三审行程,依据出访任务,行程安排合理且公务活动占在日程三分之二以上方可申报,杜绝擅自增加出访地、公务活动不足等问题;四审人员,对待遇性、照顾性的已办理退休手续和已经退居二线的参团人员坚决不予办理,确保团组成员与出访任务相关,有助于出国交流任务开展;为做好国庆六十周年保障工作,根据市委外事工作领导小组50号文件精神,推迟所有团组9月的出访任务,其中包括取消3个局级领导出访任务。为防止国庆后集中出访现象的发生,本办要求组团单位根据工作需要合理安排公务出访活动,切实杜绝待遇性、照顾性出访。年内,联合区纪委、监察局、组织部、财政局、审计局等组织因公出国(境)专项联合检查,对部分团组出访天数、公务活动数量、经费使用情况、证照和考察报告上交情况进行全面清理,对个别存在违规现象的团组进行批评教育,要求组团单位制定整改方案;对市监察局、市制止公款出国(境)旅游专项工作小组办公室抽查提出的涉及本区团组的问题,进行认真核查,制定整改措施,规范制度,避免管理漏洞。

(李　采)

【双语规范工作与培训】 年内,规范全区党政机关组织机构和职务、职称英文译法,翻译、整理各类条目827条;推动三里屯街道将酒吧街建设成本市、本区两级“公共场所英语标识示范街”;协助东湖街道筹备处推进辖区内中、英、韩三语标识、设施改造安装工作;为垡头街道残疾人服务中心提供语言支持,推进服务中心门牌中英双语规范工作。与区残联联合开展对盲人按摩师英语培训,培训教材进入编写阶段。5月,依托专业培训机构,举办英语高级人才培训班,培训区属各部门英语高水平人员14人;举办日语培训班,培训10人;6月,举办韩语培训班,培训23人。外语志愿者队伍的服务语种已经涵盖英语、日语、韩语、法语、德语等五种。利用朝阳国际风情节、第十届北京CBD国际商务节等活动和重大涉外保障工作机会,选调外语志愿者和基层外事干部参与值守,提供外事服务。

(李　采)

法制工作

【概况】 朝阳区人民政府法制办公室是区政府主管法制工作的办事机构和职能部门,对区政府法制工作负有指导、协调、组织和监督责任。内设综合调研科、行政复议应诉科、行政执法监督指导科、信访复查科、规范性文件审查科,编制20人。

地址:日坛北街33号
电话:65094421
邮编:100020

(丰　霜)

【推进依法行政工作】 年初,对全区41个行政执法部门上年度的行政执法工作进行考核。考核内容涉及各部门行政执法组织机构设置、行政执法工作计划的制定和落实、行政执法责任制度的建立和落实、行政执法力度和绩效情况、执法行为规范和案卷质量等9个方面,评出上年度先进执法单位11个。4月,召开依法行政工作大会,副区长赵全保做题为《完善基层基础工作,深入推进依法行政》工作报告。市政府法制办、区人大、区政协等市区领导,各街乡法制工作主管领导、区政府各委办局负责法制工作领导和法制科室负责人近130人参加大会。报告对过去一年全区推进依法行政工作的情况进行了总结,对今后一个时期依法行政工作所面临的形势和任务进行了分析提出具体工作要求,强化区各行政机关、工作人员依法行政意识。12月,与区委组织部举办全区依法行政培训班,各执法单位主管领导、各街乡主管领导、法制科长125参加培训。

(丰　霜)

【执法人员培训】 1月,组织全区依法行政处罚执法资格考试,制发行政执法证600套,规范执法队伍。针对《城乡规划法》、《食品安全法》、《突发事件应对法》等国家新颁布的重要法律,及时组织研讨和培训。全年举办3期行政处罚人员资格培训班,培训执法人员1300余人。

(丰　霜)

【行政复议接待室挂牌启用】 4月,区行政复议接待室挂牌启用。接待室配备等候椅、饮水机,放置行政复议工作宣传册、宣传单,方便和服务复议申请人。同时,规范行政复议接待流程,加强接待工作登记、统计和分析。至年末,接待当事人184批230余人。

(丰　霜)

【行政复议法宣传】 10月31日,在小庄普法广场开展行政复议法宣传活动。区法制办、司法局、区属有复议职能的公安、交通、劳动、工商、地税、质监部门、政府法律顾问(律师)30多人参加宣传活动。活动现场累计接受咨询300多人次,发放复议法宣传便签、宣传材料近3000

份。

（丰 霜）

【提供法律服务】 年内，围绕区政府的中心工作，在市、区重点工程、城市建设和管理、土地储备等方面，结合实际工作和各项事业需要，为区政府决策提供法律意见，确保区政府各类行政行为合法、规范。全年出具各类法律意见40余件；审查政府重大合同11份；全程参与大望京村城乡一体化试点工作，为农村城市化运作提供法律保障；参与央视火灾事故调查、高安屯垃圾处理项目后续事宜、国贸三期等重大复杂问题的处理；配合区编办开展行政审批事项清理工作；对区知识产权保护的行政执法给与有效指导。

（丰 霜）

【行政执法监督】 年内，修改完善区行政处罚执法文书，指导执法部门规范制作执法案卷。同时，深入执法部门，对新形势下行政机关行政执法理念、方式、手段进行针对性调查研究，总结、交流执法经验。11月，对全区执法部门85本行政处罚案卷和87本行政许可案卷展开评查工作。经过评查，处罚案卷合格率100%，案卷优秀率87.1%；许可案卷合格率96.6%；案卷优秀率69%。

（丰 霜）

【行政复议案件】 年内，收到行政复议申请149件，审结行政复议案件139件。办结的行政复议案件中，不予受理24件，维持78件、终止24件、驳回行政复议申请1件、发告知书5件、撤销并责令重新答复5件、确认违法1件、案前和解1件。行政复议事项主要集中在不服行政处罚、不服信息公开、不服绿化隔离腾退安置等。

（丰 霜）

【行政应诉】 年内，以区政府为被告和复议被申请人案件67件（被复议53件），案件主要涉及不服强拆决定、不服区政府核发的宅基地使用证、不服信息公开等。

（丰 霜）

【行政复审办理】 年内，收到行政复审案件59件，主要为查处违法建设类案件。复审案件全部审结。

（丰 霜）

【行政强制拆迁】 年内，办理行政强制拆迁腾退案件292件，涉及通惠河南岸、城铁10号线、城铁亦庄站、央视二期、日坛中学示范校、和平一二三村、京棉危改、八里庄危改、小红门、常营、十八里店、来广营绿隔等27个项目，实施强制拆迁腾退26批56户。办案时严格审核各类法律文件，履行法律程序，做好各种预案，确保了行政强拆工作合法、有序、安全。

（丰 霜）

【信访复查复核案件办理】 年内，累计接待信访复查来访群众231批（次）393人，受理信访复查案件113件，办结104件。其中，维持原办理机关答复意见73件；变更原办理机关答复意见6件；责令原办理机关重新答复17件，撤销原办理机关答复意见6件，纠错率22.1%；因信访人撤回复查申请而终止审理2件。收到市政府信访复核意见书52件，全部维持区政府复查意见。其中，农村地区复查案件数量居首，主要涉及土地腾退、村民待遇、村务管理等问题。另外，拆迁腾退、宅基地纠纷、户口迁移等问题的案件有所增加。

（丰 霜）

【规范性文件清理】 年内，与区政府办组成清理小组，对以区政府名义发布的现行规范性文件进行清理。通过调查主管部门对该文件执行情况，征求相关部门意见，形成清理工作报告。累计审查清理文件65件，废止24件，保留41件。

（丰 霜）

【规范性文件备案审查】 年内，加大对规范性文件的备案审查力度，先后对促进CBD金融业发展、农村城乡一体化、高新技术产业发展园区优惠政策以及人才引进等多项决策进行审查。累计审查区政府及各部门规范性文件31件，并对市政府12项法规规章征求意见稿提出了书面反馈意见。

（丰 霜）

信息化工作

【概况】 朝阳区信息化工作办公室（简称区信息办），是全区信息化主管部门，负责指导、组织和实施辖区内信息化建设。下设信息化推进科、系统建设科和信息网络中心，编制21人。年内，主要围绕保障国庆60周年庆祝活动信息化建设、推动信息服务业发展、一氧化碳无线监测预警系统等信息系统建设工作。
地址：日坛北街33号
邮编：100020
电话：65094288

（杨 洁）

【一氧化碳无线监测预警系统】 1－3月，在崔各庄乡索家村500间出租房屋开展一氧化碳无线监测预警系统的试点部署，通过技防手段减少人防工作量，提高对一氧化碳中毒事件防控水平。7月，在索家村召开专题调研会，提出今冬取暖季试点范围扩大到6个乡3万间出租房屋的实施方案。

（杨 洁）

【信息化会议组织工作】 4月初，

召开全区信息化领导小组会,对区信息化领导小组组成人员进行调整,通过本年工作要点和信息资源共享管理办法。10月,召开国庆信息化保障总结表彰会。

(杨　洁)

【帮扶企业工作】 5月,在全市各区县中率先在区政府门户网站显著位置开设帮扶企业专栏,开发网上政企互动平台,开展"千家网站、万个邮箱"活动,建立区内IT企业台账,帮扶企业应对国际金融危机。

(杨　洁)

【打造"中国移动谷"】 7月,发布在电子城西区北扩区域打造"中国移动谷"战略构想,与北京移动、TD产业联盟签订战略合作协议,合作建设"一个基地、一个平台、四个中心"。8月,在北京市电信行业推介会上举办"移动谷"专题论坛。

(杨　洁)

【信息网络安全国庆保障】 8月,为全区21个街乡办事处统一配备防火墙设备;9月,组织公安、保密等部门及专家,对6个信息安全等保三级单位和8个一二级单位进行检查,发现一批信息安全隐患,提出整改意见,并对整改结果进行复查。组织运维服务单位针对区政府门户网站和区政府核心机房开展应急安全演练,部署机房环境自动监控系统。

(杨　洁)

【图像信息系统国庆保障】 9月,完成长安街及各疏散集结重点区域170多个监控摄像头的建设,与区级图像信息管理系统无缝对接;为秀水、新光天地两个指挥中心建设图像大屏幕展示系统,将奥林匹克公园、朝阳公园、奥林匹克森林公园接入全市视频会议网络;完成奥林匹克公园图像监控系统、智能计数和人流密度分析系统建设。

(杨　洁)

【无线电频率管理】 9月,组织长安街沿线6个街道办事处开展无线电频率台站清理整顿,通过发放张贴宣传材料、有线电视字幕播放等方式加强宣传。国庆演练期间,区无委办对国庆安保领导小组通报的6起擅自使用无线电对讲机干扰国庆演练活动军用频率案件和1起擅自使用非法频率传输无线视频信号干扰国庆阅兵空军导航频段案件进行及时处置。

(杨　洁)

【国庆活动信息化保障】 10月,区信息办工作人员分别值守在秀水指挥中心、新光天地指挥中心、区政府总值班室、公安分局机房、奥林匹克公园指挥中心等岗位,确保图像监控等视频资源正常使用。区政府核心机房实行全时段双人值班,严密监控网络,实现信息安全"零"事故。抽调专人参与国庆安保领导小组无线电执法工作,全区电磁环境状况良好,未发生一起无线电干扰事件。

(杨　洁)

【区政府门户网站升级改造】 年内,按照全市国家机关网站年度考核评比要求,政府门户网站再次改版升级,增强网上政府信息公开、网上办事和便民服务功能。

(杨　洁)

【完善实有人口库】 年内,起草区级实有人口库实施意见,与区人口计生委组织召开专题协调会和专家论证会,与区教委等5个部门签订数据共享协议,应用平台正式上线,整合入库人口数据426万条,与街道全程代办系统实现对接,与区流管办共同研究在流动人口中发放"一卡通"。

(杨　洁)

【软件信息服务业】 年内,根据本区软件信息服务业现状,形成调研报告。促成长城金点、时代凌宇等企业入驻本区发展。与北工大软件学院签订战略合作协议,在垡头储备区建立产业园区进行前期调研。

(杨　洁)

【信息安全应急保障】 年内,按照国庆等重大活动保障要求,加强信息安全应急预案、应急队伍和应急演练等方面工作。与区财政局共同研究将信息安全产品实行政府采购。

(杨　洁)

【网络舆情监测】 年内,编发网络舆情监测普刊、专刊260余期,搜集互联网上关于朝阳区的网民意见和负面报道,以及对朝阳区有借鉴意义的要闻事件。为国庆维稳、双井和平一二三村拆迁等重点工作提供网络舆情的监测分析支持,向区领导提出组建网络舆情办公室的建议。

(杨　洁)

【"双进入"工作】 年内,北京市向本区下达第一批"双进入"任务49个,与市经信委、各电信运营商沟通,成立由10个委办局和43个街乡组成的"双进入"协调领导小组,召开专题调度会。区协调办组成2个工作组,到现场协调解决"双进入"难点问题,同时面向居民开展正面宣传,防止发生群体事件。

(杨　洁)

【高清交互数字电视】 年内,歌华有线公司在本区开展高清交互数字电视网络试点部署工作,已有10个社区纳入发放高清交互机顶盒试点,全年共发放3万户。与歌华有线合作开发数字电视朝阳政务平台,正在研究建设互动式办事服务。9月,副市长蔡赴朝视察香河园街道西坝河东里社区机顶盒现场发放情况。与歌华有线公司协商,将机顶盒生产企业注册地迁入电子城并开展相关业务。

(杨 洁)

【"无线CBD"建设】 年内,按照市委书记刘淇要求,与CBD管委会共同推进"无线CBD"建设,实现CBD4个绿地公园的无线宽带网络全覆盖方案。推进"网游奥林匹克"、"无线电子城"等项目建设。

(杨 洁)

【信息化项目管理】 年内,依托全区信息化项目管理平台做好项目管理和资金拨付工作,督促各部门加强信息化项目立项和验收工作;起草街道办事处二级班子考核标准电子政务部分打分细则;完成2010年信息化建设专项资金预算申报工作。

(杨 洁)

【人大提案答复工作】 年内,答复人大代表关于在政府网站开设新闻发布平台的建议,将代表关心的其它相关问题转达给区委宣传部。协助其他单位分别答复相关党派提案和代表建议、委员提案。

(杨 洁)

【区信息化协会工作】 年内,指导区信息化协会积极联系相关企业,向驻区IT企业发布政府帮扶企业最新政策,协助有意入驻我区IT企业办理相关手续,加强政企的联络沟通。

(杨 洁)

信访工作

【概况】 中共北京市朝阳区委、朝阳区人民政府信访办公室与朝阳区人民内部矛盾调处中心为朝阳区委、朝阳区政府负责全区信访和人民内部矛盾排查调处工作的职能机构,实行合署办公,一个机构两块牌子。内设综合办公室、矛盾排查办公室、矛盾调处室(重大矛盾研究室)、联席会议办公室、群众来信办理室(北京市朝阳区人民政府人民建议征集办公室)、督查督办室和接待登记大厅,现有行政编制24人。

地址:日坛北街33号

电话:65099121

邮编:100020

(刘福森)

【新春团拜会】 1月16日,区信访系统举行迎新春团拜会,市信访办主任薄刚,区委书记陈刚,区委常委、副区长刘希泉等市区领导与区信访办、区调处中心工作人员,全区委办局、基层信访主管领导、信访办主任共同参加。陈刚在致辞中指出,全区广大信访干部勇敢地担负起历史使命,始终牢记"决胜之年,稳字为先"的宗旨,完成十七大和"两会"期间维稳工作,完成"平安奥运"工作任务,为地区稳定和社会发展做出积极贡献。他强调,本年是新中国成立60周年,在新的信访形势和新的任务下,全区信访干部作为维护地区稳定的中坚力量,更应该有强烈的紧迫感和社会责任感,自觉溶入到"稳字当先"的大局中去,以饱满的精神全身心地投入到矛盾调处化解工作中,锐意进取,迸发活力,为朝阳区信访事业贡献智慧和力量。薄刚充分肯定朝阳区在奥运会、残奥会期间维护首都稳定和谐过程中不可忽视的重要作用,高度评价过去一年来区信访工作取得的成绩,赞扬全区信访干部的奉献精神和敬业精神,感谢全区信访干部对"平安奥运"和和谐首都做出的贡献。

(刘福森)

【慰问信访干部】 2月1日,区委书记陈刚、区长程连元等有关领导到区信访办慰问工作人员。陈刚指出,上年全区完成"保二争三"预定目标,集体访总量在全市排位第八名。本年继续提出"保二争三"目标,但工作量会更大、要求更高:一是历史积攒下来的矛盾还未完全解决,二是全市重点规划任务,朝阳所占比重大,易引发新矛盾,三是本年重要纪念日、敏感日多,尤其是金融危机的冲击对信访又有新挑战。所以,本年是更加辛苦的一年,维护稳定依然是全区上下一项重要工作。

(刘福森)

【召开信访排查调处工作会】 2月23日,组织召开本年信访排查调处工作会。会议总结上年全区信访排查调处工作,传达中央领导对信访工作的重要批示和中央、市联席会议精神,部署本年信访工作目标和任务,重点对党政领导接访月活动、办理群众来信和信访信息宣传工作提出具体要求。

(刘福森)

【机关干部到区信访办锻炼】 2月,与区委统战部联合召开动员会,决定分期分批安排20名区委统战系统机关干部到区信访办锻炼,掌握全区信访总体形势,熟悉信访工作基本情况,了解接访程序、方法和要求,提高统战干部处理群众工作的能力。

(刘福森)

【中央联席会议调研组调研】 3月19日,中央联席会议调研组由国家信访局督查专员郭永昌带队,到本区调研。市信访办副巡视员、市联席会议办公室督查组组长吴京典陪同调研。调研组分别就区信访工作,解决农民及大学生就(创)业的经验做法等方面听取相关单位工作汇报。

(刘福森)

【副市长专题调研】 3月21日,副市长刘敬民就京津城际轨道交通(十八里店段)运行噪音扰民问题到本区进行专题调研。刘敬民与相关单位共同研究制定解决该问题的初步方案。

(刘福森)

【优秀青年干部锻炼工作座谈会】 3月30日,区委组织部、区信访办在朝阳宾馆召开"朝阳区优秀青年干部到信访部门锻炼工作座谈会",本年第12期、13期10名优秀青年干部及所在单位主管干部工作的领导、区委农工委、区委社会工委、区委组织部及区信访办科以上干部参加座谈。

(刘福森)

【开展信访条例宣传日活动】 4月18日,全区集中开展"依法信访,共筑和谐"宣传日活动。43个街乡在本地区矛盾调处分中心、社区、村累计设立258个宣传站(点),重点宣传群众依法逐级信访的法制观念,引导群众依法行使民主权利,理性有序信访。宣传日当天,各宣传点悬挂横幅516条,张贴宣传画258套,发放"依法信访、共筑和谐"宣传折页21500套和宣传环保手提袋21500个,向群众提供《信访条例》20000册。同时,各宣传站还以现场受理信访、进行矛盾纠纷调处等形式开展宣传活动。129名街道、地区办事处领导、1300名社区(村)干部参加宣传活动,接受群众咨询129人次,近5000名群众参与活动。

(刘福森)

【举办信访网络化建设培训班】 4月20日,举办"信访网络化建设培训班",对区属177个相关单位220余名信访干部进行网上办理群众来信工作业务培训,实现全区二级单位办理群众来信工作全程网络化。

(刘福森)

【副市长调研信访工作】 5月7日,副市长刘敬民到本区调研信访工作。市信访办主任薄刚、市发展改革委副主任刘印春、市基础设施投资公司副总经理高鹏,区领导程连元出席调研座谈会。区委常委、副区长刘希泉主持会议。区信访办汇报近期信访工作情况,重点就京津城际铁路(十八里店段)扰民问题、酒仙桥污水处理厂异味扰民问题等5件重点案件进行说明;朝阳公安分局汇报近期全区重点人及非正常访情况;市发展改革委副主任刘印春、市基础设施投资公司副总经理高鹏汇报京津城际铁路(十八里店段)扰民问题进展情况。程连元区长就全区信访体制机制建设、干部队伍建设、资金保障等方面情况做汇报,并就解决历史遗留问题所做工作及相关重点案件进行沟通。刘敬民高度肯定朝阳区信访工作,认为朝阳区信访工作思路清晰、措施具体、有效果、有经验、有进展。他指出:信访工作是党和政府联系群众的一个重要渠道,是政府的一个重要窗口,是"晴雨表"也是广大群众表达自己诉求的一个具有中国特色的窗口。在解决当前社会矛盾过程当中,充分发挥政府体制优势,及早发现这些社会矛盾,既密切党和人民群众之间的关系,又解决人民群众的具体问题,化解在整个发展转型社会过程中出现的矛盾。他强调:信访工作者千万别嫌烦、别嫌多、别嫌尖锐,要本着"大爱之心"面对信访者,体谅信访者。在首都,更要强化"稳定是第一责任"的意识,牢记为人民服务的宗旨,积极主动化解社会矛盾,全力做好"保稳定"工作,为"保增长、保民生"营造良好社会环境。

(刘福森)

【新建调处分中心】 6月,区编委下发《关于进一步建立健全信访和矛盾调处工作体系的通知》,决定在区教委、区环境保护局、朝阳规划分局、区城管监察大队、区市政市容委、区卫生局6部门新成立职能部门矛盾调处分中心,接受区矛盾调处中心的业务指导。全区职能部门调处分中心增至11个。

(刘福森)

【"亿霖木业"案件善后登记工作】 7月6日,按照国务院"亿霖木业"案件协调会和北京市专题研究"亿霖木业"案件善后处置相关工作会议精神,本区正式启动"亿霖木业"案件善后登记工作,分别在南磨房和望京地区设立登记站,从区委宣传部、区委社工委、区委农工委、区信访办等14个单位抽调45人投入登记工作。至9月30日,"亿霖木业"案件善后登记工作顺利完成。全区办理登记1999人,输入合同2702份,接受电话咨询1946次,向市"亿霖木业"案件善后小组移交登记档案2500份。

(刘福森)

【"三河灵泉灵塔公墓"返款工作】 8月12日,按照市委市政府的安排,本区承担的"三河灵泉灵塔公墓"返款工作任务全部完成。期间,全区成立专项工作领导小组,制定工作方案。依据河北省提供的选址标准,选定东风地区的上东国际酒店作为朝阳区返款点,并配齐办公设备设施,布置好办公环境。返款工作持续10天,共1106人到返款点登记返款，返款金额共计3034.488万元。

（刘福森）

【维稳和信访工作动员部署会】 8月18日，区委书记陈刚主持召开维稳和信访工作动员部署会，全面落实中央和北京市维稳信访电视电话会精神，区四套班子及相关领导出席。部署会围绕国庆平安行动，重点安排4项工作。一是认真落实领导干部定期接访、定期下访工作。二是大力化解疑难复杂矛盾纠纷。三是及时启动应急稳控处置机制。四是加强信访工作规范化建设。

（刘福森）

【集中观看影片《潘作良》】 8月20日，本区学习潘作良精神教育活动在朝阳剧场礼堂举行，专场放映影片《潘作良》。本次活动由区委组织部、区委宣传部、区委政法委、区文化委和区信访办联合发起，全区二级班子成员、企业负责人，各街乡信访办主任及信访干部，各部委办局信访负责人和人民内部矛盾调处工作站站长、副站长共2000余人到场观看。

（刘福森）

【街乡成立信访办公室】 8月，按照区编委《关于进一步加强信访工作机构建设完善信访工作体系的通知》精神，全区43个街乡均正式成立信访办公室，与各街乡矛盾调处分中心合署办公。本区首次也是在全市率先设立街乡信访工作机构，配备相应行政编制。

（刘福森）

【中央信访工作督导组检查工作】 9月8日，中央信访工作督导组到本区督导检查信访工作。督导组深入现场，检查全区党政领导干部“接访月”开展情况，参观区领导接待场所，了解询问基层党员干部对中央和上级关于信访工作的一系列重大部署的认识理解、落实情况及工作中的意见和建议。督导组副组长、国家投诉受理办公室副主任赵春林对本区信访工作取得的成绩给予充分肯定。

（刘福森）

【信访情况】 年内，受理群众来信来访8528件（批）次，同比下降0.7%。受理来信5655件，同比下降11.8%。其中联名信190件13925人次，同比件次下降51.0%，人次下降49.2%。接待来访2873批8061人，同比批次上升32.0%、人次上升33.5%。其中集体访133批3727人，同比批次上升30.4%、人次上升30.6%。到市集体访12批，同比持平。群众反映的问题主要集中在拆迁安置、社会保障和各类纠纷三类问题，分别占信访总量的18.7%、11.1%和10.3%。

（刘福森）

【人民内部矛盾排查情况】 年内，区排查办组织开展3次拉网式大排查工作，3次向包案领导和相关责任单位转发督办单，反馈包案进度，提醒化解期限，并对已结案案件适时回访。立案挂账53件重点矛盾纠纷，全部由区级领导包案化解，结案或申请结案38件、占71.7%。

（刘福森）

【督查督办工作】 年内，对复杂疑难信访问题，深入分析研判，建立督查督办工作台账。分别召开协调会，商定责任单位和工作期限，从速化解或者成功稳控。挂账重点督查督办案件34件，通过各种方法已经化解26件，占76.5%。

（刘福森）

招商引资工作

【概况】 朝阳区投资促进局是区政府直属事业单位。负责推介区域投资环境和重点发展产业，开展有针对性招商引资活动，搭建多种形式投资促进服务平台；负责企业投资前的咨询，投资中的注册登记及投资后的跟踪服务；负责管理朝阳区“一站式”投资服务大厅，协调开展网上审批工作等。内设办公室、调研科、大厅管理办公室、资讯中心、投资服务科、投资推广科、投诉中心等7个科室。人员编制30人。

地址：霄云路霄云里1号三层

电话：84681251

邮编：100025

（张　瑾）

【投资促进活动】 1月，举办朝阳区新春商务招待会，以增强信心，谋划发展，共创未来为主题，展示朝阳快速发展的经济形势及发展优势，树立企业投资在朝阳、发展在朝阳、扎根在朝阳的信心。6月，参与第十二届科博会，以科技中国，创新朝阳为主题，展示朝阳以科技创新提高现代城市管理水平，以科技创新促进高端产业发展的理念，提升朝阳区作为经济发展大区和科技创新区域的整体形象。9月，在第十三届中国国际投资贸易洽谈会上，把CBD东扩，电子城北扩和金盏金融园区作为宣传重点和亮点，对全区投资环境进行重点推介和宣传。10月，在第十届北京CBD商务节期间，联合区金融办、电子城管委会等部门，共同举办2009北京CBD国际资本峰会，搭建区内优秀中小企业与资本对接平台，创新建立企业投融资快车道，帮助中小企业应对金融危机。10月底，在第十三届京港洽谈会上与香港伟仕佳杰集团、恒基兆业地产有限公司、新中建设投资有限公司等五家企业签署投资合作框架协议,总投资额近36亿人民币。促进京港两地经济互补发展,完善合作共赢平台。

(张　瑾)

【投资推介活动】 1月,组团出访阿联酋、土耳其,借鉴两国在发展金融业、现代服务业、会展业等方面先进经验,向迪拜出口发展局、迪拜世界贸易中心、迪拜国际金融中心、土耳其商会等机构展示本区新功能定位,宣传推介本区在发展金融业、现代服务业、会展业等方面的投资环境及发展优势,搭建与两国企业交流平台,拓展合作空间。9月,组团赴温州、杭州举办朝阳区投资环境座谈会,对本区投资环境及相关政策进行广泛宣传,与当地60余家参会企业及浙江市场协会,温州商会等中介机构建立直接沟通渠道,为当地企业投资朝阳搭建平台。多次赴广州、深圳、上海、南京等地进行区域投资环境宣传,吸引深圳航空公司北京分公司等一批优秀企业落户朝阳。

(张　瑾)

【走访企业】 年内,先后走访思科、央视索福瑞、松下彩管、山推公司、佳程广场、泰德时代在线公司、阳光卫视、朝北大悦城、乐天超市、尚巴有限公司、国家游泳中心、中国船舶燃料有限责任公司、北京华油天然气有限责任公司、中国轻工进出口贸易总公司、中国石化国际事业有限公司、ABB(中国)公司、天坛生物制品股份有限公司、北京九阳实业公司、北京正略钧策企业管理咨询有限公司(原新华信管理咨询)、北京益普索市场咨询有限公司、高纬环球、仲量联行等重点企业,深入了解企业遇到的问题与困难,协调发改委、教委、文创办、CBD管委会、金融办、国税局、地税局、规划局、市政管委等区内有关部门和中介公司,帮助企业解决具体问题。

(张　瑾)

【企业入驻】 年内,坚持以产业为导向、以项目为中心、以功能区为依托的工作方针,先后引进北京财富时代置业有限公司、东北轻合金有限责任公司、中国石化化工销售有限公司、中粮信托有限责任公司、中国恒天房地产有限公司、中德证券,新光海航人寿保险有限责任公司,和协海峡信用担保有限公司等多家内、外资企业,跨国公司和世界500强入驻朝阳。

(张　瑾)

【招商资源普查】 年内,对全区可利用招商资源进行摸底调查,建立土地资源数据库和朝阳区商务楼盘信息数据库,为重大项目落户提供土地对接、为企业及项目落户提供快速、高效的楼宇信息。

(张　瑾)

【优化投资服务大厅环境】 年内,重新梳理驻厅20家职能部门,9家服务单位,梳理131项行政许可、核准、审批、备案和服务事项。对77种《办事指南》材料进行重新修定,更新内容,印刷成册。新增“外资企业工商登记”、“食品流通许可”、“外资企业年检”、“生活饮用水审批”和“公共场所—游泳馆审批”5个行政许可和审批项目。增设发放黄标车淘汰补助金联合服务窗口,收取工商注册登记费窗口,帮扶企业绿色通道窗口和北京海外学人中心CBD分中心窗口,增加服务内容,扩大服务范围。推行网上审批,全程代办,绿色通道等服务,有效减少办事人往返大厅次数,提高了办事效率。全年,投资服务大厅接待投资者咨询127.7万人次,同比增长1.1%;受理各类申请499157件,审批493917件。新批内资企业24528家,同比增长41%。新批外资企业540家,同比减少2.4%。大厅内3家银行入资首次突破100亿大关。

(张　瑾)

档案工作

【概况】 朝阳区档案局与朝阳区档案馆合署办公,为区政府直属事业单位,经费全额拨款。区档案局为区政府负责本区档案事业行政管理的主管部门,履行本区档案事业的行政管理职能;档案馆负责本区档案和有关资料的收集、保管和开发利用等工作。内设办公室、业务科、法规科、收集科、保管科、利用科、整理科、信息化科8个科室,编制42名。

地址:日坛北街33号

电话:65094976

邮编:100020

(杨馨珠)

【档案馆爱国主义教育基地】 2月9日—10月16日,制作《存史鉴今、资政惠民——朝阳区档案利用事例展》,先后接待观众7300余人,同时制作展览宣传册400份。9月8日,完成《北京市档案开发利用成果展》展品报送与展板设计。9月21日-10月16日,制作完成《点点滴滴总是情——印秀华家庭档案展》展览,制作展板5块,同时在一层大厅设置4组展柜,接待观众240人。10月16日,举办朝阳区首届“档案馆日”主题活动,以“档案为你服务”为主题,分为展览宣传、馆舍开放、现场宣传、家庭档案展示、名人讲座、利用者访谈六部分,接待观众240余人,发放宣传材料2600余份。

(杨馨珠)

【档案编研】 3月2日,完成《北京市朝阳区婚姻登记统计分析》档案编研材料编纂，发放至各相关单位。4月1日－11月30日，完成《北京市朝阳区奥运筹办和赛时保障重要文件汇编》编纂并发放至相关单位。

（杨馨珠）

【档案培训】　3月30日－4月3日，举办档案人员专业知识培训，对档案工作综述、档案法制工作、公文处理、档案开发利用工作，文书、会计、科技、照片、电子等门类档案管理、档案管理软件使用等进行培训，全区150余人新上岗专兼职档案人员参加培训。8月14日，组织召开国庆筹备工作领导小组办公室、各指挥部档案人员培训会，对国庆筹备工作文件材料的收集、整理、归档和移交工作进行部署。9月21日，与区民政局联合制发《关于落实<北京市社会救助档案管理试行办法>的通知》，对社会救助档案管理、档案人员配备、社会救助档案归档范围和保管期限做出明确要求。对全区社保所所长和档案人员160余人进行业务培训。10月21日，举办地区办事处档案人员专题培训。会议讲解《朝阳区撤制行政村档案处置暂行办法》和《朝阳区村级档案管理办法》相关内容，提出落实要求。

（杨馨珠）

【执法检查】　5月6日开始至9月底，对全区124家单位的档案工作责任制落实情况、档案安全落实情况、档案资源的开发利用情况以及对农村体制改革、绿化隔离地区建设、社保所等涉及民生档案的依法管理落实情况等方面内容进行档案行政执法检查，对其中17家单位同时进行一级复查，与区法制办采取联合检查的形式对重点单位开展检查。

（杨馨珠）

【档案目标管理】　年内，劲松街道办事处、奥运村地区办事处晋升为区县级机关档案工作目标管理市一级单位。

（杨馨珠）

【档案管理】　年内，完成馆藏所有婚姻档案扫描工作，扫描案卷30985卷，录入档案条目72911条，扫描婚姻案卷1971444页，完成录像带转录100盘，转刻光盘155盘。总计录像带时长约10000分钟。完成照片档案24卷，956张照片的著录、扫描、挂接、移动硬盘备份工作。

（杨馨珠）

【档案收集】　年内，接收45个单位档案23165卷、2268件；接收照片、光盘、录像带、实物90张、盘、件，向社会征集图书资料、实物、照片1263册、件、张。

（杨馨珠）

【档案鉴定开放】　年内，对馆藏77个全宗满30年36997件档案进行开放审查工作，经审查，向社会开放使用10183件，控制使用26814件。对馆藏1958年38个全宗736卷5425件原长期文书档案进行鉴定，提升为永久的有5397件，应销毁的有28件空白页。对馆藏1993年7个全宗271卷1944件原短期文书档案进行鉴定，提升为永久的有1807件；满保管期限，自鉴定之日起，设置10年搁置期的有114件；作为销毁处理，再搁置10年的有23件。对馆藏1991－1993年2547卷2552件原保管期限15年会计档案进行鉴定，提升为永久的有44件；提升为25年的有25件；满保管期限，设置10年搁置期的有2014件；会计凭证中有未了事项，暂不销毁档案有469件。

（杨馨珠）

【政府信息公开服务】　年内，累计接收区属单位移交的政府信息目录311份，正式文本116份，电子目录3299条，群众自由索取《朝阳区人民政府公报》1500本，接待依申请公开政府信息687人次。

（杨馨珠）

【档案利用】　年内，接待查档11494人次。其中：公民个人利用10756人次，占总人次的93.58%；调阅档案5550卷1580件次，单位利用2247卷1516件次；出具证明7972份，复制档案20099页；受理电话咨询、代查6869人次。

（杨馨珠）

地方志工作

【概况】　朝阳区地方志办公室（简称区志办）为区政府直属事业单位，是区政府主管本行政区域地方志工作的机构。主要职责是：组织、指导、督促和检查地方志工作；拟订本区地方志工作规划和编纂方案；组织编纂地方志书和地方综合年鉴；收集、整理、保存地方志文献和资料，组织整理旧志；组织开发利用地方志资源；推动方志理论研究和学术交流，组织开展业务培训。年内，启动第二轮修志工作。

地址：日坛北街33号

电话：65094147

邮编：100020

（党京华）

【年鉴与发行】　年初，《北京朝阳年鉴》出版，全卷设21个一级栏目，90个二级栏目，有2321个条目，全书105万字，166幅照片。本年朝阳年鉴全面、系统反映上年全区各单位在政治、经济、文化、社会各个领域，各项事业发展变化基本情况和发生的大事、要事、新事及有影响的新建设、新成就、新进展。年鉴发行至区属各单位、部分金融单位、20

个乡(地区办事处)、23个街道办事处、域内近500社区,累计2200余册。

(党京华)

【年鉴工作会】　3月,召开全区《北京朝阳区年鉴》工作会议。会议总结上年全区年鉴编纂工作,对编纂工作中的成绩和问题进行概括性总结和分析,就本年全区年鉴编辑工作进行具体部署,提出工作要求。市地方志办公室有关专家对与会各单位主笔进行编写辅导。区属150个单位主笔近200人参加会议。

(党京华)

【完成《北京年鉴》供稿任务】　4月,按照市地方志要求,按时保质保量将《朝阳概况》的相关资料进行收集整理,经区主管领导审阅后报送市年鉴社,刊于当年发行的《北京年鉴》。《朝阳概况》全文8000字,客观反映本区政治、经济、文化和社会各方面发展变化。

(党京华)

【举办城八区志办联谊会】　10月29日,举办城八区地方志办公室主任联谊会。参观北京现代文学馆,交流第二轮地方志书编等工作。

(党京华)

【参加全国城市地方志研讨会】　11月,本办2名编修人员参加在四川省成都市召开的全国城市地方志研讨会,进行横向交流,学习兄弟城市修志工作经验与作法。

(党京华)

【召开第二轮志书编纂动员会】　12月16日,召开第二轮地方志书编纂工作动员会,全面部署二轮修志工作。区领导程连元、陈宏志、阎军、关三多出席会议。区委、区政府各委办局及相关重点单位的主要领导参加会议。会上,区志办主任赵万顺宣读《朝阳区第二轮地方志书编纂工作方案》并就《北京市朝阳区志(1996－2010)编目》做说明。区地方志编纂委员会主任、区长程连元在动员讲话中就修志工作提出三点要求:一是统一思想、提高认识,增强修编工作责任感。二是明确目标,突出重点,齐心协力做好第二轮修志工作。三是强化领导、精心组织,确保完成修志任务。

(党京华)

机关后勤服务

【概况】　朝阳区机关后勤服务中心是区政府所属正处级全额拨款事业单位。内设党办、行办、财务科、生活科、管理科、接待科、经营科、车管科、安全保卫科和交换站。下属单位有:朝阳住房中心、朝阳区机关餐饮中心、朝政物业管理中心、区政府幼儿园、朝政汽车检测场、朝政汽车修理厂、欧陆风韵会议中心、京朝苑饭庄、京朝花园农业发展中心,其中幼儿园为差额拨款事业单位。规定编制为103名,现有在岗人员71名,内退人员14名。

地址:日坛北街33号

电话:65094185

邮编:100020

(申巍然)

【学习实践科学发展观】　3月下旬至8月底,开展学习实践科学发展观活动。召开党委会统一部署,成立领导小组,制定《实施方案》,深入动员,党员积极参与,圆满地完成三个阶段、十一个关键环节工作任务,提高全体党员干部对科学发展观深刻内涵的认识和理解,认真查摆分析中心发展以及领导班子自身建设中不适应、不符合科学发展观要求的突出问题,着眼于"落实科学发展观、提高后勤管理服务保障能力"制定整改落实方案,并把推进后勤管理科学化和服务群众作为突破口和切入点,集中力量对近期能解决的问题进行整改,达到学习实践科学发展观活动的目标要求,党员群众满意率达到100%。

(申巍然)

【后勤保障】　年内,接待中央、市级、兄弟区县及外省市代表团、学习考察团12批260余人次,完成国际商务节等接待服务工作。完成全区编号文件1.5万件,无编号文件70万余件;转发国家、市机要文件3.6万件;转发市机要局档案650份,机要件8000份;发放组工通讯、北京工作等内部刊物6万余册;收发报纸260余种约190万份;收发各种刊物800种约3万册;收发挂号信、汇款单、特快专递等1万余件,平信10万余封。疏导群体及个别上访事件190起,1400人次,承担各类临时勤务接待400余次,负责大型会议、车辆疏导200余次。完成会务服务任务4002次,会议服务98561人次,其中市级以上领导会议接待任务24次,外宾接待18次,区级重大会议服务72次,外出餐饮服务96次,外出会务服务35次,大型礼仪活动21次。完成车辆安全检查和维修保养1700台次,全年安全行驶里程401万公里,无甲方重大责任事故。完成全区189家公共机构能源资源消耗统计工作,更换20瓦节能灯14105只,18瓦节能灯管10000只,36瓦节能灯管41772只。完成石佛营24、25号楼的节能改造工程和配套供暖设施的施工任务,完成区人大、政协、民主党派、纪检委4处办公楼的装修改造工程。

(申巍然)

中国人民政治协商会议北京市朝阳区委员会

【概况】 中国人民政治协商会议北京市朝阳区委员会(简称区政协)是朝阳区地方政协组织。区政协第十一届委员会设提案委员会、学习与文史委员会、经济科技委员会、教文卫体委员会、城建环保委员会、社会法制与民族宗教委员会、港澳台侨委员会等7个专门委员会。机关设办公室、研究室、城建处、经济处、文教处、联络处等6个处室。

地址:东四环北路88号观湖国际小学

电话:65094484

邮编:100026

(许 治)

【全委会议】 1月6日至8日在二十一世纪饭店召开政协北京市朝阳区第十一届委员会第四次会议。会议听取审议主席辛燕琴代表常务委员会所作的常委会工作报告和副主席赵增华代表常务委员会所作的十一届二次会议以来关于提案情况的报告,对区政协2008年度优秀提案进行表彰;列席区人大十一届四次会议开幕式,听取并讨论区长程连元所做的政府工作报告;会议期间围绕“传承奥运与城市管理”、“城乡统筹与民生建设”、“功能区建设与产业发展”三个专题进行了专题座谈;讨论政府工作报告和举行专题座谈时,区委、区政府领导及有关部门负责人到会听取委员意见和建议。通过大会决议。会议期间市政协副主席傅惠民应邀出席大会开幕式。区委、区人大、区政府领导出席大会开闭幕式。区委书记陈刚在闭幕式上作重要讲话。区各民主党派、工商联负责人以及各部、委、办、局,各街道、地区办事处(乡)和部分社区领导列席大会开闭幕式。

(许 治)

【常委会议】 1月8日,召开十一届15次会议。会议审议大会决议提交大会审议;听取提案委员会关于会议期间提案审查情况报告。1月8日,召开十一届16次会议。审议通过区政协常委会本年工作要点(草案);听取各专委会本年工作计划汇报(书面)。3月31日,召开十一届17次(扩大)会议。会议听取全国政协委员、区政协副主席茅玉麟介绍全国“两会”的感受和学习体会;会议审议通过《政协北京市朝阳区第十一届委员会常务委员会关于成立港澳台侨委员会的决定》(草案)、《政协北京市朝阳区第十一届委员会常务委员会关于港澳台侨委员会、经济科技委员会、城建环保委员会主任、副主任任免的决定》(草案);审议通过《政协北京市朝阳区委员会关于加强政协委员队伍建设和管理的办法(试行)》(草案)和《政协北京市朝阳区委员会关于加强委员学习培训工作的意见(试行)》(草案)。5月26日,召开十一届18次(扩大)会议。会议听取区委常委、副区长刘希泉关于本区统筹城乡,推进农村城市化建设情况的专题通报;听取区农委关于大望京城乡一体化试点工作情况通报。会议还听取区政协部分委员赴四川什邡慰问情况汇报并观看《情系灾区再援助,心手相连建家园》专题片;视察崔各庄乡大望京村拆迁现场和赛特奥特莱斯项目。7月24日,召开十一届19次(扩大)会议。会议听取区长程连元就朝阳区上半年工作情况所做的通报;研究部署常委赴青海考察的有关事宜。10月23日,召开十一届20次(扩大)会议。会议听取副区长张春秀代表区政府就区政协常委会提交的《关于积极应对我区老龄化社会问题的建议案》办理情况所作的答复;听取副主席刘乃晨就学习贯彻中共十七届四中全会精神和胡锦涛总书记在人民政协成立60周年大会上的讲话精神所作的辅导;听取副主席关三多就区政协常委赴青海学习考察情况所作的通报。12月29日,召开十一届21次会议。会议审议通过《政协北京市朝阳区第十一届委员会常务委员会关于推进我区城乡一体化统筹解决农民社会保障问题的建议案》及相关调研报告(草案),同意修改后,送请区政府办理。会议审议通过政协北京市朝阳区第十一届委员会第五次会议议程(草案)、日程安排(草案);审议通过区政协十一届五次会议决议起草委员会委员名单(草案);审议《政协北京市朝阳区第十一届委员会常务委员会工作报告》、《政协北京市朝阳区第十一届委员会常务委员会关于十一届四次会议以来提案工作情况的报告》,同意两个报告修改后提交政协北京市朝阳区第十一届委员会第五次会议审议。会议决定,政协北京市朝阳区第十一届委员会第五次会议于2010年1月11日至1月13日举行。

(许 治)

【举办台海形势报告会】 2月24日,举办台海形势报告会。邀请全国政协委员、民革中央常委、联络部郑建邦部长就当前两岸关系发展情况、台湾岛内政局发展趋势,对台工作基本思路和对策以及如何在对台工作中发挥作用等做专题报告。

(许 治)

【开展手拉手活动】 4月12日至17日,主席辛燕琴、副主席关三多、秘书长王苏华以及部分政协委员与区内十所中小学干部教师代表赴四川省什邡市,开展"同在蓝天下,快乐共成长"手拉手活动,与当地十所中小学结对共建,为灾区孩子们送上捐款、礼品以及朝阳区人民的一片爱心。

(许　治)

【举行专题议政会】 4月28日,举行专题议政会,围绕保增长、保民生、保稳定建言献策,8位委员在会上作专题发言。副主席、区委统战部常务副部长刘乃晨主持会议。区领导程连元、辛燕琴、张洋、吴桂英、佟克克、张春秀、关三多、赵增华、茅玉麟、邢念增、高向宇,区政协秘书长王苏华出席,区委区政府有关部门负责人到会听取委员意见和建议。

(许　治)

【常委赴青海考察】 7月28日至8月3日,组织常委和各民主党派、政协机关处室负责同志赴青海海东等地进行为期7天的学习考察,学习西部地区发展思路,了解西部地区人文风情,领略西域地区原生态自然风光,感受各民族交融发展的和谐氛围,达到了推进两地交流合作的目的。

(许　治)

【第一期委员读书班】 8月29日至30日,举办第一期委员读书班,邀请全国政协文史与学习委员会副主任卞晋平作中国共产党领导的多党合作和政治协商制度与人民政协专题辅导报告。辛燕琴主席出席并讲话。读书班期间,委员们参观燕京啤酒厂、第七届花卉博览会国际鲜花港和奥林匹克水上公园。

(许　治)

【专题座谈会】 9月23日,召开专题座谈会,学习贯彻胡锦涛总书记在庆祝中国人民政治协商会议成立60周年大会上的讲话。关三多主持。辛燕琴出席并讲话。

(许　治)

【专题晚会】 9月25日,举办庆祝新中国建立60周年暨人民政协成立60周年专题晚会。晚会以举行"记录我眼中美丽的祖国"图片展和"放声歌唱伟大祖国——和谐之美"文艺演出形式,热烈庆祝新中国成立60周年暨人民政协成立60周年。关三多主持。辛燕琴出席并讲话。区委常委、副区长吴桂英,区委常委、宣传部部长谢莹,副区长张春秀,副主席刘乃晨、关三多、赵增华、茅玉麟、邢念增、高向宇,秘书长王苏华出席。

(许　治)

【提案工作会议】 11月3日,召开第十一届区政协提案工作会议,总结工作,提出新时期加强和改进提案工作的思路、任务和措施,进一步推进区政协提案工作的创新和发展。副主席刘乃晨主持。主席辛燕琴,区委常委、副区长刘希泉,副主席关三多、高向宇,秘书长王苏华出席。市政协提案委员会主任辛铁樑、办公室主任司乐军应邀出席。

(许　治)

【文史工作会议】 12月1日,召开第十一届政协文史工作会议,学习贯彻全国和市政协文史工作座谈会精神,总结区政协文史工作,研究推进新形势下区政协文史工作的思路和对策。副主席刘乃晨主持会议。主席辛燕琴,区委常委、常务副区长吴桂英,副主席关三多、赵增华、高向宇,秘书长王苏华出席。市政协学习文史委主任王芸应邀出席会议。

(许　治)

【陈刚到区政协调研】 12月22日,区委书记陈刚到区政协进行工作调研并与区政协领导座谈。座谈贯彻落实《中共中央关于加强人民政协工作的意见》和胡锦涛总书记在庆祝人民政协成立60周年大会上的讲话精神,研究加强和改善人民政协工作。主席辛燕琴,区委常委、区政法委书记、区委统战部部长佟克克,副主席刘乃晨、关三多、赵增华、茅玉麟、邢念增、高向宇,秘书长王苏华一同调研。

(许　治)

【新年茶话会】 12月30日,区政协在高碑店桥艺术中心二层大厅举行新年茶话会。区领导陈刚、程连元、辛燕琴、吴桂英、尚延华、佟克克、陈宏志、李国、王春、刘乃晨、关三多、赵增华、茅玉麟,市政协区县人事联络室副主任陈昕,区政协秘书长王苏华,与各民主党派、工商联负责人,全体政协委员欢聚一堂,互致问候,喜迎新年,共话未来。茶话会由辛燕琴主席主持。陈刚作重要讲话。

(许　治)

【提案委员会工作】 年内,共有171位委员提出提案355件,其中:民主党派提案23件,委员提案331件,专委会提案1件。经提案委员会审查立案246件。区委、区政府、区政协系统53个承办部门对提案进行了认真办理。截至年底,立案提案全部办理完毕。其中,所提建议得到采纳的73件、列入计划解决的138件,合计211件,共占立案提案总数的85.8%;所提建议被党政部门留作参考的提案35件,占立案提案总数的14.2%。区政协提案工作坚持"围绕中心,服务大局,提高质量,讲求实效"的方针,在提高提案质量、办理质量和服务质量上狠抓落实。具体做法是:注重学习,建章立制,努力做好提案审查、整理和交办工作；深入分析，细致研究，切实促进提案质量的提高；积极沟通，注重协商，创新方式加强对重点提案的督办；总结经验，精心谋划，认真开好本届政协提案工作会议；加强宣传，表彰优秀，进一步促进建言献策上水平。

（许 治）

【学习与文史委员会工作】 年内，召开学习贯彻全国两会精神及十七届四中全会精神座谈会；组织学习胡锦涛总书记在纪念人民政协成立60周年大会上的重要讲话，参加区政协举办的委员读书班活动；听取区对口部门重点工作通报，使委员们对区情有了更进一步的了解；继续办好《学习文选》，为委员履行职责提供帮助；坚持编发《委员论坛》，为委员交流学习观点、学习体会，发表参政议政见解搭建平台；成立了《提升朝阳文化促进博物馆事业发展》课题调研组，针对朝阳区博物馆目前的状况，开展了一系列调研、论证与研讨活动。筹备召开第十一届政协文史工作会议，贯彻全国和市政协文史工作座谈会精神，总结历届区政协文史工作成绩和经验，研究探讨和推进新形势下区政协文史工作发展；精心组织、按时完成《朝阳文史》第九辑出版工作。

（许 治）

【经济科技委员会工作】 年内，紧紧围绕区委、区政府“保增长、保民生、保稳定”的总体部署，组织区大企业、中小企业、金融界委员针对经济形势进行座谈，听取他们在生产、发展过程中面临的具体困难、问题及提出的意见和建议；组织经济界委员参加区政府经济工作座谈会。召开金融界委员工作座谈会；围绕统筹城乡发展、保护生态资源环境建设进行专题调研，形成关于《农村城市化进程中的朝阳区城乡社会保障问题研究与建议》的调研报告；就温榆河功能区水环境问题，成立了关于完善温榆河储备区规划建设专题调研组，形成了《关于优化温榆河储备区水体环境的建议》的调研报告。科技界与区科委共同组织了以“大力推进科技进步和创新、增强科技自主创新能力”为主题的视察座谈活动，委员们在视察华东电器、兆维开发公司等科技创新优秀企业过程中，参观了我区高新技术产业的科技成果，了解了成果转化的生产经营情况；以“颂祖国·爱朝阳·促发展”为主题，组织100多名委员就我区新农村建设成果进行视察、座谈。

（许 治）

【教文卫体委员会工作】 年内，组织委员学习中共十七届四中全会精神，学习胡锦涛总书在政协成立60周年上的重要讲话精神；听取区对口部门重点工作通报，使委员们对区情有了更进一步的了解；视察大屯社区卫生服务中心并参观北京安贞医院，围绕社区卫生发展献计出力；视察座谈我区教育工作，为推进全区教育均衡发展建言献策；视察我区文化创意产业，为促进文化事业和创意产业的发展做出贡献；会同民盟区委、民进区委、九三区委联合召开“我为朝阳教育建言”专题议政会；形成25份调研报告。

（许 治）

【城建环保委员会工作】 年内，组织委员学习中共十七届四中全会文件精神，学习胡锦涛总书记在纪念人民政协成立60周年大会上的重要讲话；举办经济形势、台海形势等系列报告会；积极与区委、区政府相关部门协调，对口互通情况；围绕调研课题，进行了广泛深入的调研、视察、座谈、研讨，形成了《关于固化奥运成果，强化城市管理长效机制的建议》的调研报告；组织委员视察高安屯垃圾消纳场改造情况，参观水务教育基地展，视察坝河水系连通工程；结合“城中村”环境整治成果和向建国60周年献礼工程，及时组织委员视察了庆丰公园；以“颂祖国，爱朝阳，促发展”为主题的系列视察活动，组织委员视察我区经济建设、教育发展、社会建设方面取得的成果；到绍兴、杭州等地进行参观视察，座谈交流，学习外地城市管理工作长效化的经验。

（许 治）

【社会法制与民族宗教委员会工作】 年内，组织委员积极参加理论学习和各种形式的区情通报会；召开委员进社区工作交流会，促进委员深入社区；积极与区委、区政府相关部门协调，对口互通情况；针对朝阳区社会保障工作中存在的问题成立调研小组，进行广泛深入的调研、视察、座谈、研讨，形成《关于农村城市化进程中的朝阳区城乡社会保障问题研究与建议》的调研报告；以“颂祖国，爱朝阳，促发展”为主题的系列视察活动；到“阳光中途之家”（阳光矫正管理中心）和区城市管理监督指挥中心进行视察、座谈；结合调研课题，到绍兴、杭州政协进行参观视察，座谈交流，学习外地社区服务先进经验，增强委员责任意识。

（许 治）

【港澳台侨委员会工作】 年内，组织委员学习了胡锦涛总书记在“纪念《告台湾同胞书》发表30周年座谈会”上的重要讲话和在庆祝人民政协成立60周年大会上的讲话精神；举办台情报告会，利用传统节日，加强委员的交流与沟通；参观高碑店古旧家具一条街、季檀博物馆和励志堂，切身体验和考察我区新农村建设和民俗文化产业发展情况；举办迎国庆、庆中秋联谊活动，加强纵向交流；接待13位来自台湾岛内各界人士,陪同参观CBD银泰中心、东岳庙等,并与政协委员进行了交流;接待了全国政协港澳台侨委员会在京委员30余人来我区参观考察。

（许　治）

政法　军事

政　法

政法委员会工作

【概况】　中共北京市朝阳区委政法委员会(简称区委政法委),是领导政法工作的区委工作部门。年内,深化"建设平安朝阳,完善机制体制,服务科学发展,维护社会稳定"主题,以"平安朝阳"建设为载体进一步打牢基层基础,以完善机制体制为动力着力提高各项工作水平,以服务科学发展为职责促进全区经济平稳较快发展,以维护社会稳定为目标确保全区社会持续安全稳定,努力为全区工作"解放思想,传承奥运,再创优势"贡献积极力量,为建设"人文北京、科技北京、绿色北京"提供有力保障,为新中国成立60周年创造良好社会环境。

地址:日坛北街33号

电话:65099200

邮编:100020

(杨志学)

【政法维稳信访工作会】　2月26日,召开政法、维稳、信访工作会。市委副书记、市委政法委书记王安顺出席会议,区委书记陈刚、区人大常委会主任王力军、区政协主席辛燕琴等区四套班子领导参加会议。全区二级班子主要、主管领导;政法各单位中层以上领导干部;各街乡综治办主任、流管办主任、信访办主任、派出所长、司法所长;社区、居(家)、村委会主任;基干民兵代表、治保积极分子代表、专职保安代表共约1400余人参加会议。会议总结上年本区政法、维稳、信访工作,对本年各项工作进行部署,对上年度区级综治、信访、610先进单位和个人进行表彰,区领导与街、乡、委办局代表签定社会治安综合治理责任书,王安顺、陈刚分别作重要讲话。

(杨志学)

【领导调研】　2月24日,区委书记陈刚到区委政法委调研,区领导佟克克、肖兴国、赵全保一同调研。陈刚充分肯定政法工作取得的显著成绩,对本年工作提出四点要求。一是奥运之后,要进一步提高大局意识,站得高,看得远。要求政法系统的干部要有国际眼光,更多地关注国际形势的发展变化,更多地把握社会关注的热点问题。要把工作放在国际形势、国家形势中来谋划,理清工作脉络、把握工作节奏。二是在工作要求上,要更多体现"防早、防小、防散、防新"。要强化信息情报工作,拓展信息来源。要强化工作预警,完善预警体系,提高预警的系统性、科学性、针对性。要强化整体联动,加强警民联动、部门联动、上下联动。要强化宣传主动权,提高舆论引导能力。三是加强体制机制建设。要有效转化奥运成果,加快推进社会维稳风险治理与科学管理体系建设,力争早出成果,创出经验。要狠抓信息收集、部门联动、媒体沟通等方面的薄弱环节,提高应对能力。区委、区政府将进一步加强对政法工作的支持,有关部门要积极帮助政法系统解决工作中遇到的问题。四是高度重视全国"两会"安保工作。政法系统要周密部署,注重细节,落实好既定的各项工作,确保全国"两会"顺利召开,圆满完成这项重要的政治任务。4月16日,市委副书记、市委政法委书记王安顺调研朝阳区社会治安综合治理基层基础建设与流动人口服务管理工作。市委政法委副书记、首都综治办主任、市流管办主任李万钧,区领导程连元、佟克克、肖兴国陪同调研,王安顺一行实地察看崔各庄乡何各庄村村民住宅改造情况、高碑店乡白家楼村出租置换升级管理模式运行情况、平房乡城市综合管理指挥中心建设情况。王安顺对本区综合治理基层基础建设和流动人口服务管理工作取得的成绩给予高度肯定,就如何进一步做好综合治理和平安建设工作强调三点意见:一是深刻领会周永康同志讲话精神,正确认识形势,切实加强基层基础工作;二要深刻认识加强基层基础工作的极端重要性和紧迫性;三要立即行动起来,全力推进基层基础工作,加大投入,解决实际问题,在组织、人员、经费等方面提供切实保障。希望朝阳区以点带面,先行一步,形成成熟的经验,总结出一套切实可行的方法。

(杨志学)

【接受革命传统教育】 6月28日,区政法系统组织100名优秀共产党员赴延安接受革命传统教育,区委政法委向政法系统全体党员发出号召,要"学习延安精神,打造过硬队伍,建设平安朝阳,确保国庆60周年的绝对安全"。

(杨志学)

【国庆60周年安保】 从6月份开始,在全区范围内,高标准、高质量、超常规、持续不断地开展严打整治、社会面秩序整治、安全隐患整治、科技创安、矛盾纠纷排查化解、重点人群管控和贴心关爱等专项行动,最大限度预防和减少各类矛盾,消除各类安全隐患,提升防控工作整体水平,净化社会面秩序。庆祝大会及黄金周期间,全力启动最高等级的管控措施、区域防控措施、等级布控措施、超常应对措施、督导检查措施,始终保持严打整治声势和力度,不断巩固各项整治工作成果,实现对社会面特别是涉及国庆庆典活动相关线路、场地及区域的安全掌控,确保区内始终未发生暴力恐怖袭击事件、危害国家安全和社会稳定的重大政治事件、大规模群体性事件、群死群伤重大安全事故、影响国庆庆祝活动顺利进行的案(事)件,确保国庆期间本区安全稳定工作万无一失。期间,全区发动各类群防群治力量12.8万人,其中社区保安员1660人,专职巡防队4729人,社会单位内保力量1.6万人,治安巡逻志愿者10.55万人。抓获作拘留以上处理各类违法犯罪嫌疑人8031人,环比增长37.2%,刑事拘留1892人,环比增长42.4%,行政拘留6139人,环比增长35.7%;破获各类刑事案件3343起,环比增长1.4%。

(杨志学)

社会治安综合治理

【概况】 朝阳区社会治安综合治理委员会是协助区委、区政府领导协调全区行政区域内社会治安综合治理工作的常设议事机构。朝阳区综治办为其办事机构。年内,以"国庆平安行动"为重点,固化深化"平安奥运"工作成果,发挥综治体制的优势,进一步整合各方面力量和资源,大力推进综治基层基础建设,为"保增长、保民生、保稳定"的中心任务提供有力的安全保障,特别是以"大事不出、小事也没有出"的优异成绩圆满完成国庆安保任务。

地址:日坛北街33号

电话:65099395

邮编:100020

(李　黎)

【工作会议】 2月18日,召开社会治安综合治理委员会全体会议,区委常委、政法委书记、综治委主任佟克克,区委常委、朝阳公安分局局长、综治委副主任肖兴国,区法院院长、综治委副主任李新生,区检察院检察长、综治委副主任王立,区综治委各成员单位参加会议。会议回顾奥运安保工作情况和取得的成果;审议通过上年"平安奥运行动"暨社会治安综合治理考评结果和《2009年朝阳区社会治安综合治理工作要点》、《朝阳区社会治安综合治理成员单位任务书》、《朝阳区社会治安综合治理街乡责任书》等相关文件。佟克克就推进综治工作和平安建设工作提出具体要求。2月25日,召开会议动员部署两会安全保卫工作。各街乡综治主管领导、综治助理、综治办主任、派出所所长、街乡两会安保督查组组长参加会议。会议提出《朝阳区2009年全国"两会"社会面防控安全保卫工作方案》,并做重点部署。8月20日,由区综治办牵头召开民兵守桥工作协调会,区综治办、朝阳公安分局、区人民武装部等相关单位领导参加会议。9月23日,召开专题会研究部署奥林匹克中心区安全保卫工作。区领导佟克克、陶晶及相关单位主管领导出席会议。12月16日,部署综治工作年终考核和参加全国基层综治干部培训班相关事宜,通报直排式燃气热水器更换情况。各街乡综治办主任、流管办主任80余人参加会议。

(李　黎)

【两会安保】 2月28日至3月13日,区启动区、街乡两级每日维稳工作例会制度。3月2日,市委政法委和市信访办组成联合督查组对我区"两会"安保工作进行督查。当日,本区启动"两会"三级督查工作机制。区综治委成员单位组成43个督查组,对街乡(地区)开展"一对一"督查。3月3日至13日,全区总警力的50%用于社会面巡逻,专职巡防队100%上勤,社区志愿者等群防群治力量上勤人数不低于辖区实有人口总数的3%。加强对公交站点、桥梁的巡查职守,特别是加强对7处驻地周边、酒吧街、秀水、潘家园市场等可能涉足场所的控制。"两会"期间全区社会面安保力量每天在8万人,其中专职力量3000余人,群防群治力量7.7万人。3月5日，市委副书记、政法委书记、综治委主任王安顺带领市委督导组对奥运公共区、奥运村地区进行实地检查，对我区民警、社区保安、巡防队、治安巡逻志愿者及各项安保力量到岗到位情况给予通报表扬。

（李 黎）

【足球赛事安保】 3月10日，全区部署警力293人，工商、城管、专职巡防队210人，完成"2009年亚冠联足球赛"社会面安保工作任务。10月31日，在工人体育场举行本年中超联赛北京国安队主场对阵浙江绿城队的比赛。从17:00开始，在三里屯、朝外、呼家楼街道启动一级加强社会面防控，在麦子店、左家庄、团结湖、建外街道启动二级加强社会面防控。全区出动警力2052人，发动505名巡防队员、8050名治安志愿者，维护场地区、场院区及外围秩序，三里屯地区出动巡逻车加强工体周边的社会面安全检查。

（李 黎）

【城市综合管理指挥中心建设】 4月9日，召开城市综合管理指挥中心建设现场会，总结推广平房地区指挥中心运行管理方面的成功经验和做法，推进全区城市综合管理指挥中心建设工作。

（李 黎）

【禁毒专项工作】 4月9日，全面启动"春风"专项整治行动，着力解决全区10个重点地区涉毒案件高发问题，部署本年工作。佟克克要求各单位统一思想高度重视，充分认清我区禁毒工作形势；创新模式、打防结合，全面推进禁毒工作深入开展；加强领导、明确职责，确保我区本年禁毒工作取得新成效。

（李 黎）

【群防群治实名制管理】 4月，召开专题会议，学习首都综治办相关规定和工作部署，结合本区实际情况，制定《关于朝阳区群防群治实名制管理工作的规定》。做好各街乡实名制管理培训工作；着手将各种防控力量纳入实名制管理；做好总结，保证实名制数据的动态更新；对实名制工作落实情况开展督查检查。6月1日各街乡基本建立数据齐备的实名制管理台帐，并报本办备案。

（李 黎）

【高考安保】 6月7日至9日，北京市高等学校招生统一考试，涉及我区17处考点，309处考场，有8992名考生参加。本区制定高考安保工作实施方案和应急处置预案，明确高考保卫工作职责任务、警力部署和工作要求，与辖区教育行政部门、考点学校加强沟通联系、密切配合，对考点及周边治安、消防环境进行实地勘察和周密安排，确保各个环节履行保卫职能。

（李 黎）

【共保社会平安】 5月中旬至6月中旬，在全区小学校开展"小家安全共保社会平安"专项活动。通过对全区144所公立小学、63所打工子弟小学，近12万名小学生进行宣传发动，使他们面对面向家里父母及亲属进行安全防控宣传，保证全区至少10余万个家庭、50余万人接受安全防范宣传教育，形成小家安全共保社会平安氛围。

（李 黎）

【更换直排式热水器】 5月20日，在大屯文化广场举行直排式热水器更换为强排式热水器启动仪式。佟克克、赵全保等领导出席启动仪式。7月24日，与区流管办共同组织召开直排式燃气热水器更换工作专题会。总结第一阶段热水器更换工作，研究解决前期更换工作中存在的问题，提出下阶段工作要求。10月28日，召开直排式燃气热水器更换工作会。对下一阶段更换工作提出具体要求。至12月20日，全区实际置换直排式燃气热水器45443台，其中出租房屋置换数10418台。

（李 黎）

【督查工作】 5月30日，市委政法委联合督查组到本区督查敏感期安全稳定工作情况。听取敏感期安全稳定工作情况的汇报；到三里屯、酒仙桥街道和798艺术园区进行实地督导检查，对本区敏感期安全稳定工作部署及落实情况给予肯定。7月14日，市委督查组到本区督导检查"国庆平安行动"工作开展情况，实地检查建外地区"国庆平安行动"开展情况，对本区"国庆平安行动"工作推进情况给予肯定。8月19日，市委督查组对本区开展"国庆平安行动"工作情况进行专项督查。9月，区统筹组织各级督查组对十项重点工作开展督查，强化对社会面控制、民兵守桥、公交站点安全维护、禁飞、地下空间清理整治、各项安全大检查、刀具下架、中小旅店和带住宿功能的洗浴中心、校园周边整治、重点人管控工作的督查。9月中下旬，区国庆60周年民兵执勤办公室对23个街乡担负的80处民兵执勤点开展督查指导。

（李 黎）

【国庆平安行动】 6月11日，区委召开专题会，总结上半年政法、综治、维稳工作，部署国庆安保工作。区领导陈刚、王力军、辛燕琴、佟克克、肖兴国、刘希泉、赵全保出席专题会。陈刚强调要进一步认清形势，明确任务，强化领导、强化责任、强化落实。细化"六个专项行动"内容，在矛盾纠纷排查、重点人管控、严打整治、安全隐患和城市秩序整治、出租房屋和流动人口管理、科技创安等6方面切实解决一批问题。7月4日,召开新中国成立60周年庆祝活动筹备工作动员大会,程连元就我区承担的各项国庆筹备任务进行全面部署。7月16日,召开国庆平安行动动员部署大会。区公安分局局长陶晶对全区开展“国庆平安行动”进行动员部署。成立国庆60周年本区筹备委员会社会治安与安全警卫指挥部和区国庆平安行动指挥协调领导小组,指挥部下设办公室和5个工作小组。7月17日,举行国庆平安行动平安边界创建工作启动仪式,与毗邻各区签订《平安边界创建工作协议》。8月5日,召开“迎国庆”社会面整治与防控工作动员部署大会,动员全区力量扎实地做好社会面整治与防控工作,为国庆各项活动创造良好的社会环境。8月21日至8月30日,针对“不放心的人、进不去的门”,在全区范围内开展了为期十天的摸排专项行动。8月27日,召开国庆60周年庆典活动集结疏散安全保障工作桌面推演。佟克克、陶晶等指挥部领导与各工作小组、各联络小组、各成员部门、各街乡的负责人,一起就演练流程安排及可能遇到的相关问题桌面推演应对办法。9月6日、7日在“9·6”国庆综合演练中,由区综治办组织各种群防群治力量7.6万人,协助专业力量做好警戒区、控制区、远端安检点、集结疏散路线、外围装卸点和全区社会面控制工作。陈刚、程连元、佟克克、陶晶等区领导冒雨分别到安保指挥部和集结疏散现场检查指导工作。9月9日,区国庆平安行动民兵执勤办公室召开会议。通报前一阶段工作进展情况和存在的问题,研究确定民兵执勤上岗前的有关工作。9月12日至17日,市检察院“国庆平安行动”督查组对朝阳区开展集中督查。重点对“9·12”演练周边、集结路线沿线、朝阳公园焰火燃放点周边,二环、三环民兵守桥,全区社会面群防群治力量组织发动,市级挂账重点村王四营乡官庄村整治情况进行实地督查,查看香河园街道排查稳控方案、重点人工作台帐、应急预案以及会议纪要等相关文件。9月18日,各街乡、各部门按照工作方案,严密组织各级干部和群防群治力量,参与国庆庆祝活动警戒区、控制区、集结疏散路线以及群众游行远端集结安检点的安保演练工作。9月10日至19日,开展“十天保点”重点地区清理整治专项行动,深化重点地区治安秩序建设工作。9月18日起至10月8日止,全区启动社会面一级超常防控等级。各街乡群防群治力量按照一级超常防控等级预案实名上岗,并统一配戴小红帽、黄衣服、红袖标。9月30日至10月1日,全区社会面启动一级超常防控等级,各种群防群治力量13万人,全部实行实名制管理。其中社区保安员1660人,专职巡防队4729人,社会单位内保力量1.6万人,治安巡逻志愿者10.5万人。全区动员6668名区机关和街乡干部及治安志愿者,与公安等专门警力,同步部署、同步执勤,共同担负国庆庆祝活动警戒区、控制区、集结疏散路线的安全保卫任务。其中警戒区557人,控制区1961人,集结疏散路线4150人;在农展馆和朝阳公园两个群众游行远端集结安检点,部署街乡干部、地区巡防队、社区保安员及治安志愿者500余人,主要负责协助专门警力加强现场秩序维护及周边社会面控制工作;在80处桥梁涵洞和地下通道部署648名民兵担负巡逻看护任务;在530处公交站点部署1288名治安志愿者和文明乘车监督员担负安全维护工作;在各个重点部位、重点时段、繁华场所和国庆庆祝活动周边地区,按照“白天以治安巡逻志愿者为主,夜间以专职巡防队和社会单位保安为主”原则,最大限度投放各种群防群治力量重点值守,加强社区楼院巡逻看护,确实做到全覆盖、全天候、无缝隙,形成“全民参与,共保国庆安全”的强大氛围。

(李　黎)

【夯实安保基础】　国庆期间,本区承担庆祝大会第三警戒区、控制区朝阳段、阅兵集结疏散路线、群众游行方阵,焰火燃放、成就展、奥林匹克公园和朝阳公园群众游园等多方面安保任务以及反恐处置、基础调查、重点人控制、打击整治、巡逻防控、安全监管等6项社会面控制工作。为落实国庆安保部署,稳步推进专项安保工作。8月上旬,成立国庆安全保卫领导小组,下设国庆安保办公室和庆祝大会、群众游行、要害设施服务保障等14个专项保卫分指挥部,研究制定《国庆60周年安全保卫工作总体方案》和《庆祝大会现场安全保卫工作实施方案》等11个分方案,形成国庆安保方案体系。建立每周工作例会、国庆安保专刊、帐单督办、情况报送、情况通报、重大问题审议等工作制度,组织开展实地踏勘、警力测算、模拟推演和警力部署图绘制等工作,为严密各项控制措施奠定基础。研究制定《国庆60周年庆祝系列活动基础信息调查工作实施方案》,加强系统后台监测,汇总、整合、审核实战单位上报的信息。完成警戒区、控制区、朝阳公园、奥林匹克公园及周边和国庆集结疏散线路信息采集录入工作,采集社会面信息7216条,制高点信息475个。按照“全面部署、重点加强、留有机动、内紧外松”原则,开展警戒区、控制区、集结疏散路线防控力量测算和制高点分类控制工作,选定秀水市场7层会议室为庆祝大会现场分指挥部;确定警戒区部署安保力量1340人,其中武警645人、民警387人、保安308人;控制区部署安保力量2716人,其中武警755人、民警1016人、保安945人。按照“分区、镶边、守线、把口”工作思路，将整个管控区域划分为警戒区、南控制区、西北控制区、东北控制区，落实各项安全措施。研究制定《群众游行活动“浴血奋斗”方阵安全保卫工作方案》等系列方案，开展国庆庆祝大会群众方阵的2413名首都大学生、100名共和国同龄人、2.8万余名背景表演中小学生的政审工作；落实群众游行方阵的安全教育、搜爆安检、集结疏散、彩排预演安全措施；实地检查、指导北京天和丰展有限公司等5家彩车制作装饰公司全面落实车辆组装、运输等环节安保措施。坚持对重大、敏感案件的挂牌督破和集中攻坚，及时侦破八类危害严重案件757起；坚持“打团伙、破系列”的主攻方向，破获多发性侵财案件4336起；坚持发挥预审、监所打击破案第二战场的作用，深挖破案1534起。紧盯卖淫嫖娼、赌博等突出治安问题，捣毁卖淫嫖娼、赌博等窝点817个，抓获违法犯罪嫌疑人4586人；紧盯无照游商、“黑车”运营等扰序类问题，抓获各类扰序人员1743人；紧盯中超联赛足球赛等161项520场次大型活动、1.9万余家危险物品从业单位和水电气热等敏感部位以及秀水市场等人员密集场所，确保绝对安全。对流动人口聚集的十八里店西直河村、周庄村等10多个地区的28个重点地区集中清理整治，查获违法犯罪嫌疑人49名。大力推进扁平化勤务指挥机制的落实，重点加强第一道防线（白鹿收费站）和第三道防线25个卡点人员、车辆的核录力度，抓获各类违法犯罪人员3943人；整合保安员、巡防队员等辅警力量11万余人，形成“外围堵、线上查、面上控”的整体防控格局，街头刑事警情（81起）环比下降7%。

（李　黎）

【禁飞工作】　9月25日，本区召开会议，对禁飞工作进行专项部署，要求各相关单位、各街乡共同配合做好“禁飞”工作。重点开展全面调查摸底，建立基础台帐。强化管控措施、落实监管责任。加大督查工作力度，不留死角盲区。自9月15日零时起至10月8日24时止，全区范围内禁止使用小型飞机（直升机）、滑翔机、三角翼、动力三角翼、载人气球、飞艇、滑翔伞、动力伞、无人机、遥控航空模型、无人驾驶自由气球、系留气球等小型航空器进行飞行活动。同时，在北三环、西四环、南三环之间区域禁止放风筝、禁止放飞鸽子。区综治办每日派出督查组，对此项工作进行实地督查，加强工作力度，确保落实到位。

（李　黎）

【中央领导检查】　9月25日，中共中央政治局常委、中央政法委书记周永康带队到本区建外街道检查国庆安保工作并慰问志愿者。刘淇、孟建柱、郭金龙随同检查。周永康听取国庆安保工作汇报，查看方案台帐、物资储备、指挥调度、制高点防控等情况，到建外街道城市综合管理指挥调度中心察看监控系统和桌面互动指挥系统，对全区认真排查安全隐患、加强管理和服务群众的做法给予充分肯定，向治安志愿者表示亲切慰问。周永康指出，要突出重点，加强组织指挥，工作抓细抓实，确保首都庆祝国庆60周年各项活动安全顺利进行。各单位要增强责任感紧迫感，及时查隐患堵漏洞，在实战中锻炼队伍、检验工作、经受考验，向党和人民交上一份满意的答卷。刘淇强调，做好首都国庆安保工作，是北京市的重大政治责任，要坚决贯彻中央要求，思想上更加重视，工作上更加精心，认真查找漏洞，及时整改薄弱环节，确保各项庆祝活动安全顺利。孟建柱指出，安保工作不怕做不到，就怕想不到，当前安保工作进入关键阶段，要以细之又细、实之又实的作风和确保万无一失的标准，对各项安保措施进行再检查再部署。

（李　黎）

【打击防范电信诈骗犯罪】　11月初，本区召开打击防范电信诈骗犯罪工作部署会，通报全区电信诈骗犯罪总体情况和规律特点，强调各系统打击防范专项措施，就金融单位内部提示防范工作进行部署。

（李　黎）

【奥巴马访华安保】　11月，成立奥巴马访华期间安保指挥部，制定专门安保和社会面控制工作方案，召开部署大会，对社会面防控、维稳情报信息、重点人管控工作进行全面部署。为确保国际俱乐部、美国使馆、日坛公园等重点部位的安全，在警戒区外设置缓冲区，由属地街、乡安排群防群治力量，固定值守点位和巡逻路线，定岗、定位、定人、定责，加强社会面控制。11月13日开始，全区按照一级超常防控方案，发动群防群治力量，佩戴红袖标，定岗、定位，加强社会面巡逻控制。特别是在重点区域、重点部位，实名制发动群防群治力量260名，配合开展工作。其中，220名群防群治力量，统一着装，在国际俱乐部外围、美国新驻华使馆外围、日坛公园外围设置20个固定岗位、13条巡查路段，配合专业力量做好有上访、滋事倾向性人员的发现、报告、处置工作。

（李　黎）

【重点地区专项整治】　年内，对9个挂账重点村进行专项整治工作的基础上，召开工作协调会，推进专项整治联合执法和社会治安综合治理工作。确定自11月16日至12月底，由各相关职能部门牵头，在各重点村内组织开展不间断的集中执法和清理整治；11月23日至29日，为公安执法周，严厉打击重点村内违法犯罪活动,开展流动人口、出租房屋清查;11月30日至12月6日,为工商执法周,重点打击无照经营、规范有形市场;12月7日至13日,为卫生执法周,重点打击非法行医;同时根据摸排情况,针对问题严重、规模大的违法问题,适时组织集中会战。

(李　黎)

防范和处理邪教工作

【概况】 中共朝阳区委防范和处理邪教问题领导小组办公室又称区委610办公室。
地址:日坛北街33号
电话:65094733
邮编:100020

(许智勇)

【国庆安保】 年初,以"国庆平安行动"为重点,研究制定《2009年防处邪教工作意见》、《"国庆平安行动"防处邪教工作方案》、《应急处置"法轮功"等邪教问题工作预案》、《防插播工作方案》和《严防"法轮功"高层抛洒破坏活动工作方案》等具体工作方案,对不同阶段、各项任务进行周密安排。年内,召开10次各类工作会议,加强对工作的督导与推进。以精确掌握法轮功人员真实思想动态为重点,围绕人、地、物、事,多次对法轮功人员开展摸排分析。调整、更新、完善涉法轮功人员、社会面重点地区和重点部位、防非法插播有线电视信号等具体工作台帐,特别是在国庆平安行动中,加强对长安街延长线、集结疏散地周边和行车路线两侧高层建筑等重点部位的摸排,分门别类建立台帐,做到底数清,情况明。确保建国60周年期间朝阳区防范和处理邪教工作的顺利进行。

(许智勇)

【无邪教创建活动】 年内,将2002年开展的"四无创建"活动拓展深化为"无邪教创建活动",研究制定《关于在全区社区、村、学校中开展"无邪教创建活动"的实施意见》,在基层4个街乡开展试点工作。召开全区610系统干部培训会,对"无邪教创建活动"进行动员部署;编发《"无邪教创建活动"基层干部和骨干培训工作安排》和《"无邪教创建活动"培训提纲》。4月20日至6月5日,对全区一万余名基层干部和各种参加社会面防控力量中的骨干人员进行"无邪教创建活动"大培训。5月6日,市委610办公室在本区召开"北京市'无邪教创建活动'工作会"。通过全区上下共同努力,实现全区510个社区、村和216所中、小学校"无邪教创建活动"达标率95%以上的工作目标

(许智勇)

【落实防控责任制】 年内,对"法轮功"重点人、社会面和防插播三个防控重点,严格落实三种防控责任制。对"法轮功"重点人落实责任到人的防控责任制;广泛调动各方面力量,对国庆阅兵和游行线路两侧、游行集结疏散地区周边、国庆游园场所及建国60周年庆祝活动场所等重点地区和重点部位明确措施,责任到人;对全区的有线电视光接点、放大器、有线电缆线路、户外大屏幕、楼宇电视等实行包保制,做到点上有人看,线上有人巡。做好应急处突各项工作准备,完善应急处置工作方案,全区各社区、村统一配备一套处理"法轮功"反宣案件、事件的简易工具。敏感期(日)期间,各街乡固定一台车、3个人,坚持每日晨巡制度,以及时发现"法轮功"反宣品和可疑人员。全年实现"0"指标。

(许智勇)

【反邪教警示教育】 年内,采取多种形式,开展反邪教宣传教育活动。以《关于防范"法轮功"邪教组织利用人民币进行反动宣传的警示教育宣讲提纲》、《党内反邪教警示教育提纲》和《反对邪教,警钟长鸣》、《揭穿"门徒会"的骗局》两个专题片为主要内容,对全区党员、干部和居民、群众进行宣传教育。利用"元旦"、"春节"、"十一"等节假日和"4·25"、"7·22"等敏感日,组织开展以"崇尚科学,反对邪教"为主题的反邪教警示教育宣传日活动。与区科协一起为基层社区、村配发20余种反邪教警示教育图书,充实基层社区、村的图书角。制作《反邪教警示教育合集》系列光盘600套,下发全区各个社区、村和学校的十大校区。

(许智勇)

【防范和处置其他邪教】 年内,积极稳妥地开展防范和处置其他邪教和有害功法组织的工作。制定《朝阳区关于对"观音法门"邪教组织渗透蔓延活动开展专项整治的工作方案》,成立处置工作小组。与公安、安全和相关街乡密切配合,成功阻止了有"观音法门"背景的"素食餐厅"和慈善机构赞助的在高碑店"桥艺术中心"举办的生态艺术展。加大对"呼喊派"邪教组织在金盏皮村租住地的管控力度,杜绝非法聚集事件。

(许智勇)

【防范"十月飞雪"破坏活动】 9月15日进入"国庆平安行动"战时严控阶段,针对辖区内国庆阅兵和游行线路长、游行集结疏散地区、国庆游园场所、活动场所等重点地区、重点部位多的特点,以严密防范"法轮功"邪教组织企图搞所谓的"十月飞雪"捣乱破获活动为重点,与公安机关密切配合,采取制定专项工作方案、建立三本工作台帐(沿线高层建筑台帐,可视阅兵窗

口台帐,线路两侧500以内"法轮功"人员台帐)、逐栋明确专人责任到户、签订防控责任书、逐楼逐层分时段安排防控力量、高层建筑楼顶安全门全封闭、与属地派出所每日会商、纳入社会面立体化防控体系等有效措施,加强对重点地区和重点部位的控制,防止"法轮功"邪教组织所谓"十月飞雪"捣乱破坏活动的发生,确保国庆期间社会政治稳定。

(许智勇)

【整合资源相互纳入】 年内,发挥区委防范和处理邪教问题领导小组成员单位的作用,将防处邪教工作纳入其职责之中,相互推进,形成齐抓共管的工作格局。与区委办、组织部一起开展党内警示教育主题日活动;与区社工委、农工委、教工委一起在社区、村和学校中开展"无邪教创建活动";与公安、安全等部门配合,对"法轮功"等邪教分子进行严厉打击等。坚持将防处邪教工作纳入对全区党员干部的教育之中,纳入首都级精神文明创建先进评选之中,纳入全区社会治安综合治理的考核之中,纳入基层开展的科普教育活动之中等,有效推动防处邪教工作的深入开展。为保障国庆安全,将对"法轮功"等邪教的防控工作纳入《国庆60周年朝阳区筹备委员会社会治安与安全警卫指挥部工作方案》和《朝阳区"国庆平安行动"折子工程》之中;纳入区"国庆平安行动"指挥部的日常工作之中,纳入全区社会面立体化防控体系,整合力量,专群结合,形成综合防控工作态势。

(许智勇)

公安工作

【概况】 北京市公安局朝阳分局担负辖区刑侦、治安、预审、治安巡逻、户籍、消防、外事警卫等项工作。年内,圆满完成国庆60周年安保任务。接报"110"警情430209件,同比上年(386851件)增加43358件,上升11.2%。其中刑事警情6968件,同比上年(5532件)减少1436件,下降26%;破获各类刑事案件13708起,破获经济案件392起,挽回经济损失2352.1万元,铲除犯罪团伙889个,抓获团伙成员3736人。命案侦破率达到92.1%。我区现有常住人口718564户1858959人,比去年701551户1818346,增加了17013户40613人;妥善处置群体性事件351批次12947人次;举行各类大型活动373项,组织安保力量42754人次;为112020只犬办理登记、年检手续;查处各类治安案件97401起,查处违法人员116102人。受理群众来信、来访、网络信件2824件(已结办2451件),其中初次信访2490件,重复信访334件,结办率为98%;截止年底,潘家园、管庄、太阳宫、大屯、三间房、十八里店、奥运村等7个派出所完成改扩建迁入新楼。投入800余万元为实战单位购置61辆新车,投入700余万元购置配发警务装备30余种8千余件;为4292名民警进行体检,体检到检率达到99.5%。举办46期2万余人次实名制民警专项技能培训,组织4次实兵演练,组织编写《执勤民警勤务工作手册》和《国庆60周年安保工作若干个怎么办》,推出刑侦支队重案四队等4个单位和平房派出所侯杰等6名个人先进典型,表彰13个优秀党支部、368名优秀共产党员、62名红旗卫士和25名国庆安保之星,对130余名困难伤病民警及因公牺牲民警家属进行走访慰问。

地址:道家园1号

电话:85953429

邮编:100025

(王　晖)

【春节慰问演出】 1月8日,与中央电视台联合承办的《回首奥运,展望朝阳》大型春节慰问演出在北京工人体育馆隆重举行。中央政法委副秘书长王其江,市委常委、市局党委书记、局长马振川,区委书记陈刚,区政协主席辛燕琴,市局和市高法、市司法局、市残联、区委、区政协等单位相关领导和分局领导班子成员,以及区各部委办局、街乡主要领导,部分政法干警、综治干部、保安员、治保积极分子及家属5000余人观赏演出。

(欧　奇)

【荣获荣誉称号】 2月19日,公安部正式授予公安分局出入境管理处接待大厅"全国文明窗口"称号。出入境接待大厅上年受理群众申请材料18万份,发放证件13.7万本,接待群众40万人次,未出现一本错证,受理准确率和及时率始终保持百分之百。5月,出入境管理处荣获全国公安系统"青年文明号"荣誉称号。9月11日,公安分局退休干部第一党支部被中组部授予"全国先进离退休干部党支部"荣誉称号。党支部书记安玉琢同志受到中共中央政治局常委、中央书记处书记、国家副主席习近平等中央领导同志的亲切接见,并代表全国受到表彰的150个先进离退休干部党支部在表彰大会上发言。

(杨　柳　欧　奇)

【装备配发工作】 2月12日,在全国"两会"前夕,为相关业务处、队及基层派出所配发拖车式防爆罐、阻车路障、便携式多波段搜索灯、防弹衣等20余个品种650余件装备。

(唐玉刚)

【成立情报信息中心】 2月16日,情报信息中心正式成立。按照市局《北京市公安局关于成立两级情报信息机构的通知》的要求,成为公安分局独立建制内设机构(副处级),定编18人。对应市局情报信息中心组织架构,分为综合管理、基础信息管理、综合分析三个行政组。实有警力15人,其中领导干部4人、民警11人。

(张晨华)

【突发事件演练】 3月4日下午15时,为全面提高看守所与驻所武警应对突发事件的能力,积极防范各种威胁监所安全问题的发生,根据分局总体部署,看守所8名民警与10名驻所武警战士进行送监押解途中车辆出现故障应急演练。

(王会娟)

【外国元首安全警卫任务】 4月13日至17日,委内瑞拉总统、巴布亚新几内亚总理、新西兰总理、哈萨克斯坦总统、蒙古总理等国宾集中在京活动,期间,涉及辖区的国际俱乐部住地、奥林匹克中心区、使馆等现场及相应路线的警卫任务64起、出动警力1208人次。4月29日至30日,日本首相麻生太郎到京对我国进行正式访问,下榻朝阳区的长富宫饭店。在京期间先后到位于我区日本使馆官邸、建外大街SK大厦"北京日本文化中心"和国际俱乐部饭店参加活动。期间,执行警卫勤务27起,动用警力890人次。10月14日至15日上合组织峰会在北京举行。会期间,完成6个国家总理、2个国家副总统,1个部长、1个外长及上合组织秘书长等要人住地(中国大饭店、国际俱乐部)、抵离京、开闭幕式及其他临时性路线警卫勤务50起,出动警力2141人次。11月15日至18日,美国总统奥巴马对我国进行正式访问,16日至18日下榻辖区内国际俱乐部饭店。期间,出动警力3519人次,完成饭店住地、美国大使馆新馆外围及抵、离京和往返住地路线安全警卫任务。

(杜　炜)

【案件侦破】 4月29日,在平房乡发生一起投毒案件,22名华纺易城2期保安员发生集体食物中毒。案发后,公安分局刑侦支队会同市局刑侦总队成立专案组开展工作。结合现场走访、勘查、检验结果,专案组分析该案为一起人为投放药品引发的食物中毒案件。经过大量走访,专案组将两名患有精神疾病的保安员纳入视线。鉴于调查对象患有精神疾病,专案组细致分析、积极取证、策略讯问,最终确定二人中的豆岗涛(男,1982年6月15日生,河南省沈丘县北郊乡大吴庄村人)就是本案嫌疑人。4月30日侦查员在保安宿舍将豆岗涛抓获并刑拘。该人如实交代了因对同事不满而向保安食堂的早餐中投放抗精神疾病处方药的犯罪事实。4月29日,望京新世界商场周边发生针对单身女司机的持刀抢车案件。公安分局刑侦支队机动车队通过积极控赃、网上侦查等手段将嫌疑人李炳崑(绰号"老七",男,1959年1月15日生,本市朝阳区人,有盗窃、贩毒前科)纳入视线,经细致分析准确划定了侦查范围,找到了正在医院接受手术治疗的李炳崑。通过周密布控,侦查员于5月8日在朝阳医院,将准备出院的李炳崑以及来探视他的同案栾春建(绰号"建子、小建",男,1961年5月6日生,本市朝阳区人)抓获并刑拘,于当晚在通州区玉桥西里小区70号院内起获被抢轿车,及时消除了案件带来的社会负面影响。5月1日,在朝阳区常营乡草房村306路车站南侧围墙内,事主张丽(女、22岁、河北省定兴县人)遭他人抢劫、强奸,并被杀害。公安分局刑侦支队重案二队紧紧抓住接报后72小时的破案黄金时间,全面展开调查走访和摸排串并工作,历时14个昼夜,于5月14日在本市通州区于家务乡将涉嫌抢劫、强奸、杀人的马冰雪(男,1971年2月19日出生,河北省邯郸市人)抓获并刑拘。通过进一步审查,侦查员又深挖出该人于2009年实施的"3·26"通州区邓家窑梁国云被抢劫强奸伤害案、"4·25"朝阳区常营乡高艳荣被抢劫强奸伤害案和"5·03"朝阳区金盏乡入室盗窃案。嫌疑人马冰雪被批准逮捕。5月5日4时许,工人体育场北门西侧路边发生一起拦路抢劫单身女性案件,两名嫌疑男子作案后驾车逃跑。公安分局刑侦支队通过串并案件将一个在朝阳区多次驾车抢劫的犯罪团伙纳入视线,通过运用信息研判、网上侦查等手段,于5月28日在丰台区看丹桥东北角的快乐温馨网吧将嫌疑人扈丹阳(男,1988年1月8日出生,本市丰台区人)抓获并刑拘,同时起获了用于作案的京HE8601捷达轿车,又于6月10日在黑龙江省齐齐哈尔市将同案石国序(男,1990,黑龙江省人,无业)抓获并刑拘。经审讯,二人供述了自2009年4月初以来在本市朝阳、海淀、丰台等区驾车抢劫作案30余起及撬车玻璃盗窃作案50余起的违法犯罪事实。2名嫌疑人已被批准逮捕。5月15日2时许,事主赵某(女,21岁,河北省保定市人,暂住在朝阳区东坝乡)在家中睡觉时,被两名破窗而进的陌生男子轮奸,并抢走现金人民币800元。案发后,公安分局刑侦支队东部队立即赶赴现场开展工作。在事主几乎不能提供任何线索的情况下,侦查员通过不断扩大走访范围,反复查看监控,准确研判案情特点,经连续蹲守布控,于6月4日6时许在朝阳区东坝乡辛街村10号内成功将嫌疑人关飞(男,1987年3月24日出生,黑龙江省齐齐哈尔市人)、关玲(男,1987年3月24日出生,黑龙江省齐齐哈尔市人)抓获并刑拘。经讯问,二人对抢劫、强奸事主赵某的犯罪事实供认不讳。2名嫌疑人均已被批准逮捕。5月以来,在朝阳区高碑店乡西店村、半壁店村、小郊亭村等地平房入室盗窃案高发,其中西店村属于我市今年年底着重整治的挂账重点村。公安分局刑侦支队东部队根据工作方案,充分依托情报、技术、侦查"三位一体"捆绑作战模式,积极采取有效措施,于12月4日在朝阳区王四营乡南花园村153号出租房内将嫌疑人张士中(男,1988年12月4日出生,黑龙江省鹤岗市人)抓获并刑拘。经讯问,嫌疑人张士中供认了自3月以来在高碑店乡、王四营乡等出租房聚集区入室盗窃作案40余起的犯罪事实。6月29日12时30分许,公安分局刑侦支队重案二队接警称在朝阳区平房乡黄杉木店5号院有一非正常死亡现场,事主李安贞(男,47岁,辽宁省抚顺市人)在其家中死亡。接报后,公安分局刑侦支队重案二队、技术队迅速赶赴现场开展工作。通过查证疑点、全面走访等多种侦查措施,很快锁定了本案嫌疑人徐霞(女,1988年7月3日出生,山东省邹城市人,李安贞的女友)。并于当日将其抓获。历经4小时的讯问,嫌疑人徐霞交待了在与事主分手未果并遭到威胁后,以静脉注射毒性药物的方式杀害事主的全部犯罪事实。至此,6.29徐霞故意杀人案仅在案发6小时后即成功告破。徐霞于案发当日被刑拘,并于7月22日被批准逮捕。7月29日6时至11时许,影视圈很多演艺人员及一些社会公众人物的手机陆续接到了一条敲诈短信,内容为掌握了被敲诈对象的裸照及性爱视频,要求被敲诈对象向某银行账号汇三十万元,并称如果不汇款将在网络上公布这些内容。当日公安分局刑侦支队陆续接到关牧村、张恒、王力可、马伊琍等几十名明星的报案。接报后,刑侦支队立即成立专案组开展工作,通过公安网、互联网双网作战迅速确定犯罪嫌疑人身份,7月30日3时许,侦查员在昌平区天通西苑将犯罪嫌疑人王彦东(男,1985年8月13日出生,吉林省四平市站前街民众委九组)抓获并刑拘。经侦查员调取王彦东实施敲诈勒索用的手机话单,发现其给多达八十余人都发过同样内容的短信。侦查员已与其中大部分人取得了联系,已经取证并核实了案件25起。8月30日14时54分,孙女士打110报警称:14时50分,在三元大厦二层新东方学校203教室突然闯进一名男子,用刀抵住正在上课的坐在靠门位置的一名男生,声称要杀了这名男生并要求见记者,其余学生在老师的带领下跑出教室,后该男子将该教室前后门反锁。案发后,市公安局、刑侦总队及公安分局主管领导纷纷亲临现场,坐镇指挥。公安分局刑侦支队重案三队会同各单位开展处置工作。在处置案件过程中,刑侦支队支队长隗甫杰、副支队长王东率先带领侦查员破门而入,将人质成功解救,并将企图在新闻媒体面前杀害人质从而制造影响引人关注的犯罪嫌疑人唐虎(男,1986年9月27日出生,四川省资阳市人)制服并刑拘,及时消除了社会不良影响。10月31日,在朝外大街百脑汇内,OE08号摊位因招揽客人与OE09号摊位发生纠纷,后被对方纠集的30余人持刀、圆凳等物打伤。公安分局刑侦支队中部队通过调查摸排了解到该案是OE09号的王振兴打电话让刘帅、齐亮亮、刘义峰分别纠集人员前往案发地摆场子、打架的。11月4日11时至16时,专案组在本市丰台区将刘帅、齐亮亮等11名寻衅滋事嫌疑人抓获并刑拘。经审查,侦查员发现部分嫌疑人是来自北京三剑客商务调查有限公司的。经核实,该公司名义上是进行商务调查、法律咨询,实际上是以出场摆势、言语威胁等手段替人追讨债务,明显涉嫌非法经营。中部队于11月4日22时至次日16时在京连续抓获并刑拘19名涉案人员,查抄了该公司在丰台的犯罪窝点,起获密拍密录设备、讨债合同等大量涉案物品,又于11月13日、21日在京、辽两地抓获并刑拘了主犯王振兴、刘义峰等4人。11月2日16时许,公安分局刑侦支队接布警:在六里屯十里堡北里23号楼3单元202号屋内发现一女子死亡。接报后,刑侦支队重案三队、技术队赶赴现场,会同市公安局刑侦总队开展工作。通过细致走访,专案组很快核实出被害人的真实身份左同梅(女,1981年7月3日生,江苏省涟水县人,在京从事站街卖淫活动)。面对死者身份复杂、现场被嫌疑人刻意伪造等重重困难,围绕被害人周边关系人,查找到突破点及嫌疑人的作案动机,确定死者男友刘勤荣的另一女友李昕芮有重大作案嫌疑。经过连日奋战,专案组在证据确凿的情况下于11月6日和7日,先后将李昕芮(女,51岁,贵州省贵阳市人)等三名犯罪嫌疑人抓获并刑拘。经讯问,犯罪嫌疑人李昕芮对因感情矛盾雇佣陈连发、段会林等人杀害事主左同梅的犯罪事实供认不讳。3名嫌疑人均已被批准逮捕。本年1、2季度,在本市五环路上发生多起以车辆刮蹭为名针对大货车司机"碰瓷"的系列驾车抢劫案件。朝阳分局刑侦支队通过梳理110、122报警,串并出系列案件120余起,并将已破的制造、买卖假车牌案件作为切入点,逐步将购买假车牌用于驾车"碰瓷"抢劫的犯罪团伙纳入视线,于7月29日、8月12日,分别在本市通州区、黑龙江省五常市将该团伙的郭海成(该案主犯,男,1982年1月21日生,本市朝阳区人)、颜士伟(男,1986年6月23日生,黑龙江省五常市人)等6名成员抓获并刑拘。通过深入审查,该团伙共交待2008年年底以来在五环高速路上“碰瓷”抢劫大货车司机作案400余起。

(王亚红 杨 宇 隋新宇)

【市领导慰问参战民警】 6月7日,市委副书记、政法委书记王安顺,市委常委、市局局长马振川等领导到使馆区安保工作指挥部慰问参战民警。

(王 晖)

【被盗车辆发还新闻发布会】 6月22日,召开被盗车辆发还新闻发布会。会议介绍案件破获情况及追赃经过。市公安局刑侦总队和公安分局有关领导出席发布会。北京电视台新闻频道、红绿灯栏目组、北京日报、北京晚报、法制晚报、北京青年报、晨报、新京报、京华时报、千龙网、朝阳有线电视台、朝阳报,朝阳法治新闻等15家媒体20余人参加发布会。会后,与会领导在公安分局办公楼前举行被盗车辆发还仪式。

(王 晖)

【确保异地拘押人员安全】 7月8日,公安分局拘留所承担了通州区女性被拘留人员异地拘押任务。截止12月31日,安全顺利完成通州区304名异地拘押女性被拘留人员的安全监管工作。

(赵亚丽)

【处置突发事件拉动演练】 7月8日21时,公安分局机关各业务处、驻区特警大队的处突备勤警力在分局领导的指挥下进行处置突发事件拉动演练。18个处突备勤单位150名处突备勤力量参加了演练。

(王 晖)

【建立中心警务工作站】 8月27日,按照市公安局统一部署,在9个派出所的10个村建立中心警务工作站,11月底9个中心警务工作站全部建设完毕。区政府投入专款120余万元,为警务站配发电脑、打印机、传真机、复印机等办公设备。

(徐肖鹤 唐玉刚)

【成立朝阳分局特别突击队】 9月1日,公安分局隆重举行巡警支队轮值轮训暨特别突击队启动仪式。轮值轮训暨特别突击队是由100名35岁以下的精干男民警组成的应急处突队,确保发生重大警情时能够及时调动并及时开展有效处置。区委常委、政法委书记佟克克,区委常委、分局局长陶晶等领导参加启动仪式。

(欧 奇)

【国庆安保警务车辆配发仪式】 9月23日上午,在朝阳公园南门举行“国庆安保警务车辆配发仪式”。分局领导及局属有关单位领导和民警116人参加配发仪式。

(崔 岩)

【天安门升旗仪式安保工作】 10月3日凌晨,根据市局总体部署,抽调300名警力到达天安门广场参加升旗仪式现场安保,在全体上勤民警的努力下,圆满完成了当日天安门广场升旗仪式安保工作。

(王 晖)

【慰问因公受伤民警】 11月2日,陶晶等领导代表分局党委亲切慰问在执行维护中超联赛工体售票现场秩序任务时受伤的刑侦支队民警卢旭,为他送上鲜花和慰问金,并鼓励他安心养伤再立新功。卢旭在抓捕一名阻拦公交车堵塞交通、焚烧路边垃圾筒,并挑头滋事人员时,遭到反抗造成右手骨折。

(王 晖)

【“119消防日”宣传活动】 11月9日,是北京市第十九个“119消防日”,朝阳区“永恒的使命”119消防日大型情景晚会在北京欢乐谷华侨城大剧院举行。整场演出分为《使命》、《忠诚》、《承诺》三部分。展现60年来朝阳区消防事业所取得的成就。

(王 晖)

【中央领导安全警卫工作】 11月30日上午,胡锦涛、李克强、令计划等党和国家领导人到辖区内国家会议中心参加“北京市艾滋病防治志愿者活动周”活动。出动警力382人次完成国家会议中心活动现场及路线警卫任务。

(杜 炜)

【安全燃放烟花爆竹宣传】 12月31日,公安分局邀请中央电视台中国法治、北京人民广播电台,北京日报等十余家京城媒体,在境外人员经商、生活比较集中的朝外大街日坛路雅宝城大厦门前,开展烟花爆竹安全教育宣传活动,希望通过媒体加大安全燃放宣传力度。

(王 晖)

【接待外国友好使团】 年内,接待俄罗斯、法国、德国、越南等21个国家400余人次的警官警务参观交流代表团,分别就“110”接处警、反恐防暴处突及奥林匹克中心区安全警务模式等方面进行交流和讨论。

(王 晖)

【妥善处置群体性事件】 年内,本区发生群体性事件351批次12947人次,比去年同期298批次8960人次,分别上升17.8%和44.5%。在处置工作中,公安分局出动警力6800余人次,依法拘留在群体性事件中组织煽动、挑头闹事违法嫌疑人244人。

(门之凯)

【妥善处置使馆区“告洋状”】 年内,针对外地上访人员到使馆区

“告洋状”问题，按照三级勤务部署，采取常态和非常态防控模式，加大使馆区外围巡逻控制，做到及时发现、妥善处置，全年查获“告洋状”上访人员2863人次，其中依法拘留1118人次、送马家楼劝返1745人次。

（门之凯）

【专项行动】 年内，按照市局整体部署，开展“猎豹”、“清洁”、“传播淫秽视频”、“猎鹰”、“打击强迫组织妇女卖淫犯罪活动”等专项行动。抓获并拘留以上处理娼赌黄三类违法人员6845人，同比上升12%，其中卖嫖3293人，同比上升48.1%，贩卖淫秽物品610人，同比上升114.8%；收缴赌资293万余元、淫秽光盘7339张、盗版光盘32万余张、非法书刊13万余册。专项行动战果在全市治安系统名列前茅。

（杨春华）

【打击盗贩自行车】 年内，组织17个警情高发派出所组建打击盗贩自行车小分队，对贩卖自行车问题突出的出租房屋，连续开展清理整顿，对非法贩卖自行车的修理店开展打击整治，组织警情高发派出所开展区域性专项打击行动等措施。打掉盗贩自行车团伙68个，查获窝点89个，抓获并拘留以上处理嫌疑人车655人，收缴自行车1700辆。

（陈　静）

【打击制贩三假】 年内，针对四惠桥、亮马桥、国展家乐福、炎黄艺术馆周边的制贩三假（假公章，假证件、假发票）揽活突出情况，采取定期监测警情、社会面观察、下发督办单等措施，开展督导检查工作，依法予以打击处理。接报制贩三假类警情56件，抓获处理制贩三假人员894人，经过整治，依法取缔四惠桥、亮马桥、国展家乐福、炎黄艺术馆周边等地的制贩三假揽活黑点。

（陈　静）

【开展街面净化行动】 年内，为保障国庆60周年良好的社会治安环境，制定并出台《朝阳区关于加强治安管理的工作意见》，组织各派出所开展声势浩大的“街面净化”专项行动。出动警力2.8万余人次，其他力量5.9万余人次，开展区域和专项整治4387次，抓获处理扰序人员5090人，治安拘留强乞强讨41人，救助各类流浪乞讨人员1684人。

（陈　静）

【奥林匹克公园秩序整治】 年内，针对奥林匹克公园无照游商、散发小广告问题突出情况，在重大政治活动、重大节日、双休日等游园人员较多期间，组织周边10个派出所、城管、工商等部门开展联合整治行动，维护奥林匹克公园良好治安秩序。治安拘留各类扰序人员1460人，其中无照游商1161人，散发小广告170人，倒卖票证129人，取缔小商品批发黑窝点7个。

（陈　静）

【重点地区清理整治】 年内，针对本区3处市级治安重点地区和4处区级重点地区存在的突出问题，与属地综治办、城管等部门联系，成立联合整治工作组，开展捆绑执法。开展重点地区集中整治166次，拘留无照游商人951人次，引导救助流浪乞讨人员137人次，拘留强乞强讨5人，拘留黑车扰序人员97人，非法散发小广告87人，贩卖盗版光盘5人。

（陈　静）

【行业场所治安管理】 年内，检查全区行业场所5600余家次，在行业场所中查获犯罪嫌疑人4818名，其中刑事拘留439名、行政拘留4379名；对存在违法经营行为的行业场所行政处罚270家，罚款50余万元；其中抓获各类嫌疑人、网逃和取缔黑开场所的总量均位居全市首位。

（郭咲琳）

【黑开行业场所清理取缔】 年内，成立区十黑整治专项行动协调小组，采取组织区工商、文委、消防等职能部门及抽调相关派出所民警联合执法的方式，以黑开旅店、洗浴、歌舞厅等人员密集场所为重点，不间断强化对黑开场所的清理整治，清理取缔黑开旅店、洗浴、歌舞厅、私刻公章等场所1030家。

（郭咲琳）

【治安防控网络建设】 年内，以行业场所信息采集系统为平台，实现公安机关对行业场所的全天候管控。本区行业场所“装机率”、“上网率”、“录入率”、“检查率”等有大幅提高。装机率已达100%，“上网率”、“录入率”、“检查率”、“网上抓获率”位居全市前茅，达到社会信息系统的行业场所全覆盖。抓获公安部网上通缉在逃人员215名。

（郭咲琳）

【大型活动治安】 年内，辖区举办展览展销、文艺演出、体育比赛等大型活动373项1349场次（其中市局行政许可101项268场次，分局行政许可244项993场次，非行政许可25项84场次），接待群众535万余人次。投入警力4.3万余人次，确保各项活动治安秩序良好。

（曾祥松）

【中超联赛安保】 年内，中超北京国安队主场重返工人体育场，全年涉及中超、亚冠联赛主场赛事18场。安排警力12593人次维护现场秩序，确保各场次赛事安全。

（曾祥松）

【**治爆缉枪专项行动**】 年内,向娱乐场所和重点单位发放各类宣传材料5万份,组织单位开展自查自纠,加大对重点地区、重点部位的检查控制及巡逻盘查力度,集中收缴流散在社会上的枪支弹药和爆炸物品。收缴各类枪支79支、仿真枪230支、弩5把、废旧炮弹13枚、雷管263枚、黑火药200克、各类子弹3609发、管制刀具756把;处理涉案人员142人,其中刑事拘留70人、行政拘留72人。

(姜海红)

【**烟花爆竹安全管理**】 年内,查获非法烟花爆竹案件110起,行政拘留122人,查扣非法运输车辆16部,收缴非法烟花爆竹1200余箱、6200万头。

(姜海红)

【**预防煤气中毒**】 年内,出动警力8318人次,其他力量5万余人次,利用有线电视宣传332次,利用广播宣传2231次,张贴标语3万余条,制作板报1053块,发放各种宣传材料420余万份,召开各种宣传会议1332个,检查出租房93万余间次,门店30余万个次,工地883个,打工子弟学校452次,签订责任书85万份,制作安装风斗3.3万余个,销毁不合格炉具4335个。发生煤气中毒事故12起,死亡18人,同比事故起数下降25%,死亡人数持平。

(陈 静)

【**甲流防控**】 年内,在5处集中医学观察场所分别成立现场指挥部,承担3个指挥部的勤务指挥工作,组建5个实名制处置小分队,为第一线的民警配发价值约40万元的防护用具和药品。出动警力1256人次,车辆532辆次,有效维护隔离场所周边的治安秩序。医学隔离观察点累计接收外国来京密切接触者6721人,未发生任何问题。

(陈 静)

【**养犬管理**】 年内,发现和查处各种违规养犬行为11960起,发养犬管理告知书12160份,警告6840人次,行政处罚198起,收犬3525只,全区登记年检犬达112020只,比上年上升13%。

(陈云芳)

【**校园安全视频监控**】 年内,将全区272家中小学、幼儿园视频监控和报警信息通过区教委视频监控中心联入分局内保防控网二级监管平台,对校园安全情况进行24小时实时监控,发生涉校案件,可保证第一时间出警处置。

(聂建平)

【**国庆60周年安保**】 年内,内保处在全市内保系统开辟全国农业展览馆"集中安检、施加签封"的安检战场和道具包全程安全防护系统。解决83所学校道具包"分散安检不能确保安全"的难题,2万件道具包安全进入天安门广场;在地铁一号线大望路站群众游行集结疏散现场组建"安保联合指挥部",由区政府、交通、客运保安公司及分局等57个单位参加,采取"警车护送"、"一校一警"、"一车一保安"、"全程安全责任体系"等全新安全模式,构建"无漏洞、无缝隙、无真空"的沿途护送流动防线和地铁远端集结疏散阵地固定防线,圆满完成国庆庆典、3次全市综合演练及16次区域性合练群众游行队伍的集结疏散和沿途护送任务,确保全区两万余名游行表演人员及600余辆运输大客车安全顺利参加国庆庆典。完成162家单位的78727人员政审工作,筛查替换1578人;完成对5家彩车装饰企业15辆彩车装饰安全监管保卫任务;北京797股份有限公司天安门广场音响流动扩声安全监管工作;65辆彩车进驻朝体中心、65辆彩车两次转场返场及4幅领袖画像转场勤务安保工作;56根民族柱随行押运和沿线护卫任务;1万只和平鸽安全接收和沿途押运工作;安全监管北京三元食品股份有限公司乳品一厂圆满完成沙河和通州国庆阅兵村9000公斤奶制品的供应任务;及东区邮电局发行销售《国庆》、《阅兵》邮票秩序维护。无一出现差错,实现"零事故"、"零差错"。

(聂建平)

【**电信诈骗防范体系**】 年内,会同辖区金融营业网点,构建电信诈骗防范体系。统一规范全区金融营业网点营业窗口"防范电信诈骗提示用语",组织各金融单位做实防范阻截环节;组织各金融营业网点在《个人汇款凭证》、《存款凭条》上,统一加盖"安全提示印章";建立与45家支行、分理处、473家金融营业网点的全区防范联通网络及支行级每月通报例会制度;开展"小手拉大手"防范电信诈骗宣传工作,通过广大中小学生的"小手"把宣传提示辐射学生的家庭,共同编织打击犯罪的社会防线;建立防范工作倒查机制;会同北京广播电台、北京国通创安报警网络技术有限公司共同开发研制出统一使用警方规范提示用语、设置客户进门自动反复播放功能、可实现客户在办理业务之前接受最直接的安全提示的"防范电信诈骗自动语音提示装置",组织全区各金融单位统一加装在银行自助区,有效解决各营业网点自助区看护力量不足的困难。

(聂建平)

【**流动人口管理**】 年内,办理流动人口暂住证224万个,检查出租房屋5.3万户、地下空间1992处,出租大院455个,清理整治流动人口聚居区42个,签订治安责任保证书

1.2万份，处罚违法出租房主2667人，罚款55万元，发现治安隐患1167处，发放限期整改通知书216份。破获各类案件93起，抓获各类违法犯罪嫌疑人207名。

（徐肖鹤）

【社区警务建设】 年内，为社区民警配发自行车或电动自行车500辆，对186个全封闭管理居民小区实施机动车停车管理，推广轮胎防盗锁430余把，其他防盗设施1360余件，为8800余栋老旧楼房安装门禁系统，在569个小区和6085条平房街巷新安装监控探头18634个，整合各类群防群治队伍110275人，通过监控技防设施抓获入室盗窃嫌疑人65人，破获入室盗窃案件58件。

（徐肖鹤）

检察工作

【概况】 朝阳区检察院是国家法律监督机关。年内，批准逮捕各类刑事犯罪2942件3860人，提起公诉3491件4483人。突出打击黑恶势力犯罪、严重暴力犯罪和“两抢一盗”等多发性侵财犯罪；继续深化“打黑除恶”专项斗争，深挖黑恶势力“保护伞”，批准逮捕以上重点犯罪560件657人，提起公诉653件780人。受理各类举报、控告线索493件，受理民事申诉案件44件，刑事申诉案件38件，接待来访群众487批1069人，其中集体访10批441人。立案侦查各类职务犯罪案件30件36人，其中贪污贿赂案件24件29人，渎职侵权犯罪案件6件7人。查办职务犯罪大案10件15人、处级以上干部职务犯罪要案5件5人。重点打击高校领域职务犯罪，查办此类犯罪案件7件9人。第一时间介入中央电视台“2·9”火灾事故调查，依法立案侦查5名犯罪嫌疑人。依法监督公安机关立案1件，逮捕18人，追诉5人，依法退回补充侦查或自行补充侦查454件。对认为确有错误的民事行政裁判提请抗诉、建议提请抗诉5件。强化对刑罚执行和监管活动监督，对11062人次进行交付执行检察和收押释放检察，开展各类安全防范检查220次，开展减刑、假释、保外就医检察和羁押期限检察391人次。建立健全特约监督员制度，邀请人大代表、特约监督员50余人视察和评议检察工作。制定《朝阳区人民检察院2009—2011年发展规划》。选派20余名同志参加各类学术研讨活动，在各级刊物公开发表调研文章67篇；深化产学研基地建设，与中国政法大学联合开展“非法证据排除规则试点项目”研究。举办公诉论坛、反贪论坛。荣获“全国十佳基层检察院”称号，荣立集体一等功，荣获首都先进检察院、北京市思想政治工作优秀单位等10余项市级荣誉。

地址：道家园17号
电话：65843208
邮编：100025

（郭　鑫）

【向区人大代表征求意见】 2月19日，向区人大代表和本院特约监督员发放《征求意见问卷》400余份，广泛征求对检察工作的意见。

（郭　鑫）

【司法认定标准联席会】 3月5日，与区公安分局、区法院召开联席会议，就如何处理未成年人盗窃、抢劫、寻衅滋事类犯罪规范办案流程，统一司法认定标准。

（谢财能）

【走访联席会议成员单位】 3月18日，反渎职侵权局走访区法制办、区监察局等“反渎职侵权、预防职务犯罪联席会议机制”成员单位。通报检察机关深入查办危害能源资源和生态环境渎职犯罪的专项工作情况。

（谢财能）

【化解二百人集体访】 4月3日，启动控告信访突发事件应急预案，成功化解一起因非法吸收公众存款引起的集体访，上访人员近二百人。

（谢财能）

【制定轻刑快审办理规范】 3月，制定出台《公诉部门轻微刑事案件快速办理规范（试行）》，共十四条，并配有《轻微刑事案件登记表》、《适用快速审理程序办理决定》、《建议转化普通程序办理决定请示报告》、《案件审查报告》四份法律文书。

（谢财能）

【预防职务犯罪法制教育】 5月13日，与区委组织部、区民政局、区农工委联合开展农村基层干部培训，开展“预防涉农职务犯罪、保驾新农村建设”专题讲座，向200余名乡镇干部讲解涉农职务犯罪预防对策等内容。

（黄福涛）

【服务新农村建设座谈会】 5月25日，与区农委及本区十八里店等五个乡镇和地区办事处的党委、纪委领导举行座谈会，交流涉农工作开展情况。

（黄福涛）

【常营廉政文化广场揭牌仪式】 6月30日，与区纪委、区农委联合举办“常营廉政文化广场”揭牌仪式，开展农村职务犯罪专项宣传活动。

（黄福涛）

【非法吸收公众存款案获刑】 8月5日，由本院提起公诉的非法吸收公众存款案被告人潘江、侯瑞瑞一审获刑,两名被告人分别被朝阳法院判处有期徒刑9年和6年。该案涉案金额5543.36万元、被害人674人。

(黄福涛)

【央视火灾事故立案侦查】 8月,反渎职侵权局在接到市院交办的中央电视台"2·9"火灾事故中相关国家机关工作人员涉嫌渎职犯罪的案件线索后,经过二十多天的调查,立案5件5人。

(黄福涛)

【对一起案件举行诉前听证会】 8月28日,就犯罪嫌疑人李某故意伤害案举行诉前听证会。从高等院校、上级检察机关、区人大、特约监督员中邀请七名人员组成听证会专家团,本次听证会,为市检察系统首例诉前听证会,首次邀请特约监督员对案件直接发表意见,深化检务公开。

(黄福涛)

【国有企业廉政风险防范研讨会】 9月8日,市国资委预防职务犯罪网络朝阳区小组"国有企业廉政风险防范研讨会"在北京热力集团召开。热力集团、住总集团、北辰集团、首旅集团、中铁十六局、电子控股公司、化工集团、京城机电控股公司、大发畜产公司九家网络小组成员单位纪检监察负责人参加研讨会。清华大学廉政与治理研究中心任建明教授参会做理论指导。

(傅　强)

【检察文化建设丛书完成】 9月18日,编撰完成《春雨润物望秋实》、《春风拂案牖新知》、《春雷鸣涧彻法义》等三本检察文化建设丛书。

(傅　强)

【评选区首届"十佳"检察官】 9月23日,经过群众评议、评委审议、征求意见、公示投票等环节,评选出首届"十佳检察官"。

(傅　强)

【一动态信息受到中央领导批示】 9月,朝阳检察院撰写的《近年来发生在北京中心商务区(CBD)以融资为名诈骗中小企业的犯罪案件应当引起高度重视》一文,受到中央领导批示。朝阳区委召集相关单位召开专题会研究出台有关措施,朝阳检察院也积极发挥检察职能,落实领导批示。

(傅　强)

【教育系统预防职务犯罪联席会】 10月27日,与区教委、教工委联合召开朝阳区教育系统预防职务犯罪联席会,制定《关于建立北京市朝阳区教育系统预防职务犯罪联席会议制度的意见》。

(傅　强)

【聘为中国政法大学兼职教授】 12月1日,检察长王立和副检察长张朝霞被聘为中国政法大学兼职教授。

(傅　强)

【检察开放日】 12月2日,组织"强化法律监督,维护公平正义",服务"保增长、保民生、保稳定"工作大局检察开放日活动,邀请共建单位小红门乡龙爪树村为主的乡村干部群众50余人来院参观并征求意见建议。

(傅　强)

【首期青年检察官训练班】 12月3日,召开首期青训班开班动员大会,出台《关于组织"青年检察官训练班"的实施方案》,16名来院5年以内的青年检察人员开展为期1年的不脱产培养锻炼。

(傅　强)

【涉案款物移送衔接会】 12月4日,召开公检法联席会,研究侦查、起诉、审判过程中遇到的涉案款物扣押移送处理问题。

(傅　强)

【来访参观交流活动】 年内,湖南省澧县检察院、北京铁路运输检察分院、山西省长治市郊区检察院、河北省唐山市检察院、辽宁省盘锦市检察院、湖北省荆州市检察院、上海市浦东新区检察院等十多个检察系统兄弟院来本院参观交流。

(傅　强)

审判工作

【概况】 朝阳区人民法院是国家审判机关。年内,坚持为大局服务、为人民司法,以确保当事人打一个公正、明白、便捷、受尊重的官司为目标,切实履行审判职能,坚持工作机制创新,受理各类案件55998件,结案55281件,其中审结刑事案件3366件;审结民商事案件39250件;审结行政诉讼和行政非诉案件348件;执结案件12295件。在案件数量大幅上升的情况下,案件发改率同比下降了1.1个百分点,延续了近四年来发改率逐年下降的良好态势。被最高法院定为全国法院案件质量监督管理工作试点法院。荣获"全国法院思想宣传工作先进集体"、"首都文明单位"、"北京市思想政治工作优秀单位"等荣誉称号,涌现"全国优秀女法官"、一等功获得者姜春玲,"全国法院民事审判工作先进个人"陈晓东等先进个人;22个集体、86人次获108项国家级、市级、区级荣誉。

地址:朝阳公园南路甲2号

电话:65021021

邮编:100026

(范米多)

【不服交管部门限行处罚案】　1月13日(当日为星期二)16时17分许,原告张兴(男,43岁,首都经济贸易大学法学院教师)驾驶车牌号为京FH1259的小客车在东三环内环主路行驶。被告执勤民警发现张兴的驾驶行为后,即上前拦住该车。经核实驾驶员姓名后,民警告知其行为违反《道路交通安全法》第三十九条以及39号《通告》、《公告》的规定,依据《北京市实施<道路交通安全法>办法》第九十一条第(四)项的规定,拟对张兴的违法行为处以100元罚款的行政处罚。民警同时告知张兴其依法享有陈述和申辩的权利,但张兴未提出陈述和申辩。民警即当场制作本案被诉的处罚决定书,交由张兴签名后,将处罚决定书被处罚人联交付张兴。后张兴缴纳罚款,并针对上述处罚决定向朝阳区法院提起行政诉讼。原告认为市政府决定实施有关交通管理措施的通告不是规章,不能作为行政处罚的依据,没有法律或者法规规定北京市机动车应当按照车牌号限行,处罚没有法律法规依据;被告认为原告行为违反《道路交通安全法》和39号《通告》,但处罚依据是《北京市实施<道路交通安全法>办法》,二者不对应;限行是对原告车辆使用权的剥夺,涉及到对非国有财产的征收,不具有合法性,因此,请求法院撤销上述处罚决定。朝阳区法院经审理认为,按照39号《通告》和北京市公安局公安交通管理局于2008年12月24日发布的《公告》的规定,在2009年1月5日至2009年2月1日期间,车牌尾号为9的小客车限行范围为五环路以内道路(含五环路),限行时间为每周二6时至21时。原告无正当理由违反了上述关于机动车限行范围和限行时间的规定,因此被告依据《北京市实施<道路交通安全法>办法》第九十一条第(四)项的规定,对原告处以100元罚款,并无不当。9月14日,朝阳区法院依法判决维持被告北京市公安局公安交通管理局朝阳交通支队呼家楼大队于2009年1月13日对原告张兴作出的第056461003891号《公安交通管理简易程序处罚决定书》。一审宣判后,原告不服提起上诉,市第二中级人民法院审理后,于11月16日依法驳回上诉,维持原判。

(范米多)

【成立裁判文书校核办公室】　4月,经区机构编制委员会批复,正式设立裁判文书校核工作办公室,该机构成为全市法院系统首家由编办正式批复设立的裁判文书校核机构。领导职数为一正二副,工作职责为:负责裁判文书的校核工作,对校核范围内存在错误的裁判文书进行修改;负责归纳、总结校核工作中的相关问题并指导裁判文书工作;负责各庭专、兼职校核人员的业务管理、培训、考核和有关纪律教育工作。

(范米多)

【一次性餐具收费案】　4月11日,原告安新华(男,36岁,北京市忠慧律师事务所律师)与朋友共4人到被告北京市大食客饮食有限公司处就餐。结账后发现消费明细单上有餐位费6元,被告知系消毒餐具费。原告认为,被告就该消毒餐具收费问题未事先予以告知,侵犯了消费者的知情权。另根据相关法律规定,被告提供的餐具使用前必须进行消毒,故被告应依据规定免费提供洗净、消毒的餐具,该费用应由被告自行承担。故原告诉至朝阳区法院,要求被告退还已收取的消毒餐具费6元,并赔偿因交涉此事支出的通讯费20元、交通费10元。朝阳区法院经审理后认为,原告至被告处就餐,双方建立餐饮服务合同关系。在合同履行过程中,被告提供清洁餐具供顾客使用系其应有义务,但被告提供消毒餐具尤其是外购消毒餐具供顾客使用时能否收取一定费用,现行法律、法规并无明确依据,亦无禁止性规定。故消毒餐具费的收取事宜应属于原、被告之间自行约定的范畴,在双方对于消毒餐具费收取与否及收取标准有明确认知并且达成合意时,被告作为服务提供者,有权向原告收取该项费用。本案中,被告就收取消毒餐具费一节未向原告进行主动提示,而仅采取在餐具外包装上印制收费信息的被动方式进行提示,相关信息的字体又较小,此种方式不足以确保原告对该收费行为产生认知。故被告认为原告在未主动询问的情况下使用餐具即表明其认可收费的抗辩理由依据不足。现原告称其就餐时对于餐具收费并不知情,而被告未举证证明其已采取充分、有效之方式对原告进行了告知,故该院认定本案原、被告双方未就收取消毒餐具费一节达成合意,被告收取原告费用无合同依据,应予返还。原告另要求被告赔偿其因处理纠纷支出的通讯费及交通费,被告表示同意,法院不持异议。7月16日,朝阳区法院依法判决被告北京市大食客饮食有限公司向原告安新华退还消毒餐具费六元,支付通讯费补偿款二十元、交通费补偿款十元。一审宣判后,原、被告均未提出上诉。

(范米多)

【满文军妻子容留他人吸毒案】　5月18日22时许,被告人李俐(女,30岁,北京市人)为庆祝生日,预订工体CoCoBanana歌厅1号包房,容留毛赛男(女,38岁,另案处理)、王冰洋(女,32岁,另案处理)等多人吸食毒品,后被抓获归案,并当场起获摇头丸等毒品(经鉴定为3,4-亚甲基双氧甲基苯丙胺,净重2.19克;氯胺酮,净重0.76克)。朝阳区法院经审理认为,被告人李俐无视国法,在社会公众场所容留多人吸食毒品,其行为妨害了社会管理秩序,触犯了刑法,已构成容留他人吸毒罪,依法应予惩处。鉴于被告人李俐当庭自愿认罪,有一定悔罪表示,故该院对其酌予从轻处罚。8月3日,朝阳区法院依法做出判决,以容留他人吸毒罪判处被告人李俐有期徒刑一年,罚金人民币二千元。一审宣判后,被告人未提出上诉。

(范米多)

【建立新闻发布常态机制】 7月,建立新闻发布常态工作机制,即通过不定期召开新闻发布会或新闻通报会的方式,主动、准确、及时地介绍或通报法院工作的有关情况及社会公众普遍关注的热点问题,以此增强审判工作的公开透明度,增进人民群众对法院工作的理解和支持,切实体现"人民法官为人民"的主题要求。纳入不定期新闻发布或新闻通报的主要事项包括:社会广泛关注的热点案件,疑难、复杂、新类型案件的审理情况;在审判管理、队伍培养、法院建设等方面的新举措、新亮点、新机制;通过总结调研发现的审判工作中反映出来的社会问题及相应对策建议;推出的司法便民、司法利民的重要工作举措,以及其他需要发布的事项等。

(范米多)

【启动诉调对接工作机制】 8月,启动诉调对接工作。各人民法庭安排专职人员负责纠纷的立案前调解,聘请熟悉辖区情况、具有较高威望和丰富调解经验的人民陪审员、特邀调解员,以驻庭或轮值的方式接受委托进行调解。为推动这项工作深入开展,组织召开了系列主题论坛,邀请全国部分法院院长、专家、律师和特邀调解员,对诉调对接工作机制的构建与完善进行充分探讨和论证。年内,诉前化解纠纷9378件,同比上升4.8%。

(范米多)

【人民法庭开放日活动】 10月,出台《关于开展人民法庭开放日活动的规定》,明确法庭开放日活动的实施方式、活动内容和工作要求。法庭开放日原则上为每季度首月的最后一个周四,时间为半个工作日。活动形式分为通过邀请参加和接受预约两种方式。各法庭可根据情况确定各期开放日活动的主题,选择性地开展参观审判区、旁听案件审理、组织模拟法庭、组织参加升旗仪式、举办普法讲座等活动。开放日期间,参访人员应凭有效身份证件进入,自觉接受安全检查,佩戴统一制作的参访胸牌按指定路线在指定区域参加活动,旁听案件时应严格遵守《中华人民共和国人民法院法庭规则》。

(范米多)

【十大调解和解事件暨人物评选】 10月,与区委政法委在全区开展为期1个月的"十大调解和解事件暨人物"评选活动。评选通过《朝阳报》专版刊登候选事件和人物的主要情况及选票,向全区各基层组织和群众发放报纸53000份,通过中国法院网、朝阳有线电视台对候选事件和人物进行集中展示。收回选票17641张,根据得票数量排序,评选出"区法院在全国法院系统率先推出庭前调解三项制度"、"全国法院系统首个和解大厅在区法院双桥法庭落成"等朝阳区"十大调解和解事件"和著名法学教授江伟,全国优秀女法官姜春玲等"十大调解和解人物"。

(范米多)

【创新审判质量管理方式】 年内,建立由审判委员会、案件评查委员会和法官案件质量自律委员会构成的案件质量三级评查机制,突出法官在质量管理中的自主参与和自我管理。法官案件质量自律委员会召开评查会18次,评查案件912件,定错149件,有效提升评查工作的民主性、自律性和权威性。健全案件质量激励机制。向8位法官颁发首届"钟蔚莉审判质量奖"。

(范米多)

【法定审限内结案成效显现】 年内,各审判部门建立了较为系统的审判流程登记审批制度,对可能导致审理期间延长的程序性事项,实现启动有审批、起算有登记、恢复有督促、违规有审查。审判监督庭通过配套检查机制,采取案件抽查、信息系统核对等方式对相关指标进行检查和考核。在审结的民商事案件中,扣除审限案件7444件,同比下降33.7%。

(范米多)

【集中清理执行积案工作】 年内,经过11个月的艰苦努力,纳入集中清理执行积案范围的8588件执行积案全部结案,结案标的额17.65亿元。清理执行积案过程中,法院执行信访数量大幅度减少,未发生一例越级访、群体访事件,初步构建符合朝阳区情的执行工作长效机制。清理积案工作经验和成效受到中央检查组的高度评价。

(范米多)

【便民利民举措】 年内,在立案大厅设置导诉台,为当事人立案、查询信息、联系法官提供帮助。在全市法院率先开通《人民法院报》公告送达直接录入系统,减轻当事人诉累,缩短公告刊登周期。首次开通房屋信息查询与冻结直接录入系统,为当事人提供便捷、高效的服务。增设温榆河法庭、王四营法庭、亚运村法庭3个立案点,实现7个派出法庭全部就近立案。制作法庭路线图、便民联系卡,为当事人诉讼提供便利。

（范米多）

司法行政工作

【概况】 朝阳区司法局是区政府主管本区司法行政工作的职能部门。年内，圆满完成全系统承担的“三保”和国庆安保任务，实现了所管社区服刑、刑释解教人员无脱管、无漏管、无重新犯罪、无影响国庆安全事件的“四无”佳绩和民事纠纷激化为刑事案件、群体性事件0指标。

地址：六里屯西里5号

电话：65025495

邮编：100026

（陈　昕）

【人民调解工作】 年内，依托街乡司法所、社区法律服务室、律师、专业性调解组织和基层人民调解委员会“五位一体”的排查调处网络，完善人民调解与治安行政调解、物业纠纷调解、劳动纠纷调解、诉前调解的联动机制，提高对矛盾纠纷的发现力、预警力和化解力。全区各级各类调解组织共调处各类纠纷58160件，是去年同期的1.6倍；调解成功55641件，是去年同期的1.7倍；成功率为96%。防止矛盾激化240件，其中防止群体性上访事件174件。

（杨积钢）

【社区矫正工作】 年内，全区累计接收社区服刑人员3084人，管理刑释解教人员2925人，重新犯罪率控制在1%以下。

（张　艳）

【法制宣传工作】 年内，以落实“五五”普法规划为主线，以“法律六进”为载体，通过开办《与法同行》栏目，编印《生活与法》、《“五五”普法法律法规汇编》、《朝阳区法制宣传系列连环画》等近30万册法律图书等形式，实现“桌上有书、报上有字、广播有声、电视有影、网上有页、橱窗有画、手机有短信及培训有学校、活动有场所”的“九有”目标，在全区构建全方位、立体化的法制宣传教育网络。

（张　静）

【律师工作】 年内，区政府法律顾问团律师参与区领导信访接待90次，接待信访群众498批次4175人次，其中集体访380批3420人次；就区内7项重大涉法事务，无偿提供20次法律论证；参与化解了世贸天阶、将台七彩大世界、东湖伊士顿酒店劳务纠纷等一批重大矛盾。

（曹　宏）

【法律援助民生工程】 年内，认真贯彻北京市《法律援助条例》，进一步放宽法律援助条件和范围，将特困企业职工、返乡农民工、生活困难的被征地农民以及新失业人员等，纳入重点援助范围。全年办理各类法律援助案件1850件，其中民事案件896件，涉及农民工的案件669件；刑事案件954件。代写法律文书3500余份，解答法律咨询28648人次。

（鲍春明）

交通管理工作

【概况】 北京市公安局公安交通管理局朝阳交通支队对朝阳区道路交通依法实施管理。年内，接警553562起，回访204896万起，群众满意率为90%；利用电视监控系统直接发现问题19659起，其中交通事故9672起，车辆故障3895起，交通拥堵5420起，其他672起；各级指挥领导上路18250人次，发布指挥调度令438000万余次，上报路况信息14600条。开展夜查“酒后”专项行动120余次，全年处罚酒后驾车违法行为14680起，较上年减少了9%；行政拘留醉酒驾车司机837名，拘留非司机驾车1223名；现场处罚闯红灯违法行为17589起，较上年减少20%；处罚“涉牌”违法40059起，较上年增加25%；扣留非法“摩的”、正三轮摩托车、人力三轮车共31185辆，较上年增加7%；处罚货车违法行为30.3万起，较上年增加24%。全年执法总量为135.5万起，其中非现场执法处罚总量为63.2万起，占全年执法总量的47%，现场执法处罚总量72.3万起，比上年的54.9万起增加32%；非现场执法处罚总量比上年的0.94亿元增加11%。管界发生交通事故62265次，伤377人，亡178人，与上年度比，次数上升27.8%，受伤人数上升9.7%，死亡人数上升6%，死亡人数比控制指标增加10人，在事故总数中，快速处理61881起，占99.4%；一般程序处理384起，占0.6%。发生交通宣传事故24次、伤9人、亡20人，与上年度比伤、亡分别上升33.3%、17.6%。死亡人数比控制指标减少26人。全力破获交通事故逃逸案件，其中死亡事故22起破20起；伤人事故30起破26起；财损事故11起破10起。网上破获追逃案件11起。完成交通警卫任务2517次，其中一级勤务215次，二级勤务590次，三级勤务1712次，共出动警力70664万余人次，警车59428辆。组织开展交通安全各类主题宣传活动21次，发放各类宣传材料、宣传品25万余份，受教育人数达165万余人次；在广播、电视、报刊等媒体刊播稿件796余篇。制定设施改造和道路优化方案320个，安装路口信号灯18处；做路口工程改造35处；安装各类护栏22000米；安装各类交通标志721套，其中禁令标志32套，警告标志

107 套,指路标志 170 套,指示标志 412 套;施划、复化道路标线 35200 米;打桩 1240 根;增设公交港湾 2 处;安装黄闪灯 4 处;安装减速道牙 212 处;增设反光消能桶 132 个;调整信号灯配时 159 次;检查报修交通设施 95 次。审批占路施工项目 470 处,审批道路施工量在全局排名第一。办理货运通行证 4925 张,较上年增加 65.7%;办理危化品运输证 82 张,较上年增加 8%,办证车辆未发生一起重大交通事故和严重交通违法行为。办理外埠通行证 1710 张;办理驾驶证审验手续 5 万余件,换证 11 万余个。

地址:广渠路 21 号

电话:68399501

邮编:100124

(吴晓萌)

【破获"11·26"交通肇事逃逸案】 3 月 11 日下午,经过朝阳支队事故办案民警和当地警方的共同努力,在山西省长治市襄垣县郊区,将"11·26"重大交通肇事逃逸犯罪嫌疑人高立权抓捕归案。在上年 11 月 26 日 15 时 30 分,来广营北路奶子房加油站路口处,发生一起死亡事故。事故后肇事车辆逃逸。经前期大量工作,确定河南省信阳人高立权有重大交通肇事嫌疑,根据掌握的证据,于本年 1 月对其进行上网通缉。2 月 24 日,朝阳支队事故科由副科长伊光旭、民警崔文国、胡爱国组成三人抓捕小组,赶赴高立权原籍河南省信阳市开展抓捕工作。经过十余天的艰苦摸排得知,高立权及其妻子可能在山西省长治郊区。抓捕小组的三名同志不辞辛劳,立即驱车赶赴山西省长治市开展调查工作。在当地警方的大力配合下,经过缜密侦查,终于在山西省长治市襄垣县找到高立权的行踪。3 月 11 日晚上,经过 5 天蹲守,终于将犯罪嫌疑人高立权抓获,对肇事事实供认不讳。第二天一早,将肇事车辆起获。3 月 13 日,高立权被押回北京。

(吴晓萌)

【当天破获交通肇事逃逸案】 7 月 3 日零时 55 分许,在东坝乡东坝家园东侧,一辆由西向东行驶的机动车将河北省大城县南赵扶镇大流漂村人李庆功撞出,造成李庆功当场死亡,肇事车辆逃逸。接警后,朝阳支队事故办案民警立即赶往现场勘查。根据现场情况,朝阳支队分成两个小组开展工作,一组在现场周边进行调查走访,以获取有价值的线索,另一组赶往相关单位调取事发时的现场录像。根据各调查小组反馈回来的信息和调取案发时段的监控录像,确定肇事车型为一辆白色三厢轿车,但无法确定车号。经对照分析,该车逃逸方向应该是从事发现场直行向东,到一个路口左转向北之后进入一条岔路消失。按照此路线再进行分析,肇事车辆藏匿在东坝乡东坝大街周边农村一带的可能性非常大。办案人员根据该地区人口密集的特点,一方面联系新闻单位,通过多种途径发布协查通报;另一方面深入村内开展宣传声势,边走访边排查。7 月 3 日下午 6 时,就在办案民警全力调查时,肇事司机张欢迫于压力在其父亲的带领下到机场大队投案。办案人员在东坝乡东坝大街一个出租房密闭车场内将肇事车起获。历时 17 个小时的"7·03"重大交通肇事逃逸案告破。

(吴晓萌)

【治理交通安全隐患】 年内,组织专项力量开展交通安全隐患排查工作,重点抓好安全隐患治理工作的落实。对全区存在安全隐患的 101 处非灯控路口分步实施治理。其中,19 处市属道路的路口报请本局完善,56 处区属道路、街乡道路的路口报请区政府划拨专项资金完善,26 处属于开发商代征代建未交付市政道路的路口协调区建委责令开发商尽快解决。对全区 118 处交通安全隐患地点分类挂账实施治理。

(吴晓萌)

【开展国庆安保培训工作】 年内,为提高广大干部民警警务技能,确保国庆交通安全,按照市局及交管局培训工作整体部署,本着"贴近实战、积累经验、强化技能"的原则,充分考虑国庆安保中可能发生的各类问题,加大培训练兵力度,培训达 2000 余人次。

(吴晓萌)

【强化交通秩序管理】 年内,加大对"四类严重违法行为"、"四种车"的整治力度。坚持"高压线"、"零容忍",用足"罚、扣、拘"等强制措施,营造严管态势。结合管界内工体、三里屯酒吧等娱乐场所周边道路,合理安排岗位,进一步强化对酒后开车、非司机驾驶等重点违法行为的严格管理,会同有关部门成立联合整顿组,对摩的、车辆非法停车、占用公交车道、摆摊售货、兜售物品、散发小广告等行为开展联合打击。研究确定相应执法常量值,采取每天通报、每周评比等措施加大考核评比力度。

(吴晓萌)

【加强拥堵治理】 年内,与路政、运管等部门建立联动机制,开展全区道路普查、规范交通工程设置工作,加强动态排查治理。广泛收集代表提案、群众信访、邮件、122 报警信息,对反映的重点拥堵路段、秩序混乱集中点段的形成原因进行深入细致的研究分析,最终确定治理方案。通过采取有效治理措施,达到事故黑点无事故、秩序乱点井然有序、交通堵点安全畅通的工作目标。

(吴晓萌)

【交通安全宣传】　年内，开展“五进”活动，组织单位法人、交通安全管理干部及驾驶人集中办班教育，通过观看宣传光盘、挂图等形式，重点宣传“遵守限行管理规定”、“遵守信号”、“路口减速”、“礼让斑马线”等文明交通行为，强化交通参与者文明、守法的自觉性。深入各专业运输企业，采取“讲一次安全课”、“开一次座谈会”等方式，重点宣传防范爆胎、杜绝疲劳驾驶等安全知识，确保行车安全。依托车友会、汽车俱乐部等社团组织，成立私车交通安全服务中心、外籍驾驶员交通安全委员会，建立私家车交通安全服务网站和定期信息沟通机制，组织开展网上守法承诺、交通安全知识竞赛、驾驶技能培训等宣传教育活动。

（吴晓萌）

【队伍建设】　年内，紧紧围绕“平安北京交通，微笑北京交警”总体目标，强化队伍管理、强化国庆安保培训、强化和谐警营建设，不断提高队伍整体素质，为全年各项工作打下坚实基础。有1个集体荣立二等功、4个集体荣立三等功；2名民警荣立个人二等功、135名民警荣立个人三等功、424名民警荣获局嘉奖，168名民警被评定为优秀公务员。为群众做好事2532件，收到感谢信102封、锦旗88面。

（吴晓萌）

军　　事

人民武装

【概况】　中国人民解放军北京市朝阳区人民武装部（简称区武装部），负责朝阳区的军事工作，受北京卫戍区和中共朝阳区委、朝阳区政府的双重领导，既是朝阳区委的军事部，又是朝阳区政府的兵役机关，部内设军事、政工、后勤3个科。年内，完善战备工作的各种方案，完成民兵整组、民兵军事训练和民兵应急分队建设、国防动员、年度征兵任务，完成建国60周年国庆阅兵女民兵方队的受阅任务和国庆期间民兵参与看桥护路任务。开展全民国防教育，组织形势报告会35场，协调驻区部队参加地方各项建设和防汛抢险及绿化美化环境整治工作，协调地方政府为部队排忧解难。女民兵方队受到中央军委主席胡锦涛的通令嘉奖，区武装部被北京军区荣记集体二等功，被市政府、北京卫戍区评为先进人武部，被市国庆社会治安与安全警卫指挥部、“国庆平安行动”指挥协调小组评为先进单位，获区国庆筹办工作先进单位、最佳组织奖、最佳服务保障奖。女民兵方队受到市政府、北京卫戍区的通令嘉奖，获朝阳区特殊贡献奖。部长李彦田、副部长邵洪刚被北京军区荣记二等功、参谋司文彬、总教练张震被北京卫戍区荣记二等功。

地址：麦子店正街80号

邮编：100125

电话：65021043

（黄　磊　李玉国）

【民兵整组工作】　3月至5月，在采取“属地编、单独编、行业（系统）编”三种编组方式的基础上，对全区民兵组织的编制、结构和布局进行整组。由于部分国有大中型企业搬迁、改制、合并以及人员分流等原因，按照哪里有“兵”就在哪里编组的原则，调整民兵布局，在有党的组织，经营比较稳定、适龄人数比较多的新型企业和驻区大专院校建立民兵组织。组建第三支民兵应急分并队，43个街道、地区都建立50人的应急分队。4月下旬，对民兵应急分队组织检查验收，基干民兵点验以营（连）为单位进行，到点率在90%以上。

（黄　磊　李玉国）

【民兵军事训练】　4月28至29日，采取集中授课，专家辅导、专题研讨、参观见学等方法，对全区43个街乡，25个企业，17所高校的武装部长进行业务培训，集训采取授课辅导与讨论发言相结合、室内科目与室外科目相结合的方法，系统地学习《大国战略与军事竞争》、《我国周边安全形势》、《新时期我国后备力量建设使命及现状》、《民兵反恐研究》、《兵员动员研究》、《城市防空袭的组织与指挥》、《民兵参与非战争行动》、《民兵三个作用的发挥》、《兵员动员的组织与实施》、《重要经济目标防护》、《国际安全环境与安全战略》、《恐怖主义威胁与国家安全》、《基层人武部建设》、《新时期民兵建设》《民兵参与平安建设》、《兵员动员研究》等方面内容，达到了“提高认识、熟悉业务、开阔眼界、明确任务、增强信心”的预期目的。2月和9月，针对全国“两会”和国庆安保的要求，分两批对执勤民兵进行看桥护路骨干的培训，共有230人参加训练，培训内容为看桥护路的职责任务、对可疑人员的盘查时机和地点的选择、盘查的方法和策略、现场情况的处置方法、疏导交通、对发生无理取闹情况的处理、对醉酒人员或精神病人的处置、发现易燃易爆危险品的处理、防寒中暑急救、遇有情况的请示报告等内容。

(黄　磊　李玉国)

【战备工作落实】 年内,加强信息侦察,发挥民兵辐射面广的优势,加强信息采集,加强对敏感部位、热点地区的情报侦察,完成卫戍区赋予的情报侦察任务。修改完善作战、动员、维稳、抢险救灾等15种战备方案,加强战备值班和民兵应急分队的战备演练。在元旦、春节、"两会"、"国庆"等节日和重要敏感期,组织进行战备教育,安排5个单位,不少于250人的战备值班分队,随时应对突发事件。高标准完成战备值班任务。特别是接到央视新楼发生火情后,我们一边向卫戍区报告,一边指导呼家楼、建外街道民兵组织疏散群众,同时,以最快的速度赶到京广中心,加入市、区两级指挥组。

(黄　磊　李玉国)

【民兵应急分队建设】 年内,着眼未来军事斗争准备和维护首都安全稳定的需要,发挥民兵应急分队平时能应急,战时能应战的特点,在加强高碑店、八里庄民兵应急分队的基础上,投入100万元建立了奥运村、亚运村、大屯民兵应急分队。目前,三支区属民兵应急分队共有队员400人,配备机动车辆和防暴器材,在维护社会稳定,打击不法分子等方面发挥了重要作用,在建国60周年国庆阅兵中成为一支维护社会稳定的重要机动力量。

(黄　磊　李玉国)

【年度防汛】 年内,及时调整民兵和驻区部队防汛指挥部领导成员,进一步完善了防汛方案,召开了驻区部队和民兵防汛工作任务部署会,组织进行防汛演练。我区防汛抢险队由7400人组成,其中,驻区解放军部队600人,武警部队1600人,民兵5200人。编为3个梯队和1个预备队。

(黄　磊　李玉国)

【武器装备管理】 年内,加强基础设施建设,对训练基地的仓库电网、监控系统和铁丝网进行检修加固,对炮库存放的的高炮、高机进行全面擦拭保养,更新仓库部分消防器材。加强对库管人员的教育管理,坚持每周政治学习和业务学习制度,提高库管人员的政治素质和业务素质,武器装备管理连续43年无事故。

(黄　磊　李玉国)

【国防动员】 年内,完成512名军队转业干部和415名退伍士兵的预备役登记工作并按时上报各种数据。4月份与区教委对全区高级中学学生军训情况进行普查。抓了军地专业对口登记工作,进一步夯实兵员动员基础。

(黄　磊　李玉国)

【征兵任务】 9月开始,先后进行兵役登记、街乡摸底会、征兵集中宣传、征兵领导小组会、征兵动员大会和欢送新兵入伍大会等工作,为征兵工作顺利展开打下良好基础。征兵工作正式开始后,各单位加大宣传工作力度,10月26日,区征兵办组织受阅女民兵队员在大屯街道进行征兵宣传,中央和本市的新闻单位对本区征兵宣传工作进行宣传报道,在社会上产生很大的反响,出现踊跃报名参军的热潮,圆满完成465名新兵(其中女兵50名)征集任务,未出现一起因身体和政审原因退兵的问题。

(黄　磊　李玉国)

【民兵看桥护路任务】 年内,圆满完成市、卫戍区赋予本区民兵在全国"两会"期间对辖区内的27处地点担负定点守护和治安查控任务。其中:立交桥6座,过街天桥19座。根据桥梁的大小及复杂程度,每处设置1至2个哨位,按照每个哨位部署民兵2人的标准,25处桥梁设置27个哨位,按照三个班次计算,组织民兵162人,从3月1日7时至3月20日22时上岗执勤。在建国60周年庆典期间,对辖区二、三环路及参阅部队行车路线涉及的桥梁、地下通道和外围执行治安查堵任务,全区民兵看护的重点部位81处,组织动员民兵656人参与看桥护路任务。从9月15日至10月8日,对道路桥梁实行24小时全时看护执勤。

(黄　磊　李玉国)

【国庆阅兵女民兵方队受阅】 3月21日,女民兵方队正式进驻昌平沙河阅兵村,认真拟制《落实阅兵村正规化管理若干规定实施细则》,规范管理秩序,狠抓管理工作的落实,促进方队的作风养成,促进队员由民到兵的转变。女民兵的训练成绩得到上级的充分肯定。7月17日,军委领导在阅兵村检查工作时,点名表扬女民兵方队。8月20日,中央军委主席胡锦涛到通州区阅兵村检查第四次地空合练情况时,亲切接见方队第一排面的队员。10月1日,女民兵方队以高昂的士气、严整的军容、铿锵的步伐展示了新一代女民兵风采,正式接受党和全国人民的检阅,为北京市和本区赢得了新的荣誉。市政府、北京卫戍区通报表彰女民兵方队,107人荣立三等功,105人加入中国共产党。

(黄　磊　李玉国)

【国防教育】 年内,加强对各级领导和民兵骨干的国防教育,积极协调军事专家教授开展形势讲座,组织形势报告会33场,各级领导到部队过军事日21次,组织文艺演出30场,有效增强了他们的国防观念。结合建国六十周年国庆及阅兵活动,组织了一系列的国防教育宣传活动,8次协调国防大学和军事科学专家教授到街乡、企业讲授国防形势;6月初,与区教委、文明办、双拥办组织全区第八届"幼儿国防教育小课堂"文艺汇演;9月,与双拥办共同开展"热爱祖国,情系国防"主题国防教育宣传活动,在全区4000余块"国防教育神州行"公益广告牌上刊登爱国主义和国防教育内容的宣传画,在全区营造浓厚的爱国拥军氛围。继续推广八里庄利用人防工事开展国防教育的经验。至年底,全区利用地下人防工事改建的国防教育基地已达9处,拓展了国防教育的平台。

(黄 磊 李玉国)

【民兵政治教育】 年内,及时下发了民兵政治教育教材和民兵之歌,结合民兵组织调整和集中训练,安排落实政治教育内容。广泛开展学刊、用刊活动,进行职能任务、形势政策、爱国主义、遵纪守法以及相信科学、破除迷信等教育,进一步提高了民兵的政治素质,继续加大宣传报道力度,全年在各种报刊、杂志、电台、电视台刊搞43篇。

(黄 磊 李玉国)

【桥梁纽带作用】 年内,组织各基层武装部积极与驻地部队协调,支援各街乡绿化植树和环境整治工作。驻区部队共出动官兵1000余人次,车辆300台次,植树11万株,整治道路及社区环境20万平方米。协调驻区部队领导与50多名特困残疾人家庭结成"一助一"帮扶对子,为残疾人解难题、做好事110件。协调各级党委、政府和职能部门开展拥军优属活动,协调安置随军家属22名,其中卫戍区随军家属15名,为部队干部联系安置子女入学入托26人。认真落实北京卫戍区《关于由人武部协调北京市各区县做好协调安置工作的意见》,圆满完成分配本区的11名卫戍区转业干部的工作安置任务。

(黄 磊 李玉国)

【后勤管理】 年内,组织专人对现有公用物品进行了全面清查,统计登记造册,纳入正规化管理渠道,并实行专人负责,较好地堵塞了物资流失损失的现象。在车辆、油料使用上,实行了专车、专卡、专人负责,统一管理采取了"定点式"修车方法,节约了经费,全年累计行驶25万公里,安全无事故。

(黄 磊 李玉国)

人民防空

【概况】 朝阳区民防局是区国防动员委员会常设机构,也是区政府主管人民防空工作的职能部门。

地址:甜水园东街7号院

电话:65851257

邮编:100026

(邱云波)

【人防工程整治】 年初,组织全区59处未经许可擅自使用人防工程用于人员住宿的产权单位、管理单位、使用单位(个人)召开安全工作会议,要求各工程产权单位和管理单位加强管理,限期改正违法行为。3月,组织开展全区人防工程消防安全大检查,对未经许可使用人防工程、改造人防工程、改变审批用途、安全通道不畅通、消防设施不达标、使用火源性器具等安全隐患376处(区属201处、中直175处)人防工程进行重点治理。擅自使用用于人员住宿的关停24处,办公、仓库及其它用途关停12处,立案调查或正在督促整改的74处。对短期难以改正的用于人员住宿的39处(经本局督办已关停4处)区属人防工程及存在安全隐患的175处中直、国家、军队机关单位的工程,上报区政府及移送区防火安全委员会,联合部门力量治理安全隐患;对中直机关、国家机关、军队机关涉及的175处人防工程,以《关于加强人防工程安全管理函》的方式送达中直机关人防办、中央国家机关人防办和军队相关产权单位,由其督促产权单位、管理单位加强人防工程安全管理,采取有效措施,及时消除隐患,确保人防工程安全使用。8月上旬,对广渠路九龙山家园人防汽车库擅自改建的100余间小房间,按照《中国人民防空法》第九条之规定,依法向当事人下达责令停止施工通知,恢复人防工程原状。当事人于8月12日开始自行拆除违建房间。

(邱云波)

【领导检查调研】 2月25日,市民防局副局长宗绪盛到朝阳公园及望京宣教中心查看3·1国际民防日宣传活动场地。2月27日,军委办公厅、国家人防办领导等一行15人到朝阳公园及望京宣教中心考察国际民防日宣传准备情况。5月6日,市民防局局长李长栓到128指挥所检查工作。6月10日,区长程连元、副区长赵全保陪同市交通局及市市政管委领导到区民防局调研工作,并参观128工程。6月22日,赵全保到望京中福百货检查防汛工作,实地观看防汛物资储备及商场消防中控室运转情况。6月23日,市民防局纪检组长带队到区民防局听取半年工作总结、准军事化建设及"平安北京"行动相关情况汇报,重点询问本区在人防工程安全管理、开发利用、行政许可等方面采取的措施,对下一阶段工作提出了要求。9月7日,市民防局局长李长栓、副局长黄杨陪同内蒙古自治区人防系统一行25人考察望京宣教中心。10月24日,国家人防办副主任李杨组织国家人防重点城市建设专题研究班,参观考察望京街道民防应急指挥宣教中心,体验4D环幕影院、烟道逃生、人机对答等互动项目,对区民防应急指挥宣教中心建设工作给予充分肯定。

(邱云波)

【国际民防日】 3月1日,由民政部、国家人防办和市政府主办,市民防局、市民政局和区政府承办的我国首届"国际民防日"社会宣传活动在朝阳公园举办。活动以"关注民防、平安生话"为主题,现场展示来自民防、医疗急救、消防、交通、公安等领域最尖端的设备近40台,包括悍马H2型应急指挥车,参与扑救央视大火的68米高架云梯车,带有手术室的大型急救车,可供10万人次用餐的超大型餐车等首次与普通市民近距离接触。中央军委委员、国务委员兼国防部长梁光烈、国家民政部部长李学举、国家人防办主任戚建国及市长郭金龙等领导出席活动并讲话。与会领导对区民防应急工作给予高度评价,人民日报、新华社、中央电视台、北京日报、北京电视台等近20家新闻媒体进行跟踪报道。

(邱云波)

【宣传教育】 4月29日,对建外、小关、望京和八里庄4个被评为"北京市防震减灾科普教育基地"称号的街道宣教中心,进行授牌仪式。5月5日,聘请国家地震局原副局长何永年,在安贞街道举办《普及地震知识,科学应对灾害》知识讲座。5月8日,区"防灾减灾日"主题宣传周启动仪式在朝阳公园南门举行,向居民发放了《居民防灾知识手册》、《公众地震避险要决》、防空防灾知识扑克及各种宣传折页2000余份,设立咨询台,回答社区居民提出的问题。6月23日至26日,举办在用人防工程安全管理培训班,500余人参加培训。9月18日,会同劲松街道在劲松沙板庄小学组织"灾害无情须防范,安全疏散保平安"公共安全教育实践宣传活动,通过公共安全宣传活动进学校,达到"教育一个学生,带动一个家庭"的目的。11月18日,会同六里屯街道办事处在朝阳区"公园5号工地"开展公共安全知识进工地宣传教育活动,发放各类宣传材料1400余份。11月24日,会同安贞街道办事处,在安贞里社区组织开展"安全知识进社区"宣传活动,现场展出"人民防空知识"、"防灾避险知识"和"社区安全知识"三大主题宣传展板21块,为社区居民发放宣传资料4000余份,提高社区居民应对突发安全事件的处理能力。

(邱云波)

【防灾减灾】 6月4日,召开关于建立区人防工程防汛物资储备点工作会议,传达市、区两级政府及民防局年度防汛工作有关精神,下发《朝阳区人防工程防汛物资储备协议书》,同与会单位达成物资储备点建设协议。组织日坛中学68名学生参观望京宣传教育中心,同时体验4D环幕影院、烟道逃生等互动培训项目

(邱云波)

【通信警报】 6月,对全区防空警报器进行拉网式检查,对62台电声警报器加配设备,实施升级改造。确保本区五环路以内范围警报鸣放全覆盖。

(邱云波)

【国庆保障】 8月5日,市民防局国庆平安行动检查组、区民防局工作人员和建外街道办事处,对本区长安街沿线三处用于人员住宿的人防工程进行检查,重点检查防火安全情况。提出两个确保:一是确保国庆阅兵期间人防工程的安全;二是确保阅兵车辆和人员的安全。9月,分片组织全区各街道地区办事处人防主管部门,社区干部,人防工程产权、管理、使用单位(个人)召开防控工作会议,传达市、区政府国庆平安工作精神,部署全区人防工程国庆实战严控阶段防控工作。重点做好长安街沿线、国庆活动场所、公园周边200米范围以及市级防控区域内防控工作,确保国庆期间绝对安全。印制各类责任书8000份,与全区人防工程产权(管理)、使用单位明确管理责任;印制《国庆期间人防汽车库停车证》6000份,下发重点防控区域5882个车主。全部关停擅自使用工程;全部暂停审批手续不齐全和存在安全隐患工程;落实人防汽车库防恐措施,严格车辆、人员、物品排查,禁止社会流动车辆过夜停车,小区车辆须凭证进入。落实租住人员信息登记和身份证登记制度,强化"只出不进"措施。9月,分片组织召开各街道、地区办事处武装部长会议,传达市民防局"国庆平安行动"人防工程安全管理战时严控阶段工作会议精神,对本区人防工程国庆严控阶段各项工作进行部署。

(邱云波)

【处置早期人防工程】 年内,完成三丰里胡同朝八干线回填工作,回填面积276平方米;处置朝阳区酒仙桥四街坊10号楼抢险工作;圆满解决劲松三区早期人防工程渗漏水险情及朝外街道雅宝里7号楼人防工程进水问题。

(邱云波)

【行政执法】 年内,制定《人防工程安全生产执法与治理实施方案》,截止10月底,先后出动2.7万人次、1500余车次,对人防工程进

行全面检查,下发各类法律文书606份,其中责令停止使用通知书254份,责令限期改正通知书147份,责令暂停使用限期改正通知书146份,行政处罚决定书59份;接受违法案件258起,立案258起,其中责令限期改正84起,暂停使用12起,责令停止使用103起,处罚59起。收缴罚金人民币18.2万元。

(邱云波)

工商 贸易 旅游

工 业

【概况】 朝阳区发展改革委员会是负责研究提出全区经济发展战略、政策,进行综合平衡,指导本区总体经济体制改革工作的区政府组成组成部门。年内,实现地区生产总值2380.4亿元,同比增长12.5%。其中,第一产业实现增加值1.4亿元,同比下降1.5%;第二产业实现增加值265.6亿元,同比增长9.1%;第三产业实现增加值2113.4亿元,同比增长13.0%。三次产业比重为0.06∶11.16∶88.78。工业在新增大型工业企业带动下较快增长,全年实现增加值195.3亿元,同比增长9.8%,占第二产业增加值的73.5%,高于第二产业增速0.7个百分点。1-12月全区规模以上工业企业实现总产值826亿元,同比增长23.8%,主营业务收入879.28亿元,同比增长22.98%,实现利润总额22.24亿元,同比下降11.79%。

地址:广渠路21号
电话:65015466
邮编:100124

(陈 珊)

【打造中国"移动谷"】 7月24日,中国"移动谷"新移动通信产业战略合作签约仪式在望京科技创业园举行。会上,发布中国"移动谷"建设战略构想,本区分别与中国移动通信集团北京有限公司和TD产业联盟签署战略合作协议,就打造中国"移动谷",推进TD技术在电子政务和社会信息化方面的应用、加强TD产业链企业互动等方面开展深度合作。中国"移动谷"项目是本区重点打造的无线通信产业区域建设项目,计划以3G产业为突破口,在电子城科技园打造中国"移动谷",汇聚无线通信产业的企业总部、研发中心、新技术服务中心等高科技产业群,打造中国"移动谷"无线通信产业核心区域。

(陈 珊)

【产业发展】 年内,本区工业涉及33个行业,排名前三位的行业是煤炭开采和洗选业,以及通信设备、计算机及其他电子设备制造业,全年实现工业总产值(现价)366.47亿元,同比增长12.7%,占全区工业总产值的44.37%。多年来一直位居第一支柱行业的通信设备、计算机及其他电子设备制造业,由于受国际金融危机冲击,产品订单减少,出厂价格不断下调的影响,由第一位降为第三位,全年累计实现工业总产值98.1亿元,同比减少36亿元,下降27%。煤炭开采和洗选业成为区域工业的第一大行业,全年累计实现工业总产值159.0亿元,同比增加20.8亿元,增长15.1%。

(陈 珊)

【园区建设】 年内,电子城功能区提出"百个项目保增长、六项措施保增收",园区管委会通过规划引导、环境促进、项目推进、平台建设、政策保障、服务协调六项措施,实现园区全年总收入1010亿元,实现利润总额100亿元,实缴税费总额50亿元,认定登记技术合同成交总金额50.6亿元,区级财政收入19.16亿元,为区域经济发展做出突出贡献。园区各项建设加快发展,北扩一期202公顷控规获批复,ABB三期等项目竣工,中国电信、施耐德电气、恒基伟业等22家企业签约入驻园区。IT产业园市政工程改造完工,北电网络三期、爱立信二期市政工程建设加快推进。相继启动驼房营路、康乐路等9条、全长10.5公里的道路建设。建立高新认定"部门、中介、企业"三方联动机制,全年组织申报并通过认定国家高新技术企业、认定中关村高新技术企业、换证核发企业1233家。搭建银企合作、院企交流、人才服务、成果转化等专业服务平台,提供就业岗位

1780个。对重点企业实行“一企一策”，深入企业送政策、问需求、解难题，使政策方向与企业需求实现“无缝对接”。

（陈　珊）

【产业结构调整】　年内，大力发展高新技术产业、现代服务业、文化创意产业和金融业，四大产业成为带动全区经济增长的主要动力。三次产业结构由上年的0.1∶13.6∶86.3变化为0.06∶11.16∶88.78。第一产业全部退出商品粮生产，向观光休闲农业、精品农业、绿色产业方向发展；第二产业增加值保持稳定，电子信息、生物医药等高新技术产业稳步提升；第三产业首次突破2000亿元，对经济增长的贡献率达到84.5%，在经济发展中主导地位加强。重点加大科技成果转化促进力度，制定《加快高新技术产业发展的实施意见》，提出发展新移动通信、新生物医药、新能源产业，优化提升实体经济核心竞争力总体思路，与中国移动、中科院生物物理研究所、中材国际等建立战略合作关系，推进“中国移动谷”等重大项目建设，带动电子城园区产业结构优化升级。电子城北扩区域先期202公顷控规已获批复。大望京土地储备完成后，利用其与中关村园区相呼应，同时连接CBD功能区和电子城功能区地理优势，提出打造国际科技商务中心的规划思路，努力形成与中关村科技研发、电子城科技制造相互联动的首都三大科技板块。

（陈　珊）

【帮扶企业应对国际金融危机】
年内，面对国际金融危机给企业带来的冲击，加大政策支持、强化主动联系为重点，优化发展环境，在环境建设、绿化美化、城市运行管理、社会事业和改善民生等方面，营造良好的区域发展环境。成立帮扶企业协调领导小组、经济运行调度小组，围绕市政府帮扶企业29条措施，制定出台帮扶工作政策，提出了具体帮扶措施。建立区领导、各部门、各街乡与重点企业定期联系制度和帮扶工作台帐，通过每周定期调度、每月定期分析、组织召开专题会等方式，及时把握企业经营状况，协调解决企业发展难题1400余个，为企业争取市级帮扶资金16.6亿元。建立重大投资项目绿色审批通道机制，促进重大项目的尽快落地。简化审批程序，全面推进网上审批，提高政府办事效率，取消审批事项83项，3日内完成审批的项目达到60%以上。

（陈　珊）

【企业技术改造】　年内，全区核准、备案工业企业投资、技改项目54个，项目以电子信息、生物医药、通信设备等高技术产业及都市工业投资、技术改造为主，总投资额33.5亿元。

（陈　珊）

【高新技术企业通过市级认定】
年内，全区开展高新技术企业认定工作，218家高新技术企业通过市科委组织的专家评审。其中，电子城科技园区企业126家、园区外企业92家。按技术领域划分，电子信息技术企业96家、生物与新医药技术企业16家、新能源及节能技术企业13家、高技术改造传统产业企业34家、高技术服务业企业29家、资源与环境技术企业14家、新材料技术企业15家、航空航天技术企业1家。

（陈　珊）

【列入国家重点新产品计划】　年内，本区企业北京华大信安科技有限公司的“椭圆曲线密码算法芯片ISECMM1256B”项目、北京国中伟业科技有限公司的“TD－SCDMA特色业务平台”项目、北京绿茵天地体育产业股份有限公司的“复合橡胶跑道”项目、北京华东电气股份有限公司的“LW50－252/Y3150－50型SF6罐式断路器”项目、北京超图地理信息技术有限公司的“超图企业级服务式地理信息开发平台系统V2.0”项目、北京合众思壮科技股份有限公司的“资源环境信息采集设备G510”项目、北京兆维科技股份有限公司的“地铁自动售票机”项目等7个项目被列入国家重点新产品计划。7个项目共同特点是创新性好、技术含量高，拥有自主知识产权，对行业共性技术有较大带动作用，经济效益好、具有较好的市场前景。

（陈　珊）

商　　务

【概况】　朝阳区商务委是负责本区内外贸易、对外经济合作和现代服务业发展的区政府工作部门,挂北京市朝阳区人民政府口岸办公室牌子。年内,全区实现社会消费品零售额1476亿元,同比增长16%。其中,批发零售贸易业实现零售额1204.6亿元(1－11月),同比增长16.2%,成为社会消费品零售额增长的主要动力。年内,全区完成进出口总额732.1亿美元,占全市38.4%。受理境外投资初审项目32项,同比增长68%,投资总额1.43亿美元,同比增长231%。

地址:日坛街33号
电话:65099185
邮编:100020

(范永军)

【应对金融危机启动系列消费】　1月18日,朝阳时尚消费节"引领农村消费特色年货下乡"系列活动在京客隆红松园店正式启动。活动主要由京客隆、苏宁电器等大型商贸流通企业的主题宣传和年货商品促销活动组成。3月28日,由市商务局、区政府共同举办,区商业联合会承办的北京春季汽车消费节在望京文化广场开幕,北京现代、一汽大众等14个汽车品牌的41款汽车参加消费节活动,汽车销售2617辆,销售额6.1亿,同比增长15%。4月17日,朝阳国际美食文化节在蓝色港湾开幕,活动以活跃繁荣餐饮市场,让美食走进千家万户为主题,以健康美食、绿色美食为主线,创造温馨生活和谐消费环境。活动期间,顺峰餐饮酒店管理有限公司举办为期3个月的"顺峰海鲜美食节",蟹岛举办"2009年消夏啤酒节"。美食节期间日营业额和客流量平均增加8%,周六、周日营业额和客流量平均增加10%。同时华贸中心还举办了"2009华贸之春时尚风情节"。5月21－6月3日,蓝色港湾国际商区举办"赶雅宝路外贸大集"活动。8月28日,北京购物季开幕式暨第二届北京朝阳时尚消费节启动仪式在蓝色港湾国际商区举行。本届购物季历时3个月,于11月底结束。年内,完成家电下乡销售企业备案91家,累计销售各类家用电器1.45万台,销售金额2682.5万,其中,冰箱2766台,销售额538万;彩电5614台,销售额1227.6万;手机2563台,销售额144万;洗衣机552台,销售额77万元;计算机1090台,销售额354.8万;空调1032台,销售额266.7万;热水器533台,销售额58万;微波炉336台,销售额15万。解决协调消费者咨询及投诉38件次。

(范永军)

【产业升级】　6月,美国新霓空斥资1800万美元在本区开展研发和运营总部业务;8月,风能开发公司UPC风力,投资总额从55万美元增至3600万美元。引进卡特彼勒金融公司落户本区,引导施耐德将设在我区的分公司升级为地区总部,协助三星公司开展销售统合转型,将旗下5个销售分公司和2个生产企业IT销售业务统合到三星中国总部直接管理。

(范永军)

【美国商务部长参观】　7月16日,美国商务部长骆家辉参观沃尔玛望京店,骆家辉宣布沃尔玛将为上海世博会美国馆提供赞助,并就沃尔玛参与世博会事宜向沃尔玛转达良好祝愿。

(范永军)

【现代服务业新政策发布会】　8月6日,以"机遇·合作·发展"为主题的跨国公司地区总部及现代服务业新政策发布会在CBD召开。政策发布会重点介绍本市跨国公司地区总部认定办法、《朝阳区关于鼓励跨国公司地区总部及现代服务业发展专项扶持资金管理办法》、北京CBD楼宇经济政策、朝阳区总部经济发展态势等内容。70余家跨国公司地区总部、外资投资性公司、世界500强企业分公司及驻京代表处、CBD重点写字楼、知名消费聚集区、国家知名品牌代表等应邀参会。

(范永军)

【跨国公司地区总部发展论坛】　10月15日,第十届北京CBD国际商务节"跨国公司地区总部发展论坛"在区规划艺术馆隆重举行。北京市、商务部等部委领导、著名跨国公司领袖、著名学者、主流媒体记者汇聚一堂,就"国际金融危机与跨国公司地区总部的发展"这一主题,对国际金融危机背景下北京跨国公司地区总部发展的机遇与挑战,以及如何创造条件推动跨国公司地区总部发展、更好地建设北京国际商贸中心等问题,进行深入的探讨与交流。

(范永军)

【完善现代现务业平台建设】　年内,开通"北京现代服务业信息平台",为政策发布、动态研究、在线招商等方面提供支撑。完成现代服务业楼宇监测分析系统一期开发工作,对全区297座商务楼宇进行全面调查与数据收集，开发相应软件系统对基础信息数据进行统计分析。

（范永军）

【产业扶持】　年内，对总部经济、商务软环境、公共平台建设等领域11个项目65家企业进行资金支持，金额总计3842.88万元人民币。制定并实施朝阳区现代服务业三年行动计划，将产业扶持资金由3000万扩大到1亿。

（范永军）

【外资利用】　年内，新批外商投资企业602家，占全市42.3%；吸收合同利用外资31.5亿美元，占全市的38%，同比增长3%；实际使用外资21.78亿美元，占全市的35.6%，同比增长1%。将新设企业审批时限由原来的20天缩短至3个工作日。

（范永军）

【总部经济战略】　年内，具有总部性质的投资性公司131家，占全市的77%；跨国公司地区总部47家，占全市的81%，其中世界500强投资企业40家。全年引入华彬投资、太古地产等5家投资性公司。

（范永军）

【引进流通企业扩大市场供给】
年内，扩大消费市场供给规模，成功引进乐天玛特总部、赛特奥特莱斯、特力屋等商贸流通企业入驻朝阳。同时，组织重点消费聚集区和商业企业深入广交会和浙江、福建等外贸出口大省考察招商，协调外贸企业与内贸商业企业对接，引进优质出口产品，丰富消费市场商品种类。

（范永军）

【帮扶外贸企业度危机】　年内，根据市政府29条帮扶措施，制订详细对接计划，完善帮扶机制。协助外贸企业申请开拓国际市场扶持资金2639万元，协助服务外包企业申请国家级支持资金447万元，缓解企业运营资金压力。组织外贸企业参加内外贸两个市场、两种资源对接会，帮助其拓宽国内产品市场，减少对海外市场的依赖，降低金融危机对外贸企业的不利影响。在蓝色港湾等消费聚集区组织“雅宝路外贸大集”和“北京外贸商品大集”，搭建外贸企业商品的内销平台。联合中国出口信用保险公司和中国银行共同推出短期出口信用保险项下的融资新业务（简称“融信达”），为外贸企业提供无担保、无抵押的贸易融资贷款，有效缓解了金融危机下中小企业面临的融资压力。

（范永军）

【汽车下乡】　年内，完成汽车下乡指定销售网点备案28家。指定销售网点共销售汽车下乡车型5286辆，实现销售额1.87亿元。定期对指定销售企业进行政策宣讲，发放各类宣传海报，解答企业咨询。

（范永军）

【社区菜市场改造】　年内，完成8家社区菜市场升级改造工作，并为其争取商务部规范化菜市场支持资金。

（范永军）

【刷卡消费无障碍】　年内，在特色商业街等重点地区（区域）新增刷卡消费无障碍特约商户800家，超过区政府实事工程年初要求的500家目标。

（范永军）

【市场运行情况监测分析】　年内，建立市场监测体系，对批发、零售、餐饮、洗染、旧货、典当等多个行业150余家企业的市场运行情况进行监测分析，重大节日期间，对重点行业的30多家企业进行每日监测，分析市场运行特点，掌控市场动态。年内，坚持开展日常监测，对辖区内粮油流通企业近20000项数据进行汇总，同时对8家重点企业实行粮油供需月报制度，每月监测企业粮油商品购销存信息。对辖区内存有中央、地方储备粮或国有企业商品粮的企业和重点非国有粮食经营及转化用粮企业的自查工作，明确我区粮食库存基数，为粮食库存监测工作的开展提供保障。

（范永军）

【安全生产监管】　年内，检查商业和餐饮企业780家，累计排查隐患3205个，行政处罚13万元，有效降低潜在事故的发生概率。分批次对800余家企业2000多人次进行安全生产培训。

（范永军）

朝阳副食品总公司

【概况】　朝阳副食品总公司是朝阳区国资委直接监管的国有企业。是京客隆商业集团股份有限公司国有股东，对京客隆投资1.83亿元，占其注册资本74.6%。经京客隆上市和增发新股减持，现持有京客隆股份1.67亿股，占其总股本40.61%。主要承担国有资产保值增值、商业网点的管理及离退休人员、企业内部退休人员、内部待岗人员管理工作。下属企业有腾远兴业汽车服务有限公司和职工宿舍管理站。总公司对腾远公司投资3280万元，占其总资本的82%。年末，管理职工6541人，其中离退休职工5323人，在岗职工555人，内部退休职工406人，内部待岗职工193人，其他未在岗职工64人。年末，企业资产总额97851.62万元，比上年增长6.04%；净资产总额81798.03万元，比上年增长9.6%；实现收入3754.79万元，完成全年任务2800万元的134.10%;按时完成本年度国有资产收益300万元上缴任务。下属腾远公司实现收入70921.98万元,比上年增长61.34%;实现利润521.08万元,比上年增长8.27%;上缴税收1050.2万元,比上年增长73.51%。
地址:红庙北里4号楼
电话:65867726
邮编:100025

(吴静轩)

【职工代表大会】 2月16日、8月21日,分别召开四届四次和四届五次职工代表大会,分别审议通过《关于调整内待、内退职工工资标准的意见》和《企业发展规划》、《关于考勤管理及各种假期的规定》、《关于职工实行带薪休假制度的规定》等关系职工切身利益的相关文件。

(吴静轩)

【股权管理】 年内,针对不同性质股权,采取不同管理方式,参与控股企业重大事项决策,为京客隆集团和腾远公司参与市场竞争提供支持。收取2008年京客隆股权回报3515.61万元,腾远公司股权回报131.74万元。

(吴静轩)

【房屋租赁】 年内,坚持"长期稳定、互利共赢"经营思路,合理确定租金水平。在经济形势不利、承租单位经营状况不稳定、租金收取难度加大、网点面积不断减少的情况下,采取积极举措,租金收益实现逆势提升。全年收取内外租租金3052.03万元,各项费用55.41万元,租赁保证金50.12万元。租赁保证金累计823.33万元。

(吴静轩)

【资源开发】 年内,根据市区统筹规划,及时调整开发建设方案,将石佛营101号建设项目分为装修改造和改扩建两部分,装修改造部分于10月完工并在施工时即取得收益;改扩建部分主体结构年底完成,进入内部装修阶段;曙光里开发改造和回迁工程均已进入创效阶段。

(吴静轩)

【增资扩股】 年内,经区国资委批准,按照法定程序对腾远公司进行增资扩股,腾远公司注册资金从1500万元增至4000万元,其中公司投资从941万元增至3280万元,持股比率由62.73%提高到82%。

(吴静轩)

【加强管理】 年内,制定《关于加强对北京市腾远兴业汽车服务有限公司管理的办法》,规范腾远公司重大事项、重大项目的审批程序,加强对腾远公司监控指导。

(吴静轩)

【腾远公司经营】 年内,腾远公司以各品牌一级代理为依托,先后在怀柔、密云、平谷、海淀等地区建立二级销售网点,扩大营销网络。经营实现新突破,商品车销售实现9332辆,销车收入65697万元,比上年同期增长65.48%,汽车维修收入实现4035.28万元,比上年同期增长22.8%,康体健身中心收入实现423.98万元,比上年同期增长9.39%。

(吴静轩)

【制度建设】 年内,成立专项工作小组对现有规章制度进行梳理、完善,对各项工作流程总结、挖掘,形成包含46项制度的《企业制度汇编》和143项工作流程的《企业工作流程汇编》。

(吴静轩)

【财务核算与社保基金审计】 年内,执行各项会计制度,加强企业财务核算管理。严格审查各项费用开支,准确完成各项收入、税费收缴工作。在国资委指定机构审计中,公司上年度财务会计核算工作及与下属腾远公司合并审计,再获"标准无保留意见"的审计结论。在社保基金专项审计工作中获"2008年度社保缴费不存在实际缴费人员漏报基数、应缴而实际未缴人员"审计结论。

(吴静轩)

【房产管理】 年内,将由于历史原因造成产权一直不清的利民药店收回。针对地铁6号线施工对朝阳北路房屋经营产生影响,及时与承建单位协商、争取到承建单位补偿,首批收回两年补偿款320万元。

(吴静轩)

【房产办证】 年内,根据区国资委"关于商业配套房屋房产登记工作"会议精神和区国土局统一安排,按照登记工作具体要求及程序办理房屋土地产权登记工作,10处房屋办理了门牌编号手续,9宗独宗用地办理了土地申报。

(吴静轩)

【房屋拆迁】 年内,完成庆丰闸、八里庄拆迁工作,办理了驼房营和劲松107楼的评估、测量工作;针对开发商对驼房营和劲松107楼房屋面积认定与实际不符情况,重新办理了房屋土地确权。

(吴静轩)

【法律维权】 年内,运用法律武器,维护企业权益。全年办理劳动纠纷、供暖纠纷、侵权纠纷等诉讼案件累计6件,通过申请强制执行收回房产2处,建筑面积约540平米。

(吴静轩)

【信访维稳工作】 年内,组织中层管理人员进行"做好信访工作,创建和谐企业”主题培训,制定《矛盾纠纷排查化解工作方案》、《矛盾纠纷排查化解工作应急预案》。认真梳理信访案件,解决突出矛盾。全年接待来信来访21件35次,其中群访10余次。

(吴静轩)

【助困助学】 年内,帮扶、慰问困难、重病、住院职工617人,发放慰问品237份、慰问金41.53万元。为31名职工子女募得社会各界助学款4.29万元;为7名就读大学、大专的内退内待职工子女资助4100元,缓解了职工因子女升学增加的经济困难。

(吴静轩)

【再就业工作】 年内,向30名职工推荐学习烹饪和计算机基础知识,9名职工参加计算机基础知识培训班,帮助不在岗职工掌握劳动技能。先后为30余人推荐岗位,4人次实现上岗。

(吴静轩)

【重视民生】 年内,在北京市最低工资标准没有调整的情况下,企业克服困难,一年内两次为不在岗职工上调工资,人均月收入增长90元。坚持为待岗职工缴付应由个人缴付的社会保险和住房公积金费用,为职工提供长期保障。为不在岗职工发放基本生活费1005.09万元,缴纳“五险一金”874.74万元,为职工支付供暖费310万元,保证职工基本生活没有后顾之忧。

(吴静轩)

【落实职工利益】 年内,根据市2008年调整养老金的标准,为退休职工5037人调整养老金,月增95万元。为92名本年1月-3月新退休职工重新计算养老金,月增加1.68万元,补发3.4万元。为退休、在职职工变更养老保险基本信息127人次、为7人办理补缴、补填养老保险2.32万元,为病故5人清退个人账户2.53万元。变更医疗保险各种信息133人次,补办续办医疗保险12人,为4人补交医疗保险1.78万元。为13名职工申报特困医疗救助获批12.86万元。为职工接收和上报医保单据8913份,总额4382.32万元。为职工投保住院医疗互助保险和女职工特殊疾病互助保险,20名职工获理赔款5.8万元。为56名退休职工办理医疗费转居住地社保所报销手续,累计1076人办理基本医疗保险转移手续。举办“关爱女性,守护健康”主题知识讲座,组织380名未在岗女工进行妇科体检。组织17名单亲困难职工参加区工会举办的单亲女工讲座,并发放慰问品。

(吴静轩)

【社会保障卡发放前期工作】 年内,根据区社保局的要求,配合做好社会保障卡发放前准备工作。对174名个人信息与医保中心信息不吻合的职工进行信息二次采集工作。通过电话、信函、委托职工转告、入户核对、安排专人到医院为患病等特殊困难人员拍照片等方式,实际完成156人的信息采集上报工作。按照区社保局和医保中心要求,在规定时间内分三个阶段分别收取退休职工超起付线、未过起付线和在职人员的医保单据。

(吴静轩)

【职工宿舍管理】 年内,完成东坝红松园宿舍燃气接通、地下供暖管线改造;管庄、白家庄、大山子宿舍自来水管线改造工作;落实解决10处历史遗留的供暖集体付费问题;完成甜水园2号楼1150平方米楼顶防水工程。在方便居民生活、规范管理的同时,每年可减少费用近20万元。

(吴静轩)

【吉利大厅改造】 年内,投资37万元对腾远吉利大厅进行改造,使腾远公司成为北京市首家吉利全球鹰4S店。

(吴静轩)

【企业宣传】 年内,编发朝副信息65期,企业内部电子刊物《食力》6期,被上级采用20件,被《劳动午报》、《工会博览》和《朝阳区总工会网站》等媒体刊登的稿件20余篇。

(吴静轩)

【廉政建设】 年内,党委加强党风廉政建设做到4个到位:落实责任制到位,签订党风廉政建设责任书,落实一岗双责任务。警示教育到位,抓好廉洁从业和党纪条规学习,筑牢拒腐防变的思想防线。风险防范管理到位,查找了11个廉政风险点,提出防范意见和建议,以试点先行的方式推进廉政风险防范管理工作。民主监督到位,坚持纪委书记热线接访制度,畅通民主监督渠道,营造反腐倡廉良好工作氛围。

(吴静轩)

【获市级先进称号】 年内,经区委老干部局检查验收,公司老干部工作在区委老干部局组织的示范性离退休干部党支部创建活动中,被评为区“五好”示范支部,同时首次获市级先进支部称号。

(吴静轩)

【工会工作】 年内,关心职工身体健康,为职工发放预防甲流的药品和送夏季清凉慰问品到岗位。开展职工素质教育,组织学习交流和举办技能大赛,200余名职工参加打字、汽车维修等技能大赛,腾远职工在昌河铃木“节油擂台赛”北京地区预选赛中勇夺冠军。以“怡情”俱乐部为载体,开展“歌唱祖国”大合唱、“庆祖国华诞”摄影展、秋游、登山、联欢等文娱活动,举办羽毛球、乒乓球、台球、游泳、扑克牌等比赛。此外,还组织130余名退休职工在重阳节外出游览,组织退休劳模参观奥运场馆等。培养职工健康的生活情趣,增强企业凝聚力。

(吴静轩)

【爱心捐助】 年内,组织开展"献慈善情、暖职工心、捐一元钱、献一份爱"捐款活动,496名职工捐款3647元。

(吴静轩)

蓝岛大厦

【概况】 蓝岛大厦地处朝阳区朝外大街东大桥路口,毗邻CBD,分东、西区,总建筑面积4.5万平方米,营业面积2.5万平方米。大厦东、西两个经营区域由2、3、4层的连廊贯通,东区负1-6层经营食品、滋补品、药品、日用品、化妆品、珠宝首饰、钟表、男女服装、运动服装、运动器材、家居用品、家用电器、儿童用品、办公用品和美食街;西区1-4层经营鞋帽、箱包、休闲服装、内衣、针织服饰类商品。突出国内外"名品、新品、精品"销售定位,突出现代都市百货经营风格,突出可挑选性强的穿戴类商品经营规模。目前企业经营20余个品类、2000余个品牌的商品,满足消费者多样化、个性化的购物需求。

地址:朝外大街8号

电话:85634422

邮编:100020

(龚立卓)

【举办迎新春消费者联谊会】 1月12日,举办迎新春消费者联谊会,消费者代表、社区居民代表、区消协代表30余人参加联谊活动。会上特别邀请消费者代表为本年度特约服务测评员,体验式购物、不定期检查等方式对商品质量、服务质量、环境质量进行监督和测评,共同挖掘新服务内涵。

(龚立卓)

【工会实施暖心工程】 春节前夕,工会实施"暖心工程",开展对病困职工帮扶活动。通过与区慈善协会协商,为15名患重病的困难职工争取慰问金15000元;为10名困难职工争取到区总工会慰问金5000元、米面油节日生活品等11份,爱心卡3张1200元;各分会主席上门慰问分会困难职工,将慰问金12300元送到19名分会困难职工家中。全年帮扶困难员工210人次,发放各类补助和慰问品金额总计93800元。

(龚立卓)

【企业荣誉】 2月20日,首都精神文明建设委员会授予首都迎奥运、讲文明、树新风活动先进集体;3月15日,在首都百城万店无假货活动协调小组主办的爱首都、讲诚信、促消费——2009年首都深化百城万店无假货创建暨消费维权"六进"活动3·15宣传咨询启动仪式上,被授予第一批首都诚信经营示范店奖牌;3月25日,被北京市商务局、北京商业信息咨询中心评为2008年度北京市城乡市场信息服务体系建设工作先进单位;5月5日,被评为北京市厂务公开民主管理工作先进单位;6月3日,被北京市朝阳区精神文明建设委员会评为第四届全国精神文明建设工作先进单位、首都文明单位标兵、首都志愿奥运好团队;6月,被市委宣传部、首都精神文明办、市发改委等11个政府部门联合评选为首都诚信经营示范店;9月,在全市2008年度创建和谐劳动关系单位、和谐劳动关系工业园区评选活动中,被评为2008年度北京市和谐劳动关系先进单位;10月,在中华全国商业信息中心对2008至2009年各省、市及重点大型零售企业报送工作的综合评比中,获二〇〇九年度"罗西尼杯"全国大型零售企业统计信息工作一等奖;11月,获首都精神文明建设委员会授予的首都"迎国庆、讲文明、树新风"活动先进单位荣誉称号。

(龚立卓)

【个人荣誉】 2月20日,党委书记王东海被首都精神文明建设委员会授予首都迎奥运、讲文明、树新风"活动先进个人;鞋帽休闲卖场片长李静被授予首都服务奥运好先锋荣誉称号。9月17日,在市、区商务委员会与市人力资源和社会保障局、市总工会、市妇女联合会共同举办的岗位服务技能系列活动中,女士服装卖场曼妮芬专柜营业员孙颖被评为2009年北京市商业服务业服务明星。

(龚立卓)

【经营促销活动】 3月初,作为全市率先举办奥运商品特卖会商家和第一家通过市场行为自主开展外贸商品名品特卖活动的百货商场,组织奥运商品折扣促销,和组织众多外贸企业,开展"外贸集结号"百余种名品特卖抄底大促活动,两个系列促销活动,实现销售1100余万元。9月初,不间断地组织以购物节开节、国庆六十周年、中秋、周末休闲为主题的买减、打折促销活动,争取市场热点商品资源,营造消费热点。年内,开展"五节一庆"、"悦动女人开心三八"、"好日子爱自己"、"盛世团圆"、第七届"舞动金秋"购物节和"激情圣诞"等多项主题促销活动。促销活动期间,《人民日报》、《北京日报》、《北京青年报》、《北京晚报》、《京华时报》等报纸和BTV北京、BTV财经、朝阳有线等电视台对促销活动进行宣传报道。

(龚立卓)

【《集体合同》续签仪式】 3月12日,举行第6次《集体合同》续签仪式。董事长黄豪、党委书记王东海、总经理李伟、工会主席孟庆和、副总经理刘彦娟以及公司集体合同协商小组企业方代表、工会方代表、监审小组成员、各分会主席和工会委员会委员出席续签仪式。代表们讨论和审议通过《北京蓝岛大厦有限责任公司2009年工作报告》和《北京蓝岛大厦有限责任公司2008年度业务招待费使用情况的报告》,并提出意见和建议。总经理李伟针对代表们提出的意见和建议,做了全面详细的解释说明。在党委书记王东海等与会人员见证下,董事长黄豪、工会主席孟庆和分别作为企业首席代表和工会首席代表在《集体合同》上签字,同时续签的还有《工资集体协商协议书》、《女职工权益保护专项集体合同》。

(龚立卓)

【通过质量管理体系复评】 4月21日、22日,北京联合智业认证有限公司审核小组对ISO 9001质量管理体系运行情况进行复评。在历时两天审核过程中,审核组成员通过查阅历史资料记录、与内审人员交流、对营业现场进行实地考察等方式分别对管理层、有关部室和部分卖场的质量管理体系运行情况进行认真细致审查,最终得出结论,推荐公司保持认证注册资格。

(龚立卓)

【接待月活动】 4月22日-6月20日,开展为期60天"细化接待行为打造精品服务"接待月活动。活动在学习、培训、经验推广基础上,从形象礼仪、行为礼仪、服务接待全过程、突发事件处理技巧四个阶段对员工学习成果进行测评。

(龚立卓)

【召开第十三届职工运动会】 5月16日,召开第十三届职工运动会。600余名职工和信息员分别参与9项个人项目和5项集体项目角逐。女士服装分会和鞋帽休闲分会并列获团体第一名,蓝岛超市分会获团体第三名。

(龚立卓)

【职业资格认定】 5月25日-6月1日,组织112名员工参加北京市春季商业服务业英语初、中级资格考试。11名员工取得商业服务业英语初级证书、56名员工取得中级证书,使持有初、中级英语等级证书的员工均达员工总数35%;在北京市英语资格等级继续教育考试中,员工通过率为92%,居全市前列;在全区收银员职业技能大赛中,3名收银员取得初级国家职业资格证书;2名营业员技师获2008至2009年度区政府技师特殊津贴,20名营业员高级工获2009年度区优秀中青年高技能人才称号。

(龚立卓)

【推进月活动】 8月1日-31日,开展为期31天的"有形服务无形促销"推进月活动,员工主动服务意识得到强化,员工服务优势得到最大限度发挥,实现依靠服务提升商品成交率和销售额的目标。

(龚立卓)

【优化环境调整品牌】 8月4日-9月初,在市场淡季先后完成局部环境改造、西区天井改造系列工程,同步实施经营结构调整和品牌引进工作,新引进成熟效益型品牌46个。

(龚立卓)

【举办现代企业制度讲座】 12月8日,邀请市总工会职工大学工运理论研究所副所长刘桂萍做题为《充分发挥职工代表作用推动现代企业科学和谐发展》专题讲座,党政领导、中层管理人员、职工代表106人听取讲座。刘桂萍副所长从不同角度、不同背景,结合具体事例,围绕现代企业制度及现代企业制度与职代会、职工代表如何发挥作用、职工代表应具备的能力三个方面进行理论和实战阐述,并就工会组织如何在现代企业制度中发挥作用、履行职责做了讲解。

(龚立卓)

【制度执行情况抽查】 12月25日,由董事长黄豪、党委书记王东海和总经理李伟带队,分三组对7个部室、1个采购部和4个卖场12个单位,分别选取12项涉及多个管理范围的制度,通过查阅制度文本、实地听取责任人汇报、询问执行情况、查看相关记录、与员工座谈等方式,对制度体系和专业流程在基层的执行情况进行抽查,并给予综合评价。

(龚立卓)

【举办供货商联谊会】 12月29日,在京广中心宴会厅举办"蓝岛大厦十七周年店庆供货商联谊会",供货商代表和公司领导班子及部分中层管理人员150余人出席联谊会。

(龚立卓)

【构建新型零供关系】 年内,先后出台《2009年供货商系列配套支持方案》和《2009年供货商毛利保底奖励政策》,为供货商提供系列更便捷、更务实、更人性化合作政策,与供货商的沟通、协作得到加强。

(龚立卓)

【节能减排工作】 年内,通过采取适时调控设备设施运行时间、实时监控现场温度、改变供暖计量方式和配备节能器具等措施,全年节约用电32.25万千瓦、节约用水7651吨、节约用气6437立方米,剔除能源价格上涨因素,累计节约各类能耗费用102万元。

(龚立卓)

京客隆商业集团股份有限公司

【概况】　京客隆商业集团股份有限公司是以经营日用消费品零售及批发业务为主的商业企业。京客隆集社区购物中心、大卖场、综合超市、便利店四种零售经营业态为一体,现拥有240余家零售网点,营业面积30余万平方米,遍及北京市16个区县及河北廊坊地区。京客隆下辖朝批商贸有限公司、欣阳通力商业设备有限公司、京客隆(廊坊)有限公司及京客隆超市连锁有限公司四个子公司。以经营日用消费品批发业务为主的朝批商贸有限公司已形成以北京市场为核心,以饮料、油脂、调味品、酒业、日化、餐饮六个子公司为基础,以天津、青岛、石家庄、太原、唐山五个外埠子公司为辐射基地,与零售业务互为依托,协同发展的格局。京客隆拥有先进的物流和信息管理系统,自建有常温和生鲜两个现代化配送中心,有效支撑零售业务的拓展。年内,销售总额突破100亿元,现拥有会员近160万。年内,京客隆名列中国连锁经营百强第36位,中国快速消费品连锁零售百强18位,中国服务业500强第145位。

地址:新源街45号楼

电话:64688233

邮编:100027

(邢茹玉)

【规模拓展】　年内,新开店铺31家,包括大卖场1家,综合超市3家,便利店27家;装修改造通州东关、回龙观、燕郊、农光里、华威、松榆里、黄村东大街、观音寺、黑山和丽泽桥店10家店铺;朝阳批发天津分中心成立,物流配送范围从以北京为中心向以京津地区为中心转变。

(邢茹玉)

【建立内控机制】　年内,启动并完成企业内部控制评审和风险评估工作,针对发现的问题提出了整改建议并实施部分整改措施,设置内部审计职能,初步建立起企业内控机制。

(邢茹玉)

【人力资源管理】　年内,按照资源、业务、职能部门重新整合京客隆总部部室,原有28个部门缩减为18个,建立起精简、高效的总部运行机构;年内完成各类培训135批次,7642人次,员工素质得到提升。

(邢茹玉)

【引进买手制模式】　年内,采购业务引进买手制模式(买手是指掌握着某类商品进销存的主要控制权),强化采购部门购销全过程负责制。

(邢茹玉)

【企业文化建设】　年内,创新企业文化建设,组织员工自创《京客隆之歌》并拍摄《风雨兼程,沧桑巨变》的企业专题片。

(邢茹玉)

弘朝伟业公司

【概况】　弘朝伟业国有资产经营有限责任公司作为朝阳区政府授权的资产运营机构,对原社区办、工业局和物资局三家单位及所属企业的国有资产行使监督、运营和管理职责,并管理授权范围内的城镇集体资产。公司注册资本1000万元人民币。年末,公司在职职工1754人,离退休人员10568人。资产总额11.12亿元,净资产5.35亿元。

地址:芍药居北里208、209楼底商

电话:84645512

邮编:100029

(周一南)

【领导视察】　6月11日,区人大常委会主任王力军、区委常委、宣传部长谢莹、区人大常委会副主任闫学锋等一行9人到区酿酒厂,视察"弘朝"品牌酒以及酒厂文化创意产业园区发展情况。

(周一南)

【发展社区便民菜市场】　5月8日,采用国有、集体、民营多种经济成份参与经营的利天弘社区菜市场正式开业。区委常委、副区长吴桂英、区人大常委会副主任闫学锋出席开业庆典并剪彩。

(周一南)

【班子调整】　7月27日,区国资委党委任命杨士山为弘朝伟业公司党委书记,兼任公司董事长;李默为弘朝伟业公司监事会主席;张建军为弘朝伟业公司董事、副董事长。8月31日,区国资委党委委派王伟林为弘朝伟业公司董事,兼任总经理;尚志伟为弘朝伟业公司党委副书记、纪委书记;齐向红为弘朝伟业公司副总经理。

(周一南)

【电视台记者采访团结湖早市】　10月16日,北京电视台财经频道《城市》栏目记者对团结湖早市进行专题采访。八十年代初,政府为解决老百姓吃菜难问题建成团结湖早市,目前平均日客流量万人以上,周六、日3万人以上。采访中商户和居民普遍对早市的现状表示满意。北京电视台财经频道于10月24日对这次采访进行了报道。

(周一南)

【改革改制】　10月19日,朝阳法

院受理京精印刷厂破产申请。11月18日完成移交破产管理人工作。12月17日，三里屯中心所属北京奥创长城电梯工程公司改制工作完成，改制后的北京奥创长城电梯工程有限责任公司取得企业法人营业执照。

（周一南）

【成立工会】 11月25日，在朝阳宾馆召开弘朝伟业公司第一次工会会员代表大会，在会上分别选举出公司第一届工会委员会委员及工会主席，副主席和第一届工会经费审查委员会委员及主任。

（周一南）

国有资产监督管理

【概述】 朝阳区国有资产监督管理委员会代表国家履行国有资产出资人职责。年内，监管企业资产总额446.1亿元，同比增长13.4%；净资产160.2亿元，同比增长7%；监管企业累计实现主营业务收入112.2亿元，同比增长3.37%。年内，成功组建4大国有公司——北京市朝阳区国有资本经营管理中心、北京国际商务中心区开发建设有限公司、北京金盏融信投资中心、北京市朝阳城市建设综合开发公司温榆河土地开发分公司。

地址：日坛北街33号

电话：65099193

邮编：100020

（薛皎薇）

【考核工作】 1月8日至2月20日，对系统17家监管企业领导班子和87名领导成员进行年度考核。结合述职报告、民主测评、民主推荐以及个别谈话等方式，从三个维度、九项要素建立考评体系，对领导人员各方面的能力、素质进行综合评价，同时围绕“四好班子”创建、协调运转机制、企业经营管理三大方面的15项具体内容，对领导班子建设情况进行综合评价。

（薛皎薇）

【国有企业财务快报】 1月13日，下发《关于做好2008年国有资产快报工作的通知》，要求各单位把快报工作与产权变动、对外投资及重大筹资行为等重大事项报告结合起来，将贷款担保表、上交税金情况表一同纳入季报，变年终决算审计为日常动态监督。

（薛皎薇）

【签订经营业绩责任书】 1月14日，国资委与14家重点监管企业签订本年经营业绩责任书，明确利润总额、国有资产保值增值率、国有资本收益目标值，同时兑现上年度企业负责人绩效年薪。

（薛皎薇）

【开展科学发展观活动】 3月13日，国资委系统召开学习实践科学发展观活动动员部署会。8月31日，国资委系统召开学习实践科学发展观活动总结表彰大会。

（薛皎薇）

【建立企业现金流动态监测报告制度】 3月19日，制发《关于做好企业现金流监测的通知》。落实区委《2009年经济工作折子工程》要求，建立企业现金流动态监测报告制度，加大对企业现金流监测，保证企业稳定运转。

（薛皎薇）

【年度企业财务决算工作】 3月20日，完成上年度决算会审工作，为客观地反映我区国有经济现状和评价企业经营业绩奠定了基础。本区国有企业汇编179户，资产总额379.7亿元（监管企业363.8亿元），所有者权益总额102.4亿元（监管企业100.9亿元）；实现利润3.3亿元（监管企业利润3.1亿元）。

（薛皎薇）

【年度经济分析会】 4月1日，召开监管企业上年度经济运行情况及本年经营计划分析会。会议主要回顾上年度经济运行情况，以及主要经济指标完成情况、重大投资项目建设或投资收益情况、负债及现金流情况等其它需要分析的企业重大经营事项，并结合本年宏观经济形势，分析目前企业经营现状及运行过程中遇到的重点、难点问题，预测2009年企业整体经济效益和主要经济指标完成情况。以及针对经营中的困难和风险，企业的主要应对措施和需要国资委协助解决的问题。

（薛皎薇）

【开展国企内审工作调研】 5月11日至6月23日，对20家国企开展内审情况调研、指导工作。通过调研，掌握了国企内审工作现状，总结近年来内审工作中的经验，分析当前内审工作存在的主要问题，加强对内审工作的分类指导,推进企业建立健全内部监督管理和风险控制制度,促进监管单位内审工作健康发展。

(薛皎薇)

【组建投资融资平台】 5月27日,根据区委常委会和区长办公会关于搭建国有资本投融资平台的决定,出资成立区国有资本经营管理中心,经济性质为全民所有制企业,注册资金100亿元,区国资委为唯一出资人。该平台加快我区国有经济布局和结构调整,充分发挥国有经济的基础性、导向性作用,及应对当前国际金融危机,破解投融资难题。

(薛皎薇)

【对业绩考核指标专项审计】 6月11日,下发《关于对国资委重点企业进行经营业绩考核指标专项审计的通知》,决定委托北京兴华会计师事务所,对与国资委签订经营业绩责任书的企业上年度经营业绩考核指标完成情况进行专项审计,完善国资委系统企业主要负责人经营业绩考核机制。

(薛皎薇)

【成立商品交易所有限公司】 8月18日,为推进本区国际金融主聚集区建设,建立多层次资本市场,注册成立北京大宗商品交易所有限公司,注册资本1000万元。其中,北京金朝阳商贸国有资本运营公司出资400万元,持股比例为40%;北京商务中心区投资管理有限公司出资200万元,持股比例为20%;北京燕星宇世纪天和国际投资有限责任公司出资400万元,持股比例为40%。公司将主要从事销售化工产品、金属材料、建筑材料、机械设备等为主的大宗商品交易,并逐步发展为期货交易市场。

(薛皎薇)

【商务中心区开发建设有限公司重组】 9月28日,为做好北京商务中心区东扩工作,加快东扩区域土地一级开发和基础设施建设等任务,区国资委决定采取国有股权无偿划转方式,将北京国际商务中心区开发建设有限公司股权无偿划转给北京商务中心区投资和服务中心所属的北京商务中心区投资管理有限公司和北京市朝阳区国有资本经营管理中心。

(薛皎薇)

【系统后备干部调整充实工作】 9月至11月,集中开展系统后备干部队伍调整充实工作,通过成立专门领导小组、召开专题会议、制定调整充实方案、明确后备干部范围条件要求等措施,按照系统各单位民主推荐、班子研究以及国资委党委资格审查把关、严格实施笔试、集中组织民主测评、综合分析等程序,最终确定71名考试成绩好、民主测评结果优、年龄结构比较合理的正副职后备人才,其中正职23人、副职48人,并统一纳入国资委系统后备人才库实施统一管理。

(薛皎薇)

【召开审计工作会】 12月10至11日,召开国资系统本年审计工作会暨审计(财务)培训会,23个监管单位主管审计工作的领导和财务、审计经理以及市内审协会和区审计局领导50余人参加会议。会议全面总结国资系统2009年审计工作,有针对性地开展了业务培训。

(薛皎薇)

【区垃圾无害化处理中心】 12月15日,北京市企业管理现代化创新成果评审委员会对第二十四届北京市企业管理现代化创新成果进行公布,经区国资委推选,区垃圾无害化处理中心申报的"以循环经济为重点的大型固体废弃物处理园区标准管理体系的建立"成果获二等奖。

(薛皎薇)

【帮扶国企融资解困】 年内,强化服务和风险意识,引导企业用好、用足各项政策,同时采取加大对企业担保和抵押贷款支持力度、争取上级部门和有关单位资金支持、拓展融资渠道、缩短审核批复时间等多项措施解决国有企业生产经营中资金难问题。以各种方式为望京综合开发公司、朝开公司、金盏融信公司、奥运森林公园等所属国有企业融资累计25.24亿元。

(薛皎薇)

【帮扶国企解决房地产确权问题】 年内,由于本年房地产权办理程序和要求发生变化,形成区属国企房产权属办理滞障,配套网点等产权证难办理,企业历史遗留问题难解决问题。为帮助企业明晰产权、加强资产的规范管理、维护国有资产的安全完整,在区房屋管理局大力协调和支持下,组织监管企业集中为配套用房办理房屋产权登记,审核办理国有房地产确权20件,涉及96处房屋,建筑面积64140.6平方米,宗地面积10172平方米。有效解决了企业在经营中遇到的燃眉之急,明晰了产权关系,规避了风险,避免了国有资产流失。

(薛皎薇)

【发挥审计监督服务职能】 年内,组织开展财务收支审计、经济责任审计、基建审计、专项审计、改制审计5大类12个审计项目,并按照工作需要,灵活开展各类专项检查21项,提出整改意见43条,审减建设项目资金716.4万元。

(薛皎薇)

安 全 生 产

【概况】 朝阳区安全生产监督管理局是负责本区安全生产综合监督管理工作的职能部门。区安全生产委员会办公室设在本局。4月,区政府批准成立朝阳区安全生产综合执法三队和四队,核定人员编制86人,分别到43个街乡。组建安全生产监察科。7月,区安全生产监督管理局完成办公地址搬迁。

地址:广渠路21号安全指挥综合楼

电话:87312475

邮编:100122

(韩 冰)

【工业企业安全现状普查】 1月,联合区质量技术监督局、卫生局、劳动和社会保障局、环境保护局、气象局、公安消防支队以及各街道(地区)办事处,对全区近2000家规模以下工业企业安全现状开展调查。调查是在摸清规模以下工业企业底数,全面了解企业安全生产基本情况的同时,通过专家组检查,督促企业对存在的安全隐患及时进行排查和整改。调查规模以下工业企业1717家,规模以上企业226家。普查单位遍布33个街道(地区)办事处,涉及非金属矿物制品、通信设备、计算机及其他电子设备制造业等27个行业,排查各类隐患2800余处。

(韩 冰)

【涉及危险化学品生产单位调查】 3月2日至6月30日,开展涉及危险化学品生产单位调查工作。完成总计2456家涉及使用危险化学品生产单位调查。

(韩 冰)

【危险化学品应急演练】 3月20日开始,结合"5·12"防灾减灾活动,要求辖区内所有危险化学品从业单位,结合自身特点,有针对性对重点部位开展应急演练,9月底完成,全区近500家危险化学品从业单位上报了各类相关材料。9月20日,协调区政府各相关部门,开展危险化学品突发事故应急演练,通过演练检验了区政府各部门在指挥调度、应急处置、后勤保障等方面的协同作战能力。

(韩 冰)

【组建预备役防化连】 5月初,成立北京陆军预备役防化团一营二连,连部设在区安监局,成员从各危险化学品从业单位抽调。组织重大危险源单位从业人员100多人到北京陆军预备役防化团训练基地参加处置核、生、化、爆突发事件的脱产培训。158家重大危险源单位每家培养了1名具备处置核、生、化、爆突发事件能力的应急人员,切实提高危险化学品企业内部的安全应急管理能力。

(韩 冰)

【调整安全生产委员会】 6月,对安全生产委员会成员进行了调整。成员单位由31个调整为34个,成员有区委宣传部、区发展改革委、区教委、区科委、区监察局、区财政局、区人力资源和社会保障局、区住建委、区市政市容委、区农委、区社会建设办、区商务委、区文化委、区安监局、区旅游局、区卫生局、区国资委、区环保局、区体育局、区绿化局、区民防局、朝阳公安分局、朝阳工商分局、区质量技术监督局、朝阳消防支队、朝阳交通支队、北京市交通局朝阳管理处、区水务局、区药监局、区法制办、区总工会、区工商联、区私企协会、朝阳供电公司;安委会办公室由9个调整为14个。区安全生产委员会下设办公室,办公室设在区安监局,成员有区监察局、区卫生局、区体育局、区安监局、区质量技术监督局、区总工会、朝阳公安分局治安支队、朝阳消防支队、朝阳交通支队、区住建委、区文化委、朝阳工商分局、区商务委、区旅游局。

(韩 冰)

【安全生产月活动】 6月,为全国第8个安全生产月,按照"创新内容,增强实效,贴近实际,贴近基层"要求,推进安全生产宣传活动向基层发展,扩大企业、学校和社区参与度。开展"构筑平安朝阳,喜迎建国庆典"主题宣传,新《消防法》宣传。以安全为主题的中、小学生作文比赛和应急救援演练周等17项系列活动,普及安全法律知识。安全月期间,在"关爱生命、安全发展"百题问答活动中,全区43个街乡收集答题卡近21000张。麦子店街道投入17万元建立安全生产宣教中心,组织腰鼓队等文艺活动在全区咨询日当天无偿参与表演。全区43个街乡建立安全生产月活动领导小组,于6月14日开展安全生产月咨询日活动,参加各个咨询日活动的群众约4万人。区安监、区住建委、文化委等14个部门联合在朝阳公园南广场设立咨询台,摆放展板,播放光盘,张贴横幅,发放宣传材料,以发放小折页、口袋书、扇子、购物袋、扑克牌等形式,提高群众的安全意识,宣传安全生产法律法规,普及群众性自防、自救、互救及逃生知识。各委、办、局及驻区各有关单位也都在本系统、本行业特别是窗口单位在主要街道设立宣传站,张贴标语、横幅、宣传画,播放安全生产光盘,发放书刊等各种宣传品。安全生产月期间,全区上下投入安全生产宣传教育经费237余万元,发放宣传材料175000余份,组织活动1610余次,参加人数103000余人;媒体陪同开展安全生产检查19次,在媒体刊发新闻报道101篇。

(韩　冰)

【制定安全生产目标管理考核办法】　8月,按照《北京市安全生产条例》、《北京市安全生产综合考核办法》,安委会办公室拟定《朝阳区安全生产目标管理考核办法》,对区安委会成员单位和各街道、地区办事处安全生产工作进行考核。

(韩　冰)

【确保国庆活动安全】　国庆活动期间,涉及本区国庆庆典活动周边及沿线区域朝阳公园、奥林匹克公园、朝外二环边沿线和建国门－国贸桥沿线,涉及277家生产经营单位,包括:加油、加气站5家;工业企业1家;人员密集场所53家;小型服务行业192家;建筑业1家;其它25家,6月上旬,开展全覆盖隐患排查治理工作。检查生产经营单位1460家(次),发现安全隐患1702条,消除安全隐患1356条,下达《限期整改指令书》237份,《现场检查记录》717份,《强制措施决定书》9份,出动人数1309人次。潘家园和望京街道针对11个沼气池和公交车站附近燃气罐2处安全隐患,国庆期间派专人值守,确保隐患部位安全。投入国庆安全保障工作,分11组76人对国庆演练沿线的重点区域、公园周边、重点危化单位、工业企业、铁路道口及"四街三乡"进行严守,实现安全无事故。

(韩　冰)

【烟花爆竹许可】　年内,审批发放《烟花爆竹经营(零售)许可证》200个。奥林匹克园区、机场净空区、"两会"会场及代表驻地200米内,不设烟花爆竹零售网点。全区除奥运村、机场两个街乡外均设有烟花爆竹销售点。其中主渠道网点169个,补充渠道网点31个。烟花爆竹销售量84526箱,销售金额约2958万元。烟花爆竹零售期间,区安监局出动358人次,174车次,发现并整改隐患675项,行政处罚立案93起,处罚金额13.7万元。

(韩　冰)

【职业健康监管体系】　年内,发放《职业病危害项目申报证书》523份;完成全市职业健康监督员岗位建设试点工作,推动全区1400余家涉及职业危害因素的生产经营单位设立职业健康监督员岗位和配备监督人员,统一发放《职业健康监督员证》867份。

(韩　冰)

【完善工作制度】　年内,修订《行政执法过错责任追究制度》、《法制工作综合评议制度》、《行政执法举报处理工作制度》等,分职责篇、制度篇、处罚篇、许可篇4个部分19项工作制度,形成一级抓一级,层层抓落实执法责任体系。

(韩　冰)

【铁路、道口安全管理】　年内,出动检查人员320人次,检查铁路监护道口1069次,其中日查896次,夜查173次,接送火车220610列(其中客车14154列,货车206456列),未发生一起安全事故。

(韩　冰)

【安全生产执法检查】　年内,检查生产经营单位8342家次,查处事故隐患14386条,已整改10327条,整改率69.61%,下达整改指令书3243份,经济处罚立案588起,处罚金额924.01万元;其他行政处罚145起。

(韩　冰)

【处理生产安全事故】　年内,出事故现场96次,调查处理生产安全事故52起,立案103件,调查询问笔录600余份;死亡事故已结案9起,死亡事故结案率64%;罚款424.9万元,移送司法机关4人,无一起行政复议和行政诉讼案件。配合区政府和相关部门处理央视火灾和中央美术学院火灾等重大事故。

(韩　冰)

【整改挂账隐患】　年内,涉及本区的市级挂账隐患33处,整改32处,整改率97%;区级挂账隐患26处,全部整改完毕。

(韩　冰)

【安全生产培训】　年内,培训各类人员23780人次。其中,培训烟花爆竹销售网点管理及从业人员289人;8月、9月,在机械、建材、冶金、轻纺、烟草五大行业中推行安全标准化,组织4期安全生产标准化培训班,1期开展43个街道(地区)办事处安监科负责人培训,2－4期,机械、建材、冶金、轻纺、烟草五大行业332家企业安全负责人参加培训。培训危险化学品管理人员及从业人员701人次;培训职业危害场所管理人员及从业人员1180人次。培训工业企业及非煤矿山单位主要负责人和安全管理人员465人次。培训安全生产科技项目系统使用1163人次。对街乡党政一把手安全生产知识培训86人;培训街乡安全生产执法人员121人。培训其他行业部门安全生产管理人员186人。开展特种作业6大工种培训16003人次;培训其他安全生产人员3586人次。

(韩　冰)

【非煤矿山及许可初审】　年内,完成7家非煤矿山企业《安全生产许可证》延期初审及2家非煤矿山企业《安全生产许可证》申请初审工作。还将非煤矿山企业纳入安全生产管理信息系统，为能够及时准确了解和掌握非煤矿山企业安全生产现状，实现全面监管打下基础。

（韩　冰）

【非正常死亡事故】　年内，累计发生生产安全、火灾等非正常死亡事故191起死亡217人，与去年同期193起死亡210人相比起数下降1%，死亡人数上升3.3%。生产安全死亡事故18起死亡18人，与去年同期17起死亡24人相比起数上升5.9%，死亡人数下降25%；交通肇事死亡事故159起死亡178人，与去年同期160起死亡168人相比起数下降0.6%，死亡人数上升6%；火灾死亡事故4起死亡6人，与去年同期3起死亡3人相比分别上升33.3%和100%；煤气中毒死亡事故10起死亡15人，与去年同期12起死亡14人相比起数下降16.7%，死亡人数上升7.1%；未发生溺亡、公共卫生安全和食品安全死亡事故。

（韩　冰）

【获奖】　年内，“关爱生命、安全发展”百题问答活动获全国优秀组织奖。被首都综治委评为国庆安保工作先进集体。被市安全监管局评为新中国成立60周年庆祝活动安全生产保障工作先进单位。《朝阳区生产经营单位安全管理信息系统》和《基于多媒体的安全生产宣传、培训、竞赛管理系统》项目获市安全生产科技成果三等奖。亚运村、大屯、麦子店、建外、朝外街道办事处，奥运村、东风和南磨房地区办事处被市安全监管局评为新中国成立60周年庆祝活动安全生产保障工作先进单位。

（韩　冰）

旅　　游

【概况】　朝阳区旅游局是主管本区旅游业管理工作的区政府直属机构。下设办公室、规划开发科、行业管理科和北京旅游咨询服务中心朝阳服务站。年内，朝阳区累计实现旅游综合收入347.4亿元，同比增长6.1%，占全市十八区县总量的31.0%，继续稳居18个区县之首。在旅游三大核心行业中，旅游商业实现收入122.3亿元，占全区旅游总收入的35.2%，同比增长16.2%，成为拉动朝阳区旅游综合收入增长的主要力量；旅行社实现收入106.9亿元，同比增长2.7%；住宿业实现收入94.7亿元，同比下降1.2%，降幅较1－9月缩小了10.2个百分点。区内注册经营的旅游星级饭店有149家，其中白金五星级1家、五星级13家、四星级26家、三星级54家、二星级42家、一星级13家。注册经营的旅行社256家。区内有9家A级旅游景区，7家工农业旅游示范点。旅游从业人员达60000人。

地址：日坛北街33号

电话：65099077

邮编：100020

（牛宇闳）

【请来朝阳过大年活动】　1月21日，组织奥林匹克公园等旅游企业赴承德市开展“请来朝阳过大年”系列春节旅游促销活动。针对承德等北京周边旅游市场开展宣传活动，向承德市民介绍朝阳旅游资源，推出购物游、亲子游、休闲游、博物馆游、夜景游等经典“五游”景点，承德市广播电台对活动同时开设了广播互动，活动期间赠送“鸟巢”、“水立方”等奥运场馆参观门票1000张，对促进周边地区春节期间来朝阳旅游起到了良好的促进效果。

（牛宇闳）

【“3·15”广场宣传】　3月15日，联合区工商分局、质监局、卫生局等单位在奥林匹克公园举办帮助消费者维护权益的“3.15”广场宣传活动，一方面向市民游客介绍旅游法规和相关政策措施，另一方面宣传本区丰富的旅游资源。

（牛宇闳）

【商务旅游高层研讨会】　5月13日，组织区域内商务旅游要素企业共谋发展大计，举办“信心2009－北京市朝阳区商务旅游高层研讨会”。会议旨在积极应对金融危机，主动服务旅游企业，鼓励企业树立面对危机的必胜信心。会议邀请著名经济学家和旅游专家对宏观经济形势进行科学预测，系统分析国内外最新经济形势，提出在金融危机形势下旅游行业发展趋势及企业应对危机的措施，架起桥梁，促进合作，研究对策，展望未来，鼓励企业自救互救，提升抗风险能力。

（牛宇闳）

【稳定就业岗位措施宣讲会】 5月21日,与区劳动和社会保障局联合召开"朝阳区支持旅游企业稳定就业岗位措施宣讲会",助力旅游企业度过国际金融危机影响。全区70余家星级饭店主管人事工作负责人参加会议。北京市明宫宾馆、北京市太阳宫宾馆和北京莱太花卉有限公司等3家旅游企业,作为首批企业领取稳定就业补贴436.43万元。

(牛宇闳)

【星级复核】 上半年,开展星级饭店、A级旅游景区质量等级复核工作。分别召开星级饭店、A级旅游景区复核培训会,逐条讲解标准,布署星级复核工作。组织联组互查,对饭店、景区未达标项目提出具体、可行的整改意见,确保复核工作不走过场。全区149家星级饭店、9家A级旅游景区通过国家旅游局、北京市旅游局验收,没有摘牌和暂缓通过的企业。

(牛宇闳)

【千万旅游优惠进社区】 8月开始,每季度推出一本《2009北京朝阳旅游推介会优惠手册》,每次向域内的社区居民免费发放60000册。优惠手册全册涵盖旅行社、景区景点、酒店度假村、旅游休闲、餐饮、旅游商业、旅游咨询服务等相关行业,满足各种不同人群的需求,让百姓乐享更优惠旅游产品。

(牛宇闳)

【国际旅游文化节】 10月4日-8日,以"华诞乐章,欢乐朝阳"为主题的"2009北京朝阳国际旅游文化节"在朝阳公园隆重举行,受到社会各界广泛关注。此次旅游节活动时值新中国成立60周年庆典,在策划上按照与新中国60周年庆典、国庆游园活动、改革开放成果展示、朝阳城市形象营销、全区国庆60周年整体宣传紧密结合,突出国庆华诞、参与互动、朝阳特色、消费拉动、安全稳定总体思路,在运作上秉承"国际化、精品化、品牌化"理念。活动期间,设置土耳其文化展示、立陶宛文化展示等国际国内14项内容,接待游客37.5万人,同比增长151.7%,超过前两届接待人数总和。

(牛宇闳)

【旅游发展论坛·北京对话】 10月21日,中国旅游协会、市旅游局、区政府和北京第二外国语学院共同主办第六届"中国旅游发展论坛·北京对话"活动。活动为加强旅游政府管理部门、学术界、产业界之间的交流,讨论当年旅游新问题、热点问题,推动旅游业健康持续快速和谐发展而建立的中国旅游产业发展前瞻的研讨平台。区政协副主席关三多出席开幕仪式并致辞。近百名来自政府管理部门、旅游高校、旅游研究部门、知名旅游企业的代表参加会议,共同探讨多个旅游学科热点和前沿问题。

(牛宇闳)

【甲型H1N1流感防控】 年内,区旅游局应对甲型H1N1流感防控,制定工作方案和应急预案,采取有效措施,完成留观酒店的选址和征用工作,发放各种中英文宣传资料1万余份,发放防控用品30000多件。明确四方责任,与825家旅游企业签订责任书,完成100%全覆盖检查,全区没有因旅游活动发生甲型H1N1流感的聚集性爆发。

(牛宇闳)

【安全旅游与效益】 年内,春节、十一两个旅游黄金周和清明、五一、端午和中秋四个小黄金周平稳度过,均无安全隐患和投诉现象发生,实现"安全、秩序、质量、效益"四统一目标。元旦期间14个景区(点)接待游客6.11万人次,实现综合收入376.02万元;春节黄金周接待游客80.88万人次,实现综合收入3152.75万元;清明期间接待游客37.69万人次,实现综合收入1546.79万元;五一接待游客44.45万人次,实现综合收入2310.56万元;端午期间接待游客33.23万人次,实现综合收入1256.32万元;十一黄金周期间接待游客108.51万人次,实现综合收入3576.80万元。

(牛宇闳)

【旅游市场规范与整顿】 年内,制定《2009年朝阳区旅游环境秩序保障工作方案》,加强旅游秩序整治工作,在各个黄金周、国庆节前夕,旅游旺季,多次召开"迎国庆、保稳定"和"一日游"市场治理整顿工作会,协调相关部门,形成长效机制。对全区旅游环境整治重点地区联合检查20余次,结合安全生产检查,取缔非法"一日游"广告87个,有力地震慑扰乱旅游环境秩序的违法人员。全年受理旅游投诉48件,全部协调处理完毕。

(牛宇闳)

【旅游宣传活动】 年内,以"宣传朝阳城市形象"为旅游宣传工作重点,拍摄《到北京,看朝阳》专题宣传片,编写《京郊旅游手册》(朝阳部分),通过广泛征集,反复斟酌文字,认真挑选图片,将域内最有代表性旅游景点和最精彩旅游文化活动介绍给北京市民。应对金融危机,参加各类促销活动和旅游展会。先后组织区内旅游企业参加"第十三届中国东西部合作与投资贸易洽谈会"、"2009北京及环渤海16港口城市旅游博览会"、"全国百城旅游宣传周"启动仪式、"2009中国北方旅游交易会"、"第一届中国西部旅游产业博览会"、"中国旅游产业节"、"中国国际旅游商品博览会"等促销活动,展示资源,扩大影响,树立朝阳城市形象。据统计,全年累计发放各类宣传资料近150000份。

（牛宇闳）

【**旅游安全生产管理**】　年内,检查一、二星级宾馆39家,景区8家,社会旅馆755家,一至三级防控区周边200米企业82家,出动人力2122人次,车辆1183台次,发现隐患765处,全部督导整改。

（牛宇闳）

【**旅游咨询服务**】　年内,区旅游咨询中心接待游客20余万人次,外国游客超过50%,发放各种宣传资料30万余份。4月,完成奥林匹克公园内3个旅游咨询服务站建设工作,加快本区旅游咨询服务网络的构建,3个站点累计接待国际、国内游客7万余人次,发放旅游资料10万册以上。国庆前夕,完成三里屯旅游咨询服务站装修改造工程,以崭新的面貌、完善的服务设施,为游客提供旅游公益服务。

（牛宇闳）

农业　水利　气象

农 村 经 济

【概况】 朝阳区农村工作委员会是负责指导本区农村经济发展、统筹协调农村工作的区政府综合职能部门。年内,农村经济总收入801.7亿元,同比增长12.3%;利润总额37.2亿元,同比增长10.7%;形成区级财政收入31.8亿元,同比增长38.3%;农民人均纯收入16633元,同比增长10.2%。产业结构进一步优化,三次产业的比重为0.67∶26.37∶72.96。
地址:日坛北街33号
电话:65094265
邮编:100020

(李荣祥　魏　杰)

【都市型现代农业】 年内,观光休闲农业、设施农业、加工农业、精品农业快速发展,以崔各庄为核心的北部都市型现代农业示范区规划完成并实施建设。蟹岛、朝来农艺园、方圆平安、缤纷四季、观赏鱼养殖发展中心、格林万德等龙头企业带动作用日益显著,崔各庄樱桃园二期、金盏乡蓝调庄园等一批都市型现代农业项目相继建成开业,农业生产、生活、生态和体验功能得到深度开发。全年农业总产值31208.1万元,同比增长15.1%。

(李荣祥　魏　杰)

【文化创意产业】 年内,农村地区有文化创意企业983家,实现收入76亿元,吸纳从业人员3万人。主要经济指标保持20%左右的增速。三间房动漫基地动漫科技孵化器一期投入使用;通惠国际、高井传媒一期等项目基本建成。草场地、北京1号地周边形成当代艺术产业集群;CBD、高井及通惠河沿岸一带初步形成国际传媒产业集群;高碑店一带初步形成民俗文化产业集群;欢乐谷、奥运功能区形成旅游和体育休闲产业集群。

(李荣祥　魏　杰)

【现代商贸服务业】 现代商贸企业实现总收入251.3亿元,占三产主营业务收入44.6%。汽车销售企业收入183.4亿元,占三产主营业务收入32.5%。农村房地产、建筑、装饰装修等相关产业收入、利润、税金分别为151.57、10.97、7.68亿元,对全区指标贡献率分别为19.6%、29.5%、30.9%。

(李荣祥　魏　杰)

【绿化隔离带地区建设】 年内,绿化隔离带地区建设加快,截止年底,累计实施绿化62.5平方公里,完成总任务91.2%。农民新村开复工83.1万平方米,竣工73.5万平方米,3349户、7195人搬迁上楼。通惠河滨水文化景观带建成八里桥公园等3个景观公园。东坝郊野公园二期等10大郊野公园建成并免费向社会开放,朝阳区免费开放郊野公园25个。

(李荣祥　魏　杰)

【乡镇企业发展】 年内,本区乡镇企业615家,全年实现营业收入352.68亿元,同比增长10%;实现利润10.61亿元,同比增长16.5%;上交税金9.75亿元,同比增长19.4%;完成增加值34.74亿元,同比增长6.5%。其中营业收入500万元以上规模企业294家,比上年同期减少1家,实现营业收入303.21亿元,同比增长4.3%,占全区乡镇企业营业收入总额85.9%;实现利润8.1亿元,同比增长1.89%,占全区乡镇企业总利润76.3%;增加值27.84亿元,同比减少0.48亿元,下降2%,占全区乡镇企业增加值总额80.1%;上缴税金8.15亿元,同比增长17.4%,占全区乡镇企业上缴税金83.7%。乡镇企业产业结构不断优化。

(李荣祥　魏　杰)

【重点项目建设】 年内,推进32

个重点产业项目建设，总投资151.32亿元，累计完成投资21.3亿元，16个项目竣工，其中赛特奥特莱斯、将府庄园敬老院、红星美凯龙、小红门国际工程机械城等11个项目建成开业。

（李荣祥　魏　杰）

农村经济管理

【概况】 朝阳区农村集体经济办公室（朝阳区农村合作经济经营管理站）是区政府农村集体经济管理部门，正处级参照公务员管理事业单位。内设机关办公室、集体资产管理科、财务统计管理科、合同管理科、审计管理科、企业管理科、信息化管理科、调研培训科，事业编制37名。负责全区农村集体资产管理、集体经济组织产权制度改革、农村土地承包合同管理、承包合同纠纷的调解和仲裁、农民负担监督管理、农村集体经济审计、农村集体财务管理、农村经济统计以及农民专业合作组织培育和指导；指导协调农村重大投资项目引进和投资环境改善，发展特色经济产业建设；指导农业产业化经营和管理；开展农村管理信息化系统数据采集、数据分析、日常维护和业务指导；指导农村企业和产业用地的规划发展；承担农村经济体制和经营管理重大问题的调查研究；指导农村经营管理人才队伍建设。同时设朝阳区农村集体经济仲裁委员会办公室和农民负担监督管理办公室，负责日常管理工作。

地址：团结湖北里9号楼

电话：85983940

邮编：100026

（魏　杰）

【集体资产管理】 年初，根据市经管站有关要求，组织开展全区农村集体资产产权登记年检工作，对全区农村集体资产总量和结构进行核实，3月15日完成19个乡155个村的产权登记年检工作。利用信息化手段，将产权年检数据上传至市农村管理信息化平台，准确率100%。截止年底，本区农村集体资产总额482.8亿元，所有者权益138.7亿元，集体净资产总额112.7亿元，同比分别增长28.4、11.1和5.1个百分点，农村集体资产实现保值增值。

（魏　杰）

【集体经济组织年检】 3月，按照市农工委《关于印发<北京市乡村集体经济组织登记办法>的通知》（京政农发〔2003〕61号）文件精神，完成18个乡的5个乡级和137个村级农村合作经济组织登记证书年检工作，对30个因法人调整等原因变更的农村合作经济组织登记证书进行重新登记、审核发证。

（魏　杰）

【农村土地确权管理】 4月，开展土地确权调查。截至2008年底，采取确权确利的13个乡121个村，农用地确权面积129545.8亩，人均确权亩数为1.07亩。涉及农户53225户，农业人口119353人，签订协议53223份；2008年落实确权收益总额达8411.2万元（其中：市区拨付绿化资金5728.8万元，村集体经济组织支付2682.4万元），比2004年的5403万元，增加3008.2万元，增长55.7%；户均年收益1580元，比2004年的937元，增加643元，增长68.6%；人均年收益704.7元，比2004年的454元，增加250元，增长55.1%。

（魏　杰）

【农村经济合同管理】 6月，组织开展合同检查。各乡按照《朝阳区农村经济合同登记台帐管理制度》要求，更新合同台帐数据，完善农村三级经济合同台帐，提高管理水平。7月底，农村土地承包及其他经济合同8369份，各类经济合同的签订涉及土地面积13.9万亩，年标的额11.4亿元。

（魏　杰）

【集体经济产权制度改革】 年内，以“明晰产权、统一开发、整合资源、专业管理”为目标，坚持土地与资产联动、乡与村联动、经济体制改革与社会管理体制改革联动“三个联动”的要求，完成崔各庄乡集体经济产权制度改革和土地股份制改革试点，乡级资源资产股份合作联社正式成立。

（魏　杰）

【集体资产处置】 年内，来广营乡立水桥村、东湖村集体资产处置工作全面完成。在区农委、区农村集体经济办公室的指导下，来广营乡党委、乡政府以高度的政治责任感，坚持从本乡实际出发，把农民意愿与安全稳定相结合，把资产处置与农民利益相结合，积极稳妥地对立水桥村、东湖村的村级集体资产进行处置，实现无越级访、集体访和非正常访零指标。立水桥村涉及

1191 人,劳动年限为 18952 年,扣除预留备用金以及劳动年限遗漏等费用,可分配资产额为 18801.09 万元,平均年值 9920 元。东湖渠所辖 5 个生产队享有资产处置的人员 4347 人,劳动年限 63751 年,扣除备用金后可兑现资产为 19665.8 万元,年均 3080 元。

(魏　杰)

【集体企业改制】 年内,继续深化集体企业改制,抓好清产核资、产权界定、资产评估等关键环节,指导小红门乡顺达农贸批发市场中心等 10 家集体企业完成改制工作,确认集体资产 1975.31 万元,净资产 939.17 万元,盘活集体资产 1448 万元。

(魏　杰)

【财务管理】 年内,豆各庄、三间房、东坝、十八里店、管庄、平房和小红门 7 个乡 46 个村完成村账托管工作。截止年底,全区有 14 个乡、125 个村实行村账托管。

(魏　杰)

【集体财务管理规范化】 年内,按照《关于开展农村集体财务管理规范化建设工作实施方案》要求,推进农村集体财务管理规范化工作,全区有 15 个乡 86 个村的财务管理工作达到规范化标准和要求。

(魏　杰)

【农民负担监督管理】 年内,按照市农村负担监督管理领导小组办公室部署,重点开展公益事业专项补助资金管理使用、2007 年度市级新农村建设五项基础设施全面推进试点村因新农村建设而增加的集体非生产性负债、2008 年度公安部门收取农户养犬管理费、乱收费问题的专项治理等农民负担监督管理执法检查。全年公益事业专项补贴资金拨付到位,管理使用规范,进一步维护农民群众的知情权和参与权。2007 年金盏乡黎各庄村、孙河乡沈家坟村、黑庄户乡幺铺村、崔各庄乡何各庄和马泉营村作为我区新农村建设市级试点村 5 个,在供水、污水、垃圾处理、道路硬化、公厕户厕五项基础设施建设中不存在集体经济组织非生产性负债问题。农户养犬管理费由公安部门(派出所)收取,大部分养犬户主动到当地派出所交纳,个别乡村由兽医站、村委会协助派出所按户收取,集中交纳派出所,无村集体承担农户养犬管理费情况。区民政局、计划生育委员会和区教委等部门严格规范各项管理费用的标准,杜绝乱收费问题的发生,切实维护农民利益。针对农民反映的突出问题及时解决,在计划生育、殡葬、农民外出务工经商办证、农村义务教育代收费等问题上不存在乱收费的现象,农民负担案(事)件举报为零。

(魏　杰)

【集体经济审计】 年内,农村地区累计开展审计项目 713 个,审计金额 192.8 亿元;提出审计建议 139 条,被采纳审计建议 112 条,促进增收节支 20.5 万元。

(魏　杰)

【出口创汇】 年内,农村出口企业 9 家,比上年减少 2 家。实现出口交货值 1.87 亿元,总收入 3.3 亿元,利润 117 万元,就业职工人数 1256 人。来广营乡北京英超工贸公司、豆各庄乡北京格林万德农业科技公司等 7 家企业出口交货值超过 1000 万元。

(魏　杰)

【专业人员培训】 年内,根据《北京市农业和乡镇企业技术职称工作暂行规定》、《2009 年北京市会计、经济专业农民技术职称考评工作的通知》要求,对 50 名申报中级农民会计师、9 名申报中级农民经济师和 9 名申报高级农民会计师人员组织培训,经过全市统一考试及农民中级专业技术职务评审委员会评审,学员全部取得农民中级专业技术职务任职资格。

(魏　杰)

【工作调研】 年内,针对产权制度改革、农民就业增收、农经基础管理等关乎民生的重点、热点问题,加大政策研究力度,深入调研,加快成果转化,完成调研课题 30 个。其中《关于大望京村城乡一体会试点的思考》获得市经管系统优秀调查研究成果一等奖,《朝阳区农村集体资产清产核资操作规范(试行)》获市经管系统优秀管理制度成果三等奖。

(魏　杰)

【信息化建设】 年内,全区完成 1 个区级数据处理分中心、21 个乡级数据处理站和 161 个村级北京市农村管理信息系统的系统升级工作。完成人口信息、劳动力信息、农民家庭收支状况监测、农村土地承包及承包合同管理、农经统计资料、村级组织正常运转专项补助资金、社会综合管理、集体资产管理、农民负担管理、社区股份合作组织改革等十大数据库 32 张报表、含 900 多项指标、涉及全区 21 个乡级单位(含 19 个乡、两个集团)、161 个村数据更新任务。举办全区农村管理信息化村级工作人员业务培训班,有 24 名乡级和 164 名村级管理信息化人员参加。经市站统一考试,参训人员全部合格,其中 14 名新任村级信息化管理工作人员取得由市站颁发的《农村管理信息化工作上岗资格证书》资格。管庄乡杨闸、西会村、豆各庄乡西马各庄、孟家坟村、三间房乡定福庄西、金家村、东坝乡东风、后街村、十八里店乡横街子、西直河村、高碑店乡高碑店村、黑庄户乡大鲁店一村为区内农村第四批12个村务公开触摸屏试点村,村务公开电脑触摸屏顺利安装并通过验收,正式投入使用,运转正常。

（魏　杰）

【农村经济发展】 年内,农村地区全年实现经济总收入801.7亿,同比增长12.3%;实现利润37.2亿元,同比增加3.6亿元,增长10.7%;完成税金24.9亿元,同比增加3.2亿元,增长14.7%。农民人均劳动所得19079.7元,同比增加1413.5元,增长8.0%。产业结构进一步优化,三次产业的比重为0.67: 26.37: 72.96。

（魏　杰）

农村人才培训

【概况】 朝阳区农村人才培训中心(北京中华会计函授学校朝阳区分校,北京市朝阳区农村劳动力教育培训服务中心)隶属于区农委,正科级全额拨款事业单位。配合区农委及各乡政府致力于朝阳区农村地区人员教育培训工作,为朝阳区农村地区发展提供智力支持和保障。有专、兼职教师21人,培训工种13个。年内,完成培训6327人次。成立朝阳区农村地区社会工作协会,会员222人。

地址:东坝红松园13号

电话:65493070

邮编:100018

（张　莹）

【农村地区社会工作协会成立】 9月17日,成立朝阳区农村地区社会工作协会。负责开展社会理论研究,逐步建立具有朝阳特色的、符合社会需求的社会工作理论体系;推动本地区社会工作专业化、职业化、行业化的建设;做好协会会员注册和管理,开展从事社会工作的人才继续教育,维护社会工作者权益;开展社区服务行业的政策研究,组织社区服务需求调查,开发社区服务项目,协助相关部门对社区服务项目的实施情况进行评估;开展对外学术交流、培训及项目合作。推进内外信息交流,总结社会工作经验,推广工作典型。会员222人,来自农村地区155个村和140个社区。

（张　莹）

【培训调研】 年初,安排多名教师深入社区实习调研。涉及区内农村、街道8个典型社区。主要调研社区工作者的工作状态、培训需求,撰写调研报告,编辑完成《朝阳区社区工作人员培训需求调查报告》。

（张　莹）

【各类培训】 年初,应孙河乡要求,为其开展绿化工及保洁员职业技能培训101人次。年内,按照区农委《关于加强农民教育培训提高就业能力的意见》要求,针对各乡村需求开设合格员工、安全防火、食品安全、健康心态、礼仪、房屋出租、传统养生、个人理财等课程模块,完成14个乡68班次3867人次(其中引导性培训3772人次,职工素质教育95人次)的培训工作;结合区农委、区财政局农村地区会计人员继续教育工作部署,完成16个乡2014人次(其中支农政策培训14个乡,1775人)会计人员继续教育培训工作,会计职称培训49人次。

（张　莹）

种植养殖服务

【概况】 朝阳区种植业养殖业服务中心是负责本区畜牧兽医、农业、农机、水产管理服务工作的区政府直属部门,归口区农委管理,全额拨款正处级事业单位。9月,经过机构调整,有事业编制47名。内设行政办公室、党委办公室、财务科、动物卫生安全管理科、特种养殖发展管理科、农业机械化服务科、都市农业规划建设科、科教信息科、农产品质量安全科、生态能源开发科。下设4个事业单位:朝阳区动物疫病预防控制中心、植物保护检疫站、鱼种场、农机驾校。

地址:东坝红松园14号

电话:65495193

邮编:100018

（曹惠鑫）

【宣传培训】 年内,采取集中培训、参观学习、现场指导、巡回讲座、远程教育,田间学校等形式,对动植物防疫人员、专业技术人员、园区基地(养殖场户、市场)从业人员、农民及社区居民开展动植物疫病防控、农产品质量安全知识及法律法规宣传,对相关从业人员进行标准化生产(操作)、实用技术和就业技能培训。累计培训17470人次,发放宣传材料60万余份。

（曹惠鑫）

【田间学校】 年内,建设农民田间学校7所,其中蔬菜类5所,观赏鱼类2所,分布在金盏、崔各庄、黑庄户、孙河等乡。全区现有农民田间学校学员175名,市、区各级辅导员30人(其中市级技术专家4人、区技术负责人5人、乡辅导员6人、村农民辅导员14人)。

（曹惠鑫）

【服务保障】 年内,为全国、市“两会”特供服务期间,提供草鱼、鲤鱼、鲫鱼、蓝鲨、罗非鱼计5586千克。女民兵国庆阅兵训练期间,植保站6次为阅兵村送去价值1千余元药、械,专家现场指导灭杀蚊蝇、蚂蚁,保障女民兵正常训练。8月,农委牵头组织疫控中心、街道、地区办事处召开二次鸽子禁飞工作会,成立联合督导组,分组包片进入社区、村落,深入家庭、养殖户,开展禁飞宣传与服务,保障国庆飞行阅兵安全。

（曹惠鑫）

【疫病防控及养殖存栏】 年内,全区注册犬9.9万条,存栏牛3885头、羊3406只、马属动物508匹、特禽4144只、鸽子220212只、观赏鸟13208只,应免率100%。猪瘟、丹毒、肺疫、副伤毒、新城疫、羊痘6种疫病免疫率100%。检查特禽养殖场所23个次,观测区内5个主要候鸟栖息地各类飞禽约27100只,没发现异常。全区发放禽消毒药品46.8吨。

（罗建生）

【防疫机制建设】 年内,全区有动物诊疗机构44家、兽药生产经营单位30家、商场超市145家、农贸市场83家、冷库半成品加工单位12家。建立防控机制,逐级签定三级防疫责任书:区政府—地区办事处、街道办事处(一级);地区办事处、街道办事处—社区、村委会(二级);社区、村委会—养殖场户、重点单位(三级)。区疫控中心与乡农服中心、批发市场、配送中心、检疫标志使用单位等重点单位签订193份,形成覆盖全区动物防疫安全责任网络;加快村级动物防疫员队伍建设,有村级防疫员457名。

（罗建生）

【动物及产品检疫】 年内,检疫外埠进京动物162.15万头只,动物产品3.8万吨,无害化处理不合格动物产品2吨。检测2.1万份畜禽产品、800份水样。

（张柳青）

【疫病净化及监测】 年内,对存栏马属动物进行两次马鼻疽、马传染性贫血两种国家二类动物疫病的检疫净化,检疫马属动物990匹,未发现阳性动物;对存栏奶牛进行两次牛布鲁氏杆菌病、结核病两种国家二类动物疫病的检疫净化,检疫牛7480头,未发现阳性动物。

（张柳青）

【医政药政】 年内,办理《动物诊疗许可证》26件、《兽药经营许可证》6件、《动物防疫合格证》5件、《生鲜乳收购许可证》1件、《生鲜乳准运证》4件,审批《农作物种子经营许可证》6家、检疫标志使用单位20家、狂犬病定点防疫单位1家。

（张柳青）

【实验室认定】 年内,疫控中心实验室在全市率先取得《资质认定计量认证证书》,认定检测项目37项,其中包括兽医动物传染病类13项、动物源性食品安全检测14项和渔业水质监测项目10项。

（张柳青）

【水域养殖与出口创汇】 年内,全区水产养殖面积6503亩,观赏鱼养殖面积5186亩,食用鱼养殖面积1317亩。区内有养殖户204户,其中观赏鱼养殖户149户、食用鱼养殖户55户。食用鱼成鱼总产量588.8吨,其中草鲤鱼346吨、花白鲢155.6吨、名优品种87.2吨;鱼种总产量62吨;观赏鱼总产量8874.2万尾。渔业总产值6453.33万元,其中观赏鱼产值5239万元、食用鱼产值1214.33万元、苗种产值2002万元。观赏鱼直接出口2843.2万尾,出口创汇额498万美元,间接出口1250万尾,出口创汇额950万元人民币。

（王森晶）

【农产品质量安全】 年内,对荷美尔、大洋路市场等4家单位实施24小时派驻,做到随报随检,检疫率100%。对全区的半成品加工厂、超市、园区基地等单位进行定期抽检,抽检蔬菜、水果样品10920个,畜禽样品1.65万个,水产样品2470个,抽样覆盖率100%,总体合格率99.8%。

（曹惠鑫）

【专项整治】 年内,结合安全生产大检查,对辖区内肉类市场、商场超市等有关经营单位按照台帐登记进行梳理检查,详细记录被检单位相关信息;对全区苗种场生产经营情况进行普查登记、备案,对重点养殖场、垂钓场进行抽样检测,抽检样品36个。对9家重点农产品生产基地的产品质量安全性、生产经营规范性、包装标识合法性、产品安全追溯性进行系统检查和指导,提升辖区内农产品质量安全水平。

（曹惠鑫）

【景观水域增殖放流】 年内,在奥林匹克森林公园、朝阳公园等10个景观水域开展春季增殖放流活动。放流苗种37万尾,其中锦鲤8万尾,白鲢22万尾,花鲢6万尾,草鱼1万尾。

（王森晶）

【组织观赏鱼大赛】 年内,北京市第三届观赏鱼大赛在高碑店华声天桥民俗文化园举办,来自北京、上海等九个省市、70多家观赏鱼养殖单位和爱好者,上千条观赏鱼精品,参加67个奖项的激烈角逐。60多家经营观赏鱼产品及养殖器材、饲料、鱼药等辅助材料的商户参与产品展示和展卖。

（王森晶）

【观赏鱼新品种推广】 年内,建有一个观赏鱼综合实验站,示范推广五花珍珠、紫蝶尾、红水泡、黑草金鱼等新品种4个,示范推广中草药治疗水霉病、增色饲料应用、上市前调水暂养、锦鲤逐级筛选等4项新技术。示范户新技术入户率100%,示范户渔业收入比上年提高5%;建有2个观赏鱼农民田间学校工作站,组织农民活动日、观摩、经验交流、团队建设活动12次。

（王森晶）

【观赏鱼引进与推广】 年内,在黑庄户观赏鱼养殖发展中心开展观赏鱼优质品种的引进。引进二龄锦鲤26尾,金鱼亲鱼十多个品种约240尾,金鱼、草金鱼夏花10万尾,锦鲤夏花16万尾。在养殖户中推广名优金鱼水花60万尾,锦鲤水花1000万尾。

（王森晶）

【亲鱼储备和孵化】 年内,适龄鲤鱼亲鱼2000组,德国框式镜鲤亲鱼200组。催产各类亲鱼800多组,孵化鲤鱼水花鱼苗1.1亿尾。利用20亩水面培育各种夏花鱼苗200多万尾,利用30亩水面培育四大家鱼和鲤、鲫、罗非鱼种4万多公斤。后备亲鱼2000尾,对后备亲鱼进行保种和提纯。

（张　文）

【机械设备补贴】 年内,落实市级补贴资金102.4万元,购置温室保温被50000平方米、卷帘机55台、中型拖拉机14台、打药机2台,渔机(增氧机)10台。

（漆　龙）

【三夏三秋作业】 年内,三夏、三秋农机作业投入机具72台次,培训操作人员80余人次。机播玉米372公顷,机播小麦62公顷,机收玉米330公顷,机收小麦176公顷。三夏三秋作业期间,技术人员深入田间检查秸秆禁烧执行情况。

（漆　龙）

【政策性农业保险】 年内,签订政策性农业保险合同4份,农户交纳保费21490元,保额628万,7月因雹灾保险公司依合同为一农户赔偿损失3000余元。

（漆　龙）

【新品种新技术试范推广】 年内,在本区农业产业化园区开展新品种新技术示范推广工作。引进示范蔬菜、西甜瓜、南果等品种50余个。引进观赏型向日葵、甘蓝品种43个,促进区内观光休闲农业发展。在10个农业园区实施有机肥培肥地力示范工程,推广应用新型有机补贴肥2000吨,推广面积3000亩。与市农业技术推广站合作实施节水工程项目,在樱桃园二期和森禾园两个基地108个温室大棚引进新型节水滴灌设备,实现水肥一体化管理,修建引水渠等集水排水设施;引进保水剂在蔬菜等作物上应用,节约用水50%。

（刘士勇）

【农贸市场调查】 年内,本区农村地区有农贸市场71个,占地面积134.74万平方米,涉及18个乡。市场面积超过1万平米的大型市场20个;食用农产品经营面积71.24万平方米;市场摊位14082个,包括蔬菜摊位8198个、肉类摊位834个、禽类摊位227个、蛋类摊位239个、水产品摊位715个、水果摊位1943个、粮油摊位1912个。

（刘士勇）

【农产品无公害生产基地认证】 年内,本区有11家农产品认证基地,其中有机基地6家、绿色基地1家、无公害基地4家。完成北京格林万德农业科技有限公司、北京缤纷四季园林有限公司、北京鑫源农艺花卉中心三家农产品生产基地的复查换证工作。

（刘士勇）

【蔬菜质量安全追溯体系建设】 年内,全区有8家追溯企业。加强对企业的监督、检查与指导,完成追溯企业追溯管理专用PC机、工业条码打印机、硝酸盐测速仪、酶标仪的固定资产登记和贴标工作,并签订检测设备管理协议。确保蔬菜质量安全追溯系统正常运用,为永顺华等基地申请并增加追溯新品种名称31个。组织中绿等追溯企业在12家超市申请安装追溯系统终端查询屏12台。标签使用总量230

多万枚。

(刘士勇)

【蔬菜普查】 年内,对涉及蔬菜生产的8个乡开展蔬菜普查工作,经普查全区菜田面积11811.37亩,其中设施蔬菜面积3492.4亩,露地蔬菜面积8318.97亩。全区蔬菜播种面积14749亩,其中春播面积4358.5亩、夏播面积4971亩、秋播面积4181.5亩、冬播面积1238亩。

(刘士勇)

【科技项目】 年内,区科技项目"逆境蔬菜栽培技术研究与应用"实施,引进抗热菠菜、抗寒黄瓜等新品种及土壤调理剂等,应用袋式栽培、水培等新技术。完成上年区科技项目"都市型现代农业服务体系建设"的总结与验收,获得区科技进步三等奖。

(刘士勇)

【植物检疫】 年内,在相关作物上进行黄瓜绿斑驳病毒病、三叶草斑潜蝇、美国白蛾、扶桑绵粉蚧、红火蚁、刺萼龙葵、假高粱、豚草、黄顶菊等9种危险性有害生物普查,未发现疫情。严格进行调运检疫,防止危险性有害生物扩散蔓延,共调运检疫122批次(包括种子98批1.06万千克,种苗、块根24批次,51.34万株),没有发现危险性有害生物。

(靳 为)

【毒饵站灭鼠】 年内,完成1万公顷春季农区及8千公顷秋季农区灭鼠工作,灭鼠效果100%。全区推广新型高效安全灭鼠技术"毒饵站"1333.3公顷。

(靳 为)

【郊野公园病虫害监测】 年内,本区12个郊野公园主要虫害为蚜虫、尺蠖、天牛、椿树沟眶象、金龟子、红蜘蛛和介壳虫等,主要防治用药为高氯等化学农药;主要病害为草坪真菌病害、花草白粉病等,主要防治用药为甲托、粉锈宁等。用药总量18.09吨。

(靳 为)

【草地螟防控】 年内,6个区域植物疫情监控站监测到从内蒙、河北等地迁飞到北京的草地螟,各乡及时开启杀虫灯,诱杀效果显著。

(靳 为)

农业综合执法

【概况】 朝阳区农业综合执法大队是区农委直属行政执法机构,挂区动物卫生监督所的牌子,副处级机构。负责辖区内动物卫生、兽药、农药、种子、肥料、农机、渔政、饲料及饲料添加剂和农业转基因生物安全9项农业行政执法权。大队行政执法编制75人,内设综合办公室、动物卫生监督站、种子管理站、农药管理站、渔政监督管理站、农业机械监理站、白鹿公路动物防疫监督检查站、大羊坊公路动物防疫监督检查站、动物收容站。年内,检查各类涉农单位和个人9636个次,出动执法人员10942人次,出动执法车辆4110车次;查处各类涉农违法案件652起,罚没款35万余元;发放告知书1405份,签订责任书794份,出具监督意见书2186份;与市农业局相关职能部门、区食品办、工商局、质监局、卫生局及街、乡等单位联合执法40余次,查处私屠滥宰19起,无害化处理活禽1171只、犬1条;白鹿和大羊坊两个公路动物卫生监督检查站检查运输动物及动物产品的进京车辆29890车次,其中活体动物374.7万头只,动物产品26.1万吨,劝返不符合规定运输车辆951车次;处理动物收容举报95起,收容犬43条、猫101只,其他动物3只。

地址:团结湖北三条甲8号

电话:85979219

邮编:100026

网址:http://nyzf.bjchy.gov.cn

(李 梅)

【拦截不合格禽产品】 1月12日,接群众举报:夜间将有检疫不合格的白条鸡运往大洋路批发市场。大队立即与十八里店乡联系,组织执法人员,研究部署查处方案、处置措施,20:00布控力量,进行蹲守。22:00左右,在通往大洋路批发市场的路上截获一车3400千克来自河北廊坊检疫不合格的白条鸡。根据有关法律规定,执法人员对此车白条鸡予以查扣,次日上午与区疫控中心联合将此车鸡产品进行无害化处理。

(李 梅)

【食用农产品专项整治】 2月至4月,开展打击食用农产品中违法添加非食用物质和滥用食品添加剂专项整治工作,对农资生产经营企业进行拉网式检查,从生产经营许可证、产品审批登记证、进销货台帐、经营资格条件等方面，严格清理农资市场主体；从查处假劣农资的源头、流向，追究违法企业的行政责任、民事责任和刑事责任入手，严厉查处假劣农资坑农害农事件；以农资质量定期检测和动态抽检为手段，积极开展农资质量监督抽检；充分发挥12316和大队投诉举报电话的作用，做好投诉举报受理和农资使用知识咨询解答工作；以宣传、培训为手段，教育、引导农资生产经营企业增强自律经营和诚实守信意识，努力构建农资打假的长效机制。查处兽药违法案件2起，查获违法兽药2.4千克；伪劣农药案件2起。

（李 梅）

【广西人大代表调研】 3月3日，广西人大代表和广西电视台记者对北京井田种苗有限公司种子经营情况进行调研。就当前种子市场中间商多，层层加价，造成种子价格偏高的现象，对该公司种子销售价格、供应渠道等问题进行询问和探讨。此次调研，广西人大代表对本区种子市场的监管工作和种子市场经营秩序给予高度评价，并就两地区种子经营企业和农民间建立合作关系，提供优良的蔬菜品种等事项达成合作意向。

（李 梅）

【法制宣传培训】 3月12日，分别在五个执法监督责任区内，举行农产品消费普法维权宣传；4月8日，以"保障消费者权益，促进社会和谐发展"等主题活动为宣传重点，配合区农委、联合十八里店乡政府在大洋路市场举行"朝阳区农业宣法上门送法下乡宣传培训月"启动仪式。12月4日，以"普及农业法律法规，服务经济社会发展"为主题，举行普及农业法律法规的宣传咨询活动。全年，开展集中宣传活动32次，重点宣传《农产品质量安全法》、《北京市食品安全条例》、《中华人民共和国动物防疫法》等法律法规、农资及农产品消费常识和动物收容相关知识，发放10余种宣传材料5.1万余份，接受宣传咨询3510人次；举办管理相对人专题培训班13次，培训管理相对人916家、1065人次，培训内容涉及饲料、兽药、种子、农药、动物收容、动物卫生、渔政、农机等方面的知识。

（李 梅）

【发放农资经营企业公示栏】 3月23日，大队在46家种子经营企业会议上，启动"公示栏"发放工作。农资生产经营"公示栏"由市农业局统一制作，内容为农资生产经营承诺书及农资购买提示。通过企业在经营门店悬挂"公示栏"，将有效促进和提高农资生产经营企业自觉守法、诚信经营的意识，为农资购买使用者提供维权投诉渠道，规范本区农资企业生产经营行为。

（李 梅）

【农药交叉检查】 4月13日，市农业局农药交叉执法检查组对本区格林万德农业科技有限公司、朝阳隆华新业卫生杀虫剂有限公司以及其他7家农药经营单位进行执法检查，未发现不合格农药产品及其他违反国家相关法律法规的情况；9月7日，开展秋季农药交叉执法检查，分别对朝来农艺园特莱生产示范基地和北京蟹岛种植、养殖有限公司两家农产品生产基地及8家农药经营单位进行执法检查，检查农药标签53个，对其中5个存在擅自修改标签内容的农药，分别进行行政处罚，对近20个品种的农药进行现场抽样，未发现生产、经营、使用国家明令禁止生产、销售和使用的剧毒、高毒农药情况。

（李 梅）

【处置病疫奶牛】 5月4日，大队接到区动物疫病预防控制中心报告，检疫发现豆各庄乡一例患有结核病奶牛。本队执法人员立即前往现场，在区疫控中心和豆各庄乡政府的积极配合下，执法人员耐心细致地做思想工作，依法处置，顺利将患有结核病的奶牛进行无害化处理，确保本区动物疫病防控安全。

（李 梅）

【查处农产品质量安全案件】 上年12月16日，农业部食品质量监督检验测试中心（济南）抽样检验结果显示，中国绿色食品总公司配送到北京顺天府投资管理有限公司府右街综合超市销售的部分蔬菜农药残留不符合农产品质量安全标准。5月4日，本队在接到《北京市农业局关于处理不合格农产品的通知》后，立即对位于本区西坝河甲16号的中国绿色食品总公司进行执法检查。经过调查取证，11日依法做出"京朝农罚（2009）第4045号"的行政处罚决定。此案是本队依据《中华人民共和国农产品质量安全法》承办的第一起案件，也是第一起通过农业部、市农业局等上级单位交办的行政处罚案件。

（李 梅）

【义务监督员聘任】 6月5日，举办第二届农业执法义务监督员聘任会，会上宣读《朝阳区农业执法义务监督员组织管理办法》，向20名义务监督员颁发聘书，2名义务监督员代表作农业执法义务监督工作体会发言。

（李 梅）

【解救国家保护动物】 6月1日，值班队员在接到豆各庄派出所扣留国家保护动物2条鳄鱼的电话后，立即组织执法人员前往处理。经调查，接货人为本区某酒楼工作人员，该单位未办理《水生野生动物运输特许运输证》。执法人员依照《北京市实施＜中华人民共和国野生动

物保护法 > 办法》规定,对该酒楼购进的2条鳄鱼予以没收,送往北京水生野生动物救治中心予以保护。

(李 梅)

【管理相对人测评会】 6月19日,组织召开本区内涉农管理相对人对农业综合执法工作的满意度测评会,这是本队第一次举办的管理相对人测评会。50家管理相对人代表受邀参加此次测评,分别对执法人员在着装执法、规范检查、依法办案、服务态度、公平公正等10个方面进行综合评价,各项指标评价满意率97%以上。

(李 梅)

【农业研法交流活动】 按照区农委统一部署,组织执法大队、疫控中心、植保站开展"农业研法交流月"活动。7月15日,本队九个站室推选执法人员结合各自在农业执法工作方面的经验和体会,举办农业执法经验交流,分别从专业执法、公路检疫监督、动物收容、执法服务保障等方面进行深入细致的探讨和交流,丰富经验,增长知识,提高执法人员在执法检查、办案处罚、公路检疫等方面的能力和水平。通过交流推选出的4名代表参加农委统一组织的研法交流活动。在8月7日开展的农业研法交流考核中,大队90%以上执法人员达到优秀标准。

(李 梅)

【市人大调研】 8月27日,市人大常委会副主任赵凤山和18名人大代表,在副市长夏占义、市农业局副局长刘亚清等领导的陪同下,来本区调研《农产品质量安全法》落实情况。市人大代表在听取本队贯彻落实《农产品质量安全法》工作情况汇报后,视察本区农产品安全实验室建设情况,对本区创新农业行政执法体制机制,全面开展农产品质量安全保障工作所取得的成效给予充分肯定。

(李 梅)

【国庆服务保障】 年内,大队制定《迎国庆农产品质量安全专项整治工作方案》和《国庆六十周年重大动物疫病防控及动物产品安全保障工作方案》,创造安全、和谐的农资及农产品消费环境迎接建国60周年的到来。国庆前要求全体执法人员"狠抓一个月,大干30天"。在执法检查工作中,切实做到有计划、有组织、有目的、有成效,科学制定检查计划,合理调度执法力量,多检查、多办案、多规范,开展好各项农业综合执法工作。要求公路站全力做好进京动物及动物产品的检疫监督工作;动物收容站要围绕当前农村地区土地储备的中心工作,做好拆迁地区无主流浪动物收容工作;执法站要严格落实执法站长亲自带队检查、主管领导经常随队检查的制度性要求,加大对执法检查工作的组织协调力度。

(李 梅)

【动物收容】 年内,为消除土地储备拆迁地区无主流浪动物对人身安全的危害及重大动物疫病的潜在威胁,保障农村地区土地储备拆迁工作的顺利推进,动物收容站与涉及土地储备拆迁的七个地区办事处主管部门联系,就拆迁工作中无主动物以及居民弃养动物的收容问题进行沟通协调,确定应对措施。对居民饲养动物的情况以及拆迁后该动物的去向进行摸底调查;在拆迁过程中,与各乡保持联系,配合区养犬办、地区综治等部门组织的联合收容行动;加强对拆迁地区的日常巡查,做到及时发现无主动物、及时联合有关部门进行收容。与区犬办开展联合执法11次,执法区域涉及太阳宫、崔各庄、南磨房等10余个拆迁街乡及重点路段,收容无主犬29只。

(李 梅)

【动物卫生地理信息标注】 年内,按照市动物卫生监督所部署,完成本区1006家动物卫生监督管理对象的数据信息网络管理系统地理信息标注工作。通过地理信息展示平台GIS,可以实现对全市动物卫生监督管理对象的位置和基础信息进行直观展示。

(李 梅)

【增殖放流】 11月5日,渔政监督管理站在朝阳公园启动本区秋季渔业资源增殖放流活动,在全区6家大中型公园的1200亩水域投放鲢鱼、鳙鱼、兴国红鲤鱼等9.8万余尾,以降低水体氮磷负荷和水体富营养化趋势,遏制暴发性水华现象。

(李 梅)

【开展村级防疫员培训】 11月16日至12月11日,本队与区种植业养殖业服务中心、区动物疫病预防控制中心联合,分8期对各社区(村)动物防疫员进行动物疫病防控和食品安全的综合业务培训,全区457名社区(村)级防疫员参加培训。

(李 梅)

【专项整治行动】 年内,开展"打击食用农产品中违法添加非食用物质和滥用食品添加剂专项整治"行动、"农产品生产基地检查六月行动","绿剑行动Ⅱ"以及兽医实验室专项整治、兽用生物制品专项整治、水生野生动物专项整治等一系列行动,强化农业投入品使用的管理,确保本区农产品质量安全、重大动物疫病防控安全和动物性食品安全;开展农业机械专项检查,全年集中年检农业机械126台,对75台农业机械进行安全隐患排查,确保春耕、"三夏"、"三秋"安全生产,实现伤亡事故零指标。

（李　梅）

【动物卫生诚信体系建设】 年内，配合市动物卫生监督所，在生猪定点屠宰加工企业北京荷美尔食品有限公司及京客隆、家乐福、卜蜂莲花、沃尔玛等34家辖区内大型商场超市进行动物产品安全可追溯系统的安装、调试，监督管理人员和消费者能通过该系统终端设备和产品条码查询到产品名称、生产企业、出厂时间、检疫部门等相关信息，实现在本区销售的动物产品从养殖到餐桌的全程可追溯。

（李　梅）

【防控甲流措施】 年内，随着甲型H1N1流感疫情的蔓延，着重加大对六类管理相对人的执法检查。加大对生猪屠宰企业、动物产品经营使用单位、兽医实验室生物安全管理、动物诊疗机构、农贸市场及周边地区、动物养殖场户的检查力度，有效应对甲流危机，全面防控人畜共患疫病。

（李　梅）

水　务

【概况】 朝阳区水务局是负责本区水行政管理工作的区政府组成部门。年内，全区水务建设投工23.6万个，完成河道、排水沟整治9.6千米，建设小区污水处理及再生水工程5处，新改建农村污水处理站4座，新建雨洪利用工程7处，河坡生态改造2万平方米，建设雨水管线6.7千米、引水管线2.3千米，建设人工湖、生态湿地9.2公顷，景观河道利用再生水530万立方米，投撒水质净化药剂138吨。

地址：团结湖北路1号

电话：85970772

邮编：100026

（刘　洋）

【水务工作协调会】 3月11日，本区召开区水务工作协调会，市水务局局长程静、区长程连元及市排水集团、市自来水集团及区有关部门负责人参加会议。会上，市水务局排水处及区水务局分别汇报年内朝阳区水务相关工作的重点、难点，对部分问题进行现场解决。此次协调会就区内4座污水处理厂建设（北苑，定福庄，东坝，垡头）、市水源十厂建设、温榆河生态走廊水务基础设施建设及主干河道景观效果提升等事项达成共识，并初步建立本区涉水基础设施建设联系工作机制，即由市区两级分别指定主管领导专项专人负责，保障本区涉水工作市区两级协调沟通。

（刘　洋）

【再生水利用一期工程竣工】 3月13日，朝阳区河道及公园再生水利用一期工程通过竣工验收。本区内河湖水系众多，大部分河道普遍存在着“有水皆污，无水则干”的现象。本工程的实施在一定程度上缓解了这个矛盾，即改善河道水环境又节约宝贵的地下水资源，并在朝阳区的河湖补水来源方面开辟了新途径。朝阳区河道及公园再生水利用一期工程内容为铺设青年路沟、北小河公园、朝阳干渠、小场沟、红领巾公园、朝来农艺园、朝来森林公园、南湖公园、小红门植物观赏园等区域的再生水供水支管线1600米，为公园和河道的水源补充搭建渠道。

（刘　洋）

【小学生参观水务教育基地】 3月22日，区水务局开展“节水从我做起，小手拉大手”活动，组织金盏乡金盏小学百名学生来到朝阳水务教育基地，实地参观学习。百余名小学生在区水务局工作人员的带领下顺序参观展览，伴随细致的讲解，学生们对于朝阳区的水务现状和发展有了初步了解，特别是对于当前水资源紧缺的形势有了更深的认识和体会。在实物展台，工作人员以实例讲解家庭生活节水窍门和节水常识，使学生们掌握基本的技巧和知识。

（刘　洋）

【援建什邡】 3月，区水务局派遣下属单位河道管理所机械工程队赶赴四川什邡市支援“5.12地震”灾区援建，先后于洛水镇沿山路地质灾害段、双盛镇、石亭江大道、双盛水稳站、洛水镇2号路、洛水镇3号路等处实施道路建设施工。

（刘　洋）

【区政协领导视察】 4月16日，区政协副主席高向宇带领政协检查团视察朝阳区水务建设工作情况。主要考察本区世行贷款奥运水环境承载区建设领域，检查点为朝阳水务教育基地、两湖连通水环境治理工程现场及坝河水环境治理工程的郑村码头水文化广场。政协委员对区水环境安全、防汛安全、供水安全及雨洪利用、节水治污等领域取得的各项成果和进展表示肯定，表示将发挥区政协桥梁和纽带作用,着力改善民生,全力服务民生,与区水务职能部门一道,努力打造人水共融、稳定和谐的小康社会。

(刘　洋)

【将府公园二期工程竣工】　4月底,将府公园二期坝河桥工程通过竣工验收,工程质量评定为优良。将府郊野公园为市、区政府为民办实事工程,分两期实施,一期工程位于坝河北侧于2007年完成,二期工程位于坝河南侧。建设内容为跨河桥1座,桥梁设计等级为四级公路车辆荷载公路-Ⅱ,桥梁全长70米,桥面宽4.8米,桥区30米范围河道护砌等,工程投资284.77万元。

(刘　洋)

【区人大代表调研】　5月19日,区人大农村工委、城建工委组织区人大代表调研区水务局"推进北运河水系综合治理,实现污水防治资源化"议案办理工作情况。人大代表先后参观年内计划进行综合治理的小场沟和计划改建的金盏污水处理站,就"推进北运河水系综合治理,实现污水防治资源化"议案办理情况展开座谈。代表们就北小河嘉铭园段、大羊坊沟等水环境污染问题进行问询,对区水务局水环境建设工作及议案办理报告予以肯定。

(刘　洋)

【供排水应急演练】　9月4日,区水务局联合有关部门在三间房乡华龙美树小区开展供、排水应急实战演习。通过对应急供水车调度、供水设施抢修与排水泵、高压疏通车设备安置等科目的演练,检验本区供水、排水应急预案可操作性及应急指挥系统应急反应能力,锻炼抢险队伍实战能力。

(刘　洋)

【示范工程课题通过验收】　10月27日,市科委在区水务局组织召开由区科委主持、区水务局承担建设的"朝阳农村安全饮水及污水资源化工程技术示范工程"课题验收会,市、区科委与区水务局相关领导出席验收会,课题通过由中国水科院、北京工业大学、北京市政工程设计研究院、首都师范大学与北京市水科所专家组成的专家组审查验收。该课题于2007年5月立项启动,通过对朝阳区内水位、水质监测井网的布设、监测与数据库建设及农村科技服务体系建设,分析朝阳区区域内地下水水位、水质时空状况与变化趋势,实现对基本监测井的定期监测与重点监测井的在线、实时监测,建立地下水监测系统和科技服务体系,为防治水源地污染提供基础数据和服务保障。经验收检查,专家组一致认为:该课题监测点布局合理,检测项目及监测数据科学可靠,监测设备先进适用,符合国家有关要求。井网分布与监测结果满足对地下水水位与水质评估的需要,建立了较为完善的地下水监控系统,为朝阳区地下水的研究和管理提供了科学依据,为朝阳区地下水水质预警系统及应急机制建设奠定了坚实基础,为北京市乃至全国地下水源地区提供了监测模式,具有推广意义。

(刘　洋)

【坝河水环境治理工程获奖】　11月,由区水务局组织实施的北京朝阳奥运承载区水环境治理项目坝河治理工程获由中国水利工程协会组织评定的全国水利工程最高奖——中国水利工程优质(大禹)奖。坝河治理工程是自"大禹奖"设立以来,国内首个获得该奖项的区县级水利建设管理工程,中国水利工程协会认定该工程"设计先进、质量优良、管理科学、工程经济效益和社会效益显著,是中国水利工程建设中的精品工程"。该工程实际使用世行贷款2000多万美元,对坝河南岗子桥上游至温榆河口段总长10.65千米进行综合整治。打造出一条集防洪、排水、生态、景观、人文于一体的多元化城市河流。

(刘　洋)

【望京沟治理工程】　年内,在大望京公园建设工程中负责实施望京沟大望京村段治理工程。该工程于6月开工建设,以实现规划,连通坝河、北小河水系,确保望京及周边地区防洪排水安全和水环境质量为建设目标,治理河道1.78千米,修建桥梁2座、箱涵3座、排水闸1座、泵站1座、引水管道1182米,新增水面2万平方米。

(刘　洋)

【小场沟综合治理工程】　年内,完成小场沟综合治理工程。综合整治河道4.28千米,新建闸1座、跨河桥3座、跌水6座,并修建污水处理设施,处理能力2.5吨/日,新增水面面积1.6万平方米,绿化面积4.27万平方米。

(刘　洋)

【农村生活饮用水井改造工程】
年内,完成农村生活饮用水井标准化改造工程,该工程是区政府折子工程、民生工程,涉及17个乡108个村,解决90余万人安全饮水问题。重建普通井房75处,井房内外装24处,加设消毒设备124套,新增变频设备55套,更换井泵及首部35套,加装远程式水表290套,新打机井11眼,封井47眼,现有水处理设备改造11处,新建氨氮水处理间1处,新建分质供水站1处,铺设管道4650米。

(刘　洋)

【北部地区截污工程通过验收】
年内,完成北部地区引水配套截污

工程。该工程位于朝阳区北部，治理范围为北小河上游周边水系经望京沟至坝河，施工内容包括建设3座截污泵站（来广营中心沟泵站、女子学院污水口泵站、北小河截污泵站）和2座截污橡胶坝（清洋河橡胶坝、来广营中心沟橡胶坝），对2条排水沟进行改造（战备路排水沟505米、黄庄西排水沟246米），实施截污管线工程3000米，望京沟河道生态改造综合治理3500米。该工程为截污及生态治理工程，通过对北小河流域内的水系进行污水截流，输送到北小河污水处理厂进行水质处理后还清北小河水质，并通过望京沟为坝河补水，从而改变坝河缺少水源补给状况，改善河道周边环境。

（刘　洋）

【北小河引水截污工程】　年内，完成北小河（嘉铭园段）引水、截污工程，铺设截污管线220米、引水管线1150米，种植水生植物1500平方米，投资403万元。通过引用北小河污水处理厂退水，改善此段1.2千米河道范围内的水质。

（刘　洋）

【自备井改造工程】　年内，完成垡头东里自备井改造工程，该工程新建400米机井1眼，铺设供水管线9.8千米，实施一户一表工程1146户，全部工程达到市政自来水硬件标准，接入市政自来水管线后，可直接置换为市政水，彻底解决垡头东里社区的安全饮水问题。

（刘　洋）

【污水处理厂配套管线拆迁】　年内，完成定福庄污水处理厂污水收集管线主干线的地上物拆迁，为定福庄污水处理厂18千米污水收集管线建设创造条件。完成定福庄污水处理厂调水管线、东坝、垡头污水处理厂管网拆迁前期工作。

（刘　洋）

气象与服务

【概况】　朝阳区气象局实行上级主管机构北京市气象局与朝阳区政府双重领导，以上级气象主管机构领导为主的管理体制，承担本区气象工作行政管理职能。设业务科、办公室、综合科。年内，区域气候特点：气温偏高，降水接近历年平均略偏多。年平均气温13.3℃，比历年平均（12.0℃）偏高1.3℃；极端最高气温39.3℃（6月24日）；极端最低气温-14.4℃（12月31日）。年降水量606.3毫米，比历年平均（581.6毫米）偏多4.2%。一日最大降水量71.2毫米，出现在8月9日；最长连续降水日数4天，降水量46.7毫米，出现在7月30日至8月2日；最长连续无降水日数111天，出现在2008年10月24日至2009年2月11日。

地址：酒仙桥东风南路

电话：64377870　64378211

64377587

邮编：100016

（李耀宁）

【防雷减灾管理】　3月1日，开始防雷检测，检测单位475家，提出重大整改意见95件。

（李耀宁）

【气象灾害】　年内，出现1次冰雹、23次雷暴、2次暴雨、2次暴雪、9次大风、4次大雾、2次浮尘天气过程。

（李耀宁）

【气象服务】　年内，常规气象服务1500余件（次），提供重要气象信息（气象预警发布、重大天气过程）30余次。新中国成立60周年大庆游园活动和全民健身日活动气象保障服务2次。

（李耀宁）

【依法行政】　年内，审批施放升空气球事项509件，审批施放升空气球3186个。对施放升空气球行为检查60次，纠正违法行为3起。

（李耀宁）

园区建设

北京商务中心区

【概况】 北京商务中心区(CBD)管委会为市政府在商务中心区设立的行政机构,代表市政府统一行使北京商务中心区开发建设和管理职能,由朝阳区政府代管。年内,以实施东扩、发展楼宇经济为重点,全力保增长、促发展。CBD东扩战略实现。区域面积由3.99平方公里增至7平方公里,建筑规模从1050万平米增至近2000万平米。区域经济实现平稳较快增长。年末,区域总企业数15000家,其中规模以上企业8900家。规模以上企业总收入2041.1亿元。世界500强企业投资项目135个。年内,北京市认定跨国公司地区总部22家,其中CBD16家,占北京市的80%。区域吸纳从业人员18万人。全年实际利用外资6.56亿美元,占全区22%,占北京市11%。区地税入库各项税费收入89.09万元,占本区22.97%;同比增收12.03亿元,同比增长15.61%。

地址:东大桥路8号SoHo尚都北塔A座6层

电话:58780000

邮编:100020

(王连娣)

【领导视察及国内外交流合作】 2月9日,市委书记刘淇、市长郭金龙等市领导视察CBD发展。2月17日,中共中央政治局常委、全国政协主席贾庆林视察CBD。年内接待领导视察、省级交流、国内外考察团70批次1700人次。

(王连娣)

【企业入驻】 2月10日,东风标致雪铁龙汽车金融有限公司与汉威大厦签订租赁协议。3月,河北钢铁集团(北京)销售分公司入驻CBD世茂大厦,租用面积5102平方米,负责国内贸易。7月21,日本零售业巨头柒和伊控股公司投资项目"奥乐多合家欢餐厅AllDay's"大望路店开业。7月,由山西证券股份有限公司和德意志银行合资的中德证券有限责任公司正式入驻华贸中心,注册资本10亿人民币。8月,中国银监会正式批准蒙特利尔银行法人行筹备。9月21日,北京控股集团有限公司成功变更工商注册手续落户CBD,注册资金超过80亿元。10月16日,海峡两岸首家金融总部——新光海航人寿保险有限公司举行开业仪式,选址万达广场,是由台湾新光人寿与海航集团有限公司共同组建的合资人寿保险公司总部。10月20日,恒基兆业与渣打中国冠名及租赁协议签署仪式在北京环球金融中心举行,渣打银行北京分行正式入驻CBD,北京环球金融中心东塔正式命名为"渣打大楼"。

(王连娣)

【CBD东扩方案通过】 5月11日,市政府专题会同意将CBD沿朝阳北路、通惠河向东扩展至东四环,新增面积约3平方公里。同时考虑到对CBD产业功能的补充作用并预留发展空间,由朝阳北路向北到农展南路增加约3.97平方公里规划控制区。

(王连娣)

【项目建设】 5月22日,北京财富中心二期开工,建筑总面积175919平方米,建筑高度265米,总投资75440万元。9月15日,跨东三环地下通道(银泰航华地下通道)工程完工。年内,国贸三期商场招租完成,大堂和宴会大厅内装修完工。9月17日,光华路东段(东三环—西大望路)主路贯通,光华路(东大桥东侧路—西大望路)将区域东西边界横向联通。年内,景闻街建成通车。

(王连娣)

【产业促进】 6月25日,与北京银行签订战略合作框架协议,共同建立文化创意产业集聚区融资服务平台。8月7日,CBD跨国公司政府事务经理人俱乐部成立,诺华中国、安永中国等30多家著名跨国公司成为会员单位。11月13-15日,举办第三届中外跨国公司CEO圆桌会议,探索后危机时期新的发展举措,驻华使节、商会、世界500强等近400名代表出席会议。年内,对国贸中心、华贸中心、嘉里中心、北京财富中心、世纪财富中心、东方梅地亚中心、世茂大厦、汉威大厦等8家出租率高、入住企业纳税比例大的商务楼宇进行政策奖励,并授予"朝阳区楼宇经济突出贡献奖"。北京CBD传媒商会、金融商会、地产物业协会分别新增20家、21家和2家会员单位,商(协)会规模分别达到71家、72家和35家。

(王连娣)

【CBD东扩区规划方案征集】 7月22日,CBD东扩区规划方案国际征集说明会暨新闻发布会召开,首次提出低碳绿色环保设计理念。美国SOM设计公司、英国福斯特建筑事务所(FosterandPartners)、美国KPF设计公司、清华规划院、中国城市规划设计研究院、广州市城市规划勘测设计研究院、巴黎机场工程公司等7家公司参与方案征集。10月15日-16日,由来自建筑、交通、景观等领域7位专家组成评审组,对参选方案逐个进行评审,美国SOM建筑师事务所设计的方案获一等奖,美国KPF+北京建筑设计研究院设计方案获二等奖,中国城市规划设计研究院+英国空间句法公司设计方案获三等奖。

(王连娣)

【完善组织体系】 7月,北京商务中心区土地资源发展中心成立,为管委会所属事业单位,主要职责是配合相关部门做好北京商务中心区土地整理储备工作。8月7日,原北京商务中心区商业管理公司增资变更为北京商务中心区投资管理有限公司。9月8日,北京商务中心区投资和服务中心下属北京商业运营管理公司成立。10月,由北京商务中心区投资管理有限公司和区国资中心共同完成CBD国际开发建设公司股权变更,作为开发实施主体,负责CBD土地整理开发、CBD管委会授权的基础设施建设以及特定项目开发,基本形成行政、事业、企业三位一体管理服务体系。年内,CBD地税所、CBD统计所、CBD国税所、CBD城管监察分队入住CBD,正式对外办公。

(王连娣)

【CBD指挥调度中心(一期)建成】 9月25日,CBD城市管理指挥调度中心(一期)开始试运行。一期工程包括大屏图像显示系统、图像切换系统、实时监控图像系统对接、录像调用图像系统对接、CBD停车诱导对接、双语种紧急救助系统(试验)、消防信号联网采集系统(试验)等部分建设。对接、汇聚区城市管理监督系统、区图像信息管理系统、市交管局电视监控图像、停车诱导系统、CBD地区交通路况图、消防信号联网采集试验系统、双语种求助试验系统等七路信号源,实现各信号源在大屏幕上集中显示。

(王连娣)

【成立CBD东扩建设指挥部】 9月30日,成立以区长为总指挥,相关副区长为副总指挥,14家相关部门和属地街道为成员的建设指挥部,负责定期就商务中心区规划、土地一级开发、建设和产业发展等方面的工作进行沟通,对东扩工作重大事项进行研究协调。指挥部下设办公室。办公室设在CBD管委会,负责日常事务。

(王连娣)

【北京CBD国际商务节】 10月12日-18日举办第十届北京CBD国际商务节,主题为"商机、合作、发展、责任"。刘淇等中央和市领导及400余家国内外知名企业出席开幕式等活动。北京CBD国际论坛、北京CBD产业发展论坛举办"转危为机,抓住亚洲机会"交流活动;举办国际论坛、北京CBD规划论坛、北京CBD国际金融论坛、跨国公司地区总部发展论坛等前瞻性论坛;举办10项商务文化活动,分别为北京CBD国际商务节主题展、"利成于益,加强国际合作"晚餐会、北京海外学人中心CBD分中心成立仪式、北京CBD东扩国际征集方案评审会、2009北京CBD国际资本峰会、第六届中国城市论坛北京峰会、北京CBD音乐会活动、第六届京津塘科技新干线论坛、第七届北京国际商务车展以及北京CBD国际摄影艺术大赛。商务节突出"发展"主旋律、突出"低碳"和可持续发展、突出国内外CBD的共融发展、突出国际化特点。

(王连娣)

【党工团组织建设】 年内,加强党工团组织建设,累计组建22个企业党委、14个企业党总支、239个党支部,组建18家企业工会,纳入党建工作范围党员1800余名。

(王连娣)

奥林匹克公园

【概况】 北京奥林匹克公园管理委员会为市政府派出机构,委托朝阳区代管。年内,组织机构逐步完善,工作人员按编制批复逐步到位,各项工作按政府职能顺利开展。11月17日,经区委组织部批复奥林匹克公园管委会成立中共北京奥林匹克公园管理委员会委员会,党委委员9人,党组织关系划归区委区直机关工委。全年完成区级财政收入8200万元。

地址:北辰东路15号

电话:84972647

邮编:100101

(赵振霞)

【有奖征集公园标识】 4月,面向社会有奖征集北京奥林匹克公园的标识,收到来自全国各地包括台湾、澳门特区等投稿作品六百余件。经群众投票,专家评审,8月确定公园标识。

(张　萌)

【公益宣传活动】 4月11日,由市市政市容管理委员会、区政府联合主办的"垃圾分类、绿色文明"公益宣传活动在奥林匹克公园举行。本次活动旨在通过加强对垃圾分类的宣传、教育和引导,号召游客共同营造奥林匹克公园良好的游园环境;同时,以垃圾分类公益活动为契机,在奥林匹克公园和鸟巢、水立方等场馆率先实施垃圾分类收集、运输和处理工作,秉承奥运理念,体现绿色文明。

(崔　晨)

【成功举办中网赛事】 9-10月,在国家网球中心成功举办中国网球公开赛。并吸引中网公司落户,国家网球中心将成为集网球竞赛,网球健身,网球培训,网球文化展示,网球商业及配套产业为一身的"网球商圈"。

(赵振霞)

【公园推介】 10月,为进一步推介奥林匹克公园的整体形象,打造公园整体品牌,吸引高端客户群入驻园区,编制设计印刷北京奥林匹克公园招商宣传册。11月21日-27日,管委会第一次以整体推介形式参加文博会。展示奥运会的缶,水立方的模和水上乐园模型,巧克力公园等精美作品,获得社会广泛好评。

(杨　平　张　萌)

【场馆运营】 上年10月至本年10月上旬,"鸟巢"和"水立方"通过旅游门票、演艺、比赛及特许商品经营,分别实现运营收入约3.7亿元和1.4亿元。

(赵振霞)

【党委挂牌成立】 12月20日,中共北京奥林匹克公园管委会委员会挂牌成立,副区长、管委会委员会书记、主任赵全保,常务副主任、副书记王春,副书记龙彩凤出席挂牌仪式。

(赵振霞)

【经济联席会】 年内,启动并坚持街乡联席会议制度,对功能区的经济发展提供有力的组织协调保障。

(杨　平)

【大型活动】 年内,公园举办近百场次超过千人的大型活动,其中国际性活动15次,万人以上大型活动28次,参与人数200余万人次。其中有:1月26-2月9日的森林公园冰雪季、3月28日地球一小时活动、3月28至4月18日"健康北京、健康生活"北京健康促进大型公益活动、4月20日知识产权周启动仪式、4月23日北京市农村实用人才创业成果展、5月1日成龙演唱会、6月20日北京和谐杯千台万人乒乓球展示活动、6月30日宋祖英演唱会、8月8日"全民健身日暨万人太极拳表演创吉尼斯世界记录活动"、8月8日意大利足球超级杯、8月8日北京奥运会及9月9日残奥会一周年系列纪念活动、9月12日使节夫人义卖、10月6日图兰朵歌剧、10月8日北京国际马拉松比赛和10月23日第十一届北京国际旅游节。

(李　栋)

【参观旅游】 年内,接待中外游客约4000万人次,其中国家级和省部级领导41批75人次。

(尹志东)

【获市国庆景观布置特殊贡献奖】 年内,在国庆景观布置中突出祥云元素和场馆特色,受到了市区领导和广大游客的好评,荣获市国庆景观布置特殊贡献奖。

(崔　晨)

【科荟路绿化改造】 年内,完成总面积60000平方米的科荟路绿化景观工程建设,铺设草坪29500平方米,栽种植被约21.4万株,并将森林公园的主湖水域"奥海"与公园其他景区的水系部分连为一体,保证龙形水系的整体性。

(刘建平)

【工程建设】 年内,开通鸟巢东侧地下车库,可停放机动车1015辆,缓解了地面的停车压力;新建固定卫生间5处,园区共有固定卫生间11处,临时卫生间18处,共计厕位659个,基本满足游客需求;建成游客服务中心3个,可提供旅游咨询、旅游代理、旅游投诉等服务。

（崔　晨）

【安全检查】　年内,组织各类安全检查183次,检查单位1030家次,检查发现各类隐患7120次,督促整改6740处,下发执法文书706份,有效保证了园区安全。

（宋倩影）

【执法检查】　年内,取缔无照经营6643起,行政告诫2452人次,罚没物品36716件,行政罚款124760元。

（赵振霞）

温榆河生态走廊

【概况】　年内,根据区机构编制委员会朝编〔2009〕42号文件精神进行管理机构设置调整,原北京市朝阳区温榆河生态走廊建设管理委员会调整为区政府派出机构,负责温榆河地区开发建设管理和协调服务工作,机构级别为正处级。主要职责为:负责研究编制温榆河地区总体规划、控制性详细规划和各专项规划,制定地区发展规划、相关政策和开发建设计划,并组织实施。负责统筹温榆河地区市政基础设施建设、产业发展和生态环境建设,制定地区土地开发建设计划,并组织实施。负责协调建设用地的征地、拆迁、转工、转居工作,制定征地拆迁安置计划和政策。负责温榆河地区开发建设项目的初审和报批工作,并协助相关部门开展对工程项目的财务管理和审计监督工作。负责研究温榆河地区的财政、金融运行态势,组织对外宣传和招商引资工作。承办区政府交办的其他事项。将原北京市朝阳区温榆河生态走廊建设管理委员会办公室调整为温榆河管委会所属事业单位,并更名为北京市朝阳区温榆河生态走廊服务中心,机构规格相当于正科级。主要职责为:负责区域相关信息化建设和服务工作;负责政策咨询和信息发布、追踪及反馈工作;负责管委会的后勤保障服务工作。

地址:金盏乡金盏东街9号

邮编:100018

电话:84334239

（王　磊）

【区有关会议】　2月19日,区委书记陈刚主持召开会议,专题研究农村基础设施、温榆河大道、东部华侨城等项目建设工作。与温榆河管委会工作相关的会议决定:一是会议原则同意成立温榆河土地一级开发公司,由副区长刘希泉牵头,温榆河管委会、区国资委等单位负责,加快研究公司组建、人员构成以及该公司与孙河乡、崔各庄乡、金盏乡、朝阳区土地整理储备分中心的配合衔接等问题,提出工作建议,加快推进温榆河大道项目建设。二是由温榆河管委会负责,作好与华侨城集团的沟通协调工作,对东部华侨城项目的规划、土地、农民安置和历史遗留问题进行深入研究,提出工作建议,报区委调度会研究。三是由温榆河管委会负责,拟定温榆河地区3年发展规划,细化基础设施建设、组团建设、环境建设、土地开发计划等问题,相关工作报区委专题调度会研究。4月15日,区长程连元主持召开会议,研究温榆河功能区有关问题,刘希泉、张和平出席。会议决定如下事项:一是关于温榆河大道有关情况。第一由温榆河管委会牵头,各相关部门配合,争取市有关部门支持,全力推进温榆河大道建设。督促市公联公司加快办理温榆河大道项目所有前期手续,加快办理拆迁前期手续。由市公联公司委托宝嘉恒基础设施投资公司,负责组织拆迁资金并实施拆迁。第二项目拆迁涉及人员的安置,参照温榆河地区机场二通道、机场南线等重点工程拆迁补偿标准办理。妥善调配安置房源,加快回迁房手续办理。各部门、单位推进工作时,应同步考虑该地区农民就业问题。第三区发展改革委、区市政管委、区水务局负责,争取市政府对该项目的资金支持,解决部分建设资金和配套管线资金。同时,做好由宝嘉恒基础设施投资公司垫资实施配套管线的准备,待今后管线启用时,协调市相关部门返还建设资金。二是关于康营、长店、南皋组团有关情况。决定由温榆河管委会负责,与市规划委进一步商定组团容积率,确保土地集约利用。因容积率调整增加的土地原则上安排为产业用地或绿地。计算地区人均产业用地面积指标,以此确定增加的土地中用于产业用地或绿地的比例。三是关于组建土地一级开发公司有关情况。会议决定:第一原则同意成立朝阳城市建设综合开发公司温榆河土地开发分公司,资产关系归属区国资委。第二公司领导班子和人员由区国资委、朝阳城建开发公司商温榆河管委会确定。该公司业务温榆河管委会领导。第三由区国资委负责,研究解决该公司的开办费用,同时增加对朝阳城建开发公司的资金注入。第四由温榆河管委会负责,继续深化完善该公司的运作机制,研究其与地区各乡的利益关系。力争取得温榆河大道和部分重点区域的一级开发任务。土地一级开发增值部分用于前期市政基础设施投入和平衡地区各乡利益,确保在温榆河地区建设中,实现政府收支平衡。四是关于东部华侨城(暂用名)有关情况。会议决定,由温榆河管委会负责,在争取华侨城集团进入的同时,做好引进其他标志性产业项目的准备。同时,把促进产业发展作为重要工作加以推进,争取每年推出2—3个重大项目。五是关于莱茵花园历史遗留问题。会议决定:由温榆河管委会负责,对莱茵花园历史遗留问题、皮村旅游休闲产业用地项目、黄港组团二类用地等几项工作进行梳理,形成简要材料,择机向副市长陈刚汇报。应就莱茵花园项目依照现有规范继续实施,充分考虑现有主体的优先实施权等问题,争取市领导的认可和支持。会议最后决定,由刘希泉负责,总体统筹上述工作,各相关部门、单位全力配合,积极推进,争取早见实效。8月11日,刘希泉主持召开会议,研究温榆河大道市政管线及有关污水处理厂建设工作。会议指出,温榆河地区相对薄弱的市政基础设施现状,严重制约了地区经济社会发展和人民生活的改善。当前,急需加快温榆河大道及沿线区域的水务、电力、燃气等市政基础设施建设,推进温榆河地区城乡一体化进程。8月24日,程连元主持召开第25次区长办公会,研究温榆河大道有关情况,会议决定:一是原则同意成立温榆河大道建设协调领导小组。二是由区发展改革委、市国土局朝阳分局负责,商市发展改革委、市国土局,争取将温榆河大道征地、拆迁和上水、下水、中水、电力四条管线建设资金一并纳入土地一级开发成本。三是如温榆河打道四条管线建设资金列入土地一级开发成本确有难度,则由宝嘉恒基础设施投资公司作为温榆河大道四条管线建设的融资主题,由朝阳城市建设开发公司温榆河土地开发分公司作为温榆河大道四条管线建设的实施主体。四是东三乡土地一级开发工作,由市土地整理储备中心朝阳分中心统一安排,朝阳城市建设开发公司温榆河土地开发分公司在符合程序的前提下,可优先作为实施主体。9月10日,陈刚主持召开会议,专题研究东部华侨城项目,会议指出,朝阳区与华侨城集团通过近年来的合作,建立了良好的信任基础。东部华侨城项目,产业定位符合温榆河地区重视生态、产业、宜居的发展要求和区域规划,有良好的发展前景,自2009年2月双方签署战略协议以来,该项目取得了一定进展。会议强调,要加快推进东部华侨城项目的实施,带动温榆河地区的整体可持续性发展。会议对东部华侨城项目提出原则要求:一是要高度重视,加快推进。二是创新合作方式,力求合作成功。三是加强领导,强化落实。12月16日,陈刚主持召开温榆河地区控规工作专题会议,程连元、吴桂英、刘希泉、李建海、赵增华、张和平出席。会议听取市规划院详规所关于《北京市东三乡地区用地规划调整研究阶段方案》的汇报和区有关部门的发言。陈刚指出:此方案借鉴了国际前沿案例,调研充分,融合了生态、旅游、休闲、产业、居住等方面的考虑,符合首都区域特征,体现了高站位、高水准和高质量。陈刚就做好下一步工作强调三点意见:一是站在北京发展的新高度认识温榆河地区发展定位。二是我区要与市规划院进一步深化研究十项工作。第一在此次会议精神的基础上,采取基础方案和条件方案相结合的方式,研究确定实施温榆河地区规划调整的工作思路,推进实质性操作,解决好具体项目推进问题。第二统筹考虑人口、资源、环境,研究该地区人口控制规划,推动建设"田园城市"。第三提升滨水规划水平。第四做好绿色空间的规划。第五加快研究产业布局和产业选择的规划。第六深化研究农民就业和农村产业发展工作。要平衡维护农民利益和产业发展的关系,选择适当的产业形态,做到既提升产业级次、又解决农民就业。第七要"下先手棋、打主动仗",解决好空间规划和土地规划衔接问题。第八尽快完善道路和基础设施的规划。第九结合"十二五"规划,统筹做好该地区社会事业的布局。第十着眼北京建设旅游城市的定位,加快深化大环文化创意产业园区规划。三是本区要加快推进相关后续工作。第一全区要深化规划引导的理念,认真领会、遵守、落实规划。第二加快已明确项目的实施。要抢抓机遇,做好居住组团建设、电子城西区北扩、金盏金融服务园区建设、东部华侨城项目实施等工作,加快推进土地储备。第三强化温榆河生态走廊建设管委会职能,切实提高统筹协调能力,着眼大局推进工作。第四加快制定温榆河地区2010年工作方案,明确工作任务和目标。会上,程连元就提升规划理念,做好该地区人口总量控制、推进"四规合一"、提升水系规划建设水平、产业发展和产业功能用地相对集中等提出了指导意见。

(王　磊)

【领导调研】　5月12日,区人大常委会领导王力军、闫学锋、孔德琴等一行对农村地区产业发展情况进行专项调研。12月8日,区领导陈刚、刘希泉、赵增华、张和平调研温榆河地区建设工作,实地查看温榆河大道拆迁工作进展群众,听取温榆河管委会的工作汇报。陈刚在讲话中强调:要进一步强化抢抓机遇、加快发展的意识,按照“三个加强、五个加快”的要求,创新工作方式和组织形式,理顺关系,提高工作效率,全力推进温榆河地区建设发展。“三个加强”一是加强统筹协调,二是加强政策研究,三是加强责任落实。“五个加快”一是加快基础设施建设,二是加快土地储备和农民安置工作,三是加快重点项目推动,四是加快区域环境品质的提升,五是加快对区域经济贡献的形成。

(王　磊)

【温榆河大道项目】 8月28日,温榆河大道立项正式获市政府批复。9月16日,为落实朝政办发〔2009〕29号文《北京市朝阳区人民政府办公室关于成立温榆河大道建设协调领导小组的通知》的要求,温榆河大道建设协调领导小组召开第一次会议,就温榆河大道开工建设的下一步工作进行协调部署,宣布在领导小组办公室下设综合协调组、拆迁安置组、工程建设组、资金审核组四个工作组,将统筹做好大道资金保障、拆迁安置、树木移伐、市政建设等工作。11月11日,全市2009年重点市政道路工程温榆河大道正式开工建设,副市长黄卫及有关领导刘小明、贾维、程连元、张和平出席温榆河大道开工仪式。

(王　磊)

【东部华侨城项目】 9月17日,受区委、区政府委托,由杨永主持召开与华侨城合作项目的第三次会谈。会谈就落实项目领导小组要求,加快项目进展等事宜进行进一步商讨。9月23日,受区委、区政府委托,由杨永主持召开与华侨城合作项目的第四次会谈。双方回顾了项目的工作进展情况,并再次在温榆河实地考察调研。根据华侨城集团一行8人沿温榆河河滨路、机场二通道辅路,皮村路,东窑路,金盏路对拟合作项目意向地块的实地观测,会议就与华侨城合作项目的功能定位和政策研究、用地选址方案(用地位置及范围)、机场航道噪音区的环境监测等相关方面的问题进行商讨。10月15日,为加快推进东部华侨城项目,完成温榆河生态走廊(金盏地区)飞机噪声影响评价报告。

(王　磊)

电子城科技园

【概况】 年内,电子城高新技术企业达到1150家,总收入首次突破千亿元大关(1019.4亿元),同比增长36.3%,实现利润总额108.3亿元,同比增长228.4%,实缴税费49.8亿元,同比增长45.1%,区级财政收入19.16亿元,同比增长34.2%,主要经济指标增速稳居中关村五大科技园首位,实现历史性突破。产业结构不断优化,“三新”产业总收入452亿元,占电子城总收入的45%,其中新能源产业同比增长已超过50%;自主创新和成果转化能力显著增强,认定登记技术合同成交总金额50.6亿元,同比增长148%;拥有有效专利2727件,其中发明专利1683件,占有效专利总数的62%。

地址:酒仙桥路甲12号电子城科技大厦15层
电话 64311811　64317300
邮编:100016

(赵　剑)

【京东方再次获奖】 1月9日,第42届国际消费电子展(CES)在美国拉斯维加斯开幕,2008－2009年度中国消费电子领先品牌TOP10隆重揭晓,京东方再次当选中国消费电子领先品牌TOP10并获“最具创新科技企业”称号。

(赵　剑)

【领导调研】 2月9日,市委书记刘淇,市委副书记、市长郭金龙深入中关村科技园区电子城科技园所辖的4家企业:西门子有限公司总部、安捷伦公司中国区总部、北京兴大豪科技开发有限公司、北京七星华创电子股份有限公司进行专题调研。刘淇强调,要坚定信心,抓关键、抓重点、抓产业、抓项目,依靠首都丰富的科技、智力资源,上下共同努力,实现首都经济平稳较快发展。3月25日,区人大常委会主任王力军、副主任闫学峰、于五一、孔德琴及人大常委会委室负责人一行就电子城功能区建设发展情况到管委会调研。常务副主任王文军从电子城经济运行、基础设施建设和北扩进展三个方面作详细的汇报。与会人员对电子城管委会在应对国际金融危机、确保地区经济增长、加强税源建设所做的工作给予肯定,并就电子城管委会当前工作中遇到的困难和问题,金融危机给企业带来的影响,以及需要予以重点支持、协调的情况进行深入的讨论。7月24日,中关村管委会主任郭洪一行到电子城科技园调研,区长程连元、常务副区长吴桂英、副区长阎军等陪同调研。王文军就电子城基本情况、经济运行状况、工作进展和下一步安排进行汇报,杰华生物和鼎桥通信作为企业代表分别介绍自身发展情况以及在研发、人才等方面亟待解决的问题。郭洪高度评价电子城的发展,称电子城“最具产业特色、最具国际化特征”,为中关村各园区起到了积极的示范作用。8 月 13 日,昌平区四套班子领导一行 10 余人到电子城科技园区学习调研,区人大常委会主任王力军、政协主席辛燕琴、副区长阎军、政协副主席刘乃晨等陪同调研。与会人员在参观沙盘模型并观看“中国移动谷”宣传片后,专门听取王文军就电子城基本情况、经济运营状况、主要工作情况及下一步工作安排所做的专题介绍。

(赵　剑)

【企业产品和技术入围评选】 2 月 12 日,由中国半导体行业协会、中国电子材料行业协会、中国电子专用设备工业协会、中国电子报共同举办的“第三届(2008 年度)中国半导体创新产品和技术”评选结果揭晓,共有 31 项创新产品和技术上榜,其中电子城企业北京中电华大电子设计有限公司的无线局域网基带协议处理芯及北京七星华创电子股份有限公司的 CS 系列气体质量流量控制器/流量计上榜。

(赵　剑)

【监控系统建成投入使用】 3 月 6 日,电子城科技园西区国际研发园监控系统建成并投入使用,能够实时、直观的提供各公共区域的视频实况,为国际研发园各企业的员工提供一个安全、和谐的工作和生活环境。

(王　谦)

【万东医疗企业获奖】 3 月 20 日,市委、市政府召开“建设中关村国家自主创新示范区动员大会”。副市长苟仲文宣读《关于表彰中关村 20 周年突出贡献企业(单位)和个人的决定》,电子城企业万东医疗等 175 家企业(单位)被授予“中关村 20 周年突出贡献企业”荣誉称号。

(赵　剑)

【电子城有限责任公司获荣誉称号】 3 月 22 日,在建设中关村国家自主创新示范区动员大会上,表彰中关村科技园区 20 周年突出贡献企业(单位)和个人电子城有限责任公司被评为中关村科技园区 20 周年突出贡献单位;公司总经理王洪福被评为中关村科技园区 20 周年突出贡献个人。

(贾冬梅)

【i - Open0. 5T 产品通过认证】 4 月 13 日,万东公司磁共振产品事业部接到美国 FDA 认证中心通知,公司生产的 i - Open0. 5T 产品顺利通过 FDA 产品认证,K 号为 090873,再次刷新目前通过 FDA 认证的磁共振永磁机型的最高场强记录。

(赵　剑)

【刘淇到万东医疗调研考察】 4 月 20 日,市委书记刘淇、市委副书记王安顺及市领导李士祥、赵凤桐、苟仲文、丁向阳一行到北京万东医疗装备股份有限公司进行专题调研。北药集团董事长卫华诚、北药集团总经理万东医疗董事长贺旋以及万东医疗总经理蒋达陪同刘淇一行,参观了公司新产品展示厅、射线产品试制车间以及磁共振实验室。

(赵　剑)

【《自助服务终端通用规范》发布】 4 月,由兆维科技立项,北京兆维科技开发有限公司主持撰写的《自助服务终端通用规范》国家标准 GB/T23647 - 2009 正式发布,自 2009 年 9 月 1 日起实施。国家标准《自助服务终端通用规范》自 2007 年初立项,同年 3 月兆维科技公司成立该标准的编写起草工作组,负责具体撰写工作,确定编制进度、工作安排以及起草编制。

(赵　剑)

【崔各庄变电站开工】 5 月 14 日,电子城科技园崔各庄变电站和基础设施建设开工仪式在施工现场举行,常务副区长吴桂英、副区长阎军及区相关部门领导出席开工仪式,标志着电子城西区五环外区域开发正式启动。

(王　谦)

【中关村电子城加速基建步伐】 5 月 14 日,电子城科技园举行园区基础设施及崔各庄变电站(110KV)等项目开工仪式。常务副区长吴桂英出席开工仪式并讲话。这些基础设施项目的启动建设标志着电子城西区开发建设进入一个新的开发阶段,园区基础设施承载能力进一步提高,产业项目建设不断提速,产业发展进一步加快。此次开工建设的项目包括来广营中街一期道路、崔各庄 110KV 变电站及来广营中街二期、电子城西区六号路等。

(赵　剑)

【兆维工业园体育节开幕】 5 月 18 日,北京兆维电子(集团)有限责任公司工会和电子城科技园兆维工业园实业总公司联合主办的兆维工业园第二届体育文化节拉开了帷幕。共有来自园区各企业的 100 多位代表参加开幕式。据了解,电子城兆维工业园一直致力于为园区企业提供更多、更有价值的服务,努力把整合资源,为入园企业的文化建设、品牌传播、业务拓展、政策利用提供支持作为改善服务、提升软实力的方向和目标。其中,体育文化节就是为丰富园区文化内涵、加强与企业之间的沟通和交流，由园区经营团队精心策划、努力打造的服务。

（赵 剑）

【西区 E8 -2 地块挂牌出让】 5月，电子城科技园西区 E8 -2 地块通过挂牌出让，这是电子城科技园西区全面执行招拍挂出让制度后第一块出让的产业用地，为电子城科技园西区产业用地出让程序办理提供宝贵的经验。

（王 谦）

【中电华大电子设计公司入围百强】 6月12日，工信部和国家统计局联合发布2009年（第八届）"中国软件业务收入前百家企业"名单，电子城高新技术企业中电华大电子设计有限责任公司成功入围，排名第61位。

（赵 剑）

【驼房营路和康乐路全面开工】 6月12日，在中关村电子城科技园区管委的协调下，由电子城有限责任公司建设的驼房营路和康乐路全面开工。

（贾冬梅）

【入围"中国500最具价值品牌"】 6月16日，世界品牌实验室发布2009年(第六届)《中国500最具价值品牌》排行榜，电子城高新技术企业京东方科技集团股份有限公司的"京东方"品牌以195.81亿元的品牌价值排名第42位，北京双鹤药业股份有限公司的"双鹤"品牌以41.63亿元的品牌价值排名第201位。

（赵 剑）

【IT 园 B1 厂房项目竣工】 6月23日，电子城 IT 园 B1 厂房项目竣工。该项目于2007年11月10日开工建设，由北京城建建设管理公司施工，京龙建设项目管理公司监理，经过一年半的施工建设顺利竣工，总建筑面积达56651 ㎡，是电子城 IT 产业园单体面积最大的项目。

（贾冬梅）

【北扩规划控规获批】 6月，电子城北扩规划（一期）2.02平方公里的控制性详细规划获得市政府批准，一期范围规划总建筑规模达230万平方米。

（王 谦）

【摩托罗拉科技合作项目启动】 7月17日，2009年朝阳区——摩托罗拉科技发展合作项目启动仪式暨项目管理培训会在望京科技园举行。副区长阎军、摩托罗拉（中国）技术有限公司总裁庄靖，以及区科委、财政局、电子城管委会、电子城建设公司等单位有关负责人出席会议。根据《朝阳区——摩托罗拉科技发展合作项目管理办法》，经项目推荐、专家评审、实地考察并经监管委员会决定，"新一代家庭综合信息与通讯平台的研发"等5个3G相关技术研发项目获得了科技发展合作经费的资助。

（赵 剑）

【打造中国"移动谷"】 7月24日，中国"移动谷"新移动通信产业战略合作签约仪式在中关村国家自主创新示范区电子城科技园举行，区政府分别与中国移动通信集团北京有限公司和 TD 产业联盟签署战略合作协议，将以3G产业为突破口，在电子城科技园打造中国"移动谷"，我全力建设无线通信产业核心区域的计划目标由此展开。中关村管委会主任郭洪，区长程连元、常务副区长吴桂英、副区长阎军等出席签约仪式。

（赵 剑）

【爱立信"Me - On - TV"获奖】 8月26日，第十八届北京国际广播电影电视设备展览会（BIRTV2009）在北京国际展览中心隆重开幕，爱立信 Me - On - TV 荣获"BIRTV2009 产品、技术及应用项目评选活动"视频制作与播出类最佳产品奖。该解决方案目前已被国内多家主流电视及网络媒体采用，开创了一种更具时效性和互动性的现场采访报道形式。

（赵 剑）

【世纪互联获两大奖】 8月27日，由中国质量监督权威机构—中国质量协会用户委员会及国内权威 ICT 市场研究机构计世资讯（CCWRESEARCH）共同主办的"2009年中国 IT 用户满意度年会"举行。作为中国规模最大的电信中立互联网基础设施服务提供商——世纪互联，凭借卓越的技术实力和创新性的专业服务，再次获"用户满意度"与"IT 卓越成就奖"两项大奖。至此，世纪互联已三度蝉联"用户满意度大奖"，两度蝉联"IT 卓越成就奖"。

（赵 剑）

【西区 F1 地块项目开工】 8月，电子城科技园西区 F1 地块五星级酒店项目正式开工，预计将在2012年全面投入使用。该项目的开工建设将进一步提升电子城科技园西区的商务配套环境，为产业发展提供更好的支持。

（王 谦）

【北扩区域城市设计导则完成】 9月，电子城北扩区域城市设计导则完成，在"三个注重"（注重产业布局、注重人文生态环境、注重区域建筑整体协调）理念下，在北扩区域规划"三核、两环、一带"，三核即综合功能核心区、轨道站点商务区、中心公园体验区，两环即林荫内环、林荫外环，一带即滨水文化休闲带。北扩区域城市设计导则将成为北扩区域建设的指导性文件,提高区域建筑和谐和空间利用。

(王 谦)

【政企联谊会】 10月16日,电子城科技园第三届“锐动金秋”政企联谊会举办。区领导陈刚、程连元、王力军等与100多家入驻电子城科技园的国内外知名企业家代表,再次欢聚一堂,共叙友情,共谋发展。“锐动金秋”政企联谊活动始于2007年,三年来,此项活动为政府与企业的交流沟通,搭建了很好的平台。

(赵 剑)

【首信股份获先进集体荣誉称号】 10月16日,在酒仙桥街道工委组织的关于表彰国庆60周年服务保障先进表彰大会上,首信股份获得地区“国庆60周年服务保障先进集体”称号,冯大鹏获得先进个人称号。

(赵 剑)

【老工业基地纪念活动】 10月28日,由市发展和改革委员会、市经济和信息化委员会、市国有资产监督管理委员会、中关村科技园区管理委员会、区政府、北京电子控股有限责任公司主办,电子城有限责任公司和中关村电子城科技园管理委员会承办电子城老工业基地改造十五周年纪念活动。这次活动的主题是“开拓创新十五载,科学发展谱新篇”,并举行“科学发展,再创辉煌”启动仪式。

(贾冬梅)

【电子城有限责任公司重组上市】 11月17日,经中国证券监督管理委员会批准,电子城有限责任公司重组上市成功,成为首都唯一一家园区工业地产开发的上市公司。

(贾冬梅)

【企业入驻】 11月20日,电子城有限责任公司与中国电信股份有限公司北京分公司就签署《中国电信北京电子城数据中心项目合作协议书》举行签约仪式,北京电信成为第一家签约进驻中关村电子城国际电子总部的企业。

(贾冬梅)

【入选德勤高科技高成长50强】 11月20日,电子城园区企业北京映翰通网络技术有限公司以509%的高平均增长率成功入选德勤高科技、高成长中国50强,此次入选是继07年以298%的高增长率(第24位)、08年547%的高增长率(第28位)连续入选后的第三次成功入选(第24位)。映翰通公司董事长李明先生和总经理李红雨女士应邀出席颁奖典礼。

(赵 剑)

【科技园西区重点产业项目获批】 11月,经市规委批准,由电子城建设公司开发的摩托罗拉二期、爱立信二期、E8-1(原北电网络)三期、望京研发创新基地等项目协议出让。

(王 谦)

【世纪互联获IDC产业大典大奖】 12月16日,由中国IDC圈和赛迪顾问联合主办的第四届中国IDC产业年度大典在北京召开,世纪互联获得“2009年中国IDC产业年度卓越贡献奖”、“2009最佳IDC产品供应商奖”、“2009年中国IDC产业年度技术创新奖”三项大奖。其中,“卓越贡献奖”是世纪互联继前三届大典后第四次获得此殊荣。

(赵 剑)

【培育创新企业构建创新体系】 12月17日,在中关村国家自主创新示范区百家创新型企业试点工作大会上,北京超图地理信息技术有限公司、德信无线通讯科技(北京)有限公司、北京汉铭通信有限公司、北京万东医疗装备股份有限公司、北京双鹤药业股份有限公司5家园区企业被批准为首批创新型企业,并予以授牌。

(赵 剑)

【超图软件挂牌上市】 12月25日,超图软件等8家第二批创业板企业在深交所挂牌上市。超图软件董事长钟耳顺出席上市仪式并致辞。

(赵 剑)

【地铁自动售票机项目】 年内,兆维科技承担的“地铁自动售票机”项目因创新性好、技术含量高,拥有自主知识产权,对行业共性技术有较大带动作用,并具有较好的市场前景,被立项为国家重点新产品计划项目(编号2008GRA00045)。

(赵 剑)

【北扩区三新产业定位确立】 年内,区委区政府正式明确在电子城科技园北扩区域发展“三新产业”(即新移动通信产业、新生命科学产业、新能源产业)高端形态,并实施产业准入政策,重点打造中国“移动谷”。相继出台“三新产业”发展实施办法,推动北扩区域产业发展。

(王 谦)

【赛科药业通过欧盟认证】 年内,北药集团北京赛科药业有限责任公司通过欧盟cGMP(动态药品生产管理规范)认证,其生产的治疗高血压用药氨氯地平片年内将销往欧美市场。至此,中国国内药企(西药制剂)共有9家通过欧盟认证。

(赵 剑)

【10项目列入市火炬计划】 年内,经北京市、科技部两级专家评审,

"超图企业级服务式地理信息开发平台系统"等10个项目列入本年度市火炬计划，占全市火炬计划（184项）总数的比例为5.4%，其中国家级火炬计划3项。分别是：北京水宜生科技发展有限公司的"水宜生微电解活化水处理材料"项目，北京兆维科技股份有限公司的"轨道交通自动售票系统"项目和北京华东森源电气有限责任公司的"VH-CR1202-50交流高压真空接触器熔断器组合电器"项目。

（赵 剑）

【映翰通高速发展】 年内，德勤会计师事务所公布2008年中国高科技高成长50强名单，中关村科技园区电子城科技园企业北京映翰通网络技术有限公司以3年547%的高增长率，名列第28位。同时，映翰通还被美国著名商业媒体《红鲱鱼》评为亚洲创新企业百强。

（赵 剑）

【首批技术先进型服务企业】 年内，市公布了第一批被认定的47家技术先进型服务企业名单，其中，摩托罗拉（中国）技术有限公司、北京碧沁科技有限公司、瞬联讯通科技（北京）有限公司、安捷伦科技软件有限公司4家电子城企业，凭借创新性的技术、一流的产品和最佳的服务在激烈的竞争中脱颖而出，榜上有名。

（赵 剑）

【企业获创新基金支持】 年内，北京国遥新天地公司"新一代海量空间信息服务平台软件V2.0"，获2009年第一批国家科技型中小企业创新基金项目立项，获得60万元无偿资助。

（赵 剑）

金盏金融服务园区

【概况】 金盏金融服务园区管委会是负责金盏金融服务园区规划、发展、建设、管理和综合协调工作的区政府派出机构。行政编制12名，下设办公室、综合科2个科室。负责研究制定园区中长期发展规划、年度计划和相关政策，并组织实施；参与编制园区市政基础设施、配套服务设施等各类专项规划，组织实施与管理；负责园区对外宣传、产业促进、招商引资、项目建设和综合协调等工作，协助区政府做好园区重大项目引进的研究和决策工作；负责园区开发建设项目的管理工作，对园区规划落实、土地利用、项目建设情况进行监督管理；负责市、区相关专项资金的使用和监督管理工作；负责园区内投诉的受理工作；负责园区社会化服务管理、信息化建设和统计分析等工作。园区位于金盏地区，东至温榆河大道，南至坝河北滨河路，西临机场第二高速路，北至规划的东坝路，占地面积约595公顷。

地址：东苇路51号

电话：84317533

邮编：100018

（郝丽丹）

【园区推介】 1月19日，园区管委会召开金融服务外包项目说明会，邀请IBM、惠普、德国电信、普华永道、万国数据等7家外包服务提供商，就德意志银行在园区的外包服务需求进行了交流；，组织汇丰银行、澳新银行、苏黎世保险等10余家中外金融机构与外包服务商洽谈，加快搭建金融机构与外包服务提供商的沟通平台。4月28日，园区管委会召开"金盏金融服务园区重大项目引入及建设情况媒体通报会"，向《北京日报》、《北京晚报》、《北京晨报》、《北京青年报》、《京华时报》、《新京报》和北京电视台《北京新闻》、北京电视台《首都经济报道》等市属主流媒体、都市媒体通报园区招商及建设情况。11月园区管委会在区金融办、区投资促进局、区商务局的大力协助下，举办三场投资说明会，来自人保投资控股有限公司、新加坡腾飞（北京）集团、苏宁电器、恒基（中国）、沃尔玛（中国）、香港九仓电讯有限公司、英皇（北京）房地产开发有限公司、新世界中国地产、香江国际中国地产有限公司、新加坡兆璟财团等60余家投资界、地产界的知名企业参加会议。

（郝丽丹）

【领导调研】 2月6日，区委常委、副区长吴桂英来园区调研，听取园区管委会关于本年总体工作思路及重点任务安排情况的汇报。3月31日，戴继楼作为区政府顾问进驻园区办公，听取园区工作进展情况的汇报。12月8日，区委书记陈刚调研金盏金融服务园区建设工作，区领导刘希泉、赵增华，区委副巡视员张和平，区政府顾问戴继楼一同调研。

（郝丽丹）

【农转非劳动力安置】 2月16日，北京金盏融信投资中心成立下属北京恒信达通劳务派遣有限公司，专门负责园区范围内转非劳动力的接收与安置工作。6月15日，园区管委会配合金盏乡楼梓庄村，组织村民代表、党员代表、企业代表对园区规划及转居转工政策进行宣讲，做好村民思想工作。6月，园区管委会与金盏乡政府、区土地储备分中心、朝开公司、楼梓庄村等单位成立园区征地拆迁转居转工咨询办公室，建立政策咨询例会制度，及时解答村民疑问。

（郝丽丹）

【中组部组干院项目】 2月20日，中组部副部长李智勇一行11人就全国组织干部管理学院项目建设情况到园区现场办公，并对项目立项后的征地、开工建设和临时办公用房等具体问题展开座谈。副区长李建海和区政府办、区建委、区国土分局、区规划分局、金盏园区管委会、金盏乡政府等领导参加会议。8月25日，位于园区西北角的中组部干部管理学院项目开工建设。

（郝丽丹）

【基础设施建设】 3月18日，园区范围内的东坝大街、金盏纵十二路、三岔河村北街"一主两次"三条道路取得立项批复。6月29日，园区范围内东坝大街、三岔河村北街、金盏纵十二路"一主两次"三条道路正式开工建设，标志着园区基础设施建设正式启动。9月17日，园区范围内东高路、东坝路、东坝北路、坝河北滨河路、金盏纵五路"二主三次"五条道路取得立项批复。

（郝丽丹）

【审计监察】 4月，园区成立由区发改委、区监察局、区审计局、区财政局和园区管委会共同组成的园区开发建设审计监察委员会，制定《北京市朝阳金盏金融服务园区开发建设审计监察工作方案》，开展园区建设项目的全过程跟踪审计工作。

（郝丽丹）

【区政府有关会议】 4月24日，区委常委、副区长吴桂英，副区长李建海主持召开会议，研究金盏金融服务园区建设工作。8月6日，区长程连元主持召开金盏金融服务园区开发建设工作专题会，区领导吴桂英、刘希泉，区政府顾问戴继楼出席会议，园区管委会主任王健做关于园区开发建设工作的汇报。

（郝丽丹）

【项目建设】 4月30日，园区管委会正式向市金融局提出申请，对安邦保险后援中心（一期）项目进行金融后台项目性质认定。5月15日，德意志银行项目拟入驻办公的园区标准化写字楼一期启动建设，标志着德意志银行这一旗帜性的金融后台项目落户园区有了实质性进展。7月31日，市金融局对安邦保险后援中心（一期）项目认定为金融后台项目。10月，园区标准化写字楼一期主体结构封顶，进入二次结构施工阶段。12月29日，安邦保险公司与北京市土地整理储备中心朝阳分中心签订了《土地开发建设补偿协议》，实现项目落地。

（郝丽丹）

综合经济管理

发展和改革

【概况】 朝阳区发展和改革委员会是负责研究提出全区经济和社会发展战略、政策，进行综合平衡，指导本区总体经济体制改革工作的区政府组成部门。年内，围绕全区“调结构、上水平、保增长、保民生、保稳定”工作中心，深化结构调整，稳步提高质量效益；着力推进城乡一体化，提升城市管理水平；统筹改善民生，着力推进和谐社会建设。地区生产总值同比增长9.6%；财政收入完成190.7亿元，同比增长13.3%；社会消费品零售额完成1476.3亿元，同比增长16%；城镇居民人均可支配收入预计达到27597元，同比增长8.1%；农民人均现金收入达到16633元，同比增长10.2%；

地址：广渠路21号
电话：65012644
邮编：100124

（傅誉贤）

【产业布局规划研究】 4月15日，结合“十二五”规划研究编制和全区土地储备工作开展，研究“五轴三带”产业布局规划，形成《关于创新城市形态，提升城市功能的实施方案》（初稿），提出重点推进中轴路、机场高速路、长安街东沿线等发展轴和三条环带的建设，规划推进京沈高速、京津塘高速等发展轴的建设的发展思路。加大大望京村城乡一体化改造试点项目和东坝、孙河、金盏、豆各庄、三间房等地区31个土地储备等对“五轴三带”产业布局有影响和带动作用的功能性项目推进力度，促进轴线周边整体产业环境的优化提升，加强对现有功能区（储备区）的管理体制机制的创新，为在区域内构建形成现代产业体系提供产业发展基础支撑。

（朱运佳）

【奥运功能区发展研究】 4月，在细致调研奥林匹克公园园区发展和各场馆经营情况基础上，对奥运功能区的发展规划进行补充研究，形成《北京奥林匹克公园高端产业区规划发展方案》、《奥林匹克公园赛后运营情况》、《奥林匹克公园发展急需解决的问题及建议》等多项研究成果。

（朱运佳）

【定福庄储备区建设】 5月6日，形成《定福庄储备区产业发展实施方案》，明确提出集聚传媒产业发展，完善传媒配套产业，加快推进定福庄储备区传媒产业集聚区规划建设的总体思路。

（朱运佳）

【循环经济产业园发展规划】 5月31日，形成《北京市朝阳循环经济产业园发展规划》，成为以高安屯地区规划的垃圾处理中心为核心，辐射周边，建设循环经济产业园的指导性文件。

（朱运佳）

【金盏金融后台服务园区建设】 7月22日，按照“一控制两分摊”要求，对金盏园区土地一级开发中的资金缺口和成本控制问题进行研究，对园区土地开发成本构成进行梳理，形成《关于金盏金融后台服务园区开发建设成本控制的建议》，同时加大协调力度推进金盏金融服务园区成本控制工作和金盏保税库区建设。

（朱运佳）

【大环旅游文化集聚区建设】 9月14日，启动东方音乐舞蹈博览园（即中国演艺中心）规划建设，重点围绕引入国家演艺集团综合演艺中心，做好与中国东方歌舞团工作对接，确定项目选址并签署合作协议，为大环旅游文化集聚区培育种子项目。

（朱运佳）

【税源建设】　年内,按照全区全年财税收入实现10%的增长目标,发挥税源建设领导小组办公室的统筹协调职能,加强税源建设工作力度,统筹全区税源建设工作。完善税源建设工作机制,建立税源建设信息周报制度;制定"关于促进楼宇经济发展的奖励办法",调动楼宇物业公司参与招商引资积极性。

（张晓楠）

【融资服务工作】　年内,在广泛收集各部门重点项目建设资金需求计划基础上,形成全区2009年融资方案建议,为全区重点项目建设提供资金保障;会同国资委搭建国有融资平台,推进企业债的发行工作,为更好的整合国有资产、满足重点项目融资需求创造条件;继续完善中小企业融资担保贷款服务工作,开创进一步完善政府融资体系的研究。

（张晓楠）

【共享信息平台建设】　年内,推进共享信息平台的建设。完成经济预测系统、招商引资系统、数据填报系统建设工作,初步建立各部门、街乡的数据更新维护机制,加强区域经济信息的监测分析。

（张晓楠）

【网上审批系统推广应用】　年内,推进网上审批系统正式运行。组织召开网上审批工作动员大会,会同相关部门初步完成系统宣传及在涉及前置审批事项的7个部门推广应用工作。提升社会公众对网上审批工作认知度,提高行政审批效率,改善区域发展环境。

（张晓楠）

【大宗商品交易所建设】　年内,完成北京大宗商品交易所工商注册,形成《关于推进北京大宗商品交易所建设的思考建议》,形成《北京大宗商品交易所可行性与发展规划研究报告》、《北京大宗商品交易所建设方案》和《朝阳区促进北京大宗商品交易所发展的若干措施》,成功举办"2009年大宗商品电子交易发展论坛"。

（朱运佳）

【十二五规划编制工作】　年内,完成区"十二五"规划前期课题公开选聘,选定9家专业研究机构,并向社会公布选聘结果。形成《朝阳区"十二五"规划研究编制工作方案》。重点从编制工作指导思想、基本原则、主要任务、组织分工、进度安排、保障措施等几个方面对全区"十二五"规划的研究编制工作进行全面部署,明确"十二五"规划编制总体方向和主要任务。编制形成《朝阳区"十二五"规划研究编制组织方案》,着重对时间进度安排、组织领导架构、重点工作安排及经费保障等方面的工作部署做出进一步细化,明确了思路征集、文本起草、信息宣传等具体的工作要求,成为推进"十二五"规划编制工作方案落实的调度依据。

（朱运佳）

【成立区重点项目协调办公室】　年内,成立区重点项目建设协调办公室,办公室设在区发改委。研究制定《朝阳区重点建设项目管理办法(试行)》,确定本年重点建设项目55个,项目总投资488亿元,年度计划投资163亿元。

（高文华）

【重大项目绿色审批通道】　年内,按照市扩大内需办"关于加快开展扩大内需重大项目绿色审批通道有关工作的通知"要求,建立区绿色审批通道工作机制。区级绿色审批通道推进小组由区发改委、规划分局、国土分局等14个部门组成。制订《朝阳区重大项目绿色审批通道实施办法》,包括适用范围、组织机构、项目申报、项目审定、手续办理、保障制度等六个方面。建立绿色审批通道审批部门的联席会议、项目联审会、区领导专审会三级联审机制;在依法依规的前提下,各相关审批部门简化程序,提前介入,同步受理,通过采取串联改并联的方式,加快重大项目前期手续的办理。年内,纳入区级绿色审批通道项目有39个,总投资49.2亿元。

（高文华）

【审批制度改革】　年内,市发改委将十类项目由原来的核准制管理改为备案制管理,将20项项目的核准权限由市发展改革委下放到区县发展改革委。明确审批期限,对于区内有审批权限的事项,3个工作日内办结;属权限外固定资产投资项目,7个工作日完成初审;压缩中介机构评审论证时间,可研评审时间由10个工作日压缩为5个工作日,初步设计概算评审时间由20个工作日缩短为10个工作日。区域内新批项目322个,总投资762亿元。

（高文华）

【市级审批项目】　年内,通过公开征集,及时将本区急需建设的重大项目申报进入市级绿色审批通道或纳入区绿色审批通道。域内进入市级绿色审批通道项目有147个,总投资2991亿元。

（高文华）

【分解落实全区全社会固定资产投资任务】　年内,制定《2009年朝阳区全社会固定资产投资预期完成目标任务分解方案》,将本区全社会固定资产投资促进任务分配至全区23个职能部门,督促各责任单位抓紧制定本部门承担的投资目标任务的细化落实方案,明确责任目标。1－12月全区全社会固定资产投资完成1104.9亿元,同比增长0.8%,

占全市投资比重为22.7%,总量居全市首位。

(高文华)

【完善农村地区基础设施】 年内,加大农村地区基础设施建设投入,组织编制农村地区基础设施三年规划,会同规划分局,借助市规划院的专业优势,组织编制农村地区自来水、污水、电力、燃气、热力、环卫设施、道路、绿化等八项基础设施建设三年规划,取得规划初步成果。

(高文华)

【推进绿隔产业项目建设】 年内,落实市政府《关于进一步推进本市第一道绿化隔离地区建设意见的通知》集体产业用地定向出让的有关规定,申报16个绿隔产业用地项目和9个绿色产业项目立项申请,总占地面积144.1万平方米,总投资86.9亿元。

(高文华)

【争取市政府资金】 年内,以基础设施为重点,争取市政府资金支持。全年争取28个项目市政府补助资金179173万元,占项目总投资的50%。

(高文华)

【研究储备土地发展规划】 年内,针对本区农村土地大量、集中储备的情况,按照区政府要求,委托专业公司,开展储备土地产业发展规划研究,围绕朝阳区发展战略尤其是产业发展战略的需求,分析储备土地现状和问题,明确储备土地利用的思路,提出科学合理的储备土地产业发展规划,为区委区政府提供决策依据和建议。

(高文华)

【开展重点建设项目申报】 年内,经过公开征集和筛选,上报7类63个项目。其中:申请列入2010年重点建设项目33个,总投资425.3亿元,年度计划投资165.7亿元;申请列入2010年前期工作重点项目30个,总投资658.6亿元。

(高文华)

【政府基本建设专项投资计划】 年内,组织召开多次项目调度会,了解计划内项目进展情况,邀请区规划分局、国土分局、针对存在问题提出解决方案。采取实时跟踪服务等方式,对已完成审批程序具备实施条件的项目及时下达资金使用计划。加强与区财政部门的工作沟通,完善市政府补助资金和区政府基建专项使用管理沟通工作机制,加强资金使用信息互通,提高资金使用效率。年内组织召开7次项目调度会,下达六批资金使用计划,下达计划金额14亿元(含结转2010年计划资金20113.89万元),涉及计划项目97个。

(王之静)

【完善政府投资建设项目管理措施】 年内,围绕规范政府投资使用管理,完善修订《北京市朝阳区政府投资管理办法》、《北京市朝阳区政府投资项目代建制管理办法》,提出加强政府投资管理工作的思路和手段。

(王之静)

【推进政府投资"代建制"项目实施】 年内,采取不定期召开代建例会的措施,推进已实施代建制项目的工程进度以及已完工项目的结算审计工作,全年组织召开5次"代建制"项目专题会。年末,往年实施的代建制项目均已进入审计收尾阶段,2010年度拟采取代建制组织实施的项目已完成代建人招标工作,垡头文化中心全程代建项目已开工建设。

(王之静)

【开展投资基本建设项目征集】 年内,组织2010年政府投资基本建设项目申报工作,同时明确政府基本建设专项投资计划安排的指导思想、专项投资计划安排的原则及基本建设项目具体要求。征集项目350多个,涉及资金591亿元。

(王之静)

【专项投资计划编制】 年内,根据各单位申报项目的前期准备情况,结合区财力情况,完成2010年区政府基本建设专项投资计划的编制,并报区长办公会审议通过。2010年专项投资计划安排总额度为14亿元。

(王之静)

【CBD东扩相关调研工作】 年内,为了解本区热电供应基础情况,论证CBD东扩可行性,围绕一热搬迁、华能二期扩建、热电中心选址等重点问题,到华能热电公司、国华热电公司、太阳宫热电厂、北京热力集团进行实地调研,并与市区相关部门沟通,撰写《关于朝阳区热电企业供给能力的情况汇报》、《关于国华热电公司与华能二期供热能力情况的汇报》、《关于朝阳区热电企业供热平衡方案的汇报》、《关于高安屯垃圾处理中心建设热电中心相关情况的汇报》以及《朝阳区基础能源情况汇报》等调研稿件,从本区基础能源基本情况、热点企业供热能力、一热搬迁供热替代、高安屯热电中心选址等多方面进行论证,确保CBD东扩期间本区热电平衡,同时为北京市4大热电中心建设在本区奠定了实践基础。

(薛　蕾)

【建立节能战略合作关系】 年内,区政府与西门子公司签订《节能减排战略合作关系协议书》。协议的第一个目标就是对区政府办公楼进行节能改造。区内政府机关照明设施全部更换为节能灯,完成更换节能灯25万只。开展全区城乡居民家庭更换节能灯,发放360余万只,涉及23个街道、20个地区办事处。

(薛　蕾)

【消除市级挂账电力隐患】 年内,成立电力工作检查领导小组,制定整改方案,通过综合治理,消除域内33项市级电力安全隐患。

(余合喜)

【确保国庆60周年大庆电力安全】 国庆期间,对全区21个街乡的90余个村(社区)的192公里输电线路、785个塔基进行巡查值守,将电力设施保护工作细化到村(社区)、落实责任到人。按照"警企联合、警民联合、专群结合"的工作原则,在电力企业自身专业维护、技术防范的基础上,组织各街乡、公安部门,发挥基层组织力量,发动沿线群众,成立500多人的群众护线队伍,将电力设施保护工作细化到村、落实责任到人。并统一进行培训,统一标识,规范上岗,实现群防群治,共同保护输电线路安全。

(余合喜)

【做好电力迎峰度夏工作】 年内,成立夏季电力需求管理工作协调小组,明确协调小组成员及街乡的职责和任务,强化应急保电工作,加强值班和信息上报,强化部门与街乡的分工合作机制,制定保电工作措施,通过对用电大户分级调控,圆满完成电网局部重载控荷任务。

(余合喜)

【开展电力安全督查专项行动】 年内,组织相关部门,开展电力安全督查专项行动。一是对市级电力安全隐患开展整治"回头看"检查活动;二是针对供电部门的安全保卫制度和安保力量配备,门禁、消防、重点部位保卫措施等情况进行检查;三是对本区范围内电厂、变电站、输电线路开展电力安全督导检查。通过督导检查,落实电力企业和地区的安全职责。

(余合喜)

统　　计

【概况】 朝阳区统计局是区政府负责综合统计工作的职能部门,国家统计局朝阳调查队、朝阳区经济社会调查队为国家统计局北京调查总队和北京市经济社会调查总队的派出机构(简称朝阳局队)。年内,紧密围绕"三保"工作目标,开展保增长课题专项研究,全面提升统计服务水平,全力抓好全国第二次经济普查。

地址:日坛北街33号区政府北院南楼4层

电话:65094423

传真:85612414

邮编:100020

邮件:office@ chystats. gov. cn

(侯　鑫)

【成立CBD统计所】 10月22日,CBD统计所正式挂牌成立。该所主要整合CBD地域内统计单位报表,并对数据进行汇总、评估、分析,及时发布统计数据。

(侯　鑫)

【统计服务】 年内,制定《朝阳区促GDP增长工作方案》。成立促GDP增长工作领导小组,由常务副区长吴桂英任组长,统计局、发改委、建委、农委、社会办等22个相关部门和街乡领导为领导小组成员。建立部门联动及信息共享机制;分解本年相关部门和街乡GDP目标任务,定期对GDP完成情况进行核算和监测;按月召开成员单位工作例会,及时了解各部门促GDP增长工作的落实情况;建立考核督查制度,协同政府督查室定期对成员单位促GDP增长工作完成情况进行督查督办,确保GDP增长任务顺利完成。开展保增长课题专项研究,专门成立课题小组,深入分析指标增长情况和特点,判断全年增长走势,提出保增长的具体措施建议;建立统计快速反应机制,建立统计数据"快报"机制,确保24小时内向区领导提供最新重点指标数据。开展重点企业监测,在主要行业中选取了100余家重点企业进行经济数据监测。对2000家重点单位开展劳动用工调查,按月汇总分析,为本区保民生保稳定工作发挥积极作用。

(侯　鑫)

【第二次全国经济普查】 年内,完成普查登记、数据审核上报、质量抽查评估等项工作。普查登记结果表明:本区参加登记的单位共57727家,其中规模以上单位10396家;全部单位登记上报率达到98.5%,其中规模以上单位上报率达到100%。数据质量顺利通过了国家和市的检查验收,并获得"第二次全国经济普查国家级先进集体"荣誉称号。

(侯　鑫)

【狠抓数据质量】 年内，继续执行《专业数据质量审核评估制度》，深化“三位一体”的数据质量评估管理工作，按季度对投资、消费、房地产、服务业、劳动就业和居民收支等数据开展评估分析。对企业开展有针对性的调研和执法检查，督促指导企业如实填报统计数据，对GDP核算有关的指标进行重点检查和督导，提高基层统计数据质量。

（侯 鑫）

【加强基层基础建设】 年内，进一步规范基本单位名录库管理，对单位统计迁出进行严格审核把关。积极做好“准规模”单位查找工作，单位查找上报率达到85.8%，为历年来最高水平。对15个街乡统计所工作进行巡查，着重检查街乡落实保增长工作情况、准规模单位查找、重点单位、重点指标数据质量等方面内容。制定《2009年统计人员培训计划》，特别围绕GDP核算方法对科所长和近10个政府委办局人员进行专题培训。还对近5000家单位进行了数十场统计业务知识培训。《统计经纬》杂志正式创刊，进一步提升统计服务水平。

（侯 鑫）

【统计法制建设】 年内，制定《2009年法制工作要点》、《2009年执法工作计划》，在落实推进全员执法过程中，完成全市集中执法检查、区县互查、日常执法检查和日常督导检查工作，全年共检查单位631家，作出行政处罚86起，处罚金额38.5万元。5月21日，我局首起行政诉讼案也是北京市统计系统首起行政诉讼案胜诉。围绕普法宣传，制定实施《2009年普法工作计划》，完善了朝阳统计信息网“五五普法”专栏，健全统计参普人员电子档案、统计普法宣传教育资料库和“五五”普法工作日志。

（侯 鑫）

【统计队伍建设】 年内，新招录统计干部25人，提拔5名副科级职务，调整部分科级岗位。修订完善部分内部管理制度，推进行政管理的制度化和规范化。总结提炼“坚持求真精神，争创一流佳绩”为核心的统计文化价值观，并逐步完善其内涵实质。

（侯 鑫）

劳动和社会保障

【概况】 朝阳区人力资源和社会保障局是负责本区人力资源和社会保障工作的区政府工作部门。年内，完成机构改革，由原人事局和原劳动和社会保障局合并组建人力资源和社会保障局。
地址：大柳树甲100号
电话：64671648
邮编：100023

（罗 斌）

【劳动监察执法】 2月12日至3月17日，开展清理整顿劳动力市场秩序的专项检查行动。对受检单位办理《职业介绍许可证》、超许可范围经营、擅自设置收费项目等情况进行检查。共检查职业介绍中介机构97家，对2家单位进行处罚；3月1日至9月30日，开展劳动用工规范一条街活动，对565家用人单位签订劳动合同、缴纳社会保险费、工资支付等情况进行检查，共涉及职工1.53万人，责令54家用人单位为407名职工补缴社会保险费1.93万元，责令15家用人单位为62名职工补发工资1.65万元；6月1日至6月30日，开展“安全生产月”专项检查活动。对纺织、服装加工、餐饮服务等劳动密集型企业，特别是城乡结合部的私营企业和个体工商户执行《禁止使用童工规定》、《未成年工特殊保护规定》及《女职工劳动保护规定》情况进行检查，检查用人单位1566家，未发现违法行为；6月10日至8月10日，开展劳务派遣单位贯彻执行《劳动合同法》专项执法大检查活动，检查劳务派遣单位95家，涉及职工3.28万人，未发现违法行为；7月1日至7月31日，开展整治非法用工打击违法犯罪专项行动，检查用人单位1255家，涉及劳动者5.97万人，为220名劳动者补签劳动合同，为178名劳动者补发工资84.19万元，为67名劳动者办理社会保险，对35家有严重违法行为的企业处罚13.46万元；9月，开展迎国庆保平安“一日游”市场百日专项整治工作，对酒店、饭店、旅行社等企业进行检查，检查企业680家，对13户存在严重违法行为的旅游企业做出行政处罚，处罚金额8.71万元。年内，劳动保障监察检查用人单位2.05万家，涉及劳动者83.5万人。

（罗 斌）

【成立就业促进中心】 2月，为应对金融危机，成立“北京市朝阳区就业促进中心”，核定为全额事业单位，编制15名。主要职责是负责研究制定全区劳动力市场管理规划并组织实施；负责劳动力市场的相关数据统计汇总、分析利用，以及课题调研和信息化建设工作；负责建立健全全区重点企业、重点行业失业预警预报机制；负责全区就业岗位开发、利用的统筹管理；负责全区城乡劳动力就业服务的统筹管理和指导；负责研究制定全区农村劳动力就业保障工作规划，组织和指导各乡予以落实，推动相关指标完成。

（罗　斌）

【建立区级失业预警体系】　3月，建立以两个机制、三项制度、四级警戒为核心内容的朝阳区失业预警体系，对区域就业失业状况实施失业预警等级管理，及时判断国际金融危机对就业工作的影响，以逐级启动相应的应急响应措施。两个机制是指失业监测预警机制和应急响应机制；三项制度是指企业用工监测制度、企业裁员报告制度和失业预警发布解除制度；四级警戒是指Ⅳ级临界区(微小)、Ⅲ级黄色警戒区(轻度)、Ⅱ级橙色警戒区(中度)和Ⅰ级红色警戒区(重度)。累计将5000余家重点企业纳入失业监测预警监控范围，实现按月动态监控。

（罗　斌）

【毕业生就业服务】　3月，开展以"传递就业关怀，放飞青春梦想"为主题2009届高校毕业生就业服务周活动，为5家大中专院校和13家大型企业搭建双向选择平台；设立大学生求职信箱，配备高级职业指导师为高校毕业生提供就业服务；开展就业服务进校园活动，就应届毕业生关注的求职技巧、创业扶持政策等问题进行讲解；举办大学生创业指导推介活动，邀请北京市创业指导服务中心专家，为4所大学有创业意向的大学生进行创业项目选择、创业心理、创业励志等内容的讲座，为大学生成功创业打好基础。

（罗　斌）

【困难企业就业帮扶】　4月，开展支持企业稳定就业扩大就业系列宣传主题月活动。通过工商联、商务局、CBD管委会、旅游局等单位，分系统、分行业，采取政策大讲堂、就业直通车、制发宣传折页等多种方式对企业进行"一站式"政策宣讲，及时为受金融危机影响的困难企业提供就业帮扶服务，并为29家企业拨付困难企业社会保险补贴和岗位补贴1737万元，涉及员工1859人。

（罗　斌）

【城镇登记失业】　年内，全区城镇登记失业人员总量为5.16万人，同比上升9.38%(含上年结转失业人员1.91万人，新增3.25万人)；城镇登记失业人员实现就业3.19万人，同比上升2.86%。年末实有城镇登记失业人员1.39万人，城镇登记失业率为1.44%，同比下降0.53个百分点，城镇登记失业人员就业率达到61.73%。

（罗　斌）

【困难群体就业】　年内，认定30户城镇零就业家庭，全部实现至少一人就业；贯彻落实《朝阳区农村劳动力就业奖励办法》、《朝阳区低保家庭劳动力就业补贴办法》等政策，促进农村劳动力转移就业。有1877家用人单位2.36万名农村劳动力申请享受社会保险补贴和转移就业补贴，累计为1512家用人单位拨付社会保险补贴8170万元，为1.91万名农村劳动力拨付转移就业补贴6010万元；实有农业户口劳动年龄人口9.26万人，在一产就业2565人，已实现转移就业7.56万人，有求职愿望需要转移就业的农村劳动力3362人；累计为"4050"就业困难人员提供日常援助4.75万人次，重点援助2.61万人次，帮助1.74万名"4050"就业困难失业人员实现就业。

（罗　斌）

【就业与职业培训】　年内，开发就业岗位11.39万个，其中社区就业岗位2.06万个，适合农村劳动力的就业岗位9.29万个；失业人员、农村劳动力免费职业技能培训7101人，培训合格率为99%，培训后就业率达到65%。出台《北京市朝阳区人民政府关于积极应对当前经济形势做好稳定和促进就业工作的意见》(朝政发〔2009〕9号)，从稳定就业局面、扩大就业规模、提高就业组织化程度以及就业工作的统筹四个方面提出了具体意见。调整农村劳动力转移就业政策，实现与市级政策对接，累计有2.1万名农村劳动力被用人单位招用；实行就业见习制度，建立大学毕业生见习基地20家，提供见习职位132类，选拔346名毕业生到社区工作；推行失业人员免费培训制度，在加大培训补贴力度、扩大培训补贴范围的基础上，开展定岗定向培训；推动区域高技能人才队伍建设。加强高技能人才培养政策的宣传，落实百名优秀高技能人才培养计划，开展区政府技师(员工)特殊津贴人员评选工作。培养180名高级工、技师和高级技师，培养235名高技能人才，19名高技能人才享受到8000至1万元的区政府特殊津贴。

（罗　斌）

【社会保障体系建设】　年内，创新工作模式，将下达社会保险扩面新增参保指标，改变为下达清理空户指标，重点发挥街乡作用，把劳动监察执法与社会保险扩面结合，监控辖区新单位参保情况，形成主动监管的工作模式。新参保单位同比增长17%，农民工参保人数35.4万人。《北京市城乡居民养老保险办法》正式实施,及时会同区农委、社建办、财政局、民政局、残联等相关单位出台《朝阳区落实北京市城乡居民养老保险办法实施细则》和《朝阳区城乡居民养老保险工作流程》,投入资金4000万元,加大对城乡大龄、低保、重残人员的补贴力度,实现新旧政策的平衡过渡。农村居民参保人数7.2万,参保率90%,享受养老金待遇人数6226人,全年累计发放养老金1826万元;建立基金日常抽查与专项检查相结合的工作机制,开展社会保险基金专项检查20多次,抽查大额流动资金200多亿元,社会保险基金安全运行。

(罗 斌)

【社会保险】 年内,城镇养老保险、失业保险、基本医疗保险、工伤保险、生育保险的缴费人数分别为102.1万、110.3万、154.8万、112.6万、60.1万,与上年同比分别增长7.75%、7.23%、6.08%、8.24%、1.33%;五项社会保险基金总收入187.48亿元,总支出129.32亿元,与上年同比增长13.11%和17.85%。五项社会保险基金收缴率均达到97%以上。

(罗 斌)

【公费医疗】 年内,公费医疗经费支出4.56亿元,同比增长13.21%。其中,中央单位支出1.8亿万元,同比增长14.36%;区属单位支出2.76亿元,同比增长12.47%。全区人均医药费支出5184.03元,同比增长10.91%。

(罗 斌)

【劳动合同】 年内,开展"劳动合同宣传月"活动及"春暖行动"。制定《朝阳区开展2009年农民工劳动合同签订"春暖行动"和开展"劳动合同宣传月"活动实施方案》,共开办劳动合同培训班50期,培训企业近3000户,人员近7000人;开展宣传活动88次,发放各种宣传材料6万余份,提供政策咨询8000人次,制作宣传展板及标语、横幅500余条,通过新闻媒体、网络开展宣传报道40余次;通过街乡劳动关系三方,对工会组织较健全的大中型企业开展工资集体协商,全面推进集体合同制度。全区正在执行中的集体合同企业共2731户,涉及职工27.26万人,其中工资集体协商合同达95%以上。

(罗 斌)

【企业劳动用工监控】 年内,为应对金融危机的影响,制定《朝阳区辖区企业劳动用工监控预案》,加强辖区企业劳动用工情况监控。依托各街乡对辖区制造业、服务业、批发零售业等行业的规模以上的企业开展全面排查工作,确定2524家重点企业,按月对其生产经营及劳动用工变化情况进行重点监控,及时掌握企业劳动用工动态;建立重点地区、重点行业观察、联系点制度。选取有代表性的企业建立观察、联系点,以CBD地区、酒仙桥地区为重点地区,实施重点监控;依托CBD管委会、电子城管委会、各行业协会、商务局等单位,建立定期报告制度,定期统计分析劳动用工情况;建立阶梯式的监控机制。将重点的监控信息按照企业职工总人数、裁员事态发展及减员所占比例三个维度将信息划分为Ⅳ级信息、Ⅲ级信息、Ⅱ级信息、Ⅰ级信息四类,对不同级别的信息采取阶梯式的监控。年内,共重点监控到有46家企业进行了裁减人员,共减员近6000人,占涉及职工总人数的33%,经过采取措施,加强指导服务,涉及企业劳动关系保持基本稳定。

(罗 斌)

【解决工资拖欠】 年内,解决工资拖欠问题。联动机制处理拖欠工资案件2224件,为6598名劳动者追讨被拖欠的工资累计2278.5万元,其中,建筑行业拖欠工资案件322件,为3732人追欠工资1459.9万元。落实《朝阳区关于解决企业工资拖欠问题暂行意见》,明确各部门职责,层层把关,形成整体联动综合治理工作运行机制;针对建筑、餐饮、制造业等使用农民工较为密集企业重点开展专场培训,提高培训效果;制发《关于应对当前经济形势稳定劳动关系的意见》,指导企业应对经济形势,尽力不出现拖欠工资问题;在全区629个工地悬挂维权提示牌,保障农民工投诉举报渠道畅通;与区建委联合制定《2009年朝阳区施工项目劳务管理及劳动用工规范工作方案》,确立"两级主体,三项制度、四个考核、三色预警"工作机制。两级主体,即确立区、街两级工作体系;三项制度,即重点时期联合检查制度、定期会商制度、劳务费直付制度;四个考核,即将辖区内所有施工项目建立施工项目劳务管理工作体系、专职劳动力管理员持证上岗制度、《劳务分包合同》、农民工、施工项目劳务队长区建委备案制度及内业资料标准化制度等情况,纳入考核项目,全面提高辖区建筑施工企业劳务及用工管理水平;三色预警,即依据联合检查结果,区建委对辖区工地劳务规范情况由轻到重实行绿、黄、红三色预警,并在施工台帐中明确标识;坚持实行重点时期24小时备勤制度及双休日值班制度,及时处置拖欠工资群体性投诉案件;发挥拖欠工资应急处置工作组、集体争议案件应急处置工作组和协调劳动关系应急处置工作组作用,实施快速处理。

(罗 斌)

【劳动纠纷突发事件处置】 年内,

本着预防为主、事前介入、政策宣讲、服务到位工作原则,对群体性突发事件,及时启动应急预案,坚持5个第一时间,即:第一时间掌握不稳定因素。在接到群体性突发事件报告时,及时派驻人员,了解事件起因,对事态发展进行判断,掌控不稳定因素,并加强跟踪监测,实时掌握其发展动态;第一时间开展政策宣传。开展政策宣传,指导企业和劳动者依法解决问题;第一时间介入化解纠纷矛盾。及时了解员工诉求,接受员工咨询,稳定现场局面,并及时通知相关部门按照各自职责开展有针对性的工作;第一时间提供前置就业服务;及时启动相应的失业预警机制,进行就业优惠政策的宣讲和就业服务;第一时间报送相关信息。获悉群体性事件后,及时报告主管领导和上级部门;在事件处理过程中,坚持日报告、日通报和信息沟通制度;由于应急通道畅通、措施有效,本区以松下电子部品有限公司为代表的16家企业的集中减员事件得以平稳解决,涉及员工4140人,事后未出现群体性劳动争议或劳动监察案件。

(罗　斌)

【劳动争议仲裁】 年内,共受理劳动争议案件1.4万件,比去年同期增长35.27%,其中,集体争议案件707件,比去年同期增长31.17%,结案7278件,结案率为51.99%。案件类型以劳动报酬、经济补偿和赔偿案件为主,分别为10072件和3078件,占案件总量的71.94%和21.99%。

(罗　斌)

工商行政管理

【概况】 北京市工商行政管理局朝阳分局(简称工商朝阳分局),主要负责辖区内市场经济主体登记注册、商标广告监管、经济合同监管、市场竞争监管、打假维权以及规范市场经济秩序等工作。全局下设38个部门,其中17个职能科室、15个工商所、1个执法检查队、5个事业单位,共有干部职工592人。年内,面对国际金融危机,围绕"保增长、保民生、保稳定"中心工作,依法行政,积极作为,为帮助企业走出金融危机影响,共向企业发出行政指导1.7万次,出台《服务区域经济发展二十一条措施》,保持了地区经济平稳较快发展。在保障国庆60周年的任务中,制定《新中国成立60周年庆祝活动期间市场秩序风险控制工作方案》,完善指挥调度平台,成立5个市场秩序风险保障组,对确定的465个国庆保障风险点严格巡查、看守、管控,确保国庆60周年活动期间辖区内未发生问题。

地址:霄云路霄云里1号
邮编:100125
电话:51069009

(曹发来)

【案件查处】 4月23日,在朝阳区建国路91号金地时代中心7号楼,查处了华登美美(北京)百货有限公司销售侵犯"VJC"注册商标专用权的服装案件。经查:当事人自2008年10月18日起在其公司一层S-105店铺经销带有"VJC"标识的服装,服装本身自带的标签及吊牌上均标有"VJC"标识。"VJC"商标权利人系深圳市汉德威服饰有限公司所有,该商标于2000年1月14日经中华人民共和国国家工商行政管理总局商标局核准注册,核定使用商品包括第25类的服装。深圳市汉德威服饰有限公司未许可他人使用该注册商标。"VJC"标识与"VJC"注册商标构成近似。上述带有"VJC"标识的服装属于侵犯他人注册商标专用权的商品。侵权服装613件,按标价计算,总价值为214.97万元。至2009年5月7日,当事人共销售上述侵权服装299件,销售额总计60.83万元。已售及未销售服装的非法经营额共计275.8万元。当事人销售上述服装的行为构成了《中华人民共和国商标法》第五十二条第(二)项所指的"销售侵犯注册商标专用权的商品的行为"。依据《中华人民共和国商标法》第五十三条、《中华人民共和国商标法实施条例》第五十二条的规定,责令当事人立即停止侵权行为,决定没收侵权服装613件;处以非法经营额等值的罚款275.8万元。

(曹发来)

【查处特许加盟违规案】 5月,查办第11届中国特许加盟展览会部分特许人违反《特许经营管理条例》误导他人加盟案。经查参展的特许加盟部分企业广告宣传活动中有误导欺骗他人圈钱行为,宣传资料存在利用领导形象,使用绝对性语言宣传;参展企业名称与原登记注册名称不一致,个别参展企业不具备特许人主体资格,没有自营店,开业仅17天也打着特许加盟的旗号参展。受调查的44家国外特许人中有1家有违规现象,占2.27%;国内内陆176家企业中有

34家有违规现象,占19.3%,其中北京16家,占49家北京参展特许人的32.7%。以上35家违反《中华人民共和国商业特许经营管理条例》。经取证决定对16家北京市涉案企业分别进行行政处罚,共罚款30万。另18家外埠企业案件移转当地工商部门。年内,针对特许加盟行业写出了《撕开伪特许真圈钱的假面具—揪出傍加盟搞欺诈的害群之马》的调研报告。

(曹发来)

【广告监督管理】 年内,查处药品、医疗等重点商品和服务违法广告31件,其中药品广告案件3件,涉及到的违法药品广告51条;医疗广告案件26件,涉及到的违法医疗广告476条;保健食品广告案件1件,涉及品种16种,广告59条;医疗器械广告案件1件,涉及到的违法医疗器械广告98条。共采取电话叫停违法广告109次;书面责令改正69次;对媒体行政告诫7次。监测电视广告、报纸广告、网络广告80万条次,重点查处了《京华时报》、《法制晚报》、《北京青年报》等媒体发布的违法广告。截止到年底,共查处各类违法广告案件89件,罚没款152.75万元。

(曹发来)

【合同监督管理】 年内,重点推广使用新版《北京市家具买卖合同》和新版《北京市家具买卖合同》示范文本。向经济主体发放各类示范文本20万份。纠正房地产经纪公司不规范使用示范文本行为19次。办理动产抵押登记43份,帮助企业吸纳银行贷款(主债权)20.37万元,盘活企业资产(抵押金额)29.18万元。在全区注册的98家拍卖公司中,现场监拍61次,备案627次,确认书5828份,检查委托合同6226份,成交额38.79万元。年内办理经济合同案件300件,结案191件,其中合同欺诈案件39件,罚没款157.71万元。

(曹发来)

【食品安全监督管理】 年内,检查相关食品商场、超市、食杂店8419户次,重点检查禽类、猪肉、元宵、面包、桶装水、茶叶、腐竹、粽子、儿童食品及月饼等,查获假冒“燕京”桶装水33桶,下架、封存不合格腐竹4554袋(共计1315.5公斤),罚没款254.86万元。年内接待食品流通许可咨询、申请3441户次,其中申请3017户次、咨询424户次,发放《食品流通许可证》1435件。完成食品抽检5754例,合格率98.2%;进行食品安全风险评估、预警20余次,为参加国庆演练的8610部队配送检查合格的食品原材料肉、菜、蛋、水果等3.6万斤,牛奶387箱。推进建设食品安全三级监控网络,监管触角延伸到全区383个社区居委会、村委会。

(曹发来)

【信息化建设】 年内,国庆六十周年之际启用“基线网络监控管理系统”,实现网络线路、网络设备的时时监控,实施测试外网攻击与检查防御效果的应急演练,圆满完成国庆60周年系统内网络安全保障任务。外部通过网络查询企业登记档案3.5万人次,鉴定41人次,未发生被投诉事件。

(曹发来)

【专项清理】 年内,严把市场准入关,对城乡结合部、监管结合部、行业结合部、区县结合部的小歌厅、小网吧、小洗浴、小市场、小餐饮、小旅馆“六小”无证照经营行为坚决予以取缔。截至年底,出动执法人员903人次、执法车辆398车次,检查798户次,查处取缔无照经营1127件,罚没款216.8万元.

(曹发来)

【工商登记注册】 年内,完成4.6万户新设企业的登记注册,其中内资经济主体2.37万户,外资经济主体1864户,个体工商户2.04万户。新设企业户数同比增长17.18%;各类企业变更登记3.41万户;企业注销登记2022户;企业改制登记59户;企业名称核准登记4.48万户,为申请人制作各类登记材料3386份。年内登记注册“绿色通道”开通后,为朝阳区内重点建设项目现场咨询8次;为500余户市场主体办理了登记业务。北京生源应届高校毕业生创办的企业等纳入“绿色通道”服务范围,实行即时、专人接待登记注册咨询服务。截至年底,累计登记注册在朝阳区的经济主体总量24.1万户,比上年累计增长16.5%。其中内资经济主体12.67户,列全市各区县之首;外资经济主体1.9万户;个体工商户9.5万户。

(曹发来)

【商标监督管理】 年内,实施商标权质押贷款工作,对辖区内有商标品牌优势的企业进行摸底、走访,了解企业现状和贷款需求,宣传与指导了相关企业,召开商标权质押贷款“推介会”5次,共接待商标质押贷款咨询100余人次,本区共发放商标权质押贷款1100万元。3月,查获加工制作仿冒国际知名品牌高尔夫用品的窝点,涉案金额达300多万元,打击商标侵权行为,净化知识产权市场。共查处商标侵权案件235件,罚没款593.2万元。

(汤翠燕)

【企业年检和个体验照】 年内,年检企业9.94万户,年检率87.4%,其中内资企业8.68万户、个人独资及合伙企业5288户、外商投资企业7398户;个体工商户验照6.72万户,同时集合数据,统计分析,制作年检数据公示,向本区相关政府部门提供经济数据。立案103件,办结71件,罚没款135万元。在网上巡查中发现企业擅自设立分支机构和无照经营的问题,制发行政指导243件。受经济危机的影响,免收困难企业的年检费497.5万元。

(汤翠燕)

【有形市场监督管理】 年内,以建设"人文市场、科技市场、绿色市场"为主线,完成12家社区菜市场建设。在开业经营的187家有形市场中,有82家农副产品市场,占市场总数的44%,市场中共设有摊位37198个。市场位置以城市环路为界均匀分布。按照《朝阳区有形市场奥运后(2009－2011)规范管理三年工作规划》要求,以大洋路农副产品批发市场为试点,促进市场规范化建设。严格市场准入制度,严密防控高致病性禽流感,重点对城乡结合部和农村集期市场进行监控,完善禽类产品购销台帐和索证索票制度,强化流通领域鲜肉及熟肉制品的抽检力度。累计出动检查7885人次,3403车次。检查商场超市、门店6391个次,查处台帐记录不规范2起,检查农副产品市场4233个次,检查经营禽蛋类商户16849户次。

(汤翠燕)

【北京商务中心市场主体简况】 年内,北京商务中心辖区内新增市场主体3728户;累计共有各类市场主体2.28万户。其中内资企业(含个人独资及合伙企业)1.37万户,外商投资企业(含办事处)3423户,外国企业驻京代表机构2262户。个体工商户3441户,有形市场两个。

(汤翠燕)

【消费者权益保护】 年内,抽检羽绒服52件、棉服及鞋类48件,36件不合格,不合格率为36%。抽检70家饭店、宾馆、洗浴中心的牙刷样本70件,对55家洗浴用品抽样138件,不合格样本数分别为49件和22件,不合格率分别为70%和15.9%。抽检建材80个样本,18件不合格,不合格率为22.5%;对宜家家居公司抽检家具21件,21件不合格;纸制品抽样40件,7件不合格,不合格率为17.5%;应急灯、照明灯具和电子产品中文汉字50件,已反馈不合格7件。办结消费维权案件125件,罚没款132.16万元。

(曹发来)

【朝阳分中心正式投入使用】 年内,北京市商品质量与食品安全监控中心朝阳分中心简称"朝阳分中心"正式投入使用。该中心是市工商局在朝阳、海淀、丰台、昌平、顺义、房山设立的6个商品质量与食品安全监控分中心之一,位于望京地区,3月份启动,9月底全部建成,10月份,正式投入使用,使用面积550余平方米。实验室配置了价值600万元的检测设备、仪器,安排6名检测人员。朝阳分中心设有气相色谱室、液相色谱室、光谱仪器室、特殊仪器室、前处理实验室、天平室、样品间、气瓶间、试剂库房及其他辅助实验室。实验室检测达到国内领先水平。侧重监测胶粘剂、木器涂料、内墙涂料、家具、壁纸等建筑装饰装修材料、电子通信产品、计算机产品、家用电子产品、电子测量仪器产品、电子元器件产品和电子应用产品等。11月18日完成首份"北京市场胶粘剂产品风险评估情况报告"。经对北京、上海、广东、天津、辽宁、江西、浙江7个省市产地的48个不同种类的胶粘剂样品抽检、评估和统计,28件合格,20件不合格,合格率为58.33%。在不合格样品中,主要以卤代烃不合格有18件,占不合格样品的90%;苯系物不合格产品2件,占不合格样品的10%。

(曹发来)

【私营个体协会活动】 年内,金融危机给私营个体经济的发展带来一定的困难,不少私营个体经营资金紧张,开工不足,订单减少,产品积压,人力资本上升,营业收入下滑,亏损面扩大,私营个体经营者信心受挫。3月,召开全区私营个体系统"振奋精神、坚定信心、再创优势、实现科学发展"的动员大会。鼓励私营个体经营者变压力为动力,变危机为机遇,迎难而上,再创新优势。同时与中国邮政储蓄银行、民生银行、深圳发展银行、渤海银行建立了紧密联系,为私营个体经营者提供融资服务,解决55家中小企业的融资问题,涉及贷款金额4100万元。围绕新中国成立60周年,在会员中开展"迎国庆、讲文明、树新风"爱国主义教育和"争创文明示范区,争作文明示范户"的活动,引导私营企业与个体经营者诚信经营,文明服务,在活动中十里河灯饰城为四川灾区的困难家庭免费提供部分节能灯具。

(宋润明)

【工商工作站建设】 年内,进社区活动50次,参加活动人数4750余人,发放宣传材料5.7万余份,现场受理投诉46起,为群众挽回损失26.8万元。设立了260块"分时度假"警示牌,在社区和相关写字楼张贴消费警示1.1万张,在网上发布12个消费警示。年底累计建成74个固定工商工作站。

(宋润明)

物价管理

【概况】 朝阳区发展和改革委员会价格管理科负责全区物价管理工作,物价检查所依法进行物价监督检查、接待并处理群众来信来访等。
地址:广渠路21号
电话:65012644
邮编:100124

(刘士武)

【保障性住房价格审核工作】 年内,依据《北京市经济适用住房管理办法》,从建立健全"限价定向安置房"定价机制出发,起草《朝阳区定向安置住房价格审核工作方案》。完成朝开豆各庄经济适用住房、金隅东柳居住组团、城建福临家园限价定向安置房三个项目的价格审核工作。

(王蕴生)

【收费年审】 年内,年审行政、事业收费单位256个。

(王蕴生)

【与延庆县合作发展工作】 年内,起草《朝阳区与延庆县合作发展专项资金使用管理办法》及《实施细则》,经两区、县政府同意正式已由区政府印发执行。延庆八达岭经济开发区,被确定为"区县合作产业共建基地"。延庆圣世苑大酒店被确定为"区县合作培训基地"。

(王蕴生)

【帮扶工作】 年内,确定内蒙古兴安盟突泉县为本区新的对口帮扶对象,帮扶工作从本年开始,帮扶资金每年120万元。5月5日至5月8日,由区人大、区发改委组成代表团赴青海进行考察,考察期间代表团代表区政府给青海省海东地区行政公署送去合作资金20万元。6月17日,内蒙古兴安盟领导一行到本区进行友好访问。12月13日至17日,本区考察团,赴兴安盟突泉县进行考察,双方明确今后帮扶工作方向、合作内容和所要达到的目标。

(王蕴生)

【节日价格巡查工作】 年内,维护节假日、两会期间的价格秩序。价格监督检查重点是商业企业、停车场、旅游景点、烟花爆竹销售点、长途客运站等,检查目的主要是规范企业价格行为,帮助企业严格落实明码标价规定。

(刘士武)

【价格监测监管】 年内,甲型H1N1流感期间,每日对辖区内超市、药店的体温计、口罩、消毒液、等医疗防护用品价格进行监测,对与疫情防控相关的市场价格进行密切跟踪,确保价格稳定。开展与甲型H1N1疫情相关的药品、食品市场价格检查,制定工作方案,成立领导小组,拟定"关于甲型H1N1疫情防控相关商品经营单位自律提醒告戒函",提醒各经营单位加强社会责任感,严格价格自律,做到销售商品明码标价;与朝阳中医院、北京武警医院、中医药大学国医堂中医诊所三家医疗机构,5家商业单位建立工作联系,汇总分析情况,落实日零报告制度,及时上报汇总信息;制定应急值班方案,随时处置突发事件。

(刘士武)

【专项检查】 年内,制定关于开展机动车停车收费检查工作方案,并将检查与调研相结合,形成专项意见建议,提出:加强对法规、政策的宣传力度和停车场经营人员的政策法规培训,利用价格杠杆调控城市中心区等停车,加强检查和对违法经营者的处罚力度,建立应急、快速处理机制,建立机动车停车场准入和退出机制,建议相关部门尽快完善相应的法规、政策,出台切实可行的停车收费标准、管理办法。年内,对域内10家医疗机构进行专项检查。对存在的超标准、扩大范围、超定价等18项问题予以规范。对11家单位进行教育收费专项检查。对查询档案费、上机费以及代收代之收费项目存在的问题予以规范。年内,对9个乡进行专项检查。规范涉及农民工收费、涉及乡镇企业收费、农村义务教育收费、农民建房相关收费、农产品市场流通收费、农产品检验检疫收费、农用机动车相关收费、农村殡葬相关收费,以及村委会组织代行政府职能过程中相关收费行为。

(刘士武)

质量技术监督

【概况】　年内,开展执法活动2272起,完成市局下达年基本任务量1500起的150%;查处案件159起,罚没款合计317411.66元。办理特种设备告知946份,办理注册636份;办理标准备案573个,办理标准登记133个;办理计量器具制、修行政许可7个;办理政民互动36个,投诉举报572人次,受理咨询3327个;办理组织机构代码53804份,其中制作证书47925套,制作IC卡38666张。

地址:平房乡姚家园村8号

电话:85576988

邮编:100025

(陈　波)

【食品添加剂专项整治】　1月至4月,根据《北京市质量技术监督局打击违法添加非食用物质和滥用食品添加剂专项整治方案》,贯彻落实国家九部委《全国打击违法添加非食用物质和滥用食品添加剂专项整治方案》,结合本区食品生产、加工企业实际情况开展专项整治工作,通过三个阶段的专项整治工作,辖区内153家食品加工、生产企业,22家食品加工小作坊全部开展自查自纠,并提交自查自纠报告,辖区内使用食品添加剂的企业及小作坊共计83家已将使用的食品添加剂全部备案。

(陈　波)

【保障两会特种设备安全】　年内,用奥运期间特种设备安全保障模式保障全国两会特种设备安全工作。完成对辖区内6家全国"两会"代表驻地175台特种设备(锅炉13台;压力容器89台;电梯67台;场内机动车辆6台)的安全保障监督检查工作,并召开整改工作会,对查出的25项问题与各单位负责人一对一交流整改,6家代表驻地的设备状况良好,无安全隐患。

(陈　波)

【领导检查】　2月24日,副市长苟仲文来本区检查"两会"特种设备安全工作,先后检查欢乐谷、市燃气集团南湖渠输配站特种设备安全保障工作,分别听取2家单位负责人、区质监局和市质监局关于做好"两会"特种设备设备安全保障工作的汇报,要求监管部门和特种设备使用单位切实抓好安全工作,把"两会"安全保障作为政治任务、作为60年大庆的前哨,做到"真正落实、时时落实、处处落实",确保特种设备安全运行。市质监局局长赵长山陪同检查。

(陈　波)

【党风廉政建设工作】　3月2日,召开党风廉政建设工作会,传达学习上级党风廉政建设工作指示精神,总结部署本局党风廉政建设工作。纪检组长、副局长李家义传达了市局和区委关于党风廉政建设工作的指示要求,总结回顾2008年党风廉政建设工作情况,部署2009年党风廉政建设工作。党组书记、局长吴平要求各部门充分认清党风廉政建设工作形势,坚持长抓不懈,结合"作风建设年"的各项要求,强化学习,深入实际,提高效率,改进服务,认真落实党风廉政建设责任制各项工作要求,促进区域质量技术监督工作科学发展。会上,主管领导与分管科所领导签订党风廉政建设责任书。

(陈　波)

【业务管理标准化培训】　3月11日,邀请市质监局标准化处处长陈言楷为机关干部和所长进行业务管理标准化工作培训。就运用标准化工作的基本方法和原理对行政监督管理工作进行优化,以实现职责定位清晰、运转协调、管理规范、权责明确、高效统一、持续改进的闭环管理模式提出了要求。吴平进行深入开展业务管理标准化工作动员,要求深入调研分析、理清工作流程、优化改进工作方案,进一步规范本局的行政行为和检验行为,促进质监工作科学发展。

(陈　波)

【"3·15"活动】　3月15日,国际消费者权益日前夕,围绕促发展、保安全开展保护消费者权益的系列活动。强化质量技术监督宣传咨询活动,在鸟巢、普法广场、商场超市等10处开设宣传咨询窗口,发放宣传资料千余套,宣传质量技术监督法律法规,普及质量安全常识。开展质量技术监督"进社区、进乡村、进企业"活动,配合家电下乡活动对下乡家电产品进行质量跟踪检查,建立质量档案;开展农资打假,规范农资生产加工;强化商场超市和集贸市场计量器具检定,维护诚信经营。严厉打假维权,及时办理投诉举报,集中处理一批电梯安全隐患、计量器具量值不准和家电、农资、家俱建材等产品质量投诉举报,解答各类咨询近千人次;取缔非法加工桶装水窝点4个,保护了消费者合法权益。

(陈　波)

【欢乐嘉年华应急演练】　3月26日,会同奥林匹克公园管委会在奥林匹克公园"2009欢乐嘉年华"活动现场，举办模拟游乐设备（极速风车）突然断电困人的应急救援演练。要求主办方中振实业有限公司严格执行特种设备管理制度，认真做好各项周期性检查；要求工作人员时刻牢记奥林匹克中心区在全国人民心目中的形象，延续奥运志愿者的角色，认真工作，确保活动安全，实现社会效益与经济效益双丰收。演练结束后，区质监局还将100册新版《特种设备安全监察条例》赠送给嘉年华主办单位。

（陈　波）

【查抄电子秤作弊违法行为】 3月30日，根据举报在朝来万通老市场查抄一个销售改装作弊电子秤窝点，现场破解4个品牌型号的作弊电子秤密码，起获20余件改装用的集成块、遥控器等配件，对涉嫌作弊的200余台电子秤依法暂扣。被查证的作弊电子秤在使用特定的开机方式后可随意改变量值，1000克砝码最高可称出1500克。这种改装秤在正常方式开机时，与平常秤没有差别，容易掩人耳目，特别是使用遥控装置作弊，给计量监管和检测带来困难，也容易造成消费者对计量监管部门的误解。销售和使用作弊秤是一种严重损害消费者利益的违法行为，干扰了正常的市场经济秩序。

（陈　波）

【气瓶充装安全】 5月8日，召开全区9家液化气充装站负责人会议，部署加强气瓶充装安全工作。一是进一步强调安全责任意识。要求各充装单位充分认清大庆之年、"质量和安全年"特种行业的安全义务，强化安全生产主体责任，保障气瓶充装安全。二是落实气瓶充装十项制度。按照总局和市局要求，就充装许可、气瓶使用登记、气瓶检验、气瓶报废、充装记录、持证上岗、安全附件管理、安全教育、气瓶保管和使用告知等十个方面作了明确规定。三是强化安全检查。细化气瓶安全监督检查范围，要求在企业自查的基础上，对充装资质、安全管理等15项内容进行全面检查，依据新版《特种设备安全监察条例》从严查处。四是印发《气瓶安全使用告知书》。由本局印制15000份《气瓶安全使用告知书》，通过各充装站发放每个气瓶使用单位，普及气瓶使用安全常识。

（陈　波）

【5·20世界计量日】 5月20日，"世界计量日"到来之际。采取四项措施：一是加强宣传，搞好计量科普宣传。在朝阳有线开设专题，在社区菜市场、加油站开设宣传站点，向广大群众宣传电子计价秤的严格检定与铅封制度、集贸市场"计价秤统配统管"、强化生产销售修理等环节管理等监管措施，向群众宣传电子计价秤防作弊、查作弊等计量科普知识。二是开展"关注民生、计量惠民"活动，吸引居民参与互动。集中组织开展"健康计量进医院"、"诚信计量进市场"、"光明计量进镜店"、"服务计量进社区"等计量惠民服务活动，发放计量宣传材料，张贴宣传画；举办计量所"开放日"活动，让居民、学生走进实验室参观，免费开展血压计、体重秤等家用计量器具的免费检测或咨询服务活动。三是强化计量监督检查，维护市场经济秩序。加强对贸易结算、医疗卫生、安全防护、环境监测等方面计量器具的检查，维护量值传递的准确性；严厉打击在电子计价秤加装作弊装置、破坏计量准确度等违法行为，制定措施提前预防、及时核查计量作弊行为。四是公布计量投诉咨询电话，及时办理计量投诉举报。设立计量投诉咨询电话：85579580，及时受理投诉，解答咨询；对于群众投诉的热点、敏感问题，及时现场处置，让群众满意。

（陈　波）

【学习宣贯《食品安全法》】 6月1日，《食品安全法》正式施行。组织执法人员认真学习，利用日常执法加大向企业宣传《食品安全法》的力度，组织对辖区内153家食品生产、加工企业及18家食品加工小作坊质量负责人专门培训，并向企业发放《中华人民共和国食品安全法》200余册，宣传企业的食品安全法定义务和主体责任。选派食品安全执法、检验专家为街乡食品安全员培训，现场向安全员讲解了食品生产、加工企业食品安全监管的相关知识，提高街道、乡村做好食品安全责任意识和本领。

（陈　波）

【检测场安检人员资格考试】 6月14日，派出14名执法人员，对朝政机动车检测场、盛华机动车检测场博瑞祥安机动车检测场有限公司、亚运村机动车检测有限公司、东方四环汽车检测有限公司、汽车检修有限公司、公共交通控股（集团）有限公司保修分公司四厂等7家检测场的安检人员进行资格考试。共有326人参加考试，其中报考安检员岗位的295人，报考主任检验员岗位的31人。考试于上午9:00在7个考场同时开考，过程中各考场纪律较好，未发现严重违纪行为。考试由市质监局统一命题，考试合格后，市质监局统一颁发机动安全检测资格证书，未取得资格证书的人员将不得从事安检工作。

（陈　波）

【锅炉房安全隐患排查】 6月15日，组织锅炉房安全隐患排查动员部署和能效普查培训。利用3天时间分6期对全区955家锅炉使用单位负责人进行国务院新修订的《特种设备安全监察条例》培训。《新条例》增加了对锅炉能效指标的控制条款,为帮助使用单位做好锅炉房安全与节能管理工作,质监局拟对全区在册的锅炉房基本情况、锅炉房能效基本情况、锅炉主机设备情况、锅炉房系统关键辅机情况进行普查,并督促各单位从9个方面开展安全隐患排查,指导和规范使用单位开展锅炉房安全与节能管理达标活动。

(陈　波)

【游乐设施应急演练】　6月24日,在北京欢乐谷举办"迎国庆,保安全"游乐设施应急演练。演练模拟一列正处于上升中的过山车突然停止在距地面约20米出现险情,各部门协同救援,排除险情。市质监局副巡视员张巨明、副区长阎军出席演练并作重要讲话。指出:今年是建国60周年,要高度重视安全工作,部署"质量和安全年"、"安全生产年"和特种设备安全"三项行动"等一系列安全工作;要求各部门各单位对安全工作一刻不能放松,在全市大型游乐设施管理单位中起到示范作用,认真履行安全主体责任,强化各项规章制度,加强检查和巡查,加强演练,提高应急、应变能力,全力确保安全。

(陈　波)

【聘请律师任法律顾问】　6月26日,正式聘任北京高警兵律师事务所的律师高警兵担任法律顾问。聘任仪式后,吴平及法制科工作人员与高律师进行交流座谈,希望高律师为本局在行政执法过程中遇到常见法律问题提供帮助,确保依法行政工作的顺利进行。高律师表示,对本局行政执法工作进行法律层面上的指导,并适时开办讲座,指导提高行政执法人员的法律素养和行政执法能力。

(陈　波)

【技术标准制修订工作】　7月13日,根据市质监局通报,经过形式审查、专业评审、终审等环节,本区共有21家单位的41个项目获得补助,总补助金额为201万,占全市资金补助总额的20.6%。比去年全区12家单位的17个项目获得134万的补助有明显增加。区质监局采取网上公告、大厅发放、直接送达等方式加大标准制修订宣传工作,引起辖区企业事业单位高度关注,有条件的单位积极参与国际先进技术标准、国家标准和行业标准的制修订工作,今年共对25家单位的66个技术标准资金补助申报项目进行了受理和初审。

(陈　波)

【领导调研检查】　9月15日,市质监局副巡视员张巨明来朝阳检查特种设备安全工作,重点对欢乐谷、奥林匹克公共区嘉年华和奥林匹克森林公园3家单位进行检查。9月16日,市质监局副局长喻红到区质监局调研,分别听取区特检所、区计量所、区质检所和区质监局的工作汇报,到部分实验室看望工作人员,与检验人员交流工作体会。9月17日,副区长阎军到区质监局检查指导工作。检查1家液化气充装站,听取企业负责人工作情况介绍,查看储气罐、民用储气瓶等特种设备和充装现场,检查消防、报警等安全设施,要求加强安全防范,完善电子监控措施,清理内外环境,加强值班值守,确保企业安全生产。9月28日,区长程连元带质监、市政、安监等部门领导到京达乐液化气充装站检查指导安全工作。视察充装车间,察看被质监部门封存在充装站的废旧气瓶,了解有关报废气瓶情况,要求加强液化气安全使用宣传,保证安全。

(陈　波)

【对乳品生产企业驻厂监管】　8月29日至10月8日,对辖区内北京三元食品有限公司乳品一厂和北京金天坛食品有限公司2家国庆定点供应食品生产企业实行驻厂监管。共监督企业向阅兵村及群众游行队伍供应三个品种成品奶共计59批次,9809.32kg,三个品种糕点3批次,11524.8kg,确保定点供应食品的质量安全,完成了供应国庆食品不出质量安全事故的任务。

(陈　波)

【加强安全检查保障国庆安全】　10月1日,派出3个检查组18人次分别对奥森公园、朝阳公园、欢乐谷等6家特种设备使用单位和2家食品企业进行了监督检查,对1家乳制品企业进行了驻厂监管。派出15名同志参加国庆游园人员疏导和志愿服务,安排2组16名人员24小时备勤。检查情况良好,未发生安全问题和安全除患,特种设备安全运行,食品企业安全生产。

(陈　波)

【代码中心完成试点】　11月1日开始,区组织机构代码管理中心按照市质监局要求开始开展组织机构代码当日办结、质量技术监督行政许可事项窗口受理、代码电子档案扫描三个试点任务,为全市在2010年全面实施代码管理和行政许可一站式服务积累经验。试点窗口共受理30个事项,涉及包括《行政许可窗口工作标准》、《行政许可窗口服务规范》等在内的164个工作标准。本局在区投资促进局等相关部门配合下,增设了受理窗口,配备了必备设备,组织了人员培训测试,实现了大厅窗口代码证书当日办结,代码电子档案有效保存,质监行政许可事项及时受理试点任务目标。

(陈　波)

【预防煤气中毒】　11月7日,在活力东方奥特莱斯广场参加区政府组织的2009年预防煤气中毒宣传活动,发放《液化气瓶安全常识》、《民用燃煤取暖炉安全要求》等宣传材料。入冬以来,对定期检验的锅炉组织内检1220台,外检1368台;在3个街乡组织了合格炉具标准与实物对照讲解,发放液化气瓶安全常识、炉具安全常识等宣传资料6万余份;对供暖煤炭质量进行了2轮抽样检查,共抽样检查105个样品。

(陈 波)

【特种设备作业人员培训】 年内,区特种设备检测所共开设锅炉、压力容器、电梯安全管理人员,锅炉司炉人员(司炉工),锅炉水处理人员(水质化验员)等培训18期,为658家单位培训学员837名。依照现行《特种设备安全监察条例》第38条规定:锅炉、压力容器、电梯、起重机械、客运索道、大型游乐设施、场(厂)内专用机动车辆的作业人员及其相关管理人员应当按照国家有关规定经特种设备安全监督管理部门考核合格,取得国家统一格式的特种设备作业人员证书,方可从事相应的作业或者管理工作。为扎实有效做好培训工作,区特检所加强对培训工作的组织领导,明确培训部门,分工一名领导负责,指定权威技术专家授课,优化培训课程,加强培训证书管理,收到较好效果。

(陈 波)

【强化特种设备安全】 12月31日,部署"元旦"、"春节"及"两会"期间气瓶充装安全工作。通报近期全国、北京市、和朝阳区发生的8起气瓶爆燃和特种设备事故,要求认真吸取教训,查找安全隐患。要求各单位安装内部电子监控设备,确保报警装置工作可靠,消防设备施齐全有效。加强值班备勤,严禁在充装站周边地区燃放烟花爆竹,杜绝充装不合格气瓶,发现不安全隐患及时处置并上报。强化监督检查,对列入国家储备用地范围和准备拆迁的充装站随时重点检查,防止松懈麻痹,保证液化气安全供给,维护社会安全稳定。

(陈 波)

审　　计

【概况】 朝阳区审计局是负责朝阳区审计监督工作的政府职能部门,实行双重领导,对区政府和市审计局负责并报告工作,审计业务受市审计局指导。设办公室、信息化办公室(原信息调研科)、综合科(原综合法制科)、财政金融审计科、经济责任审计科、行政事业审计科、固定资产投资审计科、经贸审计科和审计指导中心。本年,科室职能进行调整,原综合法制科更名为综合科,信息调研科更名为信息化办公室。年内,共审计(调查)46项,查处违规金额6384万元,管理不规范金额52391万元;已上缴财政435万元,核减工程款6134万元。

地址:北三环东路甲26号

邮编:100013

电话:84272266

传真:84272233

电子邮箱:cysj2003@263.net

(尹建华)

【预算执行审计】 年内,加大审计监督和问题整改力度,初步形成监督、执行、督办"三位一体"的审计问题整改落实机制,审计决定和审议意见落实率实现100%,整改金额2.26亿元。围绕保民生、保稳定政策的落实,开展抗震救灾、残疾人就业保障、新型农村合作医疗、垃圾清运等民生资金审计,重点关注政策落实效果和执行中存在的难点,针对审计建议,相关部门研究制定"捐赠工作管理办法"、"贫困重性精神病人精神科诊疗费用补助方案"、"7－16岁脑瘫、智障、孤独症残疾儿童少年参加机构康复训练给予补贴的通知"等规范性文件,提高残疾人补助标准,加大救助力度,促进社会稳定。围绕预算管理改革,对6户一级预算单位开展政府采购、国库集中支付等专题审计调查,查找和分析带有普遍性和典型性的问题,提出加强制度建设,从源头规范等建议,达到以点带面、促进管理的目的。

(尹建华)

【固定资产投资审计】 年内,对土地储备开发项目实施过程跟踪审计,出台《关于开展土地储备开发项目审计工作的指导意见》,制定《土地储备项目审计调查实施方案》和《土地储备开发项目审计调查操作指南》,下发审计整改意见通知。完成第一阶段审计,涉及拆迁单位221个,拆迁居民1692户。对城市轨道交通、中小学校舍安全工程、大望京拆迁、社区卫生服务中心和卫生站建设、城市道路大中修等民生及城市基础设施项目进行过程跟踪或结决算审计。突出程序、质量和资金等重点环节,关口前移,边审边纠,规范管理。出台《朝阳区审计局委托审计项目管理办法》,规范委托审计流程,确保审计质量。

(尹建华)

【经济责任审计】 年内,完成22个单位29位领导的经济责任审计,首次实现“凡离必审”;配合区相关部门,首次召开领导干部经济责任大会,制作名为“权力与监督——加强经济责任监督、促进干部依法履职”的专题片和宣传手册;完善经济责任审计联席会议制度,会同区纪委、组织部、监察局、财政局和人保局联合出台《朝阳区经济责任审计工作联席会议制度》、《朝阳区经济责任审计工作联席会议办公室工作规则》、《朝阳区经济责任审计结果运用办法》;将审计知识进党校制度化、经常化,每年至少一次对未接受过审计培训的处级干部进行系统培训,范围扩大至青年骨干。

(尹建华)

【专项资金(基金)审计调查】 年内,选择节能减排资金,首次尝试开展环境资金审计。继续对残疾人就业保障金、新农村建设资金等民生资金进行审计,关注政策执行,从体制、机制层面发现和分析问题,提出建设性意见,促进政策完善和资金效益。对国庆游行联欢、游园及女兵方队3个指挥部、16个单位实施跟踪审计,建立统一制度机制、审计沟通机制、预警整改机制和巡回检查机制,提出加强物资管理等6类22项建议,促进相关单位健全制度,规范、安全、有效使用资金。落实审计署“进一步加强审计监督促进经济平稳较快发展”的通知要求,对全区“扩内需、保增长”政策落实情况开展调查,同时完成抗震救灾捐赠资金后续审计工作。

(尹建华)

【内部审计】 年内,制定下发《朝阳区2009年内部审计工作指导意见》,明确内部审计以“风险为导向、控制为主线、治理为目标、增值为目的”的发展思路;组织180人参加内部审计岗位资格培训并全部通过,组织293人参加审计方法与技巧的后续教育;完成2009年度国际注册内部审计师考试报名工作,报考人数825人,比去年增长263人。

(尹建华)

【企业审计】 年内,对区城市建设综合开发公司的经营状况进行审计调查。检查企业资产质量、债务状况和损益情况,客观分析、评价企业改制以来所创造的经济效益和社会效益,为政府决策提供依据,促进国有资产保值增值和企业可持续发展。

(尹建华)

【党建工作】 年内,落实“作风建设年”要求,增强广大党员干部廉政意识和防范管理能力。扩大党员民主监督和考核,通过政府特约审计员、行风评议员明察暗访、向被审计单位征求意见、全局党员群众民主测评等方式,加强管理和监督检查力度。坚持组织集中学习和党员个人自学相结合的方式,注重加强党员干部思想政治教育,培养新生力量,2名普通干部作为积极分子待考察合格吸收入党。在“党员献爱心”捐赠活动中,64名干部共捐款9900元。

(尹建华)

【机关文化建设】 年内,举办丰富多彩的活动,庆祝建国60周年和建党88周年。组织参加全市“审计之光”文艺汇演,所选送的集体歌舞获优秀奖;开展“加强作风建设、发挥表率作用”主题活动,举办“感悟援建审计,纪念512地震”一周年报告会等,同时开展征文、演讲、登山等文体活动,丰富干部文娱生活,提升机关文化品位。

(尹建华)

【信息公开与审计成果利用】 年内,改版朝阳审计信息网,设31个栏目,定位在信息公开和审计宣传,出台了《朝阳区审计局网站管理办法》,明确信息更新职责,强化网站维护。此外,整合资源,扩大成果,全年完成调研报告13篇,提交审计报告、信息337篇,被各类媒体采用371篇次。

(尹建华)

烟 草 专 卖

【概况】 朝阳区烟草专卖局(朝阳烟草公司)设六个科室,包括办公室(安保科)、专卖监督管理科(内部专卖监督管理科)、访销信息科、财务科、政工科(人事劳资科)、法制科(八月设立),专卖监督管理科下设2个稽查大队和10个市场检查队,年末职工人数168人。年内,及时足额上缴2008年度所得税,被市税务局评定为“A级纳税诚信企业”,并被指定成为“国家税务总局服务质量监督员”。出动执法检查11712人次,查处违法卷烟3089.54

万支,总案值2044.63万元。办理一般程序案件287起,其中大要案78起。市场净化率达到98%以上。以我为主,破获达到国家局标准制售假冒卷烟网络案件3起,配合其它区县局破获网络案件4起。销售卷烟124373箱,同比去年的116663箱,增长6.61%。单箱销售额由去年的19760元上升为20314元,增长2.8%。单箱毛利由3303元上升为3494元,增长5.8%。实现税利合计4.8亿元,同比去年4.29亿元增长11.45%。

地址:和平街十三区甲17号
电话:64206977
邮编:100013

(许 巍)

【破获特大销售假烟网络】 1月6日,在市局打网办、稽查总队的统一指挥协调下,成功破获一个以河南籍吴某为首的特大地下销售假烟网络案。共查获各类假烟50余个品牌869.60万支,总案值795.02万元。1月14日,市委政法委组织市公、检、法、烟等四部门在朝阳烟草召开"1.06"销售假烟网络案件现场办公会,将案件定为由市委政法委督办的特大销售假冒卷烟案件。

(许 巍)

【《卷烟零售许可证》换证】 2月至5月,换发许可证4617户,换证通过率为86%。为提高服务质量,专门推出"上门服务"的新措施。通过此次许可证换发工作,进一步摸清辖区内持证户的底数及实际经营情况,许可证有效率大幅度提高,停业户由换证之初的220户减少至20户。

(许 巍)

【设立电话举报制度】 年内,制定接听"12313"举报电话工作制度,专用电话、专用号、专人管理,对接听举报电话的相关部门、接听人员的态度等具体问题提出规范要求。去年共接到举报905起,其中来自"12313"举报的407起,有价值线索11条。

(许 巍)

【治理取缔无证户】 年内,以和平街街道为试点,形成"街道办事处、工商所、城管分队、派出所"为一体的治理无证户联合体系,通过召开《清理整顿和平街地区无证户试点工作会》,向和平街地区的无证户印发了一份加盖各单位公章的《致和平街地区无证照经营卷烟零售户的公开信》。经过整顿,有22户自觉停止无证经营行为,对2户进行联合执法清理取缔。

(许 巍)

【市场检查机构建设】 年内,落实"片区责任制",将管理责任落实到各个检查队和每个执法人员,做到责任到队、责任到人。开展"惊爆"行动,整顿检查辖区内十余家大型综合集贸批发市场。在日常监管工作中加强绩效考核,将卷烟市场净化率、假私非卷烟公开摆卖率、日常监管率等测评指标作为工作重点,整体纳入到绩效考核体系。建立违法零售户黑名单,在客户档案基础上将违法零售户的基础信息摘录,建立信息库,为网络侦缉、案件查办提供了重要参考信息。

(许 巍)

【推进工商协同营销】 年内,与多家中烟工业企业共同召开品牌培育座谈会并建立信息沟通长效机制,共同制定行之有效的品牌宣传和促销策略。将工商协同营销向工商零协同营销延伸,将零售户纳入品牌培育队伍。先后共召开多次零售户座谈会,积极听取零售户的意见和建议,凝聚三方合力,共同为品牌培育贡献能量。做好品牌宣传促销和新品上市推广,开展品牌宣传促销和新品选点投放工作,并充分发挥客户经理和广大零售户在品牌宣传促销等方面的积极作用。为重点培育品牌专门制作了品牌推荐名录,方便零售户查询。

(许 巍)

【提升客户满意度】 年内,提高零售户盈利水平方面,不断加强货源供应的有效性和公平性,实现总量浮动管理,做好畅销品牌基本满足,紧俏品牌合理限量。积极引导和优化客户业态结构、不断深化明码标价工作,加强对客户经营技巧、销售策略和真假烟识别培训,不断提高零售户满意度。开展"客户盈利增值"活动,针对中小客户我们推出了"小空间,大舞台"活动,通过指导卷烟陈设、提升店面形象,有效吸引客源,帮助中小客户增强盈利能力。

(许 巍)

【推广应用零售入机销售】 年内,在2007年试行"零售户入机销售系统软件"的基础上,开发增加数据上传的功能,零售户可以及时准确地上传每天的销售数据,目前已有1000余户卷烟零售户使用,有将近100户每天上传数据,为营销管理人员及时了解和掌握零售终端的销售数据节省了时间提高了效率,也使零售环节痕迹化管理逐步信息化。

(许 巍)

【卷烟市场调研活动】 年内,每季度开展一次市场调研,组织机关科室人员深入市场,就市场情况、卷烟营销情况、零售户对货源的满意度等进行调查了解。通过对调研数据进行归纳整理和系统分析,为区局(公司)进一步打好市场基础、做好品牌培育、搞好工商协同营销、服务客户等工作提供了有效的数据支持。

(许 巍)

【修订《朝阳烟草综合制度汇编》】 年内,重新修订《朝阳烟草管理制度汇编》等一系列规章制度共60个章节、769条,坚决用制度管人、管事、管权,要求所有干部职工都必须按照制度办事,制度面前人人平等。

(许　巍)

【强化内部专卖管理监督】 年内,每月内管人员核查上月销售数据,检查是否存在与正常平稳销售差异较大的异常情况。对存在异常销售情况的零售户,通过质询客户经理、经营人员,提取监听电话录音,核实相关票据,实地核查零售户等措施进行核查。全年共处理内管信息系统预警2742个,零售户信息监管预警313个,没有发现大的违规经营问题。

(许　巍)

【文体活动】 年内,根据职工兴趣爱好组织了丰富多彩的文化体育活动,组建了足球队、篮球队、羽毛球队、乒乓球队、游泳队等,每周开展活动。9月份,朝阳烟草游泳队获得北京烟草系统游泳比赛总成绩第一,并打破多项纪录。11月份,朝阳烟草足球队夺得北京烟草第五届"骄子杯"足球赛亚军。

(许　巍)

【奉献爱心】 年内,在"六一"、"七一"前后,先后两次组织党员及职工向灾区儿童和区慈善协会进行"爱心包裹"和"共产党员献爱心"捐款,共计捐款15710元。

(许　巍)

财政　税务　金融

财　政　管　理

【概况】　朝阳区财政局(简称区财政局)是朝阳区政府领导下的主管本区财政收支和财政监督工作的职能部门。设办公室、综计科、预算科、国库科、街乡科、行财科、政府采购办、经建科、社保科、农财科、金融科、会计科、监察科、人事科。下属监督检查所、国库集中收付中心、信息中心3个事业单位,全局行政编制85人,事业单位人员编制71人。年内,区级财政收入完成1906566万元,比上年增加223369万元,增长13.3%;当年财力完成1513672万元,比上年增加188814万元,增长14.3%;财政支出完成1451286万元,比上年增加161815万元,增长12.5%。

地址:日坛北路3号

电话:65090308

邮政编码:100020

(霍宗达)

【国库集中支付改革】　1月1日,启动第六批35家单位扩大国库集中支付改革范围试点工作,使试点单位总数达到168家,占全部应纳入改革区级预算单位的49%,其中一级单位达到全区应纳入改革一级预算单位的98%。年内,重点从完善会计核算模块、账户管理系统以及报表系统入手提高系统稳定性、安全性和高效性,增强对改革顺畅运行的保障能力。加强与代理支库、代理银行、试点单位的信息沟通与反馈,进一步简化内部工作流程,提高工作效率。

(霍宗达)

【保增长】　年内,为确保实现全年10%的财政增收任务,采取三项措施:一是建立有效应对经济波动的工作模式,实现决策及时、信息共享、反应快速、执行有力的联动工作格局,实现主要税源不流失,实现全区税源建设信息化管理和联动工作机制的有效结合。二是借助CBD东扩的有利契机,加快三大功能区产业转型升级,加强节能减排工作,探索实践更加适合本区发展定位的产业结构,大力支持招商引资,培育区域发展的增长点,合理整合政策工具,充分发挥引导作用。三是加大财政政策对税源涵养、产业布局的支持力度,完善帮扶企业工作,调动各部门及街乡促进经济发展的积极性和主观能动性。

(霍宗达)

【强化支出管理】　年内,依据收入进度科学测算并安排各项政府支出,严格控制政府运行成本,认真贯彻落实中央及市委有关精神,重点压缩出国(境)经费,降低车辆购置及运行经费,消减公务接待费,控制一般性支出,压缩会议、文件、通讯等方面的费用支出。优先安排法定支出,完成教育支出364429万元,医疗卫生支出116395万元,农林水事务支出106132万元,科学技术支出23535万元,文化支出15078万元,人口和计划生育事务支出4515万元,均达到法定要求。

(霍宗达)

【新中国成立60周年活动资金】　年内,本着"既隆重热烈又务实节俭"的原则,安排庆祝活动预算,坚决防止铺张浪费。活动所需办公设备和物资,由现有设备物资调配使用,严禁借机添置车辆和超标设备,同时加强固定资产管理,严格把好经费使用审核关,确保标准统一,支出范围合理合规,庆祝活动结束后,收回各部门国庆专项经费结余,并对相关资产统一进行处置,指导督促各部门建立经费申报、审批、拨付等环节内部控制制度,做好与国庆60周年活动有关的各类会计资料、审批手续、合同、会议纪要等重要资料的归档管理。

(霍宗达)

【推进民生】　年内,安排资金

738455万元,解决关系百姓切身利益的问题,改善城乡居民生活质量。统筹推进覆盖城乡居民的社会保障事业。完善就业服务体系,保证全区就业形势整体稳定。推进社会保障体系建设,扩大社会保险覆盖面;实现新农保与城乡居民养老保险制度并轨,支持新农合筹资标准提高,大病统筹、基本医疗参合率超过98%;为老人家庭改善户厕及安装呼救系统,全面推进社区养老服务;稳步推进"无社会救助盲点"工作,支持困难群众得到基本生活、医疗、住房、教育等救助,推进儿童福利机构孤儿成年后安置工作,加强对流浪乞讨人员的救助;推进市级示范残疾人温馨家园建设,创建残疾人职业康复劳动基地,努力解决残疾人康复和就业等方面的困难。关注公共卫生事业发展。落实城乡居民医疗保障政策,完善社区卫生服务。部署疫情防控工作,取得良好成效。以扩大优质教育资源和实现教育均衡发展为重点,支持引进名校名师,聚集农村地区优质教育资源,继续实施"两免一补"和贫困生救助制度,加大对乡中心幼儿园的扶持,启动第一批中小学抗震加固工程,改善区内教育软硬件条件。

(霍宗达)

【统筹推进城乡发展】 年内,安排资金490789万元,构建环境宜人、稳定安居的和谐区域。继续推进城市建设和管理,加大公共服务投资建设以及社会建设力度。支持温榆河大道、新国展联络线等52条主、次干路建设,完成50条区属道路大中修,推进轨道交通建设工程的拆迁工作,改善区内交通环境;继续支持老旧小区改造,推进绿化美化和广场公园建设。加强煤烟、尾气、扬尘的防治工作,支持全国污染源普查。推进城乡一体化进程,促进城乡协调同步发展,在稳妥推进土地储备工作下,继续完善农村道路、公厕等关系农民生产生活的基础设施建设,同步推进房屋拆迁及各项环境整治工作;稳步推进农村产业项目建设,继续调整农村经济结构;加快农村社会事业发展,提高农民享受公共服务的水平和质量,开展农村强农惠农政策落实情况重点检查。

(霍宗达)

【完善部门预算】 年内,从三个方面完善部门预算改革。一是细化预算编制。完善卫生预算编制、完善政府专项、实行政府采购专业化管理、提高直接支付比例。二是强化预算审核。在审核预算参考决算和执行中的其他资金支出的数据,提高预算审核合理性;严格审核项目中应纳入政府采购及直接支付部分;加大对预算单位收入预算编制审核力度。三是加强预算执行。完善财政业务系统,强化数据统计、汇总功能,妥善解决专业化管理后的数据整合汇总工作。严格控制"人、车、会"等一般性行政开支,着力保障民生;按照增收节支、厉行节约、集中财力办大事,科学编制2010年部门预算。

(霍宗达)

【推进政府采购专业化管理】 年内,在规范流程、统一标准的专业化管理模式下,抓重点工作环节,细化采购项目管理。推动自主创新项目政府采购,发挥政府采购政策优势。强化服务、宣传与监管,主动上门听取采购人意见与建议,走访供应商,与采购人和供应商建立有效沟通机制,提高政府采购质量与效率。共执行政府采购预算139111万元,节资率为7%。

(霍宗达)

【强化土地储备管理】 年内,履行职责分工,参与区土地储备资金监管小组各项工作,确保工作顺利推进;加强制度建设,防控资金风险,会同成员单位草拟、完善《朝阳区土地储备资金管理办法(试行)》;强化土地储备财务管理,研究土地储备财务指导意见和资金拨付流程;规范土地储备资金使用,依据《办法》委托中介机构对土地储备资金使用进行预算评审;会同区监察局、区土地储备中心出台《朝阳区土地储备入户调查同步评审规则》,对入户调查同步评审范围、评审方式、结果确认方式、分工职责以及监督检查责任做出具体规定,明确同步评审工作原则和组织机制,规范中介机构行为。

(霍宗达)

【利用信息化管理】 年内,利用"电子地图系统",对城市管理、拆迁拆违类资金进行审核,避免基础数据不清造成的支出审核漏洞。借助"人口库管理系统",结合各类社会保障政策,对涉及人口类的资金进行审核,保证资金合理支出。辅助高科技手段,实现财政和预算单位间的信息对称,规范支出管理。

(霍宗达)

【财政资金监管】 年内,加强对郊野公园、环境整治及新农村建设等重点项目评审力度;做好黄标车淘汰鼓励资金发放工作;推动行政事业单位资产动态管理,完成政府投资涉奥资产后续处置工作。完成全区财政资金安全大检查,在做好自查的基础上完成市财政迎检;启动全区"小金库"专项治理工作,完成各阶段检查整改工作;

(霍宗达)

【干部队伍建设】 年内,建立完善激励约束机制,通过干部公开竞争上岗,激励干部干事业、干成事业的良好氛围。推进党风廉政建设和反腐败工作,开展廉政风险防范管理工作,查找廉政风险点,按照岗位、科室全面梳理岗位职责、工作流程和相关制度,建立提醒诫免在前、建章立制在前、监督制约在前的防控体系,确保财政资金和财政干部两个安全。

(霍宗达)

国家税务

【概况】 朝阳区国家税务局隶属于市国家税务局。全局内设机构13个、直属机构2个(其中稽查局内设机构8个)、事业单位3个、派出机构11个(其中5个征收所、5个管理所、1个CBD综合税务所),干部职工618人。有税务登记纳税户159563户,其中内资企业120064户,外商投资企业5912户,港澳台商投资企业2545户,外国企业387户,个体工商户30655户。年内,受金属矿、非金属矿采选产品增值税税率调高四个百分点,国家投资3G产业,电信制造业增值税大幅增加等因素及企业所得税税率下调八个百分点,总机构企业所得税收入地方预算分享比例下调,企业效益下滑和退税等因素影响,全局组织各项税收收入2232825万元,同比减收880944万元,减少28.3%,完成年度计划的100.2%,其中增值税入库792338万元,同比增收99967万元,增长14.4%;所得税入库1340639万元,同比减收948873万元,减少41.4%;消费税入库10401万元,同比增收7945万元,增长323.5%;存款利息个人所得税入库13718万元,同比减少19226万元,减少58.4%;车辆购置税入库75729万元,同比减少20757万元,减少21.5%。组织区级收入527697万元,同比减收41253万元,减少7.3%。

地址:左家庄东里甲3号

电话:64653418

邮编:100028

(郭 倩)

【税收宣传】 4月2日,开展税收、发展、民生主题宣传月活动。在左家庄办税服务厅举行启动仪式,发布税收宣传标识及卡通形象,各税务所开展税收知识咨询,发放税收宣传手册、居民纳税指南等税收宣传资料。4月3日,在金港汽车公园举办深化纳税服务,振兴汽车行业主题宣传活动,与北京市场协会汽车流通分会、亚运村汽车交易市场、金港汽车公园、燕宝汽车服务公司及20余家汽车销售企业代表共同研讨金融危机对汽车销售的影响及采取措施等热点问题。4月15日,在望京科技园举办税企座谈会,与中关村科技园区电子城科技园管委会和辖区内50家重点税源企业围绕当前经济形势和纳税服务工作开展讨论。4月16日,在美联天地广场举行税收促进发展,发展改善民生税收宣传活动,将税收宣传资料送到商户手中。中国税务报、法制晚报、北京日报、北京晚报、北京青年报、京华时报、新京报、信报等报刊上报道税收宣传活动14篇。

(郭 倩)

【编制完成行政管理制度汇编】 4月,编制完成《行政管理制度汇编》,印制800册发至每位税务干部。该汇编收集领导班子建设、科级领导管理、党员教育管理、廉政建设、人事管理、行政管理、后勤建设七大类,总计70份相关文件。

(郭 倩)

【第二期发票自助售卖机投入使用】 5月22日,与服务单位开发完成第二期"发票自助售卖机",并在左家庄服务大厅投入使用。较第一期增加增值税专用发票的自助售卖,实现大部分票种自助售卖工作。全年,自助售票机售卖97290户次,售卖普通版发票312843本,增值税专用发票2450150份,增值税普通发票1878825份,税控机打票121卷。

(郭 倩)

【机构调整】 8月,印发《北京市朝阳区国家税务局关于调整部分机构设置的通知》对部分机构名称和职能进行调整:增设纳税服务科、教育科;流转税管理科更名为货物和劳务税科,所得税管理科更名为所得税科,计划统计科更名为收入核算科,人事教育科更名为人事科,国际税务管理科更名为大企业和国际税务管理科,第十三税务所更名为车辆购置税征收管理分局(正科级)。11月,按照市国税局批复,调整第十一税务所职能,该税务所负责CBD地区的税收征收管理工作;所辖区域内外资企业申请的各种文书初审,税种登记、税务登记的变更、注销、迁移的审批,一般纳税人认定、注销、年审的初审;纳税评估和发票管理等工作。

(郭 倩)

【企业所得税管理】 截至8月31日,受理2008年企业所得税汇算清缴申报62770户,申报率为98.46%,汇算清缴入库企业所得税

228.95亿元。所得税汇算申报盈利企业31991户,盈利面达50.97%;零申报企业2863户,零申报率4.56%;亏损企业27810户,亏损面达44.30%。将占2008年全局所得税入库约90%的148户企业纳入按月预缴管理,确保企业所得税及时、均衡、平稳、足额入库。与区地税局密切合作,引进地税系统代扣个人所得税工资薪金数据,开发工资薪金比对程序,自动比对企业所得税工资薪金税前扣除数据,提高企业所得税申报准确率。严格落实企业所得税各项优惠政策,清理享受下岗再就业等执行到期的税收优惠政策和生产性外商投资企业等过渡期税收优惠政策的企业,对纳税人做好宣传解释工作,暂停执行减免税税收优惠,补缴税款及时入库。全面开展纳税评估,对A类(查账征收)2004户企业开展纳税评估,发现存在问题425户,有问题率21.2%,净调增应纳税所得额17219万元,净调增应纳所得税额4517万元,入库所得税4078万元,入库滞纳金719.7万元。开展查账企业2008年度工资薪金税前扣除政策的自查工作,自查有问题34户,补缴企业所得税609.11万元,加收滞纳金87.53万元。年内,为贯彻新企业所得税税法,有针对性地开展重点企业、各行业企业分类辅导16231户次,发放企业所得税汇算清缴实用手册、申报表辅导手册等辅导材料95000余份,汇算清缴辅导光盘65000张。

(郭　倩)

【发票宣传月活动】 9月,开展依法使用发票,维护合法权益发票宣传月活动。9月1日,在左家庄办税服务厅开展发票宣传咨询活动,启动全局发票宣传月活动。9月22日,在潘家园旧货市场开展发票宣传咨询,将发票宣传手册送到商户手中。9月25日,为新办企业举办普及发票知识讲座,讲解发票基础知识,以及依法取得、使用、保管、开具发票等热点问题。

(郭　倩)

【部分涉税事项全区通办】 9月,实行全局管户变更税务登记、小规模纳税人增值税纳税申报和所得税预缴申报以及纯企业所得税纳税人所得税预缴申报等三类涉税事项各税务所通办。

(郭　倩)

【推行个体工商户定额核定系统】 11月底,完成7890位个体工商户、26659位集贸市场商户的数据录入,完成个体工商户计算机定额核定系统的推行工作。该系统根据经营者的经营规模、经营内容、行业特点、管理水平等综合因素核定税额,实现个体工商户税负核定的"公平、公开、公正"。

(郭　倩)

【流转税管理】 年内,成立增值税转型工作领导小组,落实增值税转型具体工作,贯彻新修订的增值税条例及实施细则。提前为22户企业办理机动车税控系统注册发行、发票发售,确保企业及时为购车企业开出抵扣发票。贯彻废旧物资企业增值税政策调整规定,召开再生资源增值税税收政策调整座谈会,对22户废旧物资经营单位开展政策辅导。将原有增值税一般纳税人征前审核软件和新开发的增值税优惠政策执行情况比对软件合并升级为"增值税政策数据监控软件",申报前系统对税负偏低企业,存在免税、低税率收入及减征税额的企业不属享受减免税资格企业等异常情况自动预警,便于税收管理员加强对一般纳税人的管理。全年评估制造业及批发零售业中409个行业中低于同行业税负企业300户,发现问题企业57户,补缴增值税7675.5万元。开展家具制造业、其他食品批发业、金属及金属矿批发业等工业企业定向纳税评估,评估15户,发现问题企业4户,补缴增值税42万元。

(郭　倩)

【发票管理】 年内,加强普通发票管理,加大"以票管税"征管力度。通过CTAIS系统,统计分析自助售票系统售票情况,及时掌握纳税人的领购发票异常信息。对2500多个发票批量供应企业实行发票验旧售新,规范企业开票行为。在小规模纳税人中推广应用税控收款机,669户小规模纳税人安装使用税控收款机。规范全区集贸市场代开发票工作,推行电脑代开发票系统,逐步取消集贸市场手写版发票,为144个集贸市场安装代开机具,占集贸市场总数的85.21%。全年,处罚各类发票违法行为418户次,处罚金额合计513880元。

(郭　倩)

【优化纳税服务】 年内,成立帮扶企业应对金融危机工作领导小组和工作实施小组,制定《帮扶企业应对国际金融危机工作实施方案》,建立定期召开帮扶工作例会、与区政府相关部门定期联系、向市局、区政府定期汇报、定期督导各税务所帮扶工作等各项制度,集中研究解决企业重点需求和实际困难。针对大企业特点,提供个性化税收服务,指导和帮助大企业建立税收风险内部控制机制。对新入驻大型企业实行"绿色通道",全程跟踪服务办理涉税手续。建立纳税服务快速反映机制,在首问负责制基础上,在办税服务大厅纳税咨询岗,向纳税人公布各税务所一名主管所长、一名以上岗位能手的固定电话,方便纳税人直接、便捷地咨询解决各类办税难题。简化办税流程,将税种认定工作从管理所调整到征收所,纳税人办理税务登记手续的同时直接办理税种认定。

（郭 倩）

【全面推行财税库银横向联网】 年内，全面推行财税库银横向联网，在网上发通知、窗口张贴公告宣传税库银联工作。与55842户企业签订协议，实现税款资金实时划缴，使纳税人在纳税申报、缴纳税款等各个环节突破时间和空间的限制；取消税收缴款书逐份手工销号、对账，简化税款入库工作环节，提高工作效率。

（郭 倩）

地 方 税 务

【概况】 朝阳区地方税务局受北京市地方税务局和朝阳区人民政府双重领导。在朝阳区行政区域内行使地方税收管辖权。设有13个科室（含后勤服务中心），11个税务所，1个稽查局（下设检查科3个，立案科、审理科、执行科各1个）、1个税务学会。全局有干部职工585人，其中干部561人，工人24人。年底，有税务登记户数146964户，其中内资企业108268户（包括国有企业2083户，集体企业2347户，股份制企业3527户，联营企业78户，有限责任公司21719户，股份有限公司637户，私营企业752101户，其他企业2667户）；港澳台商投资企业2549户；外商投资企业5952户；个体工商户30195户。

地址：安苑东里3区1号

电话：64919340

邮编：100029

网址：http://www.bjltb.gov.cn

（徐 毓）

【税法宣传】 4月1日，与北京交通广播联合制作“我最关注的税收知识”税法宣传特别节目。与《京华时报》、《法制晚报》合作，开辟《娜娜教您学税收》专栏，已连载8期。与首都经济贸易大学财政税务学院合作开展“朝阳地税杯”专业知识展示大赛。4月1日至12月31日，联合工商、国税、街乡政府等相关部门召开150余场的税务登记相关政策宣讲会；组织开展“万人百场”税法宣讲活动，实现新办企业100%培训，新税收政策100%传达。设计制作万张“税企同心共发展”税法宣传有奖新年贺卡邮寄发放给纳税人。

（徐 毓）

【征收管理】 9月成立中央商务区（CBD）税务所。年内，加强税源户分级分类管理，对全局3091户税收过百万的重点企业、重点行业和6大功能区指定专人进行管理和服务。建立税收管理员定期汇报制度，探索实施全员管户管理办法。强化数据比对和实地核查工作，严把发票审核环节。加强申报率、入库率、登记率、无税申报确认率、欠税增减率“五率”考核，申报率、入库率、登记率分别达到99.55%、99.91%和99.96%，累计清理欠税入库税款2269万元。加大对破产清算企业欠税追征力度追缴税款185.1万元。

（徐 毓）

【组织收入】 年内，组织各项收入3870124万元，同比增收507665万元，增长15.1%，完成市局年初下达年度计划373.8亿元的103.53%。区级收入完成1332117万元，同比增收244456万元，同比增长22.48%。制定《朝阳地税局组收工作机制管理办法》，成立组收工作领导小组和九个单项“组收工作落实小组”，双层分解收入任务，逐级签订税收任务责任书，细化48项组收措施，制定分项落实、每周通报、责任考核等组收制度。

（徐 毓）

【依法行政】 年内，落实税收执法责任制，组织开展日常执法检查，做好税收规范性文件清理工作，建立并运行合同审核工作办法，审核对外签订的合同11份，制定民事合同法律审核制度，规范局内行政管理。设立全市首个行政复议专用邮箱，拓展行政复议申请新渠道。

（徐 毓）

【纳税服务】 年内，完善“五大纳税服务体系”（信息服务体系、咨询服务体系、办税服务体系、环境服务体系、援助服务体系），巩固和拓展全区通办制的“一窗式”服务管理模式。拓展网站功能，增加网上服务内容，增设专栏6个，第三税务所制作了局首个所级网页。充分运用电子信箱、手机邮箱、语音电话等信息化手段沟通渠道。咨询受理中心受理咨询11万余个，受理量显著提高。梳理岗位流程，设置办税窗口功能，整合服务资源，提高税务部门内部工作效能。做好CA用户取消纸制申报资料试行工作，签订《承诺书》1.3万份。在9个办税服务厅启用POS刷卡机刷卡缴税。

（徐 毓）

【帮扶工作】 年内,制定下发《朝阳区地税局帮扶企业应对国际金融危机工作实施方案》。举办涉外酒店业、金融保险业、建筑业、房地产业、涉外服务业、高新技术企业等六个行业座谈会,与区国资委、电子城管委会、金盏乡金融管理园区管委会、温榆河管委会等四个主管部门座谈,协调、解决问题 21 项。加强政策宣传辅导,以基层税务所为单位召开纳税人辅导会、座谈会 320 次,发放宣传材料 6 万余份,受理企业 82 项帮扶问题。

(徐　毓)

【税政工作】 年内,全面贯彻营业税新条例及实施细则,对娱乐业、金融保险企业、电影发行放映单位、货运企业等进行重点调查。加强企业所得税管理,实现国地税系统内统一标识认定。加强数据比对,促进企业所得税、个人所得税同步管理。完成个人所得税自行纳税申报 9.6 万份,完成市局下达任务的 107.06%。加强土地增值税清算审核力度,补缴税款 2.74 亿元。利用地方税税源监控平台组收税款共计 2475 万元。落实下岗再就业、残疾人福利企业等地方税收优惠政策,代征残保金 2.53 亿元。规范减免税审批,逐户对"定期全额减免营业税"企业进行清理整顿,4 户企业终止减免税,2 户企业进入评估程序。

(徐　毓)

【纳税评估】 年内,重点对注册资金 3000 万元以上的企业进行专项评估,对长期零申报企业进行日常评估。全年评估 1.2 万户,补税 8854 万元。

(徐　毓)

【二手房营业税征收】 年内,制定并启动应对个人二手房营业税优惠政策到期应急预案。成立应急领导小组和 9 个落实小组,明确职责分工,采取全区通办、增设窗口、延长工作时间、简化工作流程、设立流动征税窗口等措施,切实提高效率,满足纳税人需求。全年办理二手房征收业务 5.7 万份,征收税款 118800 万元。

(徐　毓)

【税务稽查】 年内,重点对建安行业、拍卖企业、中介机构、中外运集团行业、教育培训企业、医疗机构、国家开发公司开展专项检查,对大型企业集团的成员企业或分支机构进行税收自查辅导。全年检查 433 户,入库税款 81400 万元,滞纳金 1904.22 万元,罚款 111.48 万元。开展打击发票违法犯罪专项整治工作,维护正常市场经济秩序。严格稽查工作程序,强化举报管理工作和案件案卷管理制度,规范案件的处理过程。

(徐　毓)

【行政管理】 年内,加强部门协作定期召开业务工作联席会和行政工作联席会,提高办公效率。加大督察督办力度,制定并完成本局折子工程。严格财务制度,厉行节俭;严格政府采购,加强内部审计。开展"小金库"专项治理工作,进行自查,做到不留真空,不留死角。整合软硬件设施,对相关设施进行定期检查与维护,改善基层税务所办公条件。

(徐　毓)

【教育培训】 年内,分批组织全局干部开展公务员岗位知识培训,培训人员达 1057 人次;全局 520 人参加新一轮信息化与电子政务知识培训与考核;组织全体稽查人员进行集中脱产培训,115 名干部参加全国税务稽查人员业务考试。

(徐　毓)

【廉政建设】 年内,召开党风廉政建设工作会,逐级签订《党风廉政建设责任书》。加强廉政教育,组织开展全员廉政脱产培训和中层干部廉政脱产培训。深化廉政文化建设,组织兼职监察员参观"全国税务系统廉政文化展览"。查找思想道德风险点 3 个,岗位职责风险点 54 个,梳理重点工作流程图 17 个,制度风险点 3 个,外部环境风险点 1 个,并制定行之有效的防范措施。

(徐　毓)

金　融

【概况】 8 月,按照朝阳区机构改革的要求,朝阳区金融服务办公室正式调整为区政府工作部门,不再挂靠区发改委。年内,本区金融企业税收完成 105.09 亿元(不计涉外分局管辖企业),年度税收首次突破 100 亿元,同比增收 19.51 亿元,同比增长 22.8%。本区金融机构 1168 家,其中银行类机构 736 家,证券类机构 134 家,保险类机构 254 家,其他金融机构 44 家;外资金融机构 235 家,占全市 60%;法人金融机构 198 家,占全市 31%。

地址:京广中心商务楼1009室
电话:65978750
邮编:100020

(刘燕平)

【企业入驻】 年初,民生人寿北京分公司正式迁入本区,中英人寿北京分公司迁入本区入驻CBD大厦。3月,美亚财产保险有限公司北京分公司正式成立并迁入本区。7月,中德证券正式入驻本区三大金融品牌聚集区的华贸中心,这是近年来国家批准成立的大型中外合资证券公司。蒙特利尔银行北京分行正式迁入华贸金融中心,蒙特利尔银行于今年初获中国银监会批准设立法人银行。9月27日,澳新银行北京分行正式迁入本区华贸金融中心办公。10月20日,恒基兆业与渣打中国冠名及租赁协议签署仪式在北京环球金融中心(WFC)举行,渣打银行(中国)有限公司北京分行正式入驻朝阳。11月17日,澳新银行北京分行迁址华贸中心。

(刘燕平)

【平台建设】 1月16日,京城首家金融企业家俱乐部"北京CBD金融企业家俱乐部"正式成立。3月12日"金融企业HR经理俱乐部"揭牌。

(刘燕平)

【住房公积金奖励政策试点区】 2月11日,市金融办召开公积金奖励政策会议。会上公布市政府关于开展落实金融企业住房公积金政策工作试点的意见以及市领导的批示精神:同意在朝阳、西城、海淀三个区各选择1至2家有代表性的金融企业开展先行试点。

(刘燕平)

【签订战略合作框架协议】 2月,北京银行与区政府在凯迪克大酒店签订战略合作框架协议,提供意向性授信额度100亿元,为朝阳重点工程开发建设项目、新农村建设项目、基础设施建设、优质重点企业、高科技和文化创意产业企业提供信贷资金支持。

(刘燕平)

【区首家小额贷款公司设立】 3月24日,区首家小额贷款公司北京恒源小额贷款有限公司获市金融局批准筹建,在市工商部门完成公司名称预注册,7月15日获得市金融局的设立批复,为本区三农企业和中小企业提供新的融资渠道。8月28日,北京恒源小额贷款有限公司开业仪式暨朝阳区帮扶企业银企对接会举办。

(刘燕平)

【CBD金融商会】 4月10日CBD金融商会第五次理事及会员代表大会在CBD国际论坛会议中心召开。本次理事会推出《2008朝阳区金融业发展报告》。这本"金皮书"总结2008年朝阳区金融业的发展成果,阐明当前所面临的机遇与挑战,为金融业未来发展提供参考依据。

(刘燕平)

【慈善活动】 5月12日,5·12四川汶川特大地震一周年之际,CBD金融商会22家会员单位,联合区慈善协会向北京市对口支援城市四川省什邡市捐助善款近60万元人民币。11月7日,CBD金融商会金融街办公室协助会员单位花旗银行北京分行在奥林匹克公园举行环保主题"2009慈善健步行"活动。12月3日世界慈善日,区三大金融品牌聚集区之一的环球金融中心向本区慈善协会捐助人民币200万元。

(刘燕平)

【金融活动】 5月22日,CBD金融商会、CBD金融企业家俱乐部共同举办"安邦保险——北京CBD金融杯高尔夫球赛"。6月18日、19日CBD金融商会在区体育馆举办"民生人寿——2009北京CBD金融杯"羽毛球赛,增进驻区金融同业之间的交流。9月4日,民生人寿——2009北京CBD金融杯羽毛球精英赛在区体育馆举办。本次比赛由CBD金融商会主办,得到了民生人寿股份有限公司的大力支持。10月16日,CBD金融商会举办"环球金融——北京CBD高尔夫精英赛"。

(刘燕平)

【银行开业】 6月9日,法国兴业银行零售网点北京光华支行开业。法国兴业银行作为欧元区最大的金融机构之一,已经成立145年。法国兴业银行北京光华支行将立足北京商务中心区全面开展零售业务。6月22日,本区首家城市商业银行北京分行——盛京银行在北京丽思卡尔顿酒店举行开业庆典并正式营业。

(刘燕平)

【北京惠农投资管理中心成立】 6月17日,北京惠农投资有限公司成立,是本区一家股权投资基金管理公司。6月22日在本区注册成立股权投资基金公司—北京惠农投资管理中心。

(刘燕平)

【金融街办公室对外办公】 7月1日,CBD金融商会金融街办公室正式对外办公。CBD金融商会金融街办公室设在金融街泰康大厦,该办公室作为CBD金融商会职能的延伸,为驻区金融机构到金融街办理有关事宜提供商务洽谈、商务办公、会议服务、休闲等便利条件。

(刘燕平)

【六大汽车金融公司落户朝阳】 7月,宝马汽车金融公司经中国银监会批筹成立,选址佳程中心22层。至此,宝马汽车金融、沃尔沃汽车金融、东风标致雪铁龙汽车金融、大众汽车金融、梅赛德斯－奔驰汽车金融公司、丰田汽车金融六大在京汽车金融公司落户朝阳。

(刘燕平)

【CBD国际金融论坛举办】 10月13日,2009北京CBD国际金融论坛在北京电视台新址举行。该论坛由中国社会科学院金融研究所、市金融工作局、区政府主办。论坛主题为"金融危机视角下国际金融结构重组——加快推进首都具有国际影响力金融中心城市建设"。区金融办根据论坛现场速记整理,特制作《2009北京CBD国际金融论坛论文集》。CBD国际金融研究院和北京海外学人中心CBD分中心举行揭牌仪式。

(刘燕平)

【签署战略合作协议】 10月30日,在第十三届北京·香港经济合作研讨洽谈会上本区与环球金融中心签署战略合作协议

(刘燕平)

【"十二五"规划编制启动】 12月23日,区金融业"十二五"规划编制工作小组召开第一次会议,宣布工作小组正式成立,成员由区金融办各科室相关工作人员与部分研究机构人员组成。会议通报区金融业"十二五"规划编制工作方案,进行人员分工和工作动员。

(刘燕平)

【品牌宣传活动】 年内,参与博鳌亚洲论坛、第五届北京国际金融博览会;CBD金融商会组团赴台湾参加"第十二届京台科技论坛"和"金融交流合作论坛"

(刘燕平)

中国银行
北京朝阳支行

【概况】 中国银行北京朝阳支行下设7个部室,1个营业部和22家经营性网点支行。截至年底,支行实现考核利润53.291万元,同比增长651万元。资产汇总折人民币总额为339.67亿元,较上年末增长102.82亿元。人民币存款日均余额为232.79亿元,较上年增长51.15亿元,外币存款日均余额为4.54亿美元,较上年增长9.101万美元;人民币贷款日均余额为67.18亿元,较上年增长24.49亿元,实现中间收入1.48亿元,

地址:东三环北路霞光北里18号

电话:59207155

邮编:100027

(赵凌波)

【网点建设】 年内,网点建设方面,按照总行4.0版本完成北辰西路支行、望京园支行、樱花东街支行3家网点装修改造工作。

(赵凌波)

【安保】 年内,支行制定《安保组成员岗位责任及管理办法》,完善安保制度,建立全辖网点安保、消防档案。改造网点安保、消防设施,为网点支行加装柜台防尾随互控门,更新改造各网点ATM的监控设备,调试全辖网点监控探头位置。配合网点做好反诈骗等金融犯罪活动,相继堵截假钞、假旅行支票、假存折等诈骗行为,确保银行资金安全。完成国庆安保工作,获得集体三等功1个、个人三等功2个。

(赵凌波)

【业务发展】 年内,调整市场定位和营销策略,寻找新生客户、培育重点客户,提升与优质客户合作的深度和广度,大力发展授信业务。个金业务方面,集中精力加大产品创新、业务创新、营销创新力度。零售贷款方面,认真分析经济形势和房地产市场的变化,紧跟市场,扩大零售贷款市场份额。

(赵凌波)

中国银行
北京商务区支行

【概况】 中国银行北京商务区支行位于CBD中心商圈,下设17个经营性网点和6个部室。年末,实现汇总人民币利润3.66亿元,中间业务收入1.07亿元,累计发放人民币公司贷款9.24亿元,累计发放零售贷款14.7亿元。

地址:北三环中路8号

电话:64667249

邮编100028

(葛莹莹)

【国庆六十周年安全维稳工作】 年内,国庆六十周年期间,支行对全辖网点建立监察保卫档案,组织应急预案演练;开展"保平安、迎国庆"综合安全大检查,确保安保、消防、监控设备正常运行,各项制度执行到位,完成"零事故、零案件、零上访"工作目标。

(葛莹莹)

【业务发展】 年内,发展能源、交通、房地产等优质客户和重点行业,开拓中小企业授信业务,提升公司贷款规模;营销挖潜优质一手房项目和二手房中介公司,抢占按揭市场份额;把握住经济形势企稳回升的趋势,抓住千万元以上客户,提升公司存款规模,对公存款余额保持增长。中间业务方面利用中国银行理财产品、特色产品、优势产品,有针对性地开展营销,巩固优势业务,提高中间业务收益,扩大基础客户规模。以代发薪、网银和第三方存管等业务为基

础，通过交叉营销、捆绑营销，带动存款、理财和中间业务。

（葛莹莹）

【网点建设】　年内，新开业网点两家：朝阳路支行（金台里甲9号）、团结湖支行（农展馆南路13号瑞辰国际中心首层）；新建网点一家：乐成中心支行（东三环中路24号）；升级改造网点三家：丰联广场大厦支行扩租装修（朝外大街18号）；光华路支行升级改造（光华路甲10号），大望路支行理财室改造（广渠路28号）。

（葛莹莹）

【存贷款】　年末，支行本外币存款总额折合人民币为231亿元，较年初增加62亿元。其中，人民币公司存款时点余额达97亿元，较年初增加33亿元；人民币储蓄存款时点余额达87亿元，较年初增加15亿元；本外币各项贷款余额为45.9亿元，较年初增加6.51亿元，其中，人民币公司贷款余额达16.53亿元，较年初减少0.47亿元，人民币零售贷款余额达27.27亿元，较年初增加8.42亿元，零售贷款不良余额为1062万元，较年初增加67万元。

（葛莹莹）

中国工商银行朝阳支行

【概况】　中国工商银行股份有限公司北京朝阳支行内设10个部室、1个营业部；下设29家网点、2家独立自助银行；拥有财富中心1家，已经建成并投入使用贵宾理财中心15家。年内，实现拨备前利润12.09亿元，较年初增加1.64亿元。

地址：朝外大街1号

电话：65991155

邮编：100020

（杨　健）

【存贷款】　年内，本外币各项存款余额801.79亿元，较年初增加103.57亿元。其中，人民币对公存款余额420.45亿元，较年初增加55.19亿元；人民币储蓄存款余额318.82亿元，较年初增加62亿元。本外币各项贷款余额113.08亿元，较年初增加21.27亿元。其中，人民币公司贷款余额91.03亿元，较年初增加17.98亿元；个人贷款余额22.05亿元，较年初增加3.29亿元。

（杨　健）

【中间业务】　年内，实现中间业务收入2.58亿元，较上年增加4296万元。其中，代理类及个人理财业务实现收入9402万元，较年初增加2927万元；银行卡类业务实现收入4957万元，较年初增加974万元；投行业务实现收入1643万元，较年初增加721万元；新增信用卡68363张。

（杨　健）

【网点建设】　年内，原址升格为网点支行1家：金台路分理处；迁址改造成贵宾理财中心1家：十里堡网点支行；迁址升格为网点支行，同时改造成贵宾理财中心2家：青年路网点支行、朝阳门网点支行；新建成并投入使用独立自助银行1家：工体北路自助银行。

（杨　健）

中国工商银行九龙山支行

【概况】　中国工商银行股份有限公司北京九龙山支行内设7个部室、1个营业室；下设11个网点支行、2个分理处、1个储蓄所、1家独立自助银行。年内，实现拨备前利润2.08亿元，同比增长0.33亿元。

地址：广渠路甲40号

电话：87783294

邮编：100021

（张　姮）

【存贷款】　年内，本外币各项存款余额184.24亿元，较年初增加24.47亿元。其中，对公存款（含保证金）余额50.30亿元，较年初增长4.48亿元；储蓄存款余额133.94亿元，较年初增长19.99亿元。本外币各项贷款余额32.47亿元，较年初增长6.65亿元。其中，法人贷款余额21.98亿元，较年初增长4.14亿元；个人贷款余额10.49亿元，较年初增长2.51亿元。

（张　姮）

【中间业务】　年内，实现中间业务收入8113.77万元，较上年增加2125.90万元。其中，投资银行类收入715.42万元，较上年增加685.61万元；人民币结算类收入1106.26万元，较上年增加290.57万元；代理及个人理财类收入3118.47万元，较上年增加436.20万元；银行卡类收入增加2129万元，较上年增长589.73万元。

（张　姮）

【网点建设】　年内，迁建网点1家：富力城支行；原址升格网点1家：武圣里支行；升格贵宾理财中心1家：富力城支行。

（张　姮）

【服务提升】　年内，为庆祝建国60周年，本行开展“为工行添彩为国庆献礼”服务大提升活动，每个员工都行动起来，从我做起、从每个细节做起，全面提高业务技能和服务质量。

（张　姮）

【公益服务】　年内，多次开展“金融产品进社区”、理财沙龙、爱心资助等公益活动，12月，该行被授予

"劲松地区社会公益单位"光荣称号。

(张 姮)

中国工商银行亚运村支行

【概况】 中国工商银行股份有限公司北京亚运村支行内设7个部室,1个营业部,下设14个支行、1个储蓄所。年内,实现拨备前利润3.03亿元,较年初增加0.28亿元。

地址:慧忠北里407号楼

电话:64872228

邮编:100012

(刘 彬)

【存贷款】 年内,本外币各项存款余额235.46亿元,较年初增加30.95亿元。其中,本外币对公存款(含同业)63.02亿元,较年初增加3.89亿元;本外币储蓄存款余额172.44亿元,较年初增加27.06亿元。本外币各项贷款余额35.12亿元,较年初减少0.27亿元。其中,人民币个人贷款余额17.05亿元,较年初减少0.26亿元。

(刘 彬)

【中间业务】 年内,实现中间业务收入10780万元,其中,代理及对公理财、国际结算、代理及个人理财、人民币结算类、银行卡类中间业务收入分别实现672.48万元、150.52万元、5236.94万元、1194.23万元和2529.69万元,分别较上年增长4.11%、16.71%、44.49%、22.89%和40.15%。新增信用卡39901张。

(刘 彬)

【网点建设】 年内,迁址更名贵宾理财中心1家:国奥村支行;升格改造理财网点2家:中航油支行、航空城支行。

(刘 彬)

【社会效应】 年内,通过奥运"马拉松"式的服务理念,进一步提升整体服务竞争力,全力打造和谐支行,树立良好的银行服务形象,获得"中国工商银行北京市分行文明先进单位"等荣誉称号。

(刘 彬)

中国工商银行望京支行

【概况】 中国工商银行股份有限公司北京望京支行内设10个部室、1个营业部,下设23个网点支行、1个分理处、3个储蓄所及1个附属机构。年内,实现拨备前利润4.7亿元,较年初增加1.18亿元。

地址:酒仙桥路甲10号星城国际大厦C座

电话:64368822

邮编:100015

(杨 慧)

【存贷款】 年内,本外币各项存款余额323.33亿元,较年初增加42.51亿元。其中,人民币对公存款余额86.56亿元,较年初增加6.7亿元;人民币储蓄存款余额230.72亿元,较年初增加39.57亿元。本外币各项贷款余额78.29亿元,较年初增加25.76亿元。其中,人民币公司贷款余额58.9亿元,较年初增加28.3亿元;人民币个人贷款余额7.02亿元,较年初增加0.84亿元。

(杨 慧)

【中间业务】 年末,实现中间业务收入1.85亿元,较上年增加3619万元。其中,私人银行收入52.71万元,较年初增加51.46万元;代理个人基金收入实现2870.63万元,较年初增加1311.06万元;信用卡收入2677.92万元,较年初增加901.34万元;存量新增信用卡28614张。

(杨 慧)

【网点建设】 年内,迁址升格网点四家:嘉美风尚支行、酒仙桥支行、京城支行、广顺支行。

(杨 慧)

中国工商银行商务中心区支行

【概况】 中国工商银行股份有限公司北京商务中心区支行内设8个部室,1个营业部,下设4个网点支行、2个分理处、2个储蓄所。年内,实现本外币拨备前利润4.33亿元。

地址:建国路108号

电话:65669958

邮编:100022

(王 东)

【存贷款】 年内,本外币各项存款余额242.12亿元,较年初增加23.76亿元。其中,人民币对公存款余额144.13亿元,较年初增加7.95亿元;人民币储蓄存款余额80.05亿元,较年初增加11.8亿元。本外币各项贷款余额43.05亿元,较年初增加8.58亿元。其中,人民币公司贷款余额24.22亿元,较年初增加3.12亿元;人民币个人贷款余额10.52亿元,较年初减少0.28亿元。

(王 东)

【中间业务】 年内,实现中间业务收入11.997万元,较上年增加2.135万元。其中,人均中间业务收入37.49万元,网均中间业务收入1.333万元。

(王 东)

【网点建设】 年内,迁址升格网点支行1家:东方梅地亚支行。

(王 东)

中国建设银行股份有限公司北京朝阳支行

【概况】 中国建设银行股份有限公司朝阳支行，内设3个部室，下设4个升格支行，有中长期劳动合同人员363人，劳务人员127人。年末，实现本外币账面利润8.597亿元。
地址：朝阳门外大街乙10号
电话：65994806
邮编：100020

（王　浩）

【存贷款】 年末，本外币全口径存款余额396.49亿元，较年初增长104.46亿元。其中：企业存款274.80亿元，较年初新增44.34亿元；储蓄存款55.94亿元，较年初新增10.17亿元；同业存放65.75亿元，较年初新增49.95亿元。本外币各项贷款余额167.25亿元，较年初增长41.76亿元。其中企业贷款余额155.77亿元，较年初增长39.46亿元；个人贷款余额11.47亿元，较年初增长2.3亿元。五级分类不良贷款余额0.37亿元，较年初减少0.07亿元。

（王　浩）

【中间业务】 年末，实现中间业务收入1.35亿元。其中：公司类中间业务收入0.95亿元，个人类中间业务0.40亿元。

（王　浩）

【营业网点】 年内，朝阳支行营业网点分别有：营业部（朝阳门外大街乙10号楼）；国贸支行（建国门大街1号2座101）、呼家楼支行（东三环向军北里4号）、静安庄支行（曙光西里甲6号院6号楼102室）、樱花支行（和平里樱花园西街28号楼）

（王　浩）

【网点建设】 年内，静安庄支行迁址开业（曙光西里甲6号院6号楼102室）；营业部、樱花支行完成装修改造。

（王　浩）

中国农业银行股份有限公司北京朝阳支行

【概况】 中国农业银行股份有限公司北京朝阳支行，内设7个部室，下设17个网点支行、7个分理处和6个储蓄所。全年实现拨备前利润71921万元。
地址：工体路东2号
电话：65522914
邮编：100020

（王彬彬）

【存贷款】 年末，支行本外币各项存款余额为325.45亿元，较年初增加103.66亿元。其中，本外币储蓄存款余额为131.38亿元，较年初增加29.26亿元；本外币对公存款余额为194.07亿元，较年初增加74.40亿元；各项贷款余额为146.12亿元，较年初增加85.24亿元。

（王彬彬）

【中间业务】 年内，完成中间业务收入6934万元。

（王彬彬）

【网点建设】 年内，蓝色港湾支行、望京支行、华贸支行、朝阳新城分理处开业；酒仙桥储蓄所、朝阳路储蓄所完成迁址，并升格为分理处；展览中心支行、永安里支行完成迁址；团结湖支行、静安庄分理处完成迁址更名；财满街分理处完成改造；国贸自助银行开业。

（王彬彬）

【网点转型】 年内，支行共进行6期网点转型项目和3期标准化服务导入项目，合计转型或导入次数22次，网点19家，促进网点由传统核算交易主导型向服务营销主导型转变，打造标准化、规范化的服务营销体系。

（王彬彬）

北京国际信托有限公司

【概况】 北京国际信托有限公司（简称北京信托），注册资本金14亿元。年内，北京信托实现营业收入总额5.95亿元，完成年度计划的101.81%；实现净利润3.47亿元，完成年度计划的100.49%，完成公司董事会批准的年度计划指标。截至年末，公司固有资产规模25.64亿元，负债总额2.51亿元，所有者权益合计23.13亿元，分别是上年的115.22%、267.28%和108.37%。不良资产率为零。北京信托获朝阳区人民政府授予的“北京市朝阳区2008年度突出贡献企业”奖，位列朝阳区纳税重点企业前五十名之内。
地址：安定路5号北京金融信托大厦C座
电话：64436553
传真：64436551
邮编：100029
网址：www.bjitic.com

（朱佳音）

【财产管理】 年末，存续信托财产总规模为534.94亿元，其中：年内，新增信托财产规模578.35亿元，清算结束信托规模665.12亿元，清算项目加权平均收益率5.19%。向信托财产受益人累计分配收益25亿元，为投资人创造了较高收益。

（朱佳音）

保　　险

中国人寿保险股份有限公司北京市分公司

【概况】 中国人寿保险股份有限公司北京市分公司年内完成寿险总保费收入77.31亿元,同比增长12.5%;年金业务新增中标客户28家,基金总规模47.05亿元;寿代产业务完成7057万,比去年增加2074万元,同比增长41.62%。业务平稳发展,各项效益产品均实现不同程度增长,业务结构得到进一步优化。公司实现首年期交保费占比14.64%,同比提高3.17个百分点,10年期及以上首年期交保费占比31.11%,同比提高2.23个百分点,续期保费占比20.63%,同比提高1.34个百分点。公司全年处理各种赔付、给付近67万件次,金额超过23亿元。

地址:朝外市场街20号
电话:85615141
邮编:100020

(倪　磊)

【队伍建设】 年内,深化体制改革,合并精简机构6个,减少领导职数58人,83名部门负责人和销售单位经理竞争上岗;实施销售人员的分级分类管理,根据不同险种特点制定相应管理法规,实现团队管理即时分析、及时跟踪;积极创新,努力扩大销售团队,提升销售人员质素,组建高绩效种子团队328人、电销团队315人;在经费紧张的情况下,坚持对具有学位、入司两年以上且表现优秀的员工发放学位津贴。

(倪　磊)

【教育培训】 年内,举办252期培训班,参训人数达12656人,总体参、结训率均达到90%以上,较上年有显著提高;代理人队伍在保险行业协会网站上开通学习率为92.5%,通过率为68.8%;1248名员工参加总公司统一组织的全员保险知识网络学习在线考试,平均成绩为97.71;关键岗位员工及助理级及以上管理干部参加教育培训部组织的外部培训65人次。

(倪　磊)

【文化建设】 年内,召开争先创优启动大会,下发《关于进一步推进争先创优文化建设方案》,内网开通"争先创优"专栏,宣传橱窗开辟"争先创优先模榜";成功举办"第二届青年创新与发展论坛",参赛人数249人,广泛开展"我与中国人寿"演讲比赛活动;加强内部沟通渠道建设,以"构建公司第二座办公大楼"为方向,对公司内网进行了改版、宣传、推广使用;扎实开展"创建学习型组织,争创知识型职工"活动,做好"职工书屋"创建活动,对本部图书室、房山支公司图书室举行"模范职工书屋"、"先进职工书屋"授牌仪式。

(倪　磊)

【业务支持】 年内,加强资金管理和收付费管理工作,提高资金结算效率和安全性,扩大银行划账范围,为一线提供更加全面的结算服务;推进柜面标准化建设,对个人长险录入进行外包,全面上线保全免填单整合平台;加强95519队伍管理,全面提升员工服务技能,在电话中心开展"服务态度年"优质服务竞赛活动,规范回访工作、提高回访成功率;持续加强基础平台管理提高系统的安全性和持续运行能力,开发健康险客户服务支持系统、境外紧急救援系统等,支持公司业务拓展提升客户服务水平。

(倪　磊)

【内控合规】 年内,开展关键风险点排查,进行关键岗位检查,持续优化内部管理;加强销售人员诚信建设,开展"诚信我为先"和"实实在在卖保险,明明白白买保险,规规矩矩做保险"系列活动,推广使用营销员信用评估系统,做好风险预警系统的排查和推广工作;推进新一代财务系统的上线,建立50多个成本中心,为精细化的成本核算和多维度盈利分析奠定基础;顺利通过总公司和外部审计机构开展的内控审计和测试工作,实现外部审计零缺陷;反洗钱工作得到中国人民银行营业管理部的通报表扬,在总公司组织的现场检查中排名第一。

(倪　磊)

【品牌建设】 年内,荣获"全国精神文明创建先进单位"、"2008年度首都文明单位标兵"称号;西区客户服务部在中国质量万里行柜面暗访活动中取得第一名,被评为A类单位诚信品牌企业;昌平客户服务部在中国质量万里行2009年城乡地区服务质量明查暗访名列榜首。

(倪　磊)

中国太平洋财产保险股份有限公司北京市朝阳支公司

【概况】 中国太平洋财产保险股

份有限公司北京市朝阳支公司设经理室、办公室、业务一至八科、综合科、车险理赔科、车险核损科、业务管理科、非车险业管科、财务科、客服科;业务范围是:承保人民币和外币的各种财产保险,包括机动车辆保险、财产损失保险、工程保险、责任保险、信用保险、短期人身意外伤害保险等保险业务;办理各种法定财产保险业务;与国内外保险机构建立代理关系和业务往来关系,代理国外保险机构办理对损失的鉴定和理赔业务及其委托的有关事宜;《保险法》所规定的资金运用业务;经批准参加国际保险活动;经中国保险监督管理委员会批准的其他业务。在北京市拥有百余家合作伙伴,包括专业保险代理公司、保险经纪公司、保险公估公司和兼业保险代理机构等,并与其保持着长期、良好的合作关系。年内,拥有员工 90 余人。

地址:霄云路霄云里 6 号楼城宝饭店配楼

总机:64652884

传真:84482495

邮编:100125

客服电话:95500

(杨 静)

【业务】 年内,车险业务保持着 20% 左右的增长率,公司业务发展稳中有升。截止 12 月底,共完成保费收入 25503 万元,完成全年计划的 124%,与去年同比增长 23%。其中,车险保费收入 18871 万元,完成年度计划的 126%,与去年同比增长 30%;非车险保费收入 6632 万元,完成年度计划的 121%,与去年同比增长 6%。

(杨 静)

【管理】 年内,贯彻中国保监会 70 号文和《保险公司中介业务违法行为处罚办法》等相关管理文件,开展系列学习和整改工作,相继制定多项管理措施,堵塞管理漏洞。每月召开业务分析会,对经营情况及时进行分析和评点,注重基础管理、细节管理。采取一些具体的管控措施,巩固车险经营成果;成立车险核损科,加强对理赔流程的管理;成立业务八科,专门抽调优秀人员为合作渠道提供业务促进和客户服务,以保证未来业务长期稳定发展。

(杨 静)

【培训】 年内,邀请北京保险行业协会副秘书长来公司做题为"诚信树立品牌,服务创造价值"的演讲培训,为全体员工提高服务意识、增强品牌意识起到促进作用。同时,结合分公司开展各种技能竞赛,对内勤员工进行多次模拟场景演练等工作技能训练,通过系列讲座、参与互动训练、相互讲评等活动,全面提高内勤员工的整体服务素质。

(杨 静)

美国友邦保险有限公司北京分公司

【概况】 美国友邦保险有限公司北京分公司(简称友邦北分)截至年底,设朝阳亚运村营销服务部、朝阳建国路营销服务部、东城长安营销服务部、海淀营销服务部、朝阳永安里营销服务部、朝阳大望路营销服务部、朝阳双井营销服务部、朝阳三元桥营销服务部、朝阳长虹桥营销服务部、朝阳和平西桥营销服务部、朝阳光华路营销服务部、通州营销服务部及昌平营销服务部。年末,公司总资产约为人民币 68.52 亿元,全年实现保费收入约为人民币 14.77 亿元,个人新单保费市场份额位列北京外资保险公司首位。

地址:建国路乙 118 号京汇大厦三层

电话:65683338 8008203588
4008823588

邮编:100022

(王昌夏)

【业务】 1 月 5 日至 16 日期间,公司开展"新基本法宣传周"活动,旨在使广大业务同仁了解全新的保险营销员考核、晋级制度及奖金、津贴制度(以下简称"新基本法"),形成"学、讲、做"新基本法的良好业务氛围。7 月,为加强业务主任在销售、增员以及组织管理技能上的学习和交流,提升业务主任自身价值,为其打造一个学习与交流的平台,公司成立友邦北京"ASCLUB",并于 7 月 22 日举办"主任嘉年华"活动,暨 ASCLUB 成立大会。8 月 3 日,公司开始推行成长模式下高级业务主管(AOM/AOD)业务制度,以帮助高级业务主管扩大团队规模,建立事业观及自主经营的荣誉感和责任感,开创全新的事业格局。9 位优秀业务主管被委任为第一批成长模式下营业处经理(AOM)。

(王昌夏)

【宣传】 2 月至 9 月期间,为提升公司形象及产品的影响力,进一步提升友邦"未来,你,好"的市场营销主题,为业务同仁营造更好的产品销售环境,公司分时段、有计划地在北京地区的电视、电台、报纸、地铁、商务楼宇联播网、电子海报平台及机场巴士等媒体上投放有关公司企业形象、产品和增员的广告。

(王昌夏)

【制度】 自 3 月 1 日起,正式对保险营销员福利保障制度进行修订。修订后的制度与现行制度相比,增加了福利保障的种类,提高了各项福利保障的额度,并对连续服务超过一定年资的业务同仁给予更高的福利保障。

(王昌夏)

【服务】 自 3 月 3 日起,对"网上客户服务中心系统”进行升级，增加为退费逾期1个月未领取客户的提醒、定期定额追加保险费投资账户分配比例的查询、在线更改个人联系方式、在线通过“支付宝”随时缴付续期保险费等新功能，更好地服务于客户。3月20日，正式在“友邦保险在线投保”上开通营销员转介绍功能。只要客户在线投保时录入正确的营销员代码，即视为由该业务同仁转介绍，投保成功后该保单的佣金和业绩100%属于转介绍的业务同仁。这一功能不仅给客户提供轻松投保、便捷缴费的服务，同时也为业务同仁提供更加便捷化的展业支持。3月，本年度的“卓越服务”项目开始启动。在“卓越服务俱乐部项目组”的推动下，先后开展“爱心植树活动”、“ServiceClub开心小词典”大型知识竞赛活动和“服务明星评选”活动，取得良好效果。9月17日，友邦北京新培训中心正式投入使用，并在新培训中心多功能厅举行启用仪式。新培训中心位于长安街沿线的丰树大厦三层，建筑面积达2200余平方米，有各类培训教室、会议室、洽谈室8个，可以同时供约700人培训使用。

（王昌夏）

【表彰活动】　3月3日，举办2008年度团险业务精英表彰颁奖会，对2008年在团险业务方面做出突出贡献的业务同仁予以表彰奖励，进一步推动团险业务的发展。3月20日，公司举办“友邦北京2008年度颁奖盛典”，表彰在2008年度各项竞赛中表现突出的业务同仁。2008年度荣誉会各奖项得主、第六届“高峰竞赛”年度、四季度各奖项得主及友邦中国第四届“巨龙大会”年度、四季度各奖项得主在盛典上共聚一堂，鼓舞大家在本年的各项竞赛中取得更加优异的成绩。7月19日，在长安大戏院举办友邦北京第七届“高峰竞赛”颁奖典礼暨第六届“诚信之旅”誓师大会，对在“高峰竞赛”中获得奖励的151名业务同仁进行表彰，并举行第六届“诚信之旅”竞赛的启动仪式。

（王昌夏）

【公益活动】　5月21日，“2009年友邦北京助学金颁发仪式”在友邦北分培训中心举行。自2005年来，友邦北分已连续五年资助来自北京大学、中央财经大学和中国人民大学的共150名品学兼优但家境困难的保险专业学生顺利完成学业。12月18日，“友邦爱心图书馆”在朝阳区小红门中心小学启用。这是继“友邦爱心图书馆”在广东揭牌后，“友邦爱心基金”援建的又一所图书馆。公司希望以“友邦爱心图书馆”为公益平台，与学校建立长期的共建联系，让外来务工人员的子弟能够在北京健康、快乐地生活和学习。

（王昌夏）

城市建设

规 划 管 理

【概况】 北京市规划委员会朝阳分局隶属于市规划委，为十九个派出机构之一。设纪检监察科、法制科、综合业务科、规划用地科、建设工程管理科、市政交通工程管理科、办公室、区规划监察执法队和区规划设计服务中心。主要职责为：在市规划委的领导下，按照规定权限，负责组织实施本行政区域内的规划编制、规划审批和规划监督工作。年内，受理本区建设项目规划申报2559件，办结建设项目2600件，用地许可规模1175.5公顷。

地址：农业展览馆南路5号

电话：58670333（24小时）

传真：58670345

邮编：100125

（孙文伟）

【规划监察执法】 9月至10月，由本局牵头，国土、建委配合，对城管监督中心发现的农村地区3153处新增建设的合法性进行认定。对农村地区，特别是土地储备区内的违法建设重点进行研究和分析，综合国土、建委的认定意见，结合城市规划、土地利用规划，提出符合朝阳区清的处理意见。此外，执法队全年协助区城管大队认定违法建设129处，建筑面积约5万平方米，其中包括“大望京村”、“地铁15号线车辆段”等重点项目用地内的违法建设，为违法建设拆除提供法律依据，对重点项目顺利实施起到推进作用。年内，完成全区69处、10万平方米挂账临建拆处任务。同时，拆除大量帐外逾期临建，拆除朝阳公园西路“星吧路”餐饮酒吧一条街逾期临建1.8万平方米；拆除垂杨柳中学、八里庄三小等学校用地内的2000余平方米逾期临建，使校园环境得到改善。通过拆除逾期临建，为太阳宫西路、垡头南路等多道路工程和市政基础设施建设创造了条件。通过卫星遥感、群众举报、执法巡查等途径，发现违法建设53处，总建筑面积76万平方米。责令在施违法建设停工36处，移送违法建设11处。答复群众信访108件，答复违法建设投诉热线电话28件。

（孙文伟）

【规划审批】 年内，受理本区建设项目规划申报2559件，同比下降13%，占城八区项目申报总量的1/3，占全市项目申报总量的16%，较上年下降四个百分点。在建设项目申报中，总体呈现“三减一增”趋势，即：建设工程类810件，同比下降8%；公共服务类407件，同比下降6%；规划监督类569件，同比下降36%；市政工程类773件，同比增长6%。共办结建设项目2600件，同比下降9%。其中，新增选址规模2653.5公顷，同比增长2.2倍；用地许可规模1175.5公顷，同比下降17%；建设工程许可面积1089万平方米，同比下降19%。办理规划验线103件，建筑面积285.8万平方米；规划验收222件，建筑面积567.7万平方米。

（孙文伟）

【城乡一体化建设】 年内，区内有17个乡涉及第一道绿化隔离地区政策。涉及第二道绿化隔离地区实施政策的主要是东三乡和黑庄户乡。绿隔地区建设累计实施绿化用地面积51.52平方公里，占区规划绿地的69.3%，占全市完成绿地的47%；安置拆迁人口11.18万人，完成率为52%，占全市已安置总数的59%。已完全搬迁的行政村36个，正在实施搬迁的行政村44个；累计安置劳动力3.7万人，占绿隔地区应安置劳动力总数7.2万人的51%；累计实施产业用地2.4平方公里，占规划产业总用地6.3平方公里的38%。农民新村建设。结合大望京环境整治、机场南线、地铁15号线、亦庄线等重点项目,推动南皋康营农民安置房等项目的建设,办理完成大望京村定向安置房、孙河机场南线回迁安置房、小红门定向安置房项目等4个农民新村项目的规划意见书,总建筑规模约74.5万平方米,约可安置1.8万人。继续加强与相关部门的沟通,结合土地储备工作深入研究,推动了东三乡、东坝边缘集团、酒仙污水处理厂、高安屯垃圾填埋场周边居民的搬迁安置工作,搬迁安置方案已确定,将办理相关规划手续。城乡结合部的规划建设。对村庄的规划建设情况进行梳理,将18个村作为区城乡结合部环境整治重点村庄,其中十八里店乡十八里店村、金盏长店村等9个村被列为市城乡结合部地区环境整治重点村,其中,有土地储备地区,有绿隔地区的村庄,已提出规划建设的策略建议。新农村规划编制。按照市新农办和市规划委的要求,结合朝阳区的实际情况,到2010年底本区共有102个村庄需开展新农村规划编制工作。已完成45个村庄的规划编制工作,涉及13个乡。

(孙文伟)

【土地储备工作】 年内,为落实市2009年土地储备开发投资总规模达1000亿的战略部署,配合土地储备中心朝阳分中心开展大望京村、东三乡地区、豆各庄乡、三间房乡、五环路沿线村庄等项土地储备用地的规划研究工作,提出结合绿隔地区建设,重点加强产业类建设用地的储备和供应,先行落实农民安置房的建设,解决城乡一体化建设的难题,推动全区产业结构优化和经济发展的策略建议。区土地储备项目完成进度已超过70%。

(孙文伟)

【规划编制】 年内,根据市规划委、区委区政府的工作部署,协调区属相关部门,协助委相关处室开展《近期建设规划年度实施计划(2009-2010)》,《北京市中心城控制性详细规划》、《东坝边缘集团控制性详细规划》、《东三乡地区规划实施策略研究》、《朝阳区消防专项规划》、《朝阳区学前专项规划》、《电子城西区北扩区城市设计》、《CBD东扩区规划设计方案研究》、《通惠河滨水文化景观带环境整治》等专项规划的核定及研究工作。组织开展《大望京商务区规划设计方案征集》《东坝航空商务区规划研究》工作,进一步完善朝阳区的城乡规划体系。

(孙文伟)

【规划调研】 年内,结合土地储备工作,以优化发展思路为目标,深入开展《朝阳区可利用建设用地的深化研究》、《朝阳区城乡结合部的发展研究》、《朝阳区城乡一体化的策略研究》等一系列市、区政府关注课题的研究工作。

(孙文伟)

【市政规划】 年内,配合市属重点工程——轨道交通工程的建设,大望京商务区规划设计方案征集工作,协助领导协调市相关部门,在大望京地区增加地铁15号线望京东站,并将了解到的方案及进展情况第一时间通报给征集单位,为大望京商务区规划方案研究提供轨道交通保障。配合市规划委完成地铁6号线一期、8号线二期、10号线二期、亦庄线拆迁范围用地情况的核实工作。在地铁公司提供的拆迁范围基础上,结合沿线街乡发展需求,对局部方案提出修改意见。开展地铁7号线、14号线、15号线沿线站点与周边用地情况核查工作,陪同市、区领导组织沿线街乡现场踏勘,结合当地实际情况、对车站主体、出入口、风亭等配套设施的设置位置进行研究。2008年局委托市规划院开展编制《朝阳区轨道交通周边用地规划研究》工作,已基本完成。与区发改委联合,委托北京市规划院开展《朝阳区市政基础设施专项规划》及《朝阳区农村地区基础设施建设三年规划》的编制工作。设计单位完成《朝阳区河道规划》、《朝阳区燃力发展规划》、《朝阳区城市再生水回用规划》、《朝阳区供水发展规划》、《朝阳区环卫规划》及《朝阳区农村地区基础设施建设三年规划》。

(孙文伟)

建 设 管 理

【概况】 2009年8月,根据《中共北京市朝阳区委办公室北京市朝阳区人民政府办公室关于印发〈朝阳区政府机构改革实施意见〉的通知》、《北京市朝阳区人民政府关于区政府机构设置的通知》,朝阳区建设委员会更名为朝阳区住房和城乡建设委员会(简称区住房城乡建设委),是负责本区住房和城乡建设行政管理的区政府工作部门,管理朝阳区房屋管理局。主要职责包括贯彻落实国家及北京市有关房地产开发管理政策、法规和措施、办法;贯彻国家及北京市有关工程质量管理的政策、法规,研究制定本区监督工程质量管理措施;负责区域内房地产开发业行业管理,负责区属房地产开发企业资质审核,负责本区城市建设综合开发监督管理;负责本区危旧房改造工作;负责本区政策性住房建设工作;负责指导和规范本区建设市场,指导监督市住房城乡建设委指定本区办理工程建设项目招投标工作,并负责开工管理;负责注册在本区内的建筑业企业资质受理和初审工作,负责本区内二级建造师注册的受理、初审及建筑行业从业人员复检验证工作;负责区内墙体材料革新、散装水泥发展工作和相关专项基金征收、返退工作;组织、协调和管理对区域内新建、改建居住区公共服务配套设施的收缴和已竣工居住区欠缴公共服务配套设施的追缴工作;负责市政府委派本区重点工程项目拆迁组织协调工作;按照管理权限负责本区施工许可房屋建筑工程和市政基础设施工程的竣工验收备案管理工作;负责上述建设工程质量事故调查、处理工作;负责本区施工许可建设工程重大质量问题检举、控告、投诉处理工作;负责区域内的房屋私自拆改行为综合执法的组织协调工作;负责本区建设管理行政执法工作;负责对本区内的建设工程安全生产工作实施监管,承担相应监管责任;承办区政府交办其他事项。内设办公室(区社会矛盾调处中心住房城乡建设委分中心)、建设综合开发和危旧房改造办公室(副处级)、住房保障建设办公室、工程建设管理科、建筑业管理科、重大工程办公室、配套管理办公室、工程质量管理科、房屋私自拆改执法办公室9个行政科室;下设建筑行业管理处、建设工程质量监督站、建设工程施工安全监督站、建设工程发包承包交易中心4个事业单位,行政编制51人,机关工勤事业编制3人,事业编制122人。全年,房地产业实现增加值299.4亿元,按不变价计算比上年增长4.0%,占第三产业增加值的14.8%,拉动第三产业增加值增长0.6个百分点。房地产开发完成投资757.0亿元,比上年增长12.8%。按商品房建设用途分,住宅投资234.8亿元,比上年下降23.5%,保障性住房投资83.0亿元,其中经济适用房投资50.1亿元。商品房施竣工面积萎缩。全年商品房施工面积3205.2万平方米,其中保障性住房538.4万平方米;商品房竣工面积860.9万平方米,其中保障性住房71.6万平方米。全年基础设施完成投资214.4亿元,比上年增长60.2%,占全社会固定资产投资19.4%。建筑业全年实现增加值71.3亿元,按不变价计算比上年增长4.7%,占第二产业增加值的26.5%。全年具有资质等级的总承包和专业承包建筑业企业完成总产值556.4亿元,比上年增长16.7%;累计签订合同额1107.3亿元,比上年增长30.6%;房屋建筑施工面积2873.5万平方米,比上年增长4.1%。

地址:呼家楼向军北里23号
电话:65001728
邮编:100020

(李津华)

【施工企业劳务用工管理】 2月,会同区劳动和社会保障部门制定《朝阳区施工项目劳务管理及劳动用工规范工作方案》,规范区建设管理、劳动和社会保障部门及各街道(地区)办事处劳务联动监管模式,共享管理信息资源,条块结合,协同作战,加大施工项目劳务管理及劳动用工规范管理力度。实行建筑劳务用工实名制管理制度,加强劳务用工管理检查和矛盾排查,以推广、建立三个账户(工资保证金专用账户、劳务费专用账户、农民工工资专用账户)为契机,深入抓好区域内劳务管理及农民工工资支付工作,确保各建设项目农民工工资支付到位。推行建立施工项目劳务自管体系、设置专职劳动力管理员、劳务内业资料标准化管理、试点劳务费建设单位直付、实行区建设行政管理部门劳务二次备案等多项管理举措,加强施工工地劳务用工动态监管,督促建设单位、施工单位、劳务用工单位做好工程款、劳务费结算和农民工工资支付工作。定期与区劳动和社会保障部门、各省驻京建管处、各大集团总公司等单位开展劳务规范管理联合检查,排查劳务纠纷隐患。年内,检查工地1200余次;召开施工现场劳务规范管理宣传贯彻会70余次;处理劳务违法违规行为158项,处罚金额42.3万元。全区施工项目中,已建立"施工项目劳务自管体系"的占86%;实现"专职劳动力管理员持证上岗"的占87%;完成"区建设行政管理部门劳务二次备案"的占81%;"标准化劳务内业资料"基本完备的占94%。经综合考核,全区868个施工项目中:绿色劳务达标项目564个,占65%;黄色轻微隐患项目281个,占32%;红色重点隐患项目23个,占3%。施工项目劳务管理及劳动用工规范工作方案推行以后,企业行为得到规范,减少劳务纠纷,涌现出天润建设"芍药居东区"、中建八局"外交部新闻领事中心"等劳务规范管理标杆工地。会同区劳动和社会保障等部门建立联动工作机制,加大劳务纠纷协调处理力度,全年协调劳务纠纷185起,其中工程款、劳务费纠纷86起,涉及金额近9326万元;配合区劳动和社会保障部门调处农民工工资拖欠、纠纷案件99起,涉案金额967万元,解决1368名农民工工资发放问题。比上年劳务纠纷率明显下降。重大节日和重点时期,未发生因工程款、劳务费、农民工工资引发的群体性事件。

(李津华)

【房地产开发促进会】　3月10日,召开第五次常务理事会,选举新一届秘书长、监事长及常务理事单位。4月24日,组织召开商品房(预售)销售情况座谈会,交流房屋促销经验和促销措施,分析购房人群特点、分布及市场存在的问题,向政府提出工作建议。6月6日至6月14日,在朝阳公园九米路举办"朝阳公园房展会",区域内12家房地产企业展示普通住宅和高端商品房项目。6月18日,组织召开"朝阳区房地产业税源建设工作座谈会",区域内80多家房地产开发企业参加会议,14家开发企业响应政府号召,缴纳税款2.8亿元。8月12日至14日,组织部分成员单位赴邯郸市调研考察投资项目。促进会搭建政府与企业沟通交流的平台,为促进行业健康发展,推动区域城市建设和经济发展发挥积极作用。

(李津华)

【开展行业教育培训】　4月,开展全区建设工程施工安全暨绿色施工全员教育培训,分7期对区属施工企业和全区在施工程建设单位安全管理人员、项目经理、安全生产副经理、专职安全员、监理公司总监或总监代表进行安全教育培训,2456人参加取得《朝阳区建设工程安全生产继续教育结业证书》,并被聘为教员。各施工项目部组织全体管理人员和施工人员进行安全教育培训,5.2万人参培并取得上岗证书,参培率95%以上。4月,举办劳动力管理员取证培训班,355人参加培训考试,315人考试合格取得证书。6月,"安全月"期间,依托"农民工夜校",对全体管理人员和施工人员开展安全生产知识培训,以学习《北京市建筑施工现场安全标准化手册》、《绿色施工管理规程》和《建设工程施工现场管理文件汇编》为重点,学习安全知识、遵守操作规程、掌握安全标准,提高安全水平,68071人次参加培训,培训率100%。编发《建设工程施工现场管理文件汇编》4000册。

(李津华)

【建设施工安全监管】　5月4日起,对全区施工工地防控甲型H1N1型流感情况进行紧急全面排查。各施工工地均制定防控预案并建立体温监测、消毒和日报制度,未发生异常情况。5月20日至12月份分自查自纠、督促检查、巩固成果三个阶段实施建设工程安全生产"三项行动"。6月开展以"弘扬安全文化、服务科学发展,喜迎新中国成立六十周年"为主题的"安全生产月"活动,采取召开安全生产研讨会、组织安全生产知识竞赛、开展安全生产应急演练、加强施工人员安全教育培训等多种形式,推动安全生产管理工作。年内,强化两级建委、三级管理(两级市住房城乡建设委、区住房城乡建设委;市住房城乡建设委、区住房城乡建设委、街道(地区)办事处三级管理)由区建设行政管理部门、办事处监管人员组成监管检查组,聘用专业技术人员和检查人员共同对施工工地开展日常检查及专项执法检查。检查施工工地14578项次;对存在违法行为和安全隐患的责令整改1987项次、责令停工整改502项,进行行政处罚538起,罚款205.6万元。办理建筑起重机械登记编号备案255台,建筑起重机械使用登记备案926台。发生建筑施工安全生产亡人事故2起,比上年下降60%;死亡2人,比上年下降71.4%。

(李津华)

【文明安全工地评选】　5月起,在全区施工工地举办覆盖全体施工人员的"绿色文明安全施工知识竞赛",进行绿色施工和安全生产教育,使施工人员增强绿色文明安全施工意识,提高自我保护和法律意识。年内,做好夜间施工审批监管工作,实施《朝阳区建设工程绿色施工考核管理办法》,加强施工现场环境治理和绿色施工管理,召开绿色施工现场观摩会,开展绿色施工文明安全工地创建活动。经本区初评、推荐,市住房城乡建设委评定,B2厂房、凤凰苑公建、新燕都家园一区工程、嘉铭中心办公楼及商业楼2项工程等67项工程荣获2009年度"北京市住房城乡建设系统文明安全工地"称号;其中B2厂房、凤凰苑公建、中国传媒大学图书馆、嘉铭中心办公楼及商业楼2项工程等6项工程荣获2009年度"北京市住房城乡建设系统文明安全样板工地"称号。

(李津华)

【政策性住房建设】　年内,全区共有政策性住房项目33个,其中在建项目27个,开复工面积732万平方米,其中经济适用房(含定向安置)410万平方米,限价房279.3万平方米,廉租房36.1万平方米,公共租赁住房6.73万平方米。共完成投资53.5亿元。其中新开工240万平方米,占全市新开工总量925万平方米的26%;累计竣工70万平方米,占全市竣工面积227万平方米的30.8%。

(李津华)

【危旧房屋改造】　年内,按照区政府折子工程要求,推进北内、京棉及垂杨柳危改拆迁工作及重点危改项目工作。北内农光里1~4号楼危改项目是"解危排险、拔危楼"工程,12月26日,正式启动居民拆迁工作。京棉地区危改一期二步完成动迁手续居民2374户,动迁率

96%;京棉地区危改二期完成动迁手续居民2197户,动迁率95.5%,一二期动迁共滞留192户。截至年底,京棉地区危改回迁居民3790户,列入区政府为民办实事事项的市政配套工程开工建设。垂杨柳地区危改工作现场协调小组对先期搬家的256户居民发放危改工程配合奖励费。

（李津华）

【重点工程建设】 年内,完成地铁亦庄线、15号线一期拆迁工作;10号线二期、6号线、8号线站点拆迁工作完成并进场施工;完成市重点工程润世中心项目拆迁工作。共涉及25座车站、3个停车场、1个车辆基地。除五里桥车辆段和宋家庄停车场企业拆迁正在进行中,共拆迁腾退农民宅基地151个院,拆除建筑面积35336.57平方米;拆迁居民195户,拆除建筑面积15223.76平方米;拆迁集体企业97家,拆除建筑面积149584.33平方米;拆迁国有企业3家,拆除建筑面积2266.51平方米。

（李津华）

【房地产开发配套管理】 年内,重点协调跟踪存在问题和正办理手续的开发项目,促其完成实际投资,促进房地产开发项目落地与开工建设。区内纳入市政府绿色审批通道开发建设项目21个,建筑面积197.2万平方米,涉及本年度投资81.15亿元,其中开工18个项目。加强住宅小区配套设施建设管理,实行教育配套预警机制,做好配套设施审核、整合和收缴工作。审核居住小区项目44个,总建筑面积1100.57万平方米,住宅建筑面积759.49万平方米,配套面积77.25万平方米。其中新建小区项目40个,总建筑面积809.08万平方米,配套面积63.13万平方米,全部在市建委网上公示;已建补审项目4个。收缴、追缴各类配套设施50项,总面积14.13万平方米,其中行政社区配套设施32项、3.05万平方米;教育配套设施18处、11.08万平方米。完成配套设施公示新建小区30个,涉及住宅总面积585.4万平方米,配套设施项目475个、100.29万平方米,居民6.24万户、17.51万人。全区新建住宅小区公共服务配套设施公示率达到95%以上。

（李津华）

【企业资质和人员管理】 年内,受理新设立建筑业企业资质申请60家,建筑业企业资质升级54家、增项25家;办理建筑业企业资质变更185家、注销3家;转出企业4家,转入企业29家。截至年底,纳入本区管理的建筑业企业711家,其中一级71家、二级177家、三级400家、其他63家,涵盖房屋建筑工程、市政公用工程、机电安装、装修等48个施工专业。同时,完成开发企业资质升级70家、延期56家、变更105家;完成新成立开发企业资质备案11家、审批28家;完成四级开发企业资质审批8家;办理227家开发企业网上激活业务。全区注册并完成备案开发企业456家,其中一级资质17家、二级50家、三级52家、四级208家、暂定129家,企业有级别率达71.7%。区属建筑业企业中完成二级建造师执业资格初始注册398人、变更注册338人、增项注册12人、注销注册18人。182家企业989名《安全生产考核合格证书》到期"三类人员"办理证书续期。

（李津华）

【建筑节能与墙体改革】 年内,组织街道(地区)办事处对全区符合建筑节能改造条件的砖混和板式居住类建筑调查摸底,初步建立全区符合建筑节能改造条件的砖混和板式居住类建筑数据库。以区直管板式公房节能改造为初探,推进居住类建筑节能改造。完成学校、医院、政府办公建筑等21.81万平方米普通公共建筑节能改造,中石化、中国文联等4家社会单位进行12.13万平方米公共建筑节能改造,组织实施10.74万平方米居住类建筑节能改造,共完成44.68万平方米建筑节能改造,超额49%完成任务。将CBD商务中心区内未实施用电分项计量及全区年耗能5000吨标准煤以上的35栋大型公建纳入本年度大型公共建筑能耗分项计量工作,超额17%完成任务。收缴156个建设项目新型墙体材料专项基金5943.3万元、散装水泥专项基金417.2万元;返退95个建设项目新型墙体材料专项基金3344.85万元、89个建设项目散装水泥专项基金204.2万元;办理建筑节能设计审查备案170项、建筑节能验收备案68项;办理建筑材料供应备案24家,受理建筑材料备案信息申请147条;开展建筑节能与建材管理专项检查4次。

（李津华）

【招投标监管和施工许可】 年内,为重点工程开通绿色审批通道,加强审批联动,简化审批事项,精简审批材料,缩短审批时限,提高建设工程招标投标监管与服务效率,第一时间办结各项审核备案手续。加强施工合同动态监管和房地产开发项目支付及履约担保管理,及时排查和处理存在合同履约纠纷项目。核发新建、绿化隔离地区建设、装修、市政工程建设项目施工许可证395项,建筑面积872.96万平方米,市政道路管线长度147.9千米,投资合同金额163.89亿元。总建筑规模比上年减少38.22%,总投资比上年减少20.31%。办理施工招标投标及直接发包工程项目345项,建筑面积872.96万平方米,投资合同金额167.99亿元。办理监理招标投标及直接发包工程项目198项,建筑面积1643.64万平方米,投资合同金额14.29亿元。办结市、区两级绿色通道施工许可审批项目36项,建筑面积143.76万平方米,投资合同金额32.44亿元。查处违法建设、违章施工工程107项,罚款总额207.1万元。

(李津华)

【**建设工程质量管理**】 年内,实施工程质量监督管理一书两公示(签订工程《项目法人责任书》、施工现场设置参建各方质量责任公示栏、住宅工程竣工验收前工程楼体明显位置安装责任主体公示牌)和住宅工程分户验收制度,进一步完善和落实工程质量监督网格化管理制度,采取多项措施,加强对工程建设、施工、监理参建各方质量保证体系的验收和质量行为的监督,加大对政策性住房工程质量监管,加强对工程地基基础、主体结构质量进行重点监督检查,开展对涉及结构安全和重要使用功能的建筑材料及节能保湿、无障碍设施检查,确保建筑工程结构安全。加强建设工程质量通病治理和研究成果转化应用,推动"朝阳杯"优质工程创建活动开展,促进参建单位加强工程施工过程中质量控制,减少质量通病的发生。全年监督房建工程1573项、建筑面积2883.3万平方米,其中在监房建工程1272项、建筑面积2022万平方米,办理竣工验收备案房建工程301项、建筑面积861.3万平方米;监督市政工程264项、道路管线长度182千米,其中在监市政工程260项、道路管线长度170千米,办理竣工验收备案市政工程4项、道路管线长度12千米。办理质量监督注册房建工程818项、建筑面积804万平方米,市政工程260项、道路管线长度170千米。加大执法查处力度,行政处罚质量违法和未按要求节能施工责任单位46起,罚款35.65万元;简易行政处罚安全违法责任单位318起,罚款31.8万元。在施工程未出现重大工程质量事故。

(李津华)

【**建设领域突出问题排查**】 年内,成立专项工作小组,对涉及本区622项排查项目,按照项目行政职责和建设性质进行详细划分,通过查阅原始档案和资料、问询工程相关负责人、实地检查工程项目等多种方式,重点对工程建设质量、工程监理机构、质量管理、竣工验收等方面进行认真排查。

(李津华)

【**信访事项办理**】 年内,建设分中心共接待处理群众来信、来访、投诉电话1013件次,其中受理市、区转来信件537件,群众投诉电话、直投信476件。办复984件,其余29件正在办理中。其中依托网上办公系统接受群众来信161件,全部按时办结。按照信访"积案化解年"相关要求,初信初访化解率95%,重信重访化解率90%,信访积案化解率80%以上。信访调处的重点、难点集中表现在房屋"拆墙打洞"、施工扰民、小区配套设施建设及房屋质量问题,占全部信访件的56.38%。总体形势平稳,无越级访和大规模集体上访等突发性事件。

(李津华)

【**工程建设**】 年内,区域内施工项目977项,同比下降19.65%,其中房建工程843项,建筑面积3835.84万平方米;拆除工程22项,建筑面积117.14万平方米;市政工程91项,道路管线168.2千米,面积11.09万平方米;地铁工程21项,施工线路36.5千米,面积29.24万平方米。施工人员约8万人。全年累计竣工工程372项,建筑面积1056.74万平方米,道路管线41.2千米,其中,建筑面积1万平方米以上的公建、住宅、经济适用房、廉租住房、危旧房改造、新村建设、装饰装修及市政各类工程详见(附朝阳区建设工程竣工一览表)。

(李津华)

朝阳区建设工程竣工一览表

(一)公建工程(30项)

序号	工程名称	工程地址	建筑面积(万平方米)	工程总投资(万元)	开工日期	竣工日期	建设单位	设计单位	施工单位	监理单位
1	爱立信研发中心1号楼	电子城西区E2-1地块	4.58	19929	2005.6.1	2009.1.9	北京中关村电子城建设有限公司	圣帝国际建筑工程有限公司	中国新兴保信建设总公司	北京兴电国际工程管理公司

序号	工程名称	工程地址	建筑面积(万平方米)	工程总投资(万元)	开工日期	竣工日期	建设单位	设计单位	施工单位	监理单位
2	新天嘉园北区车库	西大望路21号	1.99	11072	2004.12.2	2009.1.22	北京柏宏房地产开发有限公司	北京彩恩建筑设计有限责任公司	中建一局集团第五建筑有限公司	北京中协成建设监理有限责任公司
3	政泉花园地下车库	大　屯	7.27	13680	2006.5.18	2009.2.19	北京政泉置业有限公司	核工业第二研究设计院	江苏南通二建集团有限公司	北京东方华太建设监理有限公司
4	东方梅地亚中心2项工程	光华路4号	5.76	22900	2006.8.28	2009.3.12	北京东方梅地亚置业有限公司	大地建筑事务所	北京城建五建设工程有限公司	北京建创建筑工程咨询有限责任公司
5	南湖公园游客服务中心	望京南湖公园内	1.31	4659	2007.9.28	2009.3.26	北京金隅集团有限责任公司	北京建都设计研究院有限责任公司	北京大龙建设集团有限公司	北京建拓工程管理有限公司
6	国家安全局2项工程	北辰东路与科荟路交汇处东南角	1.08	2411	2007.5.19	2009.3.26	北京市国家安全局、北京市公安局消防局	北京天鸿圆方建筑设计有限责任公司	北京市第五建筑工程有限公司	北京建工京精大房建筑工程监理有限公司
7	东方郁金香大厦	来广营乡立水桥	4.06	6895	2007.9.28	2009.4.24	北京祥业房地产有限公司	北京市住宅建筑设计研究院有限公司	北京住总第六开发建设有限公司	北京光华建设监理有限公司
8	芍药居西区综合楼	芍药居	10.37	20708	2006.8.31	2009.4.28	北京信远时代房地产开发有限公司	广东省建筑设计研究院	福州闽发建筑工程有限公司	福建工大工程咨询监理有限公司
9	IT产业园D1厂房二期2项工程	酒仙桥	1.47	2838	2007.5.20	2009.5.13	北京电子城有限责任公司	北京市工业设计研究院	北京城建建设工程有限公司	北京兴电国际工程管理公司
10	国际财源中心东塔	建国门外大街6号	9.32	33517	2005.9.29	2009.5.19	北京建机天润房地产开发有限公司	北京时空筑城建筑设计有限公司	北京城建二建设工程有限公司	北京双圆工程咨询监理有限公司
11	兴隆北区商业、办公楼	高　井	4.73	7223	2007.7.31	2009.5.21	北京国锐房地产开发有限公司	北京清城华建筑设计研究院有限公司	北京市朝阳田华建筑集团公司	北京方恒基工程咨询有限公司
12	华纺朝阳家园三期3项工程	姚家园路114号	1.65	5240	2007.4.29	2009.5.25	华纺房地产开发公司	北京世纪安泰建筑工程设计有限公司	江苏南通二建集团有限公司	北京京朋工程监理有限责任公司

序号	工程名称	工程地址	建筑面积(万平方米)	工程总投资(万元)	开工日期	竣工日期	建设单位	设计单位	施工单位	监理单位
13	望京建材超市1号厅	四元桥西北	3.78	8087	2006.11.20	2009.5.25	北京华建伟峰房地产开发有限公司	北京九合正中建筑设计事务所	北京城乡建设集团有限责任公司	北京鸿龙兴工程建设监理有限责任公司
14	外经贸大学图书信息中心	惠新东街10号	2.49	9131	2006.5.12	2009.6.12	对外经济贸易大学	大地建筑事务所(国际)	江苏省建工集团有限公司	北京建工京精大房工程建设监理公司
15	治安拘留所综合楼	常营乡	1.96	4755	2006.3.4	2009.6.17	北京市公安局朝阳分局	北京中建建筑设计院	中国建筑一局(集团)有限公司	北京京盛工程建设监理有限公司
16	康达商区2项工程	三间房乡白家楼村	2.84	5954	2006.3.18	2009.6.25	北京市京通天泰房地产开发有限公司	大地建筑事务所	山东天元建设集团有限公司	北京科鸿建筑工程监理有限责任公司
17	望京新城7项工程	望京B11－1项目A区	7.42	22480	2006.10.1	2009.6.30	北京圣鹏房地产开发有限公司	中国京冶工程技术有限公司	北京天润建设工程有限公司	北京远达国际工程管理有限公司
18	金泰置业大厦2项工程	广渠东路唐家村	4.87	9600	2007.7.3	2009.7.22	北京金泰恒业有限责任公司	北京市建筑设计研究院	中国航空港建设总公司	北京新恒元工程监理咨询有限公司
19	北苑家园八区8项工程	立水桥东路及羊坊东路交汇处	19.29	22716	2007.3.15	2009.7.27	北京永旭置业有限公司	华通设计顾问工程有限公司	北京城建集团有限责任公司、上海新置建筑工程有限公司	北京远东工程项目管理有限公司
20	华恩大厦工程	京通快速双会桥西北角	2.78	3260	2006.1.15	2009.7.31	北京恩盟置业有限公司	中国中轻国际工程有限公司	中国建筑第八工程局有限公司	建研凯勃建设工程咨询有限公司
21	新源大厦二期工程	新源里	4.64	23000	2007.1.10	2009.8.10	北京嘉里华远房地产开发有限公司	中冶京诚工程技术有限公司	中国建筑第八工程局有限公司	北京兴电国际工程管理公司
22	北京化工集团3项工程	双　井	2.22	6400	2007.11.10	2009.8.19	北京化学工业集团有限责任公司	北京都林国际工程设计咨询有限公司	中国新兴保信建设总公司	大展实业有限公司

序号	工程名称	工程地址	建筑面积(万平方米)	工程总投资(万元)	开工日期	竣工日期	建设单位	设计单位	施工单位	监理单位
23	雪莲大厦二期	曙光西里甲1号	9.27	35865	2006.11.1	2009.9.16	北京广源利房地产开发有限公司	北京市建筑设计研究院	北京天润建设工程有限公司	北京远达国际工程管理有限公司
24	北苑家园三区综合楼	立水桥东路及羊坊东路交汇处	1.46	1985	2007.4.29	2009.9.24	北京通恒投资管理有限公司	中外建工程设计顾问有限公司	北京城建十建设工程有限公司	万宇国际工程咨询(北京)有限公司
25	奥运村2项工程	北苑路44号	3.73	7510	2007.4.18	2009.9.25	北京市朝阳区奥运村乡人民政府	圣帝国际建筑工程有限公司	北京市顺天通建筑工程有限公司	北京科鸿建筑工程监理有限责任公司
26	双惠苑二期2项工程	双桥路	4.9	5961	2007.12.1	2009.9.29	北京金隅嘉业房地产开发有限公司	北京环洋世纪国际建筑顾问有限公司	北京城建六建设有限公司	北京建拓工程监理有限责任公司
27	三里屯搜候中心4项工程	工体北路南侧	24.2	72646	2008.7.15	2009.11.20	北京搜候房地产有限责任公司	中国电子工程设计院、北京中联环建文建筑设计有限公司	中建一局集团建设发展有限公司	北京双圆工程咨询监理有限公司
28	鑫兆佳园综合楼	常营乡	5.8	9236	2007.9.30	2009.12.16	北京城乡房屋建设开发有限责任公司	北京维拓时代建筑设计有限公司	中国新兴建设开发总公司	北京中外建工程管理有限公司
29	霄云里综合楼	东三环霄云里8号	3.37	19000	2006.3.18	2009.12.21	北京市永顺房地产开发有限公司	中外建工程设计与顾问有限公司	北京市三北建筑工程有限责任公司	北京旭日明建设工程监理有限公司
30	凤凰苑4项工程	三元桥	10.34	33716	2006.12.10	2009.12.30	北京华润曙光房地产开发有限公司	中国电子工程设计院、中国航空规划建设发展有限公司	中国建筑第八工程局有限公司、中国新兴建设开发总公司	北京帕克国际工程咨询有限公司、北京星舟建设监理公司

(二)住宅工程(52 项)

序号	工程名称	工程地址	建筑面积(万平方米)	工程总投资(万元)	开工日期	竣工日期	建设单位	设计单位	施工单位	监理单位
1	大西洋新城 2 栋楼	南湖渠	4. 26	6334	2006. 4. 9	2009. 1. 4	北京西华房地产开发有限公司	北京众拓建筑工程设计有限责任公司	北京双兴建筑工程有限公司	北京中协成建设监理有限责任公司
2	星河湾二期 7 项工程	朝阳北路四季星河路	22. 1	41605	2004. 5. 10	2009. 1. 14	北京富华园房地产开发有限公司	广州市番禺城市建筑设计院有限公司、北京市建筑设计研究院	中建三局建设工程股份有限公司、中建四局第六建筑工程有限公司、江苏弘盛建设工程集团有限公司	北京光华建设监理有限公司
3	和平里车站 4 号住宅楼	柳芳北街	3. 75	1397	2006. 6. 30	2009. 1. 14	北京阳光城房地产有限公司	北京市建筑设计研究院	河北建设集团天辰建筑工程有限公司	北京双圆工程咨询监理有限公司
4	东方雅苑 2 栋楼及配套工程	西大望路西侧	3. 86	8232	2006. 1. 20	2009. 2. 23	北京中力房地产开发有限公司	北京中天建中工程设计有限责任公司	空军第一建筑安装工程总队	中咨工程建设监理公司
5	望京新城 8 项工程	望京新城 A2 区	15. 11	21519	2007. 5. 6	2009. 2. 24	北京东环望京房地产有限公司	中国电子工程设计院	中国建筑第八工程局有限公司、北京六建集团公司	北京光华建设监理有限公司
6	赛洛家园 6 项工程	广渠路	6. 32	27504	2007. 8. 1	2009. 3. 20	北京高盛房地产开发有限公司	北京远骥都市建筑工程设计事务所	中国建筑第七工程局	深圳市中海建设监理有限公司
7	常营居住区一期 205 号楼	常营乡	1. 45	2606	2006. 8. 1	2009. 3. 25	北京市天鸿置业有限公司	北京天鸿园方建筑设计有限责任公司	北京正荣建设工程有限责任公司	北京赛瑞斯工程建设监理有限责任公司
8	晨谷苑 3 项工程	将台乡驼房营村	4. 44	5875	2007. 5. 1	2009. 3. 27	北京晨谷房地产开发有限公司	山西省第二建筑设计院	永同昌建设集团有限公司	北京旭日明建设工程监理有限公司
9	市运四公司商住楼	安外小关北里 43 号院	4. 03	12000	2005. 11. 15	2009. 4. 8	北京市运输公司	北京华咨工程设计公司	中铁建设集团有限公司	北京建扶工程监理公司

序号	工程名称	工程地址	建筑面积(万平方米)	工程总投资(万元)	开工日期	竣工日期	建设单位	设计单位	施工单位	监理单位
10	青年路C区7号住宅楼	姚家园路113号	2.95	3564	2005.12.23	2009.4.15	北京润丰房地产开发有限公司	北京环洋世纪国际顾问有限公司	北京住总第六开发建设有限公司	北京京朋工程监理有限责任公司
11	远洋一方嘉园9项工程	管庄乡	6.8	7754	2007.8.15	2009.5.26	北京中联置地房地产开发有限公司	中国建筑设计研究院	北京建工四建工程建设有限公司、江苏南通二建集团有限公司(京)	北京银建建设工程管理有限公司
12	北沙滩住宅小区2号楼	大屯路4号	1.83	2632	2005.7.25	2009.6.1	北京博宏房地产开发有限公司	北京世纪安泰建筑工程设计有限公司	北京城建九建设工程有限公司	北京磐石建设监理有限责任公司
13	白庙6号住宅小区11项工程	白庙6号	7.89	12942	2007.11	2009.7.2	北京和达创建置业有限公司	北京三磊建筑设计有限公司	北京朝林建设集团有限公司、江苏省建工集团有限公司	北京开普中盛工程管理有限责任公司
14	润泽庄苑81项工程	来广营乡清河村	12.94	13944	2006.6.1	2009.7.10	北京润泽庄苑房地产开发有限公司	中元国际工程设计研究院	北京市城建亚泰建设工程有限公司、北京市朝阳田华建筑集团公司	北京帕克国际工程咨询有限公司
15	朝来绿色家园39项工程	来广营乡红军营村	36.3	42576	2001.4.20	2009.7.17	北京朝来绿色家园房地产开发有限公司	中外建工程设计与顾问有限公司	北京市朝阳三建第五建筑工程公司、北京市朝阳田华建筑集团公司、北京佳佳建筑工程公司	北京旭日明建设工程监理有限公司、北京金海城工程建设监理公司
16	林达嘉园2号楼	东三环北里丙2号	2.4	2094	2007.5.25	2009.7.23	北京林达华夏房地产开发有限公司	北京市建筑设计研究院	北京城建七建设工程有限公司	北京兴电国际工程管理公司

序号	工程名称	工程地址	建筑面积(万平方米)	工程总投资(万元)	开工日期	竣工日期	建设单位	设计单位	施工单位	监理单位
17	朝阳新城G组团3项工程	东坝	1.86	1830	2006.7.1	2009.7.30	北京金隅嘉业房地产开发有限公司	北京环洋世纪国际建筑顾问有限公司	北京蓝天建设有限公司、保定建业集团有限公司	北京新森智业工程咨询有限公司、北京吉地四方建设工程顾问有限公司
18	驼房营住宅小区2项工程	将台乡	1	2713	2007.4.1	2009.7.31	北京电子城有限责任公司	北京市工业设计研究院	中建——大成建筑有限责任公司、江苏省第一建筑安装有限公司	北京京龙工程项目管理公司
19	望京新城429号楼	望京A5区	5.34	20000	2006.8.29	2009.8.29	北京华松房地产开发有限公司	北京市建筑设计研究院	北京明泰建筑工程有限公司	北京照普博伦工程管理有限公司
20	青年路住宅小区3项工程	平房乡黄杉木店	6.12	8996	2004.6.15	2009.8.31	北京博成房地产有限公司	北京中京惠建筑设计有限责任公司、广东新豪斯建筑设计有限公司	北京城建六建设工程有限公司、广东省富银建筑工程有限公司	北京京朋工程监理有限责任公司、北京精正兴工程建设监理有限公司
21	管庄住宅小区2项工程	管庄乡	6.21	9342	2007.6.12	2009.9.4	北京城建房地产开发有限公司	华通设计顾问工程有限公司	北京城建道桥工程有限公司	北京鸿祥工程建设监理有限责任公司
22	奥体东居4项工程	安苑路18号	7.48	11327	2006.8.8	2009.9.4	北京瑞丰恒泰房地产开发有限公司	北方——汉沙杨建筑工程设计有限公司	北京城建四建设工程有限责任公司	北京诚信工程监理有限公司
23	赛洛家园40项工程	广渠东路33号	11.67	77091	2007.12.11	2009.9.9	北京高盛房地产开发有限公司	中国华西工程设计建设有限公司	中建七局第四建筑有限公司、深圳中铁二局工程有限公司	深圳市中海建设监理有限公司
24	格林莱雅家园5项工程	垡头	7.38	8001	2007.5.16	2009.9.9	北京翔鸣房地产开发有限公司	北京博宇弘城建筑设计有限公司	北京建工集团有限责任公司	北京中城建建设监理有限公司
25	冶金医院住宅楼	安外小关51号	1.34	1952	2003.8.14	2009.9.10	北京冶金医院	北京华咨工程设计公司	北京城建五建设工程有限公司	北京市方正建设监理有限责任公司

序号	工程名称	工程地址	建筑面积(万平方米)	工程总投资(万元)	开工日期	竣工日期	建设单位	设计单位	施工单位	监理单位
26	十里堡1、2号6项工程	十里堡1、2号	9.17	12971	2007.3.20	2009.9.14	北京首创新资置业有限公司	北京市建筑设计研究院	北京城建六建设工程有限公司、河北建设集团天辰建筑工程有限公司	北京帕克国际工程咨询有限公司
27	京德顺生态嘉园6项工程	茶家东路东侧	3.7	7814	2007.1.22	2009.9.25	北京京德顺房地产开发有限公司	中国建筑技术集团有限公司	北京城建五建设工程有限公司	北京建工京精大房工程建设监理公司、北京日日豪工程建设监理有限责任公司
28	新天嘉园北区D4楼	西大望路21号	1.2	2897	2004.12.1	2009.9.30	北京柏宏房地产开发有限公司	北京彩恩建筑设计有限公司	中建一局集团第五建筑有限公司	北京中协成建设监理有限责任公司
29	北京新天地东区6项工程	杨闸环岛北侧	8.39	11576	2007.7.6	2009.10.14	北京硕和房地产开发有限公司	北京奥杰斯特建筑工程设计事务所	通州建总集团有限公司	北京中协成建设监理有限责任公司、北京旭日明建设工程监理有限公司
30	东风乡绿隔地区18项工程	东风乡豆各庄村	29.54	38754	2006.1.18	2009.10.15	北京泛海信华置业有限公司	北京国电水利电力工程有限公司	北京市朝阳田华建筑集团公司	北京双圆工程咨询监理有限公司
31	东恒时代二期3项工程	十里堡	5.48	13212	2006.12.1	2009.10.20	北京方恒置业股份有限公司	华通设计顾问工程有限公司	北京韩建集团有限公司	北京康迪建设监理咨询公司、北京方诚宏基工程监理有限公司
32	奥林匹克花园15项工程	东坝集团中区	12.3	18893	2007.3.20	2009.10.22	北京奥林匹克置业投资有限公司	北京环洋世纪国际建筑顾问有限公司	中建六局第四建筑工程有限公司、江苏省苏中建设集团股份有限公司	建研凯勃建设工程咨询有限公司

序号	工程名称	工程地址	建筑面积(万平方米)	工程总投资(万元)	开工日期	竣工日期	建设单位	设计单位	施工单位	监理单位
33	远洋万和嘉园9项工程	北四环东路	13.16	29600	2007.11.16	2009.10.23	远洋地产有限公司	北京市建筑设计研究院	中建国际建设有限公司	北京银建建设工程管理有限公司
34	世纪华侨城4项工程	南磨房乡小武基北路	10.46	13647	2005.12.26	2009.10.23	北京世纪华侨城实业有限公司	北京市建筑设计研究院	北京市朝阳田华建筑集团公司	北京旭日明建设工程监理有限公司、京兴国际工程管理公司
35	世纪东方嘉园2项工程	南磨房楼梓庄	6.91	10095	2007.1.10	2009.10.29	华瀚投资集团有限公司	北京市建筑设计研究院	北京市朝阳田华建筑集团公司	北京旭日明建筑工程监理有限公司
36	柏阳景园东区3号楼	王四营乡道口村	1.19	3447	2008.5.10	2009.11.4	北京柏基置业有限公司、北京市朝阳区王四营农工商总公司	北京凯帝克建筑设计有限公司	中国航空港建设总公司	北京建工京精大房工程建设监理公司
37	珠江罗马嘉园A区6项工程	青年路	8.76	23732	2006.6.3	2009.11.20	北京合生愉景房地产开发有限公司	广东珠江建筑工程设计公司	广东韩江建筑安装工程有限公司(京)	广东珠江建设工程监理有限公司
38	珠江帝景16项工程	大望路	16.66	54944	2007.1.8	2009.12.2	北京合生北方房地产开发有限公司	广东珠江建筑工程设计公司	广东韩江建筑安装工程有限公司、广东珠江工程总承包有限公司	广东珠江建设工程监理有限公司
39	景藏健康公园五福地4项工程	洼里乡洼里中路	11.9	29251	2006.11.29	2009.12.4	北京景藏健康置业有限公司	北京市建筑设计研究院	南通建筑工程总承包有限公司	北京中协成建设监理有限责任公司
40	东湖湾名苑4项工程	北小河以北	11.17	20533	2006.12.30	2009.12.9	北京市东湖房地产有限公司	北京市住宅建筑设计研究院有限公司	北京城建二建设工程有限公司、北京城建四建设工程有限责任公司	北京银建建设工程管理有限公司、北京太平洋建筑工程有限公司

序号	工程名称	工程地址	建筑面积(万平方米)	工程总投资(万元)	开工日期	竣工日期	建设单位	设计单位	施工单位	监理单位
41	源景苑小区配套公建	十八里乡吕家营村	1.99	4448	2007.12.30	2009.12.9	北京中鼎基业房地产开发有限公司	北京中联环建文建筑设计有限公司	北京市朝阳田华建筑集团公司	北京国金管理咨询有限公司
42	望京A1区、K7区17项工程	南湖渠	25.44	45787	2006.2.15	2009.12.10	北京城市开发集团有限责任公司望京新城分公司	环洋世纪国际建筑顾问有限公司、北京冠亚伟业民用建筑设计有限公司、北京市建筑设计研究院、北京市城市开发设计研究院	北京矿建建筑安装有限责任公司、北京金港机场建设有限责任公司、北京怀建集团有限公司、北京市第二建筑工程有限责任公司、北京市第五建筑工程有限公司、北京北辰正方建筑安装工程有限责任公司、北京东兴建设有限责任公司、河北省建材建设有限公司	北京鸿龙兴工程建设监理有限责任公司、北京康实工程建设监理有限责任公司、北京金海城工程建设监理公司、大展实业有限公司
43	百富家园9项工程	石门村路1号	23.52	35493	2006.12.28	2009.12.10	北京浙金都房地产开发有限公司	北京新纪元建筑工程设计有限公司	中建一局第三建筑有限公司、江苏南通六建建设集团有限公司	北京帕克国际工程咨询有限公司
44	小红门居住区15项工程	小红门成寿寺路	9.78	23888	2007.10.15	2009.12.18	北京嘉益房地产开发有限公司	北京市建筑设计研究院、北京市住宅建筑设计研究院有限公司	中建一局集团第五建筑有限公司、中国建筑第八工程局有限公司、中国航空港建设总公司	北京思创建设监理有限责任公司、北京五环建设监理公司

序号	工程名称	工程地址	建筑面积(万平方米)	工程总投资(万元)	开工日期	竣工日期	建设单位	设计单位	施工单位	监理单位
45	财富公馆北区23栋楼	孙河乡	3.53	10499	2008.1.16	2009.12.18	北京财富花园房地产开发有限公司	北京市建筑设计研究院	北京建工集团有限责任公司	北京方圆工程建设监理有限责任公司
46	万象新天家园15项工程	常营乡	14.97	28657	2006.7.12	2009.12.18	北京天鸿置业有限公司	北京维拓时代建筑设计有限公司、马建国际建筑设计顾问有限公司	北京住总第六开发建设有限公司、中铁建工集团有限公司、北京首华建设经营有限公司	北京颐和工程监理有限责任公司
47	姚家园住宅小区4项工程	姚家园	3.39	4101	2007.3.20	2009.12.24	北京银科房地产开发有限公司	华航建筑设计公司	北京城建五建设工程有限公司	北京奥成工程建设监理有限公司
48	嘉润园C9区8项工程	将台乡大清寺	10	19135	2006.6.30	2009.12.25	北京星泰房地产开发有限公司	北京市建筑设计研究院	北京城建六建设工程有限公司	中咨工程建设监理公司
49	美景东方家园10号楼	松榆南路38号院	2.1	2906	2007.8.31	2009.12.28	北京达义兴房地产开发有限公司	汉嘉设计集团股份有限公司北京分公司	浙江横店建筑工程有限公司	北京东方华太监理有限公司
50	新天家园20项工程	来广营乡来广营村	24.23	36737	2007.6.25	2009.12.28	北京新天朝来房地产开发有限公司	北京维拓时代建筑设计有限公司	中建三局建设股份有限公司、河北华都建筑有限公司	北京五环建设监理公司
51	北苑居住区105～106号楼	立水桥	11.85	17433	2007.3.14	2009.12.28	北京城建兴华房地产有限公司	北京市建筑设计研究院、北京城建设计研究总院有限责任公司	北京城建九建设工程有限公司、北京城建十建设工程有限公司	北京万宇工程监理事务所、北京方程建设监理有限公司
52	豆各庄住宅小区7项工程	大鲁店北路北侧	9.58	17230	2007.9.27	2009.12.30	北京华恩房地产开发有限公司	广州市住宅建筑设计院有限公司	广州天力建筑工程有限公司	广州广骏工程监理有限公司

（三）市政工程（1项）

序号	工程名称	工程地址	建设规模及内容	工程总投资（万元）	开工日期	竣工日期	建设单位	设计单位	施工单位	监理单位
1	望京外环路北小河跨河桥工程	望京外环路与北小河相交处	桥长50.73米，桥面宽53.8米，跨度2×25米	2429	2008.1.1	2009.1.15	北京望京新兴产业区综合开发公司	北京市龙泰设计咨询开发公司	北京市市政一建设工程有限责任公司	北京金海诚工程建设监理公司

（四）经济适用房工程（3项）

序号	工程名称	工程地址	建筑面积（万平方米）	工程总投资（万元）	开工日期	竣工日期	建设单位	设计单位	施工单位	监理单位
1	豆各庄10项工程	豆各庄乡	9.89	19849	2007.11.21	2009.12.2	北京市朝阳城市建设综合开发公司	北京中京惠建筑设计有限公司	北京市日盛达建筑企业集团、北京鼎华建筑工程有限公司	北京百事百达工程建设监理有限责任公司
2	翠城馨园15项工程	垡　头	27.85	36115	2006.9.28	2009.12.9	北京住总房地产开发有限责任公司	北京市住宅建筑设计研究有限公司、华通设计顾问工程有限公司、北京鑫业博诚电力设计有限公司	北京住总集团有限责任公司、北京正荣建设工程有限责任公司	北京旭日明建设工程监理有限公司、北京光华建设监理有限公司、北京方正建设工程管理有限公司
3	常营丽景园3项工程	常　营	13.1	16623	2008.1.20	2009.12.30	北京金隅嘉业房地产开发有限公司	北京建都设计研究院有限责任公司、华通设计顾问工程有限公司	中地长泰建设有限公司、北京韩建集团有限公司、河北华都建筑有限公司	北京赛瑞斯国际工程咨询有限公司、北京建拓工程管理有限公司

(五)廉租住房工程(1项)

序号	工程名称	工程地址	建筑面积(万平方米)	工程总投资(万元)	开工日期	竣工日期	建设单位	设计单位	施工单位	监理单位
1	常营丽景园2项工程	常　营	2.4	3988	2008.1.1	2009.12.30	北京金隅嘉业房地产开发有限公司	华通设计顾问工程有限公司	北京建工集团有限责任公司	北京赛瑞斯国际工程咨询有限公司

(六)危旧房改造工程(3项)

序号	工程名称	工程地址	建筑面积(万平方米)	工程总投资(万元)	开工日期	竣工日期	建设单位	设计单位	施工单位	监理单位
1	京棉新城5项工程	东八里庄	7.06	11893	2006.12.26	2009.9.1	北京方晟房地产开发有限责任公司	中国建筑设计研究院、北京维拓时代建筑设计有限公司	北京住总集团有限责任公司、北京英达利城建有限公司、北京城乡建设集团有限责任公司	北京方诚宏基工程监理有限公司、北京市工程咨询公司
2	慈云寺危改小区2项工程	慈云寺	7.4	10870	2006.3.30	2009.10.15	三能达置业有限公司	北京联合筑源建筑设计事务所	中国新兴建设开发总公司	北京方正建设工程管理有限公司
3	雅宝路二期危改4项工程	雅宝路	7.93	11503	2007.2.13	2009.10.19	北京兆泰置地集团(股份)有限公司	北京市建筑设计研究院	中铁建设集团有限公司	北京帕克国际工程咨询有限公司

(七)新村建设工程(4项)

序号	工程名称	工程地址	建筑面积(万平方米)	工程总投资(万元)	开工日期	竣工日期	建设单位	设计单位	施工单位	监理单位
1	吕家营新村4项工程	十八里店乡吕家营村	4.15	5306	2007.3.20	2009.4.14	北京大洋房地产开发有限公司	北京中天元工程设计有限责任公司	北京市朝阳田华建筑集团公司	北京金海城工程建设监理公司
2	豆各庄新村9项工程	豆各庄乡	5.03	8518	2007.3.23	2009.9.1	北京绿丰兴业房地产开发有限公司	北京建工建筑设计研究院	北京市朝阳田华建筑集团公司	北京旭日明建设工程监理有限公司

序号	工程名称	工程地址	建筑面积(万平方米)	工程总投资(万元)	开工日期	竣工日期	建设单位	设计单位	施工单位	监理单位
3	周庄新村11项工程	十八里店乡周庄村	16.24	21349	2006.4.5	2009.10.29	北京力维斯凯亚房地产开发有限公司、北京大洋房地产开发有限公司	北京世纪安泰建筑工程设计有限公司、北京市京旅建筑设计有限责任公司	北京中关村开发建设股份有限公司、北京市朝阳田华建筑集团公司	广州广保建设监理有限公司、北京市京建朋建筑工程监理有限公司
4	三间房新村5项工程	三间房乡	7.99	15439	2007.3.14	2009.11.9	北京京通天泰房地产开发有限公司	北京市建筑设计研究院、北京中外建建筑设计有限公司	中建二局第四建筑工程有限公司、北京市朝阳田华建筑集团公司	中国水利水电建设工程咨询北京公司、北京百达工程建设监理有限责任公司、北京旭日明建设工程监理有限公司

（八）装饰装修工程（3项）

序号	工程名称	工程地址	建筑积(万平方米)	工程总投资(万元)	开工日期	竣工日期	建设单位	设计单位	施工单位	监理单位
1	家乐福健翔桥店装修工程	祁家豁子8号	1.37	959	2008.11.20	2009.5.8	北京家乐福商业有限公司		中国建筑装饰工程有限公司	北京中建工程顾问有限公司
2	泰康金融大厦部分装修工程	东三环北路38号院1号楼	3.32	2903	2009.2.6	2009.6.5	泰康人寿保险股份有限公司		北京中建华腾装饰工程有限公司	北京帕克国际工程咨询有限公司
3	丰树大厦部分装修工程	建国路108号	1.5	2223	2008.12.30	2009.9.18	天津丰树长安投资管理服务公司		国都建设(集团)有限公司	北京康迪建设监理咨询公司

【优质工程评选】 年内，区建筑业联合会组织开展“朝阳杯”优质工程评选活动，评审检查工程133项，建筑面积765万平方米。评出2009年度“朝阳杯”优质工程77项，其中“朝阳杯”结构工程63项，“朝阳杯”竣工工程14项(详见2009年度“朝阳杯”工程获奖名录表)。本区监督的工程中有54项获市建筑长城杯奖，其中北京城建五建设工程有限公司施工的四路通住宅小区B区1号地下车库、1号、2号、3号、8号、9号和19号楼(群体)，北京城乡建设集团有限责任公司总承发包二部施工的京棉新城居住区A3区T3楼等41项工程获得市建筑结构长城杯奖；中国建筑股份有限公司施工的北京华贸中心办公楼(二期工程)，田华建筑集团公司第五分公司施工的光华路SOHO等13项工程获得北京市建筑竣工长城杯奖。

（李津华）

2009年度"朝阳杯"工程获奖名录表

结构"朝阳杯"金奖工程(26项)

序号	工程名称	面积(m²)	结构	建设单位	施工单位	监理单位
1	嘉铭中心	90504	框架/剪力墙	北京恒世华融房地产开发有限公司	中建一局集团第五建筑有限公司	北京双圆工程咨询监理有限公司
2	三间房新村二期B区11#楼	21038	剪力墙	北京京通天泰房地产开发有限公司	北京市朝阳田华建筑集团第五分公司	北京旭日明建设工程监理有限公司
3	保利嘉园1－5#、11#、12#楼	103193	剪力墙	保利(北京)房地产开发有限公司	江苏省华建建设股份有限公司	北京东方华太建设监理有限公司
4	首城国际中心D区22#、23#、25#楼及地下车库	70936	剪力墙	北京惠明置业有限公司	北京城建五建设工程有限公司	北京方正建设工程管理有限公司
5	522#、523#、525#、裙房及地下车库	64300	框架/剪力墙	北京西华房地产开发有限公司	北京六建集团公司	中国建筑设计咨询公司
6	翠成馨园E－1住宅及配套	76969	框架/剪力墙	北京住总房地产开发有限责任公司	北京住总第三开发建设有限公司	北京光华建设监理有限公司
7	京棉新城A2区T6、T7楼	52976	剪力墙	北京方晟房地产开发有限责任公司	中国新兴保信建设总公司四公司	北京光华建设监理有限公司
8	太阳宫新区B区4#楼	20595	剪力墙	北京冠城正业地产开发有限公司	中国对外建设总公司	北京华建项目管理有限公司
9	康惠园10#住宅楼	28288	剪力墙	北京金隅嘉业房地产开发有限公司	北京朝林建设集团有限公司	北京建拓工程管理有限公司
10	管庄绿隔新村一期B6－1#、2#、3#楼	16707	砖混	北京顺长房地产开发有限公司	北京市朝阳田华建筑集团	北京开普中盛工程管理有限责任公司
11	北京新燕都家园一区D1、D2、D4、D5楼	199986	剪力墙	北京新京润房地产有限公司	广东韩江建筑安装工程有限公司	广东珠江建设工程监理有限公司
12	首城国际中心C区16#－18#楼及K2车库	82501	剪力墙	北京惠明置业有限公司	北京住总第六开发建设有限公司	北京金海城工程建设监理公司

序号	工程名称	面积(㎡)	结构	建设单位	施工单位	监理单位
13	望京 A1 区 C6 楼	14214	剪力墙	北京城市开发集团有限责任公司望京新城分公司	北京天恒建设工程有限公司	北京金海城工程建设监理公司
14	首城国际中心 B 区 12#、13#楼	53157	剪力墙	北京惠明置业有限公司	北京城建六建设工程有限公司	中咨工程建设监理有限公司
15	凤凰苑公建东区工程	125617	框架/剪力墙	北京华润曙光房地产开发有限公司	中国建筑第八工程局有限公司	北京帕克国际工程咨询有限公司
16	幸福三村北区工程 2 项(北区工程)	84401	框架/剪力墙	北京城市开发集团有限责任公司望京新城分公司	北京市第二建筑工程有限责任公司	北京中环工程建设监理有限责任公司
17	幸福三村北区工程 2 项(南区工程)	63746	框架/剪力墙	北京城市开发集团有限责任公司望京新城分公司	北京城建五建设工程有限公司	北京中环工程建设监理有限责任公司
18	万象新天家园 301#、302#住宅楼及地下车库	44238	剪力墙	北京天鸿房地产开发有限责任公司	北京市朝阳田华建筑集团	中咨工程建设监理有限公司
19	首城国际中心 B 区 8#、11#楼及 K1 地下车库	64607	剪力墙	北京惠明置业有限公司	北京城建亚泰建设工程有限公司	北京方程建设监理有限公司
20	朝阳万科甜水园危改小区二期	132100	框架/剪力墙	北京市朝阳万科房地产开发有限公司	北京市朝阳田华建筑集团第五分公司	中国建筑设计咨询公司
21	首城国际中心 A 区 1#－3#、C 区 19#－21#楼	105159	剪力墙	北京惠明置业有限公司	龙信建设集团有限公司	大展实业有限公司
22	芍药居东区住宅 2#、3#、5－9#楼及地下车库(一期)	174198	剪力墙	北京东方信远房地产开发有限公司	北京天润建设工程有限公司	北京双圆工程咨询监理有限公司北京建院金厦工程管理有限公司
23	常营二期经济适用房 A 标段 C1 楼	20096	剪力墙	北京城市开发集团有限责任公司望京新城分公司	北京怀建集团有限公司	北京金海城工程建设监理公司

序号	工程名称	面积(㎡)	结构	建设单位	施工单位	监理单位
24	银帆·西雅图工程(商业综合体部分)	310000	框架/剪力墙	北京弘泰基业房地产有限公司	北京天润建设工程有限公司	北京新恒元工程监理咨询有限公司
25	天利生产研发楼	47925	框架/剪力墙	北京天利深冷设备股份有限公司	中国新兴保信建设总公司四公司	北京中外建工程管理有限公司
26	电子配套厂房	57435	框架	京东方科技股份有限公司	中建一局集团第五建筑有限公司	北京吉地四方建设工程顾问公司

结构"朝阳杯"银奖工程(37 项)

序号	工程名称	面积(㎡)	结构	建设单位	施工单位	监理单位
1	常营二期经济适用房 A 标段 C5 楼	34412	剪力墙	北京城市开发集团有限责任公司望京新城分公司	北京住总第一开发建设有限公司	大展实业有限公司
2	北京市朝阳区第二少儿业余体校改扩建工程	14206	框架	北京市朝阳区第二少儿业余体校	北京市朝阳田华建筑集团第五分公司	北京思创建设监理有限责任公司
3	保利嘉园 6－8#、22－30#楼	136132	剪力墙	保利(北京)房地产开发有限公司	保利建设开发总公司	北京恒信国泰工程项目管理有限公司
4	姚家园新村 G1#－5#组团	119583	剪力墙	北京市聚鑫成房地产开发有限责任公司	北京市朝阳田华建筑集团第六工程部	北京光华建设监理有限公司
5	太阳宫新区 B 区 6#、7#、8#楼	61620	剪力墙	北京冠城正业地产开发有限公司	中国对外建设总公司	北京华建项目管理有限公司
6	万象新天家园 211#－215#及地下车库	42040	剪力墙	北京天鸿置业有限公司	北京住总第六开发建设有限公司	北京赛瑞斯工程建设监理有限责任公司
7	珠江帝景 C 区 1－10#楼	81000	剪力墙	北京合生北方房地产开发有限公司	广东珠江工程总承包有限公司	广东珠江建设工程监理有限公司
8	常营丽景园 7#住宅楼	31367	剪力墙	北京金隅嘉业房地产开发有限公司	中地长泰建设有限公司	北京赛瑞斯国际工程咨询公司

序号	工程名称	面积(㎡)	结构	建设单位	施工单位	监理单位
9	常营B2组团住宅小区1－3#、5－9#楼	122741	剪力墙	北京极富房地产开发有限公司	江苏中兴建设有限公司	广州广骏工程监理有限公司
10	保利嘉园9#、10#、13－21#、31#、33#楼	142247	剪力墙	保利(北京)房地产开发有限公司	江苏南通二建集团有限公司	北京东方华太建设监理有限公司
11	常营二期经济适用房C段A03#、A04#、A08、A09#住宅楼	85290	剪力墙	北京住总集团房地产开发有限责任公司	北京住总第六开发建设有限公司	北京燕京工程管理有限公司
12	金地四惠7#、8#楼	25800	剪力墙	北京金地伟盛房地产开发有限公司	中建一局集团第五建筑有限公司	中建恒基建设投资有限公司
13	北京世纪华侨城旅游主题社区A2－1#、A2－2#及地下车库	68336	剪力墙	北京世纪华侨城实业有限公司	北京市朝阳田华建筑集团第四分公司	北京五环建设监理公司
14	福临家园经济适用房1#－5#、7#楼及配套公建	135624	剪力墙	北京城建房地产开发有限公司	北京城建五建设工程有限公司	北京鸿祥工程建设监理有限责任公司
15	北四环东路小学	12284	框架/剪力墙	远洋地产有限公司	北京建工四建工程建设有限公司	北京银建建设工程管理有限公司
16	机场二通道搬迁定向安置用房1#－13#楼	69816	砖混	北京市朝阳区金盏乡农工商公司	北京市朝阳田华建筑集团	北京银建建设工程管理有限公司
17	中国医学科学院肿瘤医院综合楼	10660	框架/剪力墙	中国医学科学院肿瘤医院	中国建筑第二工程局有限公司	北京华厦工程项目管理有限责任公司
18	太阳宫新区A区1#、5#、6#住宅楼	95888	剪力墙	北京冠城新纪地产开发有限公司	中建一局集团第五建筑有限公司	北京海建工程建设监理有限公司
19	望京A1区C7#楼	14213	剪力墙	北京城市开发集团有限责任公司望京新城分公司	北京矿建建筑安装有限责任公司	大展实业有限公司
20	京棉新城居A1区T1－T3楼、车库及公建	91081	剪力墙	北京方晟房地产开发有限责任公司	北京建工四建工程建设有限公司	北京方正建设工程管理有限公司

序号	工程名称	面积(㎡)	结构	建设单位	施工单位	监理单位
21	1#、2#办公楼等、邮电局、裙房及地下车库	43735	剪力墙	北京润丰宏业房地产开发有限责任公司	北京城建五建设工程有限公司	北京中外建工程管理有限公司
22	常营二期经济适用房A标段C3楼	17249	剪力墙	北京城市开发集团有限责任公司望京新城分公司	浙江宝业建设集团有限公司	北京金海城工程建设监理公司
23	太阳宫新区B区11#、B12#住宅楼	50310	剪力墙	北京冠城正业地产开发有限公司	中建一局建设发展公司	北京华建项目管理有限公司
24	康惠园1#住宅楼	33004	剪力墙	北京金隅嘉业房地产开发有限公司	四川华蓥建工集团有限公司	北京日日豪工程建设监理有限责任公司
25	太阳宫新区B区D1车库及会所	20099	框架	北京冠城正业地产开发有限公司	北京城建二建设工程有限公司	北京华建项目管理有限公司
26	常营二期经济适用房A标段C4楼	18934	剪力墙	北京城市开发集团有限责任公司望京新城分公司	北京住总第一开发建设有限公司	大展实业有限公司
27	康惠园8#住宅楼	25110	剪力墙	北京金隅嘉业房地产开发有限公司	北京朝林建设集团有限公司	北京建拓工程管理有限公司
28	赛洛家园A8#酒店	12556	框架/剪力墙	北京高盛房地产开发有限公司	经典建设有限公司	深圳市中海建设监理有限公司
29	豆各庄经济适用房住宅小区18#楼	8622	剪力墙	北京市朝阳城市建设综合开发公司	北京市日盛达建筑企业集团第五公司	北京百事百达工程建设监理有限责任公司
30	定福家园D1－5#楼	77958	剪力墙	北京城建房地产开发有限公司	北京城建建设工程有限公司	北京方程建设监理有限公司
31	望京A1区C8#楼	14234	剪力墙	北京城市开发集团有限责任公司望京新城分公司	北京怀建集团有限公司	大展实业有限公司
32	单店住宅小区二期C05#－C14#及地下车库	61875	剪力墙	北京市首开天成房地产开发有限公司	北京市朝阳田华建筑集团	北京金海城工程建设监理公司

序号	工程名称	面积(㎡)	结构	建设单位	施工单位	监理单位
33	望京A1区C4#、C5#、C13#楼	32879	剪力墙	北京城市开发集团有限责任公司望京新城分公司	北京金港机场建设有限责任公司	北京市康实工程建设监理有限责任公司
34	太阳宫新区A区3#、8#住宅楼	64622	剪力墙	北京冠城新纪房地产开发有限公司	北京市朝阳田华建筑集团公司	北京海建工程建设监理公司
35	E13地块非配套商业1－5#、1－6#、1－7#楼	47800	剪力墙	北京新松房地产开发有限公司	江苏中兴建设有限公司	中外建工程设计与顾问有限公司
36	北京世纪华侨城旅游主题社区A1－3#、A1－4楼及C2地下车库	36083	框架/剪力墙	北京世纪华侨城实业有限公司	北京市朝阳田华建筑集团第四分公司	北京旭日明建设工程监理有限公司
37	首城国际中心B区9#、10#楼	43467	剪力墙	北京惠明置业有限公司	北京城建九建设工程有限公司	北京华城建设监理有限责任公司

竣工“朝阳杯”金奖工程(6项)

序号	工程名称	面积(㎡)	结构	建设单位	施工单位	监理单位
1	光华路SOHO工程(办公、商业楼)	75766	框架/剪力墙	北京山石房地产开发有限责任公司	北京市朝阳田华建筑集团第五分公司	北京方圆工程建设监理有限责任公司
2	百环家园文化活动中心	32430	框架/剪力墙	北京百环房地产实业有限公司	北京市朝阳田华建筑集团第四分公司	北京百城建筑工程监理有限责任公司
3	东风乡绿隔地区第四宗地J－7地块7－1～5#楼、地下车库及会所	111335	剪力墙	北京泛海信华置业有限公司	北京市朝阳田华建筑集团第五分公司	北京双圆工程咨询监理有限公司
4	慈云寺危改小区5#楼	57620	剪力墙	三能达置业有限公司	中国新兴建设开发总公司	北京方正建设监理有限公司

序号	工程名称	面积(㎡)	结构	建设单位	施工单位	监理单位
5	三间房新村二期B区11#楼	21038	剪力墙	北京京通天泰房地产开发有限公司	北京市朝阳田华建筑集团第五分公司	北京旭日明建设工程监理有限公司
6	百富家园非配套公建	54248	框架/剪力墙	北京浙金都房地产开发有限公司	中国建筑第一工程局第三建筑公司	北京帕克国际工程咨询有限公司

竣工“朝阳杯”银奖工程(8项)

序号	工程名称	面积(㎡)	结构	建设单位	施工单位	监理单位
1	北京麒麟国际商务中心	95997	框架	北京麒麟房地产开发有限公司	湖北省建筑工程集团有限公司	北京建扶建设工程监理公司
2	赛洛家园D2－D4#住宅楼、D1地下车库	34074	框架/剪力墙	北京高盛房地产开发有限公司	中国建筑第七工程局	深圳市中海建设监理有限公司
3	珠江帝景E区1－8#楼	90971	剪力墙	北京合生北方房地产开发有限公司	广东韩江建筑安装工程有限公司	广东珠江建设工程监理有限公司
4	世纪华侨城学校	12060	框架/剪力墙	北京世纪华侨城实业有限公司	北京市朝阳田华建筑集团第四分公司	北京旭日明建设工程监理有限公司
5	北京世纪华侨城旅游主题社区A2－5#楼	26000	剪力墙	北京世纪华侨城实业有限公司	北京市朝阳田华建筑集团第四分公司	北京旭日明建设工程监理有限公司
6	百富家园9、10、11#楼及地下车库	88610	剪力墙	北京浙金都房地产开发有限公司	中国建筑第一工程局第三建筑公司	北京帕克国际工程咨询有限公司
7	百富家园2、3、8#楼及配套裙房	91979	剪力墙	北京浙金都房地产开发有限公	江苏南通六建建设集团有限公司	北京帕克国际工程咨询有限公司
8	珠江帝景C区1－3#、5－8#楼	65426	剪力墙	北京合生北方房地产开发有限公司	广东珠江工程总承包有限公司	广东珠江建设工程监理有限公司

宝嘉恒基础设施投资公司

【概况】 宝嘉恒基础设施投资公司为区政府投资组建的国有独资公司,注册资金119966万元。宝嘉恒公司作为区基础设施建设核心企业,承担区内市政道路建设、投资与管理和为区政府搭建基础设施建设融资平台任务。年内,按照区委、区政府和区国资委的工作要求,落实40亿元市政道路投资计划。加大道路前期及拆迁投入力度,实现"保增长、保民生、保稳定"的工作目标,完成市政道路投资40.36亿元。

地址:小亮马桥东方东路6号

电话:84551546

邮编:100027

(刘 虹)

【市政道路建设】 年内,完成朝阳区折子工程,计划实施道路48条,其中续建道路16条,新建道路32条。启动32条新建道路的拆迁工作,同时大力度办理2010年道路的前期立项审批手续。完成主、次干路道路拆迁面积近130万平方米,支付拆迁资金27.53亿元;征地面积3564亩,支付征、占地资金8.96亿元;支付道路建设资金3.87亿元。道路拆迁、建设支付总额40.36亿元。

(刘 虹)

【风险防范管理】 年内,为提高企业抵御风险的能力,公司建立了"三六三"风险防范管理机制,即"聚焦三大风险"(经营风险、财务风险、廉政风险);"关注六个风险点"(建设资金支出时,主体的确定、方案的确定、数量的确定、单价的确定、服务验收、服务费结算);"坚守三道防线"(事前预防定标准、事中监控靠机制、事后处置有奖惩)。三年来,通过风险防范管理机制,审核各类合同千余件,审减金额约2亿元,在全面完成区政府下达的建设任务的同时有效控制了政府投资风险。作为朝阳区开展廉政风险防范管理工作试点单位,10月19日,在市推进廉政风险防范管理工作经验交流会上公司就开展廉政风险防范管理工作进行多媒体展示,经验在全市推广。

(刘 虹)

昆泰房地产开发集团

【概况】 昆泰房地产开发集团是隶属于区政府的国有企业,注册资金10080万元,集团现有12个下属公司或参股公司,负责昆泰嘉华酒店、昆泰大酒店、三里屯雅秀服装市场、昆泰科技商厦、静安庄综合市场等项目管理,资产总额超过50亿元人民币。

地址:朝外大街10号昆泰大厦

电话:65995801

邮编:100020

(刘 虹)

【银泰航华地下通道工程】 9月15日,银泰航华地下通道工程按期完工。主通道结构施工期间,完成穿越地铁十号线、国贸桥桥桩和市政污水管线等特级风险源等复杂地质情况。

(孙 洋)

【光华路东段路面铺油施工】 9月17日,光华路东段全线(东三环路至西大望路)按期完成35000平方米车行道路沥青混凝土摊铺工作。

(孙 洋)

【电子城西区商业金融(F1酒店)项目】 11月25日,昆泰集团中关村科技园区电子城西区商业金融(F1酒店)项目正式开工。该项目定位为花园式五星级会议、商务、婚宴型酒店及花园式高档公寓及写字楼,总建筑面积约15.8万平方米。

(孙 洋)

【甲型H1N1流感疫情防控】 年内,公司向各部门及各下属公司及时下发做好甲型H1N1流感疫情的防控工作预警通知;加强环境通风、消毒、卫生检查工作;配备体温测量设备及防控药品并制定详细防控应急预案,全员未出现1例甲型H1N1流感疫情。

(孙 洋)

华阳经济开发公司

【概述】 华阳经济开发公司隶属区国资委,系全民所有制企业。公司有正式职工21人,其中管理及专业人员8人。年内,按区国资委统计口径(不含参股公司)实现营业收入376.2万元,同比增长-6.1%,实现利润-87万元,同比增加减亏84万,上交税金19.8万元同比增长9.4%。

地址:呼家楼向军南里甲3号

电话:65978762

邮编:100020

(苏 智)

【调整领导班子】 9月,区国资委对公司领导班子进行了调整,新一届领导班子成员对公司的现状和未来的发展进行了认真的分析和细致的研究,确定摆脱传统模式,开拓市场,在节能减排发展行业中寻找商机。

(苏 智)

【房地产开发】 年内,位于潘家园的畜牧场Ⅱ期危改拆迁被列入部分城中村改造项目,拆迁工作执行阳光拆迁政策。161户被拆迁居民,完成153户拆迁工作。

(苏 智)

【物业管理】 年内,华阳饭服公司养护草坪1187.5平方米,对供电、供热水系统进行维护。擦玻璃幕墙2次总计10.9万平方米,清掏污水池3次41个,每天保洁面积2000平方米,处理垃圾1.3吨。营业收入291万元,同比增长9.6%,上缴税金16万元,同比增长9.8%。薪水居物业管理的望京124号住宅楼营业收入26.6万元,同比增长7.6%,上缴税金1.5万元。

(苏 智)

【能源规划管理】 年底,成立“华阳能源筹备办公室”并积极引进相关人才,增添设备,调整办公室,并对所上项目广泛的调研论证试验。

(苏 智)

【多元化经营】 年内,精工汽修部承接中高档轿车维修452台次。并经华安财产保险股份有限公司北京分公司审核,定位保险定点维修企业。完成营业收入72.7万元,同比增长-10.9%,上缴税金4.2万元。

(苏 智)

朝阳城市建设综合开发公司

【概况】 朝阳城市建设综合开发公司是朝阳区属国有房地产企业。现有在职员工63人。年内,公司资产总额26.66亿元,净资产4.21亿元,完成营业收入6.95亿元,利润总额935万元,上缴税金4523.53万元。有深圳北京酒店、北京迪阳房地产有限公司、北京绿岛白帆俱乐部有限责任公司等权属或参股公司。

地址:东三环北路辛二号迪阳大厦15层
电话:84536699
传真:84537751
邮编:100027

(包立荣)

【开发工程】 年内,豆各庄(定向安置)经济适用房项目(北京市2007年保障性住房重点项目),一期拟建住宅约26.5万平方米,可提供安置用房约3300套。二期拟建住宅约20万平方米,可提供安置用房约2500套。该项目一期东区13栋住宅楼共15.6万平方米于10月底提前一个月竣工并交付使用;项目一期西区8栋住宅楼及公建约13.3万平方米及二期南区7栋住宅楼和大型地下车库约14万平方米已开始基础工程建设。东坝驹子房(定向安置)经济适用房项目是北京市2008年800万平方米保障性住房重点建设项目之一,是为解决金盏金融后台服务园区拆迁及东坝城市化改造拆迁而建设的定向安置用房,拟建住宅约77万平方米,可提供安置用房约10000套。项目分A—E共6个地块建设。已实现A区10栋住宅楼共15万平方米全面开工建设。金盏土地一级开发项目位于金盏乡楼梓庄地区,规划用地范围约595公顷,建设用地351公顷,总建筑规模508万平方米,已完成1、2号地征地拆迁工作。

(包立荣)

【物业管理】 年内,完成图书批发市场、物美大卖场及六里屯12号楼的消防工程改造,并对南小营及六里屯两个供热厂部分设备进行了更新,提高了200余万平方米的供热质量。强化人防工程隐患排查及应急预案,保证29处人防工程在“国庆60周年”期间的零事故、零投诉。

(包立荣)

【房改售房】 年内,完成68户农转居售房及86户城镇居民房改售房产权办理工作,共收房款578万元。

(包立荣)

【租赁经营】 年内,实现房屋租赁经营收入5036.7万元。其中:迪阳大厦1804.3万元,深圳北京大厦424.5万元,绿岛白帆俱乐部337.9万元,烟湖国际俱乐部140万元,华商酒店140万元,丰苑物业管理有限公司1370万元,北京图书批发市场820万元。

(包立荣)

朝阳区建筑工程公司

【概况】 朝阳区建筑工程公司是区属国有建筑企业,具有房屋建筑工程总承包二级、房地产开发二级、装饰二级、物业管理三级、市政三级资质。注册资金2,000万元。至年底,在职职工452人,其中在岗职工258人;专业技术人员109人,其中高级职称6人,国家一级建造师4人,二级建造师14人。年内,产值1.2亿元,完成年计划的80%,开复工面积10.05万平方米,完成年计划的100.5%,实现利润124.6万元,上缴税金1275.1万元,国有资本收益上缴50万元,国有资产保值增值率101%。

地址:花家地金兴路6号楼
电话:64744601
邮编:100102
网址:www.bjcj.com.cn

(王凤兰)

【综合治理】 年初,与9个基层单位签订《安全生产责任书》、《社会治安综合治理责任书》、《消防安全责任书》、《治安保卫责任书》。年内,对所属施工现场、幼儿园和出租单位进行消防安全检查12余次,查出治安消防隐患1起,整改1起。更换灭火器82具,新购置灭火器20具,合计金额2240余元。

(王凤兰)

【建设工程】 5月14日,第五项目部承接望京街道办事处外立面整治工程开工,6层砖混结构,工程造价

100万元。6月15日,第一项目部承接南皋组团定向安置房B4区5#、6#、8#、9#、10#楼及车库工程开工,总建筑面积62000平方米。8月12日,第二项目部承接顺义李桥镇朝阳宾馆会议中心工程开工,建筑面积4513.1平方米,4层框架结构,总高度19米,基础深3米,最大跨度18米,柱高8米,工程造价800万元。11月15日,第七项目部承接康营回迁新村住宅F02#、F03#、C05#、C08#楼工程开工,总建筑面积为13396平方米,地下二层地上六层,现浇混凝土剪力墙结构,工程造价1771.87万元。12月15日,第七项目部承接康营回迁新村住宅B03#、B06#、B09#楼工程开工,总建筑面积21535平方米,地下二层地上六层,现浇混凝土剪力墙结构,工程造价3228.13万元。

(王凤兰)

【安全工作】 8月12日,配合全区迎国庆平安行动,主管领导带队,对在施工地、出租房屋、网吧餐厅、幼儿园等重点部位开展全面检查,并成立一支30人组成的首都治安志愿者队伍。9月23日至25日,三产经营部有关人员先后检查公司所属各处承租商户、出租房屋、宿舍区和平谷物业项目部的消防、安全及综合治理情况,与被检部门(租户)签订《国庆60周年治安、消防安全综合治理责任书》,对被检部门存在的不安全隐患,下发《安全隐患限期整改通知书》,责令其按照相关规定限期整改。年内,以"安全生产月活动"为契机,就施工中的用电、脚手架、起重设备使用等内容,对外用工进行安全教育和专项检查。安全月活动与隐患排查治理、汛期安全检查等重点工作相结合,纠正不安全行为,隐患整改达到90%以上。

(王凤兰)

【经营核算】 年内,签订建筑工程施工合同42份,合同评审率100%。编制审核工程预算41项。完成开发公司迎宾花园小区工程决算9项,审定总额7749.77万元,审减金额超过1000万元;签订迎宾花园30#楼工程合同4份,合同总金额574.6万元。

(王凤兰)

【培训】 年内,完成培训项目32项。培训内容为:城建科技讲座、劳动人事管理、新员工入职培训、造价员(师)继续教育、建造师培训、电工、焊工、锅炉工、塔吊司机复审等。参加培训人数930人次,其中在职培训614人次,劳务队伍入场安全教育316人次。

(王凤兰)

【劳务分包管理】 年内,对劳务分包队伍,坚持月检制度,检查工地12次,发出违章通知书2份,检查整改情况。与外地劳务队伍签订劳务合同1份,备案劳务人员158人。全年支付劳务费218.43万元。

(王凤兰)

【法律维权】 年内,处理执行案件43起,各类诉讼案件56起,涉案金额975万元,避免经济损失32万元。审核各类经济合同27份,书写法律文书130份。 (王凤兰)

【开发公司经营情况】 年内,平谷迎宾花园小区实现销售额3600万元,纳税额300万元;海拉尔分公司全年开复工面积4万平方米,竣工交验面积3万平方米,实现销售收入4100万元,纳税额275万元。

(王凤兰)

田华建筑集团公司

【概况】 田华建筑集团公司是国家壹级资质建筑企业,国家AAA资信等级,中国建筑业综合实力领军品牌100强,企业通过ISO 9001国际质量管理体系标准认证、ISO 14001国际环境管理体系标准认证和OHSAS18001职业健康安全管理体系标准认证。年内,开复工面积270万平方米,新开工程82万平方米,竣工80万平方米,完成产值22.7亿元。第三季度,公司在北京市总包市场和区级市场5000多家企业承接工程的排名中,总承包中标23次,排名第8位;承揽合同额12.1亿元,排名第18位。

地址:金台里甲25号楼

电话:85994451

邮编:100026

网址:http://www.bj-thjt.com

(吴 国)

【品牌建设】 年内,获市级以上优质工程12项。其中,结构长城杯金奖1项:南磨房东郊果品批发市场工程。结构长城杯银奖5项:世纪华侨城旅游主题社区A2-3、4#楼车库及动力中心工程,太阳宫新区A区2#住宅楼工程,三间房新村二期B4区11#楼工程,东风乡绿隔地区7#地块商业及配套公建工程,东风乡绿隔地区8#地块商业工程。长城杯金奖1项:百环家园文化活动中心工程。长城杯银奖5项:洼里居住区17#、18#住宅楼及地下车库工程,朝阳万科石佛营三期工程,光华路SOHO工程,奥林匹克森林公园综合办公区Ⅰ#、Ⅱ#建筑物工程,世纪华侨城学校工程。获市级以上安全文明工地11项:其中"公园5号"工程荣获市绿色施工样板工地,世纪华侨城学校、教学实验楼工程,世纪东方嘉园住宅1区1#楼C座工程,世纪东方嘉园住宅1区1#楼B座工程,世纪华侨城旅游主题社区A2-3#、4#楼工程,东风乡绿隔地区第四宗地J-7地块7#配套公建7#商业楼工程,东风乡绿隔地区第四宗地J-8地块8#商业楼工程,三间房新村二期B4区11#住宅楼工程,姚家园新村2G组团工程。北京源景苑小区F1、F2商业配套楼工程,太阳宫新区2#、3#住宅楼等十项工程荣获“市级文明安全工地”。

(吴 国)

【培训】 年内,组织《建筑施工组织设计规范》、《绿色施工管理要点》、《建设工程施工现场管理文件》、《贯标培训》等方面培训,参加培训人员达1000多人次。组织各分公司专业技术骨干近200人,由集团部室负责人带队,分三批外出培训考察。

(吴 国)

【搭建校企业合作平台】 年内,集团与北京市城建学校建立合作关系,搭建校企合作平台,拓宽人才引进渠道。集团负责为实习学生提供工地现场,学校为集团推荐优秀毕业生。已经组织多次工地现场的实地授课。通过校企合作,丰富了集团招聘和引进人才的方式。

(吴 国)

【京旺家园工程】 年内,集团通过与崔各庄乡党委、政府沟通协商,承接崔各庄乡农民新村约28万平方米的建设工程,并与崔各庄乡合作,成立田华十六分公司,为集团的发展增添了新的活力,也为集团发展新模式进行了新的探索和尝试。

(吴 国)

【QC成果全国获奖】 年内,集团参加2009年全国工程建设质量管理工程建设优秀QC小组成果交流会。集团五公司秦树龙QC小组的《加强控制,提高外墙外保温施工质量》成果参加了交流,并荣获2009年全国工程建设优秀质量管理小组称号。该项成果在北京市建筑业联合会第二十四届成果发布会上荣获一等奖。

(吴 国)

【开拓外埠市场】 年内,集团引导和扶持各分公司积极开拓外埠市场。其中,田华二公司在承接山西大同市御东区保障性住房工程项目之后,又中标齐齐哈尔至泰来段高速公路建设项目,田华五公司正在洽谈山东济南田园新城小区项目工程,田华八公司正在运作安徽合肥乐凯胶片公司的企业用房工程。集团逐步扩大向外埠进军的步伐并筹建山东、山西、安徽分公司。

(吴 国)

【开拓区内市场】 年内,通过与相关部门协调,集团实体公司先后承接区环境卫生服务中心的新建、拆建农村393座旱厕改造工程、区教委国资中心的第二批第七包小学规范化达标建设工程以及四所农村地区中小学校舍改造工程、区市政管委的老楼通气工程、东坝乡环境整治工程等多个项目,合同总额达1.2亿元。

(吴 国)

【平安国庆】 年内,落实朝阳区“国庆平安行动”工作方案。在8月份召开的半年工作会上,把维护国庆期间的安全和稳定作为下半年重中之重的工作,从安全稳定等方面进行全面部署。在全面加强施工现场安全管理的同时,成立了国庆安全稳定领导小组、编制应急工作方案,与各分公司签订《特殊时期安全稳定责任书》,牢固树立“首都安全责任重于泰山”的思想。组织安全联合大检查,对所有在施工程进行拉网式督检,全面排查隐患。加强安全生产教育,对外包劳务队伍的各项管理进行摸底调查和整改。9月份进行“迎国庆、保稳定”专题培训。对施工一线人员的思想认识和专业知识进一步集中强化培训。尤其针对外施劳务队伍人员的管理进行专题讲座,规范企业用工行为。通过一系列扎实的工作,确保国庆安全生产零事故,甲型流感防控到位,没有出现民工群体上访和劳务纠纷。

(吴 国)

国土资源管理

【概况】 北京市国土资源局朝阳分局作为北京市国土资源局派出机构,负责组织实施本行政区域内土地、矿产资源行政管理工作,内设9个职能科室、7个事业单位。

地址:奥林匹克森林公园北园

电话:88982879

邮编:100107

(罗 宇)

【土地利用总体规划修编】 年内,在立足朝阳区土地利用现状,结合国民经济发展计划,统筹兼顾地区优势、产业现状和发展水平,深入进行调研,广泛听取各地区的发展思路和难点问题在征询相关单位意见基础上逐步完善规划方案,形成《朝阳区土地利用总体规划(2006

-2020年)方案》,得到区政府的认可。

(罗　宇)

【政府土地储备开发工作】 年内,坚持“全面调控”推动发展,推进区政府土地储备工作。一是明确重点、科学安排。配合区委、区政府彻底解决城乡结合部问题、加快推进城乡一体化进程的战略。局党组做到“四个结合”(即将土地储备与城市化相结合、将土地供应与宏观调控相结合、将区域规划与功能区定位相结合、将培育业态支撑与安置被征地农民相结合),取得初步成效。先后启动多个土地储备项目,总土地储备开发规模约30平方公里,共有10个重点储备开发区、88个一级开发项目,涉及全区11个街乡、约70个村。二是政府主导、稳步推进。以大望京村列入全市城乡一体化试点为契机,继续坚持以政府为主导的“大一级”开发模式,全年共取得以局储备中心为主体的一级开发项目的授权批复共计88个,以政府为主导的开发模式不断深入。三是积极融资,有序投入。按照市局对全市1000亿元土地储备开发项目投资工作安排,区土地储备工作投资指标为219亿元。在此基础上,根据区委、区政府进一步加大土地储备开发力度的工作部署,朝阳区计划于2009年投入资金500亿元进行土地储备开发。根据市、区两级政府的指示精神,局与17家银行进行了对接,对接资金938.83亿元,到帐资金578.4亿元;累计完成土地储备开发项目投资540亿元,完成任务指标的246%,在全市范围内率先完成了1000亿元土地储备开发投资任务。四是把握节奏,平稳供应。本年度,本区已供应经营性土地19宗,总占地面积132.64公顷,总建筑规模260.67万平方米,总成交额252.24亿元,其中土地增值收益144.79亿元。

(罗　宇)

【大望京环境整治土地一级开发项目】 年内,项目区域实现场地平整,完成土地移交工作,进行土地入市准备工作及大市政建设工作。该项目为加快推进城乡一体化进程做出有益探索。在各相关部门密切配合下,仅用15天时间完成融资45亿元,为拆迁工作的顺利实施提供有力保证。

(罗　宇)

【北苑集团中区南部土地一级开发项目】 年内,北苑集团中区南部土地一级开发项目(简称“148公顷”项目)大市政和公共配套建设项目市政建设一期工程基本完成;二期工程正在实施,40%的市政道路已实现车辆通行;公共配套建设取得项目核准。

(罗　宇)

【和平村土地一级开发项目】 年内,采取加大政策宣传力度、开通安置房看房班车、签订责任状、帮扶特困家庭搬迁和必要的依法强迁等措施,努力做到“把道理说明、把政策讲清、让措施深入人心”,千方百计地加快推进拆迁进程。该项目非住宅拆迁已全部完成;住宅拆迁已完成3873户,占总户数的74%。

(罗　宇)

【区土地储备中心为主体的土地一级开发项目】 年内,金盏金融服务园区项目征地、拆迁工作稳步推进。东坝边缘集团已取得单店西组团的项目核准,边缘集团南区及北东航空商务区的入户调查工作已全部完成。三间房乡D区土地储备项目1—4号地范围内集体企业拆迁已基本完成。豆各庄乡土地储备项目1、2、5、6号地已与当地政府签订征地补偿安置协议,项目范围内拆迁工作进展顺利。孙河乡土地储备项目已基本完成康营村等五个村的住宅及集体企业拆迁工作。将台乡亮马J、K住宅小区项目已取得征地批复并完成征地结案,项目集体企业拆迁腾退工作已全部完成。

(罗　宇)

【建设项目用地预审】 年内,共完成建设项目用地预审161件,总面积2432.97公顷。其中,国有土地63件,面积为213.14公顷;集体土地98件,面积为2219.83公顷。

(罗　宇)

【征用及农转用项目用地管理】 年内,完成中组部全国组干部学院、崔各庄乡大望京村C区、金盏金融服务园区、豆各庄乡土地储备项目用地、北京染料厂政府储备土地项目等32个项目的征地申报工作,总用地面积699.8公顷。

(罗　宇)

【土地供应】 全年,本区以出让和划拨方式供应国有土地共69宗,面积439.03公顷。其中,出让国有土地26宗,总用地面积98.36公顷;划拨国有土地17宗,总面积60.33公顷;以征代划用地26宗,总面积280.34公顷。

(罗　宇)

【地籍管理和土地登记】 全年,完成国有土地使用权登记2248宗,面积3691.51公顷。其中,办理国有土地使用权初始登记435宗,面积3074.52公顷;国有土地使用权变更登记1813宗,面积616.99公顷。办理国有土地使用权抵押1154宗,面积3140.71公顷,涉及抵押价款约5085.43亿,贷款金额2149.59亿。根据市国土局的统一要求,自9月,朝阳区城镇成套住宅分摊使用权证登记工作由分局负责。自9月中旬以来,累计办理相关业务

4088 件;在高峰时段,达到了日均办理量 100 件。

(罗 宇)

【第二次土地调查工作】 年内,按照"以图管地"的原则,完成城镇土地更新调查,初步建立起朝阳区城区地籍数据库;开展土地总登记,对已登记发证的宗地档案进行清理,对未登记发证的宗地依法办理土地登记。

(罗 宇)

【国土资源执法】 年内,累计开展土地动态巡查 350 余次,涉及全区 20 个乡、2 个农场及相关街道办事处,及时制止了大量土地违法行为,减少了新增违法用地现象。及时纠正各类违法用地行为,加大对违法用地的处理力度。全年共下发《责令改正国土资源违法行为通知书》85 份;《国土资源行政处罚决定书》81 份,处罚土地面积 1028.9 亩(其中耕地 113.9 亩),收缴罚款 1217.1 万元,案件办结 124 件;申请法院强制执行 10 件;以非行政处罚方式责令自行拆除违法建筑面积约 17.3 万平方米,恢复土地面积 648 亩。其中,国土部第九次卫片土地执法检查中涉及的违法用地全部查处完毕,处理到位率达 100%。遥感二号卫星卫片执法检查中涉及的违法用地,已全部上报区政府,纳入综合整治范围。本局联合各相关部门,对政府储备区内、外的各类新增违法用地行为,进行严肃处理,并将全部 41 宗应作拆除处理的违法用地上报区委、区政府,纳入集中综合治理,其中督促自行拆除 28 宗。编制印发《朝阳区关于建立土地执法监管长效机制、进一步加强违法违规用地查处工作的意见》及执法监管工作流程,朝阳区土地监管联席会议制度、部门分工查处机制、土地问责制度等一系列制度全面确立。按照处理第九卫片违法用地的工作思路,国土、规划部门对土地违法进行认定,区农委牵头督促各地区办事处政府进行自行整改;对整改不力、不按期按要求整改的,由区组织、监察、人事等部门配合督促落实,局将各类新增违法用地也纳入区政府综合治理范围。措施,在处理今年新增违法用地中,收到显著效果,拆除工作落实迅速,后续工作处置妥当,恢复工作及时到位,切实做到了对土地违法行为"防范在先、发现及时、制止有效、查处到位"。土地问责机制初步建立。以 15 号令的实施为契机,区委、区政府成立"违法用地综合整治领导小组",并将违法用地的预防和处理纳入区政府"数字化城市管理系统"平台,进一步落实土地执法监察动态巡查责任制。同时,《坚守耕地红线、依法依规用地责任书》的签订,进一步明确基层政府的属地管理责任。在此基础上,加大对违法违规用地行为多发乡镇政府的督导力度。共向区监察局移交了 15 个典型案件,请区监察局提前介入调查,对违法用地重点乡村的主要领导实施约谈诫勉,在权限范围内实施责任追究。

(罗 宇)

【宣传】 年内,编写《朝阳区国土资源执法监察工作法律、法规及案例分析汇编》,并利用 6·25 全国土地日的机会,深入街乡,特别是有违法用地行为的重点乡村,进行国土资源政策宣讲、国土资源形势教育,进一步提高基层土地管理人员依法用地、依法管地意识。开展朝阳区青年国土资源保护行动。作为试点单位,积极与团区委共同组织实施,依托行政村团支部建立国土资源保护信息服务站,作为国土资源宣传和保护工作的前沿阵地;选派农村团干部担任国土资源保护信息员,招募在校中学生团员,协助开展国土资源保护宣传活动,为土地执法工作创造良好社会氛围。

(罗 宇)

【地质矿产管理】 全年,完成地质灾害危险性评估报告备案 22 件,地质勘查资质受理预审 15 件,完成 13 家探矿权项目年检和 3 家矿泉水开发利用年度检查,实地检查 25 个在用地热井的开发利用情况,制止非法采砂 11 起。

(罗 宇)

房 屋 管 理

【概况】 朝阳区房屋管理局是区政府主管本区房屋行政管理、住房制度改革和住房保障工作的行政机构,挂朝阳区人民政府住房保障和改革办公室牌子。内设 13 个行政科室,15 个机关事业单位,9 个基层企事业单位。

地址:三里屯南 56 号

电话:64186161

邮编:100027

(赵 越)

【专项维修资金审核】 年初,市住

建委将商品房住宅专项维修资金使用审核工作下放到各区县，为加强对住宅专项维修资金的管理，制定《北京市朝阳区房屋管理局关于住宅专项维修资金划转和使用管理暂行办法》，并于5月1日起实施。年内，完成70个项目的审核工作，涉及维修改造资金共计1245.05万元。

（赵　越）

【房屋权属交易工作】　年初，房屋权属登记大厅改变业务受理方式，由分类受理改为平行式受理；压缩办理审批时限，由法定的办理时限30天，压缩为个人业务为1天，批量业务3天；推行绩效工资制度，根据不同岗位、不同性质、不同业务，对工作人员实行量化管理，制定绩效考核指标；6月1日起在全市房屋登记部门首创周六对外办公，8月1日起实行两班倒工作制，实现了连续12小时不间断工作；年底在大厅成立工作监督检查的常设机构，加强对工作人员政风行风和廉洁自律的监管。全年共完成各类房屋登记发证24万件，占全市发证量的40%，比去年同期增加60%。

（赵　越）

【住房保障工作】　8月20日，启动公共租赁住房登记工作。年内，完成13144户申请家庭的"三房"复审工作。其中，廉租房申请家庭1130户，经济适用住房申请家庭5945户，限价商品住房申请家庭6069户；完成863户廉租家庭的配租工作。组织一批经济适用住房和两批限价商品住房选房活动，完成2551户家庭的配售工作。

（赵　越）

【房屋市场监管】　10月，商品房预售许可初审、变更、延期的审批工作，由市住建委下放到各区县。至年底，本局完成新建商品房预售许可初审咨询30件，受理23件；新建商品房预售许可证延期申请93批次。年内，受理投诉经纪机构1547起，投诉开发企业606起。制定《朝阳区房屋租赁经纪机构专项整治行动工作方案》，通过自查自纠、联合执法、巩固深化三个阶段，进一步规范经纪公司的经营行为。

（赵　越）

【成立政策性租赁房管理中心】

10月10日，成立政策性租赁住房管理中心，主要负责朝阳区公租房和廉租房的服务、管理、维护和设备运行工作，年内工作人员已基本到位。

（赵　越）

【成立专业执法队伍】　12月18日，成立房管执法为主的行政执法大队。执法大队将有针对性的开展专项执法、综合执法、联合执法，不断加大打击处罚力度，遏制违法违规现象。

（赵　越）

【房屋拆迁管理】　年内，核准房屋拆迁公示19项，发放拆迁许可证项目13个，完成拆迁项目25项，拆迁居民1399户，拆除房屋建筑面积204060.7平方米。其中：市政基础设施项目3个，"城中村"、"边角地"环境整治项目13个，房地产开发项目8个，其他类项目1个。受理拆迁项目裁决申请26个、371件，其中双方达成协议198户，经调解不成依法出具书面裁决书173份，报送强制执行听证117件，向法院申请强制搬迁4件。办理行政诉讼案件22件，行政复议案件36件。

（赵　越）

【国庆平安工作】　年内，全面贯彻落实市、区"国庆平安行动"的总体部署，对涉及职能范围的普通地下室、房地产经纪公司、拆迁项目、物业服务企业等进行专项检查，针对检查出的问题及时整改。共封闭、清空国庆游行沿线两侧普通地下室近200余处，对辖区内的近700家物业服务企业提出维稳工作具体要求，确保国庆期间的安全稳定。全局共招募302人加入首都治安志愿者行列中，33名干部职工参加国庆60周年安保工作和群众游行疏散工作，完成国庆60周年服务保障工作。

（赵　越）

【房屋安全管理】　年内，坚持行政科室管理为主，房政协管为辅的工作方式，发挥房政协管的作用和力量，对全区内房屋及设备进行普查，检查房屋6760.29万平方米，电梯设备实查8273部，二次供水实查5711台，避雷设备实查14830个。共出动人员2155人次，检查普通地下室近4000处，发现隐患1525处。进一步完善防汛预案，明确防汛工作要求及管理责任，各基层房管所通过防汛应急演练，增强了应对能力，确保房屋平安度汛。研制开发公房管理软件，全局771幢楼房、4891.5间平房的实地地理定位和公房内业档案的电子扫录工作已完成。各房管所执行房屋维修规范化标准，投资571.93万元进行房屋及设备修缮，确保房屋修缮及时到位、公共设施运行安全。房屋设备零维修服务做到随叫随到，零维修服务住户满意率达95%以上。

（赵　越）

【房改房补工作】　年内，核准受理房改单位469个，办理房改售房7835套，建筑面积56万平方米。完成全区机关事业单位退休无房职工的住房补贴发放工作，启动新职工住房补贴发放工作及老职工住房补贴申报统计工作。

（赵　越）

【物业管理工作】 年内,完成物业服务企业资质等级审核53家,其中二级企业6家,三级企业17家,三级暂定企业30家。研究建立物业管理纠纷人民调解和司法诉讼联动机制。通过人民调解、司法调解和司法诉讼的有效衔接,使物业管理纠纷的化解渠道多样化。目前朝阳法院已在办公大厅设立诉前司法调解室。将人民调解和司法诉讼有机衔接,在物业管理纠纷化解过程中取得好的效果。

(赵 越)

【房屋管理行政执法】 年内,分别对房地产市场、地下空间、物业管理等违法行为进行查处,共进行专项检查6200余人次。下发《责令限期改正通知书》311份,立案处罚33起,罚金63.69万元。

(赵 越)

公 共 事 业

燃气供应与管理

【概况】 北京市燃气集团有限责任公司第二分公司(以下简称第二分公司)成立于6月11日,第二分公司设,综合办公室、规划发展部、用户服务部、安全运营部、技术设备部、企业管理部、人力资源部、财务部、党群工作部、工会、纪检监察室11个职能部室;运行维护一所(甜水园北里17号)、运行维护二所(酒仙桥路电子部十二号院内)、营业收费所(水碓子东路1号)、客户服务所(高家园小区409楼对面煤气站)、工程所(三间房南里3号)5个专业所。管辖范围以建国门桥为起点,西边沿东二环往北,经西坝河,沿京承高速向北延伸;南边沿建外大街、建国路,经京通快速路,沿通州区界往北;以及顺义区。年底,第二分公司共有职工613名职工,其中,管理人员178人,生产人员433人。第二分公司担负着市场开发管理,新用户发展管理,用户服务管理,燃气销售管理,区域内管网的运行、维护、带气作业及急抢修作业(中压A级及其以下压力级别)、外线拆改迁工程以及部分外线技改工程管理等

地址:西坝河七圣路6号院南楼

电话:52321782

邮编:100028

(陈 渊)

【用户发展】 6月,第二分公司成立时,用户期初数为617306户。截止年底,发展家庭用户12821户,发展公服用户412户,发展采暖制冷用户49户,即326.09蒸吨,发电用户1户(发电机4台共3440千瓦),年末用户合计为625305户。

用户发展期初和期末数对比表

类别 \ 时间		6月	12月
居民用户		611961	619517
非居民用户	生产用户	37	34
	公共服务用户	4510	4913
	采暖制冷用户	795	840
	发电用户	0	1
	小计	5342	5788
用户合计		617303	625305

(陈 渊)

【输配】 年内,管理管线总长1819.98公里,新增管线45.34公里,调压箱38座,闸井25座。带气作业共243处,其中接线189处,切线54处。

(陈 渊)

第二分公司2009年管网发展期初和期末对比表

类别\时间	2009.6	新增	变更	2009.12
管线(公里)	1790.62	45.34	16	1819.98
中低压(座)	140	0	0	140
中低压箱(座)	3587	38	11	3614
闸井(座)	1547	25	12	1560

【老楼通气】 年内,“老楼通气”作为市政府“为民办事、造福民生”的一项惠民工程,被市燃气集团公司列入2009年的折子工程。截止年底,“老楼通气”工作共开工73栋5021户,户内验收70栋4864户,户内完工70栋4864户,通气36栋1832户。

(陈 渊)

【国庆燃气安全供应】 国庆期间,担负9条阅兵路线、1个重点部位(朝阳公园为焰火燃放地点)、8座游园公园(运行维护一所:日坛公园、红领巾公园、团结湖公园、兴隆公园、京城梨园;运行维护二所:北小河公园、太阳宫公园、四得公园)的保驾任务,涉及中压管线26.3公里、低压管线200公里、调压站30座(自管5座)、调压箱21座(自管20座)、中压闸井74座(自管10座)、低压闸井3座、中压管线过街27条、低压管线过街8条。保障区域内有3座调压站(工人体育馆、六里屯、经院)在阅兵路线50米范围内,且体育馆、六里屯为单供独立站,为确保十一当天万无一失,分公司每站安排2人进行24小时值守,确保燃气设施安全稳定运行。期间,第二分公司组织实施安全自检自查,对16项安全隐患进行整改。并参与六次激光检测配合工作,共检测管线120公里,配合人员30人次,确保了十一国庆的燃气安全供应。

(陈 渊)

【用户服务】 年内,启用新的客户服务中心。服务内容涵盖客户报装、规划设计、施工验收、工程档案等整个报装手续,规范了报装流程,为客户提供了便利。同时,按照垂直管理、专人专责的要求,设置专兼职客户管理员,及时处理和落实各类投诉、建议,形成客户服务信息处理的良性循环机制。

(陈 渊)

热力供热与管理

【概况】 北京市热力集团有限责任公司是市政府批准成立的国有独资公司,承担着北京集中供热的生产、输配和供应任务。截至年底,负责管理的供热管线共计1012公里,热力站2465座,固定资产原值196.62亿元,集中供热面积1.55亿平方米。

地址:西大望路1号

电话:65339500

邮编:100026

(宋晓楠)

【运行工作】 10月前,为做好2009至2010年度供热工作,集团制定出本采暖季供热运行方案、供热启动方案、供热应急方案及天然气三色预警方案。并且,按照市政府的要求提前启动今冬供热工作。在北京连续雨雪天气的情况下,集团提前掌握天气变化动态,及时启动内部热源,加强外网和供热设施的调节,确保在极端天气突变时的供热工况稳定。

(宋晓楠)

【区内输配】 年内,在朝阳区内直径500毫米以上供热管网总计261.1公里. 由热力集团输配分公司管网一所及管网四所负责管理。热力集团销售分公司运行一所和销售服务一所负责朝阳区内统、代、自管热力站总数为863座(含蒸汽热力站76座)。供热面积5523万平方米(含蒸汽供热面积254万平方米)。

(宋晓楠)

【国庆60周年供热保障】 年内,成立以总经理为总指挥的国庆60周年安全生产工作保障领导小组,制定国庆保障方案。借鉴奥运期间好的经验成果,对142条地下管线、153座热力站、4个热源厂制定保障工作方案,结合各单位职责任务,周密部署、落实“国庆护航行动”等各项工作,保障国庆60周年的活动顺利举办。在国庆各项彩排期间以及国庆当天,集团应急队共安排值班备勤1050人次,抢险车辆备勤421辆次。

(宋晓楠)

【供热发展任务】　年内,受到国际金融危机的影响,北京市房地产整体下滑,报装量远低于上一年度。在这种不利的条件下,集团及时调整发展战略,将热网周边大型锅炉房作为集团发展的侧重点。转变发展观念,由过去的被动等用户变为主动找用户,三个星期内走访478座锅炉房,确定33座为发展重点,完成4户用户的接入工作,供热8.3万平方米。同时,坚持内涵与外延并重的发展战略,整合热网周边供热资源,稳步推进周边城区集中供热建设的进程。同时,集团新接收了青年湖、松榆里、科力源三座大型锅炉房,新增供热面积326万平方米,提高了热网调节能力和运行的稳定性。

(宋晓楠)

【热网建设】　年内,完成基建投资102870万元,朝阳区内投资73929万元;建设9项工程,其中朝阳区内建设7项工程;建成热力主干线9.5公里,其中朝阳区内6.4公里;热力一次支户线33公里,其中朝阳区内为8.1公里;热力二次支户线35公里,其中朝阳区内22.6公里;同时完成196座热力站的建设。

(宋晓楠)

【安全生产】　年内,集团推进安全质量标准化达标工作,完成6家子公司的达标工作,集团所属单位都已达标,集团成为“安全质量标准化企业”。

(宋晓楠)

【热费收缴】　年内,集团实行智能卡收费系统改造,扩大合格服务商规模,通过新设和转制等方式成立3家专业收费服务子公司开展供热服务。

(宋晓楠)

供　电

【概况】　朝阳供电公司是北京电力公司的直属供电企业,担负着朝阳地区工农业生产、政府部门、各大商户及居民生活供用电任务,供电区域470.8平方公里。公司共管辖110千伏变电站34座,35千伏变电站4座,共计安装主变105台,主变容量共计4795.8兆伏安。10千伏开闭站174座,小区配电室1157座,箱式变压器616座,共计1947座;配电变压器3345台,变压器总容量2636550千伏安。10千伏架空线路237路,线路总长度1448公里;低压架空线路2142公里。10千伏电缆11058条,总长4396公里,低压电缆22395条,长度3084公里。年内,售电量达122.25亿千瓦时。

地址:关东店24号

电话:63661123

邮编:100020

(罗　希)

【电网规划与建设】　4月15日,朝阳供电公司220千伏望京变电站现场开始进行各项保护性施工,望京变电站施工正式启动,12月3日,召开望京220千伏输变电工程启动会,12月29日启动望京站内发电程序。年内,完成《朝阳地区电网“十二五”规划报告》。对电力隧道重点部位实行“双旁站”管理模式,监理人员实行旁站监理,争取政府支持,保障单店二期扩建工程、弘善110千伏变电站等17项输变电工程任务的顺利完成。

(罗　希)

【安全生产】　年内,制定《领导干部及管理人员生产现场到岗到位实施细则》、《“百日安全”活动工作方案》等制度;实施变、配电运行标准化工作,编制涵盖各专业的77种典型示范工作票,安慧等7个变电站,十里居等4座开闭站、小区配电室的典型示范操作票;推行检修工作标准化,针对电缆和高压试验等4个专业共9项工作,制定《标准工作步骤表》;制定《生产现场工作录音制度》,对操作过程实行录音管理。稳步推进调控一体化进程。统一调控系统界面,如期推进变电站接入和配网自动化工作。完善生产指挥系统。强化生产指挥中心职能作用,对应急指挥、政治供电、带电作业进行综合管理,特别是引入了“大计划”管理模式,有效地减少了停电次数和停电工作时间。

(罗　希)

【营销服务】　年内,制定《营销指标与同业对标任务分解及工作要求》,完善并落实《线损工作管理办法》和《电费回收专项行动方案》等制度,实现公司运营降本增效工作目标。制定供电方案审核会、工程设计图纸审核会、工程送电启动会和报装服务工作领导小组协调会“四会”制度,规范对用电报装服务的审批管理。与区卫生等系统成立“合作委员会”,开展“品牌服务、共享安全”专项活动,不断丰富营销服务工作内涵。建立与安监局、发改委联合检查工作机制,依靠政府力量加大对客户用电安全隐患的排查与整治力度,为地区用电安全提供坚实的保障。

(罗　希)

【经营管理】　年内,电力公司考核的69项绩效指标和127项同业对标指标均得到不同程度的提升。其中营销专业对售电量等53项评价指标进行了细致分析,并针对线损、电费、报装等24项专业指标开展内部对标。注重流程的优化高效和过程的精细管控,向电力公司申报《变电运行精益化管理模式》和《新增客户电量拉动效果评估》等涉及12个专业29项精益管理项目。加强GIS、PMS和OMS等生产信息系统的管理,全面掌握实物资产现状,建立以资产全生命周期为核心的资产配套管理制度。

(罗　希)

邮 政 通 信

【概况】 北京市东区邮电局(以下简称东区局)是北京市邮政公司(以下简称市公司)直属二级通信企业。承担北京市东城、朝阳两个行政区及西城区、崇文区部分区域505平方公里400余万人口的邮政通信服务工作。设10个职能机构;下设邮票公司、发行公司、商函分局、代理业务分局4个专业公司;另有宣传中心、账务中心、营销策划中心等支撑部门。下辖31个支局,151个邮电所。经办国际国内函件、包裹、特快专递、汇兑、西联汇款、电报、电话和报刊发行、集邮、邮政储蓄等业务;经营邮政网上商城、商业信函、图书音像制品;窗口承接鲜花礼仪、同城速递、邮购等业务;代理保险、代收燃气费、水费、通讯费等多种代办业务。年底,全局固定资产总额2.63亿元,资产净值1.30亿元。员工总数2679人,其中统管人员150人。年内,实现业务收入8.89亿元,完成预算指标的102.10%,同比增长4.17%;收支差额累计完成2.98亿元,完成预算指标的100%,同比增长1.43%;全员劳动生产率累计完成33万元,完成预算指标的100.37%,同比增长3.55%。

地址:金台北街6号

电话:65006003

邮编:100026

(许姗姗)

【全国邮政学东四活动】 1月13日,交通运输部、国家邮政局、中国邮政集团公司三方有关有关领导及宣传部门负责人实地考察东四邮电局,就落实副总理张德江关于学习宣传东四邮电局服务精神批示的具体工作进行协调座谈。协调座谈会提出,要展开一次强大的宣传攻势,集中宣传东四邮电局的服务事迹与经验,并排出具体时间表。2月20日,东四邮电局先进事迹报告会在中国邮政集团公司举行,东四局党支部书记张钰,全国劳动模范、东四局副局长沈智慧做了东四局“亲情服务”的主要做法和宝贵经验发言。被誉为“京城活雷锋”的北京军区总医院原副政委孙茂芳以及新华社记者孙晓胜分别从用户和媒体的角度讲述了东四局情系百姓、服务社会的感人故事。3月2日,交通运输部部长李盛霖、副部长高宏峰在中国邮政集团公司刘安东总经理、张亚非副总经理及国家邮政局苏和副局长等领导的陪同下到东四局进行视察和工作调研。李盛霖指出,“东四精神是东四邮电局几代人坚持服务群众、服务社会的结晶。这种精神体现为牢记宗旨、服务人民的行业精神;敢为人先、精益求精的敬业精神;以人为本、倾情服务的职业精神;恪尽职守、默默奉献的岗位精神;团结协作、持之以恒的团队精神。东四精神是交通运输行业的宝贵精神财富。

(徐姗姗)

【后奥运经济经营新模式】 年初,开始通过采取与场馆主管单位合作经营的模式,共同开发后奥运经济市场,实现与合作方的“双赢”。分别在奥林匹克中心区公园内设立4个邮政销售亭,在国家体育场设立“鸟巢”邮局。并经国家体育场独家授权,开发、设计、制作“爱从鸟巢寄出”、“鸟巢系列本册明信片”和“世界建筑奇迹”等鸟巢主题系列邮政产品,突显奥运中心区、鸟巢、水立方文化氛围,全年实现后奥运经济收入500余万元。

(徐姗姗)

【领导视察】 3月3日,中共中央政治局常委、中央精神文明建设指导委员会主任李长春来到河南大厦看望住在这里的全国“两会”河南代表团成员。经过酒店大堂时,临时邮政服务网点柜台上琳琅满目的集邮产品吸引了李长春的目光,他径直走到邮政柜台前,饶有兴致地翻看起为此次“全国两会”特别设计的纪念邮品《肩负重任》,并向邮政服务人员询问广大代表对何种题材的集邮产品更为关注。当得知邮局为满足广大与会代表的用邮需求,根据两会时间安排调整了营业时间,并为代表提供个性化邮票和明信片制作、手机空中充值等新型邮政业务后,李长春十分满意,他对服务人员说:邮政肩负着为代表服务的重任,你们很光荣,也很辛苦。3月10日,全国政协委员、副市长程红,来到北京会议中心视察慰问北苑局驻会服务人员,对邮政员工认真做好服务工作,为代表、委员用邮提供细致、周到、便捷的服务赞赏,并现场制作了个性化邮票。7月2日,市政协副主席赵文芝带领市政协委员一行20余人,来到北京邮政首家营业旗舰店双井局参观考察。赵文芝了解旗舰店建设工作、开办业务以及便民措施等,充分认可邮政提供的各项便民用邮服务,并要求市政协委员、北京交通电台金话筒主持人王佳一,结合新中国成立六十周年和中国改革开放三十周年以来,北京邮政的改革发展及旗舰店双井局的各项便民服务予以宣传。

(徐姗姗)

【两会服务】 3月3日和3月5日,中国人民政治协商会议第十一届二次会议和全国人民代表大会第十一届二次会议(以下简称"两会")分别在北京举行。东区局成立局长挂帅的"两会"邮政通信服务领导小组,制定《东区邮电局全国"两会"服务方案》、《预防突发事件紧急预案》和《"两会"服务规范手册》。王府井、北新桥、北苑、酒仙桥、农光里、双井、安贞等7个支局抽调60余人直接参与,分别在北京饭店、贵宾楼、京东宾馆、北京会议中心、二十一世纪饭店、河南大厦、广西大厦、百环合一酒店、长白山国际酒店等10处委员、代表驻地设邮政服务点,开展服务工作。特别推出"弘扬北京奥运戳文化,两会驻地寄出美好祝福"主题活动,为代表、委员提供北京奥运系列邮戳打包加盖服务;精心制作"中国邮政竭诚为全国两会服务"水牌,摆放于各服务网点显著位置;首次开办"手机空中充值"业务,并配备放大镜、老花镜,供年纪大的代表、委员用邮时使用,优质的服务赢得了委员代表们的广泛赞扬。在历时11天的"两会"服务中,东区局共为2690位代表、委员及随行人员提供服务637次,出车571次,上门取送邮件461次,收到代表表扬信66封,收寄两会封9.8万件,包裹708件,特快专递760件,出售邮册1.7万册,制作个性化邮票3260版,实现创收1094万元,同比增长60%,创造了人均消费4067元的最好水平。

(徐姗姗)

【通过质量管理体系标准审核】 5月12日,东区局顺利通过2008版ISO 9001质量管理体系复评审核,成为中国邮政首家完成新版标准体系转换的地市级邮政企业。

(徐姗姗)

【澳大利亚邮政总裁参观建内局】 5月26日,澳大利亚邮政总裁格雷姆·约翰来到建内大街邮局参观,格雷姆总裁详细询问"爱心包裹"业务的办理流程,认为这是一项富有爱心的活动,当即在营业窗口捐赠了10个学生型"爱心包裹",表达自己对中国灾区小朋友的热情关怀。

(徐姗姗)

【天安门邮局】 7月8日,位于天安门广场东侧路的天安门邮局正式开业,向中外游客提供邮政服务。营业时间从每天的早9时至晚18时。当天,纪念国庆60周年系列邮品《共和国史诗》大型纪念封、《祝福祖国》纪念邮册、《国旗升起的地方》明信片和《鼓舞》电话卡邮票珍藏册,现场首发。同时设立"天安门邮局名人堂",接纳拥有良好社会声誉、具有较强影响力和公信力的知名人士入主,为他们服务社会、沟通交流、建言献策搭建平台。10月6日,由东区天安门邮局研发推出的《盛世国典大阅兵》连体明信片在建国六十周年阅兵三军仪仗队驻地举行首发仪式。这套明信片全长10米,由60张国庆阅兵仪式上的经典场景照片为图案的明信片首尾相连组合而成,是国内迄今为止最长的国庆题材连体明信片。这套明信片重现56个阅兵方阵的飒爽英姿,全程记录首都国庆六十周年壮观阅兵仪式的宏伟场面,展现了祖国的军事强国风范。国庆期间,此套连体明信片销售近6000套,实现收入近36万元。年内,围绕天安门不可复制、不可再生的价值性、稀缺性,通过塑造天安门邮局品牌,实现各种资源的有效整合;诚邀著名导演张艺谋担任天安门邮局名誉局长;借新中国成立六十周年契机启用"100060"作为邮编;通过从各支局进行人员招聘的方式,组建天安门邮局精英服务运行团队;采用独家买断设计版权方式,开发《共和国史诗》大型纪念封、《祝福祖国》纪念邮册、《国旗升起的地方》明信片、《盛世国典大阅兵》连体明信片以及《中国生肖瑰宝》等系列产品,累计实现收入8300余万元。

(徐姗姗)

【科学园局服务世界魔术大会】 7月26日,第24届世界魔术大会在北京开幕,大会历时6天。科学园局承担此次大会邮政服务工作。服务网点的邮政营业员,选派的均是参加过奥运服务团队的员工,他们流利的英语服务让来自世界各地的魔术师连连称道。

(徐姗姗)

【国庆纪念邮品新视窗】 8月12日至13日,东区局召开国庆邮政产品新闻发布会暨天安门邮局产品业务推介会。推介会上,"新视窗"纪念封首度亮相,纪念封正面图案为天安门城楼,并加盖"来自天安门的祝福——建国六十周年"中英对照字样和"北京2009.10.1"字样的纪念戳。纪念封的右下角印有"北京天安门邮局100060"。纪念封的背面是抽拉式设计,可以将纪念封内页中的“祝福祖国——天安门全景主图”等两种设计图案自由转换。著名歌唱家、84岁高龄的王昆作为特约嘉宾出席推介会。天安门邮局特意将量身定制的“新视窗——王昆版”特种纪念封和天安门主题的个性化邮票现场赠予这位德高望重的老艺术家。此次推介会,东区局采用营销员与客户“面对面、一对一”的推介方式,收到良好效果。

（徐姗姗）

【爱你久久久婚庆邮品】 9月9日,东区局推出“爱你久久久”婚庆个性化邮折和婚宴请柬。个性化邮折,一套五版婚庆个性化邮票,以“岁岁平安”为主图,版式为12枚中空式,新人可以选择一张合影照片,放在中空位置,再另选一张放在邮票附图;婚宴请柬,采用横开和竖开两种形式,以红色烫金突出喜庆气氛,内贴一枚印有新人合影的专属个性化邮票;登记现场制作自创型明信片可加盖“爱你久久久2009.9.9”纪念戳。

（徐姗姗）

【领导到建内大街局调研】 9月16日,首都文明办主任舒小峰、巡视员张长江到建内大街邮局调研。舒小峰一行对营业厅内各项邮政服务工作进行视察,听取了工作人员介绍后,他对建内大街局的服务工作给予肯定。来到国庆系列邮品专台时,舒小峰询问“来自天门的祝福”等国庆系列邮品的情况,要求建内大街局要继续发扬优质服务的光荣传统,为国庆黄金周做好各项邮政服务。

（徐姗姗）

【邮政进东四奥林匹克社区】 10月22日,北京市老科学家总会、市邮政公司和东区邮电局和东四街道工委在东四奥林匹克社区公园联合开展“邮政伴您生活”科普宣传进社区活动。活动中,邮政部门的离退休老干部表演了文艺节目,全国文明单位东四邮电局现场设立临时网点,为社区居民宣传解答邮政知识、办理邮政业务。

（徐姗姗）

【邮政服务进北京文博会】 11月26日,第四届北京文博会展览会开幕。和平里局借力天安门邮局平台,将邮政国庆题材邮品及东区自主研发的品牌特色产品进行集中展示销售;地安门局将后海特色与老北京人文风情相结合,著名北京民俗画家杨信为此次文博会专门设计了“烟袋斜街”邮折并配以同名纪念戳;香河园局提供的个性化邮票制作及展示服务成为观众们最爱光顾的地方。

（徐姗姗）

【邮礼文化节】 12月8日,“邮”礼文化节在建内大街局召开,北京生肖文化研究会、崇文区集邮协会等领导出席。该文化节是为纪念2010年世界生肖邮票发行60周年、新中国生肖邮票发行30年召开;首次推出《中国生肖瑰宝》纪念邮册A、B、C三款,每款均以第一轮生肖邮票为引领,采取预订方式销售。

（徐姗姗）

【邮务类业务】 年内,邮务类业务总收入58651.56万元,同比下降0.18%。其中函件收入27613.30万元,同比下降0.49%;包裹收入3639.64万元,同比增长1.55%;电子商务和代理业务收入693.51万元,同比增长67.35%。报刊发行收入4981.45万元;集邮收入21723.66万元,同比下降5.68%。

（徐姗姗）

【速递物流类业务】 年内,速递物流类业务总收入14292.87万元,同比增长20.54%。其中,特快专递收入12962.08万元,同比增长25.95%;国际包裹收入1330.79万元,同比下降15.01%。

（许姗姗）

【代理金融类业务】 年内,代理金融类业务总收入15457.89万元,同比增长8%。其中代理储蓄收入12690.23万元,同比增长7%;代理保险收入665.38万元,同比增长23.72%;代理汇兑收入2102.28万元,同比增长9.76%。

（许姗姗）

【开拓八大市场】 年内,本局根据地域特点和客户资源制定以推进总部经济、政府经济、会展经济、中小企业、报刊社、文化创意、商务礼仪、广告市场八大市场为目标,捕捉各类社会热点题材,有针对性地指导各支局市场开发营销,以营销项目带动市场深入开发。申报重要开发项目共计622项,其中涉及中小企业108项、政府经济95项、总部经济90项、会展经济76项,开发定制型邮政产品实现收入5380万元,先后有14个项目荣获市公司营销创新成果奖。其中“深圳财讯广告有限公司IT基础日志个性化邮品项目”创收504万元,“北京移动公司定制国庆明信片项目”创收225万元,“盛源公司数据库商函项目”创收100万元等,成为“八大市场”营销活动的典型案例。

（徐姗姗）

【探索CBD商务经济服务模式】 年内,组建CBD邮局管理体系,成立CBD虚拟邮局,以统一对外形象、统一优质服务,与CBD商务经济发展模式实现整体对接。参与市公司CBD试点的嘉里中心邮电所、建外商务区邮电所、航华中心邮电所,半年实现累计收入828

万元,同比增幅69.24%,新签约客户71户,在市公司6个试点邮电所中均名列前三甲。挖掘CBD区域高端客户,率先抢占市场,对尚都国际和金地大厦两座新建大厦实行分区域网格化营销,采取承包制营销模式在全区范围内公开招标,吸收全局优秀营销团队进驻,为进一步深层次开发CBD区域商厦经济,提供了详实、准确地数据资料和营销范本。

(徐姗姗)

【成立策划创意研发中心】 年内,成立营销策划创意研发中心,借助"外脑",进行市场化运作,使产品从研发到制作、从营销到售后形成闭环管理。结合"回味奥运"、"国庆六十年华诞"和"生肖邮票发行30周年"等热点,研发出35个系列40余种产品,实现创收8837万元。

(徐姗姗)

【营销队伍建设】 年内,东区局在营销体系建设上坚持以市场需求为导向,以客户信息为基础,以产品开发为切入点,继续巩固并完善三级营销组织。通过自愿报名、竞聘选拔等方式,营销队伍由年初的321人发展到年底的486人,占全局员工总数的18.20%,高于市公司要求1.2个百分点。

(徐姗姗)

【营销】 年内,通过规范营销人员绩效考核机制,分层次、有针对性地进行营销培训,全面提升营销队伍综合业务素质,发挥营销队伍优势。营销员累计完成营销业绩2.97亿元,占全部收入总额的33.41%;其中新增营销业绩1.19亿元,与去年同期相比增长8.69%;营销立项共计3283个,成功项目2119个,成功率达到64.54%;营销员月人均新增业绩为2.69万元。东区局有14个项目获得了市公司优秀成果及市场开拓奖。

(徐姗姗)

【培训工作】 年内,有1018名员工申报职鉴考试,比上年增加200人,增幅为24.45%,培训率为100%,员工职鉴持证率达到92%,比上年提高24%,完成市公司下达的持证率指标。取得中级证书及以上员工有1287人,占全部一线生产人员的59%;取得双证、多证员工有235人,占比10.77%。通过开展形式多样的培训工作,落实一线生产岗位员工脱产培训不少于24学时的要求。

(徐姗姗)

【细化客户管理体系】 年内,对客户实行分等分级分层管理,统一服务水平,提高服务质量;采取系统化管理流程,规范大客户管理与其它相关业务流程的接口,保证跨部门紧密合作和快速有效的支撑体系;出台大客户流失判定及正负激励机制办法,加强流程各环节的绩效考核。局5万元以上大客户有582户,同比增长58.58%,大客户产生的业务收入累计达1.78亿元,同比增长16.34%,受实时监控的客户达2262个。

(徐姗姗)

【升位晋级机制】 年内,通过实施"升位晋级、勇破纪录"发展机制,引导各单位建立区局到支局、支局到邮电所、营销团队到营销小组的分级、分类激励体系,提高企业营销能力、经营效果、管理水平和服务能力。全局开展39次专项营销竞赛,配套制定了正负激励机制,就项目论奖罚,并在各项竞赛中采用了"率先发展,率先奖励"的竞争机制,营造了"不甘落后、奋勇争先"的竞赛氛围,取得良好成效。通过开展贺卡、报刊发行任务认标、竞标大会,实现由区局下达经营任务到自认经营指标的转变,形成"要我完成"到"我要完成"的良好氛围。

(徐姗姗)

【管理体制改革】 年内,对商函分局管理机构进行重组,组建商函分局统一领导下的一部两中心的管理体制,理顺管理职能,实现商函专业由生产经营型向管理支撑型转变,为商函专业的发展奠定基础。

(徐姗姗)

【人力资源管理机制创新】 年内,完善经营管理者"竞争上岗"的任用机制和"奖优罚劣"的考评机制。开展商函局和三源里邮局局长竞聘工作;制定关键指标未达标经营单位管理者末位请辞、降职使用的负激励机制。精简挂靠机构8个、非生产人员130名。全面推行梯形排班法,控制人工成本、提高工作效率,消除超工时共10363小时,消除欠工时共1536小时。建立员工岗位成才的新途径和奖罚分明的新制度。建立"首席员工"制度,制定评聘工作实施方案,通过层层选拔,评选出18名区、支局两级"首席员工"。完善"员工奖惩条例",建立员工约束机制。

(徐姗姗)

【亲情服务示范】 年内,开展"学习东四精神,提高规范服务水平"活动,通过智慧点评、现场答疑等方式,充分发挥典型的激励带动作用及亲情服务经验示范效应;开展"亲情服务窗口"评选活动,出台《创建"亲情服务窗口"考评办法》,建内大街等12个支局被首批授予荣誉称号;推广"东四邮电局查询实施细则"、"陈兰颖务实型班前会",进行全局范围内的服务交流,提高基层单位窗口服务水平。

(徐姗姗)

【规格质量提高】 年内,实施通信生产运行“亮牌”工程,对执行重点制度、质量规格、邮政服务等生产运行中的重点工作,进行金牌、银牌、铜牌“奖评”,对问题严重的单位给予“黄牌警告”和“红牌处罚”,并纳入绩效考核。开展基础管理专项治理活动,强化监督检查,提升规格质量,邮件规格质量合格率达到99.71%,比年初提高了1.43%,在四城区局排名列居首位。

(徐姗姗)

【营业厅管理】 年内,出台《东区邮电局营业厅管理实施细则》,对全区局、所网点进行标准化管理,对局容局貌、仪容仪表、邮政设施、定置码放等进行统一要求,网点营业厅实现整齐划一。值班局长现场巡视,为营业厅规范化管理提供保障。

(徐姗姗)

【投诉机制监控】 年内,从制度建立、落实执行、监督反馈等环节入手,实施层层把关,坚持推进服务监督公开化,有效控制用户的重复投诉、投诉升级、减少用户的有理由申告。用户投诉量月平均25件,同比下降了37%。

(徐姗姗)

【网点建设】 年内,完成邮票公司、五方桥、雅成、南湖东园、天安门、维修中心等局所、场地的装修改造工作,增加生产办公面积1530平方米;完成了64处局所的专项维修工作,27处电气线路改造及增容工作;对全局125个邮储台席、86个邮政台席进行设备更新,改善一线生产条件;对“邮务通”系统进行升级改造,提高系统运行速度,为营销工作提供了支撑保障;开发《报刊发行客户信息管理系统》,用技术手段推动经营工作,提高报刊收订工作水平。

(徐姗姗)

【安全管理】 年内,按照“安全第一、预防为主、综合治理”的工作方针,确保全年、尤其是国庆60周年庆典期间企业内部的安全运营稳定。举办四次安全保卫工作动员大会和培训班,加强对员工的安全防范意识教育,组织防抢演练,提高企业员工的防范能力,全年未发生任何安全类事故和治安刑事案件,保证了通信生产正常进行。

(徐姗姗)

【节支降耗】 年内,以“增收节支、降本增效”为主题,广泛开展支局层面的“节支降耗”和职能部室层面的“成本费用”管控效能监察,通过出台多项费用项目管控办法,实现节约能耗费用37万元,压缩32项成本费用开支1400余万元。共完成招投标项目24项,直接节约资金52万元。

(徐姗姗)

【荣誉】 年内,东四邮电局获“全国文明单位”和“全国创建精神文明工作先进单位”称号;东区局自主研发的“邮务通”——邮政智能移动营销系统荣获北京市科学技术三等奖。东区局荣获“全国五一劳动奖状”;奥运中心区邮局荣获“全国‘工人先锋号’”集体;三源里邮电局被朝阳区城市管理监察大队评为2008年度“城市管理奉献奖十百千标兵”;东区局荣获“城乡携手迎奥运、共建文明京郊行”活动先进单位称号;东区邮电局团委荣获“北京市五四红旗团委”;农光里邮电局营业组、科学园邮电局营业组荣获“北京市青年文明号集体”;东四邮电局营业组、亚运村邮电局营业组荣获市公司“奥运先锋”青年文明号;东四邮电局沈智慧劳模创新工作室荣获“首都职工创新工作室”称号。

(徐姗姗)

城市管理

市政管理

【概况】 朝阳区市政市容管理委员会是负责本区城乡环境建设统筹协调、城市综合管理协调和市政基础设施、环卫基础设施、公用事业、市容环境卫生监督管理的区政府工作部门。挂朝阳区城乡环境建设委员会办公室(简称区环境建设办)的牌子。设10个内部机构:办公室(区社会矛盾调处中心市政市容委分中心)、综合协调科、市政基础设施科(朝阳区国防运动委员会交通战备办公室)、公用事业管理科(朝阳区住宅锅炉供暖管理办公室)、行政审批科、爱国卫生科、环卫基础设施管理科、环境建设综合管理科、财务审计科、组宣科。下属个体出租汽车管理站、市政基础设施协调中心、道路养护中心、城市景观规划发展中心、区垃圾渣土粪便消纳站5个事业单位。现有职工204名,其中行政编制48名,事业编制151名,工勤5名。年内,完成长安街及其延长线等重点大街、商业街区,以及21处闲置土地、85条街巷、28所校园、23处游园公园周边环境的整治工作;改造老旧小区93个,建设广场公园7处;完成20条道路绿化美化任务26.2万平方米;拆除逾期临建69处、违法建设74处,完成15条大街弱电架空线梳理工作。对京津城际铁路沿线周边环境秩序进行集中整治,取缔无照游商15起,规范"门前三包"11家,拆除广告牌匾600平方米,清除堆物堆料1.5吨,拆除违章建筑40平方米,属地办事处统一制作牌匾标识800平方米,粉饰外立面3000平方米。启动潘家园架松小区显谨亲王东西配殿修缮及周边整治工程,地铁沿线、公交场站及周边环境整治工作继续推进。

地址:松榆东里甲38号楼
电话:67325578
传真:67327299
邮编:100021

(苏朝伟)

【扫雪铲冰】 2月17日,普降小雪,紧急启动全区雪天预警和应急预案,向各成员单位、各街乡、环卫中心下发做好扫雪铲冰的紧急通知,要求各单位严格按照"下雪就是命令"的要求,认真落实"雪前准备"、"雪中除雪"与"雪后迅速恢复市容环境整洁"的工作标准,安排专人值班,合理安排作业和应急人员,备足扫雪铲冰作业工具、机械设备、物资等。11月1日,突降大雪,紧急启动全区雪天预警方案,针对雪天各种复杂情况,对广告牌匾安全设置情况进行现场排查、不间断对道路路况进行巡查,协调绿化局做好林木树枝折断的处理工作。11月9日下午4点30分,召开全区冬季除雪紧急工作部署会,区社会建设办、农委、交通支队、城管监察大队、绿化局、环卫中心及43个街乡的主管领导参会。会议要求所有参会单位要求高度重视除雪工作,要把此项工作提高到保障人民群众的生命安全和正常工作生活秩序的高度认真对待,要切实保证"责任、预案、装备、人员、经费、后勤保障"的六落实,要确保市、区、街乡三级信息畅通。11月10日凌晨至12日,普降大雪,区环卫服务中心出动作业人员5500人进行人工除雪推水,出动车辆26部(4部多功能除雪车,22部融雪剂喷洒车)共215车次,抛洒融雪剂1800余吨。区绿化局出动工作人员近4000人,工作车辆近100辆。区城管监察大队出动执法人员1923人,规范"门前三包"单位扫雪5927家。43个街道、地区办事处在出动各自保洁队伍展开扫雪铲冰工作的同时,广泛动员辖区群众共同参与到这场除雪工作中来,出动人员50445人,车辆2089台次,抛洒融雪剂257吨。

(苏朝伟)

【供暖工作】 3月15日,圆满完成2008－2009年供暖季的供暖保障任务。据统计,本供暖季供暖问题投诉量较上供暖季有所上升,市、区两级供暖问题投诉平台共接到居民投诉7156个,与去年同期4847个相比,投诉率上升32.2%。供暖问题投诉中,投诉室内温度过热的9个,占0.1%;投诉室内温度不达标的4774个,占66.7%;投诉设备故障的271个,占3.8%;投诉间歇供暖的695个,占9.7%;欠费纠纷的34个,占0.5%;归属市热力集团供暖的1373个(属市热力集团直接处理),占19.2%。

(苏朝伟)

【垃圾分类试点】 4月20日和4月23日,市市政市容委考核验收本区2008年创建京伦饭店、方丹苑小区等10个垃圾分类示范单位,复检2007年授予和乔丽景公寓、胜古馨苑小区等8个示范单位。经过专业检查和区县互查方式,区示范单位全部顺利通过验收。10月28日,团结湖街道办事处组织召开团结湖街道垃圾分类推进会。推进会上环保专家与100多名居民代表就垃圾分类一些相关知识进行了有奖互动,通过播放幻灯宣传片,居民现场垃圾分类演示,解答了居民代表提出的一些垃圾分类相关问题,提高了居民参与的积极性。年内,启动麦子店、团结湖、劲松、平房、黑庄户"三街两乡"的垃圾分类试点工作,实施生活垃圾分类示范工程,探索垃圾分类的减量和资源化再利用的成功经验和模式,为实现垃圾处理的减量化、资源化和无害化的目标,做出有益的尝试。

(苏朝伟)

【地球日活动】 4月22日,"地球日"由中华环境保护基金会、市垃圾渣土管理处、区市政市容委联合主办,"爱家减排我先行——垃圾分类社区行动暨饮品包装自动分类回收机揭牌仪式"在朝阳公园南门广场举行。朝阳区坚持垃圾分类收集、资源再生利用工作,按照"政府推动、市场运作、公众参与、科技支撑"的模式,推进垃圾分类不断从源头、到运输、最终实现末端的科学处理。

(苏朝伟)

【廉政主题教育】 5月16日,组织机关党员干部、事业单位班子成员开展"加强党风廉政建设,共筑反腐防线"主题教育活动,观看《周良洛受贿案启示录》专题片,听取区纪委案件审理室的专题讲座。会后,尹秀峰主任同各主管领导、科室干部分别签订党风廉政责任书,做到明确责任,层层落实,进一步落实党风廉政建设责任制,从源头上防止腐败。

(苏朝伟)

【无烟日宣传】 5月31日,世界无烟日,组织开展"戒烟一小时,健康亿人行"主题活动,宣传北京市公共场所禁烟规定和有效戒烟的科学知识,倡导全社会"不卖烟、不吸烟一小时"。全区各街乡均设置了宣传点,张挂条幅215条,张贴海报2000余张,摆放展板400余块,发放资料1.5万份。部分宣传点还邀请戒烟门诊专科医师咨询解答戒烟问题,现场组织有奖知识问答等趣味游戏。

(苏朝伟)

【八里桥公园建设】 6月1日,启动八里桥、果家店两村的居(农)民和企业拆迁腾退工作,涉及247个院落和19家企业,腾退安置村民1200余人。整个拆迁腾退工作历时40天,截至7月10日,所涉及区域全部拆迁完毕。7月28日开工建设八里桥公园,该公园位于京通快速路北侧,占地面积335亩,占地范围主要为八里桥、果家店村拆迁腾退后的土地,其中水系面积4000平方米、硬化铺装18000平方米,绿化面积18万平方米,公园整体造价2600余万元。公园总体设计分为七大功能区,分别为:历史文化区、自然生态区、植物观赏区、时尚休闲区、游戏健身区、植物保护区、现状保留区。

(苏朝伟)

【应急演练】 6月16日,在亚运村街道组织燃气、供热行业应急演练。活动假设奥体中心东门外发生热力爆管和燃气泄漏突发事故。应急抢修指令下达后,市热力集团、区供暖中心等四支市、区属应急抢修队伍均按要求在20分钟内到达指定地点,并立即布置警戒线。抢修过程中,各抢修队伍能够熟练使用灭火器、汽体检测仪、呼吸机、发电机、排水泵等设备工具,抢修作业规范有序。本次活动出动工程抢修车8辆,应急抢修人员28人,抢修队伍反应迅速,设备人员准备充分,险情处置有力,圆满完成工作计划。

(苏朝伟)

【庆丰公园建设】 6月17日,正式开始动迁。房屋主要建于上世纪六七十年代,有本地人口2300人、外来人口3000多人。783户居民、16家企业用了63天,全部完成拆迁。9月20日,建成全长1.7公里通惠河滨水文化景观带的最西段公园——庆丰公园。公园西起东二环通惠河南岸双井地区"城中村",东到通惠国际传媒广场,占地面积26.7公顷。

(苏朝伟)

【环保宣传】 6月19日,中华环保基金会、市市政市容委渣土处、区市政市容委在建外街道南郎社区联合举办"爱家减排我先行"大型宣传活动。活动以环保、健康、垃圾分类为主题,采用咨询服务、文艺宣传、有奖问卷调查等多种形式,旨在增强居民环保意识,鼓励家庭积极参与到"节能减排、垃圾分类、资源回收利用"行动中来。现场招募环保志愿者30人,参与居民、学生共500人,发放调查问卷200份,环保知识系列手册300本,制作展板76块、横幅3条,赠送环保袋320个。11月5日,在麦子店街道京达公寓小区举行由中华环保基金会、市垃圾渣土管理处、区市政市容委、麦子店街道办事处共同主办"爱家减排我先行"垃圾分类社区行动——"实行垃圾分类,共建美好家园"环保公益宣传活动。通过魔方游戏、实物分类投放等比赛活动,调动大家参与活动积极性,并为现场正确回答问题的居民,赠送了电饭煲、环保笔、可降解垃圾分类袋、《环保节约小手册》和绿色环保袋等,以鼓励大家参与环保公益活动。

(苏朝伟)

【病媒生物防控】　从8月中旬至10月中旬,按照国庆60周年病媒生物消杀保障工作方案,聘请专业公司对奥林匹克公园、奥林匹克森林公园为核心的北区,朝阳公园、朝阳体育中心为核心的中区,长安街沿线为核心的南区内大中型水体、绿地等公共区域的"四害"等病媒生物进行全面消杀,控制密度达到国家标准,确保庆典活动顺利进行。

(苏朝伟)

【老楼通天然气】　8月20日,在和平街城铁公园组织举行老楼通气工程启动仪式。市市政市容委燃气办、区政府有关部门、各街乡、居民代表和施工单位代表参加活动。全区老楼通天然气工程涉及家庭12889户,截至年底已完成12795户,占总任务量的99%。

(苏朝伟)

【节日环境保障】　9月30日至10月8日,全区国庆环境保障出动10.8万人次,清除垃圾3.8万吨,清除小广告9.4万张,治理无照摊贩3742个,清理白色污染、树挂7.3万处,检查门前三包2.5万个,规范门前三包单位4263个,纠正违章785起,罚款2360元。年内,按照市、区关于"元旦"、"五一"、"端午"等重要节日环境保障工作的部署和总体要求,市容环境卫生检查队在节日期间分两组对奥林匹克公园、朝阳公园、欢乐谷等旅游景点周边、重点地区和主要道路进行全面的环境卫生检查。各街道、地区办事处、区环卫中心、绿化局、城管大队等单位按照工作职责和市区部署,加强旅游景点周边等重点地区的环境作业力度和执法力度,完成节日期间环境保障任务。

(苏朝伟)

【液化气专项治理】　12月24日,区市政市容委牵头,区安监局、质监局、消防支队、城管大队、工商分局等部门组成联合检查组,对双井街道办事处、南磨房乡政府按照属地管理原则,开展液化石油气专项治理及使用宣传工作情况进行检查验收,对北京朝顺达液化气有限公司、北京东易正泰液化气有限公司落实安全生产法规情况进行检查。促进本区液化石油气企业和用户的安全生产工作,社会液化石油气安全意识得到提高。

(苏朝伟)

【渣土管理站重组】　12月30日,市政市容委召开区渣土管理站重组工作会。会上,通报了党组关于渣土管理站机构、人事调整、工资待遇、资产划拨、财务交接、工作规范等方面的决定。

(苏朝伟)

【道路建设】　年内,启动52条主次干路建设工作,实现投资42亿元。其中续建主次干路16条,北湖渠西路已建成通车。新建主干路16条,其中温榆河大道、广渠路二期、东坝大街等11条道路已启动拆迁建设,化工路、王化路等5条路正在办理前期手续。新建次干路20条,全部完成前期手续办理,其中13条已启动拆迁。组织完成50条道路大中修工程及20处拥堵点改造工程,为45条无路灯的道路安装路灯。

(苏朝伟)

【城中村整治】　年内,完成通惠河南岸双井地区、垡头南路等6个城中村项目的整治,南四环路两侧小红门地区、热北路地区等6个遗留城中村项目进入收尾阶段,新启动实施南磨房南里、潘家园东里劲松三小西侧等11个项目。11个城中村(边角地)环境整治项目,涉及被拆迁面积10.2万平方米,居民产籍684户,户籍1167户,企业28个。

(苏朝伟)

【爱国卫生工作】　年内,组织实施健康朝阳家庭灭蟑工程和大规模春季灭鼠活动,及时有效处理了北小河等处的摇蚊突发事件,开展禁烟、病媒生物执法检查13000余起。

(苏朝伟)

【老旧小区改造】　年内,改造93个老旧小区,涉及21个街道79个老旧小区和7个乡14个老旧小区。本着"环境整洁,规范有序,生活方便,功能完善。管理到位"的标准,进行绿化改造50万平米、修复道路43万平米、新增改造公共照明设施963套、粉饰外立面96万平米。

(苏朝伟)

【老旧小区供暖管网改造】　年内,投资1.35亿元完成25个老旧小区供暖管网改造、368处设备检修工作,消除供暖矛盾隐患91个,实现11月15日全区锅炉房100%按时点火。

(苏朝伟)

【城市景观美化】 年内,加大巡查力度,发现违法违规广告牌匾624处件,下发限拆通知65期,不断净化城市公共空间。推进落实户外广告规划,完成30条道路两侧户外广告设施招标工作,分两批对全区53处新增建筑进行户外广告规划,报市专家审批30个新增建筑增补户外广告213块,编制完成19条道路两侧户外广告规划点位197个,面积1933平方米。组织实施朝外大街夜景亮化工程。受理各类事项申请2181件,批复1900件。

(苏朝伟)

【停车管理】 年内,推进路侧机动车停车管理改革试点。规范路侧停车管理,将管理权、收费权下放到属地街乡,在望京、东湖地区的试点工作取得成功,新增路侧停车场36个,划定停车位6748个。同时CBD地区、亚奥地区路侧停车规范管理工作取得初步成效。

(苏朝伟)

【环卫设施建设】 年内,新建26座垃圾楼、393座农村公厕,改造60座公厕和50座垃圾楼。加大协调朝阳循环经济园区配套设施建设工作,其中餐厨垃圾处理项目、园区绿化提升工作已开工建设,生活垃圾综合处理厂前期工作稳步推进,生活垃圾焚烧厂完成上网发电及测试报审工作,沼气发电三期获得科研立项批复,垃圾焚烧厂特许经营协议正式签订。

(苏朝伟)

【环卫绿化站建设】 年内,建设完成43个街乡的环卫绿化工作站建设,落实人员和资金保障,为清扫保洁和绿化美化打下良好的工作基础。完成渣土管理站的人员和职能重组,增强城乡环境卫生检查队伍力量。

(苏朝伟)

【突发事件处置】 年内,协调处置道路塌陷等事故203起,配合有关部门妥善处理了武警总队施工工地液化气泄漏、大望桥西路面塌陷等突发性事件。

(苏朝伟)

【市政基础设施协调中心】 年内,组织市政基础设施工程招投标并对工程质量进行监督;协调本区市政道路、桥梁、路灯等基础设施建设工作;检查和协调道路养护、维护工作。继续推进16条续建主次干路,36条新建主次干路的建设。

(苏朝伟)

【城市景观规划发展】 年内,开展朝阳区城市户外广告及景观整体规划工作,完善区城市景观基础资料,加强景观设施管理、监督、安全检查。完成区繁华商业街区设计工程量化,完成16条道路规划及新增商业建筑规划,户外广告整治巡查累计发现违法违规广告452处。

(苏朝伟)

【个体出租车管理】 年内,在册运营车辆101部,其中富康车型23部,桑塔纳及其它车型78部。全年运营里程900余万公里,运送乘客120万人次,未发生大的服务质量事故。全站个体司机166人,其中从业人员14人,小帮手51人。实现经济效益增加值1350余万元,代征代缴税22余万元。

(苏朝伟)

朝阳区市政管理所

【概况】 朝阳区市政管理所(简称区市政所)隶属区市政管委,为差额拨款事业单位。人员编制106人,在职106人。现有4个施工队、1个维护队,管理区属1120条市政道路、27座桥梁改扩建、养护任务。固定资产1.09亿元,其中机械设备52台(20万元以上),交通运输设备91台。

地址:大北窑厂坡村甲2号

电话:87783623

邮编:100022

(苏朝伟)

【道路改扩建】 年内,根据区政府投资基本建设项目计划安排,大、中修道路30条,道路总长33.6千米,面积46万平方米。农村道路8条,道路总长6.4千米,面积6.8万平方米。社区道路14条,道路总长4.7千米,面积3.3万平方米。临时任务道路和自筹道路17条,道路总长23.3千米,面积20.8万平方米。

(苏朝伟)

【道路维护】 年内,维护沥青路面1.7万平方米;审批掘路91件。“六位一体”道路维护63处,沥青面积1.9万平方米,步道1837平方米,道牙356米;“六位一体”道路应急维护56处,沥青面积1.1万平方米,步道121平方米。更换8条道路上的五防井盖355个;对34条道路上的2188个井盖、雨箅安装防盗拉链;掏挖68条道路上的地下管线,掏挖雨箅1936个、掏挖雨污水井1506个,确保地下管线正常运行。

(苏朝伟)

节　　水

【概况】　朝阳区节用用水办公室负责全区节约用水工作。另设朝阳区节约用水管理中心,为局属全民所有制事业单位。
地址:团结湖北路1号
电话:85978122
邮编:100026

(刘　洋)

【计划用水管理】　年初,按照市水务局《关于下达2009年计划用水指标的通知》精神,结合本区2008年单位用水普查,及机关、学校、医院、宾馆等十个公共用水行业以及制药、饮料、电力、汽车等十个工业行业等用水单位的实际,下达2009年度用水计划指标。年内,对10万吨以上的用水户按季度进行用水分析,对超出同期计划±20%的单位进行原因调查,同时对实用量±40%与实用量为"0"的单位进行重点调查。调查1447户,其中实用量为"0"的单位347户、计划量大实用量小989户、实用量大于计划量111户。在计划考核过程中,坚持预警回访制,全年8次对超出月计划量的单位及时发出预警通知,累计1689户次。

(刘　洋)

【节水宣传周】　5月6日至12日,在全区范围内开展主题为"加强节水减排,促进科学发展"节水宣传周活动,节水宣传周受教育群众近10万人。区节水办利用区信息办信息平台在节水宣传周期间,向广大市民发送节水短信,呼吁市民:提高节水意识,牢固树立节水光荣的观念,主动抵制一切践踏水体、污染水源、浪费用水的行为,并以自己的行动影响和带动周围人共同节水,创建人水和谐的优美环境。区节水办先后组织四批农村地区小学生352人参观北京市节水展馆,旨在通过孩子带动家庭节水。

(刘　洋)

【参观朝阳水务教育基地】　5月13日,区节水办、区节水中心组织来自全区各界人士200余人参观朝阳水务教育基地。朝阳水务教育基地全面展示"清水朝阳"的建设成果,反映"水利"变"水务"后朝阳水务发生的新变化、表达生态治水、再生利用、循环水务的理念,以及节水优先,蓄水为主的原则,是一部完整的朝阳水务发展建设史。使参观人员认识到:"节水、惜水、爱水、护水"不仅是朝阳水务人的心愿,也是全区人民的共同目标。

(刘　洋)

【查处非法洗车点】　5月14日,区节水管理中心、区城管监察大队、区水政监察大队及区水环境联合执法办公室组成联合执法小组,开展大规模的节水违法整治行动,突击检查非法洗车行业,重点严查洗车户的水源和节水措施情况。联合执法小组来到群众举报浪费用水频繁的管庄地区,突击检查四家汽车美容中心,发现多数洗车点无照经营,无循环用水设施,洗车水乱排乱放,浪费用水现象严重,并存在不按标准缴纳费用、拖欠水资源费的现象。联合执法人员对这些违反《北京市节约用水办法》的洗车户以及无照经营的非法洗车点,依法进行处理,同时,对洗车户开展节水宣传教育,使他们认识到北京市目前水资源紧缺状况和非法洗车的危害性,增强遵守节水法律法规的自觉性。

(刘　洋)

【育慧西里社区节水宣传】　7月27日,区节水中心联合育慧西里社区居委会组织以"珍惜水资源,争创节水型社区"为主题的大型互动活动,社区居民近百人参加活动。活动中,区节水中心人员向大家讲解节水创建的目的和作用,对居民们提出的节水问题进行解答。社区居民们通过填写节水知识答卷,社区普及节水知识竞赛等活动,获得区节水中心为大家准备的印有节水标志的水桶、手套、T恤衫、挂钩等纪念品。此次活动,在全社区营造珍惜水、节约水、保护水的良好氛围,为小区深入地开展节水创建工作打下良好的基础。

(刘　洋)

防　汛

【概况】 朝阳区防汛抗旱指挥部办公室是本区防汛抗旱工作职能部门。负责制定全区防汛抗旱规划、年度工作计划、防汛抢险预案,并督促检查落实情况。6月1日至10月2日,为防汛期,较历年的6月1日至9月15日有所延长。日常防汛值班人次较历年增加一倍,组成500名驻区解放军、1800名武警官兵和5100名民兵的防汛抢险队伍。成立区管委、区教委、区房管局、区民防局、朝阳供电公司和区水务局等6支专业应急抢险队伍。并与市排水集团、公联公司、首发公司、市政工程管理处实现对接和信息共享。

地址:团结湖北路1号

电话:85975066

邮编:100026

（刘　洋）

【检查防汛】 5月27日,区委常委、副区长刘希泉带领区政府办、区农委、区水务局和区绿化局等有关部门领导开展汛前检查。检查组先后到红领巾公园排水泵站工程建设现场和地铁15号线(崔各庄乡、孙河乡境内段)防汛排水沟沟渠导流工程现场。刘希泉要求各有关部门要高度重视,克服松懈麻痹思想,充分认识做好防汛工作的重要性,进一步加强领导,严格落实防汛责任制,加强协调和配合,实现有机联动,确保汛期道路安全,同时制定措施,筹集资金,加快在建工程建设,提高工程抗灾能力,进一步加大宣传力度,提高防灾、减灾和避灾意识,及时消除各类隐患,采取有效措施解决排水隐患及安全隐患,确保平安度过汛期。6月22日,副区长赵全保带队检查城区防汛工作,区水务局、绿化局、民防局、市政管委等相关部门主管领导陪同检查。检查组先后到呼家楼化石营平房区、左家庄街道办事处、新源里中学改扩建工程、太阳宫新区商业楼建设工地和南湖东园中福百货人防工程等重点防汛区域,查看防汛准备工作落实情况。赵全保要求各部门要高度重视防汛工作,确保安全度汛;强化管理、落实责任,确保防汛安全保障工作落实到位;加强安全检查,严查防汛隐患;完善应急预案和应急措施,险情发生时确保第一时间组织抢险救灾。

（刘　洋）

【防汛演习】 6月1日,区防汛办组织区水利物资供应站和区市政排水管理所在坝河北岗子橡胶坝联合开展防汛抢险演习活动。此次演习进行水泵抽水及设备安装运转实际操作,出动车辆16台,防汛抢险发电车两台、小型水泵6台,人员30多人;防汛专用电台、传真、值班电话、抢险队伍全部进入备战状态。通过模拟防汛应急调度和演练,为实际抢险工作奠定基础。7月16日,区防汛办组织2009年防汛综合演习。驻区武警,来广营、高碑店、金盏地区办事处防汛抢险队,区水务局抢险队,区管委抢险队,市公联公司抢险队等280余人参加演习。先后进行防汛应急指挥系统演习、立水桥南安立路和北苑路交汇处道路应急排水演习、通惠河高碑店闸紧急提闸演习和温榆河老河湾入河口处堤防抢险演习。

（刘　洋）

【雨情】 6月8日,区普降大雨,局地暴雨。降雨从凌晨3时开始,到晚上22时结束。全区平均降雨56毫米,最大降雨点楼梓庄68毫米,最小降雨点奥运村39.5毫米。6:10分,区防汛办向全区各防汛分指挥部发布暴雨蓝色预警,要求各单位立即启动四级应急响应,密切注意天气变化,发现问题,及时处置。13:50区防汛办又发出暴雨汛情预报,要求各单位加强值守,做好应急抢险准备。降雨造成四环路四惠桥东北角自行车便道、顺黄路路口、广渠路大郊亭桥东、东大桥斜街、工体东路东侧自行车道、红霞中路、朝阳路和青年路南口交叉处等道路短时积水。此次降雨范围广,强度大,先后调动街乡、水务、市政、公联、排水集团等8支抢险队伍进行排水,未出现较大险情。8月9日,区出现本年最大降雨过程,历时4小时,全区平均降雨49.3毫米,崔各庄小时降雨达91毫米。降雨造成三环路三元东桥下、燕莎桥下辅路、四环路望和桥下、慈云寺桥往北50米东辅路、五环路顾家庄桥北、广渠路大郊亭桥东、立水桥南安立路和北苑路交汇处、京沈路厚奉桥下等道路短时积水;降雨造成华威北里15号楼地下室、芍药居北里114号楼6单元地下室、崔各庄东辛店村和索家村平房进水。区防汛办向区各防汛分指挥部先后发出2次通知,要求各单位加强值守,尤其是对易积水小区及道路要提前布控,加强雨中巡查,做好应急抢险准备。河道巡视及闸坝管理人员,要密切注意天气情况,根据雨情预报和水情变化,及时启动闸坝泄洪,确保河道行洪安全。此次降雨先后调动街乡、水务、市政、公联、排水集团等26支抢险队伍240余人进行排水。执行河道调度预案,坝河全线和清洋河仰山闸提闸泄洪,确保了河道行洪安全。全年,区累计平均降雨量为576.5毫米,其中汛期(6月1日至

9月15日)累计平均降雨量为458.4毫米,与2008年同期基本持平,接近多年平均值472.6毫米。本年汛期,极端天气有所增多,局地突发短时强降雨影响比较严重,排水矛盾相对突出。

(刘 洋)

【温榆河堤路二期工程】 年内,实施温榆河堤路二期工程。温榆河为北京市5条主要行洪河道之一,其中流经本区23公里河段由区管理。近几年每逢汛期降雨,堤路泥泞不堪,并形成雨淋坑,严重影响堤防安全。2008年已经对机场辅路下游河堤进行温榆河堤路工程一期的建设,本年继续完成二期工程的建设。温榆河堤路二期工程包括加固堤防、修建混凝土堤顶路及堤路排水设施,工程建设长度为13500米,采用混凝土路面,堤顶路面宽度6米。

(刘 洋)

【排水设施改造工程】 年内,完成南磨房欢乐谷地区、小红门乡龙爪树村、团结湖北路等20个街乡、共24项防汛排水改造工程。该工程被列为区政府为民办实事工程,涉及新改建雨水管线3520米,暗涵1842米,修复道路13637米,明沟清淤、护砌4033米,闸2座。

(刘 洋)

【农村地区雨洪利用工程】 年内,实施平房乡黄渠村、金盏乡长店村、东坝郊野公园等7个农村地区雨洪利用工程,建设人工湖8万平方米,构建生态湿地1.2万平方米,有效蓄滞和利用雨洪资源。

(刘 洋)

防 火

【概况】 朝阳区公安消防支队隶属于北京市公安消防总队,为现役部队副师职编制。支队机关设司令部、政治处、后勤处和防火监督处。下辖红庙、酒仙桥、垡头、亚运村、百子湾、楼梓庄、建国门、四惠、华威、奥运村、奥林匹克公园、望京、左家庄、搜救犬、朝阳门15个消防中队,有水罐车、举高车、摩托车、救助车、照明车、高喷车、破拆车、排烟车、防化洗消车等各类执勤备防消防车辆110辆。年内,接警出动4330次,其中火警2715次,出动消防车6854次,出动人员47978人次;抢险1615次,出动消防车2027次,出动人员14189人次。在消防行政审批方面,受理建审2432件,验收1894件,开业前检查359件。

地址:十八里店乡吕家营村

电话:87649559

邮编:100023

(闫 振)

【朝阳门消防中队成立】 12月23日,北京市朝阳区公安消防支队朝阳门中队正式成立,并举行落成暨执勤备战启动仪式。主要承担朝阳门外及邻近地区的灭火和抢险救灾任务。朝阳门消防中队的成立,进一步提升了CBD地区抵御火灾和其它灾害事故的能力。

(闫 振)

【各类重大消防保卫任务】 年内,为确保各种节日活动的消防安全,朝阳消防支队加大活动场所和周边地区消防监督检查力度,及时制定相应的灭火救援和反恐处突工作方案,对各中队灭火救援力量进行合理调配。组织各中队对所属车辆、器材装备进行全面细致的检查保养,更新消防应急预案,对相关重点单位进行实战演练,加强执勤备战工作力度,圆满完成元旦、春节、全国"两会"、"五一"、国庆、2009中国网球公开赛、第十届北京CBD国际商务节等重大节日、赛事、会议场所以及各种大型活动场所的消防安全保卫任务。

(闫 振)

【火灾】 年内,全区发生火灾1487起,亡4人,伤1人,直接经济损失1204965元。火灾起数、死亡人数、受伤人数与上年同期相比基本持平,直接经济损失略有上升。从发生火灾原因分析,电气、吸烟、用火不慎是引起火灾主要原因。电气引起火灾发生584起,吸烟引起火灾357起,用火不慎引起火灾280起,其余依次为玩火、违章操作、放火、自燃。从起火场所分析,居民火灾、交通工具火灾居多。其中居民火灾发生553起,交通工具发生火灾203起。从火灾发生时间分析,20时至22时、16时至18时、18时至20时时间段发生火灾最多,20时至22时发生火灾192起,16时至18时发生火灾176起,18时至20时发生火灾175起。

(马冀昆)

【消防行政处罚】 年内,进行各种专项治理16次,召开会议230余次,检查单位10490家次,发现并消除隐患16359处,下发《责令限期整改通知书》732份,处罚1854起,处罚金额9077600元,警告4051次,三停(停产停业、停止施工、停止使用)55家,查封42家,拘留40人,有效地遏制火灾发生。

(卢立堂　张　燕)

【消防宣传】 年内,结合新中国成立60周年庆祝活动消防安保工作,按照消防宣传"五进"(进社区、进家庭、进学校、进企业、进农村)的要求,以宣贯新《消防法》为契机,加大消防宣传工作力度。开展"百场消防宣传进万家"活动和防灾减灾日宣传活动,组织开展多种形式的消防宣传活动。组织社会单位开展消防演习460余次,消防培训650余次,发放消防宣传材料40余万份。

(王林东)

【推动基础设施建设】 年内,区政府投资685万元,对华威消防中队、建国门消防中队、左家庄消防中队和四惠消防中队4个老旧消防中队进行装修改造,改善消防官兵的居住生活环境。

(李焕磊)

【首都警民共建先进单位】 年内,在首都军(警)民共建先进单位评比活动中,朝阳消防支队建国门中队、红庙中队,分别被首都精神文明建设委员会评为"首都军(警)民共建先进单位"和"首都军(警)民共建标兵单位"。

(闫　振)

防　　震

【概况】 朝阳区地震局是本区防震减灾工作职能部门。年内,围绕国庆60周年地震安全保障重点工作,结合汶川地震的总结与反思,开展防震减灾各项工作。

地址:亮马桥路34号

电话:64617795

邮编:100125

(成少英)

【震情会商及跟踪】 年初,制定年度震情跟踪措施和方案,实行24小时震情值班、震情跟踪制度;执行周、月、年中、年度、加密和紧急会商制度。在国庆60周年保障期间,按时间节点执行震情会商要求,落实每日零报告制度,加强观测数据异常落实与跟踪,确保观测资料的连续、准确、可靠。按照市地震局会商要求,完成年度北京地区、首都圈地区地震趋势会商报告。

(成少英)

【地震观测台站管理】 年初,对本区压磁地应力地震前兆观测人员进行业务知识培训,布置国庆60周年地震安全保障工作,签订责任书。要求观测人员加强观测仪器设备的日常维护管理,认真做好数据观测记录上报。4月至6月,对本区地震监测台网进行全面检查;对6处压磁地应力观测站仪器设备进行维护维修,保障仪器设备处于良好状态,监测系统运转正常,为震情会商提供连续准确的观测数据。

(成少英)

【地震应急演练】 年初,按照市地震局和区应急办要求,制定地震应急疏散演练计划。结合纪念"5·12"汶川地震一周年,5月11日,本局会同呼家楼街道在CBD人员密集区万通中心大厦组织公司人员开展地震应急疏散演练;5月12日,参与组织区政府机关组织的地震应急疏散演练。9月8日,在忠德学校组织地震应急疏散演练;9月18日,在沙板庄小学组织地震应急疏散及消防演练。

(成少英)

【防震减灾助理员培训】 3月,召开全区防震减灾助理员工作会议,传达学习新的《防震减灾法》;结合汶川地震进行防震减灾知识讲座;对本区地震信息管理系统软件数据库资料收集工作进行布置及有关培训,此次培训对全区防震减灾工作起到推动作用。

(成少英)

【防灾减灾宣传】 5月8日,参加区政府在朝阳公园举行的"防灾减灾日"主题宣传周启动仪式。5月,组织开展"防灾减灾日"主题宣传周活动(国家"防灾减灾日"设立第一年)。活动中发放地震知识宣传材料,现场解答居民的咨询。向全区各街乡下发《公众地震应急避险要诀》、《防震减灾法》宣传挂图、防震减灾知识扑克等宣传资料。组织参与区麦子店街道、来广营地区开展宣传活动;邀请原中国地震局副局长何永年举办两次《普及地震知识科学应对灾害》专题讲座;在日坛中学开展"公共安全伴我在校园"宣传教育活动,活动中向师生讲解介绍防震减灾及公共安全常识,发放防震减灾宣传材料2000余份;5月12日,在东大桥中心花园开展"防灾减灾日"社会宣传活动,发放地震知识宣传材料,解答居民的咨询。年内,继续推进进社区、进街道、进企业、进学校、进农村"五进"防震减灾宣传教育活动。

(成少英)

【修订地震应急预案】 8月份,按照市地震局和区委区政府对国庆期间防震减灾工作的部署及要求,围绕国庆安全保障中心工作,研究制定国庆期间的地震应急预案。指导有关单位及各街道(地区)办事处修订完善地震应急预案。

(成少英)

【地震强震动观测台网建设维护】 8月至9月,完成慧忠里小学及望京南湖公园两处强震动观测台站搬迁施工工作,在国庆前正式投入使用。年内,新建强震台34处,初步建成分布合理的强震网络。对强震台网的仪器设施及观测环境进行全面检查。

(成少英)

【建设四处应急避难场所】 年底,新建红领巾公园、兴隆公园、北小河公园、京城梨园4处应急避难场所,区财政投资经费近500万元。

(成少英)

【学习宣传防震减灾法】 年内,学习贯彻新修订的《中华人民共和国防震减灾法》,增强法律意识,提高依法行政的能力。同时加强对广大居民的宣传,向全区43个街乡下发《中华人民共和国防震减灾法》宣传挂图430套,要求各街乡学习宣传。

(成少英)

【应急物资库建设】 年内,为做好灾时应急物资保障工作,有效应对地震等突发事件,本局利用地下人防工程,建设1处近300平方米区级应急物资储备库。购置仓库货架、除湿机等设施设备,补充购买部分应急物资,购置应急物资装备近8000件。大到发电机、帐篷,小到蜡烛、指南针、手套等。在应急物资库内设置应急物资、装备展室,对库存物资进行展示,制作宣传展板和朝阳区应急物资库分布图,基本满足地震应急指挥部及现场工作队需要。同时加强应急物资的安全规范管理,确保在灾害发生时应急物资准备充足。

(成少英)

【地震基础信息数据库】 年内,将全区建筑工程、重要目标以及生命线工程等按照性质、用途分为16类,以各街乡为单位进行数据资料统计,全区组织300多人用三个多月时间进行调查统计。根据各街乡上报的数据资料对软件进行汇总整理,完成数据资料录入工作,建立本区地震基础资料信息库。

(成少英)

【信息公开和交流】 年内,及时向区委区政府、市地震局及相关部门报送工作信息,按照政府信息公开相关要求,做好政府信息公开工作,反映本局的各项工作情况。与其它兄弟单位学习交流,共同探讨地震事业科学发展的新思路;在东部十省防震减灾年会以及北京市地震局长会议上进行工作介绍,与各单位进交流和学习。接待四川、重庆、山东、安徽等部门参观本区应急避难场所建设100余人次。

(成少英)

城　管　监　察

【概况】 朝阳区城市管理监察大队是区政府领导的行使相对集中处罚权的行政执法机关,内设科室6个、督察队10个,下设43个街乡城管分队、4个奥林匹克公园城管分队,编制1132人,实有972人,平均年龄39.3岁,男女队员比例约为4:1。取得执法资格838人。城管分队行政关系隶属所在地街道、地区办事处、奥林匹克公园管理委员会,负责本辖区行政执法工作,对外以城管大队名义行使职权。大队负责对本区相对集中处罚权行政执法工作进行组织指导、指挥调度、统筹协调和督促检查,并根据职责权限负责重大案件、跨区域案件、专业性较强案件的执法工作。

地址:西大望路36号(平乐园市场北侧)

电话:87718506－192

邮编:100022

(李晋豫)

【保障国庆庆典活动】 3月初至9月底,制定涉及国庆环境秩序的专项整治方案14个。国庆期间,在奥林匹克公园设立工作指挥部,统一调度全区执法力量,运行"26318机制",即:每一个班(组)由2名队员带6名保安组成,从早6时至晚12时18小时,实行三班倒连续监控,重点保障涉及阅兵行动的长安街延长线、农业展览馆、朝阳公园等地区,做到重点地区、主要道路严格禁止,一般地区、次要道路严格管控,其它地区、背街胡同适时巡查。9月30日至10月7日,针对奥林匹克公园客流量大、无照经营贩多的情况,每天从各城管分队抽调200人,进入园区巡察监控,确保公园及周边环境秩序良好。

(李晋豫)

【调整机关内设科室充实督察队】 8月下旬,对机关内设科室和督察队机构编制进行调整,撤销党委办公室、监察科、教育培训科、指挥中心,成立督察五队至十队。同时,从城管大队机关划转28名城管编制到督察队。调整后,大队机关内设科室由10个减少到6个,编制人数由71人减少到43人;督察队由4个增加到10个,编制人数由原来的52人增加到80人,一线执法力量得到加强。

(李晋豫)

【成立奥林匹克公园城管监察分队】 年内,在奥林匹克公园成立四个城市管理监察分队,四个分队行政执法专项编制60名,每个分队15名。分队全称为北京市朝阳区城市管理监察大队奥林匹克公园一、二、三、四分队,隶属于奥林匹克公园管委会,接受区城管监察大队的业务指导,以区城管监察大队的名义履行职责和行使行政处罚权,负责奥林匹克公园辖区的城市管理监察工作。

(李晋豫)

【增加城管行政执法专项编制】 年内,城管监察大队直属督察一队至四队各增加行政执法专项编制3名,共12名。在综合考虑各街道、地区办事处(乡)辖区面积、人口数量、重点大街、重点点位、社区数量等因素的基础上,测算各街道、地区城管监察分队人员编制,43个分队共增加126名行政执法专项编制。至此,全区城管执法系统共编制1132人。

(李晋豫)

【推进依法行政工程】 年内,以转变执法观念、更新执法方式、强化执法艺术、提高执法绩效为重点,推进"依法行政、文明规范执法创建工程",进一步强化依法行政意识。以推广"六单制"行政指导方式,加强行政指导,制定《关于推行行政指导工作的实施方案》,改变传统的"重监管、轻服务;重权力、轻责任"的行政管理模式,将行政指导和行政执法有机结合起来。组织《北京市城管执行系统实施行政处罚自由裁量权办法》层级培训,不断规范本区城管执法机关行政处罚自由裁量权行为。7次邀请参与过城管执法专题调研的专家学者及从业经验丰富的上级领导举办专题讲座,3次组织研讨执法者与违法者的关系、情理与法律的关系、严格执法与热情服务的关系、执法权力与公民权利的关系,共收集"四个关系"讨论征文70篇。2次组织执法艺术专题研讨会,制发应变艺术、延迟艺术、迂回艺术、劝说艺术、果断艺术等指导性文件10余篇。组织法制集中培训4期、法制员培训10期、层级培训10期,考核分队45个、考核队员90名。开通"依法行政、文明规范执法创建工程"专题网页,提供辅导材料下载、工作动态更新、执法交流沟通的平台。

(李晋豫)

【综合行政执法】 全年,评查一般程序执法案件3011卷,合格率为100%。审核制发违法建设《限期拆除通知书》87件,涉及面积25000余平方米;报区政府强制执行56件,接待相对人陈述申辩80余起;指导街乡分队适用《城乡规划法》,圆满拆除以区城管监察大队为执行主体的3处违法建设。行政诉讼案件9起,行政复议案件2起,未发生复议被撤销或变更及诉讼败诉案件。推广执法事项提示制"六单制"行政指导方式,规范自由裁量权,收集整理行政指导成功案例60件,实现执法绩效与社会效益双赢。

(李晋豫)

【改善市容环境秩序】 年内,全区城管系统出动执法人员123540人次,执法车辆33173车次。全年网格件派遣1479275件,办结1383833件,结案率93.5%。规范"门前三包"51390家、店外经营5865起,取缔无照经营11557起,查处露天烧烤1643起、各类黑车695辆。清除收缴非法小广告152288张,审核非法小广告号码11580个,上报市局9562个,停机825个,未发生违法相对人申请行政复议或行政诉讼案件。

(李晋豫)

【施工工地管理】 年内,大队组建专业执法队,统一组织、调度、指导、督导各分队加强施工工地管理。在全区范围内设置重点检查点位43处,严格查处道路遗撒、夜施扰民、施工扬尘等违法行为。截止12月底,累计出动执法人员1200余人次,执法车辆550台次。联合执法90余次,检查重点大街480余条。检查工地500余家,约见工地负责人64人次,召开施工工地负责人专题会议34次。组织夜间执法检查84次,规范施工扬尘166起。建立全区44家搅拌站管理台帐,检查运输车辆1426起,处罚910起。

(李晋豫)

【违法建设拆除】 年内,准备执行强拆的违建5266.77平方米,进入程序的违建57123.25平方米。全区城管系统累计拆除79387平方米违法建设,拆除大型户外广告、电子显示屏幕27块。在拆除违法建设过程中,通过入户调查、现场勘验、规划认证、部门协调,实现自拆和帮拆70446平方米,占拆除总量的88.7%,没有出现严重暴力抗法事件。

(李晋豫)

【综合执法长效机制】 年内,在潘家园、双井、劲松三个街道办事处,启动街道、城管、公安、交通、工商"五部门联动"执法试点,探索联动执法机制。协调区属环境管理部门,建立部门联席会议、联合督查机制,构建"横向联动、纵向配合,协调有序、优势互补"的大城管工作格局。

(李晋豫)

【执法宣传】 年内,拍摄"香河园八大爷—公众城管的代表人物"、"左家庄蒋勇义——即将退休的管片城管队员"、"督察四队赵立红—城管一线的女队长"等先进人物工作短片10余部,充分发挥典型示范、鼓舞人心、凝聚力量的作用。协作96310暗访制作的"整治夏季露天烧烤"调研性专题节目,使百姓直观了解环境现状和相关法规,有力地配合露天烧烤专项整治行动。截止12月底,城管监察大队在报纸、电视台、广播电台、网站等媒体刊登、播出新闻报道927条。

(李晋豫)

【议案提案信访件办理】 年内,受理人大议案、政协提案15件,受理市、区转办来信来访件968件,成立矛盾调处分中心,畅通信访渠道,提高办件质量,办理率达到100%。

(李晋豫)

数字化城市管理

【概况】 朝阳区城市管理监督指挥中心是负责城市服务管理监督与评价工作的区政府行政机构,对城市市政工程设施、市政公用设施、市容环境与环境秩序实行网格化监督和管理。年内,数字化城市管理平台有效立案1667085件,结案1506749件,结案率90.38%。

地址:日坛北街33号

电话:65094697

邮编:100020

(许　娜)

【公厕卫生监督】 4月,对全区公共厕所基本情况进行普查。截至年底,全区有494座公厕(城区329座、农村165座)纳入数字化城市管理系统平台进行监督,监督13大类21细类的问题。监督内容涉及人民群众反映强烈的地面墙面不洁、便器便池损坏、指示牌设置及门前三包等公厕问题。中心联系相关区属单位,对494座公厕的责任主体逐一进行确认,做到产权清晰、责任明确,杜绝推诿扯皮等情况发生。

(许　娜)

【基层服务】 4月,为加强基层服务的工作,与街道、地区办事处沟通,帮助分析问题原因,协调解决街、乡的困难与问题。每月对综合绩效排名全区后五名的街、乡由监督中心主管主任牵头,汇同区08办、区街办、区农委主管领导共同对其排名靠后的原因进行深层次的分析,提出明确的整改措施,帮助解决其实际工作面临的问题;联系人每月必须到所联系的街乡与主管领导、主管科长进行面对面的交流、沟通,帮助分析该街乡上月案件情况、存在的主要问题并提出相关改进建议。每月随机指定联系人向监督中心主任办公会汇报沟通情况。针对街、乡反映的问题,逐级落实,确保每一个问题都有回复。

(许　娜)

【领导调研】 7月15日,副市长黄卫率市管委、国资委、规划委、交通委、建委、财政局、水务局等相关单位领导到朝阳调研,专题听取本区数字化城市管理相关情况汇报。黄卫在讲话中高度评价朝阳区数字化管理的两个基本理念,一是管理责任回归社会,二是发挥社区的基础性管理作用。他指出,朝阳在数字化管理方面确实下了很大功夫,不是单纯的概念,而是深入到了实操层面。社区发挥基础性管理作用,通过宣传、组织、发动群众就可以把群众事务做得很好。

(许　娜)

【国庆保障工作】 9月,为达到全力确保庆典活动重点区域及周边的环境问题案件第一时间发现,第一时间立案、第一时间派遣、第一时间处理、第一时间核查、第一时间结案的工作目标,制定五项措施:盯住重点区域,设定响应分级,确保案件及时上报;拓展信息渠道,规范工作流程,确保案件的及时立案和派遣;加强巡查,查漏补缺,确保监督区域、时段无盲区；完善预案，加强演练，确保突发事件得到及时有效的处置；加强值班，主动报告，确保国庆期间的安全与稳定。

（许 娜）

【人口管理取得初步成效】 年内，通过加强对人口管理状况的监督，实现对源头管理监督。人口管理评价工作开展以来，各街道（地区）、社区（行政村）对人口管理工作的重视程度提高，人口管理中存在的各类问题逐步得到解决。各社区对出租房屋的掌握率已从最初的53%上升到68.4%；职业不明人员的比例从17%下降到12%；组织保障体系也逐步完备，楼长、门长、层长的缺失率逐渐减少。

（许 娜）

【小广告治理】 年内，通过完善立结案标准、细化责任主体、理顺处理流程等措施，深化小广告治理工作，从原来的作业部门单纯清理小广告深化到职能部门对号码进行停机并挖窝点。上报小广告深化治理类案件54121件．经筛选核实，立案派遣955件。其中出租房屋（停机）547件、非法刻章办证215件、小广告停机152件（系统自动生成）、非法公关招聘20件、疏通打孔（停机）17件、非法收药售药1件、卫星电视（停机）2件、旅游信息（停机）1件。根据案件情况看，小广告深化治理案件仍集中在出租房屋和刻章办证窝点治理两项。小广告停机方面，通过系统平台，各城管分队受理小广告停机案件643件。窝点治理方面，经筛选核实，立案派遣215件，与公安分局有效对接，加大窝点治理工作。派到分局的案件均由民警会同地区城管部门开展深入的调查，并每月以传真方式向区级平台反馈“刻章办证”类问题的处罚情况。公安分局已对95名贩卖、伪造假章假证人员进行处罚。

（许 娜）

【城市管理社会化】 年内，将街乡、相关职能部门、社区（行政村）纳入数字化管理并开展日常监督评价之外，将47206个“门前三包”责任单位、983个物业小区、176个征而未建、征而未拆和正在拆迁区域开发建设单位、328个在施工地施工单位、906个保洁责任单位、5026个其它市容环境维护责任单位、186个集贸市场纳入数字化管理，管理流程上建立“六个天天”的长效机制，即建立在数字化平台基础上的，以监督员天天发现问题上报问题为切入点的类似于社会化大生产流水线管理模式的城市管理流程，即产权主体和维护保洁责任主体天天维护，监督员天天监督，相关职能部门、街道（地区）办事处、社区（行政村）天天管理，执法部门天天执法，系统平台对五类主体天天评价，内网、外网及大屏等媒介天天公布并记录的“六个天天”的长效机制，督促上述各类单位依法履行社会责任，推动城市管理的社会化。初步建立各类社会单位全面履行城市（农村）建设、维护主体责任，社区履行协管自治责任，政府履行规划、管理、执法责任的城市（农村）建设维护管理新格局，促进了政府由“划船型”政府向“掌舵型”政府的转变。

（许 娜）

【为民服务】 年内，稳步推进以三个96105（96105朝阳热线、96105短信彩信平台、96105社区服务网）为核心的数字化为民服务系统建设工作。通过对原有政府热线进行扩容改造以及与数字化城市管理系统平台的对接，实现数字化城市管理与数字化为民服务的有机结合，强化对区内居民和社会单位各类诉求的受理、督办、评价、调研力度，提升解决百姓反映问题的能力。在解决民众诉求的同时，搭建政府、百姓、企业互动平台。通过96105朝阳热线、96105短信彩信平台、96105社区服务网与政府、居民和各类社会单位的互动推进城市公共管理和为民服务的有机结合。

（许 娜）

【社会信用体系】 年内，将竞争机制和诚信约束机制引入城市管理，在社区（行政村）之间、各类责任主体之间建立横向竞争机制的基础上，通过建立CCCI朝阳城市信用指数体系，形成纵向的竞争机制，正在开展量化的社区宜居指数、物业宜居指数、单位信用指数等评价工作，探索建立综合竞争机制，推进朝阳社会信用体系建设。

（许 娜）

园 林 绿 化

【概况】 朝阳区园林绿化局是对全区城乡绿化美化施行统一建设管理的职能部门，隶属于区政府，职能业务归市园林绿化局和市公园管理中心领导及监督指导。截止年底，全局在职人数1050人；机关设置正式科室9个，下设基层单位14个。

年内,新增绿化面积200.6公顷;改造绿化面积558.5公顷。为迎接建国60年庆典活动,全区栽摆花卉300万盆,包括9处大型主题立体花坛、106个新建花树、40个原有花树、22条道路容器花卉布置和9条道路地栽花卉布置。完成区折子工程50条道路的绿化改造。其中,包括科荟路景观绿化、奥林匹克森林公园北园景观改造两项市重点工程,来广营北路等六条重点大街环境整治以及19项城市绿化美化环境整治项目等。年内,完成城市绿化美化环境整治项目19个,完成绿化面积20.43万平方米,栽植乔木6793株、灌木40.1万株、花卉69.6万株、绿篱色带6.6万株,铺草坪13.65万平方米,铺装1.43万平方米。实施农民新村和农村居住区绿化10处,城市新建9处500平方米以上小绿地,实施老旧小区绿化改造43处,居住区绿化12处。新建绿荫停车场13处,实现屋顶绿化3万平方米,截至年底,全区实现绿荫停车场5万平方米、屋顶绿化28万平方米。完成一、二道绿化隔离地区绿化1190亩。建成城市功能齐全的庆丰公园,总占地面积26.7公顷,于"十一"前向公众免费开放。游园活动期间,全区公园系统栽摆各类花卉339余万株(盆)。国庆期间,日均出动2000人次进行常规养护管理。对全区13家公园进行园内改造,改造面积60公顷,主要是元大都公园海棠花溪东延、北小河公园门区改造等工程。举办朝阳国际风情节、第十二届海棠花节、第九届红领巾科普游园会、"第六届双胞胎文化节"等20项主题丰富、意义鲜明、形式多样的文化活动。在全市率先推进专业公园与行业公园,特别是郊野公园的"手拉手"互助活动。全区依法审核、审批伐移树木310件、5.53万株;植物产地检疫12000亩/次,木材调运检疫925批次;受理林业案件举报94起,其中行政立案19起,责令补种树木915株。联系绿色通道项目131件,批准绿色通道涉及绿化伐移20件;继续推进全区绿化资源数据化管理平台建设,街道、地区绿地相关数据将逐步纳入,园林资源普查调查地块区划10000个图班,林地区划小班8000余个。加大代征绿地清理力度,与13家社会单位签订《代征绿地移交协议》,移交代征绿地14公顷。加强巡查、排查,做好清明节、国庆等重点时期的森林防火,清除可燃物95250亩,全区未发生火警、火灾。加强联防联控,做好林木有害生物防控工作。截至10月上旬,监测到越冬代、第一代美国白蛾成虫775头、92头,分别是去年同期的178%和230%;累计发生美国白蛾幼虫34处,是去年同期的106%。与2008年相比,美国白蛾成虫数量较上年有明显增加,呈现多点爆发态势,但全区未发生美国白蛾灾害。接待百名共和国部长到仰山公园参加义务植树活动,组织朝阳青年志愿者植树活动、"绿色家园爱之林"新婚夫妇植树活动等六项大型义务植树活动。全区有30万人次、500余社会单位参加义务植树活动,新增纪念林4处,栽植树木17万株,新造林80公顷,认养绿地216公顷,创建花园式单位20个及花园式社区4个。按照朝阳区与延庆县之间"城乡手拉手、共建新农村"的工作部署,在延庆县建立"朝阳义务植树基地"。刊发稿件全国性媒体8篇(条)、市级41篇(条)、区级33篇(条),向社会展示朝阳区的绿化美化成果。

地址:道家园路甲16号

电话:65042115

邮编:100025

(刘双贵)

【古树名木保护管理】 3月初,区园林绿化局下达2009年朝阳区古树名木保护管理任务,督促古树名木管理责任单位加强养护管理,完成春季浇水、病虫害防治等养护工作。加强因工程施工所采取对古树保护措施的监管力度,在土地一级开发初期,为用地单位提供古树大地座标,发放《建设工程避让措施申请表》。年内建设的堡头东路、光华路工程中涉及7株古树,要求施工单位制定具体的保护方案,并监督实施。加强对古树名木的安全保护,对生长环境差,保护价值高的日坛九龙柏和北京广播通讯电源厂两株一级古树,制定严格的避雷方案,安装避雷针。

(王桂花)

【公众参与绿化美化】 3月28日,组织百名共和国部长在朝阳区仰山公园参加义务植树活动、春季组织朝阳青年志愿者植树活动、"绿色家园爱之林"新婚夫妇植树活动等六项大型义务植树活动。年内,朝阳区共有30万人次、500余社会单位参加义务植树活动,新增纪念林4处,栽植树木17万株,新造林80公顷,认养绿地216公顷,创建花园式单位20个及花园式社区4个。

(许闰子)

【清明节期间森林防火】 3月,清明节前,区森林防火指挥部制定清明节期间森林防火工作预案。成立清明节期间森林防火领导小组,办公室设在区园林绿化局森林公安处,负责清明节期间森林防火协调和指挥。全区划分成南、北、专业三个巡查组,制定巡逻计划、巡逻路线,明确专人负责。3月28日到4月6日,按照"朝阳区清明节群众扫墓接待工作指挥部应急预案"确定的重点部位:"一馆三园"(东郊殡仪馆、朝阳陵园、外侨公墓、长青园),做好森林防火工作,对重点部位加强巡视。下发关于加强清明节期间防火工作文件,安排布置清明节期间全区地区办事处及有林单位森林防火工作，加强对林地内有零散坟头部位的控制力度，严禁在林地内埋坟，严禁在林地内上坟烧纸。

（许闰子）

【义务植树日活动】 4月4日，是首都第25个全民义务植树日。全区近20万人参加全民义务植树活动。当天植树5.3万株，挖坑5.2万个，动土近3.3万立方米，养护各类树木28.7万株，清扫绿地82.5万平方米，设宣传站67个，出动宣传车45辆，发放宣传材料15.4万份及环保购物袋1.9万个，绿色志愿者出动1万人，悬挂横幅、标语1600余条。共青团区委、区园林绿化局、区青联和欧美同学会在仰山公园举办以“凝聚青春力量，建设绿色北京，传承奥运精神，共创和谐朝阳”为主题的大型义务植树活动；有350人参加植树活动，栽植各类树木500余株。当天区园林绿化局、区绿化委员会办公室在红领巾公园南门外举行以“弘扬奥运精神，共建绿色家园”为主题的大型义务植树宣传、咨询活动。区属公园和绿化队也分别结对组织义务植树宣传活动。全区43个街道、地区办事处分别设立宣传站（点），通过展板、横幅、宣传车、锣鼓队、秧歌队、发放宣传材料等多种形式向市民宣传中国的植树节，宣传绿色朝阳，传递绿色信息，普及绿化知识。

（周晓茹）

【专业养护工作检查】 4月8日至9日，进行第一次专业养护检查。组织3个绿化队、2个苗圃和6个公园的主管主任、生产组长和三家监理公司的代表19人，对特级、一级道路绿地80多处，重点地块17处的去年冬季修剪和今年开春以来的绿地清理、月季修剪、浇返青水等养护工作质量及进度情况进行检查。5月20日至21日，进行第二次专业养护工作检查。组织3个绿化队、2个苗圃和6个公园的主管主任、养护组长等20人，对姚家园路、四环路、北苑路、五环路、安立路、通惠河北路、京通路、朝阳北路等37处城市主要干道和酒仙桥、望京、东湖街、左家庄、小关、双井、劲松、潘家园街道办事处等移交给局属各专业队的50条道路绿地的养护管理情况进行检查。

（英　頔）

【街道系统绿化养护检查】 4月22至24日，组织绿化专家及相关人员，对全区23个街道的44块绿地进行春季养护综合检查。检查内容有绿地卫生清理、树木修剪、植物浇水、树木补植以及病虫害防治等养护工作完成情况。根据专家现场打分评比，朝外街道办事处、三里屯街道办事处、呼家楼街道办事处、团结湖街道办事处、亚运村街道办事处、左家庄街道办事处、安贞街道办事处、潘家园街道办事处、和平街街道办事处、望京街道办事处被评为养护措施到位，景观效果突出单位。

（英　頔）

【绿化隔离地区郊野公园环建设】 4月29日，区内10处郊野公园即太阳宫体育休闲公园、将府公园二期、海棠公园、鸿博公园、常营公园二期、金田公园、东坝郊野公园二期、京城槐园、东风公园、白鹿公园（2008年建设），建成并对社会免费开放。总面积601.2万平方米，投资4.02亿元。实施郊野公园建设两年来，拆除公园用地内原有建筑、道路和设施27.82万平方米，外运和造景土方162.8万立方米，植种各种高大乔木85.72万余株，建成园路、停车场、广场89.3万平方米。累计接纳游客逾200多万人次。

（张振香）

【公园手拉手帮扶互助活动】 5月15日，由区园林绿化局主办，区绿指办、区农委共同参与，在平房槐园，举行“帮扶互助”大型宣传活动，市区有关领导、有关部门和新闻单位参加活动。年内，开展“公园手拉手帮扶互助活动”。由区园林绿化局及局属专业公园与郊野公园结成帮扶对象，在公园建设管理等方面，给郊野公园提供帮助和支持。六个局属专业公园与所帮扶的九个郊野公园签订帮扶互助协议，开展各种帮扶活动。

（张振香）

【绿化资源管理】 5月，对农村更新造林任务和2008年林木采伐限额执行情况进行检查验收，更新造林合格林带18条，栽植各种乔木4482余株，成活率达93%以上。对全区古树名木进行检查，建立完善古树名木档案。对征占用林地申请，提前介入，同步受理，优化办理流程。针对绿色通道项目，第一时间主动与建设单位电话沟通，征询建设项目林地占用情况；第一时间安排勘察现场并受理申请，了解项目现场情况；第一时间确认项目占用林地位置，明确申请内容。严格征占用林地审核质量，做到每个项目申请材料齐备，现场无误。对开发建设项目，严格依法审查提报的申请及工程项目设计图纸，坚持能移植必须移植的原则，尽量减少采伐，最大限度保护绿化成果。年内，审核、审批伐移树木405件，伐移总株数12.7万株；建设项目园林初审意见审核10件；接待来访800人次，勘察现场470余次；审核征占用林地16件，征占用林地面积61.92公顷。经审核减少伐移林木报件15件，涉及林木600株，其中因不符合申报条件不予批准量10件，计403株；修改方案后减少量5件，计197株。

（王桂花）

【重点绿色通道绿化建设】 5月，

组织工程施工单位、有关地区办事处、监理单位,进行自查。9月接受市园林绿化局、市发改委组织的检查验收。整体工程除机场南线孙河段因一些原因尚有527亩没有完成外,其余全部通过验收。其中,机场二通道绿化工程被评为全市重点绿色通道建设“优质工程”。市重点绿色通道在朝阳区一共有4条,即机场二通道、机场南线、京津高速第二通道和京津城际铁路。区重点绿色通道建设工程涉及8个乡,工程始建于2008年,计划任务2295.45亩,年内,已完成1670.72亩,占总任务的72%。

(张振香)

【园林绿化资源(林业)普查】 5月,林业普查工作采用专群结合的方式开展工作,成立5个专业调查小组,辅助街道、地区办事处对全区实施全面外业调查。5月底,5个专业调查小组正式进入外业调查阶段,各街道、地区绿化主管部门分别派专业人员协助调查小组深入各街道、各地区、各小班详细调查,将调查结果输入PDA系统,并拍摄实景照片备案。6月,各街道、地区办事处正式进入外业调查阶段。9月底外业调查工作全部完成,调查小班7063个,其中有林地小班4286个(含林网2740条),其它林地小班337个。10月底完成外业数据汇总和图纸图斑勾绘等内业工作。经调查,本年朝阳区林业用地面积10247.68公顷,森林覆盖率为18.16%,林木绿化率为22.35%。从林地资源现状来看,有林地的面积8264.59公顷,占林地面积的80.65%;无立木林地面积1228.49公顷,占林地面积的11.99%;苗圃地面积754.6公顷,占林地面积的7.36%。有林地按不同森林特性分为林分和经济林,其中林分面积为8042.53公顷,占有林地面积的97.31%,经济林面积为222.06公顷,占有林地面积的2.69%。

(焦欣欣)

【大望京公园建设】 6月12日,区园林绿化局、区水务局联合组织“望京公园建设工程开工典礼活动”,区领导、区有关部门、公园和水务建设者400余人参加典礼活动。大望京公园建设是朝阳区城乡一体化试点——崔各庄大望京村搬迁整治重要组成部分。区园林绿化局为承担建设任务的责任单位,崔各庄地区办事处负责搬迁工作。公园位于崔各庄地区西南部,东至五元桥、西至望京规划路,南临望京沟,北临北小河,占地面积33.5公顷。

(张振香)

【绿化养护检查与修剪比赛】 7月7日至9日,对全区22个街道办事处(具有自管绿地)进行夏季养护工作综合检查,并组织修剪比赛。检查内容有绿地卫生清理、树木修剪、植物浇水、中耕除草、病虫害防治等养护情况。根据专家现场评定,三里屯街道办事处、团结湖街道办事处、朝外街道办事处、大屯街道办事处、安贞街道办事处、左家庄街道办事处、呼家楼街道办事处、香河园街道办事处、劲松街道办事处、垡头街道办事处被评为养护措施到位、景观效果突出单位。同时,22个街道办事处参加修剪技术比赛,经专家现场打分评比,三里屯街道办事处的东三里小区公园、团结湖街道办事处的水碓子西里、朝外街道办事处的办事处两侧和吉祥里201楼前被评为一等奖。

(英 皡)

【园林绿化资源(园林)普查】 9月底,完成园林绿化资源(园林)普查外业调查工作,10月底,完成数据汇总和图纸图斑勾绘工作。经调查,本年区行政面积45508公顷,其中街道办事处12025.48公顷、地区办事处15101.72公顷,计27127.20公顷,占行政面积的59.61%;非建城区面积为18380.80公顷,占行政面积的40.39%。园林绿地总面积12600.79公顷,其中公园绿地面积4811.68公顷,占园林绿地总面积的38.19%(其中综合公园绿地2242.90公顷,占公园绿地面积的46.62%;社区公园绿地189.61公顷,占公园绿地面积的3.94%;专类公园绿地1184.08公顷,占公园绿地面积的24.61%;带状公园绿地11.61公顷,占公园绿地面积的0.24%;街旁绿地632.81公顷,占公园绿地面积的13.15%;其他公园绿地550.67公顷,占公园绿地面积的11.44%。);生产绿地面积72.80公顷,占园林绿地总面积的0.58%;防护绿地面积3730.61公顷,占园林绿地总面积的29.6%;附属绿地面积2829.18公顷,占园林绿地总面积的22.45%(其中商服绿地263.85公顷,占附属绿地面积的9.33%;工矿仓储绿地278.45公顷,占附属绿地面积的9.84%;居住绿地1476.77公顷,占附属绿地面积的52.2%;公共管理与公共服务绿地810.10公顷,占附属绿地面积的28.63%。);道路(河岸)绿地面积1156.55公顷,占园林绿地总面积的9.18%(其中道路绿地983.95公顷,占道路(河岸)绿地面积的85.08%;公路放射线绿地34.70公顷,占道路(河岸)绿地面积的3%;街巷(胡同)绿地0.23公顷,占道路(河岸)绿地面积的0.02%;河岸绿地137.67公顷,占道路(河岸)绿地面积的11.9%)。绿化覆盖总面积12196.27公顷。园林植物中,实有乔木类817.34万株,占总株数的7.28%;灌木类1397.68万株,占总株数的12.44%;月季和攀援类925.76万株,占总株数的8.24%;绿篱和宿根类等8094.41万株,占总株数的

72.04%。

（周晓茹）

【迎国庆公园景点改造】 10月1日前，全区有13个公园改造完善绿化面积35.16公顷，新植调整各类乔木0.6万株、灌木4.8万株、草坪6.2公顷，栽摆应时花卉102万株（盆）。其中元大都公园海棠花溪东延绿化改造16.4公顷，北小河门区绿化改造2.7公顷，日坛公园园坛东侧和西门南侧绿化改造1.25公顷，四得公园东门绿化3.5公顷，红领巾中岛绿化改造0.4公顷，中华民族园新建改建民族院落830平方米，朝阳公园新建改建沙滩主题乐园等3处景点，金盏郁金香花园改建蔬菜大棚等。

（许闰子）

【国庆60周年游园活动】 10月1日至3日，全区13家公园开展“国庆60周年”游园活动。活动人数达43.28万人次，与2008年同期游人量24.28万人次同比增长78%；10月2日游园活动达到高潮，近20万游客参加“国庆”游园活动。全区公园系统栽摆各类花卉10万余平方米，339余万株（盆），彩旗道旗3200余面，灯笼2600支，横幅150条，国旗1300余面，并组织专家进行检查评比。区文委、体育局组织协调各项文化及体育互动活动，奥林匹克公园组织“十方乐奏”演出，园区形成“主舞台领衔、分舞台竞秀、全园添彩”国庆节日场景。朝阳公园举行“祖国你好”大型文艺演，游客观看了杂技、魔术、歌唱、相声等文艺演出活动。活动期间，奥林匹克公园、朝阳公园、团结湖公园、兴隆公园四家主要公园吸引了中央电视台、中央人民广播电台、新华社、经济日报、中新社、北京电视台、北京晚报、北京晨报、北京青年报、新京报、京华时报、法制晚报、北京广播电台、人民网、凤凰网、中国网等20余家媒体、30余名记者的新闻采访。市领导王安顺、刘敬民，区领导陈刚、程连元等到奥林匹克公园和朝阳公园进行视察，慰问志愿者。

（许闰子）

【树木冬季整形修剪比赛】 12月15日，在安立路举行树木冬季整形修剪比赛，局属11个单位110余人参加，并聘请3位从事绿化工作多年的老专家作为评委进行现场打分，比赛分为正式工和临时工两组。此次比赛的方式是每位参赛人员须修剪树木4株，其中乔木（国槐）2株、灌木（碧桃、西府海棠）2株。经评比，正式工组：吕宝春（大黄庄苗圃）、郭琦（绿化二队）、张晶（大黄庄苗圃）被评为一等奖；马宏运（绿化二队）、石德生（日坛公园）、何月丰（大黄庄苗圃）、陈鹏（北花园苗圃）被评为二等奖；张金财（绿化三队）、白云山（绿化一队）、陈志超（北花园苗圃）、吴宝林（元大都公园）、李洪勋（大黄庄苗圃）、李根贤（绿化一队）被评为三等奖。临时工组：刑银（绿化一队）、赵晓东（绿化二队）、袁福斌（绿化二队）、王会平（绿化二队）被评为一等奖；王玉廷（绿化一队）、贾艳海（团结湖公园）、范振勤（绿化二队）、邢金（绿化一队）、李福军（绿化二队）、李小民（红领巾公园）被评为二等奖；庞树林（绿化二队）、王汉堂（红领巾公园）、郭金河（绿化三队）、刑福（绿化二队）、郭文武（北小河公园）、刘小狗（绿化二队）、马丙付（北小河公园）、赵景泰（大黄庄苗圃）被评为三等奖。

（英　頔）

【长安街及延长线绿化改造工程】 年内，工程西起建国路，东至八里桥，全长17.5公里，改造面积57.49公顷。为建国60周年大庆主要交通要道。春季开工，“十一”前完工。在设计上以保留现状为主，在现有绿化基础上增加大树、花卉、立体花坛，突出色彩，并在道路起点处形成亮点，力求使绿化环境与现代景观良好结合。清理渣土2.26万立方米，栽植乔木2900余株、灌木18万株、绿篱1万余平方米、时令花卉14万余株、竹子10万余株。

（周晓茹）

【重点大街一期环境整治】 年内，完成重点大街一期环境整治项目，包括来广营北路、劲松东延路与王四营交角西南角。绿化面积11.9万平方米，清理渣土1.4万立方米，栽植乔木5561株、灌木1.34万株、绿篱色块3676.7平方米、花卉6.34万株，铺装2774.5平方米。

（周晓茹）

【绿化隔离地区绿化】 年内，计划完成一、二道绿化隔离地区绿化任务500亩，实际完成1190亩。

（张振香）

【播草盖沙工程】 年内，完成区域1000亩播草盖沙工程任务，其中王四营地区古塔公园400亩、小红门地区红坊路300亩、金盏地区温榆河边300亩。主要播种二月兰和紫花苜蓿、栽植沙地柏等灌木。

（张振香）

【国庆60周年花卉布置】 年内，完成本区“国庆60周年”花卉布置工作任务。布置9处大型主题立体花坛、106个新建花树、40个原有花树、22条道路容器花卉和9条道路地栽花卉，用花300万盆。主题花坛和挺拔的花树、丰富多彩的容器摆花、流畅的地栽花卉共同形成了浓厚喜庆的景观，营造出“和谐金秋歌盛世，丹凤朝阳炫中华”祥和、热烈、庄重的“国庆”氛围。本区“国庆”花卉布置在全市“国庆”花卉布置评比中荣获一等奖3个、二等奖3个、三等奖6个。

(周晓茹)

【养护工作】　年内,投入专项资金383万元,用于全区植物病虫害防控工作。聘请3家监理公司对局属专业绿地实行全面养护监理,明确建设方、养护方、监理方三方职责,加强对监理的管理。要求监理公司加强内部管理,对不称职监理人员进行更换,其中2家公司对相关人员进行调整。春季补植工作要求监理人员对苗木质量、栽植过程进行现场全程监督,补植乔木5008株、灌木7.47万株、月季22.71万株、竹子3.50万株、绿篱、色块64.68万株、宿根花卉60.10万株、草坪13.99万平方米。

(康雅文)

【雪天环境保障】　年底,北京地区普降大雪,区园林绿化局加强24小时值班工作,密切关注天气情况,根据雪情自动启动应急预案。要求各单位做好应急物资准备,每个应急分队配备必要的车辆、油锯、手锯、绳索、铁锹等器材设备,增加一定数量的长竹竿,用于雪天敲打树挂;加强巡视,及时排除隐患。加强对管线的检查和维护,防治浇水出现"跑、冒、滴、漏"造成的结冰现象。加强对死树危险树木的排查和清理,消除安全隐患;降雪后,每次出动工作人员近2000人,工作车辆近50辆,及时清扫责任区内的冰雪,清理受损树木及残枝败叶。

(英　岫)

【绿色通道工程伐移树木审核审批】　年内,在依法审核基础上,采取积极服务措施确保绿色通道工程迅速开工。凡是列入市政府扩大内需重大项目绿色通道工程涉及的园林绿化项目,要求建设单位有规划部门批准的规划意见书及设计方案就可以办理相关树木伐移,确保在最短时间内完成树木审核审批工作。年内,主动联系绿色通道项目86件,审核批准包括地铁十五号线、轨道交通亦庄线、大望京村土地一级开发等绿色通道涉及绿化树木伐移18件。

(许闰子　王桂花)

【森林公安管理】　年内,区森林公安处接举报94起,其中行政立案19起,行政罚款5.51万元,责令补种树木915株。开展打击破坏鸟类资源违法犯罪专项行动、"全国公安民警大走访"爱民实践活动、"绿盾三号专项行动"、"打击非法猎捕鸟类行为"等专项行动。落实防火责任制,在重点火险区悬挂"三牌"。制定南、北两片巡逻路线,每周不少于两次巡逻检查,检查期间发放火灾隐患通知书,并限期整改,及时打击破坏森林资源违法犯罪行为,区内未发生森林火警、火灾,被评为"北京市森林防火先进区县"。开展"爱鸟周"、森林防火宣传日等宣传活动。对驯养繁殖、经营利用野生动物及其制品单位和区内古玩城、潘家园市场、华声天桥、弘燕花鸟市场、友谊商店等市场商户进行检查走访,发放保护野生动物宣传材料500余份。坚持每日按时汇总、上报2个市级监测点、3个区级监测点的野禽监测数据。与区园林绿化局资源管理科共同出现场370次,严格按照制定的《林木采伐监督复核程序》要求,进行现场复核。

(赵　莉)

朝园弘园林绿化有限责任公司

【概况】　隶属区园林绿化局,是全民所有制企业单位,国家城市园林绿化一级资质企业。设招投标市场开发部、合同预决算部、工程部、设计部、财务部和综合办公室。截至年底,有职工40人。承揽各类园林绿化工程9项,工程合格率100%,工程收入1.7亿元。完成质量管理体系2008版的转版工作。被北京市人民政府、首都绿化委员会评为2009年度首都绿化美化先进集体。

地址:朝阳北路147号

邮码:100025

电话:85841343

(赵梦梦)

【绿化工程】　年内,完成市内工程及协助各基层单位投标102项、外埠工程投标22项、中标22项。包括通州新城滨河森林公园南区园林绿化工程(六标段)、奥林匹克森林公园南园春季园林绿化工程、通惠河景观建设工程、区重点大街环境整治项目、长安街及其延长线(管庄段)环境整治项目、区城市绿化美化环境整治项目、长安街及其延长线环境整治项目、朝阳区庆祝建国60周年景观布置项目、区道路节水改造工程项目、区重点大街环境整治项目改造(二期)等项目,本市政府工程中标金额3.68亿元。公司承揽各类园林绿化工程9项,主要有通惠河景观建设工程、科荟路绿化景观工程、奥林匹克森林公园北园改造工程、东北二环机场高速联络线公园绿地建设工程(朝阳段)、通州新城滨河森林公园南区六标段园林绿化工程、奥林匹克森林公园南园春季园林绿化工程、大望京公园景观建设工程、鄂尔多斯市康巴什新区成吉思汗广场三号地景观工程、鄂尔多斯市休闲公园七标段。工程合格率100%,工程收入1.7亿元。其中民族大道景观绿化改造项目荣获建设部"中国风景园林学会"颁发的2009年度金奖工程奖;2008年北京奥运会道路配套设施绿化项目、北五环(北苑桥——上清桥)步道外绿化工程荣获市园林局、市园林绿化企业协会颁发的2009年度精品工程奖;区

2008 年环境建设一标段荣获市园林局、市园林绿化企业协会颁发的 2009 年度优质工程奖。被市政府、首都绿化委员会评为 2009 年度首都绿化美化先进集体。

（赵梦梦）

日坛公园

【概况】 日坛公园是全民所有制差额拨款事业单位。公园占地面积 20.62 万平方米，其中建筑占地面积 2.25 万平方米（其中古建面积 7268.5 平方米）、水面积 4700 平方米、绿化面积 11.25 万平方米、铺装面积 4.33 万平方米、其它面积 2.32 万平方米。实有树木 1.08 万株，树种 86 种，其中乔木 4203 株、灌木 4799 株、其它 1763 株；古树 44 株；草坪 7.55 万平方米，宿根花卉 2.17 万株。年内，修缮管理处房屋、会议室，改造园内西侧外环路景区，调整道路两侧毛白杨、洋槐等老化严重树木，在管理处西门出口至西南水榭外环路两侧栽植黄玉兰、紫玉兰，调整坛壝（圆坛）东侧景区古柏地内的落叶乔木。增设病虫害监测岗位，对美国白蛾进行严格监控，选用低毒、高效药剂对病虫害进行防治。“国庆”花卉布置栽摆四季海棠、彩叶草、鸡冠花、串红等草花 7 万盆，租摆铁树、榕树、伊拉克枣等绿植 80 余株，悬挂宫灯 200 盏，在日坛公园南门中心广场，摆放“鼓·舞——华诞”花坛，花坛设计主题突出，既有中国民族特色又与日坛公园古典皇家园林景观和谐一致。新增全园讲解服务项目；成立文物保护专门机构；开展“安全生产、优质服务月”活动。被评为首都文明景区和首都迎“国庆”讲文明树新风活动先进单位、朝阳区绿化美化先进单位；荣获“国庆 60 周年”游园活动环境布置一等奖。全年接待游客 291 万人次。

地址：日坛北路 6 号
邮编：100020
电话：85613249

（张艳清）

【绿地养护】 年内，承接城市道路绿地养护面积 19.19 万平方米，养护经费 117 万元，其中北五环东湖段特级养护面积 8.54 万平方米，顾家庄桥区特级养护面积 2.16 万平方米，北工大代征绿地一级养护面积 3.1 万平方米，麦子店一级养护面积 4.89 万平方米，东大桥三角地一级养护面积 5024 平方米。

（张艳清）

【活动】 3 月 20 日，由朝外地区社会管理中心和朝外地区文化协会共同举办的春分朝阳第三届民俗文化节在日坛公园举行，以《太阳礼赞》、《歌颂祖国》两个板块在圆坛进行文艺演出，向观众分发太阳糕。年内，“坚持科学发展 建设科技北京”北京科技周、爱在朝阳——快乐牵手真情相伴、“喜迎六十华诞，构建和谐公园——日坛公园朝外街道办事处文体荟萃”等六项活动。

（孙 莹 张艳清）

团结湖公园

【概况】 隶属朝阳区园林绿化局，是全民所有制差额拨款事业单位。占地面积 12.3 公顷，其中绿地面积 4.2 公顷、水面面积 5.4 公顷、道路面积 0.8 公顷、建筑占地面积 0.4 公顷、铺装面积 1.5 公顷。实有树木 2.3 万株，其中乔木 2214 株、灌木 1.94 万株、其它 1456 株。年内，园内补种丹麦草 1000 平方米、补植花木 2 万盆。试验性种植牡丹、芍药 1000 株。病虫害防治采用物理、低毒防治方法。聘请专业湖水治理公司采用生物治水方式治理湖水，向湖中投放锦鲤、鲢鱼各 1 万尾，确保公园景观水域三类水质效果。开展绿地认养工作，全年认养绿地 1.95 万平方米。进行园区基础设施改造，西门新建垃圾楼 200 平方米。“国庆”景观布置栽摆花卉 5.2 万株，公园东门、西门各布置花坛 1 个，沿湖处以及沿园路处摆设各种花镜、花带，布置花钵 30 个、花塔 4 个，挂红灯笼数百个、彩旗 300 面。成功举办“庆国庆 60 周年游园活动”。顺利通过 ISO 质量体系和环境体系认证复评工作。被评为朝阳区绿化美化先进集体、朝阳区交通安全先进单位和综合治理先进单位、朝阳区园林绿化局“国庆 60 周年”活动先进集体。全年接待中外游客 450 万人次。

地址：团结湖南里 16 号
邮编：100026
电话：85973603

（李洪静）

【国庆文化演出活动】 10 月 2 日，由团结湖公园和朝阳区文化委联合组织的“庆祝中华人民共和国成立六十周年”文化演出活动在团结湖公园中心岛舞场举办。当日接待游客 1.5 万人次。

（李洪静）

【绿化工程】 年内，承接城市绿地和绿化工程后期养护面积 35 万平方米，绿化工程面积 3.5 万平方米。

（李洪静）

红领巾公园

【概况】 隶属朝阳区园林绿化局，是全民所有制差额拨款事业单位。公园总面积 41.99 万平方米，其中水面积 16.09 万平方米，绿化面积 14.07 万平方米，铺装面积 6.86 万平方米，建筑占地面积 1.43 万平方米，外单位占地面积 3.55 万平方米。实有树种 102 种,各类树木 5.59 万株,其中乔木 4808 株、灌木 3.88 万株、其它攀缘植物 1.23 万株。绿化覆盖率 94%。年内,全面加强行业管理,对班组进行精细化管理;继续开展“星级服务员评选”活动;以植树节为契机,与大中电器公司联手开展绿地认建认养活动;与京城梨园、古塔公园两个郊野公园开展“手拉手”活动。投资 20 万元,购置 6 人家庭电瓶船等游乐设施;争取科协专项资金引进初访月宫等 7 个国家绕月探测工程系列科普模型,丰富公园科普教育项目;改造铺装海之梦广场和东区厕所前健身广场近千平方米;对东区较窄路面和海之梦广场周边进行嵌草铺装,防止游人践踏草坪;更新维修牌示 30 余块、更换路灯 17 套,在西湖区和六里屯交界处安装围栏 330 米,使公园达到封闭式管理。“五一”、“六一”科普游园会和“十一”双胞胎文化节期间,栽摆花卉近 10 万盆。圆满完成 AAA 级旅游景区等级复核工作。开展第九届红领巾公园科普游园、第六届北京双胞胎文化节、“关爱残疾孩子发展特殊教育”助残日主题活动等 10 项游园及社会公益性活动。被北京市教委列为青少年学生校外活动基地,被评为北京市校外教育先进集体。全年接待游客 133 万人次,外宾 640 人次。

地址:后八里庄 5 号

邮编:100025

电话:85810901

(王　玲)

【第九届红领巾公园科普游园会】 6 月 1 日,第九届红领巾公园科普游园会暨中国航天新闻体验营活动、大病特困少儿百万救助行动启动仪式在红领巾公园举行。活动以“我梦想我飞翔我博爱我奉献”为主题。开幕式上领导和嘉宾为朝阳区大病特困少儿发放大病救助金及航天科普书籍;盲人励志演讲演唱家阿荣、著名慈善活动家孔太进行演讲;会上展示神舟飞船搭载的红旗和神七飞船降落伞。游园会以普及航空航天知识为主要内容,通过知识展板、实物模型展示、静动态模型、互动游戏等多种方式让青少年了解太空,了解人类为实现飞天所做的不懈努力,了解祖国航空航天事业的发展历程。近万名青少年参与游园会,北京电视台等多家媒体进行相关报道。

(张　洋)

【第六届北京双胞胎文化节活动】 10 月 5 日,由区园林绿化局主办,红领巾公园、北京未来之星体育运动项目培训中心协办的以“传承民族精神,祝福伟大祖国,推动文化进步,展望美好未来”为主题的第六届北京双胞胎文化节在红领巾公园举行。活动将双胞胎之间心灵相通、心手相牵的“和谐、祥和”人文色彩,与多米诺活动所传达的“传承、推动、展望”理念相结合,用人体多米诺的形式充分展现出祖国 60 年发展历程中留给人们印象深刻的画面,用以传承中华民族不懈追求、不断奋进的精神,表达对伟大祖国的祝福。在保留双星大道、双胞胎拍照留念、双胞胎益智游戏、电脑巧识双胞胎等历界经典项目的基础上,双胞胎们在多米诺骨牌体验区亲自摆放由多米诺骨牌描绘的“香港回归”、“航天梦圆”、“2008 奥运”、“辉煌 60 年”等六幅画面,以表达对新中国成立 60 周年的祝福。500 余对双胞胎参与文化节活动,北京电视台、俄罗斯电视台等 20 余家中外媒体对双胞胎文化节进行相关报道。

(张　洋)

【绿化工程】 年内,完成绿化工程总量 5 万平方米;承接并完成绿地养护任务 20 万平方米;完成庆丰公园主景区段施工任务 3 万平方米。

(王　玲)

元大都城垣遗址公园

【概况】 隶属朝阳区园林绿化局,是全民所有制差额拨款事业单位。公园面积 67.01 万平方米,其中绿化面积 43.65 万平方米、水面积 6.49 万平方米、建筑面积 6.03 万平方米、铺装面积 10.84 万平方米(含园路)。实有树木 21.14 万株,其中乔木 1.41 万株(常绿 6373 株、落叶 7780 株),灌木 16.78 万株(常绿 11.46 株、落叶 5.32 株),其他 2.95 万株。固定资产总值 1.7 亿元。年内,承担 13 条城市道路绿地养护工作,养护面积 45 公顷,养护树木 15.18 万株,其中乔木 1.24 万株(常绿 0.32 万株、落叶 0.92 万株)、灌木 8.8 万株(常绿 2.16 万株、落叶 6.64 万株)、其他 5.14 万株。在民族大道南侧、北中轴路两侧、元大都公园四海宾朋景区东侧和海棠花溪景区西侧城台进行“国庆”花卉布置,布置立体花坛 2 个,栽摆花卉 34.3 万株,投资 210 万元。根据气候特点和防治病虫害要点,提前做好预防工作。向各养护班组负责人和工程人员发放美国白蛾宣传图片和防治重点及说明。及时进行化学和物理防治,有效遏制病虫害发生。继续贯彻执行 ISO9001 质量和 ISO14001 环境管理体系运行及持续改进等工作的审核,通过北京兴源认证中心复审。全年接待游客 443.6 万人次。

地址:惠新东街

邮编:100029

电话:84648252

(程桂清)

【第十二届海棠花节】 4 月 11 日,第十二届海棠花节暨凯德品元公益捐赠仪式活动在“海棠花溪”景区开幕。区园林绿化局与凯德置地携手主办。本届海棠花节响应"创建和谐,提倡文明"精神,以"品元盛景览京都繁华"为主题,以游园赏花为主线,穿插元文化精髓,在海棠花最繁盛区域设置文化表演、植树等活动。节日期间游人达40万人次。同时还举办第一届海棠之舞摄影比赛,近一个月共有81名摄影爱好者参赛,作品达388幅,专业摄影评委对参赛作品进行评选,评出一等奖一名、二等奖二名、三等奖三名、优秀奖十名。

(周 沙)

【绿化工程】 年内,完成海棠花溪东延改造工程、大望京公园第四工区绿化工程、喜迎"国庆60周年"立体花坛、通州新城滨河森林公园六标段第三工区绿化工程、赛洛城中心绿化带景观调整收尾工程、北土城东路东延绿化工程。绿化工程新增面积11.1万平方米,绿化改造面积5万平方米。

(程桂清)

四得公园

【概况】 隶属区园林绿化局,是差额拨款事业单位。公园占地面积16.13公顷,其中绿地面积11.9公顷、水面积0.57公顷、铺装面积1.77公顷、其他面积1.89公顷。乔木3355株、灌木2.27万株、花卉10.62万株、绿篱1500平方米、竹子250平方米、草坪10万平方米。年内,按照园林绿化一级养护质量标准,完成园内11.9万平方米绿地的养护工作,未发生大面积病虫害。"五一"、"国庆"期间,栽摆花卉8.17万盆、宿根花卉2.28万盆,在五环广场、两个门区摆放主体花坛,游乐场门口、环路摆放小型花坛、花钵。开展"弘扬奥运精神共建绿色家园"为主题的认建认养活动、"我爱绿色地球我学环保知识"迎接第40个世界地球日四得公园崇尚环保知识竞赛暨春季绿地认养宣传活动。被评为朝阳区绿化美化先进单位、朝阳区共建文明单位。全年接待游客160万人次。

地址:将台西路

邮编:100016

电话:64384057

(关春明)

【学转英超活动】 7月30日,英格兰足球超级联赛和英国文化协会共同主办的"学转英超"项目闭幕式在四得公园足球场举办,英超联赛首席执行官理查德·丘斯达莫尔、中国足协副主席薛立、北京国安俱乐部副董事长张路出席。正在北京参赛的3支英格兰足球超级联赛球队的球员们特意前来参加。

(关春明)

【绿化工程】 年内,以公园东门区至管理处道路两侧绿化改造为重点,全园范围内绿化调整、改造面积3.5万平方米,新植乔木9种519株、灌木21种585株、竹子320株、月季4420株、大叶黄杨2000株、沙地柏3500株、红王子锦带球10个、大小叶黄杨球15个;移植乔木233株、灌木6株;摆放山石近200吨,改造草坪1.1万平方米。投资16万元,维修、改造"四得体育休闲文化馆",重点改造照明系统,采用节能灯,提高场馆硬件水平。游乐场新增果虫滑车、青蛙王子、跷跷板等6项小型游乐项目,重新铺装淘气堡地面。完成两个"国庆"献礼绿化工程即奥园北区绿化改造工程和大望京公园6标绿化工程,其中奥园北区绿化改造工程面积6.8万平方米,栽植常绿树995株、落叶乔木844株、灌木576株、色带2.81万株、竹子500株,铺草5.63万平方米,播种地被(向日葵,白三叶)8150平方米;大望京公园6标绿化工程面积1.9万平方米,栽植常绿树155株、落叶乔木291株、灌木769株、色带1.08万株,铺草1.35万平方米。

(关春明)

北小河公园

【概况】 隶属朝阳区园林绿化局,是全民所有制差额拨款事业单位。全园总面积24.8公顷,其中绿化面积24.1公顷,水面积0.7公顷。园内有乔木2974株、灌木2万株、花卉730株,绿化覆盖率74%。年内,改造公园东门和北门两个门区,铺设东门无障碍通道,改造园内中水喷灌设施管线,完成公园管理处办公楼建设。与市水利科学研究所共同开展"城市绿地综合节水技术示范与推广"课题研究及项目建设。补、换各类乔灌木271株、竹子1400株,补植冷季型草坪2700平方米。栽植各类草花15万余株,宿根花卉5000余株,大型绿植800余株。"十一"前夕在东门广场布置"苍翠欲滴"主题花坛一个,树阵布置灯笼60余个。园内病虫害防治采用物理防治方法,采用草病灵1号、威力克等生物农药防治草坪病虫害。组织消防安全、业务技能等各类培训5次。承担城市道路绿地养护面积93.8公顷,代养望京、东湖地区部分路段绿地面积9.1公顷,养护绿地范围涵盖望京街道、东湖街道、太阳宫地区、来广营地区、崔各庄地区以及孙河地区。荣获"朝阳区园林绿化局工程资料及预算工作三等奖"和"朝阳区园林绿化局国庆游园活动环境布置一等奖"等荣誉称号。全年接待游人20万人次。

地址:望京东湖路1号

邮码:100102

电话:64708518

(高 炜 张阿青 田 菲)

【绿化工程】 2月25日,仰山公园绿化工程开工,绿化面积3.8公顷,工程投资291万元,4月30日竣工。种植常绿乔木193株、落叶乔木483株、落叶灌木2939株、色带5670株。4月1日,鄂尔多斯市康巴什新区成吉思汗广场三号地景观工程开工,绿化面积4.4公顷,投资2487.6万元,6月30日竣工,提前5天完成任务。工程内容包括地形调整、绿化种植、园路广场铺装、花池挡墙砌筑、汗白玉大型景观灯柱、坐凳,浇灌及景观照明工程。绿化种植工程:种植常绿乔木342株、落叶乔木455株、常绿灌木5.3万株、落叶灌木8260株、色带3.34万株、花卉57.46万株、冷季型草坪2325平方米。园路广场铺装及园林附属设施工程:三号地花岗岩石材组合铺装共20691平方米,卵石铺装359平方米、挡土墙333米、8米汗白玉浮雕景观灯柱22组、台阶式花池1600米、花岗岩石台阶60平方米、树池96个、树池坐凳162平方米、特色坐凳28组。园林给排水及电气照明工程:园内铺设浇灌管线2.61万米;各式喷头3134个;快速取水器41组、阀箱146处、阀门井73座。新建50立方米钢筋砼蓄水池一座和与之配套的设备间及加压泵、电气设备等,增加与给水系统联接的顶管,使给水管道形成双向供水系统。雨水排水管道工程:共铺设HDPE双壁波纹管564米、窨井33座。景观照明工程:埋设UPVC穿线管3606米、镀锌钢管977米、景观灯柱管内穿电缆2300米、安装40瓦照明灯管528套,此外安装自备井、蓄水池配套电气设备等。4月11日,北湖渠西路道路绿化工程开工,全长1.6千米,绿化面积1.6公顷,投资221万元,6月30日竣工。栽植常绿乔木162株、落叶乔木723株、落叶灌木236株、色带7298株、攀援植物2.6万株、花卉6072株、草坪9780平方米。喷灌管线长8288米、阀门井24个、快速取水阀122个、球阀104个。7月22日,广泽路绿化改造工程开工,绿化面积0.5公顷,全长0.88千米,工程投资158万元,8月20日竣工。种植常绿乔木67株、常绿灌木5株、落叶乔木245株、落叶灌木155株、色带4.48万株、花卉9310株、草坪地被2300平方米。7月22日,望京北路绿化改造工程开工,绿化面积1.2公顷,全线1.81千米,工程投资339万元,8月20日竣工。种植常绿乔木310株、常绿灌木16株、落叶乔木110株、落叶灌木1876株、色带6.61万株、花卉9.58万株、草坪地被2934平方米。8月4日,奥林匹克森林公园北区园林绿化工程开工,绿化面积7.9公顷,工程投资1228万元,9月30日竣工。种植常绿乔木424株、落叶乔木568株、常绿灌木702株、落叶灌木781株、色带3.45万株、花卉20.64万株、水生盆栽植物3.36万盆、混拨草籽0.75万平方米,冷季型草坪7.15万平方米。8月9日,科荟路绿化景观工程开工,绿化面积1.7公顷,工程投资556万元,9月25日竣工。种植常绿乔木142株、落叶乔木571株、常绿灌木30株、落叶灌木353株、色带1.68万株、盆栽花卉233株、花卉12.7万株、冷季型草坪1.35万平方米。9月8日,望京西路绿化改造工程(溪阳西路至利泽西二路)开工,工程面积0.7公顷,全长0.59千米,投资265万元,10月7日竣工。种植落叶乔木362株、常绿灌木240株、落叶灌木213株、色带5.17万株、花卉10.03万株、冷季型草坪3725平方米。10月22日,望京西路(湖光中街至望京桥)绿化工程开工,绿化面积3.1公顷,全线1.66千米,工程投资958万元,11月25日竣工。种植常绿乔木122株、落叶乔木612株、常绿灌木1933株、落叶灌木1391株、竹类4315株、色带13.13万株、花卉4.26万株、冷季型草坪1.73万平方米。喷灌管线9161米、喷头109个、快速取水阀195个、阀箱227个,球阀80个,水源井表1块、阀门井24座、水源井2座。

(田　菲　赵　娜)

绿化一队

【概况】 朝阳区绿化一队为全民所有制差额拨款事业单位。年内,绿化养护面积284万平方米,养护道路绿地167条,其中特级道路绿地33条、一级道路绿地82条,二级道路绿地52条。养护绿地内实有树木55.66万株,其中乔木7.06万株、灌木17.65万株、月季26.68万株/2.98万平方米、攀缘4.28万株/4519平方米;竹子18.84万株/7425平方米;绿篱色块342.67万株/15.36万平方米;草坪98.09万平方米。“五一”前夕在朝外大街、工体北路、农展南路、三环路、四环路、朝阳医院周边道路重点地段布置各类花卉60万盆,投资356万元;“国庆”花卉布置工程投资122万元,在四环路内侧(宵云桥至四惠桥)、朝外大街、农展南路、工体北路、三环路(长虹桥至分钟寺桥)、朝阳医院周边道路栽摆各类花卉19.8万盆,绿植708盆。全年经济创收1.63亿元,固定资产总值4327万元。

地址:团结湖路15号。
邮编:100026
电话:85967276

(张　静)

【绿化工程】 4月12日,二环路部分地段绿化工程开工,工程投资36万元,4月24日完工。栽植紫叶李6株、碧桃5株、造型油松1株、珍珠梅2株、金银木1株、丁香1株、连翘20株、银杏5株、高杆黄杨球7

株、大叶黄杨球7株、早园竹200丛、丛生紫薇5株、丝兰15株、龙柏球2株、榆叶梅4株、大叶黄杨2165株、金叶女贞1300株、金娃娃230平方米、丹麦草678平方米。4月12日，百子湾路绿化工程开工，绿化面积1.2万平方米，投资137万元，4月24日完工。栽植油松11株、西安桧8株、银杏6株、元宝枫6株、国槐29株、紫叶李13株、白玉兰3株、造型油松2株、碧桃19株、紫叶矮樱16株、榆叶梅7株、红碧桃24株、金银木69株、大叶黄杨球3株、龙柏球4株、高杆黄杨球7株、小叶黄杨球17株、女贞球3株、丝兰15株、沙地柏1572株、玉簪6240株、月季6208株、竹子320丛、女贞2325株、时令花卉6027株、丹麦草800平方米、冷季型草坪3160平方米。4月12日，朝阳北路绿化工程开工，绿化面积1750平方米，投资417万元，4月24日完工。栽植油松4株、白皮松4株、西安桧7株、蜀桧3株、铺地龙柏1株、银杏14株、元宝枫4株、立柳5株、碧桃3株、紫叶矮樱1株、紫叶李2株、榆叶梅10株、丛生紫薇2株、丁香5株、黄刺玫7株、连翘16株、龙柏球3株、西府海棠1株、元宝枫球6株、早园竹300墩、红叶碧桃5株、大叶黄杨球1株、红花月季864盆、黄花月季480盆、玉簪1500株、醉鱼草252株、宿根鼠尾草252株、金新菊504株、大叶黄杨950株、冷季型草坪1100平方米。4月12日，广渠路绿化工程开工，绿化面积3100平方米，投资99.5万元，4月25日完工。栽植紫叶李34株、碧桃2株、榆叶梅34株、紫叶矮樱34株、银杏9株、元宝枫5株、白皮松5株、河南桧23株、国槐7株、玉兰14株、大叶黄杨750株、金叶女贞1800株、紫叶小檗1200株、大叶黄杨球9株、高干紫薇11株、早园竹3200丛、金娃娃1.6万株、红花月季1280株、大花萱草8700株、玉簪5010株、藤本月季990株、丹麦草410平方米。4月15日，长安街及其延长线环境整治项目开工，改造面积14.3万平方米，投资1956万元，7月31日完工。种植乔木520株、灌木610株、时令花卉23万株、花境2580平方米、绿篱色块8万株、草坪地被植物7.55万平方米，桥区护坡栽植金叶番薯1.93万平方米。5月13日，水碓子中街绿化改造工程开工，绿化改造面积4026平方米，投资59.8万元，5月25日完工。栽植红叶碧桃10株、高杆黄杨球13株、紫叶李15株、银杏11株、女贞柱10株、大叶黄杨4855株、金叶女贞4418株、紫叶小檗1543株、景天3354株、金娃娃2846株、大花月季4600株、玉簪2774株、丹麦草716平方米、冷季型草坪1500平方米。6月26日，通惠河滨水景观带庆丰公园（西园）建设工程开工，内容包括：绿化工程、庭院工程、喷灌工程、照明工程。其中绿化面积7.45万平方米、铺装面积9000平方米、节水灌溉面积6.8万平方米。工程投资4227万元，9月20日完工。种植常绿乔木620株、常绿灌木5010株、落叶乔木1408株、落叶灌木3273株、色块（带）18.57万株、花卉10.08万株、竹子5.19万株、草坪5.56万株。铺装面积3000平方米，跌水池1个、旱喷泉水池1个、船形雕塑、帆形景石、各种动物雕塑等计19个、花船小品3个、标题字雕塑4个、仿古八角亭1座、雾喷系统1组，安装快速取水阀63个，管道开挖回填1.2万米，喷头安装1122个。8月7日，科荟路绿化工程开工，投资589.5万元，9月20日完工。回填土方1.75万立方米，栽植常乔66株、落乔657株、常灌5200株、落灌9927株、色块200平方米、花卉5.8万株、草坪1.6万平方米。

（冯　刚　张　静　刘　旭　张玲玲　李　洋）

绿化二队

【概况】 朝阳区绿化二队为全民所有制差额拨款事业单位。固定资产总值1684.06万元。年内，实有园林绿地370公顷，其中公共绿地16处30公顷。实有树木168.7万株、绿篱色块805.28万株、竹子22.76万株、宿根花卉236.51万株、草坪126.79万平方米。移交其他单位道路绿地6条，其他单位移交本单位道路绿地24条块。养护道路绿地178条，养护绿地范围东至驼房营，西至八达岭高速路，南至四惠桥，北至昌平交界。新植树木3.58万株、宿根花卉6.8万株、草坪3.83万平方米。维修因各种施工和人为破坏的喷灌设施1000余处，更换井盖60套，修复栏杆、绿地围挡、路树围挡30余处。清理日常垃圾出动车辆1438车次、1522台班。接收处理局网格部件1.4万余个，处理街道办事处、居委会、社会单位及个人反映问题300余个。年内，对所管辖绿地进行园林绿化资源普查，历时2个月，详细调查了18个办事处347块图斑的道路绿地。全面实施养护监理，由北京德轩园林绿化工程咨询有限公司全程监理17个养护班组的道路绿地。顺利通过北京兴源体系认证中心ISO国际质量体系、环境体系及OMS职业健康安全体系认证外审。

地址：柳芳北里3号楼西侧

电话：64632115　84515379

邮编：100028

（林淑文　张立荣）

【安全管理】 1月，统一更换灭火器。年内，与各班组民工负责人和租赁单位分别签订安全生产、社会治安综合治理及交通安全责任书。对办公区及班组进行安全检查46次、安全培训9次、安全教育14次。组织管理班人员、班组长、外包方负责人消防演练1次。

（林淑文　张立荣）

【绿化工程】 7月22日,阜安西路绿化改造工程开工,绿化面积3256.3平方米,土建面积365平方米,投资167万元,8月20日竣工,种植乔木220株、灌木530株、色块7.09万株。7月22日,农展北路绿化改造工程开工,绿化面积3441.6平方米,投资104.73万元,8月20日竣工,种植乔木63株、灌木139株、月季1378株、色块6万株、宿根花卉1.33万株、草坪1727平方米。7月22日,育惠南路绿化改造工程开工,绿化面积4779.3平方米,工程投资115.76万元,8月20日竣工,种植乔木1040株、灌木145株、月季3056株、色块5万株、宿根花卉9.7万株、草坪2498.2平方米。7月22日裘马都东侧大绿地绿化改造工程开工,绿化面积2.13万平方米,投资760.18万元,8月20日竣工,种植乔木785株、灌木8796株、宿根花卉8.11万株、草坪1.91万平方米。东直门机场联络线公园绿化新工工程9月15日竣工,绿化面积2.09万平方米,投资1217万元,种植常绿乔木237株、落叶乔木555株、灌木2255株、色块1.74万株、花卉9.8万盆、铺设草坪3.16万平方米。年内,完成绿化工程面积11.71万平方米,工程投资3548.68万元,其中城市绿化美化环境整治项目中绿化改造工程4个,工程面积3.28万平方米,工程投资1120.46万元;代办绿化改造工程6个,工程面积6.88万平方米,工程投资787万元;代办绿化新工工程3个,工程面积1.54万平方米,工程投资1641.22万元,

（周婷婷　任　壬
林淑文　张立荣）

【国庆景观】 年内,完成庆祝建国60周年景观布置项目工程17个,分为立体和地栽两部分,栽摆花卉68.81万株盆,其中地栽花卉布置在民族大道、安立路、三环路、四环路(朝阳公园桥～健翔桥)进行,栽植时令花卉32.71万株(盆),绿化面积7129平方米,投资157.84万元;立体花卉布置在中轴路、和平里西街、樱花西街、惠新西街的花架和花池,北四环路桥体、三环路长虹桥桥体、东四环路桥体,三环路农展桥花池,三环路花箱、安慧桥花树、安华桥花树、安定路、安立路进行,栽摆时令花卉36.1万盆,投资151.69万元。

（林淑文　张立荣）

【培训】 年内,对生产组、工程组全体人员进行为期25天的冬季树木整形修剪培训。聘请市园林绿化局教授级高工赵怀谦对各养护班长和业务骨干进行北京地区常见病虫害发生初期性状和防治方法培训。

（林淑文　张立荣）

绿化三队

【概况】 朝阳区绿化三队为全民所有制全额拨款事业单位。固定资产总值489.22万元。年内,养护道路绿地118条,面积188.5万平方米。养护乔灌木30余万株、月季9万株、草坪33万平方米。生产养护组设专人与监理“一对一”协作沟通,监督辖区内67条道路绿地养护工作。完成东坝中路、万红路两条路的成本核算工作。完成“国庆”期间绿化应急保障、奥运北园13万平方米改造工程、奥运南园26万平方米绿地加密环境保障工作。

地址:东风乡将台洼甲1号

邮编:100016

电话:84301803

（彭桂英）

【绿化工程】 4月14日,七棵树路绿化改造工程开工,绿化面积600平方米,铺装面积5000平方米,运走渣土1000立方米,运好土1000立方米,投资161.36万元,4月27日竣工。种植国槐415株,移植和采伐原有约30年树龄的200株杨树和柳树,并清除树根。7月10日,来广营北路绿化改造工程开工,绿化面积6.54万平方米,投资897.55万元,8月9日竣工。种植常乔560株、落乔837株、常灌281株、落灌1941株、月季7450株、色块4.25万株、宿根花卉6.74万株、草坪5.9万平方米、摆花3.37万盆。7月22日,东苇路北段路绿化改造工程开工,绿化面积5000平方米,铺装面积44.8平方米,投资106.98万元,8月20日竣工。种植落叶乔木22株、落叶灌木4980株、色块3.09万株、宿根花卉2.48万株、铺种草坪600平方米。

（秦　凯）

大黄庄苗圃

【概况】 大黄庄苗圃为全民所有制自收自支事业单位。职能为道路养护管理、园林绿化设计及施工、绿化苗木及花卉生产与销售。固定资产总值3184.2万元。年内,养护绿地面积287万平方米,其中特级道路绿地5条208.8万平方米,一级道路绿地16条64.6万平方米,二级道路绿地8条13万平方米。养护绿地内实有乔木6.23万株,灌木32.09万株,月季8.38万株。春季补植乔木2094株、灌木3861株、草坪6100平方米、月季3000株。防治病虫害347万平方米,未发现美国白蛾,无大面积病害虫害发生。参加区园林绿化局养护修剪比赛,4人次获奖。养护绿地规范用水,杜绝跑、冒、滴、漏,获北京市自来水集团稽查大队颁发的规范用水单位荣誉称号。绿化施工、道路改造用苗

130 万株。培育牵牛、串红、万寿菊等花卉品种 30 万盆,用于“五一”、“国庆”期间道路花卉布置。“国庆”期间,以串红、牵牛、万寿菊、海棠等品种对京通路、四环路等重点路段进行地栽、花坛摆放,完成地栽花卉面积 1.5 万平方米,节水设施改造 15 万平方米。

地址:大黄庄 35 号
邮编:100024
电话:65711286

(李　颖)

【苗木花卉生产】 年内,调整苗木花卉生产结构,引进苗木及培育花卉,形成以大规格乔木及果木类苗木为主的特色产品。引进大规格白蜡、法桐、雪松、银杏等优质品种 10 万株,文冠果、红叶鸡爪槭、石榴、樱桃、杜梨、山楂等观叶观果类苗木 5000 株。严格筛选引进树木,移植后立即采用叶面喷洒农药、树干粉刷石硫合剂等方式预防病虫害。引进树木树形优美,并具备吸滞粉尘、吸收二氧化硫、氟化氢等有害气体的能力树种。绿化施工、道路改造用苗 130 万株。

(李　颖　乔　燕)

【绿化工程】 7 月 1 日,通惠河南岸绿化景观工程(庆丰公园)开工,施工面积 5.9 万平方米,水系景观面积约 2000 平方米,9 月 20 日竣工。栽植乔木 1537 株、灌木 1616 株、色带苗木 1908 平方米、宿根花卉 1.1 万株、草花 745 平方米,摆花 1847 盆,铺设草坪 4 万平方米。7 月 10 日,来广营北路绿化工程开工,长约 2.8 公里,绿化面积 5 万平方米,工程投资 1633.3 万元,8 月 9 日竣工。种植乔木 2191 株、灌木 5076 株、色带 2878.7 平方米、宿根花卉 1.74 万平方米。7 月 22 日,后现代城绿化工程开工,绿化面积 1.37 万平方米,工程投资 225 万,8 月 15 日竣工。栽植乔木 358 株、灌木 396 株、色带苗木 4444 株、宿根花卉 7600 株、时令花卉 3 万株,铺设草坪 1.26 万平方米,完成铺装 190 平方米。7 月 22 日,博大路绿化改造工程开工,全长 2300 米,绿化面积 4.3 万平方米,投资 360 万元,8 月 20 日竣工。栽植常绿乔木 212 株、落叶乔木 201 株、常绿灌木 41 株、落叶灌木 897 株、色带苗木 1 万余株、花卉 1.13 万盆,播种苜蓿籽 4 万余平方米。全线铺设喷灌管道和打水源井。7 月 22 日,朝阳北路黄渠段外侧绿地改造工程开工,绿化面积 0.7 万平方米,投资 437 万元,8 月 10 日竣工。种植常绿乔木 81 株、落叶乔木 128 株、常绿灌木 2 株、落叶灌木 1460 株、绿篱苗木 5000 株,花卉 1.8 万盆,草坪 7000 平方米。7 月 22 日,三台山路绿化改造工程开工,绿化面积 5.5 万平方米,投资 522.93 万元,8 月 20 日竣工。种植常绿乔木 204 株、落叶乔木 702 株、常绿灌木 23 株、落叶灌木 1767 株、色带苗木 2.42 万株,花卉 2.3 万盆。7 月 28 日,东长安街延长线绿化改造工程开工,全线长约 17.5 公里,绿化面积 16.16 万平方米,8 月 26 日竣工。改造内容包括步道行道树、步道外侧绿地种植、铺装,以及该区域内栏杆、挡墙、道牙、树池箅子、配电箱护栏等设施的安装。种植乔木 1693 株、灌木 3.36 万株、色带苗木 13.29 万株,花卉 33.29 万株、绿篱苗木 1.91 万株、竹子 11.81 万株、攀缘植物 1503 株,草坪 15 万平方米。

(李　颖)

北花园苗圃

【概况】 北花园苗圃为全民所有制自收自支事业单位。年内,顺利通过 ISO9001 质量管理体系、ISO14001 环境管理体系和 OMS18000 职业健康安全管理体系的复审认证工作。完成花卉摆放任务 2 个,其中弘燕路进行地栽和容器花卉布置,栽植一、二年生花卉 2.67 万株;北辰西路地栽花卉总面积 1500 平方米。承担区园林绿化局四处植树纪念林技术指导工作,其中共和国部长林植树面积 5 万余平方米、区青年志愿者纪念林植树面积 1.8 万平方米、区新婚夫妇纪念林植树面积 2 万平方米、市武警总队首长纪念林植树面积 2 万平方米。养护道路绿地 94.61 万平方米,其中特级道路绿地 4 条,面积 14.57 万平方米;一级道路绿地 20 条,面积 71.16 万平方米;二级道路绿地 12 条,面积 8.88 万平方米。养护绿地内实有乔木 3.49 万株,灌木 10.04 万株。栽植、补植乔木 2072 株,灌木 8871 株,栽花 4.68 万盆,铺草 8275 平方米。苗木、花卉出圃合格率 100%,绿化工程施工养护苗木成活率 95%,绿化养护苗木成活率 98%。顾客满意率达 95% 以上。巡查班查处违章 200 余件,没收广告牌 70 余块,移伐各种树木 163 株,其中古树 16 株。

地址:高碑店乡北花园村南
邮编:100024
电话:87739429

(伏乃红)

【苗木生产】 年初,引进优质苗木 4412 株,有油松、法桐、紫叶李、樱桃、国槐、栾树、紫薇等 12 个品种。根据植物物候期,合理安排移植苗木 9286 株,其中落叶乔木 6947 株,主要树种有银杏、元宝枫、水杉、玉兰等;常绿乔木 672 株,主要树种有雪松、油松、白皮松、华山松、桧柏等;灌木 1667 株,主要树种有大叶黄杨、卫矛、紫薇等。先移植落叶乔木,再移植常绿乔木,然后花灌木。为节省土地,提高单位面积的产苗量,将部分灌木与乔木合理套种。苗木、花卉出圃合格率 100%。

(张继东)

【绿化工程】 3月15日,大望京公园景观工程开工,施工面积3万余平方米,工程投资400万,栽植华山松、油松等常绿乔木152株、垂柳、白蜡等落叶乔木403株、紫叶李、碧桃等落叶灌木1250株;铺设草坪2.6万平方米。4月1日,京沈高速绿化工程三期开工,施工面积5600平方米,投资355万元,4月11日竣工。栽植乔木30株、花灌木110株、色块3200平方米、宿根花卉1200平方米。4月1日,通州新城滨河森林公园南区六标段园林绿化工程开工,工程面积3.2万平方米,投资190万元,5月15日竣工。栽植油松、桧柏等常绿乔木449株,栾树、银杏等落叶乔木880株,榆叶梅、木槿等落叶灌木4311株,以及常绿灌木5852株。4月11日,弘燕路绿化改造工程开工,全长2.4公里,绿化改造面积8000平方米,4月25日完工。改造工程栽植黄杨、小叶黄杨球、丝兰、竹子5.5万株及时令花卉1600平方米。4月30日,劲松东延路道路绿化工程开工,施工面积2800平方米,工程投资120万元,5月29日竣工。栽植乔木123株、花灌木102株、色块500平方米、宿根花卉500平方米。7月10日,王四营边角白地绿化工程开工,施工面积4400平方米,其中绿化面积2000平方米,工程投资99万元,8月9日竣工。栽植雪松、油松等乔木94株,玉兰、海棠等花灌木183株,铺草坪1200平方米,时令花卉150平方米。7月22日,弘燕路绿化工程开工,施工面积1.35万平方米,工程投资467万元,8月20日竣工。栽植乔木22株、花灌木146株、色块3800平方米、宿根花卉1200平方米、时令花卉2800平方米、竹子2万余株。7月29日,西会公园绿化工程开工,施工总面积14.4万平方米,其中铺装面积9245平方米,绿化面积13.5万平方米,工程投资650万元,9月10日竣工。栽植乔木4198株,灌木4835株,铺设草坪1.04万平方米、时令花卉388平方米、宿根花卉797平方米、竹类220株。

(王晓维)

林业工作站

【概况】 朝阳区林业工作站是林业站、果树站、林保站、种苗管理站四站合一全额拨款事业单位。固定资产总值130万元。年内,重点防治美国白蛾、草履蚧、春尺蠖、国槐尺蠖等,全年防治6次,防治面积14万亩。产地检疫0.82万亩,发放植物检疫证及木材运输证925批次,11.5立方米。四率指标完成情况是成灾率0、无公害防治率100%、测报准确率98%、种苗产地检疫率100%。诱集美国白蛾成虫867头,美国白蛾幼虫危害树木52株,涉及10个乡镇、2个街道、34个村点社区,危害树种9种,与2008年相比,美国白蛾成虫数量明显增加,发生幼虫疫点数持平,危害树木株数明显下降。果树面积8296.25亩,年总产量282.28万公斤。增加农民就业1600人,逐步形成以郎家园枣为特色产业,以旅游、观光休闲于一体的都市果园。九大公园环建设及京城高速路都市型农业走廊建设为全区果树生产奠定基础。全区可供观光果园6个,引进名优枣品种30余个。全区接待观光采摘游客8000人次。全区初步形成以国有苗圃为主体,社会育苗为补充的苗木生产体系,种苗育苗面积8935.89亩,累计育苗488.8万株,出圃147.8万株。

地址:平房乡姚家园村84号
邮编:100025
电话:51193981

(陈树峰)

【区首家绿化专业化验室】 年内,区首家为绿化服务的专业化化验室开始运行。可用于绿地、林地、果园、苗圃生产土壤化验、植物营养诊断、配方施肥指导、肥料监测、园艺产品品质测定等业务,也可为绿化工程、养护、古树名木保护、林果和苗圃生产提供基础性服务。完成首项绿化土壤化验业务,找出大黄庄苗圃50多株毛白杨死亡原因,为技术人员提出解决问题的建议。区林业站化验室是北京市区、县级绿化(林业)部门建立的第一家为基层服务的专业性化验室,它的建成利于提高绿化、林业科学管理水平。

(张　丽)

【林木有害生物防控】 年内,做好林业有害生物防控工作,专项投入资金383万元,其中市、区两级投入资金50万元,街道、地区投入资金230万元,专业绿化队和公园投入资金103万元。除市站配备外,新购置黑光灯360台,累计达760台,美国白蛾诱芯200个、配备高中型打药机264台套、小型工具1300套、发放和使用各种防控药剂54吨,建立专业防治队伍55支,专业防治人员1100人。区林业站对奥林匹克森林公园、中心区、郊野公园、果园以及大型果品批发市场等地布置苹果蠹蛾监测点35个,悬挂诱捕器175个,其中每个点悬挂诱捕器5个。全年未监测到苹果蠹蛾成虫。

(张　磊)

园林绿化综合服务中心

【概况】 园林绿化综合服务中心为差额拨款行政支持类事业单位,内设部门11个。截至年底,在编人员18人,在职人员23人。年内,主要工作是清理、移交全区范围内代征绿地。

地址:朝阳北路147号院1号楼

邮编:100025
电话:85974268

(刘智勇)

【代征绿地移交】 年内,与北京电子城有限责任公司、北京莱福世纪置业有限公司等13家社会单位签署《代征绿地移交协议》,移交代征绿地38.72公顷。完成腾退并具备绿化条件的代征绿地110余公顷,包括北京中关村电子城建设有限公司、北京丰联房地产开发经营有限公司、等21个项目。

(刘智勇)

【绿地认养】 年内,与北京太平洋城房地产开发有限公司(太平洋城)、北京东方信远房地产开发有限公司等8家社会单位签署《认建认养绿地协议书》,交纳绿化经费1030余万元。

(刘智勇)

【绿化执法工作】 年内,勘查伐移树木现场140余处,下载伐移树木许可证严格进行批后监督500次,处理各类绿化违章违法案件50余起。通过对西大望路27号住宅及公建项目进行批后监督,移交代征绿地1万平方米。完成玫瑰郡、紫檀宫、十里堡危改小区以及北京市房地产经营公司4家单位绿地面积复核工作。

(刘智勇)

朝阳公园

【概况】 朝阳公园为市级综合性公园,面积288.7公顷,其中水面面积68.2公顷,陆地面积220.5公顷,建筑占地面积10.4公顷,道路广场铺装面积21公顷,绿化面积145公顷,其它占地面积44.1公顷。全园树木185618株。其中乔木49244株、灌木46710株、攀援89664株,绿篱5665米,色带33081平方米,竹子332平方米,月季8482平方米,宿根花卉11982平方米,草坪地被946034平方米。为国家AAAA级旅游景区。年内,继续贯彻执行ISO9000国际质量管理体系和ISO14000国际环境管理体系标准,并通过认证复审。公司设11个部门,所属基层单位有北京朝阳公园开发经营公司景区管理分公司、北京朝阳公园开发经营公司物业管理分公司、北京朝阳公园开发经营公司园林工程分公司、北京朝阳公园开发经营公司勇敢者游乐园、北京朝阳公园开发经营公司网球中心、北京朝阳公园开发经营公司沙滩主题乐园。全园职工总数1969人。年内,获庆祝新中国60周年华诞安全保障先进单位、首都庆祝中华人民共和国成立60周年游园活动优秀组织奖、国庆志愿者工作优秀组织单位、中华人民共和国成立60周年庆祝活动筹办工作最佳组织奖、首都“迎国庆讲文明树新风”活动先进单位、朝阳区“迎国庆讲文明树新风”活动先进单位、奥运会、健康北京来灭蟑行动、建国60周年庆祝活动病媒生物控制先进单位、2009年度首都国家安全工作先进单位等多项荣誉称号。全年接待游客575.1万人次。
地址:朝阳公园南路1号
电话:65940972
邮编:100125

(孔　雁)

【主题活动】 1月26日至31日,“朝阳传媒——2009第七届北京朝阳国际风情节”在朝阳公园隆重举行。以“情圆世界——福满京城”为主题,主打公益和欢乐牌,内容包括“寻找2009年新春最牛的全家福”、富有异国情调的文艺表演、欢乐总动员等丰富多彩的文化活动和中外风味小吃,活动接待游客36.5万人次。3月1日,国内首次“国际民防日”宣传活动在朝阳公园与市民见面,展示来自急救、消防、民防等各领域中最尖端的设备。此次活动由国家民政部、国家人防办和市政府主办,市民防局、市民政局、朝阳区政府承办。国防部部长梁光烈,民政部部长李学举,市长郭金龙等领导参加开幕式。4月4日,2009年李宁王子(北京)国际青少年网球排位赛第一站在网球中心开赛。本次赛事有参赛队员300余人,根据年龄段分为A组、B组、8岁、10岁、12岁、14岁、16岁、青年组及家庭混双组。赛事分三个周末进行至4月19日结束。4月5日,北京市2009年养犬集中年检动员暨文明养犬培训活动启动仪式在网球中心宠物园举行。朝阳区养犬办公室有关领导、各管片的警员、2007、2008年度文明养犬户500余人参加此次活动。活动现场朝阳区文明养犬管理办公室及兽医协会等多家单位就文明养犬的有关规定及相关法律、法规举办了现场咨询活动并向广大养犬爱好者发放宣传材料1000余份。4月19日,由小人国科技教育公司主办的儿童体验教育推广活动暨小精英创新思维游活动在朝阳公园办公区大厅内举行,城8区约20所小学的近百名学生和老师参加活动。活动通过放映幻灯片和聘请名师讲解等方式向来宾们推广体验教育。“小人国儿童职业体验馆”9月份在朝阳公园建成开放。孩子们可以在“小人国”内体验银行职员、医生、模特、警察等140余种职业。5月1日至3日,朝阳公园共接待游客132777人次,售门票99828张。5月1日至2日,“李宁FUNRUN超级晚”活动在朝阳公园成功举办,共有4000余名跑步爱好者参加为期两天的活动,此外著名歌手胡彦斌、许巍、许飞、张震岳等也前来助阵,与众多跑步爱好者共同分享李宁所倡导的“撒开跑,就快活”的快乐跑步理念。“撒开跑,就快乐”,李宁 FUNRUN 超级晚活动旨在以体验式的、有趣的方式推广长跑的健康新理念。此次活动内容丰富,有大家喜欢的趣味体验游戏、充满激情与快乐的 6km 夜跑及明星闪耀的音乐会,活动现场尽显“快乐、自由和无拘无束”的主题。5 月 1 日至 3 日,由新京报社主办的第一届青少年教育文化节,在礼花广场、下沉广场举行。在活动区域摆设展位,邀请专业教师、师资团队等与游客面对面,以互动形式进行咨询、沟通、交流教育方面的问题,受到广大游客的欢迎与好评。5 月 23 日至 24 日,“2009 欧洲文化节”在朝阳公园礼花广场举办。此次活动由区对外文化交流协会承办,旨在促进中欧文化交流与友谊,让中国大众进一步了解欧盟国家丰富而多元的文化,以及旅游、教育、商务等资源。活动召集了从北大西洋岛国爱尔兰到北极圈芬兰 27 个欧盟会员国前来参展。文化节包括开幕式、各国展台、舞台表演、美食街和网络摄影比赛五部分。其间奥地利的珍宝乐队、波兰著名钢琴演奏家安杰伊·格德金斯基、捷克的杰克摩尔乐队等 10 余个表演团体轮番登台,展现爵士、民族、摇滚等多种风格的欧洲音乐。来自德国的“假壳虫”乐队用中文演绎了甲壳虫乐队的经典曲目。6 月 6 日上午,由市委宣传部、市文化局、市文学艺术界联合会、区委、区政府主办的“北京市庆祝新中国成立60周年系列文化启动仪式暨开幕演出”在公园中心岛剧场举行。启动仪式由市委常委、宣传部长、副市长蔡赴朝主持。中央政治局委员、市委书记刘淇,市委副书记、市长郭金龙,市委常委、秘书长李士祥,市政府秘书长黎晓宏,区委四套班子相关领导、市宣传系统各有关单位主要负责人及各区、县主要领导出席仪式。市委书记刘淇宣布系列文化活动正式启动。市委副书记、市长郭金龙在启动仪式上致辞。随后,举行开幕演出。李双江等艺术家携手部分区县、院校合唱团体代表以及专业合唱团队的 500 名合唱演员,与来自各区县的 2000 余名群众合唱队员共同唱响《没有共产党就没有新中国》、《北京颂歌》等经典曲目。7 月 4 日,“百万英雄杯”——中国(悦动)山地户外大奖赛活动在公园北部园区举行。活动由新华跃动传媒集团携手国家体育总局登山运动管理中心、内蒙古电视台,共同打造的“后奥运时代”户外体育竞技大奖赛。北京地区赛程由北京世纪光年广告有限公司协办。比赛内容包括:长跑、山地户外运动知识问卷测试、山地户外运动基本技能测试等项目。6 月 7 日,一年一度的“行走天地间”慈善义走活动在全世界 70 个国家的 190 座城市举行。中国作为参与其中的国家之一,上海、北京、深圳等 25 个城市的 4000 人参加此次全球慈善义走活动。在北京,联合国世界粮食计划署的企业合作伙伴——天地国际运输代理(中国)有限公司到朝阳公园举行慈善义走的宣传活动。7 月 18 日上午,中南海爱心健走活动在公园南部园区举行。此次活动由北京青少年发展基金会、希望工程北京捐助中心和中南海爱心基金联合主办,旨在通过爱心捐助、爱心健走等活动,达到宣传社会和谐、团结友爱的目的。活动当日,由大学生、健走爱好者和社会大众组成的 1000 人的志愿者参加园内 6 公里健走活动。此次健走活动,北京是第一站,主办方还将陆续在石家庄、青岛、苏州、上海、重庆和遵义六个城市举行健走活动,历时一个月。8 月 21 日,“除四害、讲卫生、干干净净迎国庆”主题宣传日活动在公园南门广场举行。市爱卫会专职副主任孙贤理;市爱卫办主任刘泽军;区工会主席、市政管委主任、爱卫办主任尹秀峰等领导出席活动并讲话。现场,不少游客排队领取病媒消杀公司发放的除蟑螂蚊蝇药物及相关卫生知识宣传手册。8 月 26 日七夕夜,荷花池畔的 08 广场,温馨而浪漫,伴着优美的钢琴乐曲,薰衣草淡淡的芳香,28 对情侣爱意浓浓的步入这场求婚盛宴,在月光见证之下,许下一生的承诺。七夕,“月光见证,永恒瞬间”——西铁城北京月光求婚活动为时尚情侣提供一个深刻、激情的光彩瞬间。西铁城中国大客户部经理及多家媒体参加此次活动。8 月 27 日上午,区房管局“房屋政策咨询服务日”活动在公园南门广场举行。此次活动的主题是“改进作风、服务民生”,重点宣传房管各项政策知识、各种业务办理程序、法律法规知识。为市民提供房屋权属登记、拆迁政策、安全知识、中介市场管理、物业管理、政策法规、房改政策、住房保障、直管公房等 9 个方面的业务咨询,并向市民发放各种宣传资料。8 月 28 日,“终极篮徒”颁奖盛典活动在公园中心岛剧场隆重举行。现场明星荟萃,菲尼克斯太阳队球星史蒂夫·纳什以本次活动的形象大使身份出场;丹佛掘金队的安德森也来助阵;更有 NBA 啦啦队登场表演助兴。另外,部分演艺界明星也到场为获奖小选手颁奖。9 月 8 日晚,首届亚欧文化艺术节闭幕演出在公园中心岛剧场举行。此次活动由国家文化部、外交部、广电总局、新闻出版总署和市政府联合主办。闭幕演出中,来自中国、越南、塞浦路斯、罗马尼亚和爱沙尼亚等国家的艺术家,表演极具民族特色的节目,向首都人民展现绚丽多彩的亚欧民族文化风情。10 月 1 日至 3 日国庆游园活动,以“和平盛世、普天同庆、国泰民安、天地和谐”为主题,歌颂伟大祖国六十年来取得的辉煌成就。活动内容有文艺演出、体育活动、群众互动、展览展示、等活动,10 月 1 日晚举行国庆烟花燃放、国旗广场等活动,营造了欣欣向荣的节日景象;10月4日至8日由北京朝阳国际旅游文化节组委会主办2009北京朝阳国际旅游文化节活动,以"华诞乐章、欢乐朝阳"为主题,活动主要内容有立陶宛文化展、土耳其文化展、台湾美食展、巧娘一条街、儿童游乐会、特色旅游商品展示、国际美食品尝、北京汽车露营旅游创意展、游戏嘉年华、摩登天空音乐节等活动。为营造喜庆热烈、欢庆祥和的节日氛围,公园在南门内大草坪上展示了1000平方米的巨幅国旗,在公园内道路设置了600面路旗,五星红旗在蓝天白云、绿树红花的映衬下高高飘扬,游客置身于鲜艳的红色国旗广场之中。10月1日至8日,公园共接待游客37.5万人,10月18日,"2009北京康宁家庭日"活动在公园北堤桥大草坪举办,此次活动是北京康宁光缆公司为感谢全体员工及家属对工作的大力支持组织的一次家庭联谊会,活动内容包括背人跑、绑腿跑、跳舞等多项内容,现场气氛欢快、热烈和谐,本次活动有150余个家庭500余人参加。

(孔　雁)

【领导视察】 3月23日,区委书记陈刚视察朝阳规划艺术馆建设情况,观看北京伟景行数字城市科技有限公司制作的数字沙盘实例。5月11日和7月24日,副区长赵全保到朝阳公园就公园现状、未来发展方向、当前重点项目进展情况、亟需领导帮助协调解决的问题及世奥公司近期工作情况进行调研。听取"沙滩主题乐园"建设情况及8月1日北京电视台举办"北京海洋沙滩狂欢节"活动和公园绿化升级设计方案的汇报。7月29日,市公安消防总队领导到朝阳公园,对"国庆游园"消防安全保障工作进行调研。8月27日,区政协主席辛燕琴,副主席关三多到朝阳公园"沙滩主题乐园"进行视察。9月17日,区人大常委会主任王力军,副主任李国、于五一、孔德琴及区人大代表40余人对朝阳公园沙滩排球场赛后利用情况进行调研。10月21日区人大常委会主任王力军、区委副书记张洋、区委常委、常务副区长吴桂英和市、区人大代表122人视察朝阳规划艺术馆。并参观CBD东扩方案展、历史长廊、时代的辉煌(主展区)、数字沙盘等展区,在放映厅、4D影院观看反应朝阳历史、现状与未来3部影片。9月28日,区委书记陈刚到朝阳规划艺术馆进行视察。

(孔　雁)

【安全检查】 8月27日,市公安局治安总队内保处人员对朝阳公园监控指挥中心进行全面安全检查。8月28日,市国庆游园指挥部后勤服务组相关负责人对朝阳公园国庆游园活动后勤服务保障现场的准备工作进行检查。9月2日,由市旅游局综合与安全管理处领导带队的专家小组对朝阳公园4A级旅游景区游客服务中心、安全监控系统情况进行验收检查。9月17日,市领导牛有成、刘敬民、夏占义带领首都国庆筹委会联欢晚会指挥部、市体育局、市安监局、市公安局治安总队等有关部门对朝阳公园国庆游园文艺演出、群众互动、展览展示、景观布置场地及礼花燃放阵地现场的安保措施落实情况及国庆游园活动公共安全工作进行实地检查。9月28日,区领导陈刚、赵全保、阎军带领区委办、安监局、质监局、卫生局、绿化局、公安分局等相关部门领导到朝阳公园对国庆游园情况、远端集结安检点、礼花燃放点、万人广场文艺表演区、体育园科普展示区、世纪喷泉群众活动表演区、礼花广场土耳其旅游展示区、南门内大草坪国旗方阵进行现场检查。9月25日,市国庆游园指挥部安保交通组来朝阳公园就方案预案制定、实名制责任落实、临建设施、水域游船等安全制度执行、"大人流"数控措施开展联合检查,实地检查文艺演出、群众互动、展览展示、景观布置、游乐设施及重点防火部位情况。10月1日,区领导佟克克、赵全保、张春秀等到公园现场指挥国庆60周年朝阳区烟花燃放工作和天安门广场群众国庆游行远端集结工作。10月28日,由市交通运输局、崇文交通运输局、通州交通运输局等七家单位组成的检查组对朝阳公园水域游船安全服务规范达标情况进行综合检查。

(孔　雁)

【道路景观工程】 3月15日至26日,在东门、万人广场、体育园、樱花园周边、九米路南、宠物园、南北连通路、亮马河沿线、朝天轮外围栽植胸径10–18厘米毛白杨行道树,计368株。工程投资10余万元。

(孔　雁)

【更换草坪】 4月13日,为配合"五一"黄金周活动,创造优美的游园环境,绿化保洁公司投资50余万元,对南门大草坪及周边主要道路沿线的草坪进行更换,完成30000余平米平整土地、更换草坪的任务。

(孔　雁)

【中心岛剧场景观工程】 4月18日,绿化保洁公司进行剧场周边环境景观改造。投资20余万元,历时月余。以蜿蜒曲折、造型丰富的大叶黄杨、女贞、北海道黄杨、沙地柏为绿篱和色带,配以2500余平方米草坪,突出规整、简洁的绿化风格,与珍珠剧场有机结合。

(孔　雁)

【春季花卉栽植】 4月,绿化保洁公司投资110余万元,进行春季花卉栽植,共计栽植几十余个品种40

余万盆花卉的栽植。引入了黑心菊、红花八宝景天等新颖花卉品种。

(孔 雁)

【沙滩区景观工程】 6月初至7月底,绿化保洁公司建设沙滩浴场配套绿化工程,结合原有周边绿化景观,投资30余万元,逐步对沙滩浴场周边进行特色绿化,引入狼尾草做内外景观,栽植便于管理的宿根花卉如黑心菊、蛇鞭菊、萱草、鸢尾等,铺植草坪2800平方米,完善大量水生植物,施工面积7000余平方米,形成鲜花环绕、绿树成荫的美景。

(孔 雁)

【七彩乐园景观再造升级】 7月,投资10余万元,对主要入口处绿化作了升级改造,运用置石、苏铁、鸢尾以及混色应季花卉,运用小品式栽植手法,营造了新颖的绿化小品景观。同时进行周边色带、草坪的完善栽植,整体施工面积达2500余平方米。

(孔 雁)

【国庆绿化造景工程】 8月1日至9月15日,投资700余万元,完成10大区域,面积42000余平方米、40余个品种的花卉栽植,形成繁花似锦、风格各异的花卉展示区。

(孔 雁)

【郡王府停车场周边绿化】 8月27日至9月20日,完成停车场近5000平方米配套绿化建设,栽植绿篱400平方米,嵌草砖栽植3100平方米,树木移植,投资约23万元。

(孔 雁)

【朝阳规划艺术馆配套绿化】 9月20日至10月12日,为配合朝阳规划艺术馆开馆,绿化保洁公司进行周边环境整治和绿化美化工程,投资17万元,施工面积4000平方米,进行色带栽植、草坪铺设、摆放花卉等工程建设。

(孔 雁)

【消防安全培训】 8月20日,举行国庆60周年游园活动及"十一"黄金周的消防安全培训,基层各单位中层干部、主管及安全员参加培训。区消防支队警官利用案例进行安全讲解,重点对电器进行检查,严禁超负荷用电;对于活动前进场施工的单位,要严格落实用电、用火的审批程序;要进行节前消防隐患检查和消防演练,确保国庆游园、"十一"黄金周活动安全无事故。

(孔 雁)

【应急预案演练】 9月3日,举行过山车突发电气故障应急预案联动演练。国家质检总局、市质监局、区质监局领导及合作项目负责人等对此次演练进行观摩。

(孔 雁)

【重点区域进行地被升级改造】 年内,结合体育园等重点区域开展地被植物改良工程,更换耐荫丹麦草,结合冷季型草坪圈边,提升绿化景观。工程投资80余万元,完成地被改良20000余平方米。

(孔 雁)

中华民族园

【概况】 中华民族园属自收自支、独立核算、自负盈亏的民办事业单位。内设行政、人事、财务、物业、安保、工程技术、活动、环境、文物、信息、社教、经营、餐饮13个部门。截止年底,全园在职职工423人,经营收入616万元。有绿地面积17.26万平方米,绿化覆盖率20.6%。实有树木194815株,其中乔木4455株、灌木9026株、月季类1716株、攀援5768株、竹子173850株,草坪2万平方米,宿根花卉3万株,庄稼地2800平方米,种植农作物18种25个品种。年内,完成游客中心主体建筑改、扩建工程,新建汉族四合院景区,鄂伦春景区内新建木楞房主展厅等建设工程。被朝阳区旅游局评选为文明旅游景区。全年接待游客14.85万人次。

地址:民族园路1号

邮编:100029

电话:62063646

(汪 昆)

【朝鲜总理金英日来访】 3月20日下午15:00－16:00,朝鲜人民主义共和国内阁总理金英日一行到中华民族园参观游览,受到少数民族演员热情接待。

(汪 昆)

【捐赠文物仪式】 4月16日,在藏族景区举行"社会人士向中华民族博物院捐赠文物仪式"。捐赠人士代表:关堰先生、钱均女士等现场讲述自己所捐赠文物的故事。中华民族博物院王平院长、朱联根副院长为捐赠者颁发证书和赠送纪念品。

(汪 昆)

【五一劳动节民族联欢】 5月1日至3日,举办"民族团结——少数民族联欢"系列活动,内容有"傣族泼水狂欢"、"羌族祭山会"、"白族三月街"民族节庆活动。同时还推出民族特色演出"少数民族服装秀"、"少数民族民歌会"等节目。五一接待游客近万人。

(汪 昆)

【爱北京、照北京摄影活动】 5月6日,由"爱北京、照北京"摄影比赛组委会组织40多名部队师级以上退休领导及北京市部委处级退休干部100人到中华民族园参观拍照。为少数民族绚丽的服饰表演拍摄多幅作品。

（汪 昆）

【文化交流】 5月19日，波兰ISTEBNA民谣演奏组15人在傣族景区的曼飞龙塔前进行波兰传统民族乐器、舞蹈、歌曲等演出。演奏了小提琴、西里西亚传统风笛和牧羊人使用的号角和笛子、中提琴、低音提琴等乐器。然后观看本院少数民族表演，并与少数民族演员一同跳民族集体舞。

（汪 昆）

【欢度端午节】 5月27日，端午节前夕，在羌族景区，来自汶川茂县的羌族演员为答谢社会各界人士对家乡地震灾区救助，准备了具有民族文化特色的端午节活动。当日进园参观的游客近万人。

（汪 昆）

【千人歌咏大赛】 9月24日，由中央新闻总署和中华民族园联合主办的“民族同庆歌唱祖国”千人歌咏大赛在三塔广场举行。新闻出版总署领导等出席活动。著名朗诵艺术家殷之光、中央电视台著名主持人海霞应邀担任嘉宾主持。

（汪 昆）

【庆祝建国60周年活动】 10月，为庆祝新中国成立60周年，在“十一”期间推出“民族团结祝福祖国”系列文化演出活动。节日期间，举办有傣族开门节、苗族刀杆节、土族婚俗、白族婚俗、藏族婚俗、羌族庆丰收、蒙古族婚俗、佤族新米节、纳西族庆丰收等。还有少数民族歌舞表演、少数民族原生态红歌会和各民族服装秀等大型演出活动。

（汪 昆）

【鄂伦春族博物馆开馆】 10月16日，由中华民族博物院与黑龙江省呼玛县委县政府共同建造的鄂伦春族博物馆开馆暨鄂伦春文化宣传周启动仪式举行。全国政协、国家民委、市文物局的有关领导；北京鄂伦春族各界人士等共百余位各方嘉宾出席开馆仪式。来自呼玛县的白银纳鄂伦春民间艺术团进行民族风情歌舞服饰专场演出。

（汪 昆）

【景区建设】 3月至8月，翻建鄂伦春景区，此项工程为本院与黑龙江省呼玛县委县政府合作，在原来的鄂伦春景区内新建180平方米木楞房展厅，翻建鄂伦春传统建筑斜仁柱两座，25平方米。室内陈列鄂伦春传统文化展，展览展线长75米，陈列面积137.85平方米，展出文物64件套。建筑投资35万元，展览投资15万元。4月至10月，翻建柯尔克孜、裕固、鄂温克、哈萨克族毡包，把位于南园蒙古大草原柯尔克孜、裕固、鄂温克、哈萨克族布质毡包翻建成为砖结构毡包，室内原状陈列布置。建筑总面积130平方米，建筑投资10万元，展览投资5万元。7月至9月，维修纳西族建筑群，翻修屋顶、粉刷墙壁、油漆门窗等，维修面积2400平方米，投资30万元。6月至8月，翻扩建游客中心，占地面积100平方米，建筑面积88.3平方米。投资12.33万元。主体建筑位于北园正门内西侧，钢筋砼框架结构，外形藏式风格，与藏族景区环境融为一体，与公园内环境相协调，目前可提供导游接待、信息咨询、救援救助、视听设备、旅游纪念品等相关服务。6月开工至12月，老北京四合院工程建成。四合院位于北园东北角，为砖木结构汉族两进四合院样式，占地面积620平方米，建筑面积524平方米。投资210万元。9月开工至10月，乌兹别克景区建成。乌兹别克景区位于南园大草原南部，为砖结构毡包式建筑，建筑面积28.26平方米。投资2万元。10月，翻修水族景区建筑屋顶，施工面积480平方米，投资20万元。年内，更换园内部分草木结构民居屋顶茅草，包括朝鲜族、门巴族、珞巴族等，投资5万元。维修园内广场、道路面积500平方米，投资10万元。

（汪 昆）

【修剪工作】 11月，两场大雪来势急、雪量大，导致部分竹子倒伏、折损，部分乔木枝头折断，灌木密生枝损伤。针对以上情况，对受损植株进行修剪，整理树冠、树形。冬季对园内主要乔灌木开展大规模整形修剪工作，修剪乔木1832株，灌木4500株。

（汪 昆）

【绿化普查】 年内，配合市绿化普查工作，顺利完成普查任务。普查绿地面积23.6万平方米，对4455株乔木、9026株灌木、21641平方米的绿地、月季、宿根花卉、攀援植物进行测量普查。

（汪 昆）

环 境 管 理

【概况】 朝阳区环境保护局是区政府领导下的环境保护专职机构,负责辖区内环境管理工作。年内,实现奥运会后本区环境质量不滑坡、环境监管标准不降低、污染物防治力度不减弱的工作目标;为全区社会、经济发展和建国60周年庆祝活动提供可靠环境保障;全面落实第十五阶段控制大气污染各项措施;二级和好于二级天数提前超额完成市政府指标并创历史最佳水平;全国第一次污染源普查圆满完成;高安屯卫生填埋场大气污染物自动监测系统建成并投入运行;处理3256件噪声、异味、油烟等污染扰民信访投诉案件;开展整治违法排污企业保障群众健康环保专项行动;在全市率先开通建设项目网上审批,为重大项目环境审批开辟绿色通道;持续开展系列绿色创建活动和环境保护宣传教育工作;完成环保部和市环保局下达的各项工作任务。

地址:农展南路5号

电话:65085178

邮编:100125

(胡朝颖)

【尾气污染监管】 1月12日,区环保局牵头,协调商务、财政、交通等部门在本区行政办事大厅设立黄标车淘汰和汽车以旧换新补助资金申领联合服务窗口。年内,为3676辆黄标车办理淘汰手续,为4辆车办理以旧换新手续,发放补助资金1949.16万元。同时,加大机动车尾气监管力度,采取路检、路查、夜查、入户抽查等方式,累计检测机动车322129辆,合格321221辆,尾气合格率99.9%。

(胡朝颖)

【扬尘污染防治】 1月,召开环保、建委、城管等12个部门参加的"朝阳区2009年扬尘控制工作会议"。年内,强化"朝阳区扬尘污染防治检查监督组"机制,加大国控子站周边及CBD重点地区的检查频次和执法力度,在全区范围内继续开展"绿色工地"创建活动。不利于污染物扩散气象条件时,及时启动保证二级天联动机制。出动740人次,检查工地897个次。

(胡朝颖)

【油气回收治理】 3月,开展加油站油气回收系统专项执法检查,更新台账,完善单位自查自律制度,检查加油站、储油库1513个次,对53家存在违法行为的单位依法进行处罚,确保挥发性有机污染物达标排放。

(胡朝颖)

【辐射安全监管】 3月,投资138万元配备车载移动伽马巡测能谱仪系统,在全市十八区县中率先具备辐射环境移动巡测能力。9月至10月,区环保局联合公安部门对本区16家单位的121枚国庆期间停用的放射源实施集中存贮管理。年内,开展辐射安全隐患排查,出动166人次,对48家放射性同位素生产、使用、存储、销售单位逐一进行安全隐患排查。

(胡朝颖)

【环境监测】 3月,区环保监测站通过市质监局与市环保监测中心组织的实验室计量认证评审。年内,监测污染源单位2813家,取得监测数据28195个。

(胡朝颖)

【防控甲型H1N1流感疫情】 5月,成立加强甲型H1N1流感疫情防控工作领导小组,启动环保、卫生等部门联动机制,组成11个联合检查组,对本区医疗机构进行全面执法检查,检查医院199家次,医疗废物集中处置单位5家。加强辖区内定点隔离场所(国门饭店),定(备)点医院(三间房医院、黑庄户医院)以及156家一级以上医院排放废水监测,实时监控医疗污水排放情况。

(胡朝颖)

【环保专项行动】 5月起,区环保局牵头协调区发改委、区建委、区农委等12个部门,开展整治违法排污企业保障群众健康环保专项行动。出动68041人次,检查企业7604个次,对39家存在环境问题的单位进行立案,限期改正77项,依法取缔无证经营110家,行政处罚27万余元,对3家企业环境污染问题进行挂牌督办。

(胡朝颖)

【污染源普查】 6月3日,通过北京市第一次全国污染源普查工作验收,17项验收考核指标全部达到A级水平。年内,开展污染源普查数据综合分析、审核数据、收集整理档案328本、组织和参与污染源普查工作总结和技术工作总结等工作。

(胡朝颖)

【填埋场大气污染物监测】 7月,区投资近500万元,建成全市乃至全国首个具有对卫生填埋场大气污染物24小时在线监测功能的环境监控系统——高安屯卫生填埋场大气污染物自动监测系统。并通过国家环保部环境监测总站、市环境监测中心、市环境科学研究院等部门组成的专家组验收。该系统建成为垃圾填埋场大气污染治理,和政府妥善解决污染扰民问题提供依据。

（胡朝颖）

【环境信访和建议提案】 8月4日,区环保局正式成立朝阳区人民内部矛盾调处中心环保局分中心。年内,实施信访"零积压"工程,累计处理环境信访3256件。承办6件人大建议、政协提案全部办理完毕,满意率达100%。

（胡朝颖）

【环境突发事件应急处置】 9月30日晚18:00至10月2日早8:00启动环境突发事件一级响应,应急突发事件处理人员全天候应急值守,采取环境应急监控中心24小时不间断在线监控、高安屯卫生填埋场空气状况24小时连续监测、加油站油气回收装置检查以及辐射安全"零报告"等措施,做好国庆环境安全保障。年内,及时处理六里屯双兴小区6号院2号楼危险化学品泄露等3起突发环境事件。

（胡朝颖）

【行政审批和建设项目验收】 年内,对涉及扩大内需的重大项目开辟审批"绿色通道",借助网上审批系统转变工作模式,接到行政许可申请5307件,做出行政许可决定2036件,其中审批批复1539件,验收批复497件,未发生行政复议情况,保持项目审批零差错。

（胡朝颖）

【污染源排污申报和征收排污费】 年内,完成本区1604家污染源审查报表、核定排污量、数据录入、数据汇总、上报等工作。对其中的295家排污单位核定排污量、征收排污费,征收超标排污费79.9万元。

（胡朝颖）

【完成二级天指标】 年内,深入控制"三种污染"(机动车污染、工地扬尘污染和垃圾填埋场污染),有效实施"两类治理"(工业污染治理和燃煤污染治理)。农展馆子站二级和好于二级天数284天,二级天比例77.8%;奥体中心子站二级和好于二级天数269天,二级天比例73.7%,完成市政府下达的71%二级天任务指标。

（胡朝颖）

【燃煤锅炉改造】 年内,对本区20家75台2495吨大吨位燃煤锅炉进行摸排,帮助有改造意向的企业协调办理管线、路由、气源等相关手续以及施工设计方案,改造燃煤锅炉总吨位达到49吨。对常年运行的29家燃煤锅炉使用单位建立工作台账,进行监督性监测。与区农委联合,完成城乡结合部地区型煤替代散煤试点工作。

（胡朝颖）

【环保宣传】 年内,在各类报纸和媒体上镜上稿62篇,制作播出《环保朝阳》专题节目35期;在朝阳报编印"六·五"世界环境日专刊;继续开展绿色学校创建活动;与区教委联合组织开展小学生"我爱地球妈妈"演讲比赛;指导各街乡和辖区单位开展环保公益活动。

（胡朝颖）

环境卫生

【概述】 朝阳区环境卫生服务中心是区属全额拨款的正处级事业单位,主要负责全区环境卫生服务性、技术性和事务性工作,担负着全区主要干路的清扫保洁、喷雾降尘、垃圾清运、粪便抽运及处理、公厕管理与保洁等环卫作业生产工作。中心下设环卫一、二、三、四队,第一、二、三、四清洁车辆场和环卫服务开发中心九个基层作业单位。年内,完成干路清扫987条、面积约2751万平方米,保洁过街天桥133座,保洁清掏果皮箱8100余个,干路机扫和喷雾降尘各1715万平方米、道路冲刷1417万平方米,垃圾清运120万吨,粪便清运31.8万吨,管理保洁公厕959座、垃圾楼235座。完成春冬季扫雪铲冰工作。承担"两节"、"两会"、"五一"、"十一"黄金周、中央和市领导到本区考察等重大节日和活动的环境卫生保障工作。

地址:香河园中里

电话:64628653

邮编:100028

（邢　伟）

【环卫服务保障】 1月和春节期间,环卫中心采取多项措施加大环境保障工作力度,为本区境内的东岳庙庙会、朝阳公园国际风情节及街乡各种群众性文化娱乐活动提供优质的环卫服务保障,为广大市民节日生活提供舒适、整洁的市容环境。节日期间,清运生活垃圾及烟花爆竹屑2.8万吨、粪便6千余吨,出动车辆6千余车次,清除非法小广告5万余张,清除白色污染及树挂13万余处,加班加点职工3万余人次。3月,全国人大、政协两会期间出动环卫职工6.5万余人次,出动各类环卫车辆(包括扫尘车、洒水车、垃圾清运车、粪便清运车等)近1.7万车次,清运粪便1.2万余吨,清运垃圾6.2万余吨,清理白色污染近9万处,小广告16万余张,为代表团驻地周边和代表出行主要道路提供环卫服务保障作业。"五一期间",出动环卫职工2万余人次,各类作业车辆7500车次,清运垃圾1.2万吨,抽运处理粪便2400吨,清除小广告20余万张,清理白色污染和树挂近14万处,为广大市民节日生活提供舒适、整洁的市容环境。8月28日晚,国庆阅兵演练正式举行。在此期间,中心加强游行群众集结地周边和游行线路的环卫作业,根据实际环境状况,采取措施,调度增派人手和增设环卫设施做好应急备勤。出动保洁人员130人,多功能清扫车3部,压缩式垃圾清运车2部,抽车3部,摆放临时公厕125座,垃圾桶16个,经过昼夜奋战于29日凌晨完成国庆阅兵演练期间的环卫服务保障工作。建国60周年庆典活动期间,出动保障人员310人、保障车辆10辆,提供移动公厕94个、摆放垃圾桶105个;应急备勤人员45人,应急车辆6辆。"十一""中秋"黄金周期间,出动5.8万余人次,各类作业车辆9300余车次,清运垃圾2.9万余吨,清掏抽运粪便5300余吨,清除小广告6.5万余张、白色污染及树挂6.7万余处。

(邢　伟)

【协助处理央视配楼火灾事件】 2月9日晚21时许,地处东三环京广桥附近的央视新大楼北配楼发生火灾。在区政府的紧急调动下,环卫中心出动相关人员与作业车辆赶赴现场执行京广桥至小庄路口路段的清理工作。截至2月10日晚17时,出动人员150人,各种作业车辆14部,完成清理任务。

(邢　伟)

【扫雪铲冰工作】 2月17日凌晨3时起,普降小到中雪。按照北京市规定的"蓝黄橙红"预警机制,环卫中心紧急启动黄色扫雪铲冰工作预案,从凌晨4时起开始备勤,组织200人的作业小组和50人的应急队伍,预备干撒式融雪剂200余吨,水溶式融雪剂300吨,多功能融雪车4辆,抛洒车4部,融雪水车20部。融雪工作采取以机械化除雪为主、人工抛洒融雪剂为辅的措施,对所辖干支路根据雪情进行融雪作业,对人行步道、过街天桥、车站、路口及公厕门前实施人工清雪除雪作业,对二类以上公厕门前及残疾坡道处均铺设防滑地垫,达到无漏段、无积冰、无残雪、路面见底标准。11月1日、9日晚至10日、12日,连降三场雪,雪量大、持续时间长。面对巨大的融雪除雪压力,中心采用人工抛洒融雪剂为主,机械化除雪为辅的方式,调动一切力量投入到扫雪铲冰工作中。在第一时间启动扫雪铲冰工作预案,各场、队作业人员放弃休息,全部投入扫雪铲冰工作,对所辖干支路、人行步道、过街天桥、车站、路口及公厕门前实施人工清雪除雪作业,对二类以上公厕门前及残疾坡道处铺设防滑地垫,保障雪天道路的畅通。出动作业人员5500人进行人工除雪推水,出动车辆26部(4部多功能除雪车,22部融雪剂喷洒车)215车次,抛洒融雪剂1800余吨。

(邢　伟)

【甲型H1N1流感防控工作】 5月初,采取多项措施部署甲型H1N1流感疫情防控工作,制定防范措施,将防控工作落实到每一名职工;严格遵守"四早"的工作原则,即早发现、早报告、早隔离、早治疗,严防死守做好甲型H1N1流感的防控工作;为每座垃圾楼和公共卫生间重新配备消毒液,做到勤打扫勤消毒。

(邢　伟)

【专业融雪剂搅拌站通过验收】 6月1日,位于姚家园的本区第一座专业融雪剂搅拌站通过相关部门的验收。搅拌站建筑面积296.49平方米,配有2000立方米的融雪池,可以处理最多2000吨融雪剂,可同时给6辆10吨融雪车灌注融雪剂,灌注时间不超过5分钟。

(邢　伟)

【快速机动保洁队】 6月26日,成立一支150人的快速保洁队伍。保洁队的每位队员都配发一辆电动自行车及相应的保洁工具,负责对区内43个重点地区、228条重点道路近1500万平方米的道路实施无缝保洁,对中心区所辖繁华路段、公交站点、商场等区域进行快速巡回保洁,做到平均10分钟巡回一次,全天候保洁45次。

(邢　伟)

【检查北小河粪便处理站】 7月9日,区长程连元带队检查北小河粪便处理站的安全运行及有限空间作业的防护情况。在检查中程连元就有限空间的作业流程和安全防护进行详细的询问,对北小河粪便处理站的安全运行工作给予充分肯定,并就进一步加强有限空间安全作业提出要求。

(邢　伟)

【启动应急预案应对工体购票潮】 10月31日,在工体售票处有近千名群众连夜排队购买北京国安足球比赛的门票,为做好周边道路及环卫设施的保洁工作,按照区领导的指示精神,环卫中心紧急启动相关应急预案,增派人手和车辆设备,于10月28日凌晨起加大对工体北路、西路、南路和新东路等路段的清扫降尘力度及公厕的保洁力度,将每条道路原来的16名保洁人员增加到36人,同时延长作业时间,增加巡回保洁次数,为售票工作做好环境保障服务。

(邢 伟)

垃圾无害化处理中心

【概述】 朝阳区垃圾无害化处理中心为区直属全民所有制全额拨款事业单位。1月,被市发改委列为"北京市首批循环经济(园区类)试点单位"。全年,高安屯卫生填埋场消纳居民生活垃圾53.66万吨,其中:(原生)37.65万吨,消纳焚烧电厂残渣16.01万吨;生活垃圾焚烧发电厂焚烧处理居民生活垃圾52.83万吨。年内,卫生填埋场处理渗沥液17.60万吨,其中:车间自行处理15.16万吨,外运处理2.44万吨。填埋气处理4205.63万立方米,其中:收集利用135.68万立方米,占产气量的3%,用于办公及生产车间等区域供电供暖。生活垃圾焚烧发电厂实现上网发电1.1亿度。医疗垃圾焚烧厂焚烧处理医疗废弃物0.76万吨。市发改委授予朝阳区垃圾无害化处理中心"北京市循环经济试点单位"牌匾。

地址:金盏乡高安屯村

电话:65417429

邮编:100024

(顾来茹)

【卫生填埋场异味治理】 2月6日,启动高安屯卫生填埋场异味治理提升工程。4月21日,相继完成填埋场供水供电工程,填埋堆体新增66口集气竖井、14口集渗井及1条主盲沟、7条支盲沟的污水导排工程,在填埋堆体20万平方米区域进行雨污分流工程,改进导气管的铺设方式。高安屯卫生填埋场4套燃气火炬全面建设完成,4套火炬每小时最大处理能力可达到6000立方米,提高了燃烧效率,有效控制和减少了气味扩散,同时增加火炬系统的安全性。4月21日,中心召开专家论证会,市环卫设计科研所教授级高级工程师吴文伟、高级工程师王建民,城市建设研究院所长康振同,北京环卫集团高工王进安,清华大学研究员岳东北,市渣土管理处高工王树国等7位与会专家一致认为:针对填埋场恶臭问题,突破传统设计标准,采取导气井加密、表面膜覆盖、负压收集沼气、封闭火炬燃烧等主动强化控制措施,完善沼气收集处理系统,沼气收集率明显提高,从源头降低无组织排放臭气量,有效控制了填埋场臭味。

(顾来茹)

【领导调研】 2月11日,市市政市容委主任陈永及相关处室工作人员到垃圾处理中心调研。陈永一行听取了关于高安屯城市固体废物综合处理园区规划情况介绍,详细询问园区内各项处理设施的建设使用情况,重点了解了园区内各项目水、气处理及能源循环利用情况。陈永强调,一定要合理规划,加快焚烧二期工程等项目建设,使垃圾得到集中处理、综合利用。5月5日,区长程连元到垃圾处理中心调研。副区长赵全保及有关部门领导陪同。视察高安屯卫生填埋场作业现场和试运行的高安屯生活垃圾焚烧电厂。程连元肯定垃圾处理中心前段综合整治取得明显效果,要求认真研究应对极端天气和控制异味污染的措施和办法。5月15日,区人大常委会主任王力军率队到垃圾处理中心调研视察。赵全保李国、于五一参加调研。王力军一行视察了高安屯卫生填埋场作业现场和渗沥液处理车间;在高安屯焚烧发电厂中控室详细了解焚烧处理工艺流程;王力军和与会代表提出要继续加大资金投入,加快综合处理项目、餐厨垃圾处理项目建设;加快焚烧厂建设,加大焚烧处理率,加强对焚烧处理设施的监管及排放气体的监测等意见和建议。5月22日,区政协主席辛燕琴率队到垃圾处理中心调研视察。副主席刘乃晨、高向宇参加调研,副区长赵全保等陪同调研。辛燕琴主席一行视察高安屯卫生填埋场作业现场和渗沥液处理车间;参观垃圾处理中心2009年新增除臭工艺内燃式大功率火炬系统;在高安屯焚烧发电厂中控室详细听取垃圾焚烧处理工艺流程。垃圾处理中心主任吴选辉就园区环境综合治理进行了汇报。辛燕琴代表政协提出继续转变观念,有效推动垃圾处理资源化利用;加大投入,特别是科技创新投入;垃圾处理工作应引起社会广泛关注,形成良好社会氛围;应从生产源头上减少垃圾产生量,减少过度包装、铺张浪费;政协委员要继续发挥作用,积极为垃圾处理工作建言献策;加强宣传力度,使老百姓支持、理解政府工作等建议。5月26日,市人大常委会主任杜德印,副主任刘晓晨,秘书长唐龙和10名议案领衔代表就"关于提高垃圾收集处理现代化水平,建设宜居城市"议案办理情况进行督办调研,副市长黄卫、区长程连元、区人大常委会副主任闫学峰、李国及市、区相关部门领导陪同调研。杜德印一行视察高安屯卫生填埋场作业现场,在现场听取了关于朝阳循环经济产业园规划情况介绍和高安屯卫生填埋场运行情况汇报。杜德印对朝阳循环经济产业园建设和管理情况予以充分肯定,同时提出要发挥政府部门对垃圾处理管理的杠杆作用,要提高垃圾处理循环利用水平和垃圾收集处理现代化水平,建设宜居城市等意见。6月24日,市长郭金龙到朝阳循环经济产业园调研。副市长黄卫,市政府及相关部门领导参加调研,区委书记陈刚、区长程连元、副区长赵全保等领导陪同。郭金龙一行察看循环经济产业园规划沙盘,听取关于循环经济产业园规划情况、园区项目建设情况及高安屯卫生填埋场异味防控工作情况的汇报。视察高安屯卫生填埋场作业现场和填埋场配套设施填埋气收集处理系统和渗沥液处理车间,到高安屯医疗废物处理厂和高安屯生活垃圾焚烧厂察看运行情况。11月20日,市政协城建环保委主任张燕生一行就“餐厨垃圾处理设施建设”重点提案到垃圾处理中心视察督办。与会领导视察园区运行项目,听取关于朝阳区餐厨垃圾处理情况工作汇报,并进行座谈。政协委员对加快垃圾资源化处理、推进垃圾处理产业化、加强垃圾处理工作宣传等方面提出意见和建议。

(顾来茹)

【餐厨垃圾处理厂工程】 4月22日,高安屯餐厨垃圾处理厂工程开工建设。由市、区两级政府投资,投资金额1.5亿元,处理规模为400吨/日,项目采用微生物资源循环技术处理工艺,整个工艺过程为预处理、生化处理和后处理三部分,餐厨垃圾经微生物资源循环技术处理后获得的再生菌群经过多次发酵后再制成生物蛋白饲料和微生物肥料菌剂。

(顾来茹)

【卫生填埋场配套设施工程】 6月18日,高安屯卫生填埋场防雷工程(一层平台)通过竣工验收。6月24日高安屯卫生填埋场渗沥液二期通过竣工验收正式运行。工程于2007年10月18日开工,处理能力为350吨/日,处理工艺同一期,采用膜加生化法处理。总处理能力达到550吨/日。9月19日高安屯卫生填埋场填埋气二期工程通过竣工验收。该工程于2008年6月25日开工建设,装机容量500千瓦/小时。总装机容量达到1000千瓦/小时。10月23日,实施环境景观提升工程。主要项目包括:示范小花园、中心庭院提升改造、填埋场一层平台和外围30米绿化带、喷灌系统等。

(顾来茹)

【朝阳循环经济产业园正式开放】 7月2日,朝阳循环经济产业园召开新闻发布会,向社会公布,通过预约形式,于每周三下午组织居民群众参观园区,居民可以到设施处理一线零距离实地参观,现场观看居民生活垃圾消纳处理过程。新闻发布会后,北京市各大媒体记者作为首批体验者,乘坐中心大巴车参观园区,一致对园区发展建设情况表示肯定。7月8日,朝阳循环经济产业园首次对外开放。通州安顺北里小区、芍药居北里小区、北京泰和保兴房地产开发有限公司、清华大学研究生院等居民和社会单位,以及《人民日报》、《法制晚报》、《瞭望周刊》、《朝阳报》、《朝阳有线》等媒体参加了园区对外开放参观活动。参观活动主要有:观看区市政市容委、垃圾处理中心共同制作的《朝阳区城市固体废物处理专题片》,统一乘车参观高安屯卫生填埋场作业现场、填埋气收集利用车间、渗沥液处理车间。向参观群众发放环保宣传册、环保袋等宣传品,派工作人员随车讲解园区规划建设情况、高安屯卫生填埋场作业及异味防控工作。

(顾来茹)

【科研与实习基地】 11月至12月,朝阳区垃圾无害化处理中心先后与中国农业大学、中国科学院研究生院、清华大学环境科学与工程系、北京大学环境科学与工程系确立科研与实习基地关系。

(顾来茹)

科技　教育

科　　技

【概况】　朝阳区科学技术委员会是区政府主管全区科技工作的综合职能部门。区知识产权局与区科委合署办公。下设区生产力促进中心和区知识产权服务中心两个事业单位。年内，全区技术市场成交量为4446项，成交额103.5亿元；专利申请9618件，授权4464件。

地址：日坛北街33号
邮编：100020
电话：65099678　65099677(fax)
电子邮件：kewei0001@yahoo.com.cn

（仇　博）

【市级科技项目验收】　2月13日，区科委承担的2007年“市科委区县主题计划——朝阳区科技服务体系及区域特色农业产业带建设”项目顺利通过市科委专家验收。该项目立足于市科委提出的“科技进步促进区县发展”主题计划，着眼于依托科技建设社会主义新农村的发展思路，从朝阳区的功能定位和资源优势实际出发，以农村科技协调员队伍建设为契机，统筹协调各相关部门完成《朝阳区农村科技协调员调研报告》，建立134名农村科技协调员的队伍和组织、管理、政策三个体系，推动了朝阳区新型农村科技服务体系的建立；支持三间房乡动漫企业孵化器的建设，为动漫企业提供系统化服务，推动了朝阳区文化创意产业的发展；建立区科委电子政务信息系统，促进政府工作效率的提升；完成《循环经济在朝阳区都市型现代农业中应用研究报告》，进行有机蔬菜日光温室种植技术研究与示范，开展鲜切菜加工关键技术研究，引进观赏鱼优良品种，推广应用观赏鱼良种选育技术，推进朝阳区特色农业产业的发展。

（仇　博）

【14个项目列入市火炬计划】　2月23日，本区推荐的“超图企业级服务式地理信息开发平台系统(SuperMapV2.0)”等14个项目列入本年度北京市火炬计划。其中园区外8项，园区内6项，占全市火炬计划(184项)总数的比例为8%。14个项目中国家级火炬计划3项。

（仇　博）

【11条措施帮扶企业】　3月，结合科技和知识产权工作特点，出台了帮扶企业应对金融危机的11条措施，围绕完善服务机制、支持自主创新、加强政策研究对接、促进产业发展等方面开展帮扶企业工作。

（仇　博）

【领导调研】　2月24日，市科委农村处有关领导一到黑庄户乡观赏鱼养殖发展中心进行调研。3月6日，区科委有关领导到煤炭科学研究总院调研，挖掘辖区内科研院所人才、科技资源优势，推动院地合作。全面落实作风建设年工作部署，推动全区保增长、保民生、保稳定任务的落实。3月17日，区委副书记、区长程连元，副区长阎军带领区发改委、区科委、区投促局等相关职能部门到电子城西区的摩托罗拉等几家电信企业，进行调研走访，了解企业需求，帮助解决问题。3月18日，区知识产权局领导及工作人员到北京化工大学调研知识产权工作，并就如何促进高校人才培养、资源共享、专利技术转化等方面进行了交流讨论。3月20日，阎军调研本区科技工作。区科委就应对金融危机的工作举措、2009年科技三项费安排计划、区级科技项目征集和初评、专利资助和奖励政策落实、摩托罗拉项目等工作进展情况进行了汇报。阎军对区科委的工作以及应对金融危机的措施表示肯定，就工作中的重点、难点问题与科委领导班子进行了深入研究，对下一步科技工作重点进行了部署。3月30

日,市委副书记、政法委书记王安顺到朝阳区就经济工作进行专题调研,市区相关领导陪同。王安顺分别到北京天瑞星际通信技术有限公司、爱立信(中国)通信有限公司和安东石油技术(集团)有限公司进行了走访,听取公司对企业整体运行情况及未来发展规划的汇报。4月21日,市知识产权局副局长王淑贤等领导到朝阳(CBD)保护知识产权举报投诉服务中心工作站调研,王淑贤对区知识产权工作给予充分肯定。5月5日,市经信委主任朱炎等领导到朝阳调研,区长程连元、副区长阎军等领导陪同。程连元介绍了朝阳区发展工业、高新技术产业和电子信息产业的发展思路,并提出希望市经信委对朝阳区产业发展重点项目给予政策和资金支持。5月19日,区人大教科文卫委员会组织区人大代表、区科技兴区委员会部分委员视察奥林匹克森林公园生态湿地系统及小关街道创新型科普社区创建工作,并以此视察区政府科技工作。区人大常委会副主任于五一参加。7月14日,市科委主任闫傲霜到朝阳区考察调研科技工作,市科委委员陈力工、有关业务处室负责人陪同考察。闫主任一行先后考察了奥林匹克森林公园科技奥运项目、杰华生物技术公司,并围绕"对接需求、服务发展"这一主题,与区领导程连元、佟克克、阎军等进行了座谈。9月24日,闫傲霜、社会发展处处长及项目主管工程师到朝阳区考察调研2008、2009朝阳区两个绿色通道项目(课题)进展情况。佟克克及区科委、区安监局等领导陪同调研。

(仇　博)

【知识产权服务平台开通】　2月28日,区知识产权服务平台开通,该平台包括政务信息、在线办事、政策法规、信息检索等栏目,是一个开放、技术先进、安全可靠、功能完善的面向应用、面向公众的综合性知识产权服务平台。

(仇　博)

【科技应用示范区】　3月,小关街道正式被批准为市首批(5家)社区服务科技应用示范区。社区服务科技应用示范区建设主要针对社区居民在安全、健康干预、便利生活、学习交流、节能环保等五方面的需求开展一系列具推广价值的科技应用示范,充分运用先进技术手段、传播方式和组织形式,使科学精神、科学思想、科学方法、科技知识贴近老百姓的生活,提升社区服务水平,提高社区居民生活质量。示范区建设采取街道、科技咨询机构、运营企业三方共同参与的组织方式进行,市、区两级科技支持资金达到400万元。

(仇　博)

【创新型科普社区】　3月,有4个社区入围第三批市43家"创新型科普社区"名单,分别为六里屯街道甜水园、来广营乡茉藜园、双井街道富力社区、望京街道西园四区。目前本区创新型科普社区达到9个,数量在全市18个区县中名列首位,共获市级资金支持近百万元。

(仇　博)

【知识产权宣传】　3月15日,在"3·15"国际消费者权益日,知识产权局在朝阳区普法广场开展知识产权宣传咨询活动,发放《朝阳科技》、《北京市保护知识产权手册》等各类知识产权宣传书籍和资料千余份,重点宣传知识产权的基本知识以及专利申请、专利的举报投诉等常识,并解答群众提出的涉及知识产权方面的各种问题。4月初,区科委、知识产权局以"4·26"知识产权宣传周为契机,联合工商、文化、商务、教育等部门,通过论坛、讲坛培训、竞赛、巡展等方式,扩大知识产权宣传覆盖面,累计培训400余人次,发放宣传资料4300余份,直接受众2400多人次。4月21日,2009年朝阳区"4·26"知识产权宣传周系列活动启动仪式在国际版权交易中心举行,市知识产权局副局长王淑贤、副区长阎军出席活动并讲话。4月22日,秀水街市场有限公司在市场南广场举行"关注知识产权保护与消费转型——"4·26"秀水知识产权国际活动日"活动,国家商标局、市、区政府有关部门的领导、国外著名品牌权利人代表、消费者代表和秀水街市场数百名商户参加了活动。

(仇　博)

【资助专利申请和授权】　3月,根据《北京市朝阳区专利资助及奖励暂行办法》,区知识产权局受理2008年专利资助和奖励申请2854件,其中,专利申请(国内)受理1469件;申请(国外)受理11件;专利授权(国内)受理780件;增量奖励受理594件。

(仇　博)

【项目验收】　5月,由区垃圾无害化处理中心承担的2007年市科委"城市垃圾焚烧飞灰无害化及资源化利用技术的研究"项目通过市科委组织的专家验收。该项目作为朝阳区承担市科委绿色通道项目的首次尝试,以中国建筑材料科学研究总院为技术依托,针对垃圾焚烧飞灰中二恶英和重金属去除问题开展研究,对垃圾焚烧飞灰无害化和资源化利用进行了有益的探索。通过项目研制和加工的特种臭氧发生电子枪,可使飞灰试验样品中的二恶英含量降低87%;对低二恶英飞灰试样经成球煅烧后,制备出轻集料样品,通过浸出毒性鉴别试验符合国家《危险废物鉴别标准》(GB12502-90)和轻集料相关国家标准的要求。

（仇　博）

【科普基地】　6月25日，在市科委、市科协共同举办的2009年北京市科普基地命名仪式暨北京市科普基地工作会议上，本区11家单位被命名为“北京市科普基地”，其中有中国铁道博物馆、北京市奥运村科普教育园区等9个单位被命名为科普教育基地，《国家地理》杂志社被命名为科普传媒基地，北京天强创业电气技术有限责任公司被命名为科普研发基地。

（仇　博）

【创新型青年科技人才会】　7月23日，召开本年度企业创新型青年科技人才工作会，市科委、区委组织部、区人事局以及区科委有关领导及具体负责同志参加会议。区科委向纳入计划的25名青年科技人才颁发了入选证书，邀请市科委的专家就“北京市科技新星计划”等科技政策进行了专题讲座，青年科技人才结合本企业及个人科技工作进行座谈。

（仇　博）

【获先进称号】　8月4日，在科技部、人力资源社会保障部、农业部、教育部等八部门联合举办的“全国科技特派员工作会议暨农村科技创业行动启动仪式”上，区科委被授予“全国科技特派员工作先进集体”，崔各庄乡科技副乡长孟文江作为典型协调员被授予“全国优秀科技特派员”。

（仇　博）

【科技兴区委员会工作会】　8月6日，召开本年度科技兴区委员会工作会，副区长阎军及科技兴区委员会34名委员参加。会议就《“科技朝阳”行动计划》和《朝阳区“知识产权强区工程实施方案》初稿进行了研讨。

（仇　博）

【科技发展进步奖终审会】　8月27日，召开了本区2008年度科技发展进步奖终审会，副区长阎军及区政府办、区人事局、区发改委等终审会成员单位主管领导参会。区科委对本区2008年度科技发展进步奖专业评审情况进行了介绍，专业评审各专业组组长介绍了建议获奖项目情况，各部门主管领导结合实际情况对评审工作和具体获奖项目发表了意见和建议。

（仇　博）

【国庆游园展览】　国庆期间，与市科委密切配合，在朝阳公园、奥林匹克公园、团结湖公园、兴隆公园主办了不同主题的科技展览，共布设展板展架677块，全面展现科技进步给经济社会发展、百姓生活带来的巨大变化，累计接待游客近10万人次，发放宣传册1.6万册。

（仇　博）

【京津塘科技新干线论坛】　10月15日，第六届”京津塘科技新干线论坛“在望京科技园举行。本次论坛由朝阳区政府、海淀区政府、怀柔区政府、通州区政府，北京经济技术开发区管委会、河北省廊坊市政府，天津经济技术开发区管委会、天津港保税区管委会，天津港(集团)有限公司和中科院研究生院十家单位主办，来自北京、天津、廊坊等论坛成员单位的领导、高校科研院所、国内知名专家学者、企业代表以及新闻媒体200多人齐聚朝阳，共论京津冀地区间的合作与发展。

（仇　博）

【知识产权托管工程启动】　10月29日，区知识产权托管工程启动仪式暨托管培训在朝阳宾馆举办。市知识产权局副局长周砚、副区长阎军出席仪式并讲话。共有来自我区的高新技术企业代表60余人参加了启动仪式。

（仇　博）

【国家级项目申报】　11月13日，完成2010年度国家级火炬计划项目和国家重点新产品计划项目的申报工作。共计34项，其中，国家重点新产品计划项目申报20项，国家级火炬计划项目申报14项。

（仇　博）

【企业研发资助项目联审会】　11月27日，召开由区科委、发改委、财政局、国税局、地税局、电子城管委会等部门参加的企业研发投入资助项目联审会通过联审确定”手机游戏引擎工具开发项目“等19个项目列入2009年度区企业研发投入资助计划资助范围，资助总金额为400万元。

（仇　博）

【获技术市场金桥奖】　12月4日，在第十二届北京技术市场金桥奖颁奖大会上，本区北京西蒙矿产勘查有限责任公司等6家单位获奖。其中，北京西蒙矿产勘查有限责任公司申报的《内蒙古自治区乌拉特后旗霍各乞矿区一号矿床外围勘探》项目，获得项目一等奖。

（仇　博）

【科技计划项目绩效考评】　12月11日，召开科技计划项目绩效考评会议，对2007和2008年度获得我区科技计划支持的三个项目进行绩效评定。其中，包括兆维科技股份有限公司的”激光熔覆技术在模具制造中的应用“、七九七音响股份有限公司的”网络音视频会议及同声传译系统“和富力通能源软件技术有限公司的“KJ139型矿井人员考勤定位系统”项目。

（仇　博）

【高新技术企业通过认定】 年内,全区经国家新标准认定的高新技术企业达到377家(园区外119家),其中2009年新认定175家(园区外95家)。申报国家级新产品计划、火炬计划的项目达到34个,创历史新高。14家企业被认定为2009年北京市制造业信息化示范企业。

(仇 博)

【软科学课题研究】 年内,通过广泛征集、专家评审,从各单位申报的15个课题中最终确定7项软科学研究项目。包括《何各庄集体资产与农民私人物权组织化运营管理研究》、《朝阳区农村城市化进程中的问题及思考》、《朝阳区公共卫生应急管理长效机制建设研究》等课题。

(仇 博)

教 育

【概况】 朝阳区教育委员会是区政府主管教育工作的职能机构。年内,教育经费总投入409381万元,生均教育事业费支出17857元,同比增加1874元;生均公用经费11536元,同比增加1419元。改扩建学校设施及修缮投入102516万元,设备购置投入24836万元。固定资产总额529197万元,校舍占地面积4664364平方米,建筑面积2573592平方米,学校图书馆藏书797万册。

地址:石佛营西里2号

电话:85851086

邮编:100025

(李庆春 赵 光)

【高中新课改论坛】 1月4日,北京市高中新课程选修模块网络资源开发与实施论坛项目朝阳论坛在94中举行。区相关项目负责人向与会专家介绍了区域高中课改选修实验工作经验。日坛中学、94中等学校分别介绍了在课堂中给学生提供自主学习空间、师生互动交流整合资源的教学经验。

(刘志如)

【爱心活动】 1月5日,本区14名骨干辅导员和三名小记者组成北京志愿者援助什邡接力计划第十八梯队到灾区学校慰问。他们带去红马甲送给灾区孩子,并一起开展"阳光心语互动活动",让灾区的孩子感受到真挚友爱。

(赵常付)

【数字化校园建设】 1月8日,区教育系统数字化校园建设展示会在实验小学召开。实验小学从2007年开始建设数字化校园,2008年9月投入使用,目前所有的教育教学都已经上传网络,家长可以在网上直接看到孩子在校成绩与表现,达到老师面对面沟通效果。

(李 颖)

【参加女民兵受阅方阵】 1月至10月,选派教育系统青年教师参加国庆首都阅兵女民兵方阵训练。组织参加体检教师45名,通过体检参训人员23人,最终20人编入方队,全部上场接受检阅。其中党员12人,预备党员1人,团员7人;年龄最小20岁,最大28岁;多名队员被评为训练标兵、优秀共产党员,获记功和嘉奖赞誉。安华里第一小学教师卜欣获首都十大教育新闻人物荣誉称号,先后被方队表彰为"优秀共产党员"、"训练标兵",获女民兵方队三等功。

(张 雷)

【获奖情况】 3月6日,来自北京、四川、河北等省市的近八十支代表队在北京进行第三届FLL机器人世锦赛中国北方区公开赛。和平街一中机器人社团获团体金牌。3月20至22日,在第29届北京青少年科技创新大赛中,八十中学学生赵冬杰和十七中学学生韩梓豪获一等奖,何竹道等获二等奖16项、三等奖17项;科学幻想画一等奖2项、二等奖6项。

(武丹萍)

【心理健康教育】 3月6日,北京工业大学附属中学心理健康教育活动中心成立,学校向高二年级的组长和班主任颁发心理健康教育宣传员聘书,旨在借助年级教师力量更好地推进心理健康教育工作。北京交通大学心理素质教育中心专家为高二学生做了"高中生如何缓解学习压力——学习在压力中成长"的讲座。

(刘志如)

【治理教育乱收费工作会】 3月10日,治理教育乱收费工作研讨会召开。会议就关于实行工资统发后如何开展教育收费工作情况的调研报告(征求意见稿)进行研讨、布置春季收费检查工作。

(李平川)

【优秀书记、校长表彰大会】 3月

25 日,北京市普教系统首届全心全意依靠教职工办好学校的优秀书记、校长表彰大会在 80 中学小礼堂举行。本区 16 名基层学校书记、校长受到表彰。陈经纶中学校长张德庆作为"好书记、好校长"代表进行大会发言。

(王立志)

【领导调研】 3 月 26 日,教育部基础教育一司司长王定华到工读学校就专门学校教育工作进行调研,市教委副主任郑萼、副区长张春秀、教委主任孙其军陪同。王司长肯定区工读学校的办学成绩,并对社会和谐、稳定所起作用给予高度评价。3 月 28 日,市总工会党组书记、副主席韩子荣、副主席霍连明等一行 8 人,到电气工程学校对办学特色情况进行调研。区委副书记张洋、教委主任孙其军陪同。韩子荣对学校坚持开展社会培训,特别是长期坚持面向企事业单位职工、农民工等弱势群体大力开展培训的做法给予了赞扬。6 月 9 日下午,教育部职成司司长黄尧到市电气工程学校进行调研。参观了学校实习实训基地,对学校的办学特色及实训基地建设等工作表示肯定,鼓励学校再接再厉,继续发挥职教窗口校作用,为朝阳教育取得更大发展做出贡献。10 月 21 日,国务院参事、教育部副总督学、原教育部职成司司长黄尧,国务院参事蔡克勤,教育部职成司办公室主任谢俐在市教委委员孙善学、职成处副处长荣燕宁等陪同下,来到求实职业学校参加以提升职业教育吸引力为主题的调研座谈会。两位参事对本区职业教育工作给予了充分肯定。

(刘志如　李　平)

【成立项目资金管理中心】 3 月,根据《北京市教育委员会关于成立学生资助管理中心的通知》精神,成立区学生资助管理中心,10 月成立"朝阳区教育委员会项目资金管理中心",取得法人资格证书,并将"学生资助管理中心"纳入"项目资金管理中心"管理。

(李庆春)

【课程改革】 3 月,区 142 所小学申报校本课程 1019 门,区教科所审批通过 127 所小学 835 门校本课程,其中评为优秀、良好的小学 76 所,占 53.5%;未通过审批的小学 15 所,占 10.6%。

(唐京文)

【社区教育和成人教育】 一季度,区职业学校培训从业人员 2632 人次。"幸福成长计划"一季度对近 70 位社区干部进行项目培训,组建 4 个社区儿童发展指导基地,入户发放教材 2411 套,举行 4 场社区家庭育儿专家讲座,430 户家庭参加。和谐家庭教育工程项目一季度建立 2 个试点校,恢复校外辅导员制度,建立一个专业化远程协同教育网站,发放 4000 元教育券,开办 6 次社区"家长大讲堂"。

(赵　光)

【中国文化节】 4 月 11 日,由市国际教育交流中心主办,北京国际汉语学院和芳草地国际学校具体承办的"2009 年北京外国留学生中国文化节 - - 中国特色小屋展示活动"正式开幕,为期两天的文化节活动吸引了近 2000 名外国留学生前来参观欣赏。

(刘志如)

【班主任基本功培训与展示】 4 月 12 日,参加北京市举办了班主任基本功培训与展示活动,参赛 9 人中,4 人获一等奖,4 人获二等奖,1 人获三等奖。陈经纶中学老师张洁、陈经纶中学分校老师回杨分别获最有睿智奖,此奖项全市仅有 6 人获得。张洁还在表彰会上做了"情景问答"环节的现场展示。

(苏纪玲)

【对口支援工作】 4 月 14 日,组织 10 所学校干部教师与四川什邡的 10 所学校开展对口支援实践活动。学校干部教师分别与灾区对口支援学校教师进行交谈,就如何推进"手拉手"活动,加强校园文化建设等问题进行深入探讨,并向灾区学校捐赠文体用品、学习用具、图书、电子器材等物品。

(刘志如)

【交流合作】 4 月 17 日,东方德才学校师生与美国马萨诸塞州安多福学区 Dorhty 中学访问团 46 名师生和家长进行交流,此次交流标志着学校"汉语国际推广"活动正式拉开序幕。5 月 22 日,团结湖二小在北工大附中国际部帮助下,与韩国高阳市加佐学校建立姊妹校关系,两校在"梦想．希望．747"主题下进行交流互访。

(赵　光)

【幼儿教师展演选拔】 4 月 22 日,本区幼儿教师艺术风采展演举行选拔活动。该活动作为区学前教育系统"迎建国 60 周年暨开展四爱主题系列教育活动"的一部分,得到全区各类型幼儿园的积极参与。有 57 个节目参加选拔活动。节目内容涵盖舞蹈、健美操、曲艺、器乐、声乐等。选拔活动分南、中、北三个组同时进行。经评委会评选,亚运村第一幼儿园舞蹈《紫竹调》、新源里幼儿园时装秀《健康快乐动起来》、中德双语幼儿园钢琴独奏《幻想即兴》等 15 个入围节目揭晓。

(叶　蕾)

【成立教学监测队伍】 4 月 23 日,成立 40 人的教学监测队伍,负责小学、初中、高中各学段的课堂教学常规监测工作。下校听课、随堂抽测,对学校课堂教学情况进行检查,完成检查报告。同时,教研中心建设完善检测题库,制定教学检测兼职队伍工作条例,确保检测过程的科学、有效、公平、公正。

(赵 光)

【打工子弟学校三建工作】 4月28日,区社会力量办学管理所党总支组织召开打工子弟学校“三建”工作(建组织、建阵地、建服务体系)启动会。成立六个打工子弟学校党支部,党员35人。决定在星河双语学校和百年实验学校建立党员服务站,配备相关设施设备,作为打工子弟学校党员教育阵地、活动阵地、服务阵地。会上成立了党员助教打工子弟学校志愿队伍,22名离退休老党员成为本年度助教打工子弟学校志愿者。

(尹 青)

【表彰师德建设先进】 5月中旬,教育工会开始“师德建设先进集体”、“师德标兵”、“师德之星”评选活动。至7月末,收到58个单位和262名个人的申报材料,最终评选出2009区教育系统“师德建设先进单位”25个,“师德标兵”50名,“师德之星”261人。

(王立志)

【工程通过验收】 5月12日,顺利通过市初中建设工程总结和督导验收工作组对本区初中建设工程的验收工作。2006年,本区初中建设工程工作正式启动,3年来累计投入13.4亿元进行基础设施建设,初中校教学建筑设施达标率100%、办公及生活用房达标率100%、教学设备设施全部达标、全区初中校教育教学网络实现全覆盖。建立初中教师培训班137个,国内外干训、师训基地5处,开展干部培训1200余人次,高级研修和境外培训250余人次,为均衡发展,仅“农村学校干部和教师能力提升工程”就投入专项经费200多万元。

(赵 兴)

【中外协作开展科技教育】 5月14至5月16日,意大利无线电协会副主席 NicolaSanna 到区青少年活动中心进行访问,参观活动中心的围棋、古筝、书法、武术等特长班教学,并用青少年活动中心的业余电台与日本、澳大利亚、欧洲等地无线电爱好者进行通信。

(武丹萍)

【手拉手活动获奖】 5月16日在延庆县第一中学召开的“百对城乡中小学手拉手”经验交流暨表彰会上,工大附中、和平街一中被评为北京市手拉手工作先进学校,陈经纶中学贺小兵、日坛中学魏凤和陈经纶中学分校李劼被评为北京市手拉手工作先进个人。

(苏纪玲)

【职高招生】 5月19日,召开职业高中招生工作会议,组织4所重点校参加市教委在北京广播电台的招生宣传。本年职高实际招生3642人,超额完成招生计划260%。

(李联启)

【优秀教学成果表彰会】 5月22日,区普通中学综合实践活动课程培训暨优秀教学成果表彰会召开。会议总结推广综合实践活动课程的实施策略与方法,推进了本区综合实践课程的常态化实施。参加会议的教师180多人。

(刘志如)

【胡锦涛看望中外小朋友】 5月31日,在“六一”国际儿童节到来之际,中共中央总书记胡锦涛前往芳草地国际学校,亲切看望中外小朋友,代表党中央,向全国各族少年儿童表示节日祝贺,向全国广大少年儿童工作者表示崇高敬意。胡锦涛还在手工课上与同学们一起用蛋壳粘贴中国地图,一起画京剧脸谱。总书记期望孩子们在关爱的阳光下成长进步。

(白建立)

【爱国主义教育成果】 5月,向北京市推荐白家庄小学、康静里小学、花家地实验小学、呼家楼中心小学、芳草地小学、朝师附小、南中街民族7所学校,参加爱国主义教育成果展示推广活动。展出爱国主义教育成果77件,占总参展成果的50%。

(于 辉)

【人才引进】 5月,制定并下发《朝阳区职业高中引进兼职优秀人才实施办法》,将短期引进专业技术人才承担专业教学与实习指导工作,聘请行业专家、职教专家指导承担或管理职业学校重大教研、科研教改任务。引进教育专家、高级技师、高级工程师,市级专业技术带头人、市级技能尖子,教委按每人每年5万元拨付经费。引进优秀毕业生每人每年按3.16万元拨付经费。

(李 成)

【高考工作】 6月2日,以“稳步推进高考做好备考工作”为主题的“北京市2009年高考准备工作专题会”在区考试中心召开。副市长黄卫、副区长张春秀参加会议并讲话。市相关委办局、各区县考试中心高招办主任等60多人参加会议。6月5日,为确保区高考工作顺利进行,本区采取6项措施做好高考前的各项准备工作:第一、完善考试中心保密室工作制度和各级保密人员的工作,在考前接受市、区领导机关、公安部门、保密部门的检查和验收。第二、分别召开各考点校主考、考务负责人员、保密人员的组考工作会,明确高考试卷安全保密工作和考务管理工作的职责和要求,明确主考负责制和责任追究制,保证高考各项工作措施在本考点得到贯彻落实。第三、分别对高考考点校主考、报考单位负责人、考务负责人、保密员、监考员、联络员进行培训,明确责任,确保我区高考万无一失。第四、加强考点周边环境整治,切实保证考试环境安全。第五、加强对高考考生的考前教育工作,对考生做好诚信教育工作。第六、各考点准备备用考场,根据有关部门对防治甲型 H1N1 流感的要求,做好相关准备工作。

(武丹萍　赵　光)

【深化器乐教学】 6月5日,区实验小学承办市基教研召开的器乐进课堂全市研讨会。副主任张朝晖介绍本区器乐进课堂发展历程和管理经验;三位骨干教师进行展示;安贞里学区、花家地实验小学介绍经验。表彰器乐进课堂先进集体52个,先进个人111位。

(唐京文)

【小学学科教学】 6月10日,召开区小学学科教学基本功展示活动第四阶段启动大会,向区小学教师教学基本功专家指导团成员颁发聘书,明确本阶段工作目标、思路、环节安排。

(于　辉)

【首次中考网上评卷】 6月25日至28日,首次采取网上评卷方式,进行中考网上评卷工作。

(赵　兴)

【成立流动超常儿童教育实验班】 6月25日,由中科院心理研究所主持的中国首个“流动超常儿童教育实验班”落户芳草地国际学校。该班将从北京市进城务工随迁子女中招收30名9－10岁流动超常儿童,免费提供从小学到高中阶段的教育。宋庆龄基金会筹备资金1000万元人民币,设立我国首个“超常教育专项基金”,支持该实验项目。实验班将采取缩短学制加速超常教育模式,拟用5－6年时间,完成正常学制下8－9年教学任务,英语能力和国际化视野将是该超常教育实验班的新看点。区教委将为流动超常儿童教育实验项目提供学籍管理等支持。

(刘志如)

【甲型 H1N1 流感防控】 6月,为确保中考顺利进行,制定4项措施:一是制定防控方案,为各考点配备“红外线体温测试仪”、体温计、口罩、消毒药品等设施设备,确保硬件投入到位。二是从6月17日到6月23日,重点对学生及其家人接触甲型 H1N1 流感患者等情况进行排查。三是要求考生进考场前填写当日的健康申明卡,对身体状况异常的考生进行体温筛查,并安排隔离考场参加考试。每个考点至少设置3个以上隔离考场和2个备用考场,隔离考场的考生答卷须单独密封、存放。四是做好考点防控宣传培训工作,对考生进行正面引导,保证各考点考务秩序稳定。9月,组织编印《朝阳区职业学校甲型 H1N1 流感防控手册》320册,发放到8所职业学校教职工、学生手中。深入7所职高检查指导防控工作,对全区职业高中进行了实地检查指导,对8所职业高中22个校区的10793名在校学生的体温情况进行监测,对学校停课工作进行严格审批和把关。召开自办学校防控专题工作会及培训会,有针对性地出台指导性文件,加强对自办学校安全防控工作的要求。对重点学校、幼儿园、培训机构进行检查。同时,参照公办校(园)防控管理标准,免费为自办学校配发了口罩、体温计、测温仪和防控饮品等,共计专项投入近100万元。

(赵　光　李联启　周　滢)

【学校成立】 7月2日,由芳草地国际学校承办的芳草地国际学校富力校区成立。该校位于豆各庄鲁店北路30号院富力又一城住宅小区内,学校隶属区教委,事业单位,全额拨款。占地面积2.57万平方米,建筑面积2.8万平方米。学校规模为36个教学班。8月28日,由十七中学承办的十七中学沿海赛洛城校区成立。该校位于沿海赛洛城住宅小区内,学校隶属区教委,事业单位,全额拨款。占地面积1.9万平方米,建筑面积0.95万平方米。学校规模为36个教学班。9月27日,由芳草地国际学校承办的芳草地国际学校万和城实验小学成立,位于远洋万和城住宅小区内,学校隶属区教委,事业单位,全额拨款。占地面积1.23万平方米,建筑面积1.23万平方米。学校规模为24个教学班。10月27日,由中国人民大学附属中学承办的中国人民大学附属中学朝阳学校成立。该校位于芍药居小区、芍药居东区二组团、太阳宫新区D区内,学校隶属区教委,事业单位,全额拨款。占地面积9.66万平方米,总建筑面积7.2万平方米。11月5日,由芳草地国际学校承办的芳草地国际学校双花园校区成立。该校位于双花园住宅小区内,学校隶属区教委,事业单位,全额拨款。占地面积1.3万平方米,建筑面积1万平方米,学校规模为36个教学班。11月10日,翠成幼儿园成立。该园位于朝阳区垡头地区翠成馨园小区内,幼儿园隶属区教委,事业单位,全额拨款。幼儿园占地面积0.36万平方米,建筑面积0.35万平方米。幼儿园规模为12个教学班。

(李　成)

【学科教学质量检测】 7月初,组织五年级数学、语文、英语全样本检测,三科总平均分82.21,语文平均分77.63,数学平均分82.14,英语平均分86.87;三科总平均分比上年提高4分,三科总成绩最高分与最低分的差距缩小14.42分;农村小学实现整体提升。

(唐京文)

【首届"十佳小学生"评选表彰】 7月6日,开展以爱祖国、爱首都、爱朝阳、爱学校教育为基本内容,以寻找我身边榜样为主的首届"十佳小学生"评选表彰活动。经过学校、学区逐级推荐、评选,推选出区级"十佳小学生"候选人36名。最终由全区8万多名小学生网络投票选出自己身边的"四爱"榜样。7月通过区教委小教网络平台揭晓。10名同学获首届"十佳小学生"称号,10名同学获首届"十佳小学生"提名奖。

(于 辉)

【教育课题研究】 7月16日,区教育系统出资近200万元资助73位朝阳优秀校长、骨干教师申报的课题研究。首批受到资助的校长、教师,是从参加课题项目申报指导培训的近200名优秀校长和教师中选拔出来的。资助资金将发放至受资助人所在学校统一管理,主要用于项目研究、实践交流、成果展示、课题组成员培训、印刷购买书籍资源、出版业务专著以及聘请专家和组织参与有关学术学会等。

(耿 健)

【学校撤销】 7月20日,大望京小学撤销。该小学的教职员工(含离退休教职员工)、学生、财产、设备设施等均在其所属和平学区范围内分流、安排。同时撤销大望京小学的编制。

(李 成)

【欢庆教师节】 9月10日,全区14000余名教职工在八十中学举行以"祖国的未来和人民教师的使命"为主题教师节庆祝大会。会上,举行了新教师就职仪式,对445个先进集体和个人进行表彰,教师合唱团、学生合唱团分别表演了节目。各类先进代表约600余人受到表彰。

(赵 光)

【落实国家课程计划】 9月16日,对全区149所小学落实课程计划情况进行检查。检查的结果是:122校评为优秀,占81.9%;26校评为良好,占17.4%;1校被评为合格,占0.7%。

(唐京文)

【北师大朝阳附属中学成立】 9月17日,北京师范大学朝阳附属中学举行了成立大会暨揭牌仪式。中国教育学会会长顾明教授,区委常委、组织部部长刘宇辉为学校揭牌;教工委书记吴金龙向学校赠送第一面校旗;顾明远先生和教委主任孙其军分别代表北师大、区教委致辞。

(赵 光)

【国际教育研讨会】 9月17日,国际课程专题研讨会在区教委召开。八十中学、朝阳外语学校、爱迪学校、世青中学、青苗国际学校的代表,美国大学理事会专家,全国中小学教师继续教育网等相关人士,就各学校实践或推荐的国际课程进行研讨。

(荣黎霞)

【引进与输出优质教育资源】 9月25日,人大附中与区教委签署了合作办学协议,十七中学与福建省厦门一中于10月20日签署了合作办学协议。10月18日,区教委与丰台教委合作签约仪式在人民大会堂隆重举行,双方就芳草地国际学校的品牌输出达成战略协议。芳草地国际学校将在丰台区开办一所分校,共享芳草地国际学校多年形成的教育品牌和管理理念。

(赵 光 刘志如)

【奖学金发放】 9-12月,各职业学校开展奖学金评选、助学金和免学费资格审批工作。2009-2010学年度区职业高中有6656人具备享受国家助学金资格,资助金额659.92万元;575人符合免除学费条件,免除学费金额135.48万元;354名学生符合政府奖学金条件,奖学金额70.8万元。

(李联启)

【完成国庆活动任务】 10月1日,在建国60周年庆典活动中,区教育系统近10万中小学生参加背景翻花组字方阵,七彩花环图案方阵、鼓乐队和红旗方队,圆满完成国庆庆典任务。

(张 磊)

【学校合并】 10月29日,呼家楼第一小学与呼家楼中心小学合并。呼家楼第一小学校址作为呼家楼中心小学分校,两校址继续用于办学,同时撤销呼家楼第一小学编制。合并后新校名称为北京市朝阳区呼家楼中心小学。10月29日,姚家园小学与平房小学合并。姚家园小学校址作为平房小学分校,两校址继续用于办学,同时撤销姚家园小学编制。合并后新校名称为北京市朝阳区平房小学。11月10日单店小学与康静里小学合并。北京市朝阳区单店小学校址作为康静里小学分校,两校址继续用于办学,同时撤销单店小学校编制。合并后新校名称为北京市朝阳区康静里小学。11月13日,八里庄第一小学、八里庄第三小学合并,成立北京市朝阳区八里庄中心小学并迁入新址京棉新城A1区配套学校，同时撤销八里庄一、三小的编制。11月13日，东八间房小学与酒仙桥中心小学合并。东八间房小学校址作为酒仙桥中心小学分校，两校址继续用于办学，同时撤销东八间房小学校编制。合并后新校名称为北京市朝阳区酒仙桥中心小学。12月13日，华严里中学与北京信息工程学院附属中学合并。华严里中学校址作为北京信息工程学院附属中学分校，两校址继续用于办学，同时撤销华严里中学校编制。合并后新校名称为北京市信息工程学院附属中学。12月30日，花家地西里中学与首都师范大学附属实验学校合并。花家地西里中学校址作为首都师范大学附属实验学校分校，两校址继续用于办学，同时撤销花家地西里中学校编制。并后校名称为北京市信息工程学院附属中学。

（李　成）

【获义务教育均衡化发展全国先进】 11月初，获"全国推进义务教育均衡发展工作先进地区"称号，成为北京市3个获这一称号的区县之一。

（苏纪玲）

【国际时装周彩妆造型设计大赛】 11月7日，由中国国际时装周组委会和亚洲时尚联合会共同主办的"美丽盛典"中国国际时装周彩妆造型设计大赛落幕。劲松职高选送的曹森、安磊分获金奖和优秀奖。

（赵　光）

【三校抗震加固】 11月15日，完成朝师附小、永安里小学、一一九中学3校4址抗震加固工程。施工总面积9176.7平方米，达到国家建设部《关于执行"中国地震裂度区划图(1990)"有关规定的通知》及北京市《关于抗震设防裂度有关规定的通知》的有关要求，项目主体结构抗震设防裂度为9度。

（夏俊英　侯　杨）

【获市教育工会工作成果奖】 11月18日，区教育工会以"加强教师协会建设，促进朝阳教育和谐发展"为主题获市教育工会组织的"2009年北京市教育工会工作成果奖"。

（王立志）

【中学生时事政策教育】 11月28日，本区中学参加市第28届中学生"瞭望杯"时事知识竞赛，取得了全市城区组总分第二的成绩。参赛40名学生有5人获一等奖(享受中考每科加1分的待遇)，14人获小灵通奖。

（苏纪玲）

【校外教育课题研究】 12月18日，市校外教育"十一五"科研立项课题"促进校外教育与学校教育互动发展的行动研究"结题会在区青少年活动中心召开。此课题2006年底正式被市教育学会校外教育分会和区教科所批准立项，2007年1月12日开题。课题围绕促进校内外教育有效衔接的主题，从对衔接的认识、衔接策略、衔接机制，衔接途径与方法和活动内容、课程开发，师资培训、项目建设等方面展开行动研究，提出了"实施互动策略促进校内外教育有效衔接"的观点。该研究的成果对于促进校内外教育有效衔接的精神在理论和实践上做出了贡献。结题会上，领导、专家、课题成员均进行了发言，最后由专家宣布鉴定结果，并充分肯定了课题的成果及意义。

（冯长林）

【学校转制】 12月23日，根据《北京市人民政府办公厅转发市教委关于进一步深化中小学办学体制改革试点工作的意见》、《朝阳区落实办学体制改革试点校规范完善工作的方案》要求，经区政府研究，将八十中学管庄分校、陈经纶中学分校、朝阳外国语学校由体制改革试点学校转为公办学校。学校隶属区教委，事业单位，全额拨款。

（李　成）

【康泉新城幼儿园试开园】 12月27日，康泉新城幼儿园试开园。幼儿园占地面积4600平方米，建筑面积为3700平方米，设有12个教学班，有科学、音乐、美术专业教室。前期投入资金598.14万元。目前有教职工15人，招收16名。

（叶　蕾）

【高考情况】 年内，高考总分600分以上人数243人，占全市5.4%，较上一年提高一个百分点；一本上线人数1639人，上线率为34.41%，较上一年提升近10个百分点；本科以上上线人数3094人，上线率为64.96%，较上一年提升11.3个百分点。本科以上上线率连续三年超过市平均水平。

（赵　兴）

【师资队伍建设】 年内，招收576名大学生到本区任教。其中，党员和预备党员126人，本科学历464人，硕士研究生43人，博士研究生2人。中学新教师100%本科以上学历，小学、幼儿园新教师100%大专以上学历。

（耿　健）

【教师获奖情况】 年内，芳草地国际学校被评选为全国教育系统先进集体，管庄中心小学老师孙建国被评选为全国模范教师，和平街一中老师刘乃忠被评选为全国优秀教师和全国优秀班主任，陈铁苹等38名老师被评选为北京市优秀教师，芦艳萍等5位校长被评选为北京市优秀教育工作者。在市第三届基础教育教学成果评选中,梁建新、江建敏、苏国华、薛晓光等老师带领完成的13项成果获一、二等奖。

(赵　光)

【征兵工作】 年内,征集新兵467人(男兵415人,女兵52人),政审预征对象材料597份。团员326人占69%,预备党员5人占1.1%;文化程度方面大专以上学历129人(其中本科17人)占27.6%,高中学历(含中专、中技、职高)338人占72.3%,应征青年政治、文化素质都较往年有显著提高。

(张　哲)

【启动学生职业成长发展性评价实验】 年内,成立职业学校学生职业成长发展性评价工作组,制定下发《朝阳区职业学校学生职业成长发展性评价手册》、《朝阳区职业学校学生职业成长发展性评价教师指导手册》,《关于开展朝阳区中等职业学校学生职业成长发展性评价工作的意见》。9月开始,在8所职业学校正式启动职业学校学生职业成长评价实验。

(李联启)

【文化景观建设方案评审】 年内,对小学学校文化景观建设方案进行评审。从意义分析、建设目标、项目描述、保障措施、经费预算等5个方面对93所小学申报的文化景观建设方案进行评审,评出备选建设方案31个。

(于　辉)

【学生获奖情况】 年内,在北京市第26届学生科技节中,本区12位同学获北京市中小学生银帆奖,区青少年活动中心等三单位获5项北京金鹏科技奖。在第二届北京市"京美杯"艺术论文比赛中,本区获一等奖37个,占获奖总数24.7%,获奖数量位居18个区县之首。在世界VEX机器人锦标赛中,八十中学学生取得中国代表队第一的优异成绩。在第60届英特尔国际科学与工程学竞赛中,八十中学王满强同学的研究项目获植物学团体二等奖。

(武丹萍)

【达标建设工程】 年内,完成对区内63所(38校42址)初中达标建设学校修缮改造。通过改造,提高了硬件设施水平。改造后的校舍全部达到北京市办学标准。完成25所小学规范化达标建设工程(第二批),通过改造,使小学硬件设施、校园环境得到改善。

(夏俊英　侯　杨)

【接收配套学校幼儿园】 年内,教育国有资产管理中心接收配套学校、幼儿园13所,并对其全部完成二次装修改造,使其硬件水平达到北京市办学标准,从一定程度上缓解了周边居民区适龄学生入学难问题。

(夏俊英　侯　杨)

【出租房屋清理整顿】 年内,对121校的423个出租项目进行整顿,至年底,清理整顿项目303个。年内,朝阳教育系统办理房屋安全责任险合同486份,收取参保费用107万元。

(夏俊英　侯　杨)

【评选教育年度人物】 年内,北京工业大学附属中学副校长李发兆、日坛中学校长赵欣、安华里一小教师卜欣、首师大附属实验学校校长刘彦弟、八十中学学生王满强等14人被评选为朝阳区教育年度人物。

(赵　光)

【提高农村教师待遇】 年内,投入1300万元资金,保证农村学校教师待遇,同时继续落实农村教师津贴制度,稳定农村学校教师队伍。投入100万元,以"整校推进"及"活动推进"为重点,继续实施农村中小学教师能力提升培训工作。举办两次"人才双选"招聘会,引进优秀人才,推进农村校人才队伍建设。选派70名城镇学校优秀教师,对农村学校进行为期一年支教工作,帮扶提升教育教学质量和水平。

(耿　健)

教育督导

【概况】 朝阳区人民政府教育督导室负责对区内幼儿园、中小学、职业高中、成人教育等各类学校办学方向、管理水平和教育质量进行监督、检查、评估和指导;对区有关委办局街道办事处和乡政府履行教育法律法规执行责任和实施素质教育目标责任制落实情况进行监督检查;对区有关行政部门领导和管理教育工作情况实施督导,对教育工作中重大问题进行调查研究,提出意见和建议。

地址:石佛营西里2号
电话:85851122
邮编:100025

(张　明)

【督政工作】 年内,建立完善自评机制,组织开展全区素质教育自评工作。完成迎接市督导室对本区全面实施素质教育综合督导评价工作。组建督政兼职督学队伍,首次将素质教育评价结果与单位和部门主要领导考核相结合,建立考核评价机制。完成了教育法律法规执行情况的自查工作。完成乡政府落实教育法定职责的综合督导检查工作,在各单位自评的基础上,对20个乡政府落实教育法定职责,推进区域教育工作进行综合督导检查,并评选出先进乡10个。完成2008

年义务教育均衡发展的专项督导和2009年全区九年义务教育情况的监测工作。

（张 明）

【建设工程督导验收】 年内，完成第一批51所小学规范化建设工程的验收及总结工作。共下校1177人次，听课1106节，访谈教师、学生1940余人，发放问卷35377份，处理分析信息数据331592个。形成《朝阳区第一批小学规范化建设督导验收工作报告》及验收校回复意见51份。从验收结果看，全区有48所学校的定量评价结果在90分以上，达到了优秀，占验收学校比例的94.12%；3所学校定量评价结果达到85分以上，占验收学校的5.88%。10－11月，对全区24所初中学校进行督导验收。听取24位校长关于初中建设工程完善工作的汇报，听评课204节，查阅了720余卷档案材料，访谈教师160余人，学生145人，同时查看了学校的校园环境并形成《关于对我区“初中建设工程”复验及完善项目学校的督导验收报告》。从督评结果看，各校全部达到合格标准。

（张 明）

【公办幼儿园教育督导评价】 年内，继续完成对全区23所公办幼儿园全面实施素质教育的综合督导评价工作。21所幼儿园被评为优秀，占公办幼儿园总数的91.3%；2所被评为合格，占总数的8.7%。各园在始终坚持依法办园的前提下，坚持保教并重的原则，实施科学管理，努力创建多种不同的办园特色，使学前教育管理水平和办园水平有了大幅度提高，对达到优秀等级的幼儿园进行了表彰奖励。

（张 明）

【职业高中素质教育综合督导】 年内，从学校发展目标、管理水平、发展绩效等方面对3所职业高中进行综合督导评估。通过听取校长的工作汇报、实地查看校容校貌、设施设备、查阅文档材料、观摩课间操、随机听课90节、访谈座谈学生200余人次、发放学生问卷550份、教师问卷300份，收集大量信息，确保对学校进行全面、客观、准确的评价，在形成督导评估意见后，向学校进行了反馈。

（张 明）

【职业高中教学质量专项督导】 5至6月，会同区教委对8所职业高中教学质量管理工作的情况进行专项督导。督导小组通过听取汇报、查阅资料、随堂听课、实地察看、座谈访谈等形式，了解了职业高中学校教学管理工作现状，帮助学校查找教学质量管理方面的问题，总结教学质量管理方面的经验与特色，帮助学校逐步建立规范化、科学化、制度化的职业高中教学质量监测评估体系和工作机制，提高职业学校的教学质量。督导小组在汇总分析检查中收集到的信息的基础上，形成书面回复意见并向学校进行了反馈，同时行成本区职业高中教学质量管理专项督导工作报告。

（张 明）

【中小学质量工程专项督导】 10至12月，对全区中小学质量工程落实情况进行专项督导，在全方位收集和分析信息的基础上，形成《关于对我区小学进行质量工程专项督导验收的工作报告》和《关于对普通中学进行质量工程专项督导的工作报告》。督导验收结果表明，学校能够做到依法办学，教学质量意识和管理力度不断加强，教学质量不断提升。家长问卷中的94.84%对学校的教学质量表示很满意或比较满意。

（张 明）

【甲流防控的专项督导】 9月7日至11日，组织甲流防控和安全专项工作督导检查小组，对全区225所中小学、幼儿园进行专项督查。督导人员听取基层单位领导工作汇报，查阅相关资料、师生访谈和实地督查，对学校防控情况进行全面的检查，对被督查单位存在的问题当场提出整改意见和建议，对存在严重问题的单位以书面形式下发整改通知书。各督导站在专项督导结束一周后，再次深入学校进行追踪检查，将全区的各项防控工作落实到实处。按照同样的程序和标准组织完成了对20所民办幼儿园防甲流防控的专项督导，形成了《我区部分民办幼儿园甲流防控工作的专项督导报告》，并在全区召开的民办幼儿园会上，通报了督导检查结果。

（张 明）

【增强学生体质专项督导】 年内，下校1131人次，督导中小学210所，观摩体育课260节，查看课间操和大课间活动245节，查阅相关材料2900余卷，访谈干部、教师1371人，访谈学生1787人，并对15381名学生进行了相关的问卷调查，分析数据36000余个。

（张 明）

【专题培训】 年内，结合“质量工程”、“小学规范化建设工程”及职业教育综合督导和专项督导等工作对督学们进行培训，解读《关于落实〈进一步提高中小学教学质量切实减轻学生课业负担的意见〉的督导评价实施方案》和《朝阳区普通中小学全面实施素质教育评价指标体系（试行）》，组织督学研讨评价指标体系，把握评价标准，做好专项督导和综合督导验收的准备工作。

（张 明）

【完善督导信息报送制度】 年内，开展优秀信息的评选工作，不断提高《教育督导通讯》质量。全年采集督导信息50余条,出版《教育督导通讯》8期,出版教育督导专刊1期。被市教育督导室评为“教育督导宣传工作先进单位”。

(张　明)

朝阳社区学院

【概况】 朝阳社区学院属于国民教育系列,地区性成人高校,为区属全额拨款处级事业单位。有和平里、和平西街、双龙南里和首都机场4个教学区,建筑面积约2.8万平方米。设经济管理、计算机、艺术和外语4个系24个专科专业和10个本科专业。学历教育在校生4000余人,非学历教育培训年均1.5万人次。学院在册教职工117名,其中专任教师59名,高、中级专业技术人员62名,硕士研究生17人。

地址:和平里南口砖角楼5号
电话:64211719
传真:64210193
邮编:100013

(韩雨倩)

【组织培训】 3月3日,区工会专职社会工作者岗位培训在学院进行。11月9日,2009年度公务员初任培训班在学院开班。12月2日、3日,本区2009年社区干部网络宣传培训在学院进行。12月8日至10日,本区社区党委书记培训在学院举行。12月9日至11日,社区居委会主任、社区服务站站长培训在学院进行。

(韩雨倩)

【举办活动】 3月11日,在朝外街道启动2009年流动人口百场讲座,学院教师为140位来京务工人员讲授了心理健康知识。4月17日,“传承奥运精神,弘扬中华文明——后奥运社区教育礼仪行”主题活动在学院学术报告厅举行。5月17日,科普教室系列活动之“小小科学家训练营”在学院和平西街教学区举行。11月4日,学院组织双井街道办事处流动人口女子读书社的成员们参观首都博物馆。

(韩雨倩)

【学术交流】 4月1日,大连市金州区社区教育考察团来学院参观考察。5月10日,上海地区性成人高校考察团来学院参观考察。11月4日,通州区教委及成教中心来学院考察交流。11月6日,武汉市社区教育考察团来学院参观考察。

(韩雨倩)

【学习型朝阳讲坛】 7月2日,学习型朝阳讲坛“把握科学发展方向,促进社会事业发展”主题报告在学院西楼学术报告厅举行。市社会办社区建设处处长孙志祥重点解读北京市加强社会建设实施纲要“1+4”系列文件以及如何开展社区规范化建设。10月23日,学习型朝阳讲坛“解读党的十七届四中全会精神”主题报告在学院艺术楼301教室举行,中央党校党建部政党比较教研室副主任王瑜博士为43个街乡的社区教育干部和本院的全体教职工解读党的十七届四中全会精神。

(韩雨倩)

【荣获奖项】 7月8日,本院申报的“社区学院人才培养模式——北京市地区性独立设置成人高校人才培养模式研究”成果荣获2008年北京市教育教学成果奖(高等教育)一等奖。11月27日,学院培训中心被评选为“全国优秀成人教育培训机构”。

(韩雨倩)

【学院十周年院庆】 9月8日,庆祝朝阳社区学院挂牌成立十周年大会在北京国际会议中心举行。市、区相关领导、市十八区县主管社区教育的领导、城八区社区学院院长、区43个街乡主管社区教育的领导、北京市学习型组织专家和朝阳社区学院理事顾问、合作办学单位、离退休教职工、在岗教职工和职大、电大在校生及毕业生代表近四百人参加庆祝大会。

(韩雨倩)

文化　体育　卫生

文　　化

【概况】 朝阳区文化委员会(以下简称区文委)是主管本区文化、文物、新闻出版和广播电视工作的政府组成部门。内设办公室、组宣人事科、文化科、文物管理科、出版发行管理科(审批管理科)、电视音像管理科(调研室)及文化行政执法队。直属单位有文化馆、图书馆、北京民俗博物馆、朝阳剧场、紫光影城、劲松影院、香河园文化娱乐中心、曙光影剧院、区电影放映发行公司、群众文化厅。年内,围绕"保增长、保民生、保稳定",以庆祝建国60周年庆典工作为中心,以加强调研、科学规划、探索机制为重点,坚持软硬件两手抓的原则,加快了公共文化服务体系建设;以健全体系、创新手段、提高效率,规范发展为目标,打造繁荣、健康、安全的文化市场环境;圆满完成了国庆服务及保障工作任务;不断满足全区广大人民群众的精神文化需求。

地址:东三环北路36号

电话:65014855

邮编:100026

(李宏钧)

【参观与调研】 1月17日,全国政协常委、中国道教协会会长任法融一行参观了东岳庙。区文委主任李龙吟、东岳庙主持袁志鸿陪同。3月16日,国务院研究室信息研究司司长忽培元、市委宣传部副部长陈东、市文化局副局长王珠等,对朝阳"9剧场"进行了文化创意产业专题调研。3月25日,市文化局局长降巩民、巡视员叶重辉、副巡视员阮兰玉,市文化艺术活动中心主任王鸣铎等到本区调研公共文化建设。区委常委、宣传部部长谢莹等陪同。区文委副主任徐伟从文化设施布局、庆祝建国60周年活动、非物质文化遗产传承保护、文化品牌建设和文化权益保障等五个方面进行汇报。4月15日,全国人大教科文卫委员会副主任李树文带领调研组调研本区公共文化建设的发展和管理情况,市人大常委会副主任吴世雄参与调研。区人大常委会副主任于五一,副区长张春秀陪同。调研组参观了金盏乡皮村的打工文化艺术博物馆、工友影院和新工人剧场,观看了当地群众自编自演的"三句半"。在区文化馆听取区公共文化建设的工作汇报。调研组对政府主导、文化馆根据百姓需求开展群众文化这一工作模式给予了高度评价,充分肯定了朝阳区在保障外来务工人员等弱势群体文化权益方面所做的工作,同时希望建立保障弱势群体文化权益的长效机制。4月16日,市文联党组书记、常务副主席朱明德带领"798发展趋势调查"课题组,调研798艺术园区。谢莹陪同调研。4月22日,市委宣传部常务副部长陈启刚、市文化行政执法总队总队长赵安良等领导在谢莹的陪同下,到东岳庙北京民俗博物馆视察参观。6月17日,来自全国31个省的51名基层文化站长考察了黑庄户地区快板刘文化大院、金盏地区皮村社区文体活动中心。观看了快板刘文化大院的精彩表演,还对金盏地区皮村社区文体活动中心的打工博物馆、工友影院、新工人剧场对周边百姓的服务情况进行调研。9月2日,国家文物局副局长童明康率领国家文物行政执法专项督察工作组一行十余人,对东岳庙文物保护及安全工作进行了全面检查。市文物局副局长于平等领导陪同检查。9月15日,国家文化部社会文化司副司长张永新一行,到双井街道富力社区调研社区公共文化设施配套建设情况。市文化局副局长王珠,区文委、区规划分局、区财政局、区发改委、区建委(配套办)、双井街道等部门领导陪同调研。9月17日,市政协提案委员会组织部分委员对永通桥(俗称八里桥)进行了考察调研,就目前永通桥存在的问题进行了详细了解和研究。市文物局副局长王丹江,副区长张春秀等陪同调研。

(李宏钧)

【第八届北京民俗文化节】 1月30日,第八届北京民俗文化节暨第十一届东岳庙春节文化庙会闭幕。作为被列入国家级非物质文化遗产名录的庙会,东岳庙庙会本年主打“遗产”牌,开展了一系列非物质文化遗产展示活动。历时5天,游客达8万余人次。

(李宏钧)

【重要会议】 2月12日,本年朝阳区基层文化工作联席(扩大)会在区文化馆召开。区委常委、宣传部部长谢莹,区人大常委会副主任于五一、副区长张春秀出席,区基层文化工作联席会成员单位、各街乡主管文化工作主任、文教科科长(文化中心主任)等300余人参会。会议总结去年文化工作,部署今年文化工作主要任务,奖励去年在奥运文化广场组织、群众文化活动开展和图书馆建设方面成绩突出的单位,并下发经费300万元,用于扶持文化队伍建设。11月11日,在朝阳宾馆多功能厅召开国庆文化活动总结表彰会。谢莹、张春秀,区相关委办局的领导,43个街乡主管文化工作的领导、文化干部,街乡业余文艺团队的优秀代表共200余人参加了会议。区文委主任黄晓伟对朝阳区国庆文化活动进行总结。会议表彰了天安门广场联欢活动中表现突出的单位和个人,发放资金300万元对1215支朝阳区文化队伍进行奖励和扶持。12月23日,文委系统人才工作大会召开。区政协副主席关三多、区委宣传部常务副部长苏民等出席会议。会议全面总结本年文委人才工作情况,并对明年人才工作进行了部署。会议对2009年度在专业技术方面和国庆文化活动中取得突出成绩的集体和个人进行表彰,共有30个集体及23人次获奖。

(李宏钧)

【“清明时节”开幕式】 4月3日,“朝阳区2009年传统节令系列活动之‘清明时节’”在区文化馆开幕。活动包括区第二批非遗名录专家论证会,九嶷古韵——九嶷派传人杨青古琴演奏会,新桃旧符总相宜——曾丹、王琪新老旗袍展等内容。

(李宏钧)

【出土道光年间石碑】 4月14日,在东岳庙东路修缮施工过程中,出土了一块清代道光二十九年(1849年)的石碑。碑身完整,碑首雕刻有精美的“二龙戏珠”纹饰,碑额刻“善与人同”四字,碑阳为“同善堂义学记”碑文。碑文记载了道光年间东岳庙住持马宜麟在庙后购地筑屋数十间,兴建同善堂义学,聘请老师教授邻近贫寒子弟之事。撰文者为前吏部尚书、协办大学士萧山汤金钊。10月29日,在东岳庙东路修缮施工过程中,出土了一方清代石碑。其碑出土时断为两截,但碑首碑身保存基本完整。碑首雕刻有精美的“二龙戏珠”纹饰,碑阳额刻“万古流传”四字,碑阴额刻“源远流长”四字,碑文字口清晰,无残损。据工作人员查证,该碑为“京师朝阳门外东岳庙春秋殿碑记”,立于清道光二十四年(1844年),记述了东岳庙住持募化重修关圣帝君春秋殿并建立东廊道院事宜。

(李宏钧)

【法国戏剧荟萃】 4月17日至6月32日,第二届“法国戏剧荟萃”活动在北京9剧场举办。本届“法国戏剧荟萃”活动包括上演7部戏,举办2个戏剧工作坊,一个戏剧研讨会以及一个诗歌朗诵会。参与该活动的中法剧社团体近10个,整个活动的时间跨度长达2个月以上。期间,上演汉语版的法国当代名剧《巴比罗大街》,新编莫里哀的古典名剧《唐璜》等。本届活动首次推出《中法戏剧交流研讨会》,法国巴黎国立高等戏剧学院院长丹尼尔·梅斯基氏对话中央戏剧学院副院长刘立滨有关戏剧教育和研究的问题;中国国家话剧院副院长、著名导演王晓鹰对话法兰西喜剧院著名演员皮埃尔·维雅,法国哑剧大师菲利普·比佐与中国著名剧作家过士行对话东西方戏剧创作。

(李宏钧)

【中法诗歌交流活动】 4月19日,第四届“诗人的春天在中国”中法诗歌交流活动在朝阳“9剧场”开幕。作为中法文化交流之春活动的一部分,本活动以中法诗人的朗诵为主,由中国作家协会诗刊社、法国驻华使馆文化处与区文化馆共同组织。中法诗人通过汉语、法语两种语言向观者展现诗歌的神韵,共同品味诗的意境。

(李宏钧)

【舞蹈比赛】 5月13日,由区文委、区文联主办,区舞蹈家协会承办的“旋舞朝阳”区第三届舞蹈比赛决赛在朝阳剧场举行。来自全区22个街乡及区属单位的27支舞蹈队参加比赛。来自亚运村街道飞扬舞蹈团的《扎西德勒》、麦子店街道社区舞蹈队的《走出大山》、东坝地区舞蹈队的《剪纸姑娘》荣获了表演金奖,亚运村街道飞扬舞蹈团的《喜洋洋》、三里屯街道社区舞蹈队的《黄土地上花鼓人》荣获了创作、表演金奖。

(李宏钧)

【国际博物馆日】 5月18日,北京民俗博物馆开展国际博物馆日主题宣传活动。本年度国际博物馆日的主题是“博物馆与旅游”,在博物馆门前的小广场上,同时举办北顶娘娘庙和龙王堂——村长院两处分馆的专题露天展览。

(李宏钧)

【文化遗产日】 6月13日,区"社区一家亲"文化遗产日专题活动——"国色天香",在望京文体广场举行。2009年非物质文化遗产保护活动的主题是:弘扬民族文化,延续中华文脉。活动展示的都是申报的优秀非遗项目,有气势恢宏的百人古琴演奏、风姿婀娜的百人旗袍华服走秀,及特邀的来自门头沟区的百人京西太平鼓表演等。

(李宏钧)

【9剧场演出】 6月20日晚,在"9剧场"首次出现了5个剧场同时公演的盛况,再次改写在同一剧场区域内、同时承载演出数量的新纪录。当晚演出的剧目包括:"行动剧场"的话剧《寻话记》,"TNT小剧场"的法国戏剧荟萃压轴话剧《瑭璜》,"后SARS小剧场"的非非戏剧演出季(第二季)剧目《最后一条领带》,"凹剧场"的非非戏剧演出季(第二季)剧目《远方》及小梨园剧场的乐丰斋周末相声专场。

(李宏钧)

【老物件在首博展出】 8月18日至10月31日,"城市记忆"展在首都博物馆开展,该展览被纳入首都献礼国庆四大展览之一。区文化馆的近1000件"老物件"现身此次展览。开幕式当天,有近1500名市民参观。

(李宏钧)

【大学生戏剧节】 8月23日,第八届大学生戏剧节在"9剧场"TNT小剧场落下帷幕。朱明德、濮存昕、林荫宇等领导和嘉宾出席闭幕式。来自全国的18所大学参赛,演出19部剧目(其中7部来自北京、12部来自京外),共有36场话剧演出、8次专题讲座、5次戏剧工作坊、9个艺术展览、3场卡车音乐会、3场大学民谣演奏会、2场古琴演奏会、1场爵士音乐会、2次新农村采风活动,此外还有戏剧书市、创意集市、艺术电影展映、诗歌朗诵会等内容。上海外国语大学飞那儿剧团《等到戈多》剧组荣获最佳演出奖;浙江师范大学阿西剧社《沧海月明》剧组获得最佳剧本奖和戏剧节的第一个"金刺猬奖"。

(李宏钧)

【在线服务系统】 9月1日,全面启用网上审批在线服务系统。举办营业性演出许可,设立营业性电影放映单位许可,互联网上网服务营业场所筹建许可,设立互联网上网服务营业场所经营单位许可,设立娱乐场所许可等行政许可事项可在网上申请,并可以实时进行申报查询,全程了解申报事项。系统同时提供信息反馈、咨询及投诉功能。

(李宏钧)

【国庆庆典活动】 10月1日晚,2000名朝阳区群众在天安门广场东侧载歌载舞,表演了《在一起》《爱我中华》等五支集体舞和"中华鼓韵(鼓乐演奏)"、"流光溢彩(民族舞蹈)"和"国色天香(旗袍华服走秀)"等三组独具特色的节目。10月2日在奥林匹克森林公园、朝阳公园,团结湖公园、兴隆公园举办4场8台演出。

(李宏钧)

【摄影美术书法优秀作品展】 10月10日,北京摄影家协会、区委宣传部、区文联在首都图书馆举办"庆祝新中国成立60周年——'镜头中的朝阳'摄影展,朝阳区美术书法优秀作品展"。展出摄影作品170多幅,书法作品92件、美术作品78件。中国书协副主席、北京书协主席林岫,区美协主席、著名画家贾浩义等名家的书画作品,也在本次展览中展出。

(李宏钧)

【畅想2010新年音乐会】 12月29日晚,畅想2010·朝阳区新年音乐会在北京电视台BTV大剧院举行。区委书记陈刚,区政协主席辛燕琴,区委常委、常务副区长吴桂英等出席。音乐会分为"辉煌交响"、"丝乐竹声"、"龙腾虎跃"、"向着朝阳"四个乐章。其中,第四乐章"向着朝阳",由两支朝阳区优秀的业余文艺团队演唱了由朝阳人自创的《向着朝阳》、《朝阳之歌》、《头顶朝阳一片天》等歌颂朝阳区的歌曲。各街乡和委办局的领导及社会各界人士800余人参加了活动。

(李宏钧)

【世贸天阶新年倒计时活动】 12月31日晚,北京世贸天阶新年倒计时活动拉开帷幕。副市长刘敬民、市文化局局长降巩民、市公安局副局长于弘源、市政府副秘书长周正宇,区长程连元等领导出席。此次活动,首创具有百姓特色的北京新年倒计时文化活动。中央电视台新闻频道对本次倒计时活动进行了现场直播。活动整体人数约5万人次,共有2.4万余人次分享倒计时零点来临的那一刻。

(李宏钧)

【文化设施建设】 年内,完成八里庄、酒仙桥、小关3个文化中心建设,垡头文化中心破土动工;建成100家农村数字电影固定影厅,实现农村地区全覆盖;建成24家"农家书屋",每个"农家书屋"具有1500册图书的规模。

(李宏钧)

【第三次文物普查】 年内,完成全区43个街乡、183项已经登记的地上、地下不可移动文物普查。近现代优秀建筑、工业遗址的田野普查工作已完成。本次文物普查新发现项目10项,其中:通惠河唯一一处元代遗存——高碑店村通惠河老闸口,清乾隆皇帝御题神木谣碑碑身及残损碑座,“燕京八景”之一——清乾隆年间“金台夕照”碑3项已经上报市文物局。7月,在进行第三次文物普查过程中,在管庄乡果子店村发现某村民门前阶条石是一块墓志。经勘察,该石条属房山石窝砖渣石类,长104厘米、宽32厘米、厚6厘米,既非传统墓志形制,又非常见墓表类型,经研究碑文内容确定其为事略类的墓志。该碑为太平天国时期的文物,在朝阳区尚属首次发现。

(李宏钧)

【非遗项目入选市级名录】 年内,“马氏硬笔内画鼻烟壶”、“杜顺堂京做明清家具制作技艺”、“泥彩塑兔儿爷”、“傅氏幻术”、“小红门地秧歌”、“高碑店高跷老会”、“东岳庙幡鼓齐动十三档花会”共七个项目入选市级第三批非物质文化遗产名录。

(李宏钧)

【图书馆基础业务】 年内,办理借书证7040个;图书外借总量509812册次,报刊外借总量18677册次,流通297130人次;送书下基层110次,44920册次;新购文献99211册件,报刊914种,电子视听文献752件;交送图书15741种,100583册。组织外语大课堂364场,参与人数达152880余人次;朝阳文化讲堂组织讲座82场,4595人次参加;建立拥军图书馆(室)5个,流通图书8700册次;开办法律咨询、讲座及广场活动共50余场次,近3850人次参与。区图书馆投资30万元,为受阅部队建立图书室,先后5次送书,共计配送图书3360册、特定阅览期刊3890册、多媒体光盘800套。区图书馆与北京师范大学文学院合作完成《北京报刊民俗资料汇编》。该汇编从《北京青年报》《北京晚报》《新京报》2005年至2007年报纸中搜集关于北京地理、饮食、庙会、节令、胡同、人物等民俗资料4000余条。

(李宏钧)

【文化市场管理】 年内,出动执法检查人员2456人次,检查歌舞娱乐场所547家次、网吧1142家次、电影院35家次、演出85场次、电子游艺257家次、798艺术园区工作室4612家次,受理各类举报307件,纠正违规115次,查处文化市场违法行为51起,立案44件。责令整改安全隐患44家。组织安全生产例会8次;组织宣传活动2次,发放安全生产宣传手册、宣传品8600余份;组织大型消防演习1次;组织指导文化娱乐场所场所应急演练86家。

(李宏钧)

【基层单位经营情况】 年内,朝阳剧场全年放映电影5978场,杂技、电影、租场等业务整体总收入3275万元,同比增长5.65%;紫光影城全年放映电影16547场,票款总收入为1112万元,同比增长8.6%;劲松影院全年放映电影7300场,票款收入538万元,同比增长17%;香河园文化娱乐中心全年总收入219万元,同比降低6%。

(李宏钧)

【获奖情况】 年内,第四届北京春节庙会·灯会文化活动评选中,2009朝阳国际风情节、欢乐谷年俗百艺欢乐节、东岳庙庙会(北京东岳庙传统庙会老照片展)、安贞社区灯会和朝阳“百姓之家·新春大集”大爷大妈灯会展五项活动分别囊括了此次评选的最具人气奖、特色庙会奖、最佳创意奖、非遗展示奖、最佳社区奖及特别鼓励奖等五大奖项。紫光影城荣获新影联院线“票房十佳”荣誉称号。

(李宏钧)

潘家园国际民间文化发展有限公司

【概况】 潘家园国际民间文化发展有限公司是由区国有资产监督管理委员会监管的区国有资本经营管理中心下属国有独资企业。公司从事工艺品及收藏品、字画、家俱、日用杂品、珠宝首饰;组织文化艺术交流活动(不含演出);承办展览展示活动;投资及投资管理等生产经营活动,并对经营管理的全部国有资产承担保值增值责任。潘家园旧货市场占地49207平方米,经营面积26000平方米,分为地摊区、古建经营区、古典家具区、现代收藏区、石雕石刻区、休闲服务区、停车场等七个区域,拥有摊位4000余个,直接从业人员近万人。截至年底,公司资产总额36635万元,负债总额5692万元,所有者权益30943万元,利润总额1606万元,上交税费1097万元。

地址:华威里18号

电话:67741869

邮编:100021

网址:www.panjiayuan.com

(王丽梅)

【首届庙会】 1月24日至2月1日,潘家园旧货市场举办“潘家园首届春节交易会(庙会)”。首届“庙会”以打造“团圆、吉祥、平安”的年味儿,传达牛年美好的祝愿为主题,立足于“民间、民俗、民族”,着重打造了一个富有浓郁特色的京味民俗庙会。运用潘家园云集四海的古玩艺术品、收藏品、地方各具特色的民间工艺、国家非物质文化遗产手工艺品等自身优势，再现了老北京风貌，凸显了老北京过年时纯正的风俗风貌。首届庙会客流量达26万余人次，平均日客流量达到了周六、日的水平，远远高于往年春节期间总的客流量。庙会期间有5家电台、电视台、15家平面媒体参与采访报导，电视、报纸、广播共独立报导29次，多家网站转载达200多次，取得了很好的社会效益和经济效益。

（王丽梅）

【主题活动】 3月7日至15日举办《首届“三八”妇女节主题展——香水瓶》；3月21日至29日举办《第二届精品字画展》；4月9日至12日举办《第六届全国连环画交易会》；5月1日至10日举办《首届翡翠A货精品展》和《民间旧货交易会》；5月30日至6月7日举办《第二届“六一”怀旧玩具展》；6月13日至21日举办《赏精湛工艺传中华文化——镇平华新地毯精品展》；6月27日至7月5日举办《绚丽中华——中国历代瓷佛像艺术精品展》；7月11日至20日举办《第三届潘家园中外扑克精品博览会》；7月31日至8月6日举办《庆‘八一’迎国庆——朝阳区‘战士与祖国‘美术书法作品展》；8月13日至16日举办《潘家园第七届全国连环画交易会》；8月22日至30日举办《2009年奥林匹克收藏品展交会》；9月12日至20日举办《潘家园第四届中国民间藏玉精品展》；9月26日至10月11日举办《庆祝新中国成立六十周年——潘家园第六届全国红色收藏展览交易会》；9月26日至10月7日举办《潘家园“兔儿爷山”文化节》；10月12日至15日举办《童心向祖国，我眼中的六十年——庆祝建国六十周年垂杨柳学区第二届师生收藏展》；10月17日至25日举办《潘家园第二届茶文化节——紫砂茶具精品展》；12月12日至20日举办《潘家园第二届酒器收藏精品展》等19个主题展览、5场文化大讲堂和3场拍卖会。

（王丽梅）

【领导视察】 3月23日，副区长张春秀到市场考察调研，8月12日，区委书记陈刚率领区领导佟克克、陶晶以及区社工委、政法委、综治办、维稳办、流管办、610办、民宗办等40余人到市场调研维稳工作。9月17日，区人大常委会主任王力军到市场考察。10月10日，杭州市江干区委书记徐立毅一行13人到市场参观考察，区委宣传部、区文委、区旅游局、潘家园街道办事处领导陪同。11月11日，常务副区长吴桂英到市场调研指导工作。

（王丽梅）

【学习实践科学发展观】 3月23日，学习实践科学发展观活动启动，历时近5个月，领导班子成员、中层以上管理人员、全体党员及所属子公司中层以上管理人员、全体党员（含商户流动党员）共计40人参加了此次学习实践活动，圆满完成三个阶段、十一个环节的各项任务，达到预期的目标，取得明显成效。在企业发展思路、奋斗目标、具体任务、实现途径和企业在行业中所处位置、企业发展面临的挑战和困难、企业发展的优势和不足等问题上形成了共识，统一了思想，明确和强化了企业发展“六个以”的指导思想（即以科学发展观为指导，以提高效益为中心，以强化管理为基础，以发展品牌为重点，以实现跨越式发展为目标，以承担国有资产保值增值为责任）、“四个中心”的战略目标（即潘家园成为全国最具规模的民间工艺品交易中心，全国最具权威性的古玩艺术品信息发布中心，全国最具特色的中华民族传统文化体验中心）和“七个进一步”的目标实现途径（即进一步完善服务功能、进一步调整产业结构、进一步转变经营方式、进一步丰富商品种类、进一步拓宽发展领域、进一步提升管理水平、进一步扩大企业规模）。

（王丽梅）

【配合地铁施工】 3月20日，配合地铁十号线二期潘家园站项目建设，市场西区改扩建4700平方米的临时经营用房投入使用，安排受影响的商户进驻；同时认真做好商户的思想宣传、动员工作，稳定商户情绪，积极教育商户配合地铁施工。4月15日，潘家园旧货市场东门关闭。该地铁项目建设占用东区土地5500余平方米，拆除市场经营性房屋1700平方米，撤销摊位约800个，影响近3000名从业人员的就业。

（王丽梅）

【旧货交易交换】 8月6日起组织“夏季民间旧货交易交换”活动，即每周一至周五在市场西区开设具有收藏价值的民间二手工艺品地摊交易区。众多商品吸引了广大百姓参与其中，每周四“赶大集”交易日吸引了5、6万人次前来经营、购物，反响空前。活动增加了市场摊位，带活了市场西区，增强了市场商户应对金融危机的信心，拉动了消费、促进了内需。期间有近百家电视台、电台、报纸等媒体的跟踪采访报道，引起了社会各界和广大市民的关注及响应，吸引了包括天津、杭州等政府机构及同行业人士前来考察、调研，进一步提升了潘家园的品牌影响力。

（王丽梅）

【成立团支部】 11月18日，召开潘家园国际民间文化发展有限公司共青团支部成立大会，团支部的成立标志着我公司正式建立了党联系青年团员的桥梁和纽带，对今后我公司进一步做好青年工作具有重要意义。

(王丽梅)

【手工艺品交易博览会】 11月21日至11月29日举办《潘家园第二届非物质文化遗产手工艺品交易博览会》,本届非物质文化遗产手工艺品交易博览会沿承上届精神,以“在流通中保护非遗 在弘扬中发扬光大”为活动主题,通过结合自身特色,着力展示百余项国家级非物质文化遗产手工艺品,邀请非遗手工艺大师和传承人进行交易、展示、表演、讲座等,彰显中华文化传统魅力。为非遗传统手工艺搭建文化经济交流和发展的平台,为保护和传承非物质文化遗产手工艺品、展示中国文化创意产业的生机与活力、助推文化创意产业的繁荣与发展做出贡献。区委常委、宣传部部长谢莹、第四届文博会组委会办公室副主任、市贸促会副会长徐玉伟、市商务委员会副巡视员韩雯、市工商局重要商品市场管理分局局长周占柱、第四届文博会国内联络组组长、市贸促会会务部部长崔勇先、中国收藏家协会常务副会长、秘书长杜耀西、北京工艺美术协会会长李进华、北京工艺美术学会理事长唐克美等各级领导和嘉宾出席开幕式。

(王丽梅)

【引进鉴定机构】 年内,加大市场商品的监管力度,引进宝石鉴定中心,为商家及顾客提供珠宝玉器鉴定服务,填补市场鉴定领域的空白。

(王丽梅)

【安全稳定】 年内,加强公司的安保组织,完善公司安全生产管理制度和维护稳定工作方案,狠抓责任落实,层级签订安全生产责任书。加强安全生产培训,开展大型消防演练等活动,提高商户的防范意识。加强维护民族团结工作,做好少数民族商户的管理。完善市场商户从业人员身份及个人信息的基础台帐工作,并通过公安局的身份证识别系统逐一进行筛查。建立市场民事调解组织,将矛盾化解在基层,确保市场经营秩序稳定。加大检查力度,确保消防、供暖、供水、供电等各种设备设施始终处于良好状态,通过人防技防相结合,全面确保市场安全无事故。加强潘家园官方网站的安全管理工作,建立网站安全管理制度,有效控制、果断处理不良信息,保证潘家园网站的运行安全。实现全年安全生产事故零指标的要求,确保了市场正常的经营秩序,维护了社会的安全稳定。

(王丽梅)

【开展电子商务】 年内,积极探寻古玩行业发展的新模式,培育已经运营的潘家园网站,积极开展电子商务、广告、展会、报刊等业务。积极探索古玩艺术品行业经济的收益增长方式,建立“网上潘家园”的大市场模式。依托网络传媒技术,充分利用实体市场4000余商户资源优势,动员组织其网上开店,享受不收取费用的优惠政策,降低商户投资成本,为商户提供增值服务。充分利用市场主题展会,与网络传媒宣传结合,开通“跳蚤市场”、“红色收藏”等多个网上专区,将实体市场资源转化为网站运营成果。新增支付宝、网站视频等新功能,吸引增加网上店铺,提高点击率。

(王丽梅)

新闻传播

【概况】 朝阳区广播电视新闻中心是区委宣传部直接领导的单位,负责本区新闻宣传工作和新闻宣传队伍建设,由朝阳有线电视、朝阳报社、朝阳新闻网、朝阳区对外新闻宣传办公室、三方网络公司以及定福庄影视基地等主要部门组成。朝阳有线电视目前拥有两个电视播出频道:在北京电视台公共频道以每天三个时段,共4.5小时播出(7:30—9:00;12:30—14:30;19:30—21:00);通过歌华电视网络,以“801朝阳社区频道”全天24小时播出。朝阳有线电视目前开设有日播30分钟的“朝阳新闻”栏目,“和谐在线”等与各委办局合办栏目,以及“陪你逛街”等社会合作栏目,共计27个栏目。《朝阳报》目前发行数量为5万份,《朝阳报》周末版《社区生活》发行数量为6.5万份。朝阳区广播电视新闻中心为报纸发行专门组建了一支50人的直投队伍,发行范围除区属机关、街乡社区、厂矿企事业外,还直投进了CBD、电子城等楼宇、商社,在蓝岛、京客隆等商场设有自由取报点。朝阳新闻网每年点击量达数百万次。在朝阳新闻网上设有朝阳有线电视各栏目的播出视频窗口,及时更新上传,使每天早晨即可看到前一天的朝阳新闻节目,网络与电视基本实现了同步播出。年内,完成了定福庄影视基地项目主体结构的封顶工作,已被纳入北京CBD—定福庄传媒产业走廊,将成为朝阳传媒产业的有力支撑。

地址:六里屯西里3号
电话:65025172
邮编:100026

(张 礼)

【《朝阳报》出刊】 年内,朝阳报对深入开展学习实践科学发展观活动、国庆60周年筹备工作、第十届商务节、“三保”等全区重点工作进行了重点和集中报道。在一版开设“深入开展学习实践科学发展观活动”专栏,对全区学习实践活动、作风建设开展情况等进行了重点报道,在二版开设专栏,对基层学习动态进行了报道。开设“光辉岁月”专版,以图文并茂的形式,报道朝阳

60年来的发展变化。开设"国庆特别报道"专栏,突出宣传朝阳国庆筹备情况,重点对女民兵方队、群众游行队伍的组建、训练等进行了报道。与区党史办合作开设专栏"昨日朝阳",突出反映朝阳区60年的社会变迁,讴歌朝阳人艰苦创业的精神。对CBD设立十年来的成就进行回顾报道,内容包括产业发展、环境建设、人文特色、未来展望等。在第十届商务节举办期间,开设专栏,对商务节期间开展的重要活动、本届商务节特色等进行了重点报道,并对CBD东扩等进行了深入报道。开设"扩内需保增长促发展"专栏,对全区各单位在应对金融危机中的创新做法和典型经验、取得的成效进行宣传报道。在去年与和平街、酒仙桥、团区委合作办报的基础上,年内又与团结湖、来广营、新新家园进行合作办报,进一步拓宽了办报领域,提升了朝阳报品牌,提升了朝阳传媒的知名度。年内,朝阳区广播电视新闻中心开办了"朝阳传媒进社区"活动,朝阳报副刊《社区生活》积极参与其中,朝阳报记者经常深入社区,采访社区人物,宣传品牌社区,另外副刊经常刊登贴近百姓生活的散文、人生感悟、生活常识、保健知识、法律服务信息等,并发表读者寄来的诗歌、书画等作品,拉近了与读者的距离,扩大了报纸和刊物的影响,目前《社区生活》已深入千家万户,成为深受社区百姓欢迎的实用刊物。年内,朝阳报共出版正刊148期,专版61个,专刊12个,专页17个,社区生活副刊共出版50期。年内编发新闻报道6000多篇,共300多万字,发图片2000余幅。

(张　礼)

【朝阳有线电视传播】　年内,《朝阳新闻》、《和谐在线》、《今日点击》等品牌栏目持续保持较高的美誉度,社会效果良好。朝阳有线还陆续开播了《幸福2+1》、《与法同行》、《同在蓝天下》、《我爱我家》等合作栏目。与大业传媒集团联合制作了日播新栏目《家庭赛了赛》。将原有的15分钟《朝阳新闻》栏目与《今日点击》栏目合并为30分钟的综合性新闻栏目,改后名为《朝阳新闻》。每天《朝阳新闻》播出量的60%以上为策划性选题新闻,在选题中80%反映的是民生性事件。重点围绕"三保"、改变政府作风、新中国成立60周年、全区迎国庆大型活动、受阅女民兵方队、第十届北京CBD国际商务节、新农村建设等方面进行宣传报道,发挥了主流媒体正面宣传的重要作用,营造良好的社会舆论氛围。累计自制并播出节目18183分钟,合作并播出节目6248分钟,制作各类电视专题片60余部。

(张　礼)

【外宣工作】　年内,策划并组织新闻发布活动70场次,周周都有发布,周周都有策划。第一季度以展示"朝阳区2009年全年发展思路和新举措"为核心主题,召开新闻发布会或媒体集中采访15场,分别为"两会"新闻发布会、望京创业园留学生创业担保、同一首歌签约朝阳公园、通惠河景观带建设、CBD商务班车服务等等。第二季度以突显"朝阳区落实中央及北京市部署,按照区域实际情况,推动'保民生、保稳定、保增长'举措"为核心主题,召开新闻发布会及媒体采访20场,分别为一季度朝阳区经济形势通报会、CBD东扩计划、第二批郊野公园开园、大望京村住宅房屋腾退补偿安置办法、大望京拆迁等等。第三季度以彰显"朝阳区国庆筹备及文化活动"为核心主题,召开新闻发布会及媒体采访19场,分别为土地储备、森林公园北园"十一"开放、爱国歌曲大家唱、女民兵方队、朝阳区国庆游园新闻发布会、通惠河庆丰公园开放等等。第四季度以第十届北京CBD国防商务节和第四届北京国际文化创意产业为重点,召开新闻发布会16场,具体为"十一"朝阳女民兵和群众大联欢、朝阳区的国庆游园活动、CBD国际商务节系列活动、高碑店首场文化大集、文化创意产业博览会等等。年内,市级以上媒体针对本区的报道达2万多篇,比上年增加5000多篇,其中成就和经验性报道19700多篇,占全年报道的90%。

(张　礼)

【朝阳新闻网点击率】　年内,按照"专业新闻网+综合资讯+地方门户网站"的发展目标,朝阳新闻网进行了一次改版策划,将现有的"朝阳新闻网"主页面和各级子页面进行全面优化更新。将原有的《朝阳报》和《社区生活》升级为数字报。改版工作已经全部完成。朝阳新闻网加大了朝阳有线各栏目的宣传报道力度,将《家庭赛乐赛》、《陪你逛街》、《幸福2+1》、《与法同行》、《同在蓝天下》、《我爱我家》等栏目的视频添加在新闻网上,使电视播出和网络基本实现了同步。年内,朝阳新闻网发布文字340多万字,视频18000多分钟,刊登图片千余幅,点击量200多万次。

(张　礼)

【中心出精品】　在报道国庆阅兵队伍女民兵方阵事迹时,中心派出三名记者,深入军营200多天,进行全程跟拍,挖掘女民兵方阵背后的新闻故事。两名纪者通力合作,完成了高质量的专题片《铿锵玫瑰为祖国绽放》、《阅兵村里的那些日子》、《青春之歌》,其中《阅兵村里的那些日子》荣获全军首届DV大赛二等奖和北京军区一等奖。还在电视报纸中开辟专栏,进行系列报道,邀请女民兵方阵的代表录制《和谐在线》访谈节目和《迈向城市化》节目,并制作了《北京市朝阳区女民兵风采录》(内含《摄影集》和三部专题片)送给女民兵们作为纪念。大望京村拆迁是农村城市化试点之一,中心派出记者全程跟拍,制作出专题片《远去的村庄》,不仅用镜头记录下这段历史,也见证了在这一转型期百姓的心理和生活的变化。《朝阳报》经过大量的卓有成效的策划和精心编排,推出了“奥运之路”珍藏册,图册分上、中、下三部分,以图文并茂的形式完美记录了七年来朝阳辉煌的奥运历程。

(张　礼)

体　　育

【概况】　朝阳区体育局是主管全区体育工作的区政府工作部门。下设区体育运动学校、区第一少儿业余体校、区第二少儿业余体校、区第三少儿业余体校、开发中心、郡王府体育中心、朝阳体育馆、朝阳体育健身休闲公园、区社会体育管理中心、体育总会、体育科研所11个事业单位。年内,面对金融危机,面对奥运会后全区经济社会发展的新要求,充分挖掘奥运遗产,促进群众体育、体育产业发展成为全年工作的重点;面对建国60周年保障任务,热情服务、安全保障是工作重心。认真贯彻落实党的十七届四中全会精神,按照“解放思想、传承奥运、再创优势”总的工作要求和“四个走在前列”的工作目标,围绕“保增长,保民生,保稳定”中心任务,继承奥运财富,巩固奥运成果,坚持以人为本、统筹协调,圆满完成全年工作任务。获得国家体育总局颁发的全国体育系统先进集体称号。

地址:姚家园路10号
电话:85971365
邮编:100026

(刘金娟)

【群体活动】　1月13日,举办“传承北京奥运精神展示朝阳健身风采”为主题的2009年朝阳区全民健身启动仪式,,通过健步走的形式表达人们热爱运动,展现朝阳人的风采。3月13日,举行区全民健身总动员启动仪式,进一步加强基层群体体育队伍的建设、基层骨干的培育、奥运文明成果的宣传和教育,不断挖掘基层传统健身项目。5月25日,在蟹岛度假村举办区第三届“和谐杯”乒乓球总决赛。两届奥运会射击冠军杨凌,羽毛球世界冠军董炯参加本次活动,并为总决赛开球。比赛覆盖了23个街道157个社区和20个乡镇200个行政村,参与率达到100%。7月28日,区第七届全民健身体育节暨全区群众优秀健身项目推广展示大会在朝阳体育馆举行,这是继今年3月-4月,区体育局在全区43个街、乡开展优秀健身项目培训推广班之后的一次成果大展示。此次活动共有参演人员800人,观众人数1500人。8月7日,“全民健身日”群众健身主题活动在潘家园松榆里公园文体中心举行,两届奥运会射击冠军杨凌来到居民身边,共同分享健身的乐趣,共同庆祝这个群众自己的节日。11月19日,第六届朝阳区第二故乡运动会在东坝乡红太阳美食生态园举行,参与人数达到500人,该项赛事已成为本区品牌赛事之一。11月26日,2009年朝阳区国际友人保龄球联谊赛在工体钰泰保龄球馆举行,此次联谊赛的参加人员多为各国驻京大使馆人员以及外企驻京人员,参与人数近200人。

(刘金娟)

【全民健身大讲堂】　自3月起至年底,在全区推广和举办121期全民健身大讲堂,每期讲堂主题鲜明,形式新颖、内容丰富,不仅有权威专家亲身示范授课,还有体育明星来到百姓身边传授健身技能,深受居民的热烈欢迎。

(刘金娟)

【承接大型国内外射击赛事】　4月9日至11日,朝阳区第二少儿业余体校承办2009年华北协作区射击(手枪、移动靶项目)锦标赛,这是朝阳二体校迁址后首次承办的地区性高水平射击比赛,也是首次由区级业余体校承办此项赛事。来自河北、解放军、内蒙古、天津市、清华大学、山西、北京等九支代表队178名运动员参加了男子成年组、女子成年组等6个组别21个小项的争夺。7月29日至30日,正直中俄建交60周年,由国家体育总局和市政府主办,市体育局承办,朝阳区第二少儿业余体校协办的2009年中俄青少年射击运动会在区第二少儿业余体校射击靶场拉开帷幕,这也是朝阳二体校迁址以来首次承接国际性体育赛事。

(刘金娟)

【承担国庆60周年彩车组装】　5月7日,国庆游行指挥部考察朝阳体育中心,议定朝阳体育中心为国庆60周年群众游行彩车组装场地。按照国庆指挥部的需求,完成

83201平米场地硬化;新建2997平米临建设施作为安保用房,安装避雷设施、完善安保技防设施、加装1800延米围挡、购置配套设备设施等工作。8月10日,国庆60周年群众游行组装场地彩车村举行开村仪式,彩车组装场地正式运行。彩车组装期间,共有65辆彩车进驻彩车村,同时,为武警、安保驻勤提供用房39间,近3000平米办公区域,400个就餐位,提供浴室可满足100人同时洗浴。为伟人画像提供2000平米制作场地。在整个保障过程中,科学合理调整建设方案,压缩工程造价,节俭办国庆。

(刘金娟)

【组队参加吉尼斯世界纪录活动】 8月8日,区体育局组织4000人参加鸟巢“万人太极拳创吉尼斯世界纪录活动”,彰显朝阳特色,参加者由全区体育总会武术运动分会2000余人和来自13个乡的健身爱好者组成。

(刘金娟)

【国庆游园活动】 10月2日,以“和平盛世、普天同庆、国泰民安、天地和谐”为主题,分别在奥林匹克森林公园、朝阳公园、兴隆公园开展国庆游园活动,现场共接待观众11200余人,体育互动参与观众1600余人次,体质测试参与群众516人,展现了奥林匹克森林公园再现奥运光彩、朝阳公园尽显城市魅力、兴隆公园展现和谐生活三大亮点,为国庆60周年添彩。

(刘金娟)

【收归奥林匹克公园北区场馆群】 年内,与市体育局、国资公司、中网公司多方沟通,向市政府上报关于保障中网公开赛和奥林匹克公园北区场馆群赛后利用的意见,将北区场馆群划归本区所有。同时按照区政府关于北区场馆群赛后利用专题会议精神,体育局履行自身职责,充分利用奥运场馆资源,盘活奥运资产,促进奥运场馆的赛后利用。经过多方联系及精心筹备,正式承接了广东曲棍球队在北区场馆群曲棍球场训练。

(刘金娟)

【完成国庆阅兵仪式集鸽任务】 年内,完成在辖区各主要干道、地区进行历时十多天,总里程5000多公里的巡查信鸽禁飞工作,同时安全确保了国庆阅兵仪式彩鸽放飞8000羽集鸽任务的完成。

(刘金娟)

【奥运场馆赛后利用】 年内,积极争取体育产业引导资金,为朝阳公园争取到市体育产业引导资金约2000余万元,为赛后场馆改造提供资金支持。3家驻区奥运场馆通过市首批体育服务认证,使本区奥运场馆能够在管理水平、专业资质方面提高档次、提升水平。发挥资源优势,在区域职能部门和体育场馆间搭建桥梁,为匠心之轮国际网球学校、世贸天阶溜冰场、吉诺青鸟羽毛球俱乐部等体育企业加强宣传报道、拓宽发展渠道、进行市场开发、促进沟通合作、实现资源整合与利用做出了努力。

(刘金娟)

【四项折子工程】 年内,完善全民健身硬件设施建设,投入资金125万元,完成了对2005年已配建器材50套的更新任务,为全力推进农村城市化进程,50套更新器材全部放在农村,满足农民健身需要。对有实际需求的地区,新建全民健身居家工程12套,超额完成任务;建设篮球场15个,球类健身广场5个、社区体育健身俱乐部2个、体育生活化社区3个。制定《朝阳区学校体育设施向社会开放方案》,引导学校体育设施对社会开放,实现共建共享,全区符合开放条件的56所学校体育设施全部向社会开放。服务离退休老干部,完善朝阳公园门球设施,增设一块门球设施,为进一步开展本区老年体育健身活动打下坚实基础。

(刘金娟)

【输送运动员】 年内,共向市体育局输送运动员50名,新注册运动员432人,全力做好备战2010年北京市运动会工作。

(刘金娟)

【健身市场监管】 年内,出动执法检查690人次,检查健身场所230处,查获未办理体育设施注册登记单位33家,下达责令限期整改通知书23份,进行行政处罚3起,累计罚款金额2万元。全年行政执法检查和行政处罚是历年来同比力度最大、数量最多的一年。在国庆期间,对重点区域管控单位进行全天候、不间断的执法检查,出动执法人员96人次,对重点区域进行了26次执法检查,检查率达到100%,有效地保证了本区体育经营单位在建国60周年活动期间的安全生产。

(刘金娟)

医 疗 卫 生

【概况】 朝阳区卫生局是区政府负责全区卫生事业管理的职能部门。辖域内卫生机构1254家,科研、教学、防疫机构18家。区属卫生机构56家,其中全民40家,集体16家。卫生技术人员30421人,其中执业(助理)医师12109人(西医10316人、中医1793人)、注册护士12126人、药剂人员1657、检验人员1155、影像人员583、其他卫技人员2791。床位14943张。全区每千常住人口平均拥有卫生技术人员9.72人、执业(助理)医生3.87人、注册护士3.87人、床位4.77张。全区每千人口平均拥有卫生技术人员16.57人、执业(助理)医生6.59人、注册护士6.6人、床位8.14张。全年收入1848071276.79元(包括财政拨款565939051.40元),支出1836727570.09元。固定资产总额925775669.26元。全区出生14372人,出生率7.83‰;死亡11167人,死亡率6.09‰;自然增长率1.74‰。因病死亡10854人,占死亡总数的97.20%。死因前十位依次为:恶性肿瘤,心脏病,脑血管病,呼吸系统疾病,内分泌、营养和代谢性疾病,消化系统疾病,损伤和中毒,传染病,泌尿、生殖系统疾病,神经系统疾病。平均期望寿命80.01岁,其中男性78.14岁、女性81.99岁。

地址:甜水园东里甲一号
电话:65859680(总机)
邮编:100026
网址:http://wsj.bjchy.gov.cn

(周彦华)

【卫生改革】 年内,公共卫生体系不断健全。全区38家社区卫生服务中心和8家承担公共卫生职能的医疗机构建立46支公共卫生应急小分队,共计230人;全区医疗急救应急小分队扩容达到49支,共计145人。在全区成立四个公共卫生应急工作站,有效缩短应急处置半径,逐步形成以朝阳区公共卫生单位为专业支撑、以公共卫生应急工作站为片区处置核心、以基层医疗机构保健科为基层处置力量的三级公共卫生应急工作网络。以区紧急医疗救援中心为核心,在全区选取四家医疗机构分别成立4个急救分中心,统筹管理新运行的14个急救站点,实行社区急救分中心管理模式,进一步探索新形势下新运转急救站点的管理机制、运行模式和队伍建设。完善医疗机构设置规划,提高行政效能。落实《朝阳区效能监察评价指标体系》和目标管理双百考核实施方案,政风行风建设不断加强。完善《朝阳区医疗机构设置规划》,合理引导社会资本按区域卫生规划进入医疗领域。依法受理医疗机构设置45家,颁发医疗机构设置批准书30家,医疗机构备案13家,其中社区卫生服务机构8家;依法受理医疗机构执业登记注册28家,颁发医疗机构执业许可证34家。依法受理医疗机构变更255家,许可254家。强化医疗服务与质量管理,对全区医疗机构实行违法违规行为记分管理,对医疗机构进行清理整顿,注销医疗机构40家。完成医师注册2646人次,其中医师执业注册494人次,医师变更注册1594人次,区内变更到外省(区)537人次,完成不予行政许可和撤销行政许可21人次。按照分阶段、按计划、讲依据、高效率、便管理和标准统一的原则整体推进朝阳区乡村医生换证工作。社区卫生服务体系逐步规范,具有朝阳特色的“12345”工作格局初步形成。完成市社区卫生绩效考核、全国中医药特色服务示范区验收和社区卫生服务网络建设。

(周彦华)

【农村卫生】 年内,全区有村卫生室13个,全部为村委会设立;其余地区已由村卫生室转建的社区卫生服务站覆盖,覆盖率100%。完成乡村医生换证工作173人,其中变更执业地点22人。100%乡村医生参加规范化培训。牵头组织北京市眼科研究所、垂杨柳医院和各社区卫生服务中心联合对参加新农合55~85岁农村居民28772人进行白内障筛查,对视力小于0.3的1621名患者进行晶状体照相检查,为构建防盲信息体系打下基础。新型农村合作医疗筹资标准由每人420元提高到520元,其中,大病统筹235元(市60、区80、乡40、村25、个人30),基本医疗285元(市20元、区70、乡55、村70、个人70)。年内,在定点一级医院实行“零起付”,大病统筹起付线由4000元降至3000元,18周岁以下的学生及非在校少年儿童起付线为650元,封顶线从7万元,提高至17万元。参加大病统筹总人数117633人,农业人口参合率98.89%,筹集资金2764.3755万元。有5955人次,4126人得到补偿,支付资金3639万元,报付率达到50.84%。参加基本医疗总人数为130615人,农业人口参合率98.79%,共筹集资金4123.82万元,有93万人次得到补偿,支付资金4939万元,报付率39.49%。

(周彦华)

【社区卫生服务】 年内,全区完成门急诊4108927人次,占全市总量的16.31%,比上年增长34.93%。药品惠及百姓,共销售零差率药品274445326.29元。推广中医药特色服务建设,广泛开展中医药和针灸、推拿、拔罐、刮痧、薰洗、敷贴等中医药适宜技术。中医诊疗量为794052人次,占全市中医门诊量的23.42%,比上年增长35.67%。荣获"全国社区卫生中医药特色服务示范区"称号。推进"全科团队"建设,建立社区卫生服务团队437个,覆盖居(村)委会511个,覆盖户数1068549户,覆盖服务人口3087615人。制订慢性病单病种管理规范考核方法,4种慢性病规范管理:高血压128994人、糖尿病52360人,脑卒中12779人,冠心病29072人;规范管理率分别为35.96%、34.15%、22.68%和22.07%。开展健康教育1230余场次,提高家庭保健员培养工作质量和水平,累计培训9000余名"家保"。完成眼底筛查和为60岁以上全口无牙低保老人免费镶牙工作。构建以社区卫生服务为基础,社区卫生服务中心(站)与大中型医院分工合理、协作密切的新型医疗服务体系,提高社区卫生服务能力和水平。上转病人10882人次,下转患者2474人次。按照医务人员"三基""三严"要求,结合社区卫生服务特点,制定《社区卫生服务人员岗位练兵工作方案》,努力打造"政治过硬、业务熟练、作风优良、服务规范"的社区卫生人才队伍,1574名医务人员参加的统一书面闭卷考核,224名全科医师和社区护士参加的基本技能实操考核,并针对糖尿病规范管理的进行岗位练兵过关考试。

(周彦华)

【疾病控制】 年内,本区0~6岁常驻儿童124210人,抽样调查210人,五苗全程合格接种率98.10%,四苗全程及时接种率90.95%。完成79401名外来儿童强化免疫,15个重点地区一次性通过市级评估。对726所学校、托幼园所进行儿童预防接种证查验和疫苗补种,查验70679人。对外来务工人员接种麻疹、流脑疫苗95132人次,其中麻疹疫苗接种47612人次,流脑疫苗接种47520人次。报告甲乙类传染病10127例,发病率359.51/10万,比上年下降3.02%。病毒性肝炎1015例,发病率36.03/10万;痢疾4584例,发病率162.73/10万;麻疹255例,发病率9.05/10万;流行性出血热3例,发病率0.11/10万;无急性肠道感染病例;无野毒株引起的麻痹病例。属地肺结核网报1439例(涂阳398例)。登记管理361例,其中肺结核359例、结核性胸膜炎2例。359例肺结核病人(涂阳199人)中,本市138人(涂阳84人)、外地221人(涂阳115人);初治344人(涂阳186人)、复治15人(涂阳13人)。上年本市新发涂阳肺结核55例中治愈48例,治愈率87.27%。新生儿活产数24125人,卡介苗接种22060人,接种率91.44%。监测5469人,成功接种5358人,成功率为97.97%。大学生PPD监测19593例,其中强阳性2384例,发现活动性肺结核2例(涂阴)。报告性病2884例,其中淋病450例,尖锐湿疣726例,梅毒1475例,生殖道沙眼衣原体感染149例,生殖器疱疹84例。艾滋病毒感染者449例,其中艾滋病47例。全年在卡管理精神障碍患者10772人,检出率6.02‰;监护9408人,监护率87.34%,其中管理重性精神障碍9374人;显好8606人,显好率91.48%;参与社会8547人,参与率90.85%。接受治疗重性精神障碍6725人,治疗率71.74%,精神卫生防治网络为社区精神障碍患者提供服务36428人次。区精神卫生中心设病床418张,全年收治精神病人901人次。全年新发现并建卡管理患者1333人,全区享受门诊精神科治疗费用补助1430人;享受精神科住院费用补助126人,接收并复核市精神疾病信息报告系统内朝阳区病人信息709条。796名病情稳定的精神疾病患者参加社区康复活动,开展社区集体康复活动122次,全区进入职业康复站参加保护性就业精神病人267人。

(周彦华)

【甲型H1N1流感医疗救治】 年内,统筹辖区力量,提高甲型H1N1流感医疗救治能力,成立由12个专业101名专家组成的流感医疗救治专家组,承担辖区医院流感医疗救治会诊工作。积极建立定点收治医院,将第二医院三间房病区作为区甲型H1N1流感定点医院,累计收治轻症病人271例。黑庄户医学观察点累计收治病人77例。先后抽调医务人员146名到国门路大饭店、燕翔饭店从事医学观察任务,抽调8名医护人员支援地坛医院ICU病房工作。

(周彦华)

【慢性病防治】 年内,建立区卫生局、区疾病预防控制中心——街(乡)、社区卫生服务中心——居(村)委会、社区卫生服务站(村医务室)的三级慢性非传染性疾病工作网络;举办慢性病防治培训班4期,来自医院的专职慢病人员、社区医生、街乡卫生专干共350余人次参加培训;继续开展"北京市社区常见慢性病人及高危人群干预管理"项目,规范管理肥胖、高血压、糖尿病病人及高危人群2670人;继续开展中央补助地方慢病综合干预控制项目暨卫生部"维持健康体重和血压管理关键技术"社区试行及应用项目;建立"社区脑卒中预防与适宜技术研究"工作试点和朝阳区健康管理中心及分中心试点;倡导健康生活方式行动、开展“全国高血压日”、“世界糖尿病日”等宣传活动,贯彻预防慢性病从娃娃抓起的理念,在小学生中开展慢性病防治教育活动;开展慢性病及危险因素监测、新发高血压病人监测等;制定《朝阳区慢性病防治工作考核标准》,对社区卫生服务中心(站)进行考核评估。年内,制作健康教育宣传栏2450期,发放健康教育宣传材料222万1271份,发放健康处方72万1493份,对居民开展社区健康教育讲座2205次,参加社区健康教育讲座人次数21.61万,健康促进活动1270次,健康促进参加人次15.34万,健康咨询人次数49.40万。开展甲型H1N1流感健康教育宣传,发放折页、A4纸宣传单、海报、笔记本、DVD、张贴画、易拉宝、宣传册、书、卡片、杂志共29类185种531.30万份。来自辖区医疗机构的健康科普讲师团人数由上年的295人发展到396人,完成健康教育知识讲座1401场。继续创建健康促进学校,与其他部门共同完成2批45所学校的验收工作,其中41所通过市健康促进学校验收。

(周彦华)

【公共卫生】 年内,放射卫生通过“建设项目职业病危害评价(放射防护)(丙级)”、“职业病危害因素检测与评价(放射防护)”两项资质,具备38项放射卫生现场检测资质,以及建设项目职业病危害放射防护评价资质。共检测各级医疗单位137家,检测医用诊断X线机91台次,各类牙科设备92台次,场所防护检测163所。其中状态检测135台,验收检测31台,复测17台。更换个人剂量计共188家单位,2787人次,共完成预评价报告41份,控制效果评价36份。职业卫生共监督检查645户次,放射卫生日常监督356户次。学生发育评价分析,身高受检学生129268人,其中身高上等28302人,占21.89%,中上等27582人,占21.34%,中等58204人,占45.03%,中下等10500人,占8.12%,下等4680人,占3.62%;体重受检学生129208人,其中体重上等33771人,占26.14%,中上等20269人,占15.69%,中等62283人,占48.2%,中下等11389人,占8.81%,下等1496人,占1.16%;学生营养评价分析,受检学生129147人,轻度营养不良16323人,占12.64%,中度营养不良2083人,占1.61%,重度营养不良86人,占0.07%,极重度营养不良13人,占0.01%;超重17075人,占13.22%,肥胖27503人,占21.3%;学生疾病监测情况,视力受检人数109314人,视力不良患病人数60774人,占55.6%,贫血受检人数126972人,贫血患病人数1180人,占0.93%,龋齿受检人数126972人,龋齿患者27013人,龋齿患病率占21.27%。

(周彦华)

【卫生监督】 年内,新发卫生许可证6687户,其中:食品4836户,生活饮用水250户,公共场所1601户。延续卫生许可证2596户,其中:食品1093户,生活饮用水469户,公共场所1034户。变更卫生许可证1399户,其中:食品1066户,生活饮用水22户,公共场所311户。注销卫生许可证2194户,其中:食品2116户,生活饮用水15户,公共场所63户。食品卫生监督检查35492户次,其中生产加工企业272户次,销售(经营)企业4306户次,餐饮业23527户次,集体食堂5802户次,集体用餐配送单位201户次,食品摊贩923户次,临时许可120户次,其他341户次。食品卫生处罚746户,处罚金额1522194.99元。年内,我区共有餐饮经营单位7485户,其中A级单位410户,B级单位2878户,C级单位3778户,D级单位1户,未评级418户。传染病监督检查3610户次,其中:疫情报告1190户次,传染病管理1506户次,院内感染565户次,传染病专科门诊286户次,生物制品63户次。消毒产品生产经营使用单位监督检查34户次。处罚19家医疗机构,1家生物安全实验室,罚款18000元,没收违法所得1701.40元。公共场所监督检查10973户次,其中,旅店业2453户次,文化娱乐场所281户次,公共浴池475户次,理发店、美容店7110户次,游泳场(馆)451户次,体育场(馆)6户次,展览馆、博物馆、美术馆、图书馆10户次,商场(店)、书店170户次,候车(机、船)场所1户次,其他16户次。公共场所处罚308户,罚款金额174588元。生活饮用水卫生监督检查3712户次,其中,自备水源供水168户次,二次供水3544户次。生活饮用水处罚179户,罚款金额614000元。医疗机构卫生监督检查2139户次,其中:一级医院448户次,二级医院46户次,三级医院58户次,其它1587户次。共处罚各级各类医疗卫生机构51家,罚款104500元,没收违法所得8044.79元。共开展打击非法行医联合执法行动172次,出动执法人员2425人次,执法车辆525辆次;取缔非法行医黑诊所741户次,没收药品器械668箱(包),价值人民币约41万元,罚没人民币共计23070元。组织召开辖区内医疗机构医疗废物管理工作大会,联合区环保局等多个部门对医疗废物管理工作进行布置及检查工作。接到包括卫生系统平台、投诉电话、来访以及信访举报投诉共3100起,以食品卫生、生活饮用水、公共场所和医政类投诉占主导,其中:食品卫生1865起,非法行医450起,公共场所卫生167起,生活饮用水卫生235起,传染病与消毒9起,比上年增加21.81%。开展全体监督员培训7次，涉及《食品安全法》、《北京市制售饮用水卫生管理办法》、建国60周年大庆保障、公共场所量化分级工作等内容。开展一系列有针对性的业务培训，其中包括对应急队、应急预备队队员参加的突发公共事件应急处理专项培训，新录用人员参加的业务知识、法律法规培训，针对管理相对人的应对甲型H1N1流感和对抗甲型H1N1流感相关知识培训，普及食品安全法及相关法律法规培训，提高用人单位职业病防治工作意识培训，制售水机管理办法培训，打工子弟学校及托幼机构的卫生工作培训等。卫生监督员参加市卫生监督所及区卫生局组织的培训共19次，培训对象多以业务各专业骨干为主，包括食品卫生类培训6次，医政卫生类培训7次，生活饮用水卫生类培训6次。

（周彦华）

【妇幼保健】　年内，孕产妇14260人，建册13728人，建册率96.27%。孕产妇系统管理14079人，系统管理率98.73%，围产儿死亡66人，死亡率4.58‰，孕产妇死亡0人，孕产妇死亡率0/10万。全区有从事助产技术服务的单位共21所，助产人员752名；有产科床位749张，母婴同室床位537张，占产科总床位的71.70%。0－6个月母乳喂养率92.64%，24所医院（有三家儿科医院）开展出生缺陷监测，监测围产儿37147例，出生缺陷发生664例，发生率17.87‰。活产儿14372人，新生儿访视13989人，访视率97.34%，全区有0－6岁在册儿童124217人。儿童保健覆盖率99.23%，对114488名儿童进行系统管理，系统管理率为92.17%。对114640名儿童进行体检，体检率92.29%。全区婴儿死亡率为3.27‰。5岁以下儿童死亡率为4.04‰。管理托幼园所415个，入托儿童18725人。有238个园所发生传染病，发病992例，病种以手足口病、水痘为主，传染病暴发44例（全部为手足口病）。为全区9920名保教人员进行体检，体检率98.49%。开展计划生育技术服务单位92个，有专业人员490名。全年各项计划生育手术60653例，并发症1例。建立女工保健三级网，妇女病普查率83.22%。婚前医学检查2999人，婚前检查率6.35%。检出疾病人数203人，暂缓结婚4人，疾病检出率6.77%。

（周彦华）

【医疗工作】　年内，总诊疗22413998人次，其中门诊20314300人次，急诊1878497人次，家庭卫生服务104034人次。急诊观察325893人次。区级医院诊疗6823977人次，门诊6213820人次，急诊473885人次，家庭卫生服务56405人次。急诊观察9273人次。住院危重症抢救899人次，急诊抢救成功率98.38%，病房抢救成功率77.64%。住院26428人次，出院25720人次，区级医院病床使用率71.08%，病床周转14.44次，治愈率48.09%，好转率30.53%，病死率2.29%。出入院诊断符合率99.77%，临床与病理诊断符合率95.22%，手术前后诊断符合率99.92%，无菌手术化脓率0.55%，院内感染发生率1.26%，住院病人手术人次数11472。贯彻落实《医院感染管理办法》，加强对医院感染专（兼）职人员培训，举办医疗废物规范化管理、医院消毒供应中心管理规范等六项行业标准、产房、新生儿病房、母婴室医院感染管理及甲型H1N1流感防控等培训8次，参加人员2000余人次。有针对性开展对基层医疗机构医院感染管理质量的实地督导检查，对辖区内21家助产机构、15家血透室、100余家美容和口腔专业医疗机构、400余家医疗机构的医疗废物管理进行实地检查，并多次对各级医疗机构的甲型H1N1流感防控、国庆医疗安全保障等工作进行实地督导。召开区医疗病历质量管理研讨会；参加市病历质量评比，推荐的十份病历中四份经初评入围市优秀病历展评。举办区医疗机构优秀病历展示活动。年内，举办护理管理培训班、护理文书规范书写培训班、新生儿复苏医护配合培训班、艾滋病防控学习班、医务人员自身防护培训班等5次，1300余人次参加培训。先后对二级医院、部分一级医院及社区卫生服务中心进行质量管理实地督查；对5家二级医院，5家一级医院开展“医疗质量万里行”活动督导；开展护理文书巡展月活动，进一步规范和提高护理文件书写质量和水平。对9家二级医院，16家一级医院开展《护士条例》落实情况专项检查。贯彻落实市局关于护士重新申请注册有关事项的通知要求，启动区第二医院作为市卫生局指定的承担临床护理培训的医院。完成300个单位1463名护士注册的微机输入工作。全年为39346人次低保人员减免医疗费用22.76万元，为22543人次垫付医疗费用367.15万元，资助1522名农村低保人员免费参加新型农村合作医疗，为833名持有慈善医疗卡人员提供优惠的医疗减免服务。驻区三级医院共接收对口职员进修学习54名。完成12辆总价值约700多万元的流动医疗车调拨。从驻区二、三级医院抽调14名医疗专家组成的医疗队，完成市卫生局下派卫生援建四川省什邡市任务，医疗队共接诊6781人次，查房5330人次，完成高难度手术42台，下乡巡诊诊治患者4281人次，义诊受众617人次，专业技术指导受众2232人次。收到治愈患者送来锦旗26面、表扬信13封，当地新闻报道14次、电视专访9次。被什邡市市委、市政府授予北京市第五批医疗卫生援建队工人先锋号称号。与区残联联合举行"爱耳日"宣传咨询活动;配合残联完成残疾证换证工作。召开医疗责任险会议,督导区内公立医院参加医疗责任险,辖区内共38家医疗机构参加医疗责任险。完成医疗设备政府采购工作共计金额1300余万。包括区甲型H1N1流感定点医院区第二医院、三间房病区和黑庄户社区卫生服务中心500余万的设备采购工作。二级及以下医疗单位共承担科研项目18项,其中国家级5项,部级8项,市级4项,批准经费7297万元。

(周彦华)

【大型活动卫生保障】 年内,完成元旦、春节、清明节、五一、端午节等重大节日保障,全国"两会"保障、国际微量元素营养论坛保障、中国北京国际科技产业博览会保障、欧盟美食文化节、序北京电子音乐会、朝阳消夏文化节等80项国内外重大活动卫生保障任务。其中国庆60周年卫生保障,完成17个方阵训练营保障、群众游行集结疏散活动保障、远端安检集结工作保障、朝阳公园游园活动保障、奥林匹克公共区游园活动保障、兴隆公园游园活动保障、团结湖公园游园活动保障、朝阳公园国庆焰火燃放活动保障、红领巾公园双胞胎节活动保障、市侨联国庆活动保障、国庆天安门联欢活动保障等工作,出动卫生防病人员2167人次;卫生监督员617人次、233车次;对全区的游园公园、餐饮单位、饮用水供水单位和公共场所经营单位进行监督检查。共检查旅游接待餐厅19户,景区及周边餐饮单位1061户,美容美发162户,旅店37户,游泳池18户,二次供水9户,自备水源供水2户;行政处罚4件,罚款2300元。区救援中心和14家恢复运行急救站共计34个急救车组,110人,国庆期间共完成医疗救治转运工作650件次,其中救治危重患者130人,普通转运420人次。

(周彦华)

【血液管理】 年内,自愿无偿献血84264个单位,比上年提高18%。其中街头自愿无偿献血77110个单位,比上年提高14%;单位团体自愿无偿献血6575个单位,比上年提高77%。驻区31家医疗机构用血139362单位,比上年增加19%,其中成分输血139283单位,成分输血率99.99%,同比持平;自体输血37974单位,自体输血率27%,比上年提高43%;输全血79单位,比上年上升22%;输血浆132418单位,比上年提高36%。北京地坛医院从东城区迁入我区,供血工作仍由北京市红十字血液中心负责。组建无偿献血应急志愿者队伍78支,志愿者7860名,组织动员4所高校参加国庆保障应急献血,献血2313单位。新建街头献血点1个,即奥林匹克公园献血点。本区共设街头献血点6个。

(周彦华)

【医学教育】 年内,30个继续教育基地承担区审批的继续教育项目500项,培训63541人次。举办各种类型培训班54期,培训4125人。为社区卫生服务培养全科人才,举办全科医师系统培训班1期197人;举办社区护士系统培训班1期287人。开展社区卫生服务专业岗位培训。举办校医继续医学教育培训班1期110人。举办社区医师心电图培训班1期60人。举办社区电脑培训班6期112人。举办药物不良反应培训班1期108人。举办检验结果解读培训班1期79人。举办"甲型H1N1流感防治知识全员培训及强化培训",参加考试人员19566人。举办"在职医疗卫生人员鼠疫防治知识培训",参加考试人员10009人。举办"人禽流感防治知识培训",参加考试人员19461人。举办区继续医学教育管理系统(ICME3.0)操作方法培训班1期90人。举办区医学教育经验交流会参加人员23人。举办区农村社区卫生服务中心医疗技术骨干急诊急救理论及技能培训班2期21人。389人在学医学学历教育,69人医学学历教育毕业。卫生技术人员外出进修67人。继续教育卫技人员完成学分4337人,占在岗卫技人员总数的99.4%。乡村医生208人参加市五年继续教育大纲系统教育。全年医学教育经费支出372万元。

(周彦华)

【麻醉药品管理】 年内,持有麻醉和精神药品印鉴卡医疗机构95家,其中新办6家,13家医疗机构进行印鉴卡的变更。

(周彦华)

北京朝阳医院

【概况】 首都医科大学附属北京朝阳医院是三级甲等医院。本部职工3147人,其中卫生技术人员2656人,包括主任医师(含相应职称,下同)104人,副主任医师446人,主治医师627人,医师845人,护士634人;其他技术人员132人,行政人员80人,工勤人员279人。京西院区职工808人,其中卫生技术人员649人,包括主任医师(含相应职称,下同)9人,副主任医师44人,主治医师133人,医师275人,护士188人;其他技术人员41人,行政人员43(含未定级27人),工勤人员75人。医疗设备总价值53008.64万余元,共计6971台。全年获得8866余万元政府拨款及自筹2500余万元用于设备购置。本年度新购置医疗设备582台,总值3293.47万余元,其中10万元以上设备70台,价值2209.10万余元;百万元以上设备5台,价值801.01万余元。年内,获卫生部、国家药监局、国家中医局颁发“全国医药卫生系统先进集体”;卫生部医政司颁发医疗质量万里行全国三级综合医院病历质量评比一等奖;市总工会颁发“迎国庆树窗口形象创优质服务”劳动竞赛优秀组织奖;首都精神文明建设委员颁发首都精神文明单位、首都“迎国庆、讲文明、树新风”活动先进单位;市公安局集体三等功;市防火安全委员会颁发2009年度消防工作先进单位;市计生委颁发计划生育先进单位。老中医方和谦获卫生部和国家中医药管理局颁发首届“国医大师”称号。

地址:本部:工体南路8号京西院区:石景山区京原路5号

电话:85231000 51821114

邮编:100020 100043

(黄维佳)

【改革与管理】 年内,建立完善人力资源信息系统,其中薪资模块是确定员工身份的唯一识别码,涉及到岗位工资、薪级工资、绩效工作、福利待遇等项目与主库数据的对接。制定岗位聘任的实施细则、岗位设置方案及岗位聘任文件,完成首次岗位等级核定和工资兑现。京西院区完成第二批差额拨款事业编制人员准入。继续完善奖金分配工作,在完成医院对科室的绩效考核及奖金分配工作的基础上,于1、4、7、9月进行阶段绩效奖金核算与分配工作,试运行职能管理科室及医辅科室的评价方案,在全院范围内进行绩效奖金分配的问卷调查。制定修改了平衡计分卡指标体系,并在重点科室进行绩效考核指标模拟,发放调查问卷,对权重指标打分统计分析。对医院的信誉度、忠诚度、行风建设、医疗质量、服务态度、就医流程、卫生情况、营养食堂、环境设施等方面进行调查,其中门诊患者25200人次,满意率达97.97%、住院患者33600人次,满意率达98.88%、电话随访34694名,满意率98.13%。

(黄维佳)

【医疗工作】 年内,门诊2263901人次,急诊241844人次,急诊重症抢救9670人次,抢救成功率94.78%。病床1685张。住院49064人次,出院49244人次,病床周转29.23次,病床使用率89.36%,平均住院日11.07天,七日确诊率96.99%,出入院诊断符合率99.28%,治愈率44.31%,好转率49.31%,死亡率2.52%。住院手术22237例。孕产妇死亡率0,新生儿死亡率0.04%,围产儿死亡率0.15%。完善病历书写补充规定和分级管理条例。甲级病历率95.96%。加强重点科室的医院感染管理,如感染和临床微生物科、手术室、供应室、透析室、重症监护病房、新生儿室,全面监测医院感染,加强院感目标监测工作;将医院感染管理的各项指标纳入医院绩效考核管理体系中,通过量化考核提高临床医务人员参与医院感染管理意识。医保出院病人17323人次,占全市医保出院人数的11.4%,人均住院费用17405元,平均住院日12天,连续四年保持北京地区第一位。年内获得英国保柏(BUPA)集团“保柏质量核准”认证(国内首家银级医疗机构);与法国之全景保险经纪(北京)有限责任公司和瑞士再保险之北京鹏瑞咨询服务有限公司签订《医疗合作协议》,扩大了医院对商业医疗保险市场的服务面。本年共派出150名具有中高级职称的医务人员参加对口支援社区工作,共计在社区诊治病人达3000余人次。组织“健康沙龙”讲座76次,接待健康教育咨询,约2000余人次参加;举办北京呼吸疾病研究所成立十周年大型义诊等义诊活动8次。采取电话预约、网络预约、复诊预约等多渠道,增加电话座席、自行开发预约挂号软件及复诊预约HIS系统平台,积极推进预约挂号;持续开展节假日门诊和夏时制门诊。严格贯彻《护士条例》和《护士注册管理办法》,加强护理安全管理;成立内、外科护士委员会,选派120余人次护理人员外出参加学术交流及进修;大力发展专科护理,不断提升社会效益和护士专业价值;对ICU、急诊室等重点科室及输血、输液病人进行质量安全监控及培训;定期考核护理人员相关疾病护理常规和CPR技术操作;组织护理知识技能竞赛;完成全院1000余名护士继续教育工作;全年举办国家级继续教育项目2项,市级项目1项,区级15项,院级10项。

(黄维佳)

【科研工作】 年内,申报获资助科研项目:作为牵头单位申报各类科研项目310项,获批20万元以上22项。其中国家自然科学基金共13项,含1项重大国际合作项目;市教委3项;市中医药管理局1项;市科委5项。“呼吸衰竭的发病机理与治疗研究”获国家科技进步二等奖;“心力衰竭及相关疾病与受体及自身抗体、细胞凋亡的系列研究”获市科学技术三等奖;“一种常压低氧染毒系统”获发明专利。发表论文被SCI收录60余篇。其中《中国甲型H1N1流感的临床特征》发表于国际权威医学杂志《新英格兰医学杂志》,实现市卫生系统和首医系统在国际上的零突破。该刊同期配发了由美国卫生部公共卫生应急处理委员会副主任、国际著名医疗与卫生专家撰写的《公共卫生实践需要科学指引》的述评,称该研究体现了中国已在较短时间内建立了强有力的疾病监测和应对系统,认为中国早期发现、应对新发传染病的能力已获显著提升。

(黄维佳)

【教学工作】 年内,录取研究生99人,其中博士生36(在职20人、统招16人)人,硕士生63人(在职20人、统招43人),接收本科生五年制67人,七年制35人。毕业博士研究生16人、硕士研究生94人(含七年制26人)、本专科毕业生50人(即五年制本科)。作为北京护士学校朝阳医院分校,接收50名学生。首都医科大学泌尿外科学系和风湿免疫学系落户医院,至此医院已拥有首都医科大学8个学系。完成教学楼改造和教学设施的全面升级;加强教研室主任、班主任及教师的培训,增设全科医学教研室;成立青年教师会,培养教学和管理方面的能力;开展教学技能系列培训,邀请首都师范大学的教师来院讲座,并请院优秀教师进行讲课示范,专家现场点评;培训及时组织考核;进行了课间见习师资培训、规范教学查房等培训;推进导师队伍建设,新增博士研究生导师7人,硕士生导师19人;推进精品课程建设、双语课程建设等工作,对北京市精品课程《内科学》进行全程录像,丰富网络教学资源、首医校级精品课程《中医学》、双语课程《皮肤与性病学》。

(黄维佳)

【国际交流与合作】 年内,22人次办理因公出国赴境外参加学术会议、进行学术交流、考察和研修;邀请外国专家50余人次来院进行学术、手术交流及友好访问。承办国际肺循环疾病研讨会、中美整形外科会议、第三届中国控烟研讨会。接待厄立特里亚卫生部长阿米娜·努尔侯赛因与卫生部传染病防控中心主任一行来院访问、加拿大安大略省医院学术协会成员医院加拿大麦克马斯特大学呼吸研究所主任MartinKolb教授等一行来访。

(黄维佳)

【信息化建设】 年内,进一步完善LIS、HIS、PACS系统的升级改造;完成医保门诊、三种特种病及住院系统升级改造,初步完成"医保门诊实时结算工程"的软件开发任务;完成医院薪资管理系统开发实施工作、预约挂号系统改造项目、本院职工就医门诊实时结算软件等工作。

(黄维佳)

【后勤与基建】 年内,完成住院二部装修改造。继续落实改扩建一期工程、污水处理站工程、核磁机房及发电机房工程相关工作,启动东大门改造工程。制定各种管理制度和应急预案30余项、各种调查表10余种,保证全院15万平米的用电及维修、巡视检修完成院内工程保养检查和维修改造万余项、抢险抢修100余项、深入开展节能增益工作;物业工程部推行"一站式服务"及组建"运送中心",规范物业后勤管理流程,组织各类培训,接报修电话15230余次,完成维修12499项。京西院区更新住院楼电梯2部、家属楼电梯1部;进行核磁机房、C型臂医疗用房的装修改造,投入120万元装修改造240平米学生宿舍、洗衣房、供应室,为防范坠楼发生,研发了控制窗户开启宽度的卡子,安装在全部医疗区,节约资金20余万元。

(黄维佳)

【创建平安医院工作】 年内,为保证国庆60周年庆典期间及日常状态下医院良好的就医秩序,开展了一系列的创建平安医院工作,包括完善安全组织机构、修订安全规章制度、签订安全工作责任书、逐级落实岗位责任、开展安全专项整治、宣传教育、实战演练、妥善处理敏感事件,确保了医院的安全稳定和正常运行。作为全市唯一家三甲医院在国庆60周年安保工作获集体三等功。制定国庆期间突发事件急救预案,组织突发事件应急工作培训和演练;协调和准备开通急诊绿色通道服务;派遣优质医疗团队参与国庆庆典现场的医疗急救保障工作;做好院内的接诊及网络、信息上报。

(黄维佳)

【宣传工作】 新闻媒体对医院报道1117次,其中报纸715次、广播电台18次、电视台196次、北京卫生信息网188篇、医师个人博客及网页发表文章1722篇,点击量约467万次;出版《朝阳医院院报》24期100版;医院拍摄的纪录片《浴火重生》获市卫生局第18届"杏林杯"电视片汇映一等奖;在市卫生局举办的"我和我的祖国"摄影比赛中,医院的《下乡医疗队》、《今天·明天》等照片获奖。

(黄维佳)

【呼吸疾病研究所成立10周年庆典】 年内,举行北京呼吸疾病研究所成立十周年庆典暨科学发展报告会,并发布《翁心植院士九十诞辰纪念集》。卫生部副部长刘谦、中国工程院院士钟南山、科技部生物中心主任王宏广、市卫生局副局长赵春惠等领导出席庆典大会。会后举办了系列学科发展报告会及学术交流研讨会。

(黄维佳)

【志愿服务】 年内,医院志愿者协会赴河南汝州金庚医院看望脑瘫患者并义诊;赴"光爱学校"开展"关爱孤儿群体、呵护受伤心灵"为主题的志愿服务;赴红庙消防支队开展"军民携手共建,同享朝阳,同享健康"主题志愿活动;暑期组织医学院学生为患者导医;针对甲流疫情,走进大学校园宣传甲流科学防控。累计服务6万余小时。

(黄维佳)

北京安贞医院

【概况】 北京安贞医院是三级甲等医院。全院职工2393人,其中专业技术人员2216人,包括正高职称115人,副高职称232人,中级职称926人,初级职称895人,未定48人(以上均含相应职称);行政人员88人(含专业技术人员55人),工勤人员144人。年底医疗设备总价值70609.32万元,新购置医疗设备总值6121.82万元,其中10万元以上设备数量65台,百万元以上设备数量9台。年内,获得《奥运之旅》获第17届"杏林杯"电视片评比三等奖;全国医疗卫生系统抗震救灾图片征集优秀组织奖;首都劳动奖状;首都国庆60周年群众游行支持贡献单位;全国医院文化建设先进单位;60周年国庆"最佳医疗保障奖"等奖项。护士长刘淑媛在人民大会堂接受中共中央总书记、国家主席胡锦涛颁发南丁格尔奖章。

地址:安定门外安贞里安贞路2号
电话:64412431
邮编:100029

(许　峰)

【体制改革与管理】 年内,下发《关于规范外科择期手术术前预防用抗生素种类的通知》,规范手术科室预防用抗生素种类,成立抗生素会诊小组,建立抗生素使用监测系统;下发《心外科手术预防用抗生素药品目录》,对各类别抗生素的药品进行详细的说明供临床医生参考使用,下发《关于我院手术预防用抗生素使用的规定》,规定手术预防用抗生素定为一代头孢菌素注射用头孢拉定(0.5g,1.13元/支)和二代头孢菌素西力欣粉针(0.75g,37.19元/支),并规定麻醉医师只能开预防用抗生素;下发《关于调整"灾害、事故医疗救治应急队伍"的通知》,进一步完善《北京安贞医院突发事件医疗应急预案》;修订包括《医疗工作制度》、《临床医疗工作职责》、《主要院级委员会工作职责》、《医技科室规章制度》、《医技科室工作职责》、《临床医疗工作职责》在内的医疗相关制度,经过3轮修订,在对原有制度进行进一步修订的基础上,又新增了《保健委员会职责》、《伦理委员会工作章程》和《审核用血制度》,使医疗制度更加完善。制定《北京安贞医院甲型H1N1流感重症及危重症患者救治预案》;《新中国成立60周年庆祝活动及演练期间北京安贞医院突发事件医疗应急预案》;《重大医疗过失行为和医疗事故报告制度》。

(许　峰)

【检查监督】 年内,区环保局来院检查辐射安全管理;中国医院协会专家组卫生部对北京地区十六所三甲医院进行医疗质量与安全例行检查;朝阳公安分局来院检查放射源安全管理;区卫生监督所来院实验室生物安全检查;市卫生监督所关于综合利用检查;区卫生局、卫生监督所联合检查;市卫生局心血管介入技术质控中心来院检查;区环保局、卫生监督所联合检查辐射安全;卫生部办公厅、市卫生局医政处、湖北省卫生厅及湖北省检查专家到我院进行"医疗质量万里行"检查,检查涉及医院管理、临床、护理、院感、药事、检验、后勤;北京市卫生局心血管介入技术质控中心来院检查;市卫生局核医学质控中心来院检查;区卫生局来院"平安医院"复审。

(许　峰)

【创建人民满意医院】 年内,继续开展医院管理年和创建人民满意医院活动,强化对医疗质量的控制和医疗安全的管理。健全院科两级医疗质量管理体系,修订医疗质量管理委员会、病案质量管理委员会、输血委员会、伦理管理委员会、感染管理委员会等管理组织章程,并对各委员会委员进行了改选。反商业贿赂。坚持对党政领导干部进行培训及考评。继续推行院务公开;坚持边学习、边整改、边落实,建立治理商业贿赂长效机制。

(许　峰)

【医疗工作】 年内,门诊919571次,比上年上升4.93%,其中普通门诊45052人次,专科门诊358967人次,专台门诊287354人次,专家门诊196790人次,其他31408人次;急诊87934人次,门急诊抢救5838人次,抢救成功率95%。开放床位954张,年入院33962人次,出院33970人次;床位周转35.61次,平均住院日10.94天,七日确诊率97.23%,出入院诊断符合率99.44%,治愈率37.75%,好转率57.55%,死亡率1.20%,孕产妇死亡率为1.78‰,新生儿死亡率为1.78‰,围产儿死亡率8.02‰。全年住院手术11282例,比上年增加1010例,其中心脏手术5781例(不包括心外科覆膜支架术),比上年增加732例,心脏手术中冠状动脉搭桥2432例,心血管内科共完成冠状动脉造影14269例,PCI6855例,永久起搏器633例,房颤射频消融642例。全年开展的新技术、新项目有:采取冠脉内血栓抽吸术联合应用IIb/IIIa受体拮抗剂的方法,改善了心肌再灌注;成功采用PCI技术顺行开通4例锁骨下动脉慢性闭塞病变;冠脉压力导丝技术;冠状动脉旋磨技术;非体外循环冠脉搭桥术和非体外循环直视下房间隔缺损修补术;连续高位硬膜外麻醉下不停跳冠脉搭桥术,院内首创;非体外循环下治疗缺血性二尖瓣关闭不全的coapsys术;非体外循环下室壁瘤切除术和室性心律射频消融术;近端无钳吻合技术——水囊法,申请专利;开展SUN(全弓置换+支架象鼻)式手术;国内首例常温非体外条件下全胸腹主动脉置换;应用全自动除颤仪,提高了术后反复室颤病人的治疗效果;形成以冠心病及大血管手术为专长科室;全胸腹主动脉置换;动脉瘤术中、术后脑、脊髓的功能监测,脑部、及神经系统并发症显著减少;老年性冠心病的围术期的综合治疗;肥厚梗阻型心肌病的手术方式改良及围术期处理;巨大的房缺及动脉导管未闭微创小切口伞堵;射频激光打孔+肺动脉瓣球囊扩张术;婴幼儿先心病手术麻醉快通道技术,缩短呼吸机使用和ICU停留时间;内镜室成功开展了胶囊内镜检查;完成一例胃镜引导下空肠造瘘术;肾门处肾动脉瘤的腔内治疗技术;腹主动脉瘤合并髂股动脉闭塞的杂交治疗技术;开展下尿路腹腔镜手术;开展前列腺绿激光汽化手术;开展经皮肾镜下复杂上尿路结石;开展神经肌肉活检;胸腔镜交感链切断治疗手汗症;腹腔镜盆底损伤后网片置换术;腹腔镜骶韧带悬吊术;保留子宫的全盆底悬吊术;口腔微创种植术;计算机辅助设计与制造;Wi2000支架;hailers保持器;种植支抗;应用悬吊式腹腔镜手术和腹腔镜辅助甲状腺小切口手术;开展免气腹无腹部辅助切口结肠代阴道手术;甲状腺微创手术;严重狭颅症——颅面整形;颅面整形+右侧眼球摘除;立体定向脑组织活检;皮肤物理抗菌膜治疗;开展危重症患者右心功能监测;开展Flotric应用于重症患者监测;开展新器械在困难气道患者处理中的应用;婴幼儿快通道麻醉技术;开展幽门螺杆菌染色以及Gelactin-3等免疫组化新项目10余项;"复方钾钙镁溶液"研发即"心脏停跳液"的剂型改造;骨融合显像;肿瘤代谢融合显像;云克治疗;新开展了荧光法测定梅毒螺旋体IgG+IgM,提高了实验的特异性;新开展项目还有血清胆碱酯酶、血栓弹力图TEG、甲型H1N1流感病毒检测、门诊快速CRP检查

(许　峰)

【病案管理】　年内,针对本院病历完整性、及时性、真实性、病历内涵等问题,先后开展病案质控提前到科室、出院病历实现网上阅读,提高了出院病历合格率,方便了临床医生查阅,从而更好的保证医疗安全。先后组织召开两次职能处室座谈会、各科住院总及病案室质控员座谈会,明确了从病案书写的完整性、及时性入手开展病案管理的工作思路。为保证病历完整性于10月1日起在全院实施检验结果病房打印,及配套的检查结果修改审批等制度,初步解决了出院病历化验结果完整性的大问题。就运行病历书写不及时现象进行了专项调研。主要针对心外科手术运行病历中术前讨论、手术记录、术后首次病程记录进行检查,针对调查结果进行科主任例会通报,并着手对现行的《病案管理奖惩条例》、《运行病历管理规定》等制度进行完善和修订,已达到促使医生及时完成病历的目的。全年完成到科室终末病历检查33704份,并进行收回、扫描、装订、编码、入库等日常工作。全年再住院病案、死亡讨论等借阅,医疗保险、物价、药理基地、教学、输血科、其他上级检查等各种查阅3180份。大宗科研查阅纸质病案8456份。数字化病案网上调阅144855人次。出院病案常规复印19228人次。进修医师、新入职医师、轮转医师等病案书写培训6期,194人次。组织2008年院内病历评比,选出院内优秀病案20份并给予奖励。

(许　峰)

【医院感染管理】　年内,改善工作细节,继续着力进行医院感染重点环节监测。圆满完成卫生部对西藏自治区新流感病毒防控督导、监察工作。参与并迎接卫生部十六家医院大检查,对检查中发现的问题及时讨论,进行整改。参与并迎接市卫生局国庆60周年保障、医院管理年、医疗质量万里行,百日安全平安医院检查、H1N1新流感病毒防控督察和医疗废物专项检查。接待区卫生局、卫生监督所、环保局对发热门诊、医疗废物、污水处理、传染病管理联合检查;市卫生监督所对感染疾病科空气消毒机抽样检测。迎接区卫生监督所医疗环境卫生学采样。对透析科、妇产科等高危环节进行医院感染管理自查并上报结果。修订完善《医疗废物管理补充规定》、《临时工作人员医院废物管理责任书》和奖罚方案,建立并落实院内"黑名单"制。对门诊医疗废物集中、加锁管理。

(许　峰)

【医保工作】　年内,职工诊疗29100人次,医保患者出院11239人次(费用约3.63亿),接待市、区医保中心检查大额费用病历96次,审核大额病历788份。新增和调整人员工作,分工负责,责任到人。加强对医保政策的宣传教育,并将医疗保险、公费医疗管理要求纳入医疗管理范围,抓好每个环节,避免出现违规现象。完成为明年医保患者持卡实时结算的准备工作;完成医保病人门诊费用信息补上传工作;完成医保三大目录库项目的维护及升级;完成离休人员医保、公费医疗享受待遇的调整;完成市公费医疗享受人员待遇的调整工作;完成公费医疗离退休人员就近就医管理工作;完成公费医疗代管单位人员全年医疗费用审核工作;向市、区上级公费医疗管理机关上报公费医疗数据;对市级78家公费医疗单位政策培训及区级公费医疗软件升级工作;对本院享受公费医疗人员零自负问题进行自查,在年初与信息办

对本院职工公疗系统进行升级改造工作；协助市卫生局完成对本院因公感染非典且合并并发症患者的体检工作；与市、区医保中心分别签定服务协议书等工作；与市、区医保中心分别递交定点医疗机构证书年检材料；配合市医保处关于申报医保报销新项目的调研工作；完成院内职工 H1N1 疫苗的接种工作。

（许　峰）

【医疗支援】　年内，组织安排 76 名医师到大兴区医院、怀柔区妇幼保健院和怀柔区医院开展“三下乡”对口支援活动。与怀柔区第一医院签署共建协议。免费招收对口支援医院派技术骨干来我院进修 11 人次。选派妇产科副主任张军作为北京市对口支援四川什邡市第三批医疗队成员，赴灾区开展妇科腹腔镜支援工作，为期 3 个月。选派呼吸科徐洁主治医师作为北京市对口支援四川什邡市第五批医疗队成员，赴灾区开展呼吸科对口支援工作，为期 3 个月。赴内蒙古临河区医院考察，并达成了为期三年的对口支援意向，将在腔镜、心内科、心外科等专业开展对口支援。安排和睦家医院、国际 SOS 救援诊所转来的病人 35 人次，在医疗诊治、沟通联系及费用结算等方面未发现大的问题，双方均能按协议的要求履行各自的义务。安排市民政局“明天计划”20 名先心病患儿来院筛查，10 人手术，术后顺利出院。安排市青少年基金会资助的先心病患儿 1 名来院筛查，并收到市青少年基金会发来的感谢信。全院会诊 53 次。安排院际间会诊 389 人次，其中院外会诊 201 人次，外院请本院会诊 188 人次。申报市医学会医疗事故鉴定专家 50 人，组织安排专家参加各医学会鉴定 22 人次。召开医学伦理会 4 次，讨论课题 24 个，经讨论同意实施 21 个，经讨论课题需做必要修改 3 个，未通过讨论 1 个。该 24 个课题中，医疗器械类 8 个，临床类 16 个。

（许　峰）

【医疗保障】　年内。承担“市两会”、“全国两会”、“国庆 60 周年医疗保障”、国际马拉松比赛等重大会议、重要活动保健任务共计 23 次，并常年承担宽沟保健及市部级干部的避寒避暑保健任务，全年参加保健 73 人次。并在国庆医疗保障中 15 人获医疗卫生保障先进个人称号，被授予“最佳服务保障奖”。

（许　峰）

【护理工作】　年内，落实“医院管理年”、“创建人民满意医院”标准，重点抓“三基三严”，开展护理岗位技术操作练兵。改进服务流程，提高服务意识，改善服务态度，增进护患沟通，落实责任护士岗位职责，不断提高护理服务质量。全年新增和修订护理文件共 16 个：护理管理文件 10 个；护理质量检查标准 3 个；护理流程 1 个；应急预案 2 个。全院护理质量检查平均分：急救物品药品：99 分；病历书写：98.07 分；病房消毒隔离：99 分；治疗室无菌技术：99 分；病房管理：99.5 分；基础护理：99.78 分。

（许　峰）

【科研工作】　年内，中标课题 65 项，经费总数 3284.7 万元。其中：国家级 13 项 1421 万元、省部级 18 项 651.6 万元、人才基金 22 项 671 万元、其它 10 项 40.6 万元、横向委托 2 项 500 万元。由张兆光院长牵头的科技部重大国际科技合作项目：“重大心血管疾病诊疗关口前移关键技术的合作研究”，获得经费资助 1099 万元，成为建院以来首次单项课题突破千万的项目。首次获得教育部“高等学校科学研究优秀成果奖（科学技术）”并获得市科技进步一等奖 1 名，三等奖 2 名。心外科主任顾承雄设计研发的一种改进的心表稳定器及水囊式升主动脉近端吻合器获实用新型专利。SCI 期刊收录 44 篇文章，在全国百家医院排序第 46 名。“北京安贞医院科学技术协会”成立。核心期刊发表论文 2 篇；培养研究生 1 名；获市科协授予的“北京市优秀青年工程师标兵”称号 1 人，成为全市 20 年来各行各业评出的 69 位标兵中首位医疗卫生行业获此称号的标兵。

（许　峰）

【医学教育】　年内，建立本科临床教学专家督导组，加强对实习环节的督导。建立技能考核基地，参与师资培训教材的编写，考核内容的编写，及考核标准的制定。作为市卫生局执业医师、助理执业医师考试点之一，接收考生 400 人。加强对研究生的管理，制定研究生双论文双盲评审制度。招收各类研究生 114 人（博士后 2 人、博士 23 人、硕士 89 人），毕业研究生 91 人，100% 就业。召开腔镜内镜培训 9 期，招收学员 93 名；4 月组织召开了“第六届妇科微创热点焦点问题研讨会”，与会者 300 余人。申报的市级、区级继续教育项目 100% 完成，教师课件保存率达到 100%。全年参加基地学习的本院护士为 14203 人，承担非基地人员学习约 293 人次。其中市级项目讲座项数 1 项、参加 4930 人次；区级项目讲座项数 1 项、参加 9088 人次；区级项目培训班项数 1 项、参加 115 人次。参学率 100%，学分达标率 100%。2009 年区级医学教育基地工作检查获得 98.5 分。手术室于 11 月被评为市护理学会手术室专科护士实习基地。投稿论文 39 篇；发表论文 15 篇，其中《中华护理杂志》刊出 4 篇。组织健康大课堂 10 次，约 1500 人参加，发放科普材料 1500 余份。组织专家参加北京人民广播电台《健康在线》节目15次。43名医生自愿报名参加区健康教育科普讲师团。组织院内外义诊咨询活动15次,咨询3000余人,发放科普材料40余种共1万余份,制作宣传易拉宝9个,张贴宣传海报18种共100余张,组织科普讲座3次。为做好预防艾滋病宣传工作,皮科设有安全套免费发放箱。全年门诊及病房发放健康教育处方约5万份。更换门诊及病房宣传板共39块。全年病房举办科普讲座共162次。

(许　峰)

【国际交流与合作】 年内,接待外宾88人次。办理出国手续人数为412人次,11人次持因公护照。其中访问、考察、交流16人次,参加国际会议290人次,长期进修6人次,旅游、探亲100人次。中法急救项目进展顺利,全年组织进行常规培训9次,为法国专家来中心进行培训提供服务,不断完善管理制度,制定培训中心财务管理细则,中方培训计划和财务支出方案并接收财政支持的设备及验收支付,为培训中心揭牌做好准备工作。召开第五届五洲国际心血管病研讨会。

(许　峰)

【信息化建设】 年内,开发对全院手术病人抗生素使用的实时监测系统;完成移动护理管理信息系统的需求分析、数据接口研究及合同签订,并在年内完成上线前的所有准备工作;通过电子病历实现了导管室工作量统计功能,并已上线实施;完成药库系统的程序改进需求19项;完成配液中心与大通合理用药系统之间的接口工作及统计功能的改进;完成针剂摆药机与HIS的接口工作;完成超声心动图图文报告系统的需求分析、程序设计、测试及试运行工作,并于6月11日正式上线。每年可为医院增加收入近240万元;完成体检中心软件特别是收费及工作量统计功能的改进工作;实现本院职工收费实时拆分功能,使本院职工不用在收费窗口缴纳全费,然后再到财务处办理报销手续,大大方便本院职工就医,成为全市最早实现该功能的医院;完成医保门诊实时上传相关的HIS系统改造工作;完成财务处相关程序的功能改进工作17项;完成病理管理系统与HIS接口的部分改进工作;对传染病实时监控系统中保存及打印功能进行了改进;实现医院感染实时监控系统对电子病历入院诊断的调用功能;完成与医院感染上报系统建立接口前的准备工作;完成器械科库存管理相关程序的改进工作11项;完成挂号室相关程序的功能改进工作5项;完成病案流通软件的升级工作。有效完成各类日常网络维护工作,配合劳动保障局安装医保上传前置服务器2台,调试安装新增服务器4台,调试安装计算机和打印机、处理网络计算机和打印机各类故障共2200次,帮助科室移机80次,软件分发病案室扫描病历阅读软件和“大通”药业配伍禁忌软件共123次,利用业余时间帮助其他科室解决非网络计算机故障320余次。为保障设备使用安全和消防安全,更换为网络设备供电的UPS电源11台,对全院25组设备机柜和主机房进行专业除尘2次。全年为各职能部门发送各类通知87718条,修改、增加手机号310人次,调整、增加群组人员信息1127人次,增加手机群组12个,提高了办公效率。根据《市公安局、市卫生局关于印发开展市卫生行业信息安全检查工作的通知》精神,认真完成网络与信息安全等级保护自查工作。完成撤销医嘱执行状态902件,结算后退费150件;完成医生护士信息系统培训6次;完成可连续打印带有防伪标识检验报告的程序开发和实施工作;将检验科新购置的2台血气、1台免疫分析仪、4台血栓弹力图仪联入内网,实现血栓弹力图仪的图文报告。实现本院LIS(检验信息系统)与门诊化验室的血球检测流水线的连接;配合检验科进行ISO15189国际认证的复核工作;针对检验科试剂管理需求,增加临时库,满足试剂管理出入库统计的实时性、准确性要求。扩大内部、外部网站功能,丰富网站内容,不仅有力地宣传医院,同时将院务信息向社会、患者和职工进行有效地公开:建立《深入学习实践科学发展观》专题报道专栏,及时将我院学习科学发展观实践活动情况进行宣传;建立甲型H1N1流感专题网站,宣传H1N1法规、院感管理、甲流知识;多次修改完善外网“体检中心”模块;外网建立门诊出诊专家查询、医疗费用查询及手术费用查询等功能;更新外网部分科室简介,把最新软、硬件环境向患者展示;外网建立患者留言信箱,为患者提供基本的咨询服务;全年共发布消息,内网:280余篇、外网:70余篇。按时完成医院门诊工作日报、各级医师出门诊情况日报、全院各病房动态日报的收集、统计、核对、汇总、输入、上报工作,共完成各类报表1098份。完成全年36272出院病人的疾病分类工作,对每一出院病人进行疾病分类编码、对每一手术名称进行编码,操作项目进行编码,包括:CT、超声、心电图等具体检查项目的编码。编码数量共计达到54万多条。按时完成卫生局要求的全年诊疗总人次及急诊、观察室工作情况的上报。完成全年门诊分科人次数的上报。完成全年病房质量指标的上报。完成全年病房医疗工作指标的上报。完成市医疗机构“总控”收入及基本情况报表的上报。完成市投资动态监测统计表的月上报工作。将全年36272出院病人基本情况包括:疾病分类、手术分类、操作分类情况及出院者住院费用按30项及20项分类情况通过统计平台上报。完成卫生局要求的人力资源基本信息的上报及维护工作。为全院教研、临床、提供大量的病房数据检索工作。

（许　峰）

【后勤与基建】　年内，修订固定资产管理制度，制定《有关分期付款价值超过十万元的固定资产入帐规定》。完成心外楼5－11层阳光室、血库、手术室新消毒间、锅炉房、单身宿舍电源改造，完成小儿监护室配电、照明工程，安装食堂油水分离电源、十二病房远程监护电源、动物室消毒设备电源，全年维修各类灯具3837件，电气故障派工867人次。电工操作证、入网证复审，全部合格。更换节水龙头556个，脚踏开关56个，水箱配件122套，修理更换各类阀门867个，安装智能卡淋浴器39套，更换淋浴管155套。修理更换卫生洁具62套，修理更换管道1398米。疏通下618次。保证正常供暖、供汽、供水等工作。配合新门诊楼建设供应冬施蒸汽。完成6台锅炉、388块压力表、5台压力容器、45台安全阀检验工作和设备换季检修工作。对燃气锅炉燃烧机、电控柜及各种自动连锁报警装置进日常维护。完成三台锅炉更换工作。完成设备换季检修工作，更换锅炉上水管道（157米）及其阀门（66个）等工作。全年处理污水608529吨，使用污水稀释二氧化氯，节约自来水17520吨。较好地完成各种车辆业务，医务人员下乡支援出车17次；保健出车13次；全年共出车4315次，行驶437712公里。新装电话27部，移机50部，安装12条ADSL宽带；做好日常维护，修理话机、排除故障2000余次，保证全院的通信畅通。完成全院30部电梯年检工作，并按市技术监督局提出的整改方案督促维修单位进行整改，完善电梯管理制度，组织对电梯司机、维修工的多次培训。合作开发应用管理软件，后勤信息化网络运行良好。组织动员全体总务职工撰写论文，以总结工作经验，探讨后勤发展。继续加大对防火、防盗、交通、生产运营等安全工作的投入，切实做好医院重点人员的排查备案管理专项行动，加强对流动人口及出租房屋的管理工作。发现治安问题39起，解决治安问题48起。协助公安机关处理刀扎伤5起；收缴法轮功光盘26起，传单5起；处理酒后闹事56人次；清理院内非法小广告573张；抓获盗窃分子6人；抓获行骗嫌疑人2人，并送交公安机关。向全院职工发放消防安全知识答卷1900份，落实安全教育工作；发放新《中华人民共和国消防法》400份，张贴灭火器使用方法标识280份。全年为施工工地开据动火证76张。配发及更换老、旧等不符合要求的插销板共计460个，有效地消除了安全死角。在全院范围内进行消防安全宣传活动，悬挂《预防为主、防消结合》条幅，摆放30幅以消防、交通和安全生产为内容的宣传板报，在门诊大厅的电子显示屏和闭路电视中滚动播放消防灭火、逃生知识录像片，向群众进行消防安全教育。建立安全管理的长效机制，不断完善医院消防和治安管理制度。全年在消防、治安、安全方面投入235余万元，增加监控、巡更系统。新门诊综合楼的建设工作进展顺利，6月封顶，到12月完成外装并进行内部改造。1号宿舍楼完成封顶并进行外装工程。

（许　峰）

中国医学科学院肿瘤医院

【概况】　中国医学科学院肿瘤医院为三段甲等医院。职工1763人（含合同制），其中卫生技术人员1177人，包括正高级职称77人、副高级职称101人、中级职称428人、初级职称372人、初级士108人。医疗设备总价值626722.01万元。年内，新购置医疗设备总值9781.77万元，其中10万元以上设备692台，价值4866.69万元；百万元以上设备82台，价值3066.08万元。

地址：潘家园南里17号
电话：67781331
邮编：100021
网址：www.cicams.ac.cn

（高　菲）

【改革工作】　年初，新门诊装修完成投入使用，新门诊实行分诊区挂号，建卡、挂号、收费“合三为一”的通柜服务；增设乳腺、综合、内科化疗等诊区，增加头颈内科、乳腺放疗、防癌咨询等科别门诊。2月4日，开设优先兼用窗口。2月7日，每周六增开半天门诊，共接诊患者1800多人次。8月5日，召开门诊志愿者活动一周年总结会，志愿者每天平均回答患者询问400余次。9月11日，开通电话预约挂号服务。11月16日，设立综合科周转病房，病床31张，主要为外科周转病床及中医科床位。12月2日，顺利通过，市卫生局“医院管理年、医疗质量万里行”实地专项督导检查。年内，普通门诊专家增加出诊1520人次，特需门诊专家增加出诊250人次。推进筹建“国家癌症中心”的各项工作，与卫生部商讨国家癌症中心的初步组织架构、人员构成以及初步完成人员经费预算。国家癌症中心人员编制已通过中编办批准，国家癌症中心的石碑已安放在医院南门。

（高　菲）

【管理工作】　1月6日，完成院所班子党政领导干部考核工作。4月10日，召开党风廉政建设和纠风工作会议。6月16日，完成中层干部期满考核、试用期满考核共计10人次。7月3日,在三届五次职代会上对职能部门负责人进行民主测评,首次采取现场计分现场公布;完成专业技术职务评审与聘任。11月18日,卫生部党组通过推荐考察,任命赵平任院所长,董碧莎任院所党委书记,并纳入卫生部党组管理。12月3日,通过关于落实党风廉政建设责任制、推进惩防体系建设有关情况的检查。年底召开临床工作会,各临床科室绩效考核结合科室质控指标、医疗安全、工作业绩、教学科研等基础指标以及科室领导团队、人才梯队建设、科间合作和对医院的贡献等现场汇报情况,实行现场打分。卫生部、市卫生局、中国医院管理协会等领导莅临会议,京内外24家三级甲等医院的70名院长、医务处长考察本次会议,其中30人参加现场评议并担任评委。积极探索和推进民主管理。成功召开第三届五次职工代表大会;年内,召开4次院所行政事务管理委员会,审议64项议题。聘请9位来自各级政府、医院上级机关的高级领导成立顾问委员会,作为民主管理、民主监督的有益探索。加强党风廉政建设及医德医风建设,开展"小金库"专项治理和财务检查工作。坚持科室考核制度,创办《纪检之窗》。全年共收到表扬信、锦旗、牌匾共计883件,表扬2097人次,退感谢款281人次,退款合计537202元。住院患者满意度调查2426份,平均满意度93.5%;门诊患者满意度调查548份,平均满意度89.87%。

(高　菲)

【感染管理】 4月,根据卫生部关于"加强甲型H1N1流感防范工作"的明确要求,立即成立专家组和应急小分队,制定应急预案,开展相关知识培训,落实门诊体温筛查、24小时零报告制度,在合作医院预留应急床位,在门诊设立独立筛查诊室,顺利完成930人疫苗接种工作,未发生不良事件。制定疾病与感染控制办公室工作职责;重视院感薄弱环节的管理,在重症监护室实行与检验科动态监测的联动机制,有效避免重点科室的感染爆发。医院感染率为:3.71%。

(高　菲)

【医疗工作】 年内,门诊478894人次,急诊5178人次,急诊危重症抢救67人次,抢救成功率65.67%。实有床位1249张,入院35689人次(含合作医院),出院35663人次,病床周转27.76次,病床使用率95.64%,平均住院日12.88天。出入院诊断符合率99.96%,临床与病理诊断符合率99.9%,治愈率64.78%,好转率27.93%,死亡率1.8%。住院手术12102例。

(高　菲)

【病案质控】 年内,完善病案质控三级管理体系,并对各项住院病案进行全程监控。加强病案报告单管理工作流程,建立并完善内科门诊收治病案流通管理流程 。共有质控病案21824份,其中甲级病案21239份,甲级病案率97.3%。

(高　菲)

【医疗保险工作】 年内,医保出院9074人次,出院医保病人总费用16243.27万元,出院医保病人人均费用17901元。召开2次医疗保险管理委员会会议。通过加强对门诊处方、门诊特病和住院病历的审核管理,举办对临床医师的医保知识政策培训,规范单病种费用管理及诊疗流程等有效措施,有效降低了医保拒付金额。自7月1日起,实行实时分解结算,顺利通过市医保中心医保联审。

(高　菲)

【医疗支援】 年内,妇瘤科主任吴令英、副主任张蓉、泌尿外科肖泽均圆满完成援疆任务;王滨博士圆满完成博士服务团援疆任务;ICU高勇、病理科张宏图圆满完成援藏任务;腹部外科高树庚、宣立学赴新疆参加为期一年的支边工作;放疗科、病理科、妇瘤科、内科共5人组成医疗队支援湖南湘西自治州肿瘤医院。接受西部之光访问学者8人。

(高　菲)

【护理工作】 年内,加强护理质量控制管理,重视护理基础培训和岗前培训,落实护理相关法律法规,本年度护理各项指标均达到规定标准。护理文件书写合格率98.1%,基础护理合格率98.4%,特级、一级护理合格率99.6%,技术操作合格率97.1%,急救物品完好率99.3%,护士行为合格率99.4%,药物管理合格率98.9%,重症护理合格率99.6%,消毒隔离合格率98.6%。全年无护理事故发生。护理在研项目8项,其中新立项课题3项,共收到护理论文50篇,其中护理杂志刊登8篇,全国护理学术大会交流5篇,获区护理论文三等奖2篇。严格执行护理继续教育,保证护理教学质量,继续教育合格率98.3%,国家级继续教育63项,3897人次参加;本院继续教育17项,1531人次参加。加强"三基三严"训练,完成11项操作培训,3903人次参加,受训率达到100%。根据卫生部《中国护理事业发展规划纲要(2005-2010年)》中有计划、分步骤在重点临床专科护理领域培养临床专业护士的精神,结合我院肿瘤专科特色,完善专科护理常规,建立教学老师的准入制度。经护理学会考察及评审,我院获准为全国肿瘤专科护士资格认证临床教学基地和全国手术室护士资格认证临床教学基地。

(高　菲)

【科研工作】　年内，申报973专项课题、863计划专项课题、国家自然科学基金、卫生公益性行业科研专项课题等共计127项，中标31项。共计在研项目76项，其中新立项课题34项，将结题42项。全年到位外来经费为4597.3万元，其中外拨经费1080.2万元。基本科研业务费共获得资助192万元，全部用于青年基金课题的资助，拟立项目18项。本年度签订科技开发协议5项，合同金额216.8万元；开发收入34.27万元。发表论文407篇，SCI论文54篇，影响因子257.07。最高影响因子12.591，平均影响因子4.76。科学著作7部，其中主编5部、合著2部。免疫学研究室张叔人教授等人共同完成的"肿瘤趋化抗原核酸疫苗平台技术的研究"获得2009年中华医学科技奖三等奖。分子肿瘤学国家重点实验室詹启敏教授等人完成的"基因组稳定性在恶性肿瘤发生发展中的作用机制研究"获得2009年高等学校科学研究优秀成果奖自然科学奖一等奖(公示中)，并完成2009年市科学技术奖推荐项目公示。程书钧院士获得何梁何利基金2009年度科学与技术进步奖。细胞生物学与分子生物学实验室申报的"哺乳动物细胞高效表达国家工程实验室"获批准。放疗科和病因室有关非小细胞肺癌的研究在世界肺癌大会上获得"DevelopingNationAward"，这是我国放疗工作者首次获此殊荣。流行病学室乔友林教授的新研究成果子宫颈癌快速筛查法获成功。分子肿瘤学国家重点实验室詹启敏研究员等人发明的专利"抗人类食管癌侵袭转移的序列"获专利授权。

（高　菲）

【医学教育】　年内，获批20个国家级继续教育项目，已完成19个项目，参加人员超过2万余人次。开设23场院级继续教育讲座，邀请专家46人，授课85.5小时，听课人数达1886人次。完成"211工程"三期重点学科建设项目可行性研究报告。招收研究生91人，毕业51人，转博12人，全年共53人获得学位，在校生231人。毕业班发表文章第一作者111篇，SCI23篇。临床硕士发表综述21篇。获得本年度全国优秀博士学位论文1篇、市优秀博士学位论文1篇、协和医学院优秀博士学位论文1篇，并推荐参加2010年全国优秀博士学位论文评选。接收进修生312人，208人获得结业证书。全年医师外出进修8人次，短期学习125人次。举办"公文写作与公文管理"培训，有80人次参加；两期英语口语培训共授课46次，92学时，有498人次参加。

（高　菲）

【国际交流】　年内，共接待近15个国家，40余名外宾，主要来自美国NBCC代表团、美国NCI等世界著名肿瘤研究机构的高层访问团和来自澳大利亚、日本、韩国及朝鲜的专家。办理166人次的出国手续，派出142人参加国际会议和学术交流活动，参加太平洋健康峰会、全球肿瘤防治峰会等重要会议；院所各类出国人员共217人次，出访国家增加了南美、东欧、西欧、亚太和非洲国家等。成功主办第三届亚洲国家癌症中心联盟会议(ANCCA)，来自13个国家的国家癌症中心主任及官员参会。会议决定将ANCCA总部设立在本院，赵平当选为首届总部秘书长(任期4年)。

（高　菲）

【信息化管理】　年内，完成门诊搬家信息系统迁移与系统磨合工作；实现输血科输血数据时时上传；完成住院病人管理系统、病房医生工作站系统、病房护士站系统、住院药房、药库系统、出院结算系统和住院主体系统需求调研、客户化修改与试点科室上线；设计并实施门诊输液系统；调研电子病历系统、物流管理系统、病理信息等系统；完成北京医保病人实施划卡结算硬件搭建、软件修改、测试联调；完成档案系统实施工作；完成无线网络调研与设计方案；完成网络预约挂号系统设计、实施工作。

（高　菲）

【后勤与基建】　年内，落实国家"十一五"节能减排计划并明确年度减排指标，结合实际，制定具体节能制度和节能措施，取得显著效果，节约标准煤8.83%，节约水量34.6%，约20多万吨水，均完成国家指标，顺利通过上级单位的各项督导检查。完成综合楼工程的结构、二次结构和部分机电设备安装；完成放疗机器门诊及附属用房改造工程Ⅰ期土建施工任务、Ⅰ期精装修工程量的70%；完成实验动物室改造工程并投入使用；临床研究中心改造工程正式开工；回旋加速器工程完成土建装修、防护、洁净室施工、进入主机及热室设备安装；2间手术室改造工程完成钢结构施工；完成国家癌症中心石牌安装施工。加强招投标管理工作，3月份成立招标资格预审小组，并制定操作规程，完成36项招标资格预审工作。安全生产的重心为"合围攻坚，平安国庆"，成立"国庆平安"领导小组，通过完善岗位安全生产各项制度、组织安全生产讲座、火灾疏散逃生体验、观看宣传教育片等形式，提高职工安全意识。全年巡查保养8406次；无安全事故发生。后勤维修班组与外科楼工程部共承接、处理报修11088次，维修保养8406次，满意度调查总平均满意度为93.7%。

（高　菲）

【精神文明建设】　年内，举办第十一届"北京希望马拉松——为癌症防治研究募捐义跑"活动。卫生部副部长刘谦、中国医学科学院院长刘德培等领导出席,来自亚洲13个国家的国家癌症中心主任现场共同呼吁为癌症防治事业募捐,各界演艺明星齐助阵,3000余名市民和大学生及外国友人参加了该活动,用爱心传递生命希望。本届活动募集的善款超过200万,义跑活动筹集到的资金已全部用于癌症防治研究事业。此项活动目前已经成为我国最大的为癌症防治研究募集资金的标志性公益活动,为推动中国癌症防治研究事业做出了积极贡献。举办主题为“抗击癌症重在行动”的2009年肿瘤防治宣传周活动,卫生部、中国癌症基金会、市卫生局等多位领导在新闻发布会上就政府在肿瘤防治方面的系列举措给予最新解读。活动设有百名专家免费咨询、防癌查体、健康大讲堂、抗癌明星康复交流、媒体科普宣教互动等内容。有620人参加防癌健康查体,约有1020人次参加健康大课堂,为23名出租司机进行免费查体。防癌科推出肿瘤高危人群高危因素的登记、筛查、评估工作,有330人次参加咨询。积极应对媒体,扩大社会影响力。2位专家参加中央电视台《人物》栏目;12位专家参加北京人民广播电台《爱家广播》科普讲座节目,受到广大听众的好评;与中央电视台、北京电视台、《健康报》、搜狐健康网等多种形式媒体保持联系与合作,接待媒体来访20余次;与《健康时报》共同开展报卡送病人活动,电视、报纸、网络等累计消息报道230余次。

(高　菲)

首都儿科研究所

【概况】 首都儿科研究所是以研究儿科疾病和儿科保健为主,治疗儿童疾病为重点的医疗、医学研究机构。职工1229人,在编职工981人,合同制员工248人。在编职工中科研、卫生技术人员765人,包括正高职称57人,副高职称71人,中级职称277人,初级职称335人,25人未定级;其他技术人员36人,行政管理人员96人,工勤人员84人。现有医疗设备总价值医院1929.52万元,研究所957.87万元。新购置医疗设备总值1753.07万元,其中10万元以上设备25台,822.76万元,百万元以上设备4台,665.8万元。

地址:雅宝路2号

电话:85695555

邮编:100020

(池　杨)

【改革与管理】 年内,建立和完善高层次人才和重点学科的评审、考核制度。制定《学科骨干和学科新星考核指标、评分标准和工具》、《高层次人才培养基金管理办法》等文件。评选出第一批学科骨干6人、学科新星3人,在三年内他们获得100万元的资助。规范行政管理,新增规章制度167项、修订241项。加强应急机制建设,完善公共卫生、院内感染、医疗纠纷、自然灾害、网络故障等应急预案。推进“五五”普法宣传教育活动,组织各类法律、法规培训。加强保密工作,制订工作保密范围,加强教育与监督,提高防范意识。制定《派遣人员纳入编制内管理的规定》等制度。实施岗位设置聘任工作,坚持按需设岗、竞聘上岗、按岗聘用及合同管理。18名派遣人员纳入正式编制。招收40名应届毕业生,45名派遣制职工。完成残疾人保障基金的核定和缴纳,争取到残疾职工每人5000元的就业岗位补贴。所院财务总收入4.34亿元,同比降低0.33%;总支出4.8亿元,同比增14%。配合卫生局推广“预算管理系统”,完善“假发票”检查程序。完成财务收支审计42项,对设备经济效益审计35项,参与设备及工程项目审计24项,审计金额291.2万元,审减金额34万元。

(池　杨)

【反商业贿赂】 年内,组织学习《从政提醒——领导干部必修的25课》、《从政提醒——党员干部不能做的150件事》、《关于实行党政领导干部问责的暂行规定》以及《认真贯彻落实党的十七届四中全会精神,深入推进党风廉政建设和反腐败斗争》,播放《警钟长鸣》专题教育片,安排职工观看反腐倡廉教育警示片《一个明星区长的堕落轨迹——周良洛受贿案警示录》、《北京市卫生系统治理商业贿赂典型案例实录》等。召开党员代表大会,完成党委和纪委换届选举,制订党代表任期制和提案制,并进行党支部换届选举。建立纪委委员联系点制度,修订纪检监察工作制度11项,新建制度4项。开展廉政风险防范管理工作,经自下而上、自上而下两轮查找风险点,在此基础上制订防控措施流程图和完善各项规章制度。深入开展“小金库”治理工作。对6件举报案件进行详细调查。全所职工拒收“红包”9.48万元,收到锦旗、表扬信241面(封)。

(池　杨)

【科研工作】 年内,组织57项各级各类科研课题的申报工作。新开课题25项,其中国家级课题4项,国际合作课题4项,部市级课题14项,局级课题3项。在研课题107项,国家级课题19项,国际合作课题10项,部市级课题44项,局级课题12项,其它课题22项,经费5079余万元。戴耀华研究员的“儿童疾病综合管理”和米杰研究员的“营养转型期儿童成人慢性病综合防治研究”均获得中华预防医学会科学技术二等奖。研究员董声焕的“防治新生儿呼吸窘迫综合征新药肺表面活性剂的研制”获得宋庆龄儿科医学奖。主任医师李龙的“先天性胆道畸形的病因和治疗方法改进的研究”申报市科委科技进步奖，通过初评。李龙被评为卫生部有突出贡献专家，研究员米杰被评为市卫生技术领军人才，权力助理研究员入选市“科技新星”。病毒研究室完成甲型H1N1流感样病例的检测筛查和上报工作。生长发育研究室牵头承担的“全国儿童体格发育调查”项目，研究成果出版了《中国儿童生长标准与生长曲线》与《中国0－18岁儿童青少年生长图表》。“儿童疾病综合管理项目”列入卫生部“十年百项”推广项目，向全国百余县市推广。儿童卫生和发展研究室研发修订的“社区卫生服务技术规范”由卫生部向全国推行。流行病研究室牵头的“北京儿童青少年代谢综合征长期队列研究”，市科委计划投资1500万元，并组织编写《北京市儿童青少年健康指南》。承办“2009年宋庆龄儿科医学论坛”，来自24个省、市、自治区160余名儿科专家和管理者参加论坛，介绍和交流国内外儿科各领域发展状况、最新成就。在国内外核心期刊发表学术论文138篇，SCI论文19篇，在学术会议上发言93人次。

（池　杨）

【重点学科和人才建设】 年内，启动高层次人才遴选计划，组织学科骨干、学科新星评选。加强呼吸重点学科项目的管理，督促和推动人才培养及新技术推广等计划的实施，并顺利通过北京市卫生局对该项目的绩效考评，获得“优秀”。修订《技术人员公派出国（出境）规定》，组织公派出国人员出国前考核。修订《科研奖励基金管理规定》，完成2007－2008年全所院科研奖励基金组织评审工作，奖励临床和科研人员118人，发放奖励金额58万元。修订《生物安全管理条例》。组织生物安全和防恐知识答卷培训和所内自查，顺利通过区卫生局检查。

（池　杨）

【医疗工作】 年内，通过“医院管理年各专业组考核”和“平安医院复审”工作检查。主办第二十届全国儿科药学学术会议。通过“药物临床试验机构资格”（GCP）现场认定。年门急诊量157万余人次，出院病人数12882人次，手术3103例，抢救成功率87.31%，出入院诊断符合率99.83%，治愈好转率95.9%，医院感染率4.45%，病床使用率91.06%，病床周转率33.9次，平均住院日9.8天。呼吸科开展规范化脱敏治疗198例。消化科开展婴幼儿结肠镜及小儿胃电图检查。神经科开展注意力缺陷多动障碍生物反馈诊断及治疗。内分泌科开展72小时动态血糖监测和血（尿）渗透压测定。心血管科开展运动心肺功能评价心率失常的预后。肾脏科与北大医院合作，促进病理室开展肾组织光镜和免疫荧光检测。血液科开展单采方法治疗血液系统疾病。风湿免疫科开展生物制剂在儿童风湿性疾病中的临床应用、利妥制剂在儿童风湿性疾病中的应用等。急诊科开展经股静脉中心静脉置管技术、儿童新甲型H1N1危重症者机械通气适宜呼吸机治疗参数、儿童新甲型H1N1流感临床特征及危重预警指标观察、儿童新甲型H1N1流感危重症的死亡危险因素观察、危重患儿血乳酸水平与干预措施及预后的观察、脓毒症患儿免疫异常的观察等新项目。外科麻醉专业开展麻醉手术中有创血液动力学监测。保健科开设儿童生长发育门诊及神经运动发育评估与干预门诊。建立眼科病房，开展泪道探通术及留置探针方法治疗先天性鼻泪管阻塞及泪囊炎。耳鼻喉科开展低温等离子射频腺样体消融术治疗分泌性中耳炎。皮科开展特因性皮炎的遗传学研究及患者管理。检验科开展轮状病毒快速检测、尿定量沉渣镜检、病区标本条码化。放射科开展外周介入诊断和治疗。药剂科更新《基本药品供应目录》，指导临床正确用药。病理科开展肾组织冰冻切片及免疫荧光病理诊断、淋巴造血系统疾病患儿脑脊液涂片中有无瘤细胞浸润的病理诊断。临床中心实验室开展胰岛抗体三项、抗核抗体组套及血（尿）渗透压检测。

（池　杨）

【医政管理】 年内，新增医疗工作制度32项、修订24项。每月进行一次运行病历抽查，全年进行2次终末病历检查。审核准入新技术、新项目14项。加强院感管理，召开院感工作会3次，组织院感控制培训5次，加强对新生儿、手术室等重点部门监测。加强传染病防治管理与重点疾病的主动监测，组织全院进行传染病防治知识集中培训、考核，时间为30学时。启动免费电话预约挂号。出院患者满意度99.32%，门诊患者满意度94.65%。

（池　杨）

【医保工作】 年内，办理医保患儿2933人次，费用832.6万元，医保范围内金额1538.57万元，医保范围外金额716.9万元，大病基金支付823.6万元。

（池　杨）

【医疗支援】 年内，开展卫生支农，与内蒙古乌拉特前旗医院、五原县医院、银川妇幼保健院签署卫生支援协议，与地坛医院签署合作协议。组织医疗队赴青海义诊，在门源县中医院义诊患儿200余名，在青海妇女儿童医院进行查房、会诊，开展讲座十余场。组织“六一”儿童节、"七一"所庆专家义诊咨询活动。

(池杨)

【护理工作】 年内,完善护理管理制度,新增和修订护理制度50项,强化"三基三严"训练,落实护理人才培养计划,通过护理缺陷分析会等方式,加强护理质量监督检查及反馈。护理质量服务满意度96.6%。

(池 杨)

【医学教育】 年内,投入教育经费50余万元,加强对科研、临床、管理、后勤骨干人才的培养。承办国家级继续教育项目2个,组织学术活动40次,5418人参加。组织医疗安全培训讲座8次,1048人参加。举办所庆51周年优秀论文评选和优秀论文报告会。选派6名中青年医师纳入北京地区急诊急救人才培养计划,2名主任医师参加卫生局全科医师师资培训并取得相应资格。医院专业培训185人次,业务进修11人次,完成学历教育10人,卫技人员继续教育学分达标率99.5%。在市卫生科教工作检查结果排序中,教育工作在42家三级甲等医院排名第8位,科教综合排名第9位。在培本院住院医师134人,医院被批准为北京地区儿科学住院医师培训考核考点单位。完成北京大学医学部、首都医科大学、北京卫校等医学院校845名在校生的儿科教学任务,接收全国各地进修医护人员61人。在读博士研究生22人,硕士研究生73人;毕业博士4人,硕士19人。

(池 杨)

【国际交流与合作】 年内,接待外宾10批18人次,派出30批42人次赴国外考察及国际学术会议,派出10人赴国外儿童医院进修。

(池 杨)

【信息化建设】 年内,完成门诊医生工作站升级,科室覆盖率100%,增加质控环节。完成LIS系统与医生站的集成工作,实现标本条码化管理。完成PACS系统三期。OA系统开始实施。"统计平台终端系统"的试点工作及信息系统安全评估。全所信息系统运维4127台次。完善中、英文网站建设,回复患儿家长留言1692条,发布文章861篇,共有90个国家/地区32.2万人次点击。

(池 杨)

【后勤与基建】 年内,完善各项安全措施、规章制度及工作流程,成立安全生产专业工作组11个。进行6次工程、采购招标工作。配电室进行双路停电事故预案的演习及发电机带负荷试验。开启地下停车场。完成维修7000余次,制作污物间9个,增加新增电源5处,重新铺设线路3处。明确各级领导一岗双责责任制,层层签订安全责任书。开展安全检查10余次,各种形式教育活动8次。组织消防应急和核生化反恐、生物安全培训与预案等应急演练。投入专项经费272万元,增加监控点位达300余个,自筹资金11万元,更换新型消防自动报警主机。配合警方打击号贩子,抓捕10人。相继完成新核磁用房改造、门诊楼局部装修、院内道路绿化专项工程,新生儿病房改造初步设计、全部病房输送新风等零修工程。配合西城拆迁部门进行月坛专家门诊部的土地、公产房、私产房的搬迁工作。

(池 杨)

【药品生产】 年内,首儿药厂取得阿奇霉素干混悬剂、胶囊剂药品生产批件,通过市药监局GMP认证检查,获得GMP证书,并荣获"顺义区和谐劳动关系诚信单位"称号。销售总收入11108万元,其中医疗服务收入3380万元,产品销售收入6718万元,其它收入1010万元。

(池 杨)

【医疗保障】 年内,抽调临床科室骨干力量,组成急救医疗保障队伍。在《突发公共卫生事件应急预案》基础上,制定完善了国庆期间应急预案。派出18名工作人员奔赴3个接种点,完成庆典参演人员甲型H1N1流感疫苗的应急接种工作。

(池 杨)

【甲型H1N1流感防控】 年内,制定《甲型H1N1流感防控应急预案》、《甲型H1N1流感排查诊治具体流程》、《关于进一步加强医院甲型H1N1感染控制管理的工作方案》等防治方案。设置入院前观察治疗室、重症隔离病房和甲型H1N1流感专病区。发挥科研与临床结合的优势,病毒室检测流感样病例筛查4100余份。组建医疗专家小组,成立医疗应急预备队。组织全市专家会诊4次,共抢救危重症患儿21人。加强健康宣教,在各大媒体宣传39次。及时上报《流感样病例临床和实验室检测分析报告》和《甲型H1N1流感危重病例分析及诊疗建议》,向市卫生局上报相关信息24期。组织职工甲型H1N1流感疫苗接种工作。

(池 杨)

【手足口病救治】 年内,组织召开科室主任及专家成员会议,部署手足口病防控工作,讨论和修订手足口病排查及诊治流程。选派专家组建诊疗专家组,前往河南、河北、安徽、云南等地支援手足口病诊疗及救治工作,开展流行病学调查、诊治指导、专题讲座、人员培训。组织医务人员手足口病防控知识培训。

(池 杨)

【国庆活动】 年内,职工李妮、左

兰入选首都女民兵方阵，参加国庆大阅兵仪式。开展《我和我的祖国》征文活动，将职工120余篇文章汇集成册，作为爱国主义教材下发。组织80余名职工参加庆祝建国60周年“我和我的祖国”大型歌咏比赛，获得三等奖。

（池　杨）

中日友好医院

【概况】　中日友好医院由日本政府提供无偿援助，中日两国合建。年内，职工（含合同制）3094人，其中卫生技术人员2423人，包括正高级职称208人、副高级职称239人、中级职称862人、初级师662人、初级士307人，无职级145人。医疗设备总价值56315.11万元。本年度购置设备总值7261.49万元，其中10万元以上设备140台（件）、百万元以上设备13台（件）。2月，整合医务处和门诊部有关职责组建医务处；组建科研处、教育处，不再保留科教部；整合行政管理处和动力处有关职责组建后勤服务保障处。3月，调整医疗发展部工作职能，划入院办公室管理。

地址：樱花园东街

电话：84205566（总机）

邮编：100029

网址：www.zryhyy.com.cn

（郭素英）

【改革与管理】　年内，确立医院改革创新、建设发展的战略目标，扶持基础性学科、突出中西医结合特色和大型综合优势、继续支持院级重点学科、探索把肿瘤诊疗作为未来一个时期学科发展战略重中之重的新时期学科建设的发展战略；在空间装备上形成规模优势的思路和规划；调整机制，强化细化科主任负责制；大力培养人才；加强医院质量安全、诚信服务、科教创新、人才发展及经济管理五大体系建设，强化内涵管理，尤其要狠抓医疗质量，保障医疗安全；注重医院文化建设，树立形象品牌意识，把医院建设成为真正的国家级品牌医院。医院举办处级干部、科主任、护士长培训班，全面部署了医院改革创新的新举措。秉承“患者至上，文明行医”的办院宗旨，坚持“以患者为中心”，连续多年开展患者满意度调查。调查对象包括门急诊患者、住院患者、医技科室患者及出院患者等，调查采用日常调查与定期集中调查相结合，通过现场发放调查问卷、向出院患者邮寄调查问卷及电话回访等形式进行。将每次的调查结果及患者提出的建议与要求及时反馈到各临床医技科室及相关职能部门，不断改进工作，实现医疗护理质量及后勤保障服务的持续改进和提高。

（郭素英）

【甲型H1N1流感防控】　年内，成立甲型H1N1流感防控工作专项领导小组；制订防控预案并修订4次，加强对防控预案的演练，全面落实“早发现、早报告、早隔离、早治疗”的工作要求；举办3次全员培训、10余次科室培训，对重点部门和哨点部门进行重点培训；做好发热患者筛查、疑似患者留观、重症患者抢救、疫苗接种等工作；全年医院接收发热患者28404人次，留观357人次，检验样本1575人次，确诊177人次，向地坛医院转诊50人次，收治重症患者5人次，无死亡，接种甲流疫苗23570人次。

（郭素英）

【院庆工作】　年内，召开学术报告会，总结医院25年的诞生、成长和发展，分析医院现状及面临的机遇与挑战，提出今后将把改革创新作为医院发展的重要任务，进一步强化公立医院的宗旨和使命，把全院工作的重心引向“国内一流、国际知名”的医院发展战略发展方向上来。举办癌痛、中西医结合肿瘤综合诊疗、糖尿病综合治疗等系列义诊及健康大课堂活动。举办医学知识竞赛、病案书写比赛、护理病历比赛、“三基三严”竞赛、教师讲课比赛等。举办内分泌、肾脏、消化、骨科、肿瘤、风湿免疫、普外科、泌尿外科等多个学科与专业的学术活动。举办庆祝建院25周年文艺汇演、第十八届职工运动会，足球比赛、“我眼中的中日友好医院”征文演讲比赛等活动。

（郭素英）

【医疗工作】　年内，门诊1451146人次，急诊203507人次，急诊危重症抢救5384人次，抢救成功率96.40%。开放床位1293张，住院36735人次，出院36692人次，床位周转28.37次，床位使用率94.56%，平均住院日12.2天，七日确诊率99.30%，出入院诊断符合率98.84%，治愈率45.95%，好转率49.88%，死亡率1.64%。住院手术16554例。无孕产妇死亡，新生儿死亡率3.35‰，围产儿死亡率4.14‰。病案质量管理重点在运行病历督查与终末病案抽查，并对本院医师、进修医师及新入院医师等共进行6期病历书写培训，定期对培训效果进行督察。开展病历书写比赛，优秀病历在院庆期间展览。医院病案甲级率99.99%。年内多次组织医院感染管理专项检查，对重点部门、重点环节进行了联合检查，对检查中发现的问题限期整改。监测全院住院患者28974例次，发生医院感染993例次，感染率3.43%。全年医保患者出院11912人次，总费用18861.46万元，次均费用15834元。强化服务意识，优化流程，加大医保目录库维护监管，提高患者周转率，缩短平均住院日，努力做到医院与患者双赢。

（郭素英）

【医疗支援】 年内,7 人医疗队到青海卫生厅支援 1 个月;派中医肿瘤科医师 2 名到四川什邡对口支援,为期 3 个月;选派 7 人赴新疆自治区人民医院、新疆建设兵团农三师医院参加第六批援疆工作。完成对顺义区人民医院、顺义区中医院以及顺义区妇幼保健院的对口支援任务;物理康复科自 5 月起开始技术支援顺义区中医院康复科,完成 10 次教学查房和现场示教,共讲授 30 学时的理论课。妇产科协助 3 家医院的妇产科做好危重孕产妇的诊治,并把部分高风险的高危孕产妇转至本院治疗。中医风湿科义诊 2 次,并在顺义区组织大型培训 2 次,接收顺义区中医医院医师进修和培训,协助培养博士生 1 名。医院接收青海、西藏、内蒙乌海等受援单位进修 14 人,免费接收顺义区医院进修 5 人。

(郭素英)

【护理工作】 年内,健全护理管理体制,完善各项规章制度,关注护理安全。坚持护理质量三级管理体系,充分体现全面质量管理理念,并不断完善各项质控标准,促进护理质量持续改进。狠抓"三基三严"培训,提高全院护士专业技术知识和业务能力。申报并实施国家级项目 2 项、市级项目 5 项、区级项目 10 项及院级项目 55 项。组织各类讲课 40 余次,听课 5371 人次。通过了北京护理学会对手术室专科护士培训基地的考察评审。培养 ICU 专科护士 3 名、手术室专科护士 2 名、肿瘤科专科护士 1 名、内分泌科专科护士 3 名,完成 13 名 ICU 专科护士、10 名手术室专科护士培训班学员的带教任务。招收北京中医药大学、北京大学护理学院、中国医科大学护理学院、吉林大学护理学院、江汉大学卫生技术学院等 6 所院校的实习生 171 人、见习生 15 人;接收 16 家医院的进修护士 18 人,同时完成对口支援单位顺义区医院 16 名护理管理人员的培训工作。出版了《大型体育赛事护理服务指南——奥运定点医院护理管理》一书。举办护理科研知识讲座。配合中华护理学会准备中华护理学会百年大会、全国感染控制专题学术会等国际学术会,并做好会议的翻译工作。全年在统计源期刊杂志上发表文章 31 篇。

(郭素英)

【科研工作】 年内,获国家级、省部级以上科研课题 35 项,其中"十一五"、科技部国际合作等国家级重大项目 5 项,国家自然基金 8 项,获得院外科研经费 6405 万元。获国家科学技术进步奖二等奖 1 项,中华中医药学会科技奖一等奖 1 项、三等奖 1 项。全年发表论文 780 篇,其中 SCI 收录论文 12 篇。

(郭素英)

【医学教育】 年内,在培住院医师 245 人,其中本院 160 人、基地代培 85 人。新招本院住院医师 40 人,接收北京市基地代培住院医师 42 人,完成基地代培住院医师培训 22 人。药学部培养临床药师 4 人。物理康复科、药学部、疼痛科共计完成 443 人的培训并接收基层医院短期进修 45 人。内分泌科举办培训 3 期,来自全国各地的 8 名糖尿病教育师资接受了培训。完成国家级继续医学教育项目 15 项、市级继教项目 8 项、院级继教项目 108 项。完成甲型 H1N1 流感的防治等传染病及相关法律法规培训共 22 场次,全院 5000 余人次参加培训并考核。全年举办大科学术讲座 11 次、大科临床病例讨论 10 次;专科护士培训 20 人次,涉及手术室、急诊等 11 个专业,与门诊部、护理部合作对门诊护士进行有针对性的专业培训 12 场次;派出 23 人参加专业上岗证书培训,涉及 10 个专业;派出国内进修 5 人次,涉及 4 个专业科室;其他学术培训 79 人次,涉及 30 余个专业科室和部门。接收北京大学医学部、北京中医药大学等院校 23 个班次的 801 名本科生(含长学制学生)实习见习,完成 428 人次的临床实习和 473 人次的临床见习,以及 4454 学时的授课任务。5 人被评为北京大学优秀教师,2 人被评为北京大学优秀班主任,1 人被评为北京中医药大学优秀教师。年内,统招研究生 45 人,其中博士生 13 人、硕士生 32 人;毕业 37 人,其中博士生 14 人、硕士生 23 人。在培统招研究生总计 142 人,其中博士生 38 人、硕士生 104 人;在职研究生 30 人,其中博士生 19 人、硕士生 11 人。新增博士生导师 6 人、硕士生导师 34 人,超(到)龄博士生导师 6 人。共有研究生导师 153 人,其中博导 27 人、硕导 126 人。举办了第十一届中日合作卫生技术人员(JICA)培训班,即全科口腔医学实用技术学习班与慢性疼痛诊疗技术新进展学习班,以中西部为主的 23 个省、市、自治区的 100 名学员参加了培训。

(郭素英)

【国际交流与合作】 年内,举办各类国际学术会议 17 次,与会 2300 余人次,接待各类国际访问团组 52 个 316 人,聘请名誉教授 3 人,邀请 7 个国家 13 所大学 11 家医院的 25 名学科带头人或在本专业做出杰出贡献的专家学者来院讲学授课或手术表演。派出 246 人次前往 27 个国家的医院或大学医学院交流学习,其中医技 187 人次、护士 30 人次、行政管理人员 29 人次。利用日本国际协力机构(JICA)资金,分别赴四川地震灾区和山西国家级贫困县义诊,举办中日合作卫生技术人员培训班 2 期,培训中西部地区卫生技术人员 200 名。

(郭素英)

【信息化建设】 年内，完成国际医疗部 HIS 系统上线。年底，在完成普通门诊办卡系统的基础上更换了门诊挂号系统。完成门诊收费、药房、药库及医生站的软件编制及前期准备，完成病理信息系统招标及实施工作，完成膳食管理系统患者持卡点餐工作，完成 UNIX 服务器和存储设备采购服务工作。完成第一机房装修改造工程，增加 A、B 栋主楼网络信息点，共增加点位 600 余个，E、F 栋铺设光缆。全院内网优化。图书馆实现了由电子期刊代替纸质期刊的平稳转型。网站开设论坛，已有风湿免疫科、神经内科分论坛。统计室完成向国家疾控中心上报流感样病例（包括甲型 H1N1 流感）的工作。

（郭素英）

【后勤与基建】 年内，对现有设备进行局部改造，加强维护检修，保证水、电、汽、气全年安全运行无事故。完成保洁公司的交接，并加大对外包公司的监管力度，每月就保洁问题向全院各处、科室发放满意度调查表，每周组织一次联合检查，对科室反映及发现的问题及时整改。进一步完善“一站式”服务管理体系。完成变配电二期改造工程，同时采取多种措施提高效率，节水节电（包括新安装蒸汽凝水泵、改道回水管线、大修污水处理站等）。完成手术楼工程的土建、二次结构施工、部分装饰装修，以及机电设备和净化工程的招标；完成血液净化中心改造工程，并正式投入使用；完成男科门诊改造、儿科急诊新增室外门厅、儿科病房新生儿室改造、急诊 EICU 改造等工程。

（郭素英）

煤炭总医院

【基本情况】 煤炭总医院隶属国家安全生产监督管理总局，面向社会开放。年内，职工总数 851 人，其中医护人员 636 人，具有副高级以上专业技术职称人员 169 人，享受国务院政府特殊津贴专家 16 人。年内成立煤炭总医院中心实验室和中国煤炭尘肺研究室。

地址：西坝河南里 29 号
电话：64667755
邮编：100028
网址：http://www.mtzyy.com.cn

（李　鹏）

【医院管理】 年内，在金融危机严峻形势下，医院积极应对，科学分析，慎重决策，实现各项质量指标、效率指标、经济指标的再次突破。被推荐为朝阳区示范平安医院。连续第十一年获得中央国家机关文明单位称号、连续 6 年获得首都卫生系统文明单位等荣誉称号。

（李　鹏）

【甲型 H1N1 流感防控】 年内，成立甲型 H1N1 流感防控领导小组，制订甲型 H1N1 流感应急预案、筛查流程、上报流程、救治流程及其它相关流程。积极应对人感染高致病禽流感疫情和甲型 H1N1 流感疫情，根据市卫生局统一部署，制定防控计划、相关工作流程、开展预案演练，对全院职工进行防护和诊疗知识培训，组织进行甲型 H1N1 流感疫苗注射，实现了职工零感染。做好医院感染的全面综合性监测及目标性监测，加强对重点部门的感染管理、抗菌药物合理使用管理和医疗废物管理，开展医院感染新知识培训，院内感染率保持在 3% 以内。多次组织对甲型 H1N1 流感现场演练，实现了甲型 H1N1 流感患者零误诊率、零漏报率、医护人员零感染率，做到甲型流感的有效防控。5 月 20 日开始对本辖区内归国人员进行甲流电话监测，5 月 20 日 - 10 月 24 日合计监测 18751 人，其中朝外地区 1429 人、建外地区 17322 人，通话 60000 余人次。医院保健科组成朝外、建外两个访视小组，对辖区内的甲型 H1N1 流感患者入户进行消毒指导、健康咨询，每日监测体温等，共计入户访视 118 人。11 月 15 日 - 12 月 15 日医院上门接种甲型 H1N1 疫苗集体单位 80 余家，共 16640 人。发挥中医药独特优势，在门诊大厅专门设立“预防流感中药处方专台”，组织人员加班加点工作，及时提供了甲型 H1N1 流感预防饮片、颗粒等。截至 12 月 14 日医院向各有关单位及社区居民发放甲流预防颗粒 247511 袋，饮片 6154 付。

（李　鹏）

【社区卫生服务】 年内，完成朝外街道雅宝里社区卫生服务站建设，并规划筹建建外郎家园社区卫生服务站。5 月 8 日和 7 月 28 日区卫生局医政科先后实地考察了雅宝里社区卫生站，并对建站情况进行两周的对外公示工作，同时按照新建社区卫生服务站要求进行了审核和验收，于 7 月 31 日下发雅宝里社区卫生服务站执业许可证，社区卫生服务站正式开始运营。9 月 2 日和 11 月 3 日区医保中心和北京市医保中心分别对雅宝里社区卫生服务站的医保资格进行实地验收。

（李　鹏）

【医疗工作】 年内，门急诊总量为 517281 人次，和上年相比增幅达 9.4%；入院病人量 8195 人次，和 2008 年相比增幅为 2.4%；出院病人量 8157 人次，和 2008 年相比增幅为 0.9%；手术量 3834 例次，和 2008 年相比增幅达 22%；床位使用率 80.71%；床位周转率 19.15 次/床。年内制定《煤炭总医院不良事件与安全隐患报告制度》等 12 项新医疗管理制度，狠抓三级医师查房制度、危重病人、疑难病人讨论制度、会诊制度、交接班制度等核心制度的落实。在医保和物价管理上狠下功夫,加强日常监管和考核力度,积极宣传医保、物价管理政策,使人人重视政策,人人严格执行政策,促进临床各项治疗、检查、用药日趋合理。被列为朝阳区医保持卡结算试点单位。在年度医保联审互查中,医院得分在朝阳区名列第一,获市医保管理三等奖。坚持对朝阳东风社区卫生中心和常营社区卫生中心的对口社区卫生支援,全年专家下社区出诊共186次,接诊患者1826人次,开展了2次义诊。继续做好对怀柔妇幼保健院的卫生支农工作。与山西省阳高县和广灵县签订医疗扶贫协议,免费接收两县医师短期进修,在当地举办基层医生培训班,帮助县医院建设重点学科,并赴阳高、和顺进行义诊,受到基层医生和当地老百姓的欢迎和好评。完成了全国和市"两会"的医疗保健工作。组建医疗队在国庆60周年庆典现场参与医疗保障,并获最佳服务保障奖。派出1名副主任医师到四川参与医疗卫生对口支援,在春节期间由院领导带队参加北京市组织的北川灾区义诊活动,组织全院职工为灾区贫困大学生捐资助学,为贫困母亲捐款。

(李　鹏)

【护理工作】 年内,严格执行分级护理制度和护理质量检查、考评、反馈制度,努力实现整体化护理目标。修订护理岗位职责和工作流程。明确各级护理管理人员的管理目标,认真落实三级岗位管理责任制。加大专科护士培养力度,提高专科护理技术水平。着力推行护理会诊制度,防范因各病区病种交叉导致的护理风险。严格落实护理不良事件分级管理制度,定期对护理缺陷、护理投诉进行归因分析,吸取教训,提出防范和整改措施,持续改进护理质量。总结三级甲等医院检查中存在的突出问题,在护理操作技能方面进行全员培训,达到人人合格。针对医院病床弹性管理带来护理风险增加的实际,着重从四方面加强护理管理:明确病床管理责任,理顺病床安排流程;加强护理核心制度的落实;充分发挥专科护士的专业优势,对疑难和复杂护理问题实行护理会诊制度;建立护理安全管理预警制度,对高危患者高危操作实行专项管理和控制,有效防范重大护理差错的发生。在整体质量控制和护理管理中,将目标管理作为突破点,明确院、科、病区三级重点,明确护理质量控制重点和责任,通过监督与自查,认真落实护理质量的分析——反馈——落实——监测实效四个环节,切实提高整体护理质量。

(李　鹏)

【教学与科研】 年内,科技部核心期刊收录论文132篇,比2008年增长了65%。在SCI引用源期刊上发表论文4篇。出版专著、译著3部。向中国煤炭工业协会推荐申报科研成果13项,获二等奖2项、三等奖3项。

(李　鹏)

【医学教育】 年内,组织全员参加继续教育培训,教育工作覆盖率达100%,院级授课比上年增长52.9%,学分合格率达99.6%,传染病全员培训合格率达100%。承担市级继续教育项目5项,成功申报2010年北京市级继教项目13项,国家级继续教育项目——"2009年尘肺病影像诊断新进展学习班暨医学影像新技术在尘肺病中的应用研究班"成功举办。研究生教育培养力度加大,招收硕士研究生22人,接收华北煤炭医学院等大中专院校实习学生122人,接收外院进修医生29人。对20项科研课题进行了2009年院级立项及经费资助,申报数量及立项数量较上年均增长了100%。组织申报首都医学科研发展基金项目12项,北京市中医类科研课题2项。

(李　鹏)

【信息化建设】 年内,完成医保持卡结算的实验室认证,对信息系统进行相应改进,开发完成电子病历系统,已在临床科室试点。开通医院内部网站,增加信息发布和交流的平台,完成PACS系统的二期存储建设,提高了数据的安全级别和存储容量。对网络系统实行在线监控集中管理,网络安全稳定性得到提高。完成门诊触摸屏的系统开发,以方便患者随时查询各项医疗信息和个人诊疗费用。

(李　鹏)

【后勤与基建】 年内,后勤职工围绕医院中心工作,坚持服务临床、服务患者的理念,将"既保证医院正常运转,又节约每一分资金"当作工作标准,努力降低采购成本。洗衣房坚持"下收、下送",电话班做到接话准确率99.5%,热力站、氧气站、制冷、配电室等重点岗位实行24小时值班,确保临床一线需求及时得到满足。主动联系协商,由国管局和和平街办事处出资,为东土城路职工宿舍大院进行环境绿化、道路整治和粉刷工程,为医院节约经费60多万元。维修班组加强巡检巡修次数,建立设备设施的维护保养制度,后勤每一件大型设备都采取挂牌方式明确保养责任人,通过保养延长设备使用年限;招标更新7部电梯、2台锅炉,完成各类土建工程,保证医院正常运营。开展节能宣传,通过修旧利废等节支办法为医院节约资金近20万元。科学营养为患者配餐,采用床旁宣教和疾病营养教育讲课形式开展患者营养知识宣讲,开展厨艺技能比赛,不断提高膳食质量和服务水平,住院患者对饭菜的平均满意度达到93.27%。

（李　鹏）

【矿山医疗救护工作】　年内，医院负责的全国矿山医疗救护工作取得体制建设的进展。经与卫生部经会谈协商达成共识，按照整合资源、共同推进的原则，加强体系建设，促进标准化管理，将矿山医疗救护体系纳入到国家应急医疗卫生救援体系。矿山医疗救护三级救护网络建设继续进行，并在体系管理上有了进一步提高，组织部分分中心参与了历次特大型矿难的医疗救援。

（李　鹏）

北京华信医院

【概况】　北京华信医院为清华大学第一附属医院。职工1218人。其中卫生技术人员987人，执业医师322人，执业助理医师2人，注册护士472人，药剂36人，检验41人，放射影像18人，其他卫生技术人员96人；其他专业技术人员24人；管理、工勤人员207人。正高级职称22人，副高级职称118人，中级职称326人，初级职称539人。医疗设备5503台，总价值20884.82万元，新购医疗设备1393台，价值6370.36万元。其中10万元以上设备43台，100万元以上设备9台。

地址：酒仙桥一街坊6号
电话：64361322
邮编：100016
网址：www.tufh.com.cn

（郁　莹）

【体制改革与管理】　年内，针对医疗过程中的隐患，制订《医疗安全管理制度》、《临床检验危急值报告制度》等管理制度。完善《专家出诊管理制度》，纠正专家随意停诊改诊的不良现象。外科门诊实现垂直管理。对专家实行限号。完成美容门诊资质、重症医学科诊疗科目的申报和评估工作。门诊挂号室与收费处合并通柜服务，中西药房合并，实现“一站式”取药。积极开展预约挂号工作。为对口社区开设专门的就诊信息路径，优化社区病人转诊流程。检验科开展化验单自助查询业务。新病房楼二层设立手术等候厅。引进中药配方颗粒。引进主任医师专家2名。全年共招收新员工（含合同制职工）130人，其中博士7人，硕士19人，本科12人。修订《从合同制人员中择优选聘事业编制的试行办法》，10名优秀合同制人员聘为事业编制人员。完成职务聘任工作，45名同志被聘任为高一职级的专业技术职务和职员系列职务。在清华大学的支持下，加强学科带头人队伍建设，有6名专家获得清华大学医学院硕士研究生导师资格。发放住院患者满意度调查表1224份，满意率95.2%。门诊调查378人次，满意度96.36%。

（郁　莹）

【治理商业贿赂工作】　年内，向全院宣讲《2009年卫生系统治理医药购销领域商业贿赂工作要点》，继续贯彻治理商业贿赂精神。指派纪委委员参加药事会和耗材选型协调会议，继续监督《新药审批制度》、《新药临时购买规定》和《医用耗材采购及管理办法》的执行情况，并积极与相关业务负责部门探讨增强管理持续有效性的具体方案。

（郁　莹）

【医疗工作】　年内，门、急诊703847人次，其中门诊618169人次，预防保健科下地段访视1084人次，急诊84594人次，急诊危重症抢救人数1023人，抢救成功率93.35%，日均门急诊量2242人次。医院实际开放床位548张。年入院患者14222人次，出院患者14152人次，床位周转28.30次，床位使用率95.07%，平均住院日12.10天，七日确诊率88.66%，出入院诊断符合率98.97%，治愈好转率94.43%，死亡率2.81%。住院手术6713例。作为区危重孕产妇及高危围产儿救治转运中心，接受宫内转运36例，转运危重新生儿377名，未发生转运途中死亡。孕产妇死亡率0/万，新生儿死亡率0.6‰，围产儿死亡率7.96‰。心脏中心完成介入检查治疗2596例，心外科完成手术445例，收治患者中疑难危重心脏疾病比例达85%，手术成功率达95%以上。小儿心内科完成85例小儿电生理射频治疗，38例导管造影，14例先心病介入治疗工作。其中小儿肺动脉狭窄支架和小儿射频消融治疗，填补了医院这一领域的空白。泌尿医学中心外科全年收治患者771人次，完成手术724例。统一经典手术的手术同意书、手术记录及描述方法。开展乙状结肠膀胱扩大治疗晚期间质性膀胱炎和半导体激光治疗前列腺增生。肾内科全年完成透析17045人次。开展长时间高通量血液透析治疗透析相关性腹水，并独立开展腹膜透析（CAPD）工作。消化医学中心普外科全年收治病人1813人，手术1093例，对中晚期肝门部胆管癌的手术治疗、胆总管结石的微创治疗形成系列特色。开展了二期胰十二指肠切除、晚期胰腺癌的双改道手术。消化内科全年收治患者1219人次，床位使用率达105.29%。与CT室合作开展小肠、结肠三维成像检查。开展对于空腹血糖 > 11.1mmol/L，糖化血红蛋白 > 9%的新诊断的Ⅱ型糖尿病病人进行胰岛素强化治疗和速效、长效胰岛素类似物治疗。完善早产儿的系统管理，开展早产儿的头颅超声、头颅核磁共振（MRI）和早产儿出院后的随访工作。10月甲型H1N1流感高发期,儿科最高日门急诊量达600人次。骨科开展桡骨头置换术、颈椎侧固定术、颈椎椎弓根固定术、股骨头骨折切开复位内固定术。产科与放射科合作开展子宫动脉栓塞治疗产后出血。中医科开展腹针、艾灸治疗,并与心外血管病房联合,中西医结合治疗糖尿病足。糖尿病研究所开展同型半胱氨酸水平测定和胰岛素自身抗体检测。超声科开展新生儿颅脑超声检查,填补医院该项检查的空白。病理科在中心实验室的帮助下,完成尸检14例(含成人尸检1例)。检验科开展血液肌红蛋白(MYO)和神经特异性烯醇化酶(NSE)检测、真菌药敏实验、细菌药敏实验新增碳青霉烯酶活性、诱导型克林霉素耐药性、诱导性β-内酰胺酶实验。联系院外会诊30人次,受邀专家外出会诊40人次。

(郁　莹)

【病案管理】 年内,实现门诊病案与住院病案统一管理。检查出院病历14112份,甲级病案率99.92%。

(郁　莹)

【医院感染管理】 年内,建立健全医疗废物管理和院感暴发管理的各项规章制度,扩建储存医用垃圾中转站,重点落实甲型H1N1流感防控工作。举办院内感染宣传月活动,增强全院医务人员院感防控意识。吸取西安交大附属医院新生儿感染暴发事件的教训,加强院内重点科室消毒隔离的规范管理和检查。规范器械清洗流程,开展目标性检测。医院感染率2.43%。

(郁　莹)

【医保工作】 年内,医保出院4653人次,出院医保病人总费用8111.52万元,出院医保病人次均费用17433元。在拒付费用管理方面,基金拒付占申报金额的0.01%,同比下降了90%。全年收治住院医保患者同比增长18.06%。审核医保病例近6000份,审核率94%。

(郁　莹)

【医疗支援】 年内,继续对口支援平谷东高村镇社区卫生服务中心和峪口镇社区卫生服务中心,坚持每季度与受援单位召开一次沟通会。选派18名中级职称以上医技人员到以上两个社区中心帮助工作。免费接收3名医生、2名护士、1名药剂人员、1名医技人员来院进修学习。为受援单位组织专业知识讲座12次,社区健康课堂讲座16次。承担内蒙古科左后旗人民医院的对口支援任务。双方进行了实地考察和交流,制定支援方案,签订支援协议。派出1名儿科医师参加市卫生局对四川什邡市的灾后医疗救援工作。

(郁　莹)

【健康教育】 年内,开展义诊活动6次,深入社区开展卫生知识讲座和健康咨询35次,院内健康教育大课堂专题讲座24讲,妇幼保健专题讲座101期。

(郁　莹)

【预防保健】 年内,开展先天性髋关节发育不良儿童的筛查及转诊工作和儿童体格发育测评。成立公共卫生处理应急小分队,配合传染病的防控工作。全年完成各类儿童健康体检8826人次;管理孕产妇359人,完成围产访视718人次;收到各类传染病报卡1501张,访视传染病人109例;完成各类疫苗接种43159人次,其中甲流疫苗接种9171人次;管理辖区精残、智残病人476人。

(郁　莹)

【护理管理】 年内,制订《腕带标识识别制度》、《护理不良事件主动报告制度》。坚持每季度全院护理工作大检查,通过提问护士、检查病人、理论考试、操作考核等形式,强化护理人员对核心制度的掌握。重新修订完善分级护理制度,建立不同护理级别患者的巡视登记。全年新增、修订护理制度、职责标准及预案流程18项。组织护理质控大检查12次。护理文书书写合格率98.72%,护理病历书写合格率96.05%,基础护理合格率97.42%,特级护理合格率97.11%、一级护理合格率96.80%,技术操作合格率97.70%,急救物品完好率98.11%。

(郁　莹)

【科研教学培训】 年内,发表护理论文12篇,在统计源期刊发表护理论文12篇。接收大中专实习学生118名,组织临床讲课5次。对全体护士长进行心电除颤的再培训,组织区级以上认可项目的学习9次。完成见习期护士理论及操作考试各4次,考核220人次。1-5年内护士理论及操作考试各2次,考核502人次;5年以上护士理论考试240人次,操作考核183人次。434名护士继续教育达标。申报各类基金63项,获得清华-裕元基金资助的9项,资助金额250万元。完成1项国家自然科学基金在研项目进展报告,1项完成结题报告。全院发表科技论文172篇,其中核心期刊论文111篇,SCI收录论文8篇。最高影响因子4.132,平均影响因子1.77。出版科技著作3本。设立教学干事。进行基本操作技能的标准化培训。开展教学查房。接收河北医科大学临床医学专业五年制本科24名医师编班来院实习。全年接收医疗、医技专业实习、进修人员85人。11人参加市住院医师第一阶段理论和技能考核,合格率

91%;13 人参加第二阶段临床技能考核,合格率 92%;22 名住院医师荣获卫生部及市卫生局颁发的培训合格证书。全年培训、讲课 50 余次,组织全院教学查房和病例讨论 15 次。完成传染病知识全员培训、考试。完成国家级继续教育项目和中华医学会继续教育项目 3 项,继教达标率 98% 以上。作为全国医师资格实践技能考试基地之一,完成北京地区 300 余名考生助理医师资格实践技能考试工作。为确保国庆期间生物安全,对相关科室进行了生物安全培训及检查。

(郁 莹)

【国际交流与合作】 年内,接待美国、澳大利亚、法国、日本、印度、中国香港等国家和地区的来访者 20 人。参加国际国内学术交流会 44 次,其中吴清玉教授"100 例 Ebstein 畸形解剖矫治临床经验"和"一种新的先天性主动脉弓畸形外科技术"的论文在第五届世界小儿心脏病大会上做专题报告。

(郁 莹)

【信息化建设】 年内,将"药物咨询及用药安全监测系统"嵌入医生工作站,提示医生合理用药,方便查找药物资料。增加住院处工作权限、住院病人费用销账管理权限和门诊医生挂号预约权限。为市定点医疗机构社会保障卡实时结算进行信息系统的准备和人员培训工作。设计有效的技术方案,使 HIS 系统在网络结构、存储、备份等多方面得到安全保证。开通网络办公系统。进行外网流量控制管理,解决网速过慢问题。医用耗材信息化管理系统进入试运行阶段。人事信息管理系统主要模块已开发完成。

(郁 莹)

【后勤与基建】 年内,对全院道路进行彻底整修,加装节能路灯,院区进行绿化、美化。对锅炉房实施了社会化管理。为 3 街坊 18、19 楼和高家园社区卫生服务站更新供暖管线,解决供暖效果不佳的问题;对 4 街坊 1 楼电气线路进行改造并安装预付费插卡式电表,减少医院电费损失,提升电气安全性能。营养食堂引进智能卡订餐管理系统。层层落实消防安全责任制,与全院 56 个科室、9 个外来承包单位和 8 个后勤对外承包部门签订安全责任书。进行消防安全专项检查 16 次,组织新病房楼科室进行紧急疏散演练 2 次,增加、维修消防器材投资近 9 万元。对全院职工和患者的安全意识教育,开展"平安医院"创建活动,完成"平安国庆"的工作目标。对旧病房楼进行分段改造,一期工程已经完工并交付使用,二期工程正在进行中。对新病房楼的部分工程项目进行收尾:手术室启用,导管室/CCU 病房/供应室后期施工、空调系统运行维修。完成了核医学科辐射防护及装修工程、门诊楼地下室防水工程、CT 室/DR 室装修工程、新病房楼门禁系统工程、发热筛查病房装修工程等基建项目。

(郁 莹)

【国庆保障】 年内,制定《国庆期间突发事件医疗卫生应急处理预案》,组织 2 次应急预案的演练。抽调 1 名医师、1 名护士、1 名司机组成应急小分队,完成了十一期间的应急备勤任务。

(郁 莹)

【甲型 H1N1 流感防控】 年内,制定应急处理预案,建立相关制度和流程,进行全员培训考试。承担首都国际机场转诊发热病人的筛查工作。收治留观患者 395 人,做咽拭子 342 人,筛查出甲型 H1N1 流感患者 62 人。第一批承担市甲型流感筛查检测工作,承担甲型 H1N1 流感的确证检测工作。至 12 月 31 日,完成甲型流感检测 1018 例,其中 85 例筛查阳性送市 CDC 确认,本院确认甲型流感 H1N1 阳性 101 例。

(郁 莹)

民航总医院

【概况】 民航总医院职工 928 人,其中卫生技术人员 755 人,包括正高职称 18 人,副高职称 52 人,主治医师(含相应职称,以下同)176 人,医师 244 人,护士 265 人,行政后勤人员 140 人,其他专业人员 33 人。万元以上设备 726 台(件)。新购置设备 123 台(件),其中 10 万元以上 24 台(件);50 万元 6 台件,包括全自动微生物分析系统,全自动酶免分析仪,手术动力系统,PCR(聚合酶链式反应)实验设备,体外冲击波碎石机,彩色超声诊断仪. 百万元以上 2 台(件),包括骨密度仪,C 型臂 X 光线。千万元以上 2 台(件),其中超导磁共振成像设备 1 台(件),超高端多排 CT 台(件)。

地址:朝外高井甲 1 号

电话:85762244

邮编:100123

(茅砚云)

【学术交流】 2 月 11 日至 15 日内科医师张慧敏赴马来西亚参加由拜耳公司举办的 IMSEA 会议。5 月 11 日至 17 日科教处副处长赵学增参加由北京大学医学部组织的赴香港中文大学学习活动。5 月 18 日至 23 日内科医师李莉受上海微创公司邀请赴西班牙巴塞罗那参加学术会议。5 月,检验科主任朱凤霞去奥地利参加国际临床化学与概念大会。6 月 2 日至 7 日透析中心护师顾红应日本尼普洛公司邀请赴日本东京参观学习。9 月 11 日,透析中心成功举办了第三届国际血液净化护理与工程技术培训研讨会。选派13名同志(其中2名护士长1名护师)出国或赴港澳特区参加各种学术交流活动。9月16日至25日党委办公室主任马秀利赴越南参加由共青团中央、越南胡志明共青团组织的中越青年友好交流活动。9月21日－30日,计财处处长郝金燕参加民航局组织的访问团,赴英国、葡萄牙参观学习。9月25日－11月25日,妇产科副主任杨悦赴韩国首尔参加妇产科管理学习班。10月2日至9日耳鼻咽喉——头颈外科主任徐先发受美国美敦力公司邀请赴圣地亚哥参加第13届美国耳鼻咽喉头颈外科大会。10月4日至11日泌尿外科医师崔亮赴瑞士参加第27届世界腔道泌尿外科学大会。10月23日至11月1日眼科主任胡庆军应美国科医人公司赴美国旧金山参加美国泛美医学会组织的学术会议(AAO眼科年会)。11月15日,在"2009北京国际航空航天临床医学学术会议"上,医院1篇论文进行了全英文大会发言,3篇论文被收录大会医学论文集。12月6日至10日院长李松林应美国医疗保健系统药师协会邀请前往美国拉斯维加斯参加《第44届美国医疗保健系统药师协会年会》。

(茅砚云)

【改革与管理】　年内,全面修订各项规章制度和《灾害与突发公共卫生事件应急预案》,制定《民航总医院职工在职攻读学位管理规定》、《民航总医院解决职工两地分居管理规定》等规章制度。完善绩效考核制度,将医疗安全、医疗收入、医疗质量、工作业绩、服务质量、科室建设、学科发展等考核内容转化为财务指标、内部流程指标、满意度指标、学习与成长指标四个维度,全方位进行考核。对临床科室的绩效考核进行改进,变过去的根据考核指标扣分为现在的根据考核指标加分。考核指标加分与奖金呈正比例,体现奖金向风险高、技术含量高、管理力度大、劳动强度大的科室倾斜的分配原则。把手术误餐费改为手术站台费,按手术大小给予不同等级的站台费,体现向风险高的大手术倾斜的原则。实行缺陷管理和缺陷教育,医务处、门诊办、行风办等部门定期组织开展典型纠纷案例讨论和高风险病例讨论,把防范措施做在前面。依靠医生工作站、处方管理系统等信息化技术手段的应用,对各种医疗行为进行规范和实时监控。加大奖惩力度,根据科室安全风险设立不同层次的安全奖。

(茅砚云)

【精神文明建设】　年内,开辟"行风专栏",规范医患沟通形式、交流医患沟通技巧,宣传医院新人新事新风尚,使职工的服务意识进一步提高;开展医疗服务以病人为中心教育,针对不同科室,不同人群,采取主题查房、讨论、谈话等不同形式,引导医务人员正确认识医院精神文明建设的必要性和正确处理医患关系的重要性,增进医务人员的责任感和以病人为中心的服务意识,促进医患关系的和谐;丰富医院文化底蕴,营造良好的工作氛围。在全院范围内开展以弘扬优良职业道德和职业精神为主题的格言征集活动。科室积极组织,职工踊跃参加,共收集格言佳句近400条,评选出优秀的作品39条,制作成镜框贴挂在病房或办公室内。弘扬正风正气,结合学习巩固实践科学发展观活动,树立良好工作作风、促行风发展。坚持利用周会宣读病人表扬信,讲述锦旗背后的故事,激励干部职工立足本职,搞好服务工作。倡导人文服务,树立人性化医疗观念。院领导通过各种会议积极倡导和谐的医患关系,使大家充分认识构建和谐医患关系对推进卫生改革与发展的重要性,自觉把构建和谐医患关系落实到医疗工作当中,牢固树立以病人为中心的服务理念,心系患者,关爱患者,使患者在医疗活动中体会到更多的尊重、诚信和爱心,赢得患者和社会对医务工作者的理解和尊重。全年收到表扬信157封,锦旗145面,退"红包"73900元。连续四年被评为首都文明单位、中央国家机关平安单位,获得局级以上各类各级荣誉称号17个。投入大量资金改善患者就诊条件,改造并增加门诊检验窗口,减少患者排队等候时间;改造并扩大儿科、妇产科、眼科、皮肤科、物理诊断科诊疗区;增加门诊发药窗口、扩大中草药房面积;实行预约挂号和分时段挂号。加强廉政监督教育,凡涉及"三重一大"问题,必须经党委会集体讨论、纪委参与监督;对职称晋升等敏感问题,加强并发挥职称评定委员会的作用;对医疗设备购置,基建维修等项目,严格按照国家规定的采购和招标程序进行;重大投资项目必须进行充分论证和调研。

(茅砚云)

【医疗工作】　年内,门诊573692人次;急诊165770人次,急诊重症抢救2852例,抢救成功率95.65%。编制床位500张,开放床位445张。住院病人10884人次,出院病人10818人次,床位周转24.31次,床位使用率75.08%,平均住院日为11.04天,七日确诊率为98.46%,出院诊断符合率为97.67%,治愈好转率93.87%,死亡率3.1%。住院手术4585例,ASA四级及以上危急重症病人全身麻醉375例,成功率100%。无孕产妇死亡,围产儿死亡率6.9‰。健康体检47865人次,其中空勤人员体检2853人次。医务处完善医疗风险预警机制,加强对重点科室、重点环节、重点人员、重点时间段的管理,定期组织开展典型纠纷案例病例讨论和高风险病例讨论;门诊办建立监管制度,重点规范专家门诊管理,定期督查,与奖惩挂钩。针对医疗薄弱环节进行培训,全年开展真菌感染的诊断与治疗、肺栓塞的诊断与治疗、麻醉和第一类精神药品相关知识培训与资格考核、抗生素临床应用指导原则等6个专题的培训,收到较好的效果。进一步完善各项规章制度,规范工作流程,修改了原有医疗管理制度44项,新增制度27项。督促药剂科定期进行处方点评并公布在网上,促进医生合理用药。医务处建立科室考核档案和数据库,细化对科室量化指标的考核,把核心制度落实、运行病历质量、终末病理质量、会诊工作完成情况、纠纷数量、日常检查评分结果等均列为考核指标,纳入数据库管理。

(茅砚云)

【甲型H1N1流感防治】 年内,制定甲型H1N1流感重症病人抢救流程和诊疗流程,组织诊疗方案培训;制定应急演练方案,组建应急医疗小分队。民航总医院与地坛、佑安、世纪坛四家医院被列为定点医院。参加市组织的现场救治演练。完成265人甲流医学观察信息上报,其中外籍与港澳籍人士59人,确诊32人;接收重症病人8人,转院3人。筹建流感分子生物实验室,通过市卫生局及市疾控中心专家验收,进入试运行阶段。完成3784名国庆庆典参演人员甲型H1N1流感疫苗接种工作,实际接种人数为2205名。

(茅砚云)

【农村妇女乳癌筛查】 年内,根据区卫生局关于免费对具有本市户籍的农村妇女开展乳腺疾病筛查工作要求,承担高碑店等地区256人次适龄妇女的乳癌筛查工作。

(茅砚云)

【开展新项目】 年内,建立医疗创新设备扶持基金。投入100万元,扶持耳鼻咽喉头颈外科、神经外科开展新项目。麻醉科开展脑电双频谱指数在检测全麻深度中的应用;皮肤科开展生物共振系统过敏原检测及脱敏治疗、无创过敏原筛查;泌尿外科开展后腹腔镜下保留肾单位肾部分切除术、经闭孔无张力阴道悬吊系统、腔镜下输尿管切开取石术;消化内科开展胃底静脉曲张组织粘合剂注射治疗、无痛内镜检查及治疗、外周静脉置入中心静脉导管(PICC)、电镜下食道、结肠内支架置入术、肝硬化食道静脉曲张套扎术等;肾内科开展腹膜透析;耳鼻喉科开展改良悬雍垂颚咽成形术;物理诊断科开展超声造影成像技术;儿科开展过敏性疾病的过敏原检测及舌下脱敏治疗等。

(茅砚云)

【病案管理】 年内,修改完善科室的规章制度和岗位职责,使工作制度和工作流程更加符合"以病人为中心的服务理念,科室管理工作进一步科学化、人性化"。坚持每月制作病历缺陷内容的统计小结和质控统计一览表,发放到科室,使全院医生从中吸取经验和教训,受到医疗质量万里行检查组专家的肯定。加强对住院医师病历规范书写的培训,在培训中强化零缺陷管理理念和工作标准,促进病历书写水平的提高,年内甲级病案率95.6%。

(茅砚云)

【出生缺陷监测】 年内,参与区妇幼保健中心组织的出生缺陷监测、产前诊断和产前筛查工作。完整录入病历首页的主要诊断和各次要诊断,并将诊断的出生缺陷儿包括引产胎儿或婴儿,以ICD-10编码录机,以便进行检索和查询。

(茅砚云)

【医院感染管理】 年内,坚持规章制度落实与服务临床科室与督促检查相结合,针对不同专业分别制定检查考核标准,再依据考核标准,每周对一个科室的规章制度落实情况进行督查,全年完成督查62次;检查院内感染漏报情况和性病上报情况12次。检查终末病历2121份,一类切口病历抗菌药物使用1115份。制定并落实各级各类人员的传染病、医院感染、消毒隔离相关知识的年度培训计划,组织各类培训与考核17次,5326人次。参加市疾病预防控制培训9次,区各类培训12次。接受市和区各类检查25次,并按照要求进行整改落实。上报法定传染病1064例,传染病报告率100%。协助收治甲型H1N1医学观察病例265人;协调咽拭子采集及送检587人份;上报确诊病例55例(含门诊),其中重症病例8人。医疗器械消毒灭菌合格率100%;院内感染率1.5%(<3%北京市平均水平);漏报率4.4%(<10%);现患率2.65%,实查率100%;清洁伤口零感染率;清洁伤口甲级愈合率98.5%。做好慢性非传染性疾病管理和疾病监测工作,全年院内感染病例信息上报合格率100%。

(茅砚云)

【医保工作】 年内,设立"医保专管员",确保医保政策得到及时准确的理解与落实。每一临床科室选出1-2名医生或护士,定期对"医保专管员"培训。年初制定的医保管理指标,对次均费用、人均费用、平均住院日,自费比例等项目做了明确规定,每周进行监控,每月进行统计,每季度进行分析,半年总结,结果与奖金挂钩,收到较好效果。为确保上传数据准确性,对每日信息上传工作做到人员固定、时间固定,发现问题及时解决,使门诊上传数据的质量不断提高,得到朝阳医保中心的肯定。在联审互查中获二等奖。医保出院4005人次,住院总费用5348.93万元,次均费用13355.64

元,日均费用996.45元,平均住院日13天。被列为区医保刷卡实时结算试点单位的首家医院。

(茅砚云)

【医疗支援】 年内,继续承担社区卫生服务中心3家医院、对口支农2家医院和对青海省第五医院及内蒙古地县医院的援助工作,派出医生出诊、讲课、会诊和开展健康教育讲座。向对口支援单位派出兼、挂职医务人员13人,向社区卫生服务中心派专家150余人次;组织多科专家义诊10次,举办培训讲座5次,咨询义诊1100余人,体检252人次,捐款13万元。坚持开展健康教育大讲堂、孕妇学校,肾友联谊会等多种形式的健康宣教活动,举办健康教育讲座89次,参加人数2478人次。深入社区进行健康知识宣教活动,对高碑店地区健康知识宣讲2次,参加120人次。

(茅砚云)

【护理工作】 年内,新修订包括《护理不良事件主动上报制度》和《化验危急值报告制度》等制度9项。对护理人员进行三基培训7300人次,对全院363名护士进行了理论考核,合格率为99.4%;新护士岗前培训425人次;操作考核3279人次,考试合格率96.7%;一级护理合格率93.5%,一级护理文书书写合格率94%,皮肤压伤发生率0.34%(全部是来院前发生的);护理质控检查64次;完成专业实习教学任务83人;首次注册41人,变更4人;外出培训32人次,接收外院进修4人次,专科护士取证培训7人次;护理信息2期,特刊1期;外派支援社区和突发应急事件200人次,完成护理论文5篇,其中《冠心病患者健康促进生活方式的调查与研究》护理论文获区医学会第七届护理学术年会优秀奖。医院选派透析中心2名护士长,到台湾奇美等医院进行1个月的透析护理管理学习与交流,7名护士参加ICU等专科护士取证培训。

(茅砚云)

【科研教育】 年内,建立院级科研基金。2008－2009年共投入30万元,对17个科研项目给予支持。完成04级23名学生带教任务,其中大陆学生7名,港澳台学生16名,已于今年毕业。在校05级学生35名,其中大陆学生7名,留学生28名。新接受06级学生36名,其中大陆学生8名,留学生28名。医院自己培养的第一名硕士研究生已圆满完成临床技能培训及毕业论文答辩,已毕业并留院工作。新招收科研型硕士研究生1名。在外科、内科、妇产科、儿科全面推进了PBL教学,取得了较为满意的效果。招募、培训和使用标准化病人已数增加到7人,病种已扩大到13种,广泛应用于见习、实习和毕业考试中。评出北京大学医学部校级优秀教师5名,北京大学医学部校级优秀管理教师2名,民航总医院院级优秀教师15名。2008－2009年度北京大学医学部奖学金评比中,在本院实习的医学生获国家奖1名,市级三好学生1名,北京大学三好学生2名、三好标兵1名,7人分别获二、三等国家奖和德楷奖、关衍辉奖等单项奖项。推荐免试研究生9人。组织全院学术讲座12次,参加学习人员2180人次;外出进修12人;参加院外学习班、学术会议56次,继续教育学分达标率100%。举办英语沙龙活动12次,提高了青年教师和学生的英语口语水平。完成外科医师赴韩国进修学习选拔工作。住院医师通过北京大学医学部第一阶段考试11人,通过北京大学医学部第二阶段考试7人。举办航空医师培训班3期。来自全国20家民航单位的28名航空医师和航空体检医师参加了培训。医务处组织针对性的专业培训活动7次,参加培训1225人次,涵盖31个临床科室,内容包括:病理知识的培训,抗生素的规范应用、甲流(H1N1)相关知识的培训等。同时加强对新入职医师的岗前培训,培训覆盖率100%。

(茅砚云)

【健康教育】 年内,开展健康教育讲座89次,参加人数2478人次。其中孕妇学校讲座44次,参加人数1522人次;高碑店地区社区健康宣教3次,参加人数165人次;糖尿病讲座11次,参加人数305人次;其它各类健康知识讲座31次,参加人数486人次。

(茅砚云)

【科研工作】 年内,申报国家863课题1项,即北京大学公共卫生学院与医院感染疾病科、检验科共同开展的,题目为“社区发热和腹泻症状的早期识别和预警适宜技术研究”。向首都医学发展基金申报课题3项,其中有透析中心的“血胱抑素C及其公式在慢性肾脏病筛查中的意义”,呼吸科的“阻塞性睡眠呼吸暂停综合征对血糖代谢影响的研究”,体检康复中心的“民航总医院周边社区脑卒中病康复水平现状的调查研究”。民航局(部级课题)申报课题1项,已批准立项,题目为“空勤人员颈腰椎病优化康复方案”。院级科研课题立项17项。12月23日召开了“民航总医院第二届学术论文交流暨表彰大会”。获奖论文11篇,其中二等奖2篇,三等奖2篇,优秀奖7篇(一等奖缺项)。会上交流论文6篇。编辑出版《民航总医院2003－2008年医学论文集》。发表论文77篇,其中国家级刊物发表21篇,地方级刊物发表16篇,民航医学杂志发表40篇。

(茅砚云)

【信息化建设】 年内,成功启用电

子病历系统，不仅使病案书写更加规范，而且后续开发的各种软件为医疗质量控制、医学科研工作提供了便利条件。引进先进管理理念，尝试使用新技术加强对全院计算机的安全保障。通过新技术的使用，科室的管理得到加强，工作流程较以往更为合理，工作效率明显提高，制度的实施也得到了保障。建立新机房，对设备及网络资源进行了合理调配，保障医保系统和民航财务管理系统的启动和正常运转。从技术上实现了核心服务器的异地灾备。这是继2008年实现双机热备之后，对核心数据实施保护的进一步举措。顺利完成门诊医保实时结算的认证工作和住院病区独立核算的软件改造工作。

（茅砚云）

【基建项目】　年内，医院自筹资金542万元，建设面积为1600余平方米的新医学影像中心，1.5TMRI和64排128层CT将投入使用。自筹资金227万改建了总面积1000余平方米的现代化病案室和动物实验室，为临床科研工作提供了条件。针对发展需要，对医疗用房进行改造、粉刷。先后改造透析中心、眼科门诊、中药房、手术室、急诊室、甲流医学观察病房、妇产科门诊和皮肤科，粉刷房屋面积10000平米，防水面积1400多平米。投资近60万元，对院内职工宿舍楼公共设施进行装修改造，为住户安装了卡式电表和水表、更新了有线电视终端和分配系统、安装了门禁系统、重新规整凌乱的电话线、粉刷公共楼道。投资120万元更新医院3部老旧电梯，确保安全运行。民航局投资4亿元的新航空医学综合大楼建设项目的审批立项工作顺利完成。

（茅砚云）

北京地坛医院

【概况】　北京地坛医院始建于1946年，原名曾为北平传染病医院、北京第一传染病医院，1989年改名为北京地坛医院。1997年被评为三级甲等医院，收治除结核以外的38种法定传染病，为传染病患者提供专科医疗服务的同时，也可提供内科、外科、妇产科、儿科、五官科、肿瘤科、介入、心理咨询等全方位的综合医疗服务。职工总数为883人，其中卫生技术人员756人，正高职称56人，副高职称29人，中级职称144人，初级职称527人。截至年底医疗设备总价值达3.54亿元。年内，购入医疗设备总值为1.70亿元，其中10万元以上设备55台，百万元以上设备1台。获得“全国医药卫生系统先进集体”、“全国精神文明建设工作先进单位”、“国庆60周年庆祝活动医疗卫生保障工作最佳服务保障奖”、北京市“双十佳人民满意医院”、“首都公共卫生文明单位”等荣誉称号。

地址：京顺东街8号
电话：8432200084322068
邮编：100015
网址：www.bjdth.com

（王君丽）

【改革与管理】　年内，对医院现行制度进行全面梳理，废除54项，完善132项，新建32项制度。编印2009年版《北京地坛医院规章制度》，包括行政管理、党务管理、保卫后勤和医疗管理四分册。坚持在绩效管理领域的实践和探索，积极倡导以绩效管理为基础的精细化管理。经过5年的实施，建立起比较完善的绩效考评体系，以目标为导向，以绩效为依据，形成了岗位评价、薪酬待遇、KPI的制定、考评体系等多方面的理论成果，编制了精细化管理的系统运行软件，在三个科室试点实施，实现了个人表现和工作业绩可以实时在信息系统查询跟踪，进行全院大排行的功用，解决了原有考核指标粗放的问题，充分发挥个人潜能，提高整体工作效率。年内，启动廉政风险防范管理工作，完善权利运行制约机制和重大经济事项的运行程序，通过处方管理检查、绩效考核和医德监督员月报等手段加强内部监督。通过设立意见箱、公布投诉举报电话、召开工休座谈会、患者满意度调查等手段加强外部监督。形成党政齐抓共管，纪委组织协调，部门各负其责，群众积极参与的领导体制和工作机制。

（王君丽）

【甲型H1N1流感防治】　4月，甲型H1N1流感疫情发生，全院迅速反应，做到早部署，早安排，全员上下24小时机动，全力投入甲型H1N1流感危重病人的救治工作。每日有院领导在岗带班，增补医疗加强班，建立起五道值班防线，实时了解全院收治病人情况，指挥危重病人的抢救。全院共开放4个病区，投入140余人。截至12月31日，医院共收治来自62个国家的甲流患者1631例，危重症56例，群发病例10起，治愈出院1573例，并对864人进行发热排查。甲流救治过程中，医院高度重视祖国传统中医药在流感防治中的作用，组织中医专家第一时间介入，研制中药配方。医院出色的工作被卫生部和国家中医管理局在全国推广中医药治疗传染病的“地坛模式”。医院还及时将救治经验凝练成建议提交给市政府、市卫生局和市中医药管理局，为政府决策提供最迅速的一手材料。地坛医院是最早投入救治、收治确诊患者最多、救治危重症患者最多、外籍患者最多的医院。

（王君丽）

【医疗工作】 年内,门急诊总量205698,其中急诊量17096人次,危重症抢救313人次,抢救成功率84%。开放床位553张,出院11100人次,床位周转次数为21.83人次,床位使用率为83.85%,平均住院日为13.73天,七日确诊率98.7%,出入院诊断符合率为99.58%,治愈好转率为90.05%,死亡率2.56%,完成手术1861例。收治医保患者2117人次,大病医疗保险238人次,生育保险193人次,金额4485.56万元。医保患者人均费用为19064.89元。年内未发生高危孕产妇、新生儿、围产儿不良事件。针对医院新业务开展多,新技术引进多的情况,医院制订20项医疗工作流程和医疗技术管理规定。根据技术分类实施准入、审核及分级管理,追踪评价32项Ⅰ类技术、5项Ⅱ类技术(肿瘤科3项,外科1项,内科ICU1项)业务实施的安全、质量、疗效及绩效,建立医疗技术管理档案,确保医疗技术开展的安全有效。为提高临床工作效率,进行PDA查房和执行医嘱,制定电子病历书写规范要求,修定质控的内容和标准,加强运行病历的环节质控。各科主治医师负责运行病历的检查评分,病案室负责终末病历的检查评分,医务处定期抽查运行病历和终末病历的质量及检查评分的执行情况。严格检查,定期评价,及时反馈,立即整改,结果纳入绩效考核体系,与奖金挂钩。病案质控甲级病案率为99.60%。高度重视院内感染控制工作并大力加强院感控制的科学化、规范化、标准化。调整医院感染管理委员会成员,更新《医院感染管理制度》。建立医院感染上报监测网和耐药菌监控网,做到院内感染和多重耐药菌的实时监测。

(王君丽)

【医疗支援】 年内,多次赴密云县石城镇、崔各庄乡等地,开展义诊、免费体检及其下乡支援活动,受到百姓的好评。同时与多家社区卫生服务中心建立支援关系,启动社区传染病防治课题1项,对和平社区医院开展支援活动,为社区送技术、送服务、送管理。与安定医院、首都附属儿童医院签署对口支援单位,为科室发展搭建平台。

(王君丽)

【护理工作】 年内,继续坚持每季度的护理安全检查,定期召开护理质量安全讨论活动。建立"病人转科交接检查记录"、"手术病人交接检查记录",建立"病人跌倒及压疮风险评估",保证病人安全。建立不良事件上报机制,开展不惩罚科室及自愿报告护理不良事件机制。护理文件书写合格率95%,基础护理合格率95%,特级、一级护理合格率95.2%,技术操作合格率92.7%,急救物品完好率99.3%。

(王君丽)

【科研工作】 年内,获批科研立项17项,已到位科研经费2638.545万元。在研的各类基金项目课题达92项,其中"十一五"重大专项18项,卫生部及国家攻关联合课题8项;国家自然科学基金课题7项;市自然科学基金2项;首都医学发展基金课题12项;卫生局及卫生局青年基金6项;市科委合同项目10项。发表论文154篇,其中核心期刊论文113篇,SCI论文7篇,其中一篇为主任李兴旺与朝阳医院合作在《新英格兰医学杂志》发表。医院中西医结合学科通过市中医药管理局初审和国家中医药管理局组织的评审,成为全国3家中医传染病重点学科医院中北京唯一的一家。研究所感染免疫实验室成为国家中医药管理局三级实验室,通过国家中医药管理局中医传染病重点学科的验收,所内正研课题21项。由国家卫生部主管、人民卫生出版社主办、医院承办的《中国肝脏病杂志(电子版)》取得正式刊号,年内发行2期。《中华实验和临床感染病杂志(电子版)》正式出版2年,并初步具备申请国家统计源期刊/核心期刊的数据资料。医院主办的《医学参考报——感染病学频道》正式创刊,发行5期。

(王君丽)

【医学教育】 年内,研究生导师增至18人,其中博士生导师5人,硕士生导师15人。招收博士研究生1名,硕士研究生14名。完成国家级继续教育认可项目7项,收教实习学生253人,全科医师培训18人,接收进修医59人。积极开展护理岗位技能和知识培训,分层次护理考核,抽考护士技术操作395人,理论考核330人次,举办基础知识培训12次,全院护士专项技能培训6次,组织开展护理操作比赛1次,计40名护士参加穿防护服静脉穿刺、导尿和单人徒手CPR比赛,9人获得操作比赛个人奖项,肝病中心荣获团体奖。选派护理骨干参加院外学习和业务进修学习65人。公开发表护理论文23篇,核心期刊10篇,参加中华护理学术大会交流9篇。

(王君丽)

【交流与合作】 1月30日,经世界卫生组织总部批准,中国卫生部认可,世界卫生组织艾滋病治疗与关怀综合管理合作中心在地坛医院成立,成为世界卫生组织驻中国唯一的艾滋病治疗与关怀综合管理机构。世界卫生组织总干事陈冯富珍和卫生部副部长黄洁夫为该合作中心揭牌。这标志着地坛医院已成为国际艾滋病防治经验交流的平台。4月7日,组织承办首次在我国举行的国际医疗盛会——2009年世界卫生日全球发起仪式。世卫组织总干事陈冯富珍、卫生部副部长黄洁夫、副市长丁向阳、李连杰先生、来自联合国31个组织的57名国际官员等300多人参加会议。陈冯富珍和黄洁夫通过视频与华西灾区医疗机构进行沟通，随后到急诊科观看群发伤的急诊急救演练，并在医院雕塑园共同种植两棵银杏树，象征着卫生事业的蓬勃发展。7月30日至8月2日由北京地坛医院主办、中华医学会协办的第三届地坛国际感染病会议在北京国际会议中心举行。来自国际感染病学会、欧洲感染病学会、欧洲肝病学会、亚太肝病学会以及其他学术团体的感染病、肝病学界著名专家共同主持和参与讲座，世界各地的千余名学者参会，与中外专家一起进行感染病的全球对话。本届大会的论文质量、会议组织、外籍参会人员的数量都较前两届有明显的提高，本院有5人发言，媒体报道说“北京地坛医院实现了领衔中国和世界‘感染病’对话的跨越”。接待印度卫生和家庭福利部部长古兰·纳比·阿扎德先生、朝鲜保健相崔昌植先生的来访；接待来自亚洲、非洲、南美洲、北美洲、大洋洲等35个国家的55名卫生官员和艾滋病防治工作人员，以及欧洲、美洲等其他国际机构友人共20批次、98人次来访。开展与澳大利亚国家HIV流行病学和临床研究中心、美国国立卫生研究院(NIH)等国外机构的国际交流。组织召开“中国医学救援协会传染病救援分会”筹备会，来自26家医院的56名代表参加会议。分会的重点工作为传染病紧急医疗救援、相关技术协作与指导、救援培训、学术交流、人才培养和国际交流。组织第三届全国传染病医院院长论坛。卫生部医管司领导和来自16家传染病医院的26位院长参会。会议就新医改政策下传染病医院的发展进行热烈的研讨并交流相关经验。三次组织合作医院院长及全国大中型传染病医院院长的交流。

（王君丽）

【信息化建设】　年内，完成包括HIS、LIS、PACS院内三大系统的集成服务，主题软件系统的安装、调试及各系统之间数据的接口，完成远程会诊系统、视频会议系统、手术视教系统、UC系统、图书管理系统、OA办公系统、IT运维系统等的前期调研与项目实施规划。完成医保实时结算上线、预约挂号上线、营养订餐上线、网络负载均衡的上线、手麻系统的正式使用、医院网站的设计与开发。

（王君丽）

【后勤与基建】　年内，完成连廊、连桥工程的建设任务，完成锅炉房改造方案的制定与论证工作。督促代建方进行工程收尾、工程维修，签订了维保合同。出色完成了全年空调机组、净化系统、锅炉系统、气动物流传输系统的安全运行以及水、电、气、热的供应保障。后勤物业完成物业公司的重新招标，加强对物业公司的监督、检查力度，制定考核标准，保证物业服务质量，对保洁员进行消毒隔离知识培训，优化食堂售饭方式，后勤服务能力大有改进。医院食堂被评为市食品卫生A级单位。

（王君丽）

【文化活动】　3月至8月医院开展以“坚持科学发展，建设现代化、数字化、人文化、花园式绿色传染病医院”为主题的学习实践科学发展观活动。查找出影响医院发展的五个方面的突出问题，制订八个方面，37项内容的整改方案，学习实践活动职工满意度达100%，在卫生局总结大会上做典型发言。将2009年确定为医院的“文明服务规范落实年”，制定《实施方案》和《评比表彰办法》，评选出服务之星89人，优质服务班组23个，促进服务水平的提高。召开新院启用周年暨庆祝建国60周年大会，回顾迁院一年来医院取得的各项成绩，对抗击甲型H1N1流感的英雄集体进行表彰。编辑出版《我们一起走过——北京地坛医院纪念建国60周年文集》、《我们一起走过——北京地坛医院纪念抗击甲型H1N1流感文集》，拍摄颂扬甲流一线医务工作者的电视片《天职》和新院周年记录片《我们共同走过》。配置40台电脑的电子阅览室正式投入使用。投资20多万元购置健身器械，建立健身房，修建篮球场、排球场。建立集会议、展览、休闲交流和形体训练等多功能为一体的职工之家。11月22日，卫生部在本院举办“2009世界艾滋病日主题宣传暨艾滋病反歧视纪录片开机仪式”，全国政协副主席张怀西、卫生部副部长尹力出席活动，彭丽媛、蒋雯丽、李丹阳等预防艾滋病宣传员、国际组织代表、艾滋病防治专家参加活动。11月28日，与WHO联合举行“权益—责任—落实—医疗卫生机构的职业安全”2009年世界艾滋病日活动。

（王君丽）

【领导关怀】　5月17日，国务院总理温家宝、副总理李克强等领导一行来本院通过视频慰问甲型H1N1流感患者，并在门诊楼前亲切慰问战斗在一线的医务人员。温总理在慰问的过程中特地请院方转达他对正在医院接受医学观察和发烧排查的国内外人员的慰问。11月30日，中共中央总书记、国家主席胡锦涛通过视频通话系统，同地坛医院的领导、医务人员和正在这里诊治的感染者亲切交谈。胡总书记请毛羽院长转达他对地坛医院全体职工的问候，并对医院一年中的工作给予了高度肯定，勉励大家继续发扬人道主义精神，不断提高医疗救治水平，为做好防治艾滋病工作作出更大贡献。12月1日，温家宝总理、李克强副总理再次来到地坛医院视察艾滋病救治工作，在红丝带之家与志愿者、感染者、专家进行座谈,并召开了预防控制艾滋病工作座谈会。医院的多名专家出席座谈会,刘敏主任和赵红心主任在会上发言,随后温总理与医院中层干部合影。党和政府高度重视艾滋病防控工作给医院职工极大的鼓舞和鞭策。甲型H1N1流感防控期间,卫生部党组书记张矛,副部长马晓伟、王国强先后来到医院检查工作。卫生部部长陈竺和国家中医管理局夸赞说“北京地坛医院为中医药治疗传染病树立了一面旗帜”,并在全国推广中医药治疗传染病的“地坛模式”。防控工作同时也得到了市委、市政府领导的关怀和支持,市委书记刘淇和市长郭金龙两次来院视察和指导工作,副市长丁向阳也两次到医院检查和落实防控工作并亲笔批示:“我市甲型H1N1流感疫情出现后,地坛医院行动早,工作扎实,管理科学,积极有效。同志们不畏困难,不怕牺牲,为首都广大医护工作者做出榜样。”

（王君丽）

北京中医药大学第三附属医院

【概况】　北京中医药大学第三附属医院为三级中西医结合医院。职工553人(含合同制人员136人),其中卫生技术人员473人,包括正高级职称17人、副高级职称43人、中级职称175人、初级师109人、初级士129人、其他人员80人。年底医疗设备总价值4791.6万元。新购置医疗设备总值665万元,新增万元以上设备35台(套),其中10万元以上设备数量10台(套)。

地址:安外小关51号

电话:52075369

邮编:100029

（张进宏）

【机构设置】　年内,成立董建华名家研究室和孙树椿名医传承工作站。成立综合教学办公室,增设了中医急诊教研室。

（张进宏）

【体制改革与管理】　年内,围绕三级中西医结合医院建设和“医院管理年”工作,提高医疗质量,加强医院运营管理,强化服务意识,拓展医疗市场。运用市场化的观念和经营手段,提出创建节约型医院的理念,建立和完善预算化管理制度,落实经营预算、项目预算、成本预算控制。整合开发医院各种资源,提高医技设备资源利用率,保障经济目标的实现,提升经营管理,丰富经营手段。达到“医院求发展,管理上水平,职工得实惠”的目的。

（张进宏）

【反商业贿赂】　年内,修订完善医院党风廉政责任制,制定医院党委勤政廉政党内监督制度,建立医院领导与职工沟通制度。利用院刊进行警示教育。加强对重点部门的审计工作,加强重要岗位规范化管理,积极推进工作运行机制建设及医德医风建设。对后勤处、财务处、设备物资科实行廉政风险排查,制定风险部位工作流程,风险点防控措施。纪检、监察、审计全程参与药品采购、设备购买、基建工程。开展清查“小金库”专项审计工作。

（张进宏）

【医疗工作】　内,门诊210690人次,急诊8853人次,急诊危重症抢救128人次,急诊抢救成功率98.44%。实有床位315张。住院3835人次,出院3774人次,床位周转11.98次;床位使用率77.16%,平均住院日23.23天;七日确诊率98.68%,出入院诊断符合率99.97%,治愈好转率88.41%,死亡率8.63%,住院手术1010例。进一步修订医疗工作岗位职责,每季度召开一次医疗质量管理委员会和病案质量管理委员会。启用新版的住院患者知情同意书;在手术科室系统实施手术风险评估表和手术安全核查表;设计印制门诊心电图申请单、肺功能检查单、病理报告单;改版住院准许证和住院处方笺;重新审定毒麻药处方权。成立甲型H1N1流感防控领导小组,恢复发热门诊,制定相应的应急预案和工作流程,召开相关会议布置工作10余次,组织全员培训13次,启动发热筛查及疫情监测工作,按照上级要求储备应急物资,积极开展疾病控制教育1200人次。接种一类疫苗7830人次,二类疫苗4009人次,普通流感及“甲流”疫苗总计18816人次。召开新闻媒体见面会及周边地区医疗合作单位座谈会,定期到社区开展义务健康讲座,举办卫生宣传日活动19场,参加医生142人次,参加护士46人次,义诊咨询3334人次,测血压1778人次,测血糖348人次,红外线乳透100人次,按摩34人次,耳穴埋豆50人次,宣传展板64块,发放宣传资料7370份。在国庆60周年的活动中,承担医疗保障任务。成立“医院急诊急救培训工作领导小组”。共计12次派出30人次,出动救护车9次。

（张进宏）

【病案管理】　年内,重新制定《住院患者知情同意书》,从医学和法律角度更加完善住院告知制度。继续加强运行病案的质控。住院病案质控员每月对各科的运行病案进行质检,抽查运行病案900余份。住院病案按时归档率大幅度提高,各科完成1400多份病案的整理工作。甲级病历率98.70%。

（张进宏）

【医院感染管理】　年内,院内感染率4.35%。定期下科室检查医院感染管理各项制度落实情况,开展手术切口专项调查工作，进行目标性监测。每月对医院感染漏报率进行监测。每季度出简报一次。积极做好甲型H1N1防控工作。对全院医务人员进行5次“甲型H1N1流感病毒的防护及消毒隔离”培训，多次对新成立的留观室、发热门诊进行医院感染防控指导。感染培训7次，共1166人次。

（张进宏）

【医保工作】 年内，医保出院2073人次，医保患者总费用3012万元，出院医保患者人均费用14533元。认真做好住院医保支付费用的结算、上传、报送纸介等工作。进一步优化结算流程，增加医保结算人员，在坚持终末审核的同时，不断探索住院费用审核与医保费用结算工作人员统一管理的模式，做到三日内完成结算，网络审核在院医保病历1900份。做好医保住院次均费用增长率控制工作，做好医保持卡就医实时结算各项准备工作。是朝阳区低保救助定点医院之一，被区卫生局评为“2009年度朝阳区医疗救助定点医疗机构先进单位”，医保工作荣获市年度医保管理三等奖。

（张进宏）

【医疗支援】 年内，继续开展对怀柔区渤海镇卫生院对口支援工作，每周四派3位专家前去出诊，专业、时间相对固定，受到当地百姓的欢迎，形成一个“专家日”，共派出医护人员186人次，诊治患者1200人次。有1人参加中央组织部第六批援疆干部，代表北京中医药大学骨伤科专家前往新疆维吾尔自治区中医医院骨科中心工作一年。

（张进宏）

【护理工作】 年内，提高护理管理质量，采取多种措施，从内容、人员、时间、形式等多方面做相应的调整和改进，内容上更加细化，人员上新老搭配，时间上由原来的定期检查改为不定期抽查，形式上增加了护士长24小时值班制，做到护理工作随时检查和督察。组织医院医疗护理质量主要负责人到外院参观学习，组织有关领导参加市中医管理局举办的法律法规培训，请外院专家和法律顾问来院学术交流及进行法律法规的培训，提高大家的管理水平、法律意识和医疗风险防范意识。护理文件书写合格率99.11%，基础护理合格率99.17%，特级护理合格率100%，一级护理合格率99.26%，护理技术操作合格率98.19%，急救物品完好率100%，责任制护理合格率98.61%，消毒隔离合格率99.64%。护理申报北京中医药大学科研课题1项，中标1项。接收北京中医药大学护理学院见习生25名，组织学生集中上操作课14次。成立“中医护理技术操作小组”，统一操作流程，各科室教师对每位护士进行规范培训。举办“中医护理系列讲座”14次，共计867人次。完成20学时的传染病知识培训，重点参加甲型H1N1流感的培训考核。组织6次传染病考试。举行护理带教老师资格考试，共有65名带教老师通过了考试。取得护理带教资格。护理人员Ⅰ类继续教育学分达标率为100%。有6名护理人员取得大专学历。有86名护理人员参加护专科和本科的学习；选派3名护士到东方医院学习儿科急诊护理。

（张进宏）

【科研工作】 年内，组织申报国家自然科学基金13项，中标2项。申报市自然科学基金8项，中标1项。中标1项教育部重点课题。申报博士点基金8项，中标4项。申报首发基金6项。申报北京中医药大学教育科学研究课题10项，中标1项。申报北京中医药大学科研课题38项，中标14项。申报北京中医药大学自主选题（中青年教师资助项目）24项，中标4项。申报北京中医药大学自主选题（在读研究生项目）9项，中标6项。申报北京中医药大学特色教材项目2项，未中标。申报北京中医药大学党建课题20项，中标一级项目1项，二级项目4项，三级项目15项。申报并获批了国家中医药管理局重点学科两个——中医全科医学和中医骨伤科学。获北京中医药大学自然科学奖三等奖1项，教育部科学技术进步奖一等奖1项，二等奖1项，中华中医药学会科技进步三等奖1项。发表学术论文21篇，其中核心刊物发表9篇，其他刊物发表12篇。

（张进宏）

【医学教育】 年内，国庆60周年的活动中，开展急诊急救培训，急诊科专业医护参加市级、区级培训23人，进行“突发公共卫生事件院内应急救援”、“机械通气临床应用及操作”、“心肺复苏、气管插管”等现场授课，并举行实战演练——急诊急救演练“，非急诊科医护人员院外急救知识与技能培训32人；院内授课12次，36学时，答卷考试7次，参加4500人次；组织演练4次，参加320人次，演练总结大会1次。传染病防治培训，组织授课12次，36学时，考试答题8次（含区卫生局举办1次），参加4252人次。法律法规授课1次，3学时。本院继续教育达标率100%，短期进修和参加学习班21人、半年以上外院进修4人。承担北京中医药大学大学中医学专业五年制（中西医结合方向）的后期全部教学任务。承担北京中医药大学本科生、七年制学生11门临床课程的课堂教学任务，共计1828学时，完成276名本科生及研究生的临床见习和实习带教任务。教师队伍不断壮大，选派55名教师参加岗前培训，取得教师资格证教师48名。目前具有教师资格教师共计96名,成功申报博士生导师3名,硕士生导师6名,现有博士研究生导师5名,硕士研究生导师26名。首次开展研究生招生、培养工作,招收博士研究生3名,硕士研究生19名,已初步形成本科、硕士、博士多层次的人才培养体系。组织院内教学观摩活动,举办第二届教学讲课竞赛活动,并推选三位老师参加北京中医药大学决赛,分别获得一等奖、二等奖和优秀奖。

(张进宏)

【信息化建设】　年内,完成《信息系统预算书》、《HIS招标技术说明书》、《HIS系统采购合同书》的编写,并参加了HIS厂商招投标工作。制定《全院HIS系统切换时间表》和《培训计划书》。利用16余台计算机,对全院计算机操作人员进行了为期24天的500人次的应用程序实际操作的培训。完成医保门诊、住院导出导入程序的切换和培训。为门诊收费处搭建了医保培训环境,对门诊收费人员进行为期4天的全员培训。为保证医保工作的顺利和医院网络环境的安全,制定《网络安全管理软件的功能要求》。医院网站。定期更新医院新闻、医疗信息以及专家出诊情况,共更新创建网页656页。医患交流栏目为患者提供了直接与医生交流的平台,共计答复患者疑问463条。开设网上预约挂号服务,为患者预约挂号1219人次。

(张进宏)

【后勤与基建】　年内,完成门诊教学楼建设前期拆迁工程,拆迁1300平米。完成锅炉房改造二期工程、门诊楼配套的电缆沟、污水管线、自来水管线、医院南大门等改造工程,病房楼室外电缆改造项目完成招标工作。组织管理人员参加医院后勤管理培训班,并到外院参观学习后勤管理的先进经验。结合设备改造项目对电工、锅炉水暖工、供水管理等工种进行专业培训。

(张进宏)

【学术交流】　年内,北京中医药大学第十一届学术节隆重开幕。医院作为学术节的分会场,先后举办《加强学科建设,提高医院竞争力》、《以临床路径打造中医药优势的思路》、《英伦游学记》、《新疆维吾尔族自治区中医医院建设经验》、《中西医骨伤科发展思路与方向》、《中西医结合科研有关问题探讨》、《发挥科技社团在国家创新体系中的作用》、《课题申报的思路与方法》等专题论坛。在学术节期间还举办了第二届博士沙龙,在第十一届学术节活动中,医院荣获大会组织二等奖。

(张进宏)

【奥运纪念活动医疗保障】　年内,参加市卫生局、国家体育总局举办的纪念奥运会一周年系列活动。作为唯一一家中医院参加了在奥体中心举行的"全民健身嘉年华"大型活动,承担参加此次活动的运动员、教练员、工作人员及体育健身活动爱好者和观众的医疗急救保障任务。派出2辆急救车,30名医护人员和必备抢救器械药品,进行流性全程跟踪服务。为弘扬中医药文化,在奥体中心场馆区还进行大型的健康义诊、专题讲座等活动。20余名中西医临床专家参加此项活动,发放科普材料20000余份。为市民免费测量血压1121人次,接受健康咨询835人次。杨晋翔、娄锡恩两位教授进行中医药专题健康讲座。

(张进宏)

垂杨柳医院

【概况】　垂杨柳医院(又名微创医院)为区卫生局直属二级甲等综合性医院。占地面积32.16亩,总建筑面积2.46万平方米。医院有心血管疾病中心、神经疾病中心、消化疾病中心等13个临床医学中心及实验医学中心等4个医学技术中心;全院有职工996人,其中硕士以上学历人员166名;是北京东南部的区域性医疗中心。年内,被中国医院协会评为"全国百姓放心示范医院",荣获"首都国庆60周年庆祝活动医疗卫生保障先进单位最佳服务保障奖"等集体荣誉15项。

地址:垂杨柳南街2号

邮编:100022

电话:67718822(总机)

网址:www. cylh. com

E－mail:webmaster@ cylh. com

(王海燕)

【甲型H1N1流感防控】　5月,进入防控甲型H1N1流感以来,本院实行预检分诊,层层把关;规范诊疗,及时处置;加强防护,防控院感;分类培训,加强督查等,并按照上级要求不断调整和完善防控措施。实现医院提出的"不错过一个疑似病人;不怠慢一个流感患者;不造成一例院内感染;不单一防控甲型流感;不独限于医院内防控流感"的工作目标,使防控工作取得了阶段性的成果。共累计筛查约54万人次,感染科接诊各类发热患者24466人次,甲流感咽拭子初筛检测出112例阳性,35例确诊为甲型H1N1流感,及时检出6名甲流重症患者。期间本院派出11批,累计26人次,分别参加国门宾馆等3个医学观察点的防控工作,完成保障任务。

(王海燕)

【新医院改扩建】　12月29日,举

行奠基仪式,标志着医院原址扩建,居民拆迁工程已经启动,新医院规划和设计方案招标顺利推进。

（王海燕）

【医疗工作】 年内,完善医疗安全管理制度17个,优化流程7个,按照《医疗技术临床应用管理办法》对26项新技术、新项目进行了技术准入,手术分级管理逐步推进,未出现医疗事故,医疗安全保障机制得到全面健全。开展落实患者安全目标、安全隐患大排查、手卫生宣传日、病案质量评比、岗位技术练兵、应急演练等多种安全技能培训活动和练兵活动,全面提升医院各岗位职工的安全防范技能,进一步规范岗位操作行为,为保证安全主体活动取得实效,实行“主题活动项目化、项目管理沙龙化、项目实施全员化”的管理目标。开展微创技术诊疗服务6840例,比上年增长24.43%,微创技术品牌特色日趋显著。急性消化道出血微创技术救治绿色通道工作模式得到完善,共救治患者21例。中心化临床医疗服务模式进展迅速,在消化疾病中心实行中心主任负责制试点,组建微创外科专业,以期从深化临床中心化医疗服务模式探索和加快微创技术临床应用两个方面,探索总结经验。门急诊总量77万人次,比上年增长7.45%;出院人数11079人次,比上年增长5.56%;病房手术量5917台次,比上年增加21.82%;床位使用率为81.13%,比上年增加0.22%;床位周转次数为27.63,比上年增加5.58%。

（王海燕）

【护理工作】 年内,加强护理质量管理和岗位技术大练兵,重视“三基三严”培训,强化年轻护士基础理论知识的考核,组织“三基”理论考试,护理队伍396人,参加者共748人次,参考率100%,合格率92.10%,比上年提高0.61%,操作考核累计8331人次,合格率100%,比上年提高0.13%。完成护理技能竞赛4次,评出集体一等奖5名,二等奖10名,三等奖15名;个人一等奖5名,二等奖15名,三等奖25名。开展“用药安全关爱生命6R3S优质护理服务”活动,R即Right。“6R”即:正确的给药、正确的时间、正确的剂量、正确的途径、正确的病人、正确的观察。S即Satisfy。“3S”即:让患者满意,让社会满意,让自己满意。在区卫生局举办的护理文书巡展中,推荐的4份病例经过层层筛选,荣获多项奖励。建国六十周年庆祝活动期间,4名护士分别参加市卫生局和区卫生局的医疗保障任务,护士许敦敦和姚竹脱产一年,完成女民兵方队医疗卫生保障任务。有效提高患者用药的安全和护理文件书写的规范性,提高了护理人员的综合素质和服务质量。住院病人满意率由上年的97.05%上升至98.4%,提高了1.39%,收到表扬护士的信件99封,锦旗59面。

（王海燕）

【医保工作】 年内,院门诊医保上传168474人次,次均门诊费用410元;医保住院患者4571人次,结算费用6248.66万元,住院人数和结算费用比上年分别增加7.55%和8%;其中,结算单病种298例。病案信息上传率达99.6%。根据市医保中心关于“持卡就医,实时结算”的工作安排,完成前期认证准备工作,包括督促开发商完成实验室认证,成立医院持卡结算领导小组,优化就诊流程,起草完成相关规章制度17项,并完成人员培训。为保证医院住院医保系统及时升级与准确结算,于11月中旬将原有内嵌式结算替换为外挂接口结算;进行三大目录维护及结算初期的审核工作。

（王海燕）

【信息化建设】 年内,信息系统已覆盖医疗、护理、检验、放射、超声、内镜、药品、财务等领域,为加强信息系统建设,根据医院信息系统进程的需要,经考察、测评、演示、实测、商务洽谈等程序,选定杭州创业软件股份有限公司作为HIS系统新服务商,为医院顺利通过北京市实施医保患者划卡结算费用认证打下基础。同时,医院从服务器运行稳定性、机房设施安全性、工作站配备合理性、网络防护软件可靠性等几个方面进行系统改造,加强了信息系统安全建设。完善信息系统安全管理,扩大网络管理软件控制的范围、开展全员信息安全教育、修订互联网信息管理制度。

（王海燕）

【科研教学】 年内,秉承“科技兴院、人才为本”的办院理念,出台《北京市垂杨柳医院科技工作奖励办法(试行)》,并召开科技表彰大会和科技创新展示会,对科技创新技术人员的成果予以表彰,在设立的6个奖项中,共有109名同志、1个集体获得奖励。承接北京市的全科医师培训任务,四川省什邡市对口支援医生培训任务。被SCI收入专业文章1篇;获得区科研立项资助资金35万元;获得区科技进步奖2项;一名医师在市二级医院全科医师培训教学比赛中获得一等奖。在院研究生有10名,接收本科生产实习生19名。

（王海燕）

【国庆医疗保障】 年内,在国庆期间,派出市区两级3支应急小分队,共11人,两辆救护车和多台急救设备,执行任务累计13次。承担参加国庆演出武警某部队官兵的定点医疗保障任务,为约4000名官兵提供医疗服务,收治住院患者8人。

(王海燕)

朝阳区第二医院

【概况】 朝阳区第二医院为区卫生局所属的综合性二级甲等医院。占地面积8039.7平方米,总建筑面积16290平方米。全院职工总数793人,其中在编职工421人,编外聘用112人,返聘30人,离退休人员240人。专业技术人员416人,专业技术人员中硕士以上学历45人,正高级职称7人,副高级职称33人,中级职称148人。定编床位200张。固定资产总值5609万元。万元以上大型医疗仪器设备300件总价值1434604元,其中100万元以上3台,10万元以上设备65台。拥有螺旋CT、CR、彩超、生化分析仪等大型设备。

地址:金台路13号内2号

邮编:100026

电话:85993431(总机)

E-mail:erybangongshi@126.com

(杨　静)

【医疗工作】 1-5月,门诊155857人次,急诊9237人次,住院人数1279人。6-10月,在医院装修改造保留门诊期间,门诊25611人次。从10月26日恢复门诊至12月底,门急诊44206人次。11月10日医院病房逐步开始收治病人至12月底,入院195人,出院147人。完成全区9357名高考学生的体检任务。对1124位老干部进行健康体检。完成全区1264名上站应征青年的体检任务。

(杨　静)

【援建对口城市四川什邡】 7月至10月,派出副院长在内的四名同志参加北京市赴什邡的医疗队,诊治6781名患者,收到表扬信10封,锦旗8面,当地媒体报道16次。

(杨　静)

【护理工作】 年内,坚持护理工作重点以病人为中心,以病人满意为目标,服务上做好护患沟通,广泛征求病人意见。坚持每月满意度调查,至5月共发放335份,收回335份,平均分97.96分,与上年同比提高1.45%。护理质控中加强护理文件书写的检查和督导,参加卫生局组织护理文书巡展学习和相关培训,并获得医管中心的奖励,为护理文件书写更加科学化、专业化、规范化打下基础。管理中修订完善相关护理管理制度,已完成护理管理手册出台前期准备工作。装修期间对182名护士全部分流、护理骨干进修、专科护士培训、医院延续医疗科室人员保障、甲流防控等,同时积极应对突发事件甲流防控工作:先后派往宾馆饭店、三间房甲流病区、黑庄户甲流病区及各大院校注射甲流疫苗等计25批次99人。

(杨　静)

【科教工作】 年内,《基于信息网络技术的社区——医院一体化糖尿病管理新模式》项目立为区科委项目。申报4个首发基金项目。发表论文11篇,其中中华杂志1篇;国家级期刊2篇;省市级、院校级期刊8篇。参与著作翻译1人。完成区级医技继续医学教育认可项目20项;区级护理继续医学教育认可项目3项;举办院级继续医学教育项目7项。外派14医生到三甲医院进行为期半年至一年的进修学习,派外参加各种学习班56人次。举办两期Ⅰ类学分学习班,分别是"国际(中国区)心电图识别技术培训项目"暨"卫生部适宜技术进社区基层医师心电图培训项目"和"北京协和医院代谢病诊治新进展学习班"。协助区糖尿病防治中心,筹备成立朝阳区代谢病协会并组织召开朝阳代谢病协会第一届理事会。参加在职学历教育人员6人,其中取得研究生毕业证书1人。参加国家级继续教育215人次、市级继续教育258人次,所有中级以上职称均参加了国家级和/或市级继续教育,全院医技219名、护理177名在岗职工均按要求达标(25学分),达标率100%。组织理论考核3次,技术操作培训1次。经区卫生局同意,办理接触式继续教育IC卡,收缴费用12360元,发放卡片396张。社区医护培训率达100%,持市卫生局统一考试合格证上岗率100%。社区人员取得全科医师证10人,防保医师证5人,社区护士证13人,参加全科医师骨干脱产培训班人员1人。先后4次组织留院医务人员进行甲型H1N1流感的个人防护、流行病学、临床表现、实验室检查、治疗、预防等知识的培训工作,及时将最新诊疗方案通过培训形式使医护人员掌握。组织甲型H1N1流感知识考试3次。

(杨　静)

【甲型H1N1流感防控】 年内,派出40人参加33个中心的社区防控;6批34人参加国门路、燕翔等宾馆的甲流密接人员的监测;8人参加CDC的防控工作,接打126000多个电话,健康监测188392人;43人参加黑庄户/三间房防控工作,完成69名留观人员的监测和231名甲流患者的诊治;23人参加院内24张病床的感染性疾病科工作,诊治甲流患者15人。甲型H1N1流感防控期间,共派出200百余人,完成各项医疗保障任务。派出5批16人次参加国庆保障,2批4人参加区急救中心的防控工作。

(杨　静)

朝阳区中医医院

【概况】　朝阳区中医医院为区卫生局直属二级甲等医院。占地882平方米,建筑面积15500平方米,开放病床150张。固定资产总值4378万元,大型医疗仪器设备40件价值1598万元,其中10万元以上设备40台。在职职工221人,其中卫生技术人员186人,包括主任医师4人、副主任医师20人、主治医师55人、医师60人、护士47人,行政及工勤人员35人。

地址:工体南路6号

电话:65534914

邮编:100020

E－mail:cyqzyyy@163.com

（董鸿蓉）

【离休干部就医绿色通道】　2月24日医院正式启动朝外、建外地区“离休干部就医绿色通道”。为老干部就近医疗设立单独就诊区域,并设立接诊室、输液室、治疗室、候诊室,配备电视机、饮水机等,为老干部提供舒适的就诊环境。老干部只要来到绿色通道就可以将挂号、就诊、收费、输液治疗、甚至住院一次完成,免除了来回排队等候的麻烦与不便。并做到定期回访、健康宣教。为离休干部建立健康档案119份,就诊次数579次,回访89次,电话预约就医115人,静脉输液35人、140次,皮下、肌肉注射64次。同时,为朝阳区老干部大学进行健康讲座32次。

（董鸿蓉）

【甲型H1N1流感防控】　5月20日,对本辖区内归国人员进行甲流电话监测,5月20日－10月24日合计监测18751人,其中朝外地区1429人、建外地区17322人,通话60000余人次。在对甲型H1N1流感轻度患者进行居家治疗和观察工作中,保健科组成朝外、建外两个访视小组,对辖区内的甲型H1N1流感患者入户进行消毒指导、健康咨询,每日监测体温等,共计入户访视118人。11月15日－12月15日,上门接种甲型H1N1疫苗集体单位80余家,共16640人。同时,发挥中医药独特优势,在门诊大厅专门设立“预防流感中药处方专台”,组织人员加班加点工作,及时提供甲型H1N1流感预防饮片、颗粒等。截至12月14日医院向各有关单位及社区居民发放甲流预防颗粒247511袋,饮片6154付,满足了人民群众的中医药需求。多次组织对甲型H1N1流感现场演练。医院实现了甲型H1N1流感患者零误诊率、零漏报率、医护人员零感染率,做到了甲型流感的有效防控。

（董鸿蓉）

【国庆医疗保障】　年内,医院参加国庆60周年庆典医疗保障工作,成立市、区二级3支医疗保障小分队。队员们严格执行上级提出的“通讯畅通,及时到位;车、资完好;认真演练,做好保障”的要求,期间共参加演练12次,实地巡回医疗保障5次,圆满完成国庆医疗保障工作。市卫生局授予医院“国庆60周年庆祝活动医疗卫生保障工作最佳服务保障奖”;市卫生局授予医院6位同志“首都国庆60周年庆祝活动北京市医疗卫生保障工作先进个人”称号。

（董鸿蓉）

【医疗工作】　年内,门诊就诊人次235201人,急诊就诊人次22467人,急诊危重症抢救25例,抢救成功率84%。病房住院人数1422人次,出院人数1362人次,床位使用率81.33%,治愈好转率84.48%,死亡率5.58%。成立中医肿瘤科,在临床治疗中重视发挥中西医的各自优势,中西结合治疗率为100%,中医饮片的使用率达到了60%。

（董鸿蓉）

【医保工作】　年内,医保出院患者1022人次,比上年同期增长20.527%;医保住院次均费用12708元,较上年比较增长5.99%,自费比例均在控制指标内;药费比例占次均费用的42.58%,较上年同期比较降低3.87%;日均费用383元,与上年比较增加9.74%,与同级同类医院比较降低27.32%;医保拒付费用不足千元。

（董鸿蓉）

【公费医疗】　年内,审核代管单位医疗费用10859609.15元,其中门诊7891739.92元,住院2967869.23元。

（董鸿蓉）

【护理工作】　年内,加强护理质量控制,提高临床护理质量,建立健全护理质量检查与考核制度,重新设计整理护理质控检查表,每月定期检查,并由护理部组织召开质控会议进行汇总反馈。完善教学机制,落实人才培养计划。接收实习人员46人,择优选拔4名护士补充到临床科室。充分调动护理人员参与竞争“争优”的积极性。“5.12”国际护士节来临之际,医院对工作中表现突出、全年理论和操作考核优秀的护理人员进行表彰奖励。加强护理“三基”训练,对全院护理人员进行中医及护理理论知识培训,培训率达100%,完成每年两次的护理理论考试,及护理操作考核。护理继续教育工作,有4名护士取得本(专)科学历。全科护士比例为49%。两年以上的全科护士已完成再注册工作。全体护士全年学分均达到25学分,完成率为100%,护理发表论文1篇。

（董鸿蓉）

【医疗支援】 年内,与怀柔区琉璃庙镇社区卫生服务中心结为对口支援单位,在人员、技术、资金等方面给予对方支持。同时,积极开展社区对口支援工作,制定政策引导医院中高职称医务人员到社区卫生服务站定期出诊、巡诊、开展健康讲座、义诊咨询和指导等工作。派出1名骨伤科专业医师参加北京市第五批支援四川什邡医疗救助队援建工作。

(董鸿蓉)

【信息化建设】 年内,完善医院HIS系统,做好全院计算机信息管理系统的网络管理及软硬件维护;加强数据安全运行监测和维护;加强网络设备安全运行监测和管理,及时维修网络硬件和解决软件运行中的难点问题,保障HIS系统正常、高效、安全运行。

(董鸿蓉)

药品监督管理

【概况】 北京市药品监督管理局朝阳分局下设安全监管科、稽查监督科、医疗器械科、保健食品化妆品监管科、监察科、法规科、办公室、药品稽查办公室和药品检验所。办公室下设综合受理服务大厅,实施一站式服务。主要职责:负责朝阳区域内药品、医疗器械、保健食品、化妆品(简称"三品一械")研究、生产、经营、使用全过程的监督管理工作。截至年底,共有药品生产企业23家,药品批发企业52家;药品零售企业720家,医疗器械生产企业119家,医疗器械经营企业1870家,医疗机构1042家;保健食品生产企业48家,化妆品生产企业5家,保健食品经营企业1600家。

地址:管庄乡1号
电话:65776114 65776115
65776866
邮编:100024
朝阳区药品检验所地址:育慧北里世纪村2区9号楼3层
电话:84651170
邮编:100101

(邓洪涛)

【多部门联动执法】 7月10日,本着"药监局主抓、多部门联动、社会齐参与、常态化打击"的原则,成立"打黑"工作领导小组,组建专门的"打黑办公室",充分调动各方力量,与区城市管理监督指挥中心(区网格办)进行对接,将药监部门查处五种无证经营药品违法行为纳入拥有1200名监督员的朝阳区数字化城市管理(网格化管理)系统。利用已建成的药品安全三级监管网络、人文药店管理站组织及大学生志愿者组织,构建了"一队四网"立体打黑体系,形成了"天天有人抓、处处有人管、事事有落实"的常态化格局。与卫生、工商、城管、公安等部门联合会签"关于依法取缔黑诊所黑药店违法行医售药行为的通知",明确了各成员单位职责分工,制定具体工作措施,形成整治合力。开展37次联合执法,与计生和街乡等单位,联合对316家成人保健品店进行清理整顿,取缔无证经营药品的成人保健品商店73家,取缔黑药店2家,查封扣押药品价值5万余元。与街乡政府、卫生部门联合取缔非法行医卖药窝点40家。在医科院肿瘤医院及其周边开展打黑专项行动,从医院外报刊亭、树丛等处,查获印有药品、医疗机构信息的宣传报纸3500余张、宣传书籍100余本,查封了肿瘤医院附近一家无证开展肿瘤康复指导中心,责令店主当场退回患者5000元药费。

(邓洪涛)

【行政许可】 年内,依照"四个百分百",即符合受理条件的,百分百予以受理;已经受理的,百分百做出办理结果;制作许可证件的,百分百准确制发;已经办结的,百分百及时通知送达。受理各项行政许可事项2914件,其中包括药品经营行政许可事项1674件,保健食品经营行政许可事项322件,医疗器械经营行政许可事项888件。制作行政许可文书及送达药品经营许可证552件,医疗器械经营许可证446件,保健食品经营许可证376件。

(邓洪涛)

【三品一械抽验任务】 年内,围绕保障国庆,增强抽验、检验的靶向性,完成650件药品检品的检验任务,检出22件不合格检品,不合格率3.4%,并完成药品基础测试150件,完成医院制剂送检及协助公安查案送检70件;完成药品抽检725件,不合格4件,不合格率1.82%;完成医疗器械抽验25件,不合格品5件,不合格率20%;完成化妆品抽验36件,不合格品2件,不合格率5.6%;完成保健食品抽验32件,不合格产品2件,不合格率6.3%。

(邓洪涛)

【稽查执法】 年内,联合公安在呼

家楼一个胡同内的“夜市”中,端掉三个流动药贩的“窝点”,在东坝乡一个民宅内,查获一个向全国邮售药品的“黑窝点”,办理各类举报投述675件,共立案78件,没收物品价值820887.3元,没收违法所得近96175.9元,罚款314203.38元,罚没款总计413792.80元。

(邓洪涛)

【社会宣传】 年内,印制“5+1”宣传画,在社区宣传栏内进行张贴。与未发现非法经营者签订依法经营告知书362份,对检查发现有无证经营的,在违法经营的店铺门前张贴《违法经营使用药品、医疗器械、保健食品行为告知书》、成人保健店不得无证经营药品的宣传画,让群众共同参加对违法企业的监督。加强信息报送及媒体宣传报道。及时汇总工作情况并上报工作信息,准确报道分局查处五种无证经营药品违法行为开展的工作,区政府信息科与市局办公室联合,将分局建立“一队四网”加强打黑工作经验上报至北京市政府《工作信息》。

(邓洪涛)

【国庆60周年保障】 年内,制定《2009年国庆60周年“三品一械”质量安全保障方案》。成立领导小组和办公室,将长安街及其延长线、商业繁华区、旅游景点周边等地区定为辖区国庆60周年药品监管重点保障区域,明确职责分工及相应重点保障单位,给43个街乡下发了国庆药品保障工作通知,建立了药害事件零报告、应急值班等制度。先后组织药品生产企业、药品批发企业、药品连锁总部、药品零售企业管理站站长、药品安全社会监管网络领导小组等社会、企业、政府各级人员,召开了国庆药品安全专题会议,主动接受区人大代表和区政协委员的监督检查,召开了三级监督网络社会监督员座谈会。开展接访月、加强受理大厅的举报投诉接待等工作。

(邓洪涛)

【甲型H1N1流感防控】 年内,成立甲型H1N1流感疫情防控工作领导小组,设立综合组、药械组,执法组、技术组、宣传组和督察组,明确了各自职责和责任人,明确了防控工作的具体分工,利用黑板报、分局内部网络等有效载体,积极宣传和普及卫生防护知识,增强全局人员的防控意识,提高防控能力,自4月30日起实行日报告制度,将每日监督检查情况和市场相关药械供应情况,上报市局和区公共卫生委员会。统计汇总生产和流通企业20种抗病毒药品、50种抗流感中药饮片、27种防护消毒物品的储备信息,要求区内10家大型药品批发企业做好实物储备,指定一家药品批发企业协助区卫生局做好全区的实物药品储备工作。

(邓洪涛)

【生产企业监管】 年内,将药品生产企业分为3个风险等级,监督高风险企业63家次,开展克伦特罗、狂犬疫苗、麻黄碱原料药等专项检查,对药品生产企业共计各类检查189家次。在医疗器械生产企业监管中,突出17家生产企业的重点监督检查,对41家生产企业进行日常监督。对辖区内5家化妆品生产企业的315种化妆品原料,开展专项整治工作,完善化妆品生产企业的管理体系。

(邓洪涛)

【经营环节监督】 年内,在药品经营环节中,完成药品经营企业的GSP认证272家,完成药品经营日常监督检查603家次,对重点监控药品经营企业检查覆盖面达100%。完成批发企业含麻黄碱类复方制剂、“糖脂宁胶囊”、大连金港安迪人用狂犬疫苗监督检查、“舒血宁注射液”、“香丹注射液”等专项检查,强化易制毒药品、二类精神药等特药经营企业检查,共查特药经营单位115家次。在器械经营企业的日常监督中,依据注销医疗器械经营企业许可证的有关规定,对80家医疗器械经营企业进行注销。在保健食品、化妆品经营企业中,开展减肥果、仟佳丽减肥胶囊、燃脂弹等问题保健食品专项检查,共计检查保健食品经营企业490家次,检查化妆品经营使用单位539家次。

(邓洪涛)

【医疗机构监管】 年内,开展美沙酮维持治疗门诊专项检查、医疗用毒性药品放射性药品专项检查和疫苗专项检查,对医疗机构麻醉药品和精神药品的购入、验收、储存等环节进行重点监督,对351家次医疗机构的药品使用进行日常监督。强化医疗器械不良事件监测,针对H1N1流感防控及国庆保障,突出地坛医院等重点的医疗器械的采供、验收、存储等环节的监管,对73家一级及一级以下医疗机构进行了日常监督,对4家美容医院的乳房假体的进货渠道不明、3家医疗机构库房面积及产品验收过程提出整改要求,对6家医疗机构进行注册核查,发现1家医疗机构临床注册资料存在造假行为。

(邓洪涛)

【全方位服务企业】 年内,联合政府办、发改委、科委等部门,先后深入“双鹤药业”、“紫竹药业”、“太阳药业”“燕京药业”等辖区内产业规范比较大的企业进行走访调研,了解企业未来的发展与投资方向,帮助企业解决当前的困难,坚定企业在朝阳区进一步扩大生产、加大资金投入的信心,高度关注新迁址朝阳企业,走访“美康永正药品批发”

等新企业,在“保增长、保民生、保稳定”的具体要求下,大幅度压缩受理、制证及送达办理时限。

(邓洪涛)

【建立廉政风险防范管理体系】年内,制订《廉政风险防范实施细则》,将全体工作人员纳入风险防范管理的工作范围,围绕思想道德风险、制度机制风险、岗位职责风险、外部环境风险,查找风险点451个,制定防控措施454条。确定一级风险(高风险)28个,二级风险(中风险)24个,三级风险(低风险)5个,制定防控措施454条。

(邓洪涛)

社会生活

民 政 工 作

【概况】 朝阳区民政局是依法对社会事务进行管理的区政府职能部门,设10个行政科室、27个事业单位。年内,以“建设一个机构、组织两项活动、出台四项政策、办好六件实事”的“1246”民生工程为抓手,大力推进民政民生政策、社会福利服务、困难群众基本生活保障、居家养老服务和优抚安置保障“五个方面全覆盖”,全面实施各项惠民政策,整体提升民政工作水平。荣获首都文明单位、全国民政宣传先进单位、全国军休工作先进单位、“三八”红旗集体等称号。

地址:磨房南里甲19号
电话:67315958
邮编:100021

(奚伟琨)

【两节慰问】 元旦、春节期间,区四套班子领导分别带队,对驻区团以上部队进行走访慰问,了解驻区部队的实际困难,解决部队遇到的实际问题。慰问驻区部队156次,赠送慰问金327.3万元和价值466.4万元的慰问品。通过开展“送知识、送法律、送文化、送图书、送电脑进军营”活动,共为部队官兵开办知识讲座32场、法律讲座和咨询38场、放映拥军专场电影27场、送电脑43台、送图书4000余册。

(奚伟琨)

【温暖行动在朝阳】 年内,按照“五无”和“五个确保”目标要求,把送温暖和解决群众实际困难相结合,由民政局牵头,区社会救助联席会议21家成员单位和43个街乡,在元旦、春节期间对全区各类困难群体进行大规模走访慰问。慰问困难群体196626人(户),涉及各种困难对象9大类70小类,发放慰问金及慰问品折合人民币3919.23万元,与去年相比,慰问对象增加22448人次,慰问资金总额增加778.25万元。

(奚伟琨)

【婚姻登记】 年内,依法做好婚姻收养登记,办理结婚登记26138对,离婚登记5054对,补办结婚登记24对,补领婚姻登记证2386件,收养登记21件,查阅婚姻档案2132人次,出具相关证明2807份,接待来电、来访咨询10万余人次。认真做好9月9日结婚登记工作,采取8项人文关怀措施,当日办理结婚登记2976对,达到四个百分之百目标。

(奚伟琨)

【民生政策】 年内,颁布实施《朝阳区农村五保供养制度实施办法》、《关于进一步推进朝阳区养老服务事业(老龄事业)的实施办法》。《推进朝阳区慈善事业发展的意见》经政府常务会讨论通过,以区政府名义下发,《关于完善朝阳区城乡特困人员医疗救助的实施办法》拟订完毕。

(奚伟琨)

【社会救助】 年内,由区民政、劳动、卫生等8家单位对涉及基本生活、就业、医疗等12项民生配套政策进行重点研究,正式制定出台10项。对两批、508名低保及低保边缘家庭子女实施教育救助,投入资金202.91万元。为11户农村低保对象、低保残疾人家庭翻建危房,下拨救助资金18.18万元。为226户城乡低保家庭发放燃煤采暖补贴6.65万元。全年累计发放城乡低保金及粮油帮困金7630.97万元;完成特困人员医疗救助24078人次,发放救助金503.14万元;为因病、因灾致贫家庭发放各类临时救助金483.57万元。

(奚伟琨)

【社会捐赠】 年内,进一步规范社会捐赠工作,制订完善6项有关捐赠制度。全年接收捐赠款307.3万元,其中“京什手拉手、重建新家园”社会捐赠活动接受捐款191万元,接受经常性捐赠物品12.5万件,对口支援内蒙、四川、甘肃等地区捐赠款352.3万余元。继续推动“爱心家园”建设,有“爱心家园”42家,其中新挂牌成立6家;“爱心家园”持卡5119户、救助困难群众20959户31627人次;发放各类物资38.98万件,价值292.52万元。

(奚伟琨)

【救助管理】 年内,坚持“救管并重、以人为本”原则,不断强化服务意识,规范受助人员管理,完成对流浪乞讨人员的救助任务。国庆期间,开展大规模、长时间、高频率的联合集中救助行动。高标准、高质量地完成全国两会、国庆平安行动、节假日和恶劣天气情况等27次集中救助任务。对1528人实施救助,对突发疾病的196人实施医疗救治。

(奚伟琨)

【养老机构】 年内,加强福利机构管理,落实院长例会和信息报送制度,完成辖区内29所社会福利机构的年度检查。启动儿童福利机构孤儿成年后安置工作,接收安置成年孤儿10名。落实“朝阳区新增养老机构床位1200张”任务,加大民办社会福利机构的政策和资金支持力度,为3家社会福利机构改扩建、9家社会福利机构落实床位资助款131.8万元。按照北京市养老服务“9064”工作目标,全区37万老年人应达到的养老床位数为1.48万张,目前缺口9577张。经过沟通、协调工作,朝阳区第二福利中心筹建工作完成用地划拨、土地使用证办理,形成初步设计方案,各项审批工作正在逐步落实。

(奚伟琨)

【居家养老】 年内,全面开展居家养老服务,43个街道(地区)办事处实现居家养老全区覆盖,护理员队伍达1560人,设立43个居家养老评估中心,引进服务商178家。月服务老人数量2.7万人次,全区年累计服务9.85万人次,服务时间45.1万小时,政府以购买服务的方式为老人提供补贴经费517.2万元。基本形成服务主体多元化、服务内容多样化,服务队伍专业化,服务制度规范化的居家养老服务新格局。

(奚伟琨)

【地退和征地超转人员管理】 加强地退和征地超转人员管理,拨付超转人员生活补助和医疗补助9490万元,报销医药费32210人次、6218.72万元,完成征地超转人员定点医疗机构变更工作。办理地退人员供暖费294人、74.56万元,为地退人员发放抚恤金、丧葬费573.8万元。

(奚伟琨)

【福利彩票销售】 年内,积极宣传福利彩票“扶老、助残、救孤、济困”的发行宗旨,不断提高服务水平,提升社会公信力。全年福利彩票销售突破6亿元,销售额占全市20.38%,保持全市第一的地位。

(奚伟琨)

【福利企业管理】 年内,加强福利企业管理,维护残疾职工合法权益,新安置残疾职工49人,支出37.2万元福彩公益金为福利企业安装健身器材,为632名残疾职工进行免费体检。

(奚伟琨)

【基层民主政治建设】 年内,以加强城乡基层民主政治建设,提高基层自治水平为目标,推进和谐社区、和谐村镇建设,以优化队伍建构、提高干部素质为核心,以增强民主意识、扩大民主参与为重点,依法完成第七届社区居委会选举工作。配合有关部门完成农民负担监督管理执法检查、民主法制示范村评选工作。

(奚伟琨)

【社区建设】 年内,完善城乡社区服务设施,完成162家社区服务站建设任务,拨付社区服务站建设修缮补贴款290.7万元。依托96156社区公共服务平台,志愿者联盟积极开展各类志愿服务活动,打造社区服务知名品牌,为居民提供便捷优质的服务。加强社会工作人才队伍建设,建立专项人才库,为社区重点人才培训、带动全区人才队伍建设的全面发展打下基础。

(奚伟琨)

【社团管理】 年内,依法做好社会组织登记管理,审批行政许可事项114项,确保行政许可100%合格,对300个民办非企业单位、117个社会团体进行年审,为31个民非、社团的法人变更进行经济审计。截止年底,全区社会团体173个,分支机构208个,民办非企业单位435个。

(奚伟琨)

【双拥工作】 年内,围绕推进双拥工作“八大体系”、“五双工程”广泛开展各种活动,大力支持参加国庆阅兵部队,区领导、区双拥办先后10余次慰问参阅部队;继续为驻区部队办事实、解难题,追加经费360万元,为驻区部队办实事22件;开展以推动基层双拥工作为主的系列双拥活动,实现军民共建社区全覆盖。通过开展“双扶工程”慰问困难官兵144名,赠送慰问金9.3万。通过双拥慈善资金和临时救助体系扶助困难官兵332名,扶助金额104万元。

(奚伟琨)

【优抚工作】　年内，认真落实优抚政策，对全区2009名重点优抚对象的抚恤、补助金按政策进行调整，补发各类补贴224.43万元。为351名立功受奖现役军人兑现奖励金52.17万元。全年发放残疾抚恤金、护理费、定期补助和定期抚恤金、优待金、节日慰问金2646.74万元；为166名优抚对象办理一次性抚恤、丧葬费等，支出经费951.83万元；为享受医疗减免政策的优抚对象报销医疗费用325.36万元。

（奚伟琨）

【安置工作】　年内，尽全力完成退役士兵安置任务，接收复员退伍军人410人，其中城镇应安置342人，回乡安置68人，发放自谋职业补助金和待安置期生活补助761.99万元，报销自谋职业复退军人三险费用13.05万元。

（奚伟琨）

【军休管理】　年内，落实军休干部"两个待遇"，确保军休队伍稳定，完成363名军休干部接收和安置任务，做到个人部队双方满意。完成军休所党委换届工作，选举产生中共朝阳区军休所第五届委员会。开展形式多样的文体活动，成立诗书画朝阳军休分会，通过举办摄影展、画展、歌咏展示等一系列活动，丰富军休干部的精神文化生活。

（奚伟琨）

【殡葬管理】　年内，围绕"文明祭扫、平安清明"主题，按照属地管理原则，以治安、交通安全、护林防火、接待服务等为工作重点，清明期间累计接待扫墓群众15.3万人，同比增加39.1%，机动车13128辆。认真开展无丧葬补助居民丧葬补贴工作，核准丧葬补贴1687人，发放补贴1626人，补贴金额813万元。

（奚伟琨）

【行政区划】　年内，组织开展区县边界联合检查工作，对由本区牵头的朝昌、朝顺、朝通3条线及朝海昌、朝顺昌两个交会点的界桩进行自查，配合其他区县完成6条界线检查，开展区划发展格局调研。

（奚伟琨）

【见义勇为】　年内，做好见义勇为人员的确认、表彰工作，受理见义勇为申请9例，确认6例，5人被评为"首都见义勇为好市民"。为89名见义勇为人员办理公园年票，为63名见义勇为人员进行体检，组织专业人员将三起见义勇为案例撰写成报告文学。

（奚伟琨）

【宣传工作】　年内，进一步加大民政、民生工作宣传力度，在《北京社会报》、《朝阳报》刊发朝阳民政专版26版，在各级媒体刊登宣传稿件200篇，出版《朝阳民政信息》50期，各级信息刊物采编本局信息120篇。

（奚伟琨）

社　区　建　设

【概况】　中共朝阳区委社会工作委员会、朝阳区社会建设工作办公室是负责本区社会建设管理及街道工作的主管部门，下设办公室、政工科、党建工作科、社区建设科、社会工作科、城市管理科和纪工委、监察科。全区下设22个街道办事处和东湖街道筹备处，有209个社区。总面积99.4平方公里，常住人口170.1万（占全区常住人口的62.2%），流动人口60万人。

地址：日坛北街33号

电话：65099333

邮编：100020

（李永纲）

【领导调研】　2月25日，市长郭金龙、市委常委牛有成等到北京市西藏中学与师生共度藏历新年。2月27日，副市长刘敬民等对两会驻地消防安全及周边环境进行检查。3月1日，国防部长梁光烈、民政部部长李学举、国家人防办主任戚建国等到望京街道视察应急指挥和民防宣传教育中心。3月10日，副市长丁向阳等考察调研朝阳区社区建设工作情况。4月13日，市委书记刘淇就完善大学生"村官"管理长效机制和"社工"管理长效机制，到本区进行专题调研。4月24日，国家人力资源和社会保障部部长尹蔚民就完善大学生"社工"管理工作，到团结湖街道中路北社区专题调研。6月29日，市委副书记王安顺等到小关街道慰问优秀共产党员张征。9月14日，市委书记刘淇等到本区调研社区"两新"组织和非政府组织党建工作。9月25日，中共中央政治局常委、中央政法委书记周永康到建外街道检查国庆安保工作并慰问志愿者。

（李永纲）

【安全社区创建】　10月18日，世界卫生组织获准八里庄、安贞、小关3个街道成为国际第166－168个安全社区网络成员。左家庄、香河园、三里屯、潘家园、大屯5个街道被国家安全生产监督管理总局授予全国安全社区称号。

(李永纲)

【获“全国和谐社区建设示范区”】 10月19日,国家民政部授予朝阳区为“全国和谐社区建设示范城区”,亚运村街道为“全国和谐社区建设示范街道”,和平街街道和平家园社区为“全国和谐社区建设示范社区”。

(李永纲)

【干部队伍建设】 年内,创新街道领导班子考核评价机制,研究制定《朝阳区街道领导班子综合考核实施办法(试行)》,出台领导班子议事决策规定,推进廉政风险防范管理工作,加强街道领导班子干部选拔任用工作情况监督检查。优化街道领导班子结构,调整处级干部114人,坚持党政正职例会制度,开展新任处级干部集体谈话。激发干部队伍活力,调整处级后备干部195人,完成65名城管队员交流转任工作,选调35名年轻干部挂职锻炼。通过社区党委书记联谊会、大学生社工座谈会、专题培训会等形式,加强社区工作者队伍建设。推进第一批学习实践活动整改落实及“回头看”工作,在1737个基层党组织、7万余名党员中完成第二批学习实践活动。

(李永纲)

【社会领域党建】 年内,在全区23个街道成立社会工作党委,在“两新”组织中先后建立党组织93个,发展党员42名。坚持试点先行,典型引路的原则推进商务楼宇党建工作,以京港城市大厦和SOHO尚都为试点,摸索出单独建、依托建、联合建、连片建、网络建等建站模式,制定“8515”商务楼宇党建工作建设规范。8月底,在全市率先实现全区312座楼宇党的组织和工作全覆盖,建立商务楼宇党组织78个、社会工作站66个和党建服务站130个。完善党组织活动载体和平台,43个街乡全部建成500平米以上党员综合服务中心,截止年底,城区建有党建阵地514个、总面积7.4万平方米。发挥党建服务典型的引领和带动作用,培育社区服务品牌,涌现出“和谐社区带头人”、“劲松公益日”等党建工作品牌295个、社会领域党建“五个好”示范点86个。

(李永纲)

【社区建设与管理】 年内,以落实“一分、三定、两目标”为重点,以4个街道为试点推进社区规范化建设,梳理出社区党组织、居委会、服务站各30、80、100项的职责。制定社区组织联席议事规则衔接制度,制作社区组织结构图、工作体系图、工作流程图,修订完善社区办公经费使用、印章管理等17个配套制度,公开招录489名社区工作者,选拔225名大学生进入社区。截至年底,完成175个社区规范化建设。在全市率先完成社区党委换届选举工作,全区参选313个社区党组织在选举过程中,实行“三推一选”,提高候选人差额比例。顺利完成第七届社区居委会的选举工作,全区应参选的328个社区选举产生新一届社区居委会成员2074名,其中主任328人、副主任389人、委员1357人。进一步明确社区居委会内设六大委员会职责,整合社区力量,提高社区管理和服务水平,建立2.6万人的和谐促进员队伍。统筹推进城乡社区一体化建设。坚持“一套机构、一个方案,统一部署、联动实施”,统筹做好城乡社区“两委”换届选举、社区规范化建设、社区工作者公开招考、大学生进社区等工作;开展城乡社区手拉手活动,将农村地区首批进行社区规范化建设的40个社区与城市社区进行“手拉手、结对子”。

(李永纲)

【社会组织管理工作】 年内,积极培育社会组织。加大“枢纽型”社会组织的建设力度,完成区工会、团委、妇联、科协、文联、残联、侨联、红十字会等8家第一批“枢纽型”社会组织认定的准备工作。加强区社区社会组织联合会建设,完成区社区社会组织联合会理事会和联合会党组织建设的筹备工作,进一步健全“3531”社会协同工作机制。在社会组织中开展“立足本职促发展、迎接国庆做奉献”系列活动。

(李永纲)

【税源建设】 年内,街道系统完成区级财政收入127.81亿元,占全年任务105.39%,比上年同期增长了10%,增收116.22亿元。规范异地纳税企业任务460家,回迁企业135家,承诺回迁364家,整体完成任务总数108%。

(李永纲)

【安全稳定】 年内,开展人民内部排查850次,排查出重大矛盾隐患385件;接待上访7248人次,处理信件2532件次,接待集体访264批次、8353人次,调解矛盾纠纷6731件次,预防越级访、集体访218件次;积极开展领导干部大接访活动,接待来访510批次、1267人次,解决问题461件次,领导下访1122批次,解决问题706件次。进一步健全街道人地事物组织各类台帐,加强社会治安志愿者、巡防队等队伍建设,提高应急防突能力。新增专业巡防队员75人,封闭小区534个,安装门禁系统1467套,新增监控探头174个、维修更换155个。安全生产监管得力。成立安全生产监察科，强化基层防火委员会建设，建立地区信息情报网及区社会办、街道和社区三级组织管理体系，加大安全生产检查力度，出动46847万人次，检查37544万家生产经营单位，发现隐患19818处，下达整改通知书14403份，签订责任书35666份。

（李永纲）

【困难群体帮扶】 年内，加大帮扶助困力度，向低保家庭12316户、93637人次，发放低保金4326万元；医疗救助1176人次，投入210万元；资助困难家庭子女入学457人，投入126万元。积极促进就业，全力稳定就业形势，全年开发就业岗位11.1万个，城镇登记失业率1.56%，零就业家庭数量实现动态归零，帮助6598名劳动者追回工资2278万元。扩大社会保障覆盖面，19.8万名“一老一小”人员、7589名无业居民参加大病医疗保险。加大养老基础设施建设力度，居家养老实现全覆盖，社区养老加快推进，开办老年饭桌26家，解决3789名老年人的吃饭问题。

（李永纲）

【国庆服务保障】 年内，组织1.5万余人次社会面防控力量，参与国庆演练活动安全保障工作，出动机关干部3.5万余人次、社区工作者5.6万余人次、巡防队员4.7万余人次、社会单位保安24万余人次、治安志愿者54万余人次、民兵1.1万余人次，加强街面巡视、外围安保和社区安全三层防控。同时，积极发动群防群治力量，动员组织300余名女青年参加女民兵方队，动员组织139人参加共和国同龄人方阵，动员组织1400余人参加国庆联欢活动，动员组织10000余人参加国庆游园活动，动员组织4377人参加国庆庆祝活动重点点位和区域的社会面防控工作，发动6398名群防群治力量，配合社会面防控，圆满完成国庆保障任务。实施景观部位155处，摆放花坛343个、花卉115万盆；悬挂中国结4941套、红灯笼19788套、灯杆旗1420套；放置彩旗37740个、绿地刀旗8120个；对施工工地围挡美化13171平方米，同时在社区内悬挂国旗26200面、横幅498条。组织开展各类宣讲活动385场次，其中专家宣讲49场次，百姓宣讲237场次，聊天会、图片展等其他形式99场次，受众有机关干部、社区居民、在校学生、企业员工、外来务工人员、现役军人、“两新”组织人士、残疾人士等68100人次。

（李永纲）

【城市建设管理】 年内，完成79个老旧小区改造任务，新增停车位426个。完成85条街巷胡同、3处街心公园改造任务，整治秩序乱点21处、拆除违法建设47处，建成18条道路、10处绿地和25处自行车棚。启动望京、东湖地区形象建设和路侧停车规范管理试点工作，推进信息岛建设和垃圾分类工作。建立城区环境综合管理站，完善逐级负责的环境综合管理机制。推广团结湖流动人口管理模式，通过构建网络、规范流程，提高流动人口服务管理水平。严格执行环境秩序“三班倒”执法机制，加强跨界联合执法，深化城市“六位一体”工作模式，强化监督考核评比，动员社会参与。

（李永纲）

居民生活状况

【概况】 年内，据城市住户抽样调查资料和农村住户调查资料显示，全区城乡家庭人均可支配收入有所增加，城市居民家庭人均可支配收入27608元，同比增长8.1%，农村居民家庭人均纯收入16633元，同比增长10.2%；城市居民人均总支出比上年有所增加，人均家庭总支出27501元，同比增长15.0%，人均消费性支出20330元，同比增长10.4%，农村居民支出比上年有所增加，人均期内现金支出14812元，同比增长16.5%。城市居民人均储蓄总额较上年有所增加，人均提取储蓄存款21383元，同比增长476.1%，人均存入储蓄款27264元，同比增长301.1%；农村居民人均储蓄总额较上年有所增加，农村居民人均期末手存现金3160元，同比增长43.8%，人均期末存款余额24934元，同比增长43.3%。

（侯　鑫）

【居民收入】 年内，全区城市居民家庭人均可支配收入27608元，比上年增加2073元，同比增长8.1%。在收入的四项构成中，人均工资性收入23256元，比上年增加2995元，同比增长14.8%；人均经营性收入602元，比上年增加314元，同比增长109.0%；人均财产性收入356元，比上年减少17元，同比下降4.6%；人均转移性收入7663元，比上年减少534元，下降6.5%。

农村居民家庭人均纯收入16633元,比上年增加1543元,同比增长10.2%。在收入的四项构成中,人均工资性收入9936元,比上年增加623元,同比增长6.7%;人均财产性收入4338元,比上年增加1197元,同比增长38.1%;人均转移性收入3093元,比上年增加950元,增长44.3%。

(侯 鑫)

【居民储蓄】 年内,城市居民人均提取储蓄存款21383元,比上年增加17671元,同比增长476.1%;人均存入储蓄款27264元,比上年增加20467元,同比增长301.1%;人均储蓄性保险支出163元,比上年减少170元,同比下降51.1%。农村居民人均期末手存现金3160元,同比增长43.8%;人均期末存款余额24943元,同比增长43.3%。

(侯 鑫)

【居民消费支出】 年内,城市居民人均家庭总支出27501元,比上年增加3593元,同比增长15.0%。人均消费性支出20330元,比上年增加1920元,同比增长10.4%,其中服务性消费支出5339元,比上年增加424元,同比增长8.6%。在人均消费性支出中,食品类支出6625元,占人均消费性支出的32.6%;衣着类支出2119元,占10.4%;家庭设备用品及服务类支出1543元,占7.6%;医疗保健支出1226元,占6.0%;交通和通讯支出3475元,占17.1%;教育文化娱乐服务支出3007元,占14.8%;居住类支出1397元,占6.9%;杂项商品和服务类支出938元,占4.6%。农村居民人均期内现金支出14812元,比上年增加2097元,同比增长16.5%。其中人均消费性支出13297元,比上年增加2037元,同比增长18.1%;服务性消费支出4221元。在人均消费性支出中,食品类支出4098元,占人均消费性支出的30.8%;衣着类支出1144元,占8.6%;家庭设备用品及服务类支出804元,占6.1%;医疗保健支出1039元,占7.8%;交通和通讯支出1469元,占11.0%;教育文化娱乐服务支出1294元,占9.8%;居住类支出3193元,占24.0%;杂项商品和服务类支出256元,占1.9%。

(侯 鑫)

【食品支出】 年内,城市居民家庭人均购买食品支出6625元,比上年增加41元,同比增长0.6%。恩格尔系数为32.6%,比上年减少3.2个百分点。在食品消费支出中,粮油类支出674元,下降10.1%;肉禽蛋水产品类1443元,下降8.4%;糕点、奶及奶制品支出634元,增长6.2%;在外饮食支出1779元,增长7.4%。农村居民家庭人均购买食品支出4098元,比上年增加391元,同比增长10.5%。恩格尔系数为30.8%。在食品消费支出中,粮油类支出366元,增长3.7%;肉禽蛋奶水产品类1226元,增长6.1%;在外用餐支出656元,增长2.5%。

(侯 鑫)

【衣着支出】 年内,城市居民人均购买衣着支出2119元,比上年增加195元,同比增长10.1%。其中购买服装类支出1437元,比上年增加111元,同比增长8.4%;购买鞋类支出593元,比上年增加86元,同比增长17.0%。农村居民人均购买衣着支出1144元,比上年增加125元,同比增长12.3%。其中购买服装类支出711元,比上年增加62元,同比增长9.6%;购买鞋类支出359元,比上年增加47元,同比增长15.1%。

(侯 鑫)

【耐用消费品支出】 年内,城市居民人均购买大件耐用消费品支出883元,比上年增加245元,同比增长38.4%。每百户居民家庭耐用消费品拥有摩托车3辆,助力车11辆,家用汽车31辆,洗衣机104台,电冰箱104台,彩色电视机149台,家用电脑112台,组合音响36套,摄像机26台,照相机106架,钢琴5架,其它中高档乐器8件,微波炉93台,空调器172台,淋浴热水器101台,消毒碗柜9台,洗碗机2台,健身器材6套,固定电话103部,移动电话230部。每百户农村居民家庭耐用消费品拥有家用汽车14辆,洗衣机104台,电冰箱116台,抽油烟机100台,彩色电视机152台,家用电脑81台,照相机61架,微波炉83台,空调器166台,淋浴热水器103台,普通电话133部,移动电话216部。

(侯 鑫)

【医疗保健支出】 年内,城市居民人均用于医疗保健方面的支出1226元,比上年减少28元,同比下降2.2%。其中药品费支出577元,比上年减少81元,同比下降12.3%;滋补保健品支出223元,比上年增加14元,同比增长6.7%;医疗费支出298元,比上年减少25元,同比下降7.7%。农村居民人均用于医疗保健方面的支出1039元,比上年减少61元,同比下降5.5%。其中医疗保健用品支出423元,比上年增加25元,同比增长6.3%;医疗保健服务支出616元,比上年减少86元,同比下降12.3%。

(侯 鑫)

【交通和通讯支出】 年内,城市居民人均用于交通和通讯方面的支出3475元,比上年增加1059元,同比增长43.8%。人均交通方面支出(包括购置交通工具、支付燃料及零配件、交通费和维修服务费)2407元,比上年增加943元,同比增长64.4%。人均通讯方面支出(包括购置通信工具、通信服务)1068元,比上年增加116元,同比增长12.2%。农村居民人均用于交通和通讯方面的支出1469元,比上年增加57元,同比增长4.0%。人均交通方面支出(包括购置交通工具、支付燃料及零配件、交通费和维修服务费)786元,比上年增加81元,同比增长11.5%。人均通讯方面支出(包括购置通信工具、通信服务)683元,同比下降3.3%。

(侯 鑫)

【教育和文化娱乐支出】 年内,城市居民人均用于教育和文化娱乐方面的支出3007元,比上年增加145元,同比增长5.1%。其中人均教育支出997元,比上年增加125元,同比增长14.3%;人均文化娱乐服务支出1054元,比上年减少6元,下降0.6%;用于团体旅游方面支出617元,比上年增加9元,同比增长1.5%。农村居民人均用于教育和文化娱乐方面的支出1294元,比上年增加53元,同比增长4.3%。其中人均文化教育娱乐用品支出352元,比上年增加17元,同比增长5.1%;人均教育服务支出593元,同比下降5.9%;用于文化体育娱乐服务支出349元,比上年增加74元,同比增长26.9%。

(侯 鑫)

【居住支出】 年内,城市居民人均用于居住方面的支出1397元,比上年增加93元,同比增长7.1%。其中住房支出686元,比上年增加137元,同比增长25.0%;水电燃料及其他支出615元,比上年减少60元,同比下降8.9%;居住服务费支出96元,比上年增加17元,同比增长21.5%。农村居民人均用于居住方面的支出3193元,比上年增加1306元,同比增长69.2%。其中购买居住消费品支出2022元,比上年增加1021元,同比增长102.0%,居住服务费支出1171元,比上年增加285元,同比增长32.2%。

(侯 鑫)

【其它商品及服务支出】 年内,城市居民人均用于购买其它商品和服务方面的支出938元,比上年增加103元,同比增长12.3%。农村居民人均用于购买杂项商品和服务方面的支出256元,比上年增加80元,同比增长45.5%。

(侯 鑫)

消 费 保 护

【概况】 朝阳区消费者协会是依法保护消费者权益的社会团体。年内,围绕消费与发展主题,出动宣传车74车次,消费维权宣传活动43次,现场接待咨询6900余人次,受理解决投诉56件;发放宣传材料3.68万份,发放绿色环保购物袋7000余个;举办消费方面知识讲座30场次,相关报纸宣传报道消费者权益13次,受理消费者投诉5131件,办结5121件,办结率99%,为消费者挽回经济损失572.48万元。接待来访、咨询1.3万人次;因欺诈行为得到加倍赔偿71件,赔偿额7.7万元。收到消费者表扬信36封,锦旗13面。

地址:霄云路霄云里1号

邮政编码:100125

电话:51069404

(宋润明)

【12315消费者投诉热线】 年内,12315中心接收消费者申诉和举报信息1.1万件,其中申诉5080件,调解成功率98.3%;举报5951件,属实立案率75.8%。

(宋润明)

人口和计划生育

【概述】 朝阳区人口和计划生育委员会是负责本区人口和计划生育工作的政府组成部门。年内,全区常住人口317.9万人,比上年增加9.6万人,增长3.1%。其中户籍人口185.3万人,全年出生16442人,出生率8.96‰,死亡人口7310人,死亡率3.98‰,人口自然增长9132

人,自然增长率4.98‰,符合政策生育率97.63%,出生性别比为107,育龄妇女494310人。
地址:日坛北街33号
电话:65094604
邮编:100020

(曲恩达)

【人口和计划生育领导小组会议】 3月5日,召开2009年人口和计划生育领导小组会。区人口领导小组组长、副区长张春秀,24家小组成员单位主要领导参加会议。会议分别对成员单位职责、《朝阳区村级计划生育干部队伍建设实施意见》、《朝阳区关于加强人户分离人员计划生育工作的实施意见》、《2009年朝阳区人口和计划生育工作目标管理考核评估方案》、2008年度人口和计划生育检查评估结果等七项内容进行了审议。

(曲恩达)

【人口和计划生育工作会议】 3月12日,召开2009年人口和计划生育工作会议。市人口计生委委员李芸莉,区长程连元,区委常委、纪委书记宋连娣,区人大常委会副主任闫学锋、副区长张春秀、区政协副主席关三多等领导出席会议。区人口和计划生育领导小组成员,各街道、地区办事处正职领导、主管计划生育领导和全体计划生育干部300余人参加会议。会议总结2008年人口计生工作,全面部署2009年工作任务,并对2008年度街、乡及计划生育综合治理部门考核评估结果进行了汇报。安贞街道、崔各庄乡做典型发言。

(曲恩达)

【计生药具社会营销试点终期评估】 3月13日,国家人口计生委药具发展中心社会营销办公室主任张之华一行6人对区计划生育药具社会营销试点工作进行终期评估,对此项工作给予充分肯定。市人口计生委副主任耿玉田、市药具管理站站长李兵参加此次考核评估工作。

(曲恩达)

【举办计生干部培训班】 4月27日至29日,举办人口计生干部培训班。全区43个街乡计生工作主管领导及计生干部200余人参加此次培训。副区长张春秀做开班动员,区人口计生委主任史素珍做总结发言。通过3天的培训,全区广大计生干部进一步认清工作形势、明确努力方向,领会了2009年全区人口和计划生育工作会议要求,为扎实做好计生工作奠定了坚实基础。

(曲恩达)

【一元捐活动】 5月11日,区计生协会举办"生育关怀,慈善献爱"一元捐主题活动,累计捐款50万元。

(曲恩达)

【越南代表团考察】 5月30日,越南国家卫生部副部长阮伯水等13人到区生殖健康技术服务中心考察流动人口计划生育服务与管理工作。考察中,代表们参观了区计划生育生殖健康技术服务中心,了解流动人口保健检查的流程、服务项目等,并前往南磨房乡南新园社区实地考察流动人口工作。

(曲恩达)

【广州市人口计生委调研】 7月29日,广州市人口计生委领导在市人口计生委领导的陪同下,到区人口计生委进行参观与工作交流。双方就流动人口计划生育服务新模式、新举措进行深入探讨,大家表示要不断更新理念,加强交流,互相学习,为稳定我国的低生育水平,提高人口素质共同努力。

(曲恩达)

【专项整治】 8月13日,副区长张春秀带领区人口计生委、区卫生局、工商朝阳分局等七部门组成的联合执法组,对位于十里河程田古玩城市场地下一层的计划生育药械经营市场进行执法检查。对检查中发现的问题进行沟通,提出整改意见。

(曲恩达)

【纪念活动】 9月8日,以"同庆和谐盛世共创美好朝阳"为主题的"庆祝中华人民共和国成立60周年暨纪念《公开信》发表二十九周年活动"在太阳宫体育休闲公园隆重举行。朝阳区各委办局领导,各相关部门领导,街道、地区办事处领导以及全区人口计生工作者400多人参加本次活动。活动中,区人口计生委进行《华诞六十载,新风晟朝阳》人口文化成果展。市人口计生委副主任彭彧华、区委常委、纪委书记宋连娣、区长助理郭光星等市区领导为朝阳区人口计生工作成就展剪彩。

(曲恩达)

【人口发展专题会】 9月17日,副区长张春秀主持召开人口发展相关情况专题会,区人口计生委、教委、信息办、流管办、老龄办、公安分局、统计局、民政局、劳动保障局等部门主管领导参加会议。会议就《朝阳区优化人口结构强化公共服务》课题研究进展情况及初步成果和全区实有人口库建设情况进行了汇报,提出了意见和建议。

(曲恩达)

【慰问计生家庭】 9月,在新中国成立60华诞、中秋节佳节和9.25纪念公开信发表29周年到来之际,区人口计生委、计生协会与区慈善协会联手,开展"迎国庆度佳节,享成果暖计生家庭"慰问活动。本次活动慰问计生空巢家庭(即独生子女意外伤亡伤残家庭)409户,计生困难家庭1000户，发放慰问金55万余元。

（曲恩达）

【“一盘棋”考评验收】　11月16日，区人口计生委迎接市人口计生委和兄弟区县的流动人口计划生育全市“一盘棋”考评验收。考评组听取区人口计生委流动人口工作汇报，到高碑店康惠富利市场现场查验婚育证明，在平房乡黄渠村听取流动人口工作介绍，查看相关工作资料，参观黄渠村流动人口图书角。通过互查考评，创造互相交流学习机会，拓宽工作视角，增强区域协作力度，体现全市流动人口计划生育“一盘棋”的工作格局。

（曲恩达）

【计生协六次代表会】　11月19日，区计划生育协会第六次会员代表大会在北京会议中心召开。市计生协副会长耿玉田，副区长张春秀、区人口计生委主任、区计生协副会长史素珍出席大会，全区43个街乡主管领导、理事等150人参加大会。大会回顾区第五届协会理事会五年来所做的工作，肯定成绩、总结经验的同时，深入分析区计划生育协会工作面临的形势，通过《北京市朝阳区计划生育协会章程》，选举出新一届协会领导班子，研究部署当前和今后一个时期区计生协工作的任务。

（曲恩达）

【朝阳人口与发展论坛】　12月17日，以“统筹人口发展，推进民生改善”为主题的第三届“朝阳人口与发展论坛”在北京长城饭店举行。中国计划生育协会办公室主任王景水、《人生》杂志社社长秦剑波、《人口与计划生育》杂志社常务副社长周双超、市人口计生委委员李芸莉、市流动人口和出租房屋委员会办公室常务副主任苗林、区人大常委会副主任孔德琴、副区长张春秀、区政协副主席关三多等领导和来自市人口计生委、朝阳区、江苏省无锡市的政府官员、中国人民大学、首都经贸大学、北京市人口研究所、北京国际城市发展研究院的专家学者等二百多人共同参加了论坛研讨交流活动。论坛由张春秀主持，市人口计生委党组书记、主任邓行舟在论坛上发表了致辞，区长程连元、国家人口计生委流动人口管理司司长张春生分别做了主旨演讲，中国人民大学社会与人口学院院长翟振武教授对论坛进行了点评。

（曲恩达）

【共建教学实习基地】　年内，经区政府和中国人民大学社会与人口学院商定，在本区设立“中国人民大学社会与人口学院教学实习基地”，以此为基础深化合作，共同推进人口问题的研究，促进朝阳人口的科学发展。12月17日，在第三届朝阳人口与发展论坛上中国人民大学社会与人口学院院长翟振武、区长程连元共同为基地揭牌。

（曲恩达）

老　龄　工　作

【概况】　朝阳区人民政府老龄工作办公室（简称区老龄办）又称朝阳区老龄工作委员会办公室，是朝阳区政府老龄工作职能部门，在区老龄工作委员会领导下负责全区老龄工作。年内，全面贯彻“党政主导，社会参与，全民关怀”的工作方针，深入落实科学发展观，以实现“六个老有”为目标，以关注、改善老年群体的物质文化生活为重点，统筹协调，积极探索，继承创新，狠抓落实，促进朝阳老龄事业健康有序发展。

地址：日坛北街33号
电话：65094460
邮编：100020

（韩仲海）

【全国敬老楷模】　1月13日，第三届全国敬老爱老助老主题教育活动表彰大会在北京人民大会堂隆重举行，团结湖地区老年志愿者司堃范被评为“第三届全国孝亲敬老楷模”，受到中央领导的亲切接见。

（韩仲海）

【老年人生活现状调查】　3月，开展“朝阳区60岁以上老年人生活现状调查”。通过抽样在15个街道（地区）办事处15个社区（村），对1500名老年人进行入户问卷调查，调查内容包括老人的生活、身体、家庭、经济情况等四大类51个子项目，通过调查数据分析，最终形成朝阳区60以上老年人生活现状调查报告。

（韩仲海）

【博爱活动】　5月8日，为纪念“5·8”世界红十字日，与区红十字会在日坛公园联合举办的博爱活动。活动中为本区孤寡和特困老人免费发放1500副老花镜，潘家园医院、水碓子医院的医务人员在现场为老年人进行义诊活动，红十字志愿者现场发放健康知识宣传材料，为老年人进行健康知识宣讲。

（韩仲海）

【中日老年作品交流展】　5月18日至21日，第十六届中日老年书画及手工艺作品交流展在和平街街道举行，为满足老年书画爱好者需求，将本次交流展开办到基层，有近百幅精美书画作品及26件中日老人手工制作的精巧手工艺作品参展。

（韩仲海）

【第六届老年运动会】　6月26日，区第六届老年运动会在朝阳体育中心举行。本届运动会是历届老年运动会中规模最大、参与人数最多的一届，46只代表队，2500余名老年人参加。运动会设置门球击准、绿茵保龄、20米托球往返跑等15个比赛项目，经过角逐，有240名老年人分获不同奖项。

（韩仲海）

【十二五规划编制工作】　7月，启动区“十二五”期间老龄事业发展规划编制工作，针对“十二五”老龄事业发展形势和要求、重大专题规划论证、主要政策与措施等重大问题开展研究，年中召开系列研讨会、座谈会，群策群力，广泛征求意见和建议，以保证本区老龄事业发展规划更具有科学性和前瞻性。

（韩仲海）

【承办执法检查及提案办理】　5月和10月，先后承办区人大第十八次常委会对本区贯彻落实《中华人民共和国老年人权益保障法》和《北京市老年人权益保障条例》情况的执法检查及区政协第二十次常委会听取区政府办理区政协上年常委会建议案两项重点工作。围绕执法检查及提案办理，深入实际，开展调查研究，广泛听取各方意见，争取人大代表和政协委员对老龄工作的支持。区人大代表和政协委员对本区贯彻落实“一法一条例”工作给予高度评价，办理工作得到区人大、区政协主要领导的充分肯定。

（韩仲海）

【主题教育活动】　10月23日，在朝阳公园礼花广场举办“弘扬敬老美德，崇尚美好生活——朝阳区庆重阳活动”，区人大常委会副主任孔德琴、副区长张春秀、区政协副主席关三多以及部分区老工委委员和各界群众800多人参加活动。活动中对宋金萍、杨立英等10名朝阳区敬老孝亲模范人物进行表彰；为常年活跃在社区的青年志愿者服务队、新月出租车公司志愿者服务队、司堃范爱心助老服务队和叶如陵社区医疗服务队分别命名为“春露”、“夏日”、“秋实”、“冬暖”为老志愿服务队，对4支志愿服务队进行授旗；参加活动的少先队员代表向全区中小学生发出倡议，号召全体学生为爷爷奶奶做一件实事，以真心尊老、以爱心敬老、以诚心爱老、以行动助老；参加国庆60周年群众游行的100名共和国同龄人现场进行队列表演，活动在“崇尚美好生活，亲历健康行动老年健步走活动”中结束。

（韩仲海）

【学习交流】　11月，组织区老工委部分成员及街乡主管领导前往上海、南京等地参观学习。双方在转变工作思路，创新老龄工作理念，探索养老服务社会化、产业化、市场化等方面进行深入探讨交流。本次参观学习广泛吸取先进地区养老补贴评估体系、助餐服务，日间照料、个性化服务、精神慰藉、志愿服务等工作经验。

（韩仲海）

【温暖行动在朝阳】　年内，继续开展第四届“温暖行动在朝阳”活动。区老龄办作为主要承办单位，在对全区家庭人均月收入在300至580元、年龄在70岁以上生活困难老人进行摸底调查基础上，在春节前夕，以每户500元为标准，对2000户符合救助条件的困难老人家庭进行救助，投入资金100万元。作为“温暖行动在朝阳”活动的延续和补充，元旦、春节期间，区、街(乡)、社区(村)三级主要领导干部带队入户走访慰问千余人次，投入慰问资金上百万元。

（韩仲海）

【老年文体活动】　年内，组织第十六届中日老年书画及手工艺品制作交流展、第六届朝阳区老年运动会、开展“迎国庆讲文明树新风”老年志愿活动、“弘扬敬老美德、崇尚美好生活——朝阳区庆重阳”等大型文体活动。这些活动规模大、水平高、影响深，具有引导示范作用。各街乡结合自身特点组织丰富多彩的老年文体活动。老年人趣味运动会、老年诗歌朗诵会、老年书画展、老年摄影习作展、健康科普知识讲座、老年旅游等活动蓬勃开展，极大丰富老年人的精神文化生活，同时也展示本区新时期老年人健康向上的良好精神风貌。

（韩仲海）

【老年优待工作】　年内，切实贯彻落实北京市人民政府办公厅《关于加强老年人优待工作的办法》，为65岁以上老年人办理老年优待卡万个；发放90岁及以上高龄津贴万元；为年龄在60至64周岁之间的老年人办理老年优待证7000余个。区老龄办、区体育局、区文化委、区旅游局等相关责任单位根据职责对老年人优待办法落实情况进行检查，目前本区各项细则和措施落实情况良好。

（韩仲海）

【帮扶工作】　年内，围绕区委、区政府“保增长、保民生、保稳定”的工作目标，坚持以人为本，为老年人做好事办实事。为全区5000户70岁以上生活贫困行动不便的老年人家庭安装厕所扶手，为全区600名老人家庭安装“一按灵”，同时为有需求的300户老年人家庭结成“一助一”服务对子安装救助门铃。

（韩仲海）

地 域

街 道

朝外街道

【概况】 朝外街道位于朝阳区西部,东起东大桥路,南到光华路,西至东二环路,北邻工人体育场。辖区面积2.2平方公里,是朝阳区委、区政府所在地。有7个社区,常住人口13495户、62937人,流动人口10961人;有回、满、蒙、藏等21个少数民族5329人,驻地单位1682家,其中中央单位60家、市属单位82家、区属单位124家、街属单位39家、非公经济1377家。辖区驻有外交部、司法部、民主党派办公楼等国家机关和英国、朝鲜、罗马尼亚、印度、希腊等14个外国使馆。

办事处地址:雅宝里15号楼
电话:85629992 85613794
邮编:100020

(李 维)

【环境建设】 1月,启动门前净化行动,落实市容环境卫生责任制,重点整治临街商户店外经营、占道经营、堆物堆料等影响市容环境秩序违法行为。针对雅宝路、市场街等大型商厦橱窗广告较为突出问题,通过宣传告知等方式劝诫商家自行拆除橱窗广告、宣传品,净化街面秩序。加强对施工工地的监管,严格贯彻落实5个100%工作标准,把夜施扰民、施工扬尘、道路遗撒三大问题作为执法工作重点,从源头上控制车辆带泥污染路面。完善非法小广告查处机制,采取日常巡查与重点时段盯守相结合做法,遏制公交车站、地下通道等非法广告。建立联动执法机制,对小广告违法行为实行联合管控,对散发、张贴、喷涂非法小广告两次以上人员,依法移送公安机关处理,确保执法效果。针对群众反映强烈的三丰南巷、三丰胡同环境脏乱问题,联合朝外派出所对三丰里25号楼南侧利用临时搭建简易房进行无照经营的违法行为予以严厉打击,依法对其非法经营工具、商品予以暂扣,并责令其限期自行拆除违章搭建的20平米简易房,受到了社区、居民的好评。通过一系列整治行动,主要大街、重点地区实现了"无缝隙无空档、全天候覆盖"的管理目标,地区市容环境明显改善。

(李 维)

【社区规范化建设】 2月,重新修订《社区工作者管理办法》,理顺社区党委、居委会和服务站职责。以社区服务站规范化建设为突破口,在吉祥里、芳草地、雅宝里三个社区开展试点工作后全面展开。社区服务站基本实现了统一标准、统一内容、统一工作流程、统一设施。投入60余万元,对芳草地、天福园办公服务用房进行改扩建,增加面积,拓展服务功能。

(李 维)

【"1689"商务楼宇服务体系】 3月,启动"1689"楼宇社会工作服务站建设,即:充分利用朝外地区社会管理中心整合社会资源和组织公共服务的优势,设立1个中枢服务平台,明确服务站6项工作职责,实现服务站自转功能。制定"8有"建站规范,将政府服务企业的相关职能归为八类,与公共服务共同构成9大类服务项目。通过配备联络员、宣传折页、工作手册、信息需求登记本,公开地区党建网并加强宣传力度,使各楼宇社会工作服务站的工作常态化、长效化。楼宇党建工作站的深入开展,扩大了党的工作渗透力和影响力,辖区22座楼宇成立了服务站,覆盖2700多家企业和商户,先后有5家企业申请成立了党组织。同时,政府职能与企业发展要求对接、公共服务与企业党员及员工的个性化需求对接,最终实现"为企业发展排忧解难、让流动党员心有归属、让员工权益得到保障”的总体目标要求。

（李　维）

【“1157N”应急管理体系建设】 3月，启动“1157N”应急管理体系建设。“1157N”应急管理体系指建立一个街道社会应急管理指挥中心；在街道层面建立专门的社会应急管理办公室；建立安全生产、公共卫生、自然灾害、社会安全和城市运行等五大应急管理体系；在七个社区分别建立应急管理监测站；根据应急管理工作需要，整合社会力量，在各大厦和重点社会单位建立应急监测点，形成上下互联、政府与社会力量互补的应急监测网络。主要目的是完善社会力量“自救、互救”的防灾应急体系，推动“参与主体多元化，危机应对网络化，合作救援区域化”应急管理格局建设。

（李　维）

【社会工作者队伍建设】 3月，面向社会和应届毕业生公开招聘28名社区工作者，其中应届大学毕业生13名，硕士研究生15名，中共党员10名。为使新聘人员尽快熟悉社区工作，以编辑《社区工作动态》为载体，搭台铺路，使他们参与、了解、学习社区工作经验和方法，得到锻炼提高。

（李　维）

【民俗文化节】 3月20日，第三届“春分朝阳”民俗文化节在日坛公园举行。作为朝外地区自主文化品牌活动，春分朝阳民俗文化节秉承“挖掘和宣传中国传统节令文化，增进社区居民凝聚力，为和谐朝阳创造文化氛围”的理念，丰富演出形式，突出时代特色，扩大品牌影响力，提高群众参与性，为祖国六十华诞献礼。经过连续两届成功举办，“春分朝阳”已逐渐成为朝外地区有影响力的文化活动品牌，受到各界关注，并成为一年一度春分期间社区群众自己的喜庆节日。本届春分朝阳民俗文化节在继承前两届文化节民俗风情基础上，在内容构成及节目形式上有了较大丰富。以“一赏、二品、三观、四乐”为主题，将传统的民俗文化与现代生活紧密结合，让百姓在娱乐的同时感受中国传统文化的魅力。作为本届“春分朝阳”民俗文化节活动重要内容之一的“文明朝阳我先行”万人签名活动掀起了本届“春分朝阳”民俗文化节的高潮，这是由全区社会领域发起的一次大型文明行动支援签名活动，以此来表达每一个热爱朝阳，热爱生活的公民的情感。在一条2010厘米的长幅上，嘉宾和观众们踊跃签名，志愿加入到创建全国文明城区行动中，留下自己的承诺，表达一份美好心愿。

（李　维）

【“165”工程】 4月，整合地区近20家公共服务商，启动“165”工程。即，为特困群体和社区群众发放一张可享受多项目服务的公共服务卡；以政府购买服务形式，开展送菜、送医、送文化、送教育、送技能、送家政服务的“六送项目”；以社会公益服务形式，实施助老、助孤、助残、助困、助学的“五助服务”，帮助困难群体解决生产、生活和学习等困难。先后为吉庆里、三丰里、雅宝里、芳草地近6000户居民解决买菜难问题，为特困孤老家庭提供上门服务256次，为辖区52户持爱心卡的居民提供563次优惠服务。

（李　维）

【甲型H1N1流感防控】 5月，及时对地区防控工作作出部署，提出“早预防、早发现、早报告、早治疗”的工作要求。成立以工委书记、办事处主任为组长的甲型H1N1流感防控领导小组，建立应对甲型H1N1流感疫情的联防联控机制。联合卫生、公安等部门和各社区建立起应对甲型H1N1流感信息沟通与共享等工作机制，确保甲型H1N1流感防控应急工作高效、顺畅开展。制定疫情监测和卫生应急预备，加大防控知识宣传力度，向居民、社会单位发放各类甲型H1N1流感防治手册和宣传折页20000余册、预防甲型H1N1流感知识答卷5000份，张贴发放预防宣传画2000余张。加强对出入境人员监控，针对辖区外国人多的特点，加大对外国人聚居区、酒店公寓、商场写字楼排查力度，同时加强对学校、托幼机构、养老院等重点单位和重点人群疫情监测，对发现的一般流感疫情，做到及时登记、报告和处置。辖区实现了甲型H1N1流感感染者零报告。

（李　维）

【“1359”民主自治模式建设】 5月，推出“1359”民主自治模式，即：成立一个“社区居民代表大会常务代表会”，开展监督评议社区工作者，解决社区实际问题；设立常务代表接待日三项工作；发挥诉求、征询、参与、决策、评议五种作用；建立例会，先行讨论表决、审议修正、联系居民，学习培训，民主评议、信访接待、协调、提案九种制度。

（李　维）

【城市管理】 7月，联合公安，交管、综治等部门，开展多项集中整治行动，加强地区环境秩序建设。取缔国雅大厦、朝外大街高速网吧等非法大排档35家，规范店外经营行为32家，查处三轮车非法营运行为120余起次，没收客、货运三轮车辆125辆。针对长期在朝外大街华普超市、百脑汇地下通道无照藏民售货问题，依法对无照经营商品进行暂扣，对首次违法相对人集中移送派出所登记。提高网格化管理水平，探索符合朝外地区城市环境常态化管理机制。提升区域环境秩序水平,确保信息畅通、指挥高效、反应快速,处置迅捷,全年共接受处理各类网格案件9898起,其中办结案件9890件(出现红灯案件8件),办结率99.91%,基本实现及时发现、及时整改、及时查处的"三个及时"工作目标。加大对规模较小且无明确单位管理的小区改造力度,重视对居民反映比较强烈的环境问题治理,全年完成四个老旧小区绿化改造及一条胡同街巷改造,解决吉庆里、吉祥里道路破损,芳草地、雅宝里自行车棚等问题。

(李　维)

【国庆安保】 8月,成立由工委书记、办事处主任担任双组长的地区国庆安保工作领导小组,制定"朝外街道国庆平安行动工作方案"、国庆交通安全、消防工作方案,进一步完善街道突发公共安全事件应急预案和特殊时期强化地区会商联席制度,提出防范、监控、检查、落实的工作标准与要求。成立新闻宣传突发事件应急工作组,制定《朝外街道国庆新闻应急工作方案》,完善媒体接待工作制度。强化城市管理综合指挥平台功能,提升街道应急值守、日常处突、制定预案、技防监控、信息报送水平。成立国庆应急小分队,随时应对各种突发事件,确保政令畅通。加强值班巡逻,实行处级、科级领导加强值班和处级领导、机关部室包社区的"双值双包"制度。发动社区治保积极分子、社区和谐促进员、各类志愿者以及社会单位治安人员2300余人、10000余人次投入到值班执勤和巡逻当中,确保国庆演练和国庆庆祝活动各点、段、部位布控到位。提前维稳布控,实施街道矛盾调处中心、社区调处工作站、民族事务调节组、街道信访接待室、民生服务热线等矛盾排查化解体系联动,最大限度地做到早发现、早处置、把矛盾解决在基层。细化安全检查,由安监、劳动、综治、城管、办公室等部门联合各社区,对辖区六小单位、打包站、重点单位、地下空间、人防工程、外来人口、出租房屋以及在施工地、二环路临街高层居民楼、集结疏散线路的垃圾箱进行了严格细致的安全排查,发现问题,及时解决。共排查、消除各类安全隐患256起,关停地下人防、地下空间19处。坚持强化职能部门五方协调会制度,采取特殊时期加大研判力度与密度措施。协同公安派出所对本街道集结疏散路线进行熟悉踩点,组织力量对辖区流动人口逐一摸排登记,对无证照闲散人员进行清理。联合公安、交通、城管等部门,全天候专人盯守监控、对影响环境秩序的各种行为进行综合执法,确保辖区集结疏散线路、国庆花车经过线路等重点部位及周边环境秩序良好。累计出动各种执法力量9830人次,取缔无照商贩320起,清理游商1570余人,清理张贴喷涂小广告260处,暂扣街头散发小广告20000余张,清理整治环境死角167处,清理垃圾渣土260吨,查扣黑三轮80余辆,没收盗版光盘1200张;拆除违法建筑2处;协助派出所对黑车运营、贩卖贴活人员治扣228人、刑拘36人。确保国庆筹备和节日期间环境秩序正常稳定。加强维稳机制建设,发挥辖区司法、信访、社会单位维稳协作机制功能,全年累计化解各类矛盾纠纷97件次,排查重大矛盾纠纷3件,接待群众来电来访136人次,接待集体访3批次,治安联合调解室参与治安调解63次。受理市区信访件16件,其中市长信箱5件,区转信访件11件。强化公共安全建设,完善街道与社会单位、社会组织、社区志愿者等多元主体共同参与的应急管理机制,对辖区商厦写字楼、地下空间、人防工程、建筑工地、打包站、娱乐场所等898个重点部位进行安全检查;与1202家单位签订安全责任书,消除各类安全隐患321处。加强"和谐促进员"队伍建设,明确任务、定人定岗,制订《和谐促进员管理办法》、《和谐促进员星级考核办法》,激励和引导"和谐促进员"积极参与社区建设。

(李　维)

【"六小门店"协作组建设】 9月,在吉庆里社区成立第一家"六小门店"(小旅馆、小商店、小洗衣店、小发廊、小餐馆、小网吧)协作组。朝外地区汇集各类六小门店549家,涉及从业人员逾千人。为将这部分社会力量整合起来,通过培育和扶植社区社会组织,一方面满足群众的需求得到落实,另一方面,社会单位实现了经济效益和社会效益双赢。形成共驻共建、共同发展的良好局面。

(李　维)

【国庆宣传环境布置】 9月,广泛发动社会单位参与国庆宣传环境布置,先后设计摆放花坛4个,造型花架2个,立体花墙一处。花钵160个,悬挂灯笼1200余个,彩旗1500面,中国结500个。各社会单位和住宅小区积极参与,制作出构思巧妙、形态各异的花坛40余个,点缀街道景观。主要大街各单位门前均悬挂中国结和红灯笼。朝外大街沿线11家单位还增设和调整夜景照明系统,增加大屏幕、LED显示屏、楼体外打灯等各种夜景照明系统。丰联广场、蓝岛大厦、旺世百利等单位拨专款,对楼体外照明重新设计安装,营造国庆喜庆祥和的浓厚氛围。

(李　维)

【纪念侨联成立十周年】 12月,举行纪念侨联成立十周年茶话会。全国侨联副主席兼秘书长乔卫、办公厅主任王宏、市侨联副主席林少曼、维权部部长史立臣、区侨联、侨办及原市、区侨联有关领导到会祝贺。

工委书记武清林、办事处主任田志刚等到会并致词。

（李 维）

【班子建设】 年内，坚持开展作风建设年与落实科学发展观学习实践活动整改措施相结合，围绕提高干部素质和实际工作能力，加强干部队伍建设。创建学习型领导班子，形成领导成员学理论用理论的良好氛围；贯彻落实民主集中制，发挥班子整体功能。通过定期工委会、每周处级领导碰头会，保证各项工作有序开展，提高决策的民主化和科学化水平；加强作风建设，激发班子活力。修订"基层工作日"制度，处级领导带头落实。按照街道可持续发展要求，完善《干部人才队伍建设规划》，健全干部培养档案。开展科级干部选拔任用工作，为干部成长搭建平台。全年有20人次交流工作岗位；通过竞争，提拔5名科级干部；从科长中提拔一名副处级领导。加强党风廉政建设，启动廉政风险防范管理工作，加强对重点工程项目公开招投标及资金使用情况的监督，确定区政府折子工程、街道重点工作的立项监察项目。

（李 维）

【非公领域党建】 年内，加大对非公企业党员活动支持力度，延伸党建工作触角，进一步完善服务体系。非公党总支在学习实践科学发展观活动中倡导自主学、书本学和网络学等形式，提高学习效果。通过"社区服务月"和"我为朝外发展献一策"活动，将服务企业与回馈社区相结合。在商务楼宇服务站建立过程中，创新设计"1689"运行模式，完成地区22座大厦全覆盖，实现政府职能与企业发展要求、公共服务与党员及员工的个性化需求"双对接"。制作的党建宣传片《让党旗在非公企业飘扬——记朝阳区朝外街道非公党总支书记王晓辉》被区评为三等奖，成为街道系统两个获奖单位之一。

（李 维）

【税源建设】 年内，结合辖区商厦多、市场多、写字楼多的实际，坚持"引税、护税"并举，采取多种措施推进税源建设。完善机制，成立由工委书记、办事处主任负总责，副处级领导分工联系包户的街道税源建设工作小组，制定切实可行的工作方案和奖励保障机制。抽调劳动、综治、城管、财务等相关部室业务骨干，按行业、税额组成专门政策指导和推进组，深入企业、社会单位，与企业老总、财务人员对话，按照工委提出的"讲政治、讲政策、讲策略、讲感情"争取企业支持。建立与绿色通道相对接机制，对异地纳税企业迁入工作做好跟踪、督促与服务，主动帮助协调，疏通环节。全年地区税收收入9.469586亿元，完成任务比例108.4%。清理异地纳税工作成效显著。小房产税征收1382.7万元。

（李 维）

【就业促进】 年内，为克服金融危机对就业再就业工作的影响，确保就业安全，广泛宣传稳定就业及促进就业的各项优惠政策，强化对失业人员动态管理。通过开展面向失业人员的"七送"活动、创建充分就业社区和消除零就业家庭活动、举办失业人员招聘会、开展失业人员促就业培训和服务、以及与再就业联席会成员单位加强合作等，有效地促进了辖区失业人员再就业。全年有798名登记失业人员实现就业，较上年同比增加437人，增长121%；开发就业岗位2788个（其中开发社区就业岗位451个），较上年同比增加831人，增长43%；组织118名失业人员职业技能培训；征集3个创业项目。

（李 维）

【民生建设】 年内，累计为150余户低保家庭发放低保金125.4万元，发放医疗救助资金7.3万元；对10户特困家庭实行临时救助，发放救助金7.1万元；对地区30名慢性疾病患者和29名重大疾病患者发放慈善救助金10万元；对2名困难老人和10名困难武警战士发放慈善救助金1.3万元；走访慰问29类困难群体约6000人，发放慰问金及各类慰问品折合人民币81万元。为4106名65岁以上老人办理老年优待证；为辖区90名90岁以上高龄老人办理享受每月100元高龄老人津贴相关审批手续，并实现动态管理；414名特殊老人享受到政府补贴的"居家养老"服务。审核、发放殡葬补贴23.5万元（47人）。完成爱心卡年审工作，对50余户持爱心卡的困难家庭每月配发50元以上救助物品。朝外"爱心家园"全年向地区400余户贫困家庭发放价值9.3万元的捐赠物品。救助人次约1200人次。以地区慈善分会、爱心家园和党员"亲情岗"为载体，发挥街道党组织、工会、共青团、妇联、红十字会、残联等组织的职能作用，实行手拉手结对救助行动。先后为地区29户重大疾病致困家庭和30户边缘困难家庭慢性病患者发放慈善救助金10万元。投入81万元，对29类困难群体约6000人进行节日走访慰问。上半年，580人次通过爱心家园享受到了救助物品，价值4.9万余元。面向辖区居民开办健康教育大课堂，举办健康教育、精神康复与护理、艾滋病预防等知识讲座及竞赛活动。

（李 维）

【扶残救助活动】 年内，帮扶贫困残疾人249户，发放慰问金17.1万元；为4名家庭突发大病的残疾人发放9000元生活困难补助，为119名残疾人配发辅助用品用具，为12名残疾人发放多功能电话机，为4

名小儿麻痹患儿免费安装肢体矫正器,为15名贫困残疾人发放500元康复训练卡,为1名残疾儿童发放1000元康复训练卡;组织300人参加残疾人"人人享有康复服务"康复知识竞赛,为100名残疾人健康体检。投资6万元为体东社区解决无障碍坡道改造。

(李　维)

【文明城区创建】　年内,开展首都、区级精神文明创建单位资格审查和申报工作,进行文明单位公示,完成中期指导检查。申报首都级文明街道1个、首都级文明社区5个、区级文明社区1个、共建文明单位27个、朝阳区精神文明建设贡献大奖1个。围绕庆祝新中国成立60周年,组织开展"双百"评选投票工作。按照市、区统一安排,组织机关干部、社区居民100余人聆听北京市百姓宣讲团朝外专场报告;围绕宣传十大文明行为规范,在社区开展百姓沙龙活动;参与北京电视台"听评月"活动,报送征文47篇,被采用23篇。

(李　维)

双井街道

【概况】　双井街道位于朝阳区中西部,东起东四环,南至劲松大街和广渠路,西至东二环,北至通惠河,辖区面积5.08平方公里。东二、三、四环路、西大望路、广渠路等7条市级道路贯穿双井地区,有区级道路15条。河道面积5.1万平方米,绿化总面积1.036平方千米,绿化覆盖率20.4%。健身苑(点)26处,分布较为均匀。有11个社区居委会,1个社区筹备组;地区人口126491人,户籍人口96669人、外来人口29822人;育龄妇女22868人(户籍18018人),全年出生573人(男287人,女286人),人口增长率4.99‰。辖区内有幼儿园6所,小学5所、中学2所和社区老年大学1所、医院2家、社区卫生站4个。

地址:百子湾南二路88号
电话:67782507
邮编:100022
网址:http://sjjd.bjchy.gov.cn

(金　晶)

【危改拆迁】　年内,配合区委区政府搞好垂杨柳等区域的拆迁工作。完成了通惠河南岸拆迁建设任务。按照区"7月20日拆完、9月20日绿完"的要求,街道工委带领机关和社区干部,主动配合区市政管委做好拆迁各项准备工作,组建7个工作小组加强入户宣传,并在现场设立法律咨询站、民生工作站等服务平台,加强法律和社会保障工作。同时,积极搞好环境秩序和社会治安整治,为该地区顺利拆迁、建设创造了有利条件,保证拆迁任务和庆丰公园建设按期完工。配合上级做好和平村拆迁工作。3月份,配合和平村拆迁指挥中心协助住总集团,经过20余天努力,完成了2005年至2008年5月前已搬迁居民翠城经济适用房选购、交款工作。下半年,为做好和平村拆迁工作,街道领导制定《分包方案》,发动全体机关和社区干部按照定户、定人、定责任的要求,做好推动工作。针对拆迁工作遇到的困难,建立处级领导与上访重点人联系、居民利益召集人与上访人对话和帮困解难等机制,深入细致开展工作,较好地破解了难点问题。同时,关注拆迁区域居民生活,做好防寒、防冻、防漏工作,及时解决问题,全力保障该区域群众安全过冬。主动做好垂杨柳危改拆迁辅助工作。危改工作启动后,街道工委高度重视,成立危改拆迁办公室,建立形势分析、情况会商、专题研究、矛盾调解、信息沟通等制度,全力做好配合工作;坚持处级领导包片,科级领导包户,并与拆迁公司捆绑入户联合做好动员工作。针对一些已签撤管协议的房屋跑冒滴漏、管道堵塞严重的情况,街道投入经费约35万元,对事故点进行维修和疏通,保障该地区群众正常生活。针对危改工作带来的群众聚集、上访事件,建立健全维稳工作机制,坚持每日一次排查分析,及时消除隐患。特别是在处理7月28日、30日垂杨柳地区发生的砸商铺、涂车辆事件中,街道行动迅速,处理及时,有效控制事态发展,保证了地区平安稳定。

(金　晶)

【社会领域党建】　年内,健全以"三建"为重点的服务机制。先后成立了地区社会工作党委、京粮大厦党总支、"双井街道幼儿教育协作组"和"双井街道物业公司协作组",开展依托物业公司组建党建服务站试点工作,在京粮大厦、后现代城等8个商务楼宇内建立了党建服务站。开辟地区商务楼宇党建服务站信息园地,在广泉、百子园、富力、双花园建立党员活动室,推出"社情民意直通车"精品服务项目,党建阵地标准化建设取得成效。完成社区党组织换届工作,街道12个社区中10个党委、2个党总支、92个党支部、4430名党员在街道工委统一领导下参加了换届选举。发挥典型示范作用,在全地区开展"和谐社区带头人"、"五好党组织"、"三星"党员等优秀评选活动。推出代永生、梁有宽等一批和谐社区带头人。以恒富物业、弘嘉律师事务所等为示范单位,开展"五个好"创建活动,形成社会领域党建典型模式。

(金　晶)

【环境管理】　年内,针对地区拆迁区域广、流动人口多带来的城市环境管理难度大的情况,采取"点上打、面上控、线上联"等办法,不断提升城市建设管理水平。在城市管理社会化尝试中,推出了《双井街道物业公司履行法定责任情况监督评价办法》,开展由网格信息员、外来人口协管员、良友公司保洁员、社区民警和城管管片队员组成的城市管理志愿者队伍建设试点工作,初步形成政府、社区、物业公司、志愿者齐抓共管的新格局,推动了城市管理社会化建设。在推进城市建设工作中,不断强化基础设施建设。通过自筹经费和争取区里支持,投入470万元对地区垂南、万东、建机、钢琴厂四个老旧小区进行改造,对9条街巷进行环境整治,完成东柏街至三环路的连线工程;配合区市政管委完成大郊亭中路、百子湾南一街道路修建以及广和东里中街和社科院的道路改建工程;配合区防汛指挥部完成北菜园、垂东和轧辊厂宿舍地下雨水管线的新建工程;完成了办事处多功能厅和后现代城幼儿园建设工程,地区市政公用基础设施得到明显完善。

(金 晶)

【"三保"工作】 年内,加强领导,严密部署,狠抓落实,全面完成了"三保"任务。保增长方面,成立地区税源建设领导小组,采取处级领导包重点、科(室)联动、职能部门联合等措施,加强异地纳税清理;开辟了"一条龙"服务通道,为企业提供各类便利服务;建立周报告、月分析、季考评制度,促进地区经济增长。全年完成辖区区级收入3.24亿元,比去年同期增长25.54%,保证了地区经济增长。保民生方面,全力扶助就业。从稳定劳动环境、提升就业服务入手,加强劳动监察。开发就业岗位5140个,实现登记失业人员就业1226人。完善社会保障,为47户、100人办理了最低生活保障,受理政策性住房申请341件,已获得市备案通过112件,基本达到了应保尽保、应申尽申的要求。整合、完善一站式服务大厅、"爱心家园"、社区服务中心等民生工作平台,为养老、残疾人康复和就业等提供方便。完成1245名持证残疾人换证工作,为62户家庭完成无障碍改造工程;推出菜篮子工程,为辖区双花园社区、光环社区开办便民菜市场,解决居民买菜难问题。以地区乐成国际老年体验中心和家政服务中心为代表,大胆尝试政府主导、企业提供服务、志愿者参与的做法,实现政府服务项目化运作,推动地区居家养老、居家助残工作创新发展。在保稳定方面,以建国六十周年大庆安保工作为中心,加大矛盾排查化解力度。坚持工委统一领导,矛盾调处主管部门牵头,处级领导包案,科(室)、社区积极参与的做法,全年共处理信访和各类矛盾隐患262件,预防、处置和化解较大的社会矛盾47起。协调各方力量,成功化解了部分重点人历史积案。妥善处理和平村涉拆群众大规模上访事件和垂杨柳供热等问题,较好地化解了各类矛盾,得到了区领导和有关部门的肯定,并于9月份在全区介绍了街道化解矛盾的工作经验。加强流动人口管理和公共安全防范。完善流动人口信息采集和动态管理系统,成立地区流动人口之家。筹建街道人防应急指挥中心,完善地区公共安全软、硬件建设。在防控甲型H1N1流感疫情工作中,组织宣传,预防处置工作到位,保证了地区公共卫生安全。

(金 晶)

【国庆服务保障】 年内,根据区委、区政府部署,在60周年庆祝活动期间,搭建"1+6+12"指挥体系,即组建新中国成立60周年庆祝活动分指挥部,下设安全保卫、环境保障、组织监察等6个小组,12个社区分别落实属地责任,完善处级领导包社区、科室和社区书记、主任包楼院等办法,建立情况会商、信息沟通、应急处置、矛盾调处等制度,启动奥运工作机制,完成了各项保障任务,获得市级国庆安保工作先进集体的荣誉。发动3038名治安志愿者、1000余名社会单位安保力量、40名民兵同街道100名专业巡防队和派出所共同参与地区社会面立体化防控体系,完成3次演练和国庆当天地区涉及的控制区、集结疏散路线、装卸点等区域和沿线的安保工作,以及国庆期间的安保工作。抓好化解和管控结合,通过教育引导和解决问题相结合的办法,有效化解和缓解矛盾6起,保证国庆期间的安全稳定。通过环境整治、精心布置景观,打造亮丽的地区硬环境。一手抓环境治理,一手抓景观布置,强化专项整治和联合清理,保持了国庆期间良好的城市环境。同时,按照"隆重、喜庆、节俭、和谐"的目标,在全地区12条重点大街、13个重点位置和40多家社会单位进行景观布置。获得"爱国卫生市级先进单位"称号和"国庆景观布置优秀组织"二等奖、"花坛摆放"一等奖和三等奖的荣誉。通过开展活动激发爱国热情,营造祥和的地区软环境。在《今日双井》报开辟"老歌一起唱"、"60年共同的回忆"等特色专栏,激发地区干部群众的民族自豪感;围绕"爱祖国、爱社会、爱双井"主题,组织了5场宣讲活动,举办"建国60周年回顾"集邮展、"祖国颂"诗书画展等主题文化宣传活动等,营造地区"迎国庆、讲文明、树新风,我参与、我奉献、我快乐"的浓厚氛围。

(金 晶)

【社区建设】 年内,按照居、站分开要求,召开地区第七届居民代表大会,选举产生新一届居委会委员,调配了班子人员;按照区社会工委安排,分三批面向社会公开招录了77名工作人员,充实社区工作力量,改善居干队伍年龄和知识结构,增强社区工作活力;建立社区服务站,配备部分站长、副站长,并依据“1+4”文件精神,完善各类人员职责和各项工作制度,并在富力社区进行试点,理顺关系,取得成效,被市里评为示范服务站。同时开展技能培训和交流,提高地区社区工作者的能力;初步落实办公地点分开,所属社区有8个服务站达到了标准化水平。

(全 晶)

八里庄街道

【概况】 八里庄街道位于朝阳区中西部。东起青年路,与平房乡接壤;南以国华热电厂循环水渠至京棉集团围墙为界,与高碑店地区相邻;西至红庙路口、金台路、西大望路,与呼家楼、建外街道相接;北以二道河为界,与六里屯街道相望。辖域面积4.4平方公里。有13个社区,其中老社区8个,新社区5个;另有2个社区筹备处。户籍人口26586户、79759人,其中男39841人,女39918人;流动人口31121人。驻地单位3513个,其中中央单位28个,市属单位61个,区属单位27个,民营、个体及其它单位3397个。按类别分,有工业48个、建筑业50个、房地产开发业140个、金融业15个、商业1119个、邮电运输业37个、服务业2104个(其中含行政事业12个、中学4所、小学5所(包括1所打工子女学校)、幼儿园9所、医院2所、社区服务中心1个,卫生服务中心2个,社区卫生站5个)。区域交通便利,东四环路横跨南北,朝阳路贯穿东西。以红庙为起点有公共汽车、电车线路4条,途径红庙设站有18条线路。紧邻CBD核心区,中国纺织科学院、国华电力、华堂商场、京棉集团、航空大厦、华商大厦等知名单位坐落本辖区。

办事处地址:柴家湾12号
电话:65001062
邮编:100025

(邱维伟)

【社区两委换届】 年初,辖区12个社区(黄杉木店社区因拆迁及管理移交等未参加本次换届选举)顺利完成换届选举。新一届党委(支部)委员和居委会成员比上届缩减了10.5%,年龄普遍下降了4-5岁,大专及以上学历数比上届提高了15%。

(邱维伟)

【文化活动】 1月19日,举办第三届“新春赶大集”活动。作为八里庄街道迎接新年的品牌活动之一,第三届赶大集活动在往年送温暖、购年货等活动基础上,增加“物物交换”、“猜灯谜”和“新年心语”等。活动现场有文艺节目、现场书赠春联、民间手工艺展示等文化活动。同时,开设居民跳蚤市场、组织爱心捐赠、开展流动便民服务及现场招聘等。5月15日,启动“寻找社区英雄”活动。通过推荐、寻访等方式,从各社区中选取热心公益、信誉较高的居民为“社区英雄”。共评选出66名“社区英雄”。9月25日,街道举办“环境发展生活——变化中的八里庄和我们的记忆”巡回图片展。共展出照片100多张,内容分为三个板块。第一板块为“领导关怀”,记录了在曾经作为新中国重要工业区的八里庄,新中国几代领导人的留下的足迹;第二板块为“辉煌和转型——从老工业基地到现代化CBD商圈”,记录了八里庄由当年京棉一、二、三厂,印染厂、热电厂等大型国有企业聚集地,转变为新兴的商业、居住区的历程;第三板块为“飞速发展的60年——过去的记忆和我们的现在”,用富于生活气息的新老照片,讲述新中国成立后,特别是改革开放以后,人们生活发生的翻天覆地变化。

(邱维伟)

【学习型家庭评选】 年初,街道按照“九型”、“六家”标准,在居民中开展“学习型家庭”评选活动。“九型”,即遵纪守法型、学习进取型、健康娱乐型、敬老爱幼型、温馨祥和型、突出贡献型、团结互助型、宣传服务型、廉洁节约型等九类特色家庭。“六家”,即音乐之家、书画之家、创作之家、环保之家、网络之家、育才之家等六类文化家庭。通过评选学习型家庭,繁荣家庭文化,提高家庭成员综合素质,倡导科学、文明、健康、和谐的生活,打造学习型社区、学习型社会。年内共评选出“学习型家庭”48户。

(邱维伟)

【国庆安全保障】 年初,成立“纵向到底、横向到边”的指挥体系和组织网络。开展安全隐患大检查、矛盾纠纷大排查、重点人员大筛查活动,对275家单位实施安全大检查,签订责任书172份,出动235人次,整改隐患27处,下发整改通知21份。对284处地下空间实施检查3170余次,确保地下空间安全使用。完成地区5126家出租房屋及3.6万多外来人口走访。开展人民内部矛盾排查20次,接待来人、来电58人次,处理信件73件次,回复市长邮箱上访件13件,区政府交办信件25件,接待集体访2批15人次,预防越级访,集体访9件次,处理非正常上访8件,重信重访2件,处理群体性事件5件。全年共调解矛盾纠纷753件次,调解成功率为95%。受理各类投诉750件,其中来电投诉111件、来访投诉30件、政民互动投诉609件,办结率100%,无超时办结,无红灯警告。圆满完成庆典当日履带式装甲车集结点和人员集散点外围保障任务,保持国庆期间辖区安全稳定。

（邱维伟）

【民生工作】 年初，成立“关注民生委员会”。关注民生委员会以“解决群众困难，服务企业需求”为宗旨，整合信息观察员、行业联合会、专家指导组等三支队伍，凸显信息采集、双向服务、效果反馈、宣传发动、政策监督等五项功能，确保各类为民服务工作贴近实际，富有实效。实施“四大工程”改善民生。一是社区环境美化工程。对老旧小区进行专项研究、立项改造，重点对甘南里、延静里小区进行道路铺装、楼体粉饰、绿化美化、公共照明等多方面建设和改造，涉及面积近8万平米。二是失业人口再就业工程。通过与辖区单位沟通，与20余家企业签订空岗协议，并结合企业需求和求职人员意向，组织开展技能培训和专场招聘会，近千人与用工单位达成招聘意向。三是流动服务“绿色通道”工程。整合服务资源，组织地区29家服务商为地区特殊群体开展理发、老年餐桌、送医送药等13个项目的服务。设立“社会组织培育发展中心”挖掘社会资源，对接居民多层次服务需求。四是困难帮扶“暖心”工程。以“扶危济困、温暖人心”为宗旨，投入近40万元为特困人群提供政策、资金帮扶和慰问活动。

（邱维伟）

【居家养老服务】 4月，八里庄居家养老服务分中心和地区商家协商，所有服务项目均以6折价位向辖区低收入、生活困难的老年人提供；同时，所有上门服务均不收取任何费用。目前，已能提供包括理发、足疗、疏通管道、清洗油烟机、清洗空调、家政等全方位的为老服务。同时，居家养老志愿服务队不断发展壮大，义务服务内容已延伸到为老人提供家电修理、上门陪聊、代办事务等。

（邱维伟）

【启用文化中心】 6月30日，位于十里堡华堂西侧南向200米、总面积1200平方米的八里庄文化中心正式启用。文化中心设有展览厅、舞蹈教室、器乐排练室、美术教室、钢琴房、乒乓活动区等。作为区2009年重点建设的示范性文化中心，是街道积极盘活地区资源，引进区文化馆专业管理模式运作，探索共同管理社区文化设施的新尝试。作为“文化活动的阵地、艺术梦想的摇篮”，中心根据社区居民日常文化需求，开设公益性讲座、展览、辅导等活动，为“老年十二乐坊”等社区品牌团队提供活动场地。同时，作为区文化馆文化艺术培训学校分校，中心还采取适度收费方式，为居民开设钢琴、舞蹈、绘画、摄影等艺术培训课程。

（邱维伟）

【八里庄中心小学建成启用】 9月，迁址后的八里庄中心小学新校迎来首个新学期。新校由原八里庄一小、原中心小学和原八里庄三小合并而成，建筑面积1.8万平方米，是本区建筑面积最大的小学。新中心小学有36个班级，近800名学生。配有多功能教室、语音教室等现代化教学设施。六个年级分别配以赤橙黄绿蓝紫六色校服，教师配以靛色服，七色分别象征热情、活泼、诚信、友好、自律、勤奋和广博。

（邱维伟）

【社区标准化建设】 年内，以十里堡、华贸两个社区作为试点推行居站分设。在十里堡社区探索“一居两站”、“交叉任职”的工作模式。同时，在人员合理配置、服务项目设置、管理运行体系等方面进行探索尝试，为市、区推进社区新型管理体系提供借鉴。已实现居站分设的十里堡、华贸、朝阳无限三个社区运行良好。

（邱维伟）

【社会领域党建】 年内，街道工委以商务楼宇党建为重点，推动社会领域党建工作。在金泰国益大厦、京港城市大厦、住邦2000三个单位试点，探索社会领域党建工作新模式。并分别采取依托建、联合建、联片建三种形式，将公司党组织、党员和商务楼宇入驻企业中的党员联合起来，成立社会工作党支部；开展党群工作、特色文化、法律援助、经济服务、科普知识、国防教育进楼宇“六进”活动，确定4大类21项针对性服务；建立“三三”机制，通过接访、走访、联席会三种方式，加强街道专职工作者、楼长和党建联络员三方沟通，开展街道工委办事处、物业公司和公司党组织三方会商，推动问题解决和回复。年内形成了“三站辐射”格局，即建成华贸中心、远洋国际、京港城市大厦三个党建服务中心站，分别辐射和带动西区、中区、东区社会领域党建，实现地区社会领域党建全覆盖；先后成立住邦、中环瑞德、盛高三个非公企业党支部和华贸四号楼临时党支部。楼宇党建的成功尝试，街道获朝阳区“基层党建创新奖”。

（邱维伟）

【安全社区创建】 年内，通过建立和完善工作场所安全、老年人安全、儿童安全、社会治安、学校安全、防灾减灾、体育健身、居家安全、交通安全、爱心救助安全等十大安全项目，提升了社区建设整体水平。并于8月6日，被世界卫生组织吸纳为国际安全社区网络成员，成为全区第一个严格按照世界卫生组织所要求的完整程序通过认证的街道。

（邱维伟）

酒仙桥街道

【概况】　酒仙桥街道位于朝阳区东北部,东、东南、西、西北与将台乡相邻,南与东风乡毗连,西北与东湖街道(筹备处)、望京街道相邻,北与崔各庄乡接壤,辖区面积5.3平方公里。辖区内现有9个社区,分南北两片,北片有大山子社区、中北路社区、高家园社区;南片有红霞路社区、南路社区、怡思苑社区、电子球场路社区、东路社区和驼房营西里社区。地区常住人口约8.5万人,户籍人口7万人,流动人口约1.5万人。辖区居民以汉族居多,另有回、满、蒙、鲜等13个少数民族。驻地区单位1744个,其中中央单位39个、市属单位110个、企业1595户。有幼儿园7所、小学4所、中学3所和科研院所3个。

地址:酒仙桥六街坊6号

电话:64371012

邮编:100016

(张慧敏)

【党建工作】　4月,对机关、社区、两新组织52名入党积极分子进行集中培训,改善党员后备队伍结构和分布,保持均衡发展;5月,以社区两委换届选举为契机,配强配齐两委班子,班子结构进一步优化。编辑下发《街道社区规范化工作手册》,完善"两委一站"职责任务,规范运行程序;6月,按照专业化、职业化要求,招录51名社区服务站工作人员。采取专业授课、集体讨论、拓展训练等形式,对社区工作人员进行政治理论和业务知识培训,提升业务素质和综合能力;7月,成立兆维大厦等5个商务楼宇联合党支部和晶都国际商务楼独立党支部,在蓝涛中心等4个商务楼宇建立了党建工作服务站。扎实开展第二批深入学习实践科学发展观活动,采取引导参学、上门助学、邮寄材料等多种"促学"举措,使辖区分散及流动党员、"两新"组织党员参与率达到100%。

(张慧敏)

【"爱心家园"建设】　4月21日,在高家园社区举行酒仙桥街道"爱心家园"成立三周年——播洒爱心活动庆典仪式。"爱心家园"累计救助困难家庭105户,发放救助卡105张,每户家庭平均接受救助45次,累计救助4725户次;发放各类救助食品21431公斤;发放救助物品、服装24110件;累计价值224257元。街道不断扩大对困难群体的救助范围,新增救助低收入生活困难家庭20户、增发救助卡20张。在原救助基础上加大救助力度,救助金额由原每张救助卡每月40元增至60元。

(张慧敏)

【社区居委会换届】　5月,制定《酒仙桥街道第七届社区居民委员会换届选举实施方案》、《酒仙桥街道第七届社区居民委员会选举宣传高潮日活动方案》等,开展选举高潮日、选民登记等活动。印发《致居民一封信》4000余份;摆放展板11块、黑板报28块;悬挂横幅45条、彩旗128面,在辖区内营造了人人关注选举、参与选举的良好社会氛围。深入社区完成选民登记工作。7个社区管辖户数为20856户,登记户数为14073户,登记率为68%,选民总数为34002人,其中登记率最高的社区达到89%。

(张慧敏)

【干部队伍建设】　5月,组织机关干部精读《你在为谁工作》一书,开展"学习优秀理念、增强责任意识、改善工作作风、推动科学发展"大讨论活动,引导干部树立正确的工作理念。6月13日,组织开展拓展训练,增强干部团结协作意识,团队精神明显增强。采取集中培训、专题研讨、经验交流、外出学习等形式,拓宽干部视野,提高综合素质。8月,健全了班子成员与后备干部及年轻干部联系制度,通过具体指导,促进干部尽快成熟。采取竞争上岗方式,提拔正科级实职干部6名,提拔副主任科员7名,选送3名年轻干部到区有关部门挂职锻炼。

(张慧敏)

【甲型H1N1流感防控】　5月,召开防控甲型H1N1流感会议,传达市、区指示精神,部署相关防控工作,启动疫情防控工作方案和疫情处置应急预案,明确责任和职能分工。健全地区工作报告制度,明确信息报送渠道,发现疫情按照《流行病样病例暴发疫情报告及调查处理指南》要求及时报告和处置。与各社区和企业单位签订了责任书,按照"属地管理、分级负责"的原则,做好辖区内应对流感疫情的防控工作。积极做好口罩、消毒液、洗手液等相关应急物资储备工作。运用橱窗、板报、报刊、宣传资料等做好甲型H1N1流感预防知识的宣传工作,消除社会公众的恐慌心理和焦躁情绪。

(张慧敏)

【成立社区活动中心】　6月,结合居民需求,成立集服务、教育、休闲为主要功能的社区活动中心,6月底挂牌正式运行。酒仙桥社区活动中心坐落于酒仙桥街道驼房营西里电子城小区,面积3600余平方米,是一座集文化娱乐、社区教育、社区服务、健康服务、志愿者活动于一体的综合文化活动场所。活动中心设有茗香茶屋、网络空间、棋牌乐园、舞蹈教室、贤和书屋、声乐演唱厅、乒乓球、台球厅、声乐演唱厅以及老年之家、康复中心、红色教育基地、小红帽志愿者协会等。中心以构建和谐社会、弘扬先进文化、服务人民群众为宗旨，面向地区居民开办多样服务项目，丰富居民精神文化生活。

（张慧敏）

【迎国庆文艺演出】 9月，在酒仙桥久隆百货会议厅承办由区残疾人艺术团和街道残疾人艺术团共同表演的“欢乐迎国庆、携手赞中华”主题文艺下街乡演出。通过演出为残疾人带来欢乐，130余名残疾人及家属观看演出。

（张慧敏）

【国庆服务保障】 10月，妥善稳控了798艺术园区农民工讨要工资问题，确保国庆期间的安全稳定。动员组织机关、社区、社会单位200人，完成支援建外控制区警戒、国庆群众联欢舞蹈表演等任务。地区5名女民兵、3名共和国同龄人参与了女民兵方队及群众联欢游行方队。积极主动与地区担负国庆任务的四所学校进行对接，做好服务保障，配合学校完成任务。

（张慧敏）

【成立老年人协会】 12月，成立老年人协会筹备工作组，根据国务院《社会团体登记管理条例》规定，审议并表决通过《酒仙桥街道老年人协会章程（草案）》，按照相关要求对理事会人员进行了自下而上推荐。选举出会长、副会长、秘书长及监事长各一名，形成理事会成员及监事会成员推荐名单，理事会由5人组成，监事会由3人组成。老年人协会注册会员55人，由九个社区的社区干部、社区居民和街道办事处工作人员组成，其中，社区干部18人，占32.7%，社区居民34人，占61.8%，办事处工作人员3人，占5.5%。

（张慧敏）

【税源建设】 年内，加强街道税源建设领导小组力量，建立联合会商、街企联系、部门联动、跟踪服务、考核奖惩等工作机制。建成北京市街道级个人出租房屋税收代征服务网，为纳税大户开辟VIP通道。“银河湾”商品房项目税收正式落户朝阳；蓝色光标传播集团作了工商登记变更并将部分业务转入在朝阳新建立的分公司；乐天超市有限公司在朝阳区办理了工商执照注册手续，总部正式迁入朝阳。全年完成区级财政收入6.21亿元，个人出租房屋税收854万元。

（张慧敏）

【启动五大工程】 年内，启动以干部队伍建设和党的建设为主要内容的“夯基工程”；以税源建设为主要内容的“增收工程”；以环境整治、社会保障、社区服务等为主要内容的“惠民工程”；以安全生产、城市运行为主要内容的“平安工程”和以文化建议为主要内容的“文明工程”等五大工程，全面推进和谐、绿色、文化酒仙桥建设。

（张慧敏）

【民生工作】 年内，推进社区信息化服务系统（居民通系统），在优抚、空巢、低保、残疾等需要帮助的特殊人群家中安装，随时接收居民意见，给予温馨提示，实现救助呼叫、家政服务等快捷服务。成立居家养老分中心，为1200多名特殊老年人提供陪同购物、上门做饭等服务。建立残疾人温馨家园，为残疾人提供教育、维权、文体活动等服务。成立残疾人职业康复站分站，建立残疾人职业康复项目的长效机制，形成以机构为技术骨干，社区管理为基础，家庭监护为依托的三位一体的残疾人康复模式。充分发挥“爱心家园”超市作用，发放救助卡125张，解决部分弱势群体困难。采取多种方式促进就业，实施免费技能培训，多渠道挖掘就业岗位，定期发布供求信息，召开专场招聘会，开发就业岗位3852个，实现失业人员就业931人。作为朝阳区试点，启动实施“流动人口妇幼保健服务项目”，使辖区流动孕产妇得到免费医疗救助。

（张慧敏）

【环境建设】 年内，完成9个老旧小区改造工程，绿化新改建2.3万平方米，道路铺装6.7万平方米，居民楼外立面及楼道粉饰近96万平方米。完成大山子社区路等5条街巷道路改造，改造面积达1.2万平方米，涉及车行路铺油5000平方米，人行路铺装7000平方米。为无照明设施的3个社区安装路灯28套。改造雨水管线5500米，疏通雨水井210个，解决道路积滞水问题，排除汛期隐患。

（张慧敏）

【城市管理】 年内，形成以798艺术园区、酒仙桥路为重点的点位管理机制；实施包片负责与集中整治相结合、专项治理与联合执法相结合的检查机制；完善与重点部位管理方、有关部门的信息共享互动机制；建立社区志愿监督员、特约环境监督员监督的联动互动机制。全年规范各类违规经营898起，处罚当事人311人次；清理改造并拆除私搭乱建违法建设3100余平方米；收缴起获违法小广告3000余张。

（张慧敏）

【完善电子监控系统】 年内，加大科技创安力度，依托城市综合管理指挥中心，整合资源，将798园区现有80余部监控探头实时情况引入指挥中心，实现了无缝隙对接。掌握兆维物业等34家单位已建1545部和拟建299部监控探头的具体情况，建立地区监控资源基础台帐，为建立完善覆盖全地区的电子监控系统提供基础数据。引导教育居民树立防范意识,合理正确使用门禁对讲系统,充分发挥技防设施作用。

(张慧敏)

【综合治理】　年内,建立由地区综合治理委员会、街道城市综合指挥中心、社区综合治理工作站、综合治理工作小组(十户联保)为主体的"四级"管理网络。按照打防结合、专群结合、区域整体防控与网格重点监控的方针,不断健全防控体系。统筹地区执法力量,加大联合检查力度,共同维护社会稳定。加大劳动监察力度,实行劳动用工情况预警,对地区单位用工情况进行信息监控。以建筑工地、人员密集场所、地下空间、"六小门店"、危化单位为监管重点,督促企业落实安全生产主体责任。建立行业联查制度和安全督查片组制度,构建工作网络,加大综合执法检查力度,消除安全隐患。加强应急预案管理,修订完善各种预案68个,形成相互衔接、完整配套的应急预案体系。

(张慧敏)

【社区文化建设】　年内,以迎国庆60周年为契机,加大对社区文体队伍的投入,提高文化活动水平。各社区根据自身特点,以分散和联合相结合的方式,开展特色夏日文化广场、迎国庆系列群众活动。举办展第三届"和谐杯"乒乓球比赛,推广健康生活理念,增强群众健身意识,努力构建多层面、多形式、多渠道的全民健身体系。抓好文明市民学校建设,建立健全社区教育阵地,深入开展科教、文体、法律、卫生"四进社区"活动。持续推进以排队礼让、爱护市容、优雅言行为内容的文明行动,大力开展迎国庆、讲文明、树新风活动。加大军地、军企、军校等双拥共建活动力度,不断加强地区精神文明建设。

(张慧敏)

垡头街道

【概况】　垡头街道位于朝阳区东南部,东与豆各庄地区接壤,南与十八里店地区接壤,西与南磨房地区接壤,北与王四营地区接壤。区域面积5.32平方公里,常住人口近8万人。辖区有居民楼227栋,平房1544间,企事业单位(含门店)373家,流动人口1.4万人。有社区12个(含5个新建、1个待建)、院校5所、幼儿园2所、区属一级医院1个、社区卫生服务站2个、社区文化活动中心1个、500平方米以上文化广场3个、社区文化活动室11个、健身园14个、社区公园3个、社区托老所1个、社区图书馆1个、500平方米为民服务大厅,改建城市综合管理指挥中心、社会事务管理服务中心、残疾人康复基地、党员综合活动中心等已投入使用。

办事处地址:金蝉北里20号

电话:67370828

邮编:100023

(石立华)

【社区党委换届】　年内,完成垡头一区、垡头二区、垡头三区、垡头东里、垡头西里、垡头北里6个社区党委换届选举工作。6个社区新当选的党委委员42名。有大专以上学历25人,占59.5%,同上届相比高出8.3%,其中本科学历11人,比上届多6人。新一届党委委员平均年龄49.2岁,比上届平均年龄低2.5岁。35岁以下3人,占7.1%。梯队结构得到进一步优化。

(孙彦梅)

【社区居委会换届】　年内,制定《垡头街道第七届社区居委会选举工作方案》,成立了以工委书记王建军、办事处主任高智勇为组长的选举工作指导小组;从机关科室和社区抽调9名骨干组成选举办公室,下设组织协调组、宣传材料组、纪检监察组、联络指导组、信息报道组、后勤保障组等6个工作组。采取处级领导包社区、向社区选派指导员的方式,加强指导,及时解决选举中出现的问题。根据各社区居民代表会议决定,垡头街道一区、二区、三区、东里、西里5个社区采用居民代表选举方式、北里社区采用户代表选举方式,共选举产生出居委会成员42人,其中:主任6人,副主任6人,委员30人。新一届居委会班子成员呈现"年龄低、学历高"的特点。年龄最小22岁,平均年龄38岁,比上届降低2岁。具有大专以上学历31人,占74%,比上届提高了11个百分点。

(程　焱)

【社区党建工作】　年内,完成第二批学习实践科学发展观活动。第二批学习实践活动包括10个社区党委、37个社区党支部、1个非公支部、1个侨联支部,共计2089名党员。经过群众测评,对开展学习实践活动实际效果的满意率达到96%,比较满意率4%,达到预期目的和效果。通过建组织,实现党组织全覆盖。6月25日,街道社会工作党委正式授牌成立,成为开展社会领域党建工作的重要抓手。完成一区社区、西里社区、街道党员综合服务活动中心升级改造。通过建服务体系,拓宽了党员干部为民服务渠道。大力开展"亮明党员身份、发挥党员作用"-"五先两时刻"主题系列活动,通过党员帮扶结对子、帮助困难党员家庭解决实际问题等多种方式,丰富为民服务内容。

(孙彦梅)

【信访工作】　年内,受理信访事项36起、群众来信3件、区转送件7件、处理政民互动网上投诉185起、处理96105及电话来访22件。接待来电来访240余人次、接待集体访(群访)5 批次,开展矛盾排查 10 次,排查出重大矛盾隐患 10 件。北京染料厂一号院等重点矛盾问题得到妥善解决。

(薛 峰)

【困难妇女救助】 年内,继续开展关注 55 岁以上老年无业妇女"寸草报晖"母亲健康行动。自 2005 年在全区率先启动"寸草报晖"母亲健康行动以来,已有 828 人次享受此项惠民医疗救助。具体做法是,采取政府拿一点、个人拿一点,医疗卫生部门让一点的做法,使每人享受化工路医院的"两免一优"的医疗救助。即:免挂号费、免诊疗费、药费优惠。同时,开展一年一次的免费健康体检。针对行动不便的老人,整合地区社区医院资源,招募志愿者,开展健康知识讲座和为期一个月的社区医生进家门系列活动。

(陈 阳)

【"法律六进"活动】 年内,开展"法律六进"活动,深化法制宣传教育工作。一是开展"法律进机关"活动,抓好公务员特别是各级领导干部学法用法工作,做到"四有",即有计划、有安排、有落实、有检查。二是开展"法律进社区"活动,抓好社区居干和居民法制宣传教育工作。如:更新一区法制宣传长廊内容、请法官在一区社区举办模拟法庭审理活动、以"弘扬法治精神,服务科学发展"为主题,举办"五五普法"法制宣传活动、利用 12·4 全国法制宣传日举办以"弘扬法治精神,服务科学发展"为主题的宣传活动等。三是开展"法律进学校"活动,利用寒暑假为地区中小学在校生举办专题法制讲座。四是开展"法律进企业"活动,与京客隆联动开展《消费者权益保障法》宣传。五是开展"法律进单位(进工地)"活动,配合流管办、计生办抓好对各类流动人口、农民工的法制宣传教育工作。六是开展"法律进军营"活动,在"八·一"前夕开展送法进消防 25 中队活动。

(梁 茜)

【环境建设】 年内,通过设立宣传站、召开座谈会、设立板报、宣传栏、发放宣传材料等形式开展宣传活动,全年开展法制宣传活动 8 次。建立学习培训制度,每周利用半天时间组织开展法制培训,提高城管队伍依法行政的水平和能力。以"六定责任制",即定管区、定点位、定路线、定时段、定人员、定标准的管控模式,对垡头地区主要大街、重点位置,形成"全天候、全覆盖、常态化、精细化"管控。全年查处涉及市容环境卫生方面的案件有擅自张贴宣传品 37 起、擅自悬挂广告牌 3 起、运输车辆不符合标准 1 起;查处涉及工商方面的案件有擅自摆摊设点、无照经营案件 42 起、上报非法张贴小广告号码停机号码 318 个、规范施工现场 18 次、取缔无照经营 201 起、规范门前三包单位 142 家、规范广告牌匾 56 块、查处散发非法小广告 25 起,清除、收缴各类小广告 1.2 万余张、清理卫生死角 24 处、清理环境秩序乱点 11 处、清理垃圾渣土 120 余吨;处理网格案件 1 万余件。分队全年完成一般程序案件 72 起,完成 60 周年大庆的环境保障任务。

(乔红斌)

【民生工作】 年内,对失业人员全面普查,实现零就业家庭中至少一名成员 30 日内就业;落实首问负责制、政策业务审批复核制、按时限办结制,确保材料不积压、问题反映不过夜、各项再就业资金及时发放到位;认真梳理、排查隐患,实行领导轮流接访、工作人员包片负责、矛盾排查周报告制度,确保矛盾化解在基层;开发就业岗位完成 2018 个,完成率 101%;城镇登记失业人员就业人数 635 人,完成率 107.3%;失业人员免费技能培训人数 100 人,完成率 100%;公共职介机构推荐就业成功 298 人,完成率 102.4%;社区就业岗位安置失业人员 240 人,完成率 118.2%;征集创业项目 1 个,完成率 100%;创业带动就业 112 人,完成率 108.7%。地区全年未发生较大劳动纠纷,保证国庆 60 周年的平安稳定。

(王智鸿)

【经济普查】 年内,登记基本单位 177 个,其中单产业法人单位 169 个,多产业法人单位 8 个;规模以上单位 26 个,规模以下 151 个;其中专业报表单位:工业 26 个,建筑业 4 个,房地产 14 个,邮电运输业 1 个,服务业 57 个,商业 59 个,只报劳资单位 16 个。在数据核实验收阶段,牢固树立质量第一观念,确保"三个百分之百,三个一致"的质量控制目标。

(欧阳红)

【生育关怀】 年内,垡头街道作为区生育关怀拓展服务对象试点单位,首批有 19 户独生子女大病困难家庭率先享受到党和政府的关怀与温暖。

(蔡红梅)

【税源建设】 年内,面对辖区内大中型企业关、停、并、转和外迁,税源大量流失的困难,街道工委、办事处制定行之有效的工作措施和保障机制,提出"抓增量、保存量、挖潜量"的工作思路。通过"感情引资、服务留资、扶持壮资"等措施,推动税源建设工作,全年实现区级财政收入 2351 万元,全年指标完成率为 111%。

(周道才)

【文化体育节】 年内,以"迎共和国华诞建和谐垡头"为主题举办第三届文化体育节。4 月 24 日至 9 月 30 日,先后举办文艺汇演、地区和谐社区戏曲演出、地区象棋团体赛、庆祝建党 88 周年演讲比赛、地区乒乓球比赛、庆祝祖国 60 华诞书画摄影大赛、地区“歌颂祖国”大合唱比赛等一系列形式多样、地区居民广泛参与的文体活动。

(程 焱)

【服务站建设】 年内,社区服务站五个办公点已正式启用。为规范办公环境,营造标准化、服务化、亲民化办公氛围,实现了统一标识、统一风格、统一色调、统一服装等“四个统一”;配备人员,强化培训,确保高素质专职工作者如期到位;梳理职能,明确分工,建立健全规章制度。制定社区服务站工作制度、工作内容、职责分工,明确服务站职能和专职工作者岗位职责,并对服务站 100 项服务内容进行分类,逐项分解,责任到人。利用社区板报、展板、楼宇宣传栏和各种居民会议等方式重点宣传社区服务站服务职能和服务项目,使居站分设模式得到百姓认可。

(程 焱)

【双拥共建】 年内,与驻地区官兵开展系列双拥共建活动。如:邀请区公安消防支队垡头中队官兵参加街道“我与国策共成长”演讲比赛、观看“展风采铸和谐”文艺表演、为官兵放映《七七事变》等爱国影片、“八一”前夕,召开优抚对象座谈会,为武警七支队一中队及区公安消防支队垡头中队送去慰问品及 4000 元慰问金、东里社区居干为区公安消防支队垡头中队送去蚕丝被、洗衣粉等生活用品等。中秋节期间,街道领导到垡头派出所慰问公安民警,并送去价值 1 万多元的慰问品。围绕“五双”工程,开展“智力拥军”,深化书法培训班双拥共建品牌,先后举办“科技进军营”、“文化进军营”等系列活动,丰富子弟兵军旅生活。区公安消防支队垡头中队为社区提供消防法律咨询、火场自救、火场逃身和消防知识等教育活动。

(王晓静)

【慈善救助】 年内,垡头慈善分会打破救助局限、完善救助模式、创新救助思路,在全区率先推出“安康守望慈善行”大病救助项目,对地区癌症、肾透析、肝肾移植、再生障碍性贫血、血友病等五类重大疾病患者划分五级救助标准,采取“现金 + X”的救助模式进行经济和精神双重帮扶。自 3 月项目启动,救助 36 人(36 户),累计救助人次 334 人次,发放救助金 16.69 万元。先后发放救助款、节日慰问品及慰问金,办理购物卡、公交卡,提供居家服务,办理优惠买药卡等。举办“相识相知在垡头”、健康知识讲座、与共和国同龄老人庆生会、“冬至饺子香,慈善暖人心”和送温暖系列活动,为大病人员子女发放助学金、发放爱心棉被和过冬取暖用品等。

(王晓静)

【支持女民兵训练】 年内,地区选派 5 名女民兵参加国庆阅兵女民兵方队训练。训练期间,街道工委书记、办事处主任、武装部部长多次赴训练基地、沙河阅兵村对女民兵方队进行慰问,解除受阅女民兵后顾之忧,为完成阅兵任务做出努力。

(王振生)

【国庆安保工作】 年内,有效整合群防群控力量,对地区 94 名专职巡防队员、138 名社区保安、1303 名治安志愿者、138 名社区工作者、33 名停车管理员、138 名单位内保力量全部实行实名制管理,形成巡防监控网络,形成人人参与治安防范的工作格局。实行具体工作定人、定时、定岗、定责,切实做到楼有人看、街有人巡、重点部位有人管,努力消除每一个潜在问题和隐患。重新修订各项应急预案,加强重点时段值班和应急值守工作,保证国庆 60 周年庆典期间地区社会秩序安全稳定。

(王振生)

【安全检查工作】 年内,按照“六个必查”、“六个一律”、“六个凡是”的工作标准,对地区多次开展全生产大检查和专项检查、联合执法检查,并提出检查覆盖率 100%、发现问题率 100%、检查记录率 100%、隐患处置率 100%、整改覆盖率 100%等“五个百分百”的工作要求。全年组织大规模联合检查 10 余次,出动人员 700 余人次,出动检查车辆 20 辆次,对地区 4 处施工现场、59 栋高层建筑、58 处地下空间、10 所学校及幼儿园、2 家旅馆、4 处重点餐饮经营单位、4 家商市场及所有门店和出租房屋进行全面排查,重点对生产、消防、交通、用电、食品卫生安全等进行检查和整治,下发整改通知书 2300 余份,消除安全隐患 30 余处。

(王振生)

【环境治理】 年内,对垡头一区、二区、三区、北里、西里、东里 6 个小区进行老旧小区环境整治工程。工程包括:柏油路铺装 13306.44 平方米,甬路铺装 4360.57 平方米,绿化补建 3401.3 平方米,公共照明 32 套。累计投资 381.56 万元。

(王晓琳)

【自来水改造工程】 年内,东里自来水改造工程(区政府 2009 年折子工程),完成铺设 DN200 管线 2111 米;DN100 管线 1274 米;户内管线 5180 米,新增消防井 20 口;新建自备井已施工完毕,井深 400 米,出水量 50 吨/小时;改水完成并通水的居民为676户711块表。

（钟　艳）

【成立综合管理站】　年内，将环境综合管理站与建筑业安全管理站合并，成立综合管理站。主要负责地区环境管理及建筑业安全管理工作。环境综合管理站自启动以来，累计开展环境检查30次，发现各类环境问题600余个，涉及社区自管300个，“六位一体”100个，街道自管100个，物业管理100个。所有问题均转至相关责任人，督促整改并组织复查。加大环境管理力量的沟通力度，形成覆盖全地区的环境管理网络，使管理体系更加全面、立体，提高环境管理水平。

（钟　艳）

【绿化工作】　年内，投资60余万元，完成老旧小区绿化改造3401.3平方米，新增种植鸢尾、大叶黄杨篱、大花萱草、玉簪、棣棠、玉兰等品种71487株。完成国庆60周年节日摆花任务。在重点道路、广场摆花3500平方米，布置小型花坛9处，新增时令花卉30200株、花钵46个、铁树7株、假花柱33平方米，投入资金202170.5元。全年投入养护经费32万元，用于街道自管绿地养护及修剪。

（王晓琳）

【康复服务】　年内，成立康复工作领导小组，制定地区残疾人“人人享有康复服务”实施方案。社区康复协调员配备率达100%，为地区5名残疾儿童做体检，建立社区500名残疾人八类康复档案并通过区残联验收，为10个社区配备四类康复器材50件。组织残疾人参加“人人享有康复”服务知识竞赛。国庆期间，对辖区108名精神病人情况逐个排查，并与家属签定安全协议，经评估，重点防范精神病人7人，重症精神病人82人，没有一例精神病人肇事肇祸。

（高玉娟）

【残疾人救助】　年内，为3名贫困精神病人办理住院手续；为30名贫困残疾人办理医疗康复训练卡，每人500元；为5名残疾少年儿童办理社区康复训练卡，每人1000元；为2名听力残疾人免费发放助听器；为61名残疾人发放辅助器具；为27名贫困精神残疾人办理药费报销6877元；调查确定26名残疾人为帮扶对象，各社区与这些残疾人制定了手牵手计划；为7名城镇个体就业残疾人办理社会保险补贴28562.19元；为1名低保残疾人子女在校职高生申请助学补助2000元；安置1名个体就业、扶持和帮助2名残疾人继续个体就业；组织10名精残和智残人员开展职业康复劳动；开展4期电脑培训班，共培训20人；为58名各类残疾人按月发放各项补贴；为56名残疾人办理、发放各类补助16000元；为6个社区57户有改造需求的肢体残疾人进行家庭无障碍改造并建立工作档案；对32名残疾人开展帮扶结对活动，落实“手牵手”计划；举办座谈会、慰问会4次，走访残疾家庭260户，投资10万余元。

（高玉娟）

【温馨家园】　年内，投资70余万元，将原街道社区服务中心500余平方米房屋，改建为残疾人温馨家园并设立7个服务功能室；开辟残疾人职业康复劳动站，为北京奥世博针织厂进行半成品内衣加工。共有精残、智残人员10名残疾人参加职业康复劳动。为地区558名残疾人全部更换第二代残疾证；组织开展“自强”与“助残”模范表彰与事迹报告会；组织地区150名残疾人开展“七一党的生日”知识问答活动；举办“迎国庆贺中秋残疾人文艺汇演”活动；组织50余名残疾人和残疾人工作者到游览怀柔红螺寺和园林采摘活动。

（高玉娟）

和平街街道

【概况】　和平街街道位于朝阳区西北部，东以城铁13号线为界，南起北二环路，西至安外大街，北至元大都公园，辖区面积4.54平方公里。户籍人口95801人，24984户。流动人口29253人。年内新出生人口577人，死亡人口291人。辖区内有10余家科研院所、近10家文化艺术团体、3所大专院校、1所成人教育学院、1所中专、3所中学和3所小学，有9个社区居委会。

地址：和平西街和平西苑10号楼

电话：84280465

邮编：100013

（王爱君）

【关爱妇女活动】　1月，出资为地区53名特困单亲母亲发放春节慰问品。4月街道妇联与北京玛丽妇婴医院合作，为40名因病致困的老年妇女体检。北京玛丽妇婴医院出资22000元，向她们发放《医疗救助卡》。10月，街道妇联与中国狮子会北京分会联合举办“邀请单亲母亲参观北京太阳村”活动，27名单亲母亲参加活动。

（刘　焱）

【日本代表团考察垃圾分类】　2月11日，市市政市容委领导和北京金瑞普物业公司负责人陪同日本东京都友好代表团到胜古馨园小区考察交流垃圾分类工作，了解小区居民居住状况、垃圾分类宣传工作情况，实地考察垃圾分捡房，观摩垃圾处理机运转情况。

（麻慧溶）

【城市管理】　2月，完善《城市管理

督办件登记派发登记制度》,增加《新增建筑确认及违法建设拆除通知书登记制》、《门前三包整改建议函登记制》、《安全生产专题案件登记制》、《职能科室案件登记制》,强化职能科室、社区责任制,明确职责分工,提高案件办结率。实行《城市管理督办件结案复核制度》,《城市管理疑难案件结案预警制度》,确保案件及时有效解决。4月,成立绿化环卫综合管理站。制定《和平街环境综合管理站管理办法》、《和平街环境综合管理监督员工作流程》、《和平街环境综合管理监督员职责》,将地区环境秩序、环境卫生、公共设施、专业队伍作业质量等列入日常城市管理监察工作,建立基层环境综合监管协调机制。实行城市管理问题督办制度,严格督办件等监督复核制度,实行全程跟踪监督处理,及时反馈,及时协调,及时处理,形成职能科室,专业保洁队,绿化队,社区居委会联动机制,全年监督发现各类城市管理问题260余件,自行解决170余件。数字化管理工作综合绩效位居街道排名第4名。

(王　彤)

【公共卫生】　3月,樱花园社区卫生服务中心站启动,区卫生局党委书记郭德宏、副局长陈开红、办事处主任王玉华等领导出席启动仪式。6月5日,街道第四个“社区公益日”启动,由安贞社区卫生服务中心的5家社区卫生站承接,为地区80岁以上高龄老人建立医疗联系卡并提供定期上门医疗服务。全年开展6次覆盖全地区的公共卫生综合执法检查。防控甲型H1N1流感疫情,发放“温馨提示”、“注意事项”、“健康专刊”等宣传材料88273份,签订社会单位责任书2264份,完成2178例居家隔离人员监测和服务工作。

(周　洁)

【社区公益日制度】　3月5日,在庆祝三八国际劳动妇女节99周年的大会上,街道工委、办事处宣布每月5日为和平街地区社区公益日,同时号召社区居民踊跃参加社区公益日活动。

(刘　焱)

【平安建设】　4月至10月,组织综治检查23次、夜查11次,出动检查人员321人次,出动检查车辆58车次,检查和复查近1000个单位。其中:检查复查小餐饮233余家、地下菜市场2家,建材市场2家,洗浴、歌厅、网吧等娱乐场所12家,宾馆、招待所43家,地下空间214家,施工工地5家、中小学幼儿园7家,3所大学食堂,出租房屋205家,清理广告张贴74处,开具211张检查通知单和限期整改通知单。

(李平春)

【社会领域党建】　5月18日,和平街街道社会工作委员会成立。设书记1名,副书记2名、委员6名。以怡和阳光大厦党建服务站为示范点,推进地区楼宇大厦社会工作站的建立;依托党员综合服务中心建立小黄庄社会工作站;依托砖角楼社区建立砖角楼社区社会工作站;分别在易亨大厦、三川大厦等12座楼宇建立社会工作接待站。小黄庄社会工作站辐射7个楼宇接待站,砖角楼社会工作站辐射5个楼宇接待站。8月底,地区15座商务楼宇党建服务站和社会工作站建站工作全部完成,实现地区全覆盖和“有党员的地方就有组织”目标。建站后,社会工作党委及时为各成员单位搭建展示平台,组织地区非公企业党史国史知识竞赛活动、地区餐饮企业和楼宇物业“咸亨杯”职业技能大赛等活动。

(王琳琳)

【老旧小区改造】　5月至7月,完成和平家园北小区、砖角楼北小区、十四区北小区、十三区南小区、胜古东小区、小黄庄北小区6个老旧小区改造工程。实施绿化补建4512.7平方米、甬路修复19164.88平方米、增设小区公共照明设施1套、整合机动车停车位120个、安装座椅18组、新建挡音墙60延米、修建自行车棚3座、铺设雨水管线300延米。

(麻慧溶)

【儿童画展】　6月1日,在街道艺术馆举办“儿童环保画展”,辖区内幼儿园小朋友和中小学生300多幅(件)作品参展。

(刘　焱)

【双创双评活动】　6月11日,“和平西桥北行站”被评为“我最满意的公交地铁站台”并被授予一星荣誉;杨景华、乔桂芳被评为“我最喜爱的文明乘车引导员”。和平东街社区、樱花园社区、胜古庄社区、胜古北社区、小黄庄社区被评为2009年度朝阳区区级文明社区。

(刘　焱)

【人大工作调研】　6月11日,市人大常委会副秘书长、联络室主任张清一行4人,在区人大常委会主任王力军、副主任于五一陪同下,就人大街工委职能作用、工作方式、推动工作机制等内容到和平街调研。

(左艳菊)

【创建五星级社保所】　6月,街道社保所被市劳动局评为五星级社保所。社保所建立健全首问责任制、AB岗、办理时限制、政策公开制等工作制度,确定“基本服务项目+特色服务项目”的服务内容,减少中间环节,制定规范的服务工作台帐,对受理事项、办理时限、办复结果及时告知申请人,保证服务质量。坚持晨会制度、月例会制度推动所队伍建设。

（王 昭）

【社区居委会换届】 6月，街道9个社区圆满完成第七届社区居委会换届选举工作。选举出新一届居委会成员61人，其中主任9人、副主任18人、委员34人。新一届社区居委会成员呈现“三升一新”特点，即：党员比例提升，文化程度提升，专业水平提升，成员结构新。

（周正仪）

【成立信访办】 7月，成立信访办，与矛盾调处分中心合署办公。全年接受各类信访件61件，其中，属重复信11件、表扬信1件、匿名信8件(1件为重信)。初信化解率为90%；重复信化解率为95%；信访积案化解率无；处理政民互动服务平台网上投诉、建议、咨询等类308件；接待来访220批，301人次；接来电咨询、投诉35件。达到了职能互补、信息畅通、工作互动的效果。

（吴福静）

【国庆安保】 7月28日，成立平安国庆领导小组并制定平安国庆工作方案。先后对4名重点人进行风险等级管控，9月20日至10月10日，组织社会单位人员和社区居民共456人担任国庆交通安全义务宣传员。3005名红袖标志愿者上岗巡逻。

（李平春）

【受阅女民兵工作】 7月30日，街道领导带领班子成员，到沙河阅兵村看望慰问从和平街地区选调的6名女民兵，并带去防暑降温物品及食品。10月23日，召开国庆受阅女民兵庆功座谈会，表彰参加国庆阅兵的6位女民兵，并为她们颁发荣誉证书和奖金。女民兵代表张艳丽汇报训练受阅过程。

（佟 红）

【健身园改造工程】 8月3日至8月15日，街道完成和平家园乒乓球健身园改造工程。铺装地面1103平方米，配置30个座椅，建造2套石桌椅，增设挡音墙60延米，改建园内北出入口无障碍坡道。

（麻慧溶）

【老楼通气工程】 8月20日，举行老楼通气工程启动仪式。516户老楼居民年底使用上了天然气。

（麻慧溶）

【文明引导】 8月，由24名妇女组成的“和平街街道金玫瑰指路队”，在建国60周年前扩编，扩编后人数为100人，名称更改为“金玫瑰文明引导队”。

（刘 焱）

【城市景观布置】 9月，实施迎国庆60周年城市景观环境布置工作方案，悬挂红灯笼336盏、插彩旗840面、设置门前庭院花坛68个。街区花卉摆放共计7万余盆、悬挂横幅30条、大红灯笼800盏、中国结400个、彩旗450面。

（麻慧溶）

【人防工程管理】 9月15日，制定人防工程整治方案，召开整治工作动员部署会，明确任务、标准和时限。与有证的人防工程签订《安全使用责任书》；对待办证的人防工程实行暂停使用并张贴封条进行封闭管理，对5处擅自使用人防工程要求关停；与未用人防工程签订《安全管理责任书》。累计进行人防检查350人次，消除安全隐患8处。

（佟 红）

【健康社区验收】 11月9日，市、区爱卫会领导到胜古庄社区、十四区社区，检查验收创建北京市健康社区工作。2个社区通过验收。

（麻慧溶）

【流动人口管理】 年内，出租房屋登记4293户、新登1153户、核销543户、更新4500户，来京人员登记29253人，新增10769人、核销8272人、更新8801人、迁移2759人；签订治安责任书4011份、签订国庆期间租赁房屋治安责任书3694户、代办暂住证27309个。

（李平春）

【社会救助】 年内，地区享受低保待遇287户，531人，平均每月发放低保金209057元；医疗救助28人次，救助金额47375元；医疗临时救助6人次，救助金额24334元；教育救助6人次，救助金额22150元；高等院校新生入学救助4人次，救助金额16000元；爱心家园发放爱心卡299张(计6万元)、共发放领取物品3726件；办理助老慈善卡43人；为1716老年人办理优待证；为12名低保边缘大病致困、重大疾病致困人员办理救助金18000元。

（蔡占英）

【法制宣传与人民调解】 年内，开展法制宣传教育67场次，受教育人数17545人。组织律师进社区，解答法律咨询2780余人，开展法律知识讲座30余场次。调解民间纠纷516件，调解成功398件。其中有邻里纠纷189件，婚姻纠纷26件、赡养纠纷13件、继承纠纷24件等。街道法律服务所担任基层政府、居委会、各类企业法律顾问6家，代理诉讼事务3起。

（潘丽红）

【城市管理】 年内，城管分队受理各类案件3979件，出动执法人员10000余人次，执法车辆4900车次，规范门前三包3500家，查处无照经营1520起，取缔露天烧烤120起，规范施工工地夜间施工21起，查处小广告窝点15个，报送小广告停机380个，全年累计罚款74360

元。拆除违法建设13处659平方米。办理网格督办15000余件,办理各种城管热线1800件。全年对内宣传信息报送150篇,对外宣传信息刊登50篇,规范牌匾标识150块,拆除违规户外广告30块。

(杨　珊)

【温馨家园建设】 年内,投资110万元,创建占地面积430平方米的示范残疾人温馨家园。并设残疾人职业康复劳动站、社区康复站、辅助器具服务站、爱心超市、图书室、技能培训室、谈心室等,为辖区残疾人提供职业康复劳动服务、辅助用品用具租赁服务、转介服务、志愿者服务、康复训练服务、文体活动、技能培训、就业服务、心理咨询、信息咨询以及法律维权等个性化服务。

(杨宏燕)

【计划生育】 年内,与国家人口计生委《人口文摘·母婴》杂志社联合在街道举办"好孕·准妈妈"新春音乐会;对社会单位、社区居委会计生干部开展"出生缺陷干预与人口素质"专题培训;在辖区5个社区卫生站设立叶酸发放点,扩大地区叶酸发放渠道;以宣传《流动人口计划生育工作条例》为主题,开展义诊、咨询等多种形式的宣传活动;为地区100名流动人口育龄妇女免费孕检及妇科健康体检;开展"珍爱自己,善待生命"预防艾滋从我做起的主题活动;与北京中医药大学联合开展"以爱防艾,让青春更精彩"知识竞赛。

(周　洁)

【劳动者权益保护】 年内,劳动监察执法重点查处拖欠、克扣农民工工资问题,全年解决企业拖欠劳动者工资及经济补偿金28万余元,涉及劳动者160余人。监察用人单位321户次,涉及用人单位职工3000余人;督促补签劳动合同309份;督促21户用人单位缴纳社会保险22万余元,涉及劳动者284;督促36户用人单位进行社保登记;纠正违反劳动法律和法规的管理制度44条。

(赵　伟)

【社会保障】 年内,开发就业岗位3300个,提供职业指导1395人,免费职业培训119人,自主创业培训21人,接待失业人员就业1874人,成功推荐920人实现再就业,办理《再就业优惠证》和《求职证》1874份,为2000人办理了"一老一小"业务,为560位老年人办理城乡无保障优惠待遇。

(王　昭)

小关街道

【概况】 小关街道位于朝阳区西北部,地处奥运功能区,东起育慧南路,与太阳宫地区接壤;南至北土城公园,与和平街街道交界;西临北苑路,与亚运村街道毗邻;北至北四环东路,与大屯街道隔路相望。辖区面积2.58平方公里,人口约12万人,其中常住人口约8万人,流动人口约4万人。有小关、惠新里、惠新北里、惠新苑、高原街5个社区居委会,包括53个居民工作组、63个居民小区、6家业主委员会。辖区内有12所大专院校、2家新闻单位、4家国家级出版社、15家涉外饭店及购物中心、中央直属单位32家、市属单位28家、企业1931家。

地址:小关东街甲2号

电话:64923881

邮编:100029

(吴俊华)

【科技利民工作】 3月,惠新北里社区正式被批准为北京市首批6家社区服务科技应用示范区之一(社区服务科技应用示范区建设主要是针对社区居民在安全、健康干预、便利生活、学习交流、节能环保等五方面的需要开展一系列具有推广价值的科技应用示范)。年内,市、区累计投资400万元,于9月完成社区综合基础网络建设、多媒体信息综合发布系统、社区数字化安全防范系统和社区紧急救助服务系统建设。

(吴俊华)

【妇联工作】 5月,完成街道妇联的换届选举工作。新一届专职妇联干部队伍文化程度明显提高,年龄结构更趋年轻化。年内,各社区分别成立妇女编织班、书法班、舞蹈队等兴趣小组,聘请外经贸大学优秀学生为街道妇女英语培训班授课。三八妇女节期间,社区联合举办"三八"文艺会演活动,300余人参加。开展科普宣传活动。3月22日,社区妇联为庆祝第十七届"世界水日",组织开展"落实科学发展观,推进民生水利,保护水环境,节约水资源"主题宣传活动。辖区内11个小区1000多名居民和过往群众接受了宣传教育。组织1000户家庭参与了北京市举办的《2009年百万家庭数字生活技能大赛》。在"寸草报晖,母亲健康"活动中,街道妇联联合藏医院为贫困母亲提供了总价值3.6万元的80张医疗卡。

(吴俊华)

【社区居委会换届】 5月,惠新里、惠新北里、高原街、小关、惠新苑等5个社区顺利完成换届选举工作。5个社区中,高原街社区采取户代表选举方式,其余4个社区采取居民代表选举方式。5个社区登记选民15887户、33498人。设置居民小组243个,推选居民代表500人,比上届增加41人,平均年龄57岁。本届共选出居委会主任5名,副主任12名,委员20名。在37名当选人员中,男9名,女28名,退休人员

3名(由上届的23%降至8%);中共党员20名,由上届的49%升至54.%;平均年龄39岁,最小24岁;大专以上学历27人,由上届的65%升至72.9%,其中3人通过助理社会工作师水平考试,19人持有社区工作者资格证书,占当选人员的59.4%。本届社区居委会人员年龄结构更趋合理,文化水平进一步提高,综合素质进一步提升。

(吴俊华)

【文化惠民工程】 7月,启动文化惠民工程,投资近千万元,建成面积2800多平方米的"小关街道和谐艺苑"。和谐艺苑以文体中心为主体,囊括党建活动室,艺术展览室,安全教育馆,儿童活动室、形体房、图书室、乒乓球室、台球室、多媒体教室以及艺术走廊等。自7月启动至年底共接待群众37260人次。

(吴俊华)

【城市管理】 年内,累计出动执法检查人员13248人次,协管员15552人次,保安4680人次,执法车辆3984台次,开展各类集中整治活动28次,取缔无照经营3900起,取缔露天烧烤、大排挡47处,清除小广告14.68万张,取缔非法客运360余起;整理长期积存的垃圾8000余吨。投资101万元用于改造老旧小区;投资397万元对多产权或产权不清的街巷胡同进行改造;投资60万元对主要街道进行灯笼、旗帜、花卉装饰,营造国庆气氛。网格工作及时结案率96.3%,减少管理空白点,提高社会化、常态化、精细化管理效率。截至年底,完成绿化补建2处计3698.8平方米,甬路修复7处计20478.05平方米,墙体粉刷1处计109.25平方米,修建封闭小区公共照明设备8套,铺设排水管171延米,增加石桌石椅5套。

(吴俊华)

【司法工作】 年内,调解民间纠纷351件,成功341件,成功率98%。开展大型咨询活动12次,现场接受咨询500余人次,发放各种法律法规书籍、材料4000余份。为地区居民义务提供法律咨询267次,为60岁以上老年人提供法律服务48次,为残疾人服务5次,为妇女儿童服务32次。参与司法行政7件,避免经济损失68万元。

(吴俊华)

【残疾人工作】 年内,走访慰问残疾人154人次,发放残疾人慰问品价值74800元;为1名残疾人在校大学生和1名低保残疾人子女办理了助学补助,发放助学金6000元;为584名残疾人完成了换证工作;为68户残疾人家庭完成了无障碍改造施工,安装无障碍设施183件;开展残疾人康复服务工作,发放康复器具102件,发放价值6万余元的康复救助卡15份;发放精神残疾人用药补助5000元;投资2万余元,组织100名精神残疾人开展室外康复活动2次;开展培训教育,安排推荐10名残疾人实现社会就业;开展"残疾人伟大母亲"评选活动;鼓励、安排19名残疾人参加国庆安保志愿活动;为584名残疾人发放电影兑换券。

(吴俊华)

【地下空间管理】 年内,将38处在用人防工程纳入工作网格,将45处在用人防工程纳入整治工作重点。完成地区人防工程事故处置救援应急预案和制定了小关地区人防工程防汛预案,与辖区地下空间使用单位、相关物业单位、各社区居委会签订了《小关地区2009年人防工程安全管理责任书》。在"两节、两会"期间,组成了联合检查组,对地区63处地下空间进行了拉网式检查。

(吴俊华)

【社会救助】 年内,采取"大救助、广覆盖"、"重大困难、特殊帮扶"等系列援助模式,实现社会救助全覆盖。针对各种弱势群体及西藏中学贫困学生在内的救助对象,累计投入服务和救助资金150余万元。元旦、春节期间,走访慰问管理对象290余户。其中街道8位处级领导分别看望了地区42户因患重症至困的家庭,送去慰问金95000元。两节期间走访慰问发送慰问品和现金折合人民币共计29.5万元。五一、端午节前夕,爱心家园为254户困难家庭发放了总价值50800元的慰问品。国庆和中秋节前夕,计生、残联、妇联、610等部门对地区低保人员、低保边缘人群、困难重残人、计生独生子女困难等206户家庭进行走访慰问,发放月饼及生活用品折合人民币74577元。

(吴俊华)

【住房保障】 年内,为25名符合条件的教师家庭办理初审限价房手续;办理初审保障性住房426户,其中经济适用房191户,廉租房12户,限价房223户。全年办理的租房登记40人,查处限价房瞒报房产22户,重新审核廉租房34户,办理廉租房货币配租转实物配租13户。

(吴俊华)

【安全稳定】 年内,以巩固平安奥运成果,开展平安国庆活动为核心,推进平安建设。以争创"国际安全社区"为抓手,加大力度保稳定,铸平安。加强安全生产和食品卫生安全监管,对地下空间、人口密集场所、建筑工地、高危行业认真检查管理及做好预防煤气中毒、预防火灾的专项治理工作。投资30万元,在辖区内建立5个地区联合执法站,设专业力量24小时职守。9月,制定并实行《小关街道关于维护社会治安人员的奖励办法(试行)》。国庆期间,实行社会治安志愿者实名制,做到安保社会面无盲点防控。参加国庆安保任务的社会治安志愿者人数共计2609人,出动14700余人次值守。在对外经贸大学、西藏中学等重点部位,主要领导亲自带队加强防控,做到24小时值守。组织由75名同志组成的支援建外街道和天安门的两支治安志愿者队伍,圆满完成了任务。全年街道社区治安防控体系建设达标率100%,平安社区创建率100%,小区封闭情况99%,楼房安装门禁系统100%,流动人口及出租房屋登记率100%。年底,街道被区委、区政府、区国庆筹备工作领导小组评选为"中华人民共和国成立60周年庆祝活动筹办先进工作单位";获国庆治安警卫指挥部、市国庆平安行动协调小组颁发的"国庆安保工作先进集体"称号;被世界卫生组织认证为"安全社区"。

(吴俊华)

【劳动保障】　年内,为缓解就业压力,街道采取"政府主导、社会参与、项目运作"的方式,组织困难群体在社区创业就业,强化动态管理与服务,多渠道、多角度、多形式开展创业活动。全年接收失业人员档案438份,完成全年指标的106.55%;开发空岗3020个,完成全年指标的181.1%;就业困难人员就业、公共职介推荐成功率及自主创业、带动就业等多项指标均超额完成任务。劳动关系纠纷解决率100%,为农民工追回薪金1000余万元。

(吴俊华)

【税源建设】　年内,街道以服务为先行,采取领导干部"四包",即包社区、包重点企业、包服务、包税源建设指标的办法,定期沟通联系,送政策、送服务上门,为企业解决难题。开展符合纳税企业需求的培训47次。全年完成区级指标收入2.61亿元,完成年税收指标的238%,完成年内计划指标的229%。

(吴俊华)

【信访工作】　年内,收到群众来信37件,接访106次。实现群众集体访、越级集体访和非正常群体访三项全部"零指标",信访事项办结率、化解率均达100%。成功化解了多个积案,如"白光全住房问题"、"小关北里45号院三层以上的居民供暖问题"、"异地进京残疾人失业人员刘成成未办理社会保险无法办理退休的问题"、"奥体东居住宅项目内部股权纠纷引起的聚集"、"血友病感染艾滋病患者到中国生物技术集团公司上访"、"小关北里45号院供暖"、"小关北里24号院物业纠纷"及"惠中庵小区堆放、建设垃圾"等问题。

(吴俊华)

【党建工作】　年内,工委围绕"解放思想、传承奥运、再创优势"要求,把深入学习实践科学发展观活动、开展作风建设年工作与"保增长、保民生、保稳定"相结合。采取了五项措施:一是以制度建设增强作风建设的实效,重点是坚持和完善街道工委会和主任办公会制度,坚持领导干部深入社区调查研究和信访接待制度,加大监督制度的落实。二是以"四结合"推进作风建设。即把学习实践科学发展观与开展作风建设年工作相结合;把加强领导班子建设与提高应对金融危机能力相结合;把执行政策的原则性和实际操作的灵活性相结合;把改进机关工作作风与"保增长、保民生、保稳定"工作相结合。三是加强行政能力建设。加强发展意识、大局意识、服务意识、务实意识等四种意识的教育,建立科室工作每月分析评估制度。科室工作重心主动下沉社区,办实事、解难题,推动"三保"工作有效落实。四是发挥基层党组织作用。街道工委加强对各社区党委推出的先进工作典型和工作方法的培育和总结工作,如惠新里社区党委的"金点子进家中"系列活动、惠新苑社区党委的"红色先锋队"系列活动、小关社区党委的"党建协调委员会"为着力点的共驻共建的党建长效机制、高原街社区党委的创新工作方式,打造"温馨共筑品牌"、惠新北里社区的"楼宇文化"等,以此来不断规范工作程序,提升工作水平。五是把非公党建与"三保"工作相结合。以"抓非公党建、促企业发展"为主线,在提升服务上促进企业科学发展,正确引导非公企业抱团自助、共度时艰,在组织设置上,坚持"非公企业发展到哪里、党的组织就建到哪里,群团组织就延伸到哪里"的理念,在党员作用的发挥上,树立"有为才有位"理念,引导党员发挥模范作用,促进非公企业党建工作制度化、规范化、科学化建设。

(吴俊华)

三里屯街道

【概况】　三里屯街道地处朝阳区中西部,东起东三环北路,南临工体南路,西至春秀路与东城区相接,北濒亮马河。区域总面积2.9平方公里。设有7个社区居委会,常住人口5.5万多人。外来人口7000余人。辖区内有企业1507家,驻华使(领)馆76家及联合国开发署、联合国难民署、联合国儿童基金会和一大批涉外宾馆饭店,中央市属单位103家。医疗机构有武警总队医院、三里屯医院和北京同仁长虹医院。大专院校有北京联合大学机械工程学院,另有中学3所、小学3所。三里屯地处CBD功能区,是朝阳区"时尚文化版块"的重要组成部分,也是朝阳区对外交往的重要窗口。
地址:幸福村1号
电话:64165276
邮编:100027

（宋晓红）

【社区居委会换届】 3月初至5月中旬,按照“公平公正、及时公开、无记名投票”原则,选举第七届社区居委会班子。7个社区共有23210名居民进行选民登记,选举产生居民代表506名,居民代表参投率92.1%。通过投票选举,45人当选为新一届社区居委会成员。

（宋晓红）

【税源建设】 年内,以“引增量、保存量”为中心,加强税源建设,全面完成“保增长”任务。成立街道党政一把手负总责,办事处主任亲自抓,副职领导具体抓,机关科室齐参与的专项工作机构;制定领导包片、包重点企业,定期会商的制度;实施“重点项目引税源、协调服务保税源、加大扶植育税源、联动创新增税源”四项措施。通过走访异地纳税企业、帮助企业解决实际问题、加强与企业沟通协调等手段,实现街道区域经济稳步增长。全年实现区级财政收入6.2亿元,完成全年指标的125%,超额完成全年任务。

（宋晓红）

【劳动就业】 年内,围绕年初区委区政府下达的完成失业人员再就业790人、开发就业岗位2665个的工作目标,大力实施劳动就业和社会保障工程,多渠道开发就业岗位,积极开展劳动技能培训,安置失业人员再就业831人次(其中包括3名残疾人),已开发就业岗位2850个,超额完成全年任务。

（宋晓红）

【民生工作】 年内,投资248.3万元,救助困难群体人员819人次,实现应保尽保和社会救助全覆盖;完成40户残疾人家庭无障碍改造工程,依托幸福二村社区和北三里社区“市级示范温馨家园”,开展残疾人康复活动;启动出生缺陷一级干预工程,为32户独生子女家庭、44户独生子女伤残家庭落实特别扶助政策;为910名老人落实居家养老政策。

（宋晓红）

【创建国家级安全社区】 年内,深化平安奥运成果,完善覆盖全地区、整体联动、广泛参与的社会面立体化防控模式,使各项安全稳定措施落实到社区和社会单位,延伸到末端。以层层落实责任制为主线,整合群防群控力量,实现群防群控勤务化;加强重点人、重点区域管控,强化流动人口管理和服务,深化同“法轮功”等邪教组织斗争,提升社会面动态防控能力和区域整体防控能力;开展文化娱乐场所专项清理整治工作,做好“三无”社区创建;6月份通过考核组审查验收,获得“国家级安全社区”称号。

（宋晓红）

【国庆平安行动】 年内,建立街道“1+5+7”工作体系,制定《三里屯街道国庆筹备分指挥部工作方案》。按照“下好先手棋,打好主动仗”要求和“四个坚决防止”目标,通过强化体系建设、制度建设,完善提高人防、技防、物防水平,落实各项防控措施,构建多层次、全方位、无缝隙的社会面防控网络,确保国庆安全保卫工作万无一失。由机关、社区干部、社区保安、治保积极分子、民兵、巡防队员、城市志愿者等组成的2830名治安志愿者参与工体游行彩车安置地、远端集合安检、集结疏散路线社会面防控工作,完成3次阅兵演练以及国庆当天服务保障任务。街道统筹各专业部门、辖区社会力量加强对三里屯酒吧街、使馆区和工体的管控力度,成立了由综治、城管、公安组成的酒吧街现场指挥部,增加安保力量,营造良好的治安环境秩序。

（宋晓红）

【系列文化活动】 年内,以第八届三里屯社区文化节为平台,系列文化活动贯穿全年。街道骨干文体团队多次代表街道参加国家、市、区级各系统举办的文艺演出,其中8次代表朝阳区参加北京市大型文化活动表演,在北京市第十一届舞蹈大赛、朝阳区“社区一家亲”系列比赛及朝阳区京剧票房大赛等各项比赛中获一等奖12项、二等奖9项、三等奖14项。组织地区100名群众参加国庆60周年天安门群众联欢演出,获首都国庆60周年筹备指挥部突出贡献表彰;参加北京市组织的百万家庭数字技能大赛及区总工会举办的“爱国歌曲大家唱朝阳区职工合唱大赛”,均获好成绩。再获首都级文明街道称号。

（宋晓红）

【环境建设】 年内,投资450万元对中纺东里等3个老旧小区和三村五巷等6条街巷胡同实施绿化、铺装和沥青改造工程。采取召开居民代表听证会征求意见、聘请监理公司和纪检部门全程监察等措施,确保工程按时、保质、保量完成。改造绿地1850平方米,改造路面1.9万平方米。国庆环境景观布置主题鲜明、亮点纷呈,获区级景观布置一等奖。

（宋晓红）

【城市管理】 年内,以网格化管理进社区为载体,实施《三里屯街道社区数字化城市管理工作评价细则》,建立社区卫生主任每周工作例会制度,及时发现并消除环境问题,案件量不断下降。全年累计处理网格案件7644件,及时结案率

99.95%,全年7个月实现了红灯零指标,三月份、九月份分别取得第一名,全年综合排名居于街道系统前列。

(宋晓红)

【双拥共建】 年内,筹集68万元改造空军幸福村干休所道路,老红军、老将军们将其命名为"拥军幸福工程";举办第二届青年交友联谊会,为地区适龄青年和武警部队青年干部搭建相识平台;"两节"、"八一"、"十一"期间走访慰问127名优抚对象、义务兵家属和驻地部队;驻地北京武警总队医院与10户空巢老人、地区托老所结成帮扶对子。在国庆平安行动中,驻地部队积极参与,在社会治安中发挥重要作用。双拥工作得到市区肯定,在全区考核中取得总分第二的优异成绩。

(宋晓红)

【聚合力工程】 年内,圆满完成社区党委换届选举工作;完善党建阵地建设,健全街道工委、社区党委和居民党支部三级党员服务体系;深化社区党员代表常任制工作,扎实做好党员接待室、党员代表提案等工作,畅通社区党员群众意愿表达、利益诉求渠道;涌现出"家庭党日"、"一帮一结对子"、"党员责任岗"等党建品牌;新建非公经济党组织6家,17家商务楼宇成立党支部,100%完成区社会工委挂账任务,实现社会领域党建工作全覆盖。

(宋晓红)

【党风廉政建设】 年内,严格落实党风廉政建设责任制,明确任务分工,层层签订党风廉政责任书,完善教育、制度、监督并重的惩治和预防腐败体系;围绕"三保",加大对重点项目、重点工程监督检查力度,深化效能监察;动员机关科级以上干部参加"五类风险"点查找,共查找出风险点63个,制定前期预防、中期监控、后期处置等防控措施。贯彻执行《建立健全惩治和预防腐败体系2008-2012年工作规划》,落实各项措施,加大源头治理预防腐败工作力度;强化领导干部"一岗双责"意识,将党风廉政建设责任制落到实处。

(宋晓红)

建外街道

【概况】 建外街道位于朝阳区西部,东起西大望路,与八里庄街道、高碑店地区接壤;南临通惠河,与双井街道相望;西至东二环路,与东城区建国门、朝阳门两街道交界;北至光华路,与呼家楼、朝外街道相邻。占地面积4.4平方公里,是CBD核心区。辖区有8个社区居委会、社区工作站,户籍人口13332户、42310人,常住人口28668户、47471人,年内新出生176人,死亡160人,流动人口28625人。驻地法人单位8917个,规模以上单位1239个。有中国航空工业集团公司、中国国际贸易中心、赛特集团有限公司、中国化纤总公司、中意财产保险有限公司、中国电线电缆进出口有限公司等中央单位130个,有北京市人大常委会办公厅、北京市高级人民法院、北京电视台、北京广播影视集团、北京广播电影电视局、北京人民广播电台、中华人民共和国北京海关、市旅游局、北京电线电缆研究所等市属单位181个,外资企业731个,个体工商户1401户。三星、奥林巴斯、阿尔派电子、摩根士丹利、乐金电子(中国)有限公司(LG)、卡夫食品(中国)有限公司、松下电工(中国)有限公司、中国惠普有限公司、壳牌(中国)投资有限公司等外资企业在辖区落户。有清华大学继续教育学院、日坛中学、光华路小学、小牛津等大中小学、幼儿园12所。社区卫生站4个。道路30条,其中市属重点大街7条,经由建外地区的交通线路76条。有中国大饭店、长富宫、国际俱乐部、友谊商店、赛特购物中心等星级饭店、宾馆、高档写字楼、大型商厦58座,现代城、建外SOHO等高档商住两用楼88栋。有联合国国际粮农组织、国际红十字会两个国际组织。有特色市场-秀水街。有31家外国驻华使馆,两个外交公寓群,其中13栋别墅、19栋公寓楼。实现税收入库71.5亿元,形成区级财力21.41亿元。街道党政机关设置工作机构20个,工作人员87人。

地址:东三环中路39号建外SOHO西区18号楼

电话:58789617

邮编:100022

(王惠珍)

【党建工作】 年初,完成8个社区党委换届选举工作。新一届社区党委委员平均年龄43.5岁,比上一届低2岁,大专以上学历36人,占党委委员总数的78%,比上一届提高15%。在第二批学习实践科学发展观活动中,党员参与率99.80%;两新组织党员参与率100%。在开展纪念建党88周年活动中,表彰先进党组织8个、优秀党员76名,慰问老党员3名。南郎社区党委成立现代城党建服务工作站。

(周丽娟)

【市政协领导视察】 2月13日,市政协副主席赵文芝、市红十字会会长韩陆和市残联副理事长赵春鸾等一行40余人,在区红十字会副会长商建英陪同下,参观建外街道残联职业康复项目——慧馨手工编织社,观看残疾人工作现场和部分手工制品,并详细询问康复的残疾人员收入等情况。赵春鸾十分关心编织社产品销路,对产品质量与种类均给予了高度评价。赵文芝指出:

"你们残疾人自强不息,积极参加康复活动,走出家门,融入社会,不但益于身心健康,又为家庭和社会减轻了负担,增加了个人收入,是件利国利民的大好事,是当地政府改善民生的具体体现。"

(王槐林)

【甲型 H1N1 流感防控】 4月至10月,以宣传发动、社区监控、社会参与三个环节为重点,积极做好甲型H1N1流感防控工作。成立公共卫生食品安全专项工作组,组建"七组一分队"防控工作模式,投入60万元,建立全方位防控保障体系和联防联控、群防群控"两个机制",实施全员参与、全覆盖式网络化监测管理。签订责任书近9千份,发放宣传材料10万余份。成立专项督察组,及时发现问题,掌握信息,至9月中旬,对归国人员健康实施监测累计23000余人次,占全区总数的20%,日平均监测810余人,较好地完成地区防控工作,为地区国庆平安营造良好的公共卫生环境。

(康 丽)

【周永康检查国庆安保】 9月25日下午,中共中央政治局常委、中央政法委书记周永康到建外街道检查国庆安保工作,并慰问志愿者。周永康在听取街道国庆安保工作情况汇报、察看了方案台帐、物资储备、指挥调度、制高点防控等情况后,对街道认真排查安全隐患、加强管理和服务群众的做法给予充分肯定。指出:"专群结合是我们的一大优势,人民群众是真正的铜墙铁壁。每逢重大活动,首都市民都表现出很高的政治觉悟、很强的大局意识,这是我们做好工作的坚实基础和强大动力,衷心感谢北京广大市民!"同时还强调:"要突出重点,加强组织指挥,工作抓细抓实,以决战决胜的精神状态做好安保工作,确保首都庆祝新中国成立60周年各项活动安全顺利进行。北京市和中央有关方面要增强责任感紧迫感,及时查隐患堵漏洞,在实战中锻炼队伍、检验工作、经受考验,向党和人民交上一份满意的答卷。"中共中央政治局委员、市委书记刘淇,国务委员、公安部部长孟建柱,市委副书记、市长郭金龙,区委书记陈刚,区长程连元等领导随同检查。刘淇强调:"做好首都国庆安保工作,是北京市的重大政治责任,要坚决贯彻中央要求,思想上更加重视,工作上更加精心,认真查找漏洞,及时整改薄弱环节,确保各项庆祝活动安全顺利。"孟建柱指出:"安保工作不怕做不到,就怕想不到,当前安保工作进入了关键阶段,要以细之又细、实之又实的作风和确保万无一失的标准,对各项安保措施进行再检查再部署。"街道结合各级领导指示要求,立即召开会议传达部署并提出具体落实要求。

(王惠珍)

【国庆服务保障】 国庆期间,把国庆保障当作第一位政治任务,放到突出位置,并以此来带动全年安全稳定工作。成立地区工作领导机构,建立五级指挥体系,拟制各类防控方案21份,绘制各类图表58份,做到体系高效、运转有序。召开3次地区动员大会,发动社会单位、居民群众4963人参与25个点段及1023个具体点位防控工作,强化综治五大工作机制,加大经费保障,做到定人、定岗、定责;量化责任主体,下设3个分指挥部,12个专项工作组,8个社区工作组。开展矛盾纠纷排查化解,对"八类人"569名工作对象排查,排查矛盾纠纷53件,避免群体性事件和集体访15起,调处民间纠纷109件。开展各类安全隐患整治行动,对地区148处地下空间、5780处出租房屋进行清查、登记,发现消防隐患85处,关停7处,整改67处。监测归国人员12779名,确诊甲流患者8人,检查餐饮企业单位380余家,发放宣传材料10万余份;检查规模以上工业、危险化学品场所、燃气使用单位、人员密集场所882家,发现安全生产隐患245起,整改隐患214起,责令停业整顿企业31家。开展城市环境整治行动,整治沿街和公共场所私搭乱建行为35起,规范"门前三包"单位415家,规范六小单位79家,查处、没收散发小广告1.5万张,取缔无照游商176起,清理杂物30余吨。以"迎国庆讲文明树新风"为主题,发放张贴宣传海报1.2万张,举办各类宣传文艺活动10场次,组织百名群众参加国庆60周年联欢活动,精挑细选12名女民兵参加国庆阅兵。打造灯笼一条街。街道国庆保障工作代表北京市先后接受中央政法委书记周永康、公安部长孟建柱、司法部长吴爱英,市委书记刘淇、市长郭金龙、副书记王安顺等领导的检验,得到高度肯定和赞扬。

(蒋 宇)

【工会工作】 年内,进行单位基本信息登记和工会会员信息采集,涉及单位47家,会员5085名。为加强工会组织和会员数据库建设,实现对工会会员的动态管理和会员信息分析处理奠定基础。

(苗利全)

【税源建设】 年内,通过处级领导包片、走访税源单位、定期召开座谈会等形式,加强与税源单位联系沟通,落实保增长及税源建设工作任务和目标。全年走访各类社会单位121家,组织召开各种形式工作会议50余次,定期与工商税务等部门研讨座谈;上报各类税源工作信息45篇,报送汇总表格和总结36篇。实现区级收入21.41亿元,同比增长2.26亿元,增长率为11.81%;成功帮助建机天润、凯伦广告、北京德润置业、亚马逊卓越等10家异地纳税企业回迁朝阳。通过区“绿色通道”服务协助北京德润置业在我地区设立的两家新公司办理了转税手续;宣传个人出租房屋房产税代征工作,累计征收个人出租房屋房产税1536.22万元,同比增长749万元,增长率为95.23%;招商引资,吸引九歌艺术品交易、北京世茂置业、北京昭德矿业等15家大型企业落户朝阳。主动联系北京电视台等有影响力的大型单位,宣传朝阳区的各项扶持政策和良好环境。

(王　佳)

【人口与计划生育工作】 年内,组织开展“非公经济组织人口文化需求”调研,开展“写字楼里健康行”系列活动,在非公企业内部开办人口文化大课堂,为非公企业员工送政策、送健康、送服务,探索非公经济组织人口文化建设新模式;创新开展高档公寓人口文化建设,在SOHO现代城小区建立人口文化宣传橱窗6处,推进高档公寓人口文化宣传工作;开展“生育关怀”行动,共为53户困难家庭送去慰问款2.65万元。“9·25”期间,区人口计生委、区慈善协会等领导,慰问北郎社区计划生育困难家庭。深入开展计生“一元捐”活动,共收到社会单位捐款1.835万元。

(康　丽)

【综合治理】 年内,以“国庆平安行动”为重点,全力完成国庆安保相关工作。制定地区国庆安保工作方案,考察并绘制地区防控图等,动员地区各类社会力量参与国庆安保工作,组织协调5次大型联合执法活动,开展4次拉网式安全大检查并对后期整改情况进行复查。推行地区风险评估机制,推动各部门、社会单位履行职责,提升安全系数;利用社会面立体化防控体系,完成“春节”、“两会”、“五一”等重大节日以及“六四”、奥巴马访华等敏感时期安全保卫工作;开展各类安全培训和宣传活动,普及安全知识,提高安全意识;建立建外街道“2468”流管工作模式;完成“雷霆行动”、“彩钢板建筑整治”等各类消防专项工作,为1118户使用直排式热水器居民置换强排式热水器;与地区213家社会单位签定8类安全责任书,制作250块通报牌每周通报交通案情;对区里挂账的吸毒人员建立康复台账,定期谈话、尿检;处理96105督办件30余件。

(马子冬)

【矛盾排查调处】 年内,以街道矛盾排查调处分中心、街道人民内部矛盾调解室和社区矛盾排查调处工作站为平台,开展矛盾排查15次,排查出矛盾纠纷53件,防止纠纷激化15件。累计调解矛盾纠纷1090件,调解成功1072件,调解成功率98%。其中,重点矛盾纠纷11件(因占地引发的纠纷5件,物业管理纠纷3件,其他类纠纷3件)。接待来电、来访600余人次,接待集体访13次,处理信件80件。

(那宏艳)

【环境建设】 年内,围绕60年大庆,对长安街延长线两侧进行环境整治和环境布置,完成长安街延长线200米范围内停车场改造、牌匾标识及外立面整治、沿线围挡墙修复及护栏刷新、建筑物外墙及屋顶粉饰、更换门窗、夜景照明等6类项目的整治工作,投入资金576万元;对长安街延长线及其与之交会的7条支线、通惠河北路共计9条路进行城市景观环境布置,悬挂灯笼5000个、中国节650个、宣传横幅9条,插彩旗3000面,设计摆放主花坛1个。长安街延长线沿线20家社会单位配合环境布置,摆放花坛20个,获区迎国庆六十周年城市景观环境布置优秀组织一等奖,北京银泰中心获区景观环境布置一等奖。完成秀水社区东大桥路小区改造,改造面积3760平方米,铺装庭院渗水砖2492平方米,绿地改造1268平方米,种植大叶黄杨球6株,紫薇22株,宿根花卉11380株,丹麦草533平方米,投入资金45.7万元。自管小区和道路绿地养护面积6万平方米,代养辖区社会单位绿地面积2万平方米,年投入养护经费40余万元,成立了迎国庆防治美国白蛾工作领导小组,组建防治队伍,完善社区巡查机制,防控人员、物质、措施到位,实施检测和科学防治,有效控制了虫情孳生与蔓延。现有花园式单位22家,新创建市级花园式单位1家,即建外SOHO西区。地区现有古树国槐2株,由市高人民法院和建外街道绿化队各养护管理1株。

(王　萍)

【劳动监察】 年内,重点开展用人单位劳动用工书面审查工作。检查辖区用工单位6136家,为200家用人单位补办社会保险登记证,326家用人单位为1873名员工补签了劳动合同,对89家单位进行立案处理,书面审查工作完成数量居全区之首。参加书面审查的用人单位2009年劳动争议案件投诉率同比下降30%;开展劳动用工规范一条街活动,对建外SOHO18号楼70家用人单位进行劳动用工检查,其中责改5家。对地区重点企业进行劳动用工监测1440家次、劳动合同季报320家次;解决农民工拖欠工资问题,妥善处理农民工工资、工程款、合同纠纷12件。完成劳动监察举报案件33件,处罚4起,金额4千元;社保拓面征缴工作新增18家,涉及人数900人,增加社会保险金额5万元;成立安全生产联合执法工作组,开展国庆安全生产“护航行动”,累计检查生产经营单位

1780家次，发现隐患341项，下达隐患整改通知书100份，关停存在隐患的生产经营单位16处，确保国庆节期间安全生产工作无事故，被市安监局评为“新中国成立六十周年庆祝活动安全生产保障工作先进单位”，全年辖区安全生产死亡指标为零。

（高　威）

【再就业与社会保障】 年内，开发就业岗位3239个，召开再就业招聘会2场，帮助865名失业人员实现再就业；对994名新增失业人员进行基础职业指导，组织150名失业人员参加免费技能培训，为439名失业人员办理灵活就业保险补助审批手续，发放失业保险金、低保金、民政地退人员工资等500万元。为111名失业人员办理退休手续，组织21名往届及外地回京考生在街道参加高考，为8038名退休人员报销医药费2338万元。

（王军进）

【社会救助】 年内，发放城市最低生活保障金172.5万元，受理低保申请31户60人，撤销11户，完成复审284户，核查165户。新办医疗救助本41人，完成64人次医疗救助审批，救助金额135746.48元，临时救助审批19人，救助金额68790.55元，贫困孕产妇救助1人，救助金额4384.92元，慈善救助5人次，救助金额12000元，爱心卡救助120人次，救助金额93150元，丧葬补贴34人，计17万元。

（程玠眉）

【民生工作】 年内，街道和社区建立困难家庭动态信息两级数据库，及时掌握困难家庭情况，健全救助工作档案，一户一档记录致困原因，制定帮扶措施。以社区工作者所负责的业务为条，以其所承包的楼为块，确保条上责任到人，块上无一遗漏，使整个社区条块结合形成严密的社会救助网络，将社区内所有困难群体纳入社区服务救助范畴。针对困难家庭及有需求家庭情况，逐一分析，个案诊断，协调有关部门，指导困难家庭办理相关手续，多渠道、多方法帮助解决问题。吸引辖区社会单位、地区居民参与到社会救助活动中，开展定向帮扶。通过动员社会参与，保障社会救助的延续性与长效实施。

（朱砚君）

【文体工作】 年内，举办地区第三届“和谐杯”乒乓球比赛，参赛1500余人，获得区决赛第一名。打造群众体育品牌队伍，组建街道健身腰鼓队，推广健身旗操、腰鼓、健身快乐行、健康大讲堂等项目，其中，健身操比赛获区比赛第一名。举办地区“庆60华诞”系列文化活动，5000余人参与。获全区合唱比赛第二名、京剧比赛第三名、舞蹈比赛第三名。组织地区100名群众参加国庆60周年天安门广场联欢活动，获得市级国庆联欢晚会突出贡献先进集体奖。开展多种形式“红十字在行动”温暖献爱心活动，完成红十字自救互救培训105人，募集“博爱在京城博爱在朝阳”善款约8万元。

（董蕙玲）

【残联工作】 年内，完成768名残疾人的换发第二代残疾人证工作，完成残疾人示范温馨家园创建并通过验收，对43户符合条件的残疾人家庭进行了无障碍改造，为5名重度残疾人办理了重残无业人员生活补助，全年发放重残补助金33.948万元，为4名遇有特殊困难的残疾人家庭申请临时困难补助2万元，为7人发放城市待业补助金6720元，为34人发放特困补助2.7万元，12人发放临时生活困难补助金7200元，上报奖励残疾人子女及残疾人学生共7人，发放扶残助学金2.5万元。为23名城镇个体就业残疾人办理社会保险补贴8.596315万元。走访慰问困难残疾人家庭155户339人，发放慰问金共14.0416万元。为52名精神残疾人员报销药费2.259538万元，8名精神残疾人报销住院费1.410419万元，3名精神病人办理免费住院手续。为88名困难残疾人配备了轮椅、浴椅等辅助器具。为3名残疾儿童、残疾少年报销机构康复训练费1.512万元。为59人办理重残人居家养老券。全年共有2000余人次参加残联组织的趣味运动会、座谈会、唱歌、知识竞赛、郊游等多种形式的文化体育活动。

（王槐林）

【城市管理】 年内，对6家违反“门前三包”规定的单位进行处罚，罚款6000余元。针对银泰东门、贵友大厦北侧、中福大厦南侧、招商局门口、大望桥周边5个大街重点地区，开展捆绑式执法，采取早、中、晚高峰时段现场交接班、错时执法等方法，有效避免管理空挡。对永安东里社区、秀水社区59楼、光华里社区、北郎东社区等重点社区，组织20余次社区环境专项整治和联合执法，对社区私搭乱建、无照经营、店外经营现象进行集中整治，消除安全隐患。针对重要节日活动，组织开展环境专项整治、联合执法43次。在国庆60周年安全保障工作中，由13名城管队员和60名城管保安组成应急小分队，及时处理突发事件。6名城管队员参与制高点防控工作。全年取缔无照经营2560起，取缔黑摩的、黑人力三轮车320起，查处散发小广告960起，其中移送公安机关治安拘留230人。规范店外经营153家，拆除各类违规广告牌匾27处76块；拆除各类违建59处近2千平方米，处理各类案件16563件，配合查处盗版光盘 12 起,没收光盘 700 余张,救助乞讨 17 人。

(李　楠)

【数字化城市管理】 年内,组织对 298 家社会单位营业执照核对,对新纳入数字化城市管理的 141 家六小单位进行宣传教育,对 41 家新开业的六类责任主体重新认定。建立日派遣、周例会、月分析、季小结、半全年总结的例会通报制度,制定《建外街道关于进一步明确网格案件责任主体的实施意见》,出台《建外街道城市环境管理社区考评工作实施细则》。避免下发警告通知 15 件,核销红灯案件 16 件。全年受理网格案件 18796 件,同比增加 4215 件,无照经营案件 12512 件,同比增加 5931 件,红灯案件 19 件,同比减少 36 件,下降率 67.9%,红灯率 0.1%。

(耳今言)

【"111"救助工程】 年内,在北郎东社区推广单位扶助、居民邻里互助的社区帮扶救助"111"工程。即一个单位或个人每月捐助 100 元救助一名残疾人,一个单位或个人每月扶助一户困难家庭或每年安置一位失业下岗人员,一位社区居民志愿者负责照顾一位空巢老人。救助方式采取"四自主"原则,即自主确定救助对象、自主确定救助方式、自主确定救助形式、自主确定给付途径。万达地产、中信银行、法宝超市、万达时代物业、万怡光华物业、金地花园业委会等 19 家企业和个人积极参与捐款,救助困难家庭 38 户,47 名老人享受到理发、医疗等服务。

(周丽娟)

左家庄街道

【概况】 左家庄街道位于朝阳区西部。东起东三环北路,西与东城区接壤,南濒亮马河,北抵静安西街,与香河园、麦子店、太阳宫、三里屯等街乡接壤。辖区面积 4.17 平方公里。常住人口 67304 人,流动人口 20437 人。辖区有 9 个社区居委会,社区基础设施较为完备,9 个社区都建立了服务站,8 个社区建立了一站式服务大厅,社区办公用房均达到 300 平米以上,其中 7 个社区已实现集中办公。年内,成立安全生产监察科。区域内设有市级残疾人"温馨家园"、街道政务中心、社区文化中心、安全教育基地、爱心家园、托老所,还有 1 个社区卫生服务中心和 4 个卫生服务站、1 个街道党员服务中心和 7 个党员活动分中心。区域内有社会单位 800 余家。其中,重点社会单位 75 家,院校 2 所,中小学 7 所,幼儿园 5 所,商市场 6 家,商务楼宇 11 栋,宾馆饭店 12 家。

地址:新源里西 11 楼旁

电话:64643210

邮编:100027

(常文煜)

【"两会"安保工作】 年初,为确保"两会"期间地区安全稳定,街道采取了五项措施,即:一是制定工作方案和应急预案,成立由街道工委书记、办事处主任牵头的工作领导小组,统一指导和组织"两会"安保工作。二是动员各类安保力量,启动二级防控机制,动员地区专职巡访队、社会单位治保力量、治保积极分子参与"两会"安保工作,开展治安巡逻、邻里守望,确保地区安全。三是对地区"人、地、物、事、组织"开展有针对性摸排,特别是对精神病、法轮功、长期上访、刑释解教、国保对象等重点人员的摸排,健全管控台帐和措施,对重点人员采取相应管控措施,指定专人负责。四是开展各类安全检查,对发现的隐患及时整改。特别是对代表委员可能涉及的场所、路线加强管控。加强对佳艺市场、新源南路、三环路等重点单位、道路周边检查,强化安全管理和动态巡逻力度,开展综合整治。五是加强应急值守,"两会"期间街道处级领导带班,城市综合管理指挥中心、九个社区等部门指派专人值守,确保信息畅通和各类情况上报及时,有效应对和处置突发事件。

(常文煜)

【成立区首家律师党支部】 5 月 13 日,朝阳区首家律师党支部在左家庄办事处成立,区委科学发展观指导组成员、区司法局领导、左家庄办事处主要领导及与左家庄签约的四家律师事务所的有关负责人出席成立大会。

(常文煜)

【社区居委会换届】 5 月,辖区内 9 个社区居民委员会换届选举工作顺利完成。新当选的 47 名居委会成员,平均年龄 48 岁,党员占 70.2%,大专以上学历 27 人,占 57%,持证人员 40 人,占 85%。

(常文煜)

【"防灾减灾日"宣传】 5 月,按照区应急委关于在"防灾减灾日"前后开展主题宣传周系列宣传活动的要求,结合全国安全社区建设将"防灾减灾日"专项宣传活动作为安全社区建设的重要组成部分,组织开展宣传周活动。结合建国 60 周年安保工作,开展针对地区地下空间、出租房屋、娱乐场所等重点部位的安全大检查。并与北京发展大厦共同开展了以"增强防灾减灾意识,提高自救互救能力"为主题的高楼灾害逃生、伤员救护救援演练活动,向参加演练的 400 余名工作人员发放《居民防空防灾知识手册》、《高层建筑火灾逃生方法》。

(常文煜)

【领导视察】 6 月 22 日,副区长赵全保到街道检查惠民工程完成情况。第一项工程为新源里小区老旧雨水管线改造工程，解决雨天百姓出行难问题。第二项工程是新源里中学及周边居民区雨污管线改造工程，解决雨污排流问题。

（常文煜）

【人大代表视察】 10月14日，左家庄人大工委组织部分地区人大代表对规范化社区建设情况进行视察。代表们到社区居委会、服务站实地察看了规范化社区建设情况，听取情况汇报并座谈讨论。代表们建议：要抓好现有的社区干部队伍，特别是应届毕业大学生进社区，加强对他们的培养、教育，多措并举，分类指导，扎实推进社区建设；坚持以人为本，进一步丰富服务内容，完善服务功能，提升服务水平，建设和谐社区。

（常文煜）

【预防煤气中毒】 11月7日，街道综治办会同新源里派出所在地区繁华场所设置宣传咨询站点，发放预防煤气中毒宣传材料，解答群众提出的民用燃煤取暖炉安全标准问题。宣传正确使用煤炉、预防煤气中毒等相关知识，9个社区向居民发放《致地区居民一封信》。核对更新了煤炉用户台帐，对辖区100余户煤炉用户逐户检查、逐户宣传、逐户签订安全责任书。以外来租住平房人员为预防煤气中毒工作重点对象，每周两次检查燃煤采暖户烟筒、风斗、弯头、三通等炉具使用情况，排查隐患，确保安全。

（常文煜）

【党建工作】 年内，街道党建工作突出“123456”的工作思路。围绕一个中心：全面加强和改进社会领域党建工作；抓好两个创新：创新党建工作机制和党建工作活动载体；完善三建体系，即建党组织、建阵地、建服务体系；搭建四大平台：党建工作网络化平台、党建工作信息化平台、党员服务中心培训平台和“两新”党组织服务平台；突出五大品牌，即专业特长党支部、党员服务中心党员电化教育品牌、渔阳饭店非公企业党组织、“五老”志愿者特色品牌、凤凰城公寓楼宇党建工作服务阵地；强化六大建设，即街道社会领域党建协调委员会建设、街道社会工作党委建设、“两新”组织建设；党建领导小组建设、党建工作协作组建设、党员服务中心组织建设、社区党组织建设。

（常文煜）

【未成年人思想道德建设】 年内，围绕《全国未成年人思想道德建设工作测评体系》，制定迎检工作方案，成立迎检领导小组，建立工作机制与迎检工作体系，建立反馈与日报制度，强化处级领导和主管科室分管社区责任制，形成以机关科室为主的街道层面，以社区党委、社区居委会、社会相关单位为主的社区层面相结合的迎检工作网络。

（常文煜）

【出租房屋管理】 年内，根据区综治办、流管办关于开展对出租房屋直排式热水器大排查工作的要求，召开中介、物业公司会议，要求各中介公司在出租房屋时保证不使用直排式热水器，使用强排式热水器要安装烟囱。动员楼门组长逐户对住户和出租房屋使用燃气热水器情况进行摸排，对出租房屋使用直排式热水器的，下发隐患通知，要求房主和承租人及时更换。投资1万余元印制安全使用热水器提示贴，张贴在住户和出租房屋的燃气热水器上，提示居民、出租房屋承租人安全使用燃气热水器。全年共排查出租房屋4720户，其中使用直排式热水器的1645户。

（常文煜）

【税源建设】 年内，成立经济建设领导小组，制定经济发展方案，强化税源建设，确保了9个异地经营纳税户不流失、6个异地纳税户80%迁回的目标。实行处级领导包企业制度，明确责任分工，积极引进税源。加强与地区单位特别是重点税源户的联系与沟通，帮助企业排忧解难，创造宜商氛围，涵养税源。摸清底数，强化服务。深入社会单位摸清辖区内税源大户的缴税情况，分析地区税源形势，增加税收渠道。加大税收力度，积极扩充税源。加大出租房屋房产税的收缴力度，完成年增长11%的任务指标。

（常文煜）

【安全稳定】 年内，以综合管理指挥中心为平台，以监控、门禁系统为支撑，以“四位一体”防控力量为基础，以应急处置队伍为保障，确保地区安全稳定。深化“1359”工作机制。落实联合执法、三级会商、立体化防控、群防群治工作措施，实现大综治工作格局。完善群防群治，打、防、控一体和突发事件应急处置工作机制。健全民防、警防和技防“三张网络”，提升城市综合管理应急处置能力。加大安全检查力度。加强劳动监察，严格地下空间监管，搞好社会单位基本情况调查、地下人防空间普查、流动人口数据统计工作。将人口管理、治安防范、安全生产纳入数字化管理，实现社会管理规范化。深入做好矛盾排查化解工作。以矛盾调处分中心为工作平台，搭建信访、排查、调处、化解、人民建议征集和法律宣传“六位一体”的人民内部矛盾调解大格局。认真落实处级领导轮流接访制度、包案制度和重点人管控措施，确保地区和谐与稳定。

（常文煜）

【民生工程】 年内，启动10项民生保障工程。一在最低生活保障方面。为地区特困家庭办理最低生活保障,做到应保尽保,应助尽助;二在住房救助保障方面。落实《国务院关于解决城市低收入家庭住房困难的若干意见》精神,执行《朝阳区保障性住房资格审核工作方案》,做好低收入家庭的廉租住房、经济适用住房、两限房审核工作。三在医疗救助保障方面。加快社区卫生服务体系建设,推进新源里社区卫生服务中心和4个社区卫生站标准化建设,社区无偿提供用房,坚持药品零差率销售,加强对社区居民健康信息动态监控管理,建立社区卫生服务机构与大中型医保定点医院的双向转诊机制。做好人畜免疫,健全预防、保健、基本医疗、健康教育、康复、计划生育指导"六位一体"服务体系,实现"小病在社区,大病进医院,康复回社区"。四在文化教育救助保障方面。利用地区文化资源,开展各类活动。健全文化协会组织,整合地区资源,对地区特困人员及贫困家庭实行无偿服务;发挥市民学校作用,通过筹办社区大舞台、社区大讲堂,社区文化电影周等活动,落实文化"五进"工程。五在就业服务保障方面。开辟绿色通道,打造就业援助平台。通过对零就业家庭的摸底调查、帮扶解困行动,在辖区开展创建充分就业社区活动。以创业指导服务中心、创业者协会为依托,开展创业项目征集、推介及创业者联谊交流,以创业带动就业;坚持以劳务派遣组织、公益性就业组织为龙头,多渠道开发就业岗位,通过与厂家联合办学和转岗培训、向用人单位推荐等方式,实现再就业。六在法律援助保障方面。全面实施"三个一"工程建设,即:一个社区与一家律师事务所签定法律服务协议;一个社区有一名律师提供法律服务;一个社区建立一间法律服务室。为地区困难群体设立法律援助卡,建立法律援助绿色通道,并开展义务讲座和咨询活动。街道法律服务所常年担任地区残联法律顾问,随时为残、困人员提供法律服务。七在老年人救助保障方面。开展居家养老,提供家政服务。依托社区服务中心,搭建项目支撑服务体系,培育和规范养老服务市场,并对其进行监督评估,寓管理于服务中。利用三级网络平台公共服务热线呼叫系统,在第一时间接听、受理居家养老需求,提供服务;以"爱心超市"为依托,建立社区老年福利商务服务网点,对出行不便老人实行送货上门服务;开办"居家养老"社区系列大课堂,引导健康的生活方式;依托新源里社区服务中心,开展医疗救助服务。承诺巡诊、上门服务输液、打针,建立居家养老健康档案,每季度组织动态常规体检,实行面对面市场化有偿、低偿、免费服务并对贫困老人及地区特困家庭实行法律援助。八在残疾人救助保障方面。落实残疾人政策,对老残一体、一户多残、单亲家庭残疾人给予生活困难补助。对残疾人以及低保残疾人子女考入中专、大学给予表彰和奖励。为残疾人个体户实行社会保险补贴。完善残疾人康复服务,加强温馨家园、职业康复基地、社区康复站的建设,改善康复设施,配齐康复协调员,开展适应不同康复人群需求的康复服务。在扶残助残实践基地基础上,扩大社会参与面,建立联席会制度,完善实践基地工作管理机制,发展残疾人志愿帮扶组织,保证残疾人帮扶活动的持续开展。九在临时救助保障方面。因临时性、突发性、特殊性或不可抗拒等因素造成家庭生活困难、子女上学困难、危重病人救治困难而自身无力解决的,实行民政部门一次性救助。十在灾害应急救助保障方面。建立城市突发灾害应急机制,安排救灾资金,准备应急队伍,定期储备救灾物资。

(常文煜)

【为民服务工程】 年内,全面实施为民服务五大工程。一是改善社区居委会的办公条件。年内通过新建、改扩建等方式,使社区居委会办公用房全部达到300平米以上,累计改、扩建面积2830平米,投资580万元;二是对公主坟进行绿化改造,面积约10000平米,工程造价约400万元;三是建设亮马河绿化工程。投资300万元,实行"认建、认管、认养"政策;四是解决"停车难"问题。改造三源里和顺源里两个老小区。将三源里小区道路两侧人行道树空档铺装成停车位,改造绿地面积10000平米,工程造价约200万元。改造顺源里7个楼院绿地,面积15000平米,工程造价300万元;五是以新源西里社区为重点创建平安社区。

(常文煜)

【平安社区建设】 年内,推进全国平安社区创建工作,完善治安管理长效机制。通过组建机构、风险排查、项目确定、完善措施,使地区安全状况得到显著改善。完善创建促进领导小组工作内涵,通过创建工作强化各部门、各社会单位的沟通和协作。对地区风险隐患进行再次排查和评估,运用全国安全社区创建理念对排查数据和结果进行分析,确定推进项目。通过对推进项目的综合解决和完成,实现地区安全水平的稳步提高。建立地区安全教育基地。

(常文煜)

【保增长】 年内,为确保地区经济平稳、较快发展,街道制定税源建设实施方案,成立领导小组。处级领导成员、综合科室分层级为企业"三送"上门。一送服务。处级领导干部分别担任地区企业调解员,倾听企业呼声,了解企业发展需求,为企业协调解决实际困难。二送政策。明确区、街优惠政策,加强政策咨询服务，做好重点企业的稳定工作，引导规模较大企业回迁。三送协办。由街道领导、街道经济建设领导小组、综合科室、工商、税务等部门组成的联合工作小组人员，明确街道为企业代办的项目，定期走访企业沟通情况，为企业上门办理工商、税务手续。街道司法所聘请律师为地区用工单位的法人讲解劳动合同法，明确帮抚企业的具体措施，加强对新增企业的服务力度，促进新增企业入住。在企业楼宇出租率下滑情况下，鼓励企业招商并协助办理入住手续。

（常文煜）

【建立“特长党员支部”】 年内，拓展基层党支部服务功能，发挥五老志愿者中党员优势和特长，在建立特长党员资源库基础上，按党员特点实行分类管理，建立特长党员支部。各社区分别建立了25个文体支部、教育支部和医疗支部，在和谐社区建设中发挥先锋模范作用。

（常文煜）

【为民服务】 年内，街道采取六项措施开展为民服务工作。一是变节日慰问为经常慰问，使扶贫济困工作在社区经常化、规范化、制度化。二是以“爱心家园”为平台，落实特困群体基本生活保障，为200名困难群众提供了每月60元的补助。三是开辟为民服务绿色通道，将医疗报销点设到社区，为65岁以上居民建立家庭健康档案；为22名困难老人提供免费体检和为老服务；为34户贫困母亲办理医疗救助卡；为70岁以上空巢老人家庭安装“120救护按铃”，为“一老一小”人员办理医保手续，做到应保尽保。四是党员与困难群众结“一帮一”、“多帮一”对子，与驻区社会单位开展“共建社区，营造和谐”活动。五是联系社会单位帮助特困家庭粉刷房屋，添置必备用品，让困难家庭亮起来、暖起来、快乐起来。六是增设社区卫生站和康复站，方便居民看病和残疾人康复，为60岁以上空巢老人家庭安装呼叫系统，建立老年人餐桌，解决孤寡老人就餐问题。

（常文煜）

【创新矛盾化解模式】 年内，创建“邻里之家婆委会”矛盾化解模式，将延伸调解委员会工作网络，组织楼门组长、积极分子、宣传员、热心人士参与矛盾调解工作，实现居民自治、自我管理、自我教育和自我服务。

（常文煜）

【矛盾排查化解】 年内，街道采取“八项措施”做好矛盾排查化解工作。一是完善健全信访工作前置机制、重信重访专项治理工作机制，健全群众利益表达机制，倾听群众呼声，认真解决群众反映强烈的突出问题。二是建立地区重点人信访工作档案、工作台帐、地区重点矛盾纠纷工作台账，管控化解重点个案责任体系，对不同类别、不同级别的重点人员制定管控个案措施。三是畅通信访渠道，搭建信访、排查、调处、化解、人民建议征集和法律宣传“六位一体”的人民内部矛盾调解平台。四是落实处级领导轮流接访制度和包案制度。五是建立主管领导和职能科室、管片民警、社区党委和居委会、志愿者“四位一体”管控、排查体系，开展拉网式矛盾大排查，坚持月排查、季度大排查、敏感时期重点排查，确保对所管对象的行踪“情况明，找得到，看得住”，各类矛盾纠纷“排的出、稳的住、控到位”。最大限度的把矛盾化解在基层、消灭在萌芽。六是加大610工作监控、帮教工作，实现敏感时期非正常群体访和重大重复访“双零指标”。七是加强矛盾调处分中心、矛盾调处工作站干部队伍建设。定期培训，提升办理、调处化解水平。八是坚持人大约访下访制度，及时掌握第一手资料。地区除接待日外，还坚持定期到选区下访了解情况。

（常文煜）

【流动人口管理】 年内，街道推行四个结合，强化流动人口管理工作。一是流动人口管理工作同社区工作相结合。将流动人口和出租房屋管理工作纳入社区管理，改变以往的单打一的工作模式，提高入户率和登记率。二是强化日常管理与实现多种入户手段相结合，实现“五步入户法”，即：错时入户法、服务入户法、调查入户法、宣传入户法、邻里入户法。三是流管工作与物业管理工作相结合。针对地区高档住宅增多、出租房屋多的情况，与物业公司密切配合，建立针对高档住宅出租房屋的联合管理机制。四是人员入户与微机管理相结合。开发图形化微机管理模块，将各类人口、房屋信息统一标注到楼房，实现数据的直观和快捷查找，确保数据按时更新。

（常文煜）

【工会建设】 年内，完成非公企业建会15家，新增会员1447人，发放会员证2324个，收缴会费50万元；新签、续签集体合同52家，建会、两委委员批复29份；签订率达到百分之百；推进厂务公开、职代会建制11家。

（常文煜）

【经济普查】 年内，在第二次全国经济普查工作中，登记单位3097个，其中法人单位2089个、产业活动单位1008个。涉及11个专业、85种报表。收审录入各类正式普查表10184张、装订成册258册。圆满完成第二次全国经济普查工作。2人获全国先进个人，街道获北京市先进集体、9 人获市级先进个人。

(常文煜)

【环境建设】 年内,投资 395 万余元,完成左东里、左南里、静安里、新源里西四处老旧小区的 6 个街巷胡同的环境整治建设,在北京市环境建设任务书中的挂账任务顺利通过验收。完成外立面粉饰 9 栋,面积 39304 平方米;甬路修复 18353 平方米;绿化补建 11876 平方米;道路修缮 11214 平方米。

(常文煜)

【为民办实事】 年内,左东里社区北京造纸一厂宿舍楼和静安东里甲 1 号楼正式开通天燃气,解决了 197 户居民长期通气难,生活不便问题。

(常文煜)

【法律服务进社区】 年内,以"一月一主题,重点时段有侧重"为原则,易和、鑫太洋、天达和威创四个律师事务所与街道签约法律服务进社区。全年开展法律咨询、法制讲座等 19 次,参与律师 60 余人,惠及居民、外来务工人员、企业职工数千人。

(常文煜)

【创建全国安全社区】 年内,经全国安全社区评定组对"全国安全社区"申请单位进行评定,并报"全国安全社区"综合审定委员会审定,左家庄的安全社区创建工作符合《安全社区建设基本要求》(AQ/T9001－2006)标准。获"全国安全社区"称号,也是全国首批获此殊荣的 29 个单位之一。

(常文煜)

呼家楼街道

【概况】 呼家楼街道位于朝阳区中部,东起金台路,南至光华路,西至东大桥路,北至工人体育场南路,面积 2.8 平方公里。辖区户籍人口 21175 户、62375 人;新出生 393 人,死亡 264 人;外来人口 20804 人。地区法人单位共计 2503 个,其中中央单位 61 家,市属单位 89 家,区属单位 68 家。有医院 3 所,社区卫生服务站 5 个,社区服务中心 1 个。有科研院所 4 个,大学 1 所,中学 1 所,小学 4 所,幼儿园 5 所。6 月,小庄社区的中国第一商城和泰达时代中心划入新街社区,共 8 栋楼,新街社区居委会搬至光华路 15 号院泰达时代中心 4 号楼 1004 室办公。
地址:呼家楼北街甲 6 号
电话:65012264
邮编:100026

(孙　汉)

【保增长】 年内,采取四项措施,确保经济增长、财政增收。一是帮扶企业共渡难关。加强与区发改委、区财政局、区工商局、CBD 管委会等部门的协调、配合,积极落实市、区有关帮扶政策,主动为企业解决经营上的困难。建立处级领导联系重点企业制度,随时了解企业需求,提供上门服务,确保重点企业稳定经营。二是引导异地纳税企业回迁。积极清理异地纳税,处级领导带队对异地纳税企业逐一走访,宣传税收优惠政策,督促企业回迁。与区建委等部门建立联动机制,对 14 个房地产开发建筑企业实施清税措施。组织工商、税务、科委等部门与企业面对面沟通会 3 次,为企业答疑解惑。共有 9 户企业已经回迁,承诺回迁的企业超过 90%,完成区里下达的任务。三是搭建招商引资平台。以物业公司为桥梁,与写字楼企业密切联系,推动楼宇经济发展。组织 15 家重点物业公司座谈楼宇经济发展情况,调动物业公司招商引资积极性,吸引重点企业入驻。四是优化经济发展服务环境。组织地区企业开展多种形式的联谊活动,推动企业共驻共建。在东大桥增设出租房税收代征点,提高服务效率和服务质量,为企业纳税提供便利。已征缴个人出租房屋房产税数量位居街道系统前列。完成区级财政收入 9.4 亿元,同比增长 11%,完成保增长工作任务。

(孙　汉)

【平安建设】 年内,进一步明确指挥中心职能,完善值守应急和值班制度,综合防控能力不断增强,可防性案件累计发案 22 起,发案数与去年同期相比基本持平,社区居民安全感普遍增强。指挥中心监控发现社会治安、城市环境、无照游商、消防安全等各类问题 160 余件。接待来访人员查看监控录像资料 50 余人次,向有关部门提供、备份录像 42 起。通过监控探头抓获现行违法犯罪嫌疑人 9 起 16 人。接待市、区等各级领导和青海、海南、唐山等省、市同行调研、参观 10 余批、300 余人次。采取"三联动,一保障"的工作模式,实行"抓两头,带中间"的分类管理方法,认真开展社区矫正、帮教安置工作。通过日常的帮扶、教育和重要时期的严格排查管控,实现了全年"无脱管、无漏管、无重新犯罪、无影响国庆安全事件"的四无目标。全年核查社区服刑人员 16 人次,新建矫正小组 8 个,开展教育走访 827 次;核查刑释解教人员 12 人次,新建帮教小组 19 个,开展教育走访 527 次。加强无邪教社区创建工作,创造的"建立长效工作机制,使无邪教社区创建工作经常化"经验,在市"无邪教"创建工作推进会上,向全市做了介绍。启动流动人口和出租房屋排查行动,落实"四登记"、"六服务"制度,集中组织开展针对国庆活动周边地区、高校周边大学生租住房屋和高校毕业生、流动群体聚居地区、出租房屋中介机构、出租房屋中黑窝点等专项整治工作，收到预期效果。全年新登流动人口30749人、消核11059人、更新2195人、迁移3177人，新登出租房屋1342户、消核2588户、更新663户。

（孙　汉）

【应急处置】　年内，妥善处理中央电视台新台址北配楼火灾善后问题。火灾发生后，迅速启动应急预案，配合公安派出所在周边拉起警戒线，疏散围观群众，维护好周边秩序。为保障安全，紧急疏散附近居民296户626人，安置到10家宾馆和招待所，每个安置点指定1名处级干部和2名以上机关干部现场协调，做好居民生活的服务保障工作，对老弱病残孕等人员，在饮食等方面给予特别照顾。协调医护人员到各个安置点为居民服务，免费送医送药，开展健康检查，尽力保证居民正常的生活需求。随后，组织疏散居民有序返家，安排机关干部到居民中间，听取群众的意见和建议，及时解答群众的疑问，做好解释说明工作。组织社区居委会等，了解火灾造成的损失情况，安排人员维修、更换附近居民楼破损门窗等。街道的应急处置能力经受住实战检验，受到区委、区政府肯定。

（孙　汉）

【国庆服务保障】　年内，成立国庆服务保障指挥部，先后组织召开"国庆60周年安保工作"动员部署大会和再动员大会，把思想和行动迅速统一到国庆服务保障工作上。修订维稳工作方案和19项突发事件应急预案，明确工作目标，规范组织领导。调整充实维稳工作台帐，将可能影响安全稳定的重点人、重点区域、重点单位、重点部位等不稳定因素全部纳入工作视线，实行重点治理和防控。各科室根据各自职责分别承担相应的服务保障任务。通过健全组织机构，完善体制机制，形成一个指挥顺畅、组织有力、信息畅通的服务保障工作体系。全面加强社会面控制，组织巡防队和社区治安志愿者等群防群治力量1500人，广泛动员社会单位人员，按照实人、实岗、实责的原则，实名制做好社会面防控工作。做好阅兵和群众联欢控制区、集结疏散区的管控工作，历次演习和国庆当天，主要领导均亲临一线组织指挥，在崔各庄和东坝2个兄弟乡的增援下，500名机关、社区干部和社区治安志愿者，连续奋战10多个小时，将各项安保工作措施落到实处。在国庆服务保障工作中，实行"三个每日、三个不准"工作制度，采取街道和社区两级巡回检查方式，督导维稳等各项工作开展情况，保障各项措施落实到位。选送国安宾馆田云云、呼家楼宾馆李琴琴和中复电讯朱利颖三位同志参与受阅女民兵方阵，选送社区居民王立军和郑潼林同志参与共和国同龄人群众游行方阵，组织50名社区群众参加国庆联欢晚会集体舞活动，较好地展现呼家楼街道群众团结奋进、昂扬向上的精神风貌。

（孙　汉）

【国庆活动】　年内，开展"迎国庆、讲文明、树新风"活动。举办"喜迎建国六十年浓墨重彩赞变化"居民书画笔会，经济日报社原社长、著名书法家武春河，著名漫画家、中国新闻漫画协会会长方成，著名画家周天寿，著名花鸟画家周德利等参加笔会。组织"贺祖国60华诞，看今日巾帼风采"妇女与家庭摄影大赛作品征集、"聚焦六十华诞·感受和谐发展"摄影展、迎国庆巧手DIY制作、迎国庆诗歌楹联征集、"祖国在我心中"主题演讲比赛等丰富多彩的群众文化活动。组织20人的百姓宣讲团，宣传新中国60年光辉历程和改革开放辉煌成就，累计宣讲41场次，机关干部、社区居民、企业工人、在校学生、外来务工人员和"两新"组织人员等共4075人次参与宣讲活动，营造良好的国庆文化氛围。

（孙　汉）

【拆迁工作】　年内，按照拆迁中稳定与协调的长效工作机制，完成"监督、检查、宣传、协调"工作任务，实现"促进地区发展、保持地区稳定，保障拆迁建设的顺利实施，依法维护被拆迁居民的合法权益"的目标。召开单位协调会及居民会12次，接待居民来访489人次。正在进行拆迁的3个项目1572户居民较为平稳顺利，其中1388户已签订补偿协议，签约率达88%。

（孙　汉）

【精神文明建设】　年内，每月11日、22日，街道与公交客运第五分公司联合开展排队日、让座日宣传活动，组织文明乘车监督员大力宣传站台新风，推出有特色的温馨服务活动，倡导遵守公共秩序、排队候车、礼貌让座、尊老爱幼、照顾他人等文明行为，营造文明有序的乘车出行氛围。经检查组实地考察、市民投票反映等综合评定，东大桥北站台被评为市级"我最满意的公交站台"。组织"爱朝阳、讲文明、树新风"知识竞赛等活动，全面提升城市文明程度和市民文明素质。4月12日，与北京电视台生活频道《明天我要嫁给你》栏目在东大桥三角地举办了社区互动宣传活动，邀请5对即将跨入婚姻的情侣参加生活体验和娱乐活动，把市民关注的恋爱家庭话题通过真实体验、互动游戏、心理分析、现场表演等多种娱乐形式表现出来，进一步推动"爱首都、讲文明、树新风"活动，充分展示地区和谐建设成果和居民精神风貌，打造地区特色文化活动。

（孙　汉）

【经济普查】 年内,完成全国第二次经济普查清查登记、数据质量控制、事后自查抽查等工作。清查登记阶段运用指导员和普查员每周分层例会制度、专业协调会例会制度、数控组每日发布进度和任务信息工作制度、入户清查日记录制度等,做到周密部署,组织到位,保证清查摸底高质量。基础准备和填报培训阶段做到把握细节,强化业务基础为普查登记工作奠定根基。事后质量抽查工作阶段做到密切配合,优化质量确保各项工作圆满完成。小庄社区代表朝阳区接受市经济普查数据质量检查,实现数据真实、表机一致、操作规范、保管完善,受到市、区有关部门充分肯定。联合执法配合阶段做到运用执法手段,彰显成效营造普查健康环境。清查登记单位3477户,经市、区统计局剔除143户,实际单位3334户。其中法人单位2362个,占总登记数的71%;产业活动单位972个,占总登记数的29%。完成辖区范围内各类企业单位填报正式普查登记表共计2729家,其中法人单位2037家,个体工商户692家。召开地区经济普查表彰总结会,表彰先进集体34个,先进社区3个,优秀组织奖单位7个,先进个人63名。第二次全国经济普查各个阶段组织严密、落实到位、数据真实、操作规范,高质量、高水平、高效率完成普查任务。被评为第二次全国经济普查国家级先进集体。

(孙 汉)

【安全生产】 年内,组建安全生产监察科和社区消防站。完成912户出租房屋和2316户居民房屋的直排式燃气热水器改强排式热水器更换工作。组织"雷霆行动",开展消防安全、交通安全等专项治理,以及彩钢板建筑消防安全专项整治。开展食品安全检查,检查单位165家,消除安全隐患27件,健全各项食品卫生管理制度23条。以施工工地、高层建筑、地下空间以及学校等人员密集场所为重点,深入开展防火、用电、预防煤气中毒等安全隐患查改整治,严格落实各项安全防范措施,保持安全生产稳定形势。签订安全责任书5000份,检查单位2500家,整改隐患1500处。

(孙 汉)

【环境建设】 年内,投入65.8万元,完成东大桥东里小区路、向军南里平房区道路整治工程,摊铺沥青路4172平方米、铺装2510平方米,协调区有关部门翻修呼家楼西里小区道路,三条小区道路的整修大大方便了周边居民出行。完成首批北京市花园式社区创建工作,改造呼家楼北社区花园和绿地,投入32万元,绿化改造3.2万平方米,种植花卉14.5万株。以"清洁城市,保护健康"为主题,积极开展爱国卫生运动,环境面貌不断改善。在"金台曦照"街心公园等处,实施摆花及硬质景观布置,突出"普天同庆"的主题,烘托国庆氛围。

(孙 汉)

【环境秩序】 年内,组织各类环境秩序整治行动12次,重点治理化石营周边、金台里鸟市、东大桥斜街109车站、金台里红庙路口等乱点地区,整治店外经营和无照游商。拆除新增违法建设3处,500多平方米。开展城市清洁日活动8次,协调清运垃圾渣土80吨,查处各类违法案件3000余起,查处违规设置的广告牌匾200处,取缔无照经营500余起,规范施工工地12家,环境治理取得明显效果。

(孙 汉)

【城市管理】 年内,制定城市环境管理考核工作实施方案,设立环境考核奖励基金,通过社区每天自查,不定期组织互查,考核小组每月大检查,形成环境考核结果,并对检查情况进行通报,根据考核结果进行奖惩。创建了清理小广告奖励机制,收到明显效果。建立联系制度,定期听取社会单位、社区居委会、人民代表、政协委员对"门前三包"工作的批评、建议,补签新增门店门前三包责任书2000余份。加大城管进社区力量,每周召开一次社区例会,听取群众意见,落实群众生活中要解决的热点难点问题,完成暖心便民工程24件。受理群众热线问题500余条,办结率100%。

(孙 汉)

【社区建设】 年内,完成社区党委换届选举工作,新一届社区党委委员包括两新组织党员、社区共建单位成员、物业公司人员、社区民警等,扩大了党组织的覆盖面和影响力,为协调社会力量、整合社区资源、加强社区党建创造有利条件。3月17日至5月17日,组织第七届社区居委会选举,居民参选率普遍在80%以上,换届选举工作顺利完成。十个社区全部成立社区服务站。推广呼北社区"红绶带"首问负责接待服务模式,开展社区干部各类能力素质教育培训16次,对25名社区干部进行交流,新招聘41名社区工作者,积极推进"大学生进社区"工作,规范专职工作者工资待遇,社区干部队伍结构更加合理。

(孙 汉)

【社会保障】 年内,以养老、助残、救孤、济困为重点,认真落实"五个确保",做好低保核发、医疗救助和爱心超市、慈善、老龄、双拥等各项工作,困难家庭基本生活条件逐步改善,民政事业得到更大发展。新建东大桥温馨家园,向残疾人提供康复训练、就业培训、娱乐健身等特色服务。继续加大慈善助学力度,争取市、区资金14.8万元,使用社会募集慈善捐款7.8万元,为困难家庭子女144人提供了学费支持,特别是对11名低保家庭大学学生学费实行百分百补助。全年向246户低保家庭发放低保金156.6万元,开展医疗救助112人次,报销社会化管理退休人员等医药费单据21万余份。办理65岁以上老年人优待卡1127张,核发老年人高龄津贴1409人次、16.7万元,老年饭桌解决了3246名老年人用餐问题。

(孙 汉)

【紧急救助】 年内,建立紧急救助长效机制,依托辖区企事业单位,建立紧急救助资金,对因大病或特殊困难造成生存、生活、就学等困难的家庭,特别是不符合有关政策又确实十分困难的家庭实施紧急救助,缓解特殊困难家庭的生存、生活问题,进一步完善社会救助体系,实现困难群体民生保障全覆盖。全年实施临时紧急救助3人次1.6万余元。

(孙 汉)

【为民服务】 年内,15项为民办实事工程全部完成。新街社区一站式服务大厅和东大桥社区卫生服务站、科普宣传长廊、科普活动室建成投入使用,老龄协会正式成立,保障性住房审核实现申请一户审核一户,残疾人家庭无障碍改造和二代残疾证审核换发工作全部完成。免费为居民和务工人员放映电影436场。办事大厅接待咨询服务19208人次,办理各项事务6164件,社区居民事务代办站办理服务项目64714件。向市96156服务超市发送服务单794条,回访后满意率达到99%。回复网上咨询2220条,使居民足不出户即可了解需求信息。

(孙 汉)

【劳动就业】 年内,强化技能培训和再就业援助。开展失业人员职业技能培训240人次,职业指导2348人次,推荐就业1300人次,实现"4050"困难人员提档就业604人,城镇登记失业人员就业率达到70%,没有出现"零就业"家庭。组织招聘会9场,社区就业岗位安置失业人员592人次,征集创业项目3个,带动150人就业。实现登记失业人员提档就业1199人,开发就业岗位3793个,超额完成全年工作指标。以医疗保险、失业保险为重点,加大社会保险扩面征缴力度,办理"一老一小"医疗保险328人、城镇无业居民大病医疗保险50人、城乡居民养老保险281人。加大劳动合同履行情况监控力度,推进"劳动用工规范一条街"建设不放松,劳动监察立案查处106件,其中涉及社会保险的32件,补缴社会保险费2.6万元;涉及工资支付的30件,追讨工资2万余元,切实保障劳动者合法权益。

(孙 汉)

【人口与计划生育】 年内,广泛宣传普及人口计生科学知识,倡导婚育新风,依法落实奖励扶助政策。开展"生育关怀行动",以出生缺陷干预为核心,做好优生优育全程服务。慰问特困独生子女家庭85户,发放慰问金42500元。组织50名志愿者为25户空巢家庭提供服务。开展"生育关怀,慈善献爱一元捐"活动,11547人奉献爱心款19812.4元。完成育龄妇女信息的核查3808人次,完成地区2000年至2009年出生儿童信息的核查3366人次。办理婚育证1955人次,新生儿入户598人次,发放《独生子女父母光荣证》210人次,发放独生子女费10万元,开展执法检查20次。开展流动人口育龄妇女免费孕检活动,检查269人次,监测流动人口婴儿出生70人次,出生监测覆盖率达到100%。

(孙 汉)

【公共卫生】 年内,建成东大桥社区卫生服务站并投入使用。全力做好甲型H1N1流感防控工作,成立防控甲型H1N1流感疫情工作领导小组,下设八个工作组,制定防控工作方案,以住宿业和人员密集场所为重点,落实属地、部门、单位、个人四方责任,扎实落实防控措施。组织全覆盖的预防知识宣传,发放宣传材料44751份,确保居民的知晓率。开展接种预防甲型H1N1流感疫苗工作,接种11750人次。实行24小时监测,核查归国人员33000人次,查找确诊病例密切接触人员560人次,保障确诊病例4人次。开展防治艾滋病知识、预防毒品知识及无偿献血知识等专题宣传教育活动18次,举办专题讲座10场次,发放各种宣传资料5000多份,悬挂宣传条幅20条,受教育群众达26000人次。

(孙 汉)

【法制宣传】 年内,以"法律六进"活动为切入点,全面落实"五五"普法依法治街各项工作任务,开展"五五普法知识答卷"、"法律进军营"等一系列法制宣传活动,提高居民的法律素养、维权意识与地区和谐度。开展法制宣传活动100余场次,参加人数近万人,发放各类宣传书籍4000余册,十个社区法制宣传橱窗共张贴法治宣传挂图十二期。坚持把法律宣传和服务工作作为服务地区百姓的"暖心工程"和维护地区安全稳定的"基础工程"来抓,通过签约律师在为民服务大厅设立的法律咨询台、咨询热线,为社区居民提供优质快捷的法律服务,接待各类咨询1120余次。

(孙 汉)

【矛盾纠纷调处】 年内,在金融危机形势下,加强劳动就业、建筑施工、商业经营以及拆迁、社保等领域的矛盾纠纷排查工作,依托两级调解组织和法律服务室,及时化解一些影响安全稳定的矛盾纠纷。对不能立即化解的矛盾纠纷,组织力量做好疏导工作。协调解决北京鑫丰物业发展有限公司拖欠电费等问题,成功化解红庙西里8号楼一层开办殡葬用品超市和金台里社区搭建手机信号发射塔两起有可能引起越级访和集体访的信访事项,密切关注光华路SOHO2建设规划和人民日报社9号楼内装修工程扰民等矛盾纠纷动态,积极采取措施做好调处工作,有效维护社会稳定。办理市、区交办的信访事项34件,办结政民互动平台各类投诉、咨询、建议等272件,调解矛盾纠纷1080件,预防越级访、集体访13次。领导干部下访289批次,解决基层实际问题40件。

(孙　汉)

【宣传报道】 年内,接待全国各大媒体30余家。全年新闻报道111件,其中,中央级媒体7件,市级媒体23件,区级媒体81件。特别是《北京晚报》等媒体报道的"巧手蛋壳上雕肖像",讲述街道居民在国庆节前夕,用蛋壳雕出各种爱党爱国的蛋雕作品,抒发爱国情怀的故事,报道后反响强烈。创办街道《呼声》报纸,每周三出版,免费发放给社区居民、社会单位、人大代表、政协委员等,在宣传政策、增进交流、凝聚力量、鼓舞干劲等方面发挥积极的作用。

(孙　汉)

【党建工作】 年内,全面推行党务公开、政务公开和政府信息公开工作。在10个社区党委、63个居民党支部和25个两新组织党支部,共计4369名党员中开展第二批深入学习实践科学发展观活动,党员参与率达到98.7%,取得良好效果。作为典型示范点,SOHO尚都党建服务站和城市综合管理指挥中心接待了市委书记刘淇等各级领导的调研考察,并与其他单位开展多次学习交流活动。以"服务党员、服务企业、服务社会"为宗旨,探索出"一心双环、一站多能"工作模式,在商务楼宇建立集党建、工会工作和公共服务于一体的工作站,为企业和员工搭建了服务平台和活动载体,向"以商务楼宇党建促进社会领域党建"工作目标迈出坚实一步。

(孙　汉)

劲松街道

【概况】 劲松街道位于朝阳区西南部。东以东四环路中心线为界与南磨房地区毗邻;南以劲松724楼南侧小马路中心线及东南郊灌渠中心线为界与潘家园街道相邻,以北京化工机械厂南墙为界与南磨房地区接壤;西以东护城河中心线为界与崇文区龙潭街道为邻,以劲松派出所门前小马路北侧至双井路口三环路中心线为界与双井街道为邻;北以东护城河中心线至电力电容器厂西墙劲松大街中心线及广渠路中心线为界与双井街道毗连。辖区面积5.2平方公里,区域内有常住人口18万余人,居民4.9万余户。住宅楼396座。有社区10个,直属事业单位4个,社会单位1876个。
地址:东三环南路华腾园甲6号
电话:87735209　87735210
邮编:100022

(张艳萍　徐文峰)

【网格化建设】 1月,开展"社区环境志愿者"登记活动,10个社区共有800名居民报名,网格办为报名的居民建立"环境建设志愿者"档案。7月,成立街道"环境卫生绿化管理站",办公室设在网格办,负责地区环境、卫生、绿化的检查、管理等工作。11月,食品安全类案件正式纳入网格化管理。年内,重新调整了由8人组成的派件、核查、监督考核队伍,建立22人的保洁队伍、20人的小广告清除及钩杆队伍、4人的突击队。全年共接收、处理区监督平台案件32772件。

(赵　强)

【杜德印慰问董学法】 1月23日,市人大常委会主任杜德印、市委常委梁伟在区委书记陈刚、区人大常委会主任王力军的陪同下,来到劲松中社区,慰问"见义勇为好青年"董学法,劲松街道工委书记郑霞及街道领导班子成员一同参加慰问。

(韩文茹)

【社区居委会换届】 2月至5月,街道10个社区居委会进行换届选举。其中9个社区为居民代表选举,1个社区为户代表直接选举。10个社区均为差额选举,共产生社区居民委员会成员72名,其中主任10名、副主任15名、委员47名。在新当选的72名社区居委会成员中,男性30人,占总数41.7%;女性42人,占总数58.3%;中共党员33人,占总数45.8%;大专及以上学历37人,占总数51.4%,高中、中专学历35人,占总数48.6%,平均年龄45.4岁。与上一届相比,本届社区居委会成员更加趋于年轻化和知识化。

(邱春玲)

【"两会"安保工作】 3月,针对百环和一大酒店被确定为全国"两会"代表委员驻地情况,街道动员地区治保积极分子和治安巡逻志愿者,按照超常一级的防控等级防控。以各类管控台帐为依据,对代表出行路线的地下通道、过街天桥、立交桥逐一进行标注,实行早7点至晚22点分班值守。对酒店周边200米和400米范围内住宅楼的居民情况进行入户调查,对六个制高点进行重点监控。对37名重点人,掌握详实的情况,实施6帮1、3帮1监控方案。

(王春珍)

【体育生活化社区创建】 3月至7月,代表区体委参加市体育局组织的体育生活化社区创建工作。组织各社区以创建体育生活化社区为主题,开展“健身总动员”活动,选择适合在街头巷尾等小型场地进行的运动项目,如踢毽、跳绳、转呼啦圈、打太极拳、跳健美操等,召开小型运动会。各社区支部党员、社区居民、社会单位成员500余人参加此项活动。经市体育局、市体委评估小组验收,获“第六批全国城市体育先进社区”称号。

(邱春玲)

【成立社会工作党委】 4月28日,为有效整合分散在“两新”组织中的党支部,推动“两新”组织党建工作,成立劲松街道社会工作委员会。街道社会工作党委针对非公经济企业规模小、党员人数少、集中活动困难等情况,坚持“立足党员,面向职工,服务企业”的宗旨,采取不同的工作方法和活动方式,提出把社会工作党委建成集政治思想、业务技能、企业发展“三位一体”的党建中心的工作目标。

(赵一帆)

【文化庙会进社区】 5月26日,举行《劲松街道公益日推进社区文化庙会活动暨启动仪式》。启动仪式上,街道工委领导向参加活动的报刊零售公司、北京乐器协会、劲松医院代表和劲松街道城管分队颁发劲松公益会员证,街道城管分队作为第一批机关部门领取了劲松公益会员证。

(韩文茹)

【城管分队新办公楼动工】 6月,劲松城管分队办公新址在广渠路大郊亭三号院西侧破土动工,新址占地面积3980平米,预计2010年5月竣工并投入使用。

(王南萍)

【人口与计划生育】 7月13日,北京首个以街道为单位产生的“劲松地区流动人口计划生育自管会”在劲松街道成立,形成劲松特色的流动人口计生工作“自管自律”模式,使街道人口计生工作处于科学可控的良好态势,得到国家、市、区人口计生委有关领导的关注和肯定。地区流动人口计生自管会的成立,受到社会各界及媒体广泛关注,先后有8家新闻媒体分别以图片、文字、有线电视等形式给予报道。其中国家级媒体2家,市级媒体2家,区级媒体4家。

(王爱军)

【安全生产】 9月,在地区组织开展“新中国成立60周年安全生产执法护航行动”,出动1600余人(次),对辖区626家社会单位进行拉网式检查,消除隐患260多处,为辖区营造了良好的安全生产环境。

(沈丽娟)

【秋季运动会】 10月,在北京工业大学附属中学组织召开地区秋季运动会。运动会设50米跑、实心球掷远、30米托球跑、立定跳远、救护跑等10个比赛项目。机关工作人员、各社区居委会成员、社区居民代表、地区企事业单位代表和残疾人代表共320人参赛。

(邱春玲)

【参与国庆联欢】 10月,选派26人担任国庆当天群众联欢标兵。组织一支22人的演出队伍到朝阳公园、兴隆公园、奥林匹克公园参加国庆期间汇演。从辖区选派7名共和国同龄人参加共和国同龄人方阵,最终3名入选方阵。

(邱春玲)

【表彰受阅女民兵】 10月16日,在劲松电影院召开欢迎建国60周年受阅女民兵、共和国同龄人、奥运火炬手凯旋报告会。街道领导,社会单位、地区居民、社区干部和机关干部400余人出席报告会。会上,街道武装部部长侯新生向大家介绍参加国庆阅兵9位女民兵的情况,副主任范方萍宣布对女民兵们的通报表彰决定。女民兵代表、共和国同龄人、奥运火炬手、女民兵家属相继发言,报告参训受阅情况。

(韩文茹)

【税源建设】 年内,清理异地纳税企业32户,已迁回7户,填写承诺函或口头承诺25户。完成区级财政收入3.47亿元,完成全年任务1.86亿元的186.6%,同比增长94%。个人出租房产税完成521万元。按照《朝阳区税源建设工作奖励办法》及《2009年规范企业纳税行为专项工作的特殊奖励政策》,受到区相关奖励款1012.9万元。

(申桂珍)

【楼宇党建】 年内,按照组建“一个网络”,架设“两座桥梁”,建立“三类工作站”形成一股劲的工作方针,在华腾大厦等11座商务楼宇建立党建服务站和社会工作站。“两站”的建立标志着街道楼宇党建工作的全面开展,推动街道落实“四个平台、一个机制”即:“社区服务平台、社区管理平台、大综治管理平台、城市管理平台”和“劲松公益日社会动员机制”的工作。

(赵一帆)

【档案晋升一级工作】 年内,按照《北京市朝阳区档案局档案管理一级单位检查标准》,重新整理档案室库存文书、基建、照片、设备、实物、会计档案15878卷册。编研材料11本,共计27万多字。年底,档案晋升一级工作通过验收。

(张艳萍)

【工会工作】 年内,新建工会8家,发展会员800余人。与组织科配合在辖区楼宇建立6家楼宇工作站,收缴会费15万元。

(赵　立)

【共青团工作】 年内,为地区2名成绩优异的低保家庭学生提供每人300元的新学期助学金。申报区级青年就业创业见习基地1个,提供见习岗位10个。开展首都"国庆"城市志愿者服务工作,60名城市志愿者参加。申报北京市"爱心基金"1个,为地区品学兼优的贫困学生提供助学金400元。

(何　静)

【妇联工作】 年内,对地区35名单亲特困母亲发放每人200元的慰问金,为2名残疾特困妇女发放毛毯。为166名城市老年无业妇女办理每人450元的医疗救助卡。完成第七届社区妇联换届选举工作,54名执委当选。举办"劲松街道妇女儿童公益事业爱心募捐"活动,收到捐款1575.8元。

(何　静)

【城建工作】 年内,启动街巷胡同整治工程,共整治大郊亭古建路、大郊亭化建路,八棵杨社区北三间房路街巷胡同3条,修复道路8181平方米,绿化420平方米,铺设雨污水管线500米。对八棵杨化工设备厂老旧小区进行改造,绿化100平方米,甬路2745平方米,楼体外立面粉刷7100平方米,楼内粉刷4165平方米。在国庆六十周年景观布置中,摆放大小花坛17处,摆放鲜花7万余盆。被区国庆环境建设指挥部评为"国庆60周年景观布置优秀组织奖二等奖"。

(么亚波)

【党风廉政建设】 年内,围绕"保增长、保民生、保稳定"工作目标,以坚持惩治和预防腐败为主线,紧紧抓住教育、制度、监督三个环节,稳步推进廉政风险防范管理工作,不断深化工作作风建设。开展街道和社区工作作风以及工作绩效互评工作。同下级党、政负责人谈话17人(次);科级干部任前谈话13人(次);诫勉谈话3人(次)。妥善处理电信访件10件(次),其中转办件8件(次),本街道2件(次)。完成街道确定的10项重点工作的立项监察。

(王爱青)

【安全稳定工作】 年内,围绕国庆安全稳定工作开展了六个专项行动。一是开展各类矛盾纠纷排查行动。按照等级防控要求,明确包案领导和责任人,由各职能科室和部门分别对各类重点矛盾进行管控、调解。组织开展重点人群排查管控专项行动。对八类四级重点人进行实名制、分时段管控,按照3+1或6+1要求,使管控到位率达到100%。二是组织安全隐患排查整治行动。组织、协调有关部门进行联合执法20余次、重点综合整治11次、收缴各类违法经营工具(物品)16车,配合检查重点单位100余家、协助排除各类安全隐患30余个、检查出租房屋2348处(间)、流动人口17000余人次。三是组织开展科技创安专项行动。建立由一个基地台、26个手持台、一辆综合执法车、六个覆盖全地区的综合执法站组成的快速反应处突系统。四是组织开展群防群治行动。成立社区夜间巡逻队。选派88名社区志愿者配合专业巡防队员,于8月28日至10月10日在每个社区进行夜间巡逻。使9月份同比、环比,社区可防性案件分别下降了65.7%和68.4%。五是组织开展国庆控制、集结、疏散区执勤保障行动。六是组织开展煤气热水器置换专项行动。制定直排式燃气热水器置换工作方案,共置换393户,完成计划的154.7%。按照《朝阳区司法行政系统"国庆平安行动"工作方案》、《国庆安保期间社区服刑和刑释解教人员等级管控措施》要求,启动安保机制并采取有效措施,加强对辖区内130余名社区服刑和刑释解教人员的日常教育和管控工作,确保了国庆期间地区的社会稳定。

(王春珍)

【治安防控运行体系建设】 年内,加强"一二六"专业治安防控体系建设。"一"即一个平台,街道城市综合管理指挥中心作为地区社会治安、城市管理、社会服务综合指挥平台。"二"即两支队伍,建立了劲松地区由76名专业保安巡防队和承载民警、城管、保安等5人的执法车组成的综合执法队。"六"即六个阵地,建立6个治安岗亭。每个岗亭设2名执法队员、2名城管协管员、一部对讲台,并在岗亭周边400米范围内进行巡视控制,遇有案(事)件及时向指挥中心汇报,并呼叫综合执法车进行处置。

(王春珍)

【劳动监察】 年内,对辖区348家单位进行日常巡视检查。立案34家,处理举报投诉案件8起,处罚案件6起,处罚金额2万余元。建立企业劳动合同管理台帐1413个,为劳动者补签劳动合同746人,为2480名农民工缴纳了社会保险金,通过网上申报,5家企业参统,清理空户14家。对在施工地检查次数68次,处理拖欠农民工工资问题5起,为167名农民工追讨被拖欠的工资118万余元。

(郭　楠)

【规范劳动用工一条街】 年内，通过规范劳动用工一条街工作，为162人缴纳社会保险，缴纳金额4680元。为18人办理职业资格证书，实行持证上岗10家。

（郭 楠）

【甲型H1N1流感防控】 年内，制定劲松地区甲型H1N1流感防控工作预案，成立甲型H1N1流感防控办公室，并抽调2名专职人员负责日常工作。防控物资储备共投入11.2万元。为促进防控工作的开展，制作《劲松街道甲型H1N1流感防控工作案例分析》。

（王爱军）

【红十字工作】 年内，认真贯彻落实区红十字会提出的“人道点亮希望、博爱点亮生命、奉献点亮心灵”三大主题救助工作，年内共募捐善款10.3万元。

（王爱军）

【城管工作】 年内，对重点区域和主要干路进行重点治理，共清理游商、摊点4320个，整治摩的、人力三轮车229辆，清除小广告5.4万余处，没收小广告1.8万余张，取缔露天烧烤83起，大排档21起，查处售货车56起，扣三轮车435辆，清理暴露垃圾800余吨，全年罚款15.6万元。查处违法建设11处，违规户外广告123处。

（王南萍）

【民政工作】 年内，为471户低保户、15027人次发放低保金362.5万元。加大社会救助力度，其中：临时救助14人，金额4.43万元；慈善救助71人，金额3.71万元；医疗救助78人，金额18.0万元；特困救助4人，金额5000元；新生入学救助18人，金额7.2万元。办理65岁以上老年优待证11682件，办证率达到94%。老年证230件。将1380名老人纳入享受居家养老的优惠政策范围。与10个服务商签订了合作协议，为满足老年人需求提供有力保障。做好高龄老年人津贴发放工作，共为20位老人办理高龄老人津贴，为12位去世老人办理注销手续，为160余位老人按时足额发放高龄老人津贴。为30户老年人安装“一按铃”呼叫器，为201户老年人安装厕所扶手。共筹集善款37.1万元，为解决困难群众生活，提供资金保障。

（张艳萍）

【社会保障】 年内，为2525名失业人员进行职业指导，开发就业空岗3821个，实现失业人员就业1279人，其中就业困难人员659人。为退休人员报销医药费3万余人次，合计人民币6589万余元。为2356名“一老一小”、449名城镇无业人员办理了大病医疗保险手续。为765名城镇无保障老人办理福利养老金手续。为291名无业居民办理城乡居民养老保险参保手续。为468户低保家庭发放救济金392万元，为110人次低保人员报销医药费15.5万元。为18名低保低收入家庭子女办理新生入学救助72000元。对40余人（次）进行临时救助，救助金额近20万元。

（王丽丽）

【矛盾调处】 年内，加强对重点人的监控和教育转化工作。调解民间纠纷460件，调解成功456件，调解成功率99.1%。联合调解室诉前调解受理29件，与派出所民警联手调解1170件。

（韩 杰）

【经济普查】 年内，完成第二次全国经济普查工作任务。第一阶段（清查阶段）完成对3047家企事业单位、1529家个体单位的清查工作。第二阶段（普查登记）完成对1876家企事业单位的普查登记与年报登记工作，普查率达到98.9%。

（刘 慧）

【民兵工作】 年内，辖区9名女职工参加了庆祝中华人民共和国成立60周年女民兵方队国庆阅兵。根据区武装部关于“国庆活动”期间民兵守护桥梁安全的工作指示，街道武装部在劲松立交桥桥下、潘家园桥北一、二号过街天桥上安排24名基干民兵，实行4班次24小时全天候看桥护路。

（王加忠）

【地下空间管理】 年内，为加强地下人防工程管理，确保人防工程安全使用，实行人防工程值班员统一佩戴由武装部印发的“劲松地区地下空间安全检查员”红袖标制度。

（王加忠）

团结湖街道

【概况】 团结湖街道位于朝阳区西部。东起水碓子东里、水碓子东路、朝阳体育馆西侧，南至呼家楼北街和二道沟北侧，西至东三环北路，北至农展馆南路。辖域面积约1.2平方公里，辖22条街巷，6个住宅社区，设6个社区居委会。地区有14162户，37090人，境内团结湖路纵贯南北，与东西方向的农展馆南路、团结湖北路、姚家园路、团结湖中路、团结湖南路、朝阳北路、呼家楼北街依次相交，并与各楼区间道路相通，构成辖域交通网络。沿团结湖路两侧设有团结湖派出所、工商银行、邮局、书店、百货商场等商业服务设施。驻有国家中医药管理局等部属单位，北京青年报社等市属单位，区人大常委会、区政协等区级领导机关。地区有中专1所、中职1所、中学1所、小学1所、幼儿园2所、托老所1所、医院3所。

地址:团结湖北头条9号楼

电话:65825455

邮编:100026

网址:http://tuanjiehu.bjchy.gov.cn

(李丹梅)

【社区党委换届】 1月初至2月底,完成社区党委换届选举工作。有6个社区党委、45个党支部,1941名党员参加了换届选举,党员参与率98.2%。有575名党员代表,直接参加社区换届选举党员代表大会,参选率达98%。本次选举产生40名党委委员(其中党委书记6名、副书记7名),当选人员平均得票率达92%以上,其中6名新当选书记得票率为94%。新一届社区党委成员文化程度明显提高。大专以上学历21名,同比提高17.5%。新一届社区党委委员平均年龄48岁,比上一届年轻4岁,平均年龄明显降低。

(李丹梅)

【领导干部接访】 2月,制定《团结湖街道关于开展领导干部接访月活动的安排意见》,自3月25日起,街道开展领导干部接访活动。通过领导接访,处理辖区容易引发信访问题和群访事件的矛盾隐患,有效化解了疑难缠访和突出问题。

(李丹梅)

【志愿献血】 2月,北京市医疗临床用血血库告急,街道根据区献血办公室要求,及时启动了团结湖应急血源。短短三天时间完成无偿献血志愿者报名登记工作,地区47名志愿者在团结湖公园无偿献血,合格35人,献血45人份。6月14日"世界献血者日"期间,街道计生办在团结湖公园举办主题宣传活动,参加人数达数千人。社区居委会开展街头咨询宣传活动12次。发放无偿献血宣传材料2000余份。张贴宣传画报50多张。黑板报、宣传展板30多块。促进了无偿献血工作的健康发展,组建了96人的"团结湖地区无偿献血志愿者队伍"。

(李丹梅)

【学习实践科学发展观活动】 3月19日,第二批学习实践活动正式启动,6个社区所属45个支部和非公经济组织3个支部,共1981名党员参加了学习实践活动,参与率达99%。借鉴第一批学习实践活动的经验做法,从社区和非公经济党组织两个层面,分别制定活动方案,明确学习实践主题,组织开展各项活动。结合地区实际,在社区党组织中深入开展了"走千家、访百户、解十题"主题实践活动,在新经济组织和社会组织中开展了"2356"主题实践活动,即:摸清"二个"底数。摸清社会领域"两新"组织中党组织和党员底数;完善"三级"网络。社会工作党委、两新组织党组织和商务楼宇社会工作站及党建联络员,使党组织的工作延伸到社会各个领域,实现党组织的全覆盖;实现"五好"目标。深入开展"五个好"示范点创建活动;在党员中开展"六个一"活动。即,提出一个推动发展的好建议、党员和群众结成一个互助对子、建立一个党员示范岗、攻克一个工作难题、与街道社区开展一次共建活动、写好一份思想汇报。主题实践活动取得了良好效果。

(李丹梅)

【信访宣传周】 4月18日,在全街道6个社区开展"依法信访、共筑和谐"信访宣传周活动。活动由街道工委、办事处主要领导亲自参与组织,各科室、社区居干共40人参加,在辖区内设置6个宣传点,悬挂信访宣传横幅12个、张贴信访宣传画24张。活动中,街道和社区工作人员向群众宣传讲解信访知识,受宣传人数1600多人次,发放各种宣传材料2000余份。

(李丹梅)

【公共卫生工作】 4月下旬,开展甲型H1N1流感防控科普知识宣传,印制25000余份《社区居民防控甲型H1N1流感须知》、《近期归国人员居家防病健康温馨提示》、《入住宾客甲型H1N1流感防控温馨提示》等宣传材料,在第一时间发到了地区每家每户、宾馆饭店、人防小旅馆和商品市场等人员密集场所。发放北京市"专家给市民的提示:远离流感,我们能做到"光盘和宣传折页15000份及区疾控中心《预防甲型H1N1流感知识问答》。签订"四方责任书"878份,免费接种甲流疫苗5723人,培训家庭保健员90名。年内支出防控资金18万余元。

(李丹梅)

【安全生产】 5月,成立安全生产监察科,按照"八个一"的标准,建立完善了安全生产监管的各项基础性工作;(即:一套安全生产管理制度、一套安全生产监管台帐、一张辖区企业分布平面图、一个企业基础情况数据库、一张安全生产分类管理动态图、一份重大危险源调查摸底统计表、一套辖区内安全生产应急救援预案、一个向社会公开的安全生产监督举报电话)。我地区共有生产经营单位722家,其中,宾馆、旅馆46家,商场超市3家(500平米),餐饮41家(200平米),娱乐9家,体育项目5家,危化单位2家,规模单位38家,小单位560家。强化安全检查,消除事故隐患,全年共开展安全检查1200余次,出动检查人员2000多人次,检查单位2900余家,发现各类安全隐患1800余件,解决1789件,发整改指令书198份,与辖区生产经营单位签订《迎国庆安全生产责任书》647份。发放110份《北京市有限空间作业安全生产规范》、130张《安全为上:有限空间作业》宣传光盘和160份《关于在污水井等有限空间作业现场设置警示标志的通知》。进一步增强了作业人员的安全意识和自我保护意识,有效规范了有限空间作业安全生产行为。

(李丹梅)

【"五个好"创建活动】 上半年,街道把"五个好"创建活动与开展第二批学习实践科学发展观活动、社区换届工作紧密结合,统筹推进。从年初开始,在社区党组织和地区非公经济党支部中同步开展了创建活动。街道中路北社区党委被区委授予"朝阳区社会领域党的建设'五个好'示范点",被市委社会工委授予"北京市社会领域先进基层党组织",地区非公经济党组织瑞德信通用机械设备制造有限责任公司党支部和京龙大厦物业公司党支部分别被命名为区社会领域党的建设"五个好"示范点。

(李丹梅)

【社会领域党建】 年内,社会领域党建工作全面加强。加大投入建阵地,先后投资10余万元对辖区6个社区的社区党员活动室、电教室、党建宣传橱窗进行更新改造。投资近百万元,改造建设了750平方米的地区党建指导服务中心,使党建活动阵地功能更加完善,活动空间和服务范围进一步扩展。结合社区规范化建设试点,加强社区基层党组织规范化建设,细化并明确了30项社区党委的职责任务。坚持"三个依托"的工作理念,依托"两委"建组织,先后成立了团结湖街道社会工作党委和团结湖街道外语协会党支部,基层党组织在社区内各种组织、各个单位的影响力和凝聚力进一步增强。依托"三站"建服务,先后建立四个商务楼宇社会工作站和党建服务站,依托社区工作站、流动人口管理服务站、商务楼宇党建服务站,初步构建形成了服务范围覆盖地区党员群众、流动人口和社会单位党员及员工的地区党建服务体系。依托"协会"建阵地,通过培育社会组织,发挥社会组织宣传、发动的优势,加强宣传,占领思想阵地,影响带动群众参与和谐宜居建设。

(李丹梅)

【社区居委会换届选举】 年内,6个社区居委会换届选举工作圆满完成,居民平均参选率为94%。社区规范化建设取得成效,实现了"一分、三定、两目标",即:"一分",将社区服务站与社区居委会职能分开;"三定",确定任务、人员、经费。"两目标",逐步实现社区工作者专业化、职业化和社区规范化、现代化的总体工作目标。梳理出社区党委30项、居委会80项、服务站100项服务内容。社区服务站做到"六统一",即:统一标识、统一制度、统一标准、统一岗位、统一流程、统一着装。社区居委会实现网络化管理,即"社区书记、主任包社区;委员包片;楼长包楼;和谐促进员包片"的层级网络管理体系。地区社会组织以司堃范志愿协会为纽带,建章程,定制度,分类管理,项目运行,不断发展壮大,现已发展到125个,为地区精神文明建设提供了有力保障。

(李丹梅)

【干部工作】 年内,以创建学习型领导班子为重点,加强干部队伍建设,提出进一步提高干部"系统谋划、总结梳理和组织协调"三种能力的目标要求。在干部队伍建设方面,突出"选、育、管、用"四个环节。按照《党政干部选拔任用条例》和相关制度规定,面向社会公开招聘公务员7名,通过竞争上岗、民主推荐、组织任命、转任等形式,任用副处级领导职务1名,任用正科实职5名,副科实职2名。为提高年轻干部能力素质,从7月份开始,安排40岁以下年轻干部,每人在街道信访办挂职一个月。

(李丹梅)

【老干部工作】 年内,通过强化服务、试点推进、深化"四就近"工作,街道老干部服务管理水平逐步提升。目前,接受提供居家养老服务的老干部50人。积极组织老干部开展文体活动,如举办羽毛球、象棋等比赛及组织开展各种健康咨询、义诊等活动,活跃了老干部的文化生活,受到老干部欢迎。机关老干部支部被评为"五好支部"。

(李丹梅)

【宣传教育】 年内,以理论中心组学习为重点,强化领导班子和机关干部的理论武装,根据街道中心工作和难点工作,有计划地安排考察参观学习、观看专题录像、邀请专家讲座、组织座谈交流经验等。国庆期间开展中心组、机关、社区三级国庆新闻宣传培训,建立新闻采访接待和反馈网络,全面、全程服务和引导新闻媒体对涉及街道工作和地区居民的采访,建立完善了信息、宣传报道及大事记工作目标考核制度。组织新闻培训30余次,3500余人参加培训。以建国六十周年为契机,将精神文明创建与庆祝活动紧密结合,开展以"传承奥运精神,建设文明朝阳"为主题的文体活动20余次。全年上报稿件151篇,其中中央级2篇、市级媒体44篇、区级媒体105篇。

(李丹梅)

【《团结社区》报创刊】 年内,《团结社区》报创刊并出刊11期,使之成为反映地区精神面貌的窗口、沟通百姓和社会单位的桥梁,整合了社区宣传资源。

(李丹梅)

【城市网格化管理】 年内,在总结奥运筹办以来城市环境建设和管理经验的基础上,不断研究探索城市长效管理途径,逐步形成"以社区为平台,机关统筹协调,城管执法管理,专业维护保洁,多层监督考核""五位一体捆绑式"和"三包四定两监督"的工作机制,推进城市数字化、网格化监督管理长效机制,组建由网格监督员组成的专业化和由每个社区3至4名居民代表、"七姐妹"组成的非专业化相结合的监督考核队伍,成立44人卫生保洁队,10人钩杆队,2人小广告清除队,400余人志愿者监督队和40余人的环境保洁应急小分队。指挥平台处理案件内容涉及市容环境、宣传广告、施工管理、突发事件、街面秩序、安全生产、食品卫生、人口管理、地下空间等方面,全年接收处置网格案件7681件,自查各类环境秩序问题11778件,连续7个月保持及时结案率100%,9月份综合绩效排名全区第一。

(李丹梅)

【红十字工作】 年内,街道红十字会开展"博爱在京城、博爱在朝阳"募捐工作,募得善款50197.60元;开展红十字急救员培训活动,113人取得红十字救护员证书。

(李丹梅)

【信访评估】 年内,成立信访评估领导小组,对涉及群众利益的重大决策,在实施前组织信访评估,强化辖区内信访矛盾隐患的预测和预防能力,做到了早排查、早发现、早评估、早化解。在小区改造、配套设施更新、便民服务项目设置等关系群众切身利益的重大决策中,由于信访部门提前介入,做好信访评估,使街道各项重大决策在实施中得到了居民的理解和支持,从源头上预防了信访矛盾。全年未发生到市、区集体访和越级上访问题,维护了辖区稳定。

(李丹梅)

【人民内部矛盾排查】 7月15日至8月15日,地区开展第二次人民内部矛盾纠纷大排查、大调处工作。街道领导牵头,信访办、司法所、综治办、城管队等相关部门以及社区居委会共同参与,对辖区内6个社区的矛盾隐患全面排查摸底,落实责任、协调化解。排查出矛盾纠纷82件,其中集体访4件32人次,有3件列为本街道重点矛盾问题。通过排查工作,及时发现和化解了辖区内一批矛盾纠纷和隐患,确保了辖区和谐稳定。

(李丹梅)

【信访工作】 年内,在信访接待工作中开展"四四、五五"信访工作制。要求信访工作在接待上访群众时,坚持"四声工作制",即:来有迎声、问有答声、走有送声、处理问题有回声的工作原则,做到笑脸相迎、诚心接谈、热情相送,树立党和政府的良好形象。本着热情、负责、依法、奉献的精神,在解决矛盾纠纷过程中开展"四心工作制",即:接待群众热心、听取反映细心、宣传教育耐心、解决问题诚心。工作中坚持"五从工作制",即:从自身整改中"查"问题、从各种座谈会上"听"问题、从走访中"挖"问题、从意见函中"征"问题、从案件跟踪反馈单上"收"问题,不断提高信访接待工作能力。加强和落实"五个一工作制",即:一个信访问题、一套解决方案、一个责任单位、一名包案领导和一本处置台账的工作要求,确保信访问题的处理质量。通过"四四五五"信访工作制的实施,规范落实了街道信访工作,提高了矛盾排查化解效率,维护了辖区稳定。全年累计接待来电、来访、来信477件,其中政民互动件210件;接待集体访23次,81人,预防集体访8件次。调解矛盾纠纷45件。无集体到区政府上访事件。在信访件处理中,采取了现场处理、直接分办和领导阅批分办三种形式,提高了办件效率和质量,受到信访人认可,实现了零上访和无越级访,居民的满意度达95%以上。

(李丹梅)

【社会治安综合治理】 年内,开展安全检查500余次,出动检查人员2000多人次,检查单位2900余家,发现各类安全隐患1800余件,发整改指令书198份,整改率99%。全年开展"扫黄打非"检查298次,检查书报店286次,音像店8次,歌厅5次,取缔游商24个,收缴盗版淫秽版光盘500张。投资67万元对地区18个自行车库进行改造,改造建筑面积约4000余平方米。为地区1200户居民及出租房屋户更换了直排式热水器,消除了安全隐患。开展各种形式的宣传教育36次,5000余人次受教育,提高了社区居民的交通安全守法意识;与社会单位、驾驶员签定各类交通安全责任书400份,削减车流量450辆。全年地区共发生各类案件196起,同比(2008年166起)上升18%。其中可防性案件29起,同比(2008年20起)上升45%。

(李丹梅)

【地下空间管理】 年内,全面加强对辖区地下空间的管控。从年初到国庆前夕,先后3次组织地下空间产权人和管理使用单位召开地区地下空间安全管理工作会议,分别邀请区民防、房管有关部门参加。在日常不间断安全检查的基础上,与消防、综治、城管、公安、卫生、工商等部门协作组织了18次联合执法行动,全面整治地区地下空间安全隐患。全年,地下空间安全无事故,地下空间达标率居全区前列。街道被区民防局评为先进单位。

（李丹梅）

【双拥共建工作】 年内，为共建部队北京武警九支队六中队送去饮水机18台，开展送技能进军营活动，为第一批参加美发培训的18名武警官兵支付培训费用23000元。11月，为65名复员老战士赠送手包、腰带价值6500元。全年累计支出双拥活动经费3.6万元。

（李丹梅）

【老龄工作】 年内，为地区210位80岁以上老人安装厕所扶手，为地区37户空巢老人家里安装一按铃。为地区19名低保老人免费体检。为地区84位老人配发康复器具。“司堃范”爱心志愿者协会被朝阳区老龄委授予“秋实志愿为老服务队”称号。司堃范、张万鹏老人被区民政局、区慈善协会、区红十字会评为朝阳区“爱心之星”。

（李丹梅）

【募捐工作】 年内，共收到地区单位、居民募集新衣被200件、纪念5.12捐款22057.06元、11月募捐月捐款17270.79元。累计捐款39327.85元。

（李丹梅）

【残联工作】 年内，街道残联走访慰问残疾人233户，支出经费10万余元。为1人办理了临时救助5000元；安置残疾人就业5人，其中社区安置就业2人；为15名残疾人办理了北京市无固定性收入重残无业人员生活补助；为4名残疾人办理一次性扶持补贴共计8000元；为22名残疾人办理2008年度城镇个体就业残疾人享受社会保险补贴，共补贴79303.64元；为11名地区低保残疾人子女及残疾人学生申请“扶残助学”补贴，共补贴26000元；为625名残疾人更换第二代残疾人证；举办地区第三届残疾人趣味运动会；推荐18名残疾人参加朝阳区第三届残疾人运动会，残疾人赵立民分别获得男子仰泳50米、蛙泳50米第一名；成立地区残疾人艺术团，吸收地区23名残疾人为艺术团成员，举办以“祝福祖国、与爱相伴”为主题的第一届团结湖地区残疾人艺术节开幕式；为地区48户重残人家庭进行无障碍改造（每户4000元）；为8名精残人员13次申请住院补助；为50名贫困精残人员办理精神病免费服药；为67名困难残疾人无偿配发辅助器具；为17名贫困残疾人办理康复救助卡；与北京“寸草春晖”老年心理服务中心联合开展对地区26名精神病人心理疏导工作。

（李丹梅）

【科普活动】 年内，团结湖街道中路北社区获北京市科技周活动创意大赛一等奖。

（李丹梅）

【人口和计划生育工作】 年内，为25名独生子女家庭特别扶助对象（独生子女已死亡）发放每人每月200元特别扶助金存折。为19名独生子女父母（女55岁、男60岁）发放一次性奖励每人1000元。为1名独生子女父母（独生子女已死亡）发放一次性经济帮助10000元。

（李丹梅）

【流动人口管理】 年内，建立“1258”流动人口管理工作机制并在全区得到推广，进行流动人口和出租房屋基础调查。经核实，地区出租房屋户2447户，4615间，住6475人。地下空间86处，住2638人。地区内流动人口总量为16599人。入户宣传防火、防盗安全知识1855户，检查了65家有流动人口居住、经营的单位。对未办理“暂住证”或疑似有流动人口居住户发放申办“暂住证”告知书158份。制止安全隐患6处，调处纠纷37起，上街宣传4次。总计发放宣传材料7970份，6次到地区22家房屋租赁中介公司和160家社会单位发放宣传材料共计3510份。现场回答有关事项咨询430人次。向地区内居住在出租房和暂住在旅馆、地下室以及地铁施工工地的流动人口、务工人员发放3000份“致来京务工人员一封信”。邀请朝阳区社区学院老师为地区480名流动人口讲解文明礼仪知识和维权常识。召开社会单位和流动人口代表总计385人动员大会。共输机录入流动人口13327人，输机录入出租房屋3341户，超额100%完成工作任务。积极为出租户、承租户义务免费介绍房屋66户。义务为居民出租户修理设施24户，共收到表扬锦旗31面，收到表扬信7封。

（李丹梅）

【人民调解】 年内，组织较大规模排查隐患30次，调处化解各类纠纷1336件，成功1281件，成功率达95.9%，达成书面协议18件，解答法律咨询30人次，防止群体性上访3件。

（李丹梅）

【法制宣传】 年内，街道司法所认真落实“五五”普法规划，围绕“弘扬法制精神，服务科学发展”这一主题深入开展法制宣传教育工作。全年司法所协助相关部门举办各类法律法规宣传活动135场，法制宣传讲座25次，解答法律咨询350余人次，受教育人数达9万余人次。

（李丹梅）

【为民服务】 年内，开办便民理发、修车修鞋、洗衣、家电维修、家政服务、婚庆服务、驾校学车、法律咨询、便民菜店等传统便民服务又增加了志愿者帮扶项目、心理咨询服务、社会互助、居家养老等公共及公益服务项目。采取有偿、低偿、无偿的服务手段开展社区服务,96156网络信息平台网录社区新闻1100余条,服务超市新闻500余条,96156服务单375张,服务热线两部920个,社区大课堂市级1节,办事处及各社区72节英语协会200余节。“爱心超市”收到区民政局价值4万余元的救助物品,发放就助爱心卡达到150余张。开展邻里互助日活动,吸引了地区200多名社区居民的积极参与。志愿者服务平台已有注册会员1251人,52支志愿者队伍参与社区的志愿服务活动,项目达到20项。为辖区居民提供免费租赁自行车400余辆,实现绿色出行,14家服务商为辖区1200余名老人提供居家养老服务。

(李丹梅)

【劳动监察】 年内,巡查用工单位204家,立案84件,行政处罚3件,收缴罚金3000元,结案率100%;查处拖欠职工工资违法案件5件,追讨工资2.6万元;为6名员工补缴社会保险1.8万元;新增保险扩面10家。

(李丹梅)

【税源建设】 年内,通过加强政策宣传、为税源单位提供优质服务、实施走访单位责任制等措施涵养税源、护税养税,不断深化税源建设工作。全年代征个人出租房屋房产税889万元,同比增长27%,实现了历史性突破。

(李丹梅)

【妇联换届选举】 年内,完成社区妇联换届选举工作。六个社区选举产生了新一届妇联执委会成员36名。街道妇联为辖区17名老年无业困难妇女办理了医疗救助。

(李丹梅)

【环境建设】 年内,投资1551.9万元开展地区环境建设,实施精品小区改造工程。对一二条小区、三四条小区、中路南三条小区实施老旧小区改造,共改造铺装4.53万平方米,道路整修24条1.4万平米,粉饰11幢居民楼4.63万平方米,绿化改造1.95万平方米,7月中旬改造工程全部竣工。小区改造后增加停车位170个;对自行车停放及宣传设施进行改造并规范管理;降低道牙,增设盲道及无障碍设施;设置小区导示牌、阅报栏;通过铺设环保透水砖、在绿地周边建造集水池、将楼体雨落管引入绿地等多种措施,达到涵养绿地、节水、环保的目的。中路南三条小区所在的中路南社区被评为首都花园式社区。实施团结湖北路改造工程,积极协调区水务局,改造团结湖北路西段,辅设地下雨水管线330米,解决了多年的雨天积水问题。

(李丹梅)

【就业安置】 年内,街道社保所与17家社会单位签订空岗协议书,健全空岗报告制度,为失业人员搜集空岗信息2261个,推荐成功368人。利用社会单位力量,全年举办各类形式招聘会7次。422人参加基础职业指导,免费职业技能培训141人,141人取得职业资格证书。对符合就业援助条件的就业特困人员实行托底安置(安置劳动保障协助管理员19人、城市管理协调管理员38人),同时建立“4050”就业困难人员台帐,与150名“4050”人员签订《再就业援助协议书》,帮助325名“4050”人员实现再就业,并办理招工备案手续。年内277人实现灵活就业并享受社会保险补助,7人实现自谋职业或自主创业,并享受社会保险补助。全年累计681人提档就业。

(李丹梅)

首都机场街道

【概况】 首都机场街道位于朝阳区东北部,四周与顺义区接壤,辖域面积12.23平方公里,包括航站区、工作区和生活区,其中生活区面积2平方公里,分设南路东里、南路西里、西平街和南平里4个社区,地区常驻人口4.6万人,户籍人口2.37万人,人户分离人口1.1万人,流动人口1.22万人。地区有企业288家,个体户618家。

地址:首都机场宿舍区西平街2号
电话:64563946
传真:64500092
邮编:100621

(苏章勇)

【税源建设】 3月,签订《朝阳区经济平稳发展责任书》后,成立了税源建设办公室负责具体工作。搭建平台,弥补朝阳在机场辖区职能缺失。提供办公场所,请区税务、卫生防疫、劳动监察等部门到机场设站设点,通过加强对地区的服务和管理,规范企事业单位纳税行为;筑巢引凤,腾出社区服务楼作为企业注册地,依托朝阳的优惠政策,吸纳企业入驻;加大个人房屋出租税征管力度。在辖区税收逐年快速减少情况下,2009年止住下滑,辖区完成税收1.55亿元,同比增长1.6%。区级收入0.497亿元,完成年度计划任务的103.6%。征收个人房屋出租税121.2万元,比去年同期增长了13.4倍。

(苏章勇)

【绿化普查】 6-9月,开展绿化普查工作。机场地区行政普查面积为1054公顷,有园林绿地409.8公顷,绿地率为38.88%,户籍人口人均绿地率182.9平方米,公共绿地634693.37平方米,人均公共绿地28.3平方米。

(苏章勇)

【补选人大代表】 9月，机场地区因工作需要补选区人大代表2名。9月18日为选举日，经选举李洋当选为社区混合选区人大代表，宋志勇当选为国航选区人大代表。

（苏章勇）

【迎国庆工作】 年内，成立国庆60周年筹备工作指挥部，指挥部下设办公室及安全保卫、维护社会稳定、环境秩序整治、庆祝活动、新闻宣传等5个工作组，具体组织地区各项庆祝活动；开展国庆景观环境布置。以南平街东口、机场道口、机场南路为重点，摆设花坛5个、悬挂灯笼100个、彩旗200面。协调机场单位投入10余万元在机场高速出入口等显要位置设置国庆景观造型，营造节日氛围；街道武装部从国航、机场集团、基地选拔7名女青年参加国庆阅兵女民兵方阵，经过10个月训练，完成了国庆阅兵任务；开展丰富多彩国庆庆祝活动。组织开展体育比赛、青年联谊会、绘画展、围棋赛等系列庆祝活动；在社区宣传橱窗和生活区主要路口张贴画报100余张，悬挂宣传横幅40条，营造“迎国庆、讲文明、树新风”氛围；组织协调辖区各单位紧扣国庆主题，开展丰富多彩的活动，举办系列庆祝活动24场次，其中国航退委会在新落成的“国门文化中心”（原民航职工俱乐部）的文艺演出营造了良好的节日氛围。

（苏章勇）

【安全稳定】 年内，为确保建国六十周年大庆安全稳定，加大矛盾排查及调处力度。围绕邻里纠纷、劳资纠纷、施工扰民等问题，发挥社区谈心室、人民调解委员会作用，成功调解各类矛盾纠纷124件，保持了机场地区无群体访、越级访、非正常访“三无”纪录；将“无邪教社区”工作关口前移，密切关注社会自发性活动的动向，发现不良苗头，及时纠正。实现机场地区无反宣品、无电视插播，无反弹的“三无”指标；强化责任意识，通过《安全稳定责任书》明确责任人和工作内容，层层抓落实，消除“空白点”。同时，协调社会单位共同承担地区平安建设责任。在重大节日、“两会”、“六四”敏感期等重要时段，加强社会面控制，建立安全防控网络，制订防控方案，确定5个重点楼群和机场道口、南平街东口、小天竺路西口三个重点防控区。国庆期间，组织千人队伍，昼夜巡逻，排查出11项重点隐患和12项一般隐患，妥善处理了陆联通集贸市场因市场改造引起商户与经营管理方的群体冲突。

（苏章勇）

【民生工作】 年内，采取切实措施强化民生工作。建立定期听取居民意见制度及弱势群体帮扶制度，健全社区工作站服务机制；通过与社会单位党团组织对接、与学校、驻场部队、非公经济组织对接，建立社会救助工作机制，落实帮扶结困工作；建立群防群控体系，有效防控甲流。通过与预留接待单位（京林大厦）沟通，完成378人医学观察和归国人员健康监测工作；开发就业岗位650个，安置就业173人，实现无“0就业家庭”；落实“一老一小”政策，将851名无医疗保障老年人和学生儿童纳入大病医疗保险范围；加大对低保边缘家庭、优抚对象、残疾人、特困人员的救助力度；为2791位老人办理“慈善医疗卡”、“老年优待卡”和“高龄生活补贴”，提供居家养老服务168人；通过开办老年饭桌等，如期完成为民办十件实事工作；积极开展党员慰问活动，将2.6万元慰问金送到16名困难党员手中；成立社区文明养犬协会，解决文明养犬问题；增加社区卫生站服务项目，做好经常性巡诊工作；在生活区推广节水器具和节能灯具使用。

（苏章勇）

【环境整治】 年内，投资1061万完成老旧小区改造、街巷胡同整治两大任务。其中机场老旧小区共完成甬路修复2.9万平方米，绿化0.7万平方米，拆除临建房屋面积0.7万平方米，新建候车亭3处，生活区新装垃圾桶55个，安装石桌凳38座，装修改造南平街临街商铺铺面30多家。

（苏章勇）

【城市管理】 年内，提升地区城市管理联席会级别，拓宽会议研究决定范围，整合辖区执法资源，加大与机场公安、交通、机场派出所、机场工商、检验检疫、卫生防疫、街道城管队及机场物业、水、电、气、市政管理部门沟通协调力度，提升辖区城市管理水平；以降低卫生案件为切入点，细化工作内容，明确责任，使城管案件由1月份2946件减少到6月份1008件，7月份后一直保持在1千件左右；建立道路保洁、绿化养护等多项长效办法，协调与民航单位和物业住宅公司联建联管关系；发挥社会组织的行业管理作用，积极探索地区城管难点和空白点解决途径 。

（苏章勇）

【文化建设】 年内，构建具有地区特色的南楼文化理念。通过南楼网、机场电视台、社区生活专栏积极宣传社区文化，以“凝聚南楼文化、构建和谐社区”为主题举办“机场地区第五届文化节”和“南楼文化”论坛。街道创建《南楼生活报》；开展体育比赛、青年联谊会、绘画展、围棋赛等系列国庆庆祝活动；组织中巴文化交流、迎新春围棋赛、“社区一家亲”文艺演出及“三八”女子门球赛、街道春季运动会等活动。社区业余文艺队伍参加了“凤舞朝阳”舞蹈比赛，获得优秀组织奖；在建党88周年歌咏比赛，机场街道合唱队获区街道系统“庆七一”歌咏比赛二等奖。

(苏章勇)

【干部队伍建设】 年内,区调整机场街道处级干部5人次,2人走上副处级领导岗位;街道提拔科级干部7人,输送2名干部到区机关挂职锻炼,交流城管队员1人,调整提拔社区书记、主任8人次,招录机关公务员、社区专职工作者共8人。

(苏章勇)

【社区工作】 年内,完成社区"两委"换届,全面加强社区党委、社区居委会和社区服务站"两委一站"体制建设。一是按照"三推一选"的方式,选举新一届的四个社区党委成员。街道工委把辖区内的社会单位党组织领导及社区民警纳入社区党委,形成"企-社联手、共建和谐社区"局面;二是按照《选举法》规定程序,选举出新一届四个社区居委会成员共20名;三是全面加强四个社区服务站建设。面向社会公开招录7名社区工作者、为各社区服务站配备安装了办公设备、对南路东里服务站办公用房进行规划建设。四个社区"一门式"服务用房面积均达50平方米。四是完成社区妇联换届工作。

(苏章勇)

【党建工作】 年内,全面落实学习实践科学发展观活动整改措施,推动党建工作创新。从"进一步解放思想,树立工作高标准;进一步加强团结,形成工作合力;进一步加强自身修养,努力改造世界观;进一步改进工作作风,提高执政能力"四个方面,研究制定《加强领导班子自身建设的工作意见》;以"机场街道情况特殊,是难有作为还是能有作为"为题,以机关党支部为单位,在党员干部中广泛开展思想大讨论,引导党员干部正确认识机场街道"国门第一街"的政治意义;针对辖区新经济组织迅速发展形势,成立中共机场街道社会工委;在社会领域各个层面建立党支部或派驻党建联络员;建立健全地区党建协调委员会,坚持定期会商制度。扩大党组织覆盖面,消除党建工作"空白点"。投资50万元,在新落成的街道综合服务楼中,新建功能厅、阅览室、活动室等党建工作阵地,为辖区"两新"组织党员提供活动场所;坚持处级领导干部联系社区制度,加强社情民意调查;召开"纪念建党88周年大会"。地区党建协调委员会15个成员单位和200多名党员参加,16个先进基层党组织、20名先进党员和10个党建之友受到表彰。党员捐款5383元扶助困难家庭。

(苏章勇)

潘家园街道

【概况】 潘家园街道位于朝阳区东南部,东与南磨房乡、十八里店乡相接,南与丰台区相邻,西与崇文区隔河相望,北与劲松街道相连。辖区面积4.3平方公里,人口约13.7万人,划分12个社区。潘家园旧货市场、北京古玩城、天雅古玩城、河南大厦、陕西大厦、广西大厦坐落其间。有中国医学科学院肿瘤医院、肿瘤研究所、北京工业大学研究生院、北京眼镜城等中央、市、区不同隶属关系的企事业单位1400余家。

办事处地址:松榆里43号楼

电话:87381916

邮编:100021

(王玉田)

【安全社区创建】 10月18日,通过专家组验收,被正式命名为"国家安全社区"。与华威消防中队共同研究在华威消防中队建立"充气式火灾体验模拟逃生屋",通过实验模拟提高社会群体的防灾救助能力。加强普法宣传,提高市民学法、懂法、用法的意识。解答法律咨询291人次,开展法律宣传及讲座39次。受理诉前调解112件,受理矛盾纠纷97起,联合调解室受理各类矛盾纠纷158起,为弱势群体提供法律援助服务6人次,街道人民调解委员会受理纠纷241件,法律服务室调解纠纷39件。化解36起上访事件,处理政民互动市长信箱417件,街道领导接访、下访53批次,接待群众98人次。全年开展矛盾排查14次,处置市房管局建筑工地等群体性突发事件8起,解决8起久拖未决的历史遗留问题,妥善处理了两起外地人进京群体访和5起集体劳动纠纷事件。加强"两类"人员管理,认真执行社区矫正、安置帮教各项法规政策,每月召开社区矫正联席会。对确定的两名4级重点人实行了3比1的管控,充分运用法规文件,规范社区服刑人员的行为,3名矫正人员受到了嘉奖,8名矫正人员参加了培训,完成缓刑宣判前社会调查5次。为24人办理低保、廉租房和司法救助。对因病住院人员进行看望慰问。对生活困难的28人发放慰问金0.87万元。

(王玉田)

【国庆环境布置】 国庆期间,投资60余万元,在地区主要大街悬挂灯笼1000余个、彩旗2000余面、国旗500余面,摆放主题花坛10组,制作宣传条幅200余条,张贴宣传海报10000余张。

(王玉田)

【党的建设】 11月26日至12月25日,区委第三巡视组于对潘家园街道开展巡视工作。2月底,社区党委换届工作按时完成,选举出党委成员70名,其中有8名民警、4个社会单位党组织负责人和1个两新组织党支部书记进入社区党委班子。街道机关第一批学习实践科学发展观于2月底圆满完成。召开征求意见座谈会16次,参加座谈453人次,发放征求意见函453份,征求到意见276条。先后编发54期《简报》,各级干部撰写论文24篇,针对群众提出的意见和建议,领导班子认真制定整改措施26条,将学习实践活动落到实处。第二批科学发展观的学习实践活动全面展开,全地区12个社区党委、1个社会党委、97个居民支部、6个两新组织支部和1个事业单位联合支部,共有党员6300余人参与,参与率达97.1%。对11名科级及部分科以下干部进行交流或轮岗。以竞争上岗方式选拔6名科级干部,按组织程序选拔任用2名科级干部,招录公务员4人,招录10名大学生进社区工作。修订《街道领导信访接待日制度》等10项制度,新建《廉政谈话制度》等18项制度。领导班子和机关干部共查出廉政风险点308个,其中重大风险点38个,制定防范措施331条。完善10项原有制度,制定了工程报批、财务审批工作流程等8项新制度。创办三个社会领域党建"五好"示范点,在写字楼和商务楼宇建立12家社会工作服务站。在3家两新组织开辟党员活动室。扩大地区社会领域党建协调委员会的规模,将成员由12家增加到31家,提升党组织在地区各项工作的影响力和凝聚力,保障党在各个领域实施领导。帮扶和慰问困难党员家庭147户,支出帮扶资金11万元。开展"支援灾区,重建家园,增强信心,坚定信念"主题党日活动,募集善款7120元。组织开展"国旗进校园"活动,加强地区中小学生爱国主义教育。加大《潘家园报》建设,年内出刊23期。做好地区7处新建阅报栏管理维护,上传和更新信息110余条。在区级以上媒体共发表稿件280余篇。完成街道妇联换届选举工作。12个社区妇女联合会的672名妇女代表中的605名代表参加投票选举,选举出了72名社区妇联执委。涌现出市级先进个人1名,区级先进集体5个,区级先进个人4名。深化"五好家庭"的创建活动,1户被评为首都和谐家庭,16户被评为区级特色家庭。完成非公企业建会15家,收缴会费9万多元。建立完善现代企业制度下的职工民主管理制度,大力推行平等协商和集体合同制度,新签工资集体协商协议18家,登记会员单位104家,会员1551人。选送4名人员参加国庆受阅女民兵方队并圆满完成任务。武装部进行民兵重新整组。地区民兵应急分队三营八连共三个排,共计120人。抽调部分民兵骨干,先后组成了两支民兵队伍,出动人员1056人次,投入资金8万余元,圆满完成看桥守桥、桥梁执勤工作。

(王玉田)

【城市管理】 年内,投资3426万元对228栋居民楼进行楼体粉饰,内外墙面积共计148万平方米;投资1226万元对6个老旧小区进行绿化改造,改造绿地2.5万平方米、修复甬路2万平方米;投资近80万元对6条街巷胡同的道路实施改造工程,促成4条道路中修并铺设柏油路面,解决了居民出行难问题;投资60余万元,对平房区5座普通公厕实施规范改造,达到市级三类达标公厕。治理平房区垃圾池3个;配合区水务局投资350万元实施松榆里污水治理及再生水利用工程,解决了该地区绿化用水问题,节约了生活用水资源;街道投入25万元,用于该工程所涉及公园、道路的树木移植;实施绿色照明工程,12个社区购买发放户数42023户,达到87.1%,购买发放节能灯210215只。制定《潘家园街道环境秩序整治方案》,以取缔无照经营、黑人力三轮车、"门前三包"、非法小广告为重点,对环境秩序整治工作实施"三班制"执法工作机制。同时每周组织二次联合执法,加大整治力度。查处无照经营485起、黑三轮186起、露天烧烤68起、查处散发非法小广告127起;拆除阳台外接楼梯14处;拆除逾期临建及违法建设820平方米;规范整治"门前三包"单位184家,小广告停机764个,清除、收缴各类小广告25000余张,罚款43400元。开展环境卫生大清理,全年共清运建筑垃圾200余吨,出动车辆800余台次,清理卫生死角65处。创新执法机制,提高执法成效。潘家园、双井、劲松三个街道及公安、交通、工商等部门建立城市管理联合执法工作机制,按照"集中投入、交叉换位、统筹兼顾、发挥优势、突出重点"的原则,整合多方力量,变散为聚,多措并举,使有限的力量发挥出了最大的执法效果,有效地解决了各街道城市管理中的难点、热点和突出问题。

(王玉田)

【平安校园创建】 年内,以构建平安校园活动为载体,以创建绿色、平安、和谐校园环境为目标,以松榆里幼儿园为重点,加强对辖区内校园周边巡查、监控,同时动员学校做好"门前三包"管理,促进工作开展。

(王玉田)

【全国污染源普查和清查工作】 年内,潘家园街道作为全国污染源普查和清查工作街乡代表接受全市验收检查,得到市区领导一致好评,经推荐被评为国家级先进典型。

(王玉田)

【绿化普查工作】 年内,实施绿化普查工作。经普查地区目前绿化面积36.17万平方米,绿化覆盖面积43.23万平方米,垂直绿化面积2.1万平方米,屋顶绿化面积1.08万平方米。

(王玉田)

【安全稳定】 年内,以"国庆60周年"平安行动为主线,按照"健全机制、明确责任、专群结合、注重实效"的工作思路,强化人防、技防、物防,突出社会面立体化防控,有效维护了地区安全稳定。"两会"期间,出动机关干部、派出所民警、社区工作者、治安志愿者5000余人次,对代表驻地及沿线进行点位防控,确保"两会"代表驻地安全。同时确保"6·4"、"7·5"等敏感期的社会安全稳定。国庆期间,成立由30名机关干部组成的应急分队和10名专业人员组成的应急处置队应对地区出现的火情、人员聚集及环境问题等突发情况。成立400人的3个安全保障组。完善区域实名制点位防控机制,确立三级点位48个、二级点位72个,一级点位108个。动员地区治安志愿者3148名,在安保一线巡逻防控,实施强化定点执守,落实无缝隙防控。确保三次演练和一次实战的学生集散未出现任何问题。保证阅兵车辆装备顺利疏散和国庆晚会礼花燃放点周边地区安全。对辖区1275名有可能影响国庆安全稳定人员,组织各方力量逐一见面,全面了解情况。对经街道、派出所和社区党委全面深入分析研判,确定有风险登记的10名重点人员,成立由派出所干警、社区工作者、治安志愿者组成的10支管控小组,对三级以上全部采取1:6,四级1:3的24小时监控。注重警示教育,打防结合抓好防处"邪教"工作。以"无邪教创建"活动为抓手,以实现四个"零"指标为目的,确保重大活动期间地区的安全稳定。地区综治委坚持三级会商工作机制,完善地区上下联动的工作格局。完善街道重点部门、重点区域和重点人员工作台帐,按照区、街要求强化实名制管控。完善街道实职领导包社区、副调研员包重点部位、科级干部包重点人、协警力量包段、社区干部包楼、楼组长包户、社会单位包门前"三纵四横"工作机制,按照"条专块统,属地管理"原则,逐级落实领导责任制。使社会治安综合治理工作在组织上、思想上、管理上、责任上都得到强化和落实。完善社会单位安保组织。针对潘家园旧货市场等几家重点场所流动人员多、涉外人员多、新疆西藏人员多,管理难度大等特点,成立社会单位安保协作工作小组,通过定期座谈交流、参观见学、互查评比等方式,激发社会单位管理主体作用,依靠其自身安保力量,强化内部管理和检查,确保重点场所安全稳定。搭建信息服务平台,提升流动人员管理工作水平。围绕"平安国庆",全年共开展安全工作集中检查18次,集中夜查13次,填写入户检查单3618份,消除安全隐患130余处;抓预防注重实效,以"流动人口之家"为平台,开展专项座谈6次,集中宣传3次,防煤气中毒2次,发放致流动人口一封信3600份,户外张贴宣传材料500份,入户张贴安全取暖小常识360份,免费安装风斗31户。加强地下空间管理,地区共有人防工程地下空间389处,根据地下空间使用率高、住宿人员多等特点。落实责任加强管理。与地下空间承租人(法人代表)签订安全防火协议和综合治理责任书,开展各种检查2140余次,查处安全隐患810余处,下发整改通知单567份,对存在较大安全隐患的潘家园28号楼、农光南里2号楼工程进行罚款和关停处理。对地区140栋50米以上高楼进行消防安全隐患排查,与社区、社会单位签订安全责任书2600余份。检查单位2160余家,查处安全隐患450余处。

(王玉田)

【精神文明建设】 年内,以精神文明创建为契机,提升地区整体文明程度。被评为年度区级文明街道标兵,市级文明社区2个,区级文明社区7个、区级文明单位2家,区级共建文明单位7家,区精神文明建设特殊贡献奖1家。在地区范围内开展"身边好人"暨地区"十大公德人物"评选活动。通过评选,杨庭椿、宋金萍、张宏、左凯丽、徐启文、眭九妹、杨诚、刘文兰、凌爱莲、王箴十人成为地区公德人物。踊跃参加朝阳区"十百千"评选活动。居民宋金萍,被中央文明办主办、中央文明网承办的"我推荐、我评议身边好人"活动中,评选为6月份全国"孝老爱亲"之星,还被评为朝阳区2009年"十大道德模范"人物;杨庭椿、袁越、高树贞3人被评为朝阳区"百名文明之星"称号。在参加全市"我最满意的公交站台"和"我最喜爱的文明引导员"的"双创双评"活动中,潘家园桥北行站台、南行站台被评为市级优秀公交站台,其中北行站台名列全市第5名、全区第1名。文明乘车监督员刘文敏、赵敬平被评为市级优秀文明引导员的光荣称号,

(王玉田)

【社会保障】 年内,以保增长为重点,全面落实"三保"。全年完成区级财政收入8829.98万元,同比增加1259.38万元,增长16.64%。举办12场招聘会,提供3500余个岗位;失业人员1300余人次参加。开发就业岗位6393个,完成年度就业任务指标的116.6%。城镇登记失业人员实现就业转档1665人,完成年度必保任务指标的102.46%。城镇就业特困人员实现就业814人,完成年度任务指标的127.59%。开展对失业人员职业指导4007人,完成年度任务指标的114.32%。征集创业项目4个,实现创业46人,超额完成年度任务。落实就业困难人员社会保险补贴政策,使814名"4050"失业人员接续了社会保险。松榆里等8个充分就业社区复审合格。为1193人次失

业保险金待遇发放及时无误，共发放失业金235.73万元；为126人次失业人员报销药费9.4万元；为21人次自谋职业人员报销药费0.28万元，为234名自谋人员按时办理了停险转出手续。为6000多人次退休人员报销药费2265万元。发放新增退休人员养老金73.13万元。为61名"一老一小人员"报销药费35.6万元。发放18名无保障人员丧葬费9万元。为低保户489户，891人，发放低保金197万元，发放低保医疗救助金3.3万元；为80人次民政地退人员发放退休金14.15万元；为306人次伤残人员发放伤残抚恤金及护理费50.27万元。为征地超转人员1006人次发放生活费93.5万元；为占地超转人员170人次报销医药费49.41万元。为60名退休人员和158名失业人员发放慰问品。对59家用工单位进行劳动用工规范，对30家有违法行为的企业立案，对3家进行行政处罚。妥善解决辖区企业工资拖欠问题，完善有效预防和解决企业工资拖欠问题的长效机制，遏制突发事件6起，解决拖欠农民工工资问题17起，监督发放工资135万元。加大劳动用工的监察和监测力度，巡查单位209家，涉及人数13075人；立案113家，完成134%；涉及人数4084人；被责令改正的用工单位109家；其中对有违法行为的5家进行了处罚共计0.5万元；处理投诉案件为50人追回工资共1.14万元；补签劳动合同1393份；各类企业劳动合同签订率95%以上；各类企业劳动合同续订率85%以上；清理已办理社会保险登记而没有申报缴费单位16家；社会保险扩面单位网上申报12家，完成120%；信息报送28篇（其中朝阳午报上了2篇，朝阳政务上了4篇），完成78%；针对金融危机日常监测劳动用工单位83家；监测劳动合同履行情况单位80家；解决知青回城共6人（其中1人单调、随迁4人）。为街道低保家庭、边缘困难老人、重大疾病致困家庭，边缘困难大病患者共发放慰问金27.5万元，受助家庭569户，967人。为4户困难家庭办理临时救助发放救助金2.8万元；为41人次办理医疗救助发放救助金4.5万元；投入6万元资助困难家庭子女入学15人。"两节"期间为优抚对象发放一次性生活补助1.2万元，春节慰问金4.8万元，为优秀士兵、荣立三等功人员发放奖金0.8万元。保障性住房，共接收申报材料217份（廉租房36份、经济适用房108份、限价房73份），通过市区审核备案322份，通过摇号通知单的142户，享受廉租补贴17人。爱心家园继续发挥救助平台功能，先后接受社会单位、区红会、区社工委捐赠的65袋米、面等物品，用于救助困难家庭。在"京什手拉手、重建新家园"的捐款活动中，捐款4.3万元。在华威西里温馨家园成立"隐形翅膀"网络实体店，采取网络销售+实体店的进行小型家电等商品的销售，使他们在心理上、工作能力上和健全人一样，真正的让残疾人走出家门走向社会。以社区残协为依托，组织开展一系列残疾人的文化活动、"塑造阳光心灵"健康知识讲座、采摘郊游活动等等，地区800余名残疾人参加。元旦、春节期间，慰问贫困残疾人297名，慰问金额17.8万元；国庆、中秋两节期间，慰问地区50户贫困残疾人家庭，慰问金额1.5万元。助残日期间，举行慰问活动，并为11名视力、听力残疾人发放辅助器具。"六一儿童节"期间，为地区17名残疾儿童发放了水壶、嘉年华公园门票及麦当劳的餐券。积极落实残疾人就业工作，加强精神病人的管理和服务。为37名肢体残疾人办理康复训练卡500元/年；为12名儿童少年办理康复训练卡千元/年；为11名无固定性收入、重残无业人员申请了生活补助金；为36名残疾人申请办理了100元城镇特困残疾人生活困难补助金；为5名残疾人申办了生活补助金。

（王玉田）

【人口与计划生育】　年内，出生人口580人，计划生育率保持在98.0%。各项人口计生工作均已达标，被评为市人口和计划生育工作先进集体、区人口和计划生育工作标兵单位。落实计划生育"一票否决"放在首位。统筹安排计划生育工作，层层落实管理责任，与20个中央、市属单位、12个社区、15个计划生育综合治理科室分别签订了计划生育责任书，签订流动人口三种责任书340份。新建育龄妇女卡片848张，变更育龄妇女卡片2250张，上报出生580人；适龄注销及迁出1203人，发放避孕药具28616余盒，办理免费摘环手续4人、人工流产手续4人。办理生育服务证414人，办理随父换证120人，随父迁移4人；办理独生子女证246人、二胎指标25人；录入流动人口育龄妇女信息及接收反馈信息30人；免费为流动人口孕检2000人次；办理流动人口婚育证85人；办理外地来京人员生育服务单6人；办理存档人员计划生育申请审核900人，核实流动人口出生信息23人。强化地区流动人口和人户分离人员计划生育工作。核对人在户不在育龄妇女信息登记2367人；人不在辖区居住撤卡人员623人；新建卡271人，补录信息623人，本区内握手率由年初的61%提高到84.4%。审核、落实，特殊扶助项目75人、一次性奖励126人、独生子女死亡家庭经济帮助7人。审核发放失业人员独生子女费4239人次，12.23万元、发放各项奖励扶助金17.25万元。征收社会抚养费5人，15.71万元。根据独生子女死亡家庭的空巢老人的不同生活需求，为其提供家政服务、精神慰籍等服务及志愿者结对子服务,两节及5.29、9.25期间走访慰问困难帮扶家庭62人,发放慰问金及慰问品7.75万元。为提高地区人口出生素质、加强出生缺陷一级工程干预,为274名待孕妇女免费提供叶酸及跟踪服务,发放叶酸195盒。举办4场大型的生殖健康、慢性病预防讲座。受教育的居民近1000余人。开展艾滋病宣传进社区、进工地、进宾馆的艾滋病预防促进项目,宣教人数300人次。在松榆里社区开展"人口文化社区创建活动"。落实不享受城镇低保待遇的困难孕产妇的救助。以生育关怀为主体,开展了"慈善献爱一元捐"活动和"幸福工程救助贫困母亲活动"接收捐款4.2万元。举办"我与国策共成长"征文活动,共收到征文20余篇。

(王玉田)

【社区建设与服务】 年内,完成地区第七届社区居委会选举工作,完成华威里户代表、潘家园等11个社区居民代表选举工作。居民代表投票率达95.94%,户代表投票率85%。新一届社区居委会组成人员共80人,呈现学历高、党员比例高的特点。对落选人员妥善进行了安置,为24人办理了提前退离手续。按照社区服务站建设工作规范要求,明确建立社区服务站的方案,确定担任站长、副站长职务11人,社区服务站工作人员55名。落实12个社区服务站的办公地点,组织为期11天的社区工作者培训班。居家养老工作,12个社区都建立居家养老服务工作服务站,办理符合此项政策的居家养老服务对象1300人,获得以奖代投的奖励资金。街道60岁以上老人17163人,其中80岁以上老人2455人,社区服务中心便民服务部自管服务员27人。有50家服务商参与居家养老服务工作。街道托老所作为机构养老的补充形式,现入住老人60位,床位使用率过到了82%。托老所接受捐赠面粉(1500斤),棉背心60件。社区管理软件每月上传率保持在84%—100%,年终获得8万元资金奖励。全年96156热线共接到服务电话求助812人次,网上接到求助服务224人次,总计1036人次。全部完成了服务与咨询,其中上门服务达500人次。办理老年优待证(65岁以上)15636个,保证率100%;为121名90岁以上老人申请办理高龄津贴;将129名老人纳入享受居家养老的优惠政策范围;为28名60岁以上低保老人、122名低收入家庭老人办理慈善助老医疗卡,分别享受200至500不等的医疗补贴;为30户空巢家庭老人安装"一按铃";为365户老年人家庭安装了厕所扶手。春节期间慰问70岁以上低保老人50人,送去慰问金2.5万元;完成街道60岁以上老年人帮扶情况统计。九九重阳节期间,区政协、区老龄委领导来到街道托老所看望老年人并送来1万元的慰问金。红十字会举办"世界急救日"宣传活动。开展红十字博爱捐款活动,在以纪念"五八"世界红十字日为契机,"5·12"汶川地震一周年纪念日,地区捐款3.5万元。为台湾地区台风灾害,捐款4.04万元。开展红十字博爱救助活动,春节前夕为地区5个困难家庭、11户社区矫正对象共送去救助金共0.55万元,为5户家庭送去米面等慰问品;五月份,为地区30名特困老人和高龄老人免费赠送老花镜。通过区红十字会为我地区博爱超市投放90袋米、面等救助物资。

(王玉田)

【文化活动】 年内,组织第三届"健康杯"乒乓球比赛,70余名选手参加街道决赛。选拔优秀队员组队参加朝阳区第三届"和谐杯"乒乓球决赛,荣获优秀组织奖。举办街道庆七一《颂歌献给党》文艺演出活动、"祖国啊,我们为您自豪"歌舞展演主题活动。承办区第七届全民健身体育节闭幕式暨朝阳区庆祝"全民健身日"主题活动。举办庆祝祖国60周年华诞"祖国颂"书画作品展,共征集作品205幅,有134幅作品参加了展出。社区居民约6000多人参观了书画作品。选出10幅作品参加了朝阳区书画展活动。

(王玉田)

【公共卫生】 年内,进一步完善地区公共卫生管理委员会组织机构,制定地区突发公共卫生工作应急预案,做好各项传染病的宣传、教育、防控工作。重点对甲型H1N1流感防控工作制定地区防控工作方案、居家观察和归国人员健康监测流程图。落实"四方责任"。与单位签订责任书690余份,做到地区单位、居民宣传教育培训全覆盖,发放宣传材料5.6万份,接收归国健康监测人员2593人,居家医学观察人员153人、确诊病例11人,监测人员28人,投入经费5万余元。强化预防接种工作。以预防春季传染病的流行及手足口病传播。全面开展0-6岁儿童及流动儿童预防接种,共接种1200余人,2424人次。为地区3000名60岁以上老人接种了流感疫苗。

(王玉田)

六里屯街道

【概况】 六里屯街道位于朝阳区中部,周边与7个街乡相邻,东至京包铁路,与东风乡、平房乡接壤;西至朝阳体育馆,与团结湖地区相邻;南以二道沟河为界,与八里庄、呼家楼、高碑店地区相望;北以农展南路为界,与麦子店地区相邻。辖区面积4.4平方公里,街道所辖10个社区,常住人口43772户、117547人,流动人口27720人。

地址:甜水园北里17号楼

电话:65067940

邮编:100026

(贾 宁)

【干部队伍建设】 年内,完成第一批学习实践科学发展观活动"回头看"工作,推动9项18条整改措施逐步落实。按照《朝阳区街道领导班子综合考核实施办法(试行)》的标准,落实各项工作。坚持实行"领导干部包社区制度"、"领导干部联系困难党员制度",坚持理论联系实际和调查研究,主动倾听群众意见,全年处级领导为居民办理实事近20件。加强干部培训工作,提高干部队伍整体素质,全年组织各类学习和知识培训近20次。通过开展科室岗位轮换、到社区锻炼、临时抽调到急难险重的工作中磨练等措施,培养锻炼干部。推荐、招聘、上挂下派、交流、轮岗干部等32人次,推荐副处级调研员1人,新提拔科级干部5人。深化关爱工程,做好关心爱护干部工作,营造干事创业的良好氛围,制定《关于丰富和活跃地区文化体育活动的指导意见》,做到机关活动制度化、常态化,丰富了机关和地区干部生活。

(贾 宁)

【"聚合力"工程】 年内,10个社区党委、居委会平稳完成换届选举工作,新一届两委班子成员文化素质、年龄结构、身份构成得到进一步优化,基本实现了年轻化、知识化、多元化的预期目标。全面开展第二批学习实践科学发展观活动,各社区党委和两新组织党支部为百姓办实事108件,真正做到了深入学习和实践科学发展活动贯彻始终。年终,经综合考核,涌现出2个突出贡献社区、4个优秀社区。深化"党务公开"工作,建立预公开制度和目标考核制度,推进基层民主政治建设。以庆祝建党88周年为契机,调整充实地区党建协调指导委员会成员,吸纳辖区31家中央、市、区属单位参与地区党建工作。制定社区干部培训和人才培训总体规划,加大对党员干部的培训力度,出台《关于进一步发展壮大党员队伍工作实施意见》,率先在全区成立区委党校分校,完成近120人次参加的两期培训班,开辟党建教育新阵地。

(贾 宁)

【社会领域党建工作】 年内,在总结北京维拓时代建筑设计有限公司党总支、北京朝良实业有限公司党支部经验的基础上,制定十项工作制度,提出"十个有"的工作标准。投资10万多元创建六里屯地区党员综合服务中心、公园五号会所2处1400平方米的"动静结合两中心"党建阵地模式,设立六里屯地区流动党员服务站、六里屯地区商务楼宇党建服务站。采取"分散"、"集中"相结合方式,开展适合非公企业党委的活动近20次。从服务企业出发,为非公企业党支部订阅党建读物,解决文体队伍活动场地使用问题,同时做好企业劳动模范、困难党员节日慰问工作。

(贾 宁)

【党风廉政建设】 年内,深化"两公开一监督"机制,制定《六里屯街道党务公开工作实施方案》,明确固定公开、定期公开、随时公开的党务公开具体内容,树立"阳光党务"理念。出台《社区服务站站务公开制度》等九项社区公共服务管理制度,使社区规范化建设初现成效。设立"廉政勤政信箱",通过组建社区纪检专干队伍、组建廉政勤政监督员队伍、实行社区纪检约谈制度、建立定期例会机制、建立社区廉政勤政档案等措施,进一步完善社区监督形式。注重党风廉政教育与"开展廉政风险防范"相结合,完成重点部门和重点岗位风险点的查找及风险等级评估。

(贾 宁)

【经济工作】 年内,围绕年初确定的"辖区内区级财政收入增长11%,区级财政收入达到3.03亿元"的目标,成立经济工作办公室,强化对保增长工作的统筹调度。四月底在全区第一个完成区级挂账异地纳税清理工作;通过地区各方共同努力,辖区内区级财政收入9979.57万元,完成辖区区级收入任务的124.65%(经区政府认定,因政策调整影响,扣除地税二所的2亿指标)。地区小房产税收首次突破一百万。

(贾 宁)

【民生工作】 年内,确定的2类12项涉及道路绿化改造、沿街牌匾整治等方面的环境建设任务全部完成。积极促进劳动就业及社会保障,全年开发就业岗位4628个,1401人实现就业,指标完成率达108%。积极整合资源,改善社区办公环境,10个社区总办公面积增至5740.6平方米,增幅达107%。

(贾 宁)

【安全稳定】 年内,全面实现非正常集体访、法轮功滋事闹事、重特大安全生产事故三个"零指标"。加大城市管理执法力度,制定"全天候"巡防机制等六大工作机制,办理网格案件2.1万件。强化卫生安全防控、食品安全监管,确保全年食品安全"零事故"目标的实现。严格落实市、区有关要求,扎实有效开展甲型H1N1流感防控工作,地区居家医学观察和健康监测人员未发现一例甲型H1N1流感症状人员。

(贾 宁)

【国庆服务保障】 年内,完成国庆

各项服务保障任务。街道工委按照与区筹备领导小组职责对接、部门对接、任务对接的“三对接”原则,组建地区新中国成立60周年庆祝活动筹备工作指挥部,形成“三联”安保领导指挥体系。先后出台《六里屯街道国庆工作方案》、《六里屯街道群众安全保障工作方案》等5个文件,明确职责与任务。按照“稳字为先”的工作要求,深化“平安奥运”成果,开展“国庆平安行动”。通过严密的部署、健全的保障网络、领导包社区责任的落实,完成2180人次参加的两次国庆保障综合演练及朝阳公园远端安检外围保障群防群治、游行队伍疏散第二条疏散通道社会面控制、朝阳公园燃放烟花,周边道路人员疏散及安全保卫、国庆期间朝阳公园游园活动外围安全保障等任务。3人次获“首都国庆安保先进个人”称号,街道集体获“北京市国庆安保工作先进集体”称号。推荐来自地区单位的7名女民兵参加受阅女民兵方阵,来自八北、碧水园社区的5名居民参加国庆同龄人游行方阵,来自六北社区的51名群众参加国庆联欢晚会。开展“迎国庆、讲文明、树新风”、“我们的节日”等主题系列活动120余场,展示地区文明风尚。

(贾　宁)

麦子店街道

【概况】 麦子店街道位于北京CBD延伸区燕莎商圈,东起东四环,西至东三环,南临朝阳公园南路,北接机场高速,面积6.8平方公里,下辖5个社区,总人口数为52400人,其中涉及71个国家和地区的外籍人口7784人,占地区常住人口20%。流动人口16802人,占地区常住人口32%。社会单位3144家,其中法人单位1772家,产业单位738家,高档写字楼21个,涉外宾馆饭店12家,涉外高档住宅20处,高档公寓22家。外商投资企业216家,世界500强企业21家,微软、汉莎、洛可希德马丁等国际知名企业在辖区落户。麦子店地区现呈五大板块地域特色,以燕莎为中心的高档商厦写字楼、星级宾馆饭店、涉外高档公寓住宅构成燕莎商圈;包括美国、日本、以色列、韩国等十三个使馆和外交公寓座落在第三使馆区内;亚洲最大的市内公园朝阳公园形成一座天然绿色氧吧;集休闲、娱乐、购物、饮食为一体的蓝色港湾引领时尚生活;全国农业展览馆凸现会展经济。

地址:朝阳公园西里南区6号

电话:58260700

邮编:100125

(李寒力)

【《读麦周刊》创刊四周年】 2月11日,举办《读麦周刊》四周年读者联谊会。所有采编人员、历任老记者、热心读者、社会单位代表及街道领导近100人欢聚一堂,共同为《读麦周刊》庆祝四周岁生日。

(孙守瑛)

【日本代表团参观垃圾分类】 2月11日,日本代表团到福景苑公寓参观学习垃圾分类处理方式。先后参观福景苑公寓样板房垃圾处理方式和微生物处理机。

(李寒力)

【学习实践科学发展观】 3月至8月,第二批学习实践科学发展观活动按照转化成果、对接问题、全面覆盖、务求实效的基本思路,采取关口前推、重点下移、指导前置、跟踪问效的指导方式,通过活动带动、党员互动、督导联动、难点推动的组学模式。按照学习调研、分析检查、整改落实三个阶段,抓住11个关键环节,5个社区党委、23个居民党支部,一个社会工作党委、14个非公企业党支部,1059名自管党员,87名非公企业党员,都通过多种形式参加活动,占党员总数的98.6%。其中,非公企业87名党员全部参加,达到100%。最高年龄为80岁。活动中,5个社区党委梳理问题共计105条,活动期间已经解决84条,占应解决的80%。5个社区党委解决问题和学习情况测评满意率在90%以上。

(李寒力)

【成立老年人协会】 4月15日,成立老年人协会。会上,宣布协会章程,公布会长、秘书长等执行机构人员名单。协会工作与“五扶”工程结合,完善老年人生活、文教、医疗、权益保障四大服务网络,为地区60岁以上的老人提供服务。10月26日,老年协会在街道多功能厅举办以重阳挽起“我的爱”为主题的麦子店街道钻石婚及共和国同龄夫妻连环活动,街道办事处领导及地区150余名老人参加联欢。

(郭　敏)

【领导考察】 4月22日,市民讲外语活动组委会办公室主任于燕妮,市民讲外语活动委员会专家顾问DoctorTool,以及区外事办工作人员来到麦子店街道办事处,就麦子店地区道路商铺“中英文双语标识、牌匾规范改造”工作以及今后麦子店地区国际化社区建设工作进行考察。

(刘　颖)

【区领导调研民生工作】 5月22日,副区长张春秀及区民政局、卫生局、残联、老龄办等部门领导20余人来到麦子店街道调研民生工作。张春秀提出民生工作要力争做到全覆盖、常态化、上水平,并对各相关部门就民生工作提出要求:一要在政策上进行研究;二是要整和资源,统筹发展;三是要推进民生、改善民生。改善困难群体的生活,为构建和谐社会、和谐社区、和谐家园而努力。

（李寒力）

【劳动保障】 6月，作为试点进行为期两周的劳动保障书面审查工作。对辖区内629家各类企事业单位进行劳动保障及人事管理等方面的书面审查，规范用人单位的劳动用工情况，进一步维护劳动者的合法权益。

（李寒力）

【五扶工程】 8月15日，与朝阳传媒联合举办“时尚麦子店，五扶聚真情”公益晚会。地区20余家社会单位代表、社区居民及武警官兵300余人参加。辖区19家社会单位代表向地区31名困难学生捐赠助学款共计7万余元。活动现场，捐款单位代表为21个困难家庭孩子发放救助款39000余元，青少年代表也上台为11个贫困家庭的中小学生捐赠了学习机等学习用品。举行五扶牵手行动暨爱心卡首发仪式。区领导、街道领导、地区居民及社会单位志愿者近300人参加，活动还对地区11名爱心公益大使进行表彰；举行街道五扶送安全——春风送温暖行动启动仪式，区民政局低保中心、区残联及办事处有关领导、地区低保、残疾人家庭及低保边缘家庭代表60余人参加启动仪式，活动中，街道为17个困难家庭免费安装海尔热水器，帮扶金额2万余元。

（李寒力）

【成立社会单位联席会】 8月20日，组织召开麦子店地区新一届社会单位联席会成立大会暨2009年度麦子店地区社会单位联席会会议。会议通过《麦子店地区涉外公寓物业公司联席会制度》和新一届成员及相应职务名单。

（李寒力）

【志愿服务活动】 9月4日至10月8日，街道城市志愿者在朝阳公园西门志愿者服务岗亭开展“保障国庆服务群众”的“十一”志愿者服务活动，累计服务210班岗，840小时。

（李寒力）

【麦子店变迁百姓作品展】 国庆前夕，结合爱国主义教育举办“60年我骄傲，麦子店变迁百姓作品展”。展出反映社区艺术家和业余爱好者对祖国60周年华诞祝福之情的百余幅诗、书、画及摄影作品。

（李寒力）

【国庆联欢活动】 10月1日，街道文体协会组织地区舞蹈队和办事处机关100人参加建国60周年国庆联欢活动，在天安门广场朝阳区版块中心区表演15分钟舞蹈。

（李寒力）

【减灾防灾宣传】 10月14日是第20个“国际减灾日”，为深入开展应急管理科普宣教活动，提高公众的安全意识和避灾互救能力，于“国际减灾日”当天在枣营北里社区开展以“让灾害远离医院”为主题的减灾防灾宣传活动。街道民政科、社区居委会工作人员及社区居民参加宣传活动。年内，还以“将预防付诸行动，让安全融于生活”为主题，举行“防灾减灾日”宣传周启动仪式。800余人参加活动。

（李寒力）

【机构调整】 年内，对机关部分科室进行合并，并调整科室职责，由原来的22个科室调整为19个。分别是：街道办公室、组宣科、党建科、监察科、610办公室、群团联合办公室、人大街道工作委员会办公室、财政科、社区建设办公室、计划生育办公室、社会事业发展科、社会治安综合治理办公室、城市建设管理科、安全生产监察科、劳动和社会保障科、民政科、残疾人联合会、司法所、绿化美化办公室。

（李寒力）

【残疾人文体活动】 年内，举行“祖国在我心中——麦子店地区残疾人庆祝祖国60华诞红歌会”。有200多名残疾人及残疾人家属参加。举办“五扶送健康”残疾人趣味运动会。运动会集竞赛、娱乐为一体，设有轮椅拔河、套圈、飞镖、保龄球、跳绳等五个比赛项目，地区70多名残疾人参加了比赛。

（李寒力）

【文明乘车百日行动】 年内，在亮马桥辅路北行站台和三元桥辅路北行站台开展“迎国庆、讲文明、树新风——文明乘车百日行动”活动，创建“引导排队优秀站台”和“自觉排队文明站台”，评选“我最满意的公交地铁站台”和“我最喜爱的文明引导员”即“双创双评”活动。经过3个月的评选投票和综合测评，三元桥辅路北行站台和亮马桥辅路北北行站台获得三星站台荣誉；亮马桥辅路北行站台文明引导员刘秀玲获得“我最喜爱的文明引导员”三星荣誉，朝阳公园桥西西行站文明引导员赵国相获得“我最喜爱的文明引导员”提名荣誉。

（李寒力）

【“百姓书场”文艺晚会】 年内，举办“喜迎60年浓情麦子店——百姓书场国庆献礼”文艺晚会，庆祝新中国成立60周年。区、街领导，地区社会单位代表，地区居民，驻地武警共400余人参加。著名评书表演艺术家刘兰芳也来到晚会现场。

（李寒力）

【民生工作】 春节前夕，街道举行“五扶送五福新春送温暖”启动仪式。地区困难家庭代表、居民代表、驻地武警战士及“五扶”帮扶单位代表100余人出席。启动仪式现场为地区困难老人及武警困难官兵发放慰问金,著名评书表演艺术家刘兰芳为在场观众献上了自己的拿手曲目。

(李寒力)

【走访慰问】 年内,街道机关全体工作人员、社区工作人员及社会单位代表对地区800余人次进行走访慰问,慰问资金达到30余万元。

(李寒力)

【爱心助学】 年内,开展“五扶”聚真情爱心助学行动。与朝阳传媒在蓝色港湾广场联合举办“时尚麦子店,五扶聚真情”公益晚会。晚会围绕五扶助学展开,在展现地区时尚风采的同时,发动地区19家企业,为31位困难家庭孩子筹集到了学费救助款,21名贫困残疾人家庭孩子拿到了1000元—5000元不等的助学金。

(李寒力)

【爱心捐赠】 年内,在农展南里社区开展一次以“扶贫济困献爱心温暖过冬促和谐”为主题的爱心捐赠活动,街道党员干部、10余家地区单位代表及社区居民100余人参加活动,为陇南灾区捐款捐物奉献爱心;开展关爱女孩——“捐一元钱、献一份爱”捐款活动,共收到捐款8450.50元。

(李寒力)

【残联工作】 年内,街道残联为18户贫困残疾人家庭更换直排热水器;换发了第二代残疾人证;街道精神残疾人参加区首届精神康复者趣味运动会,获得男子中年组沙包投准第二名、男子青年组拍球跑第六名和男子青年组跳绳第六名等奖项。

(李寒力)

【非公企业党建】 年内,举行“光明饭店社会工作站”揭牌仪式,同时为地区盛福大厦、远洋新干线、京朝大厦、瑞辰大厦等33座商务楼宇社会工作站、社会工作接待站和党建服务站授牌,地区34座商务楼宇全部建立社会工作站(党建服务站),商务楼宇党建工作实现全覆盖。

(李寒力)

【律师党建工作】 年内,召开“中共北京市朝阳区律师党委麦子店地区党支部成立大会”。联合党支部成立后,将组织地区党员律师为社区提供更多的法律服务;街道司法所召开由地区17名律师党员和1名入党积极份子参加的“麦子店街道律师党建工作研讨会”。

(李寒力)

【妇联工作】 年内,街道妇联组织“看地区发展,游蓝色港湾,触现代生活,观数字电影”庆“三八”活动,对当选的30户“平安家庭”、10户“和谐家庭”(好婆婆、好儿媳)及残疾家庭代表进行了电影专场慰问;街道社区妇联换届与社区居委会换届同步进行,5个社区圆满完成社区妇联换届工作,选出25名社区妇联执委。

(李寒力)

【计划生育】 年内,为迎接共和国60华诞,共同纪念九·二五《公开信》发表29周年和区第19个计划生育干部慰问日的到来。在地区社区服务中心举办麦子店街道9·25慰问计划生育干部暨“弘扬人口文化,促进和谐发展”小品比赛。

(李寒力)

【中外儿童欢度六一】 年内,在蓝色港湾举行麦子店地区中外儿童“做健康宝宝庆快乐六一”联欢活动。来自地区枣营幼儿园和北京青苗国际幼儿园的近200名中外儿童齐聚一堂,欢度六一。

(李寒力)

【专项整治】 年内,为规范地区计划生育药械市场秩序,切实维护育龄群众身心健康,街道联合区卫生局、工商局、药监局、地区派出所、街道综治办、安监科、城管监察分队等部门分别于7月和8月两次对地区计划生育药械市场进行专项整治。

(李寒力)

【成立儿童早期教育基地】 年内,积极探索儿童早期教育新模式,构建教育资源共享平台。依托座落在地区的早期教育机构——“红黄蓝”索拉娜亲子园成立“麦子店地区儿童早期教育基地”。

(李寒力)

【关注女性健康】 年内,街道组织地区失业、下岗、无业、流动人口已婚育龄妇女免费体检。体检项目有腹部彩超、乳腺B超及妇科检查等。102人参加体检。

(李寒力)

【国际化社区建设】 年内,举办第六届麦子店地区“中外居民过大年”活动。在地区居住的100多名外籍人士参加活动。举办“第二届中外居民共度端午佳节”活动。

(李寒力)

【共青团工作】 年内,为促进地区青少年维权与关爱社区弱势家庭青年工作,团工委与司法所联合举办“未成年人法律知识和维权”知识讲座,120名青少年参加;邀请人民大学心理研究所教授为地区枣营中学初二年级的240名学生和家长举办“关爱家庭、促进和谐”的青少年心理健康知识讲座;12月17日,中央团校组织民族地区乡镇团干部培训班的80余位少数民族团干部到麦子店社区青年中心参观交流。

（李寒力）

【外国人在京状况调查】 年内，街道外联办与首经贸大学人口系“外国人在京状况调查”研究课题组合作开展《外国人在京状况调查》问卷调查工作。完成有效调查问卷140份，形成反映辖区内外籍居民基本情况的调查报告。

（李寒力）

【“两会”安保检查】 年内，市政法委督察组检查全国“两会”安保工作，对麦子店街道连续18年确保两会期间委员驻地及辖区安全所做的工作给予肯定。

（李寒力）

【信访宣传】 年内，街道开展了以“依法信访、共筑和谐”为主题的大型宣传活动。接待咨询11人次，悬挂条幅6面，彩旗24面，设置宣传展版30块，发放宣传资料700余份、宣传品500余件，受教育达1万余人次。

（李寒力）

【双拥工作】 年内，举行“共唱和谐曲共抒鱼水情”——麦子店街道纪念建军82周年军警民联欢会。驻区部队领导、地区武警官兵、社区居民及优抚对象600余人观看演出。街道五个社区党委书记与武警部队的五个中队签订双拥共建协议书。联欢会上，街道工委领导为10名家庭困难的武警战士发放5000元慰问金。年底，街道获区2009年双拥优秀单位。

（李寒力）

香河园街道

【概况】 香河园街道位于朝阳区东北部，东起客四路北端、静安西街、柳芳北街、左家庄西街与左家庄街道相邻，南以柳芳南里社区与东城区接壤，西以轻轨13号线与和平街街道相望，北自三环路太阳宫桥、坝河桥、坝河中心线与太阳宫乡交界。南北最长2.5公里，东西宽1.44公里，辖域面积约2.5平方公里。有8个社区居委会，总户数20936户，常住人口59865人，流动人口26986人。居民楼196栋，其中高层建筑102栋。地下空间216处，其中人防104处、设备层74处、普通地下室38处。地区绿化面积86.6万平方米，绿化覆盖率达34.6%。办事处地址：西坝河南里26号楼

电话：64677044

邮编：100028

（赵 中）

【安全生产工作部署大会】 2月25日，召开“2009年地区安全生产工作会”。重点部署与社会单位、社区签订安全生产责任书；对商市场人员密集场所、歌厅、网吧、等重点单位、重点部位的检查监管；更新完善安全生产管理台帐；组织督导生产经营单位开展应急预案演练，建立和完善应急救援体系；组织开展安全生产月的宣传；对地下空间的安全设施进行专项检查；开展第四个“五五”普法宣传年活动等项工作。

（王德金）

【领导调研】 3月10日，副市长丁向阳、市社会工委书记宋贵伦一行到柳芳北里社区就社区服务进行调研，视察了社区服务站、社区居委会、社区服务中心、诉求聆听室等社区服务场所，在诉求聆听室丁向阳说：“这种形式很好，要定期整理，把百姓的集中需求通过你们反映到市里。”现场拨打了96156服务热线。丁向阳说：“对朝阳区的大胆探索和取得的成效给予充分肯定，看后耳目一新，在很多方面落实了市社会建设大会和1+4文件精神，用最低的成本，最安全的办法过渡。要在典型的基础上，继续扩大外延，在更多的社区推广”。3月13日，市执法局副局长王连峰一行六人到香河园街道进行调研，同香河园街道12位社区环境志愿者进行了座谈。9月4日，区人大常委会副主任闫学峰带队到香河园街道检查国庆社会面稳控工作。10月28日，全国政协常委、教科文卫体委员会主任、科技部原部长、党组书记、中国科学院院士徐冠华，全国政协委员、教科文卫体委员会副主任、国家新闻出版总署原副署长、党组成员于永湛，全国政协委员、教科文卫体委员会副主任、人民日报社原副总编辑江绍高，全国政协委员、教科文卫体委员会副主任、北京奥运会组委会执行副主席、党组成员蒋效愚等一行40人到香河园街道西坝河东里社区就社区建设、社区服务、社区卫生、社区文化等工作的有关情况进行了实地调研。先后察看西坝河东里社区党委、社区居委会、社区服务站、社区卫生服务站、馨心话屋、诉求聆听室、为老服务中心及文化活动室等办公场所和服务设施。

（王德金）

【社区建设】 3月，对社区工作者队伍进行充实调整，通过笔试、面试、体检、政审等一系列选拔，先后招收44名年纪轻、学历高，具有较强能力的人员；5月16日和17日完成第七届社区居委会户代表和居民代表投票日工作；9月19日、12月4日分别在第一混合选区、第三混合区各补选1名朝阳区第十四届人大代表。全面完成8个社区规范化建设工作，统一配置工作服，制作工作证，明确标识，并与社区工作者签订了服务协议书，达到了管理的规范统一，选拔出722名和谐社区促进员，及时倡导政策法规，随时了

解民情民意,实践社区居委会的四自职能。印制《社区规范化工作手册》,制定《社区服务站星级考核制度》,被评为北京市标准化建设示范单位,接待市、区领导的莅临指导以及参观交流团体共计60余批3000余人次;9月28日举行东里社区党委、居委会、服务站的新址揭牌仪式。10月1日,组织机关和社区共计27名国庆标兵、2名共和国同龄人方阵人员以及1名女民兵参加国庆60周年的联欢和游行活动。

(乔慧丽)

【文体活动】 4月至7月,开展大量基层文体活动,举办地区"中展和谐杯"五人制足球比赛、第三届和谐杯乒乓球比赛等特色活动,承接区文化委"文艺演出进农村、进社区"大型文化活动和区体育局"全民健身总动员体育六进社区"的启动仪式。8至9月,举办"祖国颂千人笔会"、"香河园地区书画作品展"、"马惠民书法作品展"、"李淑清国色天香牡丹展"等各类专项作品展73场,创作各类作品137幅。全年我们开办各类文体培训班36场,培训文体骨干120人次;举办文体活动172场,参与群众24480人次;为居民播放电影110场。

(王德全)

【《劳动合同法》贯彻、宣传工作】 4月15日,在莱特曼广场前集中开展"劳动合同法"宣传咨询日活动。悬挂横幅17条,宣传展板34块,发放宣传材料2000余份,现场进行劳动合同法有关问题质询、解答,宣传人数达到千余人次。5月12日,邀请区劳动局有关领导为机关干部、社保所工作人员、劳动协管员等50人培训了《劳动合同法》。巡查单位226户,立案82件,下发《责令(限期)改正通知书》74份,处罚8件。解决、调解劳动纠纷5件,为辖区劳动关系的稳定提供保障。用人单位上报的《劳动保障情况书面审查表》及相关资料进行认真审核,经审查的100家单位中:复审合格单位55家,需要再次复审的单位45家。

(王德全)

【主要领导调整】 4月26日,召开街道科级以上干部会,区委组织部、区委社工委宣读任命,郑宇任香河园街道工委书记。

(王德全)

【迎国庆60周年工作】 5月8日,成立迎国庆60周年庆祝活动工作指挥部。设立8个工作组,做好地区安全保卫、环境整治、新闻报道、群众性文体活动、重点人管控、化解矛盾、安全生产等工作。8月27日,召开"国庆平安行动"誓师大会。会上,街道机关干部、地区派出所、各社区、巡防队、志愿者、社会单位等共500余人共同宣誓:"听从指挥,尽职尽责,拼搏奉献,誓保安全。"

(王德全)

【甲型H1N1流感防控】 5月初,积极应对甲型H1N1流感疫情,加强防控,接报归国人员及居家医学观察人员共计3366人,接收一代密接者95人,确诊病例16人,已接种甲流疫苗3040人。

(乔慧丽)

【全国安全社区创建工作】 6月16日至17日,中国职业安全健康协会全国安全社区促进中心专家组对街道"全国安全社区"创建工作进行现场检查和评定。圆满完成"全国安全社区"创建现场验收工作。

(王德全)

【信访及矛盾调处】 8月24日街道信访办公室正式挂牌,与街道矛盾调处分中心合署办公。年内,共调处各类矛盾纠纷452件次,及时化解重大矛盾隐患28件次,控制集体访和越级集体访4批次130余人。初信初访化解率达到100%,重信重访化解率达到100%,重要节点、重大活动期间实现了无非正常上访、无信访群体性事件的"双零"指标。

(赵万林　王　楠)

【社区志愿者联盟启动仪式】 9月4日,在西坝河中里祥和园广场举办"迎国庆,讲文明,树新风"志愿者在行动誓师大会暨社区志愿者联盟启动仪式。区文明办、团区委、街道工委和办事处领导与400名社区居民及志愿者代表一道冒雨参加了仪式。向联盟品牌志愿者团队代表授旗,八大爷志愿者服务队、法律宣传志愿者服务队、银发无忧志愿者服务队和叶如陵医疗志愿者服务队的代表在雨中接过了旗帜。志愿者任俊杰代表全体志愿者宣读了倡议书,并带领所有志愿者代表庄严宣誓。

(王德全)

【先进事迹报告会】 10月16日,召开以"青春奉献祖国"为主题的香河园地区国庆60周年受阅女民兵先进事迹报告会。听取女民兵方队三中队中队长、香河园街道工委办副主任杨义国和三位女民兵的报告。

(王德全)

【民政工作】 年内,为符合低保条件的新申请家庭13户26人,及时办理低保手续。建立低保管理数据库,加强低保动态调整机制,使低保工作做到符合条件的应保尽保,能够自力的应退尽退。全年对本地区低保家庭进行定期、不定期复审300余次,通过审查,有21户37人因收入超标等原因被取消低保资格。为本地区121户低保家庭217人调标保障金,调标补发金额4675.35元,及时、准确发放低保金100.7万元。为地区低收入及低保家庭32人次办理了医疗救助,救助金额为63377.22元。为低收入家庭1人、低保家庭3人申请办理了新生入学高等教育救助16000元。为420名60岁以上老人办理了老年证,为1160名65岁以上老人办理老年优待卡,为83名90岁以上老人办理助老津贴104500元,为地区27户80岁以上特困老人申报安装"一按铃",为142位行动不便的高龄老人安装厕所扶手。为22人次发放水库移民补贴12320元。推进居家养老服务工作,发放补贴225907元,为677名60岁以上老人申请居家养老服务,提供居家养老服务2587人次。为地区10户重大疾病患者、边缘困难家庭申请办理慈善救助,救助金额10000元,为地区13位老人办理"助老慈善医疗卡"。全年共募集善款1268920.37元,衣被1564件。积极开展"送温暖"活动,慰问涉及烈属、伤残军人、军退人员、地退人员、低保户、贫困老党员、特困残疾人、贫困妇女、特困儿童、侨眷、侨联委员、占地孤老、特困老人、百岁老人、特困失业人员、社区矫正对象共2230人,约45万元。保障性住房工作中,09年廉租房申请批准29户,经适房办理批准95户,两限房办理批准115户,共计批准239户,全年接待咨询11000余人次。截止年底有低保户116户,212人。

(刘云惠)

【环境建设和城市管理】 年内,投资230万元完成西坝河东里社区服务站、卫生站、和乒乓球场地的建设工作;西坝河中里社区服务站和卫生站的改建工作;总面积1020.84平方米。(其中东里服务站、卫生站745.84平方米;中里服务站及办公用房275平方米)。积极做好国庆期间环境保障工作,投资20多万元完成地区摆花及环境布置工作,清理整治环境卫生死角47处,整治秩序乱点8处,拆除违法建筑或临时性建筑12处800余平方米,清运垃圾渣土60余吨。办理网格案件50余件。投资3万元、聘用专业公司,经过2个多月完成第三次绿化普查工作。共完成了78个图斑的勘测,234张资料照片。完成绿色照明工程"一元节能灯"的发放工作,共发放节能灯69817盏。城管队进行12次联合整治夜间露天大排档。大力查处黑车运营违法行为(黑出租、黑摩的),维护正常的营运秩序,有针对性的对家乐福超市、城铁柳芳站、静安庄车站、煤炭总医院等"黑车"聚集区域的专项治理。重点整治三环路沿线、静安庄车站、西坝河南路与和平街交界处的自发早市、家乐福超市、城铁柳芳站等人员聚集场所的无照经营行为,清理无照游商;重点对家乐福超市、国际展览中心等小广告非法散发区进行管控。完成西坝河东里监控设施的全部建设,共安装了360度可控摄像头14个,填补了东里无监控设施的空白,达到了地区范围全覆盖。下发《香河园街道关于普通地下室、设备层管理规定》,与产权人、承租人、管理单位签订责任书,确保普通地下空间的安全与稳定。

(王德金)

【消防工作】 全年内,组织拉网式安全检查9次,累计查出消防安全隐患120余起,开出整改通知书60余份,并对存在安全隐患的单位实行"回头看"跟踪检查,做到有隐患不放过、隐患不解决不撤手。重点的开展"彩钢板整治行动"、"雷霆行动"、"酒吧歌厅等娱乐场所专项整治行动"等一些列专项检查整治行动。

(王德金)

【流动人口管理】 年内,加强冬季预防煤气中毒工作。针对平房出租房屋内居住的流动人口和地下空间居住的流动人口开展"预防煤气中毒"的宣传活动并发放《致全体市民的一封信》,逐一签订预防煤气中毒责任书。根据区流管工作的要求,以团结湖"1258"的先进工作机制为起点,在团结湖街道"1258"的工作基础上,提出一套更加科学、完善,便于操作的"1369"工作机制。即构建"一个网络";建立"三项台帐";规范"六项职责";健全"九项规定"。

(王德金)

【第二代残疾人证换证工作】 年内,街道残联为3户重度残疾人家庭入户办理换证工作,向220名居民报销换证体检支出,走访告知13户人户分离残疾人家庭换证事宜。

(王德金)

【残疾人工作】 年内,出资重建柳芳北里示范温馨家园。建筑面积达到160余平方米。设有专门的职业康复劳动站、残疾人手工艺品展柜与社区康复站,还在区残联与朝阳区脑病康复医院的支持下,开展了对脑血管病、颅脑损伤后遗症患者的免费专业社区康复,已有5名残疾居民获得不同程度的康复,北京卫视9月27日《特别关注》栏目对此进行了报道。新建西坝河东里社区康复站,并对西坝河中里与柳芳北里康复站进行改建,光熙门北里北社区辅助器具服务站于6月顺利通过市残联验收,获得星级辅助器具服务站称号。向46名残疾居民发放轮椅等辅助器具,给23名肢体残疾人办理康复训练卡,为24名精神残疾人报销医药费、补贴3名脑瘫儿童康复训练费用与对19户残疾人家庭进行无障碍改造。现有持证残疾居民588人,劳动年龄段内376人,其中368人参加了包括城镇职工基本医疗保险、工伤保险与城镇居民基本医疗保险在内的各种基本医疗保险，参保率达到97.9%，超过全区平均水平。为4名残疾人办理了重残补，向4名残疾大学生提供就学资助；以各种形式累计慰问了223余名困难残疾居民。

（王德金）

【社会保险扩面征缴工作】 年内，完成网上申报社会保险10家，新参统餐饮服务企业社会保险7家。

（王德金）

【老知青办理返城及地区高考生报名工作】 年内，完成6名老知青返京审批工作，完成地区21名高考生报名工作。

（王德金）

亚运村街道

【概况】 亚运村街道位于朝阳区西北部，地处奥运主场馆核心区域，东起北苑西路与小关街道相接，南到北土城公园与东城区、西城区相邻，西至八达岭高速路与海淀区相邻，北到安翔北路、慧忠路与奥运村地区、大屯街道相接。四面环绕国家奥林匹克体育中心，三面环绕国家体育场，是奥运功能区建设重点区域。下辖10个社区，居住家庭2.6万户，常住人口近7.8万人，流动人口约2.5万人，地区有2所大学、3所中学、4所小学、6所幼儿园；1所成人教育学院，辖区面积5.13平方公里。

地址：安苑北里21号楼

电话：64960468

邮编：100029

（王巧玲）

【促进再就业】 1月5日，街道社保所联合家乐福在安翔里社区召开2009年地区首场失业人员再就业招聘会。有46人被当场录用。1月19日至20日，街道社保所、社区劳动协管员对辖区内符合条件的20名特困人员进行慰问，并将8000元慰问金分别发到他们手中。劳动协管员带着空岗信息、各种再就业宣传材料走进特困人员家中，为他们提供面对面的服务，解答特困人员提出的各种问题，真正把送政策、送岗位、送技能、送服务落到实处。

（王巧玲）

【为老服务】 2月6日，在天地一家春餐厅举办老年饭桌元宵宴活动，为地区60余位空巢老人免费送上香甜的元宵、松软喜庆的面制寿桃。社区剪纸爱好者还当场剪出福、禄、寿等剪纸祝老人们健康长寿。一位老先生把自备的两面锦旗赠送给天地一家春餐厅和办事处领导。

（王巧玲）

【国庆志愿服务】 3月2日，以“弘扬雷锋精神，喜迎六十年国庆”为主题，在“鸟巢”举办由“蓝立方”志愿者服务经重新升级改造后的“红立方”志愿服务活动。志愿者身着红色马甲热情迎接国内外朋友，为前往奥林匹克公园公共区的游客提供信息咨询、语言翻译和医疗咨询等服务。活动不仅在站点设置了发放环保购物袋、制作和展示民族手工艺品、绿色环保主题签名活动，还组织社区在周边设置了心理咨询、医疗义诊、修车、科普宣传、计生宣传、特色编制、环保用品制作等免费特色项目。100余人参与志愿服务活动。

（王巧玲）

【规范劳动用工】 3月2日，为规范辖区各单位劳动用工，街道劳动科以项目劳务管理体系及制度、施工总承包单位监管职责、劳务分包单位执行责任等为内容组织地区即将复工施工的5个单位召开劳动用工培训会。培训针对农民工工资发放管理，要求施工单位成立“劳务及规范用工管理工作领导小组”，每月召开一次劳务管理工作例会，落实劳务管理体系建立、运行、监管等各项工作；施工方必须将《考勤表》、《工资发放表》备案；进场农民工3日内必须签订《劳动合同》且需本人签字方可生效。明确劳务分包单位是“农民工工资支付”主责单位，并按照《北京市人民政府关于进一步解决农民工工资问题的意见》及其他相关规定，确保农民工工资100%支付，做到“月结月清”，并将工资直接发放到农民工手中，严禁工资拖欠。构建地区和谐的劳动关系。

（王巧玲）

【培养两用人才】 3月7日，街道团委、民政科联合北京信息科技大学团委开展“传承雷锋精神发挥学生所长培养两用人才”主题活动。组织北京信息科技大学志愿者深入武警六支队、十六支队为武警战士培训计算机知识。培训活动为期两个月，每周六下午14点到16点上课。

（王巧玲）

【市民讲外语活动】 3月上旬，街道被北京市讲外语活动组委会及市外事办公室授予北京市规范公共场所英语标识工作先进示范点，安慧里社区获北京市民讲外语活动优秀社区称号。

（王巧玲）

【公共卫生】 3月12日，为保障外来流动人口身体健康，降低结核病发病率，街道公共卫生管理委员会与航空中心医院结核病防治站、亚运村社区卫生服务中心合作为辖区1000余名外来流动人口开展为期一周的结核病防治筛查活动。同时,街道社区办、计生办、妇联、性病防治所共同为参加检查的流动人口发放预防艾滋病的宣传材料和安全套。4月8日,为普及预防艾滋病知识,街道防艾工作委员会与街道团委和丝竹园社区以及北京信息科技大学志愿者一起利用中午休息时间走进北京信息科技大学,开展以“珍爱自己善待生命共抗艾滋”为主题的预防艾滋病知识宣传活动,针对预防艾滋病知识进行生动的宣传讲解。并现场开展了有奖知识问答、签名及发展志愿者等活动,向学生发放各种宣传品300余份。

(王巧玲)

【为民办实事】 4月1日,为巩固科技创安成果,街道启动了2009年度为民办实事工程之一的电磁门禁系统维修养护工程。出资24万余元维修养护地区年久失修、自然损坏的电磁门禁。维修养护范围涉及地区813个单元门,受惠家庭20206户。

(王巧玲)

【安全稳定】 4月初,围绕国庆60周年安全稳定工作,街道司法所启动了为期一个月的“听呼声、走百家、送服务”为民实践活动。活动以人民调解网络为基础,以法律服务室为平台,整合法律服务资源,发挥律师、志愿者作用,开展法制宣传、提供法律服务,开展矛盾排查、人民调解,为群众做好事、办实事、解难事。集中走访了各类重点人,听民意、察民情、解民困,有针对性为居民解决实际问题。累计走访47人,化解矛盾纠纷17件,法律咨询26次,受益群众500余人。

(王巧玲)

【计划生育演讲比赛】 4月24日,为庆祝计划生育基本国策实施30周年,街道举办了“我与国策共成长”演讲比赛各社区、各协会单位选拔的14名选手参赛。安慧里南社区张萌、刘涛、祁家豁子社区杜静坤摘走前三名奖牌。

(王巧玲)

【餐饮业员工普法】 6月9日,亚运村地区举办2009年度流动人口法规培训。培训由朝阳社区学院王桂霞老师主讲。三苏大酒楼、鸭王烤鸭店、芝麻花餐厅、天地一家春家常菜馆等近百名餐饮业员工参加培训。

(王巧玲)

【和谐家庭周活动】 6月21日,街道妇联与中国社区工作协会在安慧里社区联合举办“北京市第一届和谐家庭周暨婚姻家庭师进社区公益活动”。中国社区工作协会、中国婚姻家庭研究会的婚姻家庭咨询专家和咨询师,在安慧里社区街心花园向社区居民发放了千余册“和谐家庭小贴士”宣传手册,并就婚姻家庭中特别是夫妻之间所存在的矛盾和问题进行解答,受到社区居民欢迎。

(王巧玲)

【成立新经济组织妇联】 7月2日,在街道妇联指导下,亚运村街道安苑里社区妇联与安利公司在社区小广场举行安利公司妇代会成立大会,亚运村街道首个新经济组织妇女联合会正式成立。在两新组织中成立妇女联合会是街道妇联在社会建设中充分发挥枢纽作用的重要举措。街道妇联按照“哪里有妇女,哪里就有妇女组织”的宗旨,切实加强对两新组织妇女组织建设工作力度,积极搭建妇联工作新平台。引领大家不断学习,爱岗敬业,打造“温婉可亲礼貌诚信仪态大方惜时守约求实创新”的新形象。鼓励企业更多地吸纳女性就业,调整用人结构,最大限度地帮扶女性就业。

(王巧玲)

【交通安全】 8月6日,召开地区迎国庆60周年交通安全动员会。辖区各单位负责人、车管干部及驾驶员近百人参会。会议通报了全区交通安全事故情况并对道路交通违法行为和发生道路交通事故原因进行了分析。传达了全区预防道路交通事故紧急会议精神,并提出了具体要求。会后,对参会人员进行交通法规测试,并发放《致全区市民及驾驶员朋友的一封信》和考试试卷

(王巧玲)

【征兵宣传活动】 10月24日,街道武装部和安慧里社区共同举办2009年征兵宣传活动。街道参加建国60周年国庆阅兵的两位女民兵身着红色阅兵服出席征兵宣传活动,极大地增强了宣传活动的效果。几位适龄青年当场填写了兵役登记表。

(王巧玲)

【街道生日庆典】 12月20日,亚运村街道喜迎20岁生日。区领导谢莹、街道历届老领导、有关社会单位领导及各界群众代表出席庆祝活动。街道工委书记杨树旗致开幕词,区委常委、宣传部长谢莹致贺词。王炳坤、苏向东、王智玲等街道老领导在发言中重温了亚运村从贫瘠落后到富裕安康的发展历程。庆典结束后,与会领导和各界代表参观了“亚运村辉煌二十年”成就展。

(王巧玲)

【妇联活动创新】 年内,街道妇联在社区妇联中开展“庆祖国华诞、金玫瑰与祖国同行”最佳主题创意活动。北辰东路社区妇联的《歌唱祖国六十年的变迁》以诗歌、歌曲及具有时代特点的服饰,展现祖国六十年变迁和中国妇女翻天覆地的变化;祁家豁子社区《心中最美的歌居民PK演唱会》、安南社区的

《金玫瑰的笑脸与祖国同灿烂》、华西社区的《庆华诞创和谐与祖国同行》等都吸引了社区金玫瑰志愿者及社区居民广泛参与。社区居民各显身手,各展才艺,以丰富多彩的文艺形式表达对祖国的热爱。

(王巧玲)

安贞街道

【概况】 安贞街道位于朝阳区西北部,东邻和平街街道,南与东城区和平里街道接壤,西与海淀区花园路街道、西城区德胜街道相交,北与亚运村街道、奥林匹克公园公共区南部相接,辖域约3.6平方公里,有6个社区、304栋居民楼,常住居民约2.6万户、6.8万人,流动人口约0.7万人。驻有总装备部等重点单位和规模以上企业约300家。年内,坚持以科学发展观统领全局,围绕强党建、保增长、保稳定、保民生、防流感和地区社会建设、城市管理等工作,圆满完成国庆60周年保障,地区经济稳定增长,和谐建设有力推进。

办事处地址:安华西里一区13号楼

电话:64240346(值班)、64269922(服务大厅总机)、64260018(办公室)

邮编:100011

邮箱:azxzb@ sohu. com

(陈远荣)

【党建工作】 2月20日,安贞街道社会工作党委成立,街道工委副书记谢宗国任社会工作党委书记,马恩宝任副书记,彭晓彦、王作杰、于淑珍、武雅辉、李宝剑任党委委员。8月21日,街道社会工作党委在长新大厦举行工作站成立仪式,长新大厦社会工作站、深房大厦社会工作站、华沛物业社会工作站、泰利明苑社会工作站、国际会展社会工作站和安华西里社区社会工作站等6个社会工作站正式成立。

(陈远荣)

【环境建设】 4月30日,完成安贞西里三区13号楼前社区公园改造工作。本次改造共完成绿化补建1000平方米,铺装1600平方米,共投入资金716169元。在加强建设的同时,突出地区环境的管理维护,制定并实施《社区环境卫生管理考核办法》,成立了环境综合管理站。在全区环境整治、网格处理考核中排名第一。

(陈远荣)

【甲型H1N1流感防控】 4月,为应对甲型H1N1流感疫情,成立"甲型H1N1流感病毒防控工作领导小组",并设立办公室,制定疫情防控工作方案和疫情应急处置预案,建立地区工作日报告制度。同时,加强健康教育,形成联动工作机制,做好疫情应急准备,组建了管控属地团队。累计接收人员1876人,健康监测人员数为1052人,居家医学观察累计45人,确诊居家治疗3人。积极做好疫苗接种工作,累计接种9300人次,确保甲型H1N1流感疫情在地区得到有效控制。

(陈远荣)

【社区居委会换届】 5月16日至17日,按照全区统一部署和严格的选举程序,完成社区居委会换届选举工作。选出6个社区新一届居委会班子成员38名,其中居委会主任6名、副主任10名、委员22名,参选率达96.8%以上。

(陈远荣)

【换发第二代残疾证】 6月1日,启动换发第二代残疾证工作,并于12月31日完成。落实878名残疾人的登记、医疗评定、审核、发证工作,其中视力残疾71人,听力残疾42人,言语残疾1人,肢体残疾483人,智力残残疾101人,精神残疾133人,多重残疾47人。

(陈远荣)

【国际安全社区创建】 8月5日,澳大利亚安全社区认证中心评定组一行,代表世界卫生组织安全社区促进合作中心,对街道的安全社区创建工作进行了认证。在听取工作汇报并对7个伤害预防促进项目的现场审核后,评定组批准安贞安全社区成为国际安全社区网络成员。

(陈远荣)

【国庆安全保障】 国庆60周年庆祝活动期间,完成京昌路段、中轴路段及安外大街路段等三条国庆集结疏散路线的安保任务,重点做好地区8处繁华场所、6处公交站点、6处桥梁和地下通道、6个社区及主要道路的巡查值守工作,保障9月6日、18日集结疏散的演练及10月1日国庆阅兵集结疏散的顺利进行。

(陈远荣)

【3名女民兵参加国庆阅兵】 10月1日,地区社会单位代表李娜、张生记酒店金亚莉、安贞中心幼儿园石增凤等3位女民兵,光荣地参加了国庆60周年天安门阅兵。

(陈远荣)

【经济工作】 12月31日,街道超额完成地区经济增长全年指标。全年区级财政收入完成4.83亿元,同比增长30.27%,超额完成年度任务指标17.23%。为确保地区经济持续稳定增长,针对地区19座大型写字楼、近300家规模以上企业(年营业收入500万元以上),落实处级领导包片责任制,对回迁企业做好跟踪服务工作,定期走访,了解企业需求,协调解决实际困难。同时,打破常规工作方式,积极为回迁或有意回迁的企业提供全程代办服务,帮助企业快速办理回迁手续等。

（陈远荣）

【弱困群体帮扶】 年内，为地区4名困难大学生申请助学金1.6万元；帮助地区79名困难家庭子女申请减免学杂费约4.5万元；配合房管部门为300户居民减免房租；为38户困难家庭办理医疗救助费6万元；对28户临时困难家庭救助共10万元；受理保障性住房1300户；为90岁以上高龄老人发放高龄津贴16.4万余元；对302户600多名城市低保人员及177名危重病人、72户残疾家庭、60位占地老人、36位地退老人、37位贫困老人、118名无军籍职工、107位革命伤残军人、29户烈军属、上百位外来打工人员及地区孤老、见义勇为好市民、地区立功受奖现役军人等困难人员进行结对帮扶和走访慰问。民生保障工作直接投入资金390万元。为有康复需求的583名残疾人建立康复服务档案，通过宣传、发放辅助器具、赠送慰问品、免费服药、办理康复训练卡、保障康复器具等方式，基本实现“人人享有康复服务”的目标。

（陈远荣）

望京街道

【概况】 望京街道位于朝阳区东北部，东邻机场高速路，南接四环路，西连京承高速路，北至湖光北路、宏泰西街，周边与酒仙桥街道、将台地区、东湖街道、大屯街道及来广营、太阳宫、崔各庄等地区接壤。辖区面积10.36平方公里，下辖25个社区、1个平房区，常住人口16.8万人，流动人口5.6万人，其中外籍人口约2万人（来自56个国家和地区）。地区交通畅达，环境优美宜居，国内知名企业、世界五百强等相继入住，商业氛围浓厚，社区资源丰富，居民生活便利，城市现代化、区域国际化的新型城区特点日益显现。

地址：望京南湖东园225楼

电话：64703102

邮编：100102

（项 悦）

【送温暖活动】 1月3日上午，望京街道举办“千人携手，万人分忧”、“传递爱心，共享和谐”共产党员爱心助困捐赠活动，机关及社区百余名党员捐款，为困难人员献爱心。捐赠活动后，街道工委、办事处领导携带慰问品、慰问金深入8户特困人员家中走访慰问。春节期间，街道自筹资金60余万元，推出了以“传递爱心，共享和谐”为主题的送温暖十大活动，包括：共产党员爱心捐赠、双拥共建结对帮扶、爱老助老服务、慈善情百人“饺子宴”、“手拉手、心贴心”姐妹帮扶、关爱青年志愿者行动、慰问困难独生子女家庭、慰问20位社会化管理的生活困难的退休人员、举办“福满望京”第五届中外邻居节活动、装点社区、扮靓望京等活动，采取不同形式对地区17类特殊群体、2000多困难党员及群众进行走访慰问，把温暖和节日祝福送到每个角落。

（项 悦 黄 敏）

【“福满望京”中外邻居节】 1月9日，在望京西园四区多功能厅举办第五届“福满望京”中外邻居节。来自美国、德国、韩国、瑞典、哈萨克斯坦等近20个国家的80余名外籍居民与中国居民再聚首，共叙友情，憧憬未来，共同营造中外邻里一家亲和谐氛围。

（黄 敏）

【残疾人“五星”评比】 1月17日，望京街道举办首届残疾人“五星”评比表彰会。会上，区残联、街道办事处等领导分别向荣获望京地区首届残疾人“康复之星”、“文体之星”、“文明之星”、“志愿者之星”、“劳动之星”等50名“星级”残疾人颁发了荣誉证书和纪念品并与残疾人进行新春联谊。

（项 悦）

【领导视察、调研】 1月22日，全国政协副主席邓朴方、中国残联党组书记、理事长王新宪来到花家地南里社区残疾人温馨家园，对温馨家园内日常为残疾人提供医疗康复、文体康复、职业康复、计算机培训、就业指导等服务工作进行视察，并同温馨家园内参加职业康复劳动的残疾人亲切交谈。视察结束后，邓朴方又深入重度肢体残疾人李楠家中慰问，并鼓励她乐观生活，继续发挥潜能，争取生活越过越好。3月1日，国防部长梁光烈、民政部部长李学举等领导来到望京，对街道应急指挥宣传教育中心进行视察、指导。3月21日，区委书记陈刚在望京街道主持召开关于加强基层作风建设，落实“保增长，保民生，保稳定”街道系统工作调研会。会上，望京街道、酒仙桥街道、建外街道分别就街道加强基层作风建设，落实“三保”工作有关情况进行汇报。区领导张洋、宋连娣、谢莹及各街道工委书记出席会议。

（项 悦 黄 敏）

【为老服务】 年内，投资120余万元，建立集日间照料、老年餐桌、棋牌室、电脑培训室、心理咨询室、康复训练室、手工制作室、图书阅览室、文化活动室、志愿者工作站、辅助器具供应等功能于一体、面积400余平方米的南湖西里社区居家养老服务站。并于5月18日正式投入使用。服务站委托北京老年社区专业养老机构运作，推出投资多元化、运作市场化、管理规范化、对象扩大化、服务人性化、手段信息化、队伍专业化，将无偿、低偿、有偿服务相结合的“七化”、“一结合”社区养老服务模式。

(项　悦)

【楼宇党建】 5月19日,望京街道第一家楼宇党建社会工作站 "佳境天城社会工作站"建成并投入使用。服务站建设采取党组织统筹、工会组织先行、社会化服务全面跟进的工作机制,以服务党员、服务员工、服务企业的"三服务"为宗旨,积极开展工商服务进楼宇、税务服务进楼宇、劳动服务进楼宇、法律服务进楼宇、人才服务进楼宇、计生服务进楼宇"六进"工作。为大厦企业提供快捷、全面优质服务。

(黄　敏　项　悦)

【人大代表视察】 5月27日,市人大内司委主任李小娟、副主任王德修,在区人大常委会副主任孔德琴、副区长张春秀等领导陪同下,来到望京街道南湖西里老年服务站,对社区开展居家养老服务工作实地考察并就老年人权益保障执法检查情况进行座谈。

(项　悦)

【干部队伍建设】 5月20日至22日,启动首批机关干部、社区工作者培训工作。为加强干部队伍建设,街道积极整合社会资源,依托北京青年政治学院、北京经济干部管理学院、中央美院、中国社科院研究生院等辖区高等院校,创建"双建培训基地、双聘培训教师、双育领导干部"工作机制,实现学习培训专业性、互动性、连续性,拓宽学习视野,增强机关和社区干部知识更新能力。6至7月,举办科级干部竞聘上岗工作。机关38名干部参加竞聘,通过笔试、面试、民主测评等环节,选拔聘用了19名科级干部,24名干部交流轮岗。

(黄　敏　项　悦)

【助残工作】 7月3日,在人民大会堂举行的第四次全国自强模范暨扶残助残先进集体和个人表彰大会上,"花家地南里社区残疾人温馨家园"被国务院残疾人工作委员会授予"残疾人之家"称号。花家南里温馨家园建成于2007年12月,总面积900平方米,由弱智儿童养育院和成人康复训练基地两部分组成,常年为40多名弱智儿童和社区近300名成年残疾人提供医疗康复、文体康复、职业康复、心理康复和技能培训、法律咨询、辅助器具租赁及康复转介、就业等服务。自成立以来,先后有20多名弱智儿童和社区近百名成年残疾人得到较好康复,56人实现就业。

(项　悦)

【阳光心理工作室】 7月,花家地南里社区党委利用"双向互动折子工程"工作法,协调整合辖区高校心里学专业资源,与北京青年政治学院联手在社区建立"阳光心理工作室",并于7月9日正式挂牌启动。启动仪式上,花家地南里社区党委与北京青年政治学院签署了阳光心理工作室合作协议,向取得心理咨询师资格的北京青年政治学院师生颁发了聘书。"阳光心理工作室"为让更多的居民走出生活的"迷局",将每周三定为"社区心理健康日",每周举办一次心理健康大讲堂活动,通过座谈交流、专题讨论、团体训练、个案辅导和上门援助等形式,帮助居民及时从困惑和烦恼中解脱出来。

(黄　敏　项　悦)

【平安建设】 8月14日,"和谐望京,平安国庆,千人参与,万人行动"主题活动正式启动。望京街道工委书记闫宾宣读了《望京街道平安国庆服务保障工作方案》,区委组织部部长刘宇辉为由公安、城管、武警、保安、治保积极分子、安全和谐促进员、巡防队等七支巡防队伍授旗。启动仪式后,七支巡防队伍全天候巡逻,监督"六小"单位履行门前三包责任,配合执法部门做好联合执法工作,全面加强重点地段、场所巡防工作,促进了地区安全稳定。

(项　悦)

【培训助老志愿者】 8月24日至9月8日,邀请汇晨养老中心培训部养老护理专业教师、望京街道和谐家庭指导中心家庭教育研究专业教授,到望京街道南湖西里老年服务站,对辖区25个社区200名助老志愿者从助老护理专业知识、老年身心健康常识、老年人居家安全健康基本技能等三个方面进行为期16天的专业培训,逐步让助老服务志愿者走向专业化。

(马玉革　项　悦)

【基层党建】 8至9月,为迎接建党88周年,开展"六个一"活动展示基层党建成果和党员风采,推进基层党建工作。"六个一"活动是:召开一次"优秀共产党员事迹宣讲会",用实例鼓励广大党员干部发挥好先锋模范作用,永葆共产党员先进性;开展一次"五个好党组织评比活动",慰问先进基层党组织代表和带头人;组织一次帮困助残扶老慰问活动,以实际行动关心、关注老党员和生活困难党员,使他们感受到来自基层党组织的温暖和关怀;举办一次以"奉献社区、服务居民"为主题的为民服务活动,用实实在在的惠民行动彰显党员干部"为民服务"的宗旨;举办一次以"党旗颂"为主题的书画大赛,用居住在望京地区的书画家及书画爱好者的笔墨,歌颂祖国、歌颂党庆祝中国共产党建党88周年;举行一场建党88周年纪念大会暨红色歌曲大合唱比赛活动,望京27个基层党组织的千余名党员以红色歌曲大合唱的形式,抒发对党的崇敬和热爱之情。

（黄　敏　项　悦）

【国际文化艺术周】　9月6日，与朝阳传媒携手举办以"安居乐业人和"为主题的第七届望京国际文化艺术周。并于9月7日至11日，开展以"情系望京、活力望京、人文望京、时尚望京、温馨望京"六个板块为主要内容的系列活动，通过举办"社区一家亲"老年交谊舞大赛，"和谐家庭赛乐赛"，社区特色文化专场汇报会、"残疾艺术团专场演出"等活动，展现和谐、平安、国际化、现代化新望京的城市风貌和人文风采，给地区居民带来了一场场精彩的视觉盛宴。

（黄　敏）

【与房山区长沟镇结为友好街镇】　9月11日，与房山区长沟镇签订了"共结友好街镇意向书"，结为友好街镇。双方将在经济、社会、文化、教育、旅游等诸多领域密切合作，积极探索城乡统筹、城乡联动、城乡共建的有效途径。

（项　悦）

【社区建设】　9月26日，启动加强社会建设、深化安全社区、构建和谐望京"十、百、千"示范促进活动。启动仪式上，街道工委书记闫宾宣读了《望京安全社会促进委员会安全宣言》，首批命名白家庄小学望京新城分校等10个单位为安全健康促进示范单位、胡亚栋等100户家庭为安全健康促进示范家庭、张中合等2821名居民为安全和谐促进员等，相关领导分别为安全健康示范单位、安全健康示范家庭、安全和谐促进员等代表发放了命名牌匾、书籍和应急用品。中国职业安全健康协会副理事长兼秘书长尹烈，世界卫生组织中国安全社区支持中心办公室主任欧阳梅，市委社会工委委员、市社会办副主任吴群刚，区长助理、区委社会工委书记王智玲，区委宣传部副部长、文明办主任吕岚等领导出席启动仪式。为充实社区工作力量，年内，街道选拔录用了19名高校应届毕业生到社区工作。

（张　静　项　悦）

【国庆联欢】　10月1日晚，望京街道104名舞蹈队员参加了国庆60周年天安门群众联欢表演。

（黄　敏）

【望京乐园建设】　10月16日晚，"望京乐园"在望京商业中心6层正式运营，著名相声表演艺术家姜昆为"望京乐园"揭牌。"望京乐园"是继望京国际文化艺术周后，望京地区又一项社区文化品牌。每周五、六、日晚相声专场、曲艺专场和综艺专场，艺术名家李金斗、石富宽、孟凡贵、徐德亮、连丽如、刘兰芳等相继来到"望京乐园"为望京居民奉献一场场精彩的文化艺术，让望京居民们"足不出望京"即可欣赏到"明星大腕"的"真人"演。

（黄　敏）

【成立老年书画社】　11月16日，望京老年书画社召开第一次社员大会，辖区25名老年书画爱好者出席会议并通过了《望京老年书画社章程》，选举了理事会、监事会，中国老年书画社研究会常务副会长兼秘书长牛云曾、朝阳诗书画研究会副会长赵学文、望京诗书画研究会常务副会长张世毅等到会祝贺。

（张　静　项　悦）

【环境建设】　年内，围绕"大望京"环境建设理念，制定《迎国庆六十周年城市景观环境布置工作方案》，按照五链，即广顺大街、望京街、湖光中街、花家地街、南湖南路，十点，即望京街路口、体育广场等十个重要道路节点，全面辐射的设计方案，整合资源，突出重点，营造"喜迎国庆60周年，共建和谐望京"的喜庆氛围。在主干道制作迎国庆主题宣传文化墙4000余平方米，摆放花卉5万余盆、悬挂灯笼彩旗、张贴宣传横福等，烘托祝福与喜庆的节日氛围，以亮丽优美的街景迎接祖国六十华诞。

（黄　敏）

【税源建设】　年内，按照"稳大促小"的思路，制订《望京街道加强税源建设促进经济增长实施意见》和《望京街道2009年经济工作折子工程》，通过细化需求，开展为企业送项目、送政策、送信息、送资金、送氛围、送宣传、送便利、送安全等"八送"服务等举措，全年完成区级财政收入5.1亿元，同比增长42.47%，完成全年任务的111.69%。

（项　悦）

大屯街道

【概况】　大屯街道位于朝阳区西北部，东邻来广营地区、望京街道，南靠亚运村街道、小关街道、太阳宫地区，西北接奥运村地区，地域总面积10.013平方公里。常住人口约15.15万人，流动人口4.78万人，总人口19.93万人。辖区共有14个社区居委会，56个居住小区，65个物业公司，楼房1206栋，地下空间476处，道路49条（市管道路8条，区管道路21条，社区道路20条），地区绿化覆盖率为46%。法人单位3262家，个体工商户2551个，产业活动单位243家，餐饮及娱乐场所463家，企业以第三产业为主，商业、餐饮娱乐业发达。辖区文化资源丰富，有北京联合大学本部及旅游学院、中华女子学院、中央民族乐团、武警指挥学院、武警军乐团、中国藏学研究中心等文化教育机构。
办事处地址:安慧北里雅园1号
电话:64917665
邮编:100101
网址:http://dtjd.bjchy.gov.cn

(付玉超)

【税源建设】 年内,超额完成辖区区级财政收入7.94亿元任务,实现区级财政收入9.17亿元,确保地区经济增长;完成税源统计工作,其中,有工商执照的单位6659家,法人单位4332家;完成了辖区16户异地纳税企业的回迁任务。

(付玉超)

【民生工作】 年内,投资62.7万元慰问地区特困老党员、孤老、低保对象、失业人员、残疾人、军烈属、优抚对象;为65岁以上老年人办理优待证1151个、老年证447个。为614名老人(其中80岁以上生活完全不能自理的366人)提供六大类约22项居家养老服务;为流动人口提供计划生育孕检727人次;利用社区公共服务平台信息网、96156北京市社区公共服务热线,全年接听96156热线电话咨询437条,向服务商派单304条,接收并处理邮件1056件,录入社区便民服务信息1038条,并全部进行回访。

(付玉超)

【化解人民内部矛盾】 年内,累计调解民间纠纷489件,成功473件,成功率为96.7%;调解物业纠纷755件,涉及标的额500余万元;协调解决劳动关系纠纷21起,涉及劳动者1715人、金额3508万元;现场为农民工追讨工资91万元。劳动科被市人力社保局评为劳动和社会保障优质服务窗口。

(付玉超)

【环境建设】 年内,完成两个老旧小区改造任务,改造面积3300平方米,其中铺装面积3000平方米,绿化面积300平方米;完成600平方米楼体修复和北苑路5处底商牌匾整治等重点大街整治任务和6000平方米便道铺装等街巷胡同整治任务。新增绿化面积1800平方米,合理规划新增停车位70余个。国庆期间,街道布置32487盆鲜花组成彩色文字和和平鸽图案,在主要路口及道路两侧摆放花卉5000余盆,悬挂红灯笼90个、国旗4000余面、彩旗2000余面、灯杆旗160面,美化围挡200平方米。

(付玉超)

【国庆安保工作】 年内,发动社区志愿者、社会单位保安等4480人,实行实名制管理,形成了全天候、无盲区的精细化防控体系;对59处制高点、7处过街天桥、1个地下涵洞、1处架空桥、1处立交桥、1处城铁站、7条燃气管线、4条热力管线、88处光接点、12处移动通讯设施、33处公交场站及重点路段和重点区域加强防控;全年出动检查约400人次,检查各类社会单位500家(次),协调或组织参与安全生产检查3013家(次),协调上级主管部门对20家(次)存在安全生产问题和隐患的经营单位进行行政处罚,确保地区安全稳定。全年地区未发生一起安全生产责任事故。

(付玉超)

【环境整治】 年内,取缔无照经营3023起,查处、处罚摩的90余车次,处罚黑车18起,罚款21300元,处理网格案件24196件,处置结案率达99.8%。针对小广告和乱贴乱画等痼疾顽症,一方面加大清理力度,一方面定人、定岗对辖区内的小广告全天候拍照取证,全年有效停机2023部(电话),停机力度全区第一。

(付玉超)

【流动人员管理】 年内,发放《关于加强出租房屋安全管理的通告》5000余份,与出租房屋主签订责任书6000余份,更换直排式燃气热水器2167台,其中出租房屋全部更换完毕,常住户更换了1246台。登记流动人口85572人,出租房屋13720间,入户检查和复查率达到210%。

(付玉超)

【甲型H1N1流感防控】 年内,构建街道、社区、社会单位三级防控体系,将防控工作纳入街道包社区工作,每日定时上报工作情况;开展防控知识普及宣传培训工作,结合专题培训、社区宣传栏、流动人口管理员入户发放宣传材料等形式,普及防控甲流常识,并加强对洗浴、餐饮、宾馆、商场、市场、学校幼儿园等重点场所的防控;完善应急物资登记工作,对辖区内超市、商场内消毒液、口罩等物资的种类、数量进行登记,建立物资储备台账。购买防控应急物资6万余元,用于其它防控工作和宣传经费累计36.8万元。

(付玉超)

【社区两委换届选举】 年内,以公平、公正、公开、民主、择优为原则,以优化社区居委会成员队伍结构为目标,圆满完成辖区14个社区两委班子换届选举工作,建立社区服务站。

(付玉超)

【社区建设】 年内,投入353.4万元,完成了慧一、慧二、育慧西里、世纪村社区服务站的改扩建工程,为大屯里等7个社区调整服务站用房,配备服务设施。对各社区室外门头广告、广告宣传栏、室内服务口号及服务站人员分工、工位牌等进行设计建设,配备电脑、打印机、文件柜、办公桌椅、等候椅等设备设施,建成统一规范的办公环境。先后4次以公开招聘的形式招聘了

98名学历高、有一定工作经验的社区工作者充实到服务站。

(付玉超)

【党建阵地建设】 年内,筹措资金,投入党建阵地建设经费100余万元,建成1000余平米的街道党员综合服务中心,新建和改建慧忠里第二社区、秀雅社区等6个社区党员服务站,购置投影仪、电子显示屏、电脑、电视机、课堂设施及电教光盘、图书等。为辖区党员参与活动,发挥作用提供了平台。

(付玉超)

【开拓党建新领域】 年内,把流动党员、非公企业党员、企业退休党员作为服务重点,在提供活动场地、学习资料和师资的基础上,根据特点和需求,开拓党建工作新领域,加强互联网阵地建设,先后建立街道党建网、党建QQ群、党建共享邮箱等平台,满足不同层次、不同类型党员的政治生活需求。并通过建立大屯里社区"阳光屋",安慧东里社区"共驻共建"等载体,引导和教育党员主动参与志愿服务群众、服务社会工作,使党建工作由"虚"变实。

(付玉超)

东湖街道

【概况】 东湖街道位于朝阳区东北部,东至慧谷阳光小区东墙向北至北小河中心线及原崔各庄与来广营乡老乡界至五环路中心线,与崔各庄、来广营乡接壤;南至北小河北侧沿望京西路西侧至湖光北路、宏泰西街北侧,与望京办事处接壤;西至地铁13号线西侧,与来广营乡接壤;北至五环路中心线,与来广营乡接壤。辖区面积4.95平方公里,常住人口5万人,流动人口1.7万人,有7个社区。辖区内有八十中学、求实职业学校、首师大附属实验学校等中学3所,小学5所,韩国学校1所,刘诗昆幼儿园2所及公园2个,分别为北小河公园和望湖植物园。有各类企业1300余家,摩托罗拉、爱立信、施奈德等一批著名跨国公司研究中心及总部聚集辖区。

筹备处地址:宏昌路6号

电话:84729787

邮编:100102

(史 艳)

【社区党组织换届选举】 5月,完成社区党组织换届选举工作,共选举出37名社区党组织成员,突出特点是政治可靠、公道正派、作风民主、思想观念新、开拓能力强、群众积极拥护。街道及时对新当选的社区党组织书记和委员进行专题业务培训。

(万 孟)

【成立街道社会工作党委】 5月14日,东湖街道筹备处社会工作党委正式成立。社会工作党委是街道筹备处工委在辖区"两新"组织中党的基层工作的领导核心,为本地区社会领域党建工作奠定了组织基础。

(万 孟)

【楼宇党建】 7月份,博泰大厦、博泰国际、北汽众运3个党建服务站和由北汽众运服务站辐射周边的爱慕大厦、中辰大厦、京港储运等3个党建接待站正式挂牌,为楼宇企业和员工提供党建服务、企业需求服务、楼宇党员和员工个人需求服务及社会服务等多项服务内容,使党建工作和楼宇经济相互促进、共同发展。

(万 孟)

【工会工作】 9月,东湖街道筹备处工会服务站正式挂牌。年内指导非公企业组建基层工会组织8个,发展会员352名。3月,街道工会参与调解松下电子部品有限公司劳资纠纷事宜,并与区总工会工作人员现场办公,向员工宣传政策法规并做员工的思想工作,最终依法解决劳资纠纷。经上级工会组织批准,建立4名困难职工档案,其中涵盖企业2个,困难职工家庭4户,困难职工4人。实施金秋助学帮扶1户,两节送温暖4户。全年会员信息采集涵盖14个企业,采集会员信息914人。为本地区工会会员办理"京卡互助服务卡"609人。

(范红仔)

【企业联谊会】 9月23日,召开地区企业联谊会,街道班子全体成员、叶氏企业集团、洛娃科技、中国数码港、摩托罗拉、安捷伦科技等几十家知名企业代表参加会议。

(张浩琦)

【社会保障】 12月29日,举行东湖社保所与来广营社保所工作交接仪式。仪式由区劳动局副局长翟向阳主持,东湖街道副主任马武和来广营乡长助理屈国华出席会议并签署接交责任书。东湖社保所将2010年1月正式对外办公。

(邢 君)

【事业单位岗位设置】 年内,组织实施东湖街道事业单位岗位设置工作。制定东湖街道岗位设置管理工作方案,成立领导小组,按照岗位设置科学、运行管理规范、职务能上能下、待遇能高能低的改革方向,坚持按需设岗、竞聘上岗、按岗聘用、合同管理。建立适合各类人员特点的岗位管理制度,逐步实现由身份管理向岗位管理转变,调动各级各类人员的工作积极性。

(万 孟)

【社区居委会换届选举】 年内,经民主选举、严格审查、集中研究把关,7个社区共选举产生居委会委员35名。其中大专以上学历19人,占成员总数的54%;7个社区服务站共招聘大学生16名,实现预期目标。办事处投资68万元配备完善社区标准办公设施。

(蒋立荣)

【社区制度建设】 年内,制定《东湖街道社区建设工作手册》,并对社区干部进行为期一周的集中脱产培训,收到良好效果。

(蒋立荣)

【特困群体帮扶救助】 年内,以“两节”慰问为重点,投入资金31.4万元,慰问走访12类困难群体,1476人次,实现不重不漏的困难群体救助。以街道居家养老中心为依托,为280余位老年人、残疾人提供稳定多样的养老助残服务;落实各项惠民政策,办理高龄津贴31人、丧葬补贴20人,老年优待卡、老年证3380余人;成立东湖地区老年人协会,组织地区老年人运动会和参与国庆六十周年安保志愿活动等。投入经费56.8万元完成残疾人活动场所设施和残疾人家庭无障碍改造,为5户困难残疾家庭粉刷房屋,改善环境;组织覆盖全体残疾人的免费体检、参观、游园、购物等康复活动。

(李士博)

【人民内部矛盾调处】 年内,以维护国庆期间社会和谐稳定为中心,突出劳资纠纷、物业纠纷两个重点,充分发挥调处分中心(工作站)、人民调解组织、法律服务室三个平台的积极作用,加强社区及社会面排查力度。全年共进行矛盾纠纷系统性排查56次,受理来信来访347批次,调解320件次,调解成功306件次,成功率94.38%,制作调解协议卷宗47份,涉及款项总额501272元。成功化解北京松下电子部品有限公司劳资纠纷、南湖中园亡人事件等重大矛盾纠纷,对北京伊仕顿国际酒店等突出问题实施有效稳控。加强地区法制宣传工作,不断提升地区法治氛围,全力做好国庆安保工作,实现重点时段“双零”指标,维护东湖地区社会稳定。

(陈　岩)

【矫正帮教】 年内,成立东湖街道综治委矫正帮教工作协调委员会。明确分工,责任到人,通过四方(司法所、派出所、社区工作站、楼门长)联管模式,根据两类人员的家庭背景、犯罪成因、性格特征等制定个性化管控方案,采取多项管控和救助措施,确保“零脱管率、零失控率、零重新犯罪率”的实现。

(陈　岩)

【经济普查】 年内,完成辖区内1508家单位的经济普查暨年报培训工作。3月15日,普查办报表上表率率先实现了区普查办“规上单位100%,规下单位99%”报送率的要求。街道第二次全国经济普查办公室荣获“第二次全国经济普查国家级先进集体”称号。

(苏　严)

【人口与计划生育】 年内,分别与109家社会单位签订人口和计划生育责任书。建立地区计划生育协会,对辖区30户计生困难家庭进行走访慰问。协会成员单位与辖区计划生育困难家庭结成关怀帮扶对子。开展“幸福工程”和“生育关怀一元捐”捐助活动,共募集捐款40311.41元。开展预防出生缺陷工作,为育龄妇女免费发放小剂量叶酸558盒。签订出租房屋、提供经营场所、用工单位流动人口三种责任书227份,联合辖区凌和医院为流动人口895人进行免费妇科常见病普查,联合惠兰医院向区卫生局申请并发放流动人口独生子女困难家庭救助金1500元。建立流动人口育龄妇女卡片712张,人户分离握手397人,接收和发出委托管理251人,出生人口监测163人。为辖区77名婚嫁育龄妇女办理《生育服务证》。为地区8名独生子女父母发放一次性奖励费8000元,为330名无业人员发放独生子女费9940元,为17个家庭办理二胎生育服务行政审核。办理一胎生育证319人、独生子女父母光荣证205人,发放药具14018盒。

(杨　芳)

【国庆安保】 年内,制订完善6套突发事件应急预案,按照分级防控、突出重点、注意实效的原则,责任到科室。按照科室责任分工,组建街道、社区、社会面三级应急分队,并组织相关模拟演练,强化应急处置突发事件能力。设立20个志愿者工作站,16个流动巡逻值勤点,动员近2300名志愿者,对辖区2条交通干线、6条主要道路、4座桥梁、11家外企、3处商业中心、87个光接点、547个放大器进行严密看护,聘用50名专职安保人员对4个桥梁、27处公交站点实施有效看护,定时、定岗、定责,并对上岗执勤情况进行督查检查。

(刘燕青)

【处理劳务纠纷】 年内,伊士顿酒店、松下部品有限公司因解除劳动合同补偿问题,发生劳务纠纷。综治办在积极做好员工安抚工作,摸清事态具体情况和员工思想动态的同时,及时向区政府进行汇报,减少因员工情绪不稳定造成对社会的影响范围和危害程度,第一时间控制事态发展,为两家单位最妥善解决劳务纠纷起到关键性作用。

(刘燕青)

【重点人员管控】 年内,实施八类“重点人”管控力度和转化力度,防止不稳定因素突发。对摸排出的八类人员逐一分析研判,协调有关部门联合管控。综治办牵头坚持每日会商制度,职能科室汇报、分析当日整体工作情况,研究解决对策。协调维稳办、重点人排查办等部门,解决街道重点人员定级、稳控等问题。

(刘燕青)

【城市绿化】 年内,完成广泽路(屏翠东路至溪阳东路)、望京北路(广顺北大街至溪阳东路)、望京西路(溪阳西路至利泽西二路)绿化改造、利泽西二路北段绿化新建改造工程4项,工程面积2.61公顷,共投入资金777.5万元(其中利泽西二路北段绿化新建改造工程为街道09年环境建设任务,其余工程为绿化局折子工程,由北小河公园设计施工)。辖区绿化覆盖率约为42.73%,实有树种68种,26.13万株。

(张 莹)

【狂犬病防控】 年内,制定《东湖街道突发狂犬病疫情应急处理预案》,建立健全了以主管主任为组长,街道、卫生、公安等相关部门为成员的狂犬病防制工作小组。开展犬只调查摸底、登记造册工作,对准养犬只发放准养证,并要求养犬户必须对犬进行免疫和拴养。辖区注册犬899只,免疫犬899只,免疫率100%。

(张 莹)

【环境建设】 年内,完成南湖中园、望京西园二区、望馨园老旧小区改造楼体粉饰工程3项及利泽西二路北段街巷胡同整治工程2项。街巷胡同环境整治项目,拆除违建3000平方米,利泽西二路北段绿化新建改造2100平方米。老旧小区整治项目,望京西园二区老旧小区楼内、楼外墙体粉饰各8栋,南湖中园楼内粉饰12栋、外墙体粉饰9栋,望馨花园楼内、外墙体粉饰各12栋。

(张 莹)

【绿化普查】 年内,对调查小组进行两次业务培训并对人员进行分工。自5月至11月历时7个月较好地完成培训准备、外业调查、数据汇总、数据录入、总结上报等主要工作,完成本辖区绿化普查工作。

(张 莹)

【安全管理】 年内,东湖地区共有在施工程项目9个,在施建筑总面积31.8万平方米,辖区参施人员约1500人。工地检查组严格落实施工现场安全防护"9项"强制性要求和劳务管理规定。对发现的安全隐患立即整改或限期整改;对存在重大安全隐患或隐患较多的工程立即上报区行业主管部门联合检查;加强对项目经理、专职安全员、监理的管理,确保辖区在施工地无一例安全生产伤亡事故和安全生产责任事故。检查工地1896次;检查出安全隐患2198项;开检查记录单2236份;限期整改检查单681份;开停工及局部停工单162份;签定重大时段安全生产"责任书"72份;排除各类劳务纠纷安全隐患56起,涉及各类调解金额1500余万元。

(张 莹)

【甲型H1N1流感防控工作】 年内,严格落实"属地、部门、单位和个人"四方责任,采取五项措施做好甲流疫情的整体防控工作。集中开展宣传动员,先后制作免费接种宣传横幅58条,印制转发各类甲流防控工作文件、宣传折页8.16万份,张贴海报1.5万张,板报橱窗672块;先后开展培训57次,签订责任书1123份,达到宣传全覆盖、无盲区的工作要求。集中跟踪看护密接和归国人员,南湖中园小学爆发甲流以来,东湖地区的密接人员较多,全面做好包楼包户,找人、盯门、跟踪、看护的工作,防止社区出现二代确诊病例。集中开展联合检查,联合卫生服务中心、惠兰医院、卫生监督所以及办事处相关科室,对商场超市、建筑工地、学校、托幼机构等人员密集场所开展联合检查。集中做好舆情反馈、信息报送工作。集中开展免费接种,辖区共接种10305人。

(单继红)

城乡结合地区

太阳宫地区(乡)

【概况】 太阳宫地区(乡)位于朝阳区中西部,东北与望京街道、将台地区接壤;东南与麦子店街道接壤,与第三使馆区、燕莎商业区毗邻;南与左家庄街道接壤;西南与和平街、香河园两街道相邻,与国展商业区互相依托;西北与小关、大屯两街道接壤,辖区面积5.9平方公里,有3个行政村,10个社区居委会,7家直属企事业单位。户籍人口3.3万人,流动人口2.2万人。年内,经济总收入15.7亿元,同比增长27.2%;实现利润2882.4万元,同比增长6.5%;上缴税金3783.4万元,同比下降3.8%;农民人均劳动所得24229.8元,同比增长5.2%。全年实现区级财政收入3.5亿元,完成区下达任务指标的223.4%。
地址:夏家园13号
电话:52018656
邮编:100028

(陶薇薇)

【学习实践科学发展观活动】 2月,地区第一批深入学习实践科学发展观活动基本完成,地区百余人参加了学习实践活动。8月底,第二批深入学习实践科学发展观活动基本完成,地区1740多名党员,17个基层单位参加了学习实践活动。学习实践活动促进地区建立健全了经济建设、党建和改善民生等方面的体制机制,初步达到"干部受教育、发展上水平、群众得实惠"的目标。

(陶薇薇)

【促进就业】 4月,举办社会保障P-STAR五星服务文化系列活动推广启动会暨太阳宫地区就业(创业)实训基地授牌仪式,P-STAR五星服务理念即主动(Proactive)、简单(Simple)、及时(Timely)、方便(Accessible)、可靠(Reliable),旨在用服务文化提升服务品牌。地区50余名社保工作者签署了五星服务承诺书。年内,地区对103名失业人员进行免费技能培训和创业培训,带动就业243人,实现就业588人,其中"4050"人员298人,开发岗位1752个,稳定了地区就业形势。

(陶薇薇)

【体育休闲园建设】 4月29日,太阳宫体育休闲园开园。区人大常委会副主任孔德琴出席开园仪式。市园林绿化局副局长史贵生、副区长刘希泉、区政协副主席赵增华参观了体育休闲园。太阳宫体育休闲园占地29.7公顷,是北京市为民办59件实事之一。公园设计紧扣"太阳"主题,突出城市型郊野公园特色,全园分五个功能区、八个主要景点,内设足球场、篮球场、羽毛球场等综合体育设施,建成管理用房1285平方米,园内道路3900米和配套用房5700平方米。

(陶薇薇)

【社区居委会换届】 5月,各社区按照地区工委部署,在地区换届选举指导小组领导下,顺利完成第七届社区居委会换届选举工作。

(陶薇薇)

【党建工作】 6月30日,召开庆祝建党88周年座谈会。领导班子成员、基层班子成员、新发展党员、地区优秀党员和优秀党务工作者及老干部代表等100余人参加。表彰了10个基层党组织、49名"五个好"共产党员和10名优秀党务工作者;落实区委"建组织、建阵地、建服务体系"要求,深化"聚合力"工程,地区社区党建协调委员会分会全部成立。

(陶薇薇)

【红芍社揭牌成立】 7月22日,芍药居二社区党员服务中心——"红芍社"揭牌成立。区领导刘宇辉、刘希泉为红芍社揭牌,区委农工委、区政府办有关领导及地区领导班子、机关干部和社区党员近百人出席揭牌仪式。"红芍社"建筑面积1450平方米,以打造区域性、开放性、多功能、专业化的党员服务平台为目标,内设社区党员教育培训中心、党员志愿服务站、聊聊吧、能人协会等15个功能室,涉及210项服务内容,构建起党组织服务党员的温馨家园、党组织和党员服务群众的窗口、"两新"组织的孵化器、区域党组织的资源平台、流动党员的接纳地。

(陶薇薇)

【"迎讲树"活动系列讲座】 7月至10月,开展"迎国庆讲文明树新风"活动系列讲座,邀请中国人民大学制度分析与公共政策研究中心研究员舒可心,北京翰亚文化发展中心理事长、首席讲师王燕斌,中国心理协会会长、原同仁医院副院长刘福园,国家心理咨询师王培心等,就如何理性、艺术处理邻里和婆媳等人际关系进行讲授,讲座覆盖了地区机关人员和18个基层单位的党员群众。

(陶薇薇)

【国庆安保】 9月20日至10月5

日，借鉴奥运安保成功经验，实施立体式防控，发动社区志愿者 2400 名负责社区地面巡逻，城市管理指挥中心负责道路电视监控，96 名民兵负责看守辖区 5 座桥梁，对 55 栋高层建筑实行楼顶封闭管理。形成重点人员有人看，敏感部位有人守，复杂场所有人控，重要路段有人巡，突发事件有人报的社会面控制格局，确保了地区国庆期间安全稳定。

（陶薇薇）

【国庆景观布置】 国庆期间，为营造隆重热烈的节日氛围，以太阳宫中路、太阳宫北街为重点，以各社会单位门前、小区门口和公共场所为重要节点进行景观布置，其中：布置花坛 60 处、摆放花卉约 12 万盆、悬挂大红灯笼 1600 个、设置彩旗 300 面、悬挂宣传横幅（标语）100 条、设置宣传橱窗 30 个、发放庆祝国庆 60 周年宣传画 2000 张。

（陶薇薇）

【社会捐助】 12 月，开展“送温暖、献爱心”社会捐助活动，机关和各基层单位共为甘肃省陇南市捐助爱心款 21345 元、棉衣被 2457 件。

（陶薇薇）

【参加女民兵方队】 年内，地区选送 4 名女民兵参加国庆女民兵方队训练，其中 1 名女民兵被评为训练标兵、1 名被评为作风纪律养成标兵。

（陶薇薇）

【环境建设】 年内，先后投入 370 万元完成太阳宫大街、太阳宫北街、太阳宫西路、体育休闲公园和交通枢纽周边 2.43 万平方米绿化美化工作；在牛王庙地区新建 400 平方米压缩式垃圾中转站，提升地区环境品质；对长 320 米、宽 5.5 米的牛王庙村间路实施扩改施工；完成夏家园小区内道路排水设施和太阳宫西路污水管线安装工程，安装污水管线 400 米，雨水篦 2 块；在太阳宫北街、太阳宫大街安装路灯，方便群众出行。

（陶薇薇）

【城市管理】 年内，规范“门前三包”单位 756 次，保持对各类城市管理违法案件的高压态势，拆除违法建设 42 起，面积 1768 平方米，取缔无照经营 1562 起，没收和清除各类小广告 4 万余张，清除乱倒垃圾渣土 160 余吨，查处工地夜间施工扰民 32 起，规范和拆除各类违法广告牌匾 196 块、条幅和灯杆旗 136 面，处理网格案件 12844 件，推进网格化城市管理模式，使食品卫生、安全生产等逐步纳入网格化管理。

（陶薇薇）

【改善民生】 年内，为 141 人办理城乡居民养老保险，为 51 名无保障城乡居民办理养老保障手续；实行新型农村合作医疗乡办乡管，468 人参加基本医疗、308 人参加大病统筹，参合率均达到 100%；落实城乡居民最低生活保障制度，为 115 户、237 人办理低保手续；通过“爱心家园”进行实物救助，有效缓解了弱势群体生活困难；严格进行保障性住房申请初审工作，通过审批 139 户；贯彻落实“九养”政策，与家政公司等 13 家服务商签订居家养老服务协议，地区居家养老服务分中心步入正轨；对地区 36 户重度残疾人家庭进行无障碍设施改造；满足残疾人的生活文化需求，投入 60 余万元建成了 304 平方米的温馨家园，为残疾人提供多种服务。

（陶薇薇）

【社区建设】 年内，争取了 3 个社区的 5 处配套用房 4900 平方米；投入 50 余万元在太阳宫和夏家园社区建立了标准化社区服务站，开设“一门式”服务窗口，方便居民办事，提高服务效率；完成了第七届社区居委会换届选举工作，选举产生居委会委员 35 名；招聘社区专职工作者 42 名；整合社区资源，投入 130 万元成立社区服务中心，确定可经营性项目，拓展社区服务功能，满足地区居民的服务需求。

（陶薇薇）

【甲型 H1N1 流感防控】 年内，针对疫情编发应急防控处置预案和工作方案，储备应急物资，确定医学观察医院，建立卫生应急队伍，聘请 2 名大学生村官 24 小时负责首诊联络，落实责任人和责任制度，对地区各社区、村、学校、幼儿园、医疗机构等进行监督指导，签订责任书 3183 份，累计投入经费 40.87 万元，确保地区无大规模疫情出现。

（陶薇薇）

【艾滋病预防宣传】 年内，启动莱太商业区预防艾滋病宣传项目，在莱太商业区近 2000 名从业人员中开展以预防性病、艾滋病为主要内容的系列宣传教育活动，是中国计划生育协会首次在流动人口中开展的预防艾滋病项目，也是地区首次在商业区从业人员中全面开展的预防艾滋病项目。

（陶薇薇）

【文体工作】 年内，新建全民健身设施 13 处，满足地区群众健身休闲、文化娱乐需求。举办第三届数字电影节活动、“社区一家亲”系列活动——五月鲜花文艺汇演、第三届“和谐杯”乒乓球比赛等地区性文化活动。地区获区优秀健身项目推广展示大赛一等奖、市农村电影放映工程先进集体、首都国庆 60 周年群众联欢晚会突出贡献单位等。

（陶薇薇）

南磨房地区(乡)

【概况】 南磨房地区(乡)位于朝阳区南部,东与高碑店乡、王四营乡、垡头街道相邻,南与十八里店乡交界,西临东三环与双井、劲松、潘家园三街道相接,北至通惠河,辖域9.434平方公里。常住人口139399人,流动人口36016人,其中农业人口2164人。辖域内有中央、市、区属单位34家,有2个村委会,9个社区、10个社区服务站。乡属集体经济有田华四公司、和众运输集团、东方盛泽商贸集团、天润物华有限公司、华瀚投资集团、亮都投资公司、北京华侨城七大专业公司,涉及城市商贸、开发建筑、现代物流、文化休闲四大产业。有中学3所,小学5所、幼儿园9所,卫生院1所,敬老院1所。截至年底,乡级经济总收入80亿元,同比增长10%;利润总额3.6亿元,同比增长9%;上缴国家税金1.8亿元,同比增长8%。辖区税收9.99亿元,同比增长38.8%;实现区级财政收入3.4亿元,同比增长9.18%。二、三产业比为27.9:72.1。

地址:西大望路甲29号

邮编:100022

电话:67322223

网址:nanmofang. bjchy. gov. cn

(田晓刚)

【国庆服务保障】 年初,在完善"6+2+7"的奥运服务保障体系基础上,健全以社会治安、环境治理、安全生产、公共卫生、城市应急、信访化解、交通安全、消防安全、民生疾困九项管、监、防控"专项条抓"和地区领导深入社区"包片块统"工作机制,与两个综合服务组,组成地区国庆服务保障分指挥部,建立"9+2+9"特色服务保障模式。国庆期间,全地区9个社区3000名社区志愿者,在各社区内部及地区主要道路146个定点岗位执勤。76个公交站点,全部由社区志愿者就近上岗。每天对流动人口聚集场所和出租房屋进行排查和夜查,关停地下空间45处。全地区实现维稳信息整合、分类上报,实现了与区国庆维稳督察组的正常对接和信息反馈。完成了社区居民中120户、3214只鸽子禁飞责任书签订及对风筝、航模、气球等升空物体国庆期间禁飞禁放的宣传与落实工作。加强了刑释解教、社区矫正及无自制能力的精神病患者等重点人日常监管。城管分队实行国庆阶段三延时工作机制,对地区重点路段、重点部位清理整治。强化工地、学校食堂及中小型餐馆液化气钢瓶排查工作,确保不发生爆燃事故。坚持把矛盾化解在基层、化解在萌芽状态。认真组织国庆集结疏散两次学校集结和两次阅兵演练的布岗执勤。地区全体机关干部、团委、六大公司城市志愿者134人坚守阅兵大型装备途经的25个岗位。完成铁路沿线及大望路中学、北工大、黄冈中学四次集结疏散演练任务。派出所完成南磨房集结疏散区执勤及建外警戒区支援任务。实现了国庆期间朝阳区"四项确保"零指标。国庆期间,南磨房地区被区委区政府四次通报表扬。完成了100名集体舞表演人员的选拔演练任务,选拔了6名共和国同龄人和10名女民兵。

(田晓刚)

【社区党委和居委会换届】 年初,完成社区两委换届工作,社区党委委员、社区居委委员得票率均达97%。在社区两委换届选举工作中,百子湾东社区、山水文园社区作为新建社区,群众基础薄弱、基础资料不齐,党员干部克服困难,如期完成了入户宣传、居民发动、民主选举等工作。加强服务站建设,招聘了40名年轻干部,充实社区工作者力量。开展社区干部培训班,对社区班子、专职工作者进行高密度、大范围培训,提高做好社区工作的能力水平。

(田晓刚)

【甲型H1N1型流感防控】 年初,第一时间成立由乡党政一把手任组长的防控领导小组。地区团委组织100人的志愿者突击队。文教卫生科及时做好归国人员的健康监测工作,完成970名归国人员,4800人次健康监测任务,首次入户随访落实到每一个人,做到100%管理。高度重视发热归国人员管理,对6名归国人员发热情况及时排查处理。对42名密接人员进行居家监管和公共设施消毒工作,及时反馈动态情况。

(田晓刚)

【经济发展】 年初,乡党委制定"生存-过冬-发展"应对策略,坚持每季度经济会商,抓住绿隔政策调整机遇,完成了绿隔地区33万平方米商品房上市销售手续办理、通惠河"一带三广场"整体规划调整及全乡产业用地规划调整、欢乐谷二期军产占地拆迁等专项经济工作。通惠国际传媒广场和特色酒吧街建设接近尾声,"伊莎生活创意广场"、"民族文化广场"产业升级规划方案进入详规并获区政府认可。亮都超市如期开业。欢乐大道酷车小镇车文化创意产业项目进展顺利,一批国内外知名汽车改装企业相继签约进驻。地区税源建设保障有力,促进了异地纳税7家重点企业主动回迁和397家新税源户主动入驻。集体经济实力持续增强。提前一年实现了"十一五"规划发展目标,提前超额完成保增长任务。

(田晓刚)

【学习实践科学发展观活动】 4月,按照区农委统一部署,地区9个社区、2个村、11个企事业单位

2780名党员参加了第二批学习实践科学发展观活动。在各级党组织的领导下,党员们认真学习相关书籍,撰写心得体会,各级党组织通过谈心、座谈,广泛征集意见建议,并在深入分析基础上,制订整改方案,明确整改内容、责任单位、责任领导、责任人和完成时限,向党员公布,接受党员监督。6月,地区完成第一批学习实践科学发展观活动整改落实"回头看"自查任务。地区按照整改方案要求,加强对整改内容、责任部门、责任人、任务标准、完成时限等内容进行全程跟踪督促,确保整改措施落实。

(田晓刚)

【理论中心组学习"学分制"试点】 年内,作为理论中心组学习"学分制"试点单位,积极推进理论中心组学习的常态化、规范化和科学化。坚持"学理论、议大事、谋发展、出成效"的思路,采取"集中辅导、专题讨论、学习交流、网络学习"等多种学习形式,不断深化理论学习。全年完成集中学习时间不少于15天;完成每人60学时的在线学习任务;完成每人不少于12次的基层调研;完成每人一篇中心组发言提纲;完成每人至少阅读2本理论著作或现代管理相关书籍,做读书笔记或结合阅读撰写理论文章;完成每人一份个人总结,汇报个人理论学习、理论运用的情况。严格中心组学习考勤制度和学习档案制度。制定并下发乡党委理论中心组学习计划,确保每月至少组织一次集中学习讨论,并指定重点发言。在学习内容上,认真学习研究区党建工作会、区农村城市化会议、廉政风险风范管理等各种文件,结合第一批、第二批学习实践科学发展观活动,开展了广泛深入的政治理论学习。党的十七届四中全会召开后,南磨房乡党委理论中心组第一时间邀请市委党校张勤教授专题辅导授课,加深了乡党委班子对中央精神的领会和把握。不断完善考核制度,实行述学、评学制度,把运用理论解决实际问题的能力,作为年度考核的重要内容。坚持理论中心组成员每周二接待日,与基层群众面对面交流,查找和解决问题,实现了民生改善、维护稳定、了解基层的目标。在第二批学习实践科学发展观活动中,中心组成员每人联系1个社区、3个社会单位,加强对基层理论学习的指导。把三保任务、国庆维稳和分管工作有机结合,深入基层,与基层干部、群众座谈,查找问题、整改落实、推动工作。

(田晓刚)

【社区管理机制改革】 年内,以百子湾东社区和欢乐谷社区为试点,探索建立社区党委、社区居委会和社区服务站"三位一体"的运行模式,把地区工委、办事处下派工作剥离给社区服务站,确保社区居委会回归居民自治组织轨道,增强社区服务力量,提升服务水平。百子湾东社区作为北京市民政局试点单位接受了北京市政府办公厅监察室的检查。建成社区服务站10个,站长均由社区党委书记担任。

(田晓刚)

【地区党员服务中心建设】 年内,将地区现有的"南磨房地区党校(成人教育中心)"、"南磨房地区文化服务中心"、"南磨房地区社区服务中心"、"南磨房地区城市管理分中心"、"南磨房地区人民内部矛盾调处分中心"、"南磨房地区民俗活动中心"资源重新整合,结合新建的"南磨房地区党员接待中心",形成"七位一体"的党建管理、服务新体系。成立由地区工委书记为总指挥的南磨房地区党员服务中心组织领导机构,指导日常工作开展。党员服务中心在中心主任统一领导下开展工作,副主任带领相关人员负责日常具体工作落实。专门设置由地区党委副书记为站长的党建指导站,指导党建工作。获朝阳区2009年党建创新奖。

(田晓刚)

【企业党组织和村党支部换届】 年底,按照区农委统一部署,通过"三推一选"方式,选举产生村党支部书记,完成大郊亭村和楼梓庄村党支部换届选举工作。所属11个企业党组织也同步完成换届选举工作,夯实了基层党建基础。

(田晓刚)

将台地区(乡)

【概况】 将台地区(乡)位于朝阳区中北部,横跨东四环、五环路,与望京、太阳宫、东风、崔各庄、酒仙桥、麦子店等街乡相临,地处丽都、燕莎商圈和电子城科技园区功能板块中,辖区面积11.45平方公里。设驼房营、东八间房、安家楼3个村(管)委会,芳园里、丽都、水岸家园、将府家园、梵谷水郡5个社区居委会。辖区总人口79230人,常住人口30168人,其中户籍人口24361人,户籍人口中非农业户口21412人,农业户口2949人;流动人口数49062人。年内,全乡完成经济总收入34.4亿元,同比增长12%;利润3.8亿元,同比增长15%;实现乡域税金1.3亿元,同比增长10%;人均劳动所得2.1万元,同比增长9%。

地址:酒仙桥村甲1号

电话:64371688

邮编:100016

(卢楠楠)

【乡人代会】 1月12日,乡人大十五届五次会议召开。会议听取并审议了乡政府工作报告和财政财务报告。与会代表围绕加快地区经济建设、推进发展成果向惠及百姓转变、加强地区城市环境建设及住房、医疗、养老等农民社会保障问题等提出了意见建议。全乡42名人大代表出席会议。

(卢楠楠)

【社区党组织换届】 2月15日、17日,地区将府社区、梵谷水郡社区、水岸家园社区、芳园里社区和丽都社区共5个社区党组织分别召开了社区党员大会,选举产生了新一届社区党委委员。新当选的党委委员平均年龄44岁,其中30岁以下1人,占4%;30－40岁9人,占36%;40－50岁7人,占28%;50－60岁6人,占24%;60岁以上2人,占8%。委员中本科学历11人,占44%;大专学历7人,占28%;高中、中专学历5人,占20%。新一届社区党委班子文化结构、年龄结构较上届相比均有较大程度改善,班子整体素质明显提高。

(卢楠楠)

【人口和计划生育工作】 2月27日,召开2009年人口与计划生育工作会暨出生缺陷一级预防干预工程启动仪式。区人口计生委有关领导及地区主要领导出席会议。辖区中央市属单位、各基层单位有关领导、计划生育干部300余人参加会议。

(卢楠楠)

【启动康乐路、驼房营路拆迁工作】 3月11日,召开康乐路、驼房营路拆迁工作动员会,全面部署两条路的拆迁建设工作。乡领导、电子城管委会及电子城公司有关领导出席会议,机关相关科室负责人、驼房营村党政领导及有关干部参加会议。

(卢楠楠)

【经济工作会】 3月13日至14日,地区召开2009年经济工作会。会议总结回顾了2008年经济工作,明确了2009年经济工作重点。会上,乡长与各村、企业签订了经济责任书。乡副职以上领导、机关副科长以上干部、村、直属企业单位主要领导及各单位财务人员60余人参加会议。

(卢楠楠)

【学习实践科学发展观活动】 3月至8月,开展第二批深入学习实践科学发展观活动。活动范围包括各村、管委会、社区及直属企事业等16家单位,党员1201人。

(卢楠楠)

【领导视察将府公园建设】 3月27日,市园林绿化局副局长史贵生、区政协副主席赵增华及海淀、丰台、石景山、大兴等区林业局、园林局相关领导赴将府公园二期工程现场视察工程进度。4月8日,副市长夏占义视察将府公园二期建设工程进展情况。区领导刘希泉及区农委、地区工委、办事处有关领导陪同视察。夏占义在听取有关情况汇报后,实地参观了湿地水面、植物种植区等建设项目,对公园建设给予了高度评价,要求相关单位、部门继续加大郊野公园建设推进力度,以实际行动落实科学发展观活动内容,通过郊野公园建设改善农村地区环境,整体提升绿化隔离地区建设水平,加快城乡一体化进程,让郊野公园的成果更多、更早地惠及于民。

(卢楠楠)

【《和谐讲台》报创刊】 4月17日,举行《和谐讲台》报创刊首发仪式。地区领导班子成员、机关各科室工作人员、各社区、村(管)、企事业单位负责人及群众代表出席首发式。地区工委书记刘新平、办事处主任左景全为《和谐讲台》创刊号揭幕。

(卢楠楠)

【将府公园二期开园】 4月29日,举行将府公园二期工程开园仪式。区委副书记张洋、地区工委书记刘新平为公园二期揭幕。将府公园二期工程于2008年10月动工,工程面积32公顷,二期工程和一期工程相结合,组成了总面积56公顷的特色郊野公园。

(卢楠楠)

【成立大环环保工作站】 5月11日,为加强对将府庄园敬老院、IT产业园周边环境保障工作,地区农服中心在林场院内挂牌设立了大环环境保障工作站。工作站设环卫保洁人员20名,以将府庄园敬老院、IT产业园周边近10万平方米的道路保洁、网格应急、白色垃圾及树挂清理等环境保障工作为主要职责,实行24小时值守工作制度。

(卢楠楠)

【社区居委会换届】 5月17日,地区芳园里、水岸家园、丽都、将府家园和梵谷水郡社区筹备组分别召开第七届社区居委会换届选举大会。5个社区216名居民代表参与投票,选举产生新一届居委会领导班子成员25人。其中:男6人,占成员总数的24%;中共党员12人,占成员总数的48%,与上届同比增长7%;大专以上学历21人,占成员总数的84%,与上届同比增长25%;高中、中专以上学历2人,占成员总数的8%。平均年龄38.8岁,比上届降低1.2岁。

(卢楠楠)

【康乐路拆迁工作】 5月底,驼房营康乐路拆迁工作全部完成。康乐路拆迁工作规划道路长200米、宽25米,总面积5000平方米。拆迁工作涉及民宅29个院落、63户,2个集体企业,拆迁总面积10878.64平方米。

(卢楠楠)

【地区直属企业审计】 7月9日至

【地区直属企业审计】 7月9日至15日，由地区办事处经济管理办公室组织、协调，乡直属企业主管会计为组员组成半年内部审计工作小组，对将台地区直属企业进行半年审计工作。审计过程中，聘请事务所专业老师参与指导，针对企业内部控制制度、经济责任书完成及执行情况以及2008年底审计调账后续回访等多项内容进行综合审计。

（卢楠楠）

【成立将台市场团支部】 8月12日，成立北京阳光将台农副产品市场有限责任公司团支部，为地区发展流动人员加入团组织奠定了基础。会议表决通过了第一届支部委员名单，支部书记对今后团支部的工作思路进行了说明，将台市场党支部书记、总经理魏文华就青年工作与大家进行了交流。

（卢楠楠）

【实行“全学年”助学补贴政策】 8月25日，将台地区“育人助学计划”正式启动，来自东八间房村与驼房营村的52名学生分别获得1000元至3000元不等的助学奖金。同时，将台也成为了朝阳区首个实施为大学生发放“全学年”补助金的地区。

（卢楠楠）

【七彩大世界拆迁工作】 8月28日，历时4个多月的七彩大世界拆迁工作终告结束。拆除建筑面积约4万平方米，涉及商户758家，酒吧39家，餐饮21家，从业人员3500余人。

（卢楠楠）

【启动土地收储工作】 10月5日，召开“JK土地收储工作”动员大会。亮马居住小区JK地块项目位于将台乡驼房营村和东八间房村。项目东至雍家村，南至亮马河，西至驼房营路，北至坝河向东延伸至东八间房路。总占地面积72.86公顷，地上物拆迁涉及居（农）住宅房屋共659个产权人，1286户，2429人，建筑总面积189216.31平方米；集体企业25家，总建筑面积48699.19平方米；国有单位4家，总建筑面积32974平方米；部分附属物如青苗、树木、公共设施等。

（卢楠楠）

【将府庄园敬老院试营业】 10月25日，将府庄园敬老院举行试营业仪式。市人大常委会副主任刘晓晨、副市长丁向阳，区委书记陈刚，区委常委、副区长刘希泉以及区相关委、办、局的领导，地区工委、办事处领导及19个农村系统各乡主要领导出席。将府庄园敬老院占地面积38.67公顷，总建筑规模不超过60000平方米，新培养老床位830张，扩建后总床位达到10000张，建设内容包括老年生活区、综合服务中心、餐饮设施、配套管理中心、培训中心、中医医院等。

（卢楠楠）

【启动村党组织换届工作】 12月14日，召开2010年村党组织换届选举工作动员部署会，全面启动2010年村党组织换届选举工作。乡有关领导、机关科室负责人及各村党支部书记、副书记等出席会议。会议明确了《将台乡2010年村党总支换届选举工作实施意见》，并对村党组织换届选举工作作出详细部署。

（卢楠楠）

【出台直属企业管理制度】 年内，为保障乡集体经济发展壮大，乡针对直属企业管理建立完善了《直属企业审计管理制度》、《直属企业大额资金使用管理制度》、《直属企业购置及报废固定资产管理制度》、《将台乡合同管理制度》四项制度，通过强化管理、强化责任、强化监管等措施，为集体经济发展创造条件。

（卢楠楠）

【社区服务中心建设】 年内，投资1800余万元，在将府家园北侧建成了5000余平方米的集文化教育、健身娱乐于一体的综合性社区服务中心，使地区社区建设迈上了新台阶。

（卢楠楠）

【政策惠民】 年内，深化民生工程，实施惠民政策，出台“四个办法一个意见”。一是“两提高一取消”，扩大农村合作医疗保障幅度；二是提高农村老人和乡、村退休职工待遇；三是加大独生子女助学奖励；四是建立农村大病医疗救助体系；五是建立特困居民救助体系。年内，全乡老人生活补助和乡企退休职工退休费全部按新标准按月发放到位。为71人办理大病救助，救助金额64万元，患者人均个人负担由54.75%下降到27%。投入17.5万元，为93名农村独生子女发放了助学奖励金。年内，乡政府落实“四个办法一个意见”累计投入290万元，近4000人直接受益。

（卢楠楠）

【残联工作】 年内，加大对地区残疾人帮扶力度，投资建成了建筑面积300平方米的残疾人“温馨家园”，为残疾人提供职业康复、技能培训、法律咨询、辅助器具租赁等十大项个性化服务。采取政府出资形式，免费为残疾人家庭实施了无障碍设施改造。改造工程涉及地区各村、社区的62户残疾人家庭。其中为28户残疾人家庭安装了活动浴凳，为其余34户家庭进行了土建施工改造。

（卢楠楠）

高碑店地区(乡)

【概况】 高碑店乡位于朝阳区东部,东邻中国传媒大学,南接王四营乡,西邻北京商务中心区,北靠平房乡。乡域面积15.08平方公里,总人口18.5万人。有5个村级单位和18个社区。年内,传统、传媒、时尚三大文化产业稳步推进,完成国庆60周年服务保障任务,全力以赴"保增长、保民生、保稳定","发展富民、保障安民、文化育民、管理塑民"各项举措得到有效落实,全年经济总收入113.2亿元,增长15%,实现利润4.6亿元,上缴税金3.2亿元,增长11%,农民人均劳动所得达到2.9万元。

地址:高碑店北路甲1号

电话:85764263

邮编:100025

邮箱:gbdnj@ sina. cn

(李 伟)

【社区党委换届】 1月初至2月中旬,完成全地区12个社区党委换届工作。931名党员参加选举大会,党员参与率98%,68名党员当选为新一届社区党委委员,当选的党委委员获党员支持率达97%。年内,在社区党建中开展了每一社区要有一个品牌活动,在社区党员中开展了"一个党员一面旗,一言一行树正气"活动,有效规范了党员言行,发挥了党员先锋模范作用。

(李 伟)

【学习实践科学发展观活动】 3月至8月,开展第二批深入学习实践科学发展观活动,活动涉及地区所属村、社区、乡直属企业、新经济组织、新社会组织等基层单位18个,党支部89个,党员2565名(含流动党员33名)。地区学习实践科学发展观活动领导小组向基层派出指导小组18个,处级领导参加基层动员会18次,发放各种学习资料4200份,各级党组织书记讲党课110次,组织各类参观10次,地区各基层单位组织征求意见、开展大讨论活动144次,组织调研活动49次,发放征求意见表1057份,征求到意见建议133条,形成了涉及加强自身建设、服务基层群众、服务广大党员、服务科学发展等方面的工作思路和具体措施540条。

(李 伟)

【社区居委会换届】 5月,社区居委会换届选举工作顺利完成。按照有关规定,地区18个社区中,有14个社区具备换届选举条件,参加换届选举。其中13个社区采用居民代表选举方法,1个社区采用户代表选举方法。1090名居民代表参加投票选举,参选率99%,居民满意率98.3%,得票率98.3%,全地区14个社区居民委员会全部依法完成换届选举工作,完成面100%;14个社区共选出社区居委会成员106人,其中主任14人,副主任16人、委员76人;新选出的居委会干部队伍中,党员56人,占53%;团员8人,占7%;大专以上95人,占89.6%;平均年龄40.3岁,35岁以下36人,占34%;女性74人,占69.8%,少数民族4人。参选率99%,居民满意率98.3%。经检查验收,各社区居委会换届选举工作合格率为100%。

(李 伟)

【村党组织换届选举工作】 12月,4个村党总支换届选举工作圆满结束,选举产生党总支委员34名。换届选举工作体现出"三高一低"特点:"一高"是党员参与率高,686名党员参加了投票选举,参与率98%;"二高"是当选的村党总支委员得票率高,新当选的村党总支委员赞成率最高为100%,平均赞成率97%;"三高"是新当选的村党总支委员文化程度明显提高,大专以上文化程度27人,比上届增加4人;"一低"是新当选的村党总支委员年龄有所降低,总支委员中最小的26岁,平均年龄42岁,比上届下降2.2岁,其中35岁以下的委员8人,比上届增加2人。

(李 伟)

【文化产业发展】 年内,传统、传媒、时尚三大文化产业稳步推进。借助古典家具成熟市场形成的浓厚氛围,积极整合资源进行深度开发,重点打造文化产业。高碑店村对古典家具街进行全面升级改造,有3家商户改为以博物馆形式对外开放、经营,仅此一项就增加企业租金50余万元;加大对现有土地资源整合力度,腾退场地30亩引进中国油画院艺术家工作室,对原华夏民俗文化园进行深度开发和功能提升,改造成现在的皇晟造办文化园,并于10月份正式开业,使地区民俗文化内涵进一步丰富,文化产业经济发展活力得到新提升;盛世龙源项目进展顺利,全面进入培育发展期,项目招商、运营工作稳步推进。目前,园区完成出租面积25.73万平方米,占总量的81%,签约企业17家、开业13家,实现税收300万元;时尚文化产业项目正按计划实施,产业园区原有企业拆迁已完成,正全面落实时尚文化产业新格局,引进符合产业要求的优质企业入驻;高井传媒文化产业项目稳步推进,产业发展潜力和品质进一步提升。

(李 伟)

【国庆安保和专项整治】 年内,围绕"平安国庆"工作目标,全员发动、周密部署,扎实开展了重点人员排查稳控、矛盾纠纷排查化解、安全生产和消防隐患检查整改、流动人口和出租房屋排查整治、治安重点地区及突出问题的专项治理和压发案等专项行动;完成了国庆群众游行队伍和大型装备集结疏散、公园游园活动、选送女民兵等服务保障任务，实现了“大事不出、小事减少”目标；建立社区流动人口管理站，增聘流动人口协管员，落实安全生产和流动人口数字化管理办法，强化了地区安全生产和流动人口管理工作；启动无邪教地区、村、社区创建活动，反邪教工作进一步深化；完成兴隆公园地震应急避难场所建设，突发公共事件应对机制进一步健全。地区被评为北京市国庆安保工作先进单位、北京市国家安全工作先进单位和朝阳区无邪教创建工作先进单位。

（李　伟）

【城市化建设】　年内，以市区调整乡域规划为契机，完成了乡调整区域控制性详细规划——“一乡一策”编制工作，为地区文化产业持续发展和新农村建设提供规划支持；启动百花郊野公园建设项目，北花园“三定三限三结合”项目拆迁工作进展顺利；完成朝阳路二期拓宽工程拆迁任务，“三路一站”（广渠路、高碑店路、水南庄路、四惠公交枢纽）建设准备工作有序推进，白家楼村原房改造二期建设稳步推进，水、电、气等市政设施建设进入收尾阶段；高碑店村西区改造一期建设和二期拆迁工作进展顺利，全年计划拆除317个院，已完成314个，投入建设的170个院，已有160个封顶；加强网格化管理、加大专项治理力度，对梳理上账的103处违法建设依法予以分类处置，对长安街延长线高碑店段进行全面整治，组织城管、公安、交通、工商等部门开展联合执法，通过取缔无照游商、查扣黑出租、治理牌匾等措施，有效净化了市容环境。

（李　伟）

【劳动就业与社会保障】　年内，开发就业岗位4923个，完成年初指标任务的118.6%，实施职业指导2695人次，城镇下岗失业人员实现再就业1089人，困难群体再就业693人，残疾人就业6人，农村劳动力转移就业1349人；落实低保户等困难群体救助措施，做好新型农保、城乡居民养老保险工作；扎实做好助残服务保障工作，高碑店、康西温馨家园被评为“北京市残疾人星级辅助器具服务站”；1093人参加新型农村合作医疗大病统筹、4427人缴纳基本医疗保险；以甲型H1N1流感防控工作为重点，加强地区突发公共卫生事件管理及处置工作。

（李　伟）

【文体建设】　年内，加大公共文化设施建设和群众文化队伍建设力度，全年投资建设全民健身“居家工程”7处，“农村数字影院”1处。至年末，已有8个业余文艺协会、117支文化队伍活跃在乡村、社区；全年举办“国庆广场大联欢”、“国庆游园”等有影响的文化活动215场，参与人数5000余人。

（李　伟）

【精神文明创建】　年内，继续开展以文明胡同、文明楼宇和百姓之星为主要内容的文明标兵评选活动，“爱我高碑店”系列活动不断深化，在全地区形成了“人人热爱高碑店、个个争做文明人”的良好氛围；继续开展特色创意活动评选，成功举办了第二届“文明高碑店原创节目大赛”，群众参与热情和节目创编质量进一步提高，重长效、树典型、出品牌意识不断增强；地区连续7年被评为首都文明乡镇，高碑店村获“全国创建文明村镇工作先进村”，另有3个村和3个社区被评为2009年度首都文明村和首都文明社区。

（李　伟）

十八里店地区（乡）

【概况】　十八里店地区（乡）位于朝阳区南部，东与通州区交界，南与大兴区相连，西与丰台区紧邻，北与崇文区和本区潘家园街道、南磨房乡接壤。交通路网发达，毗邻京沈高速路，京城二、三、四、五环路、京津塘高速路和京津城际铁路穿越乡域。乡域面积25.23平方公里，所辖8个行政村，5个居委会，1个社区。全乡人口162010人，常住人口40134人，流动人口121876人。年内，经济总收入101.17亿元，同比增长8.9%；利润总额5.57亿元，同比增长10%；上交税金2.5亿元，同比增长9.8%。主要经济指标在全市农村地区名列前茅。

地址：十八里店村18号
电话：67473250
邮编：100122
传真：67473250

（李智博）

【春节慰问】　春节前夕，乡领导集中开展慰问活动。先后对驻区武警和消防官兵、困难老党员、军烈属、特困党员、优抚对象、低保家庭、困难残疾户进行走访慰问。两节期间乡党委、政府共发放慰问品和慰问金60余万元。

（李智博）

【乡人代会】　2月25日至26日，召开第十五届人民代表大会第四次会议，听取和审议政府工作报告、乡人大主席团工作报告、2008年财政预算执行情况报告和2009年财政预算报告（草案），通过相关决议。会议选举杨霆为乡人大主席、张启顺为乡长。

（李智博）

【学习实践科学发展观活动】　3月18日，召开第二批深入学习实践科学发展观活动动员会,地区第二批深入学习实践科学发展观活动正式启动。3月20日至4月10日,各单位召开工作部署会,部署《十八里店乡第二批开展深入学习实践科学发展观活动实施方案》。3月30日,召开全乡学习实践科学发展观解放思想大讨论专题会。深入学习实践科学发展观活动全面启动。

(李智博)

【"安全生产月"活动】 3月,开展"安全生产月"系列活动,制定了《十八里店乡2009年全国"两会"社会面防控安全保卫工作方案》、《十八里店乡2009年社会治安综合治理工作要点》和"安全生产月"活动方案。主要活动内容:一是开好三个会,即安全生产月活动部署会、有关科室和相关职能部门参加的联席会、社会面防控工作部署会;二是搞好一个培训,即协调区安监部门组织对村级安全干部进行一次安全知识培训;三是开展一次综合安全宣传,即组织开展以"消防进万家"为主题的春季防火大型宣传活动;四是集中进行二次专项整治,即集中对"两会"代表驻地周边进行交通秩序整治、集中开展火灾隐患排查整治"雷霆行动"。

(李智博)

【社区居委会换届】 4月上旬,启动社区居委会换届选举工作。5月16日,是乡社区居委会换届选举日。5个应进行换届选举的社区居委会中,2个社区(老君堂社区、六道口居委会)实行居民代表选举,3个社区(白墙子、前祁庄、后祁庄)实行全体选民选举。经选举,5个社区居委会全部一次选举成功。

(李智博)

【海棠公园开园】 五一前夕,占地面积497亩、总投资2164万元乡海棠公园开园。公园以大面积植树景观为主,自然风景优美,富有山野情趣,充分体现郊野公园特点。

(李智博)

【乒乓球比赛】 5月12日,"传承奥运文化、共建和谐社会"十八里店乡第五届"闽龙杯"乒乓球比赛在闽龙乒乓球俱乐部举行。全乡各村、各企事业单位的乒乓球爱好者参加。21支队伍取得决赛资格。闽龙集团获得领导队和群众队冠军,横街子村和老君堂村分获领导组、群众组亚军,季军由周庄村和十里河村获得。此外,吕家营村、周庄村、小武基村获得本次比赛优秀组织奖,建筑公司获得精神文明奖,闽龙集团获比赛特殊贡献奖。

(李智博)

【甲型H1N1流感防控】 6月,建立联防联控工作机制并做好医疗救治准备和应急物资储备。强化宣传工作,累计印发宣传折页、宣传单、宣传海报等宣传材料12万份。全乡各单位实行领导干部24小时带班和值班人员24小时值守制度,随时掌握流感疫情信息及突发状况,密切关注流感疫情信息。

(李智博)

【迎"七一"慰问党员】 6月25日至26日,乡主要领导走访慰问15户建国前老党员和困难党员,并为他们送去价值2.5万元的慰问品和慰问金。

(李智博)

【走访慰问驻地部队】 7月底,乡领导班子成员走访慰问武警十三支队和朝阳消防支队官兵,为官兵送去节日祝福和慰问金。

(李智博)

【第四届时尚家居文化舟活动】 9月23日,地区(乡)第四届时尚家居文化舟暨十里河家居建材一条街开街八周年文化活动(简称"文化舟")在十里河家居建材街高力国际灯具港广场举行。文化舟活动以"祖国颂"为主题,以展示建国60年来地区巨大变化和辉煌成就为主线。地区居民以自编、自导、自演了乐曲、歌舞、群口快板等文艺节目,表达喜迎国庆和对祖国繁荣昌盛、国泰民安的美好祝愿。表演由开国建国、社会主义建设、难忘的年代、改革开放、落实科学发展观五部分构成,是一台集音乐、舞蹈、史诗为一体的大型综合性文艺节目。活动庆典上还进行了授牌活动。首都文明办授予十八里店乡"首都文明乡"称号,市工商局授予高丽国际灯具港"争创无假冒商品示范市场"称号,首都文明办授予吕家营村、小武基村"首都文明村"、授予闽龙陶瓷总部基地、十里河灯饰城"首都文明单位"称号。

(李智博)

【地区党员服务中心揭牌启用】 10月12日,地区党员服务中心揭牌启用。服务中心面积约2000平方米,设有党员活动室、党员接待室、电化教育室、党员阅览室、多功能厅等5个功能室,下设9个社区、村级党员服务站,面向组织和个人提供六大类25项服务内容。地区党员服务中心以"党建工作政策和业务咨询的平台、基层党组织活动资源的共享场所、党组织服务党员群众的重要窗口"为宗旨,以实现"排忧解难的窗口,联系群众的桥梁,展示才能的舞台,凝聚党员的家园"为目标,在地区工委领导下开展工作,是面向广大党员群众开放。服务对象包括地区内所有党组织、自管党员、流动党员、"两新"组织内党员、驻区社会单位党员、入党积极分子和群众。

(李智博)

【部署村党总支换届工作】 12月

14 日,召开村党总支换届选举工作动员部署会,区换届选举指导组成员、乡主要领导、各村党总支全体委员、乡考察指导组成员、选举工作人员及村属党支部书记 100 余人出席会议。会议明确了换届选举工作时间(2009 年 12 月初开始到 2010 年 3 月结束)、选举工作程序及要求等。

(李智博)

【编撰《十八里店地区改革开放之最》】 年内,19 名大学生村官共同撰写了《十八里店地区改革开放之最》。书中记录了十八里店乡广大党员、干部、群众,在乡党委领导下,在中国特色社会主义建设中获得国家、北京市和朝阳区奖励的荣誉称号、奖牌、奖状等先进事迹。意在讴歌地区在改革开放和特色社会主义建设中涌现出来的大量先进人物及其成就,让它们走出展室,重放光彩。同时,通过编撰,使"村官们"熟悉了乡情、民情和人情,为今后做好工作奠定基础。

(李智博)

【爱国主义教育】 年内,以地区第四届时尚家居"文化舟"活动为重点,以群众喜闻乐见的形式,开展了"十个一"群众性爱国主义教育系列活动。在全乡广大党员干部群众中弘扬"爱祖国、爱北京、爱家乡"主题,展示 60 年来特别是近 10 年来地区发展历程和辉煌成就,营造喜迎华诞、建设家乡欢乐喜庆、文明和谐的社会氛围。"十个一"活动,即:开展一项社会宣传环境布置工作、举办一场摄影大赛、观看一部爱国主义教育影片、参加市区组织的一系列文化演出活动、开展一次主题征文演讲比赛、开展一场礼仪知识竞赛、开展一次面向群众的宣讲活动、举办一场特色文艺演出、开展一个主题教育参观研讨活动。系列活动搭建群众乐于参与的平台,

(李智博)

小红门地区(乡)

【概况】 小红门地区(乡)位于朝阳区南部,东靠京津塘高速公路,南临北京经济技术开发区,西与丰台区、大兴区接壤,北距南三环约 1 公里。乡域面积 12.41 平方公里,下辖 4 个行政村、3 个居委会,1 个社区,人口 12746 户,26274 人。年内,全乡完成经济总收入 454529.7 万元,同比增长 13%;实现利润总额 12465.9 万元,同比增长 10%;实交税金 10084.3 万元,同比增长 11.9%;人均劳动所得 16391.9 元,同比增长 9.3%。

地址:龙爪树南里

电话:87694927

邮编:100176

(戚 璟)

【甲型 H1N1 流感防控】 年初,制定《小红门乡甲型 H1N1 流感疫情防控工作方案》,部署防控工作。7 月 4 日,召开第二阶段防控工作部署会,对全乡疫情防控工作做出整体部署,提出具体要求。8 月 25 日,召开工作协调会,部署新一阶段防控任务,严格落实属地、部门、单位、个人四方责任,强化重点人群、场所防控。年内免费接种甲型 H1N1 流感和季节性流感疫苗 6000 余人次。

(戚 璟)

【恋日绿岛社区党总支换届】 2 月 11 日,恋日绿岛社区召开党总支换届选举大会,社区 23 名党员出席会议,投票选举产生 3 名党总支委员,邢春英当选社区党总支书记。

(戚 璟)

【学习实践科学发展观活动】 3 月 20 日,地区召开第二批深入学习实践科学发展观活动动员会,第二批深入学习实践科学发展观活动正式启动。3 月 24 日,召开工作部署会,部署《小红门地区第二批开展深入学习实践科学发展观活动实施方案》。7 月至 8 月,各村相继召开学习实践科学发展观"两个满意度"测评会。8 月 26 日,召开活动总结会,总结学习实践活动经验,第二批深入学习实践科学发展观活动集中学习阶段结束。

(戚 璟)

【乡人代会】 3 月 21 日,召开第十五届乡人民代表大会第五次会议,全乡 52 名正式代表、部分列席代表和地区领导参加会议。会议听取并审议了乡政府工作报告和乡人大主席团工作报告,全票通过了政府工作报告、人大主席团工作报告、2008 年财政预算执行报告、2009 年财政预算草案的报告及《小红门乡绿化隔离地区建设腾退安置办法》补充办法。8 月 18 日,召开第十五届乡人民代表大会第六次会议,听取审议了 2009 年 1-7 月政府工作报告并全票通过。会议依照《朝阳区小红门乡第十五届人民代表大会第六次全体会议补选乡长选举办法》,对小红门乡乡长依法进行补选。李贺清当选为小红门乡乡长。

(戚 璟)

【健康科普乡村行】 3 月 28 日,举办朝阳区"科普之春"——"健康科普乡村行"启动仪式。区科协、区卫生局、区疾控中心、预防医学会、医学会及本乡和崔各庄乡相关领导及百余名地区老年人参加启动仪式。医学会专家就健康生活、合理饮食等方面问题为老年人现场讲解。由中日友好医院、北京协和医院、安贞医院、华信医院、垂杨柳医院等 10 余家医疗单位的医生组成的联合专家组,为群众进行了免费咨询和诊疗。

(戚 璟)

【文体活动】 3月29日,举办地区第四届乒乓球比赛,140余名乒乓球爱好者参加。经过激烈角逐,分别产生出男子中青年组、老年组和女子组三个组别单打前六名。8月8日,举办"朝龙杯"庆建国60周年全民健身篮球比赛,比赛分为3对3团队赛及趣味项目赛两大项,地区13个单位130余人参加,朝龙五金东四环队获得3对3团队赛冠军。

(戚 璟)

【绿色照明产品换购】 8月18日至20日,在全乡4个行政村、4个居委会和3个社区开展绿色照明产品换购工作。农村地区群众凭户口本免费领取节能灯泡,每户5只。全乡14272户群众参加,累计换购节能灯泡71360只。

(戚 璟)

【向台湾风灾地区捐款】 8月19日上午,乡机关开展向台湾风灾地区捐款活动,共筹集善款5841元,善款通过中国红十字会总会转赠给台湾红十字会组织。

(戚 璟)

【村级党组织换届】 12月14日,召开2010年村党组织换届选举工作动员部署会,换届选举工作领导小组成员、换届选举工作领导小组办公室成员、各村两委班子成员及各村换届选举工作人员参加会议,对乡、村换届办公室成员进行业务培训。12月27日,完成小红门、龙爪树、肖村、牌坊4个村党总支换届选举工作,4个村选举产生新一届村党总支委员26名,其中党总支书记4名,副书记7名。

(戚 璟)

【"人道、博爱救助行动在朝阳"启动仪式】 12月30日上午,在北京城外诚运动商务会所举行由区司法局、区红十字会、小红门乡政府联合主办的"人道·博爱救助行动在朝阳"启动仪式。区、乡领导、地区企业代表及受帮扶人员参加活动。

(戚 璟)

【集体经济运营管理】 年内,成立小红门乡经济管理委员会,加强对经济工作的领导与指导。严格执行《小红门乡合同管理办法》,加大对合同的审核与监管力度,续签到期合同182份,年租金同比增加1098万元,增幅65%。结合拆迁腾退工作,完成54家企业腾退,保证了重点工程建设开发,资源得到进一步整合。开展企业改制,理顺产权关系,完成5家红帽企业摘帽与7家企业关闭工作,降低了集体经济风险。完成村账托管工作,村级财务管理得到规范。出台《小红门乡财务审批制度》,规范了财务管理。完成了经济普查工作。全年集体资产经营实现收入1.25亿元。

(戚 璟)

【税源建设】 年内,开通执照审批绿色通道,提高办照效率。加大税法宣传力度,增强纳税人依法纳税意识,协同工商、税务等部门对漏征、漏管户实施监管,新增税源户98个,清理异地纳税户22个。加大对重点税源户服务力度,帮助解决生产经营中的实际问题,促进重点税源户健康发展。全年新增税收约604万元。

(戚 璟)

【产业项目落实】 年内,结合本地区规划及产业功能定位,积极引入综合实力强、发展潜力大的商业项目,培育新的经济增长点。整合牌坊三角地资源用于发展餐饮服务业。小红门乡综合商业服务楼、江南文化创意园与147亩仓储预留地商业综合中心项目正在完善规划手续。国瑞嘉华项目已于12月中旬开工。北京经开万佳国际机械商城项目已基本建成并投入运营。全年通过落实产业项目新增收入3280余万元,提供就业岗位345个。

(戚 璟)

【规划调整】 年内,配合市区相关部门积极推进乡规划调整与优化,牌坊村147亩仓储预留地调归本乡使用的规划方案获得批准,亦庄轻轨站点调整方案正在实施,一期F区Z地块商业配套项目完成立项公示。"一乡一策"拟调整方案已报市规划部门审批。

(戚 璟)

【拆迁腾退】 年内,制定出台《小红门乡绿化隔离地区建设腾退安置办法》补充条款。亦庄轻轨线站点建设用地、地铁十号线用地、牌坊南B区、南区二期A区的拆迁腾退已全部完成,四环路两侧城中村、龙爪树北C区的拆迁腾退已近尾声。全年累计完成1016个院、4211人的拆迁腾退。

(戚 璟)

【腾退安置房建设】 年内,稳步推进农民腾退安置用房建设。一期C区(建筑面积15.8万平方米)已全部竣工,1704户群众(2700余人)已全部入住。一期B区1-2#楼、二期A区1-3#楼已于上半年正式破土动工,正抓紧建设。完成鸿博家园六区31户腾退搬迁上楼群众的经济适用房产证办理工作。

(戚 璟)

【国庆平安建设】 年内,加强社会面稳定工作,坚持"关口前移、重心下移",充分发挥人民内部矛盾调处小红门分中心和8个工作站作用,做到宣传在前、排查在先、调处有方、预防到位。坚持首问负责制与领导接待日制度,加大对群众反映问题关注度和解决群众实际困难力度。加大摸排力度,对排查出的矛盾和问题及时化解。全年未发生越级集体访。加强社会治安综合治理。加大投入做好市级挂账重点村摘牌工作。投入160万元建立警务工作站,充实治安力量。投入300万元建立城市综合指挥中心,增设50个监控摄像头,增强技防措施。实行定期会商、信息联通、部门联动、执法联合的工作机制。整合巡防队、联防队、流动人口协管员、治保积极分子等协警力量,组建了1500余人的专业防控队伍,发动地区6000余名群众参与"红袖标"队伍,鼓励居民自治组织和社会单位参与社会治安综合治理,形成了"以专为主、专群结合、群防群控"的社会面立体化防控体系。全年地区可防性案件发案率比去年同期下降14.8%,社区矫正及两劳释放人员未出现重新犯罪现象,地区社会治安形势明显好转。安全生产工作得到加强。完善各项安全生产工作预案,严格落实责任,层层签订安全责任书,加大检查力度,全年出动检查约300余批次,检查法人单位400余个,对检查中发现的1100余处安全隐患及时进行整改,采取多项措施做好防汛、消防、交通、预防煤气中毒等工作。未出现人员伤亡事故和安全生产事故。加强流动人口出租房屋管理。加强对"十黑"、违法建设和企业内无证流动人口清理,取缔查抄废品回收、黑发廊及其他无照经营门店170余家,压缩流动人口18000余人。

(戚 璟)

【环境建设】 年内,加强日常环境治理,规范店外经营360余家,拆除违法广告牌匾170余块。围绕中心工作和重点地区,集中开展拆违整治行动,拆除各类违法建设13200平方米,制止和拆除新生违法建设12起。加强绿化美化,以牌坊街心公园和郊野公园周边为重点,实施绿化升级改造27970平方米,粉刷临街外立面12898平方米,铺装硬化广场、道路2125平方米。完成全乡24个旱厕改建工作,改善群众生活条件。落实"门前三包"责任管理,签订《门前三包责任书》1520余份。完成地区城市化网格管理工作任务,处理地区各类环境问题15445处。完成了鸿博郊野公园建设,已于"五一"正式开园。启动镇海寺公园建设,完成了工程总量的30%。累计投入环境建设资金1370万元。

(戚 璟)

【精神文明建设】 年内,开展"迎国庆、讲文明、树新风"活动和群众文化活动,营造喜庆热烈、欢乐祥和的国庆氛围。为郊野公园配备健身器材、改造升级小红门中心文化广场,完善配套辖区内体育器材。成立文化服务中心,完善文化服务体系。开展"和谐杯"乒乓球比赛、书画摄影比赛、电影"五进"工程等文体活动,丰富群众业余文化生活。小红门地区地秧歌被列入北京市非物质文化遗产名录,正在申报国家级非物质文化遗产。

(戚 璟)

【劳动与社会保障】 年内,建立岗位挖掘、职业培训、创业帮扶、政策援助、跟踪服务等机制,挖掘岗位1321个,成功安置农村劳动力就业683人,城镇登记失业人员再就业391人。积极推进朝阳区《鼓励农村劳动力转移就业奖励办法》落实,成功对接政策1869人。落实城乡居民养老保险、低保金、"一老一小"、新农保等制度,确保惠民政策落到实处。新农保参保人数5547人,参保率100%。新型农村合作医疗参保人数11775人,参保率98.8%。加大对老人、残疾人、就学困难、就医困难和生活困难人员的救助力度,全年救助金额189.8万元。建立低保边缘社会救助爱心家园与残疾人活动康复温馨家园,加大对弱势群体帮扶力度。深化机关干部联系贫困户制度,帮助特困群众解决工作、生活中存在的实际困难,帮扶360余件次。

(戚 璟)

【党建工作】 年内,加强领导班子队伍建设,将发展、改革、稳定和干部群众关心的新问题,作为各级班子重点研究课题。结合重点工作推进,在研究工作方法与具体措施上下功夫,解决有想法没办法的突出问题。以三级联创为载体,深化"聚合力工程",强化基层党组织的领导核心作用。以"建组织、建阵地、建服务体系"为重点,探索新形势下加强和改进党员教育、管理和服务新途径。组建小红门不锈钢城党支部和北京新奥混凝土有限公司2个非公企业党支部。加强干部队伍建设,实施干部素质提升工程,定期举办各类培训讲座,落实机关科务会制度,采取下基层挂职、交流轮岗、重点工作锤炼等方法强化机关干部培养。加强党风廉政建设,以廉政风险防范管理和目标管理双百考核为抓手,推进惩防体系建设。开展廉政建设"大课堂"、法规制度学习等活动。推进全员式廉政风险防范管理工作,查找单位、部门、个人各类风险点840个,制定个人廉政风险防范措施852条。形成了以岗位为点、以程序为线、以制度为面的廉政风险防控机制。

(戚 璟)

王四营地区(乡)

【概况】 王四营地区(乡)位于朝阳区东南部,东靠豆各庄乡,南接十八里店乡,西临南磨房乡,北与高碑店乡接壤。乡域面积15.58平方公里,辖6个行政村、2个社区。辖区常住人口17018人,其中农业人口9030人,城镇居民7988人,辖区流动人口68500余人。全乡共有基层党组织17个,党员总数786名。年内,经济总收入44.73亿元,同比增长36%,利润总额2亿元,同比增长20.6%,上缴税金8815万元,同比增长35%,人均劳动所得1.75万元,同比增长16.3%。

地址:王四营村甲1号

电话:67363954

邮编:100023

(郭雅君)

【乡人代会】 2月13日,召开乡第十五届人民代表大会第五次会议,审议并通过了乡政府2009年工作报告(草案)及决议(草案);通过了乡关于绿化隔离地区农民搬迁上楼五年后收缴物业费和发放综合补助费的意见(草案)。7月31日,召开乡第十五届人民代表大会第六次会议,听取并审议了乡政府2009年上半年工作报告(草案);选举高永荣同志为乡长。

(郭雅君)

【四海官鑫综合市场开业】 3月16日,占地5万平方米的大型综合市场——四海官鑫综合市场在官庄村落成开业。四海官鑫综合市场是通过对“脏、乱、差”的出租大院进行综合整治、改造提升的建成的。不仅解决了区域内5个行政村、4个新兴社区群众“购物难”问题,还安置了王四营地区120名农民就业,实现了官庄村劳动力就业“零指标”。四海官鑫综合市场已成为服务百姓的商贸亮点。

(郭雅君)

【党建工作】 3月18日,召开学习实践科学发展观活动动员大会,启动全乡深入学习实践科学发展观活动。12月14日,召开全乡村级党组织换届选举工作动员会,全乡6个行政村顺利完成了新一届村级党总支换届选举工作,选举产生了新一届村级党总支班子成员。

(郭雅君)

【社区居委会换届选举工作】 3月24日,启动第七届社区居委会换届选举工作,观音景园社区、柏阳景园社区选举产生了新一届社区居委会班子成员。

(郭雅君)

【文化建设】 4月2日,首届观音堂画廊街艺术节暨首届中韩艺术交流展开幕。“传统、唯美、原创”的艺术之道,吸引了众多的中国艺术家及130多位韩国艺术家共同参与,2000多件精品力作光彩登场。12月31日,为倡导清正廉洁的党风政风,把和谐文化与执政作风有机结合,乡党委、乡纪委举办了“清风和谐杯”书法绘画作品展,以具体、生动的形式开展了党风廉政建设宣传教育活动。

(郭雅君)

【成立安全生产监察科】 4月23日,成立“安全生产监察科”,设立科长1名、科员2名,全面负责本地区安全生产监察管理工作。

(郭雅君)

【郊野公园建设】 4月29日,白鹿郊野公园举行开园仪式,免费向公众开放。白鹿郊野公园原址白鹿司,是明朝皇家饲养白鹿的场所。公园由郎家园枣种植基地改造完成,整体突出“春花、夏叶、秋果”的景观效果。景区分为东门广场、健身休闲广场、文化休闲广场、寻鹿广场、秋实园、栖鹿泉、白鹿台等。白鹿郊野公园占地面积28.6公顷,总投资1852万元。公园建设中,累计绿化调整移植树木1万棵,新植乔木9700棵、灌木52000棵、草本地被9万平方米,铺装道路8605平方米,修建游人广场5000平方米,绿荫停车场1500平方米,建设管理服务用房1280平方米及公园各种配套设施。

(郭雅君)

【考察调研】 5月18日,乡党委书记李世喆率全体班子成员,到南磨房和高碑店两乡,就科学规划建设情况、改革创新经验、经营管理体系和先进的宣传推广手段进行实地考察调研。

(郭雅君)

【成立地区党员服务中心】 7月1日,举行“党员服务中心”成立揭牌仪式。党员服务中心设有党员接待室、活动室、电教室、阅览室和服务窗口等,能为地区党员和社区群众提供便捷的一站式综合服务。党员服务中心的成立,为地区实现党组织管理的专业化、系统化、标准化搭建了有效平台。

(郭雅君)

【环境综合治理】 11月1日,召开“市、区挂账重点村集中整治工作誓师大会暨现场启动仪式”,全面打响官庄村环境综合治理攻坚战,举全乡之力,历时60天,集中整顿了官庄村环境秩序,消除了安全隐患,彻底摘掉了市级“重点村”的帽子。

(郭雅君)

东风地区(乡)

【概况】 东风地区(乡)位于朝阳区中部,东与平房乡、东坝乡接壤,南与八里庄、六里屯两街道相接,西与六里屯、麦子店街道相接,北接将台乡和酒仙桥街道。辖域面积7.38平方公里,下辖4个村、7个社区。

地址:北豆各庄甲1号

电话:85810712
邮编:100025
电子信箱:chy_df@163. com

(刘运成)

【领导视察调研】 2月18日,市政法委副书记李伟到地区视察流动人口和出租房屋服务管理工作。5月20日,青海省政法委综治干部一行30人到地区视察流动人口和出租房屋服务管理工作。7月23日,区13名挂职锻炼高校博士生,对地区流动人口和出租房屋服务管理工作进行调研。

(刘运成)

【税源建设】 3月25日,地区成立税源建设办公室,以异地纳税企业、纳税重点企业和新增企业为重点,强化针对异地纳税企业的领导"一对一"联系责任制,针对重点企业的专门小组入户走访制和针对新增企业的工商、税务、政府信息联动制等措施,强化地区税源建设。年内,实现区级财政收入1.866亿元,异地纳税区级挂账的6家企业和1家自查企业规范到位,个人房产税征收实现突破,累计代征税款160余万元。

(刘运成)

【计划生育工作】 4月21日至5月20日,开展"博爱在京城、博爱在朝阳"红十字募捐活动,募集善款32950.5元;4月24日,举办"我与国策共成长"征文演讲比赛,评出一等奖1人、二等奖2人、三等奖3人;5月7日,开展幸福工程"救助贫困母亲活动日"系列活动,募集善款2226元;6月2日,召开独生子女家庭座谈会,向28个独生子女父母发放一次性奖励费28000元;10月21日,邀请区妇幼保健院罗晓航主任进行防治艾滋病知识专题讲座,150人参加;10月23日,邀请煤炭总医院杨东伟博士为居民进行"关注男性健康,幸福你我同享"知识讲座。

(刘运成)

【东风公园建设】 4月28日,占地面积约1200亩的东风公园开放接待游人。公园以植物造景为主题特色,在原有隔离地区绿地基础上,进行植被改造,并增加基础设施。全园新植植物100余个品种。其中长绿、落叶乔木约30475株,花灌木93132株,各种花卉433433株,草坪地被23万平方米,累计铺设道路、广场、停车场约6万平方米,配套建筑3850平方米。

(刘运成)

【社区居委会换届】 5月16日至17日,石佛营东里、石佛营南里、石佛营西里、紫萝园、观湖国际、东润枫景6个社区进行第七届社区居委会换届选举。共登记选民18570人,推举居民代表293人,选举产生新一届社区居委会成员42人。

(刘运成)

【社区妇联换届】 5月17日,石佛营南里社区、石佛营西里社区、石佛营东里社区、紫萝园社区、东润枫景社区、观湖国际社区进行第七届社区妇联换届选举,产生了新一届社区妇联组织。

(刘运成)

【老旧小区改造工程】 8月,完成石佛营南里、石佛营东里、东商住宅3个老旧小区改造工程,并对小区实施绿化改造、甬路铺设及楼梯粉饰等。新改建绿化面积约1.04万平方米,铺设甬路面积约3万平方米,粉饰楼体面积16.01万平方米。

(刘运成)

【村庄环境整治】 9月2日,组成150余人拆违队伍,针对辛庄四路居村违建户实施强制拆除工作。拆除违法建设近300平方米。控制违规建设19户;检查各种运输车辆50余台次,暂扣整砖1万多块、楼板70余块;暂扣水泥搅拌机2台及施工工具80余件;拆除施工暂舍7处。12月1日,对七棵树西街一住户临街空地违建门脸房帮拆,拆除违建2间约30平方米,出动执法人员8人次,车辆5台次,帮助清运建筑垃圾3吨。

(刘运成)

【第二批学习实践科学发展观活动】 年内,组织16个基层党组织,1653名党员参加了第二批学习实践科学发展观活动。地区成立4支"流动党员送学"小组、开设52个"互学小课堂"、组建28个"党员助学小组",搭建"手机短信"、"远程教育"和"网络教育"等辅助学习教育平台。学习实践活动群众满意度98.6%。

(刘运成)

【地区党员服务中心成立】 年内,落实区委关于"建组织、建阵地、建服务体系"要求,建成具有"六室一线"等功能的党员服务中心,并于12月25日正式揭牌使用。在将台洼村和观湖国际社区建立党员服务站,完成4个村远程教育播放点、2个社区"党员电化教育示范点"建设。

(刘运成)

【村党支部换届选举工作】 年内,完成4个村党支部换届选举工作,选举产生委员24名、书记4名、副书记6名。其中,将台洼村党支部书记通过直选方式选举产生。

(刘运成)

【成立党建工作协调委员会】 年内,在农村地区成立党建工作协调委员会和4个分会,制定完善了委员会章程和工作制度,推动地区大党建格局进程,辖区20家规模以上单位全部建立了党组织。

(刘运成)

【参与国庆活动】 年内,地区选送7名女民兵参加国庆阅兵女民兵方队。其中,1人荣立二等功、3人荣立三等功。选送6名共和国"同龄人"参加群众游行。

(刘运成)

【国庆安保工作】 年内,按照国庆期间社会面"大事不出、小事减少、管理严格、秩序良好"和确保"五个不发生"(确保不发生暴力恐怖袭击事件、不发生危害国家安全和社会稳定的重大政治事件、不发生大规模群体性事件、不发生群死群伤重大安全事故、不发生影响国庆庆祝活动顺利进行的案件)的总体目标,全力做好国年安保工作。6月2日,成立新中国成立60周年庆祝活动筹备工作指挥部。9月24日,组建一支68人的国庆安保队伍支援建外街道国贸桥到大望桥段集结疏散路线外围保障工作任务。组成80人防控力量,加强对朝阳公园集结地安检点防控、引导任务。9月25日至10月10日,组织安保专职巡防力量255人、动员组织机关党员干部、社区专干、青年志愿者、社会治安志愿者3070人,投入国庆安保社会面防控,实现了"街巷楼群有人巡、矛盾纠纷有人解、重点部位有人管、重点人员有人控、突出问题有人报"的目标。

(刘运成)

【专项整治】 年内,对辖区3家黑网吧查封,查抄电脑50台;对1家非法制售涉黑食品窝点、8家非法行医黑窝点、黑诊所依法予以打击取缔。

(刘运成)

【社会服务保障】 年内,为地区无丧葬补助居民办理丧葬补贴29人,补贴款14.5万元。为"一老一小"、无业居民、社会化退休人员930人进行了信息采集和比对,为地区参加养老保险手续的城乡居民225人,其中农业户口81人,发放集体补助20716.8元。

(刘运成)

【综合服务楼及服务站建设】 年内,占地面积约1100平方米,建筑面积约2200平方米,总投资1100万元的地区综合服务楼建成并投入使用。综合服务楼主要用于一站式服务、信访接待、社区服务、党员活动中心等。新建成建筑面积约700平方米的石佛营东里社区服务站,主要用于居委会办公、社区党员活动和居民娱乐。

(刘运成)

【基础设施建设】 年内,新建、改建东十里居环路等3条道路,长度1.5公里;新建、改造密闭压缩式垃圾房3座、公厕39座;完成农村地区13公里路灯电缆敷设和立杆工作。

(刘运成)

【职工帮扶服务】 年内,地区工会组织开展多项帮扶活动。5月,为7名困难职工每人赠送了价值300元的爱心卡;9月,为5名特困职工子女送金秋助学款3000元。地区1675名职工参加住院医疗保险,348名女职工参加特殊疾病保险,7人参加团体意外伤害保险,27名职工参加重大疾病险,其中住院医疗保险费84010元,理赔78835.48元,受益职工68人次。

(刘运成)

【矛盾纠纷调处】 年内,围绕群众反映集中的社会保障、环境治理、社区建设等方面问题,加强矛盾纠纷调处工作。全年到区、乡两级上访70批148人次。其中:集体访13批78人次,个访57批70人次。同比批次下降4%,人次下降63%。实现非正常上访和群体性事件双零指标、初信初访化解率90%,重信重访化解率80%,信访总量稳步下降,未发生到市、区级的集体上访。网件办结率100%。稳控化解了"石佛营西里部分原搬迁户住房产权置换"、"酒仙桥污水处理厂、粪便处理厂气味噪声扰民"等重大矛盾纠纷问题,确保了地区安全稳定。

(刘运成)

【文体活动】 年内,组织开展各种文体活动,活跃群众文化生活。1月,举办地区迎新春篮球比赛;5月至7月,开展地区第四届"拓展杯"运动会及老年人趣味运动会、象棋比赛、乒乓球比赛、羽毛球比赛、田径趣味比赛等,累计参与人数2000余人;5月27日,地区组织"迎国庆、促和谐"暨五月鲜花业余歌手大赛;6月,地区篮球队参加区政法系统第三届"东风杯"篮球比赛获第四名;7月,在朝阳体育馆参加健身操比赛获得第二名;8月,在鸟巢参加万人太极拳活动。参加在平房大戏楼举办的"扬京剧艺术·喜迎盛世国庆"获得优秀组织奖。举办"丹青笔墨庆建国,精美图片展风采"庆祝建国六十周年书画摄影展,地区参加76人次,收集书画作品57份。在东坝举办的展会上,地区有32幅作品入围参展;9月,地区17人参加在国家体育中心举办的千人笔会。参加在十八里店活动中心举办的民乐杯原创歌曲合唱大赛获优秀奖。年内,组织专职放映员到农村、社区和工地放映爱国主义、安全教育等多种题材影片126场。

(刘运成)

东坝地区(乡)

【概况】 东坝地区(乡)位于朝阳区东部,东邻金盏地区,南与平房、常营地区接壤,西接将台地区,北临崔各庄地区,辖区总面积24.6平方公里,是北京市十大边缘集团之一。辖区有9个行政村、8个社区,常驻人口31376人,农业人口12758人,非农业人口18618人。总户数15165户,农业户6388户,非农业户8777户。全地区集体企业44个,其中:交通运输业1个、渔业企业1个、工业企业22个、建筑企业12个、商饮服务业企业8个。私营企业66个,其中:工业企业32个、建筑企业7个、商饮服务业企业27个。辖域内有公办幼儿园1所、公立小学5所、中学1所、职业教育学校2所、高职院校1所、乡卫生院1所,8个村和4个社区有卫生服务站,1个卫生服务中心。年内,全乡经济总收入192571万元,实现利润总额19828万元,上交税金总额4592.8万元,农民人均劳动所得15899元,分别比上年增长12.1%、10%、11.1%和13.1%。集体经济加快发展,全年新增税源373户,增加税收80万元。

地址:红松园16号

电话:65491768

邮编:100018

(刘炳祥)

【党建工作】 2月25日,召开第一批深入学习实践科学发展观活动总结大会,机关70多名党员参加会议。会议全面总结了第一批学习实践科学发展活动情况,进一步强调地区开展学习实践活动的重点,并就深入开展学习实践活动、推动地区科学发展提出了明确要求。区委指导检查组出席了会议。

(刘炳祥)

【乡人代会】 3月11日,召开第十五届人民代表大会第五次会议,全乡49名正式代表、24名列席代表和邀请的部分区人大代表出席会议。会上审议通过了乡政府工作报告、乡人大主席团工作报告、乡2008年财政预算执行情况和2009年财政预算草案的报告。11月27日,召开乡第十五届人民代表大会第六次会议,会议审议并通过了《东坝乡城乡一体化住宅房屋腾退补偿安置办法》及《东坝乡城乡一体化住宅房屋腾退补偿安置办法实施细则》。

(刘炳祥)

【领导考察】 3月27日,顺义区领导一行在区长程连元等领导陪同下,到东坝郊野公园就朝阳区绿化隔离地区建设情况进行实地考察并现场听取了区委农工委关于19个郊野公园规划、建设情况的工作汇报。区委办、政府办、农工委、农委、发改委、CBD管委会等有关领导陪同考察。

(刘炳祥)

【土地储备工作】 8月14日,东坝乡召开土地储备工作动员大会,乡党委领导班子成员、机关科以上干部、各村两委班子成员以及测量公司、拆迁公司领导共计200余人参加了大会。这次大会的召开,标志着东坝乡土地储备拆迁安置工作正式启动。全乡13026亩土地将全部纳入政府储备,涉及人口18596人,农业人口将全部实现转居转工,地区环境质量、产业发展、综合实力将得到全面提升。

(刘炳祥)

【劳动就业和社会保障】 年内,完成305人的引导性培训和22人的技能培训,挖掘就业岗位1600余个,签订就业意向540人,城镇登记失业人员提档就业401人。认真抓好"一老一小"大病医疗保险和"老年保障"、"城乡居民养老保险"、"新农合"工作落实,农民保障体系进一步完善,为31787人次发放医疗、社保等各种费用1200余万元。

(刘炳祥)

【文化体育】 年内,成立健身腰鼓队、健身旗操队、绸扇舞队、太极拳表演队、足球队等文体组织,群众文体队伍进一步扩大;举办了"祖国颂"—— 坝河之春大型合唱比赛、书画摄影比赛和书画、舞蹈、摄影培训等多种形式的群众文体活动,丰富了地区群众文体生活。参加了"祖国颂"—2009年朝阳区京剧票房大赛、"旋舞朝阳"舞蹈比赛等大型文体活动,促进了群众文体活动的开展。开展电影下村、进社区活动,全年共为群众放电影210余场。

(刘炳祥)

【迎国庆活动】 年内,以迎接建国60周年为主题,开展"文明月"活动。以"国庆平安行动"为载体,全乡5000余名志愿者走上街头进行治安志愿巡逻,68名志愿者圆满完成了国庆阅兵和群众联欢安保任务,26名青年志愿者参加了国庆群众联欢活动。

(刘炳祥)

【城乡一体化建设】 年内,成立东坝乡城乡一体化腾退工作领导小组并下设工作机构,明确了工作任务和职责;研究制定《东坝乡城乡一体化住宅房屋腾退补偿安置办法》和《东坝乡城乡一体化住宅房屋腾退补偿安置办法实施细则》;完成了坝河以南五个村的住宅和非住宅的调查摸底以及北小河以东航空商务区的调查摸底工作;先期启动了驹子房、七棵树村腾退和航空商务区非住宅腾退,城乡一体化腾退工作有序推进。

(刘炳祥)

平房地区(乡)

【概况】 平房地区(乡)位于朝阳区中部,东侧、北侧分别与三间房乡和东坝乡接壤,南靠朝阳路、临高碑店乡;西接京包铁路,临八里庄街道、东风乡。区域面积15.18平方公里。区域内市属主干路有东西向的朝阳路、朝阳北路和姚家园路,南北向的青年路、黄杉木店路、五环路及定福庄路,交通十分便利。全地区(乡)内有4个行政村、16个社区居委会(已建成8个)。常住户籍人口2.7万人,常住非户籍人口5万余人,流动人口3万余人。区域内有中央、市、区属和社会单位近千家。有中学3所,小学5所,医院2个,体育中心1个,郊野公园2个,村内公园3个。年内,全乡农村经济总收入47.89亿元,比上年增长11.8%;利润总额2.96亿元,比上年增长10.5%;税金完成2.36亿元,比上年增长10%;农民人均劳动所得1.92万元,比上年增长8.2%。地区正常纳税户1494户,税收入库总额7.3亿元,比上年增长52%;收缴个人出租房产税308万元,比上年增长98%。税源建设在全区名列前茅。

地址:平房西口

电话:85573164

邮编:100123

电子邮件:pingfangdiqu@126.com

(杨春青)

【残联工作】 1月8日,地区"爱心家园"新址落成。区领导张春秀、区民政局、慈善协会、农委等领导及捐赠善款的社会单位代表、受助家庭代表、各村(社区)主要领导、机关全体工作人员参加新址落成开业仪式。全年累计为残困家庭免费提供盲人按摩、义务理发、健康咨询等服务1174次。加大投入,扩大规模,强化村级"温馨家园"建设,提升残疾人康复服务品质,为70户残疾人家庭完成无障碍设施改造,为700余名残疾人更换了第二代《残疾人证》。

(杨春青)

【社区党委换届】 2月12日至14日,8个社区相继召开党员大会,选举新一届党委成员。按照大会选举办法,所有社区均以无记名投票、差额选举方式选举。近500名党员参加投票,8个社区共选出社区党委委员40名、社区党委书记8名,副书记5名。

(杨春青)

【庆祝"三八"妇女节】 3月6日,举行"推进城乡一体化、建设新平房、共享新生活"系列活动暨庆"三八"文艺演出。表彰了2008年度妇联系统的24户"和谐家庭"、12户"学习型家庭"、12户"平安家庭"和12名"好儿媳"。

(杨春青)

【乡人代会】 3月20日,召开乡十五届人大五次会议,听取并审议了《平房乡人民政府工作报告》、《平房乡2008年财政预算执行情况和2009年财政预算报告》和《平房乡人大主席团工作报告》,代表们结合乡域发展提出了议案和建议。9月17日,召开乡十五届人大六次会议。组织乡人大代表参观视察地区京城槐园、姚家园新村2G组团建设情况,听取乡政府2009年1月－8月份工作报告,接受原人大主席刘宝林的辞呈,大会选举寇晔为平房乡人大主席。

(杨春青)

【领导视察调研】 3月27日,市园林绿化局副局长史贵升及海淀、丰台、大兴、石景山等区林业局相关领导在区领导刘希泉陪同下视察了京城槐园建设。4月8日,副市长夏占义在区领导刘希泉及地区工委、办事处领导陪同下,调研了京城槐园建设情况。夏占义详细询问并了解并充分肯定了槐园文化和建设情况。

(杨春青)

【京城槐园开园】 4月29日,举行京城槐园盛大开园仪式。区人大常委会主任王力军出席。来自地区各村、社区的威风锣鼓、秧歌、民乐、书法、空竹、太极拳等20余支队伍600余人参加了庆祝表演。京城槐园占地面积1098亩,园内有各种树木8万余株,其中槐树10余种近7000株,园内古槐均有近百年树龄。

(杨春青)

【社区居委会换届】 5月17日,8个社区统一进行第七届社区居委会换届选举投票。选举产生社区居委会委员44名、主任8名。

(杨春青)

【庆祝建党88周年】 6月22日,举行"五星百佳"共产党员表彰大会,对从地区无职党员、流动党员中评选出的100名"和谐之星"、"志愿之星"、"平安之星"、"环保之星"、"学习之星"进行表彰。同日,举行"颂歌献给党"庆祝建党88周年大型文艺演出,500多名党员群众共庆党的生日。

(杨春青)

【党员服务中心揭牌】 7月1日,举行党员服务中心揭牌仪式。区领导刘宇辉及区委农工委、组织部有关领导出席。区各乡党委副书记、组宣科长、地区机关全体党员及各社区、村主要领导和地区群众等近300人参加揭牌仪式。

(杨春青)

【村党总支换届】 12月25日,平房村、石各庄村、黄渠村、姚家园村分别召开党员大会,选举产生新一届村党总支委员会。

(杨春青)

【劳动就业工作】 年内,积极落实促进就业政策,稳固政府调控、部门联动、企业互动的促就业长效机制。全年组织引导性培训和职业技能培训10期,培训人数930人次。搭建劳动力与用工单位供需平台,组织大型招聘会4场,提供就业岗位2784个,实现就业851人,城镇登记失业人员实现就业583人。加强失业人员管理与服务,做好失业登记办理、申请社会保险补贴、发放失业保险金等工作,地区社保所荣获北京市"五星级社保所"称号。加强企业劳动用工监测,维护劳动者合法权益,为360名劳动者追讨工资45.3万元。

(杨春青)

【社会保障工作】 年内,全面落实各项社会保障政策,3540人参加城乡居民养老保险;为退休人员报销医药费420万元;帮助284户居民申请保障性住房;办理家电下乡补贴5.4万元;地区6685人参保大病医疗,7002人参保基本医疗,全年为71506人次报销药费累计478万元,被评为区"新型农村合作医疗先进集体"。全年募集各类善款34万元,用于各项社会赈灾救济。为地区城乡低保户发放低保金和各种补贴160万元,为特困家庭申请临时救助30万元,申请办理高等教育新生救助9.2万元,重要节日走访慰问困难群体用资16.29万元,社会救助工作荣获朝阳区"规范化建设示范单位"称号。推进养老服务工作,为地区197名老人提供居家养老服务。

(杨春青)

【百姓平房周报】 《百姓平房周报》创刊于2008年12月31日,由平房地区工委、地区办事处主办,社源传媒公司承办,是兼具党政机关报属性和都市报特点的免费赠阅的综合类刊物。报纸每周一期,每期8个版,周三出刊,发行量30000份,依托村委会、社区居委会的工作人员和社会志愿者将报纸发送至社会单位和各家各户,包括居住在地区的流动人员。年内,共发行50期。

(杨春青)

【村级便民服务】 年内,以石各庄村为试点,组建便民服务队,创新"村域物业式服务和管理"新模式,这一做法,作为区农村地区第二批学习实践科学发展观活动典型成果,在全区得到推广。

(杨春青)

【国庆服务保障】 年内,严格落实属地责任,建立"1+7+12"国庆筹备保障指挥体系,确保60辆国庆游行彩车顺利装卸。累计发动群防群治力量3万余人次,选拔16名优秀女民兵参加国庆阅兵女民兵方队,选拔68名优秀干部群众支援一线安保,选拔52名文体骨干参与国庆广场联欢,完成了国庆各项服务保障任务,并获得阳区"国庆安保先进地区"荣誉。

(杨春青)

【平安建设】 年内,坚持"党委领导、属地负责、依靠群众、群防群治、专群结合、以专为主"的大维稳工作格局,成功探索总结综合治理"七个一"模式。4月16日,市委副书记、政法委书记王安顺等莅临地区视察调研,地区平安建设成为朝阳区先进试点。城市管理指挥中心高效运转,双向语音报警系统和群众热线充分发挥作用,接报解决群众报警事件421起。加强安全生产监察,确保安全生产无事故。稳控流动人口规模,探索建立"以房管人"的行业协会管理新模式,在黄渠村率先成立出租房主协会,通过"双向服务",促进流动人口管理与服务工作上水平。

(杨春青)

【环境建设】 年内,积极开展爱国卫生运动,整治环境脏乱区域,开展联合执法31次,整治胡同14条,更新环卫设施31处,改扩建厕所25个,签订门前三包责任书416家。加强环境治理,投入资金340万元,硬化路面9000余平方米,修整排水沟1060延米。加强绿化美化,高质量建成京城槐园,地区环境品质不断提升。

(杨春青)

【精神文明建设】 年内,以"迎国庆、讲文明、树新风,推进城乡一体化,建设新平房,共享新生活"为主题,举办"图书漂流"、"环保换健康"、"环保促学习"、"登楼星期天"、"文明排队"等系列活动,倡导健康有序的生活理念。结合重大节日、纪念日,持续开展群众性精神文明创建活动。加强市民素质教育培训,受益居民5万余人次。组织"星火工程"文艺演出10场,数字电影流动放映200余场,65支文体队伍常年活跃在基层。地区居民文化文明素质不断提升,荣获"首都文明乡"称号。

(杨春青)

来广营地区(乡)

【概况】 来广营地区位于朝阳区北部,处于北苑集团和望京新城两个边缘集团中间地带,东与崔各庄乡接壤,西与奥运村一路之隔,北与昌平区天通苑紧邻。全乡常住人口6.9万人,流动人口4.2万人。年内,全乡经济总收入70.3亿元,同比增长20%;利润总额3.61亿元,同比增长12.4%;乡属税金2.48亿元,同比增长29.9%;辖区税收7.6亿元,同比增长68.6%;形成区级财政收入2.88亿元,同比增长98.4%;人均劳动收入同比增长8%。

地址:红军营南路甲1号

电话:84953336

邮编:100012

(段艳青)

【党建工作】　1月20日,在区农村城市化工作会议上,乡党委连续十年被评为"五个好"乡党委并受表彰。3月20日,召开第二批学习实践科学发展观活动动员会暨社区党组织换届选举工作总结会。5月7日,理论中心组聘请市委党校朱晓青教授就《国际金融危机和中国经济发展》进行专题讲座。6月30日,地区召开纪念建党88周年暨表彰大会。8月21日,地区召开第二批深入学习实践科学发展观活动总结会。9月底,地区党员活动中心建成。10月16日,理论中心组聘请市委党校罗忠敏教授进行学习十七届四中全会精神专题讲座。12月13日,召开乡2010年村党组织换届工作动员大会。12月21日,完成5个村党总支换届选举工作。

(段艳青)

【社会保障与服务】　年初,将退休农民最低生活补助费提高到每月600元,提高乡直属企事业单位职工工资标准,为1481人办理城乡养老保险,落实新型农村合作医疗政策,参合率98%。投资300余万元对敬老院进行改扩建。新建青年城等3个卫生服务站,方便群众就近就医。推动居家养老工程,拓展服务范围,享受居家养老补贴人数达1017人。组织开展"朝阳慈善情——除夕大联欢"活动,发放慰问物品、资金4.6万元。爱心家园超市为44户85人提供救助服务510人次,发放米面油等生活物资价值6万元。建成残疾人温馨家园,为残疾人提供康复、娱乐、交流等服务。为35名无丧葬补助居民发放17.5万元丧葬补贴。落实各项社会救助政策,为3户城乡低保及低保边缘家庭子女申请高等教育新生入学救助1.15万元,为16户大病致困家庭申请救助金9.55万元。开展多种形式就业促进工作,发挥北京荣兴盛业公司和北京广业劳务派遣服务中心作用,加大就业培训力度,重点加强对"4050"人员、大学毕业生就业指导,完成职业指导704人,再就业培训120人,306名"4050"人员实现灵活就业。年内,为方便地区流动育龄妇女生殖保健检查,不定期邀请和平医院医生到各村居委会现场检查。红军营村、新生村、来广营村试点工作取得明显效果,并在北苑三号院、北苑家园增设孕检点,累计为420名流动育龄妇女进行了生殖保健检查。

(段艳青)

【宣传工作】　5月4日,地区举办"弘扬五四精神谱写时代新曲"纪念"五四"运动九十周年征文演讲比赛。9月4日至10月8日,组织地区城市志愿者担负为期一个月300余人次的站点志愿服务任务,完成了国庆服务保障工作。4月20日,启动"纪念新中国成立六十周年摄影大赛暨老照片征集展示活动"、"纪念新中国成立六十周年征文演讲比赛"等系列活动。7月1日,《来广营报》(半月刊)创刊发行,并以连载形式刊登纪念新中国成立六十周年摄影及征文获奖作品,9月上旬,将获奖作品与六十年来广营地区变迁编印成画册,纪念新中国成立60周年暨来广营地区农村城市化建设成果,并制作了专题片。9月下旬,组成征文获奖作者宣讲团,深入农村、社区和学校宣讲9场,直接教育面超过1500人。全年统一配发宣传材料,地区各单位组织开展宣教活动15场,直接受教育千余人。

(段艳青)

【精神文明建设】　年内,加大资金投入,对地区文体设施进行更新改造。加强志愿服务与管理工作,组织志愿者开展爱老敬老活动,弘扬尊老爱老传统美德。4月15日,举办第三届"和谐社区杯"乒乓球比赛。来自17个社区及各村的百余名运动员参加了赛。选拔成绩优秀人员参加体育局举办的"第三届和谐杯乒乓球比赛",获得团体第二名。文化中心被市体育局授予"优秀组织奖"荣誉称号。4月26日,地区"五月的鲜花"夏日文化广场系列活动在北京朝来森林公园举办。活动由开幕式表演、"祖国在我心中"第三届合唱比赛和优秀影片展播三个版块组成。开幕式以小品、歌唱、舞蹈以及快板等多种形式表达地区居民传承奥运、崇尚文明的热忱和决心。"祖国在我心中"大型合唱比赛,共有24个单位近1000余人参加演出,来广营村获第一名。8月8日,地区组织100名居民参加"全民健身日暨北京市太极拳表演破吉尼斯世界纪录活动"。9月5日,地区以"传承奥运精神增强全民体质建设和谐地区"为主题,举办第十二届全民运动会,27个单位,近千余人参与。9月10日,组织地区合唱队参加区农委举办的"民乐杯"原创合唱歌曲比赛,群众自编的原创作品获二等奖。10月1日,地区组织27人,作为首都国庆60周年联欢晚会标兵,完成了晚会演出协助任务。地区被首都国庆60周年北京市筹备委员会联欢晚会指挥部授予突出贡献单位奖。

(段艳青)

【国庆安全保障】　年内，投入直属治安巡防队190人，基层治安队伍380人，社区保安912人，流动人口协管员90人，治保积极分子3570人，保证了地区社会面平安有序。对各类重点人进行分类排查。加强流动人口及出租房屋管理，开展平安国庆专项整治，取缔非法行医诊所10家，取缔无照食品加工点15处。加强对地区范围内重点矛盾排查，确保全乡非正常访和群体性事件双“零指标”。开展人民内部矛盾调解、法制宣传和法律帮助，全年乡、村（社区）两级累计调解人民内部矛盾340件，调解成功289件，成功率达85%。做好5人次社区矫正工作，防止社区服刑人员重新犯罪；安置帮教50人，帮助服刑人员回归社会。深化安全责任制落实，签订安全生产责任书4000余份。加强对地区安全隐患排查力度，开展安全生产联合大检查、联合执法400余次，对预防煤气中毒、地下空间及消防、施工、交通、食品安全等进行隐患排查，全年未发生重大安全生产责任事故。

（段艳青）

【经济建设】　年内，适时调整产业发展规划，形成绿色产业、商业产业、高科技产业三大产业集群。优化发展环境，加强税源建设，改善企业周边环境、优先完善重点企业周边基础设施建设、成立汽车行业协会，为企业发展营造良好的外部环境，帮助辖区企业提高核心竞争力，全年新增纳税企业232家。恢复经济管理委员会，完善经济管理制度，规范经济运行。严格劳龄统计、清产核资、公示公开、资产处置等相关程序，完成了东湖渠村、立水桥村撤销村级建制工作。

（段艳青）

【重点产业项目建设】　年内，地区高科技产业集群中杰华生物蛋质工程项目主体工程已经封顶，将于2010年投产；中国寰球工程公司科研设计基地项目将于2010年底竣工；完成朝来购物中心建设任务；鲜切花基地B棚招商工作有序推进；朝来农艺园高科技种植基地改造和朝来乐采摘园二期建设工程如期启动；朝来温泉健康中心项目正式立项；朝来旅游精品街和老年公寓项目正在办理规划审批。

（段艳青）

【公共设施建设与拆迁开发】　年内，配合区市政管委等部门，推进北苑东路、来广营北路、红军营中路北延、鼎成路等道路建设，协助做好市政管道、电力、通讯、自来水等基础设施同步建设。来广营北路、鼎成路已通车，北苑东路辖区段已完工，地区基础设施进一步完善。推进绿化隔离地区拆迁扫尾工作，完成22个住宅院落和4家企业拆迁腾退。协调推进区域内“148公顷”、润泽庄园二期、动感花园、北纬40度等房地产项目开发建设。配合中关村电子城西区北扩，完成朝来万通市场、东湖渠村企业拆迁腾退工作。启动北苑村土地储备拆迁腾退工作，加快了地区城市化进程。

（段艳青）

【城市管理】　年内，地区加强城管分队、环境办、保洁公司、环境应急分队四支队伍建设，实现城市管理无缝对接。不断强化数字化城市管理指挥调度体系，完善城市管理考核奖惩机制，建立常态化工作体系，全乡环境网格案件发案率明显下降，结案率和评价水平显著提高。完成红军营西路、清苑路、刘各庄段轻轨13号线西侧1.8万平方米绿化工程，修建了会议中心东南侧排水沟暗涵。完成红军营村2个公共厕所、新生村1个公共厕所建设。8月，成立朝来兴盛环保公司，加强对主次干道、公共场所环境检查和清扫保洁。环境整治工作，坚持奥运标准，严肃查处街面无照经营、非法营运等十种行为，查处无证照经营2283起、非法运营机动车10辆、收缴“黑摩的”60辆、人力三轮车75辆，协助公安机关行政拘留39人。规范店外经营、门前三包单位2735家，处罚15起。

（段艳青）

【社区建设】　年内，组建社区建设管理办公室，完成第七届社区居委会换届工作，社区干部队伍年龄结构、知识层次大幅优化。改善了社区办公条件，追缴和改善办公及服务用房面积3300平方米。开展优秀科普社区争创活动，莲葩园、茉藜园社区被评为北京科普创新型小区。

（段艳青）

金盏地区（乡）

【概况】　金盏地区（乡）位于朝阳区东部，地处温榆河畔，北部、东部与顺义区、通州区以温榆河为界，南接常营乡，西邻东坝乡、崔各庄乡，北接孙河乡。辖区内有13个行政村，区域面积50.1平方公里，总人口126600人，其中常住人口28600人，流动人口98000人。温榆河、小北河、小坝河三条河流流经乡域。全乡绿化覆盖率26.4%。乡域内大型支柱骨干企业有田华第二和第十一建筑工程分公司、昆仑电线厂、慧远电线有限公司、玉雪阿魏菇食用菌基地、益利化工厂、华阳市政建筑公司、志港公司和蟹岛度假村、郁金香花园、绿岛白帆俱乐部、金港汽车公园，以及中澳国际学校、北京青年政治学院东校区等。有中学4所、小学4所、幼儿园2所、乡医院2所、敬老院1所。年内，实现经济总收入49.6亿元，实现利润总额1.6亿元，人均劳动所得1.64万元，比上年增长6%。
地址:金盏大街2号
电话:84333130
邮编:100018

(赵希平)

【城乡一体化】 年内,加快推进城乡一体化进程,成立城乡一体化领导小组,制定城乡一体化实施计划,启动土地腾退工作。在曹各庄村和楼梓庄村实施了土地腾退,同时,启动了温榆河大道金盏段沿线拆迁腾退工作。在土地腾退中,坚持三个统筹,即统筹拆迁腾退与规划建设、统筹农民利益与发展集体经济、统筹当前利益与长远利益。注重解决好农民居住、产业发展、就业增收、社会保障、资产处置等问题,让全乡农民充分享受到城市化发展成果。

(赵希平)

【产业发展】 年内,依据地区产业发展方向,在对现有企业进行内部挖潜的同时,大力培育新的经济增长点,为地区经济持续发展注入动力。以重点项目建设拉动经济增长,明确相关领导责任及分工,加强组织协调,确保项目顺利推进。保税区、购物中心等重点产业项目建设进展顺利。

(赵希平)

【经济管理】 年内,强化乡资产运营中心和直属公司站的管理,开展资产清查,追缴拖欠租金,压缩担保贷款,对3家企业进行转制,重新整合、盘活集体资产。完善"村帐托管"日常工作程序,推广农村经济管理信息化,开展农村财务管理规范化试点工作,对7名村、站主要领导进行离任审计,统一合同文本并制订解除承包(租赁)合同办法,全面摸清各村土地情况,巩固土地确权成果,开展农民负担执法检查,切实减轻农民负担、增加收益。

(赵希平)

【基础设施建设】 年内,为提高地区居民生活质量,启动引进建设天然气管道工程并基本完成铺设。加强道路建设,打通断头路、拓宽狭窄路、翻修破损路,对地区路网进行改造升级,修建了东村路、马各庄U型路、马房东街路,共完成道路建设4440米,硬化面积42500平方米。完成机场二通道搬迁定向安置房工程,小区内所有市政工程已全部竣工,安置房后期物业管理已经全部到位,已具备接收村民回迁安置入住条件。完成长店居住组团规划修编工作,已进入报批阶段,为2010年全面启动长店居住组团建设奠定了基础。

(赵希平)

【环境整治】 年内,以国庆60周年为契机,加大环境整治力度,落实环境整治长效机制。在整治时机上,突出重点节日及环境问题多发季节。在整治地点上,突出金盏大街、楼梓庄中心街、东苇路和校园周边等重点部位。在整治内容上,以堆放垃圾、摊群乱点、街头游商、非法行医、非法张贴等作为整治重点。在整治方式上,成立突发环境问题应急分队,采取定期检查评比和日常巡查相结合、主管科室督查与相关部门联合执法相结合、宣传教育规范与取缔相结合的方式,规范"门前三包",清理非法张贴,清运暴露垃圾渣土,查处无照经营、取缔黑窝点200余家。首次将马各庄等7个村纳入ISO14001环境管理体系之中,实现地区全履盖。

(赵希平)

【新农村建设】 年内,按照新农村建设标准,完成马各庄村、沙窝村、长店村和东村新农村建设工作。修建村主次干路8万余平方米,安装太阳能路灯480盏,新做雨排水管道14765延米,改造饮水管网5161延米,新建和改建公厕28座,新建公共浴池、便民菜市场和村民文化活动中心7590平方米,改善了群众生活条件。

(赵希平)

【劳动就业】 年内,全面落实市区稳定就业、扩大就业措施,举办大型春季招聘会,打造"建基地、送岗位、送政策、创品牌"就业服务平台,通过招聘洽谈、技能培训、品牌服务促进就业工作。关注妇女就业,与"香港好保姆"公司联合举办高级家政服务员培训班。全年开发就业岗位5221个,联系用工单位89家,推荐就业921人次,实现就业612人。

(赵希平)

【社会保障】 年内,加大对贫困家庭救助力度。建立地区困难职工档案,启动"爱心超市",对40户困难家庭发放临时救助资金,对8户贫困家庭进行危房翻建及维修,办理经济适用房76户、两限房57户,完成162户低保家庭复审调标工作。扩大养老、医保覆盖面,做到应保尽保。做好为老年人服务工作,在各村均建立了居家养老服务站。

(赵希平)

【平安建设】 年内,以做好国庆60周年等重要时期安全稳定工作为重点,以地区巡防队、各村护村队为骨干,以2个派出所为支撑,组建治安巡逻志愿者队伍,对责任区域实施不间断巡查。完善技防设施,在各村增设治安岗亭、建设分监控室,分别实行全封闭管理和半封闭式管理,最大限度发挥监控效能。为维护社会秩序,以巡防队为主力,协调工商、公安等部门,对各种黑窝点进行重点整治,整改安全隐患1454处。做好信访工作,完善领导包案、首问首办、联席会议、责任追究等制度,实现了"非正常访"和"突发性集体访事件"双零指标,维护了地区和谐稳定。

（赵希平）

【文化建设】 年内，开展形式多样的文体活动。全年用于村级文体建设资金近百万元。放映数字电影170场，观众约7万余人。各村结合数字影厅建设，完善文体活动站功能。马各庄村、沙窝村兴建了室内活动中心。以两个文化大院为载体，组织文艺演出60余场次。在各村均建设了20平方米以上的图书馆，并配备图书1500本以上。推进“居家工程”，完成了楼梓庄、东村健身器材更新。举办金盏地区第三届“慧远杯”全民运动会和第二届“和谐杯”乒乓球比赛，展示和谐金盏建设成果。

（赵希平）

【残疾人工作】 年内，做好换发第二代残疾人证工作。累计换发808个、新办理119个，完成残疾人家庭无障碍改造65户，发放重残、困难残疾人补助金35万余元，安置7名残疾人就业，为130名残疾人免费发放辅助器具，组织残疾人开展康复活动，建成具备多项服务功能残疾人康复“温馨家园”。

（赵希平）

奥运村地区

【概况】 奥运村地区位于朝阳区西北部，东抵来广营地区，南至北四环中路，西接海淀区，北临昌平区。辖区面积18.8平方公里，总户数79915户，户籍人口65851人，居住人口约12万人。社区居委会12个。法人及产业单位数2216家，其中法人单位1918家，产业单位298家。奥运村地区地处奥运核心区域，奥林匹克公园中心区、奥林匹克森林公园、北京奥运村科技园均位于本辖区，区域内有三星级以上的酒店有4个。奥运村地区是集文化、旅游、休闲为一体的发达区域。

地址：安立路28号院3号楼

电话：84945556

邮编：100107

（甘剑雯）

【安全生产】 1月14日至16日，组织综治办、武装部、劳动科、公安、城管、城建等部门，配合区安监局和消防支队，对地区进行安全生产联合检查。联合执法队对辖区内地下空间、出租房屋、网吧等重点场所进行了突击检查。出动检查人员43人次，车辆8台次，检查了9个地下空间、4个工地、2个加油站、1个出租房屋集中地、1个网吧，没收2个煤气罐，开出10份整改通知书，并提出整改意见。年内调整了“安全生产委员会成员单位和组织机构”，并按照科室职能和分管业务，细化了科室监管责任，建立健全了安全生产责任制。

（陈静仪 李文保）

【助残活动】 1月17日，地区工委、办事处领导及相关科室人员到贫困残疾人家中，帮难解困，为每人送去600元慰问金。5月17日，开展“助残日”走访慰问送爱心活动。走访慰问了30户贫困残疾人家庭，其中为5名残疾儿童分别送去慰问品和200元慰问金。地区办事处10位副职以上领导走访慰问了10户结对帮扶对象。春节期间，全地区走访慰问辖区内老残一体、一户多残和重残人员277名，慰问钱物折合人民币共计16万余元。

（刘剑锋）

【爱国卫生】 3月至8月，分5次分别对辖区12个社区、60余家社会单位及14426户有蟑、有鼠居民家庭进行统一消杀工作。全年发放各种宣传画及宣传材料3500余份，灭鼠灭蟑药品270箱。

（郭玉群）

【创建“零上访社区”】 3月，调动社区排查稳控化解矛盾积极性，在12个社区内开展创建“零上访社区”活动，规定创建活动不设定指标和比例，只要达到规定标准（全年无到市区中央越级群体访，全年无非正常访）就是“零上访社区”。

（任炎明）

【社区居委会换届】 3月20日至5月22日，完成第七届社区居委会换届选举工作。11个社区参加了换届选举。通过投票选举，产生新一届居委会成员55人，其中主任11人，副主任11人，委员33人。

（方 泽）

【妇联换届】 4月14日，辖区妇联换届选举工作正式启动，5月16日，各社区同时召开换届选举大会，选举产生新一届社区妇联干部55人。

（郭宝玉）

【温馨家园创建】 4月22日，地区残联组织60名残疾人及残疾人工作者到平谷赏桃花游金海湖。6月10日，市“示范温馨家园创建办”主任杨西峰带队，区残联有关领导及相关工作人员一行，到地区林萃社区评估验收了“示范残疾人温馨家园”创建工作。

（刘剑锋）

【国防教育宣传】 5月份开始，地区武装部先后在10个社区、49个小区、190栋居民楼中安装了968块国防教育公益宣传牌。

（王有才）

【查处无照经营】 6月2日和10月23日，地区城管分队联合工商等部门对科学园南里718楼底商非法批发假冒奥运纪念品的窝点进行查处,共取缔窝点6个,暂扣各种假冒奥运纪念品130余箱。

(李　玮)

【党务工作者培训】 6月4日至5日,举办党务工作者培训班,各社区党委(党支部)、直属党支部书记、专职党务副书记及党务工作者共31人参加培训。培训班就如何做好党务工作进行专题辅导,部署“七·一”期间及下半年党建工作。

(张振萍)

【派出所新址揭牌】 6月8日,奥运村派出所举行新址启用仪式。区领导佟克克、肖兴国及区政法委、综治办、公安分局、农委等有关部门领导出席。佟克克为奥运村派出所新址揭牌,并与各级领导参观了派出所新办公楼的主要场所。

(陈静仪)

【社区专职工作者招聘】 6月下旬至7月中旬,完成招聘社区专职工作者工作。通过面试、体检、公示等环节,招录了10名应届大学毕业生。

(方　泽)

【消防安全】 6月15日,召开会议,传达区政府办下发的《关于开展消防安全隐患排查治理专项集中整治工作的通知》,通报6月13日凌晨西单商场火灾情况,部署做好消防安全隐患排查治理工作,责成安监科每月组织不少于2次联合行动。

(李文保)

【劳动和社会保障科达标创星】 6月16日,区劳动和社会保障局一行6人来到地区检查劳动和社会保障科达标创星工作,通过综合评估,授予地区劳动科“三星级劳动科”称号。

(丁海涯)

【绿化普查】 6月22日,召开绿化资源普查动员会,邀请区绿化局技术人员对外业调查员进行技术培训。年内,12个社区全部完成外业调查工作,高质量完成绿化资源普查工作。

(郭玉群)

【国际禁毒日宣传活动】 6月26日,在万科星园社区设立主宣传站,开展以“依法禁毒、构建和谐”为主题的国际禁毒日宣传活动。活动现场悬挂主题横幅,摆放展板6块,张贴宣传板报10张,发放禁毒报纸、宣传材料3000余份,发放禁毒纪念品300余个,深入宣传了《禁毒法》。

(陈静仪)

【上海考察团考察地区安保工作】 6月29日,上海市委政法委考察团在市区相关领导陪同下来奥运村地区办事处,重点就地区奥运时期安全保卫工作进行考察交流。首都综治办主任李万钧、市流管办常务副主任苗林、区领导佟克克等市区领导陪同考察。考察团一行参观了地区沙盘和城市综合管理指挥中心,并就有关情况进行了座谈。

(陈静仪)

【纪念建党88周年系列活动】 “七一”期间,开展系列活动纪念建党88周年。一是开展评优表彰工作。对优秀先进社区党委(党支部)、优秀党务工作者、优秀共产党员进行表彰,并组织向先进集体、优秀个人学习活动。二是开展庆“庆七一,建奥运,创和谐”知识答卷和征文比赛。三是做好发展党员工作。四是开展好“五个一”活动。即组织一次民主生活会、组织一次党员群众座谈会、开展一次走访慰问活动、开展一次学习参观活动、开展一次主题党日活动。五是加强安全稳定工作。号召广大党员积极参与到治安巡逻和甲型H1N1流感防范工作中,为维护地区安全稳定做出贡献。

(张振萍)

【区领导调研】 7月9日,区领导刘希泉、赵增华等领导到地区调研。地区工委书记张永红、办事处主任胡杰华分别汇报了后奥运时期奥运村地区的工作思路和进展情况。区领导对奥运村地区的各项工作予以肯定,并对下一步工作提出了抓班子、带队伍、出亮点;抓好安全稳定;注重社区建设;加快地区发展等四点要求。

(刘全红)

【廉政书法笔会】 9月12日,在媒体村弥陀古寺茶社举办“传承奥运精神,共建和谐社区”廉政书法笔会。市纪委《是与非》编辑部副主编高明,区纪委、区农委有关领导及地区工委、办事处等领导出席。北京世纪名人国际书画院、区书法协会及奥运村书法协会的书法家、各社区书记、主任和书法爱好者共150余人参加了笔会活动。

(任炎明)

【召开受阅女民兵事迹报告会】 10月22日,地区召开国庆阅兵女民兵先进事迹报告会。区武装部政委、女民兵方队政委王海洋及区民政局、双拥办、武警一师有关领导出席。地区有关领导、社区党员代表、干部代表、居民代表、物业公司代表、辖区重点社会单位代表、少先队代表、共建部队代表及出兵单位代表1000余人参加报告会。

(王有才)

【供暖工作】 11月,对辖区内39家供暖单位进行调查摸底,建立台帐,提前解决冬季供暖可能出现的问题,摸清有关情况。会同区供暖办召开有隐患的单位协调会,解决发现问题并监督供暖情况,保证了本地区未出现停暖情况。

(郭玉群)

【"12·4"法制宣传】 12月4日,地区司法所、统计所、城管分队统一行动,在科学园社区举行大型联合普法宣传活动,吸引了千余名群众前来参加,分发各种宣传资料5500份,设置宣传展板20余块,宣传条幅10余条。营造全社会广泛参与,居民积极学法、守法、用法的普法氛围,为推进地区"五五"普法工作和服务经济社会发展奠定了良好的社会基础。

(范玉生)

【档案管理工作晋升一级】 12月8日,经区档案局考评组考评,地区办事处机关档案管理工作晋升北京市机关档案管理工作一级,颁发了北京市机关档案管理工作一级证书。

(刘全红)

【施工管理】 年内,开复工工地12个,高峰期工人数约3000余人。检查组每月对施工工地进行4次抽查。6月份开展安全生产月活动,并针对消防、防汛、安全生产等内容,在施工工地组织了应急安全演练和绿色施工知识竞赛。督促监督施工企业做好人员"实名制"和"工资卡"的落实。加强监管、做好巡查,年检查288次,对3个存在重大隐患的工地进行经济处罚,及时发现了"非法转包"、"黑包工队"等问题。督促建设方、总包方、劳务公司按合同履约,协调劳务纠纷8起,涉及金额500余万元,有效避免矛盾激化。地区全年建设工程未发生重大安全事故。

(郭玉群)

【环境卫生】 年内,成立地区国庆环境整治领导小组,配合区市政市容委、协调相关单位做好责任区认定工作,按照横到边、竖到底、不留死角要求,履行告知责任。做好"门前三包"工作,强化责任意识,共签订责任书448份。全年清理整治偷倒垃圾、渣土167车,约835吨。

(郭玉群)

【普法先进集体】 年内,地区司法所被中央宣传部、司法部、全国普法办授予全国"五五"普法中期先进集体。

(范玉生)

三间房地区(乡)

【概况】 三间房地区(乡)位于朝阳区东部,通惠河畔,与常营乡、管庄乡、豆各庄乡、平房乡、高碑店乡接壤,辖区8.79平方公里,11个行政村,13个社区居委会。年内,地区实现经济总收入214349.8万元,同比增加22054.4万元,增长11.5%;利润总额9757.3万元,同比增加536.6万元,增长5.8%;上缴税金3110.2万元,同比增加190.6万元,增长6.5%;人均劳动所得22595.6元,同比增加515.7元,增长2.3%。

地址:建国路22号

电话:65420015

邮编:100022

(李建平)

【东柳经适房建设】 4月22日,东柳经适房三期3、4号楼封顶,3、4号楼均为地下二层,地上22层,可提供住房400余套,满足1.5万人的住房需求。

(李建平)

【温馨家园建设】 5月,位于朝阳北路50号院,占地面积约574.86平方米的地区市级残疾人温馨家园成立,作为地区"保民生"工作的一项重要内容,办事处投资近百万元进行装修和改造,配置了空调、电脑、液晶电视、音响、钢琴、电子琴、手风琴、架子鼓和办公家具等硬件设施,健全了规章制度和工作职责并设有专人管理。温馨家园集康复、娱乐、文化、服务、交流等多项功能于一体。园内设有康复训练活动室、心语室、职业康复劳动室、图书阅览室、棋牌室、电脑室、照料室等7个服务功能室和食堂、餐厅及管理办公室。建成后已开展了多项活动,如组织残疾人手工编织、布贴画、电脑、手语等技能培训,帮助有劳动能力的残疾人实现就业、定期为残疾人做康复训练指导、成立小合唱团、组织残疾人联欢会、棋牌联谊赛、征文、趣味运动会等,丰富了残疾人业余生活。

(李建平)

【换发第二代残疾证】 6月至9月,完成第二代残疾人换证工作。第一代换第二代残疾证累计883人,其中:肢体目测213人、入户9人、组织肢体鉴定15人、智力鉴定55人、精神鉴定94人、视力鉴定45人、听力言语鉴定46人、区残联入户3人,42人未办理换领手续。

(李建平)

【朝阳路沿线商户稳控工作】 8月,朝阳路沿线部分商户多次聚集在朝阳路两侧,采取张贴条幅、高喊过激口号等方式,意图索要巨额停产停业损失费、加盟费、转让费,严重影响周边群众生活和出行安全。地区启动应急预案,将土地储备区域维稳工作纳入现有维稳机制。由综治办、城管分队、机关工作人员和村联防队组成应急力量,协调公安派出所民警实施24小时值守,重点对土地储备区特别是朝阳路沿线村情民情舆情进行监控,形成机关干部、公安派出所和村委会干部三级负责的监控机制;同时,加大拆迁、信访、治安管理等政策法规宣传力度,通过开展入户专访、发放宣传手册、张贴公示公告等方法,扩大政策宣讲,指派专人随时保持与承包商和租赁商户联络,做好应急处置和上报工作。

(李建平)

【甲型H1N1型流感防控】 9月,针对辖区内学校秋季开学后,大量出国人员返校情况,制定防控工作方案。利用“归国人员健康监测网”,对所有归国人员进行为期7天的体温监测;组织幼儿园和小学负责人进行防控甲流知识培训;利用学校板报宣传甲流防控知识,督促学校为学生发放体温计,每天测量2次体温并做记录。

(李建平)

【地区办事处搬新址】 9月17日至26日,三间房地区办事处迁入位于京通快速路传媒大学地铁站南侧新址(新址为建国路22号,邮编为100022)。

(李建平)

【城市综合管理指挥中心建设】 10月,为做好地区科技创安工作,面积100多平方米的城市综合管理指挥中心建成。一期投入260余万元,安装49个摄像头,对治安环境卫生重点部位及周边实行全覆盖,对京通辅路南侧重点地段实行24小时监控。通过强化管区执法、落实六定责任;强化台帐管理、落实监管责任;强化预案布控、落实保障责任,建立起地区城市管理长效机制。逐步实现了市容环境日常管理与动态管理有效结合。全年清理小广告7218条,规范“门前三包”单位346家,取缔无照经营16783件,查扣黑车、黑摩的203辆。

(李建平)

【中国传媒大学周边环境整治】 11月10日,区委书记陈刚到传媒大学调研,就大学周边环境整治问题做出指示,提出建立一个站点、成立一支队伍和完善一个机制的“三个一”要求。地区采取多项措施加大学校周边环境整治力度并取得显著成效。一是增加执法力量,确保地区治理巡逻力量。为弥补城管执法力量不足,地区办事处为城管分队配备20名保安,充实巡逻力量;二是设置巡查岗,确保全天候治安力量盯守。在定福庄东街南口、中国传媒大学西门、北京第二外国语学院北门等处设置巡查岗,由城管队员带领保安对周边无照经营行为进行全天候盯守。三是增强联合执法力度,治理“四大”环境难点。地区城管分队联合派出所、交通等部门,共同加强校园周边环境秩序建设,重点治理治安秩序、市容秩序、市场秩序、交通秩序等“四大”环境难点问题。累计出动执法人员720余人次,车辆73台次,查扣三轮车45辆、罚没兜售物品29包,劝离、教育120余人;取缔黑三轮、黑摩的75辆,罚款2000元,教育当事人200余人次;多次对两所高校周边小广告进行集中清理,对小广告涉及的电话号码予以停机处理100余起。

(李建平)

【地区合唱团多次获奖】 年内,成立由具备一定音乐基础的100余人组成的合唱团,出色完成了市区各项演出任务,多次参加合唱比赛并取得优异成绩。先后参加了市金五星中老年歌咏大赛,获三等奖;中国合唱协会举办的“京华之声”合唱节,获优秀团队称号;市“飞翔吧中国”合唱节,获优秀奖;区农委举办的“民乐杯”原创歌曲合唱比赛获三等奖;北京市“为伟大祖国骄傲”景山合唱节,获优秀奖。

(李建平)

【城管协管和环卫绿化队伍管理】 年内,招聘城管协管员28名,并城管协管编制中抽调5人成立乡级专职环卫绿化管理站;制定《三间房地区城管协管和环卫绿化管理站岗位职责》等一系列管理制度;环卫绿化管理人员负责每日巡查,采取分组分片,量化管理、责任到人、定期通报等管理办法和监督模式,发现问题及时与社区、村环境负责人联系,通知各单位立即整改,并对各类问题进行登记,建立月通报制度。

(李建平)

【地区经济平稳较快增长】 年内,注重提高招商引资质量,发挥地理位置优势,盘活现有资源,吸引有实力的企业落户。先后与通建合美投资公司、锐创华文国际文化传媒有限公司、万豪天际文化传播有限公司建立了合作关系,引进“运河新时尚”、“北岸1292”、“万豪动漫卡通中心”等项目,引进资金约8.8亿元。进一步完善跟踪服务工作体系,重点做好在本地纳税、异地经营的重点企业服务工作,主动走访中煤地质总公司,了解企业发展需求,为企业做好服务工作。完善信息互通和资源共享渠道。与区财政、工商、国税、地税等部门配合,建立联系机制,互通信息,资源共享,建立上下联动、齐抓共管的综合治税新机制。搭建公共技术平台,推动文化创意产业集聚和品牌创建。地区汽车服务业初具规模,现有奥吉通、凯瑞祥通、广丰等企业5家,年内斯柯达店、铃木汽车销售入驻汽车销售维修一条街,汽车服务业年销售收入110872万元,带动了经济总量提高和税收增长。乡镇企业远东汽车修理厂利用原有场地,与北京三联汽车有限公司合作,对工作环境和技术设备进行升级改造,取得中国人民财产股份有限公司授权的定损单位资格,4月份改造后,已修理汽车1100辆次。5月,朝阳化工设备厂与北京北凝公司合作成立北凝公司生产基地,增加生产订单150万元,西柳村对危旧厂房进行改造,增加集体收入96万元。

(李建平)

【文化创意产业集聚区建设】 年内,全力推进文化创意产业集聚。万豪卡通制作中心、北岸1292、运河·新时尚一期、天籁轩一期、1919时尚传媒等一批文化创意产业项目进展顺利。万豪卡通制作中心7月正式营业,完成收入890万元,上缴税金48万元,解决就业135人;运河·新时尚滨河动漫城、汇通文化广场、酒吧长廊主体结构已全部完成,进入装修和招商阶段;北岸1292商圈的独立创作区已进入精装修阶段,833户商家入住,北岸商业广场和国际传媒大厦已经封顶;天籁轩一期全部完工,已入住企业18家,B7地块、艺水芳园AB座作为天籁轩二期、三期工程继续打造文化创意产业;天泰广场已完成土地摘牌,规划建设文化产业园区12万平方米;乡域北部3-5%文化休闲产业项目已基本完成拆迁工作,正在办理前期规划手续,一系列文化产业项目为地区经济发展增添了后劲。

(李建平)

【统筹改善民生】 年内,落实地区扶危济困助残制度,开展走访慰问和送温暖活动,全年共为1500余户离退休干部、老党员、民政对象、困难群众和残疾人家庭送去了价值100余万元的生活用品和慰问金。发挥慈善分会、“爱心家园”、民政、残联作用,对18户大病致困家庭实施救助7.9万元;为15名低收入家庭子女发放高等教育入学救助金5.97万元;为209名困难群众免费发放价值7万余元的生活用品;为699位高龄老年人办理发放津贴7.31万元;为645位老年人办理了《北京市老年优待卡》;为133位行动不便的空巢老年人免费安装厕所扶手;为10名“空巢”困难家庭高龄老人免费安装紧急医疗救援呼叫器;为43户残疾人家庭实施无障碍改造;为157名贫困残疾人发放了辅助器具。开展保障性住房审核工作,全年受理经济适用房、限价房、廉租房申请家庭950户,审核通过917户,目前已有372户获得批准。完善社区卫生服务网络建设,健全社区卫生服务站功能,方便百姓看病就医。全年为21名患有严重疾病的老年人办理了《慈善医疗救助卡》;为1053名流动已婚育龄妇女免费体检;为350名“一老一小”人员报销医药费17.5万元。农村新型合作医疗投入资金25.5万元,为1838名农民解决了医疗后顾之忧。

(李建平)

【农民新村建设】 年内,A8、B4、C3乙等新村住宅开复工面积达18.8万平方米,竣工12.2万平方米,182户村民喜迁新居。为减轻新上楼农民生活负担,向回迁农民赠水9100吨,赠电36400度,赠天燃气18200立方米,减免物业费16.36万元。年初基本完成朝阳路拓宽改造工程,拆迁腾退168户,安置新村楼房169套(面积12997.06平方米);地铁六号线工程拆迁腾退工作,腾退6户14人,建筑面积827.2平方米,安置新村楼房8套(面积681.78平方米);水务局污水管线建设工程,完成4户民宅腾退,拆除集体企业建筑面积5411.90平方米;定福庄西路拆迁工程拆除66个院落,涉及111户289人,建筑面积12971.91平方米,安置15354.86平方米。

(李建平)

【社会保障】 年内,制定《2009年地区就业工作方案》、《2009年地区保障平台工作方案》和《2009-2011年地区保障工作方案》,以“稳定就业、促进就业”为主线,发挥东南部劳务市场作用,全年举办招聘会35场,开发工作岗位9325个,与520家单位接洽,推荐就业2073人、指导培训352人、宣讲政策超过9万人次。推进城乡保障工作,为846名劳动力实现转移就业,将645人纳入城乡养老保险参保范围,实现了“地区保障全覆盖”的工作目标。全年为低保、失业、退休、劳动力、地退、转居、超转、优抚、高龄、无保障、死亡等保障对象发放各种保障金5000余万元。

(李建平)

【基础设施建设】 年内,投资300余万元,完成部分胡同铺装、厕所、下水等村内基础设施改造。东柳村、西柳村分别投资20多万元对杨家沟地区(铁路南侧村庄)附近路面、下水、厕所进行彻底改造。定西村出资16万元对村内部分道路、下水进行铺装硬化和改造。三东村投资100多万元改造村内下水管线300多延米、铺设村内胡同10300多平方米。为防洪排涝,地区投资15万元对北双桥村下水管线进行疏通改造。区、乡两级投资150多万元在白家楼村林地边新建一座200多平方米垃圾压缩处理周转站。投资近万元整治西街厕所顶部和下水管线,清理建筑垃圾渣土700多立方米。

(李建平)

【土地储备工作】 年内,地区北部4个村纳入朝阳区土地储备中心用地。成立土地储备拆迁腾退指挥部,指挥部下设办公室及政策咨询、信访排查、拆迁腾退、宣传、审核、公证等13个工作组。制定出台了《腾退实施方案》,为确保拆迁过程公开透明,严格落实“五公开”政策,即:公开拆迁政策法规和补偿标准,公开拆迁工作程序,公开拆迁指挥部办公地点和举报热线,公开拆迁进展及拆迁奖励政策,公开拆迁人员工作纪律和人员制度。年内,823家集体土地上的企业签订了腾退补偿协议,涉及建筑面积42.25万平方米,占拆迁腾退总面积的96.6%。住宅部分完成了第一期定西村和定福庄西路拓宽改造共210个院落的拆迁腾退工作,总腾退面积37166.02平方米,210个院落的产权人全部签订了腾退安置协议。第二期三东村、第三期定福庄东村拆迁腾退工作已基本结束。

(李建平)

【"三个一线"法律服务模式】 年内,通过"普法宣传到拆迁一线、法律援助上拆迁一线、法律调解入拆迁一线"等措施,化解社会矛盾纠纷,解决群众法律诉求。一是营造土地储备工作良好法治氛围。以板报、横幅、橱窗、流动宣传车为载体,通过发放宣传材料、举办咨询会等形式,采取分散宣传与集中宣传相结合的方法,重点针对村民普遍存在的"抢建扩建能获得更多补偿"等误区进行法律知识讲解,让村民准确理解政策,配合土地储备工作开展。二是成立法律服务队伍,设立法律援助站点。各村由村委会主任、村司法调解员、大学生"村官"组成法律服务队伍,设立法律援助点,方便群众进行法律咨询和申请法律援助,并将涉及拆迁的法律援助案件优先受理、优先办理。三是关注舆论导向,化解社会矛盾。选派2名调解员到拆迁办长期驻点,密切关注群众舆论导向和动态,及时跟踪调处拆迁矛盾。

(李建平)

【国庆平安行动】 年内,组织发动6322名志愿者参与巡逻防控,确保重点地段、重要目标和重点人员未发生任何问题。强化安全生产管理,建立了地区《安全生产责任制度》和《事故应急救援预案》,制定了地区《安全生产隐患排查治理工作方案》,组织力量对辖区工业企业、加油站、施工工地、地下空间、人防工程、商场、市场、娱乐场所、仓库等1000多家各类生产经营单位进行安全检查和整治,全年消除各类隐患2263处。深化流动人口和出租房屋管理,完善领导包片,科长包村、社区,村、社区包户(包楼),社会单位包点的四级管理责任体系。落实"三检查"、"五见面"制度,全年完成3500名流动人口的输机工作,消除隐患634处。国庆前夕及时劝退了租住在金家村的12名外地来京上访人员;开展预防煤气中毒工作,在全地区推广土暖气和电取暖,70%以上的村投资购买标准炉具,统一取暖标准,降低了煤气中毒风险。落实《矛盾排查制度》、《服务基层日制度》、《领导干部接访制度》、民事调解、司法调解和行政调解等一系列制度。全年共排查重点矛盾22起,100%得到化解;接待群众来访184批次、762人次,初信初访化解率92%,重信重访化解率84%,积案化解率73%。全年妥善化解矛盾纠纷2414起,无一矛盾激化,实现了非正常访和群体性事件"双零指标"。

(李建平)

【京通快速路沿线环境整治】 年内,投资1200万元对京通快速路两侧楼体立面牌匾、围挡墙、绿化美化、路面铺装、自行车停车场、私搭乱建等项目进行修复改造。其中,乡政府新址周边和水岸双桥门脸房周边地区铺装硬化面积18900平方米,改造下水管线800多米、新增公共照明(路灯)60套,新建绿地面积4000多平方米,围挡墙修复12000平方米,新做围墙护栏2800平方米,完成东街1-5号楼楼体粉饰8000多平方米,拆除违章房屋345平方米,改造自行车停车场3处,粉饰公共绿地灯杆165根、过街人行立交桥(除去横跨主路桥面部分)3座,总面积为4500多平方米,摘除非法广告6处,约120平方米,清理垃圾渣土600多立方米。

(李建平)

【老旧小区改造工程】 年内,区、乡政府累计投资近1000万元(立项批复资金,区预拨70%,乡自筹30%)对三间房南里社区三西里小区和定西北里社区北京电力公司家属区两个北京市挂账的老旧小区进行升级改造。先后完成新增绿地面积约11000平方米、移栽大小树木300多棵、增加道路照明线路600余米,环保节能灯具92盏,粉饰楼体23栋,面积约25680平方米;铺装硬化面积约63890平方米,新增人行步道3100平方米,改造后小区新增机动车停车位300余个,拆除侵街占道违章建筑86处,计578平方米,清理乱堆乱放垃圾20余吨,清理下水管线200多延米,新建700平方米自行车棚1个,拆除自行车废旧车棚1个。

(李建平)

【社区两委换届】 年内,对社区党委班子进行了调整。换届后,新一届社区党委委员平均年龄45.2岁,年龄最小的26岁,40岁以下委员30名,占37.0%;大专以上学历58名,占71.6%。新一届党委委员比上届结构更加合理,增加了社会单位、社区民警和退休党员党员代表,更便于社区党委协调管理本辖区事务。13个社区党委中有9名社区民警。10个社区党委委员中有党建协调分会成员单位人选,其中6名是社区内物业公司负责人,为改善业主与物业之间关系搭建了新平台,各社区成立了党员议事委员会,既拓宽了党员参政议政渠道,又发挥了社区老干部作用。5月17日,完成13个社区居委会换届选举工作。共选出主任13人,副主任19人,委员59人。91名当选人员中,男28人,女63人。大专以上文化程度65人,占71.4%;中共党员33人,占36.3%;平均年龄为36.1岁,领导班子进一步年轻化。

(李建平)

【为民办实事】 年内,结合社区换届选举工作,集中解决一批群众关心的热点难点问题。三南里社区解决三西里小区居民饮水问题;定南里社区解决了定福景园小区南侧施工扰民问题;定西南里社区协调水电二局接收4处垃圾清运责任,解决定福庄西街垃圾堆积老大难问题;双惠苑社区解决了水郡长安与西柳村交界处道路低洼积水问题;双柳社区协调两家产权单位,解决了群众通邮问题;定北里社区解决金福家园小区停水期间居民用水问题;双桥路社区协调金卫路项目投资商,及时化解了群体上访事件。

(李建平)

【老楼通气工程】 年内,成立老楼通天然气工作小组,对辖域内未通天然气的老楼进行调查,并将统计结果及时上报,配合市政管委为各个未通天然气老楼的产权单位和燃气公司搭建平台。8月中旬燃气施工单位进场施工。

(李建平)

【农村社区服务站试点建设】 年内,金家村、北双桥、西柳3个村被推选为市民政局在朝阳区开展农村社区服务站试点建设单位。3个村按照"统一形象标识、统一项目设置、统一运行流程、统一服务规范、统一资源配置"要求,做好服务站建设工作。12月10日,顺得通过民政局、社区服务中心等单位验收。

(李建平)

常营地区(回族乡)

【概况】 常营地区(回族乡)位于朝阳区东部,东邻通州区邓家窑村,南邻管庄乡,西与平房乡黄渠村接壤,北与金盏乡和东坝乡为界。乡域面积9.3平方公里,设6个社区。地区总人口约6.4万人,其中常住人口约3.9万人(含本区户籍人口约1.57万人,回族人口约占户籍人口的45%),流动人口约2.5万人。年内,经济总收入14.97亿元,利润总额2806万元,上缴税金6642.1万元,农民人均劳动所得15899元。
地址:常营
电话:65481589
邮编:100024

(马媛月)

【精神文明创建评比表彰】 1月14日,召开"2008年度精神文明创建评比表彰大会"。评选活动以各社区、村(居)、企业为单位开展,通过自荐和群众推荐,以自下而上方法进行,评出12个文明集体和111个文明个人。12个文明集体中有文明社区(小区)1个、文明村居2个、文明企业2个、文明共建单位6个、文明团体1个。111个文明个人中有公益明星15人、自强明星13人、学习明星15人、节约明星14人、奥运明星23人、岗位明星17人、文明家庭14户。

(马媛月)

【勤政廉政活动】 1月17日,举办"新年倡勤廉,亲情永相伴"活动。中纪委宣教室副主任杨小平、区纪委副书记曲君等领导和地区中层以上干部及家属参加。活动通过为基层单位赠送廉政书法作品、为干部家庭赠送"幸福树",以及将干部家属对亲人的嘱托拍成DV片进行播放、为过入党生日的党员干部赠送贺卡和书籍等活动,强化党员干部的党性观念,营造勤政廉政氛围。

(马媛月)

【乡人代会】 3月14日,召开乡第十五届人民代表大会第六次会议,听取并审议通过乡《政府工作报告》、《乡人大主席团工作报告》和《财政工作报告》。10月23日,召开乡第十五届人民代表大会第七次会议,听取并审议通过《常营回族乡关于再次调整农民生活补助标准、病残人员生活救助标准及农村富余劳动力转移就业有关条款的意见》。

(马媛月)

【基础设施建设】 "五一",常营公园二期建成并开放。公园位于常营乡西北部,北侧与东坝乡相接,西侧与平房乡相邻,东、南紧邻东苇路和幺家店路,占地1036亩,其中一期秋韵园已于2008年"五一"建成开放。年内辛庄路北段建成,辛庄路南段、常营南路等6条道路完成半幅道路建设。公交639路、306路在连心园小区北侧路口设立站点。连心园农民新村期房建设完成并基本分配完毕,常营民族家园期房完成主体工程建设。

(马媛月)

【首届家庭文化周】 5月11日,在万象新天社区举行"纪念第十五个国际家庭日暨常营地区首届家庭文化周活动"启动仪式。活动以"亲情千般暖,家和万事兴"为主题,分"美在家庭才艺展"、亲情沟通见真心"和"相濡以沫金婚情"三大主题版块,通过家庭才艺系列展示、亲情寄语、金婚祝福等活动,推动地区学习型家庭、和睦型家庭创建。

(马媛月)

【纪念建党88周年】 6月26日,召开地区纪念中国共产党建党88

周年大会,表彰了连心园等6个先进基层党组织、任振军等12名优秀党务工作者、安瑞龙等29名优秀党员,组织新党员集体宣誓、为党龄50年以上的老党员献花、听书记讲党课等活动。

(马媛月)

【"常营廉政文化广场"揭牌】 6月30日,地区工委与区纪委、区委农工委、区检察院联合,在常营郊野公园举行"强作风,倡勤廉,促和谐"主题教育活动暨"常营廉政文化广场"揭牌仪式,常营郊野公园成为全区首个农村地区廉政文化宣传阵地。市纪委副书记王海平,区委常委宋连娣、刘希泉、谢莹等市区领导、全区纪检干部和本地区党员干部共300余人参加活动。

(马媛月)

【领导视察调研】 7月7日,市人大常委会副主任柳纪纲带领法制委员会,在区领导王力军、刘希泉等陪同下,就绿化立法工作到乡调研。7月11日,市委书记刘淇就促进本市民族团结工作到乡调研,市领导李士祥、牛有成、程红和区领导陈刚等陪同调研。刘淇一行视察了常营民族家园社区居委会,并深入到回族退休干部穆怀敏家中与居民座谈。7月28日,市人大教科文卫体委在办公室副主任孙世超带领下,就朝阳区农村医疗卫生工作到乡调研,区领导于五一陪同调研。孙世超一行视察社区卫生服务中心,并听取了区卫生局关于大医院对口支援社区医疗卫生服务工作情况的汇报、煤炭医院关于对口支援社区卫生工作情况的汇报、东风和常营两个社区卫生服务中心关于受援情况的汇报。9月9日,市人大内务司法委在人大常委会副主任李昭玲的带领下,就朝阳区城乡社区居民自治工作到本乡调研,区领导王力军陪同调研。李昭玲一行视察了常营民族家园社区和常营清真寺,听取了区社建办关于朝阳区贯彻落实居委会组织法总体情况的汇报,区民政局关于朝阳区贯彻落实村委会组织法情况的汇报,区农委关于朝阳区农村管理向城市管理过渡情况的汇报和常营民族家园社区居委会关于社区工作开展情况的汇报,并与常营民族家园社区居民代表座谈。

(马媛月)

【征兵工作】 9月至11月,辖区适龄青年420人参加兵役登记,登记率达100%,23人参加体检,5人被批准入伍。

(马媛月)

【穆斯林群众欢度节日】 9月21日,地区及附近1200多名穆斯林群众到常营清真寺参加节日聚礼,欢度开斋(尔代)节。11月28日,地区及附近1500多名穆斯林群众到常营清真寺参加节日聚礼,欢度古尔邦(宰牲)节。

(马媛月)

【社区群众教育】 10月,启动"关注民生,构建和谐——农村城市化进程中社区心理健康行动"项目,在常营民族家园社区开设社区心理咨询室,围绕普及心理健康常识和危机事件干预进行心理调节和咨询,提高社区居民心理健康指数。落实科普益民计划,投资10万元为社区服务中心更新图书2000册,在鑫兆佳园和苹果派两个社区建立社区图书馆;开展科普知识社区巡回展活动,利用科普画廊、板报、橱窗等阵地宣传科学常识;开展全民终身学习周和科技周活动,举办知识讲座4场次。

(马媛月)

【法律宣传服务】 年内,建立7家法律服务室,举办法律知识讲座6次,接受法律咨询534人次。在北京市民族学校建立"青少年普法教育基地",实施"九个一普法教育"系列工程,形成"常营124N反哺普法教育模式"。与双桥法庭合作在《品常社区报》开设了《身边有法》专栏。

(马媛月)

【劳动力就业】 年内,全乡农村劳动力3945人,实现就业3028人,当年新增就业102人,1259人享受到区政府社会保险补贴和转移就业补贴。城镇居民失业人员290人,就业218人。职业介绍开发空岗720个,推荐成功125人;举办3场招聘会,提供岗位1200余个;完成职业技能培训143人,引导性培训331人。

(马媛月)

【社会保障】 年内,全乡1887位老人全部享受乡级生活补助,为1330人办理了北京市城乡无社会保障老年居民养老保障金,2261人参加北京市城乡居民养老保险;依托老年协会和社区服务中心拓展居家养老项目,共有居家养老服务对象2134人,其中80岁以上享受政府补贴服务的老年人209人;按照"五个确保"要求,开展"爱心六助"行动,新增低保户14户39人,撤销低保户2户5人,共有低保户173户444人,粮油帮困72户110人;发挥慈善协会和"爱心家园"作用,救助边缘困难及特困家庭140余户,为20户困难家庭办理了临时救助;"两节"期间走访各类困难群体18类947人,救助金额64万余元;建立北京市示范残疾人温馨家园,为52户残疾人家庭进行无障碍设施改造,为235名残疾人进行常规体检,为残疾人发放各种补贴36万余元。

(马媛月)

【公共卫生服务】 年内,启动百姓

健康“绿卡通”服务工程，全年服务总人数6116人；社区卫生服务中心与煤炭总医院、武警总医院建立对口支援关系，中医、针灸、内分泌等专家每周定期到社区出诊；与北大医学部联合开展社区诊断项目，明确地区主要健康问题，制定未来3－5年社区卫生服务规划；成立“健康促进门诊”，坚持定期开展健康大讲堂活动，为地区44075名常住人口建立电子健康管理档案。农村合作医疗完成预定目标，大病统筹参保5206人，参保率96.35%，134人次享受大病统筹报销；基本医疗参保5476人，参保率到96.65%，8864人次享受基本医疗报销；完善地区120个单位食品安全工作制度建设，建立健全食品安全管理工作新体系；动员社会力量和地区居民参与红十字募捐救助系列活动，共募集善款51772元，并完成100名自救互救人员的培训任务；甲型H1N1流感防控工作，完成了本地区259名归国人员、18名一代密接人员的防控和4名甲流确诊人员的居家隔离等工作。

（马媛月）

【人口与计划生育】 年内，地区育龄妇女总人数为5961人，出生上报新生儿224人，计划生育率98.2%。人口计生工作完成由村到社区转轨各项工作，其中包括计生专干配置、专干业务培训和能力建设、社区人口计生管理服务网络搭建及服务阵地建设，确保转轨阶段计生工作平稳过渡。开展了药械市场专项整治行动、出生缺陷一级干预活动和免费发放叶酸工作，组织开展地区育龄妇女健康体检。落实计划生育奖扶政策，走访独生子女困难家庭77户，每户发放慰问金500元，计划生育政策奖励帮扶30人，投入资金4万余元。

（马媛月）

【社区建设】 年内，完成6个社区居委会换届选举，其中5个社区采取居民代表选举方式，1个社区采取户代表选举方式。率先在常营民族家园和连心园两个农村社区建立社区服务站，将原村务管理人员及各类协管员充实到社区服务站。并对服务站工作人员岗位培训、建立健全了社区服务站各项制度，确保了村级管理体制向社区管理体制过渡期工作的有效衔接。

（马媛月）

【群众文体活动】 年内，组建地区回族舞蹈队、民族家园诗书画协会。组织了“庆祝建国六十周年群众大联欢表演”、“地区广场舞蹈”等系列活动。在常营公园修建了乒乓球长廊，在社区成立诗书画活动室，安装数字影厅3个，更新建身器材2套。目前，地区有文体队伍33支，文体骨干29人，常年参与文化活动的队员500余人。

（马媛月）

豆各庄地区（乡）

【概况】 豆各庄地区（乡）位于朝阳区东南部，东临黑庄户地区，南临通州区台湖镇，西与高碑店地区、王四营地区、十八里店地区接壤，北接三间房地区，面积14.16平方公里，下辖12个行政村、7个社区，常住人口11226人，其中非农业人口6575人，农业人口4651人，流动人口10001人。区域轮廓呈南北长东西窄不规则多边形，通惠灌渠纵贯全乡，萧太后河流经孙家坡村、水牛坊村和马家湾村，五环路、京沈高速公路、京津二通道、劲松东延路和机场南线穿境而过，110路、475路、363路、411路、457路、753路等多条公交线路经过乡域，交通十分便利。辖区内张义祠堂，市第二监狱、市第二看守所及大中小企事业单位200多家，有中学1所、全日制小学5所、一级甲等医院1所、幼儿园1所，老年公寓、公安派出所、商店、银行、集贸市场、社区卫生服务站一应俱全。乡域内有格林万德高科技农业园区、北京奥马健身休闲中心、及富力又一城、京城雅居、青青家园大型宜居区和绿丰家园、朝丰家园农民新村。年内，地区经济总收入217077.1万元，同比增长12.9%；利润14571.1万元，同比增长12.8%；税收13776.2万元，同比增长12.9%，农民人均劳动所得实现16857.7元，同比增长8.7%。

地址：豆各庄村
电话：65479002
邮编：100121

（李 南）

【学习实践科学发展观活动】 3月至8月，开展第二批学习实践科学发展观活动。村、社区、企事业单位、“两新”组织等共27个党组织的623名党员参加。各基层单位开展了解放思想大讨论系列活动，形成各单位领导班子分析检查报告，制定了整改方案。

（李 南）

【金田郊野公园建设】 4月29日，金田郊野公园一期正式开园。公园占地1000亩，种植树木120余种、约8万株。占地1700亩的公园二期建设有序推进。

（李 南）

【残疾人温馨家园】 7月13日，创建成立残疾人温馨家园。温馨家园占地1000余平方米，设有康复室、手工艺工作室、器具租赁室及爱心超市等，方便了附近残疾人就近康复治疗及活动。

（李 南）

【土地储备及房屋腾退工作】 7月21日，启动土地储备房屋腾退工作。腾退工作涉及豆各庄、孟家屯、西马各庄、石槽、马家湾、黄厂6个村。至12月底,累计发放安置房22.4万平方米,腾退1227户、5416人,拆除房屋400901平方米,发放补偿款333661万元。

(李　南)

【绿化隔离地区腾退工作】 11月24日,启动于家围北村腾退安置工作,至12月8日,被腾退户安置上楼138户,占全村被腾退户的60.79%。同时,对2004年签订周转协议的262个被腾退人的周转房进行兑换,至11月11日,共有258个被腾退人兑换了周转房。

(李　南)

【农村党组织换届】 12月14日,开展村党组织换届选举工作。历时半个月,完成了对12个村的2个党总支和8个党支部的换届,其中西马村、于南村首次实行党支部书记直选。

(李　南)

【党建工作】 年内,制定理论中心组学习计划、学习制度及处级领导干部在线学习和读书活动计划,发放《解读<三字经>》、《理论热点面对面》等书籍;整合张义祠堂现有资源,筹建党员服务中心,为地区党员提供学习、活动、接受教育的场所;组织开展"共产党员献爱心"捐献活动,20个基层党组织、538名党员、4名入党积极份子参与捐款,捐款总额20491元;落实党员票决制,发展新党员28人;大幅度调整农村退休干部收入;开展"三级联创"工作,西马各庄村及孟家屯村党支部获得区级"五个好"党支部称号。

(李　南)

【文体活动】 年内,组织"五月鲜花"、"七一红歌大合唱"、"迎国庆巧娘手工艺品展示"等文娱活动,举办"纪念汶川地震募捐"社会公益羽毛球赛和"迎国庆,展巾帼风采"腰鼓比赛。

(李　南)

【社区两委换届】 年内,成立社区两委换届工作小组,按照"严谨工作程序,规范文件材料,指导具体环节,监督实施过程"的原则,顺利完成了3个社区党组织和5个社区居委会的换届选举任务。

(李　南)

【企业帮扶】 年内,落实市政府66条帮扶政策和区政府24项帮扶措施,成立专门机构,加强企业帮扶,在调研基础上,与区发改委沟通,经过严格审核,利用对中小企业的直补和贷款贴息政策,为御鑫洋、斌奎物流两家企业申请了区级资金补贴。

(李　南)

【集体资产管理】 年内,落实《豆各庄经济合同管理的暂行规定》,出台了《乡属集体企业事业单位的管理办法》,加大对乡属企业、事业单位考核力度,规范基层组织收支审批程序。完成12个村的村帐托管工作及村级财务状况审计,对离任干部进行了审计。

(李　南)

【劳动就业】 年内,组织引导性培训300人、职业技能培训119人,开发就业岗位735个,本地农村劳动力550人、城镇186人失业人员实现就业。完善"无拖欠工资"工作长效机制,有效化解企业劳动纠纷,解决拖欠农民工工资问题15起,为240余名劳动者追讨了拖欠的工资。

(李　南)

【社会保障】 年内,落实市城乡无保障老人养老保障办法和新型农村社会养老保险办法,930名无社会保障老人享受到了每月200元福利性养老金待遇,1554人参加城乡养老保险。开展社会救助工作,发放社保金180多万元。开展"关注弱势群体,共享发展成果"活动,87名符合享受医疗救助政策的群众,享受到年32000元的医疗救助金。

(李　南)

【为民办实事】 年内,绿丰家园二期、豆各庄经济适用房一期竣工入住。接待保障性住房咨询465人次,发放申请表42户,11户家庭取得了保障性住房资格审核。为11户重残家庭进行无障碍改造。

(李　南)

【信访工作】 年内,积极开展矛盾调处,完善工作机制,创新工作方法,坚持领导干部大接访制度,全年接待群众群访24批次、3137人次,个体访18批次、19人次,接待调解咨询1026人次,化解各类矛盾纠纷879人次。

(李　南)

黑庄户地区(乡)

【概况】 黑庄户地区(乡)位于朝阳区东南部,东与通州区台湖镇工业园区接壤,南与光机电产业基地相邻,西靠垡头边缘集团与豆各庄乡相邻,北靠定福庄集团与管庄乡相邻,辖区面积24.5平方公里。下辖16个行政村,5个社区,5个直属企业。有4所小学、一所中学、两所医院。有康城、温泉花园、双旭花园等7个大型居住区。常住人口约5.8万人,户籍人口约1.8万人,流动人口4万余人。地区地理位置优越,交通便利,紧邻五环,南北有双桥东路、双桥西路、通马路等多条公路,东西有京沈高速路。348路、532路、397路、731路、342路等公交线路覆盖全乡。煤气管道横贯乡域,天然气管道纵向通过,水电设施齐全。有139、130、136等通讯塔和8538局、8537局等通讯设施。有双鹤药业、602所等企业600余家。

地址:工商大街甲1号

电话:85383651

邮编:100121

(梁　艳)

【为民办实事】 年内,残疾人职业康复基地、温馨家园、社会救助捐赠站和爱心家园正式投入使用;为18户困难残疾人家庭粉刷房屋,为67户残疾人家庭实施无障碍改造;城乡居民养老保险参保人数2884名,450人开始享受城乡居民养老保险待遇;对独生子女身亡和单亲困难家庭实施暖心助学;完成黑庄户等4个村新农村建设、万通路两侧排水沟衬砌、7座压缩式垃圾楼和6座公共厕所修建改造;完善社区服务设施;在大鲁店等6个村改建、新建井房,配备消毒设备,提高村民生活质量。

(梁　艳)

【社会保障】 年内,搭建招聘求职平台,全年完成引导性培训和技能培训336人,提供就业岗位507个,推荐上岗199人,607人享受到转移就业补贴;规范企业用工行为,开展劳动监察,巡察单位105家、立案9起、化解劳动纠纷40余起;完善新型农村合作医疗制度,参合人数7312人,农民参合率达99.48%;实现居家养老全覆盖,共为217名特殊老人发放养老服务补贴5.5万元,150名老人享受政府购买家政服务。

(梁　艳)

【经济管理】 年内,整合资源,深挖潜力,经济总量稳步攀升。全年经济总收入16.9亿元,利润总额7215万元,上缴税金4910万元,同比增长分别为10.5%、10.2%和10%;完成区级财政收入3727.68万元,同比增长59.37%,增长比例居全区前列。“村账托管”取得初步成效,村级财务管理更加规范,监督约束机制基本形成。出台《黑庄户乡农村经济管理工作实施细则》和《黑庄户乡经济合同管理办法》,农村集体资产管理、合同管理、审计监督、农经统计等工作更加规范。对全乡7.2亿元集体资产进行产权登记和年检,防止集体资产流失。土地流转工作有序开展,全年流转土地687亩,占承包土地总面积的21%;土地确权登记颁证试点工作扎实推进,为土地集约利用及城乡一体化建设奠定了基础。

(梁　艳)

【安全稳定】 年内,加大对案件高发的村和场所巡查力度,构建全方位、精细化、立体化社会治安防控管理体系。开展“三查”、“五见面”行动,全面掌握流动人口动向,严厉打击各种刑事犯罪。开展安全隐患排查,集中整治“六小场所”,全年累计检查单位2000余个次,查处隐患8000余处,强化了生产、消防、交通、食品等安全管理。坚持“大信访、”“大调处”工作格局,加大矛盾排查调处力度,全年调处信访及矛盾纠纷199批次、341人次,司法调解治安及民间矛盾纠纷1542件,调解成功率达95%以上。

(梁　艳)

【党建工作】 年内,深化“聚合力工程”,以“建组织、建阵地、建服务体系”为抓手,探索新形势下党建工作新途径。圆满完成5个社区居委会和16个村党支部换届选举工作,基层干部队伍明显优化,一批政治素质强、文化程度高、群众认可的优秀人才进入社区和村级班子。乡村两级分别建立党员服务中心、党员服务站,成为党组织服务党员的重要窗口。推进党员设岗定责及联系贫困户等活动,党员先锋模范作用在国庆安保、环境整治、经济发展等中心工作中充分体现。推行廉政风险防范管理,查找廉政风险点1263个,逐个制定防范措施。将廉政风险防范管理向村级延伸,制定风险防范措施417项,形成多层次、全覆盖的风险防控体系。

(梁　艳)

【文体事业】 年内,传统项目正月十五群众汇演、健身腰鼓和绸扇舞比赛等深入人心;“五月鲜花”文艺汇演、“迎国庆、讲文明、树新风”爱国歌曲比赛、庆祝建党88周年文艺汇演、“迎国庆”书画展览等活动寓教于乐,主旋律色彩浓厚;地区召开第三届全民运动会,参与群众达1000余名,弘扬了全民健身理念;第二届残疾人康复知识竞赛、“欢乐迎国庆、携手赞中华”文艺演出营造了良好的助残氛围;深入推进“五进”工程,开展数字电影“进社区”、“进家庭”、“进单位”活动,全年义务为老百姓放电影200场;组织星火工程等大型文艺演出15场,其中一类演出5场,二类演出10场。

(梁　艳)

管庄地区(乡)

【概况】 管庄地区(乡)位于朝阳区东部,东邻通州区城关镇,南与豆各庄乡、黑庄户两乡毗邻,西接三间房乡,北与常营乡接壤,属定福庄边缘集团的一部分。辖区面积10.2平方公里,常住人口95711人,流动人口42342人。区域内以汉族和回族为主,其中回族2321人。京通快速路、朝阳路、朝阳北路、地铁八通线、京秦铁路、通惠河贯穿全地区。全地区现有法人单位807个,其中:农业1个,工业66个,建筑业26

个,金融业1个,运输邮电业33个,批发、零售、住宿和餐饮业308个,服务业344个,房地产业28个。有中国音乐学院和北京科技大学(管庄)校区,中学3所,小学5所,幼儿园6所,社区卫生服务中心1个,职工医院3处,社区卫生服务站5个。年内,地区完成集体经济总收入35.83亿元,实现利润总额2.51亿元,实现税金1.17亿元。

地址:管庄乡1号

电话:65790560

邮编:100024

(万小兵)

【地区经济】 年内,加大招商引资力度,福建木业家具商会、八里桥文化活动中心、馨岛苑配套公建等项目签订合作协议,年增加集体经济收入近500万元。制定管庄地区产业发展目标纲要。顺长物业管理中心进驻产业园区,加强入驻企业服务和管理,打造产业园区良好经营环境。全面推行"村账托管",实施村级财务管理规范化建设,从管理模式和管理机制上为村级管理奠定基础。开展企业内部审计"回头看"工作,巩固经济工作成果,提高管理水平。

(万小兵)

【重点工程】 年内,推进农民新村建设,新村B区B6地块11月底全面竣工,保证腾退村民按期入住。编制《管庄乡落实乡域规划推进城乡一体化建设实施方案》,协调增加农民新村D区容积率,同时调整规划产业用地建设规模,取得阶段性成果。建设新村D区周边通惠河南街、塔营中街等市政道路,各种市政管线基本到位。双桥东路、塔营北街东段项目申报前期工作进展顺利。配合长安街沿线综合整治,启动八里桥、果家店两村拆迁腾退,40天内完成拆迁腾退村民院落254个,集体企业19家,拆除各类建筑物5万余平方米。配合宝嘉恒实施广渠路二期用地范围内集体房屋拆迁。郭家场等村新农村建设进展顺利,年度计划全面完成。

(万小兵)

【环境整治】 年内,以国庆环境整治为契机,争取区级资金1.2亿元,开展长安街延长线、老旧小区、广场公园、城乡结合部环境整治,建成八里桥公园。实施626亩绿化改造和林木补种,完成杨闸、司辛庄等村排水改造工程,改善环境面貌,提升百姓生活质量。继续加强数字化监控系统建设,将治安防范、安全生产、环境整治、消防安全、食品安全、流动人口管理等纳入网格数字化平台系统,进一步夯实了城市运行综合管理基础。成立环卫绿化站,扎实做好农村环卫作业专业化管理首批试点工作,推进六位一体垃圾管理模式,形成环卫保洁常态化、系统化、规范化管理机制,保持了环境整洁。

(万小兵)

【民生事业】 年内,加大对民生事业投入和扶持力度,正式启动塔营、小寺、西会、东会等4个村农转非工作。积极推进农民新村产权证办理,704套新村房屋产权证已发放到村民手中。制定管庄地区城乡居民养老保险实施办法,对参保人员特别是困难群体参保费用予以部分或全部补贴,地区参保人员2159人,乡村两级补贴98.97万元。加强服务和管理,推进人口计生工作。筹集新农合资金216万元,将一级医院住院费用降低至零起付,二级以上医院住院起付线降低至3000元,减轻了农民医疗负担。全年发放新农合和医疗报销费用207万余元,发放医疗救助款7万余元、临时救助款25万余元,发放慰问款22万元,为低保及边缘困难户发放爱心家园卡186张。推进居家养老工作,实现了80岁以上老人"全覆盖"。完成保障性住房审核412户,54户取得限价房认购和廉租房认定资格。多种形式开展残疾人就业援助,安置了5名残疾人就业。投资70万元,建成残疾人温馨家园,为残疾人提供更全面的康复服务。

(万小兵)

【文化文明工作】 年内,建成面积1600平方米的党员服务中心和3个村级党员服务站,为党员和群众提供文化活动场所。坚持文化活动惠民生,圆满举办第三届惠河文化节,组织文艺汇演、军民联欢、健身操等系列活动,吸引了2万余人次参加。深入开展"双创双评"社会宣传和排队乘车文明引导活动。广泛开展"道德模范"和"十佳百星"系列评选活动,在基层群众中树立精神文明建设先进典型。完善双拥共建长效机制,军地联手举办庆"八一"联欢会。落实民族宗教政策,促进社会和谐。

(万小兵)

孙河地区(乡)

【概况】 孙河地区(乡)位于朝阳区东北部温榆河畔,属北京市第二道绿化隔离带、土地腾退和温榆河绿色生态走廊规划控制地区,东靠顺义天竺镇,距首都国际机场3公里,南与金盏、崔各庄乡接壤,西与昌平区隔河相望,北临顺义天竺空港工业区。区域内机场高速、机场南线、机场辅路、京承高速、京顺路、M15号线、来广营北路、顺白路、顺黄路等形成四通八达的立体交通网络,多条公交线路穿行其中,交通十分便利。辖域面积35.2平方公里,下辖14个行政村,1个社区,常住人口2.8万人,其中农业人口1.9万人,非农业人口0.94万人,流动人口3.32万人。地区现有1所社区卫生服务中心、1 家医院、9 个社区卫生服务站。年内,全乡经济总收入17.05 亿元,同比增长15.4%,利润总额 4631 万元,同比增长8.7%,人均所得1.51 万元,同比增长8.5%。年内,实施“经济强乡、环境优乡、文化兴乡”发展战略,强力推进城乡一体化建设和土地储备工作,被区评为“五个好”乡党委,获得首都文明乡和都市型现代农业乡称号。

地址:顺白路6 号

电话:84595710

邮编:100103

（张晓娟）

【人大工作】 1月15 日,召开区人大代表述职会,由选民代表听取代表小组和区人大代表述职。5 月20日至22 日,乡召开部分人大代表研讨会,专题研讨农村产权制度改革、城乡一体化建设工作。6 月 18 日至21 日,召开第十五届人民代表大会第三次会议,49 名乡人大代表出席会议。会议审议并通过了《孙河乡2009 年上半年政府工作报告》、《孙河乡2009 年上半年人大主席团工作报告》、《孙河乡城市化建设工作方案》、《孙河乡产权制度改革方案》以及《孙河乡农村城市化工程住宅腾退补偿安置办法》。8 月 6日,召开第十五届人民代表大会第四次会议,51 名乡人大代表出席会议。会议审议并通过了《孙河乡城市化建设住宅腾退补偿安置办法》(修订案)。

（张晓娟）

【精神文明建设】 2 月8 日,举办“民间文化闹元宵、繁荣经济产业区”主题文化活动。全乡20 支民俗表演队伍进行了舞狮、秧歌、高跷、戏曲等多种民俗文化表演,83 家商户参与。4 月 23 日,举办“庆祝孙河地区区划调整5 周年书画笔会”活动。4 月29 日,启动“民工影院”千场放映活动。5 月 4 日至 8 日,举办电影放映周活动。5 月 16 日上午,乡第二届全民运动会在奶子房中学开幕,全乡 19 支代表队 400余名运动员参加比赛。6 月 1 日,举行区划调整五周年庆祝大会,全体工作人员面对国旗,在乡党委书记纪海义带领下,进行了庄严宣誓。10 月16 日,举办参加建国60 周年庆典受阅女民兵先进事迹报告会,地区6 名参加国庆阅兵的女民兵汇报了她们的感人事迹,展示了地区青年的良好精神风貌。

（张晓娟）

【党建工作】 3 月3 日,召开第一批深入学习实践科学发展观活动总结大会。3 月16 日,召开第二批学习实践科学发展观动员部署会。5月4 日,各团支部举办“五．四”青年节庆祝活动。6 月,为庆祝建党88 周年,乡组织开展“党旗飘起来、身份亮出来、建议说出来、誓言宣起来、榜样树起来、温暖送出来”系列活动。10 月12 日,举行“孙河地区党员服务中心揭牌仪式”。区领导刘宇辉、区委副巡视员刘英男及区委组织部、农工委有关领导出席揭牌仪式。12 月 28 日,顺利完成 14个村党组织换届选举工作,3 个直选村一次选举成功。为适应土地储备工作党建的需要,分别成立康营家园社区党总支和社区办公室,启动社区服务站。建立一网(党建联络网)、两片(东、西7 个村各为一片)、三责(党委牵头职责,充分发挥领导协调统筹功能。支部主责,全面抓好自身职责。党小组协调职责,定期组织党员活动)、四定(定人员、定制度、定责任、定奖惩)工作模式,初步形成“村居合一”的组织机制。

（张晓娟）

【领导调研】 3 月27 日,区政协副主席关三多、及区农委有关领导到乡调研政协委员进社区工作。4 月3 日,市国土局朝阳分局局长樊文祯到乡调研规划用地情况。4 月23日,市、区农委及平谷、大兴、通州等区农委领导到前苇沟村、下辛堡村、沙子营村进行北京市第二次环境卫生拉练大检查。5 月8 日,市文化局副局长叶重辉在区文化馆领导陪同下到乡调研公共文化设施建设情况。7 月 1 日,区人大常委会副主任闫学锋到乡调研城市化建设工作。7 月13 日,副区长刘希泉到乡调研农村城市化建设工作。8 月 12日,区领导王力军、赵增华等领导就城乡一体化工作到乡调研。9 月 2日,区领导刘希泉、赵增华及区农工委、农委领导到乡调研土地储备工作情况。10 月 14 日,区领导王力军、闫学锋等领导就土地储备工作到乡调研。11 月 17 日,市残联副局级理事李树华、区残联领导到乡检查残疾人温馨家园建设情况。12月29 日,市委农工委副书记白仙畔等领导在区委农工委领导陪同下,到乡调研农村党组织换届选举工作。

（张晓娟）

【残联工作】 3 月31 日,与北京和谐医院第二届“手拉手”公益康复活动启动,8 名肢体残疾人将在北京和谐医院接受免费康复治疗。9月14 日,投资296 万元的黄港村温馨家园主体工程竣工。4 月至 5月,乡组织开展了“残疾人康复文体活动60 天”活动。

（张晓娟）

【教育卫生工作】 5 月6 日,市、区疾控中心专家评估团对乡流动人口儿童强免工作进行评估,经对各项检查指标抽检,均符合要求。9 月 1日,因土地储备拆迁腾退,将540 名孙河中心小学、康营民族学校学生安置到孙河中学原址,开始了新学年的学习生活。11 月 28 日,孙河社区卫生服务中心进入试营业阶段。

(张晓娟)

【城乡一体化建设】 7月1日,举行城市化建设暨住宅腾退启动仪式。按照试点先行、宣传引导先行、政策措施先行、百姓利益第一的原则,成立了相应的组织机构。在先期启动康营、孙河村拆迁腾退后,又启动了北东、北西、雷桥、西甸、李县坟、沈家坟6个村的腾退工作。仅用6个月时间基本完成了8个村拆迁腾退任务。累计签订住宅拆迁协议3552份,12266人,腾退面积182万平方米;签订企业协议630份,腾退面积404万平方米。12月10日,乡隆重举行康营家园定向安置房开工奠基仪式。年内,完成康营家园定向安置房一期工程11.03万平方米,二期在建回迁房45.05万平方米。

(张晓娟)

【农村体制改革】 年内,完成村级集体资产清查、产权界定、财务审计和资产评估,出台《孙河乡土地储备后村级资产管理意见》;制定《孙河乡统一农民福利待遇和集体土地入股乡级公司的实施意见》;选举产生村社员代表及经济合作社班子成员,完善了村级合作经济组织集体财产管理的“三统一”、“一完善”,为城乡对接奠定了基础。

(张晓娟)

【平安建设】 年内,围绕国庆平安建设、土地储备维稳两大重点,落实信访工作“五大机制”,有效化解各类矛盾纠纷39起,妥善调解矛盾纠纷192件。8月6日,乡召开“国庆平安行动”动员部署大会。圆满完成国庆各项服务保障任务。

(张晓娟)

【经济发展】 年内,实施“项目带动”战略,相继开发富通兰花基地、康营组团和温榆河国际文化产业区等项目,并逐步打造成为全乡经济持续提升的新支点。完成第二次全国经济普查工作,累计普查登记个体经营户1308户,登记第二、第三产业法人单位463家。从2009年1月起,村级集体经济组织开始执行《孙河乡经济合同管理办法》。7月10日,乡举行“国门商务新区”暨北京御河置业有限公司创立签字仪式。9月14日,与区教育国资中心签订了孙河中心小学和康营民族小学资产交接协议书。8月29日,举办首届“金秋满园迎国庆、孙河郎枣采摘节”活动。

(张晓娟)

【环境整治】 年内,以国庆60周年环境整治为契机,开展环境综合整治。先后对京顺路、京承路、顺黄路和来广营北路进行了绿化改造和整治,累计拆除违法建设和违规户外广告18.87万平方米,规范店外经营2000家,改造综合市场15个,清理各类垃圾渣土9.3万吨。全乡绿化覆盖率达到39.79%。改善乡域环境,为文化广场、景观公园配备了体育健身器材。8月19日,来广营北路保洁工作正式移交给区环卫中心,区管委主任尹秀峰及相关部门领导到场指导交接事宜。

(张晓娟)

【基础设施建设】 年内,完成道路硬化11.86万平方米,饮用水管网改造94000余延米,雨排水管网改造58000余延米,安装太阳能路灯620余盏。

(张晓娟)

【重点道路及工程建设】 年内,完成城铁M15号线孙河段拆迁工程。该工程,涉及孙河、北东、北西三个行政村,北起孙河大桥北300米,南至香江北路,乡境内全长为4公里,总征地11.5公顷。累计拆迁集体企业36家,建筑面积2.82万平方米;17个居民院,建筑面积7653平方米。4月13日,工程全长1800米,平均宽度20.5米,总面积3800平方米的康营南路整体修建工程开工建设,并于6月18日举行通车剪彩仪式,为康营家园小区居民出行提供了便利。8月1日,孙河派出所新址奠基动工。11月11日,市政道路工程温榆河大道开工建设,该工程乡境内长1.7公里,涉及康营、前苇沟两村企业14家,面积4.22万平方米;民宅21户,面积8217.24平方米。

(张晓娟)

【就业和社会保障】 年内,采取培训时间的机动化、培训地点基层化、办学方式灵活化、培训科目系列化、技能培训岗位化、实施培训规范化、品牌培训高级化的“七化”培训方式,解决地区百姓就业难问题。累计开发就业岗位4000余个,实现就业3000余人次。3月5日,启动后苇沟拆迁安置培训工作,32名学员参加了首期保洁员培训班。5月20日,以“规范协调劳动关系,依法维护劳动者权益”为主题举办了法律法规知识竞赛。8月31日,顺利完成城乡居民养老保险参保工作。参保人数达4377人,其中农村居民4308人,城镇居民69人,个人缴费192.92万元,完成了区下达工作任务指标的108%。10月14日,圆满完成2009年粮食直补发放工作,补贴玉米种植面积1097亩,发放补贴总金额95439元,涉及农户32户。

(张晓娟)

崔各庄地区(乡)

【概况】 崔各庄地区(乡)位于朝阳区东北部,东与金盏乡接壤,南邻将台乡,西靠来广营乡,北接孙河乡。乡域面积31.7平方公里，下辖15个行政村、3个居委会，地区总人口18万余人，其中常住人口2万余人，流动人口16万余人。机场高速、京承高速、机场辅路、京顺路、五环路、来广营北路、京包铁路穿区而过，顺白路、来广营东路、南皋路、北皋路等区域连接路贯穿其中。年内，完成经济总收入17.4亿元，同比增长27.5%；利润总额7313.6万元，同比增长10.4%；税金7295.7万元，同比增长22.8%；人均劳动所得18891.9元，同比增长9.8%。

地址：南皋路南

电话：64379211

邮编：100015

（花淑平）

【领导调研】　7月2日，市委书记刘淇视察大望京村城乡一体化试点工作。在察看了京旺家园沙盘并听取介绍后，刘淇同志对大望京村城乡一体化试点工作比预期提前43天完成拆迁腾退高度赞赏，他说："没有上访，没有钉子户，一体化试点又快又好地向前推进，在某种程度上讲，这是一个奇迹"。随后，刘淇同志又来到乡政府，主持召开了关于推进城乡一体化建设专题调研座谈会，在听取区委书记陈刚关于大望京村城乡一体化试点工作进展情况汇报和海淀区委书记谭维克关于北坞村城乡一体化试点工作进展情况后指出：城乡一体化试点进展如此顺利，取得如此成效，是村民大力支持和各级政府工作人员努力细致周到的工作的结果。始终把维护村民的根本利益作为试点工作的出发点和落脚点，关注民生，体察民情，切实制定、宣传惠民政策，充分体现了勇于创新的精神，营造了和谐发展的氛围。村民"上楼"——有房住；转居转工——有就业；取得规划绿地养护权，并给大望京村底商实物补偿，发展集体股份制经济——有产业。搬迁和新居同步进行，让村民的事村民办，集体的利益大家分。把村民利益放在首位，这是核心问题。把这个问题解决好了，一体化试点工作才能又快又好的进一步向前推进。刘淇强调，政府要100%兑现对村民的承诺，决不含糊。加快安置房工程建设，按照示范、优质和放心工程要求，在抓好基础设施建设、配套工程和监理的同时，督促施工单位严格安全措施，提高工程效率，确保工程质量，按时交付使用。积极推进城乡统筹和产权制度改革，发展集体股份制经济，保障村集体组织成员长期得实惠。市有关部门要进一步研究、制定相关政策，支持一体化试点工作。比如，在制定城市规划方面，规划部门要灵活地服务于一体化的发展需要；土地管理部门对储备的土地管理要加强；社会保障部门要及时跟进，研究、解决城乡一体化试点工作进程中的现实问题。刘淇强调，各级政府、有关部门要深入学习实践科学发展观，进一步统筹城乡发展，切实加快北京市城乡一体化试点建设步伐。不断总结经验，继续加以巩固、发展和提高；在创新中探索，在深层次上解决问题。切实把环境保护、生态文明、村民利益维护、社会安定和谐等方面的城乡一体化试点的各项工作提高到新水平，全方位抓好北京市城乡一体化建设。市、区有关领导陪同调研。7月16日，市外宣办主任王惠一行在区领导谢莹及区委宣传部有关领导陪同下，调研乡文化创意产业。王惠一行在参观了一号地艺术园、紫云轩茶事、易·阴阳社区、李唐千秋餐馆及果园西餐厅后，对乡突出发展文化创意产业的思路给予充分肯定，并就宣传推介、打出知名度、吸引客源等方面作了重要指示。王惠一行还参观了即将开业的赛特奥特莱斯，对项目筹备表示满意和赞赏，建议下一步加大宣传力度，提高知名度和吸引力，努力建成京东最有特色的高端购物休闲场所。7月22日，市委组织部副部长吕和顺等领导到乡调研基层党建工作。区领导刘宇辉及区委农工委领导等陪同调研。乡党委书记张树宝汇报了大望京城乡一体化试点进展情况和党代表任期制实施情况。会议由刘宇辉主持。会上，市区领导首先观看了大望京城乡一体化试点工作宣传片——《远去的村庄》，听取了乡关于大望京城乡一体化试点工作及党建工作汇报。区委组织部、农工委、常营乡党委等领导分别汇报了区基层党建工作、农村地区城乡一体化党建工作、常营乡党建工作机制建设情况。听取汇报后，吕和顺指出，崔各庄乡的党建工作做得很好，特别是在大望京的城乡一体化试点工作中，乡党委及广大党员发挥了非常好的作用。吕和顺还谈了四点感受：第一，做好思想政治工作不是简单的说教，要真正体现出以人为本的思想；第二，党组织应要求党员在工作生活中的关键时刻发挥自身作用；第三，朝阳区基层党建工作真正做到了整合资源，形成合力；第四，在基层党建工作中，相关部门应做到开拓创新，大胆探索。9月2日，市委宣传部副部长陈冬到乡调研文化创意产业，并充分肯定了以文化创意产业带动城乡一体化进程的发展模式。区领导谢莹陪同调研。陈冬一行先后考察了北京赛特奥莱、一号地、紫云轩、何各庄村等地并详细询问了赛特奥莱的运营模式以及盈利情况。对赛特奥莱欧美小镇的建筑风格、对一号地的创新发展模式表示赞赏。在参观了何各庄村易·阴阳社区、李唐千秋以及改造后的民宅后，认为何各庄模式实现了政府好管、村民增收、集体受益、区域人口和环境优化的多重目标，是新农村建设中探索出来的一个好模式，为其他城乡结合部地区提供了宝贵经验。崔各庄乡文化创意产业产业链已经初步形成，发展态势喜人,下一步应继续努力,加快发展,通过产业规划、政策引导等推动地区产业不断发展壮大。9月8日,国土资源部党组书记、部长、国家土地总督察徐绍史,国土资源部党组成员、国家土地副总督察甘藏春,带领国土资源部有关司局领导、国家土地督察北京局的领导、中国地质调查局的领导等,在市委常委牛有成等领导陪同下,到乡调研大望京村拆迁及用地情况及京旺家园回迁房建设情况。市有关部门领导及区领导刘希泉陪同调研。中午,徐绍史部长一行来到大望京村拆迁工地,并听取了关于大望京村拆迁腾退和大望京村的整体规划、大望京公园规划建设等情况汇报。调研中,徐绍史部长对大望京村的拆迁及用地情况和京旺家园的规划建设给予充分肯定,强调要按照规划进一步抓好落实,保证按期完成任务,保证新房质量,让村民如期入住。他还对腾退建设资金使用工作提出要求,鼓励要做好土地利用和管理各项工作,进一步加快城乡一体化步伐。11月26日,上海市副市长胡延照、天津市市政府副秘书长于忠诚等领导来乡调研。市农工委书记、市农委主任王孝东、区领导刘希泉等领导陪同调研。上海、天津市领导一行先后考察参观了赛特奥莱美式奥莱商业街、一号地、何各庄村,并听取了有关情况介绍。12月2日,房山区四套班子主要领导及各部门、各街道、乡镇负责人,到京旺家园和赛特奥莱考察工作。区四套班子主要领导及有关部门负责人陪同考察。在京旺家园,房山区考察团一行观看了区农村城市化、绿隔建设及土地储备和京旺家园宣传展版,听取了有关情况介绍。随后,考察团一行来到赛特奥莱。听取了赛特奥莱项目运营情况及通过产业培训、促进农民就业、保障农民利益、实现可持续发展等有关情况介绍,参观了赛特奥莱商街,并详细了解了有关情况。考察后,两区领导就加强两区间合作交流,促进共同发展交换了意见。

（花淑平）

【北京赛特奥莱开业】 7月25日,北京赛特奥莱开业。该项目是中国巴黎春天百货集团有限公司投资、北京赛特百货有限公司经营管理的大型精品折扣店,项目位于东五环外香江北路马泉营村,占地面积400亩,总开发面积15万平方米,其中一期占地面积150亩,开发面积4万平方米。目前,有180多个国际知名商业品牌入驻。

（花淑平）

【乡人代会】 12月21日,召开乡第十五届人民代表大会第八次会议,全乡50名代表出席会议(共有代表54名),会议审议通过了《崔各庄乡城乡一体化工作住宅房屋腾退补偿安置办法》(草案)和《崔各庄乡城乡一体化工作住宅房屋腾退补偿安置办法实施细则》(草案)的决议,增选了1名副乡长。

（花淑平）

【城乡一体化建设】 年内,望京村被列入市城乡一体化改革试点,乡党委、乡政府在时间紧、任务重、困难大的情况下,充分发挥组织保障优势、思想政治优势、亲民聚民优势、骨干带头优势,仅用25天完成99家企业、23.4万平方米非住宅拆迁腾退,仅用28天完成1692户、25.2万平方米住宅拆迁腾退,无一户上访,无一例强拆。同时,完成望京村533名农转居人员社会保险缴纳工作,以及338名劳动力的接收安置,接收超转人员84人。加快推进定向安置房"京旺家园"建设,现已开建安置房11栋,共980套。望京试点的成功,初步积累了统筹解决城乡结合部环境建设、产业发展、农民搬迁、就业安置和社会保障等城市化突出难题的经验,得到了上级领导高度评价。在此基础上,制定了全乡城乡一体化土地储备实施方案和细则,城乡一体化工作稳步前进。

（花淑平）

【环境建设】 年内,协调做好地铁15号线占地拆迁及建设工作,保证了重点工程进展顺利。推进马泉营西路南段道路建设。针对城乡一体化土地储备工作,加强对民宅和企业翻建规范管理。严控新增违法建设,全年制止各类违法建设共计180处、约37万平方米,拆除违法建设约7万平方米。提升环境建设数字化管理水平,乡数字化城市管理在区综合排名保持前列。实施老旧小区改造、农村广场公园建设、城乡结合部环境整治、来广营北路整治、8个新农村建设等环境工程,完成外立面粉饰3.9万平方米,修复道路25.4万平方米,绿化10.7万平方米,临街商铺整治1.5万平方米,完成6座密闭式压缩垃圾楼立项,新建公厕29座,新建生态化粪池4个。

（花淑平）

【新农村建设】 年内,完成路面硬化244761平方米及周边绿化48365延米,新建改建公厕39座、新建渣土站3个、饮水管网4000万米、安装水表828户、新建太阳能浴室3个、文化站1个、福利水厂1个,总审计金额为6980万元。

（花淑平）

【党建工作】 年内,健全党员管理体系,通过开展党员活动考勤、民主评议、优秀评选等活动,建立健全党内激励和约束机制。发展党员26名。创新党员活动载体,在总结奥运经验基础上巩固开展党员先锋工程,"七一"评选出11个党员先锋岗,评选出99名优秀共产党员。健全党员关爱机制,“七一”前夕走访慰问33名建国前老党员和困难党员。

（花淑平）

【党代表工作制度】　年内,制定“党代表任期制的实施意见”、“党代表联系制度的意见”等制度,建立并落实了提案意见建议制度、民主推荐和民主评议领导干部制度、述职评议等八项代表工作制度。

（花淑平）

【学习实践科学发展观】　年内,形成调研报告19篇;查找和梳理出影响制约科学发展的突出问题5类13个;组织51人对分析检查报告进行评议;制定完善办法和措施57项,为二批学习实践科学发展观活动积累了经验。3月至8月,组织辖区19个党支部901名党员开展了第二批学习实践科学发展观活动。

（花淑平）

【村党支部换届】　年内,完成15个村党支部换届选举工作。选出新一届支部委员71名(连任66名),15个村党支部书记均为连任。

（花淑平）

【党员服务中心建设】　年内,地区乡村两级共建立党员服务中心16个,其中乡级1个,村级14个,社区1个,内设档案室、成果展示室、多功能培训室、党员谈心室、阅览室等。中心各站整合现有文化活动中心、老年人活动站、党员活动室等资源进行建设,已全部挂牌投入使用。

（花淑平）

【干部人事工作】　年内,2名干部挂职锻炼、3名干部转任交流。年底组织2名正处级后备、6名副处级后备、3名街乡助理人选和12名科级以及科级非领导职务干部人选民主推荐、测评和任用。成立乡安全生产监察科并配备了工作人员。开展场乡体制改革历史遗留问题处理工作,10月下旬正式启动在编老职工住房补贴工作。

（花淑平）

【人才队伍建设】　年内,制定落实《关于进一步加强后备干部队伍建设的实施意见》,健全后备干部引进、培养、使用和管理机制,做到乡有规划、有计划,使用单位有方案、有档案,形成梯次配备、使用顺畅的后备干部队伍工作机制。组织完成科级领导职务竞争上岗工作,6人调整为副主任科员,1人调整为正科。组织2006届大学生村官报考安监员、城管监察、专项事业编、续签、社区工作者等岗位,11名合同到期大学生村官全部实现就业。新引进10名大学生村官,招聘社区工作者4名。探索了本乡大学生回乡村工作激励机制。

（花淑平）

【共青团工作】　年内,召开“五四”表彰大会,对18个先进集体,30名“青年榜样”和50名“优秀城市志愿者”进行表彰;整合各类资源和力量,完善志愿者基础性工作,建立一支20人志愿者骨干力量;依托朝阳青年就业创业见习基地,为地区2名青年提供就业信息;参与希望工程朝阳工作站工作,扶助地区困难青少年2名;加强共青团自身建设,实现团员推优入党5名。

（花淑平）

【精神文明工作】　年内,组织开展各类文化文明活动70余次,组织有关干部培训、思想道德建设、节日庆典活动、实地观摩和座谈交流、地区共建、志愿服务、爱国主义教育、孤残儿童帮扶等各类活动57次,参加市区级大型活动14次。

（花淑平）

【劳动力就业】　年内,培训农村劳动力700人,提供就业岗位近千个,实现就业近400人。

（花淑平）

【社会保障】　年内,为地区困难群众提供各类救助总价值100余万元。妥善推进电子城西区四期农转非工作。为3667名农村劳动力办理城乡养老参保手续。新型农村合作医疗大病统筹和基本医疗参保率分别达到98.94%和100%。

（花淑平）

【民政工作】　年内,为22名城乡特困人员办理医疗救助;为11户低收入家庭办理临时救助;为122户城乡低保家庭办理燃煤自采暖补贴;为55人办理城乡无丧葬补助人员办理丧葬补贴;为49名低收入家庭子女办理高等教育新生入学救助;为辖区2056名65岁以上老人办理老年优待卡;为200名60岁以上老人办理老年优待证。

（花淑平）

【残联工作】　年内,为70户残疾人家庭进行无障碍设施改造。投入8万元用于地区3个村(居)委会无障碍坡道及其它无障碍设施改造。

（花淑平）

【体制改革】　年内,11个村表决通过了劳龄登记统计三榜结果,8个村完成了清产核资和资产评估工作,6个村通过集体资产处置方案,3个村完成原始股金兑现。草场地村已登记注册成立股份经济合作社。

（花淑平）

【组建乡资源资产股份合作联社】年内,组织召开乡资源资产股份合作联社成立大会,通过《崔各庄乡资源资产股份合作联社章程》、《崔各庄乡资源资产股份合作联社管委会、监委会机构设置意见》,选举产生了乡资源资产股份合作联社社长、管委会委员、监委会委员。

(花淑平)

【司法工作】 年内,全乡各级调解组织调处民间纠纷1617件,调解成功1589件,成功率98%。

(花淑平)

【安全饮水】 年内,实施供水泵房标准化建设工程,改造井房11处,其中新建井房8处、内外装修3处,加装消毒设备14台;新建机井8眼;组织实施南皋组团和樱桃园二期的供水管网安装工程。

(花淑平)

【义务植树活动】 年内,在马泉营湿地公园开展义务植树活动,共接待社会单位和学校49个、家庭27个,累计3374人次,完成植树品种20余种、树木13853株。

(花淑平)

【绿化工程】 年内,组织实施京旺家园绿化工程,绿化面积7524平方米,铺设草坪7000平方米,种植绿篱724米,各类树木约800株;组织实施2009年第二道绿化隔离带建设工程255.2亩,其中北皋东路21亩、奶何路57.6亩、香江北路西沿63亩、沈干渠道路113.6亩。完成了地铁十五号线树木移植工程,移植树木15万余株,采伐树木204株;京旺家园工程移植树木19057株;泉辛路建设工程移植树木2673株;赛特奥莱工程移植树木207株。

(花淑平)

【信访工作】 年内,信访总量354件,信访办接到信件94件,包括市信件79件、区信件13件、乡信件2件;网件211件;信件、网件答复率均为100%。分中心接访47批345人,其中个人访30批45人(包括重复访1批1人),集体访17批280人(包括重复访5批60人),调处成功45批。市人访4批43人,其中集体访2批41人;区人访12批37人,其中集体访2批21人。走信访程序14件(14批21人),其中市区转办13件(13批18人);分中心调解不成功走信访程序1件(1批3人),14件全部予以答复,答复率100%。

(花淑平)

人　　物

领导干部

中国共产党北京市朝阳区第十届委员会

书　　记　陈　刚
副 书 记　程连元　宋连娣(12 月任)
　　　　　张　洋(12 月免)
常　　委　陈　刚　程连元　宋连娣　吴桂英
　　　　　尚延华(12 月任)　佟克克
　　　　　陈宏志(11 月任)　刘希泉　李彦田
　　　　　谢　莹　陶　晶(7 月任)
　　　　　戴继楼(4 月免)　肖兴国(7 月免)
　　　　　刘宇辉(11 月免)　张　洋(12 月免)
委　　员(按姓氏笔画排列)
　　　　　卫停战　王　立　王　春　王力军
　　　　　王玉英(4 月免)　王亚贵　王宝军
　　　　　王智玲　尹秀峰　吕明杰
　　　　　刘宇辉(11 月免)　刘希泉
　　　　　李中水(9 月免)　李建海　李彦田
　　　　　李新生(11 月免)　肖兴国(7 月免)
　　　　　吴凤岐　吴金龙　吴桂英　佟克克
　　　　　辛燕琴　汪　洋　宋连娣
　　　　　张　洋(12 月免)　张凤祥　张永红
　　　　　张和平　张春秀　陈　刚　陈合庄
　　　　　陈宏志(11 月任)　尚延华(12 月任)
　　　　　范少飞　郑　宇　郑　煌　赵全保
　　　　　陶　晶　郭德宏　黄　敏　程连元
　　　　　谢　莹　戴继楼(4 月免)
候补委员　王文远　支　芬　刘　野　王瑞林
　　　　　吉广平　苏　民　张德亮　杨　霆

中共朝阳区委工作机构负责人

办公室主任　苑文新
组织部部长　刘宇辉(11 月免)　陈宏志(11 月任)
宣传部部长　谢　莹
精神文明建设委员会办公室
　　　主任　兰学军(4 月免)　吕　岚(4 月任)
统一战线工作部部长　张洋(兼;12 月免)
　　　　　　　　　　佟克克(兼;12 月任)
统一战线工作部常务副部长　刘乃晨
台湾工作办公室(区政府台湾事务办公室)
　　　主任　王建荣(8 月免)　黄　亮(8 月任)
直属机关工作委员会书记　宋连娣(兼)
　　　　　　常务副书记　范少飞
社会工作委员会书记　王智玲
农村工作委员会书记　王宝军
政法委员会书记　佟克克(兼)
常务副书记　　李中水(9 月免)
　　　　　　　吴学文(兼;9 月任)
社会治安综合治理委员会办公室主任　战玉贵
防范和处理邪教问题领导小组办公室(区政府防范和处理邪教问题办公室)主任　霍国庆
教育工作委员会书记　吴金龙
非公经济工委书记　　王小毛
老干部局局长　　　　李学英
党史办公室主任　　　李慧芳
党校校长　刘宇辉(兼;11 月免)
　　　　　陈志宏(兼;11 月任)
党校党委书记、常务副校长　蒋自伟
保密委员会办公室(区保密局)主任　(空缺)
北京商务中心区管理委员会工委书记
　　　　　张家逊(11 月免)　吴桂英(兼;11 月任)

朝阳区政府、人民团体党政分设工作机构党委(组)书记

国有资产管理委员会党委书记　刘　福
人力资源和社会保障局党委书记　郑　煌(9月任)
园林绿化局党委书记　丛微微(3月免)
　　胡良森(3月任)
安全生产监督管理局党组书记　陈云铭(8月免)
　　朱业平(11月任)
商务局党组书记　洪继元(兼)
统计局党组书记　刘方坡
文化委员会党委书记　张　前
卫生局党委书记　郭德宏
体育局党委书记　陈大中
民政局党组书记　徐传孝
水务局党委书记　闻惠友

中国共产党北京市朝阳区纪律检查委员会

书　　记　宋连娣(12月免)　尚延华(12月任)
常务副书记　张树安
副 书 记　曲　君　陈　琳
常　　委　宋连娣(12月免)　尚延华(12月任)
　　张树安　曲　君　陈　琳　赵新跃
　　胡建东　田　华(6月任)　陈伟航
　　王立新(6月任)　盛国敏(4月免)
　　耿　新(4月免)

朝阳区十四届人民代表大会常务委员会

主　任　王力军
副主任　闫学锋　李　国　于五一　孔德琴
　　杨文良
委　员　(按姓氏笔画为序)
　　于良佐　于　敏　王姮隽　吕　洪
　　朱春霞　刘丽平　闫金山　孙　立
　　李金山　李春霞　李　琪　连玉明
　　何兴图　何志强　辛荣军　张玉昆
　　张延平　张克成　昌延力　侯湘君
　　费　珉　绛　云　聂启明　奚传斌
　　高吉喜　崔源声　滑明达　蔡　勉

朝阳区人大工作机构负责人

办公室主任　朱春霞
内务司法工作委员会主任　侯湘君
财政经济工作委员会主任　吕　洪
城建环保工作委员会主任　李金山
教科文卫工作委员会主任　张克成
代表联络室主任　孙　立

北京市朝阳区人民政府

区　　长　程连元
常务副区长　戴继楼(4月免)　吴桂英(4月任)
副 区 长　刘希泉　赵全保　李建海　阎　军
　　张春秀　王　春(12月任)

朝阳区人民政府工作机构负责人

办公室主任　王　春(4月免)　刘军胜(4月任)
发展和改革委员会主任　王亚贵
建设委员会主任　吴凤歧
金融服务办公室任　常树奇
市政市容管理委员会主任　尹秀峰
社会建设工作办公室主任　汪　洋
农村工作委员会主任　陈晓东
教育委员会主任　滕国清(3月免)　孙其军(3月任)
教育督导室主任　滕国清
科学技术委员会主任　王先勇
国有资产管理委员会主任　王文远(3月任)
文化委员会主任　李龙吟(4月免)　黄晓伟(4月任)
人口和计划生育委员会主任　史素珍
法制办公室主任　刘　勇
民族宗教办公室主任　王爱录
侨务办公室主任　李金虎
流动人口和出租房屋管委会办公室主任　鞠正义
外事办公室主任　宿静美
信访办公室主任　赵红伟
信息化工作办公室主任　梅诗曙(11月免)
　　王　臻(11月任)
财政局局长　尚　焰(4月免)　邹立嵩(4月任)
审计局局长　邹立嵩(4月免)　刘　野(4月任)
监察局局长　张树安

人力资源和社会保障局局长　吕明杰(9月任)
机构编制委员会办公室主任　郑　煌(兼)
安全生产监督管理局局长　　关　伟
商务局局长　张　勇
民政局局长　张凤祥
司法局局长　荣　容
房屋管理局局长　刘来祥
卫生局局长　殷　菁(4月免)　师　伟(4月任)
环境保护局局长　张永华
统计局局长　刘　野(4月免)　王春平(4月任)
水务局局长　李树东
旅游局局长　杨伟萍(4月免)　兰学军(4月任)
体育局局长　田巨清
绿化局局长　郝建国
民防局局长　鄂曼叶
档案局局长　申玺朝
投资促进局局长　洪继元
城市管理监察大队队长　张永红(4月免)
吴熙盛(6月任)
城市管理监督指挥中心主任　皮定均
绿化隔离地区建设指挥部办公室主任　(空缺)
重点政府工程协调领导小组办公室主任
沈乃宏(4月任)
东坝航空商务区管委会筹备组办公室主任
孙振东(兼;4月任)
垡头产业区管委会办公室主任　荣学强(4月任)
定福庄产业区管委会办公室主任　桑小为(8月任)
规划局党组书记、局长　夏林茂(3月免)
张立新(3月任)
国土资源管理局朝阳分局局长　樊文祯
经济社会调查队队长　　张建萍
工商行政管理局朝阳分局局长　方世成
国家税务局局长　　　　刘嘉权
地方税务局局长　　　　陈合庄
质量技术监督管理局局长　吴　平
药品监督管理局朝阳分局局长　闫学会

中国人民政治协商会议
北京市朝阳区第十一届委员会

主　　席　辛燕琴
副 主 席　刘乃晨　关三多　赵增华　茅玉麟
邢念增　高向宇
秘 书 长　王苏华
常务委员　(以姓氏笔划为序)
丁清光(回)　尹昌来(朝鲜)　毛大庆
王文军　王全辉　王均堂　王　岗
王建荣　王树声　王鲁宁　史　彬
叶茂西　叶　青　司爱华　田巨清
田新民　石燕秋　刘子华　刘　江
刘来祥　刘常平　刘　福　安阿玥(回)
何绍伟　张永华　张汉东　张秀云
张其成　张国利　张　耘　李龙吟(回)
李利民　李敬泽　杨　勇　杨毓莹
汪　斌　陈纪生　陈丽娟　周用和
周道珍　林安杰　苑文新　贺贝奇(蒙)
郝　雍　姬文革　徐沛东　徐艳梅
殷　菁　陶存文　高　菲　崔新未
黄关葆　傅志峰　富剑萍　曾原纪
滕国清　潘　迎

朝阳区政协专门委员会负责人

提案委员会主任　　　　徐桂士
学习与文史委员会主任　王　岗
经济科技委员会主任　　刘　福
教文卫体委员会主任　　林安杰
城建环保委员会主任　　张　耘
社会法制与民族宗教委员会主任　富剑萍
港澳台侨委员会主任　　潘　迎

朝阳区政协工作机构负责人

办公室主任　宿静美(兼)
城建处处长　良　彪
文教处处长　徐宝强
经济处处长　闫立民
联络处处长　徐桂士
研究室主任　董　伟

朝阳区政法、军事机构负责人

人民检察院党组书记、检察长　王　立
人民法院党组书记、院长　李新生(11月免)
李瑞翔(11月任党组书记)
人民武装部部长　李彦田
人民武装部政委　王海洋
交通支队队长　　张　成
公安局朝阳分局党委书记、局长　肖兴国(7月免)
陶　晶(7月任)
公安局朝阳分局政委　王益春

国家安全局朝阳分局局长　胡　颖

朝阳区各民主党派负责人

民革朝阳区委主委　绛　云
民盟朝阳区委主委　曾原纪
民建朝阳区委主委　徐艳梅
民进朝阳区委主委　张　耘
农工党朝阳区委主委　邢念增
致公党朝阳区委主委　高向宇
九三学社朝阳区委主委　茅玉麟
台盟朝阳区工委主委　潘　迎

朝阳区各团体负责人

工会主席　王玉英(4月免)
　　尹秀峰(兼;4月任)
共青团朝阳区委书记　郑　宇(4月免)
　　孔　磊(4月任)
妇女联合会主席　黄　敏
科学技术协会主席　李春霞(8月免)
　　张金科(8月任)
残疾人联合会理事长　孙育力(4月免)
　　王　毅(4月任)
归国华侨联合会主席　于　敏
工商业联合会主席　聂启明
红十字会会长　谢　莹(兼)
红十字会常务副会长　宋凤泽(4月免)
　　王素荣(4月任)
文学艺术界联合会秘书长　李龙吟(兼;4月免)
　　黄晓伟(兼;4月任)
慈善协会会长　王　琳(8月免)
　　李　靓(8月任)

区属其他单位负责人

北京商务中心区管理委员会主任
　　吴桂英(兼)
北京商务中心区管理委员会常务副主任
　　刘春成
北京商务中心区土地发展中心主任
　　赵光耀(11月任)
北京奥林匹克公园管理委员会主任
　　赵全保(兼)
北京奥林匹克公园管理委员会常务副主任
　　王　春
中关村科技园区电子城科技园管理委员会主任
　　阎　军(兼)
中关村科技园区电子城科技园管理委员会常务副主任
　　王文军
金盏金融服务园区管理委员会主任
　　王　健
职工大学党委书记
　　杨绍磊(11月免)
　　马金东(11月任)
职工大学常务副院长
　　孙桂华(兼)
地方志编纂委员会办公室主任
　　赵万顺
老龄工作办公室主任
　　徐传孝(兼;4月免)
　　盛国敏(兼;4月任)
广播电视新闻中心党委书记
　　洪建基
广播电视新闻中心主任
　　奚传斌
温榆河开发建设管理办公室主任
　　杨　永
农村集体经济办公室(农村合作经济经营管理站)党组书记、主任
　　冯庆国(11月免)
　　秦　涛(11月任)
种植养殖业服务中心党委书记
　　赵希永(8月免)
　　冯庆国(11月任)
种植养殖业服务中心主任
　　夏玉茂
农业综合执法大队党委书记
　　张思忠
农业综合执法大队队长
　　韩珍义
世奥森林公园开发经营有限公司党委书记
　　马跃农(4月免)
　　穆德林(11月任)
世奥森林公园开发经营有限公司经理
　　郜锡忱(4月免)
　　田锦和(11月任)
望京高新技术产业综合开发总公司党委书记
　　任国强
望京高新技术产业综合开发总公司经理
　　张维刚
朝阳公园开发经营公司党委书记

刘怡玲
朝阳公园开发经营公司经理
田锦秈
京客隆商业集团股份有限公司董事长、党委书记
卫停战
京客隆商业集团股份有限公司总经理
李建文
昆泰房地产开发集团经理、党委书记
何志强
朝阳城市建设综合开发公司党支部书记
郭　艺
朝阳城市建设综合开发公司经理
刘福利
蓝岛大厦有限责任公司党委书记
王东海
蓝岛大厦有限责任公司董事长
黄　豪
蓝岛大厦有限责任公司总经理
李　伟
国际商务中心区开发建设有限公司总经理
周　建
宝嘉恒基础设施投资公司董事长、党总支书记
张　维
宝嘉恒基础设施投资公司经理
绳志明
弘朝伟业国有资产经营有限责任公司董事长兼党委书记
杨士山
弘朝伟业国有资产经营有限责任公司总经理
王伟林
金朝阳商贸国有资本运营公司党支部书记
张建军
金朝阳商贸国有资本运营公司经理
李　默
温榆河土地开发分公司总经理
苑志强
京广中心有限公司党委书记
孙明明
区副食品总公司经理、党委书记
顾汉林
郡王府管理中心党支部书记
王　彬
郡王府管理中心主任
李　杰
区粮食局党委书记
李长生
区粮食局局长、副书记
史中苏
区机关后勤服务中心党委书记
曹京伟
区机关后勤服务中心主任
张颖诚
朝阳宾馆党总支书记
张　跃
朝阳宾馆经理
马德山
潘家园国际民间文体发展中心董事长、党总支书记
崔新未
潘家园国际民间文体发展中心总经理
李桂芳
北京华阳经济开发公司经理
孙明明
朝阳区建筑工程公司经理、党委书记
马印秋
金鑫融信投资中心经理、书记
汤　彤
区环境卫生服务中党委书记
黄庆林
区环境卫生服务中心主任
陈万明
区垃圾无害化处理中心党总支书记
郭团会
区垃圾无害处理中心主任
吴选辉

朝阳区街道工委、办事处负责人

八里庄街道
工委书记　刘北阳
办事处主任　徐桂士(8月免)
齐建宗(8月任)
左家庄街道
工委书记　赵永山(8月免)
王玉华(8月任)
办事处主任　郑金录
和平街街道
工委书记　付义军
办事处主任　王玉华(8月免)
李连科(8月任)
双井街道
工委书记　于海波
办事处主任　良　彪(8月免)

吴景刚(8月任)
酒仙桥街道
工委书记 赵 玲
办事处主任 张志国
呼家楼街道
工委书记 胡建三
办事处主任 高永宏(8月免)
邢平芳(11月任)
朝外街道
工委书记 武清林
办事处主任 吕 岚(4月免)
田志刚(4月任)
劲松街道
工委书记 郑 霞
办事处主任 范力平(8月免)
殷 宁(8月任)
安贞街道
工委书记 张丽鸣(8月免)
王 军(8月任)
办事处主任 王 军(8月免)
马海鹰(11月任)
三里屯街道
工委书记 李振启(8月免)
李振玲(8月任)
办事处主任 李振玲(8月免)
常敬武(8月任)
建外街道
工委书记 苏 民(4月免)
高春利(4月任)
办事处主任 高春利(4月免)
邵水平(4月任)
团结湖街道
工委书记 赵年生(3月任)
办事处主任 赵年生(3月免)
李 洁(3月任)
潘家园街道
工委书记 董跃美
办事处主任 刘炳起
香河园街道
工委书记 徐家亮(4月免)
郑 宇(4月任)
办事处主任 葛 强
六里屯街道
工委书记 马 龙
办事处主任 王素荣(4月免)
喻 军(4月任)
亚运村街道
工委书记 杨树旗
办事处主任 田 峡(4月任)
小关街道
工委书记 刘伯韬
办事处主任 黄 亮(8月免)
吴 冰(8月任)
垡头街道
工委书记 王建军
办事处主任 高智勇
麦子店街道
工委书记 王 毅(4月免)
张永新(4月任)
办事处主任 张永新(4月免)
董 健(4月任)
机场街道
工委书记 方 明(4月免)
李 洋(4月任)
办事处主任 李 洋(4月免)
苏向东(4月任)
望京街道
工委书记 闫 宾
办事处主任 韩俊英(8月免)
宋 军(8月任)
大屯街道
工委书记 王文远(2月免)
徐家亮(4月任)
办事处主任 徐江波
东湖街道筹备处
工委书记 王瑞林(8月免)
高永宏(8月任)
办事处主任 王春庆

朝阳区地区(乡)工委(党委)、办事处(乡)负责人

南磨房地区(乡)
工委(党委)书记 张德亮
办事处主任(乡长) 张 奎
高碑店地区(乡)
工委(党委)书记 张富生
办事处主任(乡长) 吴晓军
将台地区(乡)
工委(党委)书记 刘新平
办事处主任(乡长) 左景全

太阳宫地区(乡)
　　工委(党委)书记　董万立(11月免)
　　　　　　　　　　张宏明(11月任)
　　办事处主任(乡长)　张宏明(11月免)
　　　　　　　　　　王　毅(11月任)
十八里店地区(乡)
　　工委(党委)书记　杨　霆
　　办事处主任(乡长)　张启顺
小红门地区(乡)
　　工委(党委)书记　康志华
　　办事处主任(乡长)　路　军(4月免)
　　　　　　　　　　李贺清(4月任)
王四营地区(乡)
　　工委(党委)书记　乔竹兰(4月免)
　　　　　　　　　　李世喆(4月任)
　　办事处主任(乡长)　李世喆(4月免)
　　　　　　　　　　高永荣(4月任)
平房地区(乡)
　　工委(党委)书记　吴学文
　　办事处主任(乡长)　米振华
东坝地区(乡)
　　工委(党委)书记　孙振东
　　办事处主任(乡长)　安永存
金盏地区(乡)
　　工委(党委)书记　张　岩
　　办事处主任(乡长)　于志刚
来广营地区(乡)
　　工委(党委)书记　张克斌(3月任)
　　办事处主任(乡长)　张克斌(3月免)
　　　　　　　　　　马文虎(3月任)
奥运村地区(乡)
　　工委(党委)书记　胡良森(3月免)
　　　　　　　　　　张永红(3月任)
　　办事处主任(乡长)　胡杰华
东风地区(乡)
　　工委(党委)书记　张仲凯
　　办事处主任(乡长)　马文虎(3月免)
　　　　　　　　　　龙连柏(4月任)
孙河地区(乡)
　　工委(党委)书记　纪海义
　　办事处主任(乡长)　刘大宏
崔各庄地区(乡)
　　工委(党委)书记　张树宝
　　办事处主任(乡长)　刘伯明
三间房地区(乡)
　　工委(党委)书记　牟燕东
　　办事处主任(乡长)　冯永忠
常营地区(乡)
　　工委(党委)书记　吉广平
　　办事处主任(乡长)　蔡淑敏
豆各庄地区(乡)
　　工委(党委)书记　李云飞
　　办事处主任(乡长)　张士华
黑庄户地区(乡)
　　工委(党委)书记　荣学强(4月免)
　　　　　　　　　　路　军(4月任)
　　办事处主任(乡长)　马国勇
管庄地区(乡)
　　工委(党委)书记　杨建海
　　办事处主任(乡长)　周卫东

全国(含系统)先进集体、先进个人

先进集体

全国三八红旗集体

朝阳区妇儿医院

全国维护妇女权益先进集体

朝阳区妇联

第七届全国五好文明家庭创建活动基层先进协调组织

朝阳区妇联

全国巾帼文明岗

区环境卫生服务中心四队

区卫生局卫生监督所

全国流动人口计划生育先进集体

区人口计生委

全国纪检监察系统优秀互联网站

纪委监察局网

第二次全国经济普查先进集体

朝阳区第二次全国经济普查领导小组办公室

第三届全国十佳基层检察院

朝阳区检察院

先进个人

全国“五一”劳动奖章

曹　晶　宋友山

全国三八红旗手

黄　敏　马　骏　蔡淑敏　侯　杰

全国巾帼建功标兵

荣　容

第七届全国五好文明家庭

杨立英　赵　民　陈宝媛

全国城乡妇女岗位建功先进个人

苏桂云

第二次全国经济普查先进个人

王春平　张建萍　李玉卉　黄英梅　黄岐山
崔晓利　孙铁男　李　洽　吴忠延　穆树镛
褚雪霏　孙盛楠　曲业娥　南雅飞　王　庄
赵翠华　刘君丽　赵颖征　尹军锐　寇洪元
陈一丁　岳美丽　芮雅芹　林玥波　姚庆旺
刘宝华　闫立民　李永庆　高欣萍　闫　安
张　映

北京市
先进集体、先进个人

先进集体

首都劳动奖状

香河园街道社会保障事务所

工人先锋号

体之杰(北京)体育文化发展有限公司 WCO 赛事运营推广部

妇女儿童工作先进集体

朝阳区妇联

北京市“三八”红旗集体

日坛公园形象服务班
区动物疫病预防控制中心
区双桥燕京中药饮片厂
叶氏企业集团有限公司物业管理经营中心保洁部
区法院奥运村法庭
建外街道北郎东社区
三里屯街道东三里社区
首都师范大学附属实验学校
区南湖东园小学
朝阳公园开发经营公司
区广播电视新闻中心编辑科
东风社区卫生服务中心

巾帼文明示范村

黑庄户乡苏家坟村
金盏乡沙窝村
十八里店乡吕家营村

新中国成立60年庆祝活动安全保卫工作先进集体

公安分局治安支队
公安分局人口管理处
公安分局内保处
公安分局建外派出所
公安分局朝外派出所
公安分局十八里店派出所

中华人民共和国成立60周年庆祝活动筹办工作最佳组织奖

共青团北京市朝阳区委员会

中华人民共和国成立60周年庆祝活动筹办工作先进单位

共青团北京市朝阳区委员会

首都国庆60周年群众游行支持贡献单位

共青团北京市朝阳区委员会

首都国庆60周年群众游行创新成果奖

共青团北京市朝阳区委员会

国庆志愿者优秀组织单位

共青团北京市朝阳区委员会

先进个人

首都劳动奖章

吴桂敏　李　广　黄振河　曹　晶　苏均塘
杨卫东　黄　莉　张申瑞　郭庶培　张海云
秦剑锋　陈愚飞　李　萍　王永光　邓会恩

北京市“三八”红旗奖章

杨淑英　孙　梅　周亚文　邢志新　蒋东燕
庞　颖　王　蓓　刘　静　董跃美　赵　玲
王玉华　贺　巍　芦艳萍　周　静　皮淑贤
钟亚莉　郭文英　李桂芳　贾陆萍　梁雪琴
白勇涛　李云霞　李　虹　李宪平　张宏艳
刘爱英

新中国成立60周年庆祝活动安全保卫工作先进个人

徐　建　曹克亮　乔建文　李忠河　何　营
王德斌　张韶光　赵　军　尹立新　张　宁

刘　强　王利群　田春华　张　锋　梁　刚　赵　伟

参加国庆60周年群众游行活动荣誉证书

朝　阳　区
先进集体、先进个人

先进集体

新中国成立60周年庆祝活动筹办工作特殊贡献奖

女民兵方队

新中国成立60周年庆祝活动筹办工作最佳组织奖

区国庆筹备工作领导小组办公室
群众游行联欢指挥部
志愿者工作组
游园指挥部
女民兵方队工作指挥部
区委教工委(区教委)
区文化委
中国传媒大学
北京第二外国语学院
北京中医药大学
奥林匹克公园管委会
北京世奥森林公园开发经营公司
朝阳公园开发经营公司

新中国成立60周年庆祝活动筹办工作最佳安全保卫奖

社会治安与安全警卫指挥部
集结疏散安全保障指挥部
区委610办公室
区流管办
区司法局
区安全监督局
公安朝阳分局
朝阳交通支队
朝阳消防支队

新中国成立60周年庆祝活动筹办工作最佳环境创造奖

新闻宣传指挥部
环境整治指挥部

新中国成立60周年庆祝活动筹办工作最佳服务保障奖

阅兵服务保障指挥部
街道系统指挥部
农村系统指挥部
区直机关工委
区总工会
区妇联
区体育局
区残联
建外街道
八里庄街道
呼家楼街道
六里屯街道
麦子店街道
朝外街道
三里屯街道
双井街道
团结湖街道
高碑店地区
金盏地区
黑庄户地区
孙河地区
奥运村地区
北京秀水市场有限公司
华联新光百货(北京)有限公司

新中国成立60周年庆祝活动筹办工作先进单位

区委办公室
区人大办公室
区政府办公室
区政协办公室
区纪委(区监察局)区委组织部区委宣传部(区文明办)
区委统战部
区委社会工委(区社会办)
区委农工委(区农委)
区委政法委
区非公经济工委
区党史办
区武装部
团区委
区发展改革委
区国资委
区商务委
区住房城乡建设委
区市政市容委

区科委
区综治办
区维稳办
区信访办
区信息办
区法制办
区志办
区绿指办
区食品办
区财政局
区环保局
区民政局
区人力社保局
区水务局
区卫生局
区审计局
区园林绿化局
区旅游局
区民防局
区房管局
区质监局
区国税局
区地税局
区档案局
区城管监察大队
区广播电视新闻中心
区城管监督中心
区环境卫生服务中心
区法院
区检察院
区工商联
区红十字会
区科协
区私个协
区文联
区社区学院
市规划委朝阳分局
市国土局朝阳分局
工商朝阳分局
安全朝阳分局
朝阳电力公司
兴隆公园
团结湖公园
小关街道
左家庄街道
安贞街道
东湖街道筹备处
大屯街道
和平街街道
垡头街道
劲松街道
首都机场街道
酒仙桥街道
潘家园街道
望京街道
香河园街道
亚运村街道
小红门地区
崔各庄地区
常营地区
东风地区
东坝地区
管庄地区
豆各庄地区
将台地区
平房地区
来广营地区
南磨房地区
三间房地区
十八里店地区
王四营地区
太阳宫地区
蓝岛大厦有限责任公司
叶氏企业集团
香江房地产开发有限公司
首都儿科研究所
建筑装饰设计工程有限公司
建国饭店
东坝木材大卖场
东郊火车站
中国环境科学院
大业传媒集团
北京林业大学
北京联合大学
北京金融学院
对外经济贸易大学
北京化学炼焦厂
北京联合大学机电学院
北京印刷二厂
城外诚家具广场
城承物业管理有限公司
隆昌伟业印刷有限公司

天道酬勤物业管理有限公司
中国国际贸易中心有限股份公司
眉洲酒店管理有限公司
榆光城物业管理有限公司
潘家园旧货市场有限公司
物资储运总公司百子湾公司
奥马超达健身中心
常赢圆梦绿化有限公司
市双桥农工商公司
丰乐金港大酒店
润天和物业有限公司
全国农业展览馆
华汇亚辰投资有限公司
东郊农工商联合公司
中旅大厦有限责任公司
丽都假日饭店
中国中医科学研究院望京医院
三全公寓有限公司
金麦穗宾馆有限责任公司
中国建筑科学研究院
国华置业有限责任公司
朝阳商业大楼有限公司
盛煌天宇商品市场有限责任公司
十里河投资管理集团有限公司
金地停车场建设管理有限公司
田华建筑集团公司第六工程部
万通鼎安国际物业服务有限公司
仲量联行物业管理服务有限公司
新纪家园物业管理有限责任公司
管庄刨花板市场中心管庄惠河汽配市场
东方盛泽东郊农副产品批发市场有限公司
港铁(北京)房地产管理有限公司朝外分公司
神华国华国际电力股份有限公司北京热点分公司
华润置地(北京)物业管理有限责任公司峻峰华亭管理部
首都机场物业管理有限公司住宅物业服务分公司
七星华电科技集团有限责任公司
兴隆御苑园林绿化发展有限公司

朝阳劳动奖状

朝阳体育馆
残疾人联合会
劲松第一幼儿园
蓝岛大厦有限责任公司化妆首饰卖场黄金组
北京市工商局朝阳分局奥运村工商所
麦子店街道
香河园街道社会保障事务所
金盏乡社会保障事务所
大羊坊动物防疫监督检查站
体之杰(北京)体育文化发展有限公司WCO赛事运营推广部

区农村地区“五个好”乡党委

南磨房乡
平房乡
来广营乡
崔各庄乡
十八里店乡
高碑店乡
孙河乡
小红门乡
东风乡
三间房乡

社会主义新农村城乡一体化建设先进单位

豆各庄乡
常营乡
太阳宫乡
奥运村乡
东坝乡
管庄乡
王四营乡
金盏乡
黑庄户乡
将台乡

社会主义新农村经济发展先进单位

赛特奥特莱斯商贸有限公司
东方盛泽商贸集团有限公司
北苑实业发展公司
东华实业公司
大洋路农副产品市场有限公司
城外诚家居广场
盛华集团
景藏健康置业有限公司
达义兴业房地产开发有限公司
平房青年路汽车商贸城市场有限公司
瑞友莱福管理咨询有限公司
朝阳昆仑电线厂
燕京药业有限公司
蟹岛绿色生态农庄有限公司
方圆平安食品开发有限公司
朝来农艺园有限责任公司

朝阳区社会领域和谐建设先进单位

朝外街道
建外街道

双井街道
劲松街道垡头街道
机场街道
小关街道
安贞街道望京街道
大屯街道
三里屯街道
六里屯街道八里庄街道
酒仙桥街道香河园街道
麦子店街道团结湖街道
亚运村街道
和平街街道
呼家楼街道左家庄街道
潘家园街道
东湖街道筹备处
朝外街道三丰里社区
朝外街道芳草地社区
建外街道南郎家园社区
建外街道北郎东社区
建外街道北郎家园社区
双井街道九龙南社区
双井街道广和里社区
双井街百子园社区
双井街道广泉社区
劲松街道八棵杨社区
劲松街道劲松西社区
劲松街道劲松东社区
垡头街道一区社区
垡头街道翠城四区社区建设筹备组
垡头街道二区社区
机场街道南路西里社区
小关街道高原街社区
小关街道惠新苑社区
安贞街道安贞里社区
安贞街道黄寺社区
望京街道花家地南里社区
望京街道南湖西园二区社区
望京街道西园三区社区
望京街道西园四区社区
望京街道望花路东里社区
望京街道阜荣街社区
大屯街道大屯里社区
大屯街道慧忠北里第一社区
大屯街道慧忠北里第二社区
大屯街道育慧西里社区
大屯街道安慧东里社区
三里屯街道北三里社区
三里屯街道东三里社区
六里屯街道十里堡北里社区
六里屯街道秀水园社区
六里屯街道碧水园社区
八里庄街道华贸中心社区
八里庄街道东里社区
八里庄街道朝阳无限社区
八里庄街道西里社区
酒仙桥街道高家园社区
酒仙桥街道大山子社区
酒仙桥街道中北路社区
香河园街道柳芳北里社区
香河园街道西坝河西里社区
香河园街道西坝河东里社区
麦子店街道枣营南里社区
麦子店街道霞光里社区
团结湖街道中路北社区
团结湖街道三四条社区
亚运村街道安慧里社区
亚运村街道安慧里南社区
亚运村街道京民社区
和平街街道十四区社区
和平街街道砖角楼社区
和平街街道小黄庄社区
呼家楼街道核桃园社区
呼家楼街道金台里社区
呼家楼街道东大桥社区
左家庄街道新源里社区
左家庄街道三源里社区
左家庄街道左南里社区
潘家园街道潘家园社区
潘家园街道松榆东里社区
潘家园街道武圣东里社区
潘家园街道松榆里社区
东湖街道南湖中园北社区
奥运村地区北沙滩社区
奥运村地区万科星园社区
奥运村地区大羊坊社区
常营地区万象新天地社区
常营地区民族家园社区
三间房地区双桥路社区
三间房地区双柳社区
三间房地区双桥铁路社区
来广营地区北苑一号院社区
来广营地区绣菊园社区

来广营地区茉藜园社区
来广营地区时代庄园社区
来广营地区朝来绿色家园社区
高碑店地区八里庄社区
高碑店地区高碑店社区
高碑店地区康家园社区
高碑店地区通惠家园社区
南磨房地区南新园社区
南磨房地区欢乐谷社区
南磨房地区百子湾西社区
南磨房地区平乐园社区
南磨房地区百子湾东社区
平房地区国美家园社区
平房地区雅成里社区
平房地区富华家园社区
东风地区石佛营南里社区
东风地区紫萝园社区
东风地区东润枫景社区
管庄地区管庄东里社区
将台地区芳园里社区
将台地区水岸家园社区
东坝地区朝阳新城社区
东坝地区红松园社区
太阳宫地区太阳宫社区
太阳宫地区芍药居二社区
太阳宫地区夏家园社区
豆各庄地区文化传播社区
崔各庄地区马南里社区
黑庄户地区双桥第一社区

社会治安综合治理先进集体

呼家楼街道
朝外街道
亚运村街道
左家庄街道
双井街道
麦子店街道
大屯街道
六里屯街道
三里屯街道
团结湖街道
建外街道
安贞街道
小关街道
酒仙桥街道
潘家园街道和平街街道
望京街道
八里庄街道
劲松街道
垡头街道
首都机场街道
香河园街道
东湖街道筹备处
高碑店乡
南磨房乡
平房乡
来广营乡
东风乡
奥运村乡
将台乡
东坝乡
崔各庄乡
小红门乡
三间房乡
十八里店乡
黑庄户乡
金盏乡
太阳宫乡
常营乡
管庄乡
豆各庄乡
王四营乡
孙河乡
区委办公室
区政府办公室
区纪委(区监察局)
区委组织部
区委宣传部
区委社会工委
区委农工委
区武装部
区防范和处理邪教问题办公室
区教委
区住房城乡建设委
区市政市容委
区商务委
区文化委
区维稳办
区信访办
区流管办
区信息办
区人力社保局
区财政局

区房管局
区旅游局
区安全监督局
区民政局
区司法局
区民防局
区卫生局
区法院
区检察院
区残联
区城管监察大队
区城管监督中心
朝阳工商分局
朝阳公安分局
朝阳安全分局
朝阳交通支队
朝阳消防支队
朝阳公安分局治安支队
朝阳公安分局人口管理处
朝阳公安分局内部单位保卫处
北京市保安服务总公司朝阳分公司
建外街道建国里社区
建外街道北郎家园社区
麦子店街道枣营南里社区
麦子店街道霞光里社区
朝外街道三丰里社区
朝外街道吉庆里社区
三里屯街道北三里社区
左家庄街道新源里社区
八里庄街道甘露园社区
呼家楼街道小庄社区
安贞街道安贞西里社区
安贞街道安贞里社区
潘家园街道华威里社区
六里屯街道六里屯北里社区
团结湖街道中路南社区
团结湖街道水碓子社区
双井街道双花园社区
双井街道垂杨柳东里社区
香河园街道西坝河西里社区
和平街街道和平街十四社区
酒仙桥街道大山子社区
劲松街道八棵杨社区
小关街道高原街社区
小关街道惠新北里社区
垡头街道翠城二区社区
首都机场街道南路西里社区
东湖街道南湖中园北社区
高碑店地区八里庄社区
高碑店乡高碑店村
高碑店地区兴隆家园社区
高碑店地区花园闸北里东社区
南磨房地区平乐园社区
东风地区东润枫景社区
东风地区紫萝园社区
东风乡将台洼村
十八里店乡小武基村
平房地区雅成里社区
平房乡平房村
将台乡驼房营村
将台地区将府家园社区
太阳宫地区太阳宫社区
太阳宫乡十字口村
奥运村地区林萃社区
奥运村地区科学园社区
来广营乡来广营村
来广营乡新生村
东坝地区朝阳新城社区
东坝乡东风村
崔各庄乡奶东村
崔各庄地区马南里社区
常营地区鑫兆家园社区
常营地区民族家园社区
管庄地区管庄东里社区
管庄乡郭家场村
小红门乡肖村
三间房地区双惠苑社区
黑庄户乡苏坟村
豆各庄乡黄厂村
豆各庄乡于家围北村
金盏乡小店村
孙河乡前苇沟村
孙河乡下辛堡村
王四营乡道口村
王四营乡王四营村
朝阳公安分局建国门外派出所
朝阳公安分局和平街派出所
朝阳公安分局八里庄派出所
朝阳公安分局三里屯派出所
朝阳公安分局六里屯派出所
朝阳公安分局香河园派出所
朝阳公安分局花家地派出所

朝阳公安分局南湖派出所
朝阳公安分局双井派出所
朝阳公安分局首都机场派出所
朝阳公安分局南磨房派出所
朝阳公安分局来广营派出所
朝阳公安分局十八里店派出所
朝阳公安分局小红门派出所
朝阳公安分局黑庄户派出所
朝阳公安分局楼梓庄派出所
北京国华置业有限公司
BHG(北京)百货有限公司
潘家园旧货市场有限公司
广西大厦
北人集团公司
北京炼焦化学厂
中国国际展览中心集团公司
团结湖汽车存放服务中心
叶氏企业集团有限公司
东方盛泽商贸集团
望京实业总公司
丽都假日饭店
秀水街市场有限公司
三里屯雅秀服装市场
富春江酒店
国家奥林匹克体育中心
北京市汽车修理公司
中国石油长城钻探工程有限公司
北京联合大学
蓝岛大厦有限责任公司
振安停车服务有限公司
莱太花卉有限公司
中国农业机械化科学研究院
中国煤炭地质总局供应中心
大洋路商业管理中心
崔各庄乡大学生村官管理办公室
阳光社区矫正服务中心
东坝地区社会治安巡防队
北辰实业股份有限公司安保部
盛捷福景苑高级服务公寓
金麦穗宾馆有限责任公司
环球财富物业管理有限公司
奥中世贸物业管理有限公司
百年城堡(北京)国际物业管理有限公司
中国电子科技集团公司第十二研究所
田华建筑集团公司第六工程部

思想政治工作优秀单位

区委组织部
区人力社保局党委
区财政局党组
区环保局党组
区民政局党组
朝阳工商分局党组
朝阳公安分局党委
区园林绿化局绿化一队党支部
团结湖街道工委
亚运村街道工委
香河园街道工委
南磨房乡党委
高碑店乡党委
十八里店乡党委
崔各庄乡党委
八里庄街道远洋天地社区党委
望京街道南湖西园社区党委
和平街街道煤炭科技苑社区党委
麦子店街道农展南里社区党委
太阳宫地区芍药居第二社区党委
金盏乡北马坊村党支部
朝阳公园党委
望京综合开发公司党委
蓝岛大厦党委
京客隆集团党委
朝阳报社党支部
区文化馆党支部
朝阳师范学校附属小学党支部
东方德才学校党总支
北京市电气工程学校党总支
叶青大厦党委
洛娃科技实业集团有限公司党委
福建企业总商会党总支
均豪物业管理公司党总支

先进个人

朝阳劳动奖章

李永来 孙晓辉 冯 峻 皮定均 王 辉
牛素云 王月玲 张林华 李 军 刘治国
陈 洪 刘乃忠 臧德胜 胡胜利 曹兰锁
董秀珍 苏云华 刘万军 葛文辉 周亚文
黄志江 张 文 王根来 李玉红 陈炳鑫
王 冉 于 涛 张幸生 文爱群 肖忠英

见义勇为积极分子

吴顺柱 柳士普 王垂国 梁红巍 宋晓竹

社会治安综合治理先进个人

高春利　邵水平　赫粤冀　史坤京　袁庆武
陶庆芸　邢等超　戴德生　刘家红　贾秀芬
方　华　于海蕾　李振玲　常敬武　杜　强
凌　云　蒋晓刚　周　政　田　峡　高富宝
李　杰　任　悦　王　刚　周成武　徐江波
谢友华　李义廷　王惠玲　董会军　鲍清豪
王长林　张　雷　李文秀　刘　正　鲍永强
魏红专　郑金路　刘春生　许国强　蔡毅民
赵向东　刘增胜　赵　晶　奚　军　高书鹏
章　浩　潘建国　胡建三　刘万军　张良平
李仲利　杨博雅　孟国柱　张　斌　徐　平
国双印　董跃美　王　军　王　刚　胡绍晖
陈　萍　郭建芳　喻　军　蒋宗合　孙　晔
马　龙　梁茂松　高柏松　郑　宇　娄　阳
吴宝良　徐玉光　郗光琳　李　洁　赵年生
徐宝库　张巨林　闫红霞　闫　宾　张申瑞
唐惠明　李春明　戴克勇　穆立军　左立山
王定江　富建军　于海波　李连科　李平春
张晓明　张庆山　张志国　葛文辉　宋京燕
王　忠　王建军　赵春喜　谢　宏　耿国庆
杨惊晖　倪绍利　翟　莉　闫小红　刘丑生
霍亚立　高智勇　王建军　李　洋　苏向东
骆尚民　刘　锋　王庆东　刘艳青　王建宽
陈　岩　张富生　郑　霞　张永新　明宝军
李祝元　张宝玲　徐　伟　周晨光　张　权
王根来　方春玲　温静才　刘长庚　王增韻
张剑玲　张树宝　于士学　靳士勤　王艳平
范学凌　王海英　王志刚　张春江　李铁华
石柏林　王永文　白国良　宋启珍　胡云霞
李冬梅　王文俊　赵歌帆　顾洪涛　赵宗宝
刘青云　陈　杰　张仲凯　龙连柏　姜志忠
刘香民　王吉武　高　军　任玉晨　刘俊伍
颜廷建　安俊改　陈桂香　黄思连　刘建军
周宏义　杨德龙　邢　净　吉明月　孙树友
王春利　李建和　李　强　冯文广　李建强
陈静仪　索湘玉　张　岩　赵欣欣　张克斌
马文虎　高建忠　李少峰　蒋学海　徐文华
张胜涛　孙振东　穆广义　安永存　杨　霆
张启顺　于　瀛　闫子义　王允发　朱连坤
张爱东　张国生　韩　宇　陈　博　徐建国
赵　武　曹方武　周银军　杨国刚　张京平
郝郁廓　雷国勇　陈世俊　杨春林　金振禹
高永荣　丁占良　王　飞　李月武　马建忠
王丽萍　齐　强　许　飞　何　营　刘　皓
武　伶　张　艳　陈新月　孙　浩　惠　涛
张左盾　王　毅　孟宏伟　陈　磊　张中华
吕明杰　李维克　汪　洋　董会生　李永纲
马　凯　王宝军　王宁文　张小锋　朱广新
张志明　刘庆德　邬晓青　艾　新　宋　皡
李晓静　魏金环　潘德太　刘全友　刘彦国
孙在川　孟利君　郑彦霞　尚志远　马舍尔巴
王　真　宋惠清　苏秀丽　杨立亭　陈伟航
蓝万荣　赵春生　丁卉明　贾　豪　梁月才
顾克建　王雪涛　王丙会　李海南　白福根
李　京　皮定均　张金彪　杜　兵　曹　立
刘二飞　张东利　袁世万　李金虎　周　静
王晓岚　庞伯臣　李晓峰　郭春峰　许智勇
王春增　李渊峰　司　宁　杨京恋　唐涌涛
王一凡　田春华　李　黎　王俊青　李燕梅
何建灿　张　霞　黄海燕　王　鹏　周　平

优秀思想政治工作者

蒋自伟　刘秋云　陈　旭　尚志伟　郑　煌
王丽华　亓　纪　崔新荣　王亚贵　秦惠东
荣　容　张　维　尹秀峰　张仲凯　栗　红
张建军　王先勇　吉广平　杨泰峰　张　前
刘嘉权　纪海义　梁松梅　洪建基　杜　娥
寇　晔　刘淑清　刘元春　武清林　李志胜
牟建昌　虞南燕　李振启　蒋东燕　郝朝阳
高　峰　殷金凤　左秋玲　宋晓红　胡　波
彭晓彦　王春荣　董传利　赵德福　李珠旺
刘洪志　黄庆林　王敬武　李树莲　陈增义
顾汉林　岳献春

逝世人物

范成禄 北京市朝阳区人民检察院原党组书记、检察长。男,汉族,中共党员,1930年1月在北京出生。1949年2月参加革命工作,1950年1月加入中国共产党。历任北京被服厂四分厂工会主席、总支副书记,北京市朝阳区人民检察院检察员,北京市朝阳区革委会政法组遣返办公室负责人,北京市朝阳区人民法院党组副书记、副院长,北京市朝阳区人民检察院党组副书记、副检察长、代检察长、党组书记、检察长,1991年5月离休。2009年4月1日因病在北京逝世,享年79岁。

统计资料

地区生产总值

表 1 单位:万元

产业	2009 年	构成(%)
合计	23803815	100.00
第一产业	13941	0.06
第二产业	2656222	11.16
工业	1953085	8.20
建筑业	703137	2.95
第三产业	21133652	88.78
交通运输、仓储和邮政业	1162343	4.88
信息传输、计算机服务和软件业	1224129	5.14
批发和零售业	5302349	22.28
住宿和餐饮业	689239	2.90
金融业	2206886	9.27
房地产业	3501646	14.71
租赁与商务服务业	3307366	13.89
科学研究、技术服务和地质勘察业	1448658	6.09
水利、环境和公共设施管理业	106466	0.45
居民服务和其他服务业	170153	0.71
教育	678351	2.85
卫生、社会保障和社会福利业	423918	1.78
文化、体育和娱乐业	373515	1.57
公共管理和社会组织	538633	2.26

注:地区生产总值为北京市统计局反馈初步核实数据。

地方财政收支

表2

单位:万元

项　　目	决算数	项　　目	决算数
一、财政收入总计	1906576	二、财政支出总计	1686595
一般预算收入合计	1883143	一般预算支出合计	1402892
(一)区县固定税收小计	247407	一般公共服务	133864
房产税	175819	国防	3644
车船税	11395	公共安全	174525
印花税	52964	教育	314911
资源税	0	其中:教育附加费支出	32879
耕地占用税	7229	科学技术	23535
(二)共享税收小计	1596966	文化体育与传媒	24815
增值税	178946	社会保障和就业	239974
营业税	829661	医疗卫生	116392
城镇土地使用税	17726	环境保护	17317
土地增值税	60526	其中:排污费支出	163
教育费附加收入	25305	城乡社区事务	176124
城市维护建设税(85%)	95186	农林水事务	105984
企业所得税	390813	其中:水资源费支出	1509
企业所得税退税	-1197	交通运输	0
(三)分级收入小计	38770	其中:公路运输管理费支出	0
国有资本经营收入	0	采掘电力信息等事务支出	11380
国有资源(资产)有偿使用收入	12825	粮油物资储备等管理事务	8645
其它收入	193	金融监管支出	7314
罚没收入	6571	地震灾后恢复重建支出	10748
行政性事业性收费	17491	债务付息支出	0
排污费收	163	其他支出	33720
水资源费收入	1527	政府性基金预算支出合计	283703
公路运输管理费收入	0	一般公共服务	4649
基金预算收入合计	23424	教育	0
新型墙体材料专项基金收入	5943	文化体育与传媒	339
育林基金收入	7	社会保障和就业	17655
残疾人就业保障金收入	17459	城乡社区事务	254965
其他政府性基金收入	15	农林水事务	149
		交通运输	0
		采掘电力信息等事务	5943
		其他支出	3

数据来源:北京市朝阳区财政局

户数及人口数(户籍统计)

表3

单位:人

地区别	年末总户数(户)	年末总人口			在年末总人口中		出生人数	死亡人数
		合计	男	女	非农业人口	农业人口		
全　区	718564	1852555	933041	919514	1706229	146326	17081	7305
街道	427998	1213956	614948	599008	1213888	68	9429	4668
建　外	13157	41885	21549	20336	41885	0	229	179
朝　外	12530	45719	24822	20897	45719	0	326	171
呼家楼	21175	62375	31063	31312	62375	0	393	264
三里屯	13585	38689	18835	19854	38689	0	236	166
左家庄	24817	66721	33877	32844	66721	0	456	280
香河园	13542	34048	17226	16822	34048	0	254	178
亚运村	16650	47256	24318	22938	47256	0	403	175
小　关	13665	45963	22627	23336	45963	0	305	133
酒仙桥	23895	69069	35957	33112	69069	0	459	265
麦子店	8090	20904	10725	10179	20902	2	159	58
团结湖	14162	37090	18765	18325	37090	0	240	181
六里屯	23346	59643	30065	29578	59641	2	453	303
劲　松	26416	68208	34455	33753	68171	37	556	332
潘家园	31228	80244	40348	39896	80240	4	558	357
垡　头	9464	25379	13587	11792	25379	0	204	95
双　井	24473	68944	34811	34133	68921	23	578	257
机　场	7174	24097	13159	10938	24097	0	142	55
望　京	26102	68104	34503	33601	68104	0	816	218
和平街	24984	95801	48584	47217	95801	0	577	291
八里庄	27341	79759	39730	40029	79759	0	639	277
安　贞	18667	48666	24246	24420	48666	0	383	220
大　屯	23032	60533	29208	31325	60533	0	701	162
东　湖	10503	24859	12488	12371	24859	0	332	51
乡	290566	638599	318093	320506	492341	146258	7652	2637
南磨房	21304	51032	26360	24672	49006	1966	577	203
高碑店	21820	44948	22533	22415	42428	2520	502	211
将　台	11961	24332	12074	12258	21378	2954	299	85
太阳宫	15398	33818	17351	16467	32426	1392	385	110
东　风	13061	27819	13850	13969	27580	239	289	114
小红门	12927	26848	12847	14001	13195	13653	327	185
十八里店	16430	36111	17061	19050	15377	20734	378	175
王四营	10051	18149	8808	9341	9091	9058	181	84
平　房	13273	27352	13358	13994	19232	8120	403	121
奥运村	19727	47992	24324	23668	47978	14	565	154
来广营	17889	34777	17527	17250	30103	4674	779	91
金　盏	12363	27242	13289	13953	9435	17807	333	150
东　坝	15158	31376	15951	15425	18619	12757	434	154
崔各庄	12815	23850	11590	12260	13986	9864	349	122
孙　河	12626	21807	10525	11282	10141	11666	260	110
常　营	7557	15755	7711	8044	8502	7253	285	48
三间房	21924	65587	31593	33994	62283	3304	509	202
管　庄	19921	50545	26865	23680	44882	5663	466	176
豆各庄	5991	11384	5634	5750	6734	4650	150	48
黑庄户	8370	17875	8842	9033	9905	7970	181	94

数据来源:北京市公安局朝阳分局

城镇固定资产投资完成情况(法人经营地)

表4　单位:个、万元、平方米

项目	单位个数	项目个数	自年初累计完成投资	其中:基础设施投资	本年新增固定资产	房屋建筑施工面积	其中:住宅	房屋建筑竣工面积	其中:住宅
总计	154	324	1841851	756855	1673578	5415061	824654	1005628	117688
按注册类型划分									
国有	80	197	1125657	480993	907233	2956312	824654	797133	117688
集体	2	2	19295	0	0	70756	0	0	0
股份合作	1	1	8787	0	0	15079	0	0	0
国有联营	0	0	0	0	0	0	0	0	0
集体联营	0	0	0	0	0	0	0	0	0
国有与集体联营	0	0	0	0	0	0	0	0	0
其他联营	0	0	0	0	0	0	0	0	0
国有独资公司	6	30	196310	193652	515337	181614	0	17246	0
其他有限责任公司	28	41	217610	0	141916	812976	0	91575	0
股份有限公司	7	12	136808	0	692	494613	0	0	0
私营	9	9	64088	0	96	448863	0	0	0
其他	1	1	11167	0	0	71869	0	0	0
与港澳台商合资	2	2	1658	0	2786	0	0	0	0
与港澳台商合作	0	0	0	0	0	0	0	0	0
港澳台商独资	5	9	13092	0	87417	85018	0	85018	0
港澳台商投资股份有限公司	0	0	0	0	0	0	0	0	0
中外合资经营	4	9	8736	5019	5733	0	0	0	0
中外合作经营	1	1	13202	0	0	258055	0	0	0
外资企业	7	9	22533	0	12368	19906	0	14656	0
外商投资股份有限公司	1	1	2908	2908	0	0	0	0	0
按隶属关系划分									
中央单位	50	82	441627	21368	135288	2617863	743216	242627	102258
市属单位	45	120	463165	251352	1062061	1273194	81438	531490	15430
区属及无主管单位	59	122	937059	484135	476229	1524004	0	231511	0

房地产开发完成情况(法人经营地)

表5

单位:个、万元、平方米

项目	单位个数	自年初累计完成投资	其中:基础设施投资	其中:土地开发投资	其中:住宅	房屋施工面积	其中:住宅	房屋竣工面积	其中:住宅	本年新增固定资产	商品房销售面积(不含回迁)	商品房销售额(不含回迁)	商品房空置面积	其中:住宅空置面积	其中:一年以上住宅空置
总计	660	6900432	469905	10690	2163708	26011370	13388814	7015313	4109568	3344590	63323386	10999941	4240045	917521	235213
按注册类型划分															
国有	14	1877082	403829	6370	42776	627717	445393	167147	150924	451585	248876	107691	29204	29204	3762
集体	2	59769	0	0	13637	144963	143052	140443	138751	18524	78877	61978	9325	6849	5342
股份合作	0	0	0	0	0	0	0	0	0	0	0	0	0	0	0
国有联营	0	0	0	0	0	0	0	0	0	0	0	0	0	0	0
集体联营	0	0	0	0	0	0	0	0	0	0	0	0	0	0	0
国有与集体联营	0	0	0	0	0	0	0	0	0	0	0	0	0	0	0
其他联营	0	0	0	0	0	0	0	0	0	0	0	0	0	0	0
国有独资公司	6	84276	7354	0	73583	676104	421356	111661	77732	108009	248276	485554	102544	7348	4866
其他有限责任公司	379	3674838	50897	4230	1546333	16758764	9279706	4300184	3010380	1741054	3881514	6323097	2246603	417234	87329
股份有限公司	19	197056	1189	0	53960	1354254	342122	597602	43390	332904	73004	109289	38240	550	0
私营独资	0	0	0	0	0	0	0	0	0	0	0	0	0	0	0
私营合伙	0	0	0	0	0	0	0	0	0	0	0	0	0	0	0
私营有限责任公司	103	115686	1803	0	50832	1080751	471227	84577	77152	25508	185714	233248	170776	48353	5736
私营股份有限公司	7	8249	0	0	0	119775	0	84597	0	34960	12382	27389	38077	0	0
其他	0	0	0	0	0	0	0	0	0	0	0	0	0	0	0
与港澳台商合资经营	17	27754	0	0	17907	241875	69280	0	0	0	125279	319392	296748	84444	14597
与港澳台商合作经营	40	146595	0	0	88054	1178239	281135	427607	115717	240609	322134	731639	614694	186850	58017
港澳台商独资	14	344377	0	0	143695	1171195	740601	297151	227765	61999	364458	770235	185310	44896	37992
港澳台商投资股份有限公司	1	87350	0	0	46904	856460	574363	105191	86954	21480	234610	212775	55407	29477	3764
中外合资经营	21	126957	2711	0	36045	787641	240689	331509	0	160178	291396	1175366	156366	17650	4626
中外合作经营	27	70341	2122	0	15672	602737	189504	312695	141692	125807	80455	131380	210189	41084	7685
外资企业	10	80102	0	90	34310	410895	190377	54949	39111	21973	185411	310938	86562	3582	1497
外商投资股份有限公司	0	0	0	0	0	0	0	0	0	0	0	0	0	0	0
按隶属关系划分															
中央	17	203411	11	0	50445	556168	182005	168847	35264	62843	144209	272325	162397	14518	4365
市属	87	2543647	41362	7419	482892	6735245	3514500	1998893	1062741	1179129	1442902	2258055	680725	217628	20181
区及区以下	556	4153374	428532	3271	1630371	18719957	9692309	4847573	3011563	2102618	4745275	8469561	3396923	685375	210667
按资质等级划分															
一级	22	711488	4851	90	302995	3650665	2537857	1409872	1048410	417760	1032758	1515519	627766	152318	13443
二级	57	696935	28062	1049	354620	3891448	1768816	1275274	889021	517811	998856	1508199	1074034	274760	76887
三级	66	592982	7354	2429	252473	3010346	1757122	894521	573471	446099	827000	1295077	509753	79214	16280
四级	217	1501103	16904	752	737997	10018109	5902297	2472265	1254807	1184052	2492894	4768789	1432830	175245	48302
暂定	160	1927656	412734	0	500219	5363415	2172491	947074	333744	378566	957444	1871661	293078	110244	9289
其他	138	1470268	0	6370	15404	77387	60241	16307	10115	400302	23434	40696	302584	125740	71012

房地产开发企业主要财务指标

表 6　　单位:个、万元、人

项　　目	单位个数	固定资产合计	累计折旧	固定资产折旧	资产总计	负债合计	营业收入	主营业务收入	商品房屋销售收入	主营业务成本	主营业务税金及附加	营业利润	利润总额	应交所得税	应付工资总额（贷方累计发生额）	从业人员平均人数
总　计	659	41514233	6042545	1314472	617457985	491979980	81360274	80047227	70531947	48550028	7663629	14569717	14403459	3995202	1933584	23349
按注册类型划分																
国有	14	9007533	385870	84465	20722307	16901840	1127544	1031242	663758	666759	56403	51260	58013	19378	48380	676
集体	2	1038439	189104	25834	5743395	5266579	1195911	1111654	1108336	723922	70841	336167	336874	68636	11610	190
股份合作	0	0	0	0	0	0	0	0	0	0	0	0		0	0	0
国有联营	0	0	0	0	0	0	0	0	0	0	0	0		0	0	0
集体联营	0	0	0	0	0	0	0	0	0	0	0	0		0	0	0
国有与集体联营	0	0	0	0	0	0	0	0	0	0	0	0		0	0	0
其他联营	0	0	0	0	0	0	0	0	0	0	0	0		0	0	0
国有独资公司	6	22517	10384	2829	8488802	7515020	3421097	3421037	3280504	2278074	224366	469892	440718	87779	34695	228
其他有限责任公司	379	14316854	1806311	603375	330122438	22709202288	41636099	40906756	35482609	26184019	3867687	6189843	6189798	1758589	989183	12177
股份有限公司	19	5203336	42911	12680	35680659	20571870	1436867	1401391	1373878	759043	175477	582890	576467	104235	38220	417
私营独资	0	0	0	0	0	0	0	0	0	0	0	0		0	0	0
私营合作	0	0	0	0	0	0	0	0	0	0	0	0		0	0	0
私营有限责任公司	103	1373514	308955	95183	28274125	24170592	3087201	3039374	2834369	2158174	251164	-27639	-48154	80878	94903	2424
私营股份有限公司	7	89951	36674	10302	2979269	2713331	225646	210253	203986	126890	27386	-39418	-47787	0	5955	179
其他	0	0	0	0	0	0	0	0	0	0	0	0		0	0	0
与港澳台商合资经营	17	606982	814354	45909	14187304	9603094	2592664	2572135	2169294	1512099	141005	666792	671312	201335	61820	457
与港澳台商合作经营	40	1878474	595850	72510	42909934	35998808	4567228	4449479	3380299	2859510	275116	320184	224476	128419	149790	1931
港澳台商独资	14	3991394	617254	167195	59070619	45437174	4147188	4069348	3500170	2119771	267975	1056738	1017445	362994	172845	1144
港澳台商投资股份有限公司	0	0	0	0	0	0	0	0	0	0	0	0		0	0	0
中外合资经营	21	625946	312878	67683	37037966	30992049	7455239	7392850	7032082	3060613	1327357	2408104	2445481	695402	129899	997
中外合作经营	27	2127976	331033	20115	19328874	12917590	7732645	7718424	7015410	4741495	802281	1676256	1692083	261918	144578	1887
外资企业	10	1231317	590967	106392	12912293	8971745	2734945	2723320	2487252	1359659	176580	787648	846733	225639	51706	642
外商投资股份有限公司	0	0	0	0	0	0	0	0	0	0	0	0		0	0	0
按隶属关系划分																
中央	17	73770	23974	5999	35420697	22324509	2237935	2215817	1943774	1575981	150144	389778	369317	83329	45596	444
市属	86	7959336	280028	97638	95101118	77476924	15976188	15938785	15011122	10233901	1315442	2891091	2908798	763589	273188	2993
区及区以下	556	33481127	5738543	1210835	486936170	392178547	63146151	61892625	53577051	36740146	6198043	11288848	11125344	3148284	1614800	19912
按资质等级划分																
一级	21	3407580	695900	166360	110304528	82349483	14376436	14196110	13504933	8719170	768578	3828725	3825862	626448	289613	2473
二级	57	5474632	810624	312179	106093461	87705070	18386829	17896111	16910920	10120962	1912964	3511224	3667390	936726	406202	4881
三级	66	2630665	562329	116636	68367309	52276488	13059986	12935151	11304647	9066564	956969	1542826	1377192	440847	233503	2877
四级	217	10600887	1453180	390080	172594085	142569642	27846019	27604447	23108922	15968591	3320579	5238145	5209971	1470879	629565	7212
暂定	160	16384638	809933	151263	118691178	95831184	5613497	5472929	4861392	3588126	564849	454267	326328	417084	217146	3487
其他	138	3015831	1710579	177954	41407424	31248113	2077507	1942479	841133	1086615	139690	-5470	-3284	103218	157555	2419

社会消费品零售额

表 7

单位:亿元

项目	零售额	限额以上企业	限额以上批发和零售企业	限额以上住宿和餐饮企业
社会消费品零售额	1478.3	1263.6	1158.5	105.1
按用途分				
吃类商品	——	201.8	98.6	103.2
穿类商品	——	126.8	126.8	——
用类商品	——	680.9	679.0	1.9
烧类商品	——	254.1	254.1	——
按行业分				
批发和零售业	1340.8	1158.5	——	——
住宿业和餐饮业	135.8	105.1	——	——
其他行业	1.7	——	——	——

集贸市场情况

表 8

项目	单位	2009 年	2008 年	2009 年比 2008 年增减%
市场经营管理单位个数	个	187	198	-5.6
消费品市场农副产品成交量	吨	780419	770844	1.2
1. 粮食类	吨	82943	83318	-0.5
2. 油脂油料类	吨	14294	14123	1.2
3. 肉食禽蛋类	吨	111671	111560	0.1
4. 水产品类	吨	27241	27192	0.2
5. 蔬菜类	吨	432637	409401	5.7
6. 干鲜果类	吨	111633	125340	-10.9
消费品市场主要商品成交额	万元	353620	381680	-7.4
1. 粮食类	万元	23246	24231	-4.1
2. 油脂油料类	万元	23807	23481	1.4
3. 肉食禽蛋类	万元	171178	177232	-3.4
4. 水产品类	万元	27713	29052	-4.6
5. 蔬菜类	万元	68836	82815	-16.9
6. 干鲜果类	万元	38840	44871	-13.4

注:工商系统年报的制作周期为上年的 12 月至当年的 11 月。数据来源:北京市工商行政管理局朝阳分局

城乡个体工商业基本情况

表 9

项　　目	户　数（户）	城　镇	从业人员（人）	城　镇	注册资金（万元）	城　镇
合　　计	99750	65365	105336	67869	165161.6	101332.1
一、农林牧渔业	245	0	325	0	573.0	0.0
二、采矿业	2	0	2	0	1.0	0.0
三、制造业	1512	228	1951	269	2924.0	401.0
四、建筑业	37	18	312	222	69.0	36.0
五、交通运输、仓储和邮政业	778	213	802	225	1578.0	406.0
六、信息传输、计算机服务和软件业	812	402	845	473	1292.0	878.0
七、批发和零售业	72182	46325	74860	47413	110747.5	66735.0
八、住宿和餐饮业	3842	2766	5479	3100	6558.0	3833.0
九、租赁和商务服务业	552	330	607	378	980.1	473.6
十、居民服务和其他服务业	10606	9015	10606	9444	26345.0	21301.0
十一、卫生、社会保障和社会福利业	179	121	179	121	301.0	132.0
十二、科学研究、技术服务和地质勘查业	425	111	456	117	652.0	177.5
十三、文化、体育和娱乐业	3683	2293	3818	2466	5381.0	3329.0
十四、其他行业	4895	3543	5094	3641	7760.0	3630.0

注:工商系统年报的制作周期为上年的 12 月至当年的 11 月

数据来源:北京市工商行政管理局朝阳分局

对外经济基本情况

表 10

项　　目	单位	2009 年	2008 年	2009 年比 2008 年增减%
新批三资企业	个	593	877	-32.4
合同外资金额	亿美元	21.98	31.99	-31.3
实际利用外资额	亿美元	21.8	21.6	0.9
外贸出口额	亿美元	92.77	102.23	-9.3

数据来源:北京市朝阳区商务局

外商投资企业新设立情况

表 11

项　　目	企业数(个)	
	2009 年	2008 年
合　计	593	877
按登记注册类型分		
合资经营	63	96
合作经营	0	8
独资经营	530	771
其他	0	2
按三次产业分		
第一产业	0	1
第二产业	7	20
第三产业	586	856
按客商国别(地区)分		
日　本	29	53
美　国	47	74
香　港	208	285
澳大利亚	6	10
法　国	6	18
新加坡	22	45
加拿大	13	13
德　国	27	24
西班牙	8	10
中国台湾	23	28
瑞　典	4	5
泰　国	0	0
比利时	4	2
丹　麦	1	4
韩　国	69	122
俄罗斯	4	5
其他	122	179

数据来源:北京市朝阳区商务局

中资银行各月人民币存款情况

表 12 单位:万元

月份	各项存款	企业存款	活期	定期	储蓄存款	农业存款
2008 年末	64392058	33923170	18274334	15648836	23773831	1191456
1 月	62892615	30920492	16380366	14540126	24535914	1193369
2 月	65081291	31440216	16380836	15059380	25783550	1149027
3 月	70367751	35285287	20132983	15152304	26469273	1148013
4 月	72025557	36900846	20650129	16250717	26912426	1108243
5 月	73021789	37572290	21626236	15946054	27166562	1145004
6 月	77877920	41903835	24061563	17842272	27628192	1369944
7 月	79746308	42031520	25058555	16972965	27613272	1242439
8 月	79534584	41604181	24690149	16914032	27817170	1494376
9 月	81066748	42317417	23583091	18734326	28961735	1635664
10 月	79766244	41626809	23937974	17688835	28639924	1689445
11 月	81495463	42921158	24370293	18550865	29304843	1759782
12 月	84929542	45357335	26152980	19204355	30205857	1842767

中资银行各月人民币贷款情况

表 13 单位:万元

月份	各项贷款	短期贷款	中长期贷款
2008 年末	28562335	11277252	16869302
1 月	28537358	11539815	16605093
2 月	28629084	11681418	16481080
3 月	30030932	12343174	17251813
4 月	30718621	12139470	18122846
5 月	31460505	11853156	19096290
6 月	34621464	12294860	21815814
7 月	35436826	11779109	23232731
8 月	36233581	11271369	24574380
9 月	36339638	10230384	25580630
10 月	36497431	9753252	26261360
11 月	36948451	9511159	26859819
12 月	37349800	9196131	27532487

统计指标解释

一、地区生产总值

地区生产总值:是按市场价格计算的一个地区所有常住单位在一定时期内生产活动的最终成果。地区生产总值有三种表现形式,即价值形态、收入形态和产品形态。在实际核算中,地区生产总值的三种表现形态表现为三种计算方法,即生产法、收入法和支出法。三种方法分别从不同的方面反映地区生产总值及其构成。

三次产业 根据社会生产活动历史发展的顺序对产业结构的划分,产品直接取自自然界的部门称为第一产业。对初级产品进行再加工的部门称为第二产业。为生产和消费提供各种服务的部门称为第三产业。我国现行的三次产业划分是:

第一产业:农、林、牧、渔业(包括农业、林业、畜牧业、渔业和农、林、牧、渔服务业)。

第二产业:工业(包括采矿业、制造业、电力、燃气及水的生产及供应业)和建筑业。

第三产业:除第一、第二产业以外的其他各业。

二、地方财政收支

一般预算财政收入:通过一定的形式和程序,由各级财政部门组织并纳入预算管理的各项收入,也就是会计制度改革以前所称的"预算收入"。

基金预算收入:是按规定收取,转入或通过当年财政安排,由财政管理并具有指定用途的政府性基金预算收入等。

一般预算财政支出:是各级财政部门对集中的一般预算收入有计划地分配和使用而安排的支出。

三、固定资产投资

自年初累计完成投资:指从本年1月1日起至本年最后一天止完成的全部用于房屋建设工程和土地开发工程的投资额以及公益性建筑和土地购置费等的投资。

土地开发投资额:指房地产开发企业(单位)进行的土地开发工程所完成的投资额,它是房地产开发企业(单位)对新征用(或购置)的土地进行道路、给水、排水、供电、供热、通讯等工程建设及土地平整(简称七通一平)等所完成投资额。

土地开发投资一般是指生地(荒地、山地)的开发,即将生地变成熟地的过程所完成的投资。重新规划的旧城区改造所进行了的"七通一平"工程也可进入土地开发投资。但列入房屋工程概预算的原有旧房屋的拆除、建筑场地平整以及施工临时用水、电、通讯工程不计入土地开发投资,而应计入房屋开发投资中。土地开发投资额应放入完成投资按结构分组中的建筑工程,在房屋用途分组中能分摊的就分摊,不能分摊的全部计入其他。未进行开发工程的,只进行单纯的土地交易活动不作为土地开发投资统计。

本年新增固定资产:指在报告期已经完成建造和开发过程并交付使用的房屋和土地开发面积的价值。指房地产开发公司进行开发经营活动的最终成果,即为社会提供的固定资产,而且是在报告期内新增加的。不是反映房地产开发企业本身固定资产的增加。

四、房地产开发

商品房销售面积(不含回迁):指在报告期内出售商品房屋的合同总面积(即双方签署的正式买卖合同中所确定的建筑面积)。由现房销售建筑面积和期房销售建筑面积两部分组成。现房销售、期房销售中均不包括拆迁还建、统建代建、公共配套建筑、房地产开发企业自用及周转房等不可销售的房屋,也不包括销售的拆迁回迁商品房。(该指标取自当年签订的《商品房买卖合同》)

商品房空置面积:指报告期末已竣工的可供销售或出租的商品房屋建筑面积中,尚未销售或出租的商品房屋建筑面积,包括以前年度竣工和本期竣工的房屋面积,但不包括报告期已竣工的拆迁还建,统建代建,公共配套建筑、房地产公司自用及周转房等不可销售或出租的房屋面积。

五、社会消费品零售总额

社会消费品零售总额:指国民经济各行业直接售给城乡居民和社会集团的消费品总额。它是反映各行业通过多种商品流通渠道向居民和社会集团供应的生活消费品总量,是研究国内零售市场变动情况、反映经济景气程度的重要指标。

六、市场成交额

市场成交额:指从事消费品交易的商品市场的全部商品成交金额。

七、实际利用外资额

实际利用外资额:为批准的合同外资金额的实际执行数,指外国投资者根据合同(章程)的规定实际缴付的出资额与批准的企业投资总额内以企业名义从境外借入的资金之和。以下情况不列入外资统计:1)企业在投资总额之外的境外借款;2)企业在境内外资银行的借款。

八、存款、贷款

存款:企业、机关、团体或居民根据可以收回的原则,把货币资金存入银行或其他信用机构保管并取得一定利息的一种信用活动形式。根据存款对象的不同可划分为企业存款、财政存款、机关团体存款、城镇储蓄存款、农村存款等科目。它是银行信贷资金的主要来源。

贷款:银行或其他信用机构根据必须归还的原则,按一定利率,为企业、个人等提供资金的一种信用活动形式。我国银行贷款分为流动资金贷款、固定资产贷款、城乡个体工商户贷款以及农业贷款等科目。

附　　录

中共北京市朝阳区委主要文件目录

中共北京市朝阳区委文件

京朝发〔2009〕1 号:关于做好 2008 年军队转业干部安置工作的通知
京朝发〔2009〕2 号:关于加快朝阳区农村城市化进程率先形成城乡经济社会发展一体化新格局的意见
京朝发〔2009〕3 号:关于表彰 2008 年度朝阳区农村地区先进单位的决定
京朝发〔2009〕4 号:关于印发《朝阳区建立健全惩治和预防腐败体系 2008 -2012 年实施意见》的通知
京朝发〔2009〕5 号:印发《关于在全区推进廉政风险防范管理工作的意见》的通知
京朝发〔2009〕6 号:关于印发《朝阳区加强社会建设实施意见》的通知
京朝发〔2009〕7 号:关于进一步深化聚合力工程 加强社会领域党建工作的实施意见
京朝发〔2009〕8 号:关于表彰 2008 年度朝阳区社会领域和谐建设先进单位的决定
京朝发〔2009〕9 号:关于表彰第六届朝阳区民族团结进步先进集体和先进个人的决定
京朝发〔2009〕10 号:关于表彰 2008 年度朝阳区社会治安综合治理先进集体和先进个人的决定
京朝发〔2009〕11 号:关于表彰 2007 -2008 年度朝阳区信访排查调处工作先进集体和先进个人的决定
京朝发〔2009〕12 号:关于表彰 2008 年度朝阳区同"法轮功"及其他邪教组织斗争先进集体和先进个人的决定
京朝发〔2009〕13 号:关于全面加强我区信访排查调处工作确保社会和谐稳定的意见
京朝发〔2009〕14 号:关于开展作风建设年工作的实施意见
京朝发〔2009〕15 号:关于落实科学发展观进一步深化聚合力工程的意见
京朝发〔2009〕16 号:关于印发《朝阳区第二批开展深入学习实践科学发展观活动实施方案》的通知
京朝发〔2009〕17 号:关于建立促进科学发展的领导班子和领导干部考核评价机制的意见
京朝发〔2009〕18 号:关于印发《朝阳区处级党政领导干部综合考核评价实施办法(试行)》的通知
京朝发〔2009〕19 号:关于印发《朝阳区党政工作部门领导班子年度综合考核评价实施办法(试行)》的通知
京朝发〔2009〕20 号:关于印发《朝阳区街道领导班子年度综合考核评价实施办法(试行)》的通知
京朝发〔2009〕21 号:关于印发《朝阳区地区(乡)领导班子年度综合考核评价实施办法(试行)》的通知
京朝发〔2009〕22 号:关于印发《朝阳区社会维稳风险治理与科学管理体系建设工作实施方案》的通知
京朝发〔2009〕23 号:关于加强和改进工会工作的意见
京朝发〔2009〕24 号:关于印发《北京市朝阳区对台工作规划纲要(2009 -2012 年)》的通知
京朝发〔2009〕25 号:关于 2008 -2012 年全区开展大规模培训干部工作的实施意见
京朝发〔2009〕26 号:中共北京市朝阳区委巡视工作实施意见(试行)
京朝发〔2009〕27 号:关于学习宣传贯彻党的十七届四中全会精神的通知
京朝发〔2009〕28 号:关于表彰 2009 年朝阳区基层党建创新项目的决定
京朝发〔2009〕29 号:关于印发《朝阳区创建全国文明城区工作三年规划(2009 年 -2011 年)》的通知
京朝发〔2009〕30 号:关于表彰新中国成立 60 周年庆

祝活动筹办工作先进单位的决定

京朝发〔2009〕31 号:关于印发《朝阳区"十二五"规划研究编制工作方案》的通知

京朝发〔2009〕32 号:关于做好 2009 年军队转业干部安置工作的通知

京朝发〔2009〕33 号:关于表彰朝阳区思想政治工作优秀单位优秀思想政治工作者的决定

中共北京市
朝阳区委办公室文件

京朝办发〔2009〕1 号:关于印发 2009 年随军家属安置指标的通知

京朝办发〔2009〕2 号:关于下达 2009 年度信息任务指标的通知

京朝办发〔2009〕3 号:关于印发《关于加快推进社会组织改革与发展的实施意见》的通知

京朝办发〔2009〕4 号:关于印发《朝阳区社区管理办法(试行)》的通知

京朝办发〔2009〕5 号:关于印发《朝阳区社区工作者管理办法(试行)》的通知

京朝办发〔2009〕6 号:关于成立朝阳规划艺术馆建设领导小组的通知

京朝办发〔2009〕7 号:关于转发区纪委、区委组织部等七部门《朝阳区违反土地管理规定行为责任追究暂行办法》的通知

京朝办发〔2009〕8 号:关于转发《中共北京市朝阳区委党的建设工作领导小组 2009 年工作要点》的通知

京朝办发〔2009〕9 号:关于转发区委 610 办公室、区委社会工委、区委农工委、区委教工委《关于在社区、村、学校中开展"无邪教创建"活动的通知》的通知

京朝办发〔2009〕10 号:关于转发区教育督导室《关于进一步推进全面实施素质教育督导评价工作方案》的通知

京朝办发〔2009〕11 号:关于印发《朝阳区委十届九次全体(扩大)会议重点任务分工方案》的通知

京朝办发〔2009〕12 号:关于印发《2009 年朝阳区委中心组学习计划》的通知

京朝办发〔2009〕13 号:关于印发《关于成立建国 60 周年庆祝活动朝阳区筹备委员会的方案》的通知

京朝办发〔2009〕14 号:关于设立朝阳区文化市场管理工作领导小组(朝阳区"扫黄打非"工作领导小组)的通知

京朝办发〔2009〕15 号:关于印发《朝阳区防控甲型 H1N1 流感疫情工作方案》的通知

京朝办发〔2009〕16 号:印发《关于进一步加强档案工作的意见》的通知

京朝办发〔2009〕17 号:关于加强全区性会议及大型活动安全管理进一步做好甲型 H1N1 流感防控作的通知

京朝办发〔2009〕18 号:关于印发《朝阳区聘请政府特约工作人员办法》的通知

京朝办发〔2009〕19 号:印发《关于加强近期维护社会稳定工作的意见》的紧急通知

京朝办发〔2009〕20 号:印发《关于加强住宅区物业管理工作的意见》的通知

京朝办发〔2009〕21 号:关于贯彻落实中央、北京市领导同志重要批示精神进一步做好敏感期维护社会稳定工作的通知

京朝办发〔2009〕22 号:关于印发《2009 年朝阳区惩治和预防腐败体系建设主要任务分工》的通知

京朝办发〔2009〕23 号:关于调整朝阳区突发事件应急委员会及区属专项应急指挥部领导成员和工作分工的通知

京朝办发〔2009〕24 号:关于成立朝阳区城乡一体化工作领导小组的通知

京朝办发〔2009〕25 号:转发《区委宣传部关于围绕庆祝新中国成立 60 周年深入开展群众性爱国主义教育活动的实施方案》的通知

京朝办发〔2009〕26 号:关于做好新中国成立 60 周年庆祝活动朝阳区筹备工作档案管理的通知

京朝办发〔2009〕27 号:印发《关于落实"平安国庆"部署,开展第二次全区领导干部"接访月"活动的意见》的通知

京朝办发〔2009〕28 号:关于印发《朝阳区政府机构改革实施意见》的通知

京朝办发〔2009〕29 号:关于切实做好 2009 年国庆前后有关工作的通知

京朝办发〔2009〕30 号:关于设立区委巡视工作领导小组、区委巡视工作办公室和区委巡视组的通知

京朝办发〔2009〕31 号:关于印发《中共北京市朝阳区委巡视工作规程(试行)》的通知

京朝办发〔2009〕32 号:关于成立朝阳区国庆志愿者工作组的通知

京朝办发〔2009〕33 号:关于对 2009 年国庆活动服务保障工作开展督促检查的通知

京朝办发〔2009〕34 号:关于印发《朝阳区关于大力推进海外学人工作的实施意见》的通知

京朝办发〔2009〕35 号:关于明确北京市朝阳区国有资产运营管理中心等单位党政隶属关系的通知

京朝办发〔2009〕36 号:关于开展朝阳区第二轮地方志

书编纂工作的通知

京朝办发〔2009〕37 号:关于做好 2010 年度《人民日报》、《求是》杂志、《北京日报》、《前线》杂志征订工作的通知

京朝办发〔2009〕38 号:关于填报荣获市级以上先进集体(单位)荣誉称号情况的通知

京朝办发〔2009〕39 号:关于印发《朝阳区工程建设领域突出问题专项治理工作实施方案》的通知

京朝办发〔2009〕40 号:关于区委书记、副书记、区委常委工作分工的通知

中共北京市朝阳区人民政府主要文件目录

北京市朝阳区人民政府文件

朝政发〔2009〕1 号:关于印发《政府工作报告》的通知

朝政发〔2009〕2 号:关于印发落实市政府第十五阶段控制大气污染措施工作方案的通知

朝政发〔2009〕3 号:关于区政府决策咨询专家委员会换届工作的通知

朝政发〔2009〕4 号:关于修订朝阳区促进非公有制中小规模企业发展专项资金管理办法的通知

朝政发〔2009〕5 号:关于表彰 2009 年目标管理双百考核先进单位的通知

朝政发〔2009〕6 号:关于发布行政规范性文件清理结果的通知

朝政发〔2009〕8 号:关于印发区帮扶企业应对国际金融危机工作措施的通知

朝政发〔2009〕9 号:关于积极应对当前经济形势做好稳定和促进就业工作的意见

朝政发〔2009〕13 号:关于区政府机构设置的通知

朝政发〔2009〕15 号:关于印发朝阳区鼓励海外高层次人才创业和工作暂行办法的通知

朝政发〔2009〕16 号:关于加快朝阳区慈善事业发展的意见

朝政发〔2009〕18 号:关于印发朝阳区行政审批事项目录的通知

朝政发〔2009〕19 号:关于授予吴顺柱等 5 名同志"见义勇为先进积极分子"荣誉称号的决定

朝政发〔2009〕20 号:关于促进学前教育事业发展的意见

朝政发〔2009〕21 号:关于印发朝阳区与延庆县 2009 - 2013 年合作发展专项资金使用管理办法和实施细则的通知

驻 区 单 位

驻区部分中央单位名录

中国石油天然气股份有限公司华北销售分公司	嘉铭园二区 11 号楼	84869841
中国人寿保险股份有限公司	朝外大街 16 号	85659999
中国石油化工股份有限公司北京石油分公司	静安里 12 号楼	84469547
中国中煤能源股份有限公司	黄寺大街 1 号	82256062
神华国华(北京)电力研究院有限公司	力源里 3 号	83562742
中国石化国际事业有限公司	朝阳门北大街 22 号中国石化大厦 5 - 6 层	59966118
中国石化工程建设公司	安慧北里安园 21 号楼	84878607

中信金属公司	新源南路 6 号京城大厦 1903 室	59661940
中国船舶燃料有限责任公司	安贞西里 5 区仟村商务大楼 A 座 13	64430711
中国石油天然气股份有限公司北京销售分公司	北辰东路 8 号汇宾大厦 14 层 – 15 层	84992967
中石油北京天然气管道有限公司	大屯路 9 号	84884402
中国石油集团长城钻探工程有限公司	安立路 101 号 2305 室	59285380
中国寰球工程公司	樱花园东街 7 号	58676899
中煤科技集团公司	煤科院主楼 601　603	84264357
中国航空技术国际控股有限公司	北辰东路 18 号	84808548
中建一局集团建设发展有限公司	望花路西里 17 号	64726644
北京东方石油化工有限公司	大郊亭 4 号	67766745
北京攀承钒业贸易有限公司	建国路 81 号华贸中心 1 号写字楼 1206 号	59695189
中国国际技术智力合作公司	光华路 7 号汉威大厦	65613920
中国石化集团石油商业储备有限公司	朝阳门北大街 22 号楼 1921 室	59969336
中交第一公路工程局有限公司	管庄周家井	65761831
上海烟草集团北京卷烟厂	管庄西里 42 号楼	65762922
中建一局集团第五建筑有限公司	定福庄北里 1 号	65737896
华能北京热电有限责任公司	高碑店路南	87737103
中信信托有限责任公司	新源南路 6 号京城大厦 13 层	84861327
中煤焦化控股有限责任公司	黄寺大街 1 号九层	64287134
北京电力建设公司	定福庄西里一号	65762863
中交路桥北方工程有限公司	管庄 1 号院	52016566
中国国际金融有限公司	建国门外大街 1 号国贸大厦 2 座 27 层及 28 层	85679888
蓝星石化有限公司	北三环东路 19 号	64453026
中国国投国际贸易有限公司	惠新西街 19 号	52021996
中国纸张纸浆进出口公司	劲松九区 910 号	87763357
中国石化财务有限责任公司	朝阳门北大街 22 号中国石化大厦七层	59966393
中信国际合作公司	东三环北路丙 2 号天元港中心 A 座 22 层	59660125
中交一公局第五工程有限公司	周家井大院	65761831
北京龙宣翔贸易有限责任公司	安立路 56 号九台 2000 家园 1 号楼 2301 室	84802576
远大海外经济投资发展有限公司	慧忠路 5 号远大中心 C 座 22 层	84891960
中国庆安国际贸易集团有限公司	霄云路 27 号	64603403
中国纺织机械和技术进出口有限公司	建国路 99 号中服大厦 18 层	51900208
中国航空技术进出口北京公司	北辰东路 18 号(中航技大厦 7 层、8 层)	84808927
神华国华国际电力股份有限公司	力源里 3 号	58133912
中化建精细化工有限责任公司	安贞西里三区 15 号凯康国际酒店 18 层	84251378
中国化纤总公司	建国路 99 号中服大厦 23 层、22 层	65816699
北京中铁隧建筑有限公司	广渠门外大街 9 号院	67740944
新时代健康产业(集团)有限公司	安翔北里甲 11 号创业大厦 18 层	64850599
中国旅行社总社	北三环东路 2 号	64622288
中国出国人员服务总公司	惠新东街 4 号	84663019
中国交通进出口总公司	建国路 118 号招商局大厦 6 层	65678866
中国化工建设总公司	安贞西里 3 区 15 号楼	64418468
中国煤炭销售运输总公司	和平里 13 区 35 号楼煤炭大厦 21 层 2101 室	84264957

驻区部分市属单位名录

单位名称	地址	电话
北京外企人力资源服务有限公司	北京市朝阳区朝阳门南大街14号	85618888
北京燕莎友谊商城有限公司	北京市朝阳区亮马桥路52号	64651188
北京住总房地产开发有限责任公司	北京市朝阳区慧忠里320号6、7层	65953953
北京纵横国际投资有限公司	北京市朝阳区建国门外大街1号国贸大厦2座8层808室	64956589
北京北辰实业股份有限公司	北京市朝阳区北辰东路8号	64991284
国奥投资发展有公司	北京市朝阳区国际会议中心5层	84371956
北京市热力集团有限责任公司	北京市朝阳区西大望路1号(1号楼2501室)	65339689
北京中石化首创石油投资经营有限公司	北京市朝阳区静安里12号楼201室	84481224
中信国际商贸有限公司	北京市朝阳区新源南路6号京城大厦45层	84862288
中国电气进出口有限公司	北京市朝阳区朝阳门外关东店南街8803信箱	65842917
北京市朝阳烟草公司	北京市朝阳区和平街十三区甲17号	64207298
北京天海工业有限公司	北京市朝阳区天盈北路9号	67379582
北京市汽车修理公司	北京市朝阳区东直外门左家庄路二号	64650148
北京城建道桥建设集团有限公司	北京市朝阳区西大望路12号	85891549
中航嘉信商务旅行管理有限公司	北京市朝阳区建国门外大街永安东里8号华彬国际大厦1701－1707室	59293838
北京汇和房地产开发有限公司	北京市朝阳区中纺街30号311室	82275618
北京城建五建设工程有限公司	北京市朝阳区安苑东里三区十号	64895711
北京陆地石油有限公司	北京市朝阳区首都机场耗油库(岗山路)	64584253
北京国际贸易公司	北京市朝阳区建国门外大街甲3号	65005884
北京住总集团有限责任公司	北京市朝阳区慧忠里320号	84838135
北京普仁鸿医药销售有限公司	北京市朝阳区百子湾路16号百子园4座住宅楼1101号	87766895
北京方胜理信劳务服务有限公司	北京市朝阳区向军南里二巷甲5号801	65875989
北京华普产业集团有限公司	北京市朝阳区朝外大街19号(华普大厦17层)	65803388
北京青年旅行社股份有限公司	北京市朝阳区潘家园南里12号潘家园大厦三层北区	87789938
北京同仁堂健康药品经营有限公司	北京市朝阳区建外大街甲6号中环世贸中心D座19层	65630880
阳光财产保险股份有限公司	北京市朝阳区朝外大街乙12号	58289665
北京住总第二开发建设有限公司	北京市朝阳区外馆街6号	52075019
中国牧工商(集团)总公司	北京市朝阳区东环中路乙－10号艾维克大厦20层	52238817
北京青年报现代物流有限公司	北京市朝阳区团结湖南里15号恒祥大厦北3层	51399696
北京双鹤药业股份有限公司	北京市朝阳区望京利泽东二路1号	64742227
北京市东湖房地产有限公司	北京市朝阳区望京利泽西园122号楼	64703786
北京旺市百利商业有限公司	北京市朝阳区朝外大街12号	65993301
北京能源投资(集团)有限公司	北京市朝阳区永安东里16号CBD国际大厦A区	85218888
北京国际信托有限公司	北京市朝阳区安定路五号北京金融信托大厦C座	64436553
北京中油京胜石油销售有限公司	北京市朝阳区亚运村北苑路172号B座8层	84852696
北京第一机床厂	北京市朝阳区建外大街4号	89496161

北京城建七建设工程有限公司	北京市朝阳区德外祁家豁子2号	62011844
中国电线电缆进出口有限公司	北京市朝阳区建国门外郎家园8号	84094833
北京城建亚泰建设工程有限公司	北京市朝阳区东土城路九号	64225995
北京市德业兴劳务服务有限责任公司	北京市朝阳区新东路2号	64130107
北京博瑞祥云汽车销售中心	北京市朝阳区花虎沟2号	82818514
北京中联置地房地产开发有限公司	北京市朝阳区建国路管庄6号	65760473
中国和平国际旅游有限责任公司	北京市朝阳区东土城路13号金孔雀商务大厦二层	64484500
北京燕莎中心有限公司	北京市朝阳区亮马桥路50号	64665587
北京宏源房地产开发有限公司	北京市朝阳区酒仙桥路4号	64383169
北京城建国际建设有限公司	北京市朝阳区利泽中一路1号博雅国际中心B座	84789123
中国国际石油化工联合有限责任公司	北京市朝阳区朝阳门北大街22号八层	59966863
北京易成市政工程有限责任公司	北京市朝阳区小红门姚家村345号	51201720
北京万东医疗装备股份有限公司	北京市朝阳区酒仙桥东路9号A3楼东座	84575739
中国康辉旅行社集团有限责任公司	北京市朝阳区农展馆南路5号京朝大厦11层	65301775

驻区其它单位名录

丰田汽车(中国)投资有限公司	呼家楼京广中心25层	65978728
宝马(中国)汽车贸易有限公司	霄云路38号现代盛世大厦23层	84558000
索尼(中国)有限公司	东三环北路霞光里18号佳程大厦A座25层	84586046
瑞钢联集团有限公司	霄云路36号国航大厦2203室	84193866
三星(中国)投资有限公司	建国路118号航华科贸中心招商局大厦2208－13单元	65689988
梅赛德斯－奔驰(中国)汽车销售有限公司	东三环北路8号北京亮马河大厦2座22层	84173258
松下电器(中国)有限公司	光华路甲8号和乔大厦C座6－8层	65626917
西门子(中国)有限公司	望京中环南路七号	64768593
施耐德电气(中国)投资有限公司	将台路二号	84346699
乐金电子(中国)有限公司	建国门外大街乙12号双子座大厦西塔十九、二十、二十一层A	65631188
电装(中国)投资有限公司	东三环北路5号1幢518室	65908337
现代汽车(中国)投资有限公司	霄云路38号盛世大厦701A室	84539666
卡特彼勒(中国)投资有限公司	朝阳门外大街16号中国人寿大厦1701室	59210340
壳牌(中国)有限公司	建国门外大街1号国贸大厦2座32层03－18单元	65054501
ABB(中国)有限公司	酒仙桥路10号恒通广厦	84566688
国美电器有限公司	霄云路26号鹏润大厦B座18层	59289000
爱立信(中国)通信有限公司	利泽东街5号爱立信大厦1－6A	84769000
中国惠普有限公司	建国路112号中国惠普大厦	65645847
冠捷科技(北京)有限公司	酒仙桥路10号	64326699
日产(中国)投资有限公司	光华路1号北京嘉里中心南楼1318室	85298181
北京京客隆商业集团股份有限公司	新源街45号楼	64688233
北京恒美广告有限公司	华贸中心1座5层	65264838
北京惠通陆华汽车销售有限公司	朝阳区蓝堡国际中心2座10层	85999888
葛兰素史克(中国)投资有限公司	东四环中路56号楼A座901－910室	59252888

北京红牛饮料销售有限公司	建国门外大街永安东里8号华彬国际大厦22层2201－2205	85288168
远洋地产有限公司	东四环中路56号远洋国际中心A座31层	59299918
北京鼎立三通物流有限公司	崔各庄乡南皋路123号院	88257721
路易达孚(北京)贸易有限责任公司	东三环中路39号建外SOHO第一大道B座1701A室	58693666
克莱斯勒(中国)汽车销售有限公司	建国路91号金地时代中心8号楼A座16层02X室	59208284
北京ABB电气传动系统有限公司	酒仙桥北路甲10号D区1号	58217560
北京浩瀚堂广告有限公司	左家庄15号主楼9层	64608040
北京恒远经贸有限责任公司	马甸裕民路12号元晨鑫大厦616	82251775
北京易初莲花连锁超市有限公司	十里堡北里甲1号	85845678
华糖洋华堂商业有限公司	朝阳路十里堡甲3号京港城市大厦地下一层至地上四层	65561345
索尼爱立信移动通信产品中国有限公司	望京科技创业园A座第3、4层	58659865
赢创德固赛(中国)投资有限公司	东三环北路38号院1号楼泰康金融大厦12层	65875300
北京世茂投资发展有限公司	建国路甲92号	85809988
太阳计算机系统(中国)有限公司	建国路77号华贸写字楼3座7－8层	62677754
北京山石房地产有限责任公司	朝外大街乙6号朝外SOHO－A座11层	58788866
北京兴捷联电子有限责任公司	酒仙桥路10号京东方科技大院内	64326699
北京安捷联科技发展有限公司	朝外大街甲6号万通中心14层B－1401室	59070033
北京万置房地产开发有限公司	朝外大街6号	65970409
北京市朝阳田华建筑集团公司	金台里甲25号	85995930
新时代国际运输服务有限公司	望京西园425楼118室	64572288
北京中联亚国际会展中心有限公司	来广营乡立水桥	64121188
北京泽人合物资有限公司	焦代东路76号	67389630
北京京奥港集团有限公司	樱花东路(中日医院U楼)	84899966
诺基亚西门子通信系统技术(北京)有限公司	酒仙桥路14号51号楼	87113321
北京国兴嘉业房地产开发有限责任公司	姚家园路105号观湖公寓1号楼5层	59282531
博华紫光置业有限公司	和平路8号	84703075

学　　校

高等院校

北京工业大学	九龙山平乐园100号	67392239
中央美术学院	酒仙桥路万红西街2号	64380462
清华大学美术学院培训中心	东三环中路36号	65815565
中国音乐学院	安翔路1号	64874884
北京化工大学	北三环15号	64434820

中国金融学院	惠新里东 10 号	64495106
中国传媒大学	定福庄东街 1 号	65779319
第二外国语学院	定福庄南里 1 号	65778005
北京中医药大学	北三环东路 11 号	64213841
北京针灸骨伤学院	望京中环南路 6 号	64377035
首都经济贸易大学	金台路 2 号	65976360
北京服装学院	樱花路甲 2 号	64288271
北京青年政治学院	望京中环南路 4 号	64722074
对外经济贸易大学	惠新东街 10 号	64492001
北京联合大学	北四环东路 97 号	64900098
北京联合大学师范学院	安定门外外馆斜街 5 号	64213054
北京联合大学机电学院	白家庄西里 12 号	65004885
北京联合大学自动化学院	北四环东路 97 号	64900710
北京联合大学管理学院	北四环东路 97 号	64900512
北京联合大学商务学院	延静东里甲 3 号	65940718
北京联合大学旅游学院	北四环东路 97 号	64900159
北京联合大学信息工程学院	北四环东路 97 号	64900316

中 学

陈经纶中学	朝外大街 38 号	65094792
陈经纶中学分校	望京南湖东园 223 号	84717641
一一九中学	建外永安西里 10 号	65685498
十七中学	高碑店西洼甲 1 号	85767201
三里屯一中	北三里屯幸福村路 41 号	64166435
服装学院附中	柳芳南里 20 号楼	64652463
新源里中学	新源街 31 号	64652102
垂杨柳中学	松榆里 20 号楼	67319045
工大附中	垂杨柳中街 1 号	67781018
劲松四中	华威西里 48 楼	67781970
和平街一中	和平街八区十六楼	64216403
中医学院附中	和平街 15 区	64215242
化大附中	惠新里 38 号	64936658
呼家楼中学	呼家楼西里南 2 号	65071942
八十中学	望京科技园利泽中园	64783592
日坛中学	光华西里 4 号	65072260
东方德才学校	水碓子北里 9 号楼	85961302
九十四中学	花家地北里 18、19 号	64734823
青年政治学院附中	大山子王爷坟	64371282
建院附中	管庄东里	65727778
信工附中	南沙滩 6 号	64879364
水碓子中学	团结湖中路 8 号	85989367
同仁中学	甘露园南里一区 10 号	85772185
北京轻工职业技术学院	芍药居甲 1 号	86935862
教科院实验中学	望京西园四区 28 号	64702845

首师大附属望京中学	望京花园 133 号	64745843
朝阳外语学校	慧忠里 232 号	64974327
创新园中学	华严北里 68 号	82844649
体育场路中学	工体南路 1 号	65525113
虎城中学	磨房北里 230 号	67312472
劲松一中	农光里 100 号	67731693
劲松三中	劲松四区 406 楼	67755417
樱花园实验学校	樱花园小区 16 号楼	64439334
五路居一中	安贞西里一区 13 楼	64420124
安苑北里中学	安苑北里 7 号楼	64911725
安慧北里中学	安慧北里安园 5 号	64952374
白家庄中学	白家庄西里 7 号	65301992
团结湖三中	水碓东路 14 号	85989412
中旅附中	八里庄西里 8 号	65565472
八里庄三中	八里庄西里 8 号	85836982
东方培新学校	慈云里甲 1 号	65024926
酒仙桥一中	酒仙桥南路甲 7 号	64372045
酒仙桥二中	酒仙桥十街坊 3 号	64372452
高家园中学	高家园小区	64313577
机场中学	燕翔西里 19 号	64576844
定福庄中学	大黄庄	65761528
育人学校	八里庄北里 114 号	85833007
垡头中学	垡头西里三区 2 号	67362949
枣营中学	枣营南里 1 号	65025417
花家地西里中学	望京花家地西里小区 115 号	64727530
孙河中学	孙河镇 292 号	84592310
草场地中学	草场地中学	64332863
崔各庄中学	崔各庄乡马南路	84701376
奶子房中学	崔各庄乡奶子房西村	84911296
民族学校	常营乡民族家园 12 号	65481748
十八里店中学	十八里店乡周庄大队甲 1 号	67472284
七十一中学	小红门路 5 号	67622310
楼梓庄中学	金盏乡楼梓庄村	84311025
双桥中学	双桥中路	65895502
金盏中学	金盏大街 1 号	84334919
北苑中学	安外北苑	84922680
豆各庄中学	豆各庄乡	67369693
九十七中学	平房西街 130 号	85755706
黑庄户中学	黑庄户乡	85383656
建国里中学	建外三道街 24 号	65673243
望京实验学校	望京西园 5 区 313 楼	64727464
大望路中学	西大望路下甸甲 1 号	67781103
朝阳工读学校	广渠门外广和里八巷 2 号	67783813
金融商贸职业技术学校	团结湖北三条 10 号楼	85972408
劲松职高	劲松八区 811 号楼	67710322
新源里职高	三源里街 14 楼	64676749

民族文化艺术职业学校	西坝河东里1号	64678754
东方职业学校	甘露园南里60号	85772265
电气工程学校	将台路4号	64363094
求实职业学校	望京北路20号	64391618
私立正则中学	楼梓庄乡东高路	84318444
私立新亚中学	十八里店886号	67473875
私立世贤中学	南新园14号楼	87312961
私立世青中学	亮马桥路40号	64616054
北京实验女子中学	劲松3区	87710866
北京忠德学校	东苇路9号鑫兆家园	51397594
北京亚奥学校	北苑仰山路1号	84928247
北京北方中学	建国门外砖场胡同甲33号	65660752
北京拔萃双语学校	拔萃路1号	65747826
北京市实验外语学校	新源街41号	64674915
铁十六局子弟学校	东坝乡铁十六局	51883289
医疗器械学校	安定门外北苑6号院	84924965
西藏中学	四环东路高原街1号	84637738

小 学

芳草地小学	日坛北路1号	85611740
白家庄小学	三里屯南路40号	65074746
朝阳实验小学	实验小学	64154832
朝师附小	和平街11区17楼	64212623
花家地实验小学	花家地实验小学18号楼	64737775
安华学校	安华西里二区12号楼	64265837
三里屯小学	三里屯东街4号	64131481
新源里小学	新源里12号	64688684
新源里四小	三源里北小街5号	64672027
新源西里小学	新源西里中街17号	64671615
左家庄一小	左家庄后街4号	84510056
左家庄二小	左家庄前街2号	64662588
西坝河小学	西坝河村63号	84290696
西坝河三小	西坝河东里19号	64675043
黄胄艺术实验小学	西坝河中里37号	64677788
曙光里小学	静安庄曙光里40号	64684864
垂杨柳中心小学	垂杨柳中里14楼北侧	67782913
垂杨柳四小	垂杨柳四小	67781126
和平实验小学	劲松7区713甲楼	67783150
劲松一小	劲松一区124楼	67784949
劲松二小	劲松417楼	67782219
劲松三小	广渠门外东架松24号	67782086
劲松四小	垂杨柳南街14号	67785781
沙板庄小学	农光里1号	67312193
水南庄小学	百子湾路水南庄	67705724

垡头小学	曙光里 8 号	67383315
垡头二小	垡头三区 9 号	67383314
南磨房中心小学	松榆东里 3 号楼	67317538
武圣庙小学	松榆西里 3 号楼/40 号楼	67326307
松榆里小学	松榆里 14 号	67323216
平乐园小学	平乐园小区 103 号	67315049
安华里一小	安华西里三区 3 号	84241138
安贞里一小	安贞里二区 17 号	64424243
安贞里二小	安贞西里二区 28 号	64429604
南沙滩小学	南沙滩 33 号	64854394
安慧里中心小学	安慧里四区 12 号	64913239
安苑北里小学	安苑北里 6 号	64910182
华严里小学	华严北里 21 号	82844359
关西庄小学	洼里乡关西庄村	62916031
安慧北里小学	安慧北里安园 9 号	64925745
安慧北里二小	安慧北里秀园 18 号	64891665
慧忠里小学	慧忠里小区 414 号	64921679
科学园小学	科学园南里 703 号	64876586
和平街中心小学	和平街 12 区	64277790
惠新里小学	惠新里东街甲 243 号	64930396
小关北里小学	小关北里中街 205 号	64919764
关庄小学	安外关店村	64949193
芍药居小学	芍药居北里 212 号	84625824
慧忠北里二小	惠忠北里 409 号	64864377
呼家楼中心小学	呼家楼西里七巷 12 号	65022843
呼家楼一小	呼家楼西里甲 5 号	65072688
呼家楼三小	呼家楼新街大院	65019521
光华路一小	光华东里 19 号	65024219
光华路二小	光华西里 5 号楼	65023002
日坛小学	通惠家园惠生园 20 号楼	65584115
团结湖小学	团结湖北 10 号楼	65825526
团结湖二小	团结湖中路南 2 条 1 号	85989512
针织路小学	金台西路 2 号	65024073
下三条中心小学	朝外杨家胡同 3 号	65522165
南中街民族小学	朝外雅宝里 1 号	85611295
永安里小学	永安里中街甲 4 号	65681372
八里庄三小	八里庄西里 10 号	65574177
十里堡一小	十里堡 7 号	85770142
十里堡二小	十里堡北里 20 号	85830901
大望路小学	西大望路 5 号	65813892
甘露园小学	甘露园南里 1 区 18 号	85771712
康乐园小学	康家园小区	85775875
枣营小学	枣营北里 12 号	65953393
辛庄小学	东风乡辛庄村	85812053
石佛营小学	石佛营东里 125 号	85815228
将台洼小学	东风乡将台村	84301535

康静里小学	东风乡康静里小区	65754720
酒仙桥中心小学	酒仙桥路乙 28 号	64358508
酒仙桥二小	酒仙桥红霞路 9 号	64372456
大山子小学	酒仙桥王爷坟	64367485
机场一小	机场宿舍区燕翔西里 21 号	64595215
机场二小	机场宿舍区燕翔东里 11 号	64570855
将台路小学	将台路小学	64349027
高家园小学	高家园小区 112 号	64373123
望花路小学	望花园小学	64723888
花家地二小	花家地西里 113 号	64734836
南湖东园小学	南湖东园 109 号	64712859
南湖中园小学	南湖中园 239 号	64706415
驼房营小学	驼房营村 210 号	64372379
东八间房小学	东八间房村	84315915
北湖渠小学	来广营乡北湖渠小学	64952380
勇士营小学	勇士营小学	84913374
清河营小学	来广营乡清河营村	84911671
北苑小学	北苑村	84926470
紫绶园小学	北苑家园紫绶园 11 号楼	84960847
管庄中心小学	管庄东里 55 号	65753171
定福庄一小	三间房西村	65767934
定福庄二小	定福庄南里 2 号	65762468
定福庄四小	定福庄北街	65761547
八里桥小学	八里桥北	85701938
京通小学	京通苑 39 号楼	65709825
瑞祥民族小学	管庄乡瑞祥里小区	85708655
双桥第三小学	双桥中路小寺村西	65766168
双桥中心小学	双桥路 4 号	65895525
高碑店中心小学	高碑店村	85761245
北花园小学	北花园村	65762954
大黄庄小学	大黄庄村	65761108
半壁店小学	半壁店村	87743386
北皋中心小学	崔各庄乡北皋村	64371370
大望京小学	崔各庄乡大望京村	64372674
康营民族小学	孙河乡康营村	64379112
苇沟小学	孙河乡前苇沟村	84311933
孙河中心小学	孙河乡孙河村	84594022
北甸小学	孙河乡北甸村	84591640
奶子房小学	崔各庄乡奶子房西村	84709118
马泉营小学	崔各庄乡马泉营村	64357124
崔各庄小学	崔各庄乡崔各庄村	64354193
上辛堡小学	孙河乡上辛堡村	64323276
黑庄户中心小学	黑庄户村	85382787
万子营民族小学	万子营村	85383370
双桥第二小学	双桥中路	85395632
定辛庄小学	定辛庄村	85370574

豆各庄中心小学	豆各庄乡豆各庄村南	67364404
于家围小学	豆各庄乡石槽村西	67364404
水牛房小学	豆各庄乡水牛房村	67367179
王四营中心学	王四营乡观音景园201楼	51351001
官庄小学	王四营乡官庄村	67364290
孛罗营小学	王四营乡孛罗营194号	87390448
白鹿司小学	王四营乡白鹿司村	87390078
十八里店中心小学	十八里店乡十八里店村885号	67472730
老君堂小学	十八里店乡老君堂村	67383445
祁庄小学	十八里店乡吕家营村	87691597
小武基小学	小武基村46号	67364288
西直河小学	十八里店乡西直河村	67383841
新升小学	十八里店乡周庄	67330546
张家店小学	十八里店乡横街子村19号	87303606
小红门中心小学	小红门乡小红门村130号	87601802
牌坊小学	小红门乡牌坊中街5号	87601810
肖村小学	小红门乡肖村后街15号	67622458
龙爪树小学	小红门乡龙爪树村834号	87690680
东坝中心小学	东坝娘娘庙街72号	84311847
西坝小学	东坝西坝村	84320568
单店小学	东坝乡单店小学	65759899
东小井小学	东坝乡东小井村	65418808
东坝三小	东坝西门村84号	84311549
驹子房小学	东坝驹子房村	65490379
铁十六局子弟小学	东坝乡铁十六局	51884237
金盏小学	金盏乡金盏东村	84333519
长店小学	金盏乡长店村	84335300
楼梓庄小学	楼梓庄中心小学	84316551
北马各庄小学	北马各庄小学	65419803
平房小学	呼家楼西里七巷12号	85573217
姚家园小学	平房乡姚家园村	85576082
黄杉木店小学	黄杉木店村一巷2号	85772893

幼　儿　园

三里屯幼儿园	吉庆里3号楼	65022426
团结湖一幼	团结湖九头条11号楼	65823906
水碓子北里幼儿园	水碓北里10号楼	85982394
枣营幼儿园	枣营北里26号楼	65917384
新源里幼儿园	新源里12号	84486289
新源里二幼	三源里北小街7号	64662140
光华路幼儿园	光华东里19号楼	65071740
劲松一幼	劲松一区126楼	87719385
松榆里幼儿园	松榆里21号楼	67339920
垡头幼儿园	垡头2区12号	67383337

京通幼儿园	京通新城 38 楼	65700438
西坝河一幼	西坝河东里 71 号楼	64640175
西坝河三幼	西坝河中里 20 号	64678598
群星幼儿园	西坝河西里 12 号	64275351
和平街幼儿园	和平街八区 6 号楼	64211548
惠新里幼儿园	惠新里 230 楼	64948637
安贞里幼儿园	安贞西里一区 18 楼	64430614
安华里幼儿园	安华里二区 12 号楼	64234828
安华里二幼	安华西里一区 23 号楼	64251691
秀园幼儿园	安慧北里秀园 19 楼	64945420
花家地幼儿园	花家地小区 11 号楼	64730729
培华幼儿园	红庙北里 9 号楼	65018139

教委直属单位

社区学院(原朝师)	和平里南口砖角楼北里 5 号	64213152
北京教育学院朝阳分院	金台路甜水园	65088899
教研中心	柳芳南里 14 号楼	64631140
教育信息网络中心	水碓子北里 14 号	85979246
国资管理中心	西坝河东里 103 号	64654693
招生考试中心	团结湖南路 1 号	85988626
教学设备中心	酒仙桥路 37 号	64327903
青少年活动中心	红庙延静西里 19 号楼	65060549
保健所	团结湖路 23 号	64429304
香河园少年之家	西坝河南里 1 号楼	64669301
老干部管理服务中心	裕民东路甲 1 号	85989474
教育人才交流分中心	关东店北街 23 楼	85963971
社会力量办学管理所	关东店北街 23 号	65017723

医院卫生院

卫生部中日友好医院	和平里樱花东路	64221122
中国医学科学院肿瘤医院肿瘤研究所	潘家园南里 17 号	67781331
中国中医研究院望京医院	望京中环南路 6 号	64721267
首都医科大学附属朝阳医院	白家庄路 8 号	85231000
首都医科大学附属安贞医院	安定门外安贞里	64412431/2345
首都儿科研究所附属儿童医院	雅宝路 2 号	85628362
垂杨柳医院	垂杨柳南街 2 号	67718822
区第二医院	金台路 13 号内 2 号	85993431

区中医医院	工体南路6号	65534914
区妇幼保健院	华威六区	65952594
区第三医院	延静西里11号楼	65005221
煤炭工业部总医院	西坝河南里29号	64667755
酒仙桥医院	酒仙桥一街坊6号	64362631
民航总医院	高井甲1号	85762244
中国航空工业中心医院	安外北苑3号院	84931118－5226
首都国际机场医院	首都机场南路东里17号楼	64566811
冶金医院	安定门外小关街51号	64913931
老年病医院	华严北里小关西街甲2号	62027018
红十字会急诊抢救中心	德外清河东路急救中心	62922345
中国藏学研究中心北京藏医院	安外小关北里	64933181
中国人民解放军306医院	安翔北里9号	66356729
中国人民解放军北京军区总医院分院	麦子店	65386631－3722
中国人民武装警察北京武警医院	北三里屯	64161188
垂杨柳医院	垂杨柳南街2号	67711960
管庄医院	三间房	65762388
双桥医院	双桥东路	85390910
东坝医院	东坝乡东风大队二条	84313067
安华医院	安华西里二区11楼	64234017
和平医院	东直门外京顺路北皋北	64372525
新源里医院	顺源街1号	64672412
左家庄医院	左家庄前街3号	64671452
亚运村医院	安慧里1区17楼	64916748
慧忠医院	慧忠里小区301楼	64951752
三里屯医院	北三里屯	64155582
团结湖医院	团结湖北三条七号楼	85977775
化工路医院	垡头金蝉北里19号楼	67383282
高碑店医院	高碑店陶家湾	85757762
劲松医院	劲松五区501楼	67782554
双龙医院	双龙南里101楼	87310945
石佛营医院	石佛营西里29楼	85813671
常营回民医院	常营乡政府西	65755960
南磨房医院	西大望路29号	67326640
太阳宫医院	光熙门北里34号楼	64216660
安苑中医医院	安慧北里逸园甲10号楼	64947301
三间房医院	双桥中路火车站南	85362412
将台医院	酒仙桥路49号	64330039
望京新城医院	望京西园四区412栋	64750525
朝阳糖尿病医院	甜水园东里甲一号	65079996
慧新医院	慧忠里小区301楼	64951752
洼里乡卫生院	洼里乡	84916578
管庄乡卫生院	管庄村	65766890
世纪村门诊部	育慧北路8号世纪村二区9号楼	84593348
区急救站	潘家园华威里25号	8778
区妇幼保健院	潘家园华威里25号	87789952

区疾病预防控制中心	潘家园华威里25号	87789475
区卫生局卫生监督所	潘家园华威里25号	87789655
区医疗器械修理所	甜水园东里41楼北	65022585
区人才服务中心卫生专业人才分中心	农光南路5号楼1楼1单元	67307136
区医院管理中心	甜水园东里甲1号	65850778
来广营乡卫生院	来广营乡来广营村	84912452
楼梓庄乡卫生院	楼梓庄乡中心街104号	84313901
王四营乡卫生院	王四营乡王四营村	67379393
小红门乡卫生院	小红门中街1号	87606741
十八里店乡卫生院	十八里店乡周庄六队	67473715
孙河乡卫生院	孙河乡西甸中街	84593347
豆各庄乡卫生院	豆各庄乡	67384620
黑庄户乡卫生院	黑庄户	85386211
黄港乡卫生院	来广营北路	84912328
平房乡卫生院	平房南街	8574840
金盏乡卫生院	金盏大街2号	84333650

公 证 处

区公证处	六里屯西里5号	65023752/65094862

律师事务所

北京市爱义律师事务所	建国路89号华贸中心4号楼2307室	65307740
北京市安博律师事务所	南磨房世纪东方嘉园204－4－301	87357787
北京市安理律师事务所	朝阳门外大街18号丰联广场2312室	65882050
北京市安伦律师事务所	呼家楼京广中心商务楼711室	65975210
北京市安中律师事务所	六里屯北里十五号楼一一五室	51232591
北京市昂道律师事务所	亚运村汇园公寓K9－318	64992318
北京市八都律师事务所	外交部商街8号京华豪园南座17A	58207358
北京市邦成律师事务所	建国路93号万达广场6号楼2706室	58695883
北京市邦道律师事务所	东长安街建外SOHO12号楼1005室	64789988
北京市北斗鼎铭律师事务所	望京西园221号博泰大厦十层	58672800
北京市北方律师事务所	东三环南路58号富顿中心A座18层	84637534

北京市博安律师事务所	小营路10号阳明广场3号楼南4A－2室	65398792
北京市博道律师事务所	朝阳公园南路8号棕榈泉国际公寓9号楼2105室	64398858
北京市博瀚律师事务所	望京北路9号叶青大厦A508室	64454861
北京市博恒律师事务所	安定路35号安华发展大厦1203室	51286030
北京市博融律师事务所	朝外大街26号朝外MEN财贸中心B座807室	51909058
北京市博祥律师事务所	东三环南磨坊路37号华腾北塘大厦2303室	87732204
北京市博喻律师事务所	百子湾路16号后现代城百子园5号楼B座1206室	58207035
北京市策府律师事务所	建外大街朗家园11号万达广场1号楼2206室	58207035
北京市柴傅律师事务所	亮马桥路39号第一上海中心4层405	84534567
北京市昌明律师事务所	中旅大厦16层1610	64612505
北京市长安律师事务所	北四环中路8号汇欣大厦B座308	84990914
北京市朝恒律师事务所	首图东路5号新御景2#1A	87361520
北京市潮阳律师事务所	六里屯西里5号	85972612
北京市崇智律师事务所	白家庄路3号	64603161
北京市达实律师事务所	南磨房路37号华腾北搪商务大厦2706室	51908158
北京市大都律师事务所	安贞西里五区仟村商务大楼A座1007、1008	64430633
北京市大理律师事务所	南湖南路9号圣馨E座0506、0507室	64745452
北京市大器律师事务所	安立路58号中灿苑小区二区2号楼2602室	84804048
北京市大禹律师事务所	甘露园南里25号国际创展中心1305室	85590811
北京市丹宁律师事务所	安华里4区8号楼	64251317
北京市道存律师事务所	东三环南路58号富顿大厦A1206	51650088
北京市道和律师事务所	建国门外大街22号赛特大厦901室	65125200
北京市道可特律师事务所	八里庄西里100号住邦2000商务中心一号楼西区1601	85862880
北京市鼎钟律师事务所	惠新西街16号1－12－01	64911123
北京市定坤律师事务所	建外SOHO 16号楼2503、2505室	58699967
北京市东友律师事务所	东三环中路39号建外SOHO B座2203	51404507
北京市法拓律师事务所	安外小关安苑里1号龙强大酒店写字楼5层	58797700
北京市丰禾律师事务所	朝外大街昆泰国际大厦1811、1812室	65046730
北京市风清律师事务所	六里屯中街227号供销社	58696610
北京市富顿律师事务所	建外SOHO10号楼1604室	58696051
北京市富华邦律师事务所	东三环中路39号建外SOHO13号楼2202	84584588
北京市富普博淳律师事务所	霄云路26号鹏润大厦B座2701室	84512800
北京市高博隆华律师事务所	三元桥霞光里5号瑞普办公楼三层	65073922
北京市高顿律师事务所	六里屯中街227号	84241089
北京市高科律师事务所	安定门外大街甘水桥甲1号太阳宫宾馆721室	65663470
北京市高联律师事务所	东环南路2号瑞赛大厦C座1008室	65906639
北京市高朋天达律师事务所	北京东三环北路8号亮马河大厦2座19层	66411616
北京市格文律师事务所	霄云里3号楼中关村建设大厦201室	84489675
北京市共和律师事务所	麦子店街37号盛福大厦1930室	85276468
北京市光明律师事务所	潘家园东里6号楼902	87791009
北京市广盛律师事务所	建国路99号中服大厦25层	65813529
北京市广言律师事务所	团结湖北五条8号	85968745
北京市广住律师事务所	北辰东路8号汇宾大厦A座六层	84991300
北京市国府闻佳律师事务所	北苑路欧陆经典8号楼1201室	84853855
北京市国纲律师事务所	建国路126号瑞赛大厦1007－1010室	65663470
北京市国睿律师事务所	建国路89号华贸中心四号楼706室	65305030

北京市国韬律师事务所	六里屯北里 10 楼 1 层	65911944
北京市国信律师事务所	小庄第一商城 26B	65959045
北京市海勤律师事务所	建国路 93 号万达广场 A3 座 302	58206669
北京市海斯律师事务所	裕民路 12 号华展国际公寓 C 座 1003 号	82252156
北京市海通律师事务所	曙光西里甲 6 号时间国际 1 号楼 1605 室	58678833
北京市海问律师事务所	东三环北路 2 号南银大厦 1711	64106566
北京市海元律师事务所	广渠门外大街 8 号优士阁 B 座 1606	58612558
北京市汉衡律师事务所	东三环中路 39 号建外 soho 小区 8 号楼 3103 房间	58691166
北京市环亚律师事务所	百子湾路 21 号	87371288

法律服务所

大屯地区法律服务所	安慧北里雅园一号	64974871
双井街道法律服务所	广渠门外广和路 3 号楼	67717656
潘家园街道法律服务所	潘家园华威西里 34 楼 101 室	67780566
将台乡法律服务所	酒仙桥	64318232
劲松街道法律服务所	劲松一区 115 楼 317 号	87795566－1846/1912
八里庄街道法律服务所	八里庄街道办事处	65060391
小关街道法律服务所	小关东里甲 2 号	64923853
孙河乡法律服务所	孙河乡人民政府	84591769
三间房地区法律服务所	三间房西村三间房地区办事处	65768610
朝外街道法律服务所	芳草地社区服务中心内	65094724
酒仙桥街道法律服务所	酒仙桥街道办事处 207 室	64371605－148
亚运村街道法律服务所	安苑北里 19 号楼 105 号	64986568
左家庄街道法律服务所	新源里左家庄办事处	64673210－6515

公安分局派出所

朝外大街派出所	三丰里甲 11 号	85612407
建外派出所	光华里甲 1 号	65025557
三里屯派出所	三里屯南 41 楼	64166786
呼家楼派出所	呼家楼西里七巷甲 13 号	65021574
安贞派出所	安贞西里三区 7 楼	64419130
香河园派出所	西坝河南里 26 号	64643107

和平街派出所	和平街樱花东街3楼	64422553
新源里派出所	新源里17号	64674086
小关派出所	小关东街5号	64944842
太阳宫派出所	西坝河8楼	64212857
麦子店派出所	枣营北里甲1楼	65857190
团结湖派出所	团结湖路19楼	85989395
六里屯派出所	十里堡南里8号	85817657
双井派出所	垂杨柳中街2号	67716244
劲松派出所	劲松101楼	67782448
潘家园派出所	华威西里29楼	67788227
亚运村户籍派出所	安苑北里甲8号	64912193
大屯派出所	慧北里雅园1楼	64949248
奥运村派出所	洼里乡洼里村	84913594
来广营派出所	来广营乡来广营村	84913010
花家地派出所	花家地北里8号楼	84716377
将台派出所	酒仙桥村甲1号	64362030
首都机场派出所	首都机场燕翔东里12号	64561626
孙河派出所	孙河乡康营村	64384625
东湖派出所	东湖渠路甲3号	64713294
南皋派出所	南皋乡老乡政府	84566383
八里庄派出所	八里庄东里北巷2号	65561089
高碑店派出所	高碑店村252号	85753893
平房派出所	平房乡平房村甲88号	85573553
东风派出所	南十里居甲1号	85849101
酒仙桥派出所	酒仙桥路30号	64371415
东坝派出所	东坝大街64号	65495368
金盏派出所	金盏乡金盏街	84333271
楼梓庄派出所	楼梓庄乡曹各庄	84312825
南磨房派出所	平乐园小区105楼	67312979
王四营派出所	王四营村3号	67364358
垡头派出所	垡头北里12楼	67381152
十八里店派出所	十八里店村20号	67471965
小红门派出所	小红门路2号	87690144
豆各庄派出所	豆各庄村518号	67364816
黑庄户派出所	黑庄户乡商业大街1号	85382586
管庄派出所	管庄乡双会桥北侧5号	65761888
常营派出所	常营乡么家店路	65481123
三间房派出所	建国路6号	65702126
黄港派出所	来广营北路甲110号	84917631
崔各庄派出所	来广营东路	84703567
南湖派出所	南湖中园238楼	64704664
工人体育场派出所	工人体育场西门内北侧	65022662
亚运村治安派出所	安定路1号	64910477

工　商　所

六里屯工商所	甜水园北里 1 号楼	65069242
团结湖工商所	呼家楼北街乙 4 号楼	65006552
双井工商所	松榆东里 2 号楼东侧	67312502
酒仙桥工商所	酒仙桥路乙 21 号	64329430
左家庄工商所	太阳宫芍药居甲 31 号	64207507
奥运村工商所	安惠里 1 区 11 号	64915551
高碑店工商所	康家园 25 号	85777231
商务中心区工商所	建国路 93 号万达广场 3 号楼一层	58205533
双桥工商所	管庄乡杨闸村环岛东	85708720
华威工商所	双龙南里 212 楼	87312145
大屯工商所	惠新东街 8 号设计大厦 E 层	84644537
望京工商所	望京西苑 103 楼	64728614
安贞工商所	西坝河西里 28 号英特公寓 A 座 3 层	64437366
十八里店工商所	双龙南里 129 楼	87310453
崔各庄工商所	崔各庄乡政府东侧	64321040

国税局税务所

第一税务所	左家庄东里甲 3 号	84516036
第二税务所	驼房营南里	64360041
第三税务所	管庄燕京医药公司东侧	65765702
第四税务所	潘家园华威北里甲 26 号	67764878
第五税务所	潘家园华威北里甲 26 号	67706514
第六税务所	左家庄东里甲 3 号	84516042
第七税务所	管庄燕京医药公司东侧	65765703
第八税务所	小八里庄 6 号	67343755
第九税务所	小八里庄 6 号	67344340
第十税务所	驼房营南里	64369392
第十一税务所	小八里庄 6 号	67343935
第十二税务所	安外小关东街 24 号	64946345
第十三税务所	姚家园路甲 1 号东方基业汽车城内	511931500

地税局税务所

第一税务所	安苑东里3区1号	64918178
涉外税务所	广渠东路40号	67799234
小关税务所	大屯东路358号	64915005
酒仙桥税务所	酒仙桥路14号	64314606
十里堡税务所	定福庄路9号	65711572
呼家楼税务所	团结湖东里甲10号	85967916
双井税务所	小八里庄6号	67344506
个体集贸所	安苑东里3区1号	64941174

银行

中国银行股份有限公司

安立路支行	安立路68号(阳光广场一层)	64955316
奥运村支行	安慧里三区六号楼一层	64974074
白家庄支行	白家庄西里2号	65086091
北辰西路支行	北土城西路7号	82275009
北苑支行	春华路北苑综合服务楼一层	84958560
长虹桥支行	工体北路4号	87356455
朝外大街支行	朝外大街乙12号昆泰国际中心33－32号	64689295
朝阳支行	东三环北路霞光里18号	59207135
大望路支行	广渠路28号西南转角商业	58632973
东长安街支行	建国门外大街甲6号1号楼大堂	65630308
发展大厦支行	东三环北路西侧	65908304
丰联广场大厦支行	朝外大街18号	65883071
工体东路支行	工体东路甲15号	65861640
光华路支行	光华路8号一层	64689295
国际贸易中心支行	建国门外大街1号	65052293
国门支行	首都国际机场三号航站楼A4E9	64532779
和平东街支行	和平街13区35号楼	84264707
花家地支行	花家地南里1号楼	64731770
机场南路支行	首都机场燕翔西路22号	64568341
佳程广场支行	东三环北路霞光里18号1号楼三层	59207188

建国路支行	建外大街乙 12 号	64689295
建国门外支行	建国门外大街京华公寓 1 层	59271805
将台路支行	酒仙桥路甲 12 号首层	64368832
金台路支行	朝阳北路 177 号	65956100
劲松东口支行	南磨房路 37 号	64689295
京广中心支行	呼家楼(京广中心)	65974547
空港支行	空港工业区天柱路 10 号	80486468
丽都饭店支行	丽都饭店内	64369865
亮马河大厦支行	东三环北路 8 号	65906471
柳芳北里支行	柳芳北里 12 号楼一层	84481908
三里屯支行	三里屯西六街 6 号一号	64665308
三元桥支行	曙光西里甲 1 号东域大厦 B 座首层第 11A 号单元	58221406
商务区支行	北三环东路 8 号	64689295
市东三环中路支行	东三环中路 9 号一层	85910321
首都机场支行	首都机场公安路	64570267
四方新区支行	世纪东方嘉园 212 号楼	87356455
望京科技园支行	望京湖光中街 1 号(首层)	64741007
望京园支行	望京园 B25 区 1 号楼	64731792
望京支行	望京北路 9 号	64392608
五路居支行	安贞西里 2 区 21 楼	64440547
西奥中心支行	大屯路科学园南里风林绿洲 18 号 B 幢一层	64844598
西坝河东里支行	西坝河东里 77 号楼	64666527
西坝河南路支行	西坝河南路 1 号金泰大厦	64402901
霄云路支行	麦子店西路 3 号	64630899
新航站楼支行	首都机场 2 号航站楼 E023(首都机场内)	64578512
雅宝路支行	雅宝路 8 号亚太大厦一、二层	65199227
亚运村支行	安立路甲 56 号南楼首层	84802157
燕莎中心支行	亮马桥路 50 号	64651529
逸园支行	安慧北里小区逸园 28 号楼	64893328
樱花东街支行	樱花园东街 1 号	64423797
永安里支行	建国门外大街永安东里 8 号三块板四号 103B	64689283

中国工商银行股份有限公司

八里庄北里支行	十里堡路 1 号 11 号楼 B 座一层 101 室	85810811
八里庄支行	八里庄西里 100 号 1 层 2 层	85860680
北辰路支行	北辰东路 8 号(汇欣大厦首层)	84971938
北苑家园支行	北苑家园清友园 19 号楼	84964212
朝阳支行	朝外大街 1 号	65042097
垂杨柳支行	光渠门外垂阳柳中街 14 号	87781819
翠城支行	垡头三区 4 号	67383267
定福庄支行	定福庄南里 1 号	65761184
高碑店支行	高碑店北路 5 号一层 5－1 室	85759510
管庄支行	京通苑 30 号楼 P1 底商	65700198
光明桥支行	广和南里 2 条 12 楼	67759115

广渠路支行	广渠门外大街22号楼西	67717693
国航大厦支行	霄云路36号(国航大厦)1层01号	84475235
惠新支行	安苑路20号世纪兴源大厦一层	84896322
劲松支行	华威北里甲17号楼	87783592
九龙山支行	广渠路甲40号	67704884
民族园路支行	民族园路1号首层	64863545
潘家园支行	农光南里1号楼	67323015
三里屯支行	工体东路15号首层	65074361
商务中心区支行	东环南路2号	65660817
十里堡支行	八里庄东里单身丙楼	65561503
石门支行	石门村路2号	67748286
世纪村支行	育慧北路8号	84639296
首都机场支行	机场南路东里梨园小区	64379963
双井支行	双井路口西侧	67783427
甜水园支行	六里屯北里18号楼A座	65001266
团结湖支行	白家庄东里23号C座一层01商业	65901328
望京南支行	望京中路3号院4号楼旁	64379963
望京支行	酒仙桥路10号星城国际大厦c座6层	64368822
燕莎支行	麦子店街41号	65933978
左家庄支行	左家庄北里35楼	64673225
大望路支行	西大望路甲2号南侧	65079878

中国建设银行股份有限公司

安华支行	安定路35号	51993323
安慧支行	北辰东路8号汇欣大厦一层二层	84970059
朝阳支行	朝外大街乙10号楼	51995538
光华支行	光华路7号	65614010

中国农业银行

安外大街支行	安外大街甘水桥甲1号	64213258
北苑支行	安外北苑路68号	84936039
朝阳路北支行	六里屯西口北里4号	65004262
和平里支行	北三环东路甲11号	64214896
将台路支行	花家地街5号	64722969
康运支行	麦子店街78号	65042615
三元支行	霄云路32号	64624388
市朝阳区支行	工体路东2号	65522906
市亚运村支行	安定路33号	64411259
市盈科支行	工体北路甲2号盈科中心大厦	65910141
双北桥支行	安贞三区23号楼一层	64438886
水碓西里支行	团结湖水碓西里3号	85983470
团结湖支行	团结湖北路2号楼一层	65821874

小营支行	安苑路11号	64915397
英家坟支行	八里庄西里甲616号楼一层、二层	65564806
永安里支行	光华里乙1号楼	65862258
展览中心支行	西坝河南里22号	64619398

中国交通银行股份有限公司

东区支行	广渠路21号配套楼	58202983
亚北支行	安立路60号润枫德尚6号楼	64820734
育惠东路支行	小营路12号亚运花园一层	84624401

北京银行股份有限公司

安华路支行	外馆东街51号商业楼首层0102	64408277
八里庄支行	延静西里2号	65002455
北辰路支行	北辰东路8号汇珍楼一层	84977466
北三环东路支行	北三环东路26号	64653994
北苑路支行	北苑路172号万兴苑11号楼一层04室	84854740
大望路支行	西大望路15号1号楼512室	87723153
东长安街支行	建国门外大街乙12号	65683608
东大桥支行	东直门外大街22号楼东侧	65083196
芳草地支行	东大桥路10号	65911026
关东店支行	东大桥三角地	65083196
红星支行	朝外大街20号	65885763
建外支行	建外SOHO－9号楼0928、9230商铺	58692971
健翔支行	安翔北里甲11号	64889925
金台路支行	团结湖路52号	65683608
九龙山支行	农光里117号	67342064
酒仙桥支行	酒仙桥路3号	64382939
三元桥支行	东三环北路2号南银大厦一层	64109256
商务中心区支行	光华路丙12号首层	65083196
新源支行	北三环东路6号	64653994
雅宝路支行	雅宝路二号(天雅大厦一层)	51362661
亚运村支行	慧忠北里天创世缘309楼A座首层	64809997
燕莎支行	亮马桥路光明饭店一层、三层	84418576
樱花支行	北三环东路15号(北京化工大学校门旁)	64419057

中国民生银行股份有限公司

奥运村支行	安立路66号安立花园C座中信建投证券首层北厅	64906563
朝阳门支行	朝外大街22号泛利大厦首层	65884529
电子城支行	酒仙桥路14号兆维大厦	58671027
工体北路支行	工体北路9号	64155280

国贸支行	东环南路2号	65674738
建国门外支行	建外大街甲12号新华保险大厦首层	65693081
建国门支行	建国门外大街21号	65326597
劲松支行	劲松三区302楼首层	87730408
京广支行	呼家楼京广商务中心104室	65974217
三元支行	东三环北路甲2号	84489520
首都机场支行	机场航安路首都机场职工之家办公楼北侧	64595916
望京支行	南湖东园122号博泰大厦首层	64755278
西坝河支行	西坝河西里甲18号	64295659
亚运村支行	惠新西街3号	64916864

中国光大银行股份有限公司

安贞支行	安定路39号	64417743
长虹桥支行	东三环北路15号	65066984
朝阳支行	朝外大街16号中国人寿大厦北一层、二层	85252520
光华路支行	光华路2号阳光100G座	65915259
建国门支行	建国门外大街甲6号中环世贸中心D座1层	65630900
京广桥支行	东三环中路7号财富中心写字楼A座商业一层E108、1003	65309950
望京支行	望京中环南路花家地街花家地商业1号楼	84726279
新源支行	新源西里中街12号	64648256
亚运村支行	慧忠东路5号	84891161

中信银行股份有限公司

招商大厦支行	建国路118号招商局大厦1层C单元	65687851
安贞支行	安贞西里3区26号浙江大厦一层、五层	64417922
东大桥支行	工体东路甲18号	65944945
京城大厦支行	新源南路六号京城大厦1-001号	84865386
酒仙桥支行	酒仙桥路14号兆维大厦一层	64364850
三元桥支行	曙光西里甲1号首层	58222277
尚都国际中心支行	东大桥路8号尚都国际中心A座一层	58700922
望京支行	望京新兴产业区利泽中园二区208号院内B座1层	64391219

兴业银行股份有限公司

安华支行	北三环安华桥福建大厦	64450943
朝外支行	朝外大街77号	65522213
东外支行	东直门外大街23号	64688172
国贸支行	东三环南路2号	65661609
三元桥支行	宵云路21号一、二层	84540867
亚运村支行	亚运村安慧里16号楼	84885269

华夏银行股份有限公司

奥运村支行	慧忠北里410号楼	644993449
北沙滩支行	德胜门外北沙滩1号中国农业机械化科学研究院	64848676
朝阳门支行	朝外大街吉祥里103号	65527595
东直门支行	东土城路14号北京建达大厦首层西侧	85271101
光华支行	光华路8号和乔大厦A座一、二层	65832024
国贸支行	东三环南路赢嘉中心	65669746
京广支行	东三环中路7号北京财富中心一层	65309568
亮马河支行	东三环北路3号幸福大厦B座	64688010
望京支行	望京西园222号星源公寓C座一层	84725982
秀水支行	秀水东街8号	65930733

广东发展银行股份有限公司

安贞支行	安定路39号	64445660
奥运村支行	北沙滩甲1号	64839015
国展支行	西坝河东里18号	84603367
建国路支行	建国路112号	65669647
京广支行	朝外大街甲6号万通中心一层F1S23、25、26、28、29、C501、502	65574312
亚运村支行	北辰东路8号	84980873

新加坡大华银行有限公司

北京分行	建国门外大街1号国贸大厦2座2513	65051863

农村商业银行股份有限公司

朝阳支行	北苑路90号	64945337
大郊亭支行	大郊亭中街2号院华腾国际甲3－20底商	87951741
大望路支行	西大望路15号3号楼一层	87723680
高碑店支行	高碑店乡康家园小区26号楼	85775890
光华路支行	光华路甲14号诺安大厦1层	51309981
和平支行	来广营东路5号东郊农场综合服务楼	84701595
建国门支行	东三环中路39号建外SOHO12号楼1200商铺	58697627
将台支行	酒仙桥甲3号	64377060
金盏支行	金盏乡金盏大街中路	84333350
来广营支行	望京北路18号	64390753
南磨房支行	大望路平乐园路口南300米	67310618
商务中心区支行	十八里店乡大洋路周家庄村	67488550
十八里店支行	十八里店乡十八里店村19号	67473624
石佛营支行	十里堡1号炫特嘉园3C号第一、二层	85858925

双井支行	天力街1号楼B1－1号	62561856
太阳宫支行	西坝河北里15号楼	64215209
王四营支行	王四营乡官庄大队陶庄个体公园南	67382043
小红门支行	小红门乡宋家楼4号	7632186
亚运村支行	安立路甲56号	84802808
双桥支行	朝阳路管庄路口西20米	65761658
太阳宫农村信用合作社呼家楼分社	呼家楼南里30号楼一层	64215209
北京市朝阳区于南村经济合作社	豆各庄乡于南村	85367132

深圳发展银行股份有限公司

安华支行	安贞西里三区10号楼	51961912
朝阳门支行	关东店北街国安宾馆1层	65067489
光华路支行	光华路4号东方梅地亚中心A座一层103、105、106、1106室	65832833
三元桥支行	霄云路38号	84538668
望京支行	望京新城南湖西园125号一层、二层	84721880
亚运村支行	安立路66号1号楼101室	

招商银行

北苑路支行	北苑路168号一层	58247390
朝外大街支行	朝外大街26号	65272078
大望路支行	西大望路15号3号楼首层	87723112
慧忠北里支行	慧忠北里305号楼一层	84987800
建国路支行	建国路116号	65660172
建外大街支行	建国门外大街4号建外SOHO6号楼1－2层SH－0068	59000518
静安里支行	北三环东路8号一层	64689332
万达广场支行	建国路93号(万达广场7号楼)	58206565
万通中心支行	朝外大街甲6号万通中心一层F1S17－22	59510225
望京西园支行	望京西园134号楼地上一层	64789907
望京支行	南湖南路15号院甲1号	64799867

中国邮政储蓄银行有限责任公司

北京东区支行	望京西园一区120号楼	64752130
北京分行	建国门北大街东侧	63982467
北京分行直属支行	建国门北大街东侧(国际邮局2幢一层)	63986666

财务投资公司

中恒资信评级有限公司	芳园里小区37楼	65386981
中佳信信通投资有限公司	静安庄一区4号3号楼123室	65937708

保　　险

安邦财产保险股份有限公司	东三环中路7号财富中心A座45层	65309999
安邦财产保险股份有限公司北京分公司	东三环中路7号财富中心A座45层	59229119
安邦财产保险股份有限公司北京市朝阳支公司	安定门外安定路12号1号楼202室	64412133
安邦国际保险经纪有限公司北京分公司	慧忠北里306号(住宅)楼1307	64800053
安华农业保险股份有限公司北京市朝阳支公司	安定路1号奥体西门北侧	64911291
安诺保险经纪有限公司北京分公司	建国路88号北京现代城A区(SOHO)区D栋(住宅楼)706室	85806905
百科联保险经纪(北京)有限公司	首图东路5号御景园2#6E	65673302
邦得(北京)典当行有限公司	北三环东路22号	64275120
葆和(北京)保险代理有限公司	建国门外大街甲1号1号楼408室	65918559
安诚信担保有限公司	望京中环南路甲2号506	84721210
安惠保险代理有限公司	通惠家园惠民园7号(住宅)楼1406室	65578968
安康保险经纪有限公司	西坝河西里28号B204－B214. B216－B217	58694345
安泰典当行有限公司	水碓子北里2号楼底商	85976220
奥正达科贸有限公司	望京东园二区206号住宅楼4单元703号	64758632
宝瑞通典当行有限责任公司	西坝河北里50号	64229863
宝瑞通典当行有限责任公司劲松分公司	东三环南路5号一层	64229863
宝瑞通典当行有限责任公司亚运村分公司	北辰东路8号汇珍楼二层	64229863
宝瑞通寄卖行有限责任公司朝阳北路分公司	朝阳北路219号一层	64229863
宝瑞通寄卖行有限责任公司第二分公司	东三环南路(新蕾百货商场)6号楼201	64229863
宝瑞通寄卖行有限责任公司第三分公司	建国门外大街甲10号4号楼501号	64229861
宝瑞通寄卖行有限责任公司第四分公司	北辰东路8号25号楼201	64229863
宝瑞通寄卖行有限责任公司第一分公司	关东店2号楼北1号楼1层101室	64229861
昌和宏保险经纪有限责任公司	建国门外大街甲24号905室	65158079
长润保险经纪有限公司	安立路56号1号楼(住宅)0802室	84803338
诚服斯文思保险代理有限公司	黑庄户乡大鲁店三队南侧	86528230
诚信保险代理有限公司	东三环南路甲52楼5层6C	58672950
诚信宏业投资顾问有限公司	安立路60号院1号楼1602室	64820157
传隆投资有限公司	建外大街甲12号新华保险大厦1602室	65693988
创富保险代理有限公司	建国路88号(7－10号楼)9号楼804室	51909166
大润保险经纪有限责任公司分公司	裕民路12号元辰鑫国际酒店C－1302室	82251146
道策会计服务有限公司	紫南家园105号住宅楼3门302室	86533655
道通永德财务咨询有限公司	建国路93号院4号楼1608室	13241931965
德信保险代理有限公司	安慧里4区16号916室	84885211
典当行业协会	左家庄北里2号200室	84544366
富邦保险代理有限公司	农展南路5号635室	67359189
富达保险经纪有限公司	吉庆里9号、10号(住宅)楼B座1单元502室	65539301
桂隆保险代理有限公司	东三环南路54号院7号住宅楼301室	86527373
国际信托有限公司	安定路五号北京金融信托大厦C座	64436553

国泰保险代理有限公司	幸福一村55号	64162696
国泰吉天版权代理有限公司	左家庄1号后三楼227号房	13911889400
国中保险经纪有限公司	建外大街16号东方瑞景苑1号(住宅)楼1610室	65691170
和政保险经纪有限公司	和平街东土城路12号3号楼19层1905室	64489589
和政保险经纪有限公司北京分公司	和平街东土城路12号院3号楼(怡和阳光大厦)17层1701室	64489549
恒泰保险代理有限公司	建国门外秀水街1号	85322952
华汇保险经纪有限公司	农光里117号楼901室	67355397
北京京都保险公估有限公司	建国门外大街22号赛特广场3层30302室	65227602
九州康达保险代理有限公司	东三环南路17号京瑞大厦B座9A	64323435
康信保险经纪有限公司	八里庄西里61号楼2501室	85861166-828、85861299
康信恒润保险公估有限公司	八里庄西里远洋天地61号楼2502室	85861297
明亚保险经纪有限公司	朝外大街22号泛利大厦6层	65888718
明亚保险经纪有限公司大北窑营业部	建国路90号1204-1209室	85897603
容源投资管理有限公司	大屯路2号科华商务大厦5层	64862815
融智博慧投资有限公司	东三环北路霞光里18号佳程广场A座11层A19	59231256
瑞丰民安保险代理有限公司	德胜门外黄寺大街28号	13381081097
瑞丰投资管理有限公司	安定路35号安华发展大厦1023室	64437378-201
睿泰保险代理有限公司	朝阳门北大街乙12号天一辰大厦10层1002A室	65678902
润盛保险经纪有限公司	东方东路8号	64681372

文物保护单位

全国重点文物保护单位

东岳庙	朝外大街141号	65510151
西黄寺	安定门外黄寺大街	62018966
元大都土城遗址	太阳宫芍药店居甲80号	64222821
日坛	日坛北路6号	85614261

北京市文物保护单位

八里桥	东部通惠河东段	65795265
十方诸佛宝塔	王四营乡马房寺村外东北角	67372496
941电台	豆各庄地区办事处	87392145
北顶娘娘庙	德胜门外土城东北	84912224-878

朝阳区文物保护单位

山东会馆	呼家楼街道	65045497
张翼祠堂	豆各庄文化站	87392143
常营清真寺	常营民族家园1号	65484914
肃慎亲王敬敏墓	王四营地区办事处	67372496
显谨亲王衍璜墓	潘家园街道	67783641
那桐墓	三间房地区办事处	65410041
南下坡清真寺	朝外二条129号	85626316

体　育　场　馆

北湖国际高尔夫俱乐部有限公司	安外北湖北京北湖国际高尔夫俱乐部有限公司	84919797
郡王府体育中心	朝阳公园南路19号	65940434
英特康乐城(英东游泳馆)	安外安定路1号	64910483
京体健身中心有限公司	南新园一号	87316973
震昊体育俱乐部有限公司	姚家园路10号	85974838
三纺体育运动发展有限公司	八里庄西里体育场1号	65564603
望京中韩体育中心有限公司	望京西园D5区体育公园	64753673
调良马术运动有限责任公司	孙河乡马泉营村北	64384947
邦泰达科技有限公司北苑高尔夫俱乐部	来广营乡红军营村北	84918058
国家奥林匹克体育中心	安定路1号场馆处	64912233
兴隆体育发展有限责任公司	碑店兴隆公园内西侧	85777256
博美健身中心	三间房东路5号	65741827
悠季瑜伽健身中心	日坛公园北路6号院内	85615506/07
锦湖园物业管理有限公司康赢国际健身俱乐部	白家庄东里23号D座	65901638
三环健身有限公司	建国门外大街4号建外SOHO2号楼	58690666
东方飞鸟体育发展有限公司	姚家园路10号	85983737
朝阳体育馆	六里屯西口朝阳体育馆	85975547
竞时天地体育发展有限公司	望京利泽中园八十中学南门内	64783614
工体钰泰保龄球网球中心有限公司	工体西路6号	65522688
强鹰健身有限公司分公司	安慧北里逸园20号楼E－52强鹰健身房	64891858
郡王府康漫健身俱乐部有限公司	朝阳公园南路21号	65863130
东方天星华普休闲健身俱乐部有限公司	孙河乡雷桥村甲88号	84916987
杰点文化发展有限公司	酒仙桥东路9号A2栋东一层	58237100
宇亭健身中心(蝉舟瑜伽)	西坝河南路1号新天地A座502室	64466778
中国国际贸易中心有限公司国贸溜冰场	建国门外大街1号国贸商城B2层	65055776
四季阳光健身俱乐部有限公司	白家庄东里1号一层	65065058
新利体育服务中心	定福庄南里6号	65758408

东方全红体育健身中心有限责任公司	来广营西路26号	84919966
港展览展示有限公司(金港汽车公园)	金盏乡金港大道1号	84333486
山得尔体育发展中心	将台乡路桥下东侧	64333211
望京新城健身俱乐部有限公司	望京西园402号楼	64701050
朝阳公园开发经营公司网球中心	农展南路1号	65016481
朝来佳伟健身服务有限公司	来广营乡来广营村小刘各庄150号	84916966
华腾健身有限公司	东三环南路54号	87735761
中日青年交流中心银橄榄体育世界	亮马桥路40号	64664824、64683311
春泉体育发展有限公司	十八里店村18号	13701184025
学友健身服务中心	砖角楼北里5号	64215754
来鹏高尔夫俱乐部有限公司	来广营东外环北路1号	84904352
飞翔体育俱乐部	花家地东路3号	58250670
康城高尔夫球俱乐部	双桥东路康城高尔夫俱乐部	85393802
东方天星乡村俱乐部有限公司	黄港乡雷桥村	84916987
新恒基物业管理有限公司健身俱乐部	麦子店西路3号629室	13391833885
富力会康体俱乐部有限公司	东三环中路59号	58622277
青鸟健身有限公司(兆龙店)	工体北路2号兆龙饭店三段写字楼	65972008
进步健身中心有限公司(大北窑店)	东三环南路2号	65670266
进步健身中心有限公司蓝堡店	西大望路3号蓝堡公寓	85997650
健乐菲力斯第一健身俱乐部有限公司	朝外大街16号中国人寿大厦商场B1/B3层	85251818
美松高尔夫俱乐部有限公司	高碑店乡兴隆西街10号	85753959
汉龙文化发展有限公司(朝阳公园游泳场)	双井北里18号2407室、朝阳公园南路1号	65025008
绿州健身俱乐部有限公司	东三环南路17号4层F座	67665432
奥克高尔夫球俱乐部有限公司	安定路1号奥体中心院内南侧	64910915、64914265
朝阳高尔夫俱乐部有限公司	团结湖小区上四路	65001225
维汀体育发展有限公司	望京西园三区316楼B1	64758329
高润体育俱乐部有限公司	来广营乡新北路1号	84917910
望京源林高尔夫运动培训有限公司	南湖渠落田洼东北郊苗圃	64791951
汪见虹围棋俱乐部有限责任公司	杨柳中街甲1号二层汪见虹围棋俱乐部	67710216
宝迪沃体育文化发展有限责任公司第四健身分店	机场路将台路丽都商业楼7号楼	64302008
中体倍力霄云健身俱乐部有限公司	霄云路36号国航大厦第十七、十八层	84475188
金贝健身俱乐部有限公司	白家庄东里42号院13号楼	65828788
中体倍力动感健身俱乐部有限公司亚运村店	大屯路风林绿洲18号公寓楼A座21A室	64889966
匠心之轮国际体育中心有限公司	黑庄户乡朗辛庄村88号	85383876
中体倍力新概念健身俱乐部有限公司	望京西园二区221号二层、三层	64789998
星河湾四季会企业管理有限公司	房乡黄杉木店后街168号	85529988
超级碰撞体育发展有限公司	东土城路5号	13011210627
奥力健身有限公司	安立路60号润枫德尚A座二层	85869533
鸿军豪门体育文化发展有限公司	将台乡大环里将府庄园内	64362913
动感空间休闲俱乐部有限公司	华威北里43号3段地下一层	87730809
奥零捌体育发展有限公司(张贝健身)	西大望路19号院7号楼底商100室	87755665
空间蔚蓝体育发展有限公司(青鸟望京店)	望京湖光中街1号	64717811
第五大道健身有限公司(青鸟分店)	慧忠北里309号楼	64872009
奥林匹克置业投资有限公司	东坝乡驹南街225号	51079026
奇迹体育发展有限公司	望京阜通西大街18号院一号楼首层	64751911
金兰道保龄球俱乐部	团结湖东里10号	85981142

公 园

日坛公园	朝外日坛北路	85622612
团结湖公园	团结湖南里 15 号	85962151
红领巾公园	后八里庄 5 号	85810901
元大都公园	安外小关街 53 号	64222820
四得公园	将台乡赵酒路口	64384057
朝阳公园	农展南路 1 号	65077997
中华民族园	民族园路 1 号	62063616
丽都公园	首都机场将台路	64328570
朝来农艺园	来广营乡新生村	84913178
郁金香花园	金盏西大街路北	84335180
兴隆公园	兴隆庄甲 8 号	85759918－809
太阳宫公园	太阳宫乡西坝河路甲 1 号	84496800
北焦公园	化工路东口	67383866
个园	王四营乡	67361945
镇海公园	小红门乡牌坊村	87602010
康心体育公园	楼梓庄乡政府东	84317701
黄渠公园	平房乡黄渠村	65745569
姚家园公园	姚家园村	85756191
窑洼湖公园	南磨房南楼梓庄村	67315008
	北花公园	高碑店乡花园闸通惠河南侧
65475896	南湖公园	望京
64727461－3273	牌坊体育公园	小红门乡牌坊村
87602010	立水桥公园	来广营乡朝来都市森林公园
来广营乡新生村	84903608	清洋湖公园
洼里乡羊坊村西	84910999	蟹岛绿色休闲公园
蟹岛路 1 号	84335108	奥林匹克公园
洼里乡		

街道社区
居委会、地区村(居)委会

朝外街道

芳草地社区居委会	东大桥路23号楼院内	85614934
吉庆里社区居委会	工体西里4号楼南侧院内	65522442
吉祥里社区居委会	吉祥里西区南门外东侧	65514388
三丰里社区居委会	三丰里14号楼南侧小楼	85612610
体东社区居委会	工体南路甲1号利康烤鸭店南侧	65522998
天福园社区居委会	天福园8号楼东侧	85611495
雅宝里社区居委会	雅宝里4号楼南侧院内	65094266

双井街道

广和里社区居委会	广和里2条14楼下平房	87775639
垂杨柳东里社区居委会	垂杨柳北里14楼1单元4－6号	67781829
双花园社区居委会	双花园西里甲8楼	67398998
垂杨柳西里社区居委会	垂杨柳西里6号楼西侧平房	67764486
广外南社区居委会	广渠门外大街22楼后平房	67751339
九龙社区居委会	百子湾32号院5号楼地下室	58263287
大望社区居委会	百子湾路百子园1号楼D单元304号	87732860
九龙南社区居委会	百子湾南二路76号院(乐城国际)5号楼12号	87724721
富力社区居委会	双井富力城B3号楼	58621732
光环社区居委会	双花园南里2区6号楼5单元1门	87721692
广泉社区筹备组	广泉小区15号楼204	87753405

八里庄街道

红庙社区居委会	慈云寺4号楼东侧平房	65046519
华贸社区居委会	建国路89号院15号楼北门209	62036609
红北社区居委会	红庙北里40楼	65011745
延静里社区居委会	延静西里22号楼东侧平房	65941040
甘露园社区居委会	甘露园南里18号楼后	85781756
十里堡社区居委会	十里堡东里27－28楼之间平房	65577555
八里庄西里社区居委会	八里庄西里506楼前平房	65574650
八里庄东里社区居委会	八里庄东里12楼后二层简易楼	65569064
黄杉木店社区居委会	黄杉木店二巷5号	85773321
都会华庭社区居委会	十里堡甲3号院城市广场2号公寓B2201	65561247
远洋天地社区居委会	八里庄西里59号楼南侧二层配楼	85866626

罗马嘉园社区居委会	朝阳北路107号院23楼	58627275
朝阳无限社区居委会	甘露园10号楼1单元101号	85739508

酒仙桥街道

高家园社区居委会	酒仙桥高家园小区118号	64384786
大山子社区居委会	酒仙桥大山子北里18楼后平房	64367486
酒仙桥电子球场路社区居委会	酒仙桥三街坊2楼旁平房	64384657
红霞路社区居委会	酒仙桥六街坊11楼6单元	64384778
中北路社区居委会	酒仙桥万红路4号院平房	64384788
酒仙桥东路社区居委会	酒仙桥驼房营南里兆维小区综合楼2层	64380061
酒仙桥南路社区居委会	酒仙桥十一街坊16楼旁	64384773
怡思苑社区居委会	酒仙桥南十里居15号院8号楼	84509756
驼房营西里社区居委会	酒仙桥驼房营西里甲1号	64372294

垡头街道

垡头街道一区社区居委会	垡头一区6号楼前	67200537
垡头街道二区社区居委会	垡头二区18号楼1号	67365471
垡头街道三区社区居委会	金蝉北里9号楼地下室	67367009
垡头街道北里社区居委会	垡头北里17号楼西侧二层楼	67374703
垡头街道东里社区居委会	垡头东里东院	67383915
垡头街道西里社区居委会	垡头西里24号楼北侧楼二层	67360853

和平街街道

和平家园社区居委会	和平街11区甲12号	64270844
砖角楼社区居委会	砖角楼北里5号楼院内平房	64219740
十四区社区居委会	和平街14区14楼前平房	64290569
和平东街社区居委会	和平街15区3号楼101号	64296326
樱花园社区居委会	樱花园30号楼3单元101号	64443929
胜古庄社区居委会	胜古庄南里前平房	64441057
小黄庄社区居委会	和平街西苑8号楼南平房	84279870

小关街道

惠新苑社区居委会	惠新西街9院1号楼1层	64810094
惠新北里社区居委会	惠新北里8号楼	64935173
高原街社区居委会	高原街4号院	84626490
小关社区居委会	小关北里204楼	64914908
惠新里社区居委会	惠新里226号楼地下室	64810091

三里屯街道

幸福一村社区居委会	太平庄南里甲3号	64169217
幸福二村社区居委会	幸福二村5号楼北侧2层楼1层	64166399
北三里社区居委会	北三里屯南楼西甲1号	64177960
中三里社区居委会	东三里屯中3楼院平房	66787026
东三里社区居委会	东三里中15楼西侧平房	64176151
中纺里社区居委会	中纺里9楼北侧平房	65929071
白西社区居委会	三里屯南路4号楼1层	65912776

建外街道

建国里社区居委会	建国里三道街一号楼南平房	65683900
永安里社区居委会	永安里中街煤炭宿舍院外平房	65661488
永安里东社区居委会	建外通用时代国际中心4号楼B1层	58793364
秀水社区居委会	东大桥路5号楼院内平房	65069929
光华里社区居委会	光华西里一号温莎大道A座1层	65005301
北郎家园社区居委会	建外光华路12号院	65831573
北郎家园东社区居委会	蓝堡国际公寓D座S215室	85997485
南郎社区居委会	南郎家园小区(634所宿舍院内)	65687937

左家庄街道

新源里社区居委会	新源街23楼侧	84552609
三源里社区居委会	三源里夏园活动中心	84518079
顺源里社区居委会	顺源里04楼前平房	64643074
新源西里社区居委会	新源西里中街甲5号楼	84551479
左家庄北里社区居委会	左家庄北里38楼102号	84543008
左家庄东里社区居委会	左家庄东里14楼二层	84515169
左家庄南里社区居委会	左家庄西街10楼7门102	64656209
静安里社区居委会	左家庄静安里甲6号	84518140
曙光里社区居委会	左家庄曙光里39楼后小白楼	84515170

呼家楼街道

小庄社区居委会	342总站标牌厂西侧	85991491
新街社区居委会	新街大院15号楼106号	65025529
关东店社区居委会	向军南里3号楼109号	65023450
关东店北街社区居委会	向军北里8号楼北侧平房	65861972
东大桥社区居委会	东大桥路2号楼南平房	65922005
金台里社区居委会	金台北街甲1号	85994144
核桃园社区居委会	农丰里7号楼7门101号	65947306

呼家楼北社区居委会	呼家楼北里1号楼下平房	65950122
呼家楼南社区居委会	呼家楼南里22号楼东侧平房	65924251
人民日报社社区居委会	金台西路2号民16楼北侧	65369869

劲松街道

劲松北社区居委会	劲松一区132楼	67759027
劲松东社区居委会	劲松三区321楼一层	67758807
劲松中社区居委会	劲松五区507楼	67757904
劲松西社区居委会	劲松八区甲813楼一层	67700806
农光里社区居委会	农光里142楼西侧	67354935
农光里中社区居委会	农光里二区212楼一层	67354936
农光东里社区居委会	农光东里托老所一层	67356577
磨房北里社区居委会	磨北二区216楼北侧二楼	67313633
八棵杨社区居委会	华腾园乙7裙楼四层	67735144
大郊亭社区居委会	珠江帝景9号楼	58631483

团结湖街道

一二条社区居委会	团结湖北头条4－1－101	65824358
三四条社区居委会	团结湖北三条16号楼	85971899
中路北社区居委会	团结湖街道中路北一条8号楼	85982265
中路南社区居委会	团结湖路南一条5号楼西侧	85989270
水碓子社区居委会	团结湖水碓子24号楼	85986788
南北里社区居委会	团结湖路21－1－101	85989524

首都机场街道

南路西里社区居委会	首都机场宿舍区苹果园11号楼	64571565
南路东里社区居委会	首都机场宿舍区东平里2号楼101号	64571579
西平街社区居委会	首都机场宿舍区西平街1号楼101号	64571567
南平里社区居委会	首都机场宿舍区南平里18号楼101号	64571574

潘家园街道

潘家园社区居委会	潘家园27#－2－204号	87701306
潘家园南里社区居委会	潘家园南里11楼北侧平房	87715076
潘家园东里社区居委会	潘家园东里12#－1层10号	67705015
华威西里社区居委会	华威西里42#乙	87771754
华威北里社区居委会	华威北里甲32#	67733310
松榆西里社区居委会	松榆西里61#楼西侧	67321248
松榆里社区居委会	松榆里26#－104号	67322086

松榆东里社区居委会	松榆东里 15# - 0 - 014 号	67321348
武圣 农光社区居委会	松榆北路 7 号院 9 楼 2 层	87379079
武圣东里社区居委会	武东 51 楼 104 号	67322256
磨房南里社区居委会	磨南 22 楼 1 门 101	67356846
华威里社区居委会	华威南路 2 号楼地下一层	87731033

六里屯街道

秀水园社区居委会	水碓子北里 4 号楼前西平房	85988576
碧水园社区居委会	甜水园北里 6 号楼 7 单元 104 号	65033285
甜水园社区居委会	甜水园东里纺织小区存车处	65007498
道家园社区居委会	道家园 7 号楼 9 单元 102 号	65920781
八里庄南里社区居委会	八里庄南里 24 号楼北侧平房	85831049
八里庄北里社区委员会	八里庄北里 301 号楼 103 号	85830500
晨光社区居委会	晨光家园 212 号楼东 107 号	85827767
十里堡北里社区居委会	十里堡北里 29 号楼北侧平房	85832145
六里屯北里社区居委会	丽水家园 1 号楼地下室北侧	65862417
炫特家园社区居委会	炫特家园 3 号楼东侧	85856807

麦子店街道

枣营北里社区居委会	枣营北里社区小花园北侧	65035934
枣营南里社区居委会	枣营南里 21 号楼前平房	65075094
朝阳公园社区居委会	朝阳公园西里北区 2 号楼 3 门 101 室	65387984
农展南里社区居委会	农展南里社区居委会(3 号楼)	85952831
霞光里社区居委会	霞光里社区 30 号院内	51302817

香河园街道

柳芳南里社区居委会	柳芳南里 6 号楼旁	64667112
柳芳北里社区居委会	柳芳北里甲 15 号平房	64514349
西坝河南里社区居委会	西坝河南里 5 号楼 101 室	64651709
西坝河中里社区居委会	西坝河中里 2 号楼前平房	64676023
西坝河西里社区居委会	西坝河西里 4 号楼	64296921
光熙门北里北社区居委会	光熙门北里甲 6 号楼	64297646
光熙门北里南社区居委会	光熙门北里 10 号楼 101 室	64200497
西坝河东里社区居委会	西坝河东里 33 号楼 1 单元 101	64669497

亚运村街道

安慧里社区居委会	安慧里一区甲 7 号楼	64980228
安慧里南社区居委会	安慧里三区 13 号楼	64932951

北辰东路社区居委会	安慧北里 1 号楼 104 室	64986781
安苑里社区居委会	安苑北里 9 号楼 107 室	64810748
祁家豁子社区居委会	华严里祁家豁子路	82026957
京民社区居委会	华严北里 2 号院	82028035
华严北里社区居委会	华严北里 45 号楼加建	82841857
华严北里西社区居委会	华严北里 27 号楼 1 层	82846023
丝竹园社区居委会	丝竹园社区 7 号楼 11 门 2 楼	64863772
安翔里社区居委会	安翔里 1 号	64886323

安贞街道

安贞里社区居委会	安贞里二区 20 号楼	64427731
安贞西里社区居委会	安贞西里三区 5 号楼东侧小 2 楼	64437232
安华里社区居委会	安华里二区 11 号楼	64246378
安华西里社区居委会	安华西里一区 21 号	64268241
裕民路社区居委会	裕中东里一号院西小楼	82027289
黄寺社区居委会	黄寺大街甲 28 号院内	62355252

望京街道

望京西园四区居委会	望京新城 403 号楼 107	64728177 64706915
望京西园三区居委会	西园三区 304 楼 2 层	84726031 64716249
望花路东里居委会	金星路 16 号楼后院平房	64782766 64735021
望花路西里居委会	望花路西里 9 号楼 2 单元 101	64726644 – 535 64726644 – 327
花家地居委会	花家地 9 号楼	84712151 84726244
花家地北里居委会	花家地北里 5 号楼 12 单元 101	64730512
花家地南里居委会	花家地南里 2 号楼 1 单元 1	64733093 64725778
花家地西里居委会	花家地西里 109 号楼	64716251 64716250
花家地西里三区居委会	南湖实业宿舍院内	64719483 64727461 – 3277
南湖东园居委会	南湖东园 210 楼 1 单元 101	64706921 64706917
南湖中园居委会	南湖中园 215 楼 4 单元 101	64706923 64734325
南湖西园居委会	南湖西园 101 号楼 4 单元 101	64704359 64718559
南湖西里居委会	南湖渠西里院内	64709018
方舟苑居委会	方舟苑 2 号楼 103	64780673 64780405
大西洋城居委会	大西洋新城会所四层	64727607 64720193
爽秋路居委会	嘉润花园 C 座负一层	64773107 64773106
圣星居委会	圣馨大地 B 座负一层	64747841 – 661
华鼎世家（筹备组）	望京园 3 区华鼎世家 304 楼 103	84727640
宝星园（筹备组）	望京东园 102 楼 M 层	64756352
夏都盈座（筹备组）	湖光中街 2 号院 3 号楼 101 室	84727864
季景香颂（筹备组）	季景 5 号底商	52077111 – 6200
橄榄城（筹备组）	望京东园 503 楼 2 层	84781519
国风家园（筹备组）	望京东园 6 区国风 601 楼 6 单元 1 层	84762048
嘉美朝庭（筹备组）	阜荣街 15 号 1 号楼 2 单元 1 层	84763124

鹿港（筹备组）	望京西路50号院鹿港7号楼1层	84784239
南湖平房区居委会	南湖物业	64738749
六公主坟		64393676
将南平房区居委会	小望京公主坟	64361208
坝北居委会	村内	64377907
建工一居委会	南湖渠三巷	64738755

大屯街道

慧忠里第一社区居委会	慧忠里402楼8单元半地下室	64944067
慧忠里第二社区居委会	慧忠里B区108楼社区服务中心一层	64984710
慧忠北里第一社区居委会	慧忠北里411楼104号	64869360
慧忠北里第二社区居委会	慧忠北里202楼104室	64864019
安慧北里秀雅社区居委会	安慧北里秀园16号楼101号	64950058
安慧北里安逸社区居委会	安慧北里逸园18号楼0110号	64975352
育慧西里社区居委会	育慧西里小区居委会办公楼	64979709
育慧里社区居委会	育慧里二区18号楼二层居委会	84642597
世纪村社区居委会	世纪村西区8号楼107号	84633844
安慧东里社区居委会	北苑路178号院光大名筑8号楼118号	64826118
欧陆经典社区居委会	欧陆经典172号院15号楼底商三层	84853151
嘉铭园社区居委会	嘉铭园A区5号楼2单元101、102号	84859840
大屯里社区居委会	大屯里106楼307号	84806303
新新家园联合社区居委会	辛店路亚运新新家园物业一层	51737488

太阳宫地区

太阳宫村村委会	64235740	牛王庙村村委会	64380588
十字口村村委会	64625662	芍药居一社区居委会	84627464
芍药居二社区居委会	84628158	芍药居三社区居委会	84615524
芍药居四社区居委会	84612696	太阳宫社区居委会	64220891
十字口社区居委会	64287853	牛王庙社区居委会	64385869
夏家园社区居委会	52036308	惠忠庵社区居委会	64285887
尚家楼社区居委会	64683068		

南磨房地区

双龙社区	朝阳区双龙南里117楼北侧	87326993
南新园社区	朝阳区南新园小区26楼二层	87322076
平乐园社区	朝阳区平乐园小区218楼西侧院内	87379890
紫南社区	朝阳区紫南家园207楼	87353976
百子湾社区	朝阳区东石门村路6号	87716591
欢乐谷社区社区	欢乐谷公园南200米	67372098
东郊社区	朝阳区水南庄168号	87705760

百子湾东社区	朝阳区赛洛城 304－2	87956922

山水文园社区

大郊亭村委会	朝阳区南磨房敬老院东院	67346570
楼梓庄村委会	朝阳区紫南家园 217 楼	87351374

将台地区

芳园里社区居委会	64365928	丽都社区居委会	51303352
水岸家园社区居委会	64332726	将府家园社区居委会	51373060
驼房营村村委会	64332876	东八间房村村委会	52053188
安家楼管委会	64372167		

高碑店地区

甘露园南里一区社区居委会	高碑店康家园 24 号楼南侧	85752957
甘露园南里二区社区居委会	甘露园南里二区 12－1－0104 室	85752718
半壁店西社区居委会	高碑店乡高西店 527 号	67797776
半壁店东社区居委会	高碑店乡半壁店居委会	87741752
兴隆家园社区居委会	兴隆家园居委会 12#101 室	85768044
花北西社区居委会	妇联小区 7#3 门 003 室	65791272
花北东社区居委会	高碑店乡花园闸北里	65745746
通惠家园社区居委会	通惠家园惠民园 7 号楼 103 室	65589291
丽景馨居社区居委会	甘露园南里三区 19 号院 9 号楼	85748207
北花园社区居委会	高碑店乡北花园村委会	65475886
八里庄社区居委会	八里庄农工商公司八里庄 38 号	65586729
高碑店社区居委会	高碑店村 1358 号	87741569
高井社区居委会	高井甲 8 号	85765868
大黄庄社区居委会	大黄庄 52 号	85761780
康家园西社区居委会	康家园小区 9#八单元 002 室	85753107
康家园东社区居委会	高碑店北路甲 6 号白领家园 5#楼 3 单元 201 室	51316821
太平庄南社区居委会	朝阳路 67 号 4 号楼 7 单元 0102	
太平庄北社区居委会	太平庄 25 号楼 1 门 103 室	85501665

十八里店地区

弘善寺社区居委会	左安东路 259 号	67683114
白墙子社区居委会	十里河村白墙子居委会	67671547
前祁庄社区居委会	吕家营村前祁庄居委会	87699836
后祁庄社区居委会	吕家营村后祁庄居委会	87691516
六道口社区居委会	吕家营村六道口居委会	87696579
十里河村村委会		67348869

吕家营村村委会	87691746
周家庄村村委会	67351958
十八里店村村委会	67471738
老君堂村村委会	87307508
小武基村村委会	67471948
横街子村村委会	87301239
西直河村村委会	67388057

小红门地区

小红门村村委会	87602942	肖村村委会	67678343
龙爪树村村委会	87695071	牌坊村村委会	87606296

王四营地区

管庄村村委会	67366137	观音堂村村委会	87743314
孛罗营村村委会	87393295	南花园村村委会	67362423
道口村村委会	87390769	王四营村村委会	67381411

东风地区

六里屯村村委会		65862164
辛庄村村委会		85846037
豆各庄村村委会		85811977
将台洼村村委会		84315469
石佛营西里社区居委会	石佛营西里 9 号楼 3 单元 101 室	85814852
石佛营东里社区居委会	石佛营东里 113 号楼 101 室	85818642
石佛营南里社区居委会	八里庄北里 125 楼	85814853
东润枫景社区居委会	南十里居 13 号楼后侧	64366261
紫罗园社区居委会	石佛营东里 136 号院 B 座 108 号	85846204
豆各庄社区居委会		85814846
辛庄社区居委会		85814847
将台洼社区居委会	七棵树西街 158 号	84312621

东坝地区

红松园社区居委会红松园社区	东坝乡红松园社区	65494922
东坝家园社区	东坝乡东坝家园 206 楼	65415375
康静里社区	东坝乡康静里社区 13 号楼 5 门 501	65493682
高杨树社区	东坝乡高杨树北里	65422944
朝阳新城第一社区	朝阳新城第一社区 12 – 2 – 102	6546113
朝阳新城第二社区	朝新嘉园东里 2 区 7 号楼物业 1 楼	65456113

奥林匹克花园社区	奥林匹克花园 225－8	51200749
中铁十六局社区	中铁十六局办公大楼内	51884630
大街居委会	东坝乡东风村委会楼上	84327090

平房地区

平房村村委会	85575527	姚家园村村委会	85577139
石各庄村村委会	65769907	黄渠村村委会	65765017
黄杉木店村村委会	85762303	姚家园社区居委会	85764015
平房社区居委会	85573772	华纺易城社区居委会	58777563

来广营地区

北苑家园绣菊园社区居委会	北苑家园绣菊园 11 号楼 101	84966936
北苑家园清友园社区居委会	北苑家园清友园 12 号楼 201	84967852
北苑家园紫绶园社区居委会	北苑家园紫绶园 10 号楼 104	84960696
北苑家园茉藜社园区居委会	北苑家园茉藜园 19 号楼 101	84926067
北苑家园莲葩园社区居委会	北苑家园莲葩园 9 号楼 108	84925448
黄金苑社区居委会	北苑路 5 号 1 号楼	84931521
新街坊社区居委会	北苑五号院四区冶金所院内	84927669
时代庄园社区居委会	红军营东路 18 号物业楼 2 层	84966474－809
青年城社区居委会	青年城小区会所三层	84954599
立城苑社区居委会	立水桥甲 2 号院	84816099
朝来绿色家园社区居委会	朝来绿色家园来春园小区综合楼	84950419
北苑一号院社区居委会	安定门外北苑一号院	66749494
北苑二号院社区居委会	北苑二号院 7 信箱	84936317
北苑三号院社区居委会	北苑三号院航空中心医院居委会	84929635

来广营村村委会	84904455	红军营村村委会	84921483
清河营村村委会	84914703	立水桥村村委会	84921705
北湖渠村村委会	52076966	东湖渠村村委会	64720003
新生村村委会	84916004		

金盏地区

沙窝村村委会	84317838	金盏东村村委会	84343674
金盏西村村委会	84333579	皮村村委会	84331517
雷庄村村委会	84340177	长店村村委会	84339370
楼梓庄村村委会	84317960	黎各庄村村委会	84317601
东窑村村委会	84316859	曹各庄村村委会	84317813
小店村村委会	84333706	北马房村委会	84311013
马各庄村村委会	65418506	朝阳农场家属委员会	84331049
楼梓庄居委会	金盏大街 2 号		84333132

奥运村地区

总装社区居委会	安翔北里10号院	66355671
南沙滩社区居委会	南沙滩2号院3号楼101	58770913
科学园社区居委会	大屯路科学园南里七区北门遗传所二楼	64889908
风林绿洲社区居委会	大屯路科学园南里风林绿洲F12楼4单元1层	64874476
绿色家园社区居委会	北苑路13号院2号楼1单元104	51095692
大羊坊社区居委会	北苑路13号院2号楼1单元103	84923643
龙祥社区居委会	世纪龙祥嘉园	84940730
万科星园社区居委会	仰山路万科星园5号楼一层	84924006
北沙滩社区居委会	白庙路甲1号一层	64830556
双泉社区居委会	花虎沟8号院6号楼2单元101	62925020
林萃社区居委会	京师园5号楼18号	58213290
运动员社区居委会筹备组	大屯路甲3号	64888019

三间房地区

三间房东村村委会	65755100	三间房西村村委会	65797128
定福庄东村村委会	65738008	定福庄西村村委会	65726175
东柳村村委会	65702506	西柳村村委会	65400516
褡裢坡村村委会	65756279	白家楼村村委会	65752168
北双桥村村委会	65761784	新房村村委会	65758174
金家村村委会	85368437	梆子井村村委会	65461988
定南里社区居委会	65737663	定北里社区居委会	65793017
定西南里社区居委会	65761084	定西北里社区居委会	51962375
三间房南里社区居委会	65766922	福怡苑社区居委会	65407042
双柳社区居委会	65426384	双桥铁路社区居委会	65758180
双桥路社区居委会	85366803	美然动力社区居委会	65769868
绿洲家园社区居委会	65461440	艺水方园社区居委会	65400351
双惠苑社区居委会	657047911		

常营回族乡

常营第一村委会	常营回族乡常营村	65481804
常营第二村委会	常营回族乡常营村	65480868
常营第三村委会	常营回族乡常营村	65482634
常营第四村委会	常营回族乡常营村	65482097
常营第五村委会	常营回族乡常营村	65482232
常营第六村委会	常营回族乡常营村	65484069
常营第七村委会	常营回族乡常营村	65480844
常营第一居委会	常营回族乡常营村	65482251
十里堡村委会	常营回族乡十里堡村	58240274
五里桥村委会	常营回族乡连心园小区28－1－601	65720226

草房村委会	常营回族乡草房村村	58234549
荟万鸿社区居委会	常营回族乡荟康苑小区 3－8－102	65728145
鑫兆佳园社区居委会	鑫兆佳园小区 28－102	65431082
万象新天社区居委会筹备组	万象新天小区 216－1－101 65436225	

豆各庄地区

南何家村村委会	南何家村村委会	85308298
于家围北村村委会	于家围北村村委会	85367127
于家围南村村委会	于家围南村村委会	85369197
石槽村村委会	石槽村	85363416
东马各庄村村委会	东马各庄	85307401
西马各庄村委会	西马各庄村	85307187
豆各庄村村委会	豆各庄村	67372530
孟家屯村村委会	孟家屯村	67365172
黄厂村村委会	黄厂村	67364672
孙家坡村委会	孙家坡村	67385414
水牛坊村委会	水牛坊村	67373802
马家湾村村委会	马家湾村	67372892
青青家园居委会	青青家园	85300960
491 电台居委会	491 电台	85361425
阳光家园社区	第二监狱职工家属院	85392146
京城雅居社区	京城雅居小区	（未装）
绿丰家园社区	绿丰家园小区	（未装）

黑庄户地区

大鲁店一村村委会	85381050
大鲁店二村村委会	85384638
大鲁店三村村委会	85383595
小鲁店村村委会	85386256
郎各庄村村委会	85384603
郎辛庄村村委会	85380876
黑庄户村村委会	85385991
四合庄村村委会	85382081
万子营东村村委会	85384946
万子营西村村委会	85385830
怡景城社区居委会	85380351
双树南村村委会	85373302
双树北村村委会	85371154
定辛庄东村村委会	85372651
定辛庄西村村委会	85370139
苏坟村村委会	85372952
幺铺村村委会	85370621
旭园社区居委会	85384802
双桥第一社区居委会	85391807
双桥第二社区居委会	85391801
康城社区居委会	85373117

管庄地区

八里桥社区居委会	85701262
管庄东里社区居委会	51167315
果家店村村委会	85708429
管庄村村委会	65761536

管庄西里社区居委会	52037551	东会村村委会	65457441
建东苑社区居委会	65752017	西会村村委会	85709630
惠河东里社区居委会	65485807	瑞祥里社区居委会	85709409
咸宁侯村村委会	85365773	京通苑社区居委会	65709460
塔营村村委会	85709455	丽景园社区居委会	65777481
郭家场村村委会	85390172	八里桥村村委会	85708767
重兴寺村村委会	60533600	杨闸村村委会	85708652
司辛庄村村委会	65739289	小寺村村委会	65703627

孙河地区

孙河村村委会	84592764	上辛堡村村委会	64386995
前苇沟村村委会	84329653	下辛堡村村委会	64384940
后苇沟村村委会	84564543	黄港村村委会	64348581
康营村村委会	64332678	雷桥村村委会	84911232
北甸东村村委会	84594385	沙子营村村委会	84912178
北甸西村村委会	84590227	李县坟村村委会	84910132
西甸村村委会	85595500	沈家坟村村委会	84912989
康营家园一社区	64370626		

崔各庄地区

崔各庄村委会	64363936	善各庄村委会	84560307
何各庄村委会	84567255	马泉营村委会	64359885
索家村委会	64363396	费家村委会	84701283
奶东村委会	64366547	奶西村委会	84709839
望京村委会	64381069	南皋村委会	64364145
黑桥村委会	64356391	草场地村委会	51273132
北皋村委会	64322981	东辛店村委会	64331263
东营村委会	84160336	马南里居委会	84701930

内容索引

说 明

· 本索引为主题索引,又称内容分析索引,主题词(标目)以《北京朝阳年鉴》(2010年卷)正文中出现的专业名词、名词词组、机构名、地名为主。
· 综述、大事记、专文、特载、统计资料、人物、附录等类目内容不在索引范围内。
· 本索引按汉语拼音音序排列,首字相同时,则以第二字排序,依此类推。以数字、字母、符号开始的主题词,排在最后。
· 本索引的文字部分为标目,标目之后的数字表示所在页码范围(地址项)。

A

B

C

D

E

F

G

H

K

L

M

N

P

Q

R

S

T

W

X

Y

Z

数字索引

英语字母索引

感谢以下提供图片人员对本刊工作的支持

张　涛　阮林志　刘镇平　陈　睿　栾铁鹰　黄　敏
曲恩达　李智博　潘　峻　周　屹　李宝华　吕　游
李连增　莫宝林　杜　羽　刘柏序　杨立军　齐向军
彭　非　辛建立　刘旺林　苏志成　付　鹏　梁　杰
王乃锋　苏学军　刘　扬　谭晓光　付怀涛　张　颖
陈　波　李　倩　陈绍军　李　伟　严海峰　朱京豫
史　艳　李　维　李宝华　孙　汉　贾　宁　李寒力
单　云　严海峰　郭　斌　宋晓红　王玉田　夏　非
王巧玲　张　丽　丁　宁　甘剑雯　戚　璟　杨春青
于永彬　张　颖　李　东　闫丽娟　于　宁　王　丰
王智鸿　程　焱　钟　艳　刘知津　郭　鹏　谢雯雯
李　永　王　倩　周世峰　谢　娜　王爱君　傅　强
吴晓萌　闫　振　刘双贵　罗　斌